発達心理学
事典

日本発達心理学会 編

丸善出版

刊行にあたって

　本事典が刊行される 2013 年に，日本発達心理学会は設立されてから 25 年目を迎えることとなる．この間，発達研究は，わが国においても，また世界的にみても，急速に発展し，膨大な研究知見が生み出されてきた．発達心理学は，かつて児童心理学とよばれていたが，今や人生のすべての時期の人々が発達研究の対象となっているし，実に多様な現象が発達研究のテーマとなってきている．新しい研究テーマは新しい研究方法を要求する．一方で，新しい研究方法の開拓はさらに新しい問題に接近することを可能にする．このような相乗効果で，発達研究は，今もダイナミックに変化し続けている．

　研究の発展は，深い専門性をつくり出してきた．一方で専門性の深まりとともに，研究者の関心が狭い領域に細分化する傾向が生まれてきた．最近では，発達心理学会の中においてさえ，専門の異なる領域の研究成果を理解することや，研究の進展についていくことが難しくなりつつある．

　発達研究は，発達心理学の枠の中で完結できるものではない．発達現象を正しく理解しようとすれば，発達心理学だけでなく，進化学，比較行動学，行動遺伝学，脳科学などの関連する諸科学の知見や方法を参照せざるを得なくなってきている．当然ながら，関連諸科学は，時には発達心理学以上のスピードで発展し，新たな知見を産出するとともに，それまでの常識を覆すような発見を次々と成し遂げている．

　社会状況の急激な変化は，数多くの重要な，しかし解決の難しい問題を発達に関わる人々に突きつけてきている．2011 年 3 月に起きた福島第一原発の事故は，科学が社会の中でいかにあるべきかという深刻な問いを科学者に投げかけることになった．発達研究者も例外ではないに違いない．我々研究者は，自らが生み出す研究知見が社会的にどのような意味をもつかに無関心でいることはできない．我々は，発達心理学に対する臨床的で実践的な社会の要求の増大に受身的に関わるのではなく，社会のさまざまな問題の解決に積極的に関与する能力と責任があることを自覚しなければならないのではないだろうか．

　今や，我々は，単に自分の専門領域にとどまり，その専門性を追究するだけではすまなくなっている．我々は，一歩進んで，みずからの研究をほかのさまざまな専門領域の研究と交差させなければならないし，社会のさまざまな問題の解決に積極的に関与していかなければならない．しかし，このような要求に十分に応

えることが難しくなりつつあることも事実である．一人の研究者が，発達に関わる多くの活動の現状や発達心理学研究の全体像を把握することは非常に難しくなってきているからである．

　本事典は，このような状況の中で発達を学ぼうとする学生や発達に関わる活動に携わっている方々に，関連領域を含めた現在の発達心理学の全体像を的確に示すと同時に，まさに発達しつつある発達心理学のおもしろさや重要性をビビッドに伝えることをめざして，日本発達心理学会が総力をあげて編集したものである．

　本事典は，人の行動を25個の動詞でとらえ，それぞれの動詞に関わる発達心理学と関連領域の重要な研究トピックを選び出して解説した．本事典で解説する項目の多くは相互に密接に関連している．そこで，編集にあたって，ある項目を読むことで，関連するほかの項目を参照したり，もっと先を調べてみようと思ってもらえたりするような事典にすることをめざした．また，単なる辞典として解説するのではなく，学生や発達に関わる活動をしている方々だけでなく，専門家にも読み応えのあるような事典にすることをめざした．もとより，すでに述べた事情で，この事典でますます拡大している発達心理学の全体をカバーすることはできないかもしれないし，すぐに時代遅れになってしまう可能性も大きい．しかし，今もダイナミックに成長し続ける発達心理学を大づかみに読者に示すことはできたと自負している．この事典を通して，発達を学ぼうとする学生や発達に関わる活動をしている方々にとって有益な情報を提供することができれば幸いである．また，発達研究者に対して，みずからの専門や問題を越えたさまざまな領域で行われている研究の見取り図を提供することになるとすれば望外の喜びである．本事典が，多くの方々に価値あるものとして読み継がれ，利用されることを心から願っている次第である．

　本事典の刊行にあたって，多くの方々にご尽力いただいた．編集作業に積極的に取り組んでくださった編集委員に感謝したい．本事典は，彼らの献身なくしては成立し得なかった．執筆者は，いずれも現在の発達心理学会や関連領域において最高の仕事をしている研究者である．時間的にも分量的にも非常に限られた中で，編集委員会の無理な要求に応え素晴らしい原稿を寄せてくださった執筆者の皆さんに，編集委員会を代表して心から感謝申し上げる次第である．

　最後に，編集作業の煩雑な裏方の仕事を一手に引き受け，処理してくださった丸善出版の小林秀一郎さんと松平彩子さんに，編集委員会を代表して心から感謝したい．

2013年4月

日本発達心理学会
発達心理学事典編集委員会
編集委員長　氏　家　達　夫

■編集委員一覧 (五十音順)

編集委員長

氏家 達夫　名古屋大学

編集委員

岩立 志津夫　日本女子大学［日本発達心理学会出版企画委員会委員長］
尾見 康博　山梨大学
子安 増生　京都大学［日本発達心理学会理事長］
佐藤 有耕　筑波大学
杉村 和美　広島大学
外山 紀子　津田塾大学
長崎 勤　筑波大学
根ヶ山 光一　早稲田大学
能智 正博　東京大学
南 徹弘　甲子園大学
村井 潤一郎　文京学院大学

執筆者一覧 (五十音順) ＊(非)は非常勤を表す

青木 紀久代	お茶の水女子大学
縣 拓充	日本学術振興会特別研究員
秋田 喜代美	東京大学
麻生 武	奈良女子大学
安達 智子	大阪教育大学
有園 博子	兵庫教育大学
五十嵐 敦	福島大学
池田 幸恭	和洋女子大学
石井 宏典	茨城大学
石丸 径一郎	東京大学
板倉 昭二	京都大学
伊藤 忠弘	学習院大学
伊藤 英夫	文京学院大学
伊藤 美奈子	奈良女子大学
井上 果子	横浜国立大学
井上 智義	同志社大学
今尾 真弓	名古屋大学(非)
岩立 志津夫	日本女子大学
上淵 寿	東京学芸大学
上村 佳世子	文京学院大学
氏家 達夫	名古屋大学
臼井 博	札幌学院大学
浦上 昌則	南山大学
遠藤 利彦	東京大学
大倉 得史	京都大学
大嶋 百合子	McGill 大学
大塚 由美子	New South Wales 大学
大伴 潔	東京学芸大学
大野 久	立教大学
大浜 幾久子	駒澤大学
大藪 泰	早稲田大学
岡田 猛	東京大学
岡田 努	金沢大学
岡林 秀樹	明星大学
岡本 伸彦	大阪府立母子保健総合医療センター
岡本 祐子	広島大学
岡本 依子	湘北短期大学
長田 久雄	桜美林大学
小塩 真司	早稲田大学
小田切 紀子	東京国際大学
落合 正行	追手門学院大学
小野里 美帆	文教大学
小保方 晶子	白梅学園大学
掛札 逸美	保育の安全研究・教育センター
柏木 惠子	東京女子大学名誉教授
勝田 有子	勝田医院
加藤 容子	椙山女学園大学
加藤 義信	愛知県立大学
金沢 創	日本女子大学
金澤 忠博	大阪大学
金谷 京子	聖学院大学
金田 利子	東京国際福祉専門学校
金政 祐司	追手門学院大学
川合 伸幸	名古屋大学
川田 学	北海道大学
川野 健治	国立精神・神経医療研究センター
川間 健之介	筑波大学
菅野 和恵	筑波大学
北島 博之	大阪府立母子保健総合医療センター
木下 孝司	神戸大学
木部 則雄	白百合女子大学
楠見 孝	京都大学
久保 ゆかり	東洋大学
黒沢 香	東洋大学
小池 敏英	東京学芸大学
向後 礼子	近畿大学

執筆者一覧

小嶋　秀樹	宮城大学
小島　康次	北海学園大学
児玉　典子	滋賀大学
後藤　宗理	椙山女学園大学
小林　剛史	文京学院大学
駒田　陽子	東京医科大学
子安　増生	京都大学
権藤　恭之	大阪大学
酒井　朗	大妻女子大学
酒井　厚	山梨大学
坂上　裕子	青山学院大学
佐島　毅	筑波大学
サトウタツヤ	立命館大学
澤田　匡人	宇都宮大学
篠田　道子	日本福祉大学
篠原　郁子	愛知淑徳大学
芝田　征司	相模女子大学
柴山　真琴	大妻女子大学
志村　洋子	埼玉大学
下仲　順子	文京学院大学
下村　英雄	労働政策研究・研修機構
首藤　敏元	埼玉大学
東海林麗香	山梨大学
荘島　宏二郎	大学入試センター
荘島　幸子	帝京平成大学
白井　利明	大阪教育大学
白井　述	新潟大学
白神　敬介	国立精神・神経医療研究センター（非）
新谷　和代	帝京大学
杉村　和美	広島大学
杉村　伸一郎	広島大学
鈴木　聡志	東京農業大学
鈴木　忠	白百合女子大学
鈴木　宏昭	青山学院大学
荘厳　舜哉	前・京都光華女子大学
相馬　敏彦	広島大学
曽山　和彦	名城大学
高井　清子	日本女子大学
田垣　正晋	大阪府立大学
高橋　惠子	聖心女子大学名誉教授
高橋　登	大阪教育大学
髙橋　美保	東京大学
髙橋　雄介	京都大学
高比良　美詠子	中部大学
竹尾　和子	東京理科大学
竹下　秀子	滋賀県立大学
田澤　実	法政大学
田島　信元	白百合女子大学
田中　健夫	山梨英和大学
玉井　邦夫	大正大学
旦　直子	帝京科学大学
都筑　学	中央大学
津田　均	名古屋大学
常田　秀子	和光大学
恒藤　暁	大阪大学
戸田　有一	大阪教育大学
塘　利枝子	同志社女子大学
外山　紀子	津田塾大学
仲　真紀子	北海道大学
中垣　啓	早稲田大学
長崎　勤	筑波大学
中島　伸子	新潟大学
永田　雅子	名古屋大学
中西　大輔	広島修道大学
中野　茂	北海道医療大学
長野　祐一郎	文京学院大学
永久　ひさ子	文京学院大学
中間　玲子	兵庫教育大学
中村　このゆ	追手門学院大学
中谷　素之	名古屋大学
七木田　敦	広島大学
七海　陽	相模女子大学
西田　保	名古屋大学

執筆者一覧

二宮 克美	愛知学院大学
根ヶ山 光一	早稲田大学
野瀬 出	日本獣医生命科学大学
野村 晴夫	大阪大学
野村 理朗	京都大学
萩原 建次郎	駒澤大学
橋彌 和秀	九州大学
長谷川 智子	大正大学
長谷川 寿一	東京大学
長谷川 真理子	総合研究大学院大学
秦野 悦子	白百合女子大学
浜田 寿美男	奈良女子大学名誉教授
濱田 穣	京都大学
濱野 佐代子	帝京科学大学
林 智幸	静岡英和学院大学
速水 敏彦	中部大学
原田 知佳	名城大学
針生 悦子	東京大学
繁多 進	白百合女子大学名誉教授
日野林 俊彦	大阪大学
平井 真洋	自治医科大学
平石 界	安田女子大学
平石 賢二	名古屋大学
平田 修三	早稲田大学(博士後期課程)
廣瀬 由美子	前・国立特別支援教育総合研究所
藤崎 春代	昭和女子大学
藤田 綾子	甲子園大学
藤永 保	お茶の水女子大学名誉教授
藤野 博	東京学芸大学
藤村 宣之	東京大学
文野 洋	文京学院大学
古橋 忠晃	名古屋大学
古山 宣洋	国立情報学研究所
別府 哲	岐阜大学
保坂 亨	千葉大学
前川 あさ美	東京女子大学
松島 公望	東京大学
松嶋 秀明	滋賀県立大学
松村 暢隆	関西大学
松本 光太郎	茨城大学
松本 学	共愛学園前橋国際大学
丸野 俊一	九州大学
三浦 麻子	関西学院大学
箕口 雅博	立教大学
三嶋 博之	早稲田大学
溝上 慎一	京都大学
光田 信明	大阪府立母子保健総合医療センター
南 徹弘	甲子園大学
明和 政子	京都大学
無藤 隆	白梅学園大学
村岡 慶裕	早稲田大学
村野井 均	茨城大学
茂垣 まどか	立教大学(非)
森岡 正芳	神戸大学
森口 佑介	上越教育大学
森下 葉子	文京学院大学
森永 康子	広島大学
安田 裕子	立命館大学
山 祐嗣	大阪市立大学
山形 恭子	京都ノートルダム女子大学
山形 伸二	大学入試センター
山口 創	桜美林大学
山崎 晃	明治学院大学
やまだ ようこ	立命館大学
山内 兄人	早稲田大学
矢守 克也	京都大学
湯澤 正通	広島大学
若本 純子	鹿児島純心女子大学
和田 有史	農業・食品産業技術総合研究機構
渡部 雅之	滋賀大学
渡辺 弥生	法政大学
渡邊 芳之	帯広畜産大学

目 次

(※見出し語五十音索引は目次の後にあります)

1. かたる (編集担当：能智正博)

概念と語彙 ——— 4	対 話 ——— 14
出来事の語り ——— 6	バイリンガル ——— 16
自己と語り ——— 8	供述・証言 ——— 18
ファンタジーの語り ——— 10	ライフストーリー ——— 20
ことばのおくれ ——— 12	ライフレビュー ——— 22

2. かんじる (編集担当：外山紀子)

乳児の知覚研究法 ——— 28	数の知覚 ——— 38
物理現象の知覚 ——— 30	多感覚の発達 ——— 40
空間知覚 ——— 32	生態学的知覚 ——— 42
身体運動知覚 ——— 34	嗜好の発達 ——— 44
顔知覚 ——— 36	自閉症と知覚 ——— 46

3. ふれる (編集担当：根ヶ山光一)

抱 き ——— 52	タッチング ——— 62
三項関係 ——— 54	アフォーダンス ——— 64
移行対象 ——— 56	バーチャルリアリティ ——— 66
授乳・離乳 ——— 58	セクシャリティ ——— 68
アロマザリング ——— 60	介 護 ——— 70

4. かんがえる (編集担当：子安増生)

思 考 ——— 76	実行機能 ——— 86
概念形成 ——— 78	状況的認知 ——— 88
仮説検証 ——— 80	操作的思考 ——— 90
意思決定 ——— 82	他者視点 ——— 92
認知スタイル ——— 84	発生的認識論 ——— 94

5. いきる （編集担当：根ヶ山光一）

食行動	100	事故	110
睡眠	102	攻撃	112
姿勢・移動	104	時間	114
音楽性	106	宗教性	116
遊び	108	生と死	118

6. まなぶ （編集担当：外山紀子）

発達と学習	124	動機づけ	134
知能	126	学力と格差	136
学校での学び	128	計数・算数	138
協調学習	130	読み書き	140
学びの個人差	132	早期教育	142

7. そだてる （編集担当：氏家達夫）

地域の子育て	148	才能と知能，学力	158
コーチング	150	乳幼児と親子関係	160
やる気	152	児童・青年と親子関係	162
創造性	154	親を育てる	164
パーソナリティ	156	子別れ	166

8. おいる （編集担当：南 徹弘）

加齢と寿命の生物学	172	高齢者の社会的適応	182
身体特性の加齢	174	高齢者の心理・性格特性	184
3世代の親子関係・家族関係	176	百寿者研究のねらい	186
中年の危機	178	高齢者の終末期ケア	188
加齢と老化	180	死と死にゆくこと	190

9. あいする （編集担当：村井潤一郎）

愛着	196	同性愛	206
親子関係	198	自己愛	208
夫婦関係	200	ドメスティック・バイオレンス	210
友人関係	202	妬みと嫉妬	212
恋愛関係	204	愛と憎しみ	214

10. はずれる （編集担当：氏家達夫）

規格外であること ── 220	病を得るということ ── 230
マイノリティであること ── 222	差別を受けるということ ── 232
自分であることの違和感 ── 224	キャリアの挫折 ── 234
問題行動 ── 226	はずれることの積極的意義 ── 236
犯　罪 ── 228	

11. かかわりあう （編集担当：佐藤有耕）

人見知り ── 242	メディアと子ども ── 252
共同注意 ── 244	対人関係の希薄化 ── 254
基本的信頼 ── 246	感　謝 ── 256
ソーシャルスキル ── 248	世代間関係 ── 258
仲間関係 ── 250	孤独感 ── 260

12. うまれる （編集担当：南 徹弘）

系統発生と個体発生 ── 266	生まれるとき ── 276
発達における遺伝と環境 ── 268	ふたご研究のゆくえ ── 278
遺伝性疾患の発達と予後 ── 270	超低出生体重児の予後 ── 280
妊娠・出産・誕生 ── 272	家族の起源 ── 282
妊娠中の疾患 ── 274	親になること/親をすること ── 284

13. はたらく （編集担当：杉村和美）

進路選択 ── 290	ワーク・ライフ・バランス ── 300
キャリア発達 ── 292	働きざかり ── 302
青年期の延長 ── 294	時間的展望 ── 304
学校から仕事への移行 ── 296	レジャー ── 306
フリーターとニート ── 298	価値観 ── 308

14. なやむ （編集担当：杉村和美）

同一性の危機 ── 314	摂食障害 ── 326
モラトリアム ── 316	いじめの発達への影響 ── 328
自我の強さ ── 318	リスクと自立 ── 330
親子間葛藤 ── 320	カウンセリングを通じての変化 ── 332
自尊感情 ── 322	大学生の発達支援 ── 334
自己へのとらわれ ── 324	

15. ささえる （編集担当：長崎 勤）

- ADHD・LD児者の発達支援 —— 340
- ダウン症児者の発達支援 —— 342
- 自閉症スペクトラム障害の発達支援 —— 344
- 視覚・聴覚障害児者の発達支援 —— 346
- 障害児者のきょうだいへの発達支援 —— 348
- 教育分野におけるユニバーサルデザイン —— 350
- 虐待を受けた子どもの発達支援 —— 352
- 災害にあった子どもの発達支援 —— 354
- キャリア支援 —— 356
- 貧困への支援 —— 358

16. うごく （編集担当：長崎 勤）

- 共鳴動作 —— 364
- 運動発達 —— 366
- フォーマット・協同活動 —— 368
- 保育とうごき —— 370
- 幼小移行：小1プロブレム —— 372
- 小中移行：中1プロブレム —— 374
- 災害避難 —— 376
- 移民・外国人子女 —— 378
- ひきこもり —— 380
- 障害者の就労支援 —— 382

17. あらわす （編集担当：子安増生）

- 表象 —— 388
- ふりと模倣 —— 390
- 共感性 —— 392
- メンタライジング —— 394
- 表情 —— 396
- 相貌的知覚 —— 398
- 情動 —— 400
- あざむき —— 402
- 表示規則 —— 404
- 自己効力（感） —— 406

18. なる （編集担当：佐藤有耕）

- 新生児期・乳児期 —— 412
- 幼児期 —— 414
- 児童期 —— 416
- 青年期 —— 418
- 中年期 —— 420
- 老年期 —— 422
- 発達観・発達の原理 —— 424
- 発達加速現象 —— 426
- 思春期 —— 428
- アイデンティティ —— 430
- おとなになること —— 432

19. ある （編集担当：岩立志津夫）

ビッグファイブ	438	ジェンダー	448
レジリエンス	440	生得性（領域固有性）	450
外傷（トラウマ）体験	442	発達の壁	452
気質と個人差	444	発達持続	454
進化	446	発達段階	456

20. くらべる （編集担当：尾見康博）

社会的条件と心理的条件	462	理想自己と現実自己	472
文化心理学と比較文化心理学	464	内集団と外集団	474
異文化比較	466	きょうだい	476
異文化間教育・多文化教育	468	ヒトと動物	478
健常と障害	470	ヒトとロボット	480

21. うしなう （編集担当：能智正博）

親の離婚	486	中途疾患	496
不妊・中絶	488	犯罪被害	498
パートナーとの別れ	490	被災	500
失業・リストラ	492	移民・難民	502
ペットロス	494	自殺・死別	504

22. はかる （編集担当：村井潤一郎）

発達をはかる	510	ことばをはかる	520
知能をはかる	512	学力をはかる	522
性格をはかる	514	態度をはかる	524
感情をはかる	516	脳機能をはかる	526
記憶をはかる	518	環境をはかる	528

23. しらべる （編集担当：尾見康博）

面接法	534	史資料分析	544
観察法	536	事例研究	546
質問紙調査法	538	談話分析	548
実験法	540	縦断研究と横断研究	550
ネット調査	542	質的研究と量的研究	552

24. うったえる (編集担当：岩立志津夫)

ジェンセニズムの功罪 ——— 558	社会的責任 ——— 568
教育政策 ——— 560	発達心理学と差別 ——— 570
研究倫理 ——— 562	発達心理学の未来 ——— 564
子育て政策 ——— 564	幼保一元化 ——— 574
社会政策 ——— 566	

25. てをくむ (編集担当：岩立志津夫)

国外・国際学会 ——— 530	隣接科学（認知科学）——— 586
心理学資格 ——— 582	隣接国内学会 ——— 588
臨床発達心理士 ——— 584	

見出し五十音索引 ———	xv
和文引用文献 ———	591
欧文引用文献 ———	624
事項索引 ———	667
人名索引 ———	689

※タイトル右側の相互参照について：本事典では，複数の章，項目間で，内容が部分的に相補的になっている．またそれぞれの視点を説明するために，同じ概念や現象を取り上げていることもある．そこで，各項目に関連する項目についての相互参照の情報をつけることにした．編集委員会の"お薦め情報"として受け止め，活用していただけたら幸いである．ただ，本事典は編集方針として，読み物としても十分読み応えのある書物になることをめざしている．相互参照だけにこだわることなく，本事典を読み進めていただきたい．

見出し語五十音索引

■ A～Z

3世代の親子関係・家族関係　176
ADHD・LD児者の発達支援　340

■ あ

愛着　196
アイデンティティ　430
愛と憎しみ　214
あざむき　402
遊び　108
アフォーダンス　64
アロマザリング　60

移行対象　56
意思決定　82
いじめの発達への影響　328
遺伝性疾患の発達と予後　270
異文化間教育・多文化教育　468
異文化比較　466
移民・外国人子女　378
移民・難民　502

生まれるとき　276
運動発達　366

おとなになること　432
親子間葛藤　320
親子関係　198
親になること／親をすること　284
親の離婚　486
親を育てる　164
音楽性　106

■ か

介護　70
外集団　474
外傷（トラウマ）体験　442
概念形成　78

概念と語彙　4
カウンセリングを通じての変化　332
顔知覚　36
学力と格差　136
学力をはかる　522
数の知覚　38
仮説検証　80
家族の起源　282
価値観　308
学校から仕事への移行　296
学校での学び　128
加齢と寿命の生物学　172
加齢と老化　180
環境をはかる　528
観察法　537
感謝　256
感情をはかる　516

記憶をはかる　518
規格外であること　220
気質と個人差　444
基本的信頼　246
虐待を受けた子どもの発達支援　352
キャリア支援　356
キャリアの挫折　234
キャリア発達　292
教育政策　560
教育分野におけるユニバーサルデザイン　350
共感性　392
供述・証言　18
きょうだい　476
協調学習　130
共同注意　244
共鳴動作　364

空間知覚　32

計数・算数　138
系統発生と個体発生　266

研究倫理　562
健常と障害　470

攻　撃　112
高齢者の社会的適応　182
高齢者の終末期ケア　188
高齢者の心理・性格特性　184
国外・国際学会　530
子育て政策　564
コーチング　150
孤独感　260
ことばのおくれ　12
ことばをはかる　520
子ども　252
子別れ　166

■さ
災害にあった子どもの発達支援　354
災害避難　376
才能と知能，学力　158
差別を受けるということ　232
三項関係　54

ジェンセニズムの功罪　558
ジェンダー　448
視覚・聴覚障害児者の発達支援　346
自我の強さ　318
時　間　114
時間的展望　304
事　故　110
自己愛　208
思　考　76
嗜好の発達　44
自己効力（感）　406
自己と語り　8
自己へのとらわれ　324
自殺・死別　504
思春期　428
史資料分析　544
姿勢・移動　104
自尊感情　322
失業・リストラ　492
実験法　540
実行機能　86
質的研究と量的研究　552

質問紙調査法　538
児童期　416
児童・青年と親子関係　162
死と死にゆくこと　190
自分であることの違和感　224
自閉症スペクトラム障害の発達支援　344
自閉症と知覚　46
社会政策　566
社会的条件と心理的条件　462
社会的責任　568
宗教性　116
縦断研究と横断研究　550
授乳・離乳　58
障害児者のきょうだいへの発達支援　348
障害者の就労支援　382
状況的認知　88
小中移行：中1プロブレム　374
情　動　400
食行動　100
事例研究　546
進　化　446
新生児期・乳児期　412
身体運動知覚　34
身体特性の加齢　174
心理学資格　582
心理的条件　462
進路選択　290

睡　眠　102

性格をはかる　514
生態学的知覚　42
生得性　450
生と死　118
青年期　418
青年期の延長　294
セクシャリティ　68
世代間関係　258
摂食障害　326

早期教育　142
操作的思考　90
創造性　154
相貌的知覚　398
ソーシャルスキル　248

■た

大学生の発達支援　334
対人関係の希薄化　254
態度をはかる　524
対　話　14
ダウン症児者の発達支援　342
多感覚の発達　40
抱　き　52
他者視点　92
タッチング　62
談話分析　548

地域の子育て　148
知能　126
知能をはかる　512
中途疾患　496
中年期　420
中年の危機　178
超低出生体重児の予後　280

出来事の語り　6

同一性の危機　314
動機づけ　134
同性愛　206
動　物　478
ドメスティック・バイオレンス　210

■な

内集団と外集団法　474
仲間関係　250

乳児の知覚研究ほ　28
乳幼児と親子関係　160
妊娠・出産・誕生　272
妊娠中の疾患　274
認知科学　586
認知スタイル　84

妬みと嫉妬　212
ネット調査　542

脳機能をはかる　526

■は

バイリンガル　16
はずれることの積極的意義　236
パーソナリティ　156
働きざかり　302
バーチャルリアリティ　66
発生的認識論　90,94
発達加速現象　426
発達観・発達の原理　424
発達支援　342, 344, 346, 352, 354
発達持続　454
発達心理学と差別　570
発達心理学の未来　564
発達段階　456
発達と学習　124
発達における遺伝と環境　268
発達の壁　452
発達をはかる　510
パートナーとの別れ　490
犯　罪　228
犯罪被害　498

比較文化心理学　464
ひきこもり　380
被　災　500
ビッグファイブ　438
ヒトと動物　478
ヒトとロボット　480
人見知り　242
百寿者研究のねらい　186
表示規則　404
表　象　388
表　情　396
貧困への支援　358

ファンタジーの語り　10
夫婦関係　200
フォーマット・協同活動　368
ふたご研究のゆくえ　278
物理現象の知覚　30
不妊・中絶　488
フリーターとニート　298
ふりと模倣　390
文化心理学と比較文化心理学　464

ペットロス　494

保育とうごき　370

■ま
マイノリティであること　222
学びの個人差　132

メディアと子ども　252
面接法　534
メンタライジング　394

モラトリアム　316
問題行動　226

■や
病を得るということ　230
やる気　152

友人関係　202
ユニバーサルデザイン　350

幼児期　414

幼小移行：小1プロブレム　372
幼保一元化　574
読み書き　140

■ら
ライフストーリー　20
ライフレビュー　22

リスクと自立　330
理想自己と現実自己　472
量的研究　552
臨床発達心理士　584
隣接科学（認知科学）　586
隣接国内学会　588

レジャー　306
レジリエンス　440
恋愛関係　204

老年期　422
ロボット　480

■わ
ワーク・ライフ・バランス　300

1. かたる

【本章の概説】

「かたる」ことはホモ・サピエンス（知性をもつ存在）であると同時にホモ・ロクエンス（言葉を操る存在）である人間の重要な側面である．発達心理学はこれまでも，赤ん坊が成長していく過程でいかに言語を獲得するか，その機序に強い関心をもってきた．20世紀の半ばまでは行動主義の影響のもと，言語は白紙の上に描き込まれる刺激と反応の複雑なつながりとして理解される傾向が強かった．20世紀後半以降になると逆に，チョムスキーの生成文法理論などの影響もあって遺伝的に規定された生得的なシステムが強調されたり，そこまでいかなくても，言語獲得の前提として認知面の発達が重視されるようになった．

ではなぜ本章では，言語の諸側面のなかで「話す」でも「言う」でもなく，また「書く」でも「読む」でもなく，「かたる」なのだろうか．確かに，「言語」という閉じられた領域を仮定して発達心理学的な研究を概観したい場合には，「かたる」を中心にとらえることに違和感がもたれるかもしれない．この章が「かたる」をキーワードとして選択した理由は，人間の生涯発達における言葉の役割，さらには社会・文化との広範な関係がこの語にたたみ込まれ，折り込まれているからにほかならない．

「かたる」という語には，言葉を発することに関わる類縁の語とはやや異なる，独特のニュアンスがある（坂部，2000）．たとえば「言う」という語は，有意味な音声が口から発せられるという単純な行動に焦点が当たっており，聴き手の有無や話し手への効果は含意されていない．なるほど，独り言は話したり語ったりはせず，基本的には言うものである．また，「話す」は「離す」という語と響き合っているところからも推測できるように，すでにできあがった内容を自分から外の方へと移動させ手放すといった意味が含まれる．似たことばに「述べる」があるが，こちらは「延べる」と同音であり，内容を外へと広げていく感じになる．いずれにせよ，受け取る側についての意識はそれほど明瞭ではない．

それに対して「かたる」は「かたどる」という語と類縁関係にあって，何かをそこで造形するとかつくり出すとかいったニュアンスがそこに加わる．「語る」だけではなく「騙る」という字もあてられるところからもわかるように，「かたり」には入念につくりあげられた独自の内容と構造があり，それゆえ「かたる」ことで聴き手に対する働きかけがなされ影響を与えることもある．現実の場面における私たちの言語使用はこのように，単に声を発することでも言葉を移動させることでもなく，語を組み合わせながら他者に対する働きかけを行うものであり，「かたる」という語と相性がよいように思われる．

ただ，「かたる」ことは個人によって全く自由に行使されるとは限らない．それは状況に制約され，ときには方向づけられる，ある意味で不自由な営みでもある．例えば対話場面では，相手が誰でどのように振る舞うかによって，語り方も語りの内容も程度の差こそあれ違ってくる．語りは「本音」がそのままかたちに

なるものではなく，聴き手との間で共同して構築されるものともいえる．確かに個人は，一方で語りを支配する主体なのだが，しかし同時に，語りの場に支配される客体でもある．

　語りの場はさらに，具体的な対面状況を越えて広がってもいる．個人は，社会・文化のなかで共有される語りの型との緊張関係の中で，自分について，また，世界について「かたる」ことになる．例えば子どもが「自分はサッカーがうまい」と誇らしげに口にするとき，その背景にはサッカーがうまいことを価値とする文化があるし，「8月15日は終戦の日だ」という「事実」に言及するときですら，「負けたのではなく終わったのだ」という，社会のなかで多かれ少なかれ認められている主張がその背景にあるかもしれない．個人は，社会のなかにある語りの型を身につけ，それを使うことで社会にみずからを結びつけることができる．また，それが抑圧的に感じられるときには，そこから距離をとる道も閉ざされているわけではない．

　本章は，以上のような「かたる」行為の諸相を幅広くカバーする項目を収集している．選択された項目のうち前半は，どちらかといえば伝統的な発達心理学の研究の中でも扱われることが多かったテーマに関係するものである．赤ん坊は，すでに言語的なやりとりが行われている世界の中に生み落とされ，「概念と語彙」のような基本的な言語活動の素材を習得しはじめる．その前提には，親子の「対話」的な交流があり，この交流は以後も発展して生涯を通じて続くことになる．幼児のことばはその後，一語文，二語文と発展していき，語られる内容としても，「出来事の語り」や「ファンタジーの語り」などへと広がっていく．もちろん，子どもの中には典型発達からはずれ，語りがなかなか育っていかない「ことばのおくれ」の事例も認められるだろう．また，環境によっては，「バイリンガル」のように複数の形式の語りを身につける個人も現れるだろう．

　一方近年では，「かたる」ことと個人の生の間で展開される，つくりつくられるダイナミックな関係に視野を広げていこうとする研究が認められる．例えば，「自己と語り」に見られるように，個人が生きる「自己」の発達は，その人が人々の間で自分をどのように「かたる」かと密接な関係がある．また，人生や生活についての物語である「ライフストーリー」は，その人の生きる世界をつくりあげ，それが語り直される中でその世界は更新され続けるだろう．特に高齢期に行われることが多い人生の回顧，すなわち「ライフレビュー」は，晩年における語り直しの意味を例証するものでもある．ただ，そうした語りは社会・文化的な力が錯綜した文脈の中で生み出されるものであり，「供述・証言」場面にみられるように，そこでつくりあげられたストーリーがその人の生を拘束する場合があることも忘れるべきではない．いずれにせよ，こうした諸項目が，「かたる」という行為が開く領域横断的な発達研究への手がかりになることを期待したい．　　　［能智正博］

概念と語彙

☞「概念形成」p. 78,「読み書き」p. 140,「表象」p. 388

　ことばを使うには，個々の単語がどのような形式をとり（音韻），他の単語とどのように結合し（文法），どのような概念を指示するか（意味）を知らなければならない．我々の頭の中でこれらの情報は緊密に関連づけられ，その見出しが個々の語彙項目（単語）であり，その総体が語彙である．語彙獲得とは，個々の単語に，これらの情報を結びつけていくことであり，意味的な面では，個々の単語に適切な概念を対応づけ，単語どうしの関係を明らかにしていくことにほかならない．

●**概念の切出しをめぐる問題（ガヴァガーイ問題）**　では，単語に対応づけるべき概念を，我々はどのようにして知るのか．すでにある程度の語彙を獲得した後であれば，ことばで単語の意味を説明してもらったり，辞書で調べたりすることもできる．しかし，ことばを学び始めたばかりの子どもは，ほかの人がその単語をどのように用いていたかを観察し，そこから意味を推測するしかない．

　おとなの立場からすれば，対象を指さして単語を言うという方法は，単語の意味を伝えるうえで，最もシンプルで確実な方法と思われるかもしれない．例えば，自分がまだよく知らない言語の話者が，ウサギを指さして「ガヴァガーイ」と言ったとすれば，そのガヴァガーイとはウサギカテゴリー（その指さされたウサギだけでなく，ほかのウサギも含むという意味で）の名前だと考えるのが当たり前であり，子どもたちもこのようにして単語の意味を学ぶに違いない．多くの人がそのように考えているだろう．

　しかし，この場面で示されているのは，ガヴァガーイという単語が目の前のウサギと何か関係があるということだけである．そこからこの単語に結びつけるべき概念を切り出す方法は，実は無限にある（Quine, 1960/1984）．ガヴァガーイとは，（常識的に多くのおとなが考えるように）ウサギカテゴリーの名前かもしれないが，そのウサギの固有名詞である可能性も排除できず，"白い" "ふわふわしている" などの属性をさしている可能性もある．このようにクワインが論じて以来，対象を示して単語を言うことが意味を伝えるうえでは曖昧なものにすぎないということは，「ガヴァガーイ問題」と知られるようになった．

●**子どもの語彙獲得**　この問題に最も深刻なかたちで直面するのは，ことばを学び始めたばかりの子どもたちである．彼らは，単語の意味をことばで説明してもらったり，辞書で調べたりすることはできず，おとなは，対象を示して単語を言うという方法でその意味を教えようとする．こうして，ことばを使い始めたばかりの子どもが，白い犬を見て覚えた "ワンワン" という単語を，猫やライオンなど犬以外の動物，さらには白いもの一般，ふわふわしたもの一般にも使うように

なった，とのエピソードは珍しくない．このように，ことばの学習を開始したばかりの頃の子どものようすをみれば，彼らが単語に対応づけるべき概念をいかに切り出すかという問題と格闘していることがわかる．

　それでも，子どもはやがて，対象を示されて言われた単語は，その対象の部分や属性でなく全体をさし（事物全体原理），しかも，その対象の固有名詞ではなくカテゴリー名と考える（事物カテゴリー原理），というようにして効率よく単語を学習していくようになる（Markman, 1989）．こうなると，新しい単語を身につけるスピードも，当初は月に3〜5語といったペースであったものが一気に加速し，月に30語あるいはそれ以上になる（語彙爆発）．

●モノの名前は特別か　このように，子どもは事物全体原理や事物カテゴリー原理などを使って，それこそたった一度示されただけの単語の意味を（潜在的には無数の可能性があるにもかかわらず）かなり正しく推論している．このことを最初に指摘したマークマンは当初，これらの原理が子どもに生まれつき備わっていると考えていたようである．しかし，上の"ワンワン"という単語をめぐるエピソードをみてもわかるように，子どもの単語の使い方は最初からこれらの原理に従ったものというわけではない．また，おとなの単語の使い方もこれらの原理とおおよそ対応しており，子どもはそこからこれらの原理を学習可能である．このようなところから，これらの原理を生得的とみなす必要はない，と最近では考えられている．

　それにしても，これらの原理は，対象を示して単語が言われる場面において，モノ（物体）の名前が学習されやすいことを示唆するものだが，本当に子どもたちは，例えば動作の名前（動詞）よりはモノの名前（名詞）を中心に学習し，語彙を増やしているのだろうか．ゲントナー（Gentner, 1982）は自然分割仮説を唱え，モノは，動作などと比べ，時空間的な安定性も高く，概念としての切り出しも容易なため，そのラベル（名詞）は，子どもたちの最初期の語彙において優位になっていると論じた．これに対する反論としては，英語では主語や目的語の省略もほとんどなく，文の最後の目立つ位置にくるのも名詞であるため，このような入力にさらされて育つ英語圏の子どもたちにおいては名詞語彙が優位になっているだけではないか，との指摘もあった．この議論は，子どもの語彙獲得が人類にとって切り出しやすい概念基盤（e.g. モノのカテゴリー）の上に進められるのか（概念が先か），それとも子どもはよく耳にする（種類の）単語に対応する（種類の）概念の切り出し方を学びその種類の単語をよく学習できるようになっていくだけなのか（言語が先か），をめぐるものといえる．その後の研究では,動詞は，対応づけるべき概念（動作や関係）を場面から正確に切り出すことが難しく，子どもは早い時期から，動詞よりはモノの名前を効率よく学習していっていることが示唆されている（今井・針生, 2007）．

［針生悦子］

出来事の語り

☞「表象」p. 388

　語りとは，時間的に連続した出来事を口頭で述べるものである．おとなも子どもも出来事を語るが，以下では子ども，特に幼児の語りに焦点を当てる．

●**子どもは何を語るのか**　出来事には，繰り返されるルーティン的側面とあの日・あの時に特別なエピソード的側面とがある．ルーティン的側面があることで，未来についても予測して適切にふるまうことが可能になり，一方，他者とは異なる自分らしさを形成していくのはエピソード的側面である．2歳前後の女児が入眠前の独り言で，クリスマスや弟の誕生などのエピソードについても，保育園に行ったなどのルーティンについても語ったという研究（Nelson, 1989）もあり，かなり早期から出来事の語りをするようである．

　ルーティンについては，スクリプトあるいは一般的出来事表象（generalized event representation：GER）などの概念を用いて研究されてきた．両者ともにスキーマ理論に位置づけられるが，スクリプトはコンピュータモデルの研究文脈で提案された概念であり，3要素（①特定の空間-時間的文脈に適した行為と要素を含む，②目標をめぐって組織化されている，③時間的順序になっている）からなる（Schank & Abelson, 1977）．

　他方，GERは主に幼児の出来事表象の研究文脈で用いられてきた．ネルソン（Nelson, K.）らは，出来事は最初どのように表象されようとも，時とともにスキーマ化されて個々の出来事ではない抽象化されたGERとなり，特に高度にルーティン化された出来事に対するGERはスクリプトになるという（Nelson & Gruendel, 1981）．しかし，この過程は長い時間がかかるものであり，幼児の園生活の流れについての語りを分析した藤崎（2002）は，3歳クラス児も行為を述べる際に，主語なしで現在形表現をし，時間的順序も一定であるなどGERを形成しているものの，園生活に独自なGERの形成は4歳児クラス以降となることを指摘している．

　エピソードの語りには二つのタイプがある（White, 1980）．一つは経験物語であり，出来事は中心的なテーマのもとに構成され，開始と終了と山場がある．それに対して，出来事が起こったとおりに報告され，開始や終了が明白ではないのが経験報告である．日常生活経験は，開始終了が明白でないことが多く，幼児が経験物語をすることは難しい．園で保育者や仲間に対して行った休みの日の経験語りを分析した研究（藤崎，2002）では，幼児の語りは後者のタイプであることが示唆された．

●**幼児の出来事の語りにおけるおとなの役割**　スクリプトやGER研究では，通

常,出来事自体と表象と語りとを区別しない.生活していくうえで語る必要はないともいえ,行為系列の模倣を求めるスクリプト研究では,語れない乳児であっても,内的表象に基づく行為の再生はあると報告している(Bauer & Fivush, 1992).しかし,ルーティンにも多様な変更が加えられることがあるという点に着目したとき,変更に気づき,変更を受け入れ,さらにはみずから変更を加えていくためには,行為の連鎖を実行できるだけではなく,連鎖を意識化し対象化できなくてはならない.この意識化・対象化において言語が果たす役割は大きい(Лурия, 1979/1982).おとなは,何のためにどのような行為を行うのかについてみずから言語化したり,子どもに言語化を促したりする働きかけをすることが必要であろう.

一方,おとなも子どももエピソードを語ることが好きである.幼児のいる家庭の夕食場面を検討した研究では,多くの家庭で子どものみでなく親も経験を報告していた(Ely et al., 1995).エピソード語りでのおとなの役割は,まず,語り活動に子どもを巻き込むことである.子どもはおとなと直接に経験についてやり取りするほか,おとなが自身の経験を語るのを聞いたり,おとなにより子どもの経験が語られるのを聞いたりすることにより,社会的・文化的な経験語り活動に参加する.そしてその中で,何についてどのように語るのかを学ぶ.また,親の語りのスタイルに着目する研究もある.40～70か月児の縦断研究では,精緻化スタイル(発話が長く,情報を多く含み,言い換えや内的状態への言及や意味づけも含まれる)の親の子どもは,反復スタイル(発話が短く,前の質問や子どもの発話を繰り返すことが多い)の親の子どもに比べて,より多く情報を想起するようになった(Reese et al., 1993).

しかし,語りを育てるのは親だけではない.事例からは4歳児の経験報告が,面白がってくれる・共感してくれる保育者や仲間との共同作業であることがうかがえる(藤崎,2008).

●**事例 幼児の経験語り(じゅんいち4:9)**
　じゅんいちが「川につりに行ったら,波から何か顔が出てた」という内容の報告をしたことを受けて,
　他児:のこぎりざめ? 何の顔? **じゅんいち**:わかんないけど **他児**:のこぎりざめ? **保育者**:のこぎりざめかって? **じゅんいち**:ちがう **保育者**:(他児に向かって)ちがうって **他児**:さめ? **じゅんいち**:ちがう あのね ふねのうしろにも あのね うんとね **他児**:くじら? **じゅんいち**:ううん くじらじゃないよ **他児**:いか? **じゅんいち**:うん ちがうの あの このぐらい(腕で大きさを示しながら)でっかいのみたいの **他児**:(じゅんいちのまねをして 腕を広げる) **じゅんいち**:そのぐらいでっかいの
　　　　　　　　　　　　　　　　　　　　　　　　　　　　[藤崎春代]

自己と語り

☞「他者視点」p. 92

　子どもがおとなになり，ことばをわがものとして自在に使えるようになれば，語りは物語りとなり，そこには一人語りも目立つようになる．しかし，その語りを発生論的に遡源したとき，その源にあるのはことばによる人と人との相互的な話し合いであり，語り合いである．人と人とがことばを用いてやり取りするこの対話こそが人を人たらしめ，その対話的関係の発達的な展開が自己の成り立ちと深く関わっていく．

●**ことばは常に対話である**　ことばは，音声言語であれ手話言語であれ，声やしぐさという身体の表現を媒体にして人と人の間で交わされる．自分が相手に声をかければ（能動），相手はその声を受けとめ（受動），相手が自分に声をかければ（能動），自分はその声を受けとめる（受動）．しかしこれだけではなく，この能動-受動の対話的やり取りの中で，互いのパースペクティブ（視点）もまたやり取りされる．

　浜田（1999）によれば，図1の①のように，自分が話し（a），相手が聞く（b）とき，自分はただことばを相手に差し向けているだけでなく，同時に聞き手である相手の視点に立っている（b′）．例えば冷えきった相手の手を握ったとき，自分にはその手が冷たいのだが，そこで相手の視点に立って「温かいでしょ」と言える．つまり相手に向けて話すとき，同時にその相手の視点に立っている．逆に図1の②のように，相手が話し（c），自分が聞く（d）とき，ここでも相手のことばをただ受けとめるだけでなく，同時に話し手である相手の視点に立つ（c′）．例えば自分の手が冷えきっていて，その手を相手から握られて「冷たいね」と言われたとき，自分には相手の手が温かいのだが，そこで相手が冷たいと感じていることを相手の視点から聞いている．つまり相手の話を聞くとき，同時にその相手の視点に立っているのである．

　この対話的なやりとりを外から第三者的に観察すれば，図1の③に示すように，声に出されたこと

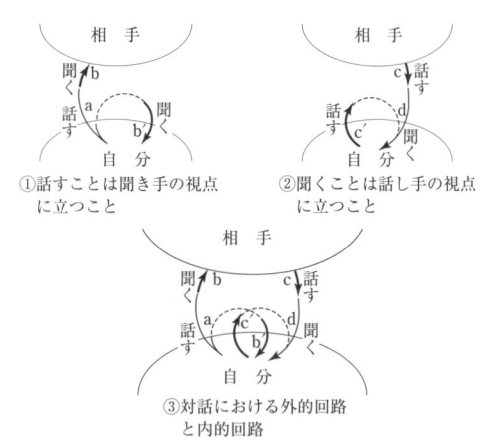

①話すことは聞き手の視点に立つこと
②聞くことは話し手の視点に立つこと
③対話における外的回路と内的回路

図1　ことばのやりとりと視点の交換

ばが a→b→c→d の外的回路をたどっているだけだが，その回路の内側では同時に a→（b'→c'）→d というもう一つの内的回路が展開している．ことばは常にこうした二重の対話的関係として自分と相手の間をめぐっている．

●**対話的関係の中に自己は生まれる**　ことばの対話的やり取りにおけるこの外的回路と内的回路がいわゆる外言と内言に相応するものだとすれば，対人間機能としての外言がやがて対人内機能として内言化して思考となると論じたヴィゴツキー（Vygotsky, 1934/1972）の議論は，これとどのように関わることになるのか．上記の理論では，ヴィゴツキーの議論とは違って，外言と内言はむしろ対話的なやり取りの中で最初から二重の回路として相互に絡み合っていて，そこから両者が分化し，内言が外言から自立していくと考えられる．

　実際，ことばは初めのうち目の前の相手との間で交わされる対話として成り立っているが，やがて目の前に相手がいなくても人形を相手に対話を交わして遊んだり，さらには誰もいないところで独り言が一人二役の対話になって現れたりして，最後に声に出さない思考のかたちでことばが内的に展開されるようになる．ことばが話せるようになった子どもたちは，多数の人々との間で外的対話を膨大に交わしていくが，その一方でただ一人の場をこれまた膨大に体験するはずであるし，その中で声に出すことのない内的対話（思考）が深く根を下ろしていくことにもなる．

　思考は最終的に相手なしの一人語りの様相を呈するとしても，発生的には対話に根ざす．内的対話としての思考においては，もはや生身の他者が話し相手として現前しないが，ワロン（Wallon, 1956/1983）によれば，それまでの対話的関係の構築を通してそこに内なる他者が根づき，その内なる他者との間に対話的関係が成り立っていくのだという．このように考えれば，自己は行為や思考を主体的に主導する単一の核のようなものではなく，他者との対話的なやり取りが身体のうちに根を下ろした内的な構図として，相互主体的に考えられることになるし，そこからことばによる対話と自己の成り立ちとの間に深い関係があることをみてとることができる．

●**「話す」ことと「語る」こと**　ことばを用いた対話には，「温かいでしょ」「冷たいね」のように，話し手と聞き手が同じ現場にいて，そこで互いの思いや振る舞いをやり取りする対話だけでなく，すでに過ぎ去ってここには現前しない自己の過去を語り，同じように相手が語る過去を聞き，さらにはこの自他の在り様を生み出してきた歴史を語り合うといった対話がある．野家（2005）は同じ現場に臨んで「話す」ことと，その現場を離れて「語る」ことを区別し，現場を離れて物語る，その物語行為の独自性を論じている．自己は対話的なやり取りの中で成り立ち，そのうえでそれぞれの歴史を物語り，これを積み上げていく．語りと自己の関わりはこの歴史性のもとで展開していくものと考えなければならない．　　[浜田寿美男]

ファンタジーの語り

☞「遊び」p. 108

　子どもの周囲で最初にファンタジーを生み出し，それを子どもたちに話しかけるのは養育者である．カバノウら（Kavanaugh et al., 1983）は，生後12～27か月までの子どもとその母親を24組集め，母子の40分間の自由遊びを観察し，母親による子どもへの話しかけに，どのようなファンタジー的発話がどの程度含まれているかを分析している．その結果，1歳頃の子どもに対する母親のファンタジー的おしゃべりは比較的少なく，まれであり，あったとしても，人形などの気持やモノの機能について記述するような発話がすべてであった．1歳半の子どもに対する母親の語りかけも，基本的に同じような特徴であったが，母親のファンタジー的語りかけの種類はバラエティに富むようになっている．2歳過ぎの子どもたちに対する母親の話しかけには，大きな変化が生じる．母親たちは目の前にない想像上のモノについて子どもに話しかけ，「そのお人形さん疲れてるの？」とか「コーヒーを入れてくれるの？」など子どもに質問の形で尋ね，子どもがファンタジーの要素を生み出していくのを促すような話しかけを多くするようになる．カバノウらは，このような母子やり取りにおける母親のファンタジー的語りかけが，子どもに「人はどのように感じ，振る舞い，モノはどのように機能し，そしてエピソードというものはどのように始まり，どのように終わるのか」といったことを教え，「語りの産出」へと子どもを導いていくことを指摘している．

●**ファンタジーの語りの発達**　子どもの語りについて二つのタイプがある．一つは「自己体験語り」であり，もう一つは「ファンタジー語り」である．幼少時に母親と後者の語りを行うことが，後に両者の語りを豊かにするのである．ウセリら（Uccelli et al., 1999）は，生後20か月の時点で子どもが母親と一緒に「目の前にないモノについての話」をどの程度したか，また生後32か月の時点で母親と一緒に「ファンタジー的話」をどの程度したかを調べ，それが5歳に個別に測定した子どもの「自己体験語り」や「ファンタジー語り」の力とどのように関連しているのかを調べた．そして，彼らは個人差が非常に大きいことを踏まえたうえで，2～3歳の幼少時に現前しない過去のことやファンタジー的なこと（ふり遊びの見立てに基づいたこと）などを養育者と話す体験が，5歳になったときの「ファンタジー語り」のみならず「自己体験語り」を自律的に行える力を養うことを明らかにしている．

　1歳半から5歳半にかけての子どもたちの自由遊びの観察から，次のような子どものファンタジー遊びの発達が明らかにされている．フィールドら（Field et al., 1982）は，子どものファンタジー遊びについて，2歳半前後の幼い子どもた

ちは「実際的にモノを扱う遊び」が多いのに対して、「モノを見立てる遊び」は3歳半前後にピークとなり、その後減少すること、それに対して「誰かになるふり遊び」は増えた後も減少せずみられることを指摘している。「先に宣言してからのふり遊び」は、「これは遊びである」というメタ意識（Bateson, 1972/1990）が伴う遊びである。フィールドらによれば、そのような「先に宣言してからのふり遊び」は、ことばで自由にやり取りできるようになる3歳半頃まで増加していくものの、その後は増加するわけではなく一定の割合に留まる。

●**ファンタジーをめぐる高度なやり取り**　子どもたちがファンタジーを生み出していく際のやり取りは、決して単純なものではない。ウェイレン（Whalen, 1995）は隣近所同士の異年齢の子どもたち（9歳の子ども2名と、5歳と4歳の子それぞれ1名の計4名）が実際にブロックや人形などで遊ぶ場面をビデオに録画し、「どれを遊びの素材に選ぶのか」「素材を何に見立てるのか」「誰が遊びのメンバーか」「誰にどの課題を割り当てるのか」「誰がどの登場人物をどう扱うのか」といったことに関して、子どもたちが、相手の提案をわざと聞こえないふりをしたり、「私たち」ということばを特定の子との連帯を示すために意図的に用いたり、実に複雑で高度なやり取りをしていることを明らかにしている。

「ファンタジー遊び」は、ファンタジーを立ち上げるまで交渉だけでも非常に複雑な仲間とのコミュニケーションを必要とする、非常に高度な遊びである。シェルドン（Sheldon, 1992）は、園児たちの「ごっこ遊び」におけるやり取りの観察から、女の子たちが男の子たちよりも連携して遊ぶことを好み、互いのいざこざを緩和するために「ふりのフレーム」を上手に用いることを明らかにしている。ルーシー（4歳9か月）が「ねえ、私、パーティに招待しようと思うの。いい、あなたの電話で聞くってことね、ジリリーンジリリーン」と声をかけると、カラ（5歳0か月）は車の運転に熱中しているので、「私いないってことにして」と返事するのである。シェルドンによればこのようなカラの発話は、ルーシーがパーティに誘う電話をしているという「ルーシーの意向」を承認していると同時に、それに応答したくないという「自分の意向」を主張しているものでもある。シェルドンはこのような「他者の声」と「自己の声」とを重ね合わせた発話を「ダブルボイス」と名づけている。

「ごっこ遊び」をめぐってなされている子ども同士の会話がいかに複雑なものであるかは、「ごっこ」フレームの中での会話は標準語でなされるのに、その「ごっこ」の設定に関わったりする枠発話などは方言でなされるという加用他（1996）の研究からも理解できる。単なる「ふり」と「ファンタジー」とを区別する議論も存在する。「現実」と「想像」との境が揺らぐような境界的な領域こそ、「ファンタジー」の世界ではないかというのである（麻生, 1996；加用, 1990, 2011；富田, 2011）。

［麻生　武］

ことばのおくれ

☞「ダウン症児者の発達支援」p. 342,
「自閉症スペクトラム障害の発達支援」p. 344

　「ことば」と一口にいっても，それが意味する範囲は広く，「ことばのおくれ」もさまざまな形で現れる．例えば，典型発達では，子どもは1歳前半頃に最初の有意味語を獲得するが，2歳を過ぎても有意味語がなければ発達のペースはゆっくりであるといえよう．また，語彙をもっている3歳児でも，2語文の発話がみられなければ，やはりことばのおくれが疑われる．さらには，複語文が使える4歳でも，相手に伝わる表現にならず，本人も不全感をもっていれば，これもことばのおくれといえよう．このように，ことばの問題は，語彙，語連鎖や統語（文法），複数の文をつなげて伝える談話など，いくつかの領域に分けて整理される．

●**語彙**　1歳代後半から2歳代にかけて語彙習得の加速化が起こる．2歳代以降になると，「大きい」や「長い」といった基本的な形容詞や，数量を表す「1個」「3個」「たくさん」といったことばの理解が可能になってくる．3歳以降は「重い」「高い」といった形容詞や，「5個」「少ない」といった語彙も学んでいく（図1）．3歳後半に「上」「下」，4歳代に「横」を含めた位置関係を示す語彙の使い分けが上達するが，学習に困難をもつ幼児ではこれらの語彙の習得にしばしばおくれがみられる．疑問詞は，2歳代の「何」から始まり，徐々に「どこ」「どれ」などの疑問詞が獲得されていく．疑問詞を含む質問への応答は3歳から5歳にかけて徐々に正確さを増していく．

　ことばにおくれがある子どもでは，意味と結びつきやすい擬音語・擬態語や身近な事物の名称，日常的な対人文脈で使われることば（「バイバイ」「イヤ」など）は獲得されやすい．一方，使用頻度が低い語彙や，一定の認知的発達に基づく語彙（例：時間の概念や因果関係の理解を前提とする疑問詞「いつ」「どうして」）は獲得が遅れやすい．

●**語連鎖・統語，語操作・談話**　語彙がある程度まで蓄積される1歳代後半に，半数近くの子どもで2語文が使われ始める．「白いネコ」「座っている男の子」などの2文節文の理解も2歳代から可能になってくる．格助詞「が」や係助詞「は」はおおむね2歳から3歳にかけて出現する．「犬が追いかける」では，「が」を「を」に入れ替えるだけで文の意味がまったく変わるが，このような単純な文で格助詞を正しく理解できるようになるのは3歳後半以降であると考えられる（図1）．「引っ張られた」のような受動態の理解は4歳代からできるようになるが，文を誤りなく理解するには，文を構成する格助詞，助動詞などの細部までもらさず聞き取る注意力と意味を再構成するための聴覚的短期記憶も前提となる．ことばにおくれのある子どもの表出面をみると，文を構成する語のつながりが短く，格助

詞などの文法的要素が省略されたり，誤って使われたりする傾向がある．

●**障害のタイプとことばの特徴**　知的発達におくれを示すダウン症では，語彙が限られ，文の構造も比較的単純である．対人的かかわりに困難のある自閉症では，ことばで相手に要求したり誘いかけたりするといった語用論的側面に問題が起こりやすい．相手の発話のイントネーションを含めた模倣（即時性エコラリア）や過去に聞いたフレーズの再生（遅延性エコラリア）がみられることもある．アスペルガー症候群のように知的に高い自閉症スペクトラムの子どもでも，場面に合わない丁寧なことばづかいをしたり，比喩・ユーモア・皮肉などの理解が難しく文字どおりの解釈をしたりするなど，場面や文脈に応じたことばの使用に困難を示す．注意欠陥・多動性障害など衝動性がある場合にも，相手の話が終わる前に一方的に話し出すなど，会話のルール（ターンテイキング）に従いにくい場合がある．

非言語性の認知能力に大きな問題がなく，言語に比較的限られた困難のある状態を特異的言語発達障害（specific language impairment：SLI）とよぶことがある．欧米ではSLIの研究が豊富であり，過去形の-edや三人称単数現在の-sといった文法面で特に困難があるケースが報告されている．日本語ではSLIについて十分明らかにされていないが，文の中で単語同士の関係を示す「が」「を」などの格助詞や「れる・られる」など助動詞に誤用があると想定される．

これまで述べてきた語彙や統語，談話はことばの伝達内容に関わるが，「ことば」をさらに広くとらえると，発音や流暢性も視野に入ってくる．発達の「おくれ」ではないが，発音の誤りは構音障害であり，流暢性の問題は吃音である．公立学校の言語障害通級指導教室（「ことばの教室」）では，ことばのおくれや構音障害，吃音などのある児童への支援を行っている．

［大伴　潔］

領域	3歳前半	3歳後半	4歳前半	4歳後半	5歳前半	5歳後半	6歳前半	6歳後半
語彙	形容詞（「重い」「太い」「高い」など）の理解							
		位置の表現（「上」「下」「横」）						
			疑問詞（「何」「どこ」「誰」「いつ」）の理解					
					反対語（「深い」→「あさい」など）の想起			
語連鎖・統語		助詞と語連鎖（「～と～を指さして」「～を指さしてから～を指さして」など）の理解						
			格助詞（「～が～」「～を～」など）の理解					
				受動態の理解（「引っ張られた」など）				
					助詞と助動詞（「～に～は引っ張られた」など）の理解			
語操作・談話			推論（「雨が降ってきたら・おなかがすいたらどうする」など）					
					論理的表現（「電話はどうして便利ですか」など）			

図1　LCスケール（大伴他，2013）に基づく言語領域ごとの課題の例と通過年齢

対　話

☞「抱き」p. 52,「親子関係」p. 198

　二人の話し手による会話を対話あるいはダイアログという．本項目では対話の発達について概観し，対話の理解に大きな役割を果たした3人の言語哲学者の功績について述べる．そのうえで発話理解の研究例を紹介する．

●**対話の発達**　対話の基礎的パターン，すなわち一方が話し他方が応答するという行動の兆しは，すでに授乳時の母子間のやり取りにみることができる．乳児がミルクを吸う活動（吸啜）を中断すると，母親は乳児の頬を軽くつついたり，哺乳ビンを揺らしたりして次の吸啜を再開させようとする．しかし揺すり続けても吸啜は再開されない．母親はこのことを学習し，「休止」─「揺する」─「吸啜」─「揺するのをやめる」という行為の系列はやがて「休止」─「揺すってやめる」─「吸啜」という交替を含む系列へと移行する（Kaye & Wells, 1980）．

　このような，二者が交互に番（ターン）をとって行う活動は，やがて音声言語によって行われるようになる．最初，幼児は断片的な発話しかできない（「ブーブー」）．しかし養育者はその発話を受け止め（「そう，ブーブーね」），拡張し（「大きいね」），幼児に番を渡そうとする（「ほら，見えるかな？」）．このような対話は質・量ともに養育者が多くを提供する非対称的な対話であるが，幼児はその活動を通して対話のあり方を身につけていく．例えば，養育者のとる発話のスタイル（子どもの発話を拡張し精緻化かするかどうか，場所や時間に言及するかどうかなど）は，後の子どもの発話スタイル（どの程度詳細に話すか，場所や時間に言及するかなど）に影響を及ぼすことが知られている（Peterson & McCabe, 1996；Harley & Reese, 1999）．

●**対話の理解**　対話は二者が共有する文脈の中で，その文脈を利用しながら行われる．言語学の一分野であり，文や発話が文脈の中でどのように用いられるかを調べる研究領域を語用論というが，語用論は発話の理解・産出過程の解明に大きく貢献した．

　オースチン（Austin, J. L.）は，発話は単なる陳述ではなく行為として機能するとし，発話行為論を展開した．発すること自体が行為となる発話には，約束（「明日届けます」），要求（「返してください」），脅迫（「しゃべらないと殴るぞ」）などがある（ほかにも宣誓，命名など）．オースチンは，このような発話行為には三つの側面があるとした．すなわち，①発話するという行為そのもの（発話行為），②話し手が聞き手に伝えようとする意図（発話内行為），③発話が聞き手の感情や行動に及ぼす影響（発話媒介行為）である．発話が発話行為として成立するためには，「明日届ける」という内容に加え，話し手の意図（「明日届けよう」）が

必要である．そして，その発話は聞き手の明日の行動（「明日届けてもらう」）に影響を及ぼす（Austin, 1962/1978）．

サール（Searle, J.）は発話行為，特に要求が成立するために必要な条件を命題内容と意図という側面から整理し，適切性条件としてまとめた．適切性条件は以下の四つの条件，①命題内容条件：発話の命題内容が満たすべき条件（「本を貸してください」の「本を貸す」という内容），②準備条件：話し手や聞き手，場面，状況設定に関する条件（「聞き手は本をもっている」など），③誠実性条件：話し手の意図に関する条件（「話し手は借りたいと思っている」），④本質条件：発話によって生じる行為の遂行義務に関する条件（「聞き手は協力する気持ちがある」）からなる．サールは，話し手がこれらの条件に言及することで間接的要求がつくられるとした．例えば，準備条件についての質問（「本もってますか」）や本質条件への言及（「お借りしたいんです」）は「貸してください」に代わる間接的要求として機能する（Searle, 1975）．

グライス（Grice, H. P.）は，字義的な意味（文字どおりの意味）が円滑に伝達されるには，話者が以下のような約束事（会話の公準）を守る必要があるとした．すなわち，①量の公準：必要な情報はすべて提供し，必要以上の情報の提供は避ける；②質の公準：偽と考えられることや十分な根拠を欠くことは言わない；③関係の公準：関連性のないことは言わない；④様態の公準：わかりにくい表現や曖昧な表現は避け，できるだけ簡潔に表現する，である（Grice, 1975）．グライスは，公準に沿う発話は字義どおりに解釈されるが，公準に違反する発話は含意（言外の意味）を生じさせるとした．例えば，話し手があからさまに多弁である場合（量の公準の違反），聞き手は発話の背後に別の意図があると勘ぐるかもしれない．また，まずい料理を前に「うまい」という発話がなされたなら（質の公準の違反），これは皮肉だと推測されるだろう．

●**発話理解の研究例**　このような理論は発話の理解や産出，記憶，推論などの研究に大きく貢献した．例えば，サールのいう適切性条件への言及は確かに「間接的要求」として解釈されることが示されている（仲・無藤，1983）．また，適切性条件に言及することで「間接的拒否」（「本は貸しません」ではなく「今もってないの」など）がつくられることも知られている（仲，1986）．図1は，小学生～大学生に拒否表現を産出させた結果である．適切性条件への言及による拒否表現（間接的表現）は，年齢とともに増加することがわかる．　　　　［仲 真紀子］

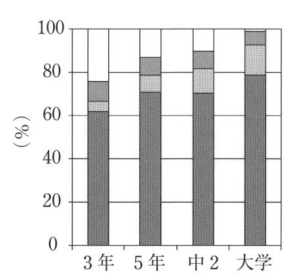

図1　間接的表現の発達
（仲，1986をもとに作成）

バイリンガル

☞「読み書き」p. 140,「早期教育」p. 142

　バイリンガルの定義は,「二言語を母語話者と同じように使用できる者」という狭義の定義から,簡単な発話や挨拶など「完結した意味のある発話を別の言語でもできる者」という広義の定義まで,その内容は幅広い（マーハ & 八代, 1991）．本項目では二言語力は学習や経験によって変化すると考え,「二言語を日常的に交互に使用する者」と定義し,子ども期のバイリンガルを取り上げる．

●**子ども期の二言語使用**　幼児期・児童期の子どもが二言語の習得に直面する事態として, ①家族の文化間移動により家庭内言語と家庭外言語（幼稚園・学校・社会）が一致しない場合, ②国際結婚などにより誕生時から家庭内言語が二言語化している場合, ③その他（親が意図的に二言語習得をさせる場合）などが考えられる．母語を確立してから（3歳頃が目安とされる）第二言語を習得する場合を「継続バイリンガリズム」,誕生直後から二言語を同時に習得する場合を「同時バイリンガリズム」とよぶ．

　ただし,子どもは二言語が使用される環境に置かれさえすれば,自然にバイリンガルになるわけではない．特に少数言語で会話力や読み書き能力を育てることはそれほど容易ではなく,いかにすれば子どもが能動的な二言語使用者になるかが長年にわたって研究されてきた．子どもの二言語使用に影響を与える要因として, ①言語環境的要因（言語集団の集住度の規模,社会的・教育的言語支援など）, ②社会文化的要因（言語の威信性や地位,言語間・文化間の距離など）, ③社会政治的要因（言語政策など）, ④社会経済的要因（職業選択・教育の機会など）, ⑤家族的要因（結婚形態,家族の移動頻度や経済状態,親の信念・態度,親の言語選択と家族間の言語使用,子どもの通学校の選択,兄弟姉妹の有無など）, ⑥子どもの発達的要因（年齢・言語能力など）などがあげられている（山本, 2007）．個別の研究では, 6種類の諸要因から各研究者の関心に基づいて取り上げられた要因と子どもの二言語習得/使用との関係が検討されてきたが,ここでは⑤親の言語使用と⑥子どもの年齢要因に着目した研究を紹介する．

●**親の言語使用方略と子どもの二言語使用**　同時バイリンガルを対象にした研究（主に言語学者が自分の子どもを対象にした事例研究）に基づいて,子どもが二言語を混合せずに二言語の能動的な話し手になるためには,一人の親が一言語の使用を徹底する「一親一言語」方略が有効であると主張され広く推奨されてきた（e.g. Leopold, 1949; De Houwer, 1999）．しかし,この方略を使っても子どもが必ずしも能動的な二言語使用者にならない例も報告され,二言語の入力量が同じでないと二言語での受容能力は発達しても産出能力は一言語でしか発達しないと

指摘されるようになった．最近では，日本在住の国際結婚家族（日本語－英語使用家族）を対象にした質問紙調査の結果に基づいて，少数言語をできるだけ多く使うことが子どもの二言語産出能力の発達を促進するという「少数言語への最大関与」方略が提案されている（Yamamoto, 2001）．

●**子どもの年齢と二言語習得**　日常会話力を土台にして二言語で学力言語力（後に「弁別的言語能力」と「教科学習言語能力」に二区分化）を発達させることは，就学後の重要な課題である．継続バイリンガルの日本人児童（カナダ現地校と日本語補習授業校に通う小2～6の91名）を対象に学力言語検査・日常会話検査・言語環境質問紙調査を実施した結果，次の2点が明らかになった（Cummins & 中島，1985）．第一に，第二言語における日常会話力と学力言語力の伸び方には違いがみられ，学年相当のレベルに達するのに英語会話力では2～3年，英語読解力では7～8年かかった（図1）．教科学習に必要な学力言語の習得には，より長い時間がかかることが示された．第二に，低学年児（小2・3）と高学年児（小5・6）では二言語の発達のしかたに違いがみられた．日常会話力については，6歳以降にカナダに渡った子どもは日本語会話力も伸ばしつつ英語会話力を習得していたが，6歳未満児の場合は英語会話力が優位になり日本語会話力が弱くなる傾向がみられた．読解力については，高学年でカナダに渡った子どもは英語読解力が高く，かつ日本語力（会話力・読解力）の維持率も高かった．この結果から，第一言語である日本語の保持においては，6歳前後に「日常会話のしきい」が，10歳前後に「学力言語のしきい」があるらしいことが示唆された．

さらに，日本語読解力が高い子どもほど英語読解力も高いという結果から，第一言語ですでに蓄積された力（テキストに基づく推論，意味の予測，抽象的概念の理解力など）が第二言語習得でも役立ち両言語で活用できると考えられた．これは日本語と英語という音声構造・文法構造・表記法が非常に異なる言語間でも，二言語にまたがる言語能力は深層構造において共有部分をもち，二言語は互いに影響しつつ発達するという「二言語相互依存仮説」（Cummins, 1979）を支持するものであった．今後，同時バイリンガルを対象にした学力言語発達研究が期待される．　　　［柴山真琴］

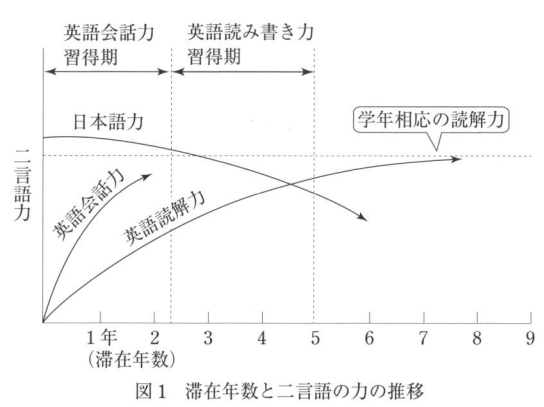

図1　滞在年数と二言語の力の推移
（中島，2001, p.145 を一部修正）

供述・証言

☞「社会的責任」p. 568

　供述とは，過去の出来事についてその体験者が事後に語った語りである．そのうち，法廷で語り裁判において証拠と認められたものを証言とよぶ．供述も証言も捜査や裁判に限るものではないが，一般にはその領域で語られることが多い．

●**過去の出来事について語る**　過去の出来事について語るのには三つの場合がある．①過去のある出来事を一緒に体験した者同士が，その体験を思い起こして語り合う場合，②過去のある出来事を体験した者に対して，それを体験していない者がそれはどういう体験であったのかを聞き出し，過去についての共通の認識を得ようとする場合，③過去のある出来事を誰かから聞き知った非体験者同士が，その出来事についての情報を集めて，それがどういうものであったのかを話し合い再構成する場合である．いずれの語りにおいても共同の場に語り手と聞き手がいて，過去の出来事をめぐって語り合い，そこに共同想起が立ち上がる．共同想起は，狭義には①の体験者同士が思い出語りをする場合をさすが，そこにおいても過去の客観的事実がそのまま再現されるというのではなく，相互の語りを通していわば共同主観的に過去が構成されていく．まして②の聴き取りの語りや③のうわさの語りになれば，その対話世界においては共同主観的な構成性がさらに高まる．裁判で問題になる供述・証言もまた，捜査や裁判という共同の場で多くの関係者の語りが絡み合ってできあがるこの共同想起の所産である．

●**供述は一種の権力関係の下で生まれる**　供述は，一般に上の②にあたり，過去の出来事の体験者（加害者，被害者，目撃者など）に対して，捜査を担当する非体験者がその体験を聴き取るものである．そこでの語りは一方的な語りではなく，問答からなる相互的な語り合い（対話）である．「語り合う」といえば対等な立場の者同士の語りを考えがちだが，現実の社会関係においては純粋な対等性が成り立つことはむしろまれであり，多くの場合，語り合いはその場を支配する一種の権力関係の下に展開される．例えば捜査官が被疑者を取り調べて供述調書を作成するとき，捜査官と被疑者とは表向き対等だということが前提だが，現実にはそこに捕えた者と捕えられた者という圧倒的な権力関係があって，これによって語りの場は大きく支配される．そのことは語り手が目撃者あるいは被害者などであっても同じで，語りの場はしばしば聞き手である捜査官によって主導され，結果としてその供述の中に大小の歪みや間違いが忍び込む．日常における体験の語りは一般に語り手である体験者がその場を主導するが，取調べの場ではそれが反転して，しばしば聞き手である捜査官が主導する．

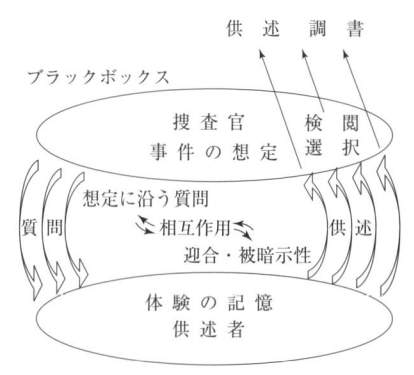

図1 取り調べの場から供述調書が出てくる過程

●**供述の場で何が起こるのか**　わが国の刑事捜査においては，いまだ取調べ過程が録音・録画で可視化されずブラックボックスの中に閉じられていて，法廷では取調べの結果を捜査官がまとめた供述調書が提出されて，これが証拠として扱われている．図1はこの供述調書の問題を示したものである．被疑者や目撃者など，事件をめぐって何らかの体験をした（と思われる）供述者が供述の場に引き入れられたとき，捜査官はその事件についてまったくの白紙で臨むわけではなく，それまでの捜査によって一定の想定を立て，それにのっとって質問をする．そのため質問に捜査官の想定がおのずと反映し，その想定に反する供述が返ってきたとき，捜査官は一応それを尊重しても，一方でしばしばこの当初の想定に固執する．その結果，供述者の側でそれに迎合したり，あるいはひょっとしてそうだったかもしれないという被暗示性に引きずられて，捜査官の想定に沿う供述が導き出されることにもなる．また供述を調書にまとめる過程で，捜査官はおのずとみずからの想定に沿う供述内容を選択し，沿わない供述内容を除外しがちである．そればかりか，当初の想定にこだわるあまり，捜査側に不利な供述をあえて調書に書き込まないという一種の検閲まで生じてしまうことがある．語り手と聞き手の間の共同想起に種々の誤謬や歪曲が忍び込むのはそのためである．

●**虚偽自白とは無実の人が「犯人を演じる」過程である**　取調べにあたる捜査官の主導力が強ければ，それだけ供述に誤謬が紛れ込みやすく，時に決定的な歪曲が生じることがある．例えば，捜査官が犯人と想定した被疑者がはっきり「自分は犯人ではない」と否認しても，捜査官が聞く耳をもたず，強引にその場を主導することがある．そのとき，無実の被疑者が最後にはあきらめて，いわば「犯人になる」（浜田，1992, 2001）．虚偽自白の多くはそういうものである．また目撃についても，問題の体験をしていないにもかかわらず体験者と誤解され，捜査官の質問の主導力に引きずられて目撃者であるかのように演じる事例がある．

　供述は本来，体験者から体験を聴き取るものだが，時に体験者と思い込んだ非体験者から偽の体験供述が引き出されることがあるのである．ここに自白調書や目撃証言を一つのテキストとして，それを心理学的な観点から分析する供述分析が求められる．なお，このような供述の場の問題は刑事捜査に限らず，家庭や学校などの日常場面でも同様なかたちで起こり得る．

［浜田寿美男］

ライフストーリー

☞「時間的展望」p. 304,「文化心理学と比較文化心理学」p. 464

●**ライフストーリーとは？** ライフストーリーは,「人生の物語」をさす.ライフ・ナラティヴ（語り,物語り）も同義であるが,ライフストーリーの方が日常語として幅広い文脈で使われている.

ストーリーは,日本語の「物語」よりも広義の意味をもつ.フィクション「つくり話」や伝承された「昔話」やうわさ話など「お話」や挿話「エピソード」だけではなく,「体験談」「あったこと」「出来事」「歴史」なども含まれる.

ライフも,人生,生涯,生活,生,いのち,生命など広い意味をもつ.時間スパンもいろいろである.人生全体という長い時間スパンの話だけではなく,「昨日あったことを話してください」と聞かれて,昨日起こった出来事を思い出して語った話も,ライフストーリーといえる.

ライフストーリーとは,経験の組織化（Bruner, 1990/1999）である.私たちは,日々の生活で,外在化された行動や事件の総和として生きているわけではない.また出会ったものを個々バラバラに羅列して記憶しているのでもない.私たちは,生を有機的に組織立て,編集し,意味づけながら暮らしている.つまり,私たちは,経験を編集し,意味づける行為（Bruner, 1990/1999）をしている.ライフストーリーとは,人が生きていくときの経験の組織化のしかたや意味づけ方に焦点をあてた用語である.

ストーリーの定義は,「過去-現在-未来」のように時間的秩序を重視するもの,「初め-なか-終わり」のように構造的秩序を重視するもの,出来事と出来事の生成的むすびつき方を重視するものなどがある（やまだ, 2000）.

●**共同行為としての物語** 個々の出来事や要素は同じでも,ストーリー,つまり組織化のしかたによって,人生の意味は大きく変化する.また,自分の経験として語られたライフストーリーも,昔話などの物語構造とむすびついている.例えば,性同一障害のカミングアウトなど現代の新しい行為も,「旅立ち」「苦難」「転機」「安住の地」など昔話のストーリーとよく似た構造をもって語られる.ライフストーリーは,個人の経験に根ざしながら,個人を超え,文化・社会的文脈でつくられてきた共同物語のバージョンの一つだともいえる.

ストーリーは,図1のような語り手と聞き手の共同行為によって生成される.ストーリーを生み出す共同行為は,多種の文化・社会・歴史的文脈（コンテクスト）にとりまかれている.語り手は,聞き手（読者・観客）との関係や,物語を語る文脈によって,同じ出来事から異なる筋立ての物語を紡ぎ出すことができる.

従来の科学は論理・実証モード,つまり誰がみても唯一の客観的事実としての

真実があると考え，それを証明するパラダイムによって研究されてきた．それに対して物語論では，物語モードに基づいている．つまり，物語は相互行為によって生み出され，文脈によって変容するので，単一の解答があるわけではなく，複数の物語があると考えるのである．

両者は，世界の見方や人間観が異なるので，研究方法も違ってくる．論理・実証モードでは，「もしも X ならば，Y となる」という様式で，どのような条件（X）であれば，結果（Y）が起こるかを探究する．物語モードでは，「王様（X）が死んで，それから王妃（Y）も死んだ」という様式になる．王様が死んだら，必ず王妃が死ぬかというような問題設定は，物語論では重要ではなく，両者の出来事の意味連関こそ重要になる．

●**物語としての自己とライフストーリーの語り直し**　物語論の立場に立つと，自己を唯一の究極の個体としてとらえる従来の見方が問われる．自己も単一の変わらない実体ではなく，物語によって組織化されたものと考えられる．そのような見方を，物語的自己や物語的アイデンティティとよんでいる．

自己も物語であるならば，今まで自己をつくってきた物語やライフストーリーを語り直すことが可能になる．事実は変えられないが，物語は変えることができるし，人は複数の物語を生きることもできるからである．

人は誰でも人生で，挫折，災害，障害，事故，病気，死などネガティヴな出来事に出会うことを避けられない．そのときに，「この出来事のおかげで人生は闇だ」という物語を生きるか，「この出来事のおかげで人生から学んだ」という新しい物語で生き直すかは，大きな違いである．後者のような物語は，立ち直りの物語とよばれる．

ライフストーリーは，語り直しによって，過去と現在の人生の意味を変え，未来の人生を変える力をもつのである．　　　[やまだようこ]

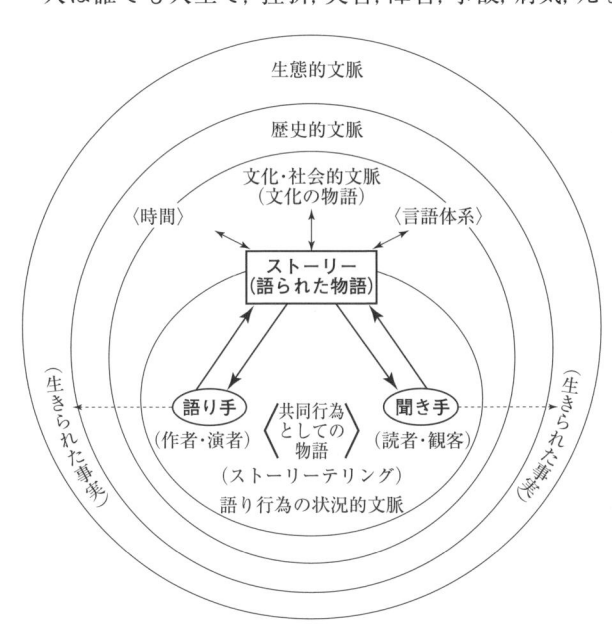

図1　物語（ストーリー）と語りの共同行為（やまだ，2000）

ライフレビュー

☞「高齢者の社会的適応」p. 182,
「アイデンティティ」p. 430

　ライフレビューの原義は，人生の回顧や吟味であり，特定の年齢層を前提としてはいないが，心理学や隣接諸学では特に高齢期のそれに関心が寄せられてきた．ライフレビューには，人生を回顧し，物語化する側面や，それらの行為が翻って高齢者自身の心的状態に作用する側面がある．そのため，高齢期のライフレビューは，大別して，語り・物語の生成と開示，自伝的記憶想起，臨床的な援助法の観点から研究されており，以下では，それらの観点に分けて解説する．

●**語り・物語としてのライフレビュー**　ライフレビューには，人生を物語化し，さらにはそれを他者に語る側面がある．こうした語り・物語には，過去・現在・未来の時間の流れに沿って，経験を組織化する機能が想定されてきた．ブルーナー（Bruner, 1990/1999）ややまだ（2000）の提起からは，語りには，時間的な断絶や矛盾をはらみ得る経験を理解可能なように組織化し，移行事態に対処する機能が想定されていることが読み取れる．高齢者は，身体的機能の衰退や，退職，家族・知人との離・死別といった社会的環境の変化などの喪失を複合的に経験し得る．このような喪失経験は，語りの機能が求められる局面であり，高齢期における語りは，長大な過去経験を組織化するために重要な生涯発達的機能を果たしていることが推測される．

　語りによって組織化された経験は，意味をもたらす．高齢期には，みずからの人生経験に対する意味づけが，他の年齢層に比べても心理的適応と深く関わると考えられている．例えばウォン（Wong, P. T. P.）によれば，老年期における幸福感の維持は，さまざまな喪失経験の転機を経ながらも人生の有意味性を獲得できるか否かに係っている（Wong, 1989）．

　こうした人生の有意味性は，自我同一性の獲得に通じる．マカダムス（McAdams, D. P.）によれば，自我同一性とは，人生にまとまりある意味を与える過去・現在・未来の物語による統合である（McAdams, 1985）．高齢期における語りにいち早く注目したエリクソン（Erikson, E. H.）らは，老年期の物語能力をさして，「長い歴史と物語という泉に満々と貯えている強い力」と表現している（Erikson et al., 1986/1990）．この能力が，発達段階上の心理・生物学的な変化に果たす役割がうかがえる．

●**記憶想起としてのライフレビュー**　ライフレビューは，必然的に記憶想起を伴う．そのため，自己に密接に関わる自伝的記憶想起の研究は，ライフレビューの研究と多分に重なり合う．特に高齢期の自伝的記憶想起については，レミニセンス・バンプとよばれる現象が注目されてきた．

高齢者が想起する自伝的記憶の分布は，想起時点に近い過去にピークを示す新近性効果に加えて，20歳前後の青年期にももう一つのピークを示しており，これをレミニセンス・バンプとよぶ．この現象が生じる理由には諸説あるが，自我同一性の確立期にあたる青年期に，その後の生き方を決定づける出来事やテーマが生じ，それが後年の想起を促していると解釈されている．
　また，「出来事を想起し，それを人に語ることは，情緒的もしくは心理療法的機能をもつ」（Pillemer, 1998, p. 18）との言にも現れているように，近年の自伝的記憶研究においてはその機能性が着目されている．こうした提言は，ライフレビューの機能を検討するうえで，参考になる．ブラック（Bluck, 2003）は，自伝的記憶の機能を三分類して整理している．自己の連続性や変容，自己概念の保持や高揚を担う自己構成機能，他者への開示を通じた対人相互作用の促進を担う社会的機能，問題解決や将来の行動のガイドを担う方向づけ機能である．自我同一性の維持など，上述したライフレビューの機能の一部は，これら自伝的記憶想起の機能と重なる．

●**臨床的援助法としてのライフレビュー**　ライフレビューは，上述のとおり高齢期の日常的な現象として，その生涯発達的意義が探索されてきた一方，意図的な促進を介した臨床的援助法として用いられもしてきた（総説として野村，1998；黒川，2005）．この方法の提唱者である精神科医バトラー（Butler, R. N.）は，従来老化や衰退の現れとして否定的問題ととらえられていた高齢期のライフレビューが，老いや死への準備や，エリクソンのいうところの「自我の統合」の高齢期発達課題の達成に向けた肯定的機能をもつと考えた（Butler, 1963）．特に未解決な葛藤が残る場合には，ライフレビューを積極的に促すことが有用であるとされた．
　こうして，高齢者が過去を想起し，その語りが受容的に傾聴されることで，内的・外的な適応が図られる援助法は，ライフレビューもしくは回想法とよばれ，施設や病院で普及するに至った．なお，ライフレビューと回想法の語は互換的に用いられることもあるが，ライフレビューは洞察志向の心理療法的性格をもち，回想法はレクリエーション的性格をもつように区別されることもある．
　ただし，高齢者が皆，自然に回想し，人生の意味を求めると思うのは早計だろう．今を生き，将来に思いをはせる高齢者も珍しくはない．日常的な回想頻度の調査からも，他の年代に比べて高齢者に高頻度であることを示す証左は乏しい．また，臨床的にも，淡々と生きる高齢者に対して，むやみに人生の意味を問うことは慎みたい．高齢者に関わる者には，「意味の探求」と「意味からの解放」の両面に開かれた態度（黒川ら，2005）が求められる．
　　　　　　　　　　　　　　　　　　　　　　　　　　　　　　［野村晴夫］

2. かんじる

【本章の概説】

　悲しいとかうれしいといった感情も「かんじる」というが、本章で取り上げる「かんじる」は、目や耳、鼻、舌、そして皮膚といった感覚受容器官から得た情報を処理し、環境内の事物や事象を意味づけることである。心理学ではこれを「知覚」とよんでいる。つまり、知覚とは感覚情報を単に受け取ることではなく、過去経験や主体の知識などを利用しながら、そこにまとまりのある意味をつくりあげることである。その点で、知覚は受動的どころか、きわめて主体的・能動的なプロセスなのである。

　長い間、乳児は無秩序で混乱きわまりない知覚世界に生きていると考えられてきた。ハーバード大学で米国初の心理学実験室をつくり哲学者としてもよく知られるジェームズ（James, W.）ですら、乳児の知覚世界については、「がやがやとした混沌（buzzing confusion）」と表現したほどである。近年の発達心理学の重要な成果の一つは、こうした乳児観を大きく覆した点にある。乳児は何も感じていないわけでも、混沌とした世界に埋没しているわけでも、ただ受動的で未熟な存在であるわけでもない。誕生間もない頃から、以前には考えられなかったほど秩序だった知覚世界をつくりあげているのである。

　近年、こうした見方を支持する研究結果が、知覚のみならず言語や推論といったさまざまな側面について次々と示されている。この飛躍的な前進は研究法の確立に負うところが大きい。乳児対象の研究では、課題を口頭で説明し、それに答えてもらったり、選択してもらったりする方法をとることはできない。それではどういう方法をとるのだろうか。この点については「乳児の知覚研究法」を読んでほしいのだが、馴化法をはじめとする新たな研究法は有能な乳児観を打ち立てることに大きな貢献を果たしたのである。

　乳児は有能だといっても、何か高度なことができるわけではない。生後半年頃までは、せいぜい寝るか、泣くか、ぎこちなく身体を動かすかといった程度である。自力で移動することも、姿勢を変えることすらままならない。しかし、乳児は今後さまざまなことを学び、世界を深く理解していく基盤を備えている。その基盤とは何だろうか。とりまく世界を説明原理の異なるいくつかの領域に分け、領域に応じた適切な因果性に基づいて知覚する能力である。私たちおとなも、目の前で起きている現象を理解しようとするとき、現象によって異なるスタンスにたつ。例えば、じっとしていたイヌが動いた場合と置いてあったイスが動いた場合、なぜ動いたかを説明しようと思ったら、イヌには「飽きた」とか「お腹が減った」といった意図や感情を帰属させて考えるだろう。しかし、まさかこれと同じ原理をイスにあてはめたりはしない。驚くかもしれないが、乳児もまた、こうした区別に従って世界を知覚しているのである。

　ポルトマン（Portmann, A.）という動物行動学者は、ヒトの特徴として「生理的早産」であることをあげた。ヒトは1歳頃になってようやく、ほかの大型動物

が誕生時点で実現している発達状態にたどりつくというのである．実際，ヒトの乳児はウマやウシの赤ん坊のような運動能力はもっていない．ウマの子は生まれてすぐに厩で立ち上がるが，分娩室で立ち上がる新生児はいないだろう．こうした点では，ヒトの乳児は明らかに未熟である．しかし，この身体運動面での未熟さを補って余りある知覚面での有能さを備えているのである．

　本章で取り上げるのは，乳児期を中心とした子どものすぐれた知覚能力である．「乳児の知覚研究法」では，乳児研究の壁を乗り越えた研究法が紹介される．乳児は生後すぐから，対象が事物か生物かによって異なる反応をするようになるが，「物理現象の知覚」と「空間知覚」では，まず事物世界に関する知覚が解説されている．わずか2・3か月の乳児が，事物は"ワープしない""ひとりで動き始めることはない"といった基本原理に従った知覚世界を構築していることは驚くべきことだ．そしてこの能力を基礎として，さらに物理的空間の理解を深めていく．「身体運動知覚」と「顔知覚」では，生物世界に関する知覚が紹介される．生まれて1日も経たない新生児にも生物らしい動きへの選好がみられること，顔知覚については特別な処理機構があることは，他者とのコミュニケーションを容易に行えるようなバイアスがヒトに本来的に備わっていることを示唆している．「数の知覚」では，事物世界と生物世界だけでなく数についても，領域固有な情報処理メカニズムがあることが触れられている．

　「黄色い声」のように，音に色を感じたりする感覚を共感覚というが，「多感覚の発達」では，この共感覚が新生児期にとりわけ強く認められることが指摘されている．また，「生態学的知覚」では，現在多くの分野で注目を集めているアフォーダンス理論に基づく知覚論の解説がある．生態学的知覚論にたつと，環境内の事物や事象の意味は主体が構築するのではなく，そもそも環境に備わっていると説明される．共感覚そして生態学的知覚の議論は，乳児が主体的に合理的な知覚世界をつくりあげるという見方に一石を投じるものである．「嗜好の発達」では，視覚，味覚，嗅覚について乳児が特定の選好を示すこと，そしてこうした嗜好は出生直後からすでに存在するものの，その後の経験によっても変容していくことが述べられている．最後の「自閉症と知覚」では，自閉症児者の知覚的特徴が解説されている．自閉症児（者）が知覚の処理において特有の特徴をもつことは，コミュニケーションの困難さほどには知られていないが，自閉症を理解する一助となるだろう．

[外山紀子]

乳児の知覚研究法

☞「思考」p. 76

　言語を介した教示や反応を得ることのできない乳児の知覚を調べるために，これまでにさまざまな研究法が開発されてきた．注視行動や眼球運動の計測，手伸ばしのほか，振り向き行動や手足の運動の条件付けなどの乳児の行動を利用する方法，心拍や吸啜の頻度を計測する方法などがある．また，脳活動計測技術の中でも脳波の計測や近赤外分光法などは安全で，かつ身体の厳密な拘束を必要とせず，乳児を対象とした研究にも利用可能である．以下に，視覚の研究を例にあげて注視行動を利用した2種類の代表的な研究法について述べる．

●**選好注視法**　選好注視法は，1950年代後半からアメリカの心理学者ファンツ（Fantz, R. L.）が報告した一連の研究によって確立された（Fantz, 1958, 1961, 1963, 1965）．彼は，乳児に対してさまざまな画像対を提示し，各画像への乳児の注視時間を計測した．この際，画像の位置は試行間で入れ替えられた．実験の結果，ファンツは乳児が特定の画像を他方よりも長く注視することを発見した．

　この注視時間の偏りを選好注視とよぶ．乳児が画像の提示位置にかかわらず特定の画像を他方より長く注視（選好注視）するならば，注視時間の差は乳児が画像を識別する証拠としてとらえることができる．選好注視法の確立により，乳児の注視時間を計測するという単純な方法で乳児の知覚を検討することが可能になったのである．選好注視法は縞視力・コントラスト感受性・色や運動の検出能力などの基礎的な視覚感受性に関する研究とともに顔認識などのより複雑な画像の認識についての研究でも用いられている．

　選好注視法の最も簡便な手続きはファンツによって当初行われたように，画像対を数十秒程度乳児に提示して各画像への注視時間を計測するというものであるが，縞視力などの刺激検出の閾値を計測するのにより適した方法として，アメリカの心理学者テラー（Teller, D. Y.）は強制選択選好注視手続きを開発した（Teller, 1979；Teller et al., 1974）．この方法では，実験者は画像への注視時間を計測する代わりに，乳児の注視行動に基づいて乳児に対して提示されているターゲット画像の位置を判

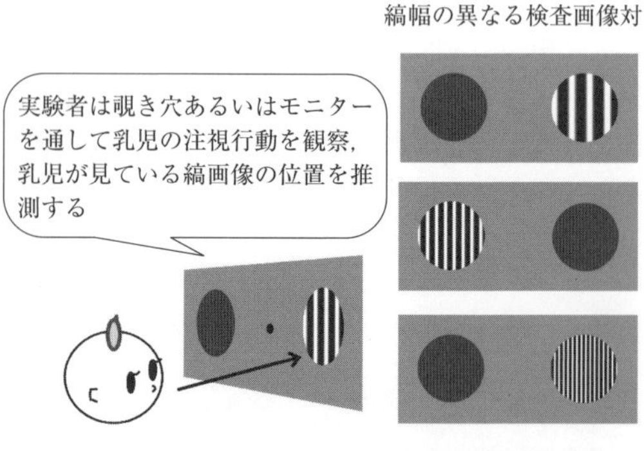

縞幅の異なる検査画像対

実験者は覗き穴あるいはモニターを通して乳児の注視行動を観察，乳児が見ている縞画像の位置を推測する

図1　強制選択選好注視手続きを用いた縞視力の計測

断する．ここでの実験者の判断の正解・不正解の割合に基づいてターゲット画像の強度を変化させることで閾値を測定することができる．例えば，縞視力を計測する際には，乳児が輪郭を含む画像を選好注視する性質を利用して，縞画像（ターゲット画像）と同じ明るさの均質な灰色の画像を乳児に対で提示する（図1）．各試行で実験者は，乳児の注視行動に基づいてターゲット画像の位置を判断する．この判断の正誤に基づいてターゲット画像の縞の幅を操作していき，75％の正解率が得られる縞の幅を縞視力として求めることができる．

●馴化法　乳児が選好注視を示す画像特性は限られており，乳児が画像を識別できる場合でも，乳児は必ずしも選好を示すわけではない．このような場合に利用されるのが馴化手続きである．ファンツ（Fantz, 1964）は複数のテスト試行の間で一貫して繰り返し提示される画像と，試行ごと変化する新奇画像への注視時間を計測した．その結果，試行数の増加にともない，繰り返される画像への注視時間は減少し，逆に新奇画像への注視時間が増加したのである．このような画像の繰り返し提示による乳児の注視行動の変化を利用し，自発的には選好の生じない画像間の識別を検討することができる．

　馴化手続きは主に馴化法と慣化法の2種類に分類される．馴化法では乳児の注視行動に基づいて，注視時間減少の割合が事前に決定された基準（例えば実験開始当初の注視時間の50％減）に達するまで馴化画像の提示を繰り返す．一方，慣化法では乳児の注視行動にかかわらず一定期間・回数のみ馴化画像を提示する．

　多くの研究では，馴化法・慣化法による画像の持続的な提示の後に選好注視テストを行う．一般に，乳児が新奇なテスト画像を馴化画像から識別するならば新奇画像を選好注視すると仮定される（新奇選好）．馴化法を用いた場合は，馴化期間に減少した注視時間とテスト画像に対する注視時間の比較を行うこともある（馴化-脱馴化法）．ここでは，乳児が馴化画像とテスト画像を識別するならばテスト画像に対して注視時間が回復・増加（脱馴化）すると仮定される．

　馴化に要する時間には個体差・発達差があり，より幼い乳児ほど馴化に長い時間を必要する．また，複雑な画像を用いた場合には，繰り返される画像に対する乳児の注視時間は単調に減少するのではなく，画像繰り返しの初期の段階で一時的に増加し，新奇選好に先行して馴化刺激への選好（親近性の選好）が生じることが知られている（Roder et al., 2000）．このため，乳児の反応が新奇選好であるかどうかの解釈には慎重を要する．馴化法の歴史や馴化の詳細なモデルについてはコロンボとミッチェル（Colombo & Mitchell, 2009）で，注視時間を指標とした研究法を用いる際の問題点・注意点についてはアスリン（Aslin, 2007）やオークス（Oakes, 2010）などで議論されている．

［大塚由美子］

物理現象の知覚

☞「思考」p. 76,「概念形成」p. 78

　1980年代半ばから，注視時間を指標とした馴化-脱馴化法や期待違反法を用いて，乳児が身のまわりの物理現象（外界の事物の属性や振る舞い）をどのように知覚しているのかを調べようとする試みが盛んに行われてきた．多くの研究結果から，人は生まれて間もない時期から外界に存在する事物の性質や振る舞いに敏感であることが示されている．

●**対象の永続性**　おとなは，対象が視界から消えても，(a) 隠している対象のうしろに存在し続けること，(b) 物理的属性や空間的属性を保持したままであること，(c) 物理的法則が適用されることを理解している（Baillargeon, 1993）．例えば，私たちはコップを食器棚にしまって目の前から見えなくなってもコップがこの世から消えてしまったとは考えない．こうした概念を対象の永続性とよぶ．対象の永続性は人が外界を安定して知覚，認知するために必須のものである．

　ピアジェ（Piaget, J.）はさまざまな観察や実験から，生後8〜10か月頃に対象の永続性概念が獲得されるとした．この時期の乳児は，完全に隠れた物を探すことができる（例えば，布で完全に隠されたおもちゃを，布を取り除いて見つけることができる）．しかし，彼の得た結果は手を使った探索によっているため乳児の能力を過小評価している可能性が考えられるとして，ベイラージョン（Baillargeon, R.）のグループは注視時間を指標とした一連の実験により対象の永続性の獲得時期を再検討している．例えば，ベイラージョンら（Baillargeon et al., 1985）は，5か月児に，四角いスクリーンが手前から奥，奥から手前へと180度回転するようすを正面から見せて馴化させた．その後のテストでは，スクリーンのうしろに箱を置き，可能事象（スクリーンが箱とぶつかるところまで回転して止まる）と不可能事象（スクリーンは箱がないかのように180°回転する）を提示した（図1）．その結果後者に脱馴化したことから，5か月児は対象の永続性を理解しているとした．彼女らはその後の実験（Baillargeon & DeVos, 1991）で，3か月半の乳児が隠れた物について表象したり推論したりすることも示している．

●**事物についての知覚**　私たちが外界を安定して

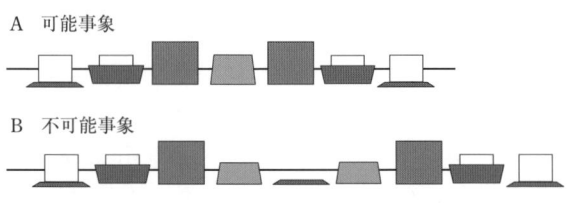

A　可能事象

B　不可能事象

図1　Baillargeon et al. (1985)で用いられた事象．グレーの四角形がスクリーンを表しており，前後に回転している．うしろに見える白い四角形が箱を表している

（Baillargeon et al. (1985)をもとに作成）

知覚するためには，ほかにもさまざまな原理，法則に敏感である必要がある．スペルキ（Spelke, E. S.）は，人は乳児期初期から外界認知の基礎となるような核知識を有するとしており，その一つとして事物の表象をあげている（ほかの核知識は動き，数，空間；Spelke, 2007）．そして事物の知覚における基本原理として，凝集性（物はつながって一つの境界をもつ全体として動く），連続性（物はつながった障害物のない経路にそって動く），接触（離れた物同士は相互作用しない）をあげ，注視時間を指標とするさまざまな実験からこれらの基本原理に対して生後2か月といった乳児期初期から敏感であることを示した．

もちろんすべての物理法則について乳児期初期から敏感であるわけではない．例えば，重力や慣性の法則は獲得の時期が遅いとされる．空中で手離された物体は落下するという基本的な重力法則は，生後4か月半頃までに敏感となる（Needham & Baillargeon, 1993）．さらにその後，箱が台の上にのっているためには箱と台がどれくらい接触している必要があるか（Baillargeon et al., 1992）や，安定性（Dan et al., 2000）についても段階的に敏感になっていく．慣性は，動いている対象は外部からの作用なしに動き方を変えることはない（同じように動き続ける）という法則であるが，この法則に違反する事象への敏感性は不安定であり生後1年くらいの間にゆっくり発達するという（Spelke et al., 1994）．

●**因果性の知覚**　乳児においても，複数の物が関わる事象を見たとき，それらの間の因果性に敏感な反応が生じることが報告されている．レスリーらの実験（Leslie & Keeble, 1987）では，動いている物体1が静止した物体2に接触しすぐに物体2が動き出す事象（おとなは因果性を感じる）と物体1が物体2に接触し0.5秒の遅延の後で物体2が動き出す事象（おとなは因果性を感じない）を6か月児に映像で提示して馴化させた．そして，それらを逆再生した事象でテストした．その結果，前者の事象の逆再生に対してより脱馴化が生じたことから，乳児が因果性に基づいて事象を知覚していたことが示された．

こうした対象間の因果関係を含む事象への反応は乳児期後半にはさらに精緻化していき，登場する対象が人か物かや動きに意図性があるかなどの側面も乳児の反応の違いを生み出すようになる．乳児の世界は，物の基本的振る舞いに関する素朴物理学の領域から，対象の内的な属性が関わる素朴生物学，素朴心理学の領域へ広がっていくのである．

乳児の知覚・認知世界は私たちの想像以上に豊かな世界であるように思えるが，冒頭に述べたように，ここで示した乳児の研究結果は物理法則に合致する事象と違反する事象に対する反応（主に注視時間）の違いをもとにしている．そのため，知識や理解といった高次の過程と結び付けて考えることについては議論の余地がある（Borgartz et al., 2000 など）．しかし，乳児期においてすでに物理法則に敏感な知覚が生じていることは確かであろう．　　　　　　　　　　［旦　直子］

空間知覚

☞「アフォーダンス」p. 64,「他者視点」p. 92,「姿勢・移動」p. 104

　私たちは眼前の物理的空間を感覚器官で知覚（空間知覚）し，さらにその記憶に基づいて空間を認知している（空間認知）．子どもたちは，両者の相乗的な働きを獲得することにより，空間特性を適確に理解し，空間内において効果的に振る舞うことができるようになる．

●**空間知覚**　空間知覚の発達は，1960年代のファンツ（Fantz, R. L.）による乳児を対象とした先駆的研究が契機となり，多くの知見が蓄積されてきた．例えば，離れた物体に対する乳児の手伸ばしや防御反応を調べることで，生後半年の間にかなり正確な奥行き知覚が可能になることがわかった．これは，収れんや両眼像差のような両眼手がかりや，肌理の勾配や運動視差などの単眼手がかりを利用できるようになるからである．そうして，物理的空間との間になにがしかの関数関係をもって成立する，知覚された空間（知覚空間）が獲得されていく．

　しかし空間知覚の発達とは，静的な網膜像から知覚空間を構築する公式を学びとることだけではない．ギブソン（Gibson, J. J.）の生態学的理論によると，発達の各時点における運動能力や感覚器の成熟度に応じて空間特性の意味は変化し，それは直接知覚される．乳児が年長児とは異なる視覚的パターンを選好するのも，彼らの未成熟な視覚系に適した刺激パターンこそが意味をもち，注意を引くためである．また，知覚空間の構築は視覚だけに依存するわけではなく，聴覚や触覚からも情報を得ることができる．例えば，視覚障害者が視覚以外の知覚情報から空間を知覚する機構の解明や，その知見を踏まえた効果的な訓練法の開発などが試みられている．

　さらに，大脳の一次視覚野から発する二つのモジュール——色・形などの知覚や認識を担い下側頭野を経て前頭前野の腹外側部に至る経路と，運動や空間関係などの空間視を担い後部頭頂野経由で前頭前野の背外側部に至る経路——を中心とする視覚の複合システム（Ungerleider & Mishkin, 1982）が，成熟過程を含めて明らかにされつつある．これは，空間知覚の発達心理学的研究に生理学的な知見を付加するものであり，新たな発展が期待される．

●**空間認知**　知覚空間の情報は，自己中心的・固定的・抽象的の三種の空間参照系（図1）のいずれかによって符号化される（Hart & Moore, 1973）．そして，どの系が関与したかにより，自己と対象の位置関係の把握を意味する空間定位に違いがみられる．幼い頃に現れる自己中心的参照系では，自身の身体を基準として空間内の対象を位置づけるため，身体の向きや位置に変化が生じると正しい定位ができず，探索行動や空間移動が不正確になる．次に，環境内の目立った事

物（ランドマーク）や通路（パス），交差点（ノード）など（Lynch, 1960/1968）を手がかりに空間をとらえようとする固定的参照系を用いるようになると，対象間の結びつきの理解や移動がより適切にな

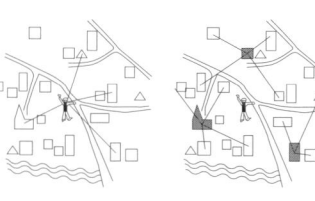

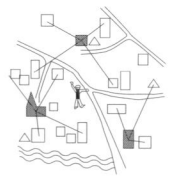

自己中心的参照系　　固定的参照系　　抽象的参照系

図1　三種の空間参照系

るが，各手がかりを統合した認識をもつことまではできない．そのため，この時期の認知地図は，経路に沿って空間手がかりを結んだルート・マップ型であり，方位角や距離などの判断は依然不正確である（Shemyakin, 1962）．対して，最も遅くに獲得される抽象的参照系では，東西南北のような客観的な座標を当てはめることで，空間全体を包括的に理解することが可能になる．その結果，事物の空間的配置が正確に記されたサーヴェイ・マップ型の認知地図が形成され，空間の計量的把握の正確さが高まる．

　ただし，高次の参照系が低次のものと入れ替わるのではなく，新たに獲得された系はそれ以前の系と並存し，状況に応じて使い分けられる．例えば，近くの目的地にたどり着くことさえできればよいのであれば，おとなでも空間を自己中心的参照系でとらえつつ，体性感覚的に知覚された景色の記憶が実際の移動にともなって連続的によび起こされることで，経路を知るという方略がとられる．

　同様に，サーヴェイ・マップがルート・マップよりも常に有用なわけではない．対象空間の性質やその学習方法など入力時における状況と，認知地図を活用して空間情報の産出を行う出力時の状況とに依存して，いずれのマップの使用がより適切であるのかは変化する．さらに，空間知覚と空間認知の主体である観察者自身の身体性（向きや視点位置など）や知識（熟知度や概念など），性格なども，心的空間の特性と深く関わっている．このように，認知された空間（認知空間）は知覚空間の寄せ集めではなく，多くの要因の絡み合いの中で生み出されている．

　空間認知の障害についても，近年，研究が急速に進展している．大きさや距離，垂直・水平，立体視などの空間知覚に障害があると，空間認知には当然支障が生じる．一方，空間認知の情報処理過程に原因を有すると思われる障害もある．アルツハイマー病の中核症状である視空間認知障害では，物が探せない（定位障害），道に迷う（地誌的見当識障害）などの症状がみられる．自閉症スペクトラムにおいても，しばしば視空間認知の弱さが報告されている．また，脳血管障害患者や脳損傷患者においては，半側空間無視や半側身体失認などの高次脳機能障害がみられることがあり，生活の質の低下が大きな問題となっている．　　　　　　［渡部雅之］

身体運動知覚

☞「姿勢・移動」p. 104,「自閉症スペクトラム障害の発達支援」p. 344,「運動発達」p. 366

　相手の振る舞いから意図や感情を読み取り，それに基づいて行動することは私たちの日常生活を円滑に送るうえできわめて重要である．実際，私たちは相手のわずかな身体の動きの違いから相手の意図などを読み取ることができる．

●**バイオロジカルモーション**　このような他者の動きに敏感であることを示す例として，バイオロジカルモーション（Johansson, 1973）とよばれる知覚現象がある．これは，わずか十数個の光点運動（ヒトの各関節にマーカーを装着し，モーションキャプチャシステムで計測して得られる運動）のみから他者行為を知覚可能な現象であり，性別（Kozlowski & Cutting, 1977），感情（Dittrich et al., 1996），知人か他人かの区別（Cutting & Kozlowski, 1977）など，他者に関するさまざまな情報を知覚することができる．

　トローヤ（Troje, N.）はバイオロジカルモーション知覚について，階層的な処理過程，すなわち局所的な運動の処理と，それぞれの光点運動をまとめあげヒトの形態を知覚する大域的な処理が背後にあるという枠組みを示している（Troje, 2008）．特に，歩行運動の知覚では，足の光点運動が進行方向弁別やアニマシー（単純な図形の運動から知覚される生物らしさ）の知覚において重要な役割を果たし（Chang & Troje, 2008），大域的な処理では，性別や感情などの情報を抽出する過程であるとしている．このような階層的処理の可能性は，バイオロジカルモーション知覚においてみられる二つの倒立効果からも支持されよう．すなわち倒立によってヒトの形態を知覚しづらくなるという顔知覚にみられるような倒立効果（Sumi, 1984）と，光点の初期位置をランダムにしてヒトの形態が知覚できないようにした場合でも，方向弁別課題（光点運動の進行方向が左右どちらかを答える課題）の成績が80％近くなるが，足の光点運動を倒立する操作だけで課題成績がチャンスレベル（ランダムに解答した場合と同じ成績，すなわち50％）になるという，形態によらない運動特性に基づく二つ目の倒立効果（Troje & Westhoff, 2006）である．また，このような階層処理の可能性は，階層間の相互作用を示唆する行動実験（Hirai et al., 2011）からも裏付けられよう．

●**身体・身体運動知覚の神経基盤**　身体および身体運動知覚を担う脳部位として，身体を知覚した場合に活動がみられる外線条体身体領域（extrastriate body area, Downing et al., 2001），紡錘状回の一部（fusiform body area：FBA），バイオロジカルモーションを知覚した際に活動する上側頭溝（superior temporal sulcus: STS, Grossman & Blake, 2002），FBA（Jastroff & Orban, 2009），さらには運動前野（Saygin et al., 2004）の関与が報告されている．また，経頭蓋磁気刺激による

研究からSTSが（Grossman et al., 2005），神経心理学的な研究からも，STSならびに運動前野がバイオロジカルモーションの検出に重要な役割を果たすことが報告されている（Saygin, 2007）．特にSTSは視線や顔表情の処理が関与することも報告されており，身体運動は社会的刺激であることが考えられる（Allison et al., 2000）．これらの刺激は脳内において素早く処理される．例えば，静止した身体刺激を提示した場合，190ミリ秒後に（Thierry et al., 2006），バイオロジカルモーション刺激を提示後200，400ミリ秒付近において，それぞれ事象関連電位（event-related potential：ERP）成分（Hirai et al., 2003；Krakowski et al., 2011）がみられることが報告されている．

●**定型・非定型発達による変化**　これまでの研究により，生後3～4か月頃からこのようなバイオロジカルモーションへ選好があることが報告されている（例えばBertenthal et al., 1987；Fox & McDaniel, 1982）が，近年，シミオン（Simion, F.）らにより，生後十数時間の新生児においても正立のバイオロジカルモーションへ選好があることが示されている（Simion et al., 2008）．これは生まれながらに，生物らしい運動への選好が我々に備わっている可能性を示唆する．このようなバイオロジカルモーションの検出機構は児童期（10歳頃まで）においても変化し続け（Freire et al., 2006），その知覚にともなうERP成分も変化すること（Hirai et al., 2009），さらにはバイオロジカルモーションから知覚される感情情報の検出も8歳半ばまで変化すること（Ross et al., 2012）が報告されている．さらに，身体構造の知覚と身体運動の知覚は異なる発達の軌跡を辿る可能性がある（Slaughter et al., 2002）．スラウターらは静止したヒトの身体構造への敏感さが見出されるのは生後18か月後であるのに対し，生物らしい運動を付与した場合には身体構造への選好が9か月頃に見出されることを報告している（Christie & Slaughter, 2010）．現時点において十分な知見がそろっているとはいいがたいが，身体知覚における身体の構造と運動の処理はそれぞれ異なる発達の過程をたどり，両者が相互作用する可能性が考えられる．

　ブレイクら（Blake et al., 2003）は自閉症児において，静止した線分の統合課題の成績は定型発達群と変わらないが，バイオロジカルモーションの検出が不得手であることを報告し，クリンら（Klin et al., 2009）も，2歳児における定型発達群と自閉症児群においてバイオロジカルモーションへの選好が異なることをアイトラッカーを用いることにより報告している．一方，成人を対象とした研究では，バイオロジカルモーションの検出に困難さがある（例えばKoldewyn et al., 2010）．一方，困難さはないとの報告（Murphy et al., 2009；Saygin et al., 2010）もあり，成人におけるバイオロジカルモーションの検出過程については一貫した知見がないのが現状である．バイオロジカルモーション知覚の不得手さと社会的な認知能力の関連について，さらなる検討が必要であろう．　　　［平井真洋］

顔知覚

☞「遺伝性疾患の発達と予後」p. 270,「自閉症スペクトラム障害の発達支援」p. 344,「表情」p. 396

　日常のコミュニケーションにおいて「顔」の果たす役割は大きい.「顔」あるいは「顔のような」刺激への選好は生まれてすぐある一方,顔の処理は長い時間をかけて変化することが報告されている.

●**顔知覚処理の理論的枠組み**　「顔」の処理様式に関する代表的な心理学的モデルとして,ブルース(Bruce, V.)とヤング(Young, A.)による顔認知に関する階層的なモデル(Bruce & Young, 1986)や,ハックスビー(Haxby, J. V.)らによる脳機能イメージングの知見に基づくモデルがある(Haxby et al., 2000). このモデルでは,顔の処理には大きく分けて二つのシステム(コアシステム,拡張システム)があるとされ,特にコアシステムでは個人の同定に必要な顔の静的な情報を処理する紡錘状回顔領域(fusiform face area:FFA)と視線や表情など動的に変化する情報を処理する上側頭溝(superior temporal sulcus:STS)の二つのシステムに分かれ,拡張システムにおいては,感情情報を処理する扁桃体の関与が示されている. また,このような皮質による処理に加え,皮質下の関与について考慮したモデルも提案されている(Johnson, 2005).

　複数のシステムによって処理されると想定される顔処理は発達にともなってどのように変化するのであろうか? モートン(Morton, J.)とジョンソン(Johnson, M. H.)はコンスペック(CONSPEC)とコンラーン(CONLERN)の二つのシステムを提案している(Morton & Johnson, 1991). コンスペックとは顔の構造に対して選好が生得的に生じるシステムである一方,コンラーンは同種の顔学習を担う生後2か月以降にはたらくシステムとしている. 実際,新生児が顔や顔のような刺激,アイコンタクトに対して選好があることが示されている(例えばJohnson et al., 1991;Farroni et al., 2005;Senju & Johnson, 2009).

●**顔知覚の神経基盤とその定型・非定型発達による変化**　顔知覚の神経基盤として,顔に対して選択的に活動する脳部位(FFA)の同定(Kanwisher et al., 1997)や,顔刺激提示後およそ170ミリ秒後に両側後側頭部でみられる陰性方向の脳波成分(N170)(Bentin et al., 1996)や,脳磁図成分(M170)(Liu et al., 2000;2002)の発見により,顔処理に関する神経活動の時間的・空間的な指標が得られている.

　これらの指標に基づき,学童期,青年期,成人の3グループのFFAにおける顔に対する活動を調べた結果,成人では顔刺激に対してFFAが選択的に活動するものの,学童期では複数のカテゴリ刺激に対しても同様の活動がFFA近傍でみられる(Scherf et al., 2007)との報告や,5～8歳においてはFFAが他の年齢群と比べて後部にみられるとの報告もある(Gathers et al., 2004). また,乳児に

おける顔処理に関連した脳波成分は成人より潜時が遅く，顔刺激提示後およそ300ミリ秒後，400ミリ秒後にみられる．成人のN170の前兆となる二つの脳波成分（N290，P400）が報告されている（de Haan et al., 2003）．学童期においては成人のN170に類似の成分がみられるものの，N170の波形が11歳頃まで変化することが示されている（Taylor et al., 2004 ; Itier & Taylor, 2004）．このように顔処理に関連した神経活動は学童期にかけて変化し続けることが示されている．

FFAにみられる顔刺激への選択的な神経活動は顔に固有なものか（Kanwisher, 2010），あるいは熟達化の結果（Gauthier & Nelson, 2001）によるものなのか議論が分かれている．例えば，ガウシア（Gauthier, I.）らの一連の研究では，グリーブルとよばれる三次元の奇妙な形をしたオブジェクトを繰り返し学習した場合，その知覚に対する神経活動が顔のような処理と類似することが報告され（Rossion et al., 2002），また，カーディラーを対象とした実験では自動車の正面「顔」を見た場合の神経活動は，彼らが顔を知覚している場合と同様の活動を示すことが報告されている（Gauthier et al., 2000）．これらの研究は，顔に選択的にみられる神経活動は熟達化によっても説明される可能性があることを示唆している．一方，これら二つの中庸に立つ理論として，相互作用による特殊化（Interactive Specialization）説がある（Johnson, 2011）．これはFFAの活動は生後すぐには顔へ特化しているわけではないが，生得的な顔への選好とそれに基づく環境からの入力がその後の顔処理の発達に影響を与え，FFAが顔処理へと限局するという，生得性と環境からの入力といった二つの要因の相互作用によって説明する枠組みである（ただしこれは顔処理に限らない領域一般的な理論的枠組みである）．

このようなコミュニケーションにおいて重要である顔の処理特性と発達障害の関係について，特に自閉症スペクトラム障害（autistic spectrum disorder : ASD）における顔処理の特異性がこれまで繰り返し報告されている（Weigelt et al., 2011）．例えば顔への注視パターンに関する研究では，ASD児は目よりも口への注視が多いとの報告（Klin et al., 2002）の一方，目を見るか口を見るかは発達的変化によるところが大きいとの報告もある（Nakano et al., 2010）．

近年，エルザバー（Elsabbagh, M.）らは，生後6～10か月乳児におけるアイコンタクトの知覚処理に関連した脳波成分が，3歳時点での自閉症の診断と関連することを報告しており，その病態を早期に特徴づける一つの有効な指標となる可能性がある（Elsabbagh et al., 2012）．一方，7番染色体の一部欠失に起因する遺伝性疾患であるウィリアムズ症候群患児（者）は，「過度のなれなれしさ（hypersociability）」を有し（järvinen et al., in press），顔への強い選好（Riby & Hancock, 2008），視線処理にともなう右FFAの過活動（Mobbs et al., 2004）も報告されている．各疾患における顔処理の特性と社会的認知能力の関係，さらにはその遺伝的基盤に関する検討が今後必要となるであろう． ［平井真洋］

数の知覚

☞「概念と語彙」p. 4, 「計数・算数」p. 138

　スイスの発達心理学者ピアジェ（Piaget, J.）によれば，子どもが数の概念を十分理解するようになるのは7歳頃の具体的操作期になってからである．

●**数の概念の発達**　ピアジェによれば，これ以前の子どもは数の保存テストで正しく答えることができない．数の保存テストでは，最初に同じ数の対象が等間隔で平行な2列に並べられ（例えば六つのキャンディーが2列），どちらが多いかたずねられる．4歳にもなれば，2列の対象の数は同じであると正しく答えられる．しかし，一つの列の間隔を広げて長い線を形成するようにすると，具体的操作期に達していない子どもは長い方の列が他方の列より多いと答える（詰まっている方が多いと答える子どももいる）(Piaget, 1952)．ピアジェによれば，この年齢の子どもは，見かけの長さや密度にかかわらず対象の数は同じであるという保存の概念（数の保存）を有していない．

　しかし，メレールとベバーは3歳以下の子どもであっても，見かけの長さに惑わされずどちらが多いかを理解できることを示した（Mehler & Bever, 1967）．彼らはピアジェの実験と同じように，同じ数（四つ）のキャンディーを2列に並べた．子どもが2列の数が同じと答えられるのを確認した後に，一方の列に二つのキャンディーを加えたものの密度を詰めて全体としてその列の長さが短くなるようにした．好きな列のキャンディーをあげるといわれたところ，80%の子どもが多い方の（視覚的には短い）列を選んだ．このことは3歳の子どもが，単純に列の長さという視覚的な手がかりに惑わされるのではなく，数量の違いを理解していることを示唆している．その他の多くの実験で，より年少の子どもも数の保存概念をもっていることが示されてきた．

　実際，7歳以下の子どもが数を数えられないわけではない．10までの数を数えられる子どもの割合は4歳～4歳半で60%で，7歳になるまでに90%の子どもが数えられるようになる（日本保育学会, 1970）．では，この頃の子どもの何が未発達なのだろうか．ビューラー（Bühler, 1930）は，数概念の成立には，集合の認識と系列の把握の二つの機能が必要と考えた．すなわち，単純に対象の数を数えるだけでなく，系列的な順序能力の理解が必要なのである．子どもは，まず対象を数えるという基数能力が発達し，続いて系列の把握から数の序数的な側面（序数能力）が発達する．そして最後に，これらの二つの心理的機能が統合されることにより数を認識できるようになる．すなわち，1) 序列化された数詞（「いち，にぃ，…」）が，2) 対象の数と1対1の対応をし，3) 数唱した最後の数詞が対象の数を表すということの理解が必要である．このような考え方は，幼児がお風呂で「い

ち，にぃ，さん，…，じゅう」と10まで数唱できても，必ずしも正しく10以下の対象を数えられないことや，対象の数を数唱できても最後の数が対象の数であることを理解していないという事例をうまく説明している．この基数と序数の考え方は，後にピアジェに引き継がれた．ただし，現在では，真の計数には次の五つの原理が必要であると考えられている（Gelman & Gallistel, 1978）．1）対象物一つに一つの数を割り当てる1対1の原理，2）常に同じ順序で数えられる安定順序の原理，3）数えあげた最後の数が集合の数である基数の原理，4）どのような対象でも同じように数えられる抽象化の原理，5）右からでも左からでも同じように数えられる順序無関連の原理，である．

●**数量の知覚** 数の概念は十分に発達していないものの，乳幼児はかなり早い年齢から数の違いを認識できることが示されてきた．例えば成人であれば，五つ以下の対象はいちいち数えあげなくてもほぼ瞬時に理解できる（Jevons, 1871）．これは直感的把握や目の子算，サビタイズとよばれる．馴化法を用いてスターキーとクーパー（Starkey & Cooper, 1980）は，22週齢の乳児もサビタイズを使って2と3の区別ができることを示した．実験は注視時間を指標とした馴化-脱馴化法を用いて行われた（図1）．サビタイズで認識できる小さい数の条件（2→3と3→2）と，それより大きい数の条件（4→6と6→4）が設けられ，乳児は→の左に書かれた数字のドットに馴化させられた．馴化時にはドットの数は同じだが列の長さや密度が異なるように配置された．異なる数のドットが提示された馴化後のテストで，乳児が興味（脱馴化）を示したのは小さい数（2→3と3→2）だけであった．このことから，5か月齢（16〜32週齢）の乳児も，4より小さい数字を区別する能力があることが示された．さらにストロースとカーティス（Strauss & Curtis, 1981）は，10〜12か月齢の乳児が3と2に加えて3と4の区別も，視覚だけでなく聴覚的に数と対応づけることが可能であることを示した．

これらの研究に加えて，ワイン（Wynn, 1992）は4〜5か月齢の乳児はサビタイズだけでなく，ある種のたし算やひき算が可能であることを示唆している．そのため，数の知覚にはある種の領域固有性があると考えられている（Karmiloff-Smith, 1992）．

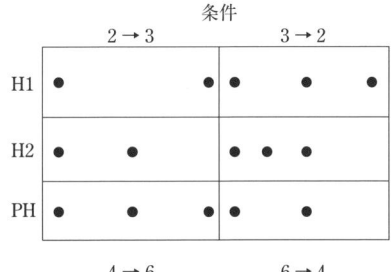

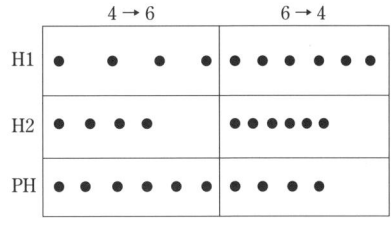

図1 Starkey & Cooper（1980）で用いられた刺激．H1とH2は馴化の2段階を，PHは馴化後のテストでのドットの配置を示す

［川合伸幸］

多感覚の発達

☞「相貌的知覚」p.398

複数の感覚モダリティのうち，いずれが基底的であるのかとの問いに，哲学者バークリー（Berkley, G.）は，視覚に対する触覚の優位性を主張した（Berkley, 1709/1990）．多感覚の発達とは，こうした問いの現代版とみなすこともできるが，現代の心理学へといたる道筋を整理するには，大きく二つのキーワードを区別することが必要となる．それは「共感覚」と「感覚間統合」の区別である．

●**共感覚と感覚間統合**　共感覚とは，異なる感覚どうしが，一貫して意図することなく自動的に連合している状態をさす．例えば文字や数字などの特定の記号を見た際に，特定の色が見えるという現象が代表例である．その知覚内容は，単に色を想像するというレベルを超え，特定の文字が特定の色にはっきりと見えていることが実験的にも確かめられている．最も多いのは，記号に色が見える共感覚であるが，音に対して特定の匂いを感じる「聴覚と嗅覚の共感覚」や，特定の味と特定の形が結びついているような「味覚と視覚の共感覚」など，さまざまなタイプがある．そもそも生まれたての赤ちゃんはあらゆる感覚がつながっている新生児共感覚の段階にあるとの説も提唱されている（Maurer, 1993）．例えばホワイトノイズに対して体性感覚野の反応が観察されるといった研究や（Wolff et al., 1974），2か月児を対象に顔に対して聴覚野や言語野が活動するといった報告がなされている（Tzourio-Mazoyer et al., 2002）．

新生児共感覚は，発達初期には保持されているが，おとなになっていくに従って徐々に消えていく．例えば，ワグナー（Wagner, K.）とドブキンス（Dobkins, K. R.）は，2～3か月頃に観察される「色の選好に対する形の影響」が，8か月頃には消失することを報告している（Wagner & Dobkins, 2011）．しかし，発達が進んだとしても，共感覚の残渣（ざんさ）が観察されることがあり，例えばモンドロック（Mondloch, C.）とマウラー（Maurer, D.）は，2～3歳児において，高い音と小さくて軽いボールが結びつきやすいことを報告している（Mondloch & Maurer, 2004）．おとなにみられる共感覚は，新生児期の共感覚が消えずに残り続けている事例と考えることもできる．

乳児がみせる共感覚的反応は，一見すると異なる感覚どうしを結びつける能力があると解釈したくなるが，一つひとつの感覚をほかのものから弁別・特定したうえで，互いを結びつける「感覚間統合」とは明確に区別されなければならない．

感覚間統合の事例としてよく引用されるのは，バーリック（Bahrick, L. E.）とリックリッター（Lickliter, R.）による一連の研究だろう（Bahrick, 1994；Bahrick & Lickliter, 2000；Bahrick et al., 2005）．例えば彼らは，赤いハンマーが動き

ながらさまざまなリズムやテンポで音を発している動画を用い，5か月児における視聴覚情報の統合の検討を行っている（Bahrick & Lickliter, 2000）．また，音と視覚の統合能力でいえば，口の動き（視覚）が音声知覚を変容させるマガーク効果が5か月で観察されること（Rosenblum et al., 1997），クリック音によりぶつかり合う円がすれ違うように見えるストリームバウンス錯視が，4か月児では見えず6か月児には見えていること（Scheier et al., 2003）などを考えあわせれば，特に聴覚と視覚の感覚情報を統合して一つの現実世界を知覚できる能力は，おおよそ5〜6か月頃に発達してくる，ということができる．

ただし，バーリックらはギブソン（Gibson, J. J.）の知覚心理学の考え方を継承しており，こうした感覚間統合を「感覚間冗長仮説」とよんで，若干異なる観点でとらえていることは指摘しておく必要がある（Bahrick et al., 2004）．この観点によると，例えば「赤いハンマー」の事例であれば，物体と音源のリズム，同調，テンポ，といった時空間の対応が「冗長性」をつくり出し，この情報源の冗長性こそがより強い現実感をつくり出すのだと考えることができる．この考えは，「複数の感覚モダリティを備えた冗長性が高い刺激であれば発達初期においても識別可能であるが，冗長性が低い単一モダリティのパターンはより高月齢にならないと識別できない」との彼らの実験事例により支持されている．

●**多感覚の発達** 以上の事例を発達段階ごとにまとめてみる．まず，1) もともと感覚間が分化されていない世界があり，新生児共感覚を典型とする段階がある．2) ここから徐々に感覚間が分化していき，月齢・年齢とともに単一の感覚から事象を特定できるようになる．この段階を経た後に，3) 分化した単一のモダリティを超えた感覚間の恣意的な関係を連合学習できるようになる段階へと進む．本当の意味での感覚間統合とは，この3番目の段階をさすべきであり，同じようにみえる多感覚の発達もその段階を区別しなければならない．和田ら（Wada et al., 2009）の研究では，主観的輪郭とクリック音という一見すると恣意的な関係にあるものの連合が，5, 6か月ではみられないが，7か月で観察されることが報告されている．この事例は，恣意的な関係にある感覚間の連合の発達は，7か月頃まで待つ必要があることを示している．

かつてジェームズ（James, W.）はその著書『心理学』の中で，乳児の主観世界を「激しく咲き乱れるガヤガヤした混沌（great blooming, buzzing confusion）」と記述した（James, 1890/1992-93）．近年，ファンツ（Fantz, R. L.）やバウワーら（Bower, T. G. R et al.）の実験により，その世界は「合理的な」世界といわれるようになった（cf, rational infant；「賢い赤ちゃん」）．しかし最初期の共感覚的な段階を考慮に入れるならば，ジェームズは案外正しかったのかもしれない．

［金沢 創］

生態学的知覚

☞「アフォーダンス」p. 64,
「姿勢・移動」p. 104

　生態学的知覚とは，知覚心理学者ギブソン（Gibson, J. J.）が提唱した知覚に関する考え方である（Gibson, 1966, 1979）．生態学的知覚の鍵概念は「不変項としての情報」と「アフォーダンス」だが，ここでは前者を中心に，古典的な知覚論との違い，発達心理学にとっての意義について概説する．

●**貧困な感覚入力を知覚の出発点とする古典的知覚論**　古典的知覚論では，感覚器官からの入力は貧困であるため，その意味は観察主体が与えるとしている（Gibson, 1966/2011）．感覚入力が貧困とは，例えば，三次元の物体を投影した二次元の網膜像において一次元分の情報が落ちていることをさす．このため，三次元の環境を視覚的に知るには，主体の側が自身のもつ既知情報を参照しながら推論することにより，欠落した情報を補って意味を付与する必要が生じるというのである．このような考え方の背景として，知覚は異なる感覚入力にそれぞれ特殊化した異なる様相があるとする考え方や，知覚は行為からは独立した系であるといった考え方があげられる．

　生態学的知覚論では，これらの考え方はいずれも知覚の基礎にはならないとする（Gibson, 1966）．その根拠は，欠落してしまった情報の復元は外部からの教示なしには原理的に不可能であること，また，より有望な不変項という考え方が可能であること，古典的知覚論では，知覚される環境は観察者の主観ということになり，この主観をどのようにして超え，他者と環境を共有できるのかという哲学的な難問に直面することなどである．とりわけ最後の難問は，子どもが他者との共同注意や相互行為，それらを基盤とした言語獲得をどのように達成しているのかに関する発達心理学的な説明を困難なものにしてしまう．

●**不変項としての情報**　生態学的知覚論では，環境の意味は観察主体が与えるのではなく，環境にそもそも備わっているとする．それは，感覚器官における個人差，観察点の位置，利用される包囲エネルギーの質などの個別性を超えて持続的かつ公共的に存在し，観察者はそれを取り出すだけだと考える．この考え方を支えるのが「不変項としての情報」という生態心理学独自の着想である．

　不変項とは，観察点の動きによって生じる変化を超えて持続する，変化しない項のことである．卑近な例は，目標点に向かってまっすぐ移動する際に視野内に生じる大局的な光学的流動（景色の流れ）に見出せる．大局的な光学的流動は，進行方向の先にある目標点を中心に放射状に広がるが，その中心は目標が変わらない限り不変である．逆に，中心が変化する場合，それは移動の目標点が変化したこと，歩行や飛行など移動の様式にともなって，進行方向以外の方向へ身体が

ゆれ動いていることを特定する．不変項の例には，ほかにも，接触までの時間を特定する光学的変数タウ（Lee and Young, 1985）や，正三角形などの図形が示す回転対称性などがある（古山，2006）．不変項としての情報という着想は，対象とは相対的な観察者の動きを前提としている．したがって，知覚は行為（または運動）を本質的に内包しており，古典的な知覚論で前提とされている知覚と行為の独立性は，不変項の定義によって退けられる．

●**様相を超えた知覚システム**　生態学的知覚論では，知覚とは，個別の感覚器官に特殊化した系ではなく，様相を超えた諸感覚から成立するシステムだとしている．知覚システムの代表例として，基礎的定位システム・聴覚システム・触覚システム・味嗅覚システム・視覚システムがあげられる．例えば，基礎的定位システムは，平衡器官に特殊化した知覚系ではなく，平衡器官が取り出す頭部の加速度情報と，身体を支える基底面からの押力との共変的な関係が，基底面の傾きやそれに対する身体の定位を特定するとされる．基礎的定位システムは，視覚や聴覚などが提供する不変項との関係からなるより高次の不変項を巻き込みながら，より高次の知覚システムへと発展していく．知覚システムは，単一の様相内に閉じた系ではなく，様相間をまたぐ関係性の中で柔軟に発展しながら，環境の情報を取り出すシステムとしてとらえられているのである．

●**知覚の公共性**　知覚の公共性については正三角形が示す回転対称性を例に概説したい（詳細は古山（2006）を参照）．一般に対象の形は網膜上では歪んで投影される．辺同士の長さや三角の比も変わってしまううえ，眼球の湾曲のために辺は直線ですらなくなる．このようなねじ曲がった像では，正三角形を特定するための三辺または三角の合同はもはや成立しない．しかし，三辺・三角合同による正三角形の定義は動きが含まれない静的な定義にすぎない．正三角形を1回転させると，120度回転するたびに，依然歪曲してはいるものの同じ網膜像が投影されるといった出来事が3回生じる．120度回転するたびに網膜像が同じになるという特性は，正三角形以外の三角形にはみられない特徴であり，回転操作という動き，または変化にともなって正三角形が示す対称性，すなわち不変項である．網膜像の歪み方は観察点の位置によって異なるものの，正三角形が示す回転対称性は，観察点を超えて成立するため，個体内では環境の持続と変化を知る基礎となり，個体間では環境内の情報を共有できる基盤となるのである．

●**生態学的知覚の発達心理学に対する意義**　近年，環境内にある対象や出来事に対する共同注意，模倣に関する神経学的な基盤としてのミラーニューロンなどに関する議論が盛んである．どれも重要なトピックスではあるが，多くの場合，知覚的な基盤についてはまったく触れられないか，本項目で指摘した問題をかかえた古典的知覚論を前提としている．生態学的知覚における不変項としての情報という着想は，発達心理学の知覚的な基盤となると考えられる．　　　　　［古山宣洋］

嗜好の発達

☞「授乳・離乳」p. 58,「食行動」p. 100

　嗜好は，辞書的な定義でいうと，"ある物を特に好み，それに親しむこと"であり，その対象は幅広い．本項目では，発達の初期段階である新生児，乳児期に焦点をあてて，知覚心理学でよく研究されている視覚研究からみた嗜好の発達の特徴と，食にかかわる嗜好の特徴について概説する．

●視覚研究からみた嗜好の発達　一般的にヒトの乳児は，特定の視覚特徴を選好的に注視する，すなわち視覚選好を生じることが知られている．例えば，より複雑なもの，より大きなもの，顔のように見えるものなどを乳児は自発的により長く，あるいは頻繁に注視するとされる（例えば Fantz & Yeh, 1979，詳細については「空間知覚」を参照）．視覚選好は「単に乳児の注視行動にある種の偏りがある」という事実以上の意味をもつ．例えば顔の図形に対する強い視覚選好は出生直後から観察されるが，こうした傾向は乳児期すべてを通じて一貫しているわけではなく，特定の実験条件においては生後3か月以降大きく減少することがある（Johnson & Morton, 1991; Morton & Johnson, 1991）．こうした顔状図形への視覚選好の発達的変化は，顔図形への視覚選好が発達の最初期とその後とでは異なる視覚メカニズム（それぞれ CONSPEC と CONLEARN）によって導かれていると考えられている．CONSPEC は出生直後からの機能的なメカニズムで，顔状の図形に対する視覚的な注意を喚起して，顔状の図形に対する視覚経験を誘発する．そうして導かれた視覚経験に基づき CONLEARN がより繊細な顔の情報に対する処理機能を発達させていく．こうした見解を踏まえると，乳児期（特に最初期）の視覚選好を，視覚情報処理過程の発達にとって有効な視覚情報に対する「嗜好」の一形態としてとらえることもできる．

　その一方で，視覚選好が乳児の「嗜好」と常に直接的に結びつくものであるのかは解釈が難しい．例えば，放射状に広がる動きのパタンを乳児が選好すること（例えば Shirai et al., 2004; Brosseau-Lachaine et al., 2008）が報告される一方で，類似のパタンに対する回避的な反応（回避的な頭部運動や瞬目頻度の上昇など）が生じることも報告されている（例えば Bower et al., 1970; Yonas et al., 1979）．放射状の拡大運動からは前方への身体移動が知覚される一方で，観察者へ急速に接近する対象も知覚され得る．拡大運動に対する回避的行動は，衝突の危険がある接近対象に対する迅速な回避的行動であると解釈すれば適応的な行為であるといえよう．しかし，拡大運動に対する視覚選好についてはその適応的な解釈が難しい．潜在的な危険を含んだ視覚刺激への注意が喚起されるのか，あるいは，適切な移動行動に付随して頻繁に遭遇する視覚刺激であるので，移動行動が発達途

上にある乳児にそのような運動パタンに対する選好が生じるのかもしれない．

●**食にかかわる嗜好** 味覚の嗜好と発達：早産の人間の新生児に，出産直後に甘さを感じさせるグルコース，ショ糖，サッカリン溶液を与えると吸啜(きゅうてつ)運動が誘発される（Tatzer et al., 1985）．このことから，在胎 35 週程度にはすでに，甘いものに対する嗜好性が存在すると考えられる．新生児の味の好みに関する実験としては，スタイナー（Steiner, 1977）の実験がある．彼は新生児に味溶液を提示し，その表情を撮影し，その映像を別の人に評定させた．その結果，乳児は甘味に対して受容的な表情を示し，酸味や苦味に対して拒否的な表情を示したという．甘味，うま味，塩味はそれぞれエネルギー，たんぱく質，ミネラルのシグナルである一方で，酸味，苦味は腐敗物，毒物のシグナルとなり得る．ただし，強い塩味は浸透圧調整に不利になる．この生体への影響が，味の快-不快に強く関連すると考えられており，上記の反応はこの考えに合致している．

食べ物の嗜好は，味覚情報だけでなく，消化管から得られる情報にも影響を受ける．食べたものが消化吸収され体に有利なものであるとわかった場合には，その味がより好ましい味として感じるようになる．一方，食べた後に吐き気や不快を感じた場合には，好ましくない味として忌避するようになる（味覚嫌悪学習）．苦味や渋味，酸味など，もともと好ましくない味であっても無害であることがわかった場合，その味に対して寛容になる．

嗅覚の嗜好と発達：妊娠の後期，出産後に母親がニンジンジュースを継続的に飲むことによって子どもをニンジンの香りになじませると，その子ども（月齢 6 か月程度）は，ニンジンの香りに対する受容的な反応がみられる（Mennella et al., 2001）．このように，胎生期，乳児期の経験もニオイに対する嗜好性に影響する．つまり，人間のニオイの嗜好性は経験に大きく左右されるといえる．例えば大人はバラの香りを口臭や腐敗臭よりも好むが，2 歳半の幼児ではそのような選好はみられないという（綾部他，2003）．また，同じニオイでも，ワカサギと茎わかめのニオイをかぐと，海辺で育った人間の多くは"磯や海苔のニオイ"と感じ，"よいニオイ"と感じる．一方で海の近くで育っていない人間の多くは，"腐敗・下水のニオイ"と感じ，"嫌なニオイ"と答える（詳しくは斉藤・綾部，2008）．これらの事例は，味覚の場合と異なり，刺激臭を除くと，先天的に好ましいニオイや好ましくないニオイはないことを示唆している．

食における新奇性となじみ：食べ物の嗜好-嫌悪に関しては新奇性恐怖がよく知られている．この傾向はヒトのみならず，ネズミなど多くの雑食動物にみられる．食物に対する新奇性恐怖によって，新奇な食べ物を警戒し，なじみのある食べ物を好む行動が誘発される．食品に対する新奇性恐怖の程度は個人差も大きく，パーソナリティの一側面としてもとらえられる（Pilner & Hobden, 1992）．

［和田有史・白井 述］

自閉症と知覚

☞「自閉症スペクトラム障害の発達支援」p. 344,「障害者の就労支援」p. 382

　障害をもたない人（以下，定型発達児者）の知覚に，例えば錯視のようなさまざまな法則が存在することは，多くの研究で明らかにされてきた．他方これまでの多くの研究は，自閉症児者にそのような法則がみられないことから，その知覚の障害（劣弱性）を論じてきた．しかし近年の当事者（特に高機能自閉症児者）の自伝などから，自閉症児者の知覚は単なる劣弱性ではなく，独自の法則をもつことが明らかにされてきている．ここではそれを三つに分けて論じる．

●**弱い全体性統合**　「木を見て森を見ず」という諺がある．物事の細部に注目しすぎて，全体を把握できないことである．この意味するところは，自閉症児者の知覚の特徴である弱い全体性統合にもあてはまる．ジグソーパズルでいえば定型発達児者の多くは，絵柄や四角い外枠からつくろうとする．なぜなら全体を統合する視覚的意味は絵柄や外枠にあり，定型発達児者はそれを優先して処理すること（全体性統合）を半ば自動的に行うからである．一方自閉症児者は，個々のピースの形に注目し絵柄と関係ない中央の部分からつくり始める場合がある．これは，絵柄や外枠という視覚的意味より細部の処理を優先する――全体性統合が弱い――ために生じると考えられている（Frith, 2003/2009）．これは話の機械的記憶はすぐれているのに，全体を統合した意味であるストーリーや要点の理解に困難を示すこと，対象を文脈内でとらえるため定型発達児者では生じるエビングハウスの錯視が自閉症児者においてはみられないことなどにも現れている．この特徴は他方，風景を一瞬見るだけで細部をそのまま記憶し絵を描く能力（例えば，幼い頃から絵画を発表しているイギリスのスティーブン・ウィルトシャー）や，膨大な量の年号や長い桁の円周率などを記憶できるサヴァン症候群の能力の基盤ともなっている．

●**感覚過敏と感覚鈍麻**　高機能自閉症者の自伝（例えば，ニキ・藤家，2004）は，彼・彼女らが，定型発達児者と大きく異なる感覚過敏・感覚鈍麻をもっており，それで苦しんだり楽しんだりする独自な世界をもつことを明らかにした．それは例えば，①聴覚過敏（例：風船の割れる音など，突然不意に鳴る音が怖い），②視覚過敏（例：目の前を不意に人が横切るとパニックになる），③触覚過敏（例：うしろから突然触られることや服の肌触りが嫌い），④身体感覚の過敏・鈍感（例：気圧や温度の変化で身体不調になる，身体の疲れがわからない），⑤嗅覚過敏などである（高橋・増渕，2008）．

　感覚過敏・感覚鈍麻は，自閉症児者の生活に大きな困難をもたらす．なぜなら，定型発達児者には何でもない感覚刺激が自閉症児者にはトラウマになるほど不快

な刺激となりやすいからである．しかも感覚過敏は同一個人内でも不定期に変動し，かつ定型発達児者がみずからの感覚を語らないことにより，自閉症児者は自分の感覚が定型発達児者と違うことに気づかない場合が多い．自閉症児者の多くは苦しい理由が自分でわからず，こんなことで苦しむ自分自身が悪いととらえ自責感情を強めやすい．定型発達児者が自閉症児者の感覚の特異性を個別に理解し安心できる環境をつくること，自閉症児者の感覚による苦しみを代弁することで自責感情をもたなくてよいよう支援する必要がある．あわせて自閉症児者は，快の感覚も特異的である（例：優しく触られるのは不快だが強い接触は気持ちいい，激しい揺れが好き）．それをこだわりとして否定するのでなくその楽しさを認め共有することは，孤独感を和らげ他者と一緒に存在することを通しての自尊感情を高める意味ももっている．

●**自己主体感** 弱い全体性統合と感覚過敏・鈍麻は，行為や運動を行う主体が自分であるという自己主体感をもちにくくさせる．これについて当事者である綾屋（2010）はドリブルの例をあげている（図1）．そこでは感覚過敏により壁からの反響音，手の反復運動，ボールの反復運動などの感覚情報が時間差をもち怒濤のように押し寄せる．しかし弱い全体性統合のためその感覚情報を関連づけられず，結果として「こうすればこうなる」（「私がボールを打ち付けたらバウンドする」）という，通常実感できる安定したみずからの動きの感覚をつくりあげられない．定型発達児者は乳児期からすでに運動の主体としての自己である中核的自己感（Stern, 1985/1989）をもつ．それを感じにくい自閉症児者は，自己と世界の境界線があいまいであり，それがさらに彼・彼女らを感覚の世界に没入しやすくさせる．綾屋（2010）はそれに対し，ワープロで字を打つことは，感覚刺激が制限されしかもパターン（こうしたらこうなる）がわかりやすいため，自己主体感を実感できるとしている．感覚の独自性の理解は，自己を把捉した支援にもきわめて重要な示唆を与えるのである． ［別府 哲］

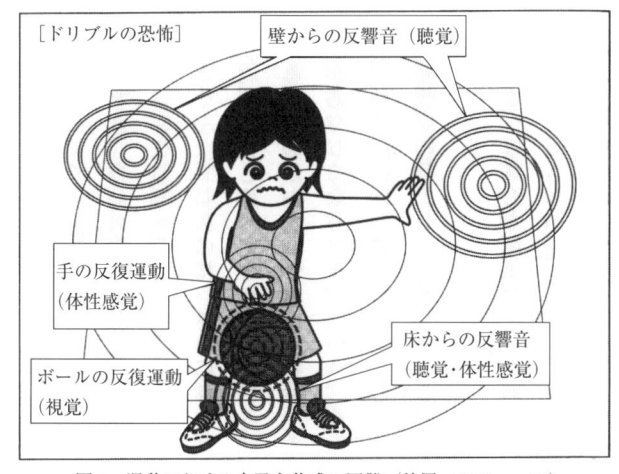

図1 運動における自己主体感の困難（綾屋，2010, p.29）

3. ふれる

3. ふれる

【本章の概説】

　霊長類にみられる毛づくろい行動（グルーミング）や順位確認とか挨拶とかいわれる諸行動には身体接触の要素が盛り込まれている．接触が個体間の緊張解消の機能をもつことによるのであろう．ヒトでも握手したり抱擁したりキスしたりと，多くの文化において身体接触は挨拶の重要な要素である．性を含めて愛情の伝達には身体接触が用いられるし，そもそも交尾や哺乳といった繁殖に直結した行動は個体間の身体接触がなければ成立しない．

　その一方で，攻撃行動もその究極は通常身体接触を伴う．攻撃側の身体的武器が相手の身体に接触することを通じて，相手になにがしかのダメージが与えられる．つまり身体接触は愛憎の両方にまたがる強い情動に支えられた行動であるといえる．

　母子間の「抱き」は発達の中でも身体接触の最も活躍する側面である．抱かれることで子どもは保護されるが，それは子ども自身の行動能力とも関連する．子の未熟性と親による抱き運びの関連や，子の未熟性に伴う母子の分離・仰臥や対面コミュニケーションなどは，子どもが母親や他者と独特のかたちで触れあい，対人関係を主体的にいとなみ心身を発達させることと大いに関係している．

　「三項関係」も，この対面的コミュニケーションとかかわりが深い．トマセロ（Tomasello, M.）は9か月時点で子どもがモノに対して母親と共同注意を向け始めるということを主張しているが，それ以前に，このような位置関係をベースに母と子の間に身体が介入し，それが共同注意の萌芽場面となる．母子の間に互いの身体が存在し，それを介して両者が互いの意図を読み取り合いながら相互作用し，それを通じて自他の分化が進んだり，言葉の発達が導かれたりするという可能性がある．

　「移行対象」も，母子の間に介在するモノである．ただし母子間で積極的に共有されるというよりも，子どもが母親から離れて二者関係を形成する途上で，子どもによって執着的に接触されるモノである．毛布やタオルなどに対しより早期に発現する一次性移行対象と，人形などに対しより後期に発現する二次性移行対象とがあり，それに就寝形態など母子関係の変化や子ども自身の心身の変化などが反映される．当然ながら，親子の就寝形態などとも関連する．

　移行対象とともに就寝形態と深く関わるもう一つの問題として，「授乳・離乳」がある．母乳の哺乳は基本的に身体接触が伴うが，それは母子の身体間コミュニケーションを豊かに含む．人工乳はそのような直接の間身体性から半ば自由で，他者の介入・接触を可能にする．また離乳は哺乳の停止を意味し養育者と子どもの分離を意味するが，ヒトの場合新たに固形食を介した豊かなやり取りが展開される．栄養の摂取に関わる問題ではあるが，子どもの生命維持に直結するだけに，発達の基本的な枠組みといえる．

　空腹を解消するというのは生存に直結する欲求であるが，ハーロウ（Harlow,

H.）が母親の代理模型を用いてアカゲザルで明らかにしたのは，接触の欲求がそれよりももっと重要だということであった．この知見はボウルビィ（Bowlby, J.）のアタッチメント理論に強い影響を与えた．ただし，身体接触（「タッチング」）は同時双方向の体験であるということが独自な点であって，それは当事者の結びつきを強める場合もあれば，そのことによる反発性の増加にもつながりうるという両価性を有する．

　母子関係と身体接触が深い関わりをもつことは論をまたないが，「アロマザリング」という母親以外の個体が子どもの世話を行うことも，霊長類などでは頻繁にみられる．ヒトの場合アロマザリングは，単なる個体間の現象にとどまらず，制度化された養護という形をとることも多い．社会的養護には施設養護（乳児院や児童養護施設など）と家庭養護（里親や養子縁組など）があり，日本は施設養護が中心である．そこで子どもがどのような触れあいを体験し，それが子どもの発達にどう影響するのかは今後の重要な発達心理学的課題である．

　環境に対する身体接触は，環境が生活体に対して提供する意味や価値，行為の可能性としての「アフォーダンス」と深く関連している．また，身体接触の重要性を考えるとき，視聴覚領域でよく取り上げられる「バーチャルリアリティ」の問題も大変示唆的である．それはコンピュータ技術の進歩によって可能になったものであり，大きな臨場感や現実感をもたらす．それが子どもの感覚・知覚の発達や社会性の発達にどのような影響をもたらすのか，これも今後明らかにすべき今日的問題である．身体接触は，親子だけではなく雌雄（男女）の間でも性の問題として指摘できる．「セクシャリティ」のメカニズムは，繁殖のための動物的本能的なものから大脳新皮質が関与し意思の役割が大きなセクシャリティまで，多岐にわたっている．特にヒトの場合そのような大脳新皮質の機能を背景にして，身体的性別と性自認（性同一性）の不一致が深刻な問題をもたらしている．また子どもへの親性行動における雌雄の行動差も，セクシャリティと関連した領域である．さらに「介護」も，タッチの重要な役割が発揮される場面である．介護には治療的タッチ（狭義にはゲートコントロール説に基づくような苦痛緩和のタッチ）と共感的タッチ（触れることの心理的効果をめざすタッチ）があるという．その両者の効果を合わせたものとしてタクティールケアがあり，認知症の症状緩和などに応用されている．

　このように，身体接触という行動は発達のさまざまな局面で登場する重要かつ独自な行動である．接触は自分の身体のどこを使ってもなし得るし，相手の身体のどこに対しても向けうる．つまり全身が舞台となる体験である．これまで心理学は研究のパラダイムとして視覚と聴覚を偏重してきた傾向があるが，今後は身体接触にも応分の関心を注ぎ，マルチモーダルな観点をふまえて，乳幼児から高齢者までの適応について生涯発達的に検討することが求められる．　　［根ヶ山光一］

抱　き

☞「対話」p. 14,「親子関係」p. 198,
　「進化」p. 446

　哺乳類に共通する最も重要な特徴は，その名のとおり，「子に乳を与えて育てる」ことである（遠藤，2001）．カモノハシなど卵生の単孔類も出生した子に乳を与える．有袋類のカンガルーやコアラでは，子宮内に胎盤は形成されず，未熟なまま出生した子は母親の腹部にある育児嚢（いくじのう）に潜り込んでその中にある乳頭から摂乳する．現生の哺乳類の大半は有胎盤の真獣類であり，種によって在胎期間や出生時の発育状況は異なるものの，子は生活史の最初期の栄養を胎盤を通じて与えられ，子宮内で保護されて過ごす．ヒトもその一員である霊長類は真獣類として進化してきたが，胎内での発育や出生時の未熟さにおいて独自の特徴を有しており，出生後の養育にも他の真獣類とは異なる様式を採用してきた．

●**霊長類の二次的就巣性**　ポルトマン（Portmann, A.）はヒトの出生を二次的就巣性と特徴づけた．被毛の有無や感覚器官の発達の度合いとともに成体とほぼ同様の姿勢保持・移動運動様式を備えて出生するかどうかという点において，ヒト以外の霊長類も含めて高等哺乳類の出生を離巣性とした．これに対してヒトは高等哺乳類でありながら，就巣性の種を想起させる未熟な発育・発達のまま出生する点に着目しヒトの特殊性を強調した（Portmann, 1956/1961）．しかし，これまでの比較発達研究から得られた知見に基づけば，ヒト以外の霊長類についても実はヒトと同様の二次的就巣性を指摘することができる．どの種も新生児は被毛しており，目や耳など感覚器官も閉じてはいない．しかし，出生後すぐに身体を移動させて親を追従したりはしない．ヒトとは系統的に離れた原猿では新生児を巣に隠して採食のときは置き去りにする種もある（杉山他，1996）．やや成長すると，母親が口にくわえて移動するが，採食中に子はどこかにつかまってじっとしているという．しかし，原猿の中でも大型で哺乳や初産の遅い種の母子は，互いへの「しがみつき-抱き」行動によって出生後も身体を密着させて過ごす場合が多い（Ross, 2001）．新世界ザルでは新生児が母親の背側にしがみつく場合もあるが，旧世界ザルやホミノイドの新生児は母親の腹部にしがみつくことが一般的であり，子のしがみつきを母親が抱きによって上肢で適宜支える．旧世界ザルのマカカ属では新生児は出生当日でも激しい運動をすることのある母親にしがみついて振り落とされないほどだが，ヒトにより近縁な大型類人猿では新生児の姿勢運動能力は相対的に未熟であり，母親へのしがみつきも弱い（竹下，1999）．「子の身体を片腕で常時支える」「場合によっては両腕で子を支え抱く」「両腕で抱きしめていることもある」など母親の子への抱きは強力となる．

●**対面コミュニケーションによる抱き** ヒトの新生児は体重が母親の体重の6%ほどであり，2～3%ほどの大型類人猿と比べると巨大である（DeSilva, 2011）．また，「新生児脳重／新生児体重」の値は0.12ほどであり，0.10ほどの大型類人猿よりも相対的に大きな脳をもって生まれる．しかも，首はすわっておらず，大型類人猿の新生児よりもさらに未熟な姿勢運動能力のまま出生する．したがって，母親は大型類人猿のように子を四六時中抱き続けることができにくい．みずからの傍らにあおむけにした子への声かけや微笑みかけなどの対面的なあやしによって，霊長類の母親としての抱きを拡張したのである．母親の周囲のおとなや年長の子どももそのようなあやしを行う共同育児がヒト的な養育の基本であり，多くの社会文化に受け継がれている（Hrdy, 2009；根ヶ山・柏木, 2010）．

●**拡張された抱きによってもたらされるもの** ポルトマンはヒトの出生の特徴を生理的早産とも評した．出生後の姿勢運動機能の発達を霊長類種間で比較する際の共通の指標となる姿勢反応の発達段階を軸にしても，ヒトの出生時期は霊長類一般の出生時期に比べて相対的に早いといえる（竹下他, 2003）．しかし，大きく見積もっても2～4か月の範囲である．ヒトの新生児はこの間を胎内で過ごすでもなく，大型類人猿で最強を示す母親の霊長類的抱きによって周囲から隔絶されるでもない．むしろあおむけや対面コミュニケーションによる抱きの導入を得て，ヒトの新生児の育つ社会的，物理的環境は進化的に特異なものとなった（Takeshita et al., 2009）．子宮内の狭い空間や「しがみつき－抱き」によって制約されない四肢はジェネラルムーブメントとよばれる自発的な運動を多発させ，手と口，手と足，手と手など，多様な二重接触経験を得ることになる．これらの自己身体に関わる感覚運動的な経験の蓄積は，発達初期の自他知覚に影響を及ぼすと考えられる（Rochat, 2001/2004）．妊娠中後期から発達する聴覚に加えて社会的，物理的な視覚刺激の摂取が「生理的早産」によって相対的に早期から始まることも，脳容積の拡大から機能充実に転じる周産期における脳機能の発達に重大な影響を与え，2か月革命と形容されるような，おそらくヒトに独自な行動認知の発達の質的変化をもたらすことになるのだろう．

●**相互行為としての抱き** 新生児が母親を自立的に追従するウシやウマも母親は子の接近，接触を許すことにおいて保護的であり，霊長類母子の「しがみつき－抱き」と同様に母子間は相互行為によって結ばれている．他方，ヒトの新生児も母親の抱きに対してみずからの姿勢や動きによって応じ，身心の相互関係を主体的に変えていく（西條, 2002）．寝返りをすることのできない時期のあおむけや対面コミュニケーションによる「拡張された抱き」においても，相手との相互行為を通じて子は母親や周囲の人々との関係を主体的に育み，みずからの心身を発達させていく．

［竹下秀子］

三項関係

☞「対話」p. 14,「共同注意」p. 244,
「フォーマット・協同活動」p. 368

　乳児が他者と対象物を共有する関係を三項関係という．三項関係は乳児の精神発達を促す重要な基盤である．乳児は，〈乳児〉-〈対象物〉-〈他者〉という三項関係を経験することにより，周囲にある物/出来事のもつ文化的意味や自他の精神世界に気づき，その理解を深化させるからである．三項関係のタイプには，乳児と他者との対象物の共有関係の有無を問題にする「事象型」と持続的な共有場面の特徴を問題にする「状態型」がある．

●**事象型三項関係**　乳児の視線を観察対象にした三項関係の最初の実験的研究は，ブルーナー（Bruner, J.）らによって行われた事象型研究であった（Scaife & Bruner, 1975）．この研究では，乳児と対面した実験者が右側あるいは左側に視線を動かす場面で，「成人の視線方向の変化を追跡する乳児の能力」と定義された共同注意行動が，生後 8 か月を過ぎると半数以上の乳児で出現することが見出された．

　ブルーナー型の共同注意実験を積み重ねたバターワース（Butterworth, G.）は，乳児による他者の視線追跡行動に発達的変化を見出し，相手の視線方向だけが理解可能になる生態学的メカニズム（生後 6 か月以降），相手の視線が目指す対象物を精確に見ることができる幾何学的メカニズム（生後 12 か月以降），自分の背後空間にある物を相手が見る場合でも，振り返ってその対象物を見ることができる表象的メカニズム（生後 18 か月以降）の存在を指摘した．

　乳児の言語は，この三項関係場面で獲得されやすい．語彙獲得の初期には，乳児が見ているものを母親が言語化する場面で，やがて乳児が自分の注意を母親の注意の焦点にシフトさせることにより語彙獲得が急速に進む（Tomasello, 1999/2006）．

●**状態型三項関係**　ウェルナー（Werner, H.）は，乳児が母親との間で対象を共有する関係を原初的共有状況として示し，シンボルの形成はこの未分化な三項関係から開始されると主張した（Werner & Kaplan, 1963/1974）．母親との親密な情動関係のもとで，対象物を静観的に見る態度を獲得することにより（静観対象），乳児は母親と対象物を共有しながら，それを指示するシンボルの使用が可能になるのである．

　他者に対象物をさし示す指さしは三項関係を構成する典型的な身振りである．乳児のコミュニケーションを縦断的に研究したベイツ（Bates, E.）は，命令的指さしや叙述的指さしを社会的相互交流の中に対象物を取り込む画期的な出来事とみなした．乳児は他者と対象物を交互に見ることで相手の意図を理解しながら（生

後9か月頃）対象物を指さしで表象させる．それは音声言語の基盤となる行動であり，言語学者のヤコブソン（Jakobson, R.）も送り手と受け手の注意が特定のポイントに集まることがコミュニケーションの基盤だと指摘した．

　三項関係は文化獲得の面でも重要な役割を演じる．子どもによる対象物の意味理解は，文化既得者である他者を経由する通路に依存するからである．それゆえにヴィゴツキー（Vygotsky, L.）は，文化理解の2段階論を唱え，子どもの文化発達を最初は精神間で，その次に精神内で生じると主張した．

　母子の間で情動交流を基盤に相互にわかりあえる関係を間主観性として論じたトレヴァーセン（Trevarthen, C.）によれば，生後半年までの乳児は，間主観性を乳児-他者という二項の間で展開させており（第一次間主観性），生後9か月以降になると乳児-対象物-他者という三項の中で相手と意図を共有し合いながら間主観性を発現させる（第二次間主観性）．

●三項関係研究の展開　状態型の三項関係場面は，乳児の社会認知能力の検討に重要な役割を演じてきた．トマセロ（Tomasello, M.）は，持続的な三項関係場面で種々の実験を積み重ね，生後9か月頃，乳児は相手と対象物との間で視線を反復的に交替させるとし，この時期に意図的な三項関係である共同注意が出現すると主張した．また，語彙獲得には，話し手が必ずしも指示対象に視線を向けている必要はなく，乳児は話し手のさまざまな社会-実用論的手がかりを利用して語彙を獲得していることを明らかにしてきた（Tomasello, 1999/2006）．こうした知見は三項関係として検討すべき範囲を拡張させており，乳児の社会的認知能力の研究の進展に大きく貢献してきた．しかし，共同注意が生後9か月から開始されるというトマセロの主張には異論がある．大藪（2004）は，生後半年以前の二項関係期とされる時期に，すでに乳児が意図を反映させた三項関係の萌芽的形態が見出せるとし，それを対面的共同注意とよんでいる．この大藪の主張を支持する研究知見が現れてきている．例えばレゲァスティ（Legerstee, M.）は，生後半年以前の乳児が人と物に対して異なる意図を反映する行動をすることを実験場面で明らかにしており（Legerstee, 2005），母親が乳児との対面軸上に物を提示しながら関わる場面は，意図を組み込んだ共同注意の萌芽的形態であることが推測される．

　三項関係と他者の表象理解との関係は，興味深い研究領域として注目される．他者の経験知理解の研究もその一つである．他者が経験から得た知識を乳児が理解するためには，他者が見ている世界に気づき，さらに自分が見た世界と他者が見た世界との違いに気づく能力，つまり自他の視点を切り替え，他者の視点から出来事を見る能力を必要とする．共同注意場面では，1歳前半の子どもが他者の経験知を理解することが知られてきた．しかし，その理解の開始期は生活経験（文化）の違いにより異なる可能性がある（Tomasello & Haberl, 2003；大藪他, 2012）．

〔大藪　泰〕

移行対象

☞「子別れ」p. 166,「愛着」p. 196,
「親子関係」p. 198

　小さな子どもが，肌身離さずぬいぐるみを抱きしめている姿に出会うことがある．その大事そうなぬいぐるみは，子どもにとって，大人が愛着のある万年筆を手放せないのと同じようなものなのだろうか．
　精神分析医のウィニコット（Winnicott, D. W.）は，乳幼児期の子どもが特別な愛着を寄せ，しばしばそれを持ち続けることに強くこだわるような物的対象を移行対象とよび，単なる愛着物とは異なる発達的意味を付与した（Winnicott, 1953）．ウィニコットによれば，移行対象は子どもの情緒的発達に貢献し，母子分離をスムーズにするために重要な役割を果たす．
　子育てにある程度自然に傾倒できるような「ほどよい」母親は，泣きやぐずりのような乳児の表出を欲求として感じとり，それに即座に応じる．これにより，乳児は母親と自分を不可分一体のものととらえる錯覚の状態にある．しかし，発達にともない，母親は欲求への応答を遅延させるなど，乳児とのあいだに心理的・身体的なズレをつくるようになる．これを契機として，乳児は内的主観的現実から脱錯覚し，次第に自分と母親が独立した存在であるという外的客観的現実を受け入れていくとされる．ウィニコットが「移行」という語を用いるのは，その対象が母親とその乳房の象徴的代理物として，自他未分化な一者関係から自他分化した二者関係へと至る，中間領域を橋渡しするものとみなすからである．

●**移行対象の発現機序と機能**　移行対象に関する実証研究が進むにつれ，その対象物の違いや発達的な役割について議論されてきた．ホン（Hong, 1978）によると，移行対象は，移行対象等価物，一次性移行対象，二次性移行対象に分類される．移行対象等価物とは，おしゃぶりや哺乳瓶，あるいは乳幼児自身の身体（例：指しゃぶり）や母親の身体（例：耳たぶをさわる）をさし，これらは厳密な意味での移行対象には含まれない．一次性移行対象は毛布やタオルなど，二次性移行対象はぬいぐるみや人形，玩具などをさす．一次性と二次性では発現期に違いがあるとされ，遠藤（1990）の調査では一次性は1歳頃，二次性は2歳頃をピークとして発現した（図1）．

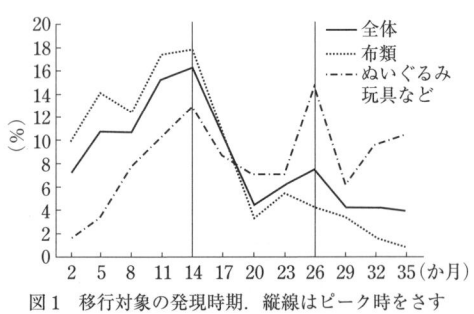

図1　移行対象の発現時期．縦線はピーク時をさす
（遠藤，1990，p.61）

また，藤井（1985）は一次性と二次性では機能が異なる可能性を示した．母親の回答から，一次性はその対象が不在のときに寝つけなかったり，泣いたりするものとして，二次性は外出時やひとりでいるときに必要となるものとして機能する傾向が明らかとなった．子どもにとって，一次性は慰めとしての役割があり，二次性は遊びの対象としての性質をもつのかも知れない．遊びの対象という意味では，幼児期に現れる「空想の友達」もまた，二次性移行対象の一種と考えられる．

　ウィニコットは移行対象を情緒発達との関連で述べたが，それらは認識活動の発達とも関連しているだろう．一次性はピアジェ（Piaget, J.）の第二次循環反応を基盤とする活動であるし，二次性は象徴機能の発達を基盤としている．移行対象は，情緒と認識の発達が交わるところで現れる精神生活の伴侶といえるかもしれない．

●**移行対象の発現における文化差**　ウィニコットによれば，移行対象は健康な子どもの発達過程に必然的にみられる現象である．これを裏づけるものとして，施設入所児では家庭養育児と比べて移行対象の発現率が低いとの知見もある（Provence & Ritvo, 1961）．しかしながら，移行対象の出現率には興味深い文化差が存在することも知られている．

　欧米，とくにアングロサクソン文化圏では60〜80%の割合で移行対象が発現したとの報告がある一方で，イタリア農村部では4.9%にすぎなかったとの研究がある（Gaddini&Gaddini, 1970）．ガッディーニ（Gaddini, R.）らによれば，イタリア国内でも，ローマ在住のアングロサクソン人では61.5%，同じくローマ在住のイタリア人では31.1%というように，文化や生活環境による違いが認められる．

　これまでの調査で，日本ではおよそ30〜40%の発現率であることが示されてきた（遠藤，1990；藤井，1985；富田，2007）．アングロサクソン文化圏に比べて低率である理由について，日本では同室就寝や添い寝，母乳哺育の普及など，自立が進む時期にも比較的身体接触の機会が確保されていることなどが考えられている．このほか，韓国，インド，アフリカ，アメリカのアフリカ系などの子どもでも発現率が低いかまったくみられないことが知られている．

　ウィニコットは移行対象の発現を健全な母子関係発達の指標とみなしたが，もしそうだとすれば，発現率の低い文化圏では不適切な母子関係が蔓延していることになる．しかし，おそらくそれは実態を反映していないだろう．子どもは母子関係・親子関係の形成と自立の過程において生じるストレスを，何らかの方法で緩和するように動機づけられている．社会文化的な発達観や養育環境は，ストレス緩和の具体的方法を方向づけるだろう．また，ストレスへの感受性は子どもによって異なり，気質が及ぼす影響も無視できない（遠藤，1990）．下のきょうだいの誕生や断乳など，子どもに強いストレスを与えるイベントが，いつどのようなタイミングで生じるかも移行対象の発現を左右するだろう．　　　　［川田　学］

授乳・離乳

☞「嗜好の発達」p. 44,「食行動」p. 100,「子別れ」p. 166

　「ヒト」は生まれてからの数か月間はもっぱら乳汁を摂取する単食性であるが，離乳を経て，食べられものは何でも食べる雑食性となる．このような食性の変化には，食行動の機能の発達，すなわち胎児期より準備されている原始反射（主に探索反射と吸啜）による乳汁摂取から，口唇と前歯で食べ物をとらえた歯での咀嚼による固形食の摂取までの変化が不可欠である．またこれらの変化とともに，養育者に統制される食べ物の摂取から，みずから選んだ食べ物を食具の使用により自立して食べるという変化も生じる．一方，生まれたときから一貫して他者とのかかわりの中で食行動が営まれるのが「人間」ならではの特徴である．

●**授乳と母子相互作用**　哺乳動物は誕生からしばらくの間母乳を摂取する．母乳には，たんぱく質，脂質，糖質，ミネラルなどが含まれている．母乳の成分と組成はそれぞれの種によって異なり，それらの違いは生態と母乳摂取頻度の違いに関連している（Drewett, 2007）．母乳分泌には子どもの吸啜が重要な役割を果たす．母親の乳頭を子どもが吸啜することにより母親の視床下部が刺激され，下垂体後葉からオキシトシンが分泌される．吸啜は乳腺を取り囲んでいる筋肉を収縮させて，乳汁を押し出す働きをもつ．このような母子の生理的なつながりにより母乳授乳が可能となり，子どもの母乳摂取の継続により供給としての母乳の分泌量と需要としての子どもの摂取量がみあうようになる．

　授乳において，ヒトはほかの哺乳動物とは異なる吸啜のリズムをもっている（Wolff, 1968）．ヒト以外の哺乳動物はいったん吸啜を始めると哺乳が終了するまで継続的に吸啜するのに対して，ヒトは吸啜と休息というリズムを繰り返す．ケイとウェルズ（Kaye & Wells, 1980）は，哺乳中の乳児が休息すると授乳している母親は子をゆさぶることを明らかにしており，母子の間で対話のようなやりとりがあることが示唆される．

　母乳が利用できなかったり，母乳の分泌量が不足したりする場合には，ヒトは育児用ミルク（人工乳）を摂取することが可能である．このことにより，母親以外の者が子どもに授乳を行うことができるようになる．人工乳は母乳の組成に近づけたものではあるが，母乳にはさまざまな免疫物質が含まれているため，母乳を摂取する子どもの方が感染症にかかりにくいといわれている．

　ライト（Wright, 1993）は，母乳と人工乳の乳汁の違いによる母子相互作用の違いについて，自身が実施した研究を中心に論じている．まず生後半年間の子どもの摂取量については母乳摂取では24時間のうちの時間帯によって変化するが，人工乳摂取ではそのような顕著な変化がみられない．次に，授乳中の中断のタイ

ミングの統制は母乳摂取では子どもが統制するのに対して，人工乳摂取では母親が統制していた．また，ライトは，子どもの乳汁摂取の終了の過程に段階があることを指摘した．まず子どもの吸啜の速さが落ち，うたた寝をし始める．この状態において母親がまだ授乳を続けると子どもは口を開けるのを拒否するか乳首を離す．このような過程において，母乳授乳の母親は子どもがうたた寝をした早期の段階で終了するのに対して，人工乳の母親は子どもが乳首を離してはじめて終了するとしている．このような人工乳摂取の子どもの特徴は乳汁の摂取量が多くなる原因となり，肥満につながりやすいことを指摘している．

●**離乳期における食の自律** 　離乳の期間は，乳汁以外の食べ物の摂取により開始し，授乳しなくなることにより終了する．離乳の期間は，個人的要因と社会的要因によって多様である．個人的要因としては，乳汁による栄養の充足状況，子どもの口腔機能の発達状況などの栄養摂取の側面だけでなく，子どもが入眠時や精神的に不安定なときなど栄養摂取以外の目的で母親の乳房を求めたりすることに対して母親がどのように受け止め対応するかというような母子の心理的なかけひきなども含まれる．社会的要因については，衛生状態や固形物の入手可能性，長期の授乳への文化的容認の度合いなどがあげられる．一般に先進国では発展途上国と比較して離乳食の開始および授乳の終了がともに早い（Whitehead, 1985）．

離乳期における食事中の母子の相互作用はどのように変化するのであろうか．根ヶ山は，日本の母子7組の授乳および食事中の相互作用について検討した（Negayama, 1993）．子どもは，離乳食開始後の最初の数か月間は自分の母親により受動的に食べさせられる一方，1歳にむけて手を使って食べる自食が増えていき，その後食具（スプーンやフォーク）による自食が始まる（図1）．また，子どもは生後10か月以降，母親から食べさせられることを拒否することが増え，1歳3か月半以降では母親からの提供の約20%を拒否していた．しかし，子どもが食具を用いた自食を始めても，食具をつかみ，食べ物をすくい，こぼさずに口にもっていく行動をスムーズにできるようになるまで，子どもは母親などのおとなによるさまざまな介助や調整を必要とする．以上のことから，離乳期は，子どもがおとなとの間で対立したり協力したりしながら，子ども自身が意志をもって主体的に食べるようになることが促される期間であるといえよう．［長谷川智子］

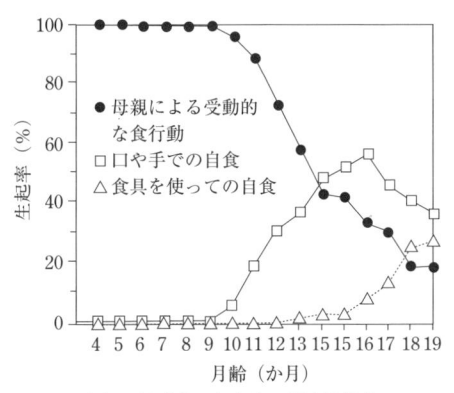

図1　固形食の与え方の発達的推移
（Negayama, 1993, p. 33）

アロマザリング

☞「地域の子育て」p. 148,「家族の起源」p 282,「進化」p. 446

　いわゆる「3歳児神話」に代表されるように，日本には，子育ては母親の手によってなされるべきであるという強い規範が存在する．しかし，夫婦の共働きや核家族化が進む現代社会において，子育ての担い手を母親だけに限定するのは無理があるし，実情にもそぐわない．子育ては，母親だけでなく，父親やきょうだい，祖父母，あるいは近隣の人々や保育士など，複数の多様な人々が関わる営みである．そして，子どもはこのような複数の集団成員による重層的育児ネットワークの中で育つ．以上のようなとらえ方は，子どもの発達・子育ての豊かさを理解する際に一つの有効な視点になり得る．

　子どもを取り巻く母親以外の個体による世話行動をアロマザリングとよび，同じ現象は，より一般的にアロケア，あるいはアロペアレンティングとよばれることもある．アロマザリングは動物界全体でみると，わずかな分類群で観察されるかなり特異な行動であるが，ヒトは多様なスタイルのアロマザリングを発達させてきた．このことはヒトの養育行動を特徴づける重要な一側面であると考えることができる．

　アロマザリングは，母子，そして世話をする個体にとってさまざまなメリットがある．根ヶ山・柏木（2010）によると，まず母親にとっては，他個体が子どもの世話を引き受けてくれることによって，育児負担が軽減され，資源を母親自身に向けることが可能になる．子どもにとっても，母親から離れて集団内の多様な個体と出会い，その個体と相互作用を行うことを通じて社会化が促進されるという適応的意味がある．また，世話をする個体にとっても，血縁の場合であれば，みずからの遺伝子を多く共有する子どもの生存や発達を助けることになるし，非血縁の場合であれば，母子と互恵的な関係を築くことができたり，個体によっては育児行動を学習することができたりするメリットが考えられる．

　以上のようなアロマザリングの重要性にもかかわらず，従来の発達心理学においては，母子の二者関係が強調されすぎてきた側面がある．このような問題意識に端を発し，母子関係のみならず生涯に出会う重要な人間関係を発達の文脈に位置づけ，重層的なネットワークの中でヒトの発達をとらえるのがソーシャル・ネットワーク理論である（Lewis & Takahashi, 2005/2007）．ソーシャル・ネットワーク理論では，母子の愛着関係を相対化し，子どもが複数の他者とどのように関わるのか，そこでの他者がどのような心理的機能を果たすのかということに着目する．それにより，従来に比べて，より豊かにヒトの発達のありようを記述することが可能となる．

●**社会的養護と里親**　親の死亡や虐待など何らかの理由で子どもが生まれた家庭で育つことができない場合，アロマザリングは喫緊の課題となる．そのため親族など周囲の人々や社会がその家庭に代わって養育する仕組みがあらゆる文化に備わっている．このうち特に，社会が用意した養育環境の体系を社会的養護とよぶ．社会的養護のありようは国や文化によって大きく異なるが，日本では，乳児院や児童養護施設などで養育される施設養護と，里親制度に代表される家庭養護の二つに大別される（図1）．こうした社会的養護は制度化されたアロマザリングの一つの例としてとらえることができよう．

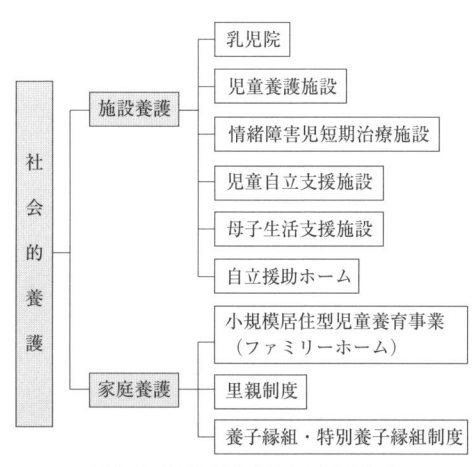

図1　日本における社会的養護の体系

家庭養護では一般の家庭での養育にはみられない特有の課題がある．里親養育を例にとれば，里親に委託される子どもは，それまでに慣れ親しんだ環境から離れるわけであり，そのことがまず厳しい経験となる．子どもを迎え入れる里親家庭にとっても，希望していたこととはいえ，家族に新しいメンバーを受け入れることには相応のストレスが発生することが予想される．くわえて，社会的養護を受ける子どもは被虐待経験があることが多く，委託される以前に心身に傷を負っていることも少なくない．そうした子どもが里親家庭になじんでいくプロセスの初期には，赤ちゃん返りやそれに類する試し行動がみられる（和泉，2009）．ただし，これには委託された子どもの年齢によって違いもある．さらに，物心つかない幼少期に委託されてきた子どもは，自分の出自の情報や委託理由を知らないことが多く，こうしたことを自己物語に組み込みながら，人生全体を納得していくことが課題となる．そのため里親家庭では，子どもと里親の関係性がある程度築かれた段階になってから，（真実）告知が行われる．これは里親と子どもが互いの関係性の根幹にあらためてふれる契機ともなる．また，子どもの自己物語の（再）構築という目的に沿って継続的に行われる支援はライフストーリーワークとよばれ，欧米では広く普及しており，日本でも近年，その重要性が認められつつある．しかし，日本では里親養育に関する体系的な研究があまり進んでいない．今後の研究の発展が特に望まれる領域であるといえるだろう．　　　［平田修三］

タッチング

☞「愛着」p. 196,「生まれるとき」p. 276,「外傷（トラウマ）体験」p. 442

　タッチングとは，人の身体に直接触れる行動をさし，特に子どもの初期の発達で重要な役割を担っている．

　まず母親と生後6か月の子どもの相互作用を観察した研究によると，タッチングには，リズミカルに触れる，抱く，くすぐる，キスする，突っつく，つねるなどの種類があることがわかった（Tronick, 1995）．このようにタッチングのほとんどは，ポジティブな行為であるといえるが，実際には"突っつき"や"つねり"などの行為もあることからも，ネガティブな側面もある．

●**初期発達におけるタッチングの重要性**　タッチングの重要性を示唆する端緒となったのは，ハーロウ（Harlow, H. F.）の一連の研究である．その研究の発端になったのは，母親から離された生まれたばかりのアカゲザルの子どもが，床の布カバーやケージを覆っている布製のクッションに強い執着を示すことに気づいたことだといわれている．

　彼の最初の実験では，仔ザルを2群に分け，離された母親の代わりに二体の母親人形（布製と針金製）を当てがい，それら2種類の人形どちらか一方から授乳した．そのとき仔ザルは常に布製の母親人形に愛着を示すことがわかった（Harlow, 1958）．その後，ハーロウはさまざまな実験をしたが，彼の一連の実験の成果をまとめると，仔ザルには生後まもない時期にやわらかい肌ざわりに対する強い接触欲求があること，仔ザルの母への結びつきであるアタッチメントは，空腹を満たすための授乳（一次的欲求）によるというよりも，しがみつくことによる接触（二次的欲求）の方が重要な役割を果たしていることなどを明らかにしたことであった．

　この結果は，仔ザルにとり情緒的な安定をはかる触覚刺激の重要性を主張するものであり，それは人間の子どもの発達，特に母子関係の発達について，大きな示唆を与えることになった．

　さらに，隔離される時期にもよるが，実験のサルは，たとえ身体的健康については一定の水準を保つことはできても，成長後，母ザルといっしょに育った仔ザルにはまったくみられない行動上の異常を示したり，群れに戻っても回復しがたい社会的適応上の困難さが現われたという．これらの実験結果から，人間にも育児におけるタッチングの重要性が注目されることとなった．

　その後，マイアミ大学のタッチ研究所のフィールド（Field, T.）による一連の研究が展開される．タッチングの有効性は母子関係のみならず，PTSDの症状の軽減，ストレスの軽減などに広がりをみせるようになった（Field, 2003）．日本

でタッチングに焦点を当てた研究は多くはないが，特に乳児期の母子のタッチングが，その後の攻撃性や情緒の安定に大きな影響を与えることなどがわかっている（図1：山口, 2003）.

●**タッチングの生理学的基礎**　近年ではこれらのタッチングの効果については，生理学的な側面からも明らかにされている.

第一はオキシトシンによる作用であり，最近特に注目されている．オキシトシンは脳（視床下部の室傍核と視索上核）で合成され，下垂体後葉から分泌される物質であり，その働きには異なる二つの側面がある．一つは身体末梢でホルモンとして働き，分娩時の子宮収縮や乳腺の筋線維を収縮させて乳汁分泌を促す働きである．もう一つは，中枢神経（脳）で神経伝達物質として働く作用である．これは母子の絆や，信頼や愛情といった社会的行動や感情に複雑に関わっている．上記のような親子関係のさまざまな効果は，タッチングによってオキシトシンが分泌されることでもたらされたものであるといえる．

図1　乳児期の身体接触量と高校時の攻撃性
（山口, 2003, p.165）

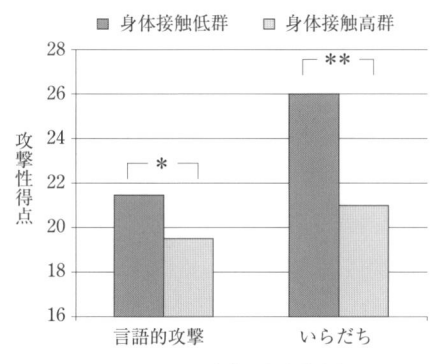

* 5%水準で有意差あり
** 1%水準で有意差あり

第二は自律神経の作用である．山口（2012）によると，二者のペアで相手を手のひらでゆっくりとしたスピードで撫でた場合，両者の自律神経の機能のうち副交感神経が優位になり，リラクセーション効果があるが，速い速度で手を動かすと交感神経が優位になり，覚醒作用があることがわかった．

またタッチングは「触れる」と「触れられる」事態が同時に起こる．つまり，相手に触れた自分の手は，相手の身体に触れられているともいえる．そのため，触れる者にも同様の効果がある点が特徴的である．

●**タッチングのネガティブな側面**　親から子どもへのタッチングは，オキシトシンの分泌を促し，親子のアタッチメントの形成を促すことは経験的にも科学的にも周知の事実である．しかし最近の育児の風潮として，そのことだけを強調したり，タッチングにばかりこだわりすぎる傾向がみられるのもまた事実である．

根ヶ山（2006）はそのような態度に固執することは，子どものもつ自立性や反発する機会を奪うものであり，親子関係をバランスを欠いたものにする危険性について指摘している．タッチングはその行為だけに捉われるのではなく，子どもの反発性や自立性をきちんと把握し，適切な距離を保ちながら育児に取り入れるべきものだといえよう．

[山口　創]

アフォーダンス

☞「生態学的知覚」p. 42,「姿勢・移動」p. 104

　アフォーダンスとは，（動物を内包する）環境が動物に対して提供する意味や価値，ないしは可能な行為である（Gibson, 1979）．アフォーダンスは，アメリカの生態心理学者ギブソン（Gibson, J. J.）による造語であり，「与える，提供する」の意味をもつ英語の動詞 afford に由来する．「私たちは知覚するために動き，動くために知覚しなければならない」（Gibson, 1979, p. 223）との記述にあるように，ギブソンは動物の目的行為にみられる知覚と行為の相補性ないしは交代性に着目し，それがいかなる実在によって支えられているのかを明らかにしようとしていた．ギブソンはこの新しい概念により，これまでのいずれの用語によってもなし得なかった「環境と動物の両者を参照する」もの，「環境と動物との相補性」からもたらされる実在を表し（Gibson, 1979, p. 127），動物の知覚 - 行為を支える基本単位として行動の科学の俎上に載せた．

●**環境に実在する意味 / 価値としてのアフォーダンス**　ある程度の広さがあり，ほぼ水平で平坦な固い地表面は，水面とは異なり，人間のような体重のある動物を支えること，その上を歩いたり走ったりする行為をアフォードする（Gibson, 1979）．このとき，地面の広さや表面の傾き，粗さや固さといった個々の物理的特性は，対応する「物理的な尺度」との関係でそれぞれ測定することができるが，「地表面のアフォーダンス」は「動物との関係」から測定される（Gibson, 1979）．同じ地表面であっても，形状や配置が異なり，例えば人の膝の高さほどの段差となっていれば，その場所は「座る」ことをアフォードする．一方で，同じような高さの段差であっても，身体の小さな子どもには座ることをアフォードせず，別の行為をアフォードするかもしれない．非 - 動物的環境だけではなく，動物的環境――とりわけ同種の他者――も独特のアフォーダンスをもつ．「行動は行動をアフォードする」（Gibson, 1979, p. 135）．アフォーダンスの概念は，それ自体，社会的な意味や価値も内包している．

　ギブソンの知覚理論は，生態学的実在論，直接知覚論ないしは情報抽出理論とも称される．伝統的な理論において，意味や価値とよばれるものが心的 / 内的に構築されると仮定されてきたのに対し，ギブソンは，意味や価値としてのアフォーダンスが，知覚者 / 行為者を参照しつつ，しかし主観とは独立に生態学的な事実として環境中に存在し，それを特定する情報――例えばオプティック・フローの中の不変項，すなわち変化と不変の一貫性，ないしは法則性――の探索と発見によって直接的に知覚されるとした（Gibson, 1979）．

●**アフォーダンス理論の定式化の試み**　アフォーダンスに関するギブソンの定義

は，明確かつ詳細ではあったが記述的であったため，これを形式的な表現によって定式化しようとする試みがギブソンの没後も続けられている（Jones, 2003）．

例えば，ターヴィー（Turvey, 1992）は，アフォーダンスを環境の「傾向性」ないしは「資源」としてとらえることを提案する．環境のアフォーダンスは，必ずしも動物の一個体に知覚されなくとも，その環境がそのアフォーダンスをもちうる配置である限りにおいて環境の傾向性ないしは資源として存在し続けると考えられる．同時にターヴィーは，環境のアフォーダンスと相補的な動物の傾向性であるエフェクティヴィティを導入し，それらを対にすることで理論の定式化を試みた．一方で，ストッフレーゲン（Stoffregen, 2003）は，アフォーダンスを動物－環境系の相互作用から創発するものとみなすべきだと主張する．ストッフレーゲンによる主張は，一個体によって知覚されるアフォーダンスが動物の行為能力に依存すること，例えば，ある高さ以上の段差が，おとなには階段のようにして登ることをアフォードするが，子どもにはアフォードしないという事実を重視したものである．このように，アフォーダンスの，環境における資源としての性質を強調する立場（Reed, 1996；Turvey, 1992）と，動物との関係論的な性質を重視する立場（Chemero, 2003；Stoffregen, 2003）の間には，専門家の間でも論争がある（Jones, 2003；Michaels, 2003）．さらに，直接知覚論を擁護する生態心理学の伝統とはまったく異なる立場から，アフォーダンスを心的表象として定式化する試みもなされている（Şahin, et al., 2007；Vera & Simon, 1993）．

これらの定式化において，ギブソンによる構想の全貌を包含することができず，いずれかの側面に偏った表現となってしまう問題は，形式化のために利用されてきた道具立ての限界によるところも大きい．そこでチェメロとターヴィーは，超集合論ないしは非有基底的集合論を援用した定式化（図1）を提案しており，アフォーダンス理論の前進への貢献が期待される．　　　　　　　　　　　　　　［三嶋博之］

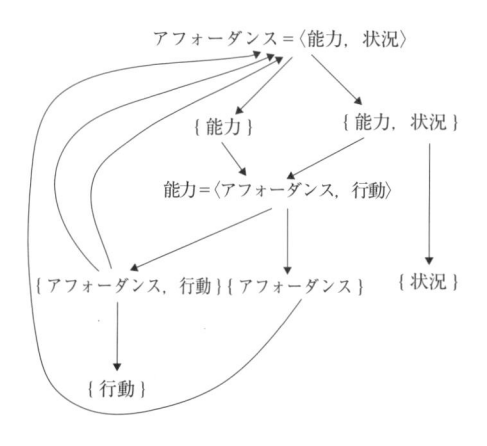

図1　超集合グラフを用いたアフォーダンスの定式化の例．チェメロ（2003）によるアフォーダンスの定式化を，超集合グラフとして表したもの（Chemero & Turvey, 2007, p. 476, Figure 4）．有向グラフにみられるループ構造が，環境と動物，あるいは知覚と行為の相互性に由来するアフォーダンスと行為主体との相互性，またそれらの複雑性をとらえている

バーチャルリアリティ

☞「メディアと子ども」p.252

バーチャルリアリティとは，コンピュータによってつくられた世界の中に入り込み，あたかも現実であるかのごとき体験（疑似体験）ができる状況をつくり出すことができる技術のことである（廣瀬，2010）．この言葉は，1989年アメリカのVPLリサーチ社が，データグローブなどの製品紹介に用いたことで一般に知られるようになったが，研究の端緒は1968年，サザランド（Sutherland, I.）が提唱したHMD（Head Mounted Display）にあるとされる（舘，2002）．また，バーチャル（virtual）は一般的に「仮想」と和訳されるが，米国継承英語辞典の定義から，「みかけや形はそのものではないが，本質的あるいは効果としてはそのものであること」の意味とされる（舘他，2011, p. 2）．

図1 子どもは「文化を先取る存在」でもある

●**バーチャルリアリティの理想と研究**　舘（2002）は，バーチャルリアリティの理想は，①三次元の空間性，②実時間の相互作用性，③自己投射性 の三要素を有したシステムを構成し，人間が実際の環境を利用しているのと本質的に同等な状態で，コンピュータの生成した人工環境を利用することを狙った技術とする．これらを可能にするため，人が世界を認識する仕組み（五感や平衡感覚などの機能）そのものを解明しつつ，人の臨場感，現実感，存在感が引き起こされる認知機構について，大脳生理学，心理学，工学分野などによる学際的な研究が進められてきた．また，生理・心理的効果の定量化のための研究知見を利用し，人に実体験と等価な感覚を生じさせるためのさまざまな感覚提示装置の研究が進められている．

●**コンピュータ技術による五感の再現と提示**　近年，視聴覚領域における三次元映像，立体音響提示は，日常生活でも馴染のものとなった．3D眼鏡をかけ，映画館やディズニーランドなどで見る三次元映像は，立体的なキャラクターが目前まで迫り，思わず手を伸ばしてしまう．家庭用ゲーム機では，物体や自分の分身（アバター）などを，振動するコントローラや自身のジェスチャーによって，リアルタイムに操作できる．しかし，前者は物体を別の角度から見たり，うしろに回ったり，触れて自由に動かすことはできない．後者も自分とその環境とが，奥行，方向，いずれにおいても矛盾なくつながり，あたかもその環境に入り込んだような感覚は実現していない．バーチャルリアリティとしては不完全であるが，かなりの臨場感を得られるのは，私たちが主に視覚と聴覚で世界を三次元空間と

して認識しているからである．しかし舘（2002）は，バーチャルリアリティをつくるうえで「触覚」は欠かせない要素だとする．なぜなら，触覚を得ている人間の腕や手や指は，認識すると同時に外界に働きかける行動システムでもあるからだ．触覚の仕組みは，視覚や聴覚の仕組みより複雑であり，限定的にしか再現できていないが，反面，一部を再現しただけでもかなりの現実感が得られるという．

●**人間の生活を支え，豊かにするバーチャルリアリティ**　この触覚の特徴を活かした触覚，力覚提示技術の実用化が進んでいる．医療においては，類似技術であるオーグメンティド・リアリティ（拡張現実）と融合した外科手術のシステムが実用化されている．また，遠隔地のロボットに触覚を伝え，分身のように操り作業するシステムも実現された．いずれも医師や操縦者が，バーチャルまたは拡張された視聴覚提示で対象を確認し，あたかも自分の手で作業するように器具を操ることができる．身近においても触覚，力覚提示の一片を体感できる．スマートフォンやタブレット端末のタッチパネルを指で操作するとき，振動フィードバックがある．画面上の商品を指でなぞり素材感を確認するなどは目前である．嗅覚，味覚提示の実用化も遠くはないだろう．

●**子どもの発達への評価と社会への還元**　ここで留意したいことは，バーチャルリアリティ研究の対象や感覚提示装置の利用者として，発達段階にある子どもが，どの程度想定されているのかである．2010年，家庭用TVやゲーム機の立体視対応を機に3Dコンソーシアムが「3DC安全ガイドライン（2010年4月改訂版）」を公開した．低年齢層への配慮として，子どもの視覚の発達段階を示し，「視覚機能の発達段階において不適切な映像を与えると，健全な視覚発達に影響を与える可能性があるため十分注意が必要である」と明記した．現在3D機器やゲームソフトの取扱説明書にはおおむね6歳未満児の使用制限が明記されている．今後，商品化される装置には触覚・力覚提示も加わり，さらなる臨場感や没入感を体感するようになるだろう．同様に，生理・心理への影響も含め，発達科学的な評価に基づくガイドラインの提示が求められる．

●**発達心理学における二つの観点**　バーチャルリアリティはその理想へと進む過程にあり，人への感覚提示は限定的でアンバランスといえる．これを踏まえ，発達心理学から検討するとき，二つの観点があると思われる．一つは，人の生物学的発達との関わりである．感覚・知覚機能だけでなく，人として統合的に発達している子どもへの多面的な影響について，学際的で縦断的な研究の推進が期待される．もう一つは，社会文化環境の見地である．すでに私たちは，疑似体験技術が創出する第二，第三の現実世界をパラレルに生き（廣瀬，2010），その環境との相互作用により発達している．いまこそ，本田（2009）が指摘する「大人に先んじて文化を先取り」し，「不断に生成変化する」子どもたちの存在意義，社会文化的価値を年頭に置き，発達研究を進めていく必要があるだろう．　　　　［七海　陽］

セクシャリティ

☞「恋愛関係」p. 204,「同性愛」p. 206,「ジェンダー」p. 448

　性とは，生殖に関わる構造と機能における雌雄であり，生物学的な違いである．セクシャリティは，性に加え，行動の違い，社会での認識の違い，性を基盤とした心理的な違い，など生物学的な性の影響により表出した，心のもちよう，行動の現れ方，社会での互いの誘引力と反発力などの総体として考えられよう．したがって，動物におけるセクシャリティは生物学的性の部分がより強く，霊長類になるに従って，生物学的性に社会的なものが加わっていく．ことばをもった動物であるヒトのセクシャリティにいたっては，さまざまな観念的な要素が生物的な性に付随し，異性に対してのとらえ方が個人によっても異なるという現象が起きるのではないだろうか．

●**性の出現**　生命体をつくり継続させる根源は11億年の歳月で偶然に生じた，たんぱく質の暗号をもち，増殖可能なDNA（デオキシリボ核酸）という化学物質である．DNAの情報により細胞が新生されるが，卵子と精子という二つの異なった生殖細胞をつくるDNAの存在が性を生んだ．そこに，細胞レベルの性差が生じ，二つの生殖細胞の合一により新たな個体をつくる性の仕組みができたわけである．その後，卵巣と精巣の生殖腺と付属器官，それを制御するホルモンと神経系に違いが生じ，個体レベルでの雌雄が生じる．その結果，異性との出会いを確実にするため聴覚，嗅覚，視覚などによる互いの誘引方法を獲得していく．ここに雌雄のからだの性差が拡大していく原因がある．哺乳類になると雌の体内で子どもを育て，産まれた子どもの栄養を自分のからだでつくる生殖戦略を発展させた．それが体内，体外の形態に大きな雌雄などの違いを生じさせたのである．ヒトにいたっては，乳腺が乳房という膨らみの中に存在し，異性を引き付ける形態となり，性のアイディンティティ（性自認）形成の重要な要素となった．さらに，ことばを獲得したことは性に関わる行動を複雑にし，脳には恋愛という一人の異性に執着し続けるメカニズムが生じた．高度な脳をもつヒトの性別は，からだの性ではなく性自認により決まることとなった．それは，性自認とからだの性と一致しない性同一性障害を生じさせることになった．

●**性機能と性差**　女性には一か月に一度の排卵周期がある．卵巣からエストロゲンが分泌され，子宮，卵管，膣などに作用し妊娠の準備をする．排卵前日に多量のエストロゲンが分泌され，排卵を促す脳の神経回路を働かせ，ラットなどの雌哺乳類では性行動の神経回路に作用して発情状態を形成し，雌はその時のみ雄の交尾を受け入れる．排卵と同時に発情する仕組みは妊娠効率を高めている．ヒトの女性でも排卵前後に性欲が高まるという報告はあるが，排卵と性行為は必ずし

も同期しない．本能行動は内的外的刺激により自動的に生じるものである．ヒトの行動は本能に根ざしたものではあるが，意思により行われるもので本能行動とはいえない．ヒトのことばによる異性間の行動は大脳新皮質が強く関与し，そこにヒトのセクシャリティの多様性，複雑さがある．

　男性には性的な周期性はない．精巣では絶えず精子が形成されており，精子形成に必要なアンドロゲンは絶えず分泌されている．その結果，アンドロゲンが脳の性行動の神経回路に作用し，ラットではいつでも交尾行動が生じ，ヒトでは性欲が高まっている．生殖器の構造上，動物の雄の交尾行動は雄は能動的で雌は受動的にならざるを得ない．去勢された雄ラットにエストロゲンを投与しても受動的な雌型性行動はしない．このように，生殖機能と行動，行為の雌雄差，男女差は大きい．ヒトの性行為には快感が伴う．この報償系の仕組みは本能行動が欠落したヒトの脳に発達したものであり，これによりヒトの種が維持される．一方で快感を得るためだけに行われる売春など反社会的行動も生じる．生殖機能と生殖行動はセクシャリティの性の部分であり，すなわち原点である．

　出産した雌ラットは授乳と同時に母性行動を示す．母性行動も子どもが発する刺激が脳の神経回路に作用して生じる本能行動である．しかし，雄ラットも持続的に子どもを与えると母性行動を示し，エストロゲンとプロラクチンを投与すれば成熟した雄ラットでも乳腺は発達する．したがって，性行動ほど子育ての行動の性差は大きくない．一方，雄には妊娠雌や母子を守る本能があり，テリトリー維持のための見回りや，侵入者に対する攻撃などの行動がある．性差は少ないが子育ての行動はセクシャリティの一要素である．

●**性差形成**　生物学的なヒトの男女の違いが生じるメカニズムは動物実験でかなりの部分が明らかにされている．端的にまとめると，性染色体のY染色体におけるSRY遺伝子（性決定遺伝子）が中心になって未分化な生殖腺が精巣に分化し，胎児期に分泌されるアンドロゲンにより生殖輸管，付属性腺，外部生殖器，それに脳における生殖機能を制御する神経回路が男性のものに分化する．一方Y染色体をもたないと，卵巣が生じ，アンドロゲンがないことから生殖器官は女性のものに分化する．胎生期の性染色体，性ホルモン異常はからだと脳の構造と機能に異状や両性具有的な障害を生じさせる．

　動物では思春期になると生殖機能が成熟し性行動が生じるようになる．ヒトでは思春期に男女の意識が芽生えるが，社会規範の中で男女の行為は制限されていく．そこに社会体制，個人の考え方の違いなどが動物としての性に加えられ，ヒトのセクシャリティとなっていく．ヒトの胎児期は構造としても性は完成されていないが，出生後，構造としての性は完成される．そのうえで，思春期になると性機能が成熟し，一生涯をかけてヒトとしてのセクシャリティが身についていくのである．

［山内兄人］

介 護

☞「3世代の親子関係・家族関係」p. 176,「高齢者の終末期ケア」p. 188

　介護における「触れる」行為，つまりタッチは，主に「治療的タッチ」と「共感的タッチ」に分類される（土蔵，2003）．さらに，認知症の治療を目的として共感的タッチを行う手法，つまり，「治療的タッチ」と「共感的タッチ」の両者の効果をねらった「タクティールケア」も2006年以降，日本の医療・介護現場で活用され始めている．

●**治療的タッチ**　身体の苦痛をやわらげるための治療的要素が強いタッチであり，アメリカの影響を受けて，わが国には1990年後半に導入された．広義には，マッサージや指圧，さらには気功なども含まれるが，狭義には，「ゲートコントロール説」（Melzack & Wall, 1965）に基づいた継続的な接触による痛みの軽減である．「ゲートコントロール説」とは，触覚や圧覚を司る感覚神経線維の伝導速度が，痛覚を司る感覚神経線維の伝導速度よりも速いため，触覚と痛覚が同時に刺激された場合，大脳皮質に到達する前段階で，触覚の受容体からの信号が痛覚の受容体からの信号を拒み，抑制するという説である．多くの看護系研究者がこの説を治療的タッチの効果の科学的根拠としているが，痛みの発生と同時にタッチを行うとは限らないため，伝導速度の差異は関与せず，タッチによる痛みの軽減の科学的根拠にはなり得ない．また，この説については，現在は医学的に否定されている（Schmidt, 1993）．マッサージや指圧による治療効果についても明確な科学的根拠は存在せず，今後，タッチによる疼痛緩和などの治療効果の科学的検証が必要となる．

●**共感的タッチ**　触れることによって心理面に働きかけることを目的としたタッチである．例としては，悲嘆に暮れている人への共感的かつ援助的なタッチ，喜びを分かち合うときに触れ合うタッチ，終末期患者への癒しを目的としたタッチである（土蔵，2003）．タッチの患者適用においては，患者・看護師の間に癒し/癒される関係の成立がタッチの効果を高めるとされている．共感的タッチの効果の検証としては，心電図や呼吸，皮膚電気抵抗，局所皮膚温度など客観的生理学的指標を根拠としたものが存在するが，その数はきわめて少ない（今野，2011）．

●**タクティールケア**　タクティールは，ラテン語の「タクティルス（taktilis）」を語源とし，「触れる」という意味がある．タクティールケアは，1960年代のスウェーデンにおいて，未熟児ケアを担当していた看護師Ardebyにより始められ，主に認知症高齢者向けの緩和ケアの一手法として経験に基づいて体系化された．本手法は，利用者の手足や背中などに手で優しく包み込むように触れることにより，さまざまな症状を緩和するとともに，肌と肌の触れ合いによるコミュニケー

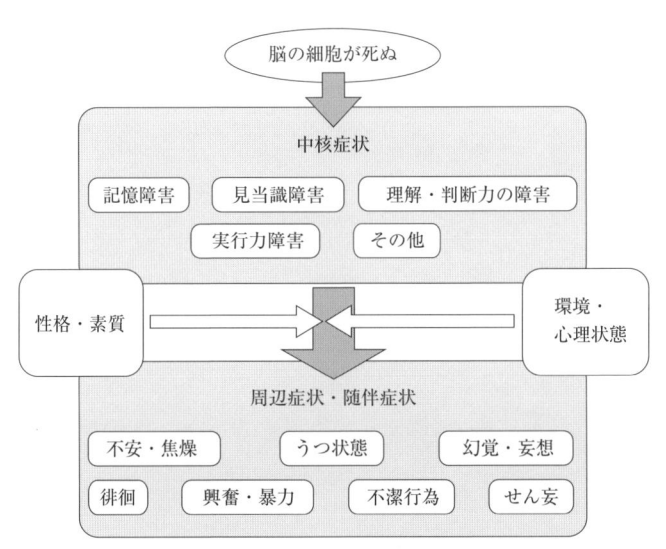

図1　認知症の症状──中核症状と周辺症状

脳の細胞が壊れることによって直接起こる症状が記憶障害，見当識障害，理解・判断力の低下，実行機能の低下など中核症状とよばれるもの．本人がもともともっている性格，環境，人間関係などさまざまな要因がからみ合って，うつ状態や妄想のような精神状態や，日常生活への適応を困難にする行動上の問題が起こってくる．これらを周辺症状と呼ぶことがある
（厚生労働省政策レポート「認知症を理解する」(H25.1) より）

ションを図る．有効性の科学的根拠として，前述の「ゲートコントロール説」のほかに，「体内におけるオキシトシンの関与」があげられている．不安感やストレス軽減にも関与している視床下部で産出されるオキシトシンというホルモンが，本手法により血液中に分泌される．オキシトシンは血流によって体内に広がり不安感のもとになるコルチゾールのレベルを低下させて，安心感がもたらされるという（木本，2011）．また，認知症に対する治療効果は，以下のように説明されている．認知症の症状は，図1のとおり，記憶障害や理解・判断力の障害など脳機能低下の直接的症状である「中核症状」と中核症状に伴って現れる精神・行動面の症状である「周辺症状・随伴症状」に分けられる．認知症高齢者は記憶の喪失に関連して孤独感や不安感を抱える．また，認知機能の障害によって「ストレス閾値」も低下しており，少しのストレスでも暴言や徘徊などの周辺症状を起こしやすい傾向にある．認知症関連ストレスを制御して，穏やかで安心した生活をすごすことができれば，周辺症状の出現は減少する．タクティールケアによって穏やかな安心感を促せれば，ストレスが軽減し，周辺症状の攻撃性などが抑えられると考えられている（鈴木，2011）．　　　　　　　　　　　　［村岡慶裕］

4. かんがえる

【本章の概説】

「かんがえる」ということは，どういうことであろうか．この問いの答えを出そうとすること自体が「かんがえる」ことである．まず，フランスの古典哲学思想などから，「かんがえる」ということの意味をかんがえてみよう．

「我思う，ゆえに我あり」（フランス語で Je pense, donc je suis．ラテン語で Cogito ergo sum．）は，哲学者デカルト（Descartes, R.）が『方法序説』などで述べたことばとされる．「私」というものの存在は，「かんがえる」ということと切り離してはありえないということを端的に示した力強いフレーズである．

「思う」と「考える」はあわせて「思考」という成語となっている．しかし，この二つは同義ではない．「わが子のことを思う」と，「わが子のことを考える」を比較すると，前者にはさまざまなめぐりゆく「行方定めぬ思考」が含まれるのに対して，後者は何らかの「結論を出す思考」という印象が強い．「この問題を考えなさい」は思考の結論（多くは正解）を求める表現として普通に使われるが，「この問題を思いなさい」は日本語の表現としてほとんど意味をなさないことからも，「思う」と「考える」の違いは理解できよう．

「人間は考える葦である」は，哲学者パスカル（Pascal, B.）が遺稿集『パンセ』の中で用いた有名な表現である．実際のところ，「葦」という植物が現代の日本人にとってあまり身近ではないために，「考える葦（roseau pensant）」という表現にはさほど親しみが感じられないが，パスカルは「人間はひと茎の葦にすぎない．自然の中で最も弱いものである．だが，それは考える葦である」と述べ，弱いけれども「考える」という強みをもった存在として人間を規定している．そして，人間の尊厳のすべては考えることにあり，よく考えることが道徳の根本原理であると言い切っている．

彫刻家ロダン（Rodin, A.）が制作したブロンズ像『考える人』（Le Penseur, 1880）は，右ひじを左の太ももに置いて座る独特の姿勢とともに，日本人にも古くからよく知られている．東京・上野の国立西洋美術館の前庭にも置かれているこの像は，ロダンが装飾美術館の門を制作するとき，ダンテの『神曲』に着想を得て門を「地獄の門」と名づけ，当初はその門の頂上で詩想に耽っているダンテ自身を表そうとしたが，夢想が創造を生み出す力強い過程を表すように，より一般化されたものであるといわれている．

思考の発達過程を研究したスイスの思想家ピアジェ（Piaget, J.）は，このような「パンセ」を重視するフランス思想の伝統を受け継いでいるのである．

スイスのフランス語圏の地域で生まれたピアジェは，ヌーシャテル大学に学び，若くして軟体動物の研究で理学博士を取得した後，「発生的認識論」という壮大な理論体系を築こうとした．ピアジェの発生的認識論は，認識の系統発生を調べる科学史研究と，認識の個体発生を調べる認知発達研究の二本柱からなる．

認識の系統発生的研究の成果は，1950年に『発生的認識論序説』全3巻にま

とめられ，第1巻「数学思想」，第2巻「物理学思想」，第3巻「生物学思想，心理学思想，および社会学思想」という構成である．認識の個体発生については，ピアジェらは，子どもとの問答的対話を通じて，言語・数・量・空間・論理性など幅広いテーマで数々の実証的研究を行い，思考の発達過程を明らかにした．

ピアジェの発生的認識論では，思考の発達は「シェマ」「同化」「調節」「均衡化」という概念を用いて説明される．シェマは認識の枠組みというような意味であり，生物はさまざまな活動を通じて外界から体内に物質・エネルギー・情報の取り入れ（同化）を行うと同時に，その取り入れ方のパターン（シェマ）を学習する．あるシェマで同化を繰り返していくうちに，シェマが有効でなくなるときがくると，シェマの修正やシェマの追加を行う必要が出てくる．このことを調節という．シェマの同化と調節は，絶えざる均衡化に向かう相互に補完的な活動である．

「4. かんがえる」において，ピアジェの思考研究に直接関わる項目は，「思考」（中島伸子），「概念形成」（落合正行），「仮説検証」（山 祐嗣），「操作的思考」（大浜幾久子），「他者視点」（渡部雅之），「発生的認識論」（中垣 啓）などであり，ピアジェの果たしてきた役割は今なお大きいと評価できる．

他方，残りの「意思決定」（楠見 孝），「認知スタイル」（臼井 博），「実行機能」（森口佑介），「状況的認知」（秋田喜代美）の項目では，ピアジェがあまり扱うことのなかったさまざまな「かんがえる」とかかわる問題を取り上げるものである．

「意思決定」の問題は，人間の判断が合理的な思考だけでなく，非合理的な思考やさまざまなバイアス（偏った考え）に左右され，そのために「後悔」の念も生まれてくることを示すものである．

「認知スタイル」は，思考発達の過程が万人に同一で唯一のものとみなすのではなく，その個人差に注目するものである．例えばテストで同じ得点であっても，正解の個所が一致しているとは限らず，解き方にもいろいろ個性が現れる．

「状況的認知」は，思考をそれ単独で存在するものと考えるのでなく，思考が発揮される状況の中でみていく必要性があることを主張する．すなわち，周囲の「ひと」や「もの」との関係が思考に大きな影響を与える可能性に着目している．

「実行機能」は，ワーキングメモリの容量が思考過程を規定するという新ピアジェ派の主張を受け，思考におけるプラニング（計画），シフティング（変更），アップデーティング（更新）など，ダイナミックな見方を行うものである．　［子安増生］

思考

☞「乳児の知覚研究法」p. 28,「発達と学習」p. 124,「生得性（領域固有性）」p. 450

知的発達について初めて包括的理論を打ち立てたピアジェ（Piaget, J.）は，知的発達を思考が論理性を獲得していく過程ととらえ，論理的思考の開始は具体的操作期（7歳くらいから）であるとした．しかし，最近の研究によれば，子どもは発達のかなり早期から論理的に思考する能力を備えている．あらゆる事象について論理的に思考できるわけではないが，少なくとも人間の生存に重要な役割を果たすといわれる諸領域については，乳幼児といえども論理的である（外山，2010）．

一方，おとなを対象とした認知科学研究によると，成人でさえ常に論理的に正しい思考をするわけではなく，それは思考の対象とする領域により異なる．これらのことは，思考は内容から独立したルールだけに還元できないこと，思考やその発達における領域固有の知識の重要性を考慮する必要性を示す（鈴木，1996）ことである．

●**領域知識から思考へ**　領域知識が思考を説明するという証拠は，記憶，発達，文章理解，学習など広範な分野から得られている．そして時には，子どもが豊富な領域知識を有することにより，おとなの思考を凌駕する場合がみられる．

例えばチー（Chi, 1978）は，チェスの熟達者である6歳から10歳までの子どもと素人の大学院生を対象に，チェス盤上の駒の配置の記憶を比較した．平均して22個の駒がボード上にあり，10秒間ボード上の駒の位置を覚えた後，駒の位置を再現するように求めた．正しい再現数や，すべてを正しく再現できるまでの試行数を比較したところ，いずれも熟達者の子どもの方が圧倒的に成績がよかった．

チェスに関係のない数列の記憶だと，逆に大学院生の成績の方がよいことから，領域一般的な記憶能力が存在し，そうした能力の高い子どもばかりがチェスの熟達者であったという説明は成り立たない．熟達者の子どもは，駒の組合せを「熟知した配置」として一まとまり（チャンク）にして記憶することで，短期記憶の負荷を減らしたのだと考えられる．別の研究では，熟達者は素人と比較すると，知識の量だけでなく構造化の程度が異なり，特性間の因果や相関についての知識の豊富さが推論や記憶を促進することも示されている（Chi et al., 1989）．

人間の生存に重要な役割を果たすいくつかの領域については，就学前までには理論とよべるような知識体系—素朴理論—を形成することが指摘されている．素朴理論は科学理論のように厳密なプロセスを経て構築されているわけではない．しかし科学者が科学理論に基づいて現象を説明するように，子どものもつ理

論も「なぜそうなったのか」「次にどうなるのか」「それはどういう意味をもつのか」といった問いに対する答えを提示する役割を果たし，首尾一貫した推論をすることも可能である．生物についての素朴理論を例にすると，幼児は，あまりよく知らない生物現象について推論する際，人間との類推によってもっともらしい予測を生み出すことができる（Inagaki & Hatano, 2002/2005）．また，「人間が呼吸する」のは，「さっぱりしていい気持になりたいから」という心理的因果による説明ではなく，「胸のところが空気から元気の出る力を取り入れるから」といった生物領域に固有な生気論的因果を駆使して，もっともらしい理解，予測ができることが示されている（Inagaki & Hatano, 2002/2005）．このように知識が豊富で体制化された領域では，幼児でもある程度論理的に思考することができるのである．

●**思考から領域知識へ** 思考の発達の多くを説明するとされる領域知識だが，そもそもその成立において種々の思考過程が関与しているのは確かである．幼児は「どうして空は青いの？」などと頻繁に質問し，物事の因果について推論しようとする．ゴスワミ（Goswami, 2008）は，人は生まれながらにものごとの因果関係に注目し，因果説明を求める傾向を有し，領域一般的な因果推論能力が知識獲得の中核的役割を果たすと主張する．

因果推論とは，出来事や行動を引き起こす原因や，その結果にかかわる情報に注目し，それらの関係を解釈し，理解する思考の働きである（丸野, 2005）．ピアジェによれば，因果性は具体的操作期の思考の特質であり，それ以前の思考はアニミズム思考のように前因果的である（藤村, 2005）．

しかし，乳児に対する実験法の開発によって，因果推論はかなり早期から可能であり，記憶や学習，概念形成，推論といった認知機能を制御・促進することがわかってきた（Goswami, 2008）．例えば，生後10か月の乳児でも因果性に敏感であり，静止したモノAに別のモノBが衝突して動き出すという因果的事象と，それと見かけが類似の非因果的事象（例えばモノAにモノBが衝突するが時間がたってから動き出す事象，モノAの手前でモノBが停止するがすぐにモノBが動き出す事象）とを区別できるという（Oakes & Cohen, 1990）．

幼児期には正当な因果原理に基づく推論も可能となる（Goswami, 2008）．幼児のうちに「原因となる出来事は結果となる出来事よりも時間的に先行する」（先行原理），「出来事間の特性は規則的に変動する」（共変原理），「原因と結果は時間的・空間的に近接する」（時間的近接性原理）に従って推論することが可能となる．また原因と結果を結ぶ媒介原因が存在することの理解が可能である．

以上を踏まえると，思考は領域知識により制御・促進されると同時に，領域知識の獲得を促進するものでもあり，この2方向の影響関係を検討することが，認知発達過程の解明につながるものと考えられる．　　　　　　　　　　　［中島伸子］

概念形成

☞「概念と語彙」p. 4,「発達と学習」p. 124,「文化心理学と比較文化心理学」p. 464

世界にはさまざまな刺激が存在しているが，私たちはこれをすべて異なるものと扱うだけでなく，異なるある一群の事物や出来事に対して共通の反応をしている．異なる一群の事物を同じものとして扱い，同じ山に積み上げたり，同じ名前で呼んだり，同じやり方で反応したりすることを，カテゴリ化とよぶ（Neisser, U.）．概念は，事例の集合である外延（カテゴリ）とその本質（共通性質＝意味）である内包からなる点でカテゴリと異なる．

概念研究は，1960年代を中心に研究されてきた．初期の研究では人工概念が用いられ，ブルーナー（Bruner, J.）らに代表される概念形成の方略という思考研究が主であった．ピアジェ（Piaget, J.）以降，自然概念についての概念形成研究が盛んとなった．ピアジェは具体的操作期に，基本的な科学的概念の形成がなされるとし，数，量，長さ，重さ，面積，体積，空間概念として近傍，順序，囲い込み，点，連続性，視点の構成，影の投影，相似，比，水平・垂直，測定，距離，角度などの概念発達を研究した．

●**概念の表象**　概念の表象は，①定義による表象（家具とは日常の衣食住のための道具類（『広辞苑』第5版）という定義），②原型による表象（概念はカテゴリ内のほかの事例と最も類似性の高い事例，またはカテゴリの重心（平均）にあたる原型（典型例）を中心に構造化される．基本的な概念構造の水準は基礎カテゴリ（Rosch, E.），③事例による表象（概念は事例そのもので表象されている），④理論による表象（概念にまとまりを与えるのは世界についてもつ理論：Murphy, G. & Medin, D.），があげられる．

概念を理論による表象ととらえることは，概念間の構造を共通属性に基づく階層関係とするような単にカテゴリを問題とするのではない．動物が手，足，内臓という属性をもつのは移動に必要な道具や身体の形態，生命を維持するための共通のシステムというように，関連する特性は因果的・説明的な結びつきをなしていると考えられる．概念の発達も特性が増加するというのではなく，世界の知識，あるいは知識，概念をまとめる原理の変化＝理論ととらえられる．理論による表象の考えは，子どもの知識が因果的関係でまとまった領域ととらえる．この考えは物理，生物，心理という領域に関わる素朴理論説へとつながり，認知発達研究に新たな地平を開くこととなった．

ピアジェは，概念が行為からイメージや言語による表象へと発達すると考えた．行為とイメージや言語表象の過渡期にあたる時期の概念をカテゴリやクラスを表すというより代表的な個別の対象を表しており，いまだ完全な概念ではないとい

う点で前概念ととらえた．同じとらえ方は，素人（初心者）の理解の仕方を専門家（熟達者）の科学的な理解と対峙され，前概念（Clement, J.），現象的原理（diSessa, A.），素朴概念，メンタルモデル，インフォーマルな知識と理解されることもある．

　これまでは，概念が知識の中心的役割をもつと考えられてきた．しかし，ケアリー（Carey, S.）は，幼児の知識が推理による予測や因果性による説明という科学的知識と同じ機能をもつ点で，理論の特徴を見出した．彼女は，理論で知識の発達を説明しようとした．そして，理論の変化には，概念的な分化と新たな存在論的カテゴリの創造とからなる概念的変化がみられるという．

●**素朴理論**　知識にはほかの概念的理解を引き起こして，概念を形成し，そして制約を加えるというような影響力のある知識があり，この知識は基礎となる知識とよばれている（Wellman, H. & Gelman, S.）．乳幼児期に獲得される知識は主としてこの基礎となる知識である．これにより比較的少ない経験で大きな認知的な効果がもたらされる．子どもは個別の知識ではなく，知識のまとまりである世界の基本的な理解を保証するフレームワークとなる理論を早期に獲得すると考えられている（Wellman & Gelman）．子どもは特定の知識が欠けている場合にでも関連するフレームワークに訴えることによって理解し，信念をもつことが期待できるとされる．枠組みとなる理論の基準は，①存在論的区別，②推論の原理，③固有の因果性，④知識の凝集性とされる．

　乳児期では，制約による注意の制御とモジュールによる処理で形成された知識は，対象物，行為，数，空間，社会的相互作用などの五つの知識システムとなる．これがその後の発達の核となる役割を担うことになる（中核的知識）．このように，乳児は新たな柔軟な技能や信念のシステムを構築するための基礎となる少数の独立した知識のシステムをもっている．幼児期では，中核となる知識を基礎として物理，生物，心などの領域の素朴理論として発達していく．これには，空間，時間，物質，因果性，数，論理，素朴生物学，素朴心理学，言語という人間の経験を構成する枠組みが，幼児期にかけて獲得されることが基礎となっている．そして，幼児期では生物学的二次的能力（Geary, D.）に支えられた周辺領域に関する知識の発達がみられる．これは，中核的知識領域のように生得的支援の仕組みがないために個人差，文化差，知識の違い，知識の獲得年齢などに相違がある．個人が選択した領域に関して社会・文化の中で経験を重ね，徐々に知識やそれを効果的に運用する技能を獲得する．幼児は，領域間の情報の共有を可能にする言語や推理，作動記憶や長期記憶，メタ認知などの領域一般的認知能力をもとに多様な知識を獲得する．このときにおとなのガイドは，乳児期における生得的制約以上の機能を果たす．そして，おとなのガイドは，模倣による学習，教示による学習，共同作業により文化を伝播し創造する文化学習を保障する．　　　［落合正行］

仮説検証

　私たちは，例えば，S地区の人々が次々にコレラに感染した事実から，「S地区の人々はコレラに感染する」という仮説が正しいのかどうかを調べようとする．さらに，なぜS地区の人々はコレラに感染しやすいのかの理由についても理論を考え，その理論が妥当なのかどうかを検討するだろう．これらは，仮説検証とよばれる思考である．前者は法則についての仮説である．また，後者は法則を説明する理論についての仮説であり，科学における仮説検証に相当する．

●**仮説検証の規範理論**　法則を導き出す推理は，例えば「S地区 s_1 氏がコレラに感染，s_2 氏がコレラに感染，s_3 氏がコレラに感染」という前提から「S地区の人々はコレラに感染する」と結論づけるような帰納推理である．帰納推理とは，いくつかの事例から一般法則を導くものである．この場合，s_4 氏や s_5 氏の感染の有無を確認していないにもかかわらず，S地区の全住民について陳述しているので，観察していない情報を追加したことになる．全住民が感染しているか否かについては不確実ということで，帰納は蓋然的なのである．言い換えれば，帰納によって導かれた法則は，あくまで仮説なのである．したがって，帰納には，どのような答えが正しいのか，言い換えれば，何が規範なのかは明確ではない．

　一方，法則を説明する理論を求めるためには因果推論が行われるが，これは帰納だけではうまく説明できない．ある前提（S地区）と結論（コレラ感染）から，結論を可能にするもう一つの前提を蓋然的に仮説として提起する推理は，パース（Peirce, C. S.）によってアブダクションと命名された．これは，「事実Cが観察される．もし仮説Hが真であれば，Cは当然の事柄であろう．よって，Hが真であると考えるべき理由がある」という推論形式である．論理学では，条件文における結論（後件）の肯定から，前提を真と導くことは後件肯定の誤謬とよばれる．しかし，アブダクションでは，Hを推定する場合の，HとCの因果的関連性が重視され，複数のHのうち最も適したものが選択される．まだコレラ菌が発見される前の1852年のイギリスで，コレラが拡散する理由を突き止めるため，スノー（Snow, J.）という医師が，空気感染，接触感染などの仮説を次々に棄却し，最終的にロンドンのソーホー地区の井戸を感染源と特定した推理は，理想的なアブダクションとされる．

　このような仮説検証の科学的規範の一つとされるのが，仮説演繹的方法である．これは，抽象的で直接真偽を判定できないある理論が妥当かどうかを検討するために，その理論から観察可能な予測（仮説）を演繹し，その予測が真ならば理論を支持し，偽ならば理論を棄却（反証）するという方法で，アブダクション

と比較して，因果性よりも演繹の形式性が重視されている．なお，帰納推理と対比される演繹推理では，前提から必然的に結論が導かれなければならない．言い換えれば，理論が正しいならば，予測は必然的に真でなければならない．ポパー（Popper, C.）によれば，いくらこの検証を続けても理論が正しいことが証明されるわけではないが，いくたの検証によって反証されない理論がある程度信頼できるということになる．ポパーは，理論は反証されるが証明できないという立場を貫いたが，この信頼の上昇は，ベイズ理論によって，P（T）（理論Tが正しい確率）からP（T|D）（結果のデータDが観察された場合の理論Tが正しい確率）への変化として定式化が可能である．

●**仮説検証の心理学的研究**　仮説検証の過程についての心理学的研究からは，人間の仮説検証がなぜ上記の規範に一致しないのかが問われてきた．例えば，ウェイソン（Wason, P. C.）は，246という3数字列がどのような規則で構成されているのかを推理するのに，246以外のどの3数字列が規則に一致しているかどうかを知りたいかを求める246課題を考案した．この課題において，実験参加者は，例えば，「2ずつ増加する3数列」という仮説をたてると，「579」などの正事例ばかりを調べてそれ以外の仮説（例えば，「単調増加3数列」）を発見できないという確証バイアスの影響を受けやすいことが示された（Wason, 1960）．これは，妥当な理論を求めるためには反証が必要であるとするポパーの規範に反する．

しかし，クレマン（Klayman, J.）らは，この正事例検証方略は，上記のように，自分が検証しようとする仮説が真の仮説の部分集合である場合には確かに不適切だが，それ以外では適切と主張している（Klayman & Ha, 1987）．ベイズ理論によれば，この法略は，P（H）（仮説Hが正しい確率）からP（H|D）（D事例が確証された場合の仮説Hが正しい確率）への上昇という点で，決して非合理的ではない．

認知発達研究においては，ピアジェ（Piaget, J.）による発達段階用語である前操作期における子どもの思考の特徴の一つとして，転導推理が報告されている．転導推理とは，帰納でも演繹でもなく，特殊から特殊へと行われる推理で，自己中心性の現れである．例えば，小石が水に浮かないことを観察して，小さいものは水に浮かないと推理したり，また，結果と原因を混同して，晴れた日に遠足に行くので，遠足に行けば晴れると考えたりすることが代表的である．近年では，このような推理の根拠として，子どもは何らかの素朴理論をもっていて，転導推理はその理論に従っているとしてある程度は合理的であると解釈される場合もある．しかし，アブダクションに比較すれば，やはり規範に合致しているとは言い難いのである．　　　　　　　　　　　　　　　　　　　　　　　　　［山　祐嗣］

意思決定

☞「身体特性の加齢」p. 174,「問題行動」p. 226,「犯罪」p. 228

　意思決定とは，選択肢（代替案）群からよい選択を行うことを目標とする．意思決定は，個人と社会のレベルで二分でき，児童や生徒が一人で考えて決める個人的決定とグループやクラス全体で話し合って決める集団決定がある．

●**意思決定の過程**　意思決定は段階に分けることができる（図1）．第一は課題を同定し，目標を設定する（例：進路を決める）．第二は情報を収集する（例：進路情報を集める）．第三は選択肢（代替案）を立案する．ここでは，現実的な選択肢（例：候補となる学校）を網羅することが大切である．第四は選択肢を検討し評価する．これは決定によって起こる結果の確率や効用を評価することである（例：合格可能性と入学できた場合の望ましさ）．第五は選択肢からの決定，第六はその決定に基づく行動の計画と実行（例：志望校を決め，合格するための勉強をする），第七は結果の評価である．意思決定の各段階では，必要に応じて前の段階に戻り，繰り返される．

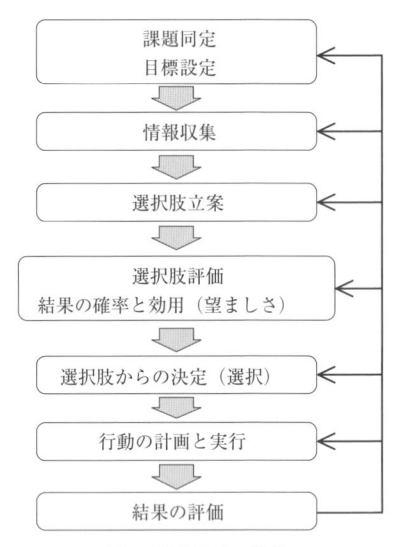

```
課題同定
目標設定
　↓
情報収集
　↓
選択肢立案
　↓
選択肢評価
結果の確率と効用（望ましさ）
　↓
選択肢からの決定（選択）
　↓
行動の計画と実行
　↓
結果の評価
```

図1　意思決定の過程

●**選択肢の評価規準**　よい選択肢を選ぶための評価規準としては，(a) 期待効用（主観的望ましさである効用と確率の積）の最も大きい選択肢を選ぶ最大化，(b) 損失の確率と損害の大きさが最も小さい選択肢を選ぶリスク最小化，(c) 決定後に「別の選択をしておけばよかった」というネガティブ感情である後悔が起こらないように，未来の結果を予期して，後悔しない選択肢に決める後悔最小化，(d) 連続的に選択肢が現れるときに，要求水準を越えた選択肢に決める満足化，(e) 複数の制約条件を満たした選択肢に決める多重制約充足がある．

●**意思決定を支えるヒューリスティックス**　ヒューリスティックとは，近似的な解をすばやく求めるための発見法である．確率などの判断に用いるヒューリスティックには，トバースキーとカーネマン（Tversky & Kahneman, 1974）があげた，想起しやすさに基づく利用可能性，典型性判断に基づく代表性，初期値から推定する係留と調整，心の中のシナリオによるシミュレーション・ヒューリス

ティックがある．意思決定に用いるヒューリスティックとしては，再認できる選択肢をより価値が高いと推論する再認ヒューリスティック，決定に必要な根拠を一つだけ用いる単一理由決定，選択肢を削っていく消去法，選択肢が要求水準を越えたときに決める満足化ヒューリスティックなどがある．

ヒューリスティックは，領域知識や経験，情報がないとき，時間圧力があるとき，情報過剰のとき，問題の重要性が低いときなどに用いられる．しかし，確率などの計算によって導かれる規範解から系統的に逸脱したバイアスが生じることがある．

●**意思決定の発達的変化**　就学前の子どもにおいては，頻度や確率，期待効用に関する概念は，加齢にともなって徐々に発達する．しかしこれらは直観的概念であり，誤りを導くことがある．

就学後に，学校教育の影響も受けて，確率に基づく選択や計算に関わる分析的能力が徐々に獲得される．ここで，注意，作業記憶，メタ認知や自己制御の制約により，意思決定において，選択肢における顕著な単一次元への着目，不適切な選択肢設定（複数の選択肢を考慮できない，確率の理解が十分でない）などの問題がある．また，判断におけるヒューリスティックの利用とバイアスは児童に見出されているが，その加齢による増加／減少傾向は一様でない（Schlottmann & Wilkening, 2011）．

青年期には，具体的操作期から形式的操作期への移行によって，意思決定において重要な確率の理解，仮説演繹的思考，抽象的思考などが可能になる．そして加齢によって因果，確率，統計的推論などの課題パフォーマンスが上昇する．さらに，進路決定などにおいて，自分の理想や価値の実現を目指して，計画を立て決定を行う．一方，一部の若者による薬物乱用，自動車などの危険運転などは，意思決定におけるリスク志向行動としてとらえることができる．リスク志向行動は，人格特性の衝動性から予測でき，仲間と一緒のときの方が単独のときよりもとりやすい．一般に，こうしたリスク志向傾向は，青年期，児童期に高く，一方，リスク回避傾向は，成人期，そして老年期にいっそう強まる．

老年期では，脳機能の減衰によって認知能力（作業記憶の容量や機能，メタ記憶など）が低下する．その結果，意思決定において認知負荷の小さい方略をとるため，考慮する選択肢数や利用する情報が減り，決定の質が低下することがある．また決定に時間がかかったり，判断や方略の修正が柔軟にできなかったり，感情的な焦点化の影響が強まることがある．また，リスク回避的になる．一方で，長年培った経験による深く広い知識に支えられた叡智は，認知機能の低下を補償し，人生の困難な問題に対して，洞察に基づいた適切な決定や解決策をもたらす場合もある（Sternberg & Jordan, 2005）．

［楠見　孝］

認知スタイル

☞「学びの個人差」p. 132

人の話を大づかみな印象でとらえる人がいる一方で，内容の細かなところをよく覚えている人がいる．また，パッと思いつきでどんどんアイディアを出していく人と，何か言おうとして，こんなことを言っては場違いになるのではと思って言いとどまる人もいる．認知スタイルとは，このように知覚，記憶，意思決定，問題解決などの情報処理プロセスを特徴づける個人のスタイルをさす．

●**認知能力との違い**　フェラーリとスタンバーグ（Ferrari & Sternberg, 1998）は，認知の個人差に関する二つの視点を提示している．一つは，能力レベルであり，もう一つはその能力の使い方であるが，認知スタイルはこの後者に関する構成概念である．より具体的に両者の違いを述べると次の五つの観点がある（Messick, 1976）．① 内容　対　プロセス：能力は what に対するものであり，知識や技能の内容に関することであるのに対して，認知スタイルは how に関するものであり，どのようなやり方で問題にアプローチするのかに関するものである．② 単極性　対　双極性：能力は少ない〜多いというように一つの次元に沿って示されるが，認知スタイルは解答の速さと正確さのように二つの独立的な極で示されることが多い．③ 価値の絶対性　対　価値の相対性・状況依存性：能力には知能や学力のように高い得点が好ましいという明白で絶対的な価値の方向性がある．これに対して，認知スタイルの場合はどのようなスタイルが好ましいかどうかは状況に依存しやすい．④ 特殊性　対　一般性：能力が言語能力や空間能力のようにある限定された領域の個人差をさすのに対して，認知スタイルの場合はむしろ領域横断的である．⑤ 心理検査　対　実験室・臨床的：能力と認知スタイルの測定方法の開発の歴史に関する対比である．知能検査や各種の能力検査は心理検査と同じ手続きのもとに開発されたものであるが，認知スタイルは知覚の実験的な研究の副産物であったり，実験臨床心理学をベースにしている．

ついでながら，認知的方略と認知スタイルの違いについても簡単に整理すると，方略は意識的に使うのに対して，認知スタイルは個人の習慣的なやり方や好みの課題解決の構えであるので，どちらかといえば無意識的，自動的処理がなされやすいことである．また，方略は課題や状況が違ってくるとそれに対応して変化しやすいが，認知スタイルは多少の変化があっても変えることは少ない．そして，方略は修正したり，別の方略を選択するなどの学習可能性が高いが，認知スタイルは無意識的，習慣的な行動となっているので，修正が比較的難しい．

●**どんな認知スタイルがあるのか**　実際にどれくらいあるかという問いに答えるのは難しいが，少なくとも 10 種類以上もあげられている．その中で，幼児期か

ら青年期にいたる発達的なデータの蓄積がなされている主なものは，場の依存性・独立性と熟慮性・衝動性である．場の依存性・独立性とはゲシュタルト心理学の影響を受けたウィトキン（Witkin, H. A.）が垂直知覚の研究で一貫した個人差を発見したことに端を発したものであり，知覚が状況や枠組みに依存する程度の個人差に関するものである（Witkin & Goodenough, 1981/1985）．

これは心理的分化の程度を反映しており，空間認知とも関連性がある．また，親の自立促進的しつけが子どもの心理的分化の発達に影響するが，その一方で場に依存的な人が共感性に優れているという結果も得られている．このスタイルを測定する検査として最も簡便でよく用いられるのは，図1のような埋め込み図形テスト（embedded figures test：EFT）であり，見本の図形（左の菱形）を埋め込まれた図形の中から取り出すことを求める課題である．

熟慮性・衝動性はケイガン（Kagan, J.）が1960年代初頭に案出したもので，その測定用具は，図2に示すような絵の見本一致課題である．ここでは，各自の最初に思いついた仮の答えの確かさをどれほど考慮するかの個人差を測定している．最初にどれかの選択肢を選ぶまでの時間（初発反応時間）と誤反応数の二つを測度にする．この両者は逆相関するので，操作的な定義としては初発反応時間が中央値より長くて，誤数がその中央値より少ない子どもが熟慮型，それとは反対に初発反応時間が短くて，誤数が多い者を衝動型とし，それぞれの型でおよそ1/3ずつを占める．残りの1/3には速くて正確なタイプと遅くて不正確なタイプが含まれるが，この二つの少数タイプが扱われることは少ない．

図1　EFT の項目例

図2　MFF テストの項目例

発達的な傾向性としては，幼児期から学童期を通じて熟慮化，つまり初発反応時間が徐々に増大し，それにともない誤数が低下するが，ある年齢から速くて正確な方向に向けて変化する．だが，興味深いことに日本の子どもはこの熟慮性の発達が早く，また小学校の入学を境にして急速に熟慮性が増すことがわかっており，縦断的なデータによっても確認されている．また，この発達的な移行の時期においては，注意維持や動機づけなどの自己調整スキルの発達が大いに影響し，幼稚園と小学校の学校文化の影響も示唆されている（臼井，2012）．　　［臼井　博］

実行機能

☞「知能」p. 126,「パーソナリティ」p. 156,
　「犯罪」p. 228

　我々の目標志向的な行動には，複雑な認知プロセスが含まれている．目標に到達するためのプランを立て，そのプランに従って行動を始め，不必要な行動を抑制し，エラーをしていないかモニタリングしながら，適切な行動を実行する．このような高次の自己制御プロセスを「実行機能」という．また，前頭葉と深い関連があることから，前頭葉機能ということもある．

　実行機能は多様なプロセスを含む複雑な概念であるため，近年は，実行機能をいくつかの下位要素に分割しようという試みがさかんである．現在広く支持されているのは，当該の状況で優位な行動や思考を抑制する能力である抑制，課題を柔軟に切り替える能力であるシフティング，ワーキングメモリに保持されている情報を監視し，更新する能力であるアップデーティングの3要素からなるモデルである（Miyake et al., 2000）．

　発達心理学においても上述のモデルが受け入れられており，このモデルは7歳以上の子どもにはあてはめることができる（Lehto et al., 2003）．一方，6歳以下の子どもでは知見が混在しており，三つの要素に分割することは可能だとする主張もあるが（Garon et al., 2008），幼児期には未分化であるという考えも根強い．ここではギャロン（Garon, N.）らに従い，3要素の発達経路について紹介する．また，幼児期の課題と児童期以降の課題は異なるので，それぞれについて述べていく．

●**抑制**　児童期から成人まで広く用いられている課題に，ゴー／ノーゴー課題がある．この課題では，参加者は提示された刺激に対してキー押しで反応するが，特定の刺激が提示されたときだけキーを押してはならない．この課題を6歳から82歳の参加者に与えたところ，7歳から12歳までに成績は著しく向上し，それ以降はあまり変化がなかった（Bedard et al., 2002）．

　幼児向けの抑制課題として，バルブ課題がある（Luria, 1961）．この課題では，参加児はあるライトが点灯した場合にはバルブを握り，別のライトが点灯したときにはバルブを握ってはならない．3歳児はこの課題に困難を示すが5歳頃までにこの課題を通過できるようになる．

●**シフティング**　代表的な課題は，数-文字課題である．この課題では，数と文字がスクリーン上に提示される（例えば，9M）．参加者は，この刺激がスクリーン上方に提示されたら数が奇数か偶数かの判断を，スクリーン下方に提示されたら文字が母音か子音かを判断するように求められる．クレイら（Kray et al., 2008）は，8歳から70歳の参加者のシフティングの能力を，数-文字課題と同じ構造をもつ課題で調べた．その結果，12歳頃まで成績は向上し，成人期以降は

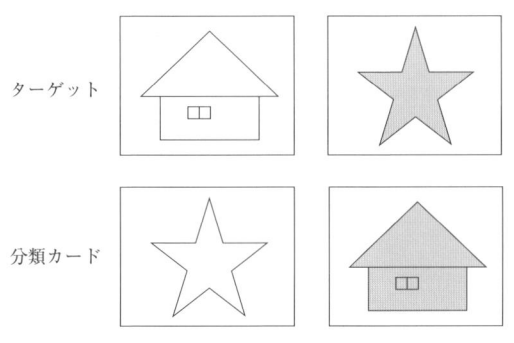

図1 DCCS 課題

課題の成績が低下することが示された．
　幼児向けのシフティング課題の代表的なものは，DCCS（dimensional change card sort）課題である（Moriguchi et al., 2012）．この課題では，色・形などの二つの属性を含むカードをターゲット（「赤い家」「青い星」）として，そのカードとは組合せの異なるカード（「青い家」「赤い星」）を分類する（図1）．第1段階では，二つの属性のうち一つ（例えば，色）で分類させ，第2段階では，一つ目とは異なる属性で分類させる（例えば，形）．大半の4歳児はこの課題を通過できるが，3歳児は第2段階でも第1段階で用いた属性でカードを分類してしまう．
●アップデーティング　よく用いられる課題は，N-バック課題である．この課題では，参加者は系列的に文字を提示される．そして，スクリーン上に提示されている文字が，それ以前の文字と同じであるかどうかを判断させられる．例えば，3-バック課題であれば，現在の文字と三つ前の文字とが同じかどうかを判断しなければならない．これと同じ構造をもつ課題で，ホイジンガら（Huizinga et al., 2006）は，7歳から11歳までに成績は向上し，その後は成人期まで成績に変化がないことを示している．
　幼児の場合は，ワーキングメモリを測定する課題が用いられている．ルチアーナら（Luciana & Nelson, 1998）は，探索課題を用いて視空間ワーキングメモリの発達を検討した．この課題は，コンピュータ画面上に複数の箱（例えば，五つの箱）が登場し，それぞれの箱に入っている報酬を集めさせるものである．それぞれの箱には一つしか報酬が入っておらず，参加者は，自分がどの箱を触ったかを覚えていなければならない．この課題を4歳から8歳に与えた結果，4歳から8歳にかけて有意に成績が向上した．
　このように，実行機能の各側面は幼児期に著しく発達し，児童期以降には緩やかに発達するようである．近年は乳児期における研究も増えつつあり，今後は乳児期を含めた実行機能の生涯発達経路を検討する必要がある．　　　　［森口佑介］

状況的認知

☞「やる気」p. 152,「文化心理学と比較文化心理学」p. 464

　状況的認知とは，知識や学習，思考を，個人が置かれた物理的，社会文化的文脈や状況と分かちがたく，その状況に埋め込まれたものであるととらえ，その活動が実現する活動システムレベルで認知と学習の分析を行おうとする考え方である．

●**活動システムのレベルでの相互作用分析**　1970～80年代に提唱された情報処理アプローチでは，各個人内での知識の貯蔵と想起に関する情報処理過程が学習であるととらえる，個人レベルの分析研究が学習のとらえ方の中心であった．これに対し，1980年代から90年代にかけて，文化心理学（Cole, 1996/2002）や活動理論,分散認知,生態心理学など諸学問の中で,「状況的行為」や,「状況的認知」,「状況に埋め込まれた学習」などの語が広く使用されるようになってきた（Greeno, 2006/2009）．個人内の処理だけではなく，活動システムにおける人と人との協調による推論やコミュニケーション，人とテクノロジーの間の相互作用などに注目した研究が行われるようになってきている．その発展は認知心理学だけではなく，文化人類学や社会学，教育工学などとの交流の中で生まれてきた．協調にみられる相互作用の原則や,ツールや人工物の寄与（Suchman, 1987/1999）などを含め，情報構造を分析するという方法がとられる．

●**実践共同体への正統的周辺参加**　状況的認知の中心となる概念の一つに,「正統的周辺参加」論がある．レイブ（Lave, J.）とウェンガー（Wenger, E.）は，文化人類学の方法によって，リベリアの仕立て屋やメキシコの産婆術などにおける徒弟制度に着目した（Lave & Wenger, 1991/1993）．徒弟が新参者として実践共同体に一員として参加する中で，仕立てであればアイロンかけやボタン付けのような，失敗などがあっても大事にはいたらない周辺的な業務から順に担当し，先輩の仕事を見て共同体の実践の技能やことば,見方や考え方を関与しながら学び，熟達とともに，縫製や裁断などのより重要な業務を任されるようになることで十全的な参加者となり，共同体成員としてのアイデンティティを形成していく過程を学習として明らかにした．また一方で，徒弟が労働者コミュニティから離れた部屋で孤立して働いている肉加工職人の例では，徒弟制が生産的に機能しない事例も示した．それによって，徒弟が当該コミュニティに正統的に参加できる機会が与えられているかどうかが学習が生産的であるかどうかに依存していることを示している．つまり，より十全の中心的な参加者になろうとすることが学習への動機づけ,誘因となることを示した．またこれは一方でコミュニティにとっては，実践を伝承するとともにその実践を洗練させ，新しい世代成員の確保にもなると

した．そこから，伝統的な徒弟制はある領域の課題遂行と学習のために独自の焦点化した学習方法を有し，その分野の親方が，徒弟の熟達に応じたコーチング過程の重要性を示した．スキルや知識は意味ある実世界の課題達成のために用いられ，学習が社会的機能的な文脈に埋め込まれることの必要性を指摘している．

●**認知的徒弟制**　正統的周辺参加論が伝統的徒弟制度を分析したのに対し，コリンズ（Collins, A.）らは，現行の学校教育制度などでの学習にこの徒弟制概念を関連づけ，職場の要求ではなく教育的な関心から，特定の技能や手法の習得だけではなく，応用できる力やより一般化された知識によって多様な状況で使用できるようにすることの必要性を唱え，「認知的徒弟制」という概念を提唱した（Collins, 2006/2009）．

学習環境を構成するためには，熟達化に必要な知識として，領域知識（教科内容に特定の概念，事実的知識，手続き的知識）と三つの方略知，①発見方略，②制御方略，③学習方略を習得できることが目的とされる．そのためには，学習活動として意味ある課題をだんだん難しくしていく（複雑性の増加），より広い応用範囲へとさまざまな状況で活用できるようにしていく（多様性の増加），課題全体の概念化から部分的な技能教授に向かうという活動の配列を指摘している．そしてそのためには，①モデリング（観察できるよう熟達者（教師）がモデルを示す），②コーチング（生徒が行い教師が観察して助言する），③足場かけ（自力でできるよう援助を行う），④明示的言語化（生徒が自分の思考や行動をことばで説明できるようにする），⑤省察（自分の思考や行動過程を振り返り，他者と比べたりできるようにする），⑥探索（自分の問題を自分で解決するようにしていく）という教授学習方法を提案している．

●**学習者共同体**　実践共同体の概念から，学習者共同体という発想がその後生まれてきた．アン・ブラウン（Brown, A.）とキャンピオーネ（Campione, J. C.）は「学習者コミュニティを育てる」という理念で，コミュニティの集合的な知識を進歩させることで，生徒の学習を助けるよう，関心や技能の多様性をいかした活動を組み込んだ実践を行っている（Brown & Campione, 1996）．具体的には，1年生から8年生までの生徒が生物や環境について一人ひとりが異なる主題やサブテーマをもって小グループで調査し，時にはその領域の専門家科学者たちとのインターネットなどでの会話も含んだ探究学習を行う．子どもたちはそれらの学習を互恵的に学習過程の中で共有し合い，最終的には学習成果発表して表現する課題を行うことで理解を深めるというサイクルを年間にわたり繰り返していく実践である．ITなどのテクノロジーを使用することによって，教室内だけではなく，教室の壁を越えて学び合う共同体の形成は国際的にも広がってきている．

［秋田喜代美］

操作的思考

☞「発達と学習」p.124

　ピアジェ (Piaget, J.) の発達心理学は「発生的心理学」とよばれ,「発生的認識論」と並行して,スイス,ジュネーヴで構築された認知発達理論である.ここでは「操作」というピアジェ独自の概念を手掛かりに,ピアジェ理論を読み解いてみたい.「感覚運動・前操作・具体的操作・形式的操作」という知能の発達段階の名称は広く知られているが,「(知的)操作」という基本概念を理解することは必ずしも容易ではないからである.

●操作性と形象性　心理学が対象とする「行為」は,内的行為(＝思考)と外的行為(＝行動)とに分けられる.ピアジェは思考(内的行為)を外的行為が内化されたものととらえるが,「内言と外言」の関係とは異なる.ピアジェがいう内化は,外界の信号や標識に関わって展開していた諸行為が,その制約から解放され,自律的な協応が可能になることである.すなわち,外側にあったものが内側に移行するのではなく,もともと内側にあったものが,それまで外側のものを手掛かりにして組織されていたのに対し,自律的な組織化が可能になるのである.

　主体と客体(対象)との相互作用の媒体といえる行為を,ピアジェは,まず,構造的側面である認知的機能と,エネルギー的側面である情意的機能とに分け,そのうえで,認知機能を大きく操作性の側面と形象性の側面とに二分した.ところで,ピアジェにとって,対象を認識することは,対象にはたらきかけ,それを変換することによって対象の変換メカニズムをとらえることにほかならない.そこで,対象変換活動としての操作性の機能は,認識活動の本質的側面となり,すなわち,一般に「知能」とよばれているものに対応することになる.したがって,顕著な操作性の活動として,「感覚運動知能」「前操作的思考」「操作的思考」などを区別できることになり,ピアジェの精神発達の段階区分は,この操作性の側面に基づいたものとなるわけである.

　しかし,操作性の機能が認識活動の本質的側面であるとしても,対象に実際にはたらきかけるときには,対象の状態をありのままにとらえる機能が必要である一方,対象に思考のうえではたらきかけるとすれば,イメージとして再現する機能が不可欠である.その機能をになうのが認知機能の「形象性」の側面であり,「知覚」「模倣」「心像」などがこれにあたる.

　なお,ここでの「模倣」には描画なども含まれ,広義の模倣であることに注意しておきたい.

●均衡化と認知構造　操作性の側面に基づいたピアジェの認知発達段階を認めるとすれば,「操作的全体構造」がいかに構築されるかが,認知発達理論において

最も重要な課題となろう.「発達の法則が存在すること,発達は各段階が次の段階の構築に必要であるというような継起的順序に従うことを,われわれはみてきた.しかし,こうした発達の根本的事実を説明するという問題がわれわれにはまだ残されている.成熟,物理的環境での経験・社会的環境の作用という,発達の三つの古典的要因のうち後の二つの要因では発達の継起的性格を説明できないであろう.また,知能の発達は本能の基底にあるような遺伝的プログラムを含んでいないので,成熟の要因だけでは発達を説明するのに不十分であろう.それゆえ,ここに第四の要因として「均衡化」,あるいは「自己調整」を付け加えねばならない(この要因は上述の3要因の協応にも必要である)」(Piaget, 1970；中垣,2007, p. 114).

●**均衡化による発達の説明**　均衡化が発達を説明する要因になり得るのはなぜだろうか.それは,増大する継起的確率過程に従っているからである.段階Ⅰ→段階Ⅱ→段階Ⅲ→段階Ⅳ→…という発達段階があるとすると,各段階を特徴づける行動の生起確率は,主体が現在いる段階を特徴づける行動の生起確率が最大となり,その段階から離れた段階ほど,その行動の生起確率は小さくなる.したがって発達段階の移行にともなって,各段階を特徴づける行動の生起確率も変化するのであり,この生起確率が順次変化するプロセスが,継起的確率過程といわれる.

　ピアジェは,「物質量の保存課題」を取り上げ,継起的確率過程の理解に適した例だとしている (Piaget, 1970a；中垣,2007, p.140, 142).子どもの目の前で球状の粘土をソーセージ形に変形すると,粘土の物質量が保存されることを,初めは否定するが,最後にはこの保存の論理的必然性を主張するようになる.粘土量の保存にいたる過程は4段階に区別できるが,各段階はアプリオリに決まっているのでなく,現在の状況の結果,あるいは,その直前の状況の結果として,最も確からしくなる(継起的確率過程).段階Ⅰでは,一次元,例えば粘土の長さしか考慮しない.仮に10回のうち8回長さに注目したとき,粘土は長くなったので,「ソーセージ形の方が粘土が多い」という.たまに粘土の幅に注目,仮に10回のうち2回「細くなった」というが長さが増したことは忘れ,物質量は「減った」と推論する.それは,一つの次元しか考慮しない確率が高いからである.長さの考慮の確率が0.8で,幅の考慮の確率が0.2で,二つの次元が補償しあうことを理解しない限り,長さと幅を同時に考慮する確率は,$0.8 \times 0.2 = 0.16$である.段階Ⅱで幅の次元に気づく確率が高くなり,第Ⅲ段階で二つの次元に連動関係があることに気づく確率が高くなり,変形も考慮し始める.すると,次の段階Ⅳが起こりやすくなる.すなわち,変形は可逆的であること,長くする変形と細くする変形が補償しあうことを理解する.均衡化は一連の自己調整であり,最終的には操作的可逆性は,単に確からしいを超えて確率1になる.すなわち論理的必然性を獲得するのである.

[大浜幾久子]

他者視点

☞「空間知覚」p. 32,「あざむき」p. 402

　他者視点について考えることを視点取得という．視点取得は日常のさまざまな場面でみられ，他者の目に映る風景を推測する空間的視点取得と，他者の気持ちや考えを理解する社会的視点取得に大別できる．幼い子どもたちは視点取得に困難を示すが，ピアジェ（Piaget, J.）によれば，それは自己中心性の傾向が強いためである．自己中心的であると，視点の違いを考慮したり，複数の視点を関連づけたりすることができない．そのため，たいていの場合は，最も身近である自分自身の視点に基づいて，さまざまな判断を行うことになる．

●**空間的視点取得**　ピアジェとイネルデ（Inhelder, B.）は，幼児期後半から児童期までの空間認知発達にみられる特徴的な行為として，空間的視点取得を取り上げた（Piaget & Inhelder, 1948）．この中で，複数の視点を柔軟に行き来して，各視点から見た風景を思い描くことができるかを調べるために用いられた課題は，後に三つの山問題とよばれ，多くの発達研究を喚起した．子どもたちは，三種類の山の模型を他者視点から眺めたと仮定し，どのような風景が見えるはずかを想像するように求められた．その結果，質問の意味さえ理解できない段階から始まり，自己視点から見える風景をそのまま答える自己中心的反応の段階と，視点と風景との関連性に気づく段階とを経て，完全な正答にいたることが報告された．その後，こうした段階の順序性はおおむね確認されたものの，提示刺激の特徴や反応方法の少しの違いが，正答率を大きく変化させることも示された（子安，1990, 1991）．そのため，三つの山問題は発達課題として信頼性と妥当性の点で問題があるとされ，現在では空間的視点取得の標準課題とはみなされていない．

　空間的視点取得を行う際には，まず任意の位置に視点を移動することが必要となる．自己の身体表象に対する心的操作であると考えられるこの能力は，3歳頃には獲得される（渡部，2000）．この頃から日常生活でも，隠れん坊でオニにみつからないようにうまく身を隠したり，対面した相手に絵本を裏返して見せるなど，他者視点を考慮した行為が観察され始める．しかしこの時期の子どもたちは，視点の移動がまだ不安定であり，他者視点から見た風景を詳細に想像することには困難を示す．それは，幼児期から児童期にかけて認知能力が全般的に発達するにともない，徐々に改善されていくのである．そして，成長とともにより速く，より正確に視点取得できるようになり，20歳前後にピークを迎えた後は緩やかに低下しつつ，70歳過ぎまで比較的よく維持される（Watanabe, 2011）．

　ただし，高齢期には個人差が拡大し，大きな能力低下を示す者が現れることも事実である．時には，幼児期にみられた自己中心的な反応が再現することさえある．

能力低下の原因の一つは，脳機能の発達的変化の中にみて取れる．空間的視点取得の実行には，見ることに関わる視覚野，身体感覚や身体表象を形成する頭頂葉，運動情報の処理を司る運動野と運動前野，高次の認知的処理に携わる前頭連合野などが，ダイナミックに関与している（図1）．このうち，作動記憶や抽象的思考，抑制機能などを担う前頭連合野の加齢に伴う衰えは，他の領域に比して大きく，その

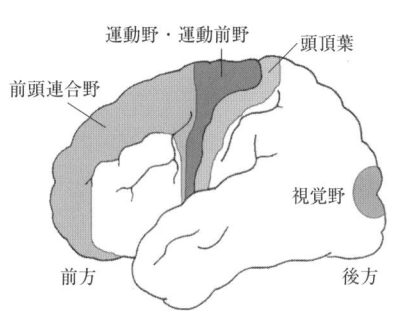

図1 空間的視点取得に関わる脳の領域

ため柔軟な思考や正確な情報処理が妨げられて，それが空間的視点取得を著しく阻害することにつながる．さらに，加齢に伴い病理的な障害のリスクが高まるため，急激な能力低下に見舞われることがあるのも高齢期の特徴である．例えば，脳卒中などの脳血管障害による特定領域の損傷や，認知症による脳の萎縮や機能低下が，空間的視点取得をはじめとする高次脳機能に重篤な障害をもたらす原因となることが多い．

●**社会的視点取得** 他者の情動や感情を推察する社会的な側面と，他者の判断や方略を類推する認知的な側面とからなる役割取得は，社会的視点取得の代表的な行為である．1960～70年代に盛んに行われた役割取得研究では，短い物語を聞かせた後に，主人公の表情として適切な絵を選択させたり，指定した人物の視点から物語を解釈し直させたりする課題手続きが多く用いられた．その結果，単純な感情や考えであれば，2, 3歳の子でも他者の視点を理解できることが示された．日常生活においても，泣いている友達を慰めたり，叱られまいとして嘘をついたりするようすが，その頃から観察される．さらに，その後の研究から，いかに行動すればよいかが定かでない場面において，他者の感情を読み取って自身の行為を導こうとする社会的参照という現象が，すでに1歳頃に現れることが確認された．これは，他者の心理状態を推察する能力の萌芽ではないかと考えられている．

こうした知見から，比較的早期より役割取得能力が獲得されることがわかるが，もちろんあらゆる状況で常に他者視点を考慮できるわけではない．特に，複雑な感情や思考が理解できるようになるには，十分な認知発達を待つ必要がある．一方，何歳で役割取得が完成するかを問うことにも，さほどの意味はない．推測すべき心的特性，問題場面の状況や提示刺激の特徴などに依存して，表面的な成績は容易に変化するからである．むしろ，人には「こころ」というものがあることを知り，「こころ」が意志や行動を生み出す仕組みを理解していくことが重要である．プレマック（Premack, D.）らが心の理論とよんだ，「こころ」の働きに関するこうした知識や理解の発達について，近年急速に研究が進展している． ［渡部雅之］

発生的認識論

☞「発達と学習」p. 124

　従来,認識論は存在論と並ぶ哲学の一分野であり,認識,とりわけ,科学的認識について「認識の本性とは何か」(認識本質論),「認識はいかにして可能か」(認識起源論),「認識の妥当性はいかに保証されるのか」(認識妥当性論)という問いに答えることが課題であった.このとき,哲学者が考察対象とする認識は静的にとらえられており,彼が生きた時代において一般に真と認められている認識について考察することが一般的であった.例えば,プラトン(Platon)は数学的認識(特に幾何学的認識)の反省から実在論的認識論に到達したし,カント(Kant, I.)は当時の最先端の物理学であったニュートン力学の反省から先験論的認識論を提唱した.しかし,今日の科学の発展から明らかなように,あらゆる科学的認識は数学や論理学を含めて不断の発展過程にあるから,認識論が静的な観点にとどまることは不可能である.これが科学的認識の現実であるから,「認識とは何ぞや」という問題を解くためには,認識の歴史的発展の一瞬を切り取ったものだけを取り出してそれを考察の対象とするのではなく,「認識はいかにして成長するのか,そして不十分と判断される認識からよりよいと判断される認識へといかにして移行するのか」(Piaget, 1970a/2007)を問わなければならない.この問いに答えようとする研究分野が発生的認識論である.認識の発生に依拠した認識論はブランシュヴィック(Brunschvicg, L.)やコイレ(Koyré, A.)などに先駆的に見出すことができるが,これを一つの学問分野として確立したのはピアジェ(Piaget, J.)である.ピアジェは1950年彼の主著ともいうべき「発生的認識論序説」(Piaget, 1950)を著し,1955年には発生的認識論研究のための学際的拠点として発生的認識論国際センターを創設して,発生的認識論研究を推進した.

●**発生的認識論の課題**　ピアジェは,発生的認識論の課題を「認識,特に科学的認識を,その歴史や社会発生に基づいて,そしてとりわけ認識の基盤になっている諸観念,諸操作の心理的起源に基づいて説明しようとするものである」としている(Piaget, 1970b/1972).この課題規定は,認識獲得をその起源にまでさかのぼって解明しようとするものであるから,従来の認識論でいえば,認識起源論のみを問題としているようにみえる.しかし,発生的認識論は,「不十分と判断される認識」から「よりよいと判断される認識」へという認識の発展を問題にしているのであるから,よりよい認識かどうかを判別する妥当性の問題も扱う.つまり,発生的観点より認識妥当性論を提起するものにほかならない.さらに,発生的認識論は課題として認識本質論を正面から直接的に提起しないものの,認識に関わる問題を,認識一般ではなく諸認識(論理的認識,数学的認識,物理学的認識等々)

に分節化し，解決可能な形に問題を限定して提起する．したがって，発生的認識論は「認識とは何ぞや」という問題をいきなり提起しないものの，認識に関わる諸問題を個別的な問題解決の蓄積を通して，結局はその問題に答えようとするものであるから，この意味で認識本質論を扱っているということができる．したがって，発生的認識論の課題は，きわめて限定されているようにみえるにもかかわらず，それが目指すところは従来の哲学的認識論と根本的に異なることはない．

●**発生的認識論の方法** 発生的認識論は従来の認識論（哲学的認識論）と問題関心を共有しているので，その課題には認識における妥当性の問題も事実の問題もともに含まれている．しかし，従来の認識論はもっぱら思弁的反省に依拠していたのに対し，発生的認識論は認識の妥当性の問題に関わるときは論理学，数学，サイバネティックスなど形式的方法を援用し，認識の発生の問題に関わるときは常に事実かどうかを検証しようとする．科学的認識の歴史を参照するときは歴史批判的方法であり，認識の社会発生を参照するときは認知考古学を含む社会発生的方法であり，認識の個体発生を参照するときは心理発生的方法である．それゆえ，発生的認識論は哲学的認識論とその方法論において決定的に異なっている．19 世紀に心理学が実験的手法を確立することによって哲学より自立して科学となったように，20 世紀に認識論もまた発生的方法という固有の方法論を確立することによって，科学としての認識論となったということができる．それゆえ，発生的認識論における「発生的」というタームは，その方法論を強調した表現であって，「科学としての認識論」と同義とみてよいであろう（ただし，日本において「科学的認識論」といえば，科学的認識を対象とする哲学的認識論のことを一般に意味する）（中垣，2007）．

●**発生的認識論と発達心理学** それでは，発生的認識論は，発達心理学，とりわけ認知機能の発達心理学とどのように関わっているのであろうか．発生的認識論は事実の問題に関わるときは発生的方法を援用するが，歴史批判的方法は証拠として歴史資料がよく保存されている必要があるし，社会発生的方法は歴史以前の時代にさかのぼる必要があり，その証拠はいっそう間接的になってしまう．それに対し，心理発生的方法は歴史資料や考古学的物証に制約されず，子どもを相手に問題関心に応じて証拠集めができるので，最もアプローチしやすい．こうして認識の事実問題を解決するため心理発生的方法を採用するとき，発生的認識論は認知機能の発達心理学と連続的につながる．認識における主体と客体の間の関係は何か，認識獲得における主体の役割は何か，といった認識論的問題は心理発生的過程において最もあらわになるからである．例えば，おとなが整数観念について内省するだけでは，整数は永遠不滅の超越的存在にしかみえないのに対し，心理発生的方法は，整数認識の獲得において主体の活動が不断に関与していることを明らかにすることができるのである．

[中垣 啓]

5. いきる

【本章の概説】

「いきる」とは，あらゆる動詞の上位に位置づく冠の動詞といえる．生きるということを，身体との関係で考えてみよう．正の環境資源を取り込み，負の環境資源を排除するという営みが生きるということの単位であるといえる．そうすれば，どのような正負の環境資源に注目するかによって，生きることの様相が異なってみえるということになるだろう．では，「いきる」の反対は「死ぬ」だろうか．視点を身体に限定すればそうともいえるかもしれないが，しかし死ぬことを通じて永遠を生きるという逆説的な考え方もあろう．「人は死して名を残す」といった表現にその考えはよく反映されている．それは生きることの議論の軸足をからだからこころの問題へと移動させることに通ずる．

「食」は，環境資源の身体資源化として，生きることの重要な要素である．「食行動」はそういった生物学的側面をもつと同時に，洗練されたマナーなどの文化社会的側面ももつ．また栄養次元での肥満や健康につながる側面もある．子どもの食におけるどん欲さは生物のたくましさの反映であるし，適量を適切なしかたで食べさせようとするのが親の心理だろう．それは親子に葛藤をもたらす．そう考えれば，食は個体行動ではなく社会的行動であるということになる．また，「寝食」ということばもあるとおり，積極的な活動としての食と休息としての「睡眠」は生きる姿の両極である．睡眠においてはその間に意識も薄れ，対人的相互作用が低下する．子どもが寝てくれると親の負担が軽減されうるため，「昼寝」や「添い寝」の有無は親子などの関係発達とも大いに関わる変化といえる．睡眠が個体行動という側面のみではなく社会行動とみることもできるというのは，食と同じである．

睡眠は乳幼児期に多発するが，おとなになっても休息をもたらす大事な行動として存在し続ける．環境には重力があり，生きて発達することの一側面はその重力に抵抗して立つことである．それは「姿勢・移動」の問題であり，発達の中ではその移行は例えば「つかまり立ち」「伝い歩き」のような行動として認められる．それを支えるのは親や養育者の関わりかけであり，足場づくりである．

そのような移行は，モノ（つかまるなど）やヒト（手を引くなど）が支えている．それは関係発達であるが，特に親子の世話や遊びにおいては，やり取りの同期性や継起性，両者のタイミング調整などが重要な意味をもち，そこには「音楽性」が深く関わる．それらは身体と心理がマルチモーダルに出会う事象であり，親子や子ども同士の音楽性が共有され疎通することで楽しさや一体感などを生む．

そのような楽しい体験は，「遊び」にふんだんに盛り込まれている．当事者同士の同期だけでなく「ズレ」から来る意外さも楽しさを倍加させるであろう．多様性は子どもの遊びの本質的側面である．遊びの重要な機能は好奇心であり，挑戦である．それは世界を広げもするが，他方で挑戦は負の側面として「事故」にもつながりかねない．事故は人の生命を脅かす．子どもを深刻な事故に遭わせないために心理学の貢献が求められる．

しかし，負の行動としての事故も正の行動としての遊びも，ともに子どもの生きるたくましさや能動性の反映であるという視点が必要だろう．それとある意味で同じく，「攻撃」性も負の側面ではあるものの，元をただせばそれによって資源への優先的な接近が可能になり，行為者の生存と繁殖の可能性を高めているという点では，進化的にみて適応的な機能をあわせもつ．生きるという観点からみると，これらの基本的行動はいずれも両価的である．

　身体は「今・ここ」的存在であるが，人間はその時間だけを生きているわけではなく，今・ここを離れて生きることができる．ときに過去を顧み，ときに未来を展望しながら，現在を意味づけて生きている．このような時間軸上の自由奔放な往来が，人間の発達の独自な側面である．人間は，このような「時間」を生き，世代を重ねていく存在なのだ．

　死ぬと魂が抜けてあとに身体が残るというのは，素朴な人間観である．「いきる」ことを身体性を離れて考えると，精神・魂の問題につながっていく．それは「宗教性」の世界の話題ともいえる．現在「スピリチュアリティ」ということばがブームとなっている観があるが，この多義的な概念も宗教性と関連している．充実した生を生きることを考えるうえで欠かせない視点の一つであろう．

　人間は過去と未来とを自在に往来して今を生きると上述したが，それは「生と死」の問題にもつながる．輪廻転生という考え方は，生が死に，また死が生につながっているという思想である．生と死はそんなにきっぱりと分けて二元論的にとらえることのできる問題ではなく，連続的なものとみる見方もある．そこには死を見据えるところに意味が立ち現れる生の問題や，自傷・自殺にみられる生死の混合といった問題が存在する．

　このように，「いきる」というテーマを発達心理学の立場から論じる視角は多様にあり，そのいずれもたいへんに重要な問題をはらんでいる．今日の私たちの社会は，ともすると「いきにくい」社会などとよばれる．また生死の問題が，ときに自然科学の観点からの客観的な視点ばかりで論じられたりもする．生殖を技術の次元で操作できるようになることは，科学の進歩の産物としては好ましいことではあるが，同時にそのことによって「いきる」という私たちにとって深遠な問いが矮小化されていくという危惧もある．2011年の震災と原発事故は，人間が健康に幸せに生きるということについて，改めて問い直しを迫られる体験であった．

　身体と心理と生活環境のそれぞれがオーバーラップした重要な問題が本章のテーマ「いきる」であるといえる．上記のような社会の生死観や出来事の体験は，生きる主体としての子どもの発達に大きな影響を及ぼすと考えられる．以下の各項目で紹介されている話題を通じて，人間の発達を改めて考察するきっかけとして頂ければ幸いである．

[根ヶ山光一]

食行動

☞「嗜好の発達」p. 44,「授乳・離乳」p. 58,
「摂食障害」p. 326

　食は生命維持に必要不可欠なものである．水と二酸化炭素を原料としてみずから栄養をつくりだす植物と異なり，動物は外界の物質（食物）を身体内に取り込む必要がある．食には食物を選択・獲得すること（採餌），必要に応じて調理・加工すること（調理），それを口から取り込み咀嚼・嚥下すること（摂食），そして消化・吸収して栄養素を代謝し身体内部で利用すること（栄養摂取）が含まれる．乳幼児期は養育者がこのプロセスの一部を代行するが，発達にともない代行部分は縮小されていく（根ヶ山，1997）．ただし人間の食はそもそも協同的な営みとして成立しており，一人でそのすべてを行うことはない．とりわけ現代では，採餌・調理だけでなく流通も加わり，プロセスの細分化・専門化が進んでいる．家庭の食においても，家族成員以外の者が多くを代行する食が増えている（食の外部化）．

●**食と生活習慣**　食は健康に直結する．体内で代謝された栄養素は身体のエネルギー源となるだけでなく，身体機能の維持や調整にも使われる．日本では第二次世界大戦後，畜産物や油脂などの摂取量が多くなり，肥満や生活習慣病の増加と低年齢化が進んでいる．平成 23 年度学校保健統計調査（文部科学省，2011）によれば，肥満傾向児の比率は過去 30 年間で 3 倍になり，2003 年をピークに微減に転じたものの，2011 年で 11 歳男児は 9.5%（2003 年は 11.8%），女児は 8.1%（同じく 10.0%）だった．子どもの肥満は成人肥満につながりやすく，高血圧や糖尿病などの生活習慣病を発症させやすい．肥満の原因としては，太りやすい体質のほかに，運動不足やテレビ視聴時間の長さといった生活習慣，子どもへの無関心や甘やかしといった親子関係の問題が指摘されている（長谷川，2000）．かつて肥満は豊かさと権力の象徴であったが，現在では貧困や学歴の低さと関連が深いという報告もある（古郡，2010）．

　食は基本的生活習慣の決定要因でもある．富山県のコホート調査（関根，2011）では，食習慣は睡眠などほかの生活習慣と密接に関連していることが示されている．睡眠不足の子どもはテレビやゲームの時間が長く，就寝時刻が遅い．夜食を食べる傾向も高い．就寝時刻が遅いと起床時刻も遅くなり，朝食の欠食や孤食が増える．欠食は授業の理解度の低さや運動不足と関連する．近年，欠食と学力の関係が注目されているが，食は睡眠を含むほかの多くの生活習慣と密接な関連をもっており，それらすべてが連関的に子どもの生活の質を決定づけている．

●**社会文化的な食**　食は生物現象であると同時に，すぐれて高度な社会文化的現象でもある．世界には民族や宗教などによって，食材や調理法，道具のみならず，

食の頻度や摂取する時間，食べ方にいたる多くの側面について固有の食文化がある．なぜこれほど多様で洗練された食文化が築きあげられてきたかといえば，それは食がきわめて動物的で原始的な行為だからだろう．人間は食の動物性を覆い隠すためにこそ，優雅で高尚な食文化を発展させてきたともいえる（Lupton, 1996/1999）．手で食物を運ぶ文化（手食）は野蛮なものと思われがちだが，そこには厳格な作法があり，箸やフォークなどの道具を使用する文化より洗練されているともいわれている．

●共食の意味　多様さの一方で，どの社会にも共通している食の習慣がある．それは他者とともに食べること，つまり共食することである．石毛（1982）は，地球上のどこにも，一人で食べることが常とされる社会はないことを指摘し，「料理」と並んで「共食」を人間の特徴と指摘している．共食するためには，食物を獲得したその場で食べてしまうのではなく，他者（他個体）のところに食物を運搬し分配する必要がある．繁殖や生物学的必要性が明確でない状況でみずから積極的に食物を分配する行動は人間の特徴であり（外山，2008），それは三項関係とよばれる認識のあり方によって支えられている（川田他，2005）．

共食は食の生物学的側面とも深く関わっている．他者（他個体）とともに食べることは食物摂取量を増加させ，食物選択を学習する場を提供するのである．前者は社会的促進とよばれ，人間のみならずラットなど多くの動物に認められている．しかし，多様な社会的ネットワークを形成している人間の場合，影響関係は単純でない．例えば，親しい相手との共食は摂取量を増加させるが，他者の存在がそれを低下させることもある．一方，共食は子が「何を食べるか」を学ぶ場ともなる．食性が多様である雑食動物は誤って毒を摂取するリスクを抱えており，食物選択の学習は生死を分ける大問題となる．このリスクを回避するために，子は親などの食行動を観察し安全な食物を学習する行動様式を備えている．人間の場合，子が学ぶだけでなく，親が積極的に教えるという双方向的な働きかけのうえに学習が成立している（上野，2011）．

人間は共食の場にコミュニケーションをもち込む存在でもある．すでに新生児期において，授乳者と子どもの間には哺乳を介した会話の原型をみることができる．保育園・幼稚園に入ると，子どもは食の場で仲間とのコミュニケーションを成立・展開させるようになる．食事前の席取りや"ただ遊んでいる"かのようにみえる定型的な会話のパターンは，幼児期に特徴的な（限定的にもみえる）社会的・認知的能力の中で編み出された"社交術"とも解釈できる（外山，2008）．

食には生物現象としてのきわめて原始的な側面と，社会文化的現象としての高度に洗練された側面が同居している．ここにこそ食の本質がある．したがって食の発達は，前者の体現者である子どもと後者の体現者である親との葛藤・調整の場としてとらえる必要がある（根ヶ山他，2013）．

　　　　　　　　　　　　　　　　　　　　　　　　　　　　［外山紀子］

睡眠

☞「親子関係」p. 198,「問題行動」p. 226,「異文化比較」p. 466

　子どもはその発達にともない，睡眠覚醒パターンや睡眠構造が劇的に変化する．生後6か月までに生体リズムが確立し，3歳までに自律神経系や発汗機能の基盤が確立する．新生児から思春期までは，十分な睡眠をとることが脳神経系の正常な形成につながる．睡眠は，食，運動と密接に関連し，子どもの健全な発育に欠かすことのできないものである．

●**生体リズム**　生まれたばかりの新生児は，睡眠と覚醒の時刻が定まらず一日の大半を眠って過ごす．生後5週頃までは，3～4時間眠ってはお乳を飲み，また眠るという多相性の睡眠を示す．生後7週頃より，昼と夜のメリハリが生まれ，昼は起きている時間が長くなり，夜にまとめて眠るようになる．生後10週頃からまとまった眠りと覚醒が24時間より長いリズムで現れる．昼夜リズムとかかわりなく，約25時間周期で進行するこの現象は，生物時計が外界リズムに同調できるようになるまで続く．生後17週頃から，生物時計は環境の昼夜リズムや周囲の人々との接触をもとに，外界リズムに同調できるようになり，24時間周期のリズム（概日リズム）を示すようになる．生後半年から1年くらいたつと，夜の眠りはかなりまとまり，夜にはあまり起きなくなる．夜間に9～12時間眠り，日中に1～4回の30分～2時間の昼寝をとる．1日に必要とする睡眠時間は，子どもによってかなり異なる．

●**昼寝**　3歳から5歳まで，夜の就床時刻，朝の起床時刻，夜間の睡眠量はほぼ一定である．夜の眠りがほとんど変わらないのに対して，昼間の眠り，つまり昼寝は顕著に変化する．1日3回以上の昼寝をする子どもの割合は，生後半年までは5割を超えるが，生後半年になると3割に減少し，6割の子どもが1日2回の昼寝となる．1歳になると6割の子どもで，また1歳半を過ぎると9割の子どもで午前の昼寝が消失し，午後1回のみの昼寝になる．2歳までは，ほぼすべての子どもに昼寝がみられるが，発達とともに昼寝をとる子どもの割合が減少する．昼寝をとらない子どもの割合は，3歳でおよそ半数，4歳で約7割，5歳で8割を超え，6歳ではほとんどの子どもが昼寝をとらなくなる (Iglowstein et al., 2003；Komada et al., 2011)．

●**睡眠構造**　睡眠覚醒パターンだけでなく，睡眠構造も発達にともない変化する．ヒトの睡眠は，ノンレム睡眠（覚醒から睡眠に移行する入眠期ならびに熟眠期である徐波睡眠）を経て，急速な眼球運動（rapid eye movement：REM）を伴うレム睡眠に移行する．新生児の睡眠は，脳波ではノンレム睡眠とレム睡眠に分類できないため，ノンレム睡眠の特徴をもった静睡眠と，レム睡眠に類似した生理的

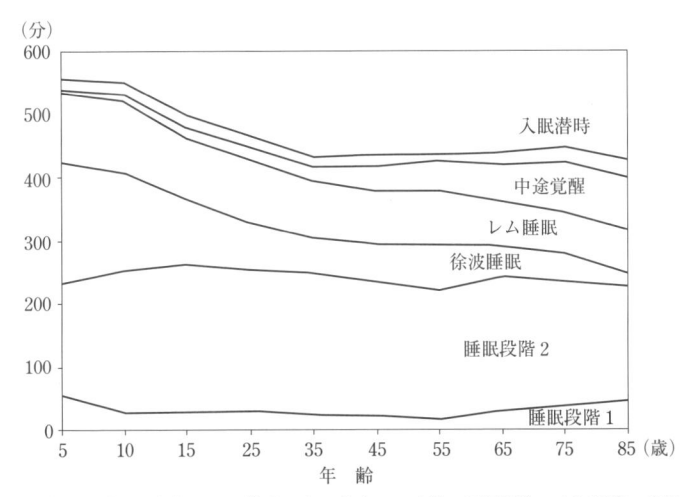

図1 年齢に伴う睡眠構造の変化．入眠潜時は寝つくまでの時間，睡眠段階1は入眠期の状態，睡眠段階2は浅い睡眠，徐波睡眠は熟眠状態（Ohayon et al., 2004, p. 1270を改変）

な状態を示す動睡眠とに分類される．生まれたばかりの頃は，レム睡眠（動睡眠）が睡眠全体の半分を占める．睡眠覚醒リズムの確立する生後3か月以降になると，脳波からノンレム睡眠とレム睡眠とに分類できるようになる．睡眠周期は，おとなであれば90～100分程度であるが，新生児では50～60分である．徐波睡眠量は幼児の時期に最大であり，年齢とともに顕著に減少する．幼児の徐波睡眠は質的にも量的にも，成人のものと異なる．徐波睡眠の量的変化は青年期に生じ，20歳までに40％減少する（Ohayon et al., 2004, 図1）．

●添い寝　添い寝などの睡眠習慣は，地域，文化によって状況がかなり異なる．世界17か国で行われた0～3歳までの乳児を対象とした国際比較調査によると，親と添い寝で眠る乳児の割合は，欧米では2割に満たないが，アジア圏では6～8割にのぼる．逆に，乳児を自室で寝かせる家庭は，欧米では6～8割であるのに対して，アジア圏では1割にとどまる．日本では，自室で眠る乳児の割合は3％，添い寝で眠る乳児が70％である（Mindell et al., 2010）．

●睡眠不足の影響　睡眠不足は，子どもの健やかな発育を阻害する．例えば，3歳時点での睡眠時間が10.5時間未満の場合，4年後の肥満のリスクは1.5倍であること（Reilly et al., 2005），就床時刻が遅く睡眠時間が短い中高生では抑うつや自殺念慮のリスクが有意に高いこと（Gangwisch et al., 2010），小学生の睡眠時間を6.5時間に制限すると，適正な睡眠時間（10時間）をとらせる条件と比べて，問題行動得点が有意に高くなること（Fallone et al., 2005）などが明らかにされている．

　　　　　　　　　　　　　　　　　　　　　　　　　　　　　　　　［駒田陽子］

姿勢・移動

☞「身体運動知覚」p.34,「生態学的知覚」p.42,「アフォーダンス」p.64,「運動発達」p.366

姿勢を変える,場所を移動するといった行為には,座る,立つ,歩くといった生涯にわたる人間の活動全般に現れるものもあれば,這行(ハイハイ),伝い・つかまり歩きのような発達の一時期に多く出現するものがある.また,とらえ方によって姿勢・移動の形態には無数のカテゴリが存在し得る.ゆえに,姿勢や移動の発達を理解するためには,ヒト一般の発達プロセスだけでなく,固有の生活環境や社会文化的背景に由来する「個別性・多様性」に注意を向けることが必要となる.

●**姿勢・移動への生体力学的アプローチ**　姿勢・移動について,発達心理学は運動スキル,もしくはより狭い表現でいえば,粗大運動の発達として長く研究対象としてきた.ゲゼル(Gesell, A.)やマグロウ(McGraw, M.)は運動スキルの発達を理解するため,姿勢・移動形態のパターンとそれらの出現時期について詳細な記録をつくった.そして,このリストに基づき,多くの子どもに当てはまる一般的な発達像が描かれた.図1は,乳児期の標準的な運動発達の経過を表している.

ゲゼルの観察結果を踏まえ,デンバー式発達スクリーニング検査(Frankenburg & Dodds, 1967)やBayleyスケール(Bayley, 1969)が作成され,運動発達の出現時期に基づく発達検査が一般化されていった.運動スキルの発達を理解するうえで,運動形態の出現時期とその順番が重要な意味をもつようになり,そこからはずれるものは「逸脱」した発達であると理解されるようになった.

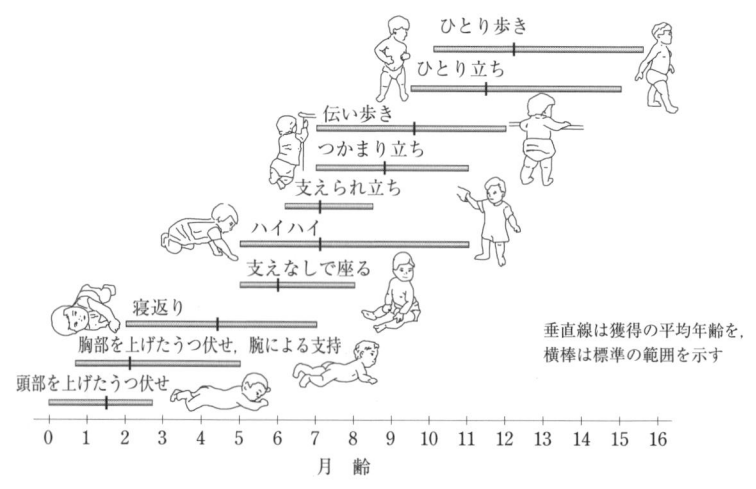

図1　乳児期の運動発達の標準的描写(Adolph et al., 2010, p. 63)

一般的な運動発達プロセスが描画されると，次にそのメカニズムの検討が進められた．特に検討されたのは歩行発達である．子どもが歩けるようになるためには何が必要なのか，一つの回答として，脚部の筋力とバランスコントロール能力があげられる（Bril & Breniere, 1992；McGraw, 1935）．姿勢の維持・調整や移動を行うためには筋力と姿勢の安定性がなくてはならない．

●**姿勢・移動への生態学的アプローチ**　このように運動発達には生体力学的構造の成熟が必要不可欠である．くわえて，姿勢の変化や移動によって生じる視野や身体支持面の変化を把握し，それに合わせて動きを調整する能力も運動スキルの発達には含まれると考えられる．つまり，知覚と行為が循環的に作用することによって運動が適切に行われるのである（E. J. Gibson, 1982；J. J. Gibson, 1979/1985）．こうした考え方は知覚−行為アプローチとよばれる（Hofsten, 1989；Reed, 1982）．さらに，運動スキルの発達には知覚だけでなく，認知，情動，学習，社会性といった心理的機能との関連性が指摘されている（Adolph & Berger, 2011）．

これらを踏まえると，環境との相互作用は姿勢・移動の発達を理解するうえで欠かすことのできない視点といえる．新たな運動スキルの獲得には，援助的な社会的文脈が重要との指摘もある（Tamis-LeMonda & Adolph, 2005）．援助的な社会的文脈とは子どもの体を支える養育者の手や子どもが自分の体を支えるために利用できるモノであり，さらに広い意味では，社会文化的背景を反映した多様な養育行動が含まれる．例えば，ハイハイを動物的で有害なものとみなす文化では，子どものハイハイに抑制的に働きかけるため，ハイハイをしないまま歩行の獲得にいたることが報告されている（Hopkins & Westra, 1989）．また，狩猟採集社会を営むアチェ族では，危険防止のために子どもの行動範囲は強く制限され，その結果として歩行開始時期は23〜25か月齢と遅い．しかし，その後は8歳ぐらいで8mもの木を自在に登るようになる（Kaplan & Dove, 1987）．

これらはいわゆる標準的な発達プロセスからは「逸脱」とみなされるものである．しかし，姿勢・移動について異常か正常かを出現時期のみで判断することは難しい．姿勢・移動の多様なあり方は，達成すべき課題に対して，利用可能な資源に応じて生み出されたそれぞれが固有の解決策であり，その解決のプロセスを検討しなければ適切に評価することはできない．そのためには運動の出現時期だけでなく発達の文脈とともに軌跡を観察することが求められる．

運動の発達軌跡には，一時的な消失（U字型変化）（Thelen & Fisher, 1982）や異なる形態の共起（Adolph et al., 2011；Ledebt, 2000），断続的な変化（Adolph et al., 2008）といったものが見出される．こうしたプロセスを丹念に観察し，環境に目を向けた生態学的なアプローチと生体力学的なアプローチの両面からそのメカニズムを探ることが姿勢・移動の発達への適切な理解につながる．　［白神敬介］

音楽性

☞「対話」p. 14,「早期教育」p. 142

　「音楽性」という言葉は日常しばしば耳にするが，その定義は曖昧なまま使用されることが多い．「音楽性に富んだ演奏」とか「あの子には音楽性がある」と使われた場合，この音楽性の内容の解釈はさまざまである．音楽性は，私たちの生まれ育った環境にある「音」や「音楽」を受容して楽しむ力のみならず，音楽を「表出する力」（例えば，演奏し再現する力）や「つくる力」（例えば，作曲する力）を有することも「音楽性」としてとらえられ，定義は単純ではない．

　身近な例としてウィキペディアの記載をあげると，「音楽性は音楽に対する才能,理解,感受性を示す名詞」と定義し,音楽の要素である「ピッチ」「リズム」「ハーモニー」それぞれが包含する相違を区別できる力を「音楽才能」と規定したうえで，その才能の有無や資質も音楽性にあてはまるとしている．しかし，この音楽性については，私たちが「音」や「音楽」を聴取する際に喚起される実に多様な情動や感情（声や楽音の連なりがもたらす美的な情緒の感受）のみならず，乳児と養育者などとの相互作用の中にも包含されていることが，新しい概念として指摘されてきている．

●**音楽性の基盤になるもの**　私たち人間は生まれながらに音楽を好む存在であり，例えば，タマリンやマーモセットは訓練によって音楽的刺激を弁別することができるものの，音楽よりも静けさを好むことが報告されている（McDermott & Hauser, 2006）．このことは，人間の文化が育み，それぞれの民族の中で発展してきた音楽は人間においてこそ，その特性を発揮できることを示唆している．

　子どもが出生後1年ほどをかけて，周囲からの話しかけを聞く中でみずからに関係する単語を切り出して，対象と関連づけながら言葉を徐々に解し，表出するようになるが，脈絡のない音声の連なりの中からみずからに向けられた言葉を聞きとるために，「対乳児発話」「マザリーズ」が一定の役割を果たしていると考えられている（Fernald & Kuhl, 1987）．この対乳児発話の音響的特徴は，乳児の声に合わせたような高めの声や大きな抑揚の変化とともに，繰り返しの多用や長い「間」の取り方にある．あたかも「歌いかけ」ているかのような発話なのである．ファーナルドらの研究（Fernald & Simon, 1984）で，ドイツ人の母親がインタビューアーと話した際の音声①と，同じ母親が新生児を腕に抱いて話しかけた際の音声②では，各々の基本周波数特性を比べてみると，①では抑揚の変化範囲が狭く平板であるものの，②は1オクターブもの大きなピッチ変化があり，発話ごとに長い休止が一定のリズムパタンをつくり，同じ韻律で繰り返す語りことばもみてとれ，あたかもメロディの様相を呈している．

実際の相互作用場面を詳細に観察すると，養育者は気づかないままに，乳児の声の高さの違いや息づかいに合わせるように声で応答し，体動に合わせてリズムをとったり，互いに触りあい乳児の反応を確かめるような間の取り方で関わり合うなど，実に多様なやりとりを繰り広げている．トレヴァーセンらはこうした相互作用をコミュニカティブ ミュージカリティととらえ（Malloch & Trevarthen, 2009），新しい概念を提示した．これは歌唱音声や「楽音」に限定した狭義の「音楽性」を超えた，乳児と養育者の相互作用の中で生起する触覚，視覚，聴覚を通したやりとりを「音楽性」ととらえた，マルチモーダルかつ客観的な新しい観点として，今後の多様な相互の関係性研究の進展に新しい力をもたらすと考える．

●**音楽性と教育**　ところで，子どもはおとなに向けた歌に比べ父や母の歌いかけや子ども向けの遊び歌を好む．中でも乳児への歌いかけは「対乳児歌唱」とよばれ，多くの文化圏で観察されており（Trehub et al., 1993），単に歌いかけるだけでなく目前の乳児がどのような歌が好きか，どのような状況でよく反応するかを判断して歌いかけ，子どもの成長に従って歌い方も変化させることがわかっている（Bergeson & Trehub, 1999）．

わが国では早期教育リバイバルともいえる昨今の音楽教育への関心の高まりにより，「絶対音感」をもつことの優位性とその獲得が一定年齢に達すると困難になることが広く知られるようになった．しかし，例えば旋律を演奏する楽器を変えても，また調性を変えても，6か月児が同一の旋律と認知すること（Plantinga & Trainor, 2004）や，遊び歌では高い音域での歌唱に選好性を示すこと（Volkova, et al., 2006）は，すでに聞いた経験をもつ音楽の文脈を聴取する力を示しており，乳児期から音楽を単なる音の連続としてではなく，まとまりのある旋律として聴取している可能性が示唆される．つまり，乳児はおとなと同じように聞くだけでなく，その音楽がもつそれぞれの特性も認識できる高度な聴覚情報処理を行っていると考えることができる．音名にラベルを貼る能力としての「絶対音感」がもてはやされているものの，前述した相互作用の中での音楽性こそが，乳幼児期には最も重要な音楽環境であることは間違いないことである．

子どもは音声での相互作用を出発点として，テーブルを叩いたときの面白さを味わったり，玩具や簡易楽器での音楽遊びや，みずからの体の動きに音楽的な楽しみを感じ取ったりしながら，周囲の音楽への興味を広げていく．成長にともない多様なメディアを通した音楽と出合い，学校での授業などでは音楽の「楽音」を「メロディ」「リズム」「ハーモニー」などの情報として理解し，さらにはその時々の子ども自身の感情のありようと結びつけ，音楽の感受を発達させていくことになる．このように私たちは，乳幼児期に培ったそれぞれの音楽性を基盤として，音楽の響きや音色から感受する多様な情動や感情の幅をいっそう広げ，みずからの文化に寄り添ったものにしていくのである．　　　　　　　　　　［志村洋子］

遊び

☞「ファンタジーの語り」p. 10, 「情動」p. 400

　遊びは,「可塑的」で「ポジティブな感情」を伴う「ありきたりでない」行動形態(Smith & Vollstedt, 1985)とされる.このうち,「ありきたりでなさ」と「可塑性」を「多様化」に集約すると,「多様化の楽しさ」が遊びの中核といえる.この特徴が,どのような行動も遊びとなる遍在性と,安全を脅かす危険行動という相反性を生み出している.

●遊び観　20世紀前半の間に,「遊びは子どもに有益である」という遊び観(Smith, 2010)が確立した.
①練習説:グルース(Groose, K.)は,系統発生上で上位の動物ほど,幼年期が長く,頻繁に遊ぶことから,遊びは成体になってから必要な行動を幼年期の間にマスターするための練習だと主張した.
②遊び教育論:幼稚園の創設者,フレーベル(Froebel, F.)は,遊びを子どもの発達の頂点とみなし,教師がモデルを演じ,子どもがそれを模倣する教育方法を考案した.一方,モンテッソリ(Montessori, M.)は,子どもの潜在的可能性が自発的活動(遊び)によって開花されると考え,感覚教具による指導を実践した.
③遊戯療法:フロイト(Freud, S.)は,子どもは象徴遊びの中で成長願望をイメージによって代理的に達成することで,統制感,有能感,カタルシスを経験し,心理的葛藤を克服できると考え,娘のアンナらが「遊戯療法」を考え出した.
④同化優位論:ピアジェ(Piaget, J.)は遊びを既存のシェマへの同化が優位な状態と定義し,反復行為が生む快と有能感によって,行為が確立されるとした.さらに,象徴遊びを,現実の制約を離れた記号操作とみなし,認知発達指標とした.
⑤最近接領域としての遊び論:ヴィゴツキー(Vygotsky, L. S.)は,遊びは実現しない願望の空想,幻想による実現であり,遊びの中では,年齢以上のことが可能なので,発達の最近接領域だと主張した.

　これらによって,遊びは「子ども」の将来に有益な行動形態であるという遊び観が確立し,おとなの遊びは無視されていった(Sutton-Smith, 2011).

●遊び効果への幻想
①遊び経験の効果:遊びは問題解決の力を促進する(Sylva et al., 1976)と信じられてきた.しかし,その後の実験者の遊び効果への期待を統制した再検討(Simon & Smith, 1983)ではそのような効果は認められなかった.このことは,遊びの有益さを信じる遊び観が生み出した幻想の好例といえる(Smith, 2010).
②遊びと心の理論:レズリー(Leslie , 1987)は,誤信念課題の理解と「ふり」はどちらも心的表象の理解に依存しているから両者は同一の認知構造を持つと想

定し，ふり遊びを「心の理論」の「最近接領域」と考えた．しかし，スミス（Smith, 2010）によれば，両者の関係は，ほとんどが弱い相関に関係にすぎず，遊び経験が心の理論を促進するという強い関係ではないという．

●遊びの情動論
①遊びの曖昧さ・多様性：グールド（Gould, S. J.）が，進化の基本原理は多様性にあると論じたことを受けて，サットン＝スミスは，そのような多様性を生み出すのが遊びの適応機能であるという「遊びの多様性モデル」を提案している（Sutton-Smith, 1997）．つまり，遊びは，進化の過程で成功した適応が，かえって固着した状態を生み，状況の変化への対処が困難になるのを，打破し，多様性を生み出す「計画された困難」への挑戦を生み出す力だというのである．それゆえに，"遊び"という用語は多様な出来事を表すカテゴリーであり，その曖昧さこそが遊びの本質だという．

同様の考えは，スピンカら（Spinka et al., 2001）によっても，「遊びは不確実性へのトレーニング」という仮説として提起されている．それによれば，運動・社会的遊びは，予期しない状況，新しい環境，社会状況の変化に対応する準備性を生んでいるのだという．つまり，遊び自体が新しい状況を生み出し，新しい学習の機会を提供するというのである．

②遊びの相反感情論：ダマシオ（Damasio, A. R.）は，情動を人間の適応に不可欠・普遍的な一次情動と，その表出を調節し，統制する二次情動に分類した．一次情動は，ストレスによって生じ，コントロールが困難であるが，二次情動の，"あたかも"ある情動状態にあるかのように感じる"as if"回路によって多様な可能性を受け入れ，一次情動は緩和されるという．サットン＝スミスはこの主張に注目をし，遊びの楽しさとは，危機的状況で一次情動を弱める仮想能力として発達をした相反的情動だと想定をしている（Sutton-Smith, 2011）．

③遊びシステム：パンクセップ（Panksepp, 1998）は，脳の皮質下で同定された情動システム（回路）を，4基本システムと，遊びを含む3社会情動システムに分類した．「遊びシステム」は，じゃれ合い，笑い，その他の遊戯行動を誘発し，基本情動システムと結びついている「運動行動ルーティン」に優先的にアクセスでき，それによって，「遊び」という情動シグナルが表出されるという．

●遊び支援　遊ぶとは「生き生き」していることで，遊ぶことで，その日が一生の記憶として残るほどの楽しい日（Fein, 1999）にもなる．遊びの反対は「抑うつ」（Sutton-Smith, 2011）である．遊んでいない状態は，不安の表示と考えられる．遊ぶ力は普遍的であるので，安心できる環境構成によって支援が可能である．

●遊びとは　現代の研究からは，遊びは脳に生得的に備わった固有の「遊びシステム」を反映した多様な活動形態を生み出す適応力として再定義されつつある．

［中野　茂］

事 故

☞「リスクと自立」p. 330

　身体機能および認知・判断能力が未成熟かつ日々成長・変化していく子どもにとって，事故は不可避である．乳幼児の場合，身のまわりのすべての物は興味をそそる刺激であり，外界に対する興味や新しいことに挑戦する気持ちが育っていく以上，あぶない物にさわる，異物・毒物を口に入れる，といった行動は容易に起こる．また，自身の能力を正確に評価できない（Schwebel & Plumert, 1999）ため，「できる」と思って取り組んだ行動が失敗し，ケガにつながることもある．

●「事故予防」ではなく「深刻な傷害の予防」　子どもの事故は不可避だが，深刻な結果（死亡，重傷，後遺障害など）は防がなければならない．ケガによる数日の入院であっても，子どもおよび保護者には心的外傷後ストレス障害（PTSD）が起こる（Bryant et al., 2007；Landolt et al., 2003）．危険そのものを認知できない乳児はもちろんだが，ある程度，危険や安全を理解できる幼児期に達しても，判断能力を超える危険や，自分では命を守ることができない危険については，社会全体で子どもを守ることが必須となる．

　世界の傷害予防の専門家の間では，「『事故予防』から，『事故による傷害の程度の低減』」というパラダイム・シフト（Doege, 1978）のもと，傷害（外傷だけでなく誤飲・誤嚥・溺水なども含む）の程度を下げる対策をとる方向に進んでいる．例えば，子どもの自転車の転倒・衝突（事故）をゼロにすることができない以上，事故の結果（傷害）が深刻にならない方策（例：自転車ヘルメット着用）をとるべきだということである．

●「子どもに誤使用はない」　安全の第一段階は，命をおびやかす危険・危害（ハザード）を環境・製品から除去することである．その後，残存するリスクから人を守る方法が次善の策となる．例えば，自動車は人の命をおびやかしかねない危険を有するが，車そのものをなくすことはできない．そこで第二段階として，自動車自体の安全性を高め，エアバッグなど人間の意識的な行動を必要としない安全装備をし，さらに，乗車する人もシートベルトやチャイルドシートを正しく使うことで，たとえ事故が起こっても深刻な傷害は起きないようにできる．

　特に乳幼児は，身のまわりにある製品・環境の本来の使用目的や機能，危険を理解せず，危険の認識もないまま，製品・環境に働きかける．機能や危険を理解できない以上，子どもに「製品の誤使用」はありえず，子どもに深刻な影響を与えないデザインや工夫をまず製品・環境の側に施す必要がある．そのような努力は，わが国でもシュレッダーやライター，一部の炊飯器などで実際に取り組まれている（キッズデザイン協議会のウェブサイト）．

製品・環境を安全にするためには，人間工学的な側面からみた子どもと外界との相互作用（外界からの刺激―子どもの反応），各成長・発達段階の身体・認知・行動の特徴だけでなく，子どもに起こる各種の傷害の機序も理解する必要がある．この点に関しては，キッズデザイン製品開発支援事業（経済産業省，2011, 2012）で，工学・医学の側面からさまざまな検討が行われており，成果も公表されている．

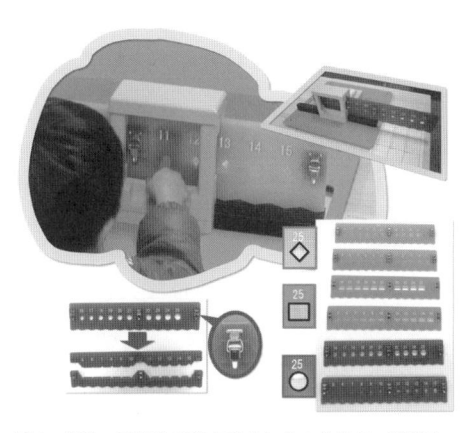

図1　実験：子どもが指をはさむ穴の大きさ・形状を調べる（産業技術総合研究所デジタルヒューマン工学研究センター）

●**保護者・児童の安全教育に心理学的アプローチを**　環境・製品から危険を除去し，残存する危険から人間を守る工夫をしてもなお多くの場合，リスクは残存する．その場合，第三の方法として，リスクに対する注意喚起をすることになるが，乳幼児の場合は周囲のおとながこの任を負うことになる．万が一のときのためにチャイルドシートやヘルメットなどの安全装具を必ず用い，子どもを見守り，危険なものを子どもの手の届かない所に置く，などがこれにあたる．しかし，わが国における子どもの安全装具使用率は低く，世界保健機関（WHO, 2008）が指摘するように，見守りの効果に関する科学的検証はまだ限られている．

人間は自分や家族に対する健康・安全リスクを過小評価するさまざまな認知バイアスを有しており（Girasek, 2003），「自分の子どもに万が一，最悪のことが起こるかもしれないから予防の努力をしよう」とは容易に思わない．このようなバイアスを理解したうえで，より効果的に保護者の安全意識を高める試みも，キッズデザイン製品開発支援事業の中などで取り組まれている（所・掛札，2012）．

一方，児童期になれば子ども向けの安全教育もより重要になるが，ここでも心理的特性を理解した対策が必要である．児童期から思春期にかけては子どもの自我形成が進み，競争心も強くなる．そのため，「できない」「してはいけない」とわかっている行動に，「誘われたから」「負けたくないから」「そそのかされたから」という理由で挑戦するケースも出，傷害につながる（Morrongiello & Sodore, 2005）．

保護者であれ児童であれ，危険を理解したからといって必ずしも安全行動をとるわけではないという心理的メカニズムを理解したうえで，科学的な効果評価を伴う教育・啓発プログラムを開発・普及することが必要である．　　　［掛札逸美］

攻 撃

☞「ドメスティック・バイオレンス」p. 210，「犯罪」p. 228

　同種の個体同士の間にみられる社会行動のうち，何らかの競争関係にある他個体に対して身体的危害を加えたり，その意図を示したりする行動を，攻撃または攻撃行動とよぶ．また，攻撃行動を引き起こすもととなっている心理状態を攻撃性とよぶこともある．捕食者が獲物に襲いかかることは，同種の個体間での社会行動ではなく，異種間の採食行動であるので，攻撃には含めないことが多い．

●**同種個体間の競争関係と攻撃の機能**　同種の個体同士は，生息環境や食物レパートリーを同じくするので，さまざまな資源をめぐる競争関係におかれている．また，配偶も同種の雄と雌との間で行われるので，配偶をめぐる個体間の競争や葛藤も存在する．攻撃には，そのような同種個体同士の社会関係の中で，攻撃を行う個体の生存と繁殖の可能性を高めるという機能がある．

　社会集団をつくる動物では，食料や配偶をめぐる競争はしばしば，集団内部での社会的地位をめぐる競争となる．また，異なる社会集団同士の間での競争も存在する．攻撃は，これらのさまざまな競争場面において出現する．そのような競争状況において個体が取り得る行動選択肢の一つだからである（Moynihan, 1998）．

　ヒトの社会性や子どもの発達をめぐる問題の文脈で，攻撃は抑えられるべきものであるかのように語られることがあるが，攻撃は，本来，競争状況においてみずからの生存や繁殖の確率を高める機能を果たしてきた重要な動機づけの一つの現れである．

●**攻撃のゲーム理論モデル**　攻撃行動がどのように進化するかを分析する基本的な枠組みはゲーム理論である．個体がどこまで攻撃をエスカレートさせるかは，相手がどのような行動選択をするかによって変化する．メイナード＝スミス（Maynard Smith, J.）らは，その理論モデルを最初に提示した．それが，タカ－ハトゲームである（Maynard Smith & Price, 1973）．

●**タカ－ハトゲーム**　このゲームでは，Vという価値をもつ資源に対する競争において，対戦者は「タカ」か「ハト」かの二つの戦略のどちらかを選ぶ．「タカ」はすべての対戦状況で攻撃的に振る舞い，「ハト」は常に攻撃をせずに儀式的な威嚇でとどめる．「タカ」が「ハト」と対戦するときには，「タカ」が攻撃をしかけ，「ハト」は攻撃しないので，常に「タカ」が勝利する（「タカ」がVの利得を得て「ハト」はゼロ）．「タカ」同士が対戦する場合には，どちらか一方が傷つくという大きなコストCを負ったうえで敗退する．簡単のために「タカ」同士の対戦能力はみな同じとすると，勝つか負けるかの確率は50％となる（「タカ」同士の対戦の平均利得は$(V-C)/2$となる）．「ハト」同士が対戦するときには，両者が儀

式的な威嚇を行うだけなのでコストはかからない．ここでも「ハト」同士の対戦能力はみな同じとし，勝つか負けるかの確率は50%とする（「ハト」同士の対戦の平均利得は$V/2$である）．表1は，「タカ」戦略と「ハト」の戦略それぞれの利得行列を表したものである．

表1　タカ-ハトゲームの利得行列

	タカ	ハト
タカ	$(V-C)/2$	V
ハト	0	$V/2$

　もしも全員が「ハト」戦略であったならば，全員の平均利得は$V/2$である．そこに「タカ」戦略者が現れると，「ハト」に対する「タカ」の利得はVなので，こちらの方が大きい．つまり，全員が「ハト」であるところには「タカ」戦略が侵入して増えていくことができる．言い換えれば，全員が「ハト」という状態は「進化的に安定な戦略」ではない．

　逆に，全員が「タカ」戦略であったならば，全員の平均利得は$(V-C)/2$である．ここで，もしも$V>C$であれば，この数値は正の数となり，「ハト」の利得である0よりも大きくなる．つまり，ここに「ハト」戦略は侵入することができない．したがって，全員「タカ」の状態は進化的に安定である．

　しかしながら，もしも$V<C$であったならば，「タカ」の平均利得は負の数となるので，「ハト」の利得である0の方が大きくなる．ここには「ハト」が侵入することができる．では，最終的には，「ハト」はどこまで増えることができるのだろうか？　それは，「タカ」であることと「ハト」であることの平均利得が等しくなった状態であるはずだ．

　今，「タカ」の割合をp，「ハト」の割合を$(1-p)$としよう．集団が十分に大きいと仮定すると，「タカ」が「タカ」と出会う確率はp，「タカ」が「ハト」と出会う確率は$(1-p)$なので，「タカ」としての平均利得は，$p(V-C)/2+(1-p)V$となる．一方，「ハト」としての平均利得は，$p(0)+(1-p)V/2$となる．この両者が等しくなると，それ以上，「タカ」が増えたり「ハト」が増えたりすることはない．それが平衡状態であり，進化的に安定な状態である．この等式を解くと，$p=V/C$となる．このように，攻撃の様態や強度は，他者がどのような戦略をとるかによってダイナミックに変化するのである．

●**攻撃に関わるホルモン，脳神経基盤**　攻撃行動は，個体の生存と繁殖を脅かす状況と関連しているので，その調節には，進化的に古くからつくられてきたいろいろなメカニズムがある（Moore, 2000）．雄性ホルモンの一つであるテストステロンは，雄同士の闘争を促す働きをし，季節繁殖する動物では，繁殖期の開始とともにテストステロンのレベルが上昇する．さらに，攻撃行動には神経伝達物質のセロトニンが大きな役割を果たしていることは多くの種で知られているが，その効果は種によって異なる．また，ヒトでは前頭葉の働きが攻撃性の調節に大きな役割を果たしている．

［長谷川眞理子］

時　間

☞「ライフストーリー」p. 20,「加齢と老化」p. 180,「時間的展望」p. 304

　時間とは，出来事を過去・現在・未来で秩序づけ，持続を定める概念である（VandenBos, 2007）．人が生まれ，成長し，衰え，死んでいく現象を扱う発達心理学では時間軸が不可欠である．しかも，人は，規則正しく流れていく時間を体験するだけではない．心の中で過去を追体験したり，未来を前もって経験したりする．そうして生きられる現在をつくり出すのである（都筑・白井，2007）．

●**心理的時間**　時間には，物理的時間と心理的時間がある．物理的時間とは時計で計測されるような時間である．外的事象の周期性（規則的な繰り返し）に基づく．心理的時間とは，事象の変化と継起に基礎を置きながらも，さまざまな感覚でとらえられた事象の変化と継起を抽出し統合を経て心理的に構成されたものである（松田・調枝，1996）．時計では同じ1時間でも，速く感じたり，遅く感じたりするのは，そのためである．心理的時間のうち，ある時点における個人の心理的未来および心理的過去への見解の総体のことを時間的展望という（Lewin, 1951/1979）．遠い未来や過去のことを考えることのできる人の方が，現在の直接的な刺激状況に支配されている人よりも，より大きな自由をもっていると考えられている（Lens et al., 2012；白井，1997）．

●**予期と回想による意味づけ**　時間的展望は予期と回想という働きによって成り立つ．予期とはいまだ生起していない出来事をあらかじめ思い浮かべることをいう．回想とはすでに過ぎ去った出来事を後で思い浮かべることをいう．人は，過去を回想し，未来を予期することで，状況の変化に対応している．例えば，ある人は50歳を目前にして予期せず病気になり，その体験を振り返って，今後は他者を育み支える仕事に尽力したいという抱負をもった．それは予期せぬ出来事を契機に自分の過去を振り返り未来を構想し，自分の人生を受け入れて方向づけ直したといえる．このように，現在における未来と過去の往復運動（メンタルタイムトラベル）が人生を意味づけていくのである．その意味づけには，図1に示されるように多様な方略がある．他方，予期どおりの出来事が起こることもある．例えば，「年をとると髪が白くなると思っていたら，そうなった」といったものである．これには加齢を受け入れていく働きがある．このように，予期せぬ出来事や予期どおりの出来事を体験することで，変化の中でも自分が自分であるという同一性を形成する（白井，2011）．

●**文化的実践の中の時間**　過去と未来の往復運動は個人の中だけに生じるのではない．個人間でも生ずる．例えば，コール（Cole, M.）は，子どもが生まれたとき，母親はすでに自分の過去経験から得られた情報を使って，子どもの未来を

予測しているとする（Cole, 1996/2002）．一昔前であれば，女の子が生まれると，「サッカー選手にはならないわね」と言っていたかもしれない．ここには母親の回想した情報が子どもの未来の予期のために使われるが，その解釈は文化によって媒介されているのである．

●**三世代関係における時間**
二世代関係だけでなく，三世代関係となると，時間の流れにダイナミズムが生じる（白井，2011）．自分の親にとって自分は子どもであるが，自分の子どもにとっては親であるという二重性が生じるからである．ここに流れている時間は親から子へというように個人間では世代を超えて反復する．ところが，個人内にとっては人生の有限性を引き受けていくしかない非可逆的な時間である．つまり，親の死を受け止め，子どもに希望を託していく．このことが自分の人生を受け入れることであり，こうして世代の交代という生と死のつながりが連綿と紡がれ，歴史の時間が流れていくのである．

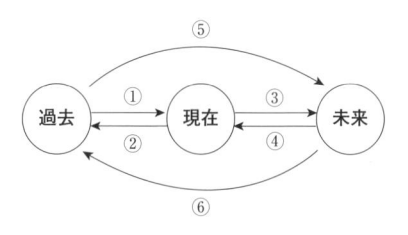

①過去から現在を展望して意味づける
　例：「つらいことを乗り越えたから，今の自分がある」
②現在から過去を振り返って意味づける
　例：「今なら，ケガも必然だったと思える」
③現在から未来を展望して意味づける
　例：「私には目標がある」
④未来から現在を振り返って意味づける
　例：「10年後には，今，しておいてよかったと思えるだろう」
⑤過去から未来を展望して意味づける
　例：「不登校の経験があるから，不登校の子の気持ちのわかる教師になろう」
⑥未来から過去を振り返って意味づける
　例：「不登校の子の気持ちのわかる教師になろうと思えたら，不登校の経験が大切に思えてきた」

注）過去と未来を現在から切断する意味づけもある．例えば，「今は大変だから，今のことだけ考えよう」といったあり方である．なお，①と②，③と④，⑤と⑥は対となっているため，まったく別のものではない．

図1　時間のダイナミズム（白井，2011, p. 199）

●**老年期の時間的展望**　老年期は未来展望が狭まっていくが，一般に考えられているような過去指向（過去を重視し，未来が重要でなくなること）になるわけではない．現代社会では人間はいつまでも未来に希望や目標をもって生きていくことが必要だからである．実際に，高齢者も希望や目標をもっている方が精神的に健康であり，人間関係が重要な役割を果たす．老年期ではライフ・レヴューにより人生の統合が行われる．ライフレヴューとは過去の人生の再吟味や批判的な分析をいう．高齢者は過去を肯定的にみるが未来は否定的にみるとされ，青年期がその逆であることと対照的であるといわれている（Birren & Schroots, 2006/2008）．高齢者は個人の一生を超えた時間的展望をもつことによって限りある人生の意味を獲得していくのである．

［白井利明］

宗教性

☞「高齢者の終末期ケア」p. 188,
「死と死にゆくこと」p. 190

「宗教性」は，個人における宗教への関与・傾倒の程度を示す概念である．すなわち，宗教性とは，「個人がどの程度宗教に関与しているのか」を測定する指標であり，個人が宗教についてどの程度，「信じるのか，感じるのか（宗教意識）」「振る舞うのか（宗教行動）」を表している．

宗教学者の岸本（1961）は，宗教意識を「宗教的行動の内行動的なもの．情緒的な経験を主とする宗教体験（情意的），宗教的思惟（知的）を含む」と，宗教的行為（宗教行動）を「儀礼や布教伝道といった社会的要素の強い行動の外行動的なもの」と定義している．これによれば，宗教意識とは宗教的信念や宗教的知識が関わる認知的成分（信じる）と，情緒的な体験（宗教体験）が関わる感情的成分（感じる）を含む概念であり，行動的成分（振る舞う）は宗教行動に相当する．そして，この宗教意識と宗教行動を包括する枠組みが宗教性といえる．

以上を踏まえて，「宗教性の構造」を整理したのが表1である．宗教性とは，「宗教（および宗教にまつわる事柄・事象）について，『知り』『信じ』『感じ』『体験し』『行動する』こと」を意味することばなのである．

表1 宗教性の構造

宗教性		
宗教意識		宗教行動
認知的成分	感情的成分	行動的成分
宗教的知識 宗教的信念	情緒的な体験 （宗教体験）	個人，社会の場における宗教的な行動

●**スピリチュアリティ** 近年，スピリチュアリティとのことばを見聞きすることが少なくない．文献を見渡せば，宗教学，宗教社会学を始めとして，老年学，看護学，社会福祉学，さらにはマーケティングの領域でも幅広く論じられている．しかし，スピリチュアリティについては，その定義や宗教性との関連性について，日本でも欧米でも共通理解が得られていないのが現状である（Takahashi, 2011）．日本の状況についていえば，こうした研究や実践とは別に，江原啓之に端を発するスピリチュアルブームが続いていることも，研究，実践の場で語られるスピリチュアリティとスピリチュアリティブームで語られるスピリチュアリティとの間に大きな隔たりを有するといった事柄を含め問題を複雑にしている．

研究・実践に関しては，主に医療，看護，福祉や老年学の分野において，スピ

リチュアルケアを中心に展開しており，生きる意味や自己の存在の探求といった課題に直面した人々をどのように支え，寄り添うかについて議論がなされている（竹田，2010；藤井，2010）．また，教育の分野においては，「いのちの教育」「スピリチュアル教育」といった形で，自己の存在の意味やいのちの大切さを学ぶことについて論じられている（弓山，2010；林，2011）．一方，スピリチュアルブームについては批判も少なくないが（小池，2010），その中で鍵となっているのは「生きがい」「自己実現」「つながり」「癒し」といったことばである（磯村，2007；櫻井，2009a, b；有元，2011）．

このように，スピリチュアリティについては，取り上げられる文脈が異なっていても，常に「いかに生きるか」がテーマになっていることがわかる．スピリチュアリティが注目されるようになった理由についてはさまざまな議論がなされているが，このことから，日本人の意識が「いかに生きるか」「自分の存在意義は？」といった「生き方」に向かっていることが関連しているといえるのではないだろうか．

●日本人の宗教性/スピリチュアリティ　ところで，私たちの中には「日本人は無宗教である」というイメージが何となく存在していないだろうか．おそらく，「宗教を信じる」＝「宗教団体に入信する」という考えが，その背後には存在するように思われる．しかし，果たして日本人は本当に無宗教なのだろうか．宗教性は存在しないのだろうか？

例えば，スピリチュアルブームの中でみられるテレビ霊能者のことばを信じ，実践する姿（小池，2010）．スピリチュアルマーケットに出向き，カウンセリングを受け，癒し系グッズなどを購入している実態（櫻井，2009a；有元，2011）．占い，おみくじ，手相，血液型判断，心霊現象，超能力などのオカルト・超常現象に関連した情報への関心の高さ（井上，1999, 2006）．さらには，国民の半数以上が墓参，初詣，神棚や仏壇への参拝（祈願）を行っているという実情（西脇，2004）．スピリチュアルブーム，オカルト・超常現象，参拝（祈願）行動などに関与している人々は，程度の差こそあれ，これらの現象について，知り，信じ，感じ，体験し（＝宗教意識），行動している（＝宗教行動）とはいえないだろうか．もし，そうだとすれば，宗教性は宗教団体への入信だけでなく，スピリチュアルなものごとを含む広い意味での宗教にまつわる事柄・事象全般への関与の程度をさしていることになる．

果たして日本人が無宗教なのかどうかはさらに検討の余地はあると思われるが，現代の日本人の「いかに生きるか」の意識に宗教性/スピリチュアリティを欠くことができないらしいのはすでに示したとおりである．したがって，今後，宗教性/スピリチュアリティの問題について検討する意義は大きいといえるだろう．

［松島公望］

生と死

☞「死と死にゆくこと」p. 190,
「自殺・死別」p. 504

　生から死への変化の境目は，例えば医学において定義される．法的脳死判定については，平成22年7月に施行された「臓器の移植に関する法律の一部を改正する法律」以降に公表された法律施行規則や指針によると，「器質的脳障害により，深昏睡，および自発呼吸を消失した状態と認められ，かつ器質的脳障害の原疾患が確実に診断されていて，原疾患に対して行い得るすべての適切な治療を行った場合であっても回復の可能性がないと認められるもの」となっている．ただし，当然のことながら，区別の基準から生と死への理解にいたることは容易ではない．深昏睡と瞳孔固定があり，脳幹反射がないことを脳死の条件であると定義しても，その否定から人が生きることを理解することはできない．

　一方，生物学者である福岡（2007）は，生命現象を，新たにつくり出される分子とすでにつくりだされていた分子の相互作用が織りなすネットワークの動的平衡状態であると述べた．動的平衡であるがゆえに，例えば受精卵においてある酵素が欠落すれば，別のバイパスを開いて迂回反応を拡大することができる．このしなやかな適応力こそが機械＝無生物と異なるところだと指摘している．とはいえ，生物からこの動的平衡を取り除いた残りの「物質」が死の姿であるとはいいがたい．

　これらはもちろん，上記の定義やモデルの不備ではない．生と死を分離させ二元論として理解を進めようとする論理展開にこそ問題がある．ある種のバイオマーカーや生命現象と物理的な体を切り離すのではなく，こころとからだを，あるいは生と死を連続させて論じる視点がより豊かな知見に導く場合がある．身体に潜在する＜ちから＞が，環境と相互作用しながら多様な＜かたち＞を生み出す，といった身体の多義性・物質性を重視したシステム論が，生と死を同時に論じる一つの方向性であろう（根ヶ山・川野，2003）．

●死を見据えた生　ただし，死を視野にいれて人の生を深くとらえようとする試みは，発達心理学や臨床心理学に関わる古典的なモデルにおいて，すでになされてきた．例えば，フロイト（Freud, S.）のいう死の本能タナトスは，生命を縮小し，破壊しようとする本能であり，それは生の本能エロスと矛盾・対立するという図式により人間理解を構成する．また，エリクソン（Erikson, E. H.）は，その個体発達分化理論の最後の段階に，自我の統合対絶望という，死に向かう力動的展開を置き，ライフサイクルの観点から生涯発達を理論化した．キューブラー＝ロス（Kübler-Ross, E.）は，死に逝く人々のベッドサイドでそのことばを聞きとる作業によって，「死の受容の段階説」を示した．そこでの否認，怒り，取引，抑

うつ,受容という五つの表現は同時に,死に直面した人々における生のありようとその価値を示している.あるいは老年心理学や医療心理学におけるいきがいやQOL研究は,生の充実と死への態度が関わることを示唆している.

島薗（2012）によると,日本においては,1900年前後に「死生観」ということばが使われるようになり,そこでは大いなる全体（自然・宇宙・実相）との調和関係を悟ることによって死による断絶や無への崩落を超えるという考え方が基調をなしていた.不動の心を養う精神修養の要諦が「生死を達観する」ことであり,その原点を武士道にみることができる.その後,死と直面することによってかえって心の安定を得るという志賀直哉らの文学的態度,日本の多くの住民の生活の深層に,イエや民族の継続につながる円環的な死生観があるとする,柳田国男や折口信夫に代表される民俗学的な理解など,死を位置づけることで生を豊かにする「マスターナラティブ」の存在は,多く指摘されている.

さらに,戦争や大震災など,従来の円環的な死生観などでは了解できない出来事に向けては,日本の死生観を探る多様なアプローチが求められる.心理学でも,形見（池内,2006）,墓（伊波,2008）といった日本文化の中に取り入れられてきたアーチファクトの意味を問い直すこと,仏教徒の死の意味づけを探ることで伝統的な死生観の今日的な可能性を見出そうとする試み（川島,2011）など,日本の社会・文化的な死を扱う「ハード/ソフトウェア」を取り上げた研究がある.緩和病棟での患者との対話から,死を個人の問題とせず関係性の発達とする可能性を見出した研究（近藤（有田）他,2010）や,多様な喪失の語りを取り上げ,生成のストーリーと世代継承性を見出す試み（やまだ,2007）などの,死を見据えた生涯発達のモデルが提案されてきた.

●生と死を天秤にかける　ただし,日常生活において死に目を向けることは容易ではない.特に,生涯経験率が1割といわれている自傷（松本,2009）や自殺について,直視を回避したい気持ちが働く.例えば学校教育場面では「生徒の自傷・自殺に対しては,まず,いけないこととして指導しなければならない」,そして自殺予防として「命の大切さを教える」という声がある.しかし,自傷や自殺に「傾いている」者には,自殺は耐えられない,逃れられない精神的苦痛からの唯一の解決策として,また,自傷は間欠的な精神的苦痛からの一時的な回避手段と受けとめられている場合がある.つまり,上記のような「教育」は,リスクが高まっている1割の生徒に対しては,本人たちの苦痛と努力への,無理解と否定のメッセージ「あなた（の対処）は間違っている」になりかねない.

　自傷・自殺に落ち着いた関心を向け,その背景にある精神的苦痛に対処するために,自傷・自殺以外の方法をともに検討する関わりをもつことが,周囲のおとなには求められる.生と死を左右に振り分け,生の皿にだけ目を向ける天秤では,実は彼らの生に寄り添うことも難しい.

［川野健治］

6. まなぶ

【本章の概説】

　「まなぶ」というと，「引き算を学ぶ」「ひらがなを学ぶ」など，学校の勉強を思い浮かべる人が多いかもしれない．しかし，心理学では「パスタ料理を上手につくれるようになること」も，「自転車に乗れるようになること」も，さらには「煙草を吸うようになること」も学び（学習）として扱う．そのどれにも，時間の経過に伴う行動あるいは知識の変容が含まれているからである．「学校での勉強」は，私たちの学びのごく一部にすぎない．

　学びの典型像が学校の勉強にあるからだろうか．どうも学びは，子ども（学び手）が一人で何かの課題に取り組み，知識や技能を獲得・洗練させていく静的過程とみなされがちだ．しかし，実際の学びはもっとダイナミックである．まず，学びは学び手の"頭の中"という閉じた空間で生じるわけではない．学びの場にはさまざまな道具があり，ともに学ぶ仲間やおとながいる．学び手は道具や他者の支えを借りながら知識や技能を習得し，理解を深めていくのである．例えばメモをとる，ノートにまとめる，コンピュータを使って情報をやり取りするといった道具の利用は，自分の思考を可視化・対象化する助けとなる．こうした働きは他者とのやり取りの中にも潜んでいる．もやもやとした，雲をつかむようなアイデアも，相手に説明しようとする中でくっきりとした形をとり始めるのである．相手の発言が自分の思考を見直すきっかけになり得ることは，いうまでもない．

　学びの過程では，学び手の"頭の中"でもダイナミックな様態変化が生じている．先行知識と新しく学ぶことの間に認知的葛藤が生じ，知識の組換えや概念の変容が起こったり，一見関係のない他領域の知識が利用され，学びを助けたりする．学びはまた，身体という"頭の中"にないものによっても支えられている．歩行や手指の巧緻性といった身体機能の発達は，空間認知や計数といった認知的学びの基礎となる．学びの進行もまた，ダイナミックだ．知識や技能は単線的に蓄積されていくとは限らない．最初は順調に進んでいた学びがある時点で停滞を始め，それでも繰り返し課題に取り組む中で，突如としてできるようになるといった劇的変化をみせる場合もある．停滞期間中は正答率が伸びないどころか低下するなど，学びが後退したようにもみえるのだが，実は後のジャンプにつながるホップ・ステップの試行錯誤が繰り返されているのである．

　学びは真空空間で生じるのではなく，社会文化的文脈の中に埋め込まれている．そのために，ある種のバイアスがかかる．各社会には特定の知識・技能をよいものとする価値意識があり，高い価値が置かれた学びには，それを後押しする力が働く．例えば識字は多くの社会で重視されているが，おとなは子どもが少しでも早くから文字の読み書きができるようにと，子どもの注意を文字に振り向けたり絵本を用意したりする．その一方で，学びから遠ざけるよう働きかけることもある．チョコレートやキャンディーといった甘味の摂取はその一つで，親の中には「せめて2歳まではチョコレートを食べさせない」といった努力をする者がいる．

しかし人間は生得的に甘味への嗜好性を備えており，そのために甘味の摂取をめぐって子どもとおとなの間に対立と葛藤が起こる．このことがますます，学びの過程をダイナミックにする．

　本章で取り上げるのは，さまざまな学びの姿である．学び，つまり学習は認知心理学の主要な研究テーマだが，おとながある種の経験や訓練によって知識や技能を習得するプロセス（学習）と，子どもが発達の過程で知識や技能を習得するプロセス（発達）との間には何か相違があるだろうか．発達は学習に還元できるのかという根源的な問いに対する深い示唆が「発達と学習」の項目で提示されている．先にも述べたとおり，学校の勉強は学びの一つだが，そこには日常的実践場面にはみられない学びの特徴がある．「知能」「学校での学び」では，この問題が扱われている．「知能」では，生涯発達の視点から人間の学びの可塑性と柔軟性に関する指摘もなされている．近年では，学校場面でも他者とともに学びに取り組む学習形態が取り入れられるようになった．こうした学びの場が学びに動きを与える原動力となることが，「協調学習」で議論されている．

　誰もが生涯を通じて学ぶものであるとはいえ，学びの速さ，学びに向かう態度には個人差がある．スムーズに学ぶ子もいれば，ゆっくりと時間をかけて学ぶ子もいるし，学校の勉強に積極的な子もいれば，そうでない子もいるだろう．こうした個人差にはワーキングメモリ（「学びの個人差」）のような認知的要因のみならず，自分の行動に対する考え方（「動機づけ」），そして社会階層（「学力と格差」）といった多様な要因が関与している．格差は日本だけでなく世界的にも教育の平等をめぐる重要なトピックとなっているが，「学力と格差」では，日本における格差の現状が実証的に紹介されている．

　「読み書き算盤」といわれるように，算数と識字能力は学校教育に限らず，生涯続く学びの基礎となる．その学びのプロセスに関する解説が「計数・算数」「読み書き」にある．身体認識や身体運動の発達が計数能力と強く関連するという興味深い指摘もなされている．最後の「早期教育」では，就学前の習い事の問題点と意義が論じられている．早期教育の背景には「早くに始めた方がよく学べる」という考え方がある．近年の脳科学研究がこれに拍車をかけているが，早期教育をめぐっては多くの誤解もある．重要なことは，子どもの適性に応じて学びを個性化することだと指摘されている． 　　　　　　　　　　　　　　　　　［外山紀子］

発達と学習

☞「思考」p. 76,「操作的思考」p. 90,「発生的認識論」p. 94

●**発達と学習の相違点**　発達も学習も時間の経過による主体の比較的永続的な変化と考えることができる．しかし，両者の間には大きな違いがあると考えられている．ピアジェ（Piaget, J.）の発達理論に典型的に現れているように，発達においては特別な訓練も，また発達しようとする意図もないにもかかわらず，認知の基盤構造が繰り返し再構造化されていく．この変化は一般に年単位の時間を要し，発達の前後には質的な違いがあるといわれている．また知的機能に限れば，発達研究の多くは乳児から始まり，おおよそ中学生程度までの間の変化を扱うことが多い．一方，学習は比較的要素的な認知機能，スキル，知識が繰り返し，練習を通して定着する過程としてとらえられている．学習の期間はさまざまであるが，一般に研究されるのは数分以内から数週間程度で生じる変化である．学習研究の対象は子どもに限定されることはない．また学習による変化は質的な場合もあるが量的な場合も多い．

　このように発達と学習には大きな違いがあるが，両者をまったく違うものとして扱うとさまざまな問題が生じる．発達を学習から完全に切り離してしまうと，発達は成熟とほぼ同じになる．認知機能の一部がこうした成熟的な要因に支配されているという立場は存在するが（例えば文法の獲得），認知発達全体が成熟であるとする研究者はまれである．多くの研究者は発達には主体と環境との間の相互作用が欠かせないと考えている．このように環境の役割をとらえるのであれば，発達を論じる際に経験からの学習の役割をスキップすることはできないだろう．一方，発達を学習に還元してしまうという可能性も考えられる．しかしこれは，発達を測定する課題（例えば保存課題）の多くにおいて，訓練の効果がきわめて少ないことをどのように説明するかという問題に直面する．さらに発達の普遍性の問題，すなわち環境からの刺激は個体，文化，社会によって大きく異なっているにもかかわらず，なぜ特定の年齢になると人類にほぼ共通の基盤構造が形成されるのかという問題も生じる．

●**学習は発達に従属するか**　それでは発達と学習はどのような関係にあるのだろうか．これについて，発達が学習の基盤をつくるという考え方がある．つまり学習は発達が用意した基盤構造の上に成立するという見方である．この基盤構造は，利用可能な情報の範囲や，取り込んだ情報の処理を限定したりする．学習はそうして取り込まれた情報や，利用できる処理の上に成立すると考えられる．こうした考え方は多くの発達理論に共通している．ピアジェの発達理論と制約をベースにした発達理論では仮定する基盤構造の包括性に違いはあるが，いずれも学習は

発達に従属するという考え方とまとめられるだろう．
　しかしながら，この見方を採用すると一つの問題が生じる．それは発達的変化がなぜ生じるのかを理解できなくなることである．現在の基盤構造に合致する情報だけを取り込み，それを処理しているだけでは，その基盤を質的に向上させていくことはできないからである．

●**発達と学習の相互関係**　こうした問題を回避するためには，二つのことが必要になる．一つは発達が用意する基盤構造の働きをより緩やかなものにし，揺らぎを取り込む可能性を確保することである．つまり取り込む情報やそこからの処理を完全に制約するのではなく，偶発的な情報の取り込みや，例外的な処理を可能にする，柔軟な基盤構造を仮定することである．これは理論的な側面だけからの要請というわけではない．実際に，課題の文脈を変更することにより，パフォーマンスに劇的な変化がみられる文脈依存性は多くの発達課題(例えば誤信念課題)において報告されてきている．また発達課題を繰り返し行った場合，特定のレベルにある子どもがいつでも終止一貫してそのレベルに固有なパフォーマンスを示すわけではない．回数は少ないが，そのレベルよりも上のパフォーマンスを示す場合もよく観察される．これらはある発達のレベルの子どもがそのレベルには含まれないはずの知的なリソースを所有していること，つまり基盤構造がより緩やかな働きをもっていることを示している．

　もう一つは，学習は発達の手のひら上で微調整的な作業を行うという見方を変更し，学習の役割を再評価することである．子どもは日々の経験から，現在の自分の基盤構造に合致することも学べば，そうでないことも多数学んでいく．こうした蓄積はすぐさま基盤構造の変化，すなわち発達には結びつかないが，一定以上の蓄積を経ることで，大規模でドラスティックな変化を生み出すことにつながる．つまり漸進的で微細な量的変化が，飛躍的，質的な変化をもたらすのである．実際，基本的には出力誤差を通して内部状態を徐々に変更するニューラルネットを用いても，質的変化が説明可能であることは多くの研究から明らかである．

　発達の普遍性については，次のように考えることができるだろう．確かに個人，文化，社会により受け取る情報は異なるが，人類一般に共通したものも存在する．例えば言語に代表される記号システム，道具の使用，親子のやり取りには，文化や社会の違いを超えた抽象的なレベルでの共通性が含まれている．例えば言語的に表現される概念は多くの事例を含んでいること，事例とそうでないものを判別する基準をもっていること，概念間には階層性が存在することなどはどのような言語にも成立することである．こうした人類共通の環境にさらされることにより，ある種の知的機能は個人，文化，社会の違いにかかわらず斉一的に発現すると考えられる．

[鈴木宏昭]

知　能

☞「実行機能」p. 86

●**知能検査と心理測定学**　知能の心理学的研究は，知能検査を用いた心理測定学による接近が歴史も古く中心的位置を占めてきた．ダーウィン（Darwin, C.）の進化理論を受けて，個体群のバリエーション（多様性）が生物進化の基礎であるという前提から，ゴールトン（Galton, F.）が多数の個体の特徴を計測し分布を調べる生物測定学をつくった．その方法論が人間の心理的特性に用いられ，心理測定学が生まれた．ビネ（Binet, A.）は，子どもの学校教育への適性を調べる目的で，思考や問題解決の能力を反映したテストを考案し，現在の知能検査の原型となった．

　知能検査は平均が100点, 標準偏差（SD）が15点になるよう標準化される（偏差IQの定義）．その得点が通常，知能指数（IQ）とよばれる．一種類の課題のみからなる検査もあるが，言語的理解や流暢性，計算，記憶，推論，イメージ操作など複数の下位検査からなるものも多い．大きな分類としては，言語性/非言語性（動作性）や結晶性/流動性が知られている．因子分析の発展にともない，異なる課題間に共通する一般的知能因子（g）をめぐって，知能の構造に関するいくつかの理論が生まれた．スピアマン（Spearman, C. E.）の二因子説やサーストン（Thurstone, L. L.）の多因子説などが知られている．

●**知能と発達**　既存のおもな知能検査はビネーの検査と相関をとることで妥当性を検証してきた．そのため知能検査は学校での学業成績の予測力をもち，教科の成績と0.5程度の相関がある．

　また，知能検査の得点は発達を通してかなり安定している．5～6歳の時点と12～13歳あるいは17～18歳の時点との相関は0.7から0.8程度ある．0歳児が視覚対象に馴化するまでの時間の短さが情報処理能力を表すという仮説のもとに，その後のIQ得点との関連が調べられ，就学後のIQと相関があることも明らかにされている（Kavšek, 2004）．

　一方，子どもの発達研究からは心理測定学とは異なる理論的貢献がある．外界と内的シェマとの間で同化と調節のメカニズムがはたらき高次の平衡状態に至るというピアジェ（Piaget, J.）の理論は，知能の発達を説明する代表的な理論である．数の保存課題や三つ山課題などと従来の知能検査との間で相関が得られている．

　ヴィゴツキー（Vygotsky, L. S.）は，知的能力は他者との相互作用に起源をもち，おとなから適切な「足場かけ」を得ることで発達するという理論をつくった．他人からの助けを得て自力では到達できなかった知的パフォーマンスを示すという動的な知能観（発達の最近接領域）は，それまでの知能研究になかったものであ

る．彼の理論は発達的可塑性の考え方に影響を与え，中高年の潜在能力を測定する限界テストなどに応用されている．

●**コホート効果と発達的可塑性**　知能が個体発達を通して安定している一方で，社会文化的環境によって大きく変動することが明らかになっている．20世紀後半の先進諸国でIQが大幅に伸びたことをフリン（Flynn, J. R.）が報告し（Flynn, 1984, 1987），その名前をとってフリン効果とよばれる（Neisser, 1998）．例えばオランダでは1972年からの30年間で19歳男子のIQが1.4 SDに相当する伸びを示した．文化の影響を受けにくいとされる非言語性のテストの点数が特に伸びていることも多くの国で共通している．シャイエ（Schaie, K. W.）によるシアトル縦断研究では，1956年から40年あまりの間に60歳代において推論課題の得点で1SD前後に相当する得点の伸びが得られた（Schaie, 2005）．知能の得点が生年コホートの間で大きく変動する事実は，高齢者の知能についての可塑性の知見（訓練効果）とともに，標準的な加齢パターンを仮定する心理測定学の知能観に再考を迫っている（鈴木, 2008）．

●**実践的知能と英知**　IQが知的能力全般を表すわけではないことは多くの心理学者が早くから自覚していた．特に日常経験や職業経験を通じて獲得され，現実社会で適応的に生きていくうえで必要な知的能力への関心が1980年代以降高まった．ナイサー（Neisser, U.）はそれを実践的知能とよび，従来の心理測定的知能と学校教育を通じて獲得される知的能力を，学術的知能または分析的知能とよんだ．従来の知能検査や学校の授業では，問題はあらかじめ定式化され，正解にいたるために必要な情報が与えられるのに対して，現実の実践的場面ではどういうことが問題かを自分で見極める必要がある．個人が現実の問題に主体的にコミットしうまく対処していくことに関わる知的能力が実践的知能である．

スタンバーグ（Sternberg, R. J.）らは個々の職業分野で必要とされる暗黙知を特定し，分野別の実践的知能の検査を開発した（Sternberg et al., 2000）．それを用いて調査した結果，従来の知能検査の得点との相関は低く，職業上のパフォーマンスと正に相関することが示された．またチェスなどの認知技能の熟達化研究においても，熟達化のレベルと知能検査の得点との相関は概して低く，IQが高いほど熟達者としてすぐれているとは限らないことが示されている．経験や練習を通じて獲得される実践的な認知技能や能力は，ビネー以来の伝統的な知能検査で測られるものとは異なる知的能力だと考えるべきだろう．

実践的知能への関心からさらに進んで，領域固有の前提や特定の価値観にとらわれない公益性の視点と，現状や慣例を超える創造性をそなえた知性は英知または知恵とよばれる（Sternberg & Jordan, 2005）．バルテス（Baltes, P. B.）のグループが実証的研究で成果をあげている（Staudinger & Baltes, 1996）．　　　［鈴木　忠］

学校での学び

☞「状況的認知」p. 88,「やる気」p. 152,「仲間関係」p. 250

　学校での学びを日常場面での学びと比較すると,優れている点と不十分な点がみられる.他者との協同活動や個人の探究過程を組織することで,後者の不十分点を克服し,学校での学びがより充実したものになることが期待される.

●**日常的認知の特徴**　日常的な活動の中でも子どもの学びは進行している.その一つとして,ブラジルの路上で物売りをするストリート・チルドレンの問題解決プロセスは,路上算数とよばれている.ブラジル北東部のレシフェ市で,ほとんど学校教育を経験せずにココナッツ売りをする9歳から15歳の子どもたちに対して,インタビューが行われた(Carraher et al., 1985).インタビューは「1個35クルゼーロのココナッツを10個買いたいが,いくらになりますか」のように尋ねたところ,「3個で105,もう3個で210,あと4個いる.だから…315…350になります」のように答えた.実際の買い物に即してこのように尋ねると,その正答率は98%であった.それに対して,同じ子どもたちに同種の問題を文章題や計算問題として与えると,その正答率は文章題で74%,計算問題では37%になった.この研究は,日常的な物売りの活動の中で,子どもは適切な問題解決方略を自発的に構成しているが,一方で,それは日常文脈に埋め込まれていて,文脈が異なったり,文脈のない形式的な計算として問題が与えられたりすると,その方略を適用できないことを示している.学校教育の経験年数の短い漁師の行う算数についても調査が行われている(Schliemann & Nunes, 1990).そこでは,比の公式などを用いなくても,路上算数のように,単位(ユニット)を増やしていく方法で比例の問題を解決できることが示されている.以上の研究では,日常的な活動の中で,その活動の目的に適する形で学びが進行し,そこでは学校教育で学習するのとは異なる問題解決方略が自発的に構成されること,一方で,その方略の一般化可能性には限界があることなどが明らかにされている.

●**最近接発達領域**　学校における学びを考えるうえで重要な概念の一つに,ヴィゴツキー(Vygotsky, L. S.)が提起した最近接発達領域の概念がある(Vygotsky, 1934).ヴィゴツキーによれば,子どもの発達には,独力でやり遂げることのできる現下の発達水準と,おとなや仲間が,教示,誘導質問,解答のヒントなどを与えることを通じて協同で達成できる潜在的発達可能水準があり,その水準の差が最近接発達領域である.教育によって子どもの最近接発達領域に働きかけることにより,協同で達成できる可能水準は,次の時点では独力で遂行可能な水準になる.ヴィゴツキーの示している例で考えてみよう.二人の子どもの知能年齢が8歳であるとき,教示,誘導質問,解答のヒントなどを与えながら,より難しい

水準の問題を与えたとき，一人は協同の過程で助けられ，指示に従って12歳の知能年齢の問題まで解くことができたのに対し，もう一人の子どもは9歳の知能年齢の問題までしか解けなかった．このとき，前者の子どもの最近接発達領域は4であるのに対して，後者の子どもは1になる．子どもは年長者などとの協同過程において，個人で解決するよりも一般に高い水準の問題を解決することができ，それによって学びの可能性をダイナミックにとらえることができるだろう．

●**仲間との協同** 仲間との対等な協同も子どもの学習にとって有効であることが多い．その理由としては，難しい課題の解決への動機づけ，互いのスキルを模倣し学習する機会，他者に説明することによる理解の精緻化，理解を向上させる議論への参加などが指摘されている（Azmitia, 1996）．しかしながら，協同が有効であるかどうかには，子どもの年齢，課題の難しさ，相互作用の質も関係する．特に相互作用の質に関しては，課題解決を共有する程度（課題の共有，責任の分担，互いの思考への積極的な関わりなど）が学習に影響することが明らかになっている．課題解決を共有することによって，互いの考えを統合し，それぞれのアプローチの長短を把握し，相手の考えを自身の考えの評価に利用できるようになると考えられている．

●**学校で形成される学力や学習意欲の問題** 算数・理科学力の国際比較調査（TIMSS）では，学校で獲得した基本的な知識や技能に関して，日本の小中学生は国際的に上位に位置することが示されている．しかしながら，学校で獲得した知識や技能を日常場面などで活用する能力としてのリテラシーを測る国際比較調査（PISA）なども含めて，認知心理学の視点から問題別に結果を分析すると，日本の児童・生徒は学校で直接学習する計算や定型的文章題のような手続き的知識やスキルに関する水準は高い一方で，概念的理解や因果的説明を必要とする記述問題の正答率は国際平均レベルかそれ以下で，学力形成上の課題を残していると考えられる．また，これと関わって，日本の子どもの算数・数学や理科に対する関心の低さも，特に中学生・高校生における一貫した傾向である．

●**学校教育における協同と探究の意義** 以上のような学校での学びにおける課題を克服するには，先述した最近接発達領域や仲間との協同などに示される，他者の役割を考慮した学習過程や，個人が知識を関連づける探究過程の組織が有効性をもつと考えられる．談話分析を用いた授業研究では，協同過程を重視した授業において，子どもが他者の考えた方法を自分の「思考の道具」として用いる発言が重ねられることで授業場面のやりとりが構成されることが示されている（大谷，1997など）．また，クラス全体での協同過程と個人による探究過程を組み合わせた授業過程が組織されることで，非発言者を含めた個々の児童が他者の示した方法を「思考の道具」として利用しながら自身の問題解決過程を構成し，概念的理解を深化させていることも示されている（藤村，2012）． ［藤村宣之］

協調学習

☞「状況的認知」p. 88,「他者視点」p. 92,「ソーシャルスキル」p. 248

　一つのテーマや課題をめぐって，複数の学習者が一緒になって，話し合いや共同活動という社会的相互作用を通して，学習活動や問題解決を進めていく形態の一つである．協同学習ともよばれる．類語に共同学習がある．共同学習では，個人に割り当てられたパートを学習者は独自に展開し，それらの部分的解決を持ち寄り，組み合わせ，最終的にグループの学習成果とする．この学習での主目的は，分担による課題遂行上での経済性を図ることや学習者の動機づけを高めることなどにある．

　それに対し，協調学習では，一人ひとりに役割が割り当てられているわけではなく，一緒になって問題を発見・共有し，互いの考えや意見を自由に出し合いながら，最善策を探究・創出していく知の協働構築過程に焦点が置かれている．この背景には，"新たな認識の起源は他者や状況に開かれており，道具や他者との関わりの中に立ち現われてくるものであり，状況の中に埋め込まれている"という，ヴィゴツキー（Vygotsky, L. S.）の理論を起点とする知の社会的構成主義の考え方があるといってよい．つまり，協調学習は，新たな知を創出する双方向的な"協働による協創の過程"であり，相互に納得できるまで，創造的・批判的思考が再帰的に繰り返されることから，一人ひとりが理解を深化・拡大させるだけでなく，グループシンクが深化・拡大し，新たな知の地平線が広がる．協調学習の場は，まさに学び方・考え方を学ぶ「知の創造の泉」である．

　協調学習により，なぜ理解の深化・拡大が生じるかについての説明としては，ロシェル（Roschelle, 1992）の収斂説や三宅（Miyake, 1986）の建設的相互作用説がある．収斂説によると，協調的な学習環境では，多様な視点から，多様な考えがいろいろな思考の道具（例：発言，身振り，図）を使って提供されるが，学習者は省察的思考を働かせ，それらをまとめようとする．その結果，考え方や解答の抽象化が起こり，より深い理解や学びが生じるという．建設的相互作用説によると，ある者が課題を遂行するとき，他の参加者はモニターの役割を果たすが，モニターは課題遂行者とは異なるアイディアをもち，しかも課題遂行者よりも広い視点から課題遂行過程や状況をとらえやすいために，より一般的な解釈の導入を可能にする．この課題遂行とモニターの役割が頻繁に交代することでその場の理解は，次第に，一般性や抽象性の高い理解に置き換えられていくという．

●「場の流れ」を読む　協調の過程では，状況依存的に，学習者の間に「新たな視点から知を再構築する」という認知的葛藤が生じる．この状況を柔軟に克服するには，互いに心を開き，適切に「場の流れ」を読み，"創造的な学びの場"を

つくり出さねばならない.「場の流れ」を読むためには,メタ認知を働かせ,場に埋没することなく,自己の思考過程やグループ全体の思考過程を対象化し,必要に応じたモニタリングやコントロールを駆動させるだけでなく,議論の内容とプロセスを同時にとらえる必要がある.

　内容をとらえるには,心を傾け他者の考えや意見を集中して聴くことが重要であり,プロセスをとらえるには,今何がグループ全体の主な焦点になっているか,議論は堂々めぐりしてはいないか,どの方向に流れようとしているかなどをモニターする必要がある.なぜなら,協調学習過程では,多様な意見が飛び交い,多様性と揺らぎを特徴とする大なり小なりの混沌とした状況が必然的に生じるからである.新たな知の創出は,むしろ,そうした混沌を乗り越えた暁に立ち現われてくるものであるだけに,創造的混沌といってもよい.

　ここでいうメタ認知の働きによるモニタリングは,一点を凝視することではなく,鳥瞰的視点に立ち,俯瞰力を働かせながら,全体を「ぽ～っと」静観することである.「他者の意見や考えに集中する」「グループ全体の流れを省察する」という,一見すると,この相矛盾する行為を同時に行うのが「場の流れを読む」ということだ.意識的にメタ認知を働かせ,この内容とプロセスの両方に注意を払うことで,議論の堂々めぐりや創造的混沌からの脱却や修正が,容易に可能となる.

●**認知機能の発達によって異なる**　協調学習過程においては,課題に対する各自の理解の仕方や視点や経験や知識の違いから,多様な異なる考えが表出し,どの考えが適切なのか,どの視点から整理すべきか,混沌とした状況が生じる.これらの状況を克服し,新たな知を創出していくためには,少なくとも,①他者にわかるように説明する,②異なる考えを明確化する,③相対的視点から考える,④相互の考えを創造的・批判的に吟味する,⑤自他の思考を可視化・対象化する,⑥多様な考えを関連づけ・整理する,⑦納得できるまでコラボレーションを繰り返す,などといった認知機能が求められる.

　こうした諸機能を考えると,「説明が不十分であり,自己の視点にこだわりがち」な就学前の段階では,子ども同士による創造的な協調学習は困難である.小学校段階になると,次第に,多様な考えにふれる,他者にわかるように説明する機会が増大する.その結果,他者の視点の取り入れが可能になり,また「相対的思考」や「批判的思考」や「メタ認知的技能」などが発達していくことで,協調学習過程にも深まりと広がりが生まれ,課題の理解だけでなく,学び方や考えにも変化がみられるようになる.青年期になり,他者の視点を通して「自己を客観視・相対化する」「可能性の世界から現実をとらえ直す」などの思考の吟味の仕方が柔軟になると,協調の過程は,ますます,深みと広がりをもつ創造的なものになっていく.

[丸野俊一]

学びの個人差

☞「認知スタイル」p.84,
「ADHD・LD児者の発達支援」p.340,
「自閉症スペクトラム障害の発達支援」p.344

　個人によって学びの速さに違いがあるため，同年齢の集団内に発達の個人差が生じる．また，個人によって学びを支える方略や動機づけに違いがあるため，学び方の個人差が生じ，それに応じた教え方が必要となる．ここでは，ワーキングメモリの観点から，子どもの発達の個人差と，学び方の個人差に応じた教え方をみていく．

●**ワーキングメモリのモデルと学習**　ワーキングメモリとは，短い時間に心の中で情報を保持し，同時に処理する能力のことである．「作動記憶」や「作業記憶」と訳されることもある．現在のワーキングメモリ研究の多くは，バドリー (Baddeley, A. D.) とヒッチ (Hitch, G. J.) のモデルに基づいている (Baddeley & Hitch, 1974)．そのモデルでは，ワーキングメモリは，中央実行系，音韻ループ（言語的短期記憶），視空間的記銘メモ（視空間的短期記憶）の三つの構成要素を想定している（図1）．中央実行系は，音韻ループと視空間的記銘メモの働きを管理し，ワーキングメモリ内の活動の流れを統制し，情報を更新する．一方，視空間的記銘メモと音韻ループは，それぞれ視空間的な情報と音韻的な情報をそれぞれ保持する．音韻ループと中央実行系の働きを合わせたものを「言語性ワーキングメモリ」，視空間的記銘メモと中央実行系の働きを合わせたものを「視空間性ワーキングメモリ」とよぶ．

　近年の多くの研究から，ワーキングメモリが，小学校から中学校までのすべての学齢期で，国語（読み書き），算数（数学），理科などでの子どもの学習進度と密接に関連していること，そして，ワーキングメモリの小さい子どもの多くが学習遅滞や発達障害の問題を抱えていることが明らかになっている (Gathercole & Alloway, 2008/2009 ; Pickering, 2006)．学校での活動の多くが，複数の作業の組合せからなり，ワーキングメモリに大きな負荷をかける．そのため，ワーキングメモリが小さいと，ワーキングメモリの負荷に対処できず，課題に失敗する．その積み重ねが，学習遅延につながると考えられる．

●**ワーキングメモリの個人差**　ワーキングメモリの容量は，発達とともに，増加する．ワーキングメモリの課題をさまざまな年齢の子どもに実施すると，図2のように，平均的な得点が年齢とともに高くなる．一方で，同じ年齢の子どもの中に，ワーキングメモリが大きい子どもと小さい子どもがいる．図2には，ワーキングメモリにみられる発達差・個人差を示している．縦軸のワーキングメモリ得点は，4歳から15歳の子ども全体のワーキングメモリ得点の平均を100としている．線グラフは，4歳から15歳の各年齢の子どもにおけるワーキングメモリ得点の

図1 ワーキングメモリモデル
(Gathercole & Alloway, 2009, p. 10)

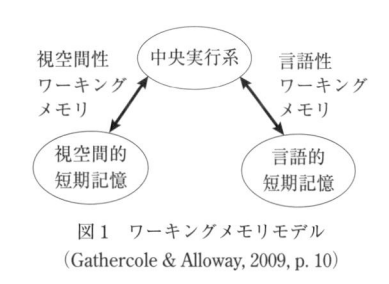

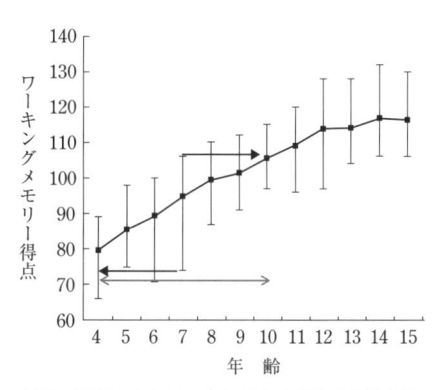

図2 年齢によるワーキングメモリ得点の個人差
(Gathercole & Alloway, 2009, p. 19)

平均を示している．各年齢の縦の線は，同じ年齢の子どもの中で上位10％から下位10％までの子どもの得点の範囲を示している．例えば，7歳の子どもの得点をみると，同じ7歳でも，上位10％の子どもは，10歳の平均に相当するワーキングメモリをもっているが，下位10％の子どものワーキングメモリは，4歳の平均以下の得点にすぎない．

また，発達障害を抱える子どもは，発達障害のタイプに応じて，特異的なワーキングメモリプロフィールを示すことがわかっている（Alloway, 2010/2011）．例えば，読み書き障害の子どもは，単語の音の学習や区別が難しく，綴りや読みに問題がみられるが，一般に，彼らの言語性ワーキングメモリは小さいものの，視空間性ワーキングメモリは，平均レベルであることが多い．

●**ワーキングメモリと教授方略**　ワーキングメモリに着目したとき，教え方には，二つの方略が考えられる．第一に，授業場面において，ワーキングメモリの小さい子どもが課題を遂行するとき，ワーキングメモリにかかる負荷を減らすことである．ワーキングメモリに問題を抱える子どもは，特に，処理と保持の両者が求められる課題において失敗する．ワーキングメモリが小さい子どものつまずきを防ぐために，教師は学習のねらいを明確化したうえで，その子どものワーキングメモリ能力に合わせて認知的負荷を最適化することが求められる．第二に，個人のワーキングメモリプロフィールを把握し，それに応じた教授方略を取ることである．例えば，特に，発達障害のある子どもの場合，個人によって，言語性ワーキングメモリが弱い子どもや視空間性ワーキングメモリが弱い子どもがいる．言語性ワーキングメモリが弱い子どもの場合，視空間性ワーキングメモリに依拠した教授方略が有効であり，逆に，視空間性ワーキングメモリが弱い子どもの場合，言語性ワーキングメモリを依拠した教授方略が有効である．　　　　　［湯澤正通］

動機づけ

☞「コーチング」p. 150,「やる気」p. 152,「自尊感情」p. 322

　動機づけとは，報酬を得て罰を避ける性質をもった心理的，行動的なプロセスをさす．動機づけの中でも学ぶことに関わりが深いものに社会的動機づけがある．社会生活に役立てる方向で行動が選択され，維持されるプロセスである．社会的動機づけの研究はさまざまだが，ここでは，社会的動機づけに関わる理論として原因帰属理論と自己決定理論について説明する．

●原因帰属理論　社会的動機づけの中で有名なものに，達成動機づけの原因帰属理論がある．これは人の行動の結果についての期待（予期）と結果の価値を決めるものが，「原因帰属」だとする考え方である．ひとくちに原因帰属といっても，複数の考え方があるので，ここでは特に著名なワイナー（Weiner, B.）の原因帰属理論を取り上げる（Weiner, 1974）．

　ワイナーによれば原因帰属とは，次のようなことを指す．自分の行動の結果に対して，人は成功か失敗を判断する．次に成功あるいは失敗の原因を考える．この原因のことを「帰属因」とよぶ．一般的な帰属因として運・課題の難しさ・努力・能力が特に取り上げられる．

　さらに帰属因は一定の特徴で分類できる．この特徴のことを「帰属次元」という．ワイナーの考えた帰属次元のうち，本項目では典型的な「統制の位置」と「安定」の二つについて説明する．

　「統制の位置」は，自分に原因があるのか自分以外のせいで結果が起きたかを示す．したがって内的帰属（自分のせい）と外的帰属（自分以外のせい）の二種類に，帰属因を大別できる．

　次に，「安定」は，原因がいつも生じたりいつもあることか，あるいはいつも起きるとは限らなかったり，いつもあるとは限らないことを示す．前者を結果のせいにする場合を「安定帰属」，後者のせいとする場合を「不安定帰属」という．

　ゆえに，同じ内的帰属であっても，能力のせいにするのか，努力のせいにするのかでは，その後の行動が異なる．能力はいつも変わらずにあることと考えられるので，成功したら，次も成功するだろうという期待が生じて，達成への動機づけが高まる．だが，努力帰属の場合は，努力の量や方法はその時次第で変わるかもしれないので，次も成功するかはよくわからない．ゆえに，動機づけは高まらないだろう．

　このように，原因を何のせいにするのか（原因帰属）によって，将来の人の学習に関する動機づけは変わることになる．

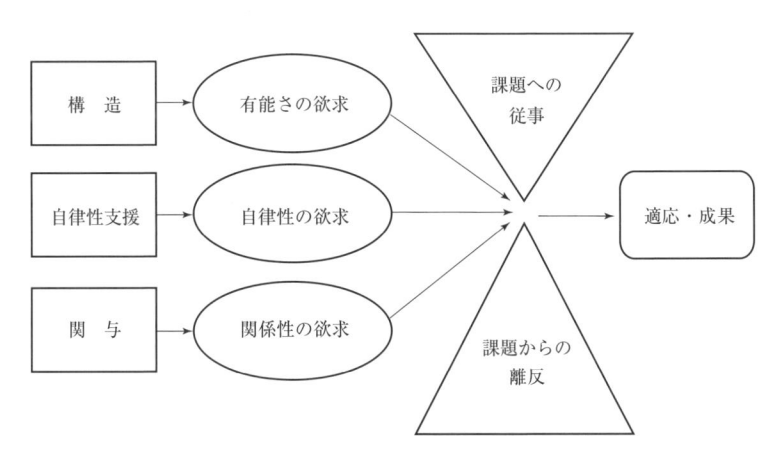

図1 基本的欲求理論の骨子

●**自己決定理論** 自分で自分のことを決めたいという欲求を人はもっていて，それが満たされるか，満たされないかによって動機づけが変わる，という考え方である（Deci & Ryan, 2002）．この理論は四つの小理論からなるが，その中でも本項目では基本的欲求理論ついて説明する（図1）．

基本的欲求理論では，「有能さの欲求」，「自律性の欲求」，「関係性の欲求」を人が社会生活を送り，学習するうえで重要な欲求とみなす．有能さの欲求とは，環境とうまく関わり達成することへの欲求である．自律性の欲求は，自分で自分の行動を決めることへの欲求である．最後に関係性の欲求は，重要な他者と好意的な関係をもつことへの欲求をさす．

以上の欲求に対して，さらに構造，自律性支援，関与という，個人を取り巻く環境からの支援が必要となる．

構造とは，周囲の期待や自分の行動の結果や，どうしたら望む結果を達成できるかについて，学習者のもつ情報の質や量のことである．有能でありたいという欲求を満足させることに対応している．

次に，自律性支援は自己決定に対応する関わりで，人の意欲を促し，自分が自分のことを決めているという感覚を促進する．例えば，学習者のものの見方を承認したり，学習者の活動に正当な根拠があることを伝えるのである．

最後に，関与は関係性に対応する関わりである．教師や養育者が子どもたちにみせる，興味や感情的なサポートをさす．

こうした環境からの支援が，三つの欲求をみたし，動機づけや心身の健康に肯定的な影響をもたらすと考えられている．

［上淵 寿］

学力と格差

☞「やる気」p. 152,「教育政策」p. 560

●**学力をめぐる問題への注目**　20世紀から21世紀へと移り変わる頃から,学力をめぐるさまざまな問題が注目を集めるようになった.一つは定義をめぐる問題である.急速な技術変化と経済や社会のグローバル化の進展を背景に,OECD（経済協力開発機構）は時代に即応した新しい能力をキー・コンピテンシーと命名した.それは,「単なる知識や技能だけではなく,技能や態度を含むさまざまな心理的・社会的なリソースを活用して,特定の文脈の中で複雑な要求（課題）に対応することができる力」だとされている.

キー・コンピテンシーの概念に基づいて,2000年から国際学習到達度調査（program for international student assessment：PISA）が実施されるようになると,日本の学力の概念もそれに応じて,基礎的基本的な学力とともに,「活用力」と命名された新たな観点の学力が加えられるようになった.PISAに連動して,2007年度から実施されている全国学力テスト（全国学力・学習状況調査）でも,この二つの学力に対応して,A問題（知識）,B問題（活用）の二つの問題が出題されている.

一方,こうした動きと並行して,1998年の学習指導要領の改定の際にわき起こったのは,学力低下をめぐる論争である.日本のPISAの成績が2003年,2006年と二度にわたって低下していくと,この問題はさらに注目を集めるようになった.そして,このことと連動して注目されるようになったのが,表題の「学力と格差」の問題である.

これまでも児童生徒の個人間の学力差の問題は,しばしば指摘されてきた.しかし,「学力と格差」という場合は,児童生徒を社会的な集団として把握し,各集団間の社会的経済的地位の差異に応じて学力に違いがみられることに注目する.このことが問題視され始めた背景にも,グローバル化による経済変動や長引く経済不況の影響があり,それにともなって生じた世帯間の所得格差の拡大,いわゆる格差社会化の進行が学力を格差という視点でとらえることを促したといえる.

●**学力と格差の実証研究**　耳塚寛明らの研究グループは,文部科学省の委託調査として,2009年に小学6年生の全国学力テストの結果を,5政令都市の100校の保護者と教員を対象に実施した追加調査とつきあわせて分析している（「家庭背景と子どもの学力等の関係」調査）.この調査では,「世帯年収の高い家庭ほど子どもは高学力」であることが明らかにされている.年収200万円未満の世帯と1,200～1,500万円の世帯を比較すると,児童の正答率は約20ポイントもの差がみられた（図1）.また,「学校外教育支出の多い家庭ほど子どもの学力は高い.そして,

学校外教育支出は家庭の経済力と強い関係がある」とも指摘されている．世帯年収や学校外教育支出による正答率の隔たりが最も大きかったのは，算数のB問題であった．このことは，時代の変化に応じて求められている新しいタイプの学力において，大きな格差がみられたことを示している．

ただし，学力と格差の問題の表れ方は地域により異なっている．全国学力テストとは別に，耳塚（2007）は大都市近郊の中都市（Aエリア）と東北地方の小都市（Bエリア）で，小学6年生を対象に独自に実施した学力テストと保護者を対象とする質問紙調査の結果を分析している．それによれば，Aエリアでは家庭的背景が学力の分布に対して大きな影響を及ぼしていたが，Bエリアでは家庭背景はそれほど決定的な影響力をもつとはいえなかった．文科省の委託調査は政令指定都市を対象にしており，Aエリアに近い状況だと予想される．学力と格差の問題は，こうした各家庭の位置する地域の状況を踏まえて分析する必要がある．

●**学習意欲の格差** 苅谷（2001）は子どもの学習意欲の格差を指摘し，「インセンティブ・ディバイド」という概念を生み出した．苅谷によれば，かつての日本の学校教育の最も重要なインセンティブ（やる気を引き起こす誘因）は，受験競争であった．しかし，「ゆとり教育」が推し進められた結果，受験競争というインセンティブはみえにくくなってしまった．これに代わって，新しい学力観が主導する「興味・関心」が，学習意欲を引き出す新たなインセンティブとして期待されたが，その役割を果たせず，学習意欲は全体的に低下しているという．この中で社会階層による学習意欲の格差が鮮明になってきており，相対的に下位の階層に位置づけられる家庭の出身者が，学習意欲を大きく減じている．インセンティブにより促されるはずの学習意欲が，社会階層により大きく分化していく状況を，苅谷は「インセンティブ・ディバイド」と名づけたのである．

教育と格差の問題は教育の不平等をめぐる中心的問題であり，世界各国で長年分析されてきた．日本の研究の蓄積はいまだ決定的に不足しており，さらなる研究の進展が期待される．

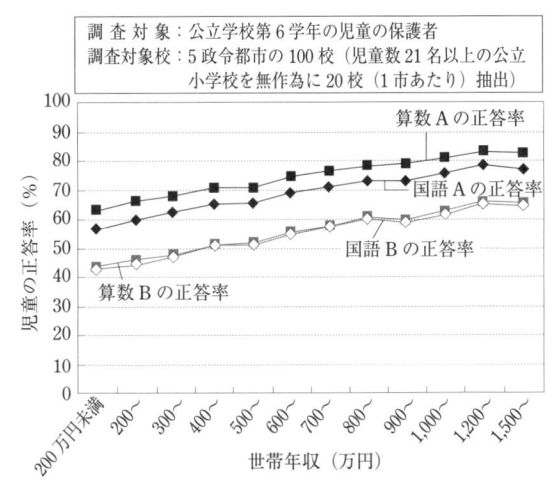

［酒井 朗］

図1 児童の正答率と家庭の世帯年収
（平成21年度文部科学白書，図表1-1-10）

計数・算数

☞「数の知覚」p. 38

　読み書き算盤といわれるように，江戸時代から算数は重要なものと考えられてきた．それは現在も変わらない．大学入試で数学を受験した学生の方が収入や職位が高いという報告がある（浦坂他，2002）．このことは日本だけでなく，英語でも3R'sとよばれ，読み書き能力とともに数量的思考能力が重視されている．

　算数や数学で扱う数の性質は周囲にある物と違う．物の形や色は見ればわかるが，数は人間が物と物との間に構成した関係であり，個々の物の性質に関係なく一つと数えるという抽象性をもつ．このような観点から数概念の発達を研究したピアジェ（Piaget, J.）は，数の保存課題などにより，算数的操作は論理的操作の発達と関係し，要素の包摂化と系列化とが一つの操作的全体へと融合され，数概念が構成されることを示した（Piaget & Szeminska, 1941/1962）．

　しかし，ピアジェは論理数学的認識に関心があったので，知覚的に区別できる4ぐらいまでの数に関しては積極的に研究しなかった．その部分に光を当てたのが，馴化・脱馴化法などを用いた乳児研究であり，新生児でも2個から3個へのドットの変化に気づくことや，5か月児でも1+1といった簡単な計算の結果を正しく予期できることが明らかにされた（レビューとして，小林，2006）．その一方で，幼児を対象にして研究では，保存課題への批判とともに，計数や算数に関する研究が行われるようになった．

●**幼児期における計数と算数の発達**　計数研究の口火を切ったのがゲルマン（Gelman, R.）らである．彼女らは計数を正しく行うためには，1対1対応，安定順序，基数，抽象，順序無関係，という五つの原理が必要だと考えた．そして，対象物の数が少ない場合は，2歳児でも計数の原理をある程度使用していることを示した（Gelman & Gallistel, 1978/1989）．また，ほかの研究において，途中で数えない物がある，同じ物を2回数える，といった1対1対応の原理に反することの理解を調べたところ，3歳児でも半数以上の者が正しくないと判断する一方で，横に一列に並んでいる物を，真ん中から数え始めてもバラバラの順序で数えても結果は同じである，という順序無関係の原理に関しては，5歳児でも半数近くが正しくないと判断することが示されている（Briars & Siegler, 1984）．

　計数を行うためには，数を表す言葉である数詞を覚え，それを数の大きさの順に唱える必要がある．この数唱の発達は五つの水準に区分されている（Fuson et al., 1982）．最初の水準では，数を機械的に唱えることはできても，全体がひとまとまりで，物との1対1対応はできない．次の分割不能な数詞系列の水準では，1からある数までの数唱はできても，1以外の特定の数から開始できない．第3

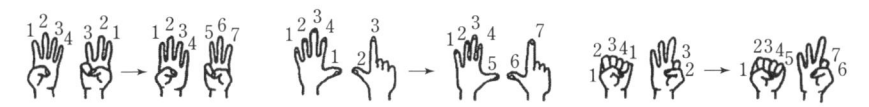

図1 4+3を計算する際の多様なカウント・オール方略
左から順に，アメリカ，スウェーデン，韓国の子どもの例．どの方略も，最初に4を，次に3を指と対応づけ，最後にすべての指を数える点では同じであるが，指の使い方は異なる（Fuson & Kwon, 1992のTABLE 15.3の一部）

の分割可能な水準では，ある数から別の数までの数唱が上昇方向だけでなく下降方向もできるようになる．そして後の水準では，より容易に柔軟に数唱を行えるようになる．以上のような変化は2歳から7歳の間に生じる（丸山, 2002）．

　数唱の発達と並行して計算能力も発達する．3歳半ぐらいから対象や数詞に1つ足したり引いたりした数を言える．そして，数唱が第2水準になると，合わせたすべての要素を数えるカウント・オール方略を，特定の数から数唱ができる第3水準になると，4+3であれば，ご，ろく，なな，というように，後から合わせる要素だけを数え足すカウント・オン方略を使うようになる．また，下降方向の数唱は引き算を可能にする．そして，6，7歳頃には，足し算と引き算の相補性を理解し，答えを記憶から検索するようになるとともに（Butterworth, 2005），加えると多くなり減らすと少なくなるという全体量のスキーマと計数のスキーマが統合されると考えられている（Case, 1998）．

●**計数と算数を支える手指**　数唱だけが計数や算数に関係しているのではない．物が3個ぐらいまでなら，幼児でも見るだけで数えずに数の大きさを理解することができ，この過程はサビタイジングとよばれている．また，算数の処理過程にはワーキングメモリが関与し，その小ささが学習上の困難を生じさせる（Raghubar et al., 2010）．そして，手指も重要な役割を果たしている（Butterworth, 1999/2002）．

　人類は計数を発展させる途上で，手指を中心とした身体の部位に数を対応させてきた（Dehaene, 1997/2010）．子どもも同様の過程をたどり，4歳頃から計数や足し算をするときに手指を使うようになる．その使い方は，数詞が言語によって異なるように多様である（図1）．最初は，手指の使い方の発達だけが注目されていたが，近年は，手指の認識や巧緻性の発達が算数能力に及ぼす影響も検討されている．そして，幼児期の手指認識の得点が小学1年生の算数能力を予測すること（Fayol et al., 1998），小学1年生に手指認識の訓練を行うと数の理解が向上すること（Gracia-Bafalluy & Noël, 2008），幼児において手指の巧緻性はワーキングメモリよりも計算能力と強く関係していること（浅川・杉村, 2009），などが明らかにされつつある．

［杉村伸一郎］

読み書き

☞「概念と語彙」p. 4,「バイリンガル」p. 16

●萌芽的読み書き　子どもたちは実際に文字の読み書きができるようになる前から、遊びの中で、あたかも読み書きができるかのように振る舞うことがある。気に入った絵本を繰り返し読んでもらうことですっかり文章を覚えてしまい、それぞれのページを一字一句間違えずに読む子どももいるし、文字のようなものを書いてもってきて、それを読んでくれる子どももいる。このように、まだ実際に読み書きができる前の子どもたちが遊びの中で示す、あたかも読み書きができるかのように振る舞うさまざまな活動のことを萌芽的読み書きという。この時期の子どもの文字理解は、おとなとは異なったところがある。例えば4歳児に、ネコの絵カードの下に「ねこ」と書いた文字カードを置き、それが「ねこ」と読むことを説明したあとで、その文字カードを別の絵カード（例えば椅子の絵カード）の下に置くと、「いす」と読んでしまう子どもがいる。中には、文字カードだけ見せられれば正しく読むことができても、文字カードとは一致しない絵の下に置かれると絵の方に引きずられて「いす」と読んでしまう子どももいるのである（Takahashi, 2012）。このように、子どもの初期の文字理解は、文字表記（シンボル）とそれが指し示す対象との結び付きが緩やかなものであることが特徴である。

●音韻意識の発達　子どもたちが読み書きを覚えるには、言葉が何ものかを指し示すだけでなく、音の組み合わせででき上がっていることに気づく必要がある。話されている言葉について、その意味だけでなく、音韻的な側面にも注意を向け、その音を操作する能力を音韻意識という。例えば「『えんぴつ』の最後の音は何？」と聞かれたときに「つ」と答えられるかどうかで音韻意識の有無を知ることができる。また、しりとりやなぞなぞなど、子どもたちの周囲には多くの言葉遊びがあるが、こうした言葉遊びは音韻意識と関係があることが知られている。子どもたちは音韻意識が十分でない時期からこうした遊びに親しむことを通じて音韻意識を育てていると考えられる。

　日本語を母語とする子どもたちの場合、音節（モーラ）を単位とする音韻意識があれば、平仮名の読み書きを覚えることは可能であると考えられている。平仮名を習得するのは英語に比べると容易であり、小学校入学前であっても多くの子どもたちが平仮名の読みを覚えてしまう。また、子どもたちの読字数の分布はU字形あるいはJ字形になっており、中間部分がほとんどないという点が特徴的である。子どもたちの多くは、それぞれの文字が音節に対応していることに気付くと急激にほかの文字も読めるようになるのである。

●読みの熟達　多くの子どもたちが小学校入学前に平仮名が読めるようになって

小学校に入学してくるが，入学後に読めるようになる子どもたちもおり，習得の時期にはばらつきがある．小学校1年生段階では読みの習得の時期によって読むスピードには大きな差があり，読めるようになってから時間が経っていない子どもの方がスピードは遅い（高橋，2001）．しかも，読むスピードと読解の成績との間には関連がみられ，素早く読める子どもの方が読解の成績は高い．ただし，読みの習得時期によるスピードの違いは3年生くらいになればなくなり，また読むスピードと読解の成績との関連もなくなる．読むスピードとは異なり，小学校を通じて読解の成績と強い関連をもち続けるのは語彙力である．縦断的な調査によれば，読解の成績が高い子どもの後の語彙は多くなり，また，読書量の多い子どもほど語彙は豊富である（高橋，2001；高橋・中村，2009）．こうしたことから，学童期の子どもたちは，読書を通じて語彙を増やし，それが高い読解力を保証し，そうした読解の力を支えとした読書によってさらに語彙を増やす，というように循環的な関係になっていると考えられる．

●書くことの熟達　学童期を通じて子どもたちは書くことにも習熟するが，書くことの負担は大きい．高橋・杉岡（1993）は，小学校の2・4・6年生に短いビデオアニメを見せ，それを口頭で再生する場合と書いて再生する場合を比較している．4年生までは口頭の方が再生量は多く，話す場合と書く場合で差がなくなるのは6年生になってからである．また，各学年で学習する漢字の，次年度1学期における読みの正答率はいずれの学年も80％台を維持しているが，書く方は3年生以上になると60％台に下がってしまう（総合初等教育研究所，2005）．文字を書くことそのものが子どもたちにとっては負担の大きな課題である．

　また，書く場合は相手が目の前におらず，会話のようにその場での相手との調整がないので，会話とは異なる特徴がみられる．内田（1989）は口頭による物語づくりと書いた場合を比較し，書き言葉の特徴を以下のように整理している．①動詞の連用形が少なく一文が短い，②敬体または常体の文末表現が文章を通して使われる，③「ね」という終助詞は使われない，④終助詞や接続助詞の多用がみられなくなる，⑤主語の省略が少なく完全文が増える，⑥後置現象が少ない．「ね」のような終助詞は，話し手が，目の前にいる聞き手に対して確認をしたり念押しをするために用いられるものなので，文章になれば通常は用いられなくなる．

　また，会話は相手とのコミュニケーションが行われるその場で産出されるので，リアルタイムで相手との調整が行われるのに対し，書き言葉は書くのに時間をかけることができ，書いた後の修正も可能なので，文章としての完成度も高い．こうしたことが，会話とは異なった特徴をもつ「書き言葉」を生み出すのである．

　このようにして習得された「書き言葉」もまた学童期以降の重要な言語的コミュニケーションの手段となるだけでなく，話し言葉にも影響し，使用される語彙，文法などの点で話し言葉を豊富なものにしていく（岡本，1982）．　　　　［高橋　登］

早期教育

☞「バイリンガル」p. 16,「音楽性」p. 106,「才能と知能，学力」p. 158

　早期教育とは，家庭で幼児の親が，あるいは幼稚園・保育所や習い事などの教室が，特定の知識・技能の学習・訓練を子どもに行わせることである．習い事として，教育産業や個人経営による幼児教室（知育，英語）や，芸術系（ピアノ，美術など），スポーツ系（水泳，体操など）の塾などが盛んである．学習の主体は子どもでも，開始の動機は親によることが多い．幼児教室の宣伝文句では，早期教育の効果には心理学や脳科学の根拠があり，学習は早く，多く，まんべんなく行った方がよいという．しかし，その多くは科学的根拠に基づかない神話（誤信）である（松村, 2008; 坂井, 2009）．

●**早期教育の神話**　以下に，主な神話と実際の例をあげる．

　①〈神話〉早期に経験をしないと取り返しのつかない臨界期がある．〈実際〉人間では明確な臨界期はない（絶対音感などの特殊な能力を除いて）．生後数年間の母語の習得でさえ，むしろ最も効率よく学習が進む敏感期があるといえる．英語の早期教育でも敏感期が推進の論拠となるが，早期の学習者が成長して技能が優れる効果は，実証されていない．

　②〈神話〉子どもは複雑な刺激を求めて，何でもいくらでも吸収する．〈実際〉乳児は生後すぐからまわりの物や人に刺激を求めるが，能動的に働きかけるものしか有意味な刺激とならない．個人の特性によって興味をもつ刺激は異なる．また難易度がちょうど適度な課題にだけ挑戦意欲をもって取り組める．

　③〈神話〉大脳の各領域の異なる働きが解明されている．〈実際〉最近の脳科学の脳画像技術の進歩によって，特定の心的活動に対応した異なる脳の領域の活動を画像で把握できるが，そのときの脳内メカニズムは不明である．「右脳と左脳」（大脳半球）の分業も単純に説明できない．大脳の各領域の機能が異なるとしても，脳の特定領域に刺激を与えて鍛えられる証拠はない．

　④〈神話〉知能には多数の要素があり，各々まんべんなく刺激して開発できる．〈実際〉精神測定学では，知能の構造モデルが多数提唱されてきた．理論によって構成要素（因子）の数は定まっていないため，刺激すべき個別の要素を明確に同定できないし，各々の要素の発達に必要な経験・学習の違いもわからない．

　このように，脳科学や心理学に裏づけられた科学的なイメージを装っても，論拠とするメカニズムは期待されるほど解明されていないし，発達に適切な働きかけ方が導かれるものでもない．

●**発達に最適な環境**　早期教育には，個々の子どもの発達特性を考慮しないかぎり，無理と無駄がつきまとう．しかし一方，特定の能力・技能の発達が進んだ子

どもは，そのレベルに応じて，早期に学習を始めたり，早く進める方が適切な場合もある（McCluskey, 2011）．幼児期でも個人の才能を適切に識別して，伸ばし，活かすことができる．個人の発達に最適な環境，すなわち指導・学習の方法・内容は，個人によって異なる．認知発達は領域によって，発達の凸凹（非同期性）があるので，子どもの認知的個性すなわち得意や興味，苦手など多様な特性のプロフィールに応じて，学習を個性化するのが有効である（松村他，2010）．

●**幼児の才能の識別**　才能のある幼児は，話しことばの表現力，長時間の注意持続，優れた記憶，強い好奇心，独創的な行動，優れた音楽的行動などの特徴を示す．かなりの親は，子どもが3歳頃までに文字を読むなどの行為から，才能に適切に気づく（Davis et al., 2011, p.435）．親による評価の信頼性が高いことは，その評価が，標準化された才能行動評定尺度による評価とかなり一致することにも表れる（Robinson, 2008）．なお，幼児用の知能検査（WPPSIなど）は，才能識別には信頼性が低い（能力が低く評価される）が，スクリーニングで苦手な面がわかる利点もある（Davis et al., 2011, p. 76）．

●**幼児の才能を活かす保育・習い事**　幼稚園・保育所や習い事で，発達に適切な早期教育として，子どもの認知的個性，才能特性に応じた指導が有用となる．幼児期の教育プログラムの介入効果を実証した研究から，才能児を含めて，すべての子どもの才能，得意と興味を活かすために，「多重知能（multiple intelligences：MI）」の観点が有用である（Hoerr, 2009）．得意なMIを活かせる多様な学習材料，活動を用意して，子どもが自発的に取り組めるようにする．異なるタイプの活動に触れることによって，子どもは多様な学び方を学ぶ．習い事の一例で活かせるMIを模式的に表すと，表1のようになる（◎：とてもよく活かせる，○：よく活かせる）．個人の得意なMIによって適合する習い事は異なる．

●**子どもの才能を伸ばす家庭での親子の関わり**　早期教育に適切な家庭環境の面では，人的（親とのやり取り），物的（本や玩具など）資源，相互交渉が豊富であることが，発達全般にも重要であることは経験的に広く認められている．そういった環境が，学童期以降の優れた学業成績や学習意欲と関連するという研究もある（Robinson, 2008）．読み聞かせの経験によって，早期の読みの学習が促進される（Fogarty, 2009）．親は子どもの才能行動，創造性の芽ばえに気づいて，子どもに話しかけ，働きかけることが重要である（Smutny, 2011）

［松村暢隆］

表1　習い事で主に活用されるMI

	言語	論理数学	音楽	身体運動	空間	対人
文字と計算	◎	◎		○	○	
英語	◎			○		◎
書道	◎			○	◎	
楽器・リトミック			◎	○		
ダンス・バレー			○	◎	○	

（松村，2008，p44. を改変）

7. そだてる

【本章の概説】

　育てるという行動は，鳥類や人を含む哺乳類に普遍的である．ただ，他の種に比べて，我々人の育てるという行動には，ずっと多くの側面が含まれている．我々の場合，育てるということには，単に子どもに栄養を与え，外敵から守るだけでなく，子どもの発達を積極的，意図的に促し，助けることが含まれる．人では，育てる対象となる行動は幅広く，ほとんどすべての心理学的機能が含まれる．育てる人や育てる相手も多様である．育てられるのは子どもだけではないし，育てる人も親とは限らない．大人が子どもを育てるという限定もない．大人が大人を育てることも少なくないし，自らを育てることもある．育てる対象が多様になると，育てることの必要な期間が延長するようになる．人は，育てるという機能を大きく拡張してきたといってよいだろう．

　親ではない複数の大人（年長個体）が，幼い個体の哺育をするアロペアレンティングは，人に固有のことではない（トリヴァース，1985/1991）．鳥類で，繁殖条件が厳しいとき，繁殖年齢に達している個体が，親や同胞の繁殖を手伝うことがあるし，アフリカサバンナに生息する小型の犬類も，"保育園"をもっていることがわかっている．しかし，トリヴァースによれば，人以外の種では，ヘルパーは，哺育者─被哺育者と血縁関係にあり，ヘルパーになるのは，ヘルパーが自身で繁殖し，哺育するより血縁者の繁殖・哺育を手助けした方が，適応度が高いときに限られる．それに対して人では，乳母，里親，養親のような血縁関係にない人々が親代わりとなって子どもを育てる社会制度や，養護施設や乳児院，保育園など家庭に代わって子どもを育てる専門機関を発達させてきた．

　育てる機能の拡張は，育てる人の専門化と育てる場の拡張と関係している．我々の社会には，家庭の他に，保育園や幼稚園，学校，保健センターや体育館，美術館や博物館など，育てる機能をもつ場が数多く存在している．そこでは，育てる対象や相手に応じた育て方ができるように，専門的な手腕をもつ専門家集団が育てる機能を提供している．例えば，育てるものが学術的なものであれば，専門的な知識や手腕をもつ教師が，学校のような場で生徒を育てることになるし，プロの競技では特別なコーチが選手を育てることになる．現代社会では，親も，育児や子どもの発達の専門家によってかなりの程度組織的に構成されたプログラムのもとで育てられる．

　育てる機能が拡張し，育てる期間の延長と育てる機能を持つ場の拡張が引き起こされると，育てられる人々は，発達にともなって，何度も，育てる機能を持つ場を移行するようになる．親が，一次的な育てるエージェントであるとすれば，親は，子どもの発達に応じて，あるいは子どもの発達に先行して，新たな育てる機能を持つ場に子どもを移行させることが必要となる．それは，部分的に，自らの育てる機能の縮小を意味することにもなるだろう．

　本章では，育てるという行動や機能に着目するが，それは発達の一面に焦点化

しているにすぎない．育てられる人々は，たとえ幼い子どもであっても，育てるという，たいていは大人や年長者の行為を積極的に引き出そうとするし，育てるために大人や年長者が仕掛けるたくらみやゲームに，もう一方のプレイヤーとして参加する．したがって，本章では，育てるという行動や機能を，「育てる―育つ」という相互的な関係としてとらえている．

本章では，これまで述べてきた育てる機能の拡張という考え方をベースに，一つは育てる対象や育てる機能をもつ場に焦点化して，もう一つは，育てられる人々の発達段階・ニーズに焦点化して，項目を選定した．

「地域の子育て」では，地域社会の育てる機能を扱っている．地域社会では，育てる親と育つ子どもを取り囲むように，さまざまな育てる機能をもつ場と育てる専門家や先輩が存在し，直接親や子どもを育てる機能が果たされるが，同時に，習俗や決まりごとのような文化的学習の場にもなっている．

本章では，育てる対象として，興味や学ぶことに対する前向きの態度（「やる気」），スポーツ能力（「コーチング」），芸術や科学領域における「創造性」，才能や学力（「才能と知能，学力」），「パーソナリティ」を選び，それぞれの発達と育てることとの関連について解説した．「コーチング」では，スポーツ選手に対するコーチングの理念と方法が解説されている．「やる気」においては，興味の発達モデルに基づいて，「興味を育てる―興味が育つ」ために必要なことが提案されている．「創造性」では，歴史的な創造性と個人的な創造性を区別し，個人的な創造性の活動をベースとした創造性教育の在り方や留意点が提起されている．「パーソナリティ」では，良心の発達を題材に，パーソナリティが子どもの気質と親の関わり方の相互関係で理解されるべきであることが論じられている．「才能と知能，学力」では，才能を多様な基準でとらえ，子どもの才能の個性に応じて学習・教育を個性化する必要性が提起されている．

「乳幼児と親子関係」では，おもに親に焦点を合わせて，子どもが生まれる前から幼児期までの親子関係が，「児童・青年と親子関係」では，児童期から青年期にかけて起こる親子関係の変容や友人関係と親子関係の関係がそれぞれ解説されている．「親を育てる」では，親になることを，祖父母との世代性としてとらえる視点と，親準備教育について解説されている．

「子別れ」を「そだてる」というテーマに含めることに違和感を持たれる読者がいるかもしれない．しかし，子別れは，育てることのいわば帰結であると考えることができる．「子別れ」では，子別れを，親子間でみられるダイナミックで累積的な相互的自律のプロセスとしてとらえる視点が解説されている．

［氏家達夫］

地域の子育て

☞「アロマザリング」p. 60,「事故」p. 110,「世代間関係」p. 258

　日本の夫婦は，たいていは妻が主たる育児者となり，稼ぎ手の夫は育児の協力者となって子どもを育てている．そのような性別役割分業は，高度経済成長期以降の核家族化とともに強まり，母親はしゅうとめなどに気を遣うことなく，自分の思うように子育てをすることができるようになった．しかしそれは，同時に始まった少子化とともに，母親に「少なく生んで上手に育てる」ことへのストレスを生むことにもなり，近年では，母親の社会からの孤立や子どもへの虐待など，その閉鎖性の問題が取り上げられている．そもそもヒトの子育ては，進化論的にはそれにかかる多大な労力や手間の大変さからすれば，一人の母親の手だけよりも，複数の養育者が協力して子育てをする方が適応的であるといわれている（長谷川，2011）．そのような理論をベースとした調査や研究の中で，根ヶ山・柏木（2010）によるアロマザリングや，ルイス・高橋（2007）によるコンボイモデルは，子育て中の夫婦への祖父母による援助（氏家・高濱，2011）のほか，子どもをもつ親同士の協力，また隣近所の助け合いや，保育園や幼稚園，小中学校，保健所などの専門機関の連携などの地域資源が大切であることを説いている．

●**子育ての昔と今**　「7歳までは神のうち」ということわざがあるように，子どもの死亡率が高かった昔，地域は子どもが無事生き延びるようにと，血縁を超えて子どもを守り育てていた．地域の名士による「名付け親」や後見，同じ乳児をもつ母親からの「もらい乳」などの慣習である（中江，2007）．そして戦後も，おとなの生活の中に子どもたちの生活は内包されており，例えば農村の写真（図1）には，道端で遊ぶ子どもたち，のんびり腰かけるおばあさん，農作業の合間に世間話をする親たちがなごやかに写っている．ここでは，子どもを見守り育て合う慣習は，誰の責任や義務でもなく，ごく自然に行われていた．現代ではそのような慣習は

図1　昭和40年代の農村の道端
（加賀谷政雄撮影，須藤，2004，p.139）

図2　地域のお祭りの準備風景

薄れつつあるが，それでも地域住民の助け合いや見守りの意識が高ければ，子どもを支える活動につながっていく．例えば写真（図2）では，子どもたちのためのお祭りが地域の手で立ち上げられ，赤ちゃんから高齢者までさまざまな年代の人々が集い，お祭りを楽しむ．そこには報酬関係も教育関係もない．子どもたちは地域に見守られており，その安心感の中で子どもは豊かに育っていく．

●**子どもの安全と子どもの外遊び**　近年，不審者が子どもに危害を加える事件が頻発し，親が児童の登下校に付き添うなど，学校・PTA・地域が連携して子どもの安全を守る活動が行われている．しかし一方，さらなる安全のために，子どもを外遊びさせず，自宅や友だちの家で遊ばせる親たちも増えている．それは，TVゲームや携帯ゲームなどが子どもの生活の一部になったことや，親たちがわが子をおけいこや学習塾などに通わせて放課後を過ごさせる機会の増加とともに，子どもの外遊びの機会をますます少なくしている（中央教育審議会, 2002）．しかしヴァレンタイン (2004/2009) は，習い事での車での送り迎えは，自分の「地域環境を理解し空間感覚を発達させる」機会を奪う可能性があることを指摘する．子どもは自由な空間で，友だちといっしょに，時間制限なく存分に遊ぶことで，想像力や感性を磨き，また何が危なくて何が安全なのかを自然に学んでいく．東京都世田谷区のプレーパークなど，地域で子どもの安全と外遊びを両立させる活動が続いているが，そのような機会を増やしていくことが，地域で求められている．

●**青年の養護性の発達と地域の役割**　ヒトの子育ては複雑であるので，青年にとっては，子育てのようすを観察学習したり，みずから子どもをあやしたり一緒に遊んだりする体験学習は大切である．観察学習については，「他者の行動観察に対して，まるで自分がその行為を行っているかのようにその運動領野が活動する」ミラーニューロンが注目されているが（子安・大平, 2011），体験学習の研究でも岡本・藤後 (2003) は，中学生が保育園体験時に，保育士からのアドバイスだけでなく，その場でわき上がった感情を共有してもらうことが子どもへの理解につながることを明らかにしている．地域は，多様な他者と出会い多様な経験をする場として，可能性に富んでいる（門脇, 1999）．青年は，地域の人々と交流することで，子どものかわいさを実感したり，子育ての苦労やそれを乗り越えていく親の姿をみることができる．そのようにして青年は，親となる前に，子育てについての知識を蓄え，親となることへの不安を軽減し，心構えをしていく．また青年は，地域の人々との交流の中で自分が育ってきた過去を振り返り，さまざまな人々に見守られてきたことへの感謝の気持ちなどをもつことができる（新谷, 2011）．このように自分の過去と未来をつなぐ「生涯発達」の視点を取ることができる機会を青年に提供する場としても，地域は貴重である．　［新谷和代］

コーチング

☞「動機づけ」p. 134

　コーチングとは，平易にいえば，専門的な技術や知識などを未熟な人に教えて，その人が望んでいる目標に導いていくことである．この過程には，人を育てるという視点が含まれており，個人の潜在的な能力を高めることが期待されている．スポーツやビジネスの世界でよく活用されている方法である．

　コーチングにおいては，学習の仕方や練習方法を単に教えるというティーチングだけでなく，目標達成への動機づけを高め，学習環境を整え，他者に依存することなくみずからが主体的に問題解決できるように支援していくことが求められている．そこでは，画一的な指導法に依存せず，学習者の個性を尊重し，個人の能力を最大限引き出し，問題解決や種々のスキルを向上させることが目的とされている．この任務を担うのがコーチである．本来は「馬車」を意味していたことから，大切な人を現在の場所からその人が望む目的地（未来）まで送り届ける人と解釈されている．コーチには，長年にわたる経験に裏づけられた豊富な知識，技術，指導力，リーダーシップなどが必要とされる一方，学習者との人間関係を良好にし，信頼関係を確立し，集団をまとめるといった能力も要求されている．

●**コーチング理念**　コーチにはさまざまな種類がある．例えば，スポーツにおいては，ヘッドコーチ，スキルコーチ，フィジカルコーチ，メンタルコーチなどの名称がつけられている．それぞれのコーチには指導する際の基本的な考えがあり，それらはコーチング理念あるいは指導理念とよばれている．

　優れた指導者は，どのようなコーチング理念をもっているのか．一例をあげると，石井ら（1996）は，トップレベルの成績（ほとんどが全国大会で優勝）を有する中学生および高校生の指導者24名（中学5名，高校18名，中高一貫1名）に面接調査を実施し，運動部活動の指導理念や指導哲学を調査している．図1はその結果を示したものであり，各指導者が語ったことばの中からキーワードを抽出し，質的に分析してまとめたものである．要約すると，ジュニア期のコーチングは，「人間的成長」を中核に位置づけることが重要であり，ジュニア選手がスポーツ競技を通して人間的な成長を遂げていくことを指導理念としていた．そして，その実現に向けて必要なコーチングの観点として，「努力」「自主性」「感謝」の三つをあげていた．すなわち，個々の競技力向上や人間的な成長には，困難に打ち克ち継続して努力すること，やる気をもってみずからが主体的に取り組むこと，周囲への配慮や感謝の気持ちを忘れないことが必要であることを示したのである．また，この研究報告では面接時の指導理念の質問に対して全員から明確な回答があったことが特筆されており，全国トップレベルの指導者は，確固たる指

導理念のもとで選手の育成にあたっていることが明らかにされた.

●コーチング方法

コーチングには，技術や知識を教えるティーチングの要素が大きい．走り方，投球の仕方，疲労の回復方法，プレッシャーの対処方法など，専門的な立場から競技力向上を目指した指導が広く行われている．これまでの経験に裏づけられたコーチの指導技術に基づき，教えるという立場で指導されることが多い．しかしながら，単なる経験則だけの指導では効果に限界があり，最新の理論や法則などに依拠した指導が必要である．スポーツ技能の上達においては，運動の学習と制御に関する諸理論を活かしたコーチングが展開されている（遠藤，2011）．また，試合場面での実力発揮に関しては，スポーツメンタルトレーニングにおける心理的スキルが活用されている（日本スポーツ心理学会，2002）.

コーチングの重要な役割として，自主性の育成があげられる．競技者には，目標達成に向けた強い動機づけ，主体的な思考，判断，決断，行動が期待されているが，自主性を育てるのは簡単なことではない．コーチに主導権のある厳格な指導は，コーチへの服従となりやすく自主性は育ちにくい．過度な教えすぎは依存性を高め，鍛えすぎはバーンアウトにいたることがある．逆に，競技者主導の場合は，自律性支援の研究で推奨されている発問形式や選択肢を多用した指導が取られやすいが，選択肢が多すぎて優柔不断になる危険性も存在する．過度な自主性の尊重は，放任型の指導に陥る可能性も危惧される．したがって，両者のバランスを取ることが重要である．また，コーチングの成功要件として，競技者とコーチ間の相互理解と信頼関係を確立すること，カウンセリングマインドをもって対処していくことなどが指摘されている．

潜在能力を引き出し「人を育てる」コーチングは，時間と労力を必要とする地道な作業である．経験豊富な指導技術を基盤に，愛情と忍耐をもって取り組んでいくことが望まれる．

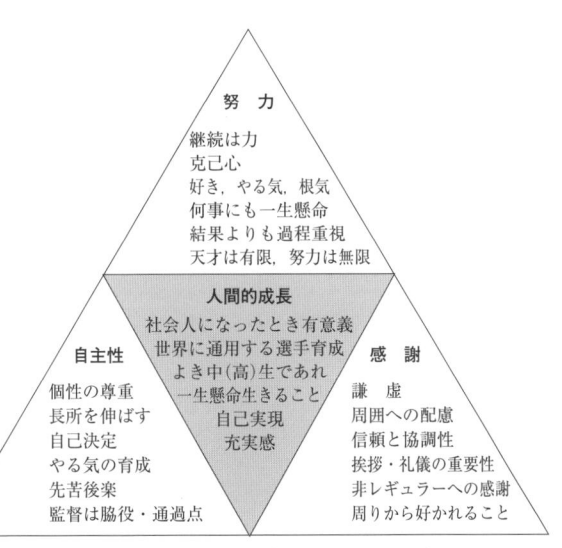

〔西田 保〕

努力
継続は力
克己心
好き，やる気，根気
何事にも一生懸命
結果よりも過程重視
天才は有限，努力は無限

人間的成長
社会人になったとき有意義
世界に通用する選手育成
よき中（高）生であれ
一生懸命生きること
自己実現
充実感

自主性
個性の尊重
長所を伸ばす
自己決定
やる気の育成
先苦後楽
監督は脇役・通過点

感謝
謙虚
周囲への配慮
信頼と協調性
挨拶・礼儀の重要性
非レギュラーへの感謝
周りから好かれること

図1　指導理念の構造（石井他，1996, p.5）

やる気

☞ 「動機づけ」p. 134,「自尊感情」p. 322,「自己効力(感)」p. 406

　子どもの育ちや学びを考えるうえで，やる気の問題は特に重要である．やる気は，心理学では「動機づけ」という概念でとらえられ，一般的には，「人間の行動を一定の方向に生起させ，維持，調整する過程」と定義される．やる気は発達にともなって変化するものと考えられているが，動機づけ全般に関して，必ずしも定式化された発達モデルが存在するとはいえない．多面的，多層的な性質をもつものであり，それをとらえること自体が容易ではないともいえる（鹿毛, 2012）．

　しかし，動機づけの発達をとらえることが不可能なわけではない．以下では，近年動機づけの発達に関して提起されている重要なモデル，すなわち「興味」と「能力概念」という，二つの発達モデルについて議論する．これらは，感情および信念という，動機づけの中核要素を理解するうえで欠かせないものである．

●「興味」の発達モデル　これまでの動機づけ研究において，子どものもつ興味は，やる気の重要な要素ととらえられてきた．従来の研究からは，人には2種類の興味が存在することが知られている．一つは，ある課題や教材によって引き起こされる，比較的変動しやすいものであり，状況的興味とよばれ，もう一つは，個人が特性的にもつ比較的安定的なもので，個人的興味とよばれる．この二つの興味は，個人の発達の過程において，互いに影響を及ぼし合いながら，その個人のもつ興味を活性化し，形成していると考えられる．

　近年の研究（Hidi & Renninger, 2006）では，これらの興味が四つの段階を経て発達していくとする興味発達の四段階モデルが提案されている（図1）．

　第一段階は，学ぶ課題やテーマによって，比較的短期間での興味が引き出される「状況的興味の喚起」である．例えば，人気キャラクター

第一段階　状況的興味の喚起
① 驚きのある，または個人的な重要性のあるテキスト内容や環境特性によって喚起する
② 環境が主体となり，主に外的に生じる
③ 小集団活動やパズル，コンピュータなどの学習環境で引き起こされる
④ 特定の活動に長時間取り組むような個人特性によって生じやすい

⬇

第二段階　状況的興味の維持
① 課題の有意味さや関与によって持続する
② 環境が主体となり，主に外的に生じる
③ プロジェクト型学習，協同活動，チュータリングなどの学習環境で生じる
④ 特定の活動に長時間取り組むような個人特性によって生じたり生じなかったりする

⬇

第二段階　個人的興味の創発（出現）
① 肯定的感情，知識や価値の蓄積によって特徴づけられる
② 自己が主体となるが，友人や熟達者など外からの支援も必要
③ 学習環境によって促進することが可能
④ 発達した個人的興味に結びついたり結びつかなかったりする

⬇

第四段階　発達した個人的興味
① より肯定的な感情や知識，価値の蓄積があり，以前の経験からある課題への取組みを価値づける
② 自己が主体となって，主に内的に生じる
③ 知識構築につながる相互作用や挑戦のような学習機会によってより深化可能

図1　興味発達の四段階モデル（Hidi & Renninger, 2006をもとに作成）

が出てくる教材や，テレビ番組で取り上げたトピックについて授業で扱うことで，子どもが関心をもって教師の話を聞くようになる，といったことがある．あるいはおもちゃを使ったり，身近な材料を使って実験して学ぶことで，子どもは面白さを感じ，高い興味をもつといったことが生じる．

第二段階は「状況的興味の維持」とよばれる．そこでは状況的興味が完全に状況に依存した形ではなく，課題自体のもつ価値や意味によって生じ，維持されるようになる．課題の面白さや珍しさのみに引き込まれた段階から，それを学ぶのにどのような意味があるのに焦点づけられる．例えば，テーマ追求型やプロジェクト型の学習環境によって，仲間と協同的に課題を分かちあい，学び合うことで，課題への興味をより長くもち続けられるようになる．

第三段階は，「個人的興味の創発」とよばれる．ここでは，より安定的・特性的な個人的興味へとその中心が移行する．過去に取り組んだ課題や学習の経験に基づいて，みずからの興味に従い課題の目標を設定したり，より高い達成を目指そうとする．自分なりの"好み"が発達し，ある固有の単元や教材だけでなく，教科全体に関心が般化するようになる．

第四段階は，「発達した個人的興味」とよばれる．この段階では，興味をもつ対象や課題に対して十分な知識をもち，肯定的な感情を伴うようになる．この段階では，繰り返し取り組んできた活動に対しても，新鮮な疑問や好奇心をもつことが可能となる．難しい課題に取り組んだ際も，あきらめたり，不満に陥るのではなく，課題に対する注目や価値をとらえなおすことによって，興味を維持し続けるなど，興味を自己調整的に維持，促進することができるようになる．（子どもの）興味の発達段階を考慮しつつ，親や教師が環境を整え，働きかけることが重要である．

●「能力概念」の発達モデル　また，動機づけの発達の背景には，能力に関する見方，つまり能力観という信念が重要である（Nicholls, 1978）．頭のよさ，すなわち能力に関する見方は，発達にともなって異なると考えられる（Dweck, 2002）．

就学前期の幼児では，頭のよさに関するはっきりした概念をもたず，自分の能力に対して総じて高い評価をしがちだという．例えばパズルなどのゲームで失敗しても，それを自分の能力のせいだとは考えず，落ち込みも一時的なものにとどまる．しかし7，8歳頃になると，失敗と能力を結びつけて考え，一度の失敗がその後の遂行にも影響するようになる．とりわけ，友だちと比べてできたかどうかに意識が向く傾向がみられる．そして10歳〜12歳では，能力とは内的で安定した属性であり，個々のスキルや知識ではなく"力量"として能力をとらえるようになる．

このように，能力と努力が未分化な状態から，領域特殊的に分化された状態へ，そして能力と努力が分化した状態へと発達的に変化する．そのような能力概念の変化によって，動機づけや行動との関連が明らかになってくるのである．［中谷素之］

創造性

☞「思考」p. 76,「はずれることの積極的意義」p. 236

　一般に「創造性」は,「新規で価値があるものを生み出すこと」と定義されている（Sternberg & Lubart, 1999）. ボーデン（Boden, 1991）は, 創造性を, その人にとって新しいものを生み出す「個人的な創造性」と, 社会的にみても革新的な「歴史的な創造性」とに区別している. 創造性に関わる教育のあり方を考える際に, この分類は重要である. なぜなら, 両者の認知過程には共通点も多いが, 支援の方法はある程度異なったものになると考えられるからである.

●**歴史的な創造性と創造的熟達者**　社会の中で歴史的な創造性を実現しているのは, 主にアーティストや科学者など, 創造の領域の専門家（創造的熟達者）である. 彼らは専門的な知識や技術を「実践知」として身につけ, 創造活動を継続して行っている. チクセイントミハイ（Csikszentmihalyi, 1999）は創造活動を, 活動を行う主体としての「個人」, 領域知識が蓄積された「ドメイン」, 新たな所産の評価を規定する「フィールド」という三者間の相互作用として説明するシステムズ・モデルを提案している（図1）. このモデルは, ドメインから知識を得て, フィールドの評価を受けながら創造を行った個人の成果が, ドメインの新たな知識として組み込まれるという, 創造的熟達者の活動のようすをよく表している.

　創造的熟達者を育てるための方法については,「熟達研究」から多くの示唆が得られる. 第一に, 熟達者となるには, どの領域においても約20,000時間（10年）にわたる経験の蓄積が必要といわれている（「10年ルール」, Hayes, 1989）. 当然, 高い内発的動機づけは, 長期に及ぶ学習や活動を持続させるための前提となる. 第二に, その間は「よく考えられた練習」をする必要がある. よく考えられた練習には,「レベルに合った課題」「適切なフィードバック」などの特徴があり, その中で学習者は構造化された知識を獲得していく（Ericsson, 1996 ; Chi et al., 1988）. 第三に, 実践の中でみずからの行為や意識を省察し, 調整を行うこと（行為の中での省察）が, 熟達を促すと考えられる（Schön, 1983）. 第四に, 社会的な要因の重要性が指摘される. 実際に多くの領域では, 学校の専門教育の中で熟達者養成が行われている. また, 良きメンターや, 刺激を与え合う仲間やライ

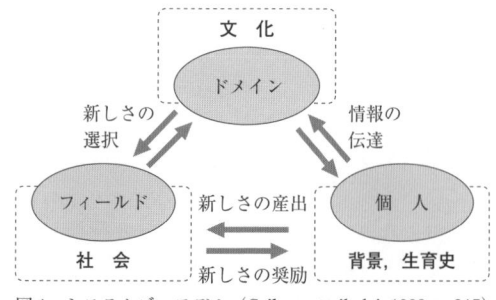

図1　システムズ・モデル（Csikszentmihalyi, 1999, p. 315）

バルの存在も学びや創造を促進するだろう．

●**個人的な創造性と創造的教養人**　縣と岡田（2009, 2013）は，創造的熟達者とは別に，「創造的教養人」という概念を提案している．創造的教養人とは，創造活動を直接の職業とはしていないが，創造の過程や方法について理解しており，日常の中で創造活動との関わりを有している人々のことをさす．したがって創造的教養人は，必ずしも創造的熟達者のように歴史的な創造性を追究する必要はなく，むしろ個人的な創造性のレベルで創造のプロセスを楽しむことが重要だといえる．

科学や芸術などの創造活動は，市民にとって恩恵と同時にリスクも内包しているため，一部の専門家のみが社会における科学や芸術のあり方を決めるべきではない．また，誰かが見出した視点を日常や地域の中に活かしていくという営みは，歴史的な創造性を追究する必要がある創造的熟達者よりも，一般市民の方が担いやすいかもしれない．そこで，一人でも多くの市民が，創造的熟達者の活動の意義を認識したうえで，彼らに対して発言したり，彼らを支援したり，あるいはみずからも創造や表現を楽しんだりする創造的教養人として存在することで，創造的熟達者の活動は社会の中に有意義なかたちで位置づくと考えられる．

●**子どもの創造性を育てるために**　以上を踏まえて，子どもの創造性を育てるうえで重要となることを考えてみよう．子どもは基本的には進路が未確定で，さらに大多数は創造的熟達者を目指すわけではないため，幼い段階での歴史的な創造性に基づく専門教育は必ずしも適さない．したがって，領域固有の知識や技術の習得を目的にした実践は，相応しいとは限らない．またクラウリーら（Crowley & Jacobs, 2002）は，子どものインフォーマルな（学校外の）学びのあり方をさして，「熟達の島々」という概念を提示している．これは，あたかも内海の小さな島々を渡っていくように，子どもがさまざまなことに熱中して，そのつど多くの知識を蓄積し，さらに興味の対象を次々と変遷させていくようすを示している．

これらを考慮すると，子どもの創造性を育てるには，熱中して新しいものをつくり上げる個人的な創造性の活動を豊富に体験させることが重要だといえる．その際は，領域固有の知識や技術を基礎から体系的に獲得させることに時間を割くよりも，市川（2004）が提案する「基礎に降りていく学び」のように，それぞれの活動のコアとなる部分を圧縮して体験させるべきであろう．また岡田と縣（2013）が指摘する，他者の活動に触れることを通じ，新しい視点やアイデアを得たり，感情が動かされたりする「触発」によるコミュニケーションを重ねることも，創造性を育てるには重要である．子どもがそのような経験を「熟達の島々」のように蓄積していくことは，自分の興味や志向をみつける契機となり，ひいては創造的教養人の道へと歩むことにつながるだろう．またその途上で特定の活動に特に強く興味を抱いた者は，ある時期から専門教育を受けるなどし，領域固有の知識や技能を身につけていくことが望ましいであろう．　　　［岡田　猛・縣　拓充］

パーソナリティ

☞「実行機能」p. 86,
「気質と個人差」p. 444

　パーソナリティとは，状況間の一貫性や時間的安定性を示す，個人の思考や行動，情動におけるパターンをさす（Allport, 1937）．また，パーソナリティにきわめて近い概念に気質がある．気質は，情動，運動，注意における反応性と自己制御の生来的な個人差（Rothbart & Derryberry, 1981）と定義され，反応性とは反応の潜時や強度などに表れる刺激の変化への敏感さを，また，自己制御はそれらの反応性を調節するプロセス（刺激への接近・回避や注意のコントロールなど）をさす．パーソナリティも気質も，個人の情動反応や行動の傾向を扱った概念であり，遺伝や成熟，環境の影響を受けるものである．しかし，パーソナリティはさらに，関心や態度，信念，自己概念や他者概念，道徳といった側面も含む，気質よりも広い概念であり，発達的にはより後の時期に現出する（Caspi & Shiner, 2006）．

●**パーソナリティと気質の関連**　長い間，パーソナリティ研究は主に成人を対象に，また気質研究は主に乳幼児を対象に，異なる関心のもとに進められてきた．しかし近年になり，パーソナリティは発達早期の気質を土台に形成される，という考えのもと，発達的視点を含むパーソナリティ研究や後のパーソナリティとのつながりを視野に入れた気質研究が行われるようになった（Graziano, 2003）．その結果，ビッグファイブとして知られるパーソナリティ特性（外向性，神経症傾向，良心性，協調性，開放性）は児童期の早い段階から認められることや，外向性，神経症傾向，良心性については，各々に相当する気質的特性（外向性，ネガティブな情動性，エフォートフル・コントロール）が乳幼児期にも認められることがわかってきた（Caspi & Shiner, 2006）．また，両者の連続性に対する証左として，カスピらの縦断研究（Caspi et al., 2003）では，3歳時の気質タイプと18歳時，26歳時のパーソナリティ特性の間に中程度の関連が見出されている．

●**パーソナリティ発達のメカニズム：良心の発達を例として**　最近の気質研究では，従順さや道徳性，共感性など，ビッグファイブの良心性に関連する特性の発達メカニズムの検討が進められている．その中で注目されているのが，行動抑制に関わる二つの気質的特性，すなわち，恐れやすさとエフォートフル・コントロール（effortful-control, EC）である．恐れやすさは，ネガティブな情動性の下位次元の一つであり，刺激に対して半ば自動的に働く抑制システムとして，生後間もなくから機能している．これに対してECは，優勢な反応を抑制して優勢ではない反応を遂行し，行動の計画を立て，誤りを検知する能力と定義されており，注意や行動の能動的なコントロールを可能にする随意的な抑制システムとして，2歳頃から急速な発達を遂げる（Rothbart, 2011）．ECは4歳頃になると安定し

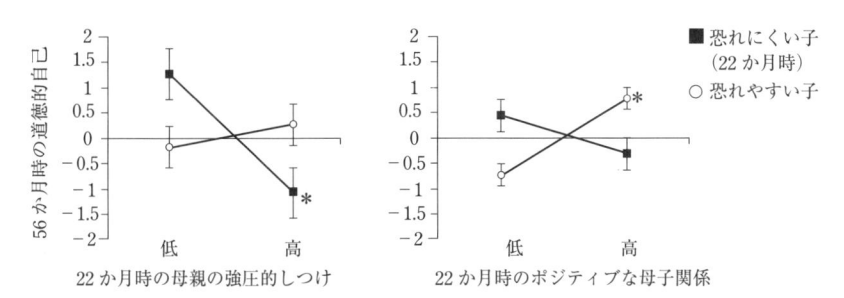

図1 22か月時の母親の強圧的しつけならびにポジティブな母子関係と，56か月時の道徳的自己の関連．左は強圧的しつけを予測変数としたときの，右はポジティブ母子関係を予測変数としたときの回帰式のグラフ．＊は，予測変数の単純傾斜（効果）が有意であったもの（Kochanska et al., 2007, p. 227）

た個人差を示すようになり，自己制御に柔軟さや効率をもたらすと考えられている（Kochanska & Knaack, 2003）．

　先行研究では，恐れやすさとECが，親への従順さや罪悪感，共感性などの良心の発達に与することが明らかにされてきた．コチャンスカ（Kochanska, G.）の研究では，生後2年目の恐れやすさが生後2, 3年目のECの高さに関連し，生後2, 3年目のECの高さが生後4年目の道徳的行動（親の禁止に従う，ゲームでルールを守るなど）や成熟した道徳的推論に関連したことが示されている（Kochanska, 1995, 1997）．またアイゼンバーグ（Eisenberg et al., 2006）は，恐れやすさが自己志向的な共感反応である個人的苦痛と関連を有するのに対して，ECは他者志向的な共感反応である同情と関連を有することを明らかにしている．

●良心を育てる　良心は，親の関わりや親子関係など，環境からの影響を受けて発達する．これまで，親による強圧的なしつけは子の従順さや罪悪感を低下させることや，親の応答的な関わりや良好な親子関係が子の従順さや共感性を高めることが指摘されてきた（Thompson, 2006）．しかし最近では，環境からの影響の受けやすさには生来的な個人差があると考えられており（Belsky & Pluess, 2009），良心の発達に対する親の関わりや親子関係の影響も，子どもの気質（恐れやすさやECの高低）によって異なることが明らかにされている．例えば，子の従順さに対する強圧的なしつけの影響は，子どものECが高い場合には緩和されることが示されている（Eisenberg et al., 2012；Kochanska & Knaack, 2003）．また，コチャンスカらは，恐れやすい子は強圧的でないしつけを受けると後に高い良心を示すようになるが，恐れにくい子ではそのような関連はみられず，母子関係がポジティブである（母親の応答性が高い，快情動の共有が多い）場合に高い良心を示すようになることを明らかにしている（図1, Kochanska et al., 2007）．子どもの良心を育むには，子どもの気質にあった関わりを心がけることが重要であるといえよう．

［坂上裕子］

才能と知能，学力

☞「早期教育」p.142,
「規格外であること」p.220

　才能の理論・教育実践的研究は，わが国では進んでいないが，アメリカでは学校での公式の才能教育と関連して確立されている（松村, 2003, 2008；岩永・松村, 2010）．才能教育が対象とする子どもの才能について，国（連邦政府）の法律に，その定義が規定されている．1978年改正の「初等・中等教育法」(ESEA) によれば，才能の種類として，著しく優れた①知能，②創造性，③芸術の能力，④リーダーシップ，⑤特定の学問の能力（学力）がある．すなわち，知能と学力は，才能に，その多様な要素の一つとして含まれるのである．

　昔の才能教育では，もっぱら知能指数 (intelligence quotient：IQ) が才能識別の基準とされることが多かったが，才能の基準が多様化したのには，新しい知能の心理学理論が貢献している．その代表が，ガードナー (Gardner, H.) による「多重知能 (multiple intelligences：MI)」理論である (Gardner, 1999/2001)．

　ガードナーは，知能を文化的に価値のある問題解決や創造の能力と定義づけ，知能テストで測定されるIQを超えて多様であると考えた．MIとして八つの独立した知能が識別された．すなわち，①言語的，②論理数学的，③音楽的，④身体運動的，⑤空間的，⑥対人的，⑦内省的，⑧博物的，とよばれる知能である．

　職業の各分野やどのような領域の活動でも，いくつかの知能が複合して働く．人は誰でもこれらの知能の，どれかが得意でどれかが苦手である．

●**才能の識別・評価方法**　才能児とは，才能教育プログラムが対象として対処できる子どもたちであり，その比率は恣意的である（プログラムによって例えば2％や10％など）．才能児の認定のためには，知能や学力の標準テストなど，多様な才能を認定するテストや，学習の成果・作品，教師による授業中の観察，行動観察用チェックリストなどが組み合わせて実施される．各領域の優れた才能を識別するためには，領域固有の方法が最も妥当である．例えば，数学の才能は，数学の（工夫された）学力テストによって明らかになる．音楽や美術の才能は，作品や演奏を専門家が評価することによって明らかになる．

●**すべての子どもの学習の個性化**　学校での才能教育では，多様な指導・学習方法が用いられ，措置が講じられる．才能教育が目指す方向は，次の二つに大きく分けて考えられる．すなわち，①各領域の著しく優れた才能を育成する特別措置．②すべての子どもの得意・興味を伸ばして活かす学習の個性化．後者では，個人の学習上の特性に応じて，通常教育のカリキュラムを超えて広く深く学習する「拡充」の方法が用いられる．その代表的なモデルに，レンズーリ (Renzulli, J. S.) が提唱した「全校拡充モデル」(schoolwide enrichment model：SEM) が

ある（Renzulli, 1995/2001）．SEMでは，学校ぐるみで指導チームを組んで，柔軟に編成された学習集団で，個人ごとに把握された能力，興味，学習スタイルなどに応じて，多様な拡充の機会を提供する．

レンズーリの「才能の三輪概念」では，図1のように，大きく三つの才能の要素が考えられる．ここでも，優れた能力すなわち知能や学力が，才能の要素となっている．注目すべきは「課題への傾倒」で，特定領域への強い興味，熱中である．これを才能の大き

図1　才能の三輪概念（松村，2003, p. 60）

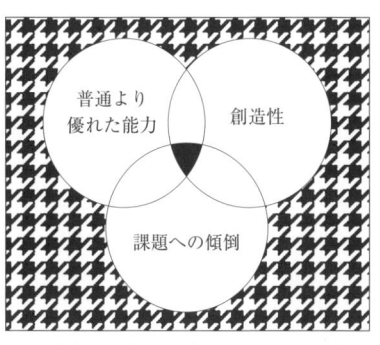

な要素だとみなして活かすことは，すべての子どもの学習の個性化に有効である．
●才能・知能・学力の発達の凸凹　多様な才能とその要素である知能，学力について，誰にも発達の凸凹（非同期性）がある．得意と苦手のギャップが大きくなると，一人の子どもに才能と障害が併存することがある．特に発達障害（LDやADHD，自閉症スペクトラム障害）と才能（優れた空間認識など）をあわせもつ子どもを，「2E の（二重に特別な）」子どもとよぶ．知能や学力の大きな凸凹は，知能テストの下位尺度間や，学力テストの科目間の得点の大きな差異（ディスクレパンシー）として表れる．

アメリカではかつてはLDの判断基準として知能（IQ）と学力の顕著なディスクレパンシーが要件であったため，全般的知能が重視された．しかし，知能検査による「賢いアセスメント」では，下位尺度の得点プロフィールにより，子どもの「強みと弱み」（得意と苦手）が把握される．また2004年の「個別障害者教育法」（IDEA）以降，上記の要件が外され，「RTI（指導への反応に基づく介入）」が重視され，知能テスト自体が軽視されるようになった．しかし包括的なアセスメントは適切な指導のために必要であり，知能と学力のプロフィールの比較は有意義である．そこで，個別式認知能力テスト「日本版KABC-Ⅱ」（近刊，2011年標準化）には，習得度と基礎学力を測定する下位尺度が含まれている（Kaufman, 2012/2012；Kaufman・熊谷，2012/2012）．

発達障害の子どもの才能を活かそうとする教育を，「2E（二重の特別支援）教育」という（野添，2010；Weinfeld et al., 2006）．そこでは個人内での発達の凸凹（非同期性）を識別して，比較的得意な能力や興味を伸ばし，苦手を補うために活かすことが理念となる．絵や図表を用いてアイデアを伝えるなど，学習方法が工夫される．上述のSEMによる学習の個性化が，才能や障害，その両方をもつ子どもにも共通して有効であることが，多くの実践プログラムを通じて実証されている．

［松村暢隆］

乳幼児と親子関係

☞「愛着」p. 196,「親子関係」p. 198,「親子間葛藤」p. 320,「メンタライジング」p. 394

　親子関係は，子どもの発達を長期的に支える主要な社会的環境である．本項目では，乳幼児期における親子関係の始まりについて，特に親側の視点から概観し，発達早期の親子関係の特徴を示す．

●**いまだ見ぬわが子のイメージ**　親にとって，子との関係は妊娠期からすでに始まっていると考えられる．妊娠4〜5か月頃から，母親は胎動を感じる．胎動は子の身体のみならず，「元気がいい」など子の性格までを想像させる直接的手掛かりとなる．胎動はさらに，お腹の外で起こった出来事や親の心理状態と結びつけてとらえられることが多い．親は，胎動を語りかけへの応答，親の気分への共感，親への意思表示，などと解釈することが多く，胎動への多様な意味づけが行われる（岡本他，2003）．実際はどうであれ，子が発する胎動と，親自身による解釈が加わりながら，親はいまだ見ぬわが子のイメージをふくらませていく．

　そして，お腹の子のイメージはさらに詳細かつ具体的になっていく．性格や生活リズムも含めた子どもの特徴に，気質とよばれるものがある．初めて訪れる場所での子どものようす，食事や睡眠のようすなどについて具体的に問う気質の質問紙は，通常，乳幼児の親を対象に行われる．しかし，妊婦にお腹の子どもの気質を問う研究から，妊婦もこれから生まれてくる子について，断片的ではなく，一定のまとまりある気質的特徴を伴う形で回答を示し，詳細な子どものイメージをもっていることが見出されている（Zeanah et al., 1985）．さらに，妊娠33週と37週の2時点で，妊婦による子の気質評定の結果は一貫していた．妊婦は，安定した形でわが子のイメージをもち，誕生前から，ある特徴をもつ（と想像された）子どもとの交流を深めていると考えられよう．

●**親と乳児の想像的対話**　子どもの誕生後，いよいよ実際に親子のやりとりが始まる．子どもが言語を獲得するにはもうしばらく時間がかかるが，乳児の泣きや笑い，視線や動作などの非言語的なシグナルにより，乳児と親はやりとりを重ねていく．興味深いのは多くの親が，乳児の発声や動作には何か意味があるととらえる姿勢をもつことである．親が幼い乳児のことを，おとなと同じように豊かな心の世界を有し，感情や意図，欲求や思考をもっているとみなす傾向はマインド・マインディッドネス（心を気遣う傾向）とよばれる（Meins et al., 2001）．乳児の心（mind）をつい気にかけてしまう（minded）親の姿勢の表れとして，「この色が好きなの？」「つかみたいのね」など，乳児の感情や意図の言語化があげられる．ただし，乳児の行為の意味や，ある行為が本当に何らかの心的状態を伴うのかを断定することは，容易ではない．例えば，複数の親に同一の乳児の行動を示すと，

親によって読みとる意味の内容や量が異なる（篠原, 2006）. 乳児の行為は, それを見る者から「意味を与えられる」という性質が強いのだろう. 乳児の感情や思考について, ややもすると実態以上に豊かな内容を想像するという親の姿勢が, 乳児に社会的刺激を与えることにつながり, 発達早期からやりとりの維持を支えていると考えられる.

●**親, 子に出会う：現実の対話へ**　2歳前後になると, 子どもは「自分でやりたい」「これは私のもの」と言って自己を表現するようになる. 子どもにとっては必ずしも親へのレジスタンスではないのだが, 自己表現が明確, かつ活発になるこの時期は, しばしば反抗期とよばれる. 上述の, 親による子の心的状態の想像と, それに基づく想像的対話は, あくまで親が思い描くことのできる範囲のシナリオとなりがちである. しかし, 子どもの自己とその表現が発達すると, 実際には親の想像を超えたシナリオが展開されることになる. 息子が朝の着替え時に姉のスカートを着たいと熱望して座り込み, 保育園に出かけられない, といった事態も, 親の想像を超えて起こるだろう. 親の意図や計画, 予想とは異なる子ども独自の言動の表出と, それに対する親の応答は, 二人の主体による現実的な対話の始まりといえよう.

●**親にとっての親子関係**　乳幼児期における親子関係を介して, 子ども側には親への信念（アタッチメント）や自己への信念などが形成されていく. 一方, 親の側にも, 子どもの見方や子どもと自分の関係のとらえ方が徐々に形づくられていく. オッペンハイムら（Oppenheim & Koren-Karie, 2002）は, 幼児の親が子どもをどうとらえているのかという個人差を研究している. そして, 子どもが独自の思考や動機をもつことを理解し, 子どもの視点から物事をみて子どもを受容するという親の姿勢（洞察性）が, 子どもの安定したアタッチメントなど社会情緒的発達と関連することを示した. しかし, 親のすべてが子どもへの高い洞察性をもつわけではない. 問題行動を示す子どもの親は洞察性が低く, 子どもが独自の感情や思考をもつことを理解するのが難しかったり, 子どもの能力を軽視しがちだったりする. ただし, 親による子どものとらえ方は変化しうるもので, 実際に, 親への介入によって洞察性が高まることが認められた（Oppenheim et al., 2004）. 親自身が持つ子どもや親子関係のとらえ方を重視する取り組みは, ほかにも広まっている. 親が子に対して温かく受容的な見方をもつようになると, 子への接し方が敏感で良好なものとなり, 子どもの心理的発達が促されることが示されている（Marvin et al., 2002）.

　以上のように, 誕生前後には, 子の胎動や非言語的な表出と, 親のイメージや想像によって親子関係が開始する. その後, 子の発達に伴い, 自己を持った二人の実際の対人関係として, 親子関係が展開されていく. 子どもと親の双方に変化, 発達があり, 親子は相互に影響し合いながら関係を深めていくのである. ［篠原郁子］

児童・青年と親子関係

☞「親子関係」p. 198,「友人関係」p. 202,「仲間関係」p. 250,「親子間葛藤」p. 320

　子どもの発達にとって親子関係，家族関係は最も重要な社会的関係であるが，その関係のあり方や機能は児童期から青年期にかけて大きく変容する．この親子関係の変容は，子どもが親から自立していく発達的なプロセスとして生じているものであるが，そこでは子どもの親に対する態度だけが変容するのではなく，親も相互調整的に態度変容を求められる．このような共変関係は，いわゆる親離れ，子離れの課題としても理解できる．

●**児童期から青年期にかけての親子関係の変容**　児童期の子どもは幼児期に比べると生活習慣上の多くの点で自立を遂げているが，情緒的にはまだかなり親に依存した状態である．また，親は子どもにとって権威ある存在であり，理想化されたモデルの対象として位置づけられている．児童期は小学生年代であり，学校生活への適応が主な課題となるが，親は子どもが勉強や運動，友人関係のもち方などさまざまな面で成長し，学校生活にうまく適応できるように情緒的，道具的，情報的なサポートを提供している．親は子どもの社会化を促すための躾をする立場にあり，また，子どもを危険なこと，望ましくない状況から護るために，子どもの行動をモニターし，コントロールする保護者としての役割が期待される．

　しかし，子どもが青年期に入ると，親子の関係は急速に変化する．ブロス（Blos, 1967）は精神分析学的な観点から，子どもの内面に親に対する情緒的な依存からの離脱や脱理想化などが生じるとし，これを第二の個体化過程とよんだ．また，青年期には親の権威のあり方や個人の裁量権，決定権をめぐり親子の見解の不一致が生じやすくなり，そのことで葛藤や諍いが生じるとされている（Smetana, 2011）．そして，子どもの自我の発達に伴い，第二反抗期として一般に知られているような自己主張や反発も強くなる．

　このような特徴は主に青年期の始まりの時期である青年期前期の特徴であるが，児童期から青年期以降にかけて心理的距離や子どもの視点取得，親子の権威関係などの特徴は図1に示すように変化するとみなされている．

児童期	青年期前期	青年期中期	青年期後期以降
親への依存 親同一視による未分化な視点 明確な権威関係	親からの心理的分離の始まり 自己主張，自己の視点の強調 権威関係の変容	自律性の増大 関係性の視点の始まり	新たな心理的結びつき 客観的で第三者的な親の視点の獲得 対等に近い相互依存的な関係

図1　児童期・青年期における親子関係の特徴の変化

●**親の養育態度**　バウムリンド（Baumrind, 1971）は，子どもの心理社会的発達を促進する望ましい親の養育態度として，権威ある親のスタイルを提唱した．バウムリンドは親の養育態度を要求性と応答性の二次元でとらえている．権威ある親は子どもに対する要求性と応答性がともに高いタイプとされている．すなわち，親は子どもに対してみずからの価値観に基づいた行動の指針を示し，要求や期待，禁止などもするが，同時に子どもの自己主張や要求に対しては応答的で，それを支持，尊重する姿勢を有しているバランスのとれた態度である．この権威ある親の態度は，幼児期から児童期，青年期を通して，一貫して望ましい養育態度としてみなされている．

　他方で，親は子どもの心身の発達に伴い，子どもとの心理的距離の取り方や子どもに対するモニタリングやコントロールのあり方を調整することが必要とされる．これは，子どもの自律性の発達を支援するためであり，また，親子間の葛藤を回避したり解決するための行動でもある．親は子どもに対してどこまで手出し，口出しするのがよいのかを判断しながら子どもに対する言動を調整しているのである．このような親の態度は，親子の良好な関係を構築，維持し，相互の信頼感の形成に寄与するものであり，子どもの心理的適応にもよい影響があると考えられる（渡邉他，2009）．しかし，親は青年期の親役割の曖昧さや適切な心理的距離を取ることの難しさ，権威関係の変容に対する適応などに心理的な困難やストレスを感じやすいことが指摘されている．

●**友人関係と親子関係**　児童期から青年期にかけて親からの自立が進むのと並行して，同年代の友人と過ごす時間は増え，その関係の重要性もより増大していく．愛着研究においては，愛着の対象が青年期以降に親から友人，恋人に拡大されていくことが指摘されている（Allen, 2008）．

　子どもにとって，友人は対等で互恵性のある関係である．そのため，子どもにとって友人関係は親子関係とは異なる別の対人関係の世界であり，両者は独立しているという見方が主流であった．しかし，近年では，親子関係と友人関係は相互に結びつき，影響を与え合っている可能性が指摘されている．例えば，親子関係が友人関係に与える影響としては，青年が親子関係を通して形成してきた価値やコミュニケーションのスタイルを友人関係の中にもち込むということが考えられる．また，親子関係で満たされない情緒的問題が友人関係に反映されることもある．逆に友人関係が親子関係に与える影響として，例えば，ダディス（Daddis, 2008）は，青年の個人の裁量権，自由の範囲の認知は親友の影響を強く受けており，それが親との意見の不一致や言い争いのきっかけになっていると示唆している．青年が友人関係の中で獲得したルールを親に示し，親に自己主張し，態度変容を求めるのである．　　　　　　　　　　　　　　　　　　　［平石賢二］

親を育てる

☞「3世代の親子関係・家族関係」p. 176,
「親になること/親をすること」p. 284,
「子育て政策」p. 564

　「子どもを育てる」という表現に対して,「親を育てる」という表現はそれほどなじみのある言い方ではないだろう. 子どもの側からすると親ははじめから親だったように感じられるものだが, 子どもを妊娠, あるいは, 出産したからといって, 自動的に親になるわけではない（大日向, 1988；氏家, 1996). これは, 父親も母親も同じである. 例えば, 妊娠中の母親がおなかの中の我が子をモグラや魚などと表現したり（岡本他, 2003), 父親は誕生した我が子について「ペットがわが家にやってきたような気分」などと表現したりする（八木下, 2008). 初めての子育てが始まろうという時期, 親は子どもの存在を実感できずにいるものなのである. つまり, 親自身も親として育つ存在なのである.

●**親へと育つ**　親としての育ちは, アイデンティティの再編成を要するもので妊娠や出産が大きな契機となっていることは確かである. 一方, その出発点は, 妊娠や出産のずっと前である. 親準備性とは, 子どもが将来, 家庭を築き経営していくために必要な, 子どもの養育, 家族の結合, 家事労働, 介護を含む親としての資質, および, それが備わった状態と定義されるが（岡本・古賀, 2004), 乳幼児期から青年期まで育てられた・育ってきた経験や乳幼児との接触体験の有無が影響している（例えば, 青木・松井, 1988；岡野, 2003；井上・深谷, 1983など).

　ところが, 親準備性の獲得にとって重要な乳幼児との接触体験が近年減少傾向にある. わが子をもつまでに乳幼児の世話をしたことがない母親は, 1981年に39.3％だったものが2000年には64.4％に増加している（厚生労働白書, 2003). さらに, 最近では, 進学や就職を機に自分が生まれ育った地域を離れ, 出産直前まで自宅と職場の往復だけの生活で自宅周辺に知り合いもいない, ましてや公園や医院など子育て資源についての情報もないままに, 親になる人も少なくない. つまり, 子どもをあやしたり, 叱ったりする経験がないまま, 自身の子育てが始まるばかりでなく, 子育てが始まってからも, 近所に子育てを手伝ってくれる人, 相談できる人がいないという親も増えている. 親へと育つ機会の確保が大きな問題となりつつあるといえるだろう.

●**親を支援する祖父母・親を育てる祖父母**　核家族化が進んでいるとはいえ, 子育てにおける祖父母の存在は大きい. 祖父母は, 親との親-子関係と同時に, 子との祖父母-孫関係という直接・間接の二重の関係で孫の子育てに関わることになる.

　親の側でも, 妊娠・出産を機に祖父母（自分や配偶者の親）への見方が変わる

(岡本, 2011). 祖父母が語る「あなたが小さかった頃は…」という話から, 育てられた記憶と照らし合わせ, 親の視点から"子育ての追体験"が生じる. 祖父母世代が行ってきた子育てをモデルとし, 時に「時代が違う」と反発・修正しつつ自身の子育てを探求する. その意味で, 祖父母は, 親を助ける子育てのサポーターであり, 同時に子（孫）の健やかな育ちを願う親のトレーナーでもある.

●親準備教育　子育てとは, 個人的な営みであると同時に, 社会全体にとっても重要な活動である（陳, 2011）. 親は自分らしい子育てを目指しながらも, 子どもが社会で適応的に生きていくという方向性なくして子育てはできない. にもかかわらず, 子育て世代が他の世代との交流に乏しく, 子育て世代への移行がまるで異文化参入のような衝撃をともない, 妊娠を（計画）してから出産までの1年足らずの間に大急ぎで子育ての勉強をして親になるという人も少なくない（亀井・岡本, 2007）. 親となる人のニーズからも, また, 社会のニーズからも, 親への育ちの機会を社会がどのように補完するかが重要な問題となりつつある.

　親準備教育とは, これから親になる可能性のある人たちを対象とした, 親になるための準備教育といえる. 親準備教育の実践は, その名称も形態もさまざまであるが, 親になる直前の妊婦を対象としたものや, 小中高生など若い世代を対象としたものがある.

　妊婦を対象としたものは, 両親学級, 妊産婦教室, プレママ教室などとよばれ, 保健所や保健センター, 産院, スポーツクラブなどで行われている. 周産期の健康管理, 出産の方法（呼吸法など）, あるいは, 出産後の子育て（沐浴など）について学ぶ機会を提供するもので, 近年では, 夫とともに参加できるよう週末に開催されるものも増えている（古川, 2006）. また, 次世代育成という観点から広がりをみせている赤ちゃんふれあい体験は, 小中校生といった若い世代が赤ちゃんをだっこしたり, おむつを替えたり, 赤ちゃんの親から子育ての話を聴くというふれあいを通して, 子育てのイメージをもったり, 自分が育てられた体験を振り返ったりすることで, 親準備性を高める効果をねらったものである（首都大学東京他, 2008）.

　また, これらの親準備教育とは, 少し趣を異にするが, 親への準備という意味では, 大学生などを巻き込んだ子育て支援活動も, 表向きは支援者としての大学生が乳幼児に触れるきっかけでもあり, 親準備教育の目的に沿うものといえるだろう（例えば, 岡本他, 2008；三林他, 2005；川瀬, 2009）.

　さらに, 近年の育児講座では親だけでなく祖父母を対象とした祖父母教室なども展開され始めている. 新しい世代に受け入れられる子育てを学んだり, 子育てのサポーターとして, あるいは, 親のトレーナーとしての振る舞いなどが扱われている. 子育て世代に閉じた親準備教育ではなく, 異世代にまたがった試みが待たれる.

[岡本依子]

子別れ

☞「移行対象」p. 56,「授乳・離乳」p. 58,
「親子間葛藤」p. 320

　親は子どもを守り育てるが，守ることと育てることは必ずしも同じではない．守らないことやあえて世話を削減することも子育ての範疇に含まれる場合がある．また逆に子どもが，自分を守ろうとする親の手を逃れて自律的に行動しようとする場合もある．子育ての最終目標は子どもが親から自立することであり，その過程で親・子の相手に対する求心性の強度が揺らぎ，その比率が変動するのである．両者の求心性（あるいはその裏返しとしての遠心性）がつり合えば平穏であるが，それが不均衡になると，それを調整しようとして親子間に葛藤が生じる．このように親子関係とは異なる要求をもった個と個の衝突や対立を含むダイナミックなものであり，そこには親和性だけでなくこのような反発性も存在する．子別れはこの反発性を基盤とし，子どもの他者性と親子の相互的自律の累積過程を説明する概念で，アタッチメントとともに母子関係を構成する大きな要素である．特に母子のコンパニオンシップの理解には欠かせない．

●**他者性と離乳**　子どもは親にとって，免疫学的には受精の瞬間から他者である．その他者を育てるのは，そうすることで自分の遺伝子が伝わるからであるというのが，生物学的解釈である．しかしそれは身体的にはさまざまな負荷を伴う．その身体的負荷をいとわずやり抜く心理学的裏づけが「愛」である．発達にともなって子どもの要求は増え負荷は大きくなるが，他方で自律能力も増加して負荷の必要性は低下する．それは負荷の必要性の相対化を意味し，親の負荷を削減させることにつながるが，それによって一過的に子どもの抵抗が引き起こされ，親子の衝突が顕在化する．その典型的な場面が離乳のコンフリクトである．このことからもわかるとおり，子別れは身体性と深く関わる．

　上記のような考えをもとに母子関係の発達の理解に身体的反発性を導入したのは社会生物学者のトリヴァース（Trivers, 1974）である．母親からみて子どもの血縁度（遺伝子の共有率）はどの子も 0.5 で等価であり子育てのコストが利得を上回る時点でそれを切り上げようとするが，子どもは自分のきょうだいが血縁度 0.5 つまり自分自身の半分しかないため，自分に向けられる世話のコストと利得の比が 2 : 1 になるまでは母親に世話を継続させようとする．その時期の不一致が母子間における離乳のコンフリクトを生むのだとトリヴァースは考えた．

●**子別れの一次的・二次的フレームワーク**　母親の身体は環境と子どもの間での資源のやり取りを仲介する生物学的インターフェイスであり，それに基づく母子の身体的反発性は子別れの「一次的フレームワーク」である．他方，人間は育児具や玩具などの「モノ」，父親や保育士などの「ヒト」，およびそれらの重層的な

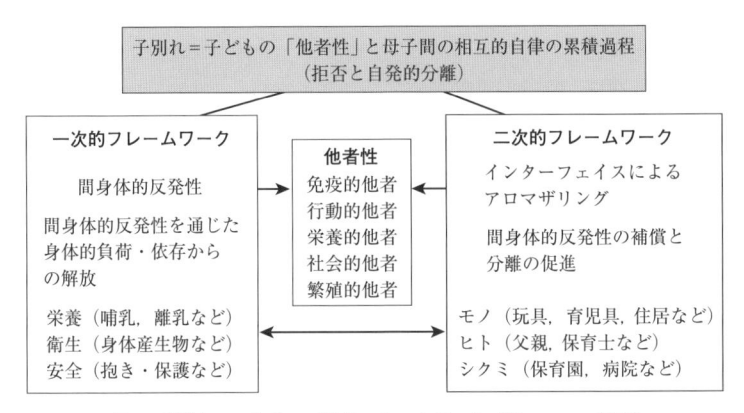

```
┌─────────────────────────────────────────────┐
│ 子別れ＝子どもの「他者性」と母子間の相互的自律の累積過程 │
│         （拒否と自発的分離）                    │
└─────────────────────────────────────────────┘
   ┌──────────────┐  ┌────────┐  ┌──────────────┐
   │ 一次的フレームワーク │  │ 他者性  │  │ 二次的フレームワーク │
   │              │  │ 免疫的他者│  │              │
   │ 間身体的反発性   │←→│ 行動的他者│←→│ インターフェイスによる│
   │              │  │ 栄養的他者│  │ アロマザリング    │
   │ 間身体的反発性を通じた│  │ 社会的他者│  │              │
   │ 身体的負荷・依存から │  │ 繁殖的他者│  │ 間身体的反発性の補償と│
   │ の解放          │  └────────┘  │ 分離の促進      │
   │              │              │              │
   │ 栄養（哺乳, 離乳など）│              │ モノ（玩具, 育児具, 住居など）│
   │ 衛生（身体産生物など）│              │ ヒト（父親, 保育士など）│
   │ 安全（抱き・保護など）│              │ シクミ（保育園, 病院など）│
   └──────────────┘              └──────────────┘
```

図1　子別れの一次的・二次的フレームワーク（Negayama, 2011）

システムとしての保育園などの「シクミ」が母子間に存在し，両者の間の資源移行を調節する．人間の子別れは「環境-母親-子ども」における一次フレームワークをベースとし，さらに「二次的フレームワーク」として，その母親と子どもの間にそれら「モノ-ヒト-シクミ」のシステムを社会文化的インターフェイスとして介在させることが独自な点である（図1, Negayama, 2011）．

この二次的フレームワークは一次的フレームワークを基盤とするものの，それ自体には反発的要素はなく，むしろその身体的反発性を補償するものである．特に母親以外の人物がケアを行うアロマザリングはその代表である．アロマザリングは特に霊長類に発達しているが，それはあくまでも個体が行うものにとどまるのに対し，人間のアロマザリングは，「モノ-ヒト-シクミ」の多重システムによって行われることが特徴である．したがって，それは社会文化や時代が違えば異なる．さまざまなモノ-ヒト-シクミを母子間にインターフェイスとして挿入するとき，そのインターフェイスは社会が商品やサービスなどの形をとってビジネスとして用意されたり，あるいはしきたりなどとして継承されたりされる．

親が子どもの発達の促進のために環境を配慮することを足場づくりというが，育つことについての子ども自身の能動性や積極性を正しく踏まえた環境づくりを行う必要がある．子どもの心理行動特性を適切に反映させることを怠ると，極端な場合には子どもの事故につながったりするおそれがある．子どもが世話を求めるだけの存在だと考えることも，子どもの能動性を見誤ることになる可能性があり，みずから自立を志向する子どもという側面も忘れてはならない．

子別れにおける親子の矛盾は，胎児の発育に伴う母体からの離脱（出産）や，子どもの成熟に伴う性の問題（性的反発性）などにも認められる．子別れは長期にわたって反復され，親子の関係性の質的な変化を生んでいる．　　　［根ヶ山光一］

8. おいる

【本章の概説】

　生物はいつか寿命・死を迎える．出生以後の時間経過にともなって変化・変容する過程・様式には動物種の特徴が反映されている．一般にヒト以外の動物では身体の大きな動物ほど寿命が長く，ヒトは他の動物と比較して身体は大きくなくとも寿命が長いという特徴がある．ヒト以外の動物の加齢・老化は，身体的・生理的特徴を手がかりとして調べることができるが，ヒトの加齢・老化は，このような身体的特徴以上に家族関係などの社会的関係，性格特性と対人関係などの社会的特徴に現れる．

　以上のような観点から，本章では生物的特徴を手がかりとした加齢・老化についてまとめ，最近の親子と家族の社会的関係の特徴を整理する．その後，老化の兆候を示し始める中年期の特徴，および加齢と老化のかかわる諸問題をまとめ，このような基礎的諸問題を踏まえて，高齢者のかかえる具体的問題，長寿者が長命にいたったさまざまの背景・要因，最後に寿命・死を迎える時の人間の特徴についてまとめる．

　加齢と寿命の生物学（濱田 穣）では，加齢と老化は，通常はほぼ同じ意味で用いられることが多い．ヒトに限らず，動物は出生後に多くの機能が増加し，一つひとつの機能のピークを迎える時期は異なるとしても，心身の機能が最大の時期を迎え，その後，多くの機能は加齢にともなって低下する．ここでは，主として身体機能と寿命の生物的側面についてまとめている．続いて，身体特性の加齢（濱田 穣）において，加齢の特徴の一つは，性成熟後の神経系・内分泌系・免疫系の低下であり，この機能の低下は全身の機能の低下とも関連する．とりわけ，脳機能など神経系の機能低下は精神活動や行動の変化・変容・低下と関連する．ここでは，女性の更年期症状，免疫機能の低下による感染症の罹患率の増加，そして生活習慣病などについても言及している．

　3世代の親子関係・家族関係（高橋惠子）において，最近は，DINKS（Double income no kids）のように，あえて出産・子育てをしない夫婦も多く，また不妊の夫婦もいるが，まだ多くの夫婦は子育てをし，やがて孫とのかかわりを経験する．わが国では，3世代以上の家族が同居することが多く，その中で子育ての知恵や伝統が伝えられてきたが，このような文化や習慣はすでにほとんど失われてきた．このような社会変化の中で，ここでは，3世代の親子関係・家族関係のあり方を問い直し，今後の家族のあり方についても考える．また，青年期から成人期を過ぎて，やがて中年期を迎えると，中年の危機（岡本祐子）に遭遇する．多くの人は30歳前後に結婚し，仕事にあるいは子育てに追われる期間を過ごし，中年期は，家庭的にも仕事においても，また子育てにおいても安定した日々を迎え人生の最高に充実した時期であり最盛期であると考えられてきた．ここでは，中年期の心身の変化，親子関係や夫婦関係などの家族のかかえる諸問題を取りあげ，中年危機の背景をさぐる．

8. おいる

　生涯発達からみて，老化とは，一般に，身体機能の低下・衰退と考えられており，たしかに視覚・聴覚・味覚・平衡感覚などの感覚器の衰えが目立つようになる．それ以上に，関節の痛み，わずかの段差のつまずき，自動車運転時の反応の遅れなどの身体機能の低下は大きい．しかし，知的活動，判断，社会性などは必ずしも身体機能の低下と平行して低下するわけではなく，また大きな個人差のあることも最近では明らかとなってきた．加齢と老化（下仲順子）では，高齢者のさまざまの特徴について再考する．その後，高齢者は，若い時期と比較すると，身体的・生理的・精神的・社会的に大きく異なる特性をもつようになり，日常生活における家族関係をはじめ対人関係においてもさまざまの問題をかかえることとなる．つまり，高齢者はみずからの生き方に大きな変更と修正を余儀なくされ，同時に周囲の人にも同様のことを強いるようになり，つまり社会的適応の問題がクローズ・アップすることとなる．高齢者の社会的適応（藤田綾子）では，高齢者の生活満足や不満，幸福感などのサクセスフル・エイジングの問題を取りあげる．さらに，高齢者はさまざまの機能が衰退し，過去に執着して毎日を過ごすと考えられていた．しかし，記憶の衰えは，たしかに，ある点では認められるとしても，全ての記憶機能が低下するわけではないことも次第に明らかとなってきた．また，高齢者には，行動の修正が難しくなるなど特有の感情と性格特性をもつと考えられてきたが，そこにも大きな個人差があり，感情のあることも明らかとなってきた．高齢者の心理・性格特性（下仲順子）では，高齢者の心理や感情，および性格特性について詳しく述べる．

　最近のわが国の平均寿命は，女性が約86歳，男性が約80歳といわれている．しかし，長寿時代を迎えてもなお100歳を超える人はいまだに少数である．ここでは，百歳を超える人がこれまでどのような食生活をもち，どのようなことに留意して生活してきたかという百寿者研究という興味深い調査（権藤恭之）を踏まえて，長寿の背景要因について，これまでに得られた成果を紹介する．

　高齢にいたり，やがて我々は寿命・死を迎える時期がやってくる．安らかに最終段階を迎える人もいるが，疾病により死を迎える人もいる．痛みや苦しみの中にあって最終段階を迎える人へのケアは，現在では緩和ケアといわれる．高齢者の終末期ケア（篠田道子）では，死亡場所の変遷などの終末期ケアの背景と高齢者の死にいたるあり方について考える．さらに，我々の日常生活の中で，死を正面から取り上げてきたのは宗教であった．それが，やがて，死が生命活動などの停止によることなどから医学的な問題が加わり，また人間の死がさまざまの社会的側面をもつことから，心理学・倫理学などにおいても大きな関心が寄せられ，これまでとは異なる課題を持つようになってきた．死と死にゆくこと（恒藤暁）では，死を迎える人の尊厳をどのように配慮するかという「人間の死」のあり方について問題を整理する．

[南 徹弘]

加齢と寿命の生物学

☞「進化」p. 446

　加齢（老化）は，およそ性成熟の後，身体恒常性を維持する余力，すなわち事故から逃れる能力，ストレスや病気への抵抗性などの能力が内因によって徐々に，あるいは急速に減退する変化，および過程である．寿命は，特定種の特定の集団において，個体が生まれてから死ぬまでの平均生活時間である．死にいたる閾値は多様で，それぞれが一定ではなく，さまざまな環境要因の影響を受けて変化し，必ずしも加齢の生理学的指標にはよらず，偶発的に起こる．しかし統計的には，年齢別の死亡率はおおよそ決まっている．

　加齢変化は発達と異なり，器官・組織の間で異なり，個体差が大きく，性差もある．さらに種間変異も大きい．飢饉，事故や病気など外因による死亡年齢を除いた，生理学的寿命（最大寿命）が，その種の生物学的寿命を代表する．生理学的寿命は，身体サイズに比例して長くなる傾向があり，さらに脳サイズにも関連する．ヒトでは体サイズと脳サイズによって，長寿である．

●**発達，生殖と加齢**　加齢と寿命を含めたライフサイクルは，種の繁殖成功に従って淘汰されたと考えられ，特におとな期における事故，病気，捕食などの危害と食物量の変動（飢餓）による死亡率が生態学的要因である．おとな期に死亡率が高い種では，個体は性成熟直後に生殖を行い，その後，短期間で死ぬ．一方，死亡率が低い種では，長期にわたって複数回，生殖し，さらに育児し，寿命が長い．繁殖活動は雌雄間で異なるので，加齢と寿命に性差がある．交配（交尾）までがオスの繁殖活動である種では，オスの交配後寿命はごく短い．一方，交配のみならず，群れの防衛や育児（食物供給）などによって繁殖成功を高められる種では，オスの寿命は長くなる．同様にみずからの生殖を終えた老齢個体が，子や孫の育児を支援することで繁殖成功を高められると，老齢期寿命が淘汰により延長される．大きい脳は，その成長と維持に多くのエネルギーを必要とするが，食と捕食者危険の生態学的基礎を改善し，長寿化をもたらす．

　ヒトではこれらの組合せで，他の霊長類にない女性の長い寿命（50歳前後で生殖活動が停止する）と男性の長寿が淘汰されたと考えられる．年齢別死亡率は幼児期に高いが，それ以後，低く保たれ，高齢期（70歳ぐらいから）に上昇するというパターンを描く．閉経後の約20年間，身体は活動的に保たれる．一方，ヒト以外の霊長類では幼児期以降，死亡率はほぼ一定で，ヒトのそれよりも高く，最大寿命の直前に急上昇する．しかも多くの個体が死ぬ間際まで生殖を続け，高齢まで生存した個体の生涯繁殖期間は，ヒトのそれに匹敵する．すなわち生殖機能の加齢でヒトは他の霊長類と共通しているようだ．

この生殖機能の加齢は，卵（卵母細胞）の数に関連する．卵母細胞はその個体が胚の時期に，体細胞とは別につくられ，それ以上，細胞分裂することなく維持される．さまざまな要因による損傷が卵母細胞に蓄積されるため，その数は出生前から減少し，性成熟後の生殖期間の35年間ほどで枯渇し，閉経時には数百しかなくなる．

●**加齢の要因とメカニズム**　加齢と寿命には外因と内因（遺伝的要因）が関与する．外因には生後の生活習慣，事故や病気による心身への損傷を考えがちだが，出生前の母体内環境（アルコール，薬品，タバコ，かたよった栄養摂取などのストレス要因）の影響も，かなり大きい（成人後の心臓・血管系の病気など）．胎児期に受ける損傷の影響は，生殖細胞に及ぶので，母から孫へ世代を超えて影響する．

加齢および死の内因は，器官・組織の構成細胞の自己恒常性維持機能，および神経・内分泌・免疫系の統合的維持機能が衰え，外部からの事故や病気などの危害への抵抗力（余力）が減退することにある．これらの機能維持に，遺伝が複雑に関与している．この加齢メカニズムの詳細は，まだ明らかにされていないが，大きく損傷蓄積仮説とプログラム仮説の二つがある．生物は生きていくためにエネルギーは必須で，細胞内でエネルギー代謝の過程で生ずる有害物質（フリーラディカル）を安全に処理するなど，身体恒常性を維持するためにエネルギーが必要である．一方，生殖へもエネルギーが必要である．したがって生物は，限られた獲得エネルギーをこの二つの間で配分せざるを得ず，身体恒常性へエネルギーを十分に配分することはできない．このため，損傷が蓄積され，細胞機能が低下し，あるいは細胞死にいたり，器官・組織の機能が減退する．エネルギー配分と細胞・器官・組織の維持は，遺伝的にプログラムされている．したがって加齢と個体の死は必至である．なお代謝の有害副産物を減らす食事のカロリー制限は，寿命を延長する．

生涯で複数回生殖を行う種では，生殖後の回復とともに身体成熟までにつくられる余力（能力の蓄積）が加齢と寿命のキーとなる．例えば骨格では，老齢期に発症する骨粗鬆症は，骨折を引き起こし，生活の質を低下させるが，身体成熟までに蓄積された骨塩量（骨密度）が余力である．

エネルギーに関連して，体重あたり生涯使用エネルギー一定，あるいは心拍総数一定などの仮説がある．多くの動物に関する調査で，種によってそのエネルギー量が異なり，ヒトはかなり大きい生涯使用エネルギー量をもつ．すなわちヒトでは，身体恒常性維持に多くのエネルギーが配分され，加齢変化がゆっくりとなり，長寿化する．それには，捕食者や事故の危険性を下げ，安定的に食物を獲得できる生態学的裏づけが必須である．それは大きい脳による学習や経験によって狩猟や，他の動物の利用できない根茎や種子などを道具を使って取り出すことによる栄養価の高い食物の獲得である．

[濱田　穣]

身体特性の加齢

☞「進化」p. 446

　身体特性の老化ともいう．主に性成熟後において，年齢とともに，内因により個体の身体恒常性を維持する機能の余力（予備能力）が種特異的パターンで減退し，事故や病原体など，外からのストレスに対して損傷を受けやすくなり，損傷が蓄積され，死にやすくなる変化，および過程のことをいう．加齢は暦年齢とおおざっぱにしか関連せず，個体・器官・組織によりペースがさまざまであり，発達との対比ではみられない．ヒトには血圧や肝機能指標などをもとに，危険性の目安の加齢バイオマーカがつくられているが，生理学的年齢ではない．死はこのバイオマーカに必ずしもよらず，偶発的に起こる．

●**加齢と生殖**　加齢はライフサイクル，特に生殖の回数と期間，および生殖後の寿命の面において，その進行速度と期間に著しい種間変異と性差がある．フクロマウスやサケなどのオスは，短期間の交配活動直後，過剰なストレス反応により急速に加齢が進み，死にいたる．一方，ヒトでは長期間にわたり，複数回の生殖を行い，生殖期の後の生（閉経後寿命）が長く，しかも男性も長寿となり，ゆっくりした加齢変化をしめす．

　ヒトの女性では思春期に月経周期が始まり，卵母細胞は減数分裂して成熟卵となり排卵されるか，あるいは卵母細胞のままで死ぬ．卵母細胞は，その個体が胚の時期に体細胞とは異なる系列としてつくられ，その後，分裂を停止したまま卵巣内に存在する．性成熟以降に数を減らすのではなく，出生前から年齢とともに減少し，4か月齢胎児の350万から，閉経期には数百しかない．

　ヒトの年齢別死亡率から，加齢期は生殖期，閉経後約20年間，そして高齢期に分けられる．性成熟から閉経までの30～40年の生殖期間は，チンパンジーなどのヒト以外の霊長類にも共通する．ヒトのライフサイクルは，閉経後の約20年間が挿入されたかのようである．閉経後の寿命が長いことは，生殖器官以外の器官の余力が大きいことを意味する．

●**加齢のメカニズム**　加齢のメカニズムに関して，多くの仮説がある（前項を参照）．特定の遺伝子，あるいは器官や組織が加齢をコントロールしているのではない．サーチュイン遺伝子，抗酸化防御遺伝子，主要組織適合遺伝子など，エネルギー代謝や細胞ストレス制御に関係する遺伝子が加齢や寿命を決定しているようである．

　神経系・内分泌系・免疫系は相関して機能し，個体のさまざまな機能を統合的に調節するため，それらの能力低下の影響は全身に及ぶ．精神も身体加齢に影響される．ヒトの脳重量は55歳以降減少し，80歳で11%ほど減少する．味覚を除

くすべての感覚は，加齢によって減退する．神経伝達物質に関連する著しい加齢は，運動障害を引き起こす黒質と線条体のドーパミンや，記憶・学習に関係する海馬のアセチルコリンなどにみられる．アルツハイマー病はヒトに特有で，高齢で増大する．末梢神経や自律神経の死滅は筋萎縮や心機能減退につながる．

　内分泌系では女性ホルモンのエストロゲンは，皮膚，骨格，心臓・血管系など，多くの器官・組織の維持に機能する．したがって閉経後，その分泌がとまると，全身で加齢が進む．一方，分泌された性ホルモンによって，高齢者に乳がんや前立腺がんが誘発される．脳下垂体から分泌される成長ホルモンは，加齢にともなって分泌が減少し，損傷の修復が不十分となり，身体機能が損なわれる．外界からのストレスに対処する副腎皮質ホルモンは，心臓・血管系以外の多くの機能を抑制するので，ストレスが長引くと，海馬ニューロンの破壊などさまざまな損傷をもたらす．

　免疫系は異物処理のみならず組織修復に関与する．加齢にともなって，徐々に免疫機能は低下し，40歳以降，がん・自己免疫疾患・感染症へのかかりやすさが増大する．免疫系で最も顕著な加齢変化は，思春期の胸腺の萎縮である．胸腺はさまざまなホルモンを分泌し，細胞性免疫に関与するT細胞をつくる．このため，胸腺が加齢の主器官のようにみえるが，生き残りT細胞が機能を維持する．

　外因と内因による損傷とその蓄積が各器官・組織の能力（余力）を減退させ，ストレスに遭うとそれらの余力を超え，病的状態に陥る．損傷の蓄積は，栄養状態，アルコール・タバコ・薬物の摂取を通じて，母胎内環境での発生過程から始まる．加齢では，余力の大きさとその減退速度も問題となる．単純な例は歯（永久歯）で，その余力はエナメル質の厚さと歯の高さである．咬耗すると十分な咀嚼ができなくなるので，加齢と生活の質，ひいては寿命に関係する．複雑な方では，動脈硬化がある．動脈硬化は遺伝的要因に加えて，生活習慣や文化（食事や運動）の影響を受けて発症し，脳を含む多くの器官・組織で加齢や病気の主因となる．

　身体を支持する骨格や関節の加齢は，ヒト以外の多くの動物にも共通し，運動性を阻害し，生活の質を損なう．骨（硬骨）は，カルシウムの貯蔵庫でもあり，生理的要求に従って，つねに再構築されている．骨量（骨密度）は，25～30歳で生涯最大値を示し，その後，減少し，骨折しやすくなり，脊柱の湾曲や体格の減少が起こる．骨量の維持には免疫・内分泌系，とりわけエストロゲンが関与し（男性ではテストステロンからつくり替えられる），ほかには消化器のカルシウムやビタミンDの摂取能力，日光浴や運動が関連する．関節可動性を制限し，痛みをもたらす変形性骨関節症（関節炎）は，加齢にともなって発症が増え，症状が進む．成長ホルモンやエストロゲンの加齢による分泌量減少が，関節炎を助長する．

［濱田 穣］

3世代の親子関係・家族関係

☞「介護」p.70,「時間」p.114,
「親を育てる」p.164,
「世代間関係」p.258

　3世代世帯とは，親，子，孫などを世帯主とする直系3世代以上が同居し生計をともにする世帯をいう．国勢調査によれば，3世代世帯は年々減少し，2010年には全世帯の8％になっている．しかし，65歳以上の者がいる世帯に限ると3世代世帯の割合は18％，未婚の子どもがいる場合では25％，要介護者がいる場合では23％にのぼる．さらに，生計は別でも3世代が同居している家族もあろうし，別居していても，家の規範・習慣の伝達，盆暮れの帰省や里帰り出産などの習慣の踏襲，孫や老親のケアなどをとおして，3世代の親子・家族間の交流を多くの人々がしていること，父系よりも母系の世代の同居・交流がより活発であることが報告されている．

●**親子・家族についての規範**　わが国の3世代の親子・家族間の交流やそこから派生するさまざまな問題の多くは，血縁を重視し（富田・古澤，2010），問題は家庭内で解決すべきだという通念や規範に根ざしている．例えば，子育ては「3歳までは母の手で」という思い込みから，乳児のケアを他人に委ねることに罪悪感をもつ親が多い（柏木・蓮香，2000）．親のない子や家庭的に恵まれない子に親を与えようとして特別養子制度が成立したが，この制度によって養子となる子どもは毎年200〜300人であり，制度がうまく機能しているとは言い難い．生活を維持するための社会的な支援を「他人に頼るのは恥である」という理由で拒絶するセルフ・ネグレクトによって家族が餓死にいたった事例も報告されている．子ども，高齢者，障がい者などを社会が家族に代わってサポートする，また，サポートを受けるのを当然とする思想が育っていないというべきであろう．ところが，ケアを他人に託してもよいということ，例えば，アロマザリングはヒトという種にとってきわめて自然であり，実際それを当然とする社会は多い（e.g. 陳，2010；箕浦，2010）．現在の多くの日本人の心理的な枷となっている「家イデオロギー」，つまり，男女の性別役割分業を明確化し，血縁ある家族の重要性を強調し，家族を社会の単位とみなす通念・規範は，明治期からの近代化を進める政策として発明されたものにすぎない（上野，1994）．

●**孫の養育者としての祖母**　2000年の時点で，410万人の祖母が孫（16歳以下）と暮らしているというアメリカ合衆国では，孫のケアをする祖母の精神的・身体的負担の重さや，ソーシャルサポートにその緩衝効果があるかなどを検討する研究が始まっている．そして，孫の面倒をみることが祖母のQOL（クオリティオブライフ）を下げていること，孫と同居を始めるという生活史上の移行が祖母にとって負担であることが一貫して報告されている（e.g. Musil et al., 2010）．この

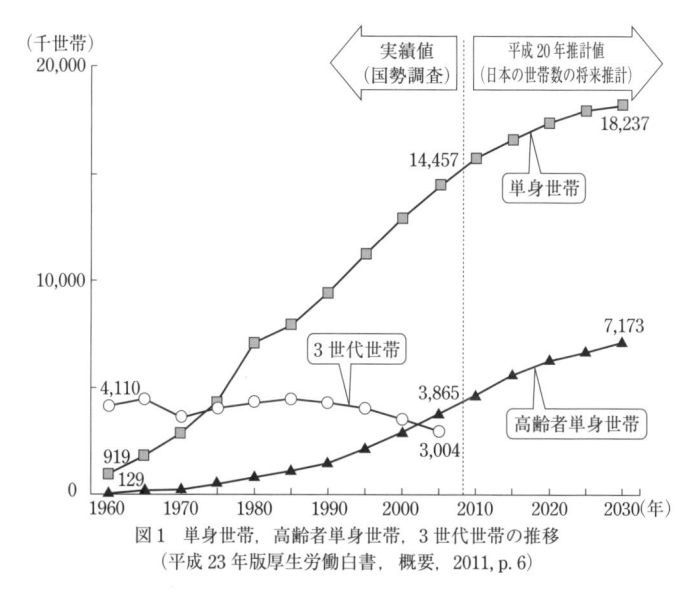

図1 単身世帯，高齢者単身世帯，3世代世帯の推移
（平成23年版厚生労働白書，概要，2011, p. 6）

事実は，進化論者が提案する「おばあさん仮説」（ヒトの雌の閉経後の長寿は子孫の世話をして繁殖率をあげるという利点が女性にあって進化したとする説）に異議を唱えるものといえよう．さらに，祖母，親，孫の間に親しい関係があればケアをする祖母の満足度が高まるかという，関係の質に注目した研究も進展している（e. g. Goodman & Silverstein, 2002）．しかし，祖母-孫という二者関係や，祖母-娘-孫の三者関係のみを問題にするだけでは十分ではない．ソーシャル・ネットワーク理論（例えば，高橋，2010）によれば，個々人は自分にとって重要だと考える他者にそれぞれ心理的機能を割り振って選択し，複数の重要な他者で構成される人間関係の枠組みをつくっているからである．したがって，それぞれの祖母のネットワークの中での孫の位置づけを考慮に入れることが必要である．

●**介護される高齢者**　わが国では75歳以上の介護保険の被保険者の22％が要介護の認定を受けている．そして，介護者の6割は同居する家族であり，3世代世帯の要介護者では，37％が日常生活に介助が必要な要介護3以上と認定されている．しかも，介護者の72％は女性であり，介護を理由に離職・転職した者の82％を女性が占めている（内閣府，2011）．内外の多くの実証研究は，家族介護者の精神的・身体的負担が大きいこと，要介護者が認知症の場合にはなおさらであることを報告している（e.g. Leggett et al., 2011）．これらの状況は，高齢者のケアも家族ではなく社会が多くを担うべきであることを示している．特に図1にみるように今後も高齢者単身世帯が増加することを考えると，ケアを社会化する覚悟とその実現が行政にも市民にも喫緊の課題である．

［高橋惠子］

中年の危機

☞「働きざかり」p. 302,
「アイデンティティ」p. 430

●**中年期平穏説から危機説へ**　30歳代後半から50歳代にかけての中年期は，かつて人生の最盛期であり，ライフサイクルの中で心理的に安定した時期であると考えられてきた．しかしながら今日では，「中年期危機」ということばが示すように，中年期は人生の曲がり角であり，心，体，職業，家族などさまざまな問題をはらんだ発達的な危機期であるという見方が注目されるようになった．

中年期は，生物学的，心理的，社会的，いずれの次元でも大きな変化が体験される．しかもそれらの変化は，人生前半期においては，獲得的，上昇的変化であったものが，中年期には喪失や下降の変化へと転じるという特質をもっている．このような心身の変化は，中年の人々の内側と外側から心を揺さぶり，脅威を与える．中年期の変化やそこから生じる臨床的問題は，個々人の存在全体が揺り動かされる「構造的葛藤」ととらえることができる．

●**中年期の心と体の変化**

(1) 中年期の身体的変化：中年期の身体の変化において，最も切実に感じられるものは，体力の衰えである．体力の低下を背景にして，さまざまな疾患，特に生活習慣病の罹患率が上昇し始める．また，中年期を迎えると，性機能も低下し始め，女性はほぼ45〜55歳の時期に閉経を迎える．閉経は，卵巣機能が廃絶し，月経が停止する現象であり，エストロゲン分泌が低下することにより，更年期障害とよばれる諸症状が現れやすい．

(2) 家族ライフサイクルからみた中年の危機：中年期には，家族にも大きな変化がみられる．親子関係においては，子どもの自立への動きにともなう親役割の喪失感，すなわち「空の巣症候群」とよばれる不安定感が存在している．

中年期は，夫婦関係にとってもまた，危機をはらんだ時期である．夫婦が中年期を迎える時期には，多くの家庭では子どもは思春期，青年期に達し，親からの自立を試み始める．結婚当初から，心理的にかけがえのないパートナーとしての親密な関係性を育ててこなかった夫婦は，子育てが一段落着いた中年期にいたって，夫婦共通の目標を失うことになる．中高年の離婚は1970年代以降，増加の一途をたどり，「熟年離婚」として注目されている．

また中年の夫婦は，親の死の看取りや老親の介護を担うことも少なくない．ここで再び，家族構造の再編成が求められることになる．老親の介護や看取りという家族の危機によって，それまで潜在していた夫婦関係の問題が表面化してくる場合も多い．

(3) 職業人としての中年の危機：現代社会における先端技術や情報化社会の急

速な進展，さらに終身雇用制，年功序列制の揺らぎや崩壊など，職場環境の急激な変化は，中高年世代を中心とした職業人にさまざまなストレスと職場不適応をもたらしている．これらの職場適応障害は，うつやテクノストレスなど，さまざまな形をとって現れる．中年世代の職場不適応の背景には，青年期から努力を重ねることで社会的地位や収入も上がり，それが自分や家族の幸福につながると考えてがんばってきた人々が，中年期に挫折や破綻を体験することによる．その挫折体験の多くは，体力・気力の衰え，職業のうえでの出世や能力の限界感の認識などである．

　今日，中年の人々のメンタルヘルスの悪化が注目されるようになったことには，中高年の自殺者やうつの増加がある．1998年以降連続して，自殺者は年間30,000人を超え，大きな社会問題となっている．その背景には，長引く社会経済不況があるといわれているが，自殺者の約半数は40〜50歳代の中年世代が占めていることも見逃せない事実である．また，うつと診断される中年の精神神経科受診者の数も急増している．

●**中年期のアイデンティティの再体制化**　中年の危機は，男女，職業の有無や職種にかかわらず，多くの人々が体験するものである．多くの人々は，中年期の入り口で，上記のような内容をはじめとして，今まで味わったことのない心や体のネガティブな変化を体験する．それにともなって，これまでの人生の未解決の心理社会的課題が顕在化することも少なくない．

　しかしそれを契機として，これまでの自分の生き方の見直しやこれから将来の生き方への模索を行うことによって，自分の生活，生き方，働き方の軌道修正・軌道転換が行われ，中年期以前よりももっと安定した肯定できるアイデンティティが獲得されるのである．このプロセスは，「中年期のアイデンティティ再体制化のプロセス」（表1，岡本，1985，1994，2002）ととらえられる．このように中年の危機は，心の発達にとって光と影の両面を示す重要な意味をもっている．人生後半期へ向けての発達には，自己の内面，および「個」と「関係性」のバランスと統合が重要である．　　　　［岡本祐子］

表1　中年期のアイデンティティ再体制化のプロセス

段階	内　　　容
Ⅰ	身体感覚の変化の認識に伴う危機期 ・体力の衰え，体調の変化への気づき ・バイタリティの衰えの認識
Ⅱ	自分の再吟味と再方向づけへの模索期 ・自分の半生への問い直し ・将来への再方向づけの試み
Ⅲ	軌道修正・軌道転換期 ・将来へ向けての生活，価値観などの修正 ・自分と対象との関係の変化
Ⅳ	アイデンティティ再確立期 ・自己安定感・肯定感の増大

（岡本，2002, p. 65）

加齢と老化

☞「ライフストーリー」p. 20,「時間的展望」p. 304,「価値観」p. 308

●**エイジングとは**　わが国では老化あるいは加齢と訳されている．エイジングパターンを包括的に理解するために，正常老化と病的老化に大別してとらえると理解しやすい．老年医学では身体の衰えなどの衰退過程（生物学的老化）や発病，有病などの病的老化の発生機序と予防，治療を研究するため「老化」を用いることが多い．

　発達心理学では20世紀前半期頃，人の発達を幼児，児童，青年期では成長が続いた後，成人期以降は横ばいとなり，高齢期に入ると徐々に衰退していく丘カーブ型の生物学的老化からとらえ，老年期は衰退期と位置づけていた．これは心理学の実証研究においても同様であり，感覚，知覚運動，精神運動機能などの老化過程や知能，人格機能のピーク時と以後の衰退過程を実証しようとしてきた．例えば1930～1950年代，知能は20～30歳がピークであり以降は低下していく老化パターンの知見が受け入れられていた．この傾向は当時色濃く存在していた老いや老人への否定的な固定観念（老人は労働人口になれず役立たず，家族や社会に依存する者）が大きく影響を与えていた．しかしながら，老人人口が増加していく中で，バトラー（Butler, 1969）は人種や性別による差別と同様に老人であるという理由により差別が行われる現象をエイジズムと称し，老人への偏見を批判した．老年心理学や発達心理学においても長寿化とともに人の発達過程が長くなり，上昇，維持，衰退を含めた生涯発達的な見方が取り入れられ，「人は生涯発達し続ける」という長い時間軸からとらえる「加齢」を用いることが定着してきた．

●**生涯発達とエイジング**　人生80年代を迎えた21世紀は高齢者の時代と称され，老人の呼称も老人（老いた人）から高齢者へ，老年心理学も高齢者心理学となった．発達心理学も，発達は受精から始まり，死で終わるプロセスとして全生涯を視野に入れた生涯発達的視点が取り入れられた．発達は人生のあらゆる時期で起こり，その変化パターンは多岐にわたるが，変化のパターンや特徴はどの時期の発達を考えるうえでも重要となる．バルテスら（Baltes et al., 1984），シャイエら（Schaie & Labouvie-Vief, 1974）などの生涯発達的視点からの知能，知恵の加齢研究で知能は成人期から中年期にかけて発達し続け，さらに高齢期においても結晶性知能は若い世代と同じ水準を維持している知見が得られた．人格の生涯発達研究（McCrae & Costa, 2003；Helson et al., 2002）においても人格は生涯にわたって多様に変化し，その変化も人生の各時期により異なることが見出されている．

　発達理論においてはビューラー（Buhler, 1968）が心理社会的曲線の生涯発達

モデルから人生の各時期の人生目標と発達課題を提唱し，精神分析学的立場からエリクソン（Erikson, 1950）の社会心理的発達理論が，また，人生の各時期に果たすべき課題を達成しながら成長・発達するとするハビガースト（Havighurst, 1953/1995）の発達課題理論などが有名である．

●**エイジングパターンと高齢期の良適応（successful aging）**　高齢期において上手に年をとり幸せに過ごすためにはどのようなエイジングの過ごし方が最適なのかをめぐってさまざまな理論が提唱されてきた．1950～1960年代に脚光をあびた離脱理論は加齢とともに生じる社会的接触や人間関係の縮小は社会が高齢者に押しつけたものではなく，自然かつ普遍的な発達過程であるとしている．対照的に活動理論は高齢者は中年代の人々と同じ心理・社会的要求をもっており，できる限り社会的活動や交流を維持することが人生満足感につながるとし，定年や友人の死，転居により対人交流が少なくなったとしてもそれに代わる活動や友人をみつけて活動を維持しなければならないと主張した．両理論は高齢期の社会的活動と人生満足感の関係に関して多くの刺激をもたらしたが，普遍性，妥当性の欠如や個人差の問題，高齢者の健康状態が考慮されていないなどの批判や論議が展開され，両理論に代わる心理学的理論としてカーステンセンら（Carstensen et al., 2003）は人生上の時間の知覚と情緒的満足感から社会情動的選択理論（socioemotional selectivity theory：SST）を提唱している．高齢者は加齢とともに残された人生上の時間が少ないことを知覚するにつれて，楽しい情緒面の満足を多く体験することに価値を置くようになる．そのため，つきあいのネットワークを幅広いつきあいはやめて楽しい関係が保てる親友や家族関係に絞って多くの時間を過ごし，そこから情緒的な満足や充実感を得ようとする．つまり高齢者は社会的規範に順応して社会から退避しているのではなく，みずからの社会的世界をみずから選択，決定して満足感を得るのである．本理論は高齢者は若い世代よりも否定的な情動が少なく，逆に肯定的な情動が増えていくことを見出した情動の加齢研究からも実証されている（Mroczek, 2001）．

　バルテスら（Baltes & Carstensen, 1999）はさまざまなエイジングパターンの存在とエイジング過程での個人差，適応性から補償を伴う選択的最適化理論（selective optimization with compensation theory：SOC）を展開している．本理論は加齢とともに起こる心身面の老化のため活動が制約されがちになる中で活動を選び（選択），その活動にエネルギーを費やし（最適化），活動が達成できるようにさまざまな工夫を試みる（補償）という，プロセスの相互作用から高齢者は高い満足感，充実感を得て上手に適応していくとしている．前述のSSTは対人ネットワークの選択，SOCは活動性の選択から理論を展開しているが，ともに高齢期のsuccessful agingを得る戦略であることが注目される．　　　　　　　［下仲順子］

高齢者の社会的適応

☞「ライフレビュー」p. 22,
「生と死」p. 118

　高齢者が高齢期に起こる生理的・精神的・社会的な変化に適応して幸せで心理的に安定した生活を送ることができることを「高齢者が社会的に適応している」という．老年学では「サクセスフル・エイジング」という．サクセスフル・エイジングは，客観的に評価できる個々人の身体能力や環境という要素と，主観的な各自の評価としての幸福感や精神的満足の二つの評価から構成されるが，前提は，人は年をとることによって生理的な老化をもたらすということである．そのため，高齢者が，その生理的な老いとどのように折り合いをつけて生活すれば社会的に適応し，生活満足や，幸福感，主観的満足とつながるサクセスフルなエイジングを迎えることができるのかということになる．

●**離脱理論と活動理論**　1960年代に，退職後の高齢者の生き方について「離脱理論」と「活動理論」という二つの理論の間で論争が起きた．両理論とも，高齢期には生理的な老いが訪れるという前提に立つ．離脱理論は，その老いとバランスをとるためには社会的な活動から引退した方が精神的な満足を維持できると考える（Cumming & Henry, 1961）．しかし，活動理論は，高齢期の生活でも中年期と同じ活動水準や活動様式を維持することが精神的な満足を高め，また，社会的な役割を喪失しても代わりの役割がみつかり適応することができる（Havighurst & Albrecht, 1953）と考える．両者の理論は，高齢者は社会とかかわりを続けるべきか否かという一次元的な視点で枠にはめ込もうとする考え方であるが，論争の決着はつかなかった．

　その後，高齢者の適応にも多次元的な考えがあるとして提案されたのが「継続性理論」（Neugarten et al., 1968）である．継続性理論は，高齢者が幸せに感じる生き方は，それぞれの高齢者が長い人生の中で経験し形成してきたパーソナリティによって異なってくるという考え方であるが，高齢期の生活をパーソナリティ論として考えると，前提となる「生理的な老い」への対処はどうするのかという課題が残ることになる．

　そこで，高齢者の社会的適応を生理的な老いとの関連の中でとらえようとする考えとしてバルテス（Baltes, 1997）のSOC（selective optimization with compensation）理論とカールステンセン（Carstensen, 1999）の「社会情緒的選択理論」が提案された．SOC理論は，人は自分の生理的機能の低下に気づいたとき，その低下による日常生活への影響を「補う」ために，それまでとは異なる目標を立てたり，絞り込んだりして，生活を「選択」し，そのために自分がもっている機能を最大限活かした方略「最適化」をとるという人生のマネジメントによって適

応をしていくことができるとしている．一方，社会情緒的選択理論では，人が社会的な関係をもつ動機には，情緒的な交流と知識の獲得の二つの側面があり，自分の将来が開けているという認識の中では知識の獲得に，限界があると認識されると情動に関連した動機づけが起きるという．したがって，老年期は生理的な老化に気づくことで，情動志向になる．情動的な動機は家族や親しい友人によって満たされ，知識的な動機は必要な知識を与えてくれるかどうかが優先される．高齢期にネットワークや社会参加活動が減少するのは，老化への気づきから将来への限界が確認され，情動的な面が知識の獲得より優先されるために，高齢期になるとつながりの多くは減少するが，つながりをもつ人との親しさは強まっていると仮定されている．

●**プロダクティブ・エイジングから老年的超越まで**　以上の考え方は，生理的老化を否定的にとらえないという点で類似しているが，高齢期の生理的老化には，気づかない程度の老化レベルの人もいれば，自立できないほど低下する人もいる．特に，近年，平均寿命の延びによって，65歳以上を「高齢者」とひとくくりには論じることができなくなっている．そこで，生理的な老化の程度が日常生活を送ることにほとんど影響のない人や，一人で生活をすることが困難になる超高齢者についての適応理論が提案されている．前者はバトラー（Butler, 1985）の「プロダクティブ・エイジング」であり，後者がトルンスタム（Tornstam, 1997）の「老年的超越理論」である．

　プロダクティブ・エイジングは，高齢者は老化によってすべての能力が低下し無能力になっていくという「エイジズム」への反発から提唱された．高齢期のプロダクティビティには，①有償労働，②無償労働，③自発的な組織活動，④相互扶助，⑤セルフケアなどがある．これらの活動は，たとえ無償であっても経済的な価値に換算できる．高齢者のこれらの活動への参加は，社会にとっても有用であり，高齢者自身の身体的・精神的な健康や幸福感・生活満足度にも良い影響を及ぼすことが証明されている．一方，老年的超越理論は，プロダクティブ・エイジングのように身体的に元気で社会の中で活動的に暮らすことが幸せという考え方では説明できない人たちを解釈することができる．トルンスタムは，身体の老化による社会関係の縮小が起きても，一般的な社会的な価値を捨て孤立した生活を好み，自己概念として存在そのものをありのままに受容し，宇宙的な意識をもつような状態の価値観や行動特性を身につけることで，精神的に満足した幸せな状態にいることができるという．一般的に老化とともに生活満足度は低下していくと推測されていたが，「エイジング・パラドックス」ということばが示唆するように，若年者より高齢者の満足度がむしろ高いことは，SOC理論や社会情緒的選択理論によって説明が可能になり，また，プロダクティブ・エイジングや老年的超越理論によって高齢期の適応パターンは多様であることを示している．　　［藤田綾子］

高齢者の心理・性格特性

☞「情動」p. 400,「ビッグファイブ」p. 438

●**高齢期の心理特性** 近年の高齢期の心理特性の研究は，過去に定着していた高齢期の心理機能は衰退するといった固定観念を否定した成果を示し，高齢者像は大きく変わった．例えば，物忘れは高齢者の代表的な特徴とされてきたが，認知心理学的アプローチからは 60 歳以降の短期記憶の低下は少なく日常生活を送る上で大きな問題とならないことや，長期記憶である意味記憶は高齢期においても維持されることが報告されており，高齢期になるとすべての記憶機能が一律に劣えていくことはない（Ronnlund et al., 2005）．さらに知能においても蓄積された経験を生かす結晶性知能は 20 歳代から 60 歳代にかけて上昇が続き，70 歳頃から低下し始めるが，低下は急でなく 80 歳代においても 20 歳代と同じ知能レベルを維持していることが明らかとなったのである（Schaie, 1994）．

従来，感情の生涯発達過程はあまり注目されてこなかった．しかし，高齢期の successful aging にとって中心的な機能であり，近年の感情の生涯発達研究（Mroczek & Kolarz, 1998；Carstensen et al., 2000, 2011）からは肯定的な感情体験は加齢とともに増加し，高齢者の感情体験は若い世代と同じようであった．一方で，否定的な感情体験は 60 歳くらいまで徐々に低下し，以降は変化がなく安定性を維持しており，意外にも高齢者の方が若い世代よりも肯定的な感情体験が多く，否定的な感情体験が少ない情緒生活を送っていることが判明したのである．

●**高齢期の人格特性** 人格は成人期以降，変化するのか安定を維持しているのか，について過去 20 年以上論争が続き注目されてきた．

マックレーとコスタ（McCrae & Costa, 1990）は神経症傾向，外向性，開放性，調和性，誠実性の 5 人格特性が 30 歳代までに成長（変化）した後は，生涯を通して安定していることを見出した．しかしながら，ヘルソンら（Helson, et al., 2002）は，40 年以上の追跡研究から，人格は成人期以降の変化し，その変化は多彩であり，人生の各時期により変化は異なるし，また男女での人格変化も異なり，変化には各人生期で経験する社会環境の変化やライフイベントが影響することを主張した．その後，高齢期の人格研究は高齢者を特徴づける否定的な人格特徴（例：頑固，自己中心的，抑うつ的など）の加齢変化研究から 5 人格特性の生涯発達研究が主流となっていき，成人期から高齢期にかけて人格は変化することが受け入れられてきている．これは，マックレーら（McCrae, et al., 2002）が，異なった文化圏（欧米，アジア，イスラム圏）で，神経症傾向，外向性，開放性，は思春期と若い世代のほうが高く，調和性と誠実性は高齢群のほうが高いという共通の年齢差が示されたことから，人格は人間の生来的，内因的気質を基盤とし

た自然な成長プロセスであり，おとなになるにつれて社会から要求される社会的役割，子育てや親としての責務を果たす過程で人格的な発達が促進されていくのだろうと解釈している．下仲ら（2001）は日本の地域住民（25〜87歳）を対象にして5人格特性（神経症傾向，外向性，開放性，調和性，誠実性）の年齢差を検討し，神経症傾向，外向性，開放性は青年群が高く，高齢とともに低くなっているが，調和性，誠実性は高齢群ほど高くなっていることを見出した．換言すると，高齢になるにつれて多くの刺激を求めず，行動は控え目になり，温かく穏やかで情緒は安定していく反面，意志や責任感は強いといった肯定的な方向への変化，社会的にも心理的にも成熟していくことが反映されているといえよう．

●**人格と性差** 高齢期の5人格特性における性差について，コスタら（Costa & McCrae, 2001）は26か国の青年から成人，高齢者サンプルを分析し，女性は従来指摘されているように神経症傾向が男性より高く，温かさ，感情や感受性，好奇心，積極的な行動や人とのつきあいも高かった．一方，男性は自己主張的，リーダー的，知的関心，型にはまらない考えが女性よりも高かった．このように男性は思考，女性は感情や情緒志向が強いという性役割観念が異なった文化圏で共通して示されたことが注目された．

自我機能の発達研究（Gutmann, 1975）においても，男性性役割は成人期の積極的で攻撃的，競争的から加齢とともに受身的，養育的となり，女性は逆に女性的な行動から男性的な行動を多く表すようになった．これらの変化は性役割の逆転というよりも社会から押しつけられた性役割の固定観念から男女とも両性性に向かって発達していくことを意味している（Gutmann, 1992）．高齢期の性役割と適応（下仲他，1991）の関係をみると高齢者男女ともに両性性が最も適応が良いことが示され，ジェンダースタイルも人格の基本的な発達過程の一つとして高齢期でも重要になってくるのである．

●**長寿と人格** わが国が世界一健康で長生きする国といわれて久しいが，現在においても100歳を超える長寿者が毎年増加しており，近年では人格の生涯発達研究も80〜100歳の超高齢期における人格の発達過程の解明が進められ始めている．長寿に関係する人格特性として児童期や成人期の「誠実性」が生存に寄与していることが見出されている（Friedman et al., 1995；Martin et al., 2007）．このことは，高齢者を対象にして5人格特性と死亡のリスクをみた分析においても誠実性の低い人が高い人よりも死亡のリスクが高いことから確認されている．また前述した感情の研究（Carstensen et al., 2011）においても，肯定的な情緒体験の多い人は否定的な情緒体験の人よりも長生きしていることが明らかにされている．誠実性の高い人は自分を律することができ，慎重にかつ一生懸命に目的に向かって努力するため，規則正しい生活習慣や健康管理が可能であり，ストレスをさけた生活を送ることが長寿を導くのであろう．　　　　　　　　　　［下仲順子］

百寿者研究のねらい

　ヒトの心理的な発達や加齢変化は，何歳まで続くのであろうか．ヒトの寿命の限界は120歳ぐらいだと考えられている（Jeune & Vaupel, 1999）．これまで，高齢期の研究では，比較的高い年齢（80歳ぐらい）まで結晶性知能は維持され，ポジティブな感情が高くなることが示されている（Scheibe & Carstensen, 2010）．このような心理的な加齢変化は，ヒトが寿命を全うするまで続くのだろうか．また，長寿に影響する心理的要因はあるのだろうか．百寿者研究（100歳以上それに準じる人たちを対象にした研究）は，寿命の限界近くまで生きた人たちを対象とすることで，それらの疑問を解明することを目的としている（権藤，2010）．

●**百寿者研究の知見**　これまで実施されてきた百寿者研究は，長寿の背景要因を明らかにすることを目的としたものがほとんどで，中でも遺伝子や生理的な特徴を対象にした医学的な研究が中心であったといえる．現在，高齢者人口の増加にともなって世界各国で百寿者研究が行われるようになっているが，百寿者の精神的健康やその背景要因に注目した心理学的な研究は少ないのが現状である．また，性格といった心理学の領域を扱っていても長寿との関連に言及しているものがほとんどである（Martin et al., 2006；Masui et al., 2006）．

　そのような状況ではあるが，近年は認知機能や人生満足感，幸福感や健康感といった感情状態に注目した研究もみられるようになっている．特に，百寿者は健康状態や幸福感などに対する主観的評価が高く，精神的健康が良好であるという知見が複数の研究で報告されており，その背景要因が注目されている（Dello Buono et al., 1998；Jopp & Rott, 2006；権藤，2002）．

　一般的には高齢になると疾病が増え自立が困難になり，精神的健康は低下すると考えられている．ところが，加齢の影響で視聴覚機能，身体機能や認知機能が大きく低下し，さまざまな疾患の有病率が高い百寿者において，精神的な健康が良いという現象は注目すべき特徴であるといえる．例えば権藤らは，認知症ではない百寿者を対象に，主観的幸福感の尺度であるPGCモラール尺度を実施した．百寿者の身体機能は前期高齢者や後期高齢者と比較すると低かったが，幸福感は変わらなかった．さらに，百寿者の幸福感は身体機能の低下している前期・後期高齢者と比較すると高かったのである（権藤，2002）．

●**百寿者研究から得られた仮説**　百寿者においてさまざまな機能の低下に反して精神的健康が良いという逆説的な現象は，三つの仮説から説明可能である．第一は精神的健康に影響するさまざまな要因の中で百寿者においては身体的機能の影響力が弱まり，ほかの要因の重要度が上昇する可能性である．アメリカのジョー

ジア百寿者研究（Poon et al., 2007）は，主に心理的な要因に注目した研究の代表的な研究である．比較対象が存在せず，既存のデータと比較することが多い百寿者研究の中では珍しく，60歳，80歳を対象に同一の調査を実施しており，上記の仮説を検証することが可能である．その結果からは，若年高齢者群と比較して100歳群では，主観的健康感に対する疾病の影響が小さくなり，性格特性における不安傾向の影響が大きくなることが示されている（Margrett et al., 2011）．

　第二は，精神的健康状態の良さが長寿の要因であるという可能性である．つまり，精神的健康の良さを含めてポジティブな自己評価に影響する性格，行動特徴が身体的健康の良さを介して長寿につながるという可能性である．例えば，岩佐らは，PGCモラール尺度の得点が高い方が5年間の生存率が高いという結果を地域在住の高齢者を対象にした研究で報告している（岩佐他, 2005）．

　第三は，始めに紹介したような加齢にともなってポジティブ感情が高くなるという現象が，100歳以上まで継続している可能性である．高齢期にポジティブ感情が高くなる現象の背景には，社会情動的選択性理論とよばれる，高齢者は意図的にポジティブな情報に注意を向け選択するという仮説（Scheibe & Carstensen, 2010）と，脳の機能そのものがポジティブ情報を処理しやすくなるという二つの仮説（Cacioppo et al., 2011）がある．現在のところ，若年高齢者に対しては前者の理論を支持する結果が多く報告されている．しかし，ポジティブな情報に注意を向け優先的に処理をするためには，認知的な資源が必要であるとされており，認知機能が低下する百寿者には当てはまらない可能性もある．

●**百寿者研究の問題点と新しい百寿者研究のデザイン**　ここまで，百寿者は身体機能の低下が著しいにもかかわらず，精神的健康が良いこと，そしてその背景にいくつかの仮説が考えられることを紹介した．現在までこれらの仮説は検証されていないのが現状である．ジョージア百寿者研究における仮説はある程度支持されているといえるが，実際に加齢にともなってそのような変化が生じるのか，それとも長寿を達成する人たちの特徴なのかは分離が難しい．これらの問題を検証するためには，100歳長寿を達成する可能性のある人々を含んだ集団を対象に縦断研究を行う必要がある．デンマークで行われている1905年コホート研究（Engberg et al., 2008）は，92～93歳の国民の63％を10年間追跡し，長寿要因を探索することを目的にした研究であり，医学生理学的側面を中心にさまざまな結果が報告されている．わが国は世界に先駆けて1972年に初めての本格的な百寿者全国調査が実施されており，世界的にみても百寿者研究の先進国であったといえる．しかし，近年は心理的な研究も含めさまざまな研究領域で欧米の国々に後れを取っている．単純に百寿者を調べれば何かわかるかもしれないという安易な発想ではなく，超高齢期における心理的な発達を検証するための組織的に計画された百寿者研究が望まれている．

［権藤恭之］

高齢者の終末期ケア

☞「介護」p. 70

　世界保健機関（WHO）の 2002 年の定義によれば，「緩和ケアとは，生命を脅かす疾患に起因した諸問題に直面している患者とその家族に対し，痛み，その他の身体的，心理社会的，スピリチュアルな問題を早期に発見し，確実な診断と対処方法によって，苦しみを予防または和らげることで，クオリティ・オブ・ライフを改善するアプローチである」とされている．早期からさまざまな問題を発見し，確実な診断と対処方法を施すとともに，予防の重要性を指摘している．さらに，緩和ケアは末期がん患者だけでなく，疼痛や苦痛をもつすべての疾患に拡大されている．

　緩和ケアが使われる前は，ターミナルケアが使われていた．ドイルら（Doyle et al., 1993）は，「ターミナルという用語は，『死』や『終わり』をイメージするので，否定的で受け身的な対応になってしまう．緩和ケアでは，死よりも最期の瞬間まで生きることを目指しているので，ターミナルという用語は適切ではない」と指摘している．徐々に使われなくなっているが，併記されている場合もある．

　一方で，高齢者分野では 1995 年前後から北米を中心に，従来の緩和ケアやターミナルケアとは異なる高齢者の特徴を反映した用語である，「エンドオブライフ・ケア」が使われてきた．カナダ政府の諮問委員会（2000/2001）は，エンドオブライフ・ケアを以下のように定義している．「生命を脅かす進行性あるいは慢性の状態で生き，あるいはそれによって死にゆく個々の高齢者を治療し，慰め，支える，能動的で共感的なアプローチを必要とする．また，個人的，文化的そしてスピリチュアルな面での価値観，信仰，習慣に配慮する必要がある．さらに死別前後の家族や友人に対するケアを行う」

　この定義は，人生の終焉に受けるケアを広範囲に示す考え方である．日本では，まだエンドオブライフ・ケアに対する訳語はないので「高齢者の終末期ケア」と同義語で使われている．

● **死亡場所の推移**

　図 1 に示すように，わが国の死亡場所の推移（厚生労働省，2008）を概観すると，1951 年は自宅での死亡が 82.5%

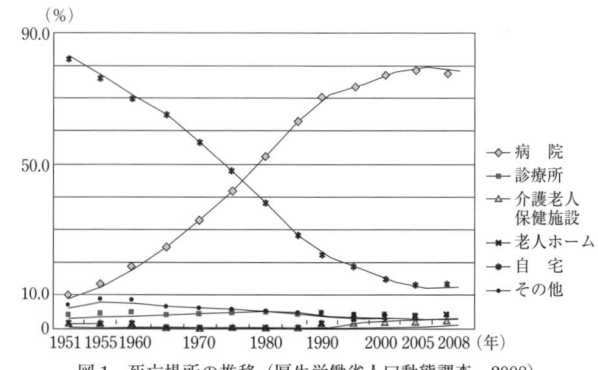

図 1　死亡場所の推移（厚生労働省人口動態調査，2008）

と高く，医療機関（病院＋診療所）ではわずか11.6％であったものが，1976年には逆転し，2008年には自宅12.7％，医療機関81％となった．諸外国では，イギリスとフランス58％，スウェーデン42％，オランダ35％であり，わが国は医療機関での看取りが多いのが特徴である．一方で，老人ホーム3.2％，老人保健施設1.1％と施設内の看取りが微増しているが，ナーシングホームを終末期ケアの場としているOECDの施設内死亡率30％には及ばない．

国立社会保障・人口問題研究所（2006）によれば，高齢人口の増大により死亡者数は増加し，2025年は152万人，2040年には166万人になると推計されている．わが国はこれまで経験したことがない多死時代に突入している．死亡場所に関する国民の意識調査（2008）は，「自宅で療養したい」「自宅で療養したいが，最期は必要になれば医療機関や緩和ケア病棟に入院したい」を合わせると，60％以上の国民が自宅での療養を希望している．また，自宅で最期まで療養することが困難な理由として，「介護してくれる家族に負担がかかる」「症状が急変したときの対応に不安がある」をあげている．

在院日数短縮化など医療政策が推進されるため，特別養護老人ホームなどでの終末期ケアを充実させるとともに，在宅終末期ケアを担う訪問診療や訪問看護ステーションのインフラ整備と人材育成が求められている．

● **高齢者の死にいたる三つのパターン**

リンら（Lynn & Adamson, 2003）は，高齢者の死にいたる経過には，以下の三つのパターンがあることを示した（図2）．これらは，いつごろから終末期とするのか，予後予測を踏まえた終末期ケアの指標となる．

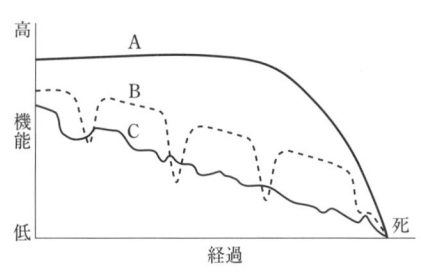

図2　高齢者の死にいたる経過
（Lynn & Adamso, 2003）

【パターンA】がんなどの場合で，亡くなる数週間前までは自立した生活を送っているが，ある時点から急速に悪化して死にいたる．疼痛やその他の症状コントロールを行うとともに，本人の希望や生活目標が実現できるように早期から関わる．

【パターンB】心臓・肺・肝臓などの臓器不全の場合で，慢性疾患の急性増悪を繰り返し，全体としては2～5年のスパンで下降線をたどりながら死にいたる．慢性疾患の悪化予防と感染症予防が重要である．

【パターンC】老衰や認知症の終末期であり，長期にわたり徐々に機能が低下し，多くは肺炎などで死亡する．死期の予測が難しく，認知機能の低下で本人の意思確認が難しいことが多いため，本人の意思を推察し，なじみの生活の延長線上での穏やかな看取りと，介護者支援が重要である．

［篠田道子］

死と死にゆくこと

☞「宗教性」p. 116,「生と死」p. 118,「自殺・死別」p. 504

　死は伝統的に宗教や哲学，近年では精神医学，心理学や倫理学で扱われてきた．死とは，「何らかの内的あるいは外的要因が生体に作用し，生体の恒常性の限界を超えて，生体の動的平衡が破綻し，その生命活動が不可逆的に完全に停止した状態」である．死の三徴候である，①自発呼吸の停止，②心拍動の停止，③瞳孔散大（中枢神経の機能停止）が一定時間持続した場合，社会通念上の死とされる．心肺停止による心肺脳機能のすべての停止を「心臓死」，脳機能のみが廃絶しても人工心肺などによって心肺機能を保っている状態を「脳死」とよび，死の確定には議論の余地が残されている．

●**死への過程**　キューブラー=ロス（Kübler-Ross, E.）は，多くの死にゆく人々（終末期患者）の面接を行い，死への過程を検討した．彼女は革新的な著書 *On Death and Dying*（邦訳『死ぬ瞬間』）を1969年に出版し，「5段階の死への過程」を発表している．それによると，患者は致命的疾患にかかったことを知ると衝撃を受け，第1段階では現実を「否認」し，第2段階では「怒り」が生じ，第3段階では運命と「取り引き」をしようとし，第4段階では「抑うつ」となり，第5段階では死を「受容」するというものである．しかし，患者は最後まで希望を失っているわけではなく，患者の希望を支える配慮が必要であるとしている．また，すべての人がこのような過程をたどるわけではなく，いくつかの段階を行き来したり，ある段階にとどまったりするとしている．

　バックマン（Buckman, R.）は，キューブラー=ロスの「5段階の死への過程」を死の脅威に対する重要な共通の反応であるが，受容以外は死への過程ではないこと，この過程の中の感情を順に追って経験するわけではないことを述べている．そして死への過程の3段階モデルとして，①初期段階（脅威との直面），②中期段階（脅威との共存），③最終段階（死の受容）を提唱しており，各段階での反応や感情は人によって違うとしている．

●**スピリチュアルな苦痛とケア**　近代的ホスピス運動の母といわれるソンダース（Saunders, C.）は，終末期患者との関わりを通して患者が経験している複雑な苦痛について「全人的苦痛」という概念を提唱している（図1）．英語では，painは単に「痛み」だけでなく，「苦痛・苦悩」（distress, suffering）という意味が含まれている．つまり患者にみられる苦痛・苦悩を，身体的（physical）苦痛のみとして一面的にとらえるのではなく，精神的（mental）苦痛や社会的（social）苦痛，スピリチュアルな（spiritual）苦痛も含めて総体としてとらえることである．これら四つの苦痛は，互いに影響し合って患者の苦痛を形成している．全人的苦

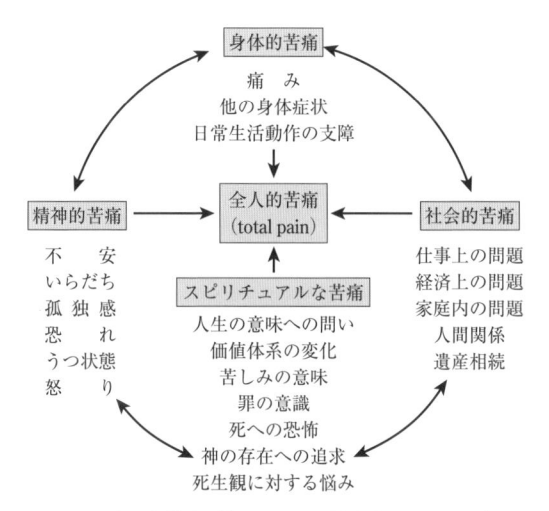

```
                    身体的苦痛
                     痛 み
                   他の身体症状
                  日常生活動作の支障

                    全人的苦痛
  精神的苦痛        (total pain)         社会的苦痛
  不 安                                 仕事上の問題
  いらだち     スピリチュアルな苦痛        経済上の問題
  孤独感       人生の意味への問い         家庭内の問題
  恐 れ         価値体系の変化           人間関係
  うつ状態       苦しみの意味            遺産相続
  怒 り          罪の意識
               死への恐怖
              神の存在への追求
             死生観に対する悩み
```

図1 全人的苦痛（淀川キリスト教病院, 2007, p.39）

痛の理解においては，患者の"病気"に焦点を合わせるのではなく，病気をもつ"人間"としてとらえる視点が重要であるとしている．つまり，全人的苦痛のある人間として患者は存在しており，包括的な全人ケア（whole person care）が要求される．

スピリチュアルな苦痛とは，極限状況における"生きる意味と価値の探求"と表現した方が理解しやすいかもしれない．人は死に直面する体験の中で，人間の心奥深いところにある究極的・根源的な叫びを意識的・無意識的にもつ．患者が表現するスピリチュアルな苦痛として，①不公平感：「なぜ私が？」，②無価値感：「家族や他人の負担になりたくない」，③絶望感：「そんなことをしても意味がない」，④罪責感：「ばちがあたった」，⑤孤独感：「誰も私のことを本当にはわかってくれない」，⑥脆弱感：「私はだめな人間である」，⑦遺棄感：「神様も救ってくれない」，⑧刑罰感：「正しく人生を送ってきたのに」，⑨困惑感：「もし神がいるのならば，なぜ苦しみが存在するのか」，⑩無意味感：「私の人生は無駄だった」などがある．

「スピリチュアルケア」は，ケアする者の人格や人間性からにじみ出てくるものをもってケアにあたるため，人間性や人格が重要である．傾聴できる忍耐，共感する感受性，苦しみを受け止められる包容力，関わりきろうとする意志，慰めや希望を提供できる能力などが必要である．それらに加えて自分自身を用いるため，まずどこまでも相手の身になろうとする決心が必要であり，確固たる人生観や死生観をもっていながら，患者や家族の人生観や死生観，価値観を尊重し受け入れる柔軟性や謙虚さが求められる．　　　　　　　　　　　　　　　　［恒藤　暁］

9. あいする

【本章の概説】

　「あいする」ことは，人間にとってすべての根源であると言っても過言ではないだろう．いかに根源であるか，という点については，例えば本章の「愛と憎しみ」において論じられるが，愛することは，それについて真っ向から論じるには，あまりに深淵な対象であるのも事実である．そこで本章では，何歩も下がったところで，主に個人間，具体的には対人関係という軸から論じていく．あわせて個人内という観点も盛り込まれている．

　本章では，順に，愛着，親子関係，夫婦関係，友人関係，恋愛関係，同性愛，自己愛，ドメスティック・バイオレンス，妬みと嫉妬，愛と憎しみ，について述べられる．まずは，章のオープニングとして，愛に関する重要概念である愛着について述べ，その後，親子関係，夫婦関係，友人関係，恋愛関係という四種類の対人関係に関する説明，続いて，同性愛，自己愛について理解を深めたうえで，ドメスティック・バイオレンス，妬みと嫉妬，という，愛のネガティブな側面を論じ，愛と憎しみについての論考で章を閉じる，という流れになっている．むろん，上記以外の対人関係も存在するし，また愛のネガティブな側面として他の現象もあるわけだが，厳選した上記10項目に「あいする」ことについての説明を代表させている．

　以下，順に各項目の内容について簡単に触れておこう．「愛着」では，この概念の提唱者であるボウルビィの考え方から論を起こし，愛着の個人差，愛着の生涯発達について述べられる．「親子関係」では，養護性の概念について述べられた後，母子関係，父子関係の説明がなされる．「夫婦関係」では，わが国における夫婦の関係性に関する先行研究について述べられた後，家族をシステムとしてとらえる視点について触れられる．「友人関係」では，「友だち」の概念規定が述べられ，幼児期から老年期に至るまでの友人関係の特徴について説明される．「恋愛関係」では，魅力の規定因に触れられた後，恋愛関係維持の方法に関する示唆が与えられる．「同性愛」では，同概念を明確化した後，同性愛の歴史，同性愛者の生活について説明が加えられる．「自己愛」では，病理としての自己愛，自己愛の測定について述べられた後，自己愛の年齢変化のデータなどが示される．「ドメスティック・バイオレンス」では，暴力の生起メカニズム，ドメスティック・バイオレンスの生じている関係の維持のメカニズム，に関する説明を経て，予防と対応について説明される．「妬みと嫉妬」では，妬み，嫉妬，それぞれの定義，発達的変化について，データに言及しつつ説明されている．「愛と憎しみ」では，精神分析理論に依拠し，愛の意味，ストーカーの病理，自己・他者といった観点から，愛と憎しみについて考察される．

　上記のように，本章では，愛すること（そしてまた愛されること）について，私たちを取り巻くさまざまな対人関係に触れながら，加えて，愛することのポジティブな側面，ネガティブな側面，双方に触れながら述べられる点が，特徴の一

つである．ドメスティック・バイオレンス，妬みと嫉妬，憎しみ，といったネガティブな諸側面は，決して愛することの対極に位置するのではなく，まさに愛ゆえの現象である．愛なきところには，ネガティブな諸現象は発生し得ない．愛することを語るには，一見対極の形をとり「真逆」の表出となっているこれらネガティブな諸現象を通してこそ，明らかになってくることは多いと思われる．ネガティブな表出ゆえに，かえって愛の存在について生々しい形でうかがい知ることができる，ということである．

　本章での主軸は，対人関係における愛であるが，愛することは何も人が人に対してというケースに限らないことにも留意する必要があろう．例えば，主義，信条，信仰を愛すること，ペット，自然，芸術を愛すること，など，人は，生物，無生物，抽象概念，などさまざまな対象について愛を向けながら生きている．そうした，人以外に対して向けられる愛については，結局巡り巡って他者への愛につながってくることも多いだろう．例えば，主義，主張を同じくする他者と愛し愛される関係になるというように．

　誰か/何かを愛することは，人間を建設的な方向に動機づけもするし，破壊的な方向に動機づけもする．すなわち，愛は両価的性質を有する．両価的であることこそが，愛することの本質の一つであろうから，例えば建設的側面のみの「愛」は，一見美しく心地良いかもしれないが，その対極たる破壊的側面をもたない点で，愛の範疇には入れがたい．愛の両価的現象について例をあげるなら，特定他者を愛することでその他者を生き生きとさせることができる一方で，愛するがゆえにその他者を死に至らしめることもあろうし，また，信仰を愛するがゆえに何とか生き延びられるということがある一方で，信仰を愛するがゆえに他の信仰を有する人間に破壊的行為をもたらすこともある．こうした両価性を有する愛概念であるが，「愛」というと，一般的には，その語の響きにポジティブな感覚を抱く場合が多いかもしれない．愛し愛されることに対する美しきイメージである．しかしながら，ネガティブな側面を合わせ考えてこその愛概念であろう．17世紀フランスのモラリストであるラ・ロシュフコオは，その著『箴言と考察』の中で，「よくある結果から，愛とはどんなものかといえば，それは，友情よりはむしろ憎悪に類する」と述べている．この言明はやや極論になるのかもしれないが，示唆に富むものである．愛とは友情なのか憎悪なのか，どちらに重きがあるのか，ということは措いておき，ともかく，愛は正負の両価的性質を帯びている．一見ポジティブな位置を安定的に確保しているようにみえても，一歩間違えば途端にネガティブ方向に転じていく可能性を常にはらむのが愛であろう．愛は，ポジティブ/ネガティブの分水嶺に，きわどいバランスで位置づいている概念といえるのかもしれない．

[村井潤一郎]

愛着

☞「乳幼児と親子関係」p.160,「人見知り」p.242,「基本的信頼」p.246

　愛着（アタッチメント）とは，この概念の提唱者であるボウルビィ（Bowlby, J.）によれば，生物個体がある危機的状況に接し，あるいはまた，そうした危機を予知し，不安や恐れの情動が強く喚起されたときに，特定の他個体にしっかりとくっつく，あるいはくっついてもらうことを通して，主観的な安全の感覚を回復・維持しようとする心理行動的傾向およびそれを背後から支える神経生理的制御システムをさしていう（Bowlby, 1969, 1973, 1980, 1988）．ボウルビィは，施設児や戦争孤児などに関する研究を通じて，母性的養育の剥奪という概念を提唱するにいたり，特定他者との関係性が安定して確保されないと子どもの発達に種々の歪曲や遅滞などが生じ得ることを示した．逆にいえば，特定他者との愛着関係に支えられて初めて子どもの心身のあらゆる側面の発達が健常に進行するという生物学的機序が存在することを，比較行動学などの知見にもよりながら主張したのである．彼の理論では，子どもは，養育者などを主要なアタッチメント対象とし，それを，危機が生じた際に逃げ込み保護を求めるための確実な避難所，および，ひとたびその情動状態が静穏化した際には今度はそこを拠点に外の世界を積極的に探索するための安全基地として利用するとされている．そして，その中で子どもは自律性や情動制御能力，また円滑な対人関係を築くための社会性の基盤を身につけることになるのだという．愛着は乳幼児期においてはもっぱら養育者などへの物理的近接としてあるが，発達の進行とともに徐々に特定他者への近接可能性に対する見通しおよび自他に関する基本的信頼感，すなわち内的作業モデルを核とする表象的近接へと変じていき，まさに生涯全般にわたって人の心身の安寧や適応を高度に保障すると仮定されている．

●**愛着の個人差**　もっとも，人がいかに愛着および安全の感覚の確保へと駆られる存在であっても，その欲求に応じる養育環境のあり方，特に養育者の敏感性によっては，それが容易に満たされない場合も当然あり得る．特に子どもはみずから養育者を選択することができないため，いかなる養育者であっても，その養育者との関係性を調整し，最低限，安全の感覚が保持されるよう振る舞わざるを得ず，結果的にそこに愛着の個人差が生じることになる．一般的に，乳幼児期における愛着の個人差は，エインズワース（Ainsworth, M.）が開発したストレンジ・シチュエーション法によって測定され，特にそこにおける養育者などとの分離時および再会時の反応に現れる差異から，愛着シグナルの表出が全般的に少なく養育者との間に距離を置きがちな回避型，養育者との分離に際しては泣きなどの愛着シグナルを積極的に示すが，それ以外の場面では情動的に安定している安定型，

全般的に愛着シグナルの表出が多く不安傾向が強いために概して養育者にしがみつきがちになるアンビヴァレント型のいずれかに振り分けられる（Ainsworth et al., 1978）．近年ではこれにメイン（Main, M.）の発案による，近接と回避の行動傾向が同時に活性化され不自然な行動停止やうつろな表情・すくみなどによって特徴づけられる不可解なアタッチメント，すなわち無秩序・無方向型（Main & Solomon, 1990）を加えて，計4類型で愛着の個人差を表現することが一般的になってきている．通常，回避型は相対的に拒絶的な養育者，安定型は敏感性の高い養育者，アンビヴァレント型は相対的に一貫性を欠いた養育者，さらに無秩序・無方向型は虐待傾向や感情障害などを有する養育者の下で生じてくる可能性が高いといわれており，現にこれまでの実証研究はおおむねそれを支持しているようである．また，これとは別枠組みで，幼少時から施設環境などで成育する子どもが多く示す特異な愛着の特徴を，愛着障害という視座からとらえる場合もある．DSMやICDなどの国際的基準によれば，一般的に，それは，大きく二つの下位類型，すなわち愛着行動がほとんど認められないかそれが極端に抑え込まれた抑制型，誰彼かまわず無差別的かつご都合主義的に愛着行動を向ける脱抑制型に分けて把捉されるようである（Prior & Glaser, 2006/2008）．

●**愛着の生涯発達** 現在では，世界各地で愛着に関する長期縦断研究が複数行われ，乳幼児期の愛着の個人差が，その後の各発達期における種々の社会情動的特質あるいは愛着の質そのものをある程度予測するという結果が得られている．特に，青年期・成人期の愛着の質を，成人愛着面接（George et al., 1984）をもって測定することが盛んになってきており，一部の研究では，乳幼児期の愛着型が成人期のそれと有意な関連性を示すことが報告されている．しかし，ハイリスク・サンプルなどではこうした連続性はあまり見出されておらず，発達早期の親子関係などの影響が絶対的なものではなく，さまざまなライフイベントや新たな対人関係の構築によって愛着型はかなり大きな変化を被る可能性があることも指摘されている．このほかに愛着の世代間伝達を扱う研究も行われ，養育者の愛着型と，その子どものそれとの間に有意な一致傾向があることが示されてきている．しかし，これについても約3割程度の親子に不一致が認められており，それが何に起因するのかが現今の大きな研究課題となっている．なお，近年，児童期，青年期，老年期といった各発達期に固有の愛着の特徴を見出そうとする研究動向も強まってきている．殊に青年期・成人期に関しては，成人愛着面接などとはやや異質な原理に基づく独自の質問紙法（e.g. Hazan & Shaver, 1987）を駆使した研究が多く行われるにいたっており，それによって測定される愛着の個人差が，友人・恋愛・配偶関係などに関して，また種々の社会的情報処理や社会的行動などにいかなる影響を及ぼし得るかの解明が飛躍的に進展してきているようである（Rholes & Simpson, 2004/2008）．

［遠藤利彦］

親子関係

☞「親を育てる」p. 164,「家族の起源」p. 282,「親になること/親をすること」p. 284

　親子として成り立つ人間関係では，生物学上のつながりが強調されることもあるが，これは必須ではなく，血縁のない人間間にも養育活動を通して親子関係は成立する．子どもは誕生の瞬間から，自分の行動に対する周囲のおとなの応答を経験していく．当初は明確な意味をもたない子どもの行為や発声に，養育者が意味を付与し反応として返すことで，子どもは言語スタイルや行動様式をはじめとして，その社会や文化に適応するために必要な規範や価値観を獲得し社会的相互行為に参加していく．こうした点で，養育者は子どもの社会化のエージェントとして機能する．

●**母性と養護性**　従来の発達心理学では，母子関係に注目し，子どもを出産し養育する母親のもつ特性を母性として重視してきた．仕事と家事・育児に性役割分担をしいてきたかつての社会の中では，育児を母親の責任とする考え方が主流で，幼い子どもへの保護や慈愛に満ちた行動は女性の先天的特性とされてきた．しかし，女性の就労と父親の育児参加が増加してきた近年では，育児を母子関係の問題とする固定観念は現実とはそぐわないようになってきている．花沢 (1992) は，母性は生物学的なものではなく，子どもに対する関わりといった経験の中で学習されるものとしている．父親が主たる養育者である場合の子どもへの育児行為を観察すると，母親と類似した話しかけや微笑反応をしていることことが見出された (Field, 1978)．これらのことから，母性よりも養護性という用語が用いられるようになり，その意味も親子間における養育に限らず，子どもからおとなまでの個体が自分より未熟な相手，高齢者や障がいをもつ人，動物など幅広い対象への共感性や養護行為を含むようになった．

●**母子関係**　発達初期の子どもの発達の様相やメカニズムは，主たる養育者としての母親との関係でとらえられ記述されてきた．子どもの生得的な行動特性である気質は，親の養育に大きな影響を与える要因と考えられる．さらに，それがその後の臨床的な問題を引き起こすリスク要因となるかどうかは，母親の養育態度や行動との相性に依存することから適合のよさ (Thomas & Chess, 1980/1981) とよばれ，個体の特性と環境要因との相互作用が強調された．子どものコミュニケーションの発達においても主たる養育者との関係が重要な機能を果たす．少し高いピッチで繰り返し話しかけたり代弁をしたりする母親のことばかけは，子どもの注意を喚起しコミュニケーションに参加させていく．生後8〜9か月になると，対人的なやりとりの中に，当事者以外の対象物やテーマが入ってきて三項関係が成立する．この対象物をめぐる相手の意図の理解や働きかけが，その後の言

語獲得やことばによるコミュニケーションに発展していくとされている．
　子どもの情緒的な発達についても，母子関係との関連で研究が行われてきた．発達初期には空腹や苦痛などへの生理的反応として泣きやぐずりなどを発し，養育者が授乳や苦痛の排除といった対処をすることで，子どもはみずからの情動の意味を理解していく．おとなが子どもの情動に関心をもち応答することが，子どもの適切な情動統制を発達させていくのである．また，愛着は主たる養育者との情緒的な信頼感とされるが，これには子どもの要請に対する養育者の応答性が影響するとされている．行動や意思表示に対して母親がタイミングよく応答することで，子どもは安定した愛着を形成するが，母親が期待どおりに応答してくれなければアタッチメントシステムを適切に活性化することができない．この初期環境における経験は，養育者の行動を予測するだけでなく，自分や他者についての内的ワーキングモデルの形成と密接に関わるものである（Bowlby, 1973）．

●父子関係　フロイト（Freud, S.）の精神分析論では，男児が父親を同一視することでエディプス葛藤を解決し，性役割観や価値観を獲得するととらえている．また，パーソンズ（Parsons, T.）の社会化論では，母親が情緒的な支持の提供や人間関係の調整など表出的機能を果たすのに対して，父親は社会的価値や規範を体現する道具的機能を果たすとしている．バンデューラ（Bandura, A.）の社会的学習理論では，父親は社会の規範や性役割のモデルとして模倣されるとしている．子どもたちは直接的な強化がなくてもモデルの行動を観察することによって，社会適応的な行動スタイルを学習する．
　これらは子どもの認識の発達に影響する父親の機能についての理論としてリン（Lynn, 1978/1991）があげたものである．母親が食事の提供や安全の確保など日常的な世話を中心とした働きかけをするのに対して，父親からは子どもの好奇心への刺激や社会におけるルールと技術に関わる情報提供がなされることが特徴といえる．しかし，家庭における父子関係の変化により，こうした機能も変わってきていると考えられる．
　近年では両親ともに就労している家庭が多くなっているが，子どもと過ごす相対的な時間はやはり母親が多く，父親は育児参加の機会が増えたとはいえ，基本的な世話よりも遊びに特化した関わりをもつ傾向が高いことが示されている（Lamb & Lewis, 2004）．
　コミュニケーションの観点でみると，遊びの状況では幼児への両親のことばかけには類似性が多い．しかし一方で，母親が子どもの言語能力を理解したうえでことばを単純化したり繰り返したりして調整するのに対して，父親は比較的高度な表現使用や応答要求をすることが多く，結果的に，こうしたことばかけは家庭の外の世界との橋渡しの機能を果たし，子どもの言語スタイルの習得に貢献するとされている（Mannle & Tomasello, 1987）．　　　　　　　　　　［上村佳世子］

夫婦関係

☞「家族の起源」p. 282,「親になること/親をすること」p. 284,「親の離婚」p. 486,「パートナーとの別れ」p. 490

●**夫婦の関係性**　日本における夫婦研究は，家庭役割の分担や協力，夫婦間の関係性，両親の夫婦関係と子どもの発達，家族の個人化が主なテーマとなっている．

子育てにおける夫婦の協同や分担については従来から活発に研究が行われてきたが（例えば，福丸他，1999），近年では，協同や分担にいたる夫婦間の調整過程に焦点を当てた研究もみられる（柴山，2007；青木，2009）．社会的交換理論から夫婦関係を説明した研究では，夫婦関係を維持するための投入とその関係から得る利得が夫婦間で衡平であることと，結婚生活満足感の関連は，性役割観により異なるとの知見（諸井，1990）が得られており，夫婦間の役割分担は夫婦の関係性や満足感と密接に関連する問題であるといえる．

夫婦の関係性は妻の職業生活や経済力と関連することが指摘されている．中年期夫婦では，双方がポジティブな態度でコミュニケーションをしている共感親和群は，妻の年収100万円以上の共働き夫婦に多く，夫の妻への理解・支持が高く（平山・柏木，2004）．妻の主観的幸福感は，妻が常勤の場合よりも，無職・パートタイムの場合の方が夫婦関係満足度の影響を強く受ける（伊藤他，2004）．また，夫婦には他の関係とは異なる側面があることが指摘されている．例えば，夫婦の会話時間と関係の質に対する評価の関連は妻のみにみられ（土倉，2005），夫と妻では夫婦関係に求めるものが異なることが示唆される．

両親の夫婦関係と子どもの心理的発達の関連についての関心も高くなっている．両親の夫婦間葛藤は，子どもの葛藤への巻き込まれ感や自己非難や恐れといった認知を媒介に抑うつに関連する（川島他，2008）．両親の夫婦間葛藤は子どもに対する親行動の温かさを弱め冷たさを強め，それへの子どもの知覚を経由して抑うつを強める（氏家他，2010），両親の夫婦関係は青年期の子どもの結婚観と関連する（山内・伊藤，2008），など活発に研究されている．一方で，離婚率が上昇しているにもかかわらず，離婚を取り上げた研究は少ない．

近年では，家族と個人の関わりが脱規範・選択的になり，個人価値の実現が尊重される家族関係維持のあり方が模索されるようになってきた（山田，2004；長津，2007）．この変化は家族の個人化とよばれ，近年の家族変動をみる重要な切り口である．家族の個人化は，それが家族の絆の弱体化につながるとの否定的見解と，個々の家族メンバーのウェルビーイングに寄与するとの肯定的見解とがある．後者の立場の研究は主に妻の視点からなされている．例えば長津（2007）は，生活編成の中心を個人価値の実現に置く傾向を「個人化」「個別化」と定義し，それらが家族のまとまりの維持と両立し得ること，そこには夫婦の経済的文脈が関わ

るとしている．永久（2010）は，家庭内での個人目標実現を志向する態度は常勤群がパート・無職群より高いが，母親役割実現を志向する態度に違いはみられず，家族の関係性との両立が可能であると示唆している．

●**子どもをもつ価値**　「子はかすがい」といわれ，子の誕生には夫婦の絆を強めることが期待される．しかし，子育ては成人男女双方にとって人格発達の重要な契機となるとの指摘のように（柏木・若松, 1994），子の誕生は絆だけでなく新たな課題を夫婦にもたらす．少子化は社会問題となっているが，社会の進展に伴う出生児数の減少は日本に限らず他の国でも共通にみられる．出生率は親の側の子どもをもつ価値と関連すると考えられる．子どもには，一人前の大人としての社会的承認，家の継承，孤独からの解放，新しい経験，地位，社会的名誉や競争，経済的安心といった親の心理的欲求を満たす価値があり，社会保障や仕事などそれらの欲求を満たす子ども以外の手段があると子どもの価値は低下するとされ（Hoffman & Hoffman, 1973），経済状況や文化が異なる国々での比較調査が行われている．コウジバシ（kagitcibasi, 2007）は，社会経済的発展が進んだ東アジアでは，老後の扶養期待の価値が低くても心理的依存関係が継続し情緒的価値が高いとしている．日本では社会進出が可能になった世代の母親でも，情緒的価値や子育て経験の価値を認めているが，一人前と承認される価値は低下し，子育てと個としての生き方の両立に価値を置く傾向が強くなっている．子どもをもつことは，かつては当然の義務としての絶対的価値をもっていたが，今日では親側の子ども以外の生活と比較検討される相対的価値となっている（柏木・永久, 1999）．

●**家族システムと家族カウンセリング**　家族カウンセリングでは，問題を抱える当人が来なくても，家族の誰かが来談することで問題解決が可能との立場を取る．それは，家族を，メンバー同士に関係性やパターンがある統合体として機能するシステムととらえているからである．家族システムには階層性があり，個人は家族システムの一部であり，家族はさらに上位システムである社会の一部である．家族システムは，関わり合うすべてが相互に影響を与えつつ機能するため，家族内に生じた問題の因果関係は特定できない（平木・中釜, 2006）．先述の両親の夫婦葛藤と子どもの抑うつの関連は，子どもの心理的健康を家族システム的にとらえた研究といえる．家族は，上位システムである社会が変化すれば，それに適応すべく変化する．女性が経済力をもち，経済基盤を結婚や子どもに依存する必要性がなくなると，女性にとって結婚や子どもが絶対的価値ではなくなるのも，個人-家族-社会が一つのシステムとして影響を及ぼしあっているためである．かつては家族の機能であった家事や教育，病人・高齢者のケアなどが，調理済み食品，塾，施設などによって代替が可能になったという社会の変化は家族機能を縮小させた．しかし，愛情などの情緒的機能は代替不可能なため，以前にも増して家族機能としての重要性が増すことになろう．　　　　　　　　　　［永久ひさ子］

友人関係

☞「仲間関係」p. 250,
「対人関係の希薄化」p. 254

　友人関係にはさまざまな定義が可能である．本項では，家族や恋人とは異なる，特定他者との親密な社会的関係とする．この社会的関係の親密さの変化を，友人関係の発達として考えることができる．友人関係を調査する際には，研究者が定義する友人関係を調べるのか，対象者がとらえる友人関係を調べるのかを明確にしなければならない．特に後者の場合，どの相手を「友だち」と認めるかは，対象者のとらえる「友だち」概念に依存していること，その「友だち」概念自体が発達的変化を伴う（Selman, 1981）ことに留意する必要がある．なお，類似の概念に仲間関係があるが，概念的な区別は明確にはなされていない（岡，1999）．

●**各発達期における友人関係**　友人関係は，それぞれの発達期において重要な役割を占めている．友人関係と認められる他者との選好的な関係は，幼児期よりみることができる．幼児期では，およそ2歳から3歳にかけて，保育所など定期的に他の子どもと出会う場で，特定の相手と一緒に遊ぶ行動がみられるようになる．児童期に向かうにつれ，より多くの仲間とごっこ遊びなどの共同的な遊びを楽しむことができるようになる．

　児童期になると，子どもたちは生活時間の多くを学校で過ごすことになる．この時期に，子どもの人間関係の中心は家族から友人へと移行していく．特に小学校の中学年から高学年になると，同性の特定の友人同士で集まり，集団で遊ぶようになる．こうした仲間集団をギャング・グループとよび，友人関係はこの集団の中に埋め込まれる．ギャング・グループは，メンバーが固定していて排他性があること，共通の価値観や規範をもち，それらを重視することなどの特徴がある．仲間集団の規範を遵守することや，仲間集団の中で自分の欲求や主張を伝えようとするやりとりを通じて，子どもたちの規範意識や社会的スキルの発達が促進される．しかし，ギャング・グループが減少していることを指摘する報告もある（例えば，國枝・古橋，2006）．現代におけるギャング・グループの定義を再検討し，その機能を明らかにする広範な調査研究が期待される．

　思春期から始まる青年期は，養育者からの精神的な自立が主題となる時期である．現在の自分自身を，その生育歴と社会との関係において位置づけるアイデンティティの確立が課題となる．養育者からの自立やアイデンティティの確立の過程においては，個人としての自分自身の存在に価値を認めることが重要になる．青年期の友人関係では，児童期までにみられた共行動による親密な相互作用用だけではなく，特定の他者と互いの感情や考え方を開示し共有すること（サリヴァン（Sullivan, 1953/1990）のいうチャムを含む），互いの考えや感情の相違する部

分について理解を深め，友人の個性を尊重し支持しあうことが特徴となってくる．榎本（1999）は，友人との活動が，中学生から大学生になるにつれて共行動としての「共有活動」が減少し，お互いを尊重する「相互理解活動」が増加していくことを示している（図1）．こうした内面的な交流は，青年期のアイデンティティの確立に寄与している．ただし，現代の青年の友人関係の特徴として，互いに傷つきあうことのないよう自己の内面を開示しあうことを回避し，表面的なつきあいにとどまるということも指摘されている（例えば，岡田，1995）．

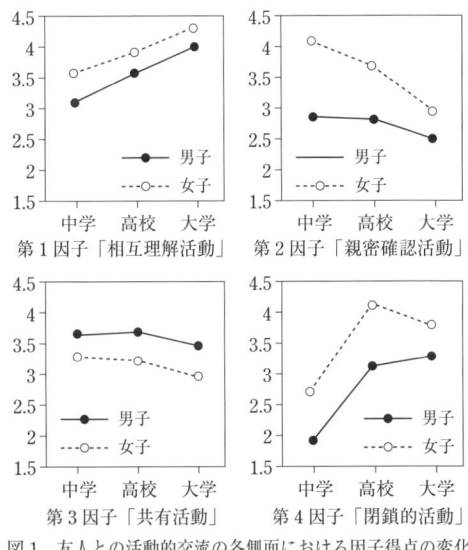

図1 友人との活動的交流の各側面における因子得点の変化（榎本，1999）

成人期における対人関係は，配偶者を含む恋愛対象との関係や職場での人間関係に焦点があてられ，主に適応との関連について検討がなされてきた．友人関係については，これらの対人関係に関連したサポート源として取り上げられることが多く，それ以外の機能や友人関係の特徴についての研究はあまりみられない．

老年期においては，家族関係が健康に与える影響などが検討されているが，友人との関係が個人の適応につながる可能性も指摘されている（例えば，和田，2012）．特に，現在は交流の少ない「昔の友人」が心の安定に肯定的な影響を与えていることが示唆されている（丹野，2010）．このように，老年期の友人関係は，直接的なサポートだけではなく，間接的なサポートを提供している可能性がある．日常生活の中で友人との接触が物理的に制限されてくる成人期以降において，それまでに維持されている広範な友人との関係の多様性について，今後検討していく余地が十分にあるだろう．

●友人関係と適応　友人関係は，ソーシャル・サポートが提供される重要な対人関係である．職場や学校など生活の大部分を占める場で友人関係をうまく形成・維持することができない場合には，不適応が生じやすくなる．居場所を得ることができず，学校や職場から離れるようになれば，他者との交流を回避するひきこもりの状況にも陥りやすい．また，特に児童期の後半や思春期においては，友人関係の維持自体がストレッサーになることもある．親子関係など他の対人関係を含め，多様な側面からの注意と支援が必要になる（中澤，2000）．　　　［文野　洋］

恋愛関係

☞「セクシャリティ」p. 68,
「パートナーとの別れ」p. 490

　恋愛はいつの世においても人の心を惹きつけてやまない．古くは『万葉集』や『古今和歌集』でも恋心を詠む歌は数多くみられ，また，現代においても恋や愛ということばは，さまざまなメディアを通して私たちの目や耳へと届く．それは，恋愛関係をうまく形成し，維持していくことの困難さゆえかもしれない．

●**魅力を規定する要因**　相手に魅力を感じる際にどのような側面が重要となるのかは，その相手との関係の進展段階によって異なる．二者関係の進展段階（Levinger & Snoek, 1972）と各段階で重要となる魅力の規定因との関連を概観すれば図1のようになろう．まず，片方が相手の存在に気づくという段階においては，物理的（空間的）な近さが重要な要因となる．これまでの研究においても物理的な近さ（近接性）は相手への好意度を高めることが示されており（Festinger et al., 1950；Segal, 1974），これは相手と単純に接触する（会う）だけでもその相手に対する好意度が増加する単純接触効果（Zajonc, 1968）とよばれる現象によるところが大きい．

　また，恋愛関係の初期段階では，身体的魅力がかなり強力な魅力の規定因となる（松井・山本, 1985；Walster et al., 1966）．一般に，私たちは相手の外見が魅力的であればその相手に対して好意を抱きやすい．これは外見の良さが直接的に好意に結びつくというだけでなく，私たちが相手の外見の良さからその人の能力の高さや特性の良さ（頭が良い，やさしい）を無意識的に推測しやすいことにも起因している（ハロー効果）．

　相手とのやり取りが始まれば，態度の類似性や好意の返報性が魅力を促進させる．私たちは一般に自分と似ている他者に対して好意を抱

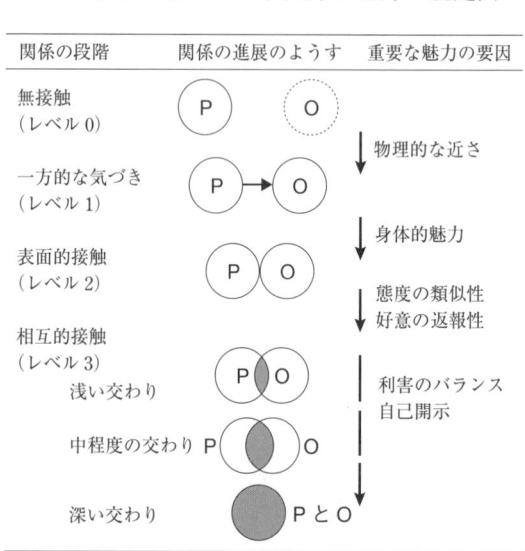

関係の段階	関係の進展のようす	重要な魅力の要因
無接触（レベル0）	P　○	↓ 物理的な近さ
一方的な気づき（レベル1）	P→O	↓ 身体的魅力
表面的接触（レベル2）	P○O	↓ 態度の類似性／好意の返報性
相互的接触（レベル3）浅い交わり	P◑O	↓ 利害のバランス／自己開示
中程度の交わり	P◐O	
深い交わり	PとO	

Pは自分を，Oは相手をさす

図1　関係の進展モデルと魅力の規定因
（Levinger & Snoek, 1972をもとに作成）

きやすい．これは類似の魅力説（類似性-魅力理論）とよばれ，これまでいくつかの研究において，自分と意見や態度が類似している相手に対して魅力を感じやすいことが示されている（Byrne & Nelson, 1965；Condon & Crano, 1988）．また，私たちは自分に好意を抱いてくれる相手に対しても魅力を感じやすい（Aronson & Linder, 1965）．この現象は好意の返報性とよばれ，特に恋愛関係において相手に好意を抱いた理由として言及されやすい（Aron et al., 1989；Sprecher, 1998）．

●関係をうまく維持するために　関係がさらに進展すれば，互いのやり取りについての利害のバランス（Walster et al., 1978）や自分の気持ちや考え方をきちんと相手に伝えるという自己開示（Attridge et al., 1995）が魅力の重要な規定因となってくる（図1）．さらに，それらは恋愛関係が形成された後，関係をうまく維持していくうえでも重要な要因となることが知られている．

　恋愛関係をうまく維持していくことは関係内の事柄だけでなく，自己効力感や目標達成への動機や努力（Feeney, 2004, 2007），本人の精神的健康状態（金政，2012）にも影響する．フィーニー（Feeney, 2004, 2007）は，いくつかの研究結果から，ストレスや不安などを感じた際に恋愛相手を信頼してきちんと依存できることが結果的に本人の自己効力感を増し，関係以外の目標達成への邁進につながることを示している．つまり，恋愛関係は関係内の当人たちに安心感を提供することで，彼（女）らのさまざまな社会的活動への挑戦といった自律性を促すという機能を有するのである．

　ただし，恋愛関係は常に光の部分だけをもち得ているというわけではない．当然ながら，恋愛関係においても嫉妬や苛立ちといったネガティブな感情は経験されるであろうし（立脇，2007），近年よく取りざたされる恋人間の暴力（デートDV）やストーカーの問題などは恋愛関係の闇の部分ということができる．

　恋愛関係（夫婦関係も含む）がほかの社会的関係と一線を画するのは，そこに排他性とセクシャリティが存在するという点であろう．言い換えれば，恋愛関係はほかの社会的関係と比較して，性行動を伴う非常に密な関係であり，また，関係内に自分とパートナー以外の他者が入り込めないような心理的，物理的空間がつくられる透明性の低い関係なのである．それゆえ，恋愛関係では，互いに直接的に意見や感情がぶつかりやすく，また，関係内の問題が個人の適応状態に影響を及ぼしやすくなる．それにもかかわらず，恋愛関係の問題はその排他性ゆえにあまり表面化しにくい．実際，相馬・浦（2009）は，自分の恋愛関係を特別なものであるとみなす特別観が，恋愛関係を閉鎖的にし，個人が関係以外の他者からサポートを取得する機会を失わせてしまう可能性を示している．

　恋愛は人を魅了する．しかし，その闇の部分に魅入られないためには，"二人ぼっち"の閉じた関係ではなく，信頼できる風通しの良い関係をパートナーとともに形作っていく必要があるだろう．

［金政祐司］

同性愛

☞「セクシャリティ」p. 68,「マイノリティであること」p. 222,「差別を受けるということ」p. 232

　同性愛と性同一性障害は混同されやすい．同性愛とは，同性に対して性的魅力を感じることである．男性同性愛者のことをゲイ，女性同性愛者のことをレズビアンとよぶ．一方，性同一性障害とは，自分の身体の性的特徴や社会的な性役割に強烈な嫌悪感をもち，自分の身体とは反対の性別に属していると確信している状態が続き，それによって苦痛や不適応が生じている状態である．このように両者は別個の概念であるので，男性から女性へ（MTF）の性同一性障害の中には異性愛者とレズビアンがいるし，また，女性から男性へ（FTM）の性同一性障害の中には異性愛者とゲイがいるということになる．

●**同性愛の歴史**　近代以前には，西洋においても日本においてもさまざまな同性愛の記述が残っている．だが，文豪19世紀イギリスのオスカー・ワイルドが同性愛の罪で投獄されたように，近代国家において同性愛は異常・犯罪とされるようになっていった．アメリカ精神医学会が1952年にその第1版を作成した精神疾患の診断基準リストであるDSM（Diagnostic and Statistical Manual for Mental Disorder）では，同性愛が精神疾患の一つとして収載されていた．同性愛は心の病気であり，治療して異性愛に変更すべきと考えられていたのである．一方，1970年代には欧米で同性愛者による当事者運動が盛り上がりをみせていた．当時の精神科医の中にも，本人が同性愛者である者が多数いた．激しい議論の末，1973年に同性愛はDSMから外されることになった（Kutchins & Kirk, 1997/2002）．日本においてもDSMは広く使用されているが，同性愛の当事者団体が確認のために出した質問状に対して，1995年に日本精神神経学会は，同性愛を精神障害とはみなさないという回答を行っている．

　「同性愛」という用語は，かつて精神疾患とされていたときの呼称であるために避けられることが多く，現在はレズビアン・ゲイ・バイセクシュアル（lesbian, gay, and bisexual：LGB）という呼び方が好まれている．現在では，いかに同性愛を治療する（異性愛に変える）かではなく，いかにLGBをサポートするかということに重点がシフトしている．

　2000年代に入ると，オランダは異性間の結婚とまったく同じ同性婚を認める法律を世界で初めて制定した．現在では10を超える国で同性婚が認められている．さらに多くの国で，結婚ではないものの，ほぼ同等の権利を保証する登録パートナーシップ制度を備えている．

●**同性愛者の生活**　時代は徐々に同性愛を容認する方向にあるとはいえ，まだ社会的なリスクは少なくないため，同性愛者は，周囲の人々とのやり取りの中にお

いて，自身が同性愛であるとカミングアウトしないことも多い．石丸（2008）では，カミングアウトしていない同性愛者の日常生活を調査している．

　カミングアウトしていない状態では，周囲の人々の多くはその人が異性愛者であるとの前提で会話をする．「彼女いるの？」と聞かれたときに，本当は彼氏がいるのに彼女がいるふりをして，会話を合わせなければならない．また，例えば相手が，まさに目の前にいる人が同性愛者だと知らずに「同性愛なんて気持ち悪い」と発言したとしても，カミングアウトしていないので，反論することが難しい状況になる．このように自分の感情やいいたいことを伸び伸びと表現できないことにまつわるストレスが存在する．その一方で，ストレスばかりではなく，「同性愛者に生まれて良かった」「同性愛者の醍醐味を感じる」といった種類の体験もある．感覚を共有し合える同性愛者同士で気兼ねなく過ごす時間や，異性愛が前提となって動いている社会をちょっと違った視点で眺めることができる特権など，同性愛者ならではの幸せを感じることもできる（石丸，2008）．

図1　同性愛者を主なターゲットとしてGoogle社が出稿した広告．性的マイノリティのシンボルであるレインボーカラーが使用されている（第20回東京国際レズビアン＆ゲイ映画祭パンフレットより）

　現代の日本の同性愛者たちの中には，同性愛者であることを受容し，満足して誇りをもって生きている人たちが多く存在する．また，メインストリームとは違った場所にいることから生まれた特有の文化を発展させてきており，同性愛者が集まるクラブパーティーが全国各地で開催され，当事者によるパレードや映画祭のような大規模なイベントも開催を続けている．同性カップルは，共働きで子どもがいないので可処分所得が高く，また流行に敏感であるともいわれ，産業界では同性愛者をターゲットとしたマーケティング（LGBマーケティング）が行われ始めている（図1）．

●同性愛／異性愛の流動性　同性愛が病気だと考えられていた頃には，行動療法などを用いて異性愛に変更させようという試みがなされたこともあったが，現在では，そのような試みは成功しないし，本人にストレスを与えるので有害であると考えられている．一方，特に女性においては，周囲の環境やそのときのパートナーなどの状況に伴い，生涯を通じて，同性愛や異性愛，またカテゴライズしがたい状態などを揺れ動くという研究もある（Diamond, 2008）．外部からの働きかけによって同性愛をやめさせようとするのは倫理的に問題があるが，特に女性の場合は，自然に変化することがありうる．

［石丸径一郎］

自己愛

☞「対人関係の希薄化」p. 254,
「自己へのとらわれ」p. 324,「共感性」p. 392

　自己愛（ナルシシズム）は，ギリシア神話のナルキッソス物語に由来する概念である．性科学の創始者であるエリス（Ellis, H. H.）や精神分析学者ネッケ（Näcke, P.）は，一種の性的倒錯を説明する概念として，ナルシシズムという述語を用いた．そして，精神分析学者フロイト（Freud, S.）がナルシシズム概念について体系的な記述をしたことにより（Freud, 1914），この用語が広く知られることになった．現在，自己愛という概念は病理の解釈に用いられるだけでなく，一般の人々がもつ正常範囲のパーソナリティ特性の一つとしても，また時代や社会背景を読み解くキーワードとしても広く用いられるようになっている．

●**病理としての自己愛**　多くの臨床家や研究者が自己愛概念に注目する中，1980年にアメリカ精神医学会の診断分類基準第3版（DSM-III；American Psychiatric Association, 1980）において，パーソナリティ障害の一種として自己愛性パーソナリティ障害が記載された．自己愛性パーソナリティ障害とは，空想または行動面における誇大性，賞賛されたいという欲求，共感性の欠如を中心とした特徴をもち，成人期初期に始まるとされる．以下の診断基準のうち，少なくとも五つ以上を満たすことによって診断が行われる（DSM-IV-TR；American Psychiatric Association, 2000）．(1) 自己の重要性に関する誇大な感覚をもつ，(2) 限りない成功，権力，才気，美しさ，あるいは理想的な愛の空想にとらわれている，(3) 自分が"特別"であり，独特であり，他者にも自分をそのように認識することを期待する，(4) 過剰な賞賛を求める，(5) 特権意識，つまり，特別有利な取り計らい，または自分の期待に自動的に従うことを理由なく期待する，(6) 対人関係で相手を不当に利用する，つまり，自分自身の目的を達成するために他人を利用する，(7) 共感の欠如，(8) しばしば他人に嫉妬する，または他人が自分に嫉妬していると思いこむ，(9) 尊大で傲慢な行動，または態度．以上より，自己愛は誇大性を中心とし，ほめられたいという強い欲求と他者への共感性の欠如を特徴とする偏ったパーソナリティだといえる．

●**自己愛の測定**　臨床概念としての自己愛が注目されるにつれて，自己愛の測定が試みられるようになった．投影法による自己愛の測定も試みられたが，質問紙による尺度が数多く開発された．その中でも，1979年にラスキン（Raskin, R.）とホール（Hall, C. S.）によって作成された自己愛人格目録（Narcissistic Personality Inventory：NPI；Raskin & Hall, 1979）によって，病理的とは限らない一般的なパーソナリティとしての自己愛傾向の研究が盛んに行われるようになった．NPIは自己愛的な質問項目と非自己愛的な質問項目のペアからいず

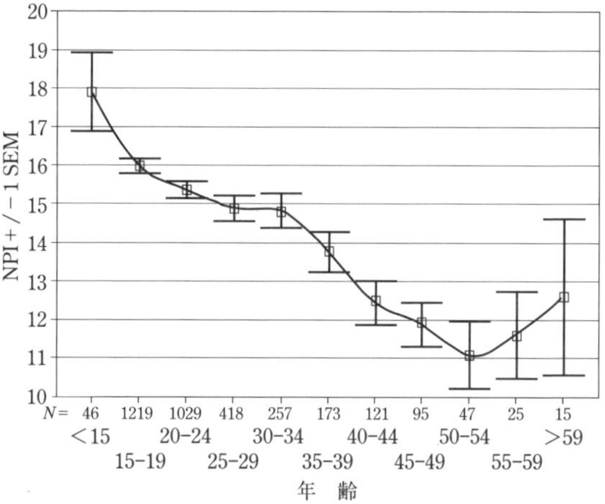

図1 NPI得点の年齢変化（Foster et al., 2003, p. 477 より）

れかを選択させる形式をとっており，ラスキンとテリー（Terry, H.）による40項目版が現在に至るまで海外の研究ではよく用いられている（Raskin & Terry, 1988）．日本においては，複数の研究者によって，NPIを参考にしつつも独自の自己愛尺度が構成されている．海外の研究では，NPIの中に四つもしくは七つの下位因子が見出されている．その四つの因子とは，優越感・高慢さ，指導性・権力，自己耽溺・自己賛美，搾取性・権利意識である（Emmons, 1984）．日本国内では，他者の意見を無視するような誇大な自己愛と，過剰に他者からの評価を気にする過敏な自己愛という枠組みに基づいた尺度も作成されている（中山・中谷，2006など）．

●**自己愛の増加** トゥエンジ（Twenge, J. M.）らのメタ分析によると，1970年から2006年にかけて米国の大学に通う学生のNPI得点の平均値が上昇し続け，20年間で得点が約30%増加していた（Twenge et al,. 2008）．日本においても三船（2010）が，1990年代よりも2000年代の調査における自己愛得点の方が高いことを示している．自己愛の世代差については異論もあり，また何がこのような傾向をもたらしているか，その原因を明確に述べることは困難である．しかし，人々が素朴に抱きがちな「自己愛的で個人志向的な若者の増加」というイメージが，実際にデータ上でも観察され得るという点で興味深いものであるといえる．

　自己愛は青年期において一時的によくみられる傾向であるという議論もなされる（小塩，2004）．フォスター（Foster, J. D.）らは，8歳から83歳までの3,445名を対象に調査を行い，図1に示すように若い調査参加者ほどNPI得点が高いことを報告している（Foster et al., 2003）．ただし，これが発達差であるのか世代差であるのかは詳細な検討が必要である． ［小塩真司］

ドメスティック・バイオレンス

☞「攻撃」p. 112,「虐待を受けた子どもの発達支援」p. 352,「犯罪被害」p. 498

　安心の源となるはずの親密な関係が，時として暴力の温床になることがある．殴る蹴るといった身体的暴力や，激しい罵倒や一方的なののしりといった心理的暴力が，断続的ながらも親密な相手との間で繰り返されることがあるのである．このドメスティック・バイオレンス（domestic violence：DV）の実態を把握しようとした調査では，おおむね回答者の一割から二割程度が過去の被害経験を報告する（例えば内閣府男女共同参画局，2009）．では，なぜ加害者は愛する他者に暴力をふるい，なぜ被害者は関係から離れようとしないだろうのか？

　なお元来，DVは家族内での暴力全般をさす用語であるが，一般には夫婦を含めた親密な関係で生じる暴力をさすことが多いため，ここでは後者に関して解説する．

●**加害者からみた暴力生起メカニズム**　親密な相手に暴力をふるう理由として，しばしば加害者側の攻撃性の高さが取り上げられる．だがその影響は常にみられるわけではない．たとえ攻撃的な者であっても関係の相手以外の他者には暴力をふるわなかったり，状況によっては関係の相手にも暴力をふるわなかったりすることがある．こうした実状をふまえてフィンケル（Finkel, E.）らは，DV加害に関する要因を，攻撃衝動の引き金となる扇動因，扇動因をきっかけに強い衝動を生じさせる推進因，強い衝動に駆られてもそれを現実の行動に反映させないようにする抑制因に整理し，これら三条件がそろうことによってDV加害が強まると説明した（図1）．実際，日記式のネット調査の結果，カップルの一方が他方への暴力加害と同様の行動をとりやすかったのは，もともとの攻撃特性（推進因）の強い者が，普段以上に相手から挑発されているように感じ（扇動因が強く），しかも衝動を統制する力（抑制因）が弱い日であった（Finkel et al., 2012, 研究3）．

●**被害者からみたDV関係維持メカニズム**　被害者がDVの生じている関係を解消しようとしないことはしばしばある．その理由として，被害者の社会経済的地位の低さ，自己評価の低下による対処の困難さなどがある（Browne & Herbert, 1997/2004）．ほかに，暴力の受け手が関係に強い結びつきを感じているため，そもそも「被害」を

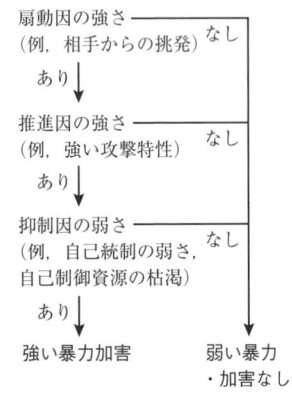

図1　暴力加害を予測する三つの要因（Finkel et.al., 2012, p. 532 をもとに作成）

受けていると思わないことも関係が維持される一因となる．なぜなら，関係への心理的結びつきの程度，すなわちコミットメントの強さが，相手のもつ否定的側面への反応を鈍らせるからである．実験室に来てもらったカップルに個別に相手に関する偽の評価を与え，その後の反応を調べた実験がある（Arriaga et al., 2007）．すると，もともとコミットメントの弱かった者は否定的評価が与えられると肯定的評価が与えられた場合よりも低い関係満足を報告した．一方，コミットメントの強い者は否定的評価を与えられても肯定的評価を与えられた場合と同程度に高い関係満足を報告した．コミットメントが強い者は，相手からの暴力であってもそれを「自身に不満をもたらすもの」だと思わない可能性が示されたのである．現に別の研究で，彼らは相手から身体的暴力を受けてもそれを「からかい」として深刻に受け止めないことも示唆されている（Arriaga & Capezza, 2010）．

●**第三者からみた加害責任の判断プロセス**　暴力をふるった加害者のその行為を寛容にとらえるのは被害者ばかりではない．そのようすをみた周囲の第三者が寛容にとらえてしまうこともある．例えば，暴力のきっかけが加害者による嫉妬に基づくものであると，そうでない場合に比べ第三者による加害者の責任の追及は甘くなりやすい（Puente & Cohen, 2003）．なぜなら嫉妬すること自体が相手に対する深い愛情の表れだと判断されやすく，結果として加害者による暴力行為も被害者に対する愛情に基づくものだと考えられやすいためである．もちろん，仮に愛情に基づくものだとしても暴力の行使が肯定されてよいわけはない．にもかかわらず，嫉妬ゆえの暴力について，第三者は加害者の非をあまり責めようとしないのである．この場合，加害者への同情的な見方によって被害が継続し，被害者の負う傷はさらに深くなってしまう可能性がある．

●**当事者による予防と対応**　どうすれば自分たち二人の関係をDV関係へと陥らせずにいられるのか．加害者とならないためには先述した三要因を機能させないようにすることが有効である．他方，被害者とならないためには，どれだけ親密で強い結びつきを感じていようとも，その相手からの理不尽な振る舞いには耐えることなく，必要に応じて反論するといった主張的対応をとることである（相馬・浦，2010）．これは，後に身体的暴力へとエスカレートしやすい心理的暴力（O'Leary et al., 1994）をいかに早期の段階で抑制できるかという予防的視点にたつものである．そして，必要時の主張的対応を可能とするためには，周囲にサポートネットワークのあることが重要である．

　また，もしすでに深刻な暴力がふるわれる段階にある場合，被害者は早急に加害者から離れた方がよく，周囲の他者もそれを促し具体的にサポート提供することが求められる．この場合，公的な支援機関だけでなく民間のシェルターを利用できることもある．

［相馬敏彦］

妬みと嫉妬

☞「攻撃」p. 112,「情動」p. 400

●**妬みの定義と特徴** 妬みとは，望ましいものを所有する他者や集団との比較によって生じる不快な感情の複合体である（Smith & Kim, 2007）．ただし，妬みといっても一様ではなく，少なくとも二つのサブタイプの存在が実証されている（Van de Ven et al., 2012）．すなわち，敵意を帯び，中傷やいじめなど破壊的な行動をもたらす悪性妬みと，敵意が含まれない良性妬みである．オランダの社会心理学者ヴァン・デ・ヴェンら（van de Ven et al., 2011）は，こうした妬みが後続の作業に与える影響を検討した．大学生96名を対象にした彼らの実験は，架空の人物に対する悪性妬み，良性妬み，憧れのいずれかの感情を評定させてから，任意の終了が許された単語連想課題（最大5分間）に取り組ませる，というものであった．実験の結果，悪性妬みや憧れと比べて，良性妬みについて評定した者たちが最も根気強く課題に取り組むことがわかった．

●**妬みの発達** 妬みは，他者の状態を一種の準拠枠として自己への意識および評価が生じる自己意識的感情の一種である（遠藤，2009）．アメリカの発達心理学者ルイス（Lewis, M.）は，妬みの発生時期について，代表的な自己意識的感情である共感や羞恥と同じく3歳頃を想定している（Lewis, 1992）．バーズら（Bers et al., 1984）による6～11歳までの児童72名に対する面接調査では，加齢に伴い，妬みに関わる自発的な社会的比較の増加が認められている．また，澤田（2005）は，小中学生535名による感情語の評定に基づき，敵対感情，苦痛感情，欠乏感情という3側面に分類したうえで妬みの発達的変化を検討したところ，学年の上昇に応じて苦痛感情と欠乏感情が経験されやすくなることを明らかにした（図1）．

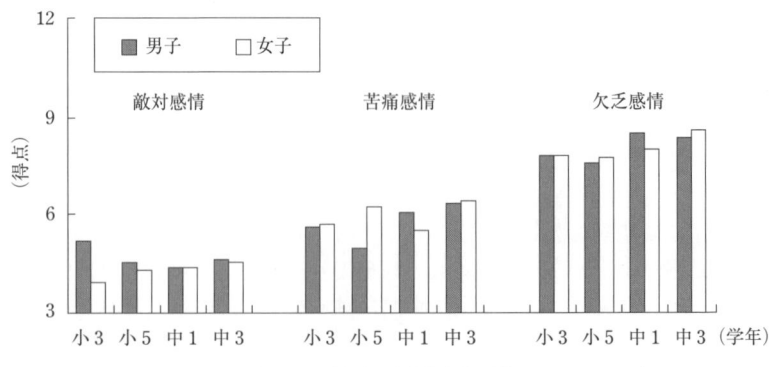

図1 妬みの3側面の発達的変化（澤田，2005, p. 190）

●**嫉妬の定義と特徴**　嫉妬は，既存の価値ある関係が失われる危険を察知したときに生じ，不安や恐怖によって特徴づけられる感情である（Guerrero & Anderson, 1998）．カートライト（Cartwright, 2001/2005）によれば，恋愛関係で生じる嫉妬は，進化心理学的観点からみれば，性的二型の典型だという．性的二型とは，同じ種のオスとメスにおいて，その形態や行動が異なることをさす．バスら（Buss et al., 1992）は，心の浮気については男性より女性が嫉妬するのに対し，身体の浮気は男性の方が嫉妬することを報告している．こうした性差は，自分の子ではない子どもを育てるリスクを回避するために身体の浮気に敏感になる男性と，精神的・物質的支援が他の女性に流れることを防ぐ意味で心の浮気に苦痛を感じる女性というように，性による繁殖戦略の違いとして解釈できる．

●**嫉妬の発達**　嫉妬の発生時期に関しては，妬みよりも実証的な解明が進んでいる．アメリカの発達心理学者ハートら（Hart & Carrington, 2002）は，平均25週の乳児32名が母親から一定時間無視されるという実験パラダイムを用いて，嫉妬の測定を試みた．母親が注意を向ける対象は絵本もしくは人形であったが，母親が絵本よりも人形に注意を向けているときの方が，乳児は親を見つめながら，怒りや悲しみの表情を浮かべていた．彼女は，これを嫉妬のプロトタイプとみなした．

　こうした知見に基づいて，親子関係から恋愛関係の嫉妬にいたるまでの四段階の嫉妬の発達モデルが提唱されている（Hart, 2010）．第一段階では，養育者との関係を邪魔する対象を察知する気質が備わっているという．自己の生存を脅かす存在についてネガティブな感情が生じる嫉妬のプロトタイプに相当し，自分と年齢の近い子どもがその対象となりやすい．乳児が絵本よりも人形という社会的対象に向けて不快感を示したのはこのためである．続く第二段階では，親に抗議する嫉妬プロテストが生じる．これは，価値ある人物からの排他的な注意を失うことで誘発されるネガティブな行動全般を意味する．そのバリエーションは多様であり，愛着行動としても理解できる．さらに第三段階になると，嫉妬はより複雑な特徴を有する競争心へと移行する．これは，独占的な関係が他者（きょうだいである場合が多いが，必ずしもそれに限らない）とも共有されていることを前提として生じる．第二段階までの嫉妬は，あくまで排他性を失いたくないという反応にすぎなかったが，この段階では重要な他者から異なる扱いを受けていることも察知できる．つまり，競争心には，異なる扱いに対する感受性と，愛情独占の喪失への感受性という，相反する二つの感覚（公正と所有）が含まれている．そして，最後の第四段階として想定されているのが恋愛・性的嫉妬である．この種の嫉妬の機能は，自分の子どもを通じて遺伝的形質を残すことにあり，前述の性的二型の特徴を有した反応とみなすことができる．

［澤田匡人］

愛と憎しみ

☞「攻撃」p.112,「情動」p.400,「犯罪被害」p.498

　愛の対極は無関心であり，憎しみとは未練のかたちである．求める愛を返してくれない対象に対して抱く恨みや無念といった執着が憎しみの温床となる．以下は，精神分析理論に則って，その執着の生い立ちを考察したものである．

　愛には原始的欲求から博愛にいたるまでの広い裾野がある．「愛すること」は生得的なものではなく，「愛されること」によって培われ，成長によって獲得される能力である．動物的本能である愛の希求が満たされなかったとき，愛する能力は未発達のまま，愛されることのみを求め続けるか，愛を棄権する生き方をするかもしれない．愛の剥奪という耐えがたい苦痛を覆い鎮めるためには，成長段階に応じたさまざまな認知的対処が要請される．つまり，経験によって複雑・多層化する感情や思考を動員し，防衛とよばれる自己治癒システムを稼働させる．憎しみもまた，そうした感情的防衛の担い手となる．

　憎しみは怒りや憤りなど原始的な情動を抱合するが，それらとは一線を画す社会的情動である．発達論的に考えると，憎しみが発生するためには，自他が分離し，対象が認知され，期待と現実の落差を認識できるという意味での時間軸が形成されることを前提とする．私たちは誰かを憎むのであって，対象のない漠然とした憎しみはない．ただし，後述するように，自他の分離に完成はなく，愛と憎しみの対象である他者には，対人関係の雛形を提供する両親の影が大きく落とされる．愛されなかった歴史は，過去に埋葬できるものではなく，時々刻々の対人関係の中で堆積し，増幅と修復の機会を繰り返しながら再現される．

　もっとも，乳児期であってすら愛の欲求が完全に満たされることは現実にはあり得ない．乳児の発達に見合った不完全（愛の失敗）は，成長を促す因子ですらある．また，発達・養育の成否にかかわらず，見返りや代償を求めることは，不可避な愛の属性である．愛を貸借勘定と考えると，憎しみは愛の破産によって湧出された悲痛な担保要求なのだ．けれども，過剰な要求は，他者との親密感から生まれる安心や安全感を奪い，さらには生命感の衰弱という決定的負債を招く．

●**ストーカーの病理**　ストーカーの精神病理は，愛と憎しみの関係を理解する一助となる．ストーカーは途方もないエネルギーを費やして相手につきまとうが，得られるのは「愛される」ことではなく嫌悪と拒絶である．ストーカー行為を特徴づけているのは，その無分別さに加えて，「自分は愛されていない．それどころか嫌悪すらされている」という明白な事実をストーカー自身がまったく認識していないことである．これは否認とよばれる防衛機制であり，ストーカーにおいては自身の憎しみさえもが否認される．ストーキングとは，「自分は愛されている，

愛されるはずだ」との権利意識・傲慢の顕在化であり,「やはり自分は愛されていない」ことを確認する「反復強迫」でもある. 愛の名のもとに相手の嫌悪や拒絶を煽ったうえで, 愛を怨嗟に替えて被害者意識を募らせ, おのれの内に隠蔽されていた憎しみと報復に大義名分を与えるものである.「愛されなかった」無念を払拭しようとする試みは, 同時に, その痛みを支配という権力で補おうとする代償行為でもある.「愛さなかった」他者を監視し, 恐怖によって支配することは, 自負心を回復させる手段となるからだ. 無力な乳幼児期になすすべもなく蒙った不幸を, せめて自分の力で招き, 今や根拠のある感情や他者への影響力を, 自分のものとしてリアルに感じること, さらには憎しみという罪悪への自己処罰を求めることが, ストーキングの骨子である. 未発達なまま封印されていた自分の力と感情を実感とともに所有するというのが, ストーカーに限らず, 愛することの不能に根ざした問題行動の深層における原動力であると筆者は考える.

●**自己と他者**　母子関係という閉鎖系は, 社会という開放系への移動を余儀なくされる. 自他未分化の絶対依存, 罪も責任もない無垢の世界からの追放と離脱は, 人間の条件ですらある. 自己とは未分化と分化のあいだを往来しながら形成されるが, 自己形成とは他者との境界形成と同義であり, 自他境界は他者との接触によってのみ生成・修正される.

自他の間隙では, 身振り・情動・言語（声）・音楽・肌触りなど, 生けるものが放つすべての情報が流動する. それらを時に模倣しつつ, 自己保全と快感のために取捨選択していく中で, 個体は情報を自己の血肉とする. 一方, 自己から放たれる情報は他者への影響を体験していく中で査定され, 自己への帰属・所有を確実にしていく. 思考・運動・感覚機能の発達が相互作用を豊かにし, 高度・複雑化する情報処理のパターンが自己を形成し, それが個性ともなり病理ともなる.

愛もまた流動する情報の一種である. 安全や安心の礎である愛の不在は, 不安や悲痛, 憎しみといった重要な情報となって処理される. 不安の排除と自他境界の警備に勤しむ個体は, 仮想敵＝他者への過剰防備と先制攻撃というパラノイアを生じさせる. あるいは, 権力へと志向し, 支配／服従関係によって愛の収支を合わせようとする. 母子密着もまた愛の蹉跌の一例にほかならず, 発達途上にある自他境界の柔軟性を奪い, 閉鎖系への束縛をもたらす. 多くの自傷行為や家庭内暴力は, 自由と解放への希求と分離不安の中で醸造された憎しみを包含する. しかも, 憎しみは他者のみならず自己自身へも向けられて, 逃げ場のない自己嫌悪を生じさせる. 混沌とした自他境界の檻は, 自己でもあり他者でもあるからだ.

母親を原型とする「愛してくれなかった」他者への未練は, 憎しみのかたちを取って人生に織り込まれていく. けれども, 未練の果てには, 失った無垢の境涯への郷愁が疼いているのかもしれない.

[勝田有子]

10. はずれる

【本章の概説】

　発達心理学は，記述的で規範的性質の強い学問である．発達心理学では，ある働きができるようになる時期や，消失する時期を問うことが多い．記述的な研究では，さまざまな年齢（月齢）群で構成されるサンプル間で特定の課題の通過率が比較されたり，その課題を解決するのに必要な下位技能の通過率が比較されたりする．例えば，ある課題について，3歳群でその過半数が通過し，4歳群だと通過率がほぼ100％になるというようなデータが報告される．あるいは，年齢群ごとの平均値や中央値が比較されることもある．

　発達には一定の順序があると考えられることが多いし，複数の課題の集合体として課題がとらえられることも多い．発達段階を想定することがむずかしいような場合でも，一定の順序性を見ようとする傾向をもつ研究者は少なくない．

　年齢群ごとの通過率や平均値は，規範的な意味をもつ．もしある課題について，ある年齢までに，多くの子どもができるようになることがわかっているとすれば，我々は，その課題についての標準的な発達の物差しをつくることができるし，その課題の通過率を物差しとして，子どもの発達具合を測ることもできるようになる．しかし，年齢群ごとの通過率や平均値は，心理学的にどのような意味をもつのだろうか？

　標準は，それだけで価値をもつものと考えることができる．我々には，他の人々と違うことを嫌う心理的傾向がある．反対に，標準的な人々には，自分たちと異なる人々を差別したり排除しようとしたりする傾向がある．標準とは，ある集団の多数者がとる行動を意味するから，自分や自分の子どもが標準的であるということは，それだけで人々にある種の安心感をもたらすだろうし，標準から大きく外れないように行動するよう動機づけると考えられる．

　しかし，現代社会では，我々の意識は，標準的であることを価値づける人間観や発達観から抜け出し，標準を集団やその中の個人の特徴を示す指標の一つにすぎないとみなすようになってきている．

　標準とは，分布の中の相対的位置を意味するが，分布の中の相対的位置は，多様な要因の複雑な相互作用（時間的な経過で起こる差異増幅的なプロセスであるトランザクションを含む）で決まる．その位置は，順位として安定している場合も少なくないが，時間的な経過で変化していくものでもある．したがって，標準的であるということは，競争力をもつということは事実としても，それ以上の発達的意味をもつわけではない．

　発達は，一本のパイプの中を通って行くようなものではない．人々がもつ発達の条件は非常に多様である．発達とは，多様な条件間の相互作用として理解できるから，そもそも多様性に富んだ現象であるといってもよい．しかも，多様性は，発達軌跡にもみられる．発達の条件は，いつでも固定的ではなく，時間とともに変化する．発達の条件の変化は，必ずしも他律的なものではない．個人はある条

件を選択したり，生み出したりして，条件を変化させていく．その結果として，ある時点から個人は，それまでと異なった発達軌跡を辿りはじめることができる．例えば，「病を得るということ」で提起されているように，人生のある時点で慢性疾患をもった人々は，慢性疾患を"得る"ことで新たな自己像や生き方を発達させることができる．

　発達は，多面的で流動的であり，外れるということは決して異常とか逸脱であることを意味しない．仮に，ある基準から外れているという意味で異常とか逸脱であるようにみえても，それは決して固定的ではない．そもそも，一人ひとりの発達はそれぞれ個性的であり，それぞれ特殊であるといってもよい．"はずれる"ことは，一つの発達のありようを示しているに過ぎない．「規格外であること」で述べられているように，外れるということは，発達の幅や可能性の広がりを意味していると考えるべきである．そして，発達の幅や可能性の広がりは，皮肉なことだが，定型の発達をしている人々や標準的な人々を研究対象とする限り，みえてこない．発達心理学は，定型と非定型を区別するのではなく，そのすべてからなるスペクトルを研究の視野に入れなければならないのではないだろうか．人は，さまざまに生き，発達しているのである．

　本章では，以上のような発達の多様性を浮き彫りにするために，古典的に逸脱とか異常といった評価を受けていたはずの問題を取り上げ，発達的に論じることをめざしている．

　「規格外であること」では，定型発達から発達障害，ギフテッドの子どもたちなど，個々人が示す発達の多様性について論じられている．「マイノリティであること」では，マイノリティについての研究の発達的意味や心理学的実践との関連が問われている．「自分であることの違和感」では，外れるということから「ふつう」であることが逆照射されてくると思われる．「問題行動」と「犯罪」では，抑うつや非行のような反社会的行動がどのように発達するのかが論じられている．

　「病を得るということ」「差別を受けるということ」「キャリアの挫折」「はずれることの積極的意義」は，いずれも標準から外れる・外されることが，発達概念の変容や拡張を引き起こす潜在力をもつことを示している．「病を得るということ」では，病気と健康という一元的な見方から，病気をも生きるという多元的な病気観が提起されるし，「差別を受けるということ」では，差別を受ける人による当事者研究と差別を語ることの発達的意味が論じられている．「キャリアの挫折」では，発達における挫折の積極的意味が探られている．「はずれることの積極的意義」では，精神病理でさえも，独創性や創造性と深い関係にあることが論じられている．

[氏家達夫]

規格外であること

☞「才能と知能，学力」p. 158，「遺伝性疾患の発達と予後」p. 270，「自閉症スペクトラム障害の発達支援」p. 344

　「規格」とは，『広辞苑』(第6版)によると「さだめ」「標準」とされる．つまり「規格外」とは標準から外れることを意味する．標準とは「判断のよりどころ」であり，「いちばん"普通"のあり方」(""は著者)とされる．しかし，単位で規定される物とは違い，人の場合，その基準は明確に定められるものではなく，多くの人に共通した傾向である．ある意味では多数派に属することが"普通"ととらえられるが，明確に区切られるものではない．発達はさまざまな側面からとらえることができ，各個人はそのゆるやかな連続体の中に位置している．平均的な発達にあわせたかたちで成り立っている仕組みの中では，全体的な発達がゆっくりであったり，大きなばらつきがある人は，生活を送ったり，社会に適応したりしていくうえで何らかの不都合が生じやすい．一方で，人の技術などの進歩は，大多数の平均的な能力を有する人たちによってなされてきたのではなく，一部のその分野に秀でた人が牽引してきている．つまり規格外とは，発達の幅や可能性の広がりを示したものであるといえる．

●**定型発達**　発達のそれぞれの側面における平均的な発達は定型発達としてとらえられる．発達の速度や発達のバランスが平均的な児が定型発達児とされる．知的な発達を知能指数（IQ）でとらえられる場合，統計的には正規分布することが仮定されている．100 を平均値として，IQ 85〜115 の間に約7割の人が属するとされ，2標準偏差以上，平均値から乖離している場合は異常値となる．知的に低い子どもたちは，生活していくのに不都合を生じやすく，支援が必要となる場合が多いことから，「障害」としてとらえられてきたが，知的に高い子どもたちは，すぐに生活上の問題につながることは少ないため，これまでは支援の対象とされてこなかった．

●**ギフテッド**　2標準偏差以上の知能（IQ 130 以上）の高い知的能力を有する子どもたちは理論上，3〜5％存在している．3標準偏差以上となると 0.1％となる．これまで，一般に突出した才能に関しては「天才」とよばれ，全体的に高い知的能力だけではなく，ある領域のみに突出した才能を示す子どもたちも含む．日本においては，ほかの子どもたちと同様な教育が行われ，支援の対象となってこなかったが，アメリカにおいては，早期履修と強化履修といった特別支援教育の対象となっている（杉山他，2009）．

●**2E**　単に知的能力が高いだけではなく，能力のアンバランスさが大きい子どもたちは，特に 2E とよばれ，「二重に例外的な子ども」と訳される．高機能広汎性発達障害の中に多くみられるとされ，実行機能の障害と，連合野の働きの苦

手さが強い.
　認知の局所優位性をもつ群であり,ある領域において突出した才能をもつ反面,ほかの領域でかなりの困難さをあわせもつことが多い.視覚映像優位型と聴覚言語優位型に分けられるとされている.

●**発達障害**　発達障害とは,発達のプロセスにおいて何らかの困難さを抱える子どもたちを総称して使われる.知的に明らかなおくれがないにもかかわらず何らかの困難さを抱える子どもたちについては,軽度発達障害とよばれていたが,明確な基準がなく曖昧な概念であったことから,公的には使用されなくなった.平成17（2005）年に施行された発達障害者支援法の中で,発達障害は「自閉症,アスペルガー症候群その他の広汎性発達障害,注意欠陥多動性障害（Attention Deficit / Hyperactivity Disorder：ADHD）その他これに類する脳機能の障害であってその症状が通常低年齢において発現するもの」として定義され,福祉および特別支援教育の対象になることが明示された.最新の研究では発達障害は「多因子疾患」であり,複数の関連遺伝子と胎児期から出産後の環境要因などが複雑に関与しあって生じるものと考えられるようになってきている.その流れの中で近年においては,診断がついてから支援が始まるのではなく,その特性をもっている子どもたちへ早期から適切な支援をすることで,将来の適応の障害を防ぐことを目的とするという方向に対応や支援のありかたがパラダイムシフトしてきている.

●**エピジェネティクス**　素因となるいくつもの遺伝子がもつ情報が発現する過程において,染色体の遺伝情報がメッセンジャーRNAに転写され,酵素やタンパク質が合成されるときに環境が関与していることをさす.その環境要因とは,母胎のホルモン,それに関連する母親の情動的な状態,喫煙の暴露,環境ホルモンなどであり,多くの環境因子が遺伝情報の発現に影響をするといわれている.慢性疾患においてすでに実証されているが,発達障害においても同様に考えられるのではないかと一部の研究者から指摘があがっている（鷲見,2011）.

●**行為障害**　行為障害とは,DSM-IV-TR（American Psychiatric Association, 2000/2003）による定義では,「他人の基本的権利を侵害し,社会的規範を犯す,反復持続する反社会的行動」をとるものとされる.発達障害,特にADHDの子どもたちの中には,難しい気質や経済的課題,虐待や同輩からの拒否などが危険因子となって反抗挑戦性障害になり,その一部が思春期前後から行為障害を呈するようになる可能性が指摘されてきた.そのほかにも,不適切な対応の積み重ねにより,情緒障害や精神障害が併存したり,自己評価が低下したりするなど発達障害の子どもたちの二次的障害を防ぐために,環境調整と適切な介入による支援の必要性が改めて指摘されてきている（田中,2008）.　　　　　　［永田雅子］

マイノリティであること

☞「セクシャリティ」p. 68,
「健常と障害」p. 470

　マイノリティとは字義としては社会的少数者やその集団をさすが，実際には必ずしも人口学的な意味での相対的少数者ではなく，他者・集団との関係性の中で，人種・セクシャリティ／ジェンダー・障害・疾患・習慣などの身体・文化・制度によって規定される属性が「普通」を逸脱しているとみなされる人びとである．こうしたマイノリティの属性は自己概念形成への影響や他者・社会との関係不全を招くことがあり，この結果として発達に特異な影響を与え，非定型の発達的軌跡を導く可能性が考えられる．彼らは往々にして理由なき差別や偏見を被るが，あらゆる状況において差別・偏見の対象となるわけではなく，状況や関係性に依存するという点には十分に注意を払う必要がある．さらには，こうしたマイノリティの特性について積極的に固有のアイデンティティとしてとらえるあり方も存在する（例えば木村と市田（1995）は言語の一つとしての日本手話使用と，その文化的背景をもとに，みずからを聴覚障害者ではなく「ろう者」と規定している）．

●マイノリティ（と／への）差別・偏見・スティグマ　マイノリティへの多様な影響について考えるうえで鍵となる概念がスティグマ（Goffman, 1963/2003）である．スティグマは一般的には特徴的な身体特徴や症状についてマジョリティから一方的かつ不当に付与される否定的認知（APA, 1991）と説明される．一方，ゴフマンにおけるスティグマはある属性が他者・集団との関係性に依存して差別・偏見が付与されるという関係性と指摘されており，必ずしも差別・偏見を招来する属性そのものというわけではない．ジョーンズら（Jones et al., 1984）は多くの実証研究のレビューを通じ，「マーク」が，①隠蔽・可視，②過程・結果，③破壊，④美的影響，⑤起源・原因，⑥危険の六つの次元において構成され，実際にスティグマが差別・偏見につながるかは各次元の程度に依存すると論じた．また，リンクとフェラン（Link & Phelan, 2001）は，①ラベリング，②ステレオタイプ化，③分離，④情緒的反応，⑤地位の喪失と差別，⑥権力におけるスティグマの独立，という六要因からスティグマが構成されると論じている．また，これをもとにスティグマについての尺度を形成しており，日本版も作成されている（下津他，2006）．

●発達研究におけるマイノリティ　マイノリティについての研究は，社会学・社会心理学領域で隆盛だが，実は発達心理学の領域では十分な知見が得られていないのが実情である．一方，多くの場合マイノリティが被るスティグマによって例えば発達の早期段階から差別・偏見を被る者は自己形成に否定的な影響を受ける可能性があることは想像に難くない．このようにスティグマによって発達的影響

を受ける可能性がある者についての研究として松本（2009）は，口唇裂口蓋裂者の経験の意味づけについての変化プロセスを報告しているが，このような研究はまだわが国においては十分ではない．バルテズ（Baltes, 1987）は生涯発達心理学の課題として，発達的変化の多次元性，多方向性の把握を指摘している．つまり，平均的な発達の姿をとらえることだけではなく，その多様なバリエーションをとらえることが発達心理学の使命なのである．その一方で従来の発達研究で取り上げられるテーマはさまざまな制約があり，いわゆるマジョリティの平均的な発達（定型的発達）に限定されることが多い．しかし，私たちのありようはきわめて多様で，単純・定型的な理解を行うことは非常に危険である．この意味からも，潜在的にはより多くのマイノリティ研究が求められている．

　従来のマイノリティ研究では，定型的発達を十分に意識したかたちでの研究というよりは，マイノリティの特殊性にのみ着目した研究が多いように見受けられる．例えばエスニック・マイノリティやセクシャル・マイノリティなどさまざまなマイノリティの研究は，マイノリティであることがその人びとに平均から一定程度逸脱した非定型的な発達を歩ませるという暗黙の前提のもとで議論されている．本来的には，何のためにマイノリティについての研究を行うのか，またそれが発達研究にどのような意味があるのかを真摯に考えることが厳しく求められているのではないだろうか．

●マイノリティへの心理学的実践と今後の課題　私たちが心理学的な研究や研究に基づく臨床実践を行ううえでの倫理的側面に触れておきたい．いうまでもなく，マイノリティが過酷な差別・偏見とそれに伴う圧倒的に理不尽な不利益を被ってきた例は枚挙にいとまがない．例えばタスキギー研究（Reverby, 2011）は，アフリカ系アメリカ人に対する梅毒の長期的影響についての観察研究であるが，被験者に対する差別／偏見の意識から，治療が確立されているにもかかわらず被験者は効果的な治療を受けることが皆無であったといわれている．私たちは科学の名のもとに研究・実践が明らかに差別や偏見であるにもかかわらず，あたかも正当な研究であるかのように振る舞ってしまうのかもしれない．こうした点において
の研究者や研究知見に対する間断のない内省が必須であろう．

　また，今後の課題として，現在は一括りにとらえがちなマイノリティをその多様性，個別性を消すことなく理解し，必要に応じて臨床実践や社会的制度の変革につなげていくことが求められる．冒頭に述べたようにマイノリティは状況や関係性に依存した形でその困難が生じる．このため，多様かつ個別のマイノリティを個別に切り分け，各々を丁寧に整理することが肝要であると思われる．近年特にアメリカにおいてはマイノリティという概念そのものへの疑義から，エスニシティ，セクシャリティ，ディスアビリティなどのようにマイノリティという用語を用いずに個別に表現しているのは，このためもあるように思われる．　［松本　学］

自分であることの違和感

☞「セクシャリティ」p. 68,
「ひきこもり」p. 380,
「ジェンダー」p. 448

　ここでは,性別のアイデンティティをめぐって「はずれる」事態と,「ひきこもり」という形で現れる「はずれる」事態を取り上げる. 　　　　［古橋忠晃・津田 均］

●**性同一性障害の場合**　まず,性別というアイデンティティをめぐって「はずれる」とは,精神医学においては性同一性障害とよばれる事態である.この事態は,1960 年代以前においては性倒錯のカテゴリーに含まれていた.性同一性障害とよばれる事態が性倒錯から分離した背景には主として二つの影響があった.

　一つ目は,アメリカの自我心理学のストーラーによる性同一性という概念の確立による影響である (Stoller, 1968).ストーラーは,生物学的性(セックス)に必ずしも従うことなく発達していく小児を臨床的に観察していく中で,身体の性とは異なる性がおよそ生後 18 か月までの間に「私は男／女である」という「自覚」が固定されるという理論を得た.性同一性という概念であり,この概念は,病因論よりはむしろ症状を重視するアメリカ精神医学会の「精神疾患のガイドライン」である DSM の方針にもなじみやすく,DSM-IV までは性同一性障害として,その後,DSM-V からは性別違和感として定着することになる.

　さらに,二つ目の影響としては,1960 年代当時,体の性を心の性(性同一性)に合わせるとする技術(性別再割り当て手術やホルモン療法の確立など)が,医療技術の進歩によって実現しやすくなったという事実があげられる.

　21 世紀になった今,クッファー(Kupfer)らは「DSM-V 研究行動計画」(Kuper et al., 2002/2008)の中で,すべての精神疾患の診断においては性差が重要であると述べている.性差というのはセックス(染色体の集合に由来する生殖器と生殖機能による一つの分類法)の差異だけではなく,ジェンダーの差異のこともさしている.ジェンダーとは男性あるいは女性として生きることの心理的・社会的表現形態をさすことばである.また,2013 年に発表予定である DSM-V(APA, 2010)では,セックスよりもジェンダーにさらに重心が移動している.患者の感じる性別の「違和感」は,たとえそれが身体の性別についての違和感であるとしても,精神医学と心理学を往復しているうちに,ジェンダーという社会的な領域へとシフトしていったのである.このように考えてみると,性同一性障害とは,個人の身体が社会的な領域で現れるときに起きる現象なのかもしれない.そこで,いったい何と何が「はずれる」事態なのかを考えることは,きわめて難しい. 　　　　［古橋忠晃］

●**ひきこもりの場合**　「はずれる」という語は,ある「場所」,あるいはある「ルート」からはずれるという意味を含んでいる.

　日本に古くからある「世間」という概念を用い,その「場所」は「世間」であ

り，「ルート」は「世間」が「通常」とみなす人生の道筋のことであるといって，とりあえず日常的理解は得られるかもしれない．より西洋的概念に沿って，「場所」は「公共」であり，「ルート」は「個人」が「公共」に対して責任を果たしている状態のことであるともいえるだろう．しかし実は，具体的なある「場所」，「ルート」に，特別の正統性が，何らかの根拠をもって賦与され得るわけではない．それでも，我々には，自然とこのように考える傾向がある．このことを自覚しておくことは，「ひきこもり」を考えるうえでとりわけ重要である．なぜならば，「ひきこもり」という状態像は，「世間」や「公共」の名のもとに何かがふりかざされることの暴力性と偽善性を露わにしているところがあるからである．

「はずれた」とされる生き方がどのような形態をとるかは，時代，文化によって千差万別である．一個人が「公共的場所」で発言するための権利を獲得しようとしてきた歴史は，文化的に多様であった．それと同様，「はずれた」生き方のあり方もまた，文化的に多様であったといえるだろう．それでも，特に思春期から青年期に「はずれる」ことは，広範囲の文化に共通してみられることである．

現在の「ひきこもり」現象は，人を，以上のような問題圏のさらに一段奥へ招き入れる．ひきこもった人は，得体のしれない「世間」と自分との間の圧倒的な力の非対称性の中で，公共へ向けた言葉を発しなくなる．

ここで我々は，「独自的な」ものと「公共的な」ものとの間にある齟齬を浮き彫りにしたデリダの議論（Derrida, 1999/2004）を参照したい．そして，我々の底には，初源的段階ですでに，ある「独自的」で「私秘的」な「他性」との「出会い」が存在すると考えてみたい．通常は，その出会いが核として醸成されてくるのと平行して，そのような「出会い」の「私秘性」とは齟齬のある「公共」への自己の接続もまた，なぜか可能になってくるのではないだろうか．ところが，ひきこもりの人では，ここで断裂が生じているようにみえる．そこに，現れるのが，ひきこもりの人の「公私混同」へのアレルギーである．この「公私混同」については，上山（上山, 2001）が，例えば，親はしばしば，「自分の」価値観を「公の」価値観として語ると述べている．これは「公私混同」であり，そのことに対して，ひきこもりの人の多くは強いアレルギーをもつ．同時に彼らは，それに有効に対抗する術をもたない．

彼らのこのアレルギーと，彼らがことばを発しなくなることには密接な関係があると考えられる．なぜならば，ここで今，私（筆者）が行っていることを一例とするようなことばを発する行為は，「私的」であるはずのものを「公のもの」として発表するという「公私混同」によってはじめて可能になるような行為だからである．確かに，「ひきこもり」は「はずれた」状態であろう．しかし，それは，一過性に「ルート」を「はずれる」といった描写でとらえられる範疇を超えた問題を示唆している．

［津田 均］

問題行動

☞「睡眠」p. 102,「いじめの発達への影響」p. 328

　青年期の問題行動は,非行や攻撃的行動などの外在的な問題と,抑うつや不安などの内在的な問題に分かれる.

●**非行の発達**　警察庁(2012)のまとめによると,2012(平成24)年度上半期の刑法犯少年の構成比は,14歳が21.5%,15歳が22.9%,16歳が21.6%を占め,14歳から16歳がピークである.その後,18歳になるとかなり減少する.海外でも同様の現象がみられる.非行には性別も関連している.2012年度上半期の刑法犯少年を男女別にみると,男子が82.1%,女子が17.9%で男子が圧倒的に多い(警察庁,2012).

　非行はどのように芽生え,そして継続していくのであろうか.まず,逸脱行動に関わる年齢が低いほど,逸脱行動や犯罪行動に比較的安定して,長期的に関わりやすいこと,また深刻な反社会的行動に関わりやすいことが明らかになっている.モフィットとカスピ(Moffitt & Caspi, 2001)は非行をライフコース持続反社会性タイプと,青年期限定反社会性タイプに分類している.ライフコース持続反社会性タイプは,問題行動の開始は児童期であり,多動,衝動的,情緒不安定,注意散漫,極端な攻撃性という兆候がみられ,生涯にわたって反社会的な行動を比較的高い頻度で続けていく.一方,青年期限定反社会的タイプは,ライフコース持続型反社会的タイプに比べてはるかに多く,青年期に非行が開始され,一時的に逸脱的な行動に関与する.

　非行のリスク要因は多様である.一つの要因だけが影響を与えることはまれであり,非行行動はいくつかのリスク要因が重なったときに促進される.衝動性の高さやセルフコントロールの低さなど個人の要因や,虐待,一貫しないしつけ,親による監督が低いことなどの家族要因,逸脱した友人の存在や,学校不適応などさまざまな要因が,子どもの非行行動に影響を与えている(表1).中学生の非行傾向行為の開始を縦断的に検討した研究からは,非行傾向行為に関わること

表1　非行の主なリスク要因

個　人	衝動性,知能の低さ,否定的な感情(怒り,不安など),スリルを求める傾向,攻撃性,反社会的な態度,暴力に肯定的な態度,抑うつ
家　族	親の不安定さ,一貫しないしつけ,子どもへの監督の乏しさ,愛着の弱さ,子どもへの暴力・ネグレクト,家族内葛藤,関わりの低さ,両親の反社会性
友　人	非行のある仲間
学　校	学業達成が低いこと,学業成績が悪いこと,学校への関心が低いこと,学校をドロップアウトしたこと

には，親子関係の親密でないなどの家庭の問題に，セルフコントロールの低さなど個人の要因に加え，非行のある友人の存在，さらに学校を楽しいと感じる気持ちが減少する場合に促進されることが示されている（小保方・無藤，2006b）．

●**抑うつの発達**　近年は子どもの間で抑うつがあることが認められている．気分の変化，気分の落ち込み，いらいらは，思春期の開始や自立や役割の変化を含む発達的変化の一連としてとらえられている（Verduyn et al., 2009）．抑うつは青年期に増加し，特に女子で高くなる．中学生を対象とした調査では，臨床的に抑うつが高いと判断できる子どもは21.0％であり，男子が17.8％，女子が24.1％で女子の方が多かった（小保方・無藤，2006a）．子どもの抑うつは，学校生活，友人関係などの多様な面に深刻な影響を及ぼす．その程度が高く，長期的になると，成人期まで継続する場合もある．症状には，気分，思考，活動の顕著な変化が含まれる（表2）．学校での集中力の問題や学業への取り組みにも変化がみられる．睡眠不足や集中力欠如が，学業での問題を引き起こし，失敗の感覚を強めることもある．より深刻な場合，過去のどんな問題にも罪悪感や，個人的な責任を感じる場合もある．そして，これらは自殺念慮と結びつくことがある．

表2　青年期の抑うつの主な特徴（Verduyn et al., 2009, p.3 をもとに作成）

気分の変化	悲しさ・みじめさ，イライラ
否定的な思考	低い自尊感情，無力感・絶望感，自殺念慮
社会的関係性の困難さ	社会的ひきこもり，ソーシャルスキルの問題，社会的問題解決の困難さ
抑うつの身体的症状	睡眠の障害，食欲の障害，不活動，興味関心の欠如・無感動

　子どもの抑うつは精神症状の言語化が困難な場合があるため，身体症状や行動上の問題が主訴となる場合がある．抑うつはそれだけでみられることはまれであり，行動の問題や不安を伴うことがよくある．自殺や自殺企図，自己破壊行動とも関連することがある．

　抑うつの発生には多様な要因が関わっており，生物学的要因，遺伝的要因，心理社会的要因，社会経済的要因が複雑に関連しあっている．双極性障害の場合，特に遺伝の影響が強いと考えられている．環境要因では，家族関係だけでなく，友達との問題やいじめなどが影響を与えることもある．女子の場合，性的成熟が早いことが，その後適応上問題を起こす場合があることが見出されている．変化に対応する知的，社会的，情緒的発達の程度を備えていないために困難を生じることが考えられ，思春期以降，女性が男性に比して抑うつが高くなる傾向があるのには，ホルモンの影響や否定的な事象に遭遇する，遭遇したと感じる頻度が男性より高いこともあると考えられている．　　　　　　　　　　　　［小保方晶子］

犯 罪

☞「実行機能」p. 86,「攻撃」p. 112,
「リスクと自立」p. 330

　犯罪の背景には，社会構造などのマクロな要因から，家庭・学校・職場・地域といった環境要因，犯行時の状況要因，行為者自身の個人要因にいたるまで多様な要因が存在し，それらが相互に絡み合っている．その中で，個人要因として従来から指摘されているのが，犯罪との親和性が高いパーソナリティの存在である．

●**サイコパス**　「病的なほどに嘘をつく」が，弁が立つため，「表面的には魅力的」に映る．「不安や罪悪感が欠如」し，「共感性も乏しい」ため，「自己中心的」で「衝動的」な行動をとりやすく，「冷酷性」をもあわせもつ．これは，サイコパスとよばれる者たちが示す特徴の一部である．アメリカの精神科医クレックリーがサイコパシー概念に言及して以降（Cleckley, 1941），サイコパシーは，犯罪行為と関連が強い人格障害として注目されるようになった．サイコパスの診断基準であるサイコパシー・チェックリスト改訂版（Psychopathy Checklist-Revised：PCL-R；Hare, 2003）には，上記の「　」内に記した特徴のほか，刺激を求める傾向，他者に対する巧みな操作，浅薄な感情，行動のコントロールの弱さ，現実的・長期的な目標の欠如，無責任，子どもの頃の問題行動，犯罪の多様性など，20の項目があげられている．ただし，サイコパスの主要な特徴は情動の欠如にあり，サイコパスがとる反社会的行動は，情動障害の結果であることが指摘されている（Cooke & Michie, 2001）．

　サイコパスの有病率はおよそ0.6～1％程度とされており（Coid et al., 2009），サイコパスと診断される犯罪者はまれであるといってよい．しかし，サイコパシー傾向と再犯との関連が多くの研究で報告されていることから（e.g. Hare et al., 2000），サイコパス，およびサイコパシー傾向の高い者に対する個別的対応の重要性がうかがえる．サイコパスが示す情動障害は遺伝的要因との関連が強く（Viding et al., 2005），その療育可能性については現在もなお模索段階にある．近年，サイコパスにおける扁桃体や眼窩・腹内側前頭前皮質の機能障害を指摘する認知神経科学的知見（e.g. Blair et al., 2005/2009）や，サイコパスの特徴をもちながらも犯罪歴がないサクセスフル・サイコパスに関する研究（e.g. Gao & Raine, 2010）も増えてきており，新たな知見が得られつつある．サイコパスの病態やサイコパシー特性のさらなる解明により，サイコパスの治療・教育へと結びつけることが期待される．

●**自己を制御すること**　サイコパスの特徴のうち，「衝動性」「自己中心性」「行動のコントロールの弱さ」といった一部の側面は，アメリカの犯罪学者ゴットフレッドソンとハーシーのいうセルフ・コントロールの概念と重複する．彼らは，

犯罪の背景にある多種多様な要因の中で，すべての犯罪に共通する犯罪予測の最も重要な要因は，セルフ・コントロールの低さにあると主張した（Gottfredson & Hirschi, 1990/1996）．セルフ・コントロールの低さとは，衝動性，複雑な課題よりも単純な課題を求める傾向，危険を求めること，身体的活動への親和性，自己中心性，易怒性の六つの下位概念から構成される個人特性である．セルフ・コントロールが犯罪・非行の主要な説明要因であることは，国内外問わず，複数の研究で確認されている（e.g. Grasmick et al., 1993；中川・大渕，2007）．

これまで，セルフ・コントロールは，人生の初期に決定され，その後は生涯不変であるとされてきた．しかしながら，近年の研究では，自己を制御することに関する特性の発達可能性を支持する知見が得られている．ヴァジョニ（Vazsonyi, A.）らは，4.5歳から10.5歳までを対象とした6年間にわたる縦断研究を実施し，セルフ・コントロールが正の発達曲線を描くこと，また，この曲線には親の養育態度が関わっており，親との良好な関係がセルフ・コントロールの発達の軌跡に対して非線形的な影響を与えることを報告している（Vazsonyi & Huang, 2010）．

セルフ・コントロールは，多くの場合，望ましくない衝動を抑制する意識的過程を指すのに対し，自己制御は，セルフ・コントロールよりも幅広い概念で，意識的・無意識的過程の両方を含み（Schmeichel & Baumeister, 2004），行動抑制だけでなく，行動始発の側面も含む．原田らの研究では，自己制御を，安定性の高い気質レベルの自己制御と，成長の過程で形成される社会的自己制御とに分け，高校生・大学生を対象に，反社会的行動へ及ぼす影響過程を検討している（原田他，2009, 2010）．その結果，社会的自己制御（他者や集団との相互作用がある社会的場面で，いかに自己を主張できるか，あるいは，自己を抑制できるかに関わる能力）は，気質レベルの自己制御からの影響を受けるものの，反社会的行動により強く影響を及ぼすことが確認された（図1）．

ヴァジョニらや原田らの結果は，いったん形成されたセルフ・コントロールや自己制御は生涯不変であるとみなす必要はなく，幼少期以降の教育的介入も犯罪・非行の抑止に有効である可能性を示唆している． ［原田知佳］

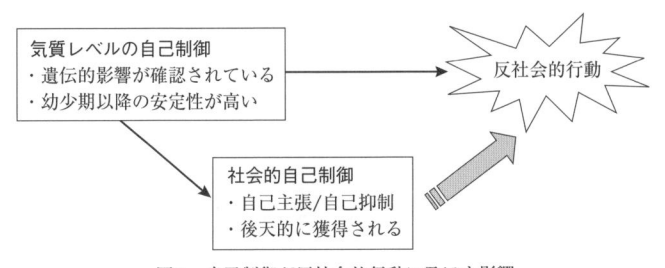

図1 自己制御が反社会的行動に及ぼす影響

病を得るということ

☞「中途疾患」p. 496

　私たちは生きている限り，病気に罹ることは避けられない．ライフサイクルのあらゆる時点で，誰もが病気に罹る可能性をもっている．病気に罹ると私たちは，治療・療養のため一時的に日常の責務を免除され，以前の健康状態に回復すれば，もとの日常生活へ復帰していく．このような急性で一過性の病気の経験は，誰もがもっているであろうし，想像することも難くない．しかし，それが難治性の病気や慢性病である場合，病気の経験は大きく異なる．病気は心理・社会的な危機をもたらし，人々の生活や人生のあらゆる面に，長期間にわたり影響を及ぼすことになる．

●**病気がうむさまざまな「違い」**　治癒が望めない病を得た人々は，健康な人々との間にさまざまな「違い」を抱えることになる．定期的な通院や服薬，食事療法など，病気の養生法や自己管理を日々実践しながら，病気にあわせた生活を営むことが，人々にとっての日常となる．痛みや倦怠感などの症状や体調の変化に悩まされたり，体力が慢性的に不足したりすれば，日々の生活に制約や支障が生まれる．このような身体の不調は主観的・個別的であるため，周囲の理解を得にくい．また病気にあわせた生活は，病気をもつ人自身にとっては「普通」となるが，これは健康な人々の「普通」とは異なるため，生活世界の共有が難しくなる．このような日々の生活における違いが，周囲からの孤立や疎外感へとつながることも珍しくない．

　病気が再燃と寛解を繰り返し，入院や療養が必要となった場合には，社会生活からの長期間の離脱を余儀なくされる．このような離脱は，社会から期待される役割を全うできない状態とみなされ，社会的な信頼を失うことにもつながる．

　病気による身体条件や，日常生活・社会生活の違いは，人々の発達過程にも影響を及ぼす．自律性やアイデンティティ，各種技能の獲得など，心理・社会的発達課題への取り組みが困難となったり，発達期の到来が通常より遅れたり早まったりすることもあり，病気ではない人々とは異なる発達過程を歩むことになる．就学や就労，結婚や出産といった重要なライフ・イベントに困難を来した場合の影響は特に大きく，通常のライフコースから外れるという，社会からの逸脱の経験となりやすい．

　このように，病気がもたらすさまざまな「違い」は，人々の社会生活や発達過程にさまざまな違いや困難を生み，それはしばしば「離脱」や「逸脱」というかたちをとるといえる．

●**病気の社会的意味と近代の病気観**　病気による社会からの「離脱」，「逸脱」に

は，病気の社会的意味が分かちがたく結びついている．病気に付される社会的なイメージや価値観は概して否定的であり，社会的に望ましいとされる基準は「健康」にある．したがって病気は「健康」という基準を満たすことができない逸脱の状態として，否定的な意味を付与されやすい．病気はスティグマの対象となり，人々は自身の病気を否定的にとらえざるを得なくなる．

このような病気の社会的意味の背景にあるのは，近代の病気観，つまり健康と病気を切り分ける二分法的思考である．アメリカの社会学者パーソンズ（Parsons, 1951）が，病気に「逸脱」という社会的位置づけを与えた「病人役割論」は，近代の病気観を反映している．「病人役割論」は慢性病や難治性疾患にはあてはまらないなどの理由でその後批判されるにいたったものの，今なお一定の影響力をもち続けている．近代の健康観もまた，現代における病気の否定的な社会的意味に，依然として影響を与えている．例えば「健康至上主義」とよばれるように，「健康」はどこまでも異常の消去を推し進めようとする目標となりつつある（上杉, 2000）．このような健康観においては，病気は正常からの「逸脱」として排除される対象とならざるを得ないのである．

●**多元的文化における病気観**　「病気/健康」を二分してとらえる近代の病気観・健康観においては，治癒しない病気は「逸脱」というかたちを取らざるを得ない．

しかし一方で日本には，近代以前の伝統的な病気観・健康観が今なお意味をもち続けている．日本では明治以降，近代西洋医学が国策として発展し席巻するとともに，前近代の主流であった民俗医療や漢方，信仰，シャーマニズムなどの東洋的な伝統的医療は周辺に追いやられた．しかしこれら伝統的医療は消失することはなく，近代医療を補う役割を果たしてきており（波平, 1984, 1990），近年では代替医療として見直されつつある．また，治りにくい病気を表現する「持病」ということばや，持病が一つくらいある方が健康な人よりも健康に注意するのでかえって長生きするという「一病息災」という考え方は，伝統的医療の歴史の中で培われてきた知恵であり，今の時代も息づいている．

大貫（1985）や立川（1991）が指摘するように，日本においては，死や病気などの否定的なものを一元的に排除するのでなく，日常生活の一部として許容する多元的な文化がつくりあげられてきている．病気と健康をただ対立させるのではなく，病気などの身体の弱点を囲い込みながらともに生きていくという考え方は，先にあげた「持病」や「一病息災」ということばにも現れており，個人や社会が病気を受け止める役割を果たしている．このように病気と健康を一元的に二分するのではなく，つながりをもつものとしてとらえる多元的な文化的空間においてこそ，病気という否定的なものをも取り込みながら生きていくというあり方が可能となるといえるだろう．

　　　　　　　　　　　　　　　　　　　　　　　　　　　　　　　　　　［今尾真弓］

差別を受けるということ

☞「同性愛」p. 206,「健常と障害」p. 470,「発達心理学と差別」p. 570

　差別をめぐっては，ある人が，ある人種，民族，性，集団の一員であるというそれだけの理由で，暴行や殺人の被害者になることがある（岡，1999）．高齢者や障害をもつ人に対して能力を低く見積もったり，同性愛者に憎悪を向けたり忌避したりする行為がその例である．人を「差別する」心理的メカニズムに関する研究と比して，人が「差別を受ける」という経験的側面に関する研究は少ない．

　そもそも，差別を受けるということ自体，可視化することが難しい．スピヴァク（Spivak, G.）は「サバルタンは語ることができるか」（Spivak, 1988/1998）という問いを立てた．サバルタンとは，従属的・下層的立場に追いやられた人々である．スピヴァクはサバルタンの一例として女性をあげ，「（女性は）語ったとしても解釈をする他者の視線やことばに覆い隠されてしまう」ことから，「サバルタンは語ることができない」と結論づけた．そして，サバルタンの意識を記述する行為をエリート（支配的社会集団や知識集団）による認識の暴力とまでいった．荘島（2009）は，性同一性障害者への聴き取りから，彼らは自分自身について語るべきことばすら喪失し，不条理な理由によって世界とつながるための物語をもち得なかった存在と述べている．不条理とは差異を生み出す暗黙の社会的圧力であったり，偏見であったりする．では，「差別」はいかにして語ることができるのだろうか．桜井・小林（2005）は，黒人差別撤廃運動における「ブラック・イズ・ビューティフル」やゲイ解放運動におけるカミングアウト（告白）を促すストーリーをモデル・ストーリーとよび，これまで沈黙するしかなかった人がこうしたモデル・ストーリーを参照することで自己を語ることが可能になるとした．近年，不条理や苦難を体験した人々が少しずつみずからの体験を語り始める動きがみられるようになった．その中から当事者学や当事者研究といわれる，当事者の知を発信する学問も生まれている（中西・上野，2003）．

●差別を語るということと自己の回復　それまで語られなかった，あるいは語られたとしても社会の周辺にひっそりと存在するしかなかった物語が声をもつことは，語り手に何をもたらすだろうか．この点について徳田（2006）は，ハンセン病国賠訴訟における弁護士の原告への聴き取りプロセスを分析し，ハンセン病患者の人生にまたがる甚大な被害を理解していく「語りの空間」（語り手－聴き手の関係性や，それを支える語りの文脈）を明らかにした．当初は患者自身が人生の歴史を"被害"として語る文脈をもたず，語る－聴き取る文脈が困難なものとなっていた．弁護士の「この人（原告）がどんな人かもっと知りたい」「こうでなければ送っていたはずの人生を映し出したい」という原動力を下地として，

①陳述書の作成や，②そのための聴き取り，③"被害を語る場"としての法廷のもつ力が重なり合った重層的な語りの空間の中で「被害という物語」が語られていった．そして，生成された物語は，語り手である原告に自己のとらえ直しや回復を促すものとなっていた（徳田，2006）．

　語られた声は自己の復権や回復のみならず，社会の変革を生み出す可能性も秘めている（Plummer, 1995/1998）．その好例が"浦河べてるの家"である．ここでは統合失調症など精神疾患を抱えた人々が，自分の病気を自分で命名し，自慢する．一方的に与えられた診断としての病気ではなく，当事者自身が病気を生きるという体験である．その体験過程の先に，患者を抜け出し，人間としての苦労を取り戻すことができるという（向谷地，2006）．さらに社会的次元でみれば，精神障害をめぐる歴史や時代状況の中で，当事者の語りが「怒り」「希望」「笑い」へと変遷を遂げている（稲沢，2006）．当事者一人ひとりの声が多様な物語を生み出し，彼らを受け入れる社会に変化の波を寄せている．

●相互行為の中で現れる「差別」と抗い　他者との相互行為の中で現れる「差別」もある．例えば，ハンセン病者が経験する差別は，日常の他者との相互作用の中で「嫌われ」「恐れられ」「避けられ」るという「今−ここ」での微細なかたちの差別でもあるという（蘭，2002）．また荘島（2007）は，性同一性障害者へのインタビューの端々に，語り手を「社会の中で苦難を強いられる存在」へと囲い込もうとする聴き手のありようを見出している．語り手−聞き手間においても，圧倒的非対称性が存在するのである（遠藤，2006）．それはまた，同じ立場の者同士の間でも起きる．野宿者が他の野宿者との間で「他のやつとは違う（ましな，世渡り上手な，社交能力のある）自分」として自己規定を行うことがあげられる（西澤，2010）．野宿者は，野宿生活世界の営為の一つひとつに生きる意味を引き出す解釈をしながら，他者との差異化をはかり，自己を再構築する．公共圏から締め出された野宿者の「剥き出しの生」に対し抗う主体性がここに立ち現れる．また，レズビアン・ゲイ・バイセクシュアルの人々が日常生活において，「あっちの世界（同性愛同士の人間関係）」と「こっちの世界（異性愛を前提とした社会）」を使い分けているという実態がある（石丸，2008）．このような線引きは，単純に嘘，防衛，欺瞞，透明性，プライバシーや発覚（Plummer, 1995/1998）としてのみとらえるのではなく，彼らが世界を主体的に生きるための巧妙な戦略としてみることもできよう．

　差別を受けた人がその経験を語る文脈は多様である（好井・山田，2002；桜井，2003）．必ずしも苦難の物語が語られるわけではないし，時間が経つにつれてモデル・ストーリーを必要としなくなることも多い．経験が語られる多層的な空間に心を配り，語られた差別や被害の経験だけでなく，語り手が言うことができないでいることがらに耳を傾けることが肝要である（Spivak, 1988/1998）．［荘島幸子］

キャリアの挫折

☞「進路選択」p.290,「キャリア発達」p.292,「キャリア支援」p.356,「失業・リストラ」p.492

　キャリア形成とはさまざまな状況で意思決定をくり返すプロセスである．その結果のとらえかたは，どの時点を結果として，何を基準にするかで評価は変わる．例えば「あのときは落ち込んだが，今はいい思い出だ」といった場合，挫折はその行動をとった直後なのか，それとも挫折はなかったのか判断が難しい．評価が時間経過の中で変化するのであれば，例えばキャリア教育などでいわれる"スムーズな移行"とか"マッチング"といったとらえ方は注意を要する．

●**挫折のとらえ方**　挫折することを計画し，そのとおりになれば失敗ではない．このように挫折と失敗は異なる．行動の結果が予想どおりでなかったときに失敗とされるが，それを挫折とするかどうかは事柄の重要性や回数・頻度などによって変化すると考えられる．

　挫折は，自己効力感や自尊感情が見通しの変更によって低下することである．将来を予測する時間的展望は希望にもなるが，挫折を生じる要因にもなる．キャリア教育の名のもとに目標の明確化やそれに向けての厳密な計画立案などは挫折につながりかねない．目標に固執し失敗をくり返すと，あきらめや無力感に陥りやすい．未来の先取りのような就職先や進学先などの早期決定とその目標化は，中途退学や早期離職の誘因ともなる．

　目標は，結果を評価する一つの基準となる．具体的であるほど行動も起こしやすい．しかし，すでに定まった標準的な生き方や働き方があるような錯覚は，そのとおりにはならない現実によって失敗と評価され挫折につながる．職業生活において標準的な過ごし方や正解があるような発想が"ミスマッチ"ということばにはある．

　自分が思い描いたイメージと現実との間の大きなズレに対する戸惑いはリアリティ・ショックとよばれる．これは移行にあたって当然起こりうるものであり，いくら事前に情報を伝えたとしてもズレはある．むしろ，わかりやすい情報こそ危険なのである．

●**挫折の発達的機能**　問題は挫折によって立ちすくんでしまうことである．アイデンティティ形成においてエリクソン（Erickson, E. H.）は，生涯発達におけるさまざまな葛藤を前提に，その危機を経ることの重要性を指摘した．危機とはそれまでの対処行動が有効に機能しない，思うようにいかない状況である．これは変化が求められる状況であり，それまでのキャリアとしての資源を活用しながら，新たな行動の選択という資源の獲得の機会でもある．この過程を通じて課題への対処のキャパシティが広がることがキャリア発達といえる．

キャリアとは本来，痕跡のことであり，ある状況への対処行動の新たな工夫の蓄積なのである．キャリアをパターン化して，そこからはずれることを挫折として受け止めてしまう直線的な因果づけが問題なのである．

キャリアはさまざまな要因の複合的な作用によって形成される．「回り道」や「ゴールの修正」ができる調整能力が求められるのである．ヘックハウゼン（Heckhausen, J.）らの統制の生涯発達理論においては，調整による発達の獲得的側面は最適化とよばれる（Heckhausen & Shulz 1995）.

予期されたとおりにいかない挫折ともいえる喪失的状況では，補償という目標修正的な柔軟さが必要となる．

想定されたキャリアの道筋は，現実のさまざまな状況との相互作用の中で修正が求められ，それは適応的発達としての能動的なライフ・マネジメントとしてとらえられる．

人間の意思決定とはそれほど合理的ではないことが行動経済学などでも指摘されている．キャリアの目標とされた選択も合理的選択とはほど遠いし，そのキャリアに固着していること自体が停滞と悪循環を生み出すことが挫折につながりかねないのである．

●**転機としての挫折**　たくましいキャリア形成には，個人の特性も関わる．「前向きの性格」（Fuller & Marler, 2009）や挫折の予防的機能としては高ストレス下において健康を保つことのできるハーディネスがある（Kobasa, 1976）．また，挫折からの回復過程ではレジリエンスも，困難な状況を克服しその経験を自己の成長の機会として受け入れる機能として重要であろう．

挫折は，キャリア形成上の転機である．キャリア・チェンジとよばれる移行そのものは挫折ではない．イバーラ（Ibarra, H.）は，キャリア・チェンジにおいてキャリアの柔軟性が重要だとした（Ibarra, 2003）．この柔軟性については「プロテウス的キャリア」（Hall, 1996）という変幻自在さともとらえられ，キャリアにはアップもダウンもない．あるのは不可逆的な分化であり，挫折ではない．

それまで想定されていた道筋から"はずれる"ことはトランジッションであり，今の状態よりは移行先に何らかのメリットがあるという状況である．ネガティブな面に焦点をあてる研究が多いが，ポジティブな面からターニングポイントとしての研究などが期待される．

キャリア形成において節目で何かを選択するということは，別な何かを捨てることにほかならない．辞めるにしても継続するにしても，そこにはいつも迷いや戸惑いがある．

選択の先には期待と不安のアンビバレントがあることは当然であり，その結果から新たな選択が生まれるのである．　　　　　　　　　　　［五十嵐　敦］

はずれることの積極的意義

☞「創造性」p.154

　常識や社会規範的枠組からはずれると，変人，奇人などとして世の中の片隅に追いやられ，社会から逸脱した存在として無視される．正気からはずれると，狂人として時に強制的に世の中から締め出されることもある．しかし，少なからず世の中，正気からはずれた人の中に独創的で創造的な仕事，特に芸術活動で素晴らしい才能を披露する稀有な人たちも存在する．

●**精神病理と独創性や創造性との関係**　フロイト（Freud, S.）は創造性の起源を子どもの遊びにあると述べ，それが時に他者から認められる空想，小説，劇などに発展すると考えた．これは，抑圧された無意識的願望が解放され，昇華によって，高い精神性を有する芸術作品になることを論じている．フロイトは成人のこころの奥底に潜む子どもの精神性という側面に着目し，さまざまな芸術作品について論じた．その一方，ユング（Jung. C. G.）はゲーテの『ファウスト』を引用し，芸術作品を心理的作品と幻視的作品に分類した．心理的作品は意識の到達できる範囲の体験を記述するものであり，それに対して幻視的作品は意識の到達できない集合的無意識の光と暗闇の世界を主題とするものであるとした．いずれも，芸術作品とされるものの一部は標準からはずれた世界から生み出されたものであることを指摘している．この二人の見解に従えば，芸術家の創造性は意識的に世の中からはずれるか，無意識的に子どもの世界への退行から昇華の過程において創造性を獲得するか，時に病理的な側面を含む無意識世界が普遍性をもつか，こうした場合に芸術性を見出されると考えることができるだろう．さらに整理すると，芸術とよばれるものは，①世間や常識から背を向け，意識的な想像力を駆使した創造性のみを頼りにし，無意識世界と関連のない場合，②幼年期の抑圧を昇華という防衛形式で芸術として表現する場合，③病的体験も含む無意識的願望に対して抵抗，防衛として芸術表現される場合と，④その病的体験に身を任せて表現が行われる場合，に分類することができるであろう．

●**標準からはずれることの積極的意義**　この分類に基づいて，数名の画家を具体的に当てはめて論じてみる．

　みずからを画狂人と称した葛飾北斎は『富嶽三十六景』などで世界的に知られる浮世絵師であるが，あくまでも現実にある風景を北斎自身の想像力でデフォルメしながら，芸術の領域にまで高めた．北斎の描く肉筆画も含めて，北斎の作品に現実離れした無意識的な世界は認められない．北斎は90歳で亡くなるまで，絵を描く以外に関心はなく，衣食住などにも一切関心を示さなかったといわれている．北斎は世間，常識からはずれた存在として知られている．北斎の芸術は

意識に浮かぶこころの光景を緻密に表現することに生涯を捧げたということになる．

　変人，奇人として知られるサルバドール・ダリは，自らの芸術技法を「パラノイア的批判的方法」とし，忠実な写実法を用いながら，イメージを多彩に組み合わせ非現実的な夢のような世界の光景を描いた．ダリの芸術の起源は自分が亡くなった兄と同じ名前を引き継ぎ，兄の置き換えの子どもとして養育されたことにあり，ダリは幼児期に迫りくる死のイメージにさいなまれていた．ダリはそのイメージから逃れるために芸術活動に専心した．また，ダリの最愛の妻ガラはダリ以上にスキャンダラスな存在であったが，ダリにとっては死の恐怖から解放してくれる大天使ガブリエルであった．ダリを知る人はダリがとても気のきく気弱な常識人であり，決して変人でも奇人でもなかったことが語られている．こうした意味で，ダリは常識人であり，抑圧されていた幼児期の恐怖をキャンパスや彫刻のうえで昇華活動として芸術作品を産み出したのであろう．

　草間彌生は少女時代に小児統合失調症を発症し，幻視，幻聴などの病的体験に苦しんだ．草間は信州大学精神科教授であった西丸四方にその芸術性を見出され，世に知られるようになった．草間芸術のシンボルである水玉は草間自身の幼児期から悩まされた幻視であり，これをキャンパスや部屋を埋めつくすほど描き込むことで意識的に，挑戦し同化することによって，病的体験を克服しようとする試みである．水玉と同じくペニスに対する恐怖も存在し，これも草間の大きなテーマとなっている．草間は無意識から止めどなく溢れる恐怖体験にもがき苦しんだ末に，果敢な挑戦としてこれを芸術活動にした．

　最後に，アウトサイダーアートの画家のヘンリー・ダーガーはアスペルガー障害であると思われるが，知的障害者施設での不適切な処遇をトラウマとして生涯にわたり抱え，それを本人のお気に入りの南北戦争をモチーフにして，世界一長い小説とされる『非現実での王国』を執筆した．その後に，漫画のコピー，コラージュなどを多用して絵画を制作した．この小説，この絵画には，女の子に描かれているペニス，小児殺戮の場面などが多くあり，注目された大きな理由でもあった．諸説あるものの，ダーガーを知る人の発言によれば，ダーガーはほとんど会話も成立することなく，変人というより狂人に近い存在として知られていた．また，ダーガーの描く世界は一見すると可愛らしく見えるものの，そこには残虐性と倒錯の世界があった．ダーガーはすべてからはずれ，自分だけの偏執的な空想世界に身を投じて生涯を閉じた．

　このように，はずれることは時に芸術などで開花することもあり，はずれることの積極的な意味づけとなるが，世間や常識，意識，無意識，病的体験という観点から分類して考えることは興味深い．

〔木部則雄〕

11. かかわりあう

【本章の概説】

　人はめいめいが個別の人格をもっており，自分とまったく同じ人はおそらく過去にも現在にも，そして未来にもいない．このことが人に孤独を感じさせることもあるが，かけがえのない自分の価値を感じさせることもある．自分と同じ人はいないという意味では人は孤独な存在かもしれないが，もともと人の出生は，人と人とのかかわりあいに由来し，どの人も一人で生まれてきたわけではない．

　人は母親から生まれる．むろん父親も存在する．その二人のかかわりあいがなければ人は生まれない．そして医師や助産師など複数の人によって出産は介助される．人は一人では生まれない．多くの場合，父親などの立ち会いのもとで人は祝福を受けて生まれる．そばにいない場合でも，関係者は赤ちゃんの誕生に強く意識を向けており，心はかかわっている．

　生まれた子どもにとって，最初に重要な他者となるのは親である．赤ちゃんの感覚や脳の潜在能力の高さはいまや周知のことだが，こと摂食や移動，身辺生活に関しては，養育者の援助なしには難しい．また潜在能力の高さも，そこにかかわってくれる人がいなければ適応的な発達は期待できない．誰も赤ちゃんに話しかけない環境では，赤ちゃんが生まれたときにもっていた能力がその後開発されていくとは考えにくい．かかわりあい，はたらきかける他者がいることで，赤ちゃんは幸せに発達していく．

　赤ちゃんは一見無力な存在にみえ，まわりに対して何も貢献していないようにみえるがそうではない．赤ちゃんは，少なくともおとなの心に対して働きかける力をもっている．赤ちゃんが笑うことや悲しそうな顔をすることで，親ならずとも人は赤ちゃんに何かしてあげたくなる．赤ちゃんに笑ってほしいから，赤ちゃんが笑ってくれるから，よい年のおとなもふざけた顔で"ベロベロバー"などをしてみたくなる．赤ちゃんからの働きかけや反応が得られない場合，赤ちゃんを愛しかわいがることは格段に難しくなってしまうであろう．つまり，赤ちゃんは，みずから働きかけることで，親の親らしい行動を開発しているということになる．赤ちゃんが赤ちゃんらしく振る舞ってくれることで，それを向けられた親は，親らしくなれる．親は赤ちゃんに生命を与え，赤ちゃんは親に親らしい人格を付け加えてくれる．両者はそのような相互関係にある．親と子の発達の相互作用性，互恵性は，人と人との関係が一方向的に"かかわる"ものではなく，"かかわりあう"関係性であることをよく表している．赤ちゃんとのかかわりあいの中で得られた親としての人格発達があるから，子が思春期になって攻撃的な態度やかわいげのない態度を向けてきても，親は親として子どもを愛しかわいがることができる．このように，人格発達において人と"かかわりあう"ことは重要である．乳幼児期の発達を記述する際に用いられる基本的信頼，人見知り，共同注意などは，赤ちゃんとおとなとのかかわりあいに関連の深い心理学的概念である．

　幼児期，児童期と発達段階が進むと，子どもの活動範囲は広がり，他者とのか

かわりも広がる．子どもたちは，親が特別扱いしてくれる家庭の中から出て，特別扱いのない外の世界を知り，他者との平等と，他者もまた自分と同様に特別な存在であることを知らされる．とくに仲間関係・仲間集団はおとなのかかわりが薄いので，自由と楽しさもあるがトラブルも生じやすい．そのため，同世代関係では人とのかかわりあいを円滑にするソーシャルスキルも重要になってくる．子どもがかかわっていく世界は，集団，組織，メディアの世界へも広がり，年齢を超えた異学年交流，文化を超えた異文化間交流，世代を超えた世代間との関係や交流にも出会う．おしなべて他者とのかかわりあいは子どもの発達とも関連しながら，子どもの心に影響を与えていく．

しかしながら影響にはプラスもあればマイナスもある．付き合いは突き合いとの謂いもあり，人とかかわりあうことは楽しいだけではない．負担を背負うことも，時間を取られることもある．ぶつかって傷つくこともある．親密な関係の場合には，関係ができたことで逆に，関係崩壊の不安にさいなまれることもある．二人でいることの喜びを知ったことで，一人が怖くなる．もともと一人でいれば，一人にされる心配はない．消極的ではあるが，一人になることは人とかかわりあうことから派生するストレスやコストを避けるための策になる．対人関係上のストレスやコストを嫌い，人とのかかわりの質と量を減じようとする人が増えれば，対人関係の希薄化が進行していくことになる．対人関係の希薄化をもたらしたものは，物質的経済的な豊かさ，現代人の多忙さと疲弊，そして価値観の多様化である．価値観の多様性を認め，他者の自由と個性を尊重すればするほど，相手に介入する論理が成立しにくくなる．共通の目標や方向性をもてば，逆に対人関係は密になる．大災害が発生した直後には人は声をかけあい助けあう．復旧復興という大目標が共有されると，おのずと人は団結してかかわりあうことになる．

人は一人では生まれず，一人では十分な発達も難しい．種の保存から自己理解まで，必ず他者の存在が必要になる．人は人とかかわりあうことで人間らしい発達を実現していくのであろう．そして誰もが，人とかかわりあうことには多少の痛みはあるとしても，一人でいることでは得られない喜びがあることを知っている．一人ではもの足りない．しかし人といることでの痛みもある．自分のペースで自由に時間を使いたい，しかしまわりとの関係も悪くはしたくない．現代人の多くは，自分の時間と空間を守りながら，幸福と安寧をもたらしてくれる頃合いの距離と居心地のよいかかわり方を求めている．信頼，感謝，赦し，寛容，親切などの成熟した穏やかな対人態度で，対面コミュニケーションと，いくぶん気楽なメールやソーシャルメディアによるかかわりを案配よく織り交ぜながら人と人がかかわりあうことができれば，個人の幸福のみならず，近年心理学の実証的研究でも注目されている共同体感覚（髙坂，2011）の高まりとソーシャル・キャピタル（内閣府，2003）の向上が実現すると期待される．

[佐藤有耕]

人見知り

☞「愛着」p. 196

　生後6か月から8か月の間に乳児の弁別能力は発達し，それ以前のように誰にでも笑いかけるというわけにはいかなくなる．乳児は見慣れた人と見知らぬ人を区別し，見知らぬ人が積極的な仕方で近づいてくると臆病そうに視線をそらすようなことから，泣き叫ぶようなことまで，不安を示すさまざまな行動を起こす．このことを観察を通して見出したスピッツ（Spitz, R. A.）はこの不安を「8か月不安」とよんだ．

●**8か月不安**　この不安を示す乳児たちは過去にその見知らぬ人と何ら不快な経験をもってはいなかった．したがって，この不安は現実的不安とはまったく異なるもので，しかも，8か月不安は母親が不在のときに強力に現れるということから，スピッツはこの不安を母親の存在との関連でとらえようとした．この頃までに乳児は母親を「リビドーの対象（愛の対象）」としているので，母親に置き去りにされていることに反応するようになる．子どもは母親を再び見たいという願望を抱いているので，ほかの人が近づいてくると幻滅を感じることになる．したがって，その際に現れる不安は，「見知らぬ人」との不快な経験の記憶のためではなく，見知らぬ人と不在の母親の記憶像との非同一性に対する内部精神的知覚に基づく反応であるとスピッツは主張したのである（Spitz, 1964/1965）．

　このように，母親から置き去りにされる不安，母親との分離不安を背景にして人見知りが生じるとしたスピッツの見解に対して，ボウルビィ（Bowlby, J.）は真っ向から異を唱えた．まず第一に，スピッツは人やものに対する子どもの不安はそれらが子どもに不快や苦痛を与えた結果としてのみ発達すると仮定しているが，それは明らかに間違いである．見知らぬことそのものが不安の一般的な原因になる．乳児が見知らぬ人から逃避する理由についての説明をいくら捜し求めても，乳児が見知らぬ人のもつ見知らぬことによって脅かされているという以外の理由を見出すことはけっしてできない．第二に，スピッツは人見知りの理由として母親との分離不安をあげているが，見知らぬ人への恐れは分離不安とはまったく異なる反応であるという明白な根拠がある．すなわち，母親が同時に見える場合でさえ，乳児は見知らぬ人への不安を示し続けるという事実があるとボウルビィは主張した．

●**ストレンジネスに対する不安**　見知らぬ人に恐れを示すにいたる過程として，①乳児が見知らぬ人と見慣れた人との視覚的弁別を示さない段階，②見慣れた人に対するほど容易ではないが，見知らぬ人に対しても明白に，またかなり容易に反応する段階，③見知らぬ人を見ると冷静になり，凝視する段階の3段階をあげ，

以上の段階を経過して初めて乳児は恐れの典型的行動，例えば，見知らぬ人から逃げようとする定位や運動，すすり泣き，泣き叫び，および不快を示す行動，などを示すようになる．このように，見知らぬ人（ストレンジャー）のもつ見知らぬこと（ストレンジネス）を明白に認知してから初めて乳児の人見知りは生じるとボウルビィは主張する（Bowlby, 1969/1976）．

　心理学者バウアー（Bower, T. G. R.）は，乳児の人見知りをコミュニケーション不能な人物に対する恐れと解釈する．乳児はそれまでに自分と母親とが共有しあうコミュニケーションの手順を発達させてきているが，見知らぬ人は自分と同じ言葉を話さない人物であり，乳児が示す社会的な身振りや誘いかけに応答してくれない人間である．そのような人が乳児とコミュニケーションをとろうと接近してくることは，乳児の側からすれば，自分よりもはるかに大きな人が自分が当然理解するものと勝手に思い込みながら外国語で話しかけてくるようなもので，このような状況で恐れが生じたとしても驚くほどのことではないという（Bower, 1977/1980）．しかし，これもコミュニケーションの方法の違いにストレンジネスを感じての不安といえなくもない．

　高橋道子（1984）は9か月から13か月までの乳児84名を対象に実験室的研究を行っている．まず，ストレンジャーへの反応をみる前の自由遊び場面で，大学の実験室という新奇場面において場のストレンジネスにどれほど不安を示すかを，母親を安全基地として母親のもとから自発的に離れて探索活動がどれほどできるかを尺度にして，三つの群に分けた．そして，次のストレンジャーと関わる実験で，この三つの群に差異がみられるかを検討した．その結果，新奇場面での不安の高かった群の乳児たちの方が，それの低かった群の乳児たちより，ストレンジャーに対してよりネガティブな反応を示した．つまり，場のストレンジネスへの不安とストレンジャーに対する不安との間に関連がみられたということである．この研究では人見知りに性差がみられたことも報告しており，男児よりも女児の方がストレンジャーに対してよりネガティブに反応した．

　人見知りが発現する時期については，きわめて個人差が大きいというのが定説となっている．26週ぐらいの早期に観察されるケースもあれば，2歳ぐらいで初めて観察されるというケースもある．時期に影響する要因としても，愛着の発達や日頃から他者と接する度合いなどさまざまな要因があげられている．愛着の発達と人見知りは表裏の関係ではないが，弁別をベースにしているという点で関連は深い．また，そのときに人見知りが生起するか，またどの程度の強さで生起するかを左右する条件としても，見知らぬ人がどれほどの距離にいるのか，その人が乳児に近づくのかどうか，乳児が見慣れた環境にいるのか，見知らぬ環境にいるのか，乳児の健康状態，疲労度，また，母親の膝の上にいるのか，離れているのか，などさまざまな要因があげられている．

［繁多　進］

共同注意

☞「三項関係」p. 54,「フォーマット・協同活動」p. 368,「あざむき」p. 402

　共同注意とは，対象に対する注意を他者と共有することであり，具体的には他者の視線や指さしの追跡，自分からある対象を指さしする行動などが該当する．この共同注意は，自分と相手が見つめ合う乳児期前半での二者間のものから，乳児期後半には，自分と相手で同じ対象に注意を向ける三者間でのものへ発達する．特に後者は，「9か月革命」（Tomasello, 1993）といわれる発達のターニングポイントを示す行動の指標であり，その後形成されるさまざまな能力の発達的基盤であることが指摘されている．ここでは，共同注意に障害をもつといわれる自閉症児も取り上げながら，共同注意が障害をもたない定型発達児の発達にどのような意味をもつかを検討する．

●**他者理解，心の理論との関連**　子どもが指さしによって相手にある対象を示す（あるいは相手が指さす対象を子どもが見る）ことは，共同注意が成立する一例である．その際，自閉症児も指さされた対象を相手と一緒に見る（同時注視）ことは発達の中で可能となる．しかし，定型発達児が共同注意の際に同時に行う，相手が対象をちゃんと見ているか相手を振り返って確認すること，また表情（例えば，微笑み）をともなって指さすことで，対象に対する情動的評価（例えば，面白い）を相手に伝えようとすること（図1(a)）はみられにくい（別府，2001）．定型発達児が示すこれらの行動は，他者を「意図を有する主体」（Tomasello, 1993）と把捉することで可能になるものである．これは，他者の行為の背景にある心的なものの理解であり，定型発達児で4歳頃形成される心の理論の発達的前駆体と考えられている．例えばバロン=コーエン（Baron-Cohen, 1995/2002）は，自閉症児に心の理論の障害がみられるのは共同注意に相当する共有注意機構に障害があるためとし，両者のつながりを指摘した．

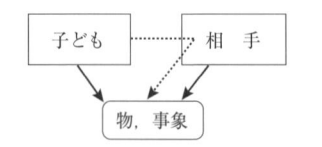

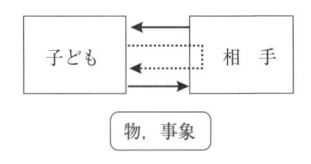

(a) 外界が対象の場合　　(b) 子ども自身が対象の場合

実線は実際に二者が注意を向ける行動，破線はその際に子どもが相手の注意をなぞる行動を示す

図1　共同注意のあり方（Tomasello, 1993；木下，2008を参考に作成）

●**客体的自己，主体的自己との関連**　共同注意は他者を「意図を有する主体」ととらえるため，相手と同じ対象に注意を向けるだけでなく，相手の視線や指さしをなぞることで相手が何をどのように見ているかを把捉する能力を必要とする．この能力は，他者が自分に注意を向けそれに自分も注意を向ける，すなわち共同注意の対象が自分となる場合（図1（b）），他者が自分の何をどのように見ているかを把捉することを可能にする．これは，他者の視点から自分をとらえるという意味で，客体的自己の一つのレベルである概念的自己（Neisser, 1993）の成立といえる．

一方，他者と注意や意図を共有することは，共有できない自他の注意や意図のずれを意識する契機ともなる．これが自他分化や，自己主張とその結果としてのおとなに対する拒否として現れる，主体的自己としての自我の誕生・拡大（田中・田中，1984）を生み出していく．

●**言語発達との関連**　対象に対する注意を相手と共有する共同注意の状況は，おとながそれに対して発することばと対象を結びつけて学習する機会を提供する．このため，共同注意の能力は，後の言語発達能力と関連をもつことが多くの研究で示されてきた．

また，共同注意は「意図を有する主体」としての他者理解を伴う．そのため定型発達児は1歳をすぎると，自分と違う対象を見て他者が発することばに対しても，他者が注意を向ける対象を追随することで，対象の名称として言語学習を行うことができる（一致しないラベルづけ）(Baldwin, 1995/1999)．例えば，自分が玩具で遊んでいる時に母親がやかんのお湯が吹くのに驚いて「やかん！」と言う場面で，その言葉が玩具ではなく母親が視線を向けている対象（やかん）と結び付いていることを理解できる．これによりおとなが言語を意図的に教える場面以外でも，子どもは言語学習を自ら行い得るようになるのである．

●**言語発達におけるおとなの関わり方**　自閉症研究でも，共同注意能力がその後の言語発達と正の相関をもつことが指摘されてきた．ただしそこには，養育者の関わり方が大きく関与することも明らかにされている（Siller & Sigman, 2002）．具体的には，要求的関わり（例えば，子どもが物を机上で左右に動かす時，「ブーブー，ここ入るかな」と言い，ふたの開いた箱を車庫として置く）よりも，非要求的で子どもとより同期した関わり（例えば，子どもが動かす物を見ながら「ブーブー，速いねえ」と言う）を行った養育者の子どもの方が，後の言語発達がより大きかった．後者の養育者は子どもを洞察する能力が高く，その意味で子どもの心を気遣う傾向が強いことを示している（Hutman et al., 2009）．これは共同注意を形成する要因に子どもの能力発達だけでなくおとなの関わりという環境も大きく関与すること，その中でもおとなの側が子どもの注意をなぞり共有する関わりが重要であることを示唆している．

［別府　哲］

基本的信頼

☞「愛着」p. 196,「親子関係」p. 198

　エリクソン（Erikson, E. H.）は，人格形成に関して生涯を8段階に分け，漸成発達理論図式として理論化した（Erikson, 1959/1973）．その第1段階：乳児期（0～1.5歳）の主題が基本的信頼である．エリクソンは基本的信頼を「他人に関しては一般に筋の通った信頼を意味し，そして，自分自身に関しては信頼に値するという単純な感覚」と定義した．日常的な表現に置き換えると，合理的な根拠はなくても「大丈夫，大丈夫」「安心，安心」と思うことのできる感覚といえる．

●**基本的信頼の内容と形成**　エリクソンの定義を詳しくみると，この定義には以下の二つの内容がある．まず「他人に関しては一般に筋の通った信頼」とは「自分のまわりのおとなは決して私を見捨てない」という感覚である．さらに「自分自身に関しては信頼に値する」とは「自分は人から信頼される，愛されるだけの価値がある人間だという感覚」である．興味深い点はこの感覚は確たる根拠なしに感ずる点である．いわば「根拠のない自信」といえる．

　エリクソンは，基本的信頼については「母親的存在」の愛情によって育つと述べている．愛情とは「相手の幸せを願う気持ち」であり，愛は愛する相手に条件を求めない「無条件性」と，相手の幸せを自分のことのように喜ぶ「相互性」の二つの特徴をもつ（大野，2010）．ここで，「母親的存在」とは，実母に限らず，祖父母，叔父叔母，養母，乳母，保育士など母親的なケアを行う人物をいう．つまり，こうした立場の人物から，条件を求めない受容的で，かつ，子どもの幸せを一心に願うようなケアを受けると，子どもの基本的信頼が育つとされる．

　しかし，一方で基本的信頼は，乳児期の母親的存在の対応だけで運命論的に決定されるものではなく，後の発達段階での「縦断的補償」も可能であるとエリクソンは述べている．つまり，乳児期の心理的環境が悪く，基本的信頼が十分に育たなかったとしても，その後の人生において，親以外の人物から深く愛されることで基本的信頼は補償されることが可能である．

●**基本的信頼の対極：不信**　基本的信頼の対極は，「不信」である．定義から考えると，不信とはまわりのおとなと自分を信じられないことである．日常的には「ハラハラ，ドキドキ」のような根拠のない不安として感じられる．興味深い点は，同じような悪い状況におかれても基本的信頼の高い人は「大丈夫」と思い，不信の高い人は強い不安を感じることである．

　漸成発達理論図式の中で，不信は基本的信頼を対として位置づけられているため，発達上，基本的信頼のみを形成することがよく，不信は形成されないことがよいと誤解されやすい．しかし，エリクソンは，子育ての中で，必然的に子ども

が不信を感じるような状況が発生し,自然に子どもは不信も獲得していくと述べている.ここで重要なことは「基本的信頼が基本的不信を上回るバランスをもった永続的なパターン」(Erikson, 1959/1973)を獲得することである.

このことから不信を獲得することにも意味があると考えられる.例えば「遠慮」という感覚は,この場において自分がまわりの人たちから受け入れられない場違いな状況であり,この場にはいない方がよいだろうという感覚である.この感覚は不信を基礎にしている.つまり,不信を獲得していない人は,場違いな状況でも「遠慮」することができない.このことは社会的不適応の原因にもなり,状況により行動を適応的に制御するためにも不信の感覚は必要である.近年,注目されている自己愛性人格障害の背景には,この不信の欠如があるように考えられる.

一方,子どもに過度な不信を形成するような親の行動もある.ロジャーズ(Rogers, C.)は,心理療法においてクライエントをあるがままに受け入れることの重要性を述べた(Rogers, 1961/1967)が,逆に「〜しないと愛さない」と親が子どもを愛することに条件をつけることを「条件つきの好意(愛情)」とよぶ.こうした環境の中で育つと,人はその条件を満たすためにあくせく行動を始める.さらには親の期待を内在化し,それに従うために,本来の自分の主体的な意志を抑えるようになる.やがて自分の意志を罪悪視するようになり,自分の意志を抑えるために,例えば自分を納得させる言い訳を行うような防衛機制を知らず知らずのうちに用いるようになると述べている.その結果,「自分の本当にしたいこと」がわからなくなる状況に陥り,これをロジャースは「不一致」とよんでいる.

近年多く観察される青年の「見捨てられ不安」,すなわち過度に人からの評価を気にし(評価懸念),人からの期待と違う行動をとると,見捨てられるという必要以上の不安感が注目されているが,「条件つきの好意」が原因であると考えられる.

●**基本的信頼のその後の現れ**　エリクソンは,漸成発達理論図式の中で,基本的信頼は青年期に「時間的展望」として現れるとしている(Erikson, 1959/1973).時間的展望とは,「どうなるかわからないが,将来きっと私はうまくいくだろう」という自分の不確実な未来に対しての信頼である.さらに,時間的展望は基本的信頼のその後の現れの1例であり,基本的信頼は一生を通じての人格形成の重要な基礎である.例えば,青年期の主題である社会の中での自分の役割への自覚や自信であるアイデンティティの獲得においても将来の自分の能力や可能性を信じることや,まわりの仲間との信頼関係を築くことが必要であり,こうしたことは基本的信頼が基盤となっている.また,初期成人期の主題である本当に人と仲良くなる能力である親密性の獲得においても,自分が愛されるだけの価値のある人間であること,また相手は自分を見捨てないという基本的信頼の上に,愛情に基づいた長期間にわたる真の人間関係をつくり上げることができる.　　　〔大野　久〕

ソーシャルスキル

☞「友人関係」p. 202

　ソーシャルスキルは，対人関係を円滑に維持するために身につける技能やコンピテンスと考えられる．さまざまな社会状況で，対人関係の目標を達成するために，どう考え，どのように振る舞うかを適切に判断し効果的に遂行することを可能にする．したがって，学校や生活に適応できるかどうかに深く関係している．

　このことばの日本語訳は，「社会的技能」「生活技能」「社会的スキル」ということばに遡ることができる．1957年発行の『心理学事典』（平凡社）では「社会的技能」と出ており（相川，2000），社会心理学領域では，アーガイル（Argyle, 1967）の著書にあることばが「社会（的）技能」と訳されている．また，精神医療領域においては，リバーマンら（Liberman, et al., 1989），ベラック（Bellack, 1979）らの生活技能訓練の著書や論文に用いられたことばが「生活技能」と訳されていた．その後，「社会的スキル」（堀毛，1985；相川，1996）と紹介されることが少なくなかったが，発達心理学や教育心理学の領域ではソーシャルスキル（渡辺，1996）と訳されることも多く，最近はソーシャルスキルとそのまま訳すことが多くなっている．

●**ソーシャルスキルの背景と展開**　背景としてまず，学習理論をもとに成立した行動療法の影響がある．不適応な行動は，性格のせいではなく学習が不足している，また誤学習の結果であると考えられた．その後，行動だけでなく，思考，態度，信念などの認知的な側面が重視されるようになった．さらにバンデューラ（Bandura, A.）の自己効力感と行動変容の関係などの研究の影響により，認知行動療法が発展し，ソーシャルスキルという考え方が注目されるようになった．自分の行動をモニターする力や，セルフコントロール，自己効力感にウェイトが置かれ，目標を設定し学習するプロセスを促進するプログラムを伴ったやり方は，ソーシャルスキルトレーニングを大きく発展させた．1970年代から，発達心理学や教育心理学の領域では，健常児の引っ込み思案や攻撃性といった対人関係での問題や，発達障害児における生活習慣の獲得に焦点を当てた介入が取り上げられるようになった．例えば，オーデンとアッシャー（Oden & Asher, 1977）は，孤立している子どもはソーシャルスキルが不足していることを指摘し，小学生を対象に仲間からの受容を目的にコーチングが用いられた．ここでのコーチングは，インストラクション（言語的教示），シェイピング，モデリングの技法をパッケージ化したかたちで実施している．具体的には，参加することや協力することなどの行動の重要性を説明し，具体的な行動のモデル例をあげたり，繰り返しリハーサルさせ，それが仲間関係に役立つかを考えさせたりした．その結果，統制グルー

プに比較して，ポストテストやフォローアップでソーシャルスキルを学習させたグループの仲間から受容される得点が上昇したことが報告されている．その後，マイズとラッド（Mize & Lad, 1990）が，小学校の不適応を幼児期に介入することで予防できるとして，幼児を対象にソーシャルスキルトレーニングを実施し効果を明らかにした．ここでは，インストラクション，モデリング，フィードバックといった技法が用いられた．

| ウォーミングアップ |
| インストラクション |
| モデリング |
| リハーサル |
| フィードバック |
| ホームワーク |

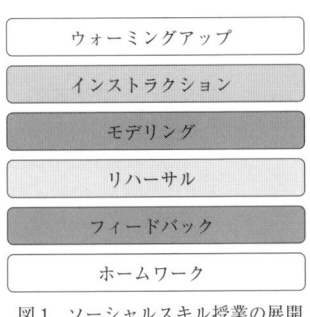

図1　ソーシャルスキル授業の展開

　近年では，幼児から小学生の時期に獲得されたソーシャルスキルをさらに発展維持させるとともに，思春期，青年期に特化したソーシャルスキル（異性と交流する，自尊心を向上させる）の必要性が認識されセッションに取り上げられている．また，ソーシャルだけでなく感情面のスキルの獲得が学業達成や学校適応に重要であるという流れから，認知，行動だけでなく感情面に焦点を当てたソーシャルスキル教育が国内外で展開されている．ターゲットとなるソーシャルスキルを掲げて，図1のような技法を組み入れた指導案をもとに授業が実施されている（渡辺・小林, 2009）．具体的には，こうした技法はソーシャルスキルがどのように学習されるかという理論をベースにしている．インストラクションは，目標にするスキルの対人関係における意義や重要性をことばによって説明することである（例えば，あいさつや自己紹介の必要性などを説明する）．モデリングは，他人の行動を観察して学ぶことができるように，良いモデルや悪いモデルを見せてどのような行動が重要かに気づかせる．リハーサルは，知識として学んだことを自分の行動レパートリーに加え，定着させるために実施する．その際に，適切なフィードバックを与えることが大切である．さらには，ホームワークを通して，他の場面や時間に般化され，維持されることが意図される．

●ソーシャルスキルのアセスメント　ソーシャルスキルの獲得の効果を明らかにするためには，そのソーシャルスキル自体を測定することが必要になるが，アセスメントは，今もなお改善が重ねられている．グレシャム（Gresham, 1985）の指摘では，具体的なソーシャルスキルとは仲間から受容され，正の強化を最大限に受ける行動であり，社会的な価値が必要であると指摘されている．具体的なアセスメントの方法としては，生徒による質問紙（尺度），教師評定，ソシオメトリックテスト，行動観察，オンラインツールなどを組み合わせて用いている．今後，アセスメントの信頼性および妥当性を高めていくことが重要である．特に，対象年齢に必要なソーシャルスキルやレベルを具体的にし，ソーシャルスキルトレーニングの教育的介入の効果を明確にしていく包括的なアセスメントが求められる．

〔渡辺弥生〕

仲間関係

☞「友人関係」p. 202,「いじめの発達への影響」p. 328

　子どもたちの発達上の大きな課題として保護者からの自立があり，いうまでもなくそれは誕生以来続く長いプロセスにほかならない．とりわけ，学校教育に関わる児童期から思春期にかけて大きな心理発達上の課題となってくる．それまで保護者との関係（家族）が重要な安定基地であった子どもにとって，仲間関係がそれに取って代わり，家族という集団より仲間という集団の方が大切になってくる．この子どもたちの仲間関係，とりわけ児童期から思春期にかけての仲間関係について，以下のような仮説的なモデルが考えられる（保坂・岡村，1986；保坂，2010）．

● 仲間関係の発達

① 児童期後半のギャンググループ：児童期後半，保護者からの自立のための仲間関係を必要とし始める時期に現れる徒党集団，従来の発達心理学ではギャング・エイジとよばれていた集団である．この集団では特に同一行動による一体感が重んじられ，同じ遊びをいっしょにする者が仲間であると考えられる．この同一行動を前提とした一体感（凝集性）がもたらす親密さは，相手を丸ごとそのまま受け入れる状態といってよいだろう．したがって，遊びを共有できない者は仲間からはずされてしまう．この段階にいたってようやく仲間集団の承認が家庭（保護者）の承認より重要になってきて，おとな（保護者や教師）がやってはいけないというものを仲間といっしょにやる（＝ルール破り）ことになる．「ギャング（＝悪漢）」といわれるゆえんである（この集団は基本的に同性の同輩集団であり，どちらかといえば男の子に特徴的にみられるといってよいだろう）．

② 思春期前半のチャムグループ：思春期前半によくみられるなかよしグループである．この語源ともいうべきチャム（親友）は，こうしたグループから生まれた特別に親密な友人をさしている．精神科医のサリバン（Sullivan, 1953/1976）はこの段階の友人関係をとりわけ重視し，それが児童期までの人格形成上のゆがみを修正する機会になることを指摘した．この段階では，同じ興味・関心やクラブ活動などを通じてその関係が結ばれる．ここでは互いの共通点・類似性（例えば同じタレントが好き）を，ことばで確かめ合うのが基本になっている．彼ら・彼女らの会話を聞くと，その内容よりも「私たちは同じね」という確認に意味があることがわかる．そして，よくその集団内だけでしか通じないことば（＝符丁）をつくり出し，そのことばが通じる者だけが仲間であるという境界が引かれる．ギャンググループの特徴が同一行動にあるとするならば，このチャムグループの特徴は同一言語にあるといえるだろう．そして，この言語による一体感の確認

から，仲間に対する絶対的な忠誠心が生まれてくる（この集団もギャンググループ同様，同性の同輩集団であるが，どちらかといえば女の子に特徴的にみられるといってよいだろう）．
③ 思春期後半のピアグループ：やがて思春期後半，上に述べた ギンググループ や チャムグループ としての関係に加えて，互いの価値観や理想・将来の生き方などを語り合う関係が生じてくる．ここでは共通点・類似性だけではなく，互いの異質性をぶつけ合うことによって，他者との違いを明らかにしつつ自分の中のものを築き上げ，確認していくプロセスがみられる．そして，異質性を認め合い，違いを乗り越えたところで，自立した個人として互いを尊重し合ってともにいることができる状態が生まれてくる（なお，この集団は，異質性を認めることが特徴ゆえに男女混合であることも，年齢に幅があることもありうる）．

●**仲間関係の変質** 異質性が認められるピアグループにいたるまで，つまり仲間集団が同一であることを絶対的な条件とするギャンググループやチャムグループにおいては，仲間集団のメンバーに対して同じであるように同調圧力（Brown, 1989）がかかることになる．この圧力はきわめて強力であり，おとなからみれば異様と思えるほど仲間と同じであろうとする心理機制を生み出す．それゆえ仲間集団が同一であることを絶対的な条件とする ギャンググループやチャムグループにおいては，同一であることを確認するためのゲーム的な仲間はずし，短期間に順繰りに仲間からはずされていくローテーション型のいじめが起きやすい（堀田，2000）．けんかなども含めてこうした人間関係のトラブルから子どもたちが学ぶことは，発達上必要なプロセスであるといえよう．こうして同質性を特徴とするギャンググループ，チャムグループから異質性を特徴とするピアグループまでの発達過程においては，こうした対人関係のトラブルが起こりやすい．

　不幸にも事件になるような「いじめ」は，特定の子どもに対して長期間にわたって固定化し，かつ体への直接的な攻撃をも含めきわめて陰湿な行為となっている．しかも特定の障害をもった者への迫害など，とうてい人間関係のトラブルから学ぶなどとはいえないような状態が起きているようだ．同時に，全国調査や事件報道からわかるようにその裾野はかなり広がっていると判断せざるを得ない．したがって，子どもたちの仲間関係の発達には，①ギャンググループの消失，②チャムグループの肥大化，③ピアグループの遷延化という三つの変化が起きていると考えられる．

　近年では，乳児から集団保育で育つ子どもたちが増えるにつれ，そうした子どもたちの発達が研究されて，子どもは乳児期から集団生活を楽しみ，ほかの子どもたちから学んでいることが明らかにされてきた．そして，子どもが乳児期から「ほかの子どもに向かって開かれている存在」（柏木，2008）であることが確認され，あらためて集団の中での子どもが育つことの意義が見直されている． ［保坂 亨］

メディアと子ども

☞「バーチャルリアリティ」p. 66

●**ネット社会における教育**　子どもは，すでにネット社会で育っている．「子どもの携帯電話等の利用に関する調査」（文部科学省，2009）では，携帯電話は，小6の24.7％，中2の45.9％，高2の95.9％が所有している．家庭でのパソコン所有率も84.9％と高くなっている．遊びや勉強の調べものに使うだけでなく，中2の15.2％，高2の41.6％は自分のブログを公開している．ネットでの買い物も小6の8％，中2の16.1％，高2の35.1％が行っている．情報モラルの教育だけでなく，日常的に使う道具として教えていく必要がある．

　その一方，ネット接続したメディアが身近にあるため，知識をいつでも手に入れられる時代になった．物を覚えることには苦痛が伴う．なぜ覚えなければならないのか，なぜ学ぶのか疑問が生じるため，児童・生徒の学習意欲が低下すると心配されている．覚えるべき知識は何か，基礎基本の見直しが必要になろう．また，自分の外にある知識をどう使うのか，知識をどうつくるのか，「知識基盤社会」における子どもの発達と教育の研究が求められている．

●**現代のテレビ視聴**　現代の視聴者は，チャンネルを頻繁に変えながらテレビを見ている．これを「ザッピング」という．ザッピング幼児期に始まり，一時消失し，小学校高学年から再び始まるといわれている．2〜3チャンネルの番組を並行して視聴することを「フリッピング」という．

　民間放送局はザッピングされないように，番組を2〜3分のセグメント単位で構成したり，コマーシャルなしで番組を始めている．また，ザッピングする視聴者を捕まえるために，他局がコマーシャルをしている時間に番組を開始する「8時またぎ」を行っている．視聴者と放送局の相互作用によって，今のテレビは，細切れで，番組のつながりが悪く，見ていて疲れるものになっている（村野井，2002）．

　これが視聴者のテレビ離れを起こしている．1995年と2010年の視聴時間を比べると，国民全体では視聴時間はほぼ3時間であり変化していないが，青年ではテレビ離れが顕著に表れている．10歳代男性では視聴時間が1時間50分であり22分間減少し，女性は2時間1分と10分間減少している．同様に20歳代男性で25分間，女性で24分間減少している．30歳代男性は26分間，女性は33分間減少と最も短くなった（執行，2012）．

　青年は，ネットで番組を視聴するネット動画視聴が当たり前になっている．結婚後も，家族がそれぞれ好きな番組を見る個別視聴を行うため，子どもといっしょにテレビを見て，子どもの間違いを修正する機能が低下しているといわれている．

●**読書** 子どもたちは，すてきなもの，かっこいいもの，かわいいもの，感動するものに心ひかれる一方で，こわいもの，きたないもの，下品なものにも興味をもっている．日本には，赤ちゃん向けから幼児向けの絵本が多種多様にあり，興味関心に応じて読まれている．

小学校では，どの学年にも人気が高いのが，『怪談レストラン』シリーズ（怪談レストラン編集委員会編，童心社）である．主に低学年に人気がある本には，寺村輝夫の『ぼくは王様』シリーズ（理論社）があげられる．原ゆたかの『かいけつゾロリ』シリーズ（ポプラ社）も人気があり，だじゃれや下品な言葉が多用されているのが特徴である．高学年では，『ハリーポッター』シリーズ（ローリングス，J. K.，青山社）と那須正幹の『ズッコケ三人組』（ポプラ社）に人気がある．

主に中・高学年の女子に人気なのが，『マジックツリーハウス』シリーズ（オズボーン，M. P.，メディアファクトリー）である．アメリカペンシルベニア州に住むジャックとアニーの兄妹が，魔法のツリーハウスを使ってあらゆる時代にタイムスリップし，さまざまな冒険をする話である．興味関心が広がる時期に，多様な本に触れさせることは重要である．1か月に1冊も本を読まない「不読者」の割合は，小学生は6.2％，中学生は16.2％，高校生は50.8％存在している（全国学校図書館協議会・毎日新聞社，2011）．朝の読書運動などにより一時期よりは減少したといえる．ネット時代になり，子どもは，自分の好きな領域の本ばかりを読んだり調べたりすることができるようになっている．おとなに薦められた本を読む割合は高いので，おとなは広い視点から本を薦める必要がある．

今後，電子書籍が普及すると考えられる．また，電子黒板，デジタル教科書も学校に入ってくる．電子黒板は小・中学校にほぼ1台導入され，熊本市，仙台市では教師用デジタル教科書が全小・中学校で使われている．教師は画像や映像を使って教え，児童も映像で読み書きする時代になるのである．

文字だけでなく映像や音声・音楽などの情報を読み取り，メディアの社会性に気づき，作品を制作・発信する「メディアリテラシー」の教育（駒谷，2012）が必要となっている．

メディア規制では，心理学の知見も取り入れながら自主規制が行われている．テレビに関しては放送倫理・番組向上機構（BPO）が，市民の苦情を受け付け，青少年に悪影響を与える品位のない番組をなくすなどの実績をあげている．ゲームソフトでは，セロ（CERO）が，一般市民によるレーティング（rating）を行っている．日本国内で販売される家庭用ゲームソフトの本編，隠しコマンド，裏技などすべての表現を審査している．ネット上でのトラブルを避けるネチケット教育やチェーンメールを捨てるためのホームページづくりも行われている．

メディアと子どもに関する基礎データの提供がますます求められている．

［村野井 均］

対人関係の希薄化

☞「友人関係」p. 202,「自己愛」p. 208

　1980年代半ば頃から，青年期を中心として対人関係が希薄化しつつあるという指摘がみられるようになってきた．青年期の友人関係は互いの内面を開示しあい，人格的共鳴や同一視をもたらすような関係を特徴とする（西平，1973，1990）と考えられているが，これとは異なる青年像が出現してきたという指摘である．

●**対人関係の希薄化論**　佐山（1985）は東京都生活文化局の中学生，高校生に対する調査報告の中で，「ウケるようなことをよくする」「一人の友と特別親しくするよりはグループ全体で仲良くする」などの項目への肯定率は男女とも50％近い一方で，「お互いに相手に甘えすぎない」「することや話題によってつきあう相手を変える」などへの反応も30％近くみられることから，現代の青年は，円滑で楽しい友人関係を求めながらも，関係が深まることは拒絶する傾向があると指摘した．また大平（1990）も，対人関係での葛藤に耐えられず，対人関係を[人－モノ]の関係にすり変え，相手をモノのように扱うことでかろうじて安定する人が増大していると指摘した．さらに，青年期だけではなく，児童期においても，「ギャング」関係の消滅など濃密な関係が失われつつあるといわれている．ギャング関係が消滅しつつある背景には，核家族化や養育者自身の近所づきあいの減少など，成人世代の対人関係の希薄化も一因と考えられている（松井，1990）．

●**希薄化論への反論**　一方，青年の友人関係の希薄化に対しては異論もある．詫摩ら（1989）は，青年に対する調査の結果，年代が進むにつれて，距離を置くと同時に親密な友情が現れることを見出した．このことから，青年が友人関係に距離を置くのは，排他的な態度や人間不信というよりも，自他の区別をつけたうえで関わることを学習する過程の現れであり，必ずしも関係が希薄化したとはいえないとしている．また，福重（2006）の調査においても，希薄化を示す項目への肯定反応は約半数であり，すべての若者の対人関係が希薄化したわけではないとしている．一方で「真剣に話ができる」「ケンカしても仲直りできる」などの項目については過半数の肯定率であったことから，心理的安定化機能および対人スキルの学習機能が失われたわけではないとしている．福重の調査結果から，浅野（2006）や福重（2006）は，青年は，生活上のさまざまな場面でのチャンネルをもち，それに合わせて，関係や情報，文脈を的確に読み取る繊細さをもち合わせているのであって，関係が希薄化したわけではないとしている．岡田（2007）は大学生における同性の最も親しい友人との関係について，いくつかの項目での反応を1989年から2004年の間で比較した（図1）．それによると，「友だちとはあ

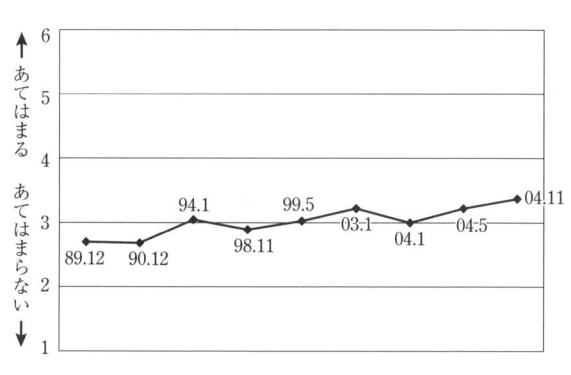

たりさわりのない会話ですませている」項目の得点は微増ながらも中点より低い値を一貫して示しており，希薄化が目立って進行しているとはいえないようである（ただし図1は得点範囲の異なる別々の調査データを，得点範囲の比から単純に1〜6点の範囲に換算したもので，値のゆがみなどは考慮されてないため，

図1 「友だちとはあたりさわりのない会話ですませている」に対する反応の平均値の変遷（岡田，2007，p.47 図2-1d より改変）
図中の数字は［調査年.月］

あくまでおおまかな傾向を示すものであることには注意を要する）．土井（2008）は，現代の青年は，身近な他者と衝突しないよう繊細な気配りで関係を営んでおり，その姿がおとな世代からは希薄な関係のように映ってしまうのだと述べている．辻（2009）も，現代の青年にとって，友人の重要性は以前よりも増しており，友人がいない人間であると思われないよう，周囲のまなざしを強く意識しているとしている．

しかし佐山の結果も，福重の結果も，実際には同程度の頻度の回答をそれぞれの主張の根拠としている．言い換えれば，青年が全体として友人関係において「希薄化」しているか否かについての十分なエビデンスは見出されてはいないとも考えられる．

●**関わりの実態**　現代人の対人関係のあり方をより詳細に検討した研究も増えてきた．例えば大谷（2007）は，友人関係の切り替えに関する項目を作成し，状況に応じて関係対象や自己のあり方を切り替えるつきあい方が実際にみられること，また，傷つき・傷つけられることが想定されるか否かが心理的ストレスを高める可能性を見出した．また岡田（2010）は，友人関係に関する調査研究から，以下の三つの青年群を見出した．1）群れて表面的に楽しい関係を維持する青年群，2）対人関係を回避する青年群，3）内面を開示しあう関係をもつ従来の青年観に近似した青年群である．このうち1）の群れて表面的に楽しい関係を維持する群は病理的自己愛が高く他者からの評価に敏感であること，また2）の対人関係を回避する群は自尊感情が低く不適応傾向が顕著であることなどが見出されている．このように，現代青年の対人関係は，一様に希薄化したというよりも，より複雑なパターンに分化しつつあるといえよう．

［岡田　努］

感　謝

☞「児童・青年と親子関係」p. 162

感謝は最も重要な徳の一つであると論じられ，さまざまな宗教において高く評価される人間的特性であり，よい人生を生きるために必要不可欠なものであるとされている（Emmons, 2004）．心理学では，感謝を"他者の善意によって自己が利益を得ていることを認知することによって生じるポジティブ感情"（Tsang, 2006；本多，2010）と定義した研究も進められている．

●**感謝の心理的機能**　感謝は，それ自体が肯定的感情であることで精神的健康を高めるが，感謝することでさらに相手から恩恵を受けたり，対人関係がよくなったりなどして精神的健康はより高まる（有光，2010）．

また，道徳的感情として感謝は，(a) 利益供給者のコスト，利益供給の意図や義務感に敏感に反応する利益検出機能，(b) 受益者が謝意を表すことで利益供給者の向社会的行動を続けるようにする強化子機能，(c) 受益者の向社会的行動を動機づける機能を有することが報告されている（本多，2010；McCullough et al., 2008）．

近年の進化心理学では，感謝を受益者から利益供給者への返報に基づく直接互恵性により進化した感情ととらえる仮説に加えて，他者に対する利他的行動が将来的に別の他者から間接的に返報されるという間接互恵性によって進化した感情ととらえる仮説も注目されている（本多，2010）．

●**感謝の多面性**　感謝の肯定的な心理的機能が指摘される一方で，感謝は複雑で多面的な感情であることも論じられている．第一に，感謝には，肯定的感情としての「満足感」と負債感情としての「申し訳なさ」の二側面があることが示されている（蔵永・樋口，2011；Wangwan, 2005）．

第二に，感謝が妬みや嫉妬と結びつく可能性や，内集団で強められた感謝の感情が外集団への迫害や征服などに道徳的な正当化を与える危険性があることも指摘されている（Buck, 2004）．

第三に，感謝をすることは，場合によっては自分が他人の好意に依存しなければならないと認めることにもなる（内藤，2004）．そのため，自立を模索する青年期には依存と自立の葛藤が起こり，素直に感謝しにくい気持ちが生じやすい．

●**親に対する感謝の発達的変化**　それでは感謝はどのように感じられ，いかに発達していくのか．ここでは，青年期の発達主題である親からの自立との関わりが深い"親に対する感謝の発達的変化"を取り上げる．

池田（2006）は，「親に対する感謝」を「私は親からの恩恵を受けていると感じること」と定義し，母親に感謝しているときに感じる気持ちとして「援助して

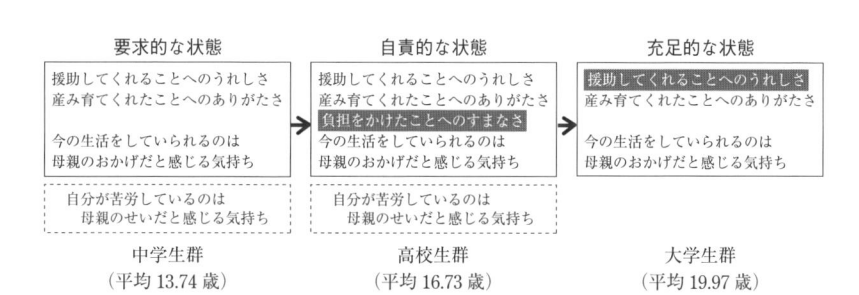

図1 青年期における母親に対する感謝の心理状態の年齢段階による特徴（池田, 2006, p. 494）
注：各年齢段階で特徴的に感じられている気持ちを記載し，他の年齢段階よりも特に感じる程度が大きい気持ちを白抜きで示している

くれることへのうれしさ」「産み育ててくれたことへのありがたさ」「負担をかけたことへのすまなさ」「今の生活をしていられるのは母親のおかげだと感じる気持ち」という4種類を見出している．

そして，中学生から大学生が母親に対する感謝を感じている心理状態について，「自分が苦労しているのは母親のせいだと感じる気持ち」とあわせて検討している．そこでは，母親に対する感謝は，過大な期待や要求を母親に向ける要求的な状態から，ありがたいけれども負担をかけてすまないといった自責的な状態が現れ，そして負担をかけたことへのすまなさと自分が苦労しているのは母親のせいだと感じる傾向が小さくなり，母親に対する感謝を素直に感じられる充足的な状態にいたることが示唆されている（図1）．池田（2011）では，青年の人格形成が進む中で，母親に対する感謝は充足的な状態にいたり，父親へも生み育ててくれたことへのありがたさを強く感じるようになることが報告されている．

青年が親の苦労や立場を思いやる中で，親からしてもらったことがあたり前のことではなくなり，負担をかけてすまないという自責的な状態が現れると考えられる（池田, 2007）．これまでの反抗や親に迷惑をかけてきたことをふり返り，そのような自分を受けとめてくれた親に感謝の気持ちを感じる青年も少なくないであろう．さらに，青年は親を一方的に頼りにするだけではなく親を支えようとすることで，親と対等で互恵的な関係を築き，負担をかけたことへのすまなさにとらわれなくなる．このような親に対する感謝の充足的な心理状態においては，親から心理的に離れながらも結びついているといった依存と自立の統合がみられると考えられる．

以上の親に対する感謝の発達的変化にもみられるように，感謝は心理的な成熟の現れであるといえる．しかし，単に感謝しさえすればよいのではなく，感謝を実感するにいたるまでの経験の積み重ねこそが，人間の発達にとって重要であると考えられる．

［池田幸恭］

世代間関係

☞「地域の子育て」p. 148,
「3世代の親子関係・家族関係」p. 176

　世代間関係は，特に世代という時系列における異質なものの関係をさす．親子関係・祖父母関係のような家族内の世代間関係や，文化の伝承の師弟関係などがあるが，先行世代と後行世代との関係のように，大枠でとらえた世代間の関係もある．

●**世代間関係と世代間交流**　世代間関係と類似した用語に「世代間交流」がある．この概念はアメリカにおいて使われてきたが，初期の頃は，連続する世代と世代の交流ではなく，子どもと高齢者のように世代と世代の間隔があいている世代相互の交流という意味であったが，最近では世代が連続していても異世代間の交流を世代間交流とよぶようになってきた．また，世代間交流は異世代が関わることによって相互互恵性を生み出す可能性の方に目が向けられ，地域における人間関係の回復が可能な社会関係の創造を目指している，学際的な概念である．

　しかし，発達心理学の概念としての世代間関係は，そうした交流の中で発達の異なる異世代の関係を客観的にとらえて，その中で起こる心理的関係の科学化に視点を置く概念である．世代間関係の現実に目を向け，分析を通して世代間交流の発展に寄与することができるという点において，世代間関係の発達心理学的研究と世代間交流は相互に関係がある．まだ一般化されているわけではないが，このような両者の関係を表す概念を，ここでは，世代間交流・世代間関係としておく．

●**世代間交流・世代間関係概念の導入による生涯発達理論の発展**
1）発達をとらえる指標の再検討：世代間交流において，世代間関係をとらえようとするとき，そこには必ず異なる発達段階間の関係を内包している．相互に異世代を理解しあうには，相互に相手の発達を理解し合わなければならない．発達には，認知面からの理解と，物事への態度も含めた人格的な視点，さらには深層心理的な理解も必要になる．そのどの面か，一つだけで理解することは不可能である．これまで子どもの理解には認知面が重視されるが，生涯発達はエリクソン（Erikson, E. H.）に代表される人格面の指標が用いられてきた．

　しかし，世代間交流・世代間関係は，異なる発達期にいる者の相互交流であるからこれまでの発達理論を当てはめただけでは解決しない．新しい生涯発達に関する理論の創造が求められる．まだ試論であるが，発達しつつある発達心理学として筆者が作成した活動の特性からみた発達過程論にも，例として触れておく．それは人間の発達は常に外に目を向けて対象を認知し対象操作が主になる活動と物事への感情・態度の面が主となる人格面と関わる方向の両面が欠かせないが，発達期によってどちらかが主になり，交互に発展するかたちで進み，その時期に

とって不可欠な活動を主導的活動とするものである．例えば幼児期の主導的活動は「遊び」で人格に関わる方向であるが，後期高齢者の主導的活動は「省察労働」（昔取った杵柄により社会と関わる活動）で対象・操作に関わる活動である．

　最近の研究では次のようなものがある．おとなも子どもも世代を超えて今日の生活は科学の最先端を活用せざるを得ないが，子どもはその加工のプロセスを知らない．そこで，幼児は労働的遊びとして，高齢者は省察労働として，高齢者が「先生」になり，幼稚園・保育園などで交流する．それにより，幼児も高齢者も同時に主導的活動を充実させられ，相互互恵的に発達する．特に幼児は高齢者よりも昔の道具に関心をもつが使おうとすると思うようにいかず，それを上手に操る高齢者に関心が向かうというように，高齢者と幼児と物との三項関係が見出されたり，子どもは遊びのつもりが高齢者をみていいものをつくろうとし，高齢者は教えるつもりが子どもからプロセスを楽しむことを学ぶというような世代間交流がみられた．

2）発達上の諸問題とその見方の再検討：現代の青年期の展望のもてなさや高齢者の生きがい論においても，互いに他の世代に役立つことによって方向性がみえてくる．ホスピタリズムは施設病というが，乳児の施設病の原因は長く母性的養育の欠損と考えられ，「母性神話」を生み出してきた．しかし，施設は，似た者同士が居住している場であり，世代間の交流がない．そう考えると施設病を世代間交流欠損病としてもとらえ直すことができ乳児院に限らず克服の方向がみえてくる．

　少子化対策についても，「急がば回れ」で，青年に乳幼児と関わることを通して親になることの展望を示す研究の蓄積もされてきている．このふれあいの教育は，乳幼児には大きくなることへの期待につながり，青年には『育てられている時代に育てることを学ぶ』（金田著，新読書社，2003）こと，すなわち，親性準備性の教育に効果が大きいことが実証されつつある．

●**世代間関係の展望：断絶から交流へ，そしてギャップを発展に**　世代が異なっても，同じ人間としての共通性はあるが，一方で考え方も異なってくるのも自明である．しかし，ギャップがあるからこそ発展への前提ができる．その克服のカギが交流にある．世代と世代の間に物が入ったり，またもう一つの世代が入ったりという三者・三項関係の中で克服の方向がみられ，各世代ともに自身の役割が見えてくる．世代と発達はイコールではないが，その世代に共通するトータルな人間の全体をとらえた発達課題と深く関わる，発達理論の創造も必要になる．

　日本発達心理学会第23回大会（2012年3月）で世代間関係を直接に課題としたシンポジウムが大会委員会企画としてはじめて開催された．このことは，この方向が発達心理学会の未来を拓くカギになるのではないかと考えられているものと推察できる．

〔金田利子〕

孤独感

☞「高齢者の社会的適応」p. 182,
「友人関係」p. 202,「情動」p. 400

　孤独感は，喜怒哀楽などの基本感情と同様に，感情の一つと考えられる．しかし，基本感情と比較すると，個人の社会的関係性や自己意識との関連が強いという特徴をもっている．孤独や孤独感という言葉は日常的に用いられることも多いが，各人が各様の異なった意味として理解している可能性がある．また，孤独・孤独感は，孤立，独りぼっち，孤高などと関連するが，これらの言葉は必ずしも明確に区別して用いられているとはいえない．

　専門用語としての孤独感の定義も多様である．そして，理論的な背景も，精神力動，現象学，実存主義，社会学，相互作用理論，認知的アプローチ，プライバシーの観点からのアプローチ，一般システム論などさまざまである．

　孤独感は，社会心理学，臨床心理学，および発達心理学の領域と関連の深い研究課題であるが，ペプロー（Peplau, L. A.）とパールマン（Perlman, D.）は，"Loneliness：A Sourcebook of Current Theory, Research and Therapy"（『孤独感の心理学』として部分邦訳されている）の中で，社会科学領域の研究者の孤独感に関する 12 の定義を紹介している．これらにおおむね一致し共通する点として，
　1．孤独感を個人の社会的関係の欠如によって起因するものと考えている点
　2．孤独感を主観的な体験であると考えている点
　3．孤独感という体験を不快で苦痛を伴うものと考えている点
を指摘している．

　孤独感が，社会的関係の欠如に起因するということは，喜怒哀楽などの基本感情と異なる点といえよう．今日では，孤独感の原因や背景，関連要因としての社会的関係は，ソーシャル・サポート，ソーシャル・ネットワークとして研究されることが多い．孤独感が，主観的体験であるということは，孤独感と孤立の概念を区別する際に重要な点である．社会的に孤立し，一人きりでいても孤独感がない人もいるであろうし，多くの人に囲まれていて社会的には孤立していないように見える人の中にも孤独感のある人はいるであろう．

　孤独感は，その人自身が体験する「さみしさ」を中心とする感情であるが，孤立は，その人の置かれた客観的な状況と，自分が他者から孤立しているかという認知的側面とを含むと考えられる．客観的な孤立は，家族との同居や友人との交流の状況などによって，また，主観的な孤立の認知は，自分が周囲から孤立しているかという自己評価などによって捉えられる．ソーシャル・ネットワークやソーシャル・サポートの研究では，電話や手紙，訪問などの社会的交流の内容や頻度，程度，そこから受ける満足感などが評価に用いられている．

孤独感が，不快で苦痛を伴う体験であるという点に関連して，ワイス（Weiss, R. S.）は孤独感を，「埋め合わせのできない絶えざる苦悩の慢性的な悩み」であると述べている．ファイファー（Pfeiffer, E.）やフロム＝ライヒマン（Fromm-Reichman, F.）も，社会病理と関係づけているが，孤独感を誰にでもあり得る日常的な感情としてだけでなく，何らかの対応が必要な心理臨床的課題と見なす立場もある．社会病理や心理臨床の観点からは，孤独感の予防や軽減に関する研究も行われている．
　社会心理学や臨床心理学の研究だけでなく，発達心理学的研究もある．自己概念が形成される児童期から老年期まで，孤独感を発達的に捉え，各発達段階において異なる孤独感の特徴や関連要因が研究されている．たとえば，児童期においては社会的スキルや転校・引っ越しとの関連，青年期においては社会的，個人的要因との関連，老年期には社会的比較や結婚状況との関連などである．
　孤独感が一次元であるか多次元であるかは，孤独感を測定するための尺度を作成する際には明確にしておくことが不可欠であるが，孤独感の定義や概念を考えるうえでも本質的な問題である．
　孤独感を一次元と考えた場合には孤独感の強さが主題となるが，多次元の立場では類型化が行われることもある．例えば，ジョング＝ジャーベルド（Jong-Gierveld, J. de）とラードシェルダー（Raadschelders, J.）は，「自分たちの関係にきわめて不満で望みを失った孤独な人びと」「周期的かつ一時的な孤独」「あきらめきった，望みを失った孤独」および「非孤独」の4類型を見出している．
　日本語版もしくは日本で開発された孤独感尺度としては，UCLA孤独感尺度，LSO，AOK孤独感尺度などがある．孤独感尺度として最も代表的なものはUCLA孤独感尺度である．これは一次元を想定した20問4件法の尺度であり，孤独感が強いほど高得点となるように構成されている．
　孤独感を生活感情としてとらえた落合は，青年期の孤独感を研究するためにLSO（Loneliness Scale by Ochiai）を作成した．この尺度は，16問5件法で構成されており，人間同士の理解・共感の可能性についての感じ（考え）方の次元と，人間の個別性の自覚についての次元との二次元が想定されている．そして，孤独感を，A型（人間同士は理解可能と思い，人間の個別性に気づいていない），B型（人間同士は理解できないと思い，かつ個別性に気づいていない），C型（人間同士は理解できないと思い，かつ個別性に気づいている），D型（人間同士は理解可能と思い，かつ個別性に気づいている）の4類型に分類することを提唱した．
　UCLA孤独感尺度とLSOを参考にして作成されたAOK孤独感尺度は一次元の尺度で，孤独感が強いほど高得点となるように構成されている．項目数を可能な限り少なくすることと，高齢者を対象としても回答の信頼性が維持されるように，10項目で2件法としている．孤独感が高いほど高得点になる．　　　　［長田久雄］

12. うまれる

【本章の概説】

　動物の出生には多くのパターンがあり，また出生までの過程，出生時の経過や状態，さらに出生後の発達も，動物種により異なる．出生が，まず受精に始まるのは当然である．受精の瞬間にも動物種に特有の仕組みがあり，基本的には異なる種間の受精は成立しない，あるいは困難である．この仕組みにより，例外はあるが，基本的に自然の状態では異なる動物種間の交配によって次の世代が生じることはない，つまり種の独立性が維持・保証されている．この仕組みは，進化の産物であり，それ故に受精とその後の発生に遺伝の影響を検討する必要があり，この項目（南　徹弘）では，個体の発生・発達には進化が深くかかわっていること，具体的には，発達における遺伝と環境の相互の影響，つまり環境の影響を受けつつ遺伝形質・特性が発生・発達という時間経過の中でどのように現象化するかについてまとめている．また，発生における進化と関連して，マウスを用いた行動遺伝学研究（児玉典子）から，発達という時間経過にともなう遺伝と環境の相互の係わりはきわめて複雑であり，全体の傾向ではなく個別の形質毎に検討する必要性が指摘されている．

　人間の出生が他の動物と大きく異なることは，遺伝性疾患の有無とその影響，胎児の発生の経過と妊娠中の母の生理的状況などが，化学的検査をはじめ多くの検査法の発達やさまざまの映像および医学上の機器の開発にともない，詳細に把握追跡することが出来る点である．ここでは，まず受精後の胎児期と周産期を中心として産科学・小児科学の基本的成果を紹介し，ヒト・人間の初期発達段階における「生まれる」までを概観する．

　人間の出生において，ダウン症をはじめとする遺伝性疾患が生じることは広く知られている．ここではダウン症候群の発達と予後，その療育訓練，身体合併症，精神・神経疾患の発達などについて最近の成果をまとめている（岡本伸彦）．次いで，受精に始まり，長い妊娠期間を超えて，やがて出産・出生に至る．最近は生殖医療の一般化にともない，二卵性双胎や超低出生体重児も増加し，通常の妊娠・分娩とは異なる対応を小児科医に迫り，分娩のための先進設備と専門的知識を有する看護師などの人的対応が必要となっている（北島博之）．また，妊娠は疾病ではなく安全であると一般的に考えられてきたが，妊娠悪阻，切迫流産，前期破水，羊水過多・減少，妊娠高血圧症候群，子宮内胎児発育遅延などの大きな危険をともなうことはあまり知られていない（光田信明）．このようなさまざまの危険性をクリアして，いよいよ出生・誕生に至る．ここでは，胎内記憶や生下時記憶など赤ちゃんから見た出生・誕生の様子を紹介している（北島博之）．

　ふたごには，一卵性（同性），二卵性（同性，異性）があり，ふたご研究は心理学の伝統的な「遺伝と環境」の問題に正面から向き合う重要な課題である．一卵性双生児は遺伝形質は同一であるが，同じ環境下に生活しても次第に個性と個人差が表われ，この経過を縦断的に調べることにより，時間軸という発達の側面

から遺伝と環境の問題に迫ることができる．このふたご研究（髙橋雄介）では，形質と遺伝子の複雑な関係を統計科学の手法を用いて解析し，一卵性と二卵性の双生児の類似度を調べるという方法で心理・行動的特徴における遺伝と環境の関連性を明らかにする試みを紹介している．

ところで，出生時の体重から，低出生体重児，極低出生体重児，そして超低出生体重児，また在胎期間から，早期産児，超早期産児，満期産児，そして過期産児と分類され，出生時体重と在胎期間の違いによって，出生後の生存率や障がいを抱える割合が異なり，したがって医学的処置も異なることとなる．これらの児の中で，超低出生体重児のなかで出産直後の生存率や重篤な神経学的障がいをもつ児が最近では大幅に低下してきた．これらの児が学齢期に達したときに学習障がいや注意欠陥多動性障がいをもつ児が高い割合で発現することが問題となってきた．この項目（金澤忠博）では，学習障がいや発達障がいの問題について詳しく解説する．

子の誕生は，男女のペアの社会的関係に大きな影響を及ぼす．つまり，継続的な男女の社会的関係の中に子が生まれることは，男女のペアという二者関係が新しい社会的関係へと変化するということであり，一般的にはペアの間に子育てという新しい役割・仕事が始まる．つまり家族の形成は男女のペアの生活に広範囲にわたって変更を迫ることとなる．この項目（長谷川寿一）では，ヒト以外の動物において子が生まれることにより，どのような家族が形成されるかを紹介し，続いて家族の形成が人類進化の中でどのような役割を果たしてきたかについて考える．さらに，男女の間に子が誕生することは，その男女が，いわゆる親になるということである．他の動物とは異なる人間の特徴は，生むか生まないか，あるいは何人をいつ生むかということなども親の意志によって決定される．さらに，最近では，生殖医療の発達が，「子を授かる」から「子をつくる」へと変え，家族のあり方にも大きな影響を及ぼした．ここでは，親のあり方や育児のありかたについて最近の諸問題を整理する（柏木惠子）．

これまで述べたように，「生まれる」，つまり生命の誕生は，みずからの生命を次世代に伝える営みであり，世代を引き継ぐことにより永遠の生命を保証することにつながる営みでもある．しかも，人間の生命は，みずからの作り出した文化・社会の中で育まれ，現在の文化・社会とは異なる将来の文化・社会を作り出す基礎となるものでもある．また，出生とは，受精という，いわば偶然に作り出された生命が長い依存と保護の期間を経て，新しい生命が自力で呼吸し栄養を摂取するという自立の始まりでもあり，さらに長期間にわたって生命が維持され，やがて寿命・死を迎えるまでの出発点でもあり，さらに将来の人類進化の源泉でもある．このように考えると，出生・誕生とは，壮大な人類進化を支えるきわめて重要な出来事であるといえよう．

［南　徹弘］

系統発生と個体発生

☞「進化」p. 446,
「ヒトと動物」p. 478

　いわゆる高等な動物は，受精の瞬間から胎内での発生，出生後の時間軸に沿った発生・変容・衰退の過程を経て寿命を迎えるまで特有の個体発生の過程をもっている．つまり，一つの動物種は，進化の中で受け継いできた種の特徴を維持する仕組みと，逆に出生した環境に適応する中で種のもつ特徴の範囲内と制限内でみずからを変容させつつ発生を進めるという一見矛盾した生殖と適応の仕組みをもっている．つまりこのように考えると，系統発生と個体発生は相互に何らかの影響を及ぼしつつ個体を維持し，同時に動物種のその後の進化に関わっていることになる．

●**進化と個性発生**　このような系統発生と個体発生の関連性について，例えば，ヘッケル（Haeckel, E. H.）の「個体発生は系統発生を繰り返す」という考えに注目する時代もあった．たしかに一見興味深い仮説ではあるが，この仮説は，受精の瞬間から出生するまでの胎内における連続的で複雑な発生過程やきわめて長期間にわたる進化の過程をどのような方法や基準によって調べるのかという科学的検証が困難である．また，ポルトマン（Portmann, A.）が多くの動物を出生時の状態から離巣性と就巣性に分類し，ヒトは他の動物が胎内で過ごす期間よりも早く未熟な状態で出生するという生理的早産仮説を提唱し，この仮説に多くの研究者が賛同した時代もあった．しかし，その後の研究の進展により，ヒトは決して未熟で無力な状態で出生するのではなく，胎児期の限られた環境下であっても手足を動かし指を吸うなどの粗大あるいは微細な運動を行い，さらに感覚器官は胎児期のかなり早い段階から外界の刺激に対して反応するなどの多くの知見が明らかとなり，このポルトマンの仮説も次第に輝きを失っていった．

●**進化研究の方法論としての系統発生的比較**　動物種の系統発生的比較とは，種の保存と関わる性行動，出生直後の幼体における感覚器官の成熟に伴う外界認知，運動などと関わる反射や姿勢，外界操作，身体成長，さらには母子間行動など当該の動物種の個体には共通で他種の個体とは特徴の異なる行動に注目して，それらの行動がいつ頃からどのようなプロセスを経て成体の行動にいたるか，特定の行動がいかなる事態下でどのような順序で生起するかを詳細に調べ，近縁他種と相互に比較し動物種の特徴を明らかにすることである．このような比較の方法は，進化研究の伝統的な研究分野である形態学や形質人類学などで採用されている歯や骨格などの形質，最近では細胞形質や遺伝情報などのほかに，この地球上に現在生存する動物種を対象とした個体や集団の心理特性や行動そのものに注目した研究へと研究の対象が多様になってきたとはいえ，得られたデータを近縁種間で相互に比較し進化の道筋やある動物種の系統発生の特徴を明らかにするという点

では基本的には同じである．このような方法によって，多様な対象から得られた多種多様な情報をさらに相互に比較することにより進化の複雑な経過を明らかにすることができる．

　特定の行動に着目して種間比較を行い系統発生上の位置づけを行うことにより進化の過程を明らかにするほかに，最近ではある動物種の個体の発達段階やある一定の段階に到達するまでの発達期間に注目し，例えば，サル類の水平方向あるいは垂直方向への移動がいつ頃，どのような経過をたどって発達するかなどの，ある行動が一定の段階に到達する期間と経過を近縁種間で相互に比較することをとおしてヒトの運動発達がどのような背景をもっているかという新しい研究課題と研究方法が工夫されるようになった．これまでの研究で採用されていた，行動を点としてのみとらえるのではなく，行動が時間経過にともなって変容するという特性に注目した研究がなされることにより，これまで得られてきた知見とは異なる知見を獲得することができるようになった．

●**最近の生物科学の動向**　近年，生物科学研究は急速に進行し，とりわけ脳科学の発展はめざましく，多くの貴重な知見が得られてきた．脳科学以外でも，iPS細胞の研究は，これまでの臓器移植治療では乗り越えることの難しかった拒絶反応をクリアーする新しい移植治療を可能とした．さらに，ヒトおよび近縁動物のゲノムの解読が進み，遺伝病の治療や創薬に結びつく研究も急速に発展している．しかし，生物学的には，特定の複数の遺伝子を使うことによって発生・発達の過程にはどのような機制があるのか，またこのような人為的な方法によって作成されたiPS細胞が老化を含む発生過程にどのような影響を及ぼすのか，ほかの細胞との発生上の相互の関連性はどうかといった基礎的な検討がまだ十分にはなされていない．またゲノムの解読にしても，遺伝子と遺伝子が相互にいかなる影響を及ぼしあうのか，あるいは時間の経過に伴う変容過程はどうかなど，時間経過に伴う発生や変容の基本的機制の解明にはまだ多くの時間が必要である．

●**まとめ**　動物は，系統発生の中で獲得してきた基本的特徴や特性をもって出生し，その後の発達過程も同種動物は共通の特徴や能力に基づいて他種とは異なる特有の個体発生をたどることとなる．その後も，個体は，進化という長い歴史の中で獲得してきた遺伝特性の範囲内で，現在，みずからが生息する環境に適応して生命を維持するが，その経過の中で突然変異が生じて個体差となり，その結果が遺伝的に次の世代に伝達されると，その世代はそれまでとは異なる特徴をもつようになり，ついには亜種や新種を生み出すことになる．しかし，どのような個体発生の過程の中で，どのような突然変異が起こり，どのような仕組みにより次の世代に伝達されるようになるのかなど，短期間の時間経過とともに生じる個体発生と，きわめて長期間にわたる時間経過の中で進行する進化との関連性について今後明らかにしなくてはならない課題はあまりに多い．　　　　　［南　徹弘］

発達における遺伝と環境

☞「発達観・発達の原理」p. 424,
「発達加速現象」p. 426

　古くから，遺伝と環境（氏と育ち）の問題は発達心理学のさまざまな領域で取り上げられてきた．遺伝論優勢の時代，環境論優勢の時代を経て，現在では遺伝と環境，そして両者の相互作用が発達を規定していると認識されている．これについては，さらに行動遺伝学の発展と遺伝子解析の進展によって，新たな光があてられるようになった．

●**遺伝と行動形質**　個体の遺伝情報は，受精の瞬間に決定される．その情報は，タンパク質（酵素）の合成，組織形成，形態形成，身体諸器官の体制化へとすすみ，同時にこの過程に対して細胞内環境，細胞間環境，個体外環境が影響を与える．そして，胎児期には，このような環境の影響下で，反射や自発的身体運動など種々の行動が出現する．心理学では，環境というと個体外環境を思い浮かべることが多いが，発達の過程では遺伝情報に影響を与えるあらゆるレベルで環境の効果をとらえる必要がある．

　胎児期の行動は，神経発生学がこれまで指摘してきたように，神経系の形成にともない単純な反射から自発的身体運動へ，統合された運動へと複雑化していく．また，マウスを用いた行動遺伝学的研究によれば，周生期になると自発的身体運動の出現には出生の直前から雑種強勢が認められる（Kodama, 1993）．このことは，周生期からすでに遺伝的差異が現れていることを示している．

　出生後には，遺伝的差異がさまざまな行動形質に現れる．図1は，2種類の近交系マウスA/J系とCFW系を用いて養母交換を行い，遺伝と出生後の母親環境の効果を攻撃性に関して検討したものである（Dewsbury, 1978）．近交系とは，兄妹交配を20世代以上継続することにより，系統内でのすべての個体がまったく同じ遺伝的組成をもつようになり，遺伝的均一性が保たれているものをさすが，系

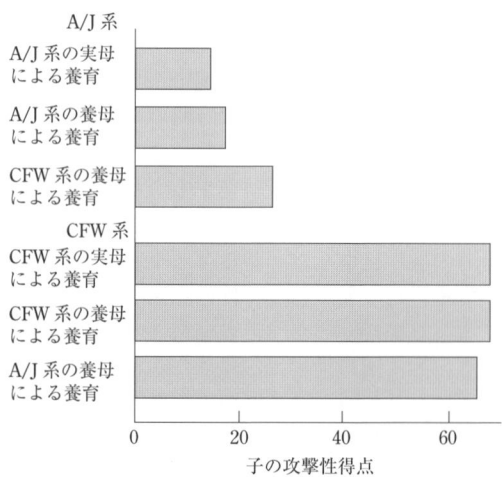

図1　2系統の近交系マウス（A/J系とCFW系）の攻撃性における遺伝と出生後の母親環境の効果
（Dewsbury, 1978, p. 113, Fig. 7-1を児玉が訳出）

統間では遺伝的差異が存在する．図中の A/J 系は遺伝的に攻撃性の低い系統であり，CFW 系は攻撃性の高い系統である．この両系統の間で養母交換を行うと，CFW 系の養母に育てられた A/J 系の攻撃性は少し高まり CFW 系にわずかに近づいているが，差が認められるほどではない．また，A/J 系の養母に育てられた CFW 系の攻撃性はほとんど変化しない．このように，2 系統の攻撃性の差異は遺伝的差異に強く規定され，出生後の母親環境の影響はほとんど受けない．

このほか，ラットやマウスを用いて遺伝率を算出した研究では，学習や情動性に関してポリジーンシステムの支配が指摘されている．また，行動異常の遺伝については，突然変異遺伝子をもつ動物や遺伝子ノックアウト動物を用いた研究も行われている．

●**環境と行動形質**　一方で，出生前の母親環境と出生後の母親環境が大きな影響を及ぼす行動形質もある（児玉, 1992）．ただし，母親環境の効果は子どもの遺伝と交互作用するため，その方向性はさまざまである．マウスの行動発達では，出生前の母親環境の効果は出生後の前肢の踏み直り反射，過剰反応性，フリージングに，出生後の母親環境の効果は交叉性伸展反射，前後肢の踏み直り反射，ルーティング反射，音響驚愕反応，過剰反応性，フリージングなどに現れる．C3H/He 系と I20/S 系を用いて養母交換を行うと，過剰反応性の出現とフリージングの出現には出生後の母親環境の効果が認められるが，過剰反応性の出現では出生後の母親環境の効果が養母の系統に類似するように作用するのに対し，フリージングの出現では実母と養母の系統の値を超えてしまう．このことは，遺伝と環境の交互作用の複雑さを示すものである．

●**ヒトにおける遺伝と環境**　ヒトについては，研究の困難さのために，発達の過程の中で遺伝と環境の問題を実証的に検討した研究はほとんどない．1970 年代以降に，知能とパーソナリティの研究に導入された行動遺伝学的手法は，一つひとつの遺伝子の効果は小さいがいくつかの遺伝子が一つの形質を決定するポリジーンシステムを行動形質に関して想定し，遺伝率を算出することによって表現型分散に占める相加遺伝子型分散の割合を明らかにした．それによると，おとなの知能については，WAIS の総合的 IQ で .61（Scarr & Carter-Saltzman, 1983）である．パーソナリティについては，外向性約 .50，不安定性 .50，社交性 .48 などである（Goldsmith, 1983）．MMPI 臨床尺度では，精神衰弱性 .60，精神分裂性（統合失調症性）.61，軽躁性 .55，社会的内向性 .34 である（DiLalla et al., 1996）．遺伝率について注意しなければならないことは，それが，個人の遺伝を規定しているのではないということである．

発達における遺伝と環境の関係はかなり複雑であり，形質ごとに考えねばならない困難さはあるが，動物実験でのゲノム分析を含む実証的な研究の進展にともない，少しずつその関係が明らかになってきている．

［児玉典子］

遺伝性疾患の発達と予後

☞「規格外であること」p. 220,
「ダウン症児者の発達支援」p. 342

　ダウン症候群をはじめとする染色体異常症は小児科領域では頻度の高い疾患群である．古い文献ではダウン症候群の平均寿命は20歳に満たないという記載があったが，最近では60歳以上ともいわれる．これには先天性心疾患の手術や白血病の治療など，医学の進歩が反映されている．多数例について自然歴が研究され，成人期以降に出現する合併症に関する知見や医学的管理の情報も蓄積している（Hunter, 2010）．一方，複雑な先天性心疾患の術後など，内科医が経験したことのない病態をもつ例も増加している．ダウン症候群では思春期以降に退行様の症状が出現したり，アルツハイマー型認知症を併発する例がある．長期的な医療ケアが必要である．

●**染色体と遺伝子**　ヒトの染色体は46本（父から23本，母から23本）あり，ダウン症候群では21番染色体が1本過剰で47本である（標準型の場合）．21番染色体はヒトの染色体の中では最も小さい．ヒトの遺伝子は2万数千あるが，約1％の遺伝子が21番染色体に分配されている．ダウン症候群では21番染色体上の遺伝子が1.5倍となることが基本的病態である．

　ヒトゲノム計画で21番染色体にある遺伝子は解読され，ダウン症候群の病態との関係も徐々に解明されつつある．

●**発達と予後**　ダウン症候群では中度から重度の知的障害を伴う．筋緊張は低く，頸定，寝返り，座位，よつばい，立位保持，歩行開始といった運動発達も顕著に遅延する．独立歩行開始年齢は2～3歳になる例が多い．一部の例では5歳以降になる．言語発達も遅延し，有意語出現も2～3歳以降になる例が多い．しかし，簡単な言語理解は可能であり，模倣活動は得意である．ダウン症候群の一部は自閉症を合併する．その場合，対人関係，社会性の獲得が遅延し，就学年齢になっても有意語がまったくみられない例も存在する．マカトンサインなど非言語的なコミュニケーションが有用である．半年に1回程度の発達心理評価を実施する必要がある．

　発達を促すために，早期からの療育訓練を行う．まずは歩行獲得に向けた理学療法が実施される．筋肉や関節の柔らかさが問題となるため，よい姿勢を獲得することが重要である．保育所や幼稚園などの集団に参加し，生活面の能力を向上させ，社会性を伸ばす．就学に際しては普通学級と特別支援学級を併用するか，知的障害児対象の支援学校に入学することになる．支援学校高等部を卒業すると障害者枠で企業に就労したり，作業所に通所することになる．

●**身体合併症**　ダウン症候群では50％に先天性心疾患を合併する．10％は十二

指腸閉鎖や鎖肛など消化管疾患を合併する．手術の成績は格段に進歩し，長期予後は改善している．しかし，術後の定期的な健康管理が必要である．ダウン症候群では便秘が多い．水分摂取，栄養指導，投薬治療を行う．ダウン症候群では下部尿路機能障害の合併も多い．

　ダウン症候群では一般に比べて甲状腺疾患の有病率が高い．甲状腺機能低下症では，活気がない，からだがむくむ，皮膚が乾燥する，などの症状を認める．精神症状を認める場合もある．甲状腺機能亢進症の症状は，多動や集中力低下，性格変化，発汗過多，心拍数増加，食欲亢進するが体重が減る，などである．治療は一般と同様である．ダウン症候群では，小学校入学頃から肥満の合併例が多くなる．栄養指導，運動療法が必要である．

　ダウン症候群は一般と比べて白血病の率が高い．最近では，治療成績は改善し，骨髄移植成功例もある．ダウン症候群では白血病以外の悪性腫瘍（胃がん，肺がん，大腸がん，乳がんなど）の罹患率は一般よりも低い．この理由は，21番染色体上に腫瘍の増殖を抑制する遺伝子が存在するためと考えられている．ただし，男性で精巣腫瘍の罹患率は一般よりも高い．

●**精神・神経疾患**　ダウン症候群では乳児期には「点頭てんかん（ウエスト症候群）」が多い．成人期にもてんかんの罹患率が一般よりも高くなる．環椎・軸椎脱臼による頸椎障害は生命に関わる重大な合併症である．歩行が不安定になる，頸をかしげるようになる，など有症状時は早急に検査する．

　ダウン症候群では青年期に「退行現象」がみられることがある．日常生活，会話能力，作業所での活動性，対人関係などで獲得できていた能力が低下する．ひきこもり状態になることがある．精神的ストレスが考えられれば，環境調整やカウンセリングを行う．適宜，精神科受診を行う．甲状腺機能異常など内科疾患にも注意する．

　成人ダウン症候群では認知症の発症がみられることがある．記憶力，記銘力低下，自発性低下，失語，性格変化などの体重減少やてんかん発作を認めることもある．ダウン症候群死亡例の脳の病理学的検査では老人斑や神経原繊維変化など，アルツハイマー型認知症と類似した変化がみられる．家族性アルツハイマー病と関係する *APP* 遺伝子が21番染色体に座位することから，ダウン症候群とアルツハイマー病の関係が示唆される．アルツハイマー病に適応がある薬剤を用いたダウン症候群の認知症への治療が検討されている．規則正しい生活，豊かな人間関係，各種活動への参加など，精神活動の活性化を促す必要がある．

●**まとめ**　ダウン症候群を中心に発達と予後についてまとめた．医学の進歩で予後は大きく改善しているが，年齢によって注意すべき合併症がある．定期的な医学評価，心理評価はダウン症候群をはじめとする遺伝性疾患をもつ人々の予後改善に重要な意味をもつ．

[岡本伸彦]

妊娠・出産・誕生

☞「親子関係」p. 198,「不妊・中絶」p. 488

●**お母さんからみたお産**　「妊娠7週の超音波検査で双子ということがわかり，びっくりしたが夫は喜んでくれた．24週で尿蛋白が，そして血圧が上昇し，妊娠中毒症とよばれる恐い状態へ，重症化すると母子ともに危ないといわれた．お産は普通にできると思っていたけど，31週でこんなに早く生まれてくるなんて．痛々しい姿だった，どんなに障害があっても，お願いだから生きてほしい」（西野，2005）．

　近年生殖医療による二卵性双胎が増えている．自然妊娠に多い一卵性双胎は胎盤で両児間の血管吻合があるため，両児間で血液の急性のやり取りが続くことで循環不全を起こし一児死亡することがある．一人が死亡すると，生児は死児側へ短時間で大量に出血する．その出血性ショックのために脳や腎臓が大きく障害されることがある．双胎や品胎は早産になりやすい．早産児は脳室内出血や脳室周囲白質軟化症（ともに脳性麻痺を起こす原因）を起こすことがあり，発達予後を悪くする．

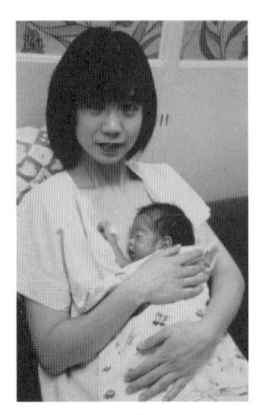

図1　カンガルーケア

　お母さんは自分を責める．なぜこんなに早く小さく産んでしまったの，ごめんなさい．赤ちゃんに問題が起こったときは，さらに自分を責める．これが癒されることなく児に向かうと，母親の辛い気持ちを児も感じて，ともに傷ついていく．入院中のカンガルーケアには，この硬くなった情緒を，子どもとともに解きほぐす大きな力がある．

　カンガルーケアをしたときは「素肌との触れ合いの中で，とても安らかな気持ちになります．護るべき者ができたという実感を体で感じとることができてうれしかったです」．抱っこことの違いを感じましたか？「感じました．服を着ての触れ合いと，素肌同士の触れ合いの違いを伝わってくるぬくもりを通して感じました．赤ちゃんと離れて2か月も経つと，最初の頃よりも，お乳が出にくくなってきていたのですが，カンガルーケアをした日は，お乳がたくさん出たので心よりも体の方が早く違いを感じていたのだと思います．それと抱っこだけより赤ちゃんを抱いているんだという実感が強く湧きました」．

●**NICU（新生児集中治療室）における超低出生体重児の記憶**

　症例1：1995年に4歳になった女の子の話．母子センターに受診したその子は24週640gで出生．外来の大きな汽車の置物が大好きで，よく遊んでいた．「NICUへ赤ちゃんを見に行こう」と母が促すと，NICUの入り口で立ち止まって，動け

なくなった.「この中には,悲しい辛い思い出があるから見るのはいや.緑色の光(光線療法器の光)は大嫌い」と母親にいった.8歳の検診で,この記憶を教えてもらおうとすると泣かれるばかりであった.

症例2:2008年に3歳になった女の子が次の妊娠中でのお話.23週618gで出生.人工呼吸器から離脱した31週に始めてカンガルーケア,退院まで頻回に行った.母子ともに気持ちがよかった.「今,赤ちゃんはお腹の中だね.○はうえ(胸)にいたんだからね.ここにいた.(と母の胸の間を触る)うえ(胸)だーいすき.ハコ(保育器のこと),いた.痛いの嫌なの.…ハコ嫌いなの.ママがいいの.…」

●通常の妊娠・分娩について
1) 健康な母親:母親と医者と看護婦の関係(Winnicott, 1957/1993)から
　私は何よりまず母親と医者や看護師とが互いによく知り合ってほしい,そしてできることなら妊娠中ずっと接触してほしい.…陣痛と分娩の過程についての十分な説明が母親の信頼できる人によってなされるべきだ.…彼女は食物の摂取や,消化や,排泄と同様に自動的な自然の力と過程に支配されている.そして自然に委ねれば委ねるほど,母親と赤ちゃんによい結果が生まれる.

　「…妊娠や出産の過程ではコントロールが相当破綻するから,あらゆる世話や思いやりや励ましや親しさが必要だ.ちょうど子どもが成長していくうえで出会う新しい大きい経験を一つ一つやり遂げさせてくれる母親を必要とするように.」
2)『幼児期と社会』:第11章　結論　不安を超えて(Erikson, 1950/1980)から
　すべての社会は,子どもから親へと発達していく過程にある人間で成り立っている.…人間の幼児期の学習は,長期にわたる他人への依存を条件としている.…良心の起源が未熟だということは,人間の成熟および行為を危険に曝すことになる.幼児期の恐怖が,生涯彼につきまとうからである.…子どもはこれからそれを学び,そして学んでいる間は,子どもは大人から安心を与えられるような教えを受ける必要がある.これらの不安というものが,実は大人の生活にまで及んでいるということ,…そしてこの不安は,神経症的不安の形式をとるばかりではなく,もっと恐ろしいことには,集団パニックの形をとり,集団精神の苦悩として再現するのである.

　専門家としての生涯の中で,最も励みになった体験をもって結論としよう.それは何かというと,不安をともなわない出産であるといえよう.…

　付き添いの看護師は,何か月も前から知り合いの間柄で,母親と看護師は,一つの仕事に携わるパートナーである.…「自然分娩」と「母子同室」は原始性への回帰ではない.近代的分娩の特殊設備と,時間と世話を投資しなければならないこの方法は,最も高価な分娩形式になるだろう.我々の社会が生まれてくる新しい市民たちのために,この時間と金銭の投資を惜しむことのないように期待したい.

[北島博之]

妊娠中の疾患

☞「不妊・中絶」p. 488

　妊娠・出産の安全神話はいつ頃からいわれるようになってきたのであろうか？わが国の現在の周産期死亡率は1,000出生あたり4人程度である．世界一の予後を達成している．母体では，40人程度の死亡（年間100万分娩あたり）が発生する．産科医療が届かないと，母体死亡は10万分娩あたり1,000を超える．妊娠は本来的にはこのような危険性が内包されている．

●**妊娠の成立と倫理**　卵子・精子にはそれぞれ23本の染色体があり，染色体の中には遺伝子がDNAとして詰まっている．代表的な染色体異常は21番染色体が3本（トリソミー）であるダウン症があげられる．すでに，母体血液検査（クアトロテスト），超音波断層法，羊水検査などの出生前診断ツールは臨床応用されている．最近では母体血液中にわずかに漏れ出た胎児細胞から染色体検査などを行うということさえ可能である．これらの疾患は診断は可能になっても根本的治療法はない．となると，妊婦および関係者は精神的苦悩とあわせ大きな倫理的問題も抱えていくことになる．近年の生殖医療の進歩は代理母妊娠，閉経後妊娠，配偶者死亡後妊娠さえ可能としてしまった．

●**妊娠に伴う疾患**
①**妊娠悪阻**：一般には"つわり"といわれることが多い．嘔気・嘔吐を主体とした極度の脱水である．重症化すれば，死亡にいたる．ウエルニッケ脳症（けいれん発作），コルサコフ症候群（健忘症）などを引き起こす．補液（ブドウ糖＋ビタミン類）が治療の中心である．

②**切迫流産**：妊娠初期の出血原因である．鑑別診断としては，子宮外妊娠，胞状奇胎がある．原因は多岐にわたるが，染色体異常を始めとする胎児異常が多くみられる．頸管無力症によるものならば，頸管縫縮術（McDonald法，Shirodkar法）が施行される．薬物としてはβ刺激薬，プロゲステロン製剤，ヒト絨毛性ゴナドトロピンなどがある．

③**切迫早産**：妊娠22週以降で子宮収縮，子宮口開大などによって早産が危惧される状況である．早産は死亡，予後不良（脳性麻痺，発達障害など）の最大原因である．治療は切迫流産と同様な薬剤と安静入院が基本となる．妊娠22週，出生体重500g未満の新生児であっても，生存率は80％程度にはなってきているが，後遺症なき生存はせいぜい半数程度である．正期産（妊娠37週〜41週）があらゆる予後が最も良いことは多くの証左がある．

④**前期破水**：陣痛発来以前に破水することである．破水以降は子宮収縮（陣痛），子宮口開大，上行性の子宮内感染，胎児の未熟性などの多数の問題が続発する．

未熟性改善には分娩を遅らせる方がよいが，胎児の感染症の危険性の上昇という二律背反問題が生じる．
⑤羊水過多：羊水産生の多くは胎児尿である．胎児は羊水を嚥下することによって羊水循環をしている．上部消化管（食道，十二指腸）閉鎖があれば，胎児の嚥下が阻害されるので羊水貯留が進行し，羊水過多となる．そのほか口腔内，胸郭内腫瘍，筋肉疾患などで嚥下障害が出てくれば，羊水過多となる．多くの根本治療は出生後となり，妊娠中は羊水穿刺で羊水除去を対処的に行う．
⑥羊水過少：胎児尿が排出できない状況で発生する．腎臓機能がない場合と，尿はつくられるが尿路通過障害がある場合でも起こる．特に，妊娠中期に無羊水だと胎児肺低形成が続発する．これは呼吸不全で死亡する可能性が高くなる．
⑦妊娠高血圧症候群：以前は"妊娠中毒症"とよばれていた．現在では高血圧を主体とした症候群として認識されている．子宮内胎児発育遅延，常位胎盤早期剝離，HELLP症候群，胎児機能不全を続発しやすい．治療法は分娩の終了が最大である．初産婦，高齢，母体合併症妊婦に発症しやすい．
⑧子宮内胎児発育遅延：IUGRと表記される．最近はFGR（fetal growth restriction）ともいわれる．胎児が妊娠期間に比して小さい場合をいう．原因は多岐にわたり，胎児病，妊娠高血圧症候群，感染，抗リン脂質抗体症候群などを鑑別するが，原因不明も多い．胎児の状況を超音波断層法，血流ドップラー計測，胎児心拍モニター（NST）などから判断して胎児機能不全がみられたら娩出する．
⑨双胎：近年の排卵誘発，体外受精などの操作によって増加している．一絨毛膜二羊膜双胎（MD双胎）には特有の病態が発生する．代表的なものに双胎間輸血症候群（TTTS）がある．2人の間で血液が一方的に流れ始めて羊水過多・過少を伴う状況が発生する．この血流遮断のために子宮内の血管をレーザー光で焼灼する胎児手術が2012年4月から先進医療を経て保険診療が認められた．
⑩母体合併妊娠：糖尿病，バセドウ病，喘息，高血圧，腎炎，特発性血小板減少性紫斑病，SLEなどが代表的である．それぞれの疾患が母児に与える影響，妊娠が原疾患に与える影響を勘案しながら管理を行う必要がある．
⑪妊婦の感染症：妊娠中に母体が感染症になると，胎児に奇形，FGRなどの異常を引き起こすものが知られている．風疹，サイトメガロウイルス，トキソプラズマ，りんご病，水痘が知られているので，非妊時のワクチン接種が勧められる．
⑫常位胎盤早期剝離：胎児が娩出される以前に胎盤が子宮壁から剝離することで起こる．多くは原因不明で突発的に発症する．頻度はおよそ200妊娠に1回である．ひとたびこの状況になれば，胎児死亡，後障害，母体DIC，大量輸血，子宮全摘，腎不全などに陥りやすい．一刻も早い娩出（帝王切開）が必要となる．
⑬胎盤異常：前置胎盤，癒着胎盤が代表的で，どちらも母体死亡に直結しやすい．迅速な大量輸血，子宮摘出，動脈塞栓術など各種の対応策が求められる．［光田信明］

生まれるとき

☞「タッチング」p. 62

　最近，わが国では，虐待，引きこもり，小・中・高校生の自死など，子どもを取り巻く問題が山積している．その中で，周産期にまでさかのぼって子育てや親子関係の不具合や諸問題について検討する必要性が指摘されてきた．しかし，子ども達の生まれる側からの状況については，ほとんど知られていない．

● 胎内記憶と出生時記憶

＜ケース１＞おなかの中にいるときのＫ君（4歳5か月）
　お母さん「かあさんのおなかにいたとき，何してた」
　Ｋ君「しろとくろとあかときいろとみどりのひもがいっぱい」
　お母さん「出てきたときは？」
　Ｋ君「かあさんいなかったから，さびしくてちょっと泣いてた．でも，ちょっと血がついていたかってん．かあさんと会えて，かあさん，わらってた」
　知人の息子Ｋ君が，難産といわれた分娩時の少し辛かった記憶．

＜ケース２＞予定帝王切開で出生したＯ君（5歳）
　Ｏ君「お腹の中はきつかった．飛ぶと頭が当たるから飛ばないようにしてた」
　お母さん「どうして，飛んだの」
　Ｏ君「退屈だったから．飛ぶと足が当たるから，ママが痛かったんだと思う」
　Ｏ君「ママのお腹の中はね，上はかたいんだけど，下はふわふわしてた」
　お母さん「産まれてきたときのことは？」
　Ｏ君「出てくるときは，引っ張られて最後は出されたんだ．外はまぶしくて，いやだなあと思って，ワンワン泣いた」

　生まれる前から自分を包み護ってくれるものに敏感な感受装置を張りめぐらしているかのようである．胎内や出生時の記憶について，産婦人科医の池川明は，2歳半から5歳の頃に母親が子どもから直接に聞きとった話を集めた（表1）．

表1　胎内記憶と出生時記憶（池川，2002, p.75）

	計	正常分娩	安産	難産	陣痛促進剤	帝王切開
全体	79	53	28	7	15	5
胎内記憶	42（53%）	28（53%）	17（61%）	5（71%）	10（67%）	1（20%）
生下時記憶	32（41%）	21（40%）	17（61%）	7（100%）	5（33%）	1（20%）

横浜市「池川クリニック」池川明先生のデータより

●赤ちゃんからみたお産に関する小児科医のウィニコット（1993）と精神分析医のチェンバレン（1991）の報告

1) ウィニコット（1987）から

精神分析は赤ちゃんの心には出産過程さえ残っていることを明らかにした．赤ちゃんは人生の始まりにはたいへん依存的な生き物であるが，音を聞いたり感じたり匂いもかいだり，さまざまな経験を記憶している．

ウィニコットは精神分析医として精神病患者の研究を行い，小児患者の治療中に催眠術を用いて患者の心的外傷があった時点まで記憶を辿り，上記の内容ばかりではなく，「精神神経症は分析家を患者の子ども時代に連れ戻し，統合失調症は患者の乳幼児期に，それもはじめの絶対的な依存の段階へ連れ戻す」と述べている．

2) チェンバレン（1991）から

10歳代半ばの子どもたちに催眠術を用いてに出生時まで記憶を辿り，母の記憶と照合して胎児や新生児に記憶のあることを調べた．
＜陣痛の開始＞お母さんのからだがグーッと硬くなると，わたしのからだも硬くなる．顔のあたりがとても窮屈だ．＜分娩＞顔が少し外に出ている．お医者さんがわたしをひっぱり出して叩く．わたしは泣き出してしまう．お母さんのおなかに乗せられた．すごく気分が良くなった．お母さんはわたしをじっと見ている．＜内側の世界＞（子宮の内側は）静かで，温かくて，気持ちがいい．そして暗い．とても幸せだった．＜内側から見た分娩＞赤ちゃんは初期の収縮を「さざ波が寄せてくる」などと感じ，分娩が進行するにつれて自分が新しい動き（姿勢，位置，回転運動など）を余儀なくされるのがわかってくる．＜分娩室で起こること＞ほとんどすべての赤ちゃんが不満なのは，分娩室の寒さやまぶしさなど分娩に伴うほとんどすべての処置に対してである．一方，優しい丁寧な扱いや温かい言葉にとても感謝し，そして赤ちゃんにとって何よりもうれしいことは，出生直後の母との親密なふれあいである．

●まとめ　子どもは，生まれる前から自分を包み護ってくれる母や人の気持ちを感じている．エリクソン（Erikson, E. H.）は，赤ちゃんを迎える母について「自然」分娩法は，専門家としての生涯の中で，最も励みになった体験のひとつであったと述べている．産婦と看護婦とは何か月も前からの知り合いであり，パートナーである．自然分娩の独特の経験と情緒的衝撃は乳児との間の相互感を引起こし，それが彼女達の体に浸透する．さらに母子同室という新しい育児法により，母は我が子の声を聞き，手で触れ見守り抱いたり授乳することができる．こうして母親は分娩直後からわが子を観察し，その子の個性を知るようになる．生まれる側と生む側の双方に生じるこのようなかかわり合いが赤ちゃんにその後の基本的信頼感を形成し，温かな人間関係を育む出発点となる．

［北島博之］

ふたご研究のゆくえ

☞「規格外であること」p. 220,
「ジェンセニズムの功罪」p. 558

　人間行動の個人差の源は遺伝によるものなのかそれとも環境によるものなのか．この問いこそが，人間行動遺伝学の追究する根本的な問題意識である．

●**応用統計学としてのふたご研究**　人間行動遺伝学の祖は，イギリスの遺伝学者・統計学者ゴールトン（Galton, F.）である．ゴールトンは，遺伝が人間行動に影響を与えているかどうか検証するために，量的遺伝学の考え方に基づく人間行動遺伝学の主要な方法，すなわち双生児研究・養子研究・家系研究を行い，人間の行動形質が家系に伝達することを示した．そして，近年の統計科学の発展に伴い，双生児法に基づく人間行動遺伝学は，多母集団共分散構造分析を用いて，一卵性双生児と二卵性双生児という二種類のふたごの類似度を統計的に比較することにより，心理的・行動的特徴の個人差に及ぼす遺伝的な影響と環境的な影響を区別して分析するとともに，同時に複数の心理的・行動的特徴を対象にすることによって，それらが遺伝的・環境的にどのように共変しているかについても明らかにすることのできる方法論として確立された（Plomin et al., 2008）．

　双生児法による人間行動遺伝学では，一つの集団内における一つの量的形質の表現型の個人差に寄与する効果を，相加的遺伝効果・非相加的遺伝効果・共有環境効果・非共有環境効果に分割する．相加的遺伝効果とは量的形質に対して多数の遺伝子の効果が足し算的に関与することを仮定するもので，非相加的遺伝効果とはエピスタシスとよばれる遺伝子間の交互作用効果の存在を考えるものである．この二つの遺伝効果を合わせて，広義の遺伝率という．共有環境効果とは，主には家庭内で共有され，きょうだいを類似させる方向に作用するもので，非共有環境効果とは，きょうだいがそれぞれ個人的に経験し，きょうだい間の類似度を低める独自の環境要因のことである．

　米国の行動遺伝学者タークハイマー（Turkheimer, E.）は，これまでの人間行動遺伝学研究の蓄積からいえる一般的な傾向として，心理的・行動的特徴の個人差には，①ある程度遺伝の影響があり，②共有環境の影響は概して小さく，③非共有環境の影響は大きいという3点をあげ，これらをまとめて「行動遺伝学の三原則」とよんだ（Turkheimer, 2000）．人間の行動形質の個人差には押し並べて無視することのできない遺伝の影響を含むということは，発達心理学において広く認知されつつあるが（Moffitt, 2005），同じ家庭に育ち，きょうだい間の類似性を高める共有環境の影響が小さいという知見については，「親の養育の仕方が子どもの発達に大きな影響を及ぼす」と考えていた発達心理学の研究者の間で論争を巻き起こし（Harris, 1998），現在も議論が続いている．

●**ふたご研究の今後の展開**　双生児法に基づく人間行動遺伝学の知見は三つの普遍的な傾向としてまとめられることを踏まえて，ふたご研究は，遺伝・環境交互作用の検証とエピジェネティクスという次なるステップへと進んでいる．

　ふたご研究の示す遺伝・環境交互作用とは，特定の遺伝子（多型）と環境との交互作用を調べるものではなく，行動形質に関わる遺伝の影響や環境の影響が，どのような環境下において強まったり弱まったりするのかという点について検討を行うものである．例えば，未婚の女性の方が既婚の女性よりも飲酒量に関する遺伝の影響が大きい（Heath et al., 1989）．このことは，遺伝的な素質は社会的な制約が少なく自由に行動できる環境において表出しやすいことを示している．また一方で，幼児期の子どもに対して虐待のように冷たい養育態度を取る方が，情愛深い養育態度を取るよりも，子どもの情緒的な問題行動の変化に関わる遺伝の影響が大きい（髙橋，2008；図1）．このことは，先の飲酒量に関する報告とは逆に，養育態度が厳しく成育経験がストレスフルで制約が大きい場合，遺伝的な素質が表出しやすいことを示している．こういった遺伝と環境の交互作用の検証を行うことによって，環境的なリスクを減らすような具体的な介入的示唆を考えることができる．

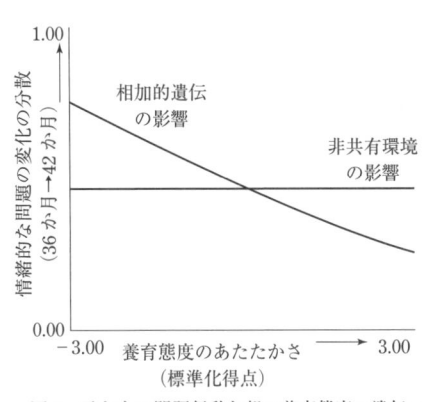

図1　子どもの問題行動と親の養育態度の遺伝・環境交互作用（髙橋，2008）

　ふたご研究のもう一つの展開はエピジェネティクスである．エピジェネティクスとは，遺伝子型は同じでも活性化する遺伝子やその程度が異なることによって，遺伝的背景がまったく同一の一卵性双生児であっても差異が表出する現象である．一卵性双生児のきょうだい間で体格や性格などの表現型において差異が生まれることに，このエピジェネティックな要因が関わっていることが報告され始めている（Fraga et al., 2005）．

　双生児法による人間行動遺伝学の研究を行うと，確かに遺伝率が推定される．しかし，明確な候補遺伝子はみつからない．研究対象の行動形質をもつ群において出現頻度の高い一塩基多型をヒトの全ゲノムにわたって網羅的に検出しようとする全ゲノム関連解析を行っても，関連する一塩基多型は検出されにくい．遺伝率は推定されるが，実際の遺伝子のレベルでは関連が検出できない．これを失われた遺伝率の問題という．この問題を解決し，人間の複雑な心理・行動形質を十分に説明できるような遺伝と環境の輻輳を明らかにすることが，今後のふたご研究に求められている．

[髙橋雄介]

超低出生体重児の予後

☞「親子関係」p. 198,「ADHD・LD児者の発達支援」p. 340

出生体重が 2,500 g 未満の児を低出生体重児とよび,低出生体重児の中でも 1,500 g 未満の児を極低出生体重児,1,000 g 未満の児を超低出生体重児とよぶ.新生児の分類には,在胎期間を基準にした分類もあり,37 週未満で生まれた子どもを早期産児,28 週未満を超早期産児という.37 週以上 42 週未満を満期産児,42 週以上を過期産児とよぶ.わが国では,少子化が進み総出生数が著しく減少する中で,超低出生体重児の出生数は,人口動態調査によると 1951 年には 114 人であったが徐々に増加し 2010 年には 3,232 人になっている.その背景には,妊娠中絶を実施する時期の基準が 24 週未満から 22 週未満へと変更され,平成 3 年から施行されたことや,新生児集中治療室(NICU)の設置などによる救命率の向上がある.日本小児科学会新生児委員会の調査によれば,出生体重 500～999 g の超低出生体重児の新生児期死亡率は,1980 年の 55.3% から,1990 年は 26.9%,2000 年には 15.2% に低下している(堀内他,2002).

●**認知発達の長期予後** 超低出生体重児の生存率が飛躍的に高まると同時に,知的障がい,脳性麻痺,水頭症,重度の視覚・聴覚障がいなどの,重い神経学的障がい,いわゆるメジャー・ハンディキャップの出現率も低下してきた(Stewart et al., 1981).ところが,多くの超低出生体重児が学齢期を迎えるようになると,認知能力は標準あるいはそれ以上のレベルを示しながら学習に困難を生ずる学習障がい(26～47%)や,不注意,多動性,衝動性といった注意欠陥多動性障がい(attention deficit/hyperactivity disorder:ADHD)(16～23%)など,いわゆる "minor handicap" が高い割合で出現することが報告された(Ornstein et al., 1991;Whitfield et al., 1997;金澤他,2007).さらに最近では,自閉症スペクトラム障がいの特徴を示す児の割合が高い(6.2～26%)という報告が増えてきた(Limperopoulos et al., 2007;金澤他,2007;Johnson et al., 2010).一般に発達障がいの背景には中枢神経系の機能障がいがあるとされるが,超低出生体重児の場合には,低体重出生や早期産に伴う脳室内出血(IVH)や慢性肺疾患など周産期の合併症が脳の発達に影響を及ぼし発達障がいの症状を引き起こしている可能性が指摘される(Indredavik et al., 2010;Johnson et al., 2010).また,子宮内発育遅延(IUGR)との関係も指摘される.何らかの原因で子宮内での胎児の発育が抑制または停止し,正常範囲を逸脱して発育が小さい場合,−1.5 SD 未満のものが IUGR とされる.IUGR は全妊娠の 3～7% に認められ,死亡率が高く認知能力の低さや ADHD のリスク因子とされる(Heinonen et al., 2010;Morsing et al., 2011).出生時,単に低体重か早期産であることよりも,在胎期間に比して小さ

いことが問題なのである．ただし，加齢に伴い認知能力が改善し，発達障がいの症状が軽減するというキャッチアップ現象を指摘する報告もある（金澤他，2007）（図1）．超低出生体重児の後障がいなき生存を実現させるためには，こうした発達障がいの早期発見と早期介入が重要な課題となっている（Hack et al., 2009）．

●**母子関係と仲間関係** 出生体重が低いほど虐待のリスクが高まることが知られている（Spencer et al., 2006）．超低出生体重児は予定日より3～4か月も早く生まれ，NICUでの医療ケアのため長期の入院を余儀なくされる．その間，母子分離の状態におかれるために，母子の愛着の形成不全が起こる危険性が考えられる．愛着形成をうながす方法としてカンガルーケア（kangaroo care：KC）がある．KCとは，裸の赤ちゃんを母親の裸の胸に抱いて皮膚と皮膚と接触させる育児方法で，KC実施群では，低体温症の発症率が低く，退院時に母乳のみによる哺育の割合が高く，赤ちゃんの体重増加が大きく，退院時期が早まる（Cattaneo et al., 1998）．また，院内感染や重大な疾病の発症率の低下，6か月齢での呼吸器疾患の減少，退院までの体重増加の促進，母親の有能感の向上などが報告されている．フェルドマンら（Feldman et al., 2002）は，KCを体験した低出生体重児と従来の伝統的なケア（TC）を体験した低出生体重児を対象に，子どもの発達や母子相互作用，家庭環境などを調べ，その結果，受胎後37週では，KC群の母親は子に対して，肯定的感情，接触，子どもの信号への適切な対処をTC群より多く示すこと，修正3か月齢では，KC群の母親と父親はともに，感受性が高いこと，さらに，修正6か月齢では，KC群の母親は感受性が高く，子どもの発達指数も高いことが示されたという（Feldman et al., 2002）．金澤ら（2004）は，NICUにおけるKCにより修正1歳半の極低出生体重児の母子の行動がいかに改善されるか分析した．その結果，入院中カンガルーケアを体験すると，退院後1歳半の時点での母の児に対する共鳴・共感の発話が増え，否定・疑問の発話が減り，児の泣きも少なくなるなど，安定した愛着形成の促進効果を示唆する変化が認められた．

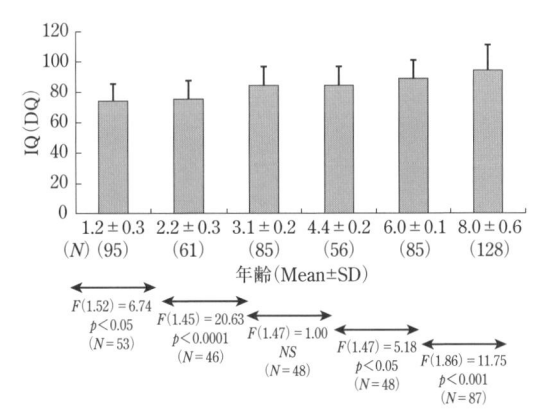

［金澤忠博］

図1 超低出生体重児におけるIQ（DQ）の加齢に伴う変化：1歳齢～学齢期（金澤他，2000, p. 9）

家族の起源

☞「親子関係」p. 198,「夫婦関係」p. 200,「進化」p. 446

　家族の起源を考える視点は二つある．第一は，動物界における家族について考察すること，第二は，人類進化の過程でいつ，どのように家族が生じたかを考察することである．

●**動物界における家族**　動物生態学における家族とは，親子が一定期間共存し，その間に密接な相互作用が存在する動物の集団と定義される（『岩波生物学辞典』）．アリやシロアリなどの真社会性動物が典型である．真社会性は，少なくとも二世代の成体が共存すること，同種の複数個体が協同して子の養育にあたること，形態の異なる繁殖個体と不妊個体が存在し階級分化があること，といった特徴をもつ．主に昆虫でみられるが，テッポウエビやモグラネズミ類でも報告がある．真社会性ほど種内の階級や形態の分化が顕著ではないが，鳥類や食肉類，霊長類などでは，真社会性の最初の二つの条件を満たす種が多い．そこでは，両親に加えて，ヘルパーとよばれる個体（多くは出生順位が先の子）が，みずからの繁殖を犠牲にして，ヒナや幼体の世話行動を行う．出生地を離れない年長のきょうだいがヘルピング行動をする動物の多くは，生息地の中に独立したなわばりを新たに構えることが困難な種である．ヘルパーの数が多いほど，ヒナや幼体の生存率が高まることが鳥類や食肉類で報告されている．

　多くの鳥類や一部の哺乳類では，ヘルパーがいなくとも，雄と雌が協同して子育てにあたる．一夫一妻型の繁殖様式は，鳥類の9割以上，また哺乳類の約5％でみられる．一夫一妻の鳥類では，雄がヒナに餌運びするだけでなく，抱卵する雌に餌を運んだり，雄自身が抱卵を分担したりする．哺乳類でもタヌキやマーモセットでは，子を保護したり，運搬したり，授乳以外の育児行動を父親が献身的に担う．鳥類で一夫一妻と雄による養育が哺乳類より一般的なのは，妊娠と授乳に相当する抱卵と育雛が雄でも可能であり，雄の世話量がヒナの生存率に直接的に反映されるからである．また複数の雌との配偶機会が少ない生態的条件下でも一夫一妻がよくみられる．

　昆虫では珍しい一夫一妻は，クチキゴキブリで報告されている．この種では，子が木材の分解ができない未熟な状態で生まれるが，両親は子に吐き戻し物質を与え，子虫の餌摂取を助ける．クチキゴキブリ，多くの鳥類，タヌキ，マーモセットなどの一夫一妻に共通していえることは，未熟な状態で誕生する子に対して両親による養育行動がみられる点であり，このことはヒトについても当てはまる．

　他方，他の動物ではほとんどみられず，ヒトにおいて特徴的なことは，親，子，孫の三世代（ときに四世代）が同居する拡大家族や，夫婦関係に基づく核家族が

姻せき関係でつながる親族を構成する点である．コロニーで集団営巣する鳥類でも，それに似た共同体がみられる．鳥類がコロニーをつくる利点は，捕食者に対する集団防衛と餌資源についての情報共有にあると考えられ，ヒトの拡大家族の起源を考察するうえでも重要な示唆を与える．

●**人類進化における家族の起源**　ヒトに近縁な類人猿では，テナガザルだけが長期的な雌雄のつがいを形成するが，つがいを超えた交流はなく，複数の雌が同居できないという生態学的制約に基づく一夫一妻であり，ヒトの家族の直接的な原型とは考えにくい．オランウータンは，独居性で子育ては母親だけが担い，家族に相当する社会構造はみられない．ヒトの最近縁種であるチンパンジーは，著しく乱婚的な社会をつくり，長期的な雌雄の絆は存在しない．一夫多妻のゴリラでは，父親がある程度の子の保護や養育行動を示し，家族的な社会を形成する．ただし，家族的なユニットを超えた社会交渉はみられない．いずれにしても，ヒト以外の類人猿では，父親の積極的な養育参加，つがいを超えた拡大家族，親族の存在をあわせもつ社会がみられず，このような家族の特徴は，チンパンジーとの共通祖先の分岐後の人類進化のどこかで生じたものだと考えられる．

　一般的に，哺乳類では体サイズの性的二型（体重の性差）が大きいほど雄間の競争が激しく一夫多妻社会になる傾向が知られ，逆に性的二型がなければ一夫一妻社会になること知られている．また，捕食者対策の必要から，草原性動物は森林性動物よりも集団サイズが大きくなる傾向がある．

　人類進化において，化石の証拠は限られているものの，猿人では性的二型が大きく，サバンナに進出した原人段階で性的二型が縮小する傾向がみられ，猿人段階では人類はつがいや拡大家族は形成されていなかったと推察される．

　その後，約250万年前に更新世（氷河期の時代）に入ると環境の寒冷化と乾燥が進み，原人と総称されるホモ属（ヒト属）の古人類は，森林部ではなくサバンナで発見されるようになる．そして原人になると性的二型が縮小する傾向が知られている．これらのことから，原人では一夫一妻を核とする何らかの共同体生活（集団生活）が始まったと考えられる．

　原人では直立二足歩行がほぼ完成したが，このことは当時の女性に産道の湾曲に伴う難産化をもたらした．現生人類の特徴である，なかば胎児状態での出生は，原人段階から始まったと考えられる．前述のように，未熟な子に対しては，母親以外の同種個体による養育援助が子の生存率の向上に大きく寄与するので，原人では父親や母親の血縁者（特に祖母）が養育に関与するようになったのであろう．

　ヒトの家族は，単なる一夫一妻にとどまらず，男女のパートナーの絆を基本としつつも，より上位の共同体社会に対して開かれた社会単位でありそれはホモ・サピエンスより先んじて生じたと考えられる．

［長谷川寿一］

親になること / 親をすること

☞「親を育てる」p.164,「親子関係」p.198,「3世代の親子関係・家族関係」p.176

●**子の誕生と「親になること」の関係**　有性動物である人間では，男女間のセックスによって妊娠し出産することで子は誕生し，同時に当事者である男女は「親になる」．この「親になる」ことは，長らく＜結婚—セックス—子の誕生＞という連鎖の自然な結果であった．医学技術の進歩はこの連鎖を断ち切り，子の誕生とセックスとは不可分ではなくなり，子の命の出自は親になる者の意思と決断の下に置かれることとなった．人口革命である．結婚しセックスすれば「授かる」ものであった子どもは，親の決断の結果「つくる」ものとなった．妊娠の詳細なメカニズムの解明と妊娠調節の技術の普及が，これを可能としたのである．

今や子を「つくらない」選択もあり，それは即親にならない生き方の選択にほかならない．子どもをもつか/親になるかは，生き方のオプションとなったといえよう．

加えて先端生殖医療技術は，子を「つくり出す」ともいえる子どもの命の誕生を可能とし，同時にセックスや妊娠とは無縁な「親」も現れ，誰が親かという新たな問題を提起している．この生殖革命も史上初の画期的事態である

このように「親になる」道はさまざまであり，その途上には多くの選択と決定がある．見方を変えれば，出自に関して"いろいろな"子ども——つくった子/できちゃった子/つくり出された子など）がいる初の時代といえよう．

●**顕在化した子どもの価値の相対性：「子は宝」は幻想**　日本に古くからある「子宝思想」は今も大方の日本人が同感する．しかし本当に「子はいかなる黄金や銀よりまさる」と思っているなら，少子化はあり得ない．少子化が止めようもなく進行している事実は，子は絶対の宝ではないことの証左である．

なぜ子を産むか，産まないか，一人っ子にするかなど子をつくるか否かの決断の理由を検討した研究（柏木・永久，1999；柏木，2001）は，若い世代の子産みは子をもつことのメリットとデメリットを自分（たち）の生活と比較検討した結果であり，次世代育成は女性の責務とみなしていた年配世代との差を明らかにしている．

「子は宝」は自明でも絶対的なものでもなく，子どもの価値はきわめて相対的なものである事情があらわになった．しかしこれは当然である．子どもをもつこと——妊娠/出産/育児という一連の行為は，親とりわけ母親のもつ資源の投資である．子は，親の時間，経済，体力，精神力など親資源を投資することなしに育たない．ところが親資源は有限であり，しかも親個人にとっても必要な資源である．そこでこの有限の資源を子と自分にどう配分するか，投資戦略が必然的

に浮上する.

　かつて，産むか産まないかを事前に検討し決定する受胎調節は，技術劇にも倫理的，社会的にも不可能であった．親の意思や都合とは無関係に次々と生まれてくる大勢の子を，親は「授かる」ものとして守り育てていた．この事態を人口革命が大きく変化させた．事前に産むか否かを検討するのは今や当然となり，それは即，親資源の投資戦略の検討にほかならない．日本における少子化の進行は，子への投資と自分（母親）への投資とが鋭く対立し，子をもつことつまり子への投資が女性に自分への投資を不可能とする事態があるからである．

　この事情は母親の育児不安を強めている要因をみれば明らかである．育児不安の規定因は 1) 親が無職であること，2) 父親（夫）の育児不在に集約できる（柏木・若松，1994）が，いずれも母親を育児だけに追い込み，母親個人の自己成長の機会を剥奪する状況である．母親の無職といい父親の育児不在といい，他国に例をみない日本の特徴であるが，これが母親の育児不安を高め，子産みを躊躇させ少子化を招来している．父親の育児参加度が次子出生確率と密に関係している事実（厚生労働省，2009）は，母親の育児不安は出産拒否，少子化につながっている事情を示唆している．

●**ヒトにおける育児／親をすることの特質：「親になる」では終わらない**　ヒトにおける親役割は「親になる」ことでは終わらない．「親をする」，育児が必須である（柏木，2011）．誕生する子は「子宮外胎児」といわれるほど未熟無能であり，育児なしに子の命は保証されず種の保存−繁殖は完結しない．問われるべきは，「親になる」こと以上に「親をする」こと，育児である．ヒトにおける育児は長期にわたり多岐にわたる困難な課題である．

　それを可能とする三つの要件がある．1) 父親の育児参加；男性が精子の提供者にとどまらず子育てに参加する．これは進化の産物である（小原，1998）．2) 養護性による育児；ヒトは幼弱者への関心／愛情と世話する力と心をもつ．これは血縁とジェンダーを超える．3) 共同養育；親以外の複数の者が子の育ちに関わるアロケアである（根ヶ山・柏木，2010）．これらが長期多岐にわたるヒトの育児を可能とする．

●**「親をする」ことによるおとなの成長発達**　育児は未熟無能な子の生存／成長のためのものであるが,その役割を担う「親をする」者の成長発達をもたらす（柏木・若松，1994；氏家，1996）．育児という営為が，職業や勉学／研究などいかなる行為にもない多岐にわたる困難な課題だからである．「親になる」が「親をする」ことから降りてしまう（育児放棄にほかならない）こと（日本の男性はその極）は，おとなとしての成熟の機会を放棄したに等しいといえよう．

[柏木惠子]

13. はたらく

13. はたらく

【本章の概説】

　今日，世界規模の社会的・経済的な変化が，働くことにさまざまな面で大きな影響を与えている．日本では青年の高学歴化が進み，仕事に就くタイミングが遅くなった．若年労働者の不安定就労や失業も増大し，学校から仕事への移行が難しくなっている（白井，2008）．成人期には，働き方の多様なスタイルが出現した．転職する人や非正規労働に就く人が多くなった．仕事と家庭など仕事以外の活動のバランスのとり方もさまざまである．さらに，企業の倒産やリストラ，過酷な労働条件を背景に，中年期の人のストレスが大きくなった（厚生労働省，2012）．問題は，青年期から成人期にわたって，個人が好むと好まざるとにかかわらずこうした変化にさらされたり，変化を受け入れなければならないことである．その影響は，心理発達における働くことの意味を変えつつある．

　生涯発達的な観点からキャリア発達の理論を構築したスーパー（Super, D. E.）は，個人のキャリアは，発達の時期によって異なる多くの要素から成り立つことを示した（図1）．キャリア発達を理解するうえで，このモデルの有用さと影響力は今もそのままであるが，新たな視点を追加しなければならなくなった．社会経済的な文脈の影響にこれまで以上に目を向け，個人と文脈の相互作用を強調する必要性が出てきたのである．発達心理学においてはすでに指摘されてきたことであるが，キャリア発達の分野においても発達的文脈主義（Lerner, 2002）の視点から現象を解析し理解することがいよいよ重要になってきた．発達的文脈主義とは，人の発達を，発達しつつある個人と変化し続ける文脈の相互作用の中にとらえる枠組みの総称である．サヴィカス（Savickas, 2002）のキャリア・コンストラクション理論は，スーパーの理論を発達的文脈主義の視点から拡張したものである．この理論は，キャリアとは，個人が自らの職業役割と絶えず相互作用しながら構築されていくものであると考える．そして，文脈と関わりながらみずか

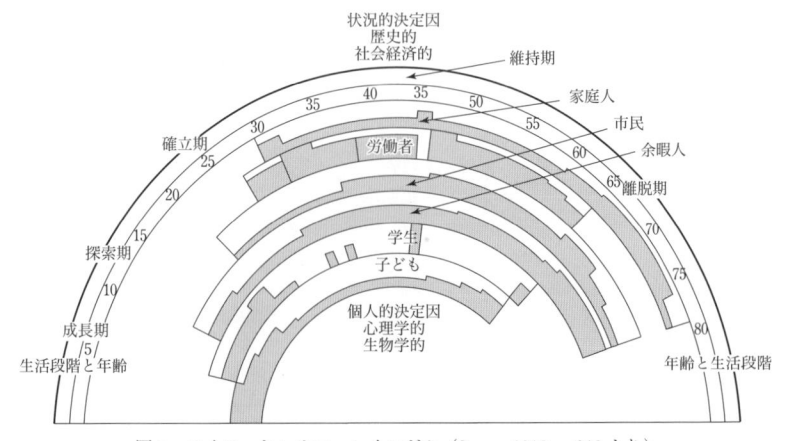

図1　ライフ・キャリア・レインボウ（Super, 1990, p. 212 より）

らのキャリア発達をつくり出す個人の有能さを，適応力（adaptability）として概念化している．もう一つ大事なことは，この構築のプロセス全体が，個人が置かれた環境に埋め込まれ，社会的な期待や制約を受けながら進んでいくと考える点である．スーパーのモデルにおける社会経済的，歴史的な決定因がより強調され，それらと個人の自己概念や役割の間の相互作用を重視した理論であるといえる．

　本章では，この理論を意識しつつ，働くことに関わる心理発達の諸問題を理解するために，三つの項目群を用意した．一つ目は，この分野における基本的な理論と視点である．「進路選択」と「キャリア発達」の項目では，それぞれ古典的な理論を出発点として，最近の理論的な到達点や，働くことを発達心理学的に検討するうえで見落としてはならない新しい視点が提示されている．二つ目は，個人の発達と社会的・経済的文脈の不適合，あるいは新たな適合のあり方から生み出された諸問題である．青年期から成人期への移行期の問題として，「青年期の延長」の現象と「学校から社会への移行」の難しさを取り上げる．また，これらの問題と深く関わる「フリーターとニート」が出現したことを受けて，彼らの特徴を解説する．これらの項目を通して，現代の若者においては，"はたらく"はもはや当たり前の発達課題ではなく，"はたらかない"ことや"はたらけない"ことも含めた複数の道筋の一つとなったことを理解したい．成人期の問題としては，「ワーク・ライフ・バランス」を取り上げた．仕事と家庭のバランスのとり方は，今や女性だけでなく男性にとっても重要な問題である．家庭の中で男性と女性が互いの要求や意見を調整し，ときに葛藤を経験しながらつくり上げるものとなっている．また，成人中期（中年期）に焦点を当て，「働きざかり」の心身の危機の増大やそれに関わる要因を押さえる．これらの項目では，成人期の人たちにとって働くことは心理発達の大きな契機となるが，文脈との間に不適合があれば葛藤や危機を生み出すことを理解したい．三つ目は，個人が心身ともに健康に働くことを支える要因である．「時間的展望」は，青年期にはアイデンティティの感覚を支え，仕事を含めた自分の人生を構想する力となり，成人期にはみずからの生き方を振り返って再構成する作業の中心的な側面となる．「レジャー」は"はたらかない"時間をいかに有意義に過ごすかという問題である．この時間の過ごし方が，"はたらく"ことも含めた生活全体にポジティブなエネルギーを与え，中でも適度に骨の折れるレジャーが有効なようである．「価値観」の項目では，青年期から成人期を通して個人の生き方を支えるさまざまな価値観が紹介される．職業に関する価値観はその中の一つである．価値観は，社会との関係を通して個人の内面に形成されるので，社会の変化と価値観の変化には密接な関わりがあることを理解したい．以上の三つの項目群を通して，働くことと心理発達の関係性だけでなく，それが社会的・経済的な文脈に深く埋め込まれていることを理解してほしい．

[杉村和美]

進路選択

☞「キャリアの挫折」p. 234,「大学生の発達支援」p. 334,「キャリア支援」p. 356

「進路選択」という用語は，利用される文脈，すなわち「進路」という概念にどのような意味を含めるかによって，多様に用いられている．例えば最も広い意味で用いると，どのような場所で，どのような役割を担う人生を送ろうとするのかということを選択，決定するという意味となる．ところが，例えば進学希望の高校生を対象として用いられる場合においては，どのような学部，学科を選ぶか，どの大学を選ぶかといった意味が強くなる．このように多様な意味で用いられる用語のため，文脈に応じた理解が必要な概念である．なお近年では，同様な意味を表現する用語としてキャリア選択も頻繁に用いられている．

●**進路選択に影響する要因** これまで，多くの研究者がこの進路選択に関心を寄せ，能力や興味，パーソナリティなどのさまざまな要因と進路選択の関連が検討されてきた．その成果は，進路指導（キャリア・ガイダンス）において活用されている．例えば各種の興味検査，適性検査は，これらの研究を理論的背景として作成されているものが多い．

また，みずからの進路を決めることができない者の存在も従前より認識されており，なぜ進路を決めることができないのか，難しいのかという，進路不決断の問題に対する研究も行われてきた．これらの研究は，不決断の原因となる要因の一つとして，進路を決めることへの自信の欠如を指摘していた．

テイラーとベッツ（Taylor & Betz, 1983）は，この自信の欠如という点に自己効力感を適用し，進路を決めることへの自信のなさは，進路選択に関わる自己効力感が低いためではないかと仮定した．テイラーらは，このような観点からの研究を進めるために，進路選択に対する自己効力感という概念を設定し，尺度を作成している．その尺度において，測定対象となる行動は，「進路を選択・決定する過程に関連する行動」とかなり広く定義されており，クライツ（Crites, 1965）が示した五つの「職業選択

図1 就職活動への注力の変化（浦上，1997, p. 315 より）

注）矢印間には有意もしくは有意傾向にある差が認められている

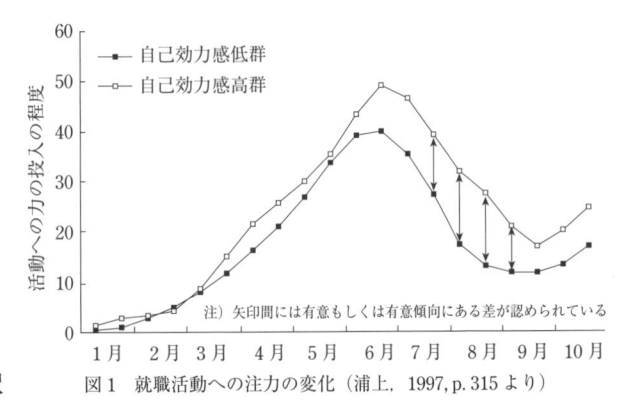

能力（目標選択，自己認識，職業情報の収集，将来設計，課題解決）」を利用し，この五つの要素別に行動が項目化されている．

　この研究では，進路不決断は，進路選択に対する自己効力感と有意な負の関連にあることが見出された．この研究は注目を集め，それ以後の多くの研究を導くことになった．そして後続の研究においても，ほぼ一貫して進路不決断と自己効力感の間には有意な関連があることが示されている．さらに進路選択に対する自己効力感は，実際の進路を決めるための行動の頻度や程度，また活動の持続性などとも関連することが明らかにされている（図1）．

●**進路選択をとらえる新しい視点**　上述の自己効力感を用いた研究はもちろんのこと，従来の進路選択に関する研究の多くは，選択の過程やそれに関連する要因を客観的に探索してきた．なぜなら，ある時点の「何か」が，その後の人生における成功や失敗と関連していることを明らかにできれば，その「何か」を将来の予測要因とみなすことができるからである．そしてこのような知見は，将来の成功に接近するため，もしくは失敗を避けるために，予測要因に働きかけることの妥当性や有用性を提供してくれる．そのためこれらの知見は，進路に関する指導や支援の基盤となってきたのである．

　ところが1980年代あたりから，科学の世界における客観性や予測性に関する考え方が変化してきた．例えばジェラット（Gellatt, H.）は，1962年に進路選択における合理的な意思決定モデルを発表している．ところが，彼が1989年に発表した論文では，「（1962年の研究では）意思決定者にみずからの目的をはっきりと定め，合理的に情報を分析し，結果を予測し，首尾一貫していることを要求した」と回顧しながらも，その後，みずからの考え方を大きく転換したことを述べている．そしてその論文の中で，ジェラットは積極的不確実性という概念を提唱し，「クライエント自身が変化と曖昧さを処理し，不確実性や矛盾を受け入れ，また，考えたり選択したりする際に，無合理性や直観を利用することを援助する」というカウンセリングの方向性を打ち出しているのである．

　さらにクランボルツ（Krumboltz, J.）らは，1999年に，個人の人生はかなりの部分が偶然に起こる予期できないものによって決定されるという前提をもつ，プランド・ハプンスタンス理論を発表している（Mitchell et al., 1999）．人生が偶然に支配されるという考え方は古くからあるが，この考え方をそのまま受け入れると，進路選択に対する支援は意味をなさなくなってしまう．それゆえ従来の研究は，偶然ではなく必然の部分を探究してきたのである．プランド・ハプンスタンス理論の特徴的な点の一つは，偶然に支配されることを認めたうえで，そのような出来事を積極的かつ肯定的に活用しようとするところにある．彼らは，それを活用するために「好奇心」「こだわり」「柔軟性」「楽観性」「リスク・テイキング」の五つのスキルが重要と説いている．

　　　　　　　　　　　　　　　　　　　　　　　　　　　　　　　　　　［浦上昌則］

キャリア発達

☞「キャリアの挫折」p. 234,「キャリア支援」p. 356

　産業革命によって身分や職業の世襲がなくなると，人々は生き方や働き方を自分で選べるようになった．当時，若者の職業指導にたずさわっていたパーソンズ（Parsons, F.）は，彼らが長続きせずに転職を繰り返す原因が，無計画で場当たり的な仕事選びにあることを突き止め，より良い選択をするための手法を考え出した（Parsons, 1909）．

●**特性−因子理論**　パーソンズが考えた職業選択の手法は特性−因子理論とよばれるもので，三つのステップがある．まず，①自分の適性や能力，興味，限界などについて知ること，次に，②世の中にある職業について，必要な資格，条件，給与，将来性，利点や不利な点を知ること，そして③番目に，①と②の関係性を合理的に推論することである．これらのステップを順にふむことにより，限られた資源や時間の中で失敗の少ない選択ができるという．このような考え方は，個人の特性に合った職業を選ぶことがその後の適応につながるというマッチング，すなわち，適材適所の視点に立つもので，「四角い釘は四角い穴へ，丸い釘は丸い穴へ」と表現されている．

●**ライフスパン／ライフスペース・アプローチ**　特性−因子理論は，職業選択を人生で一度きりのイベントであるかのようにとらえていた．この点において，現実のキャリア発達を十分に説明しているとはいえない．これに対して奥行きと横幅をもたせてキャリア発達を考えたのがスーパー（Super, D. E.）のライフスパン／ライフスペース・アプローチである（Super, 1996）．

　ライフスパンとは，キャリアの奥行き，いわば時間軸にあたるもので，成長期（0〜14歳），探索期（15〜24歳），確立期（25〜44歳），維持期（45〜64歳），解放期（65歳〜）という五つの段階に区切られる．幼い頃の模倣遊びに始まり，上昇や安定のときを経て，後進に席をゆずり退職後の生活に備える．このような生涯を通じた一連のプロセスとしてキャリアをとらえている．また，働くことで生活の糧を得る一方で，人々には仕事外の生活があり，この部分が従来の理論ではあまりにも軽視されてきたとスーパーは指摘している．これを補うのがライフスペースで，キャリアに横幅をもたせる考え方である．すなわち，人は働く以外に，家庭人，職業人，市民，余暇人，学習者，子どもなどの役割を担っており，それぞれの役割に対する関与の度合いによって多様なキャリアが形成される．例えば，教師として働いていても，どのような家族をもち，地域での役割を担い，趣味やレジャーに興じるかによって，まったく異なる生き方になるだろう．さらに，仕事で実力を発揮できなかった悔しさを余暇ではらす，子どもの成長を楽しみにし

ながら地域に貢献するなど,役割同士は時に影響を及ぼし合う.このように,ライフスパンとライフスペースのあり方によって人それぞれのキャリアが発達するのである.

●**社会・認知的進路理論**　人は真空状態におかれて職業を選択するのではないとして,社会や環境からの影響を取り入れてキャリア発達を説明するのが社会・認知的進路理論(social cognitive career theory：SCCT)である(Lent et al., 1994).現実世界において,人は自分の興味や関心が向かうままにキャリアを追求していけるものではない.好むと好まざるにかかわらず,能力や素質,養育環境,与えられる教育の水準,景気の動向などから影響を受けるものだ.

図1を用いて,左から流れに沿ってSCCTの考え方を紹介する.例えば,お絵かきが上手な子どもがいるとしよう(個人属性).この子どもに対して,親はクレパスやスケッチブックを与えて能力が伸びるように配慮する(生育環境).そうすると,子どもはたくさんの絵を描き,周囲から評価を受け,絵を描くことに喜びを感じるようになる.つまり,個人がもって生まれた特性と,個人が生まれ育つ環境は,相互に作用しながら,個人に特有の経験をかたちづくるのである(学習経験).こうした経験が,自分は上手に絵を描けるという認知(自己効力),絵を描くことが望ましい結果につながるという予測(結果期待)を高める.さらには,絵を描くのは楽しい,もっと追究したいという(興味)を喚起して,美術学校を受験しようという(目標設定),準備のために勉強するという(行動)を起こし,合格という(パフォーマンス)に到達する.そして,合格したというパフォーマンスは新たな(学習経験)となり,(自己効力)と(結果期待)を書き換え,さらなる興味のへとつながっていく.

こうしたプロセスに,学校の難易度や美術学校の立地,家族からのサポートなどの(背景要因)が直接的,間接的に作用する.現実のキャリア選択は,個人の能力や意思のほかに環境からの影響によって変化する力動的なプロセスといえる.このようにして,キャリア発達の理論は,適材適所の発想にはじまり,時間軸や複数の役割を取り入れたアプローチ,さらには,環境との相互作用により何度も繰り返されるダイナミックなプロセスとして発展してきた.　　　［安達智子］

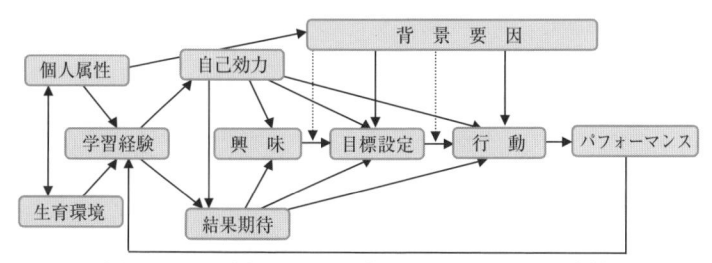

図1　キャリア選択のプロセス(Lent et al., 1994, p. 93 を改変)

青年期の延長

☞「モラトリアム」p. 316,「青年期」p. 418,「おとなになること」p. 432

近年,青年期の終わる年齢（20歳代中頃）になっても心理社会的成熟に達していない者が増加している社会現象を青年期の延長とよぶことがある．ブロス（Blos, 1962/1971）は発達の移行期に際限なくとどまることを引き延ばされた青年期とよんだ．

●**青年期観の変遷**　エリクソン（Erikson, 1959/2011）は青年期の延長を心理社会的モラトリアムで説明した．心理社会的モラトリアムとは,「子どもともおとなともいえるし,どちらでもないともいえる」ような行動でもって役割実験を行い,伝統的な理想とも新しい政治的信念の流れとも結びつくことができる期間とした．そして,それは創造をもたらすが,自己像へのこだわりにとらわれることになるとした．ケニストン（Keniston, 1971/1977）は,1960年代には,10歳代後半になると,経済的自立を別とすれば,性的・知的・政治的には完全なおとなになっており,社会的実験や政治的活動といった異議申し立てに参加できるようになったという．従来のように労働の義務を免れていながら他方で性的に禁欲的な生活を送る青年期とは違っているばかりか,青年期を終わっても経済的自立を果たさないため,青年期とは別の後青年期を提唱した．社会史研究者のギリス（Gillis, 1981/1985）は,青年期の終焉を指摘した．これまでは青年期は精神的に不安定なため,社会から逸脱する者を社会に適応させる時期とみなされてきた．しかし,1960年代になると,学生運動など青年自身による社会への異議申し立てが起こり,大衆文化の普及により今日の成人文化の基礎ができた．性の自由化の動きはそれ以前の家父長制の衰退をもたらした．中産階級の結婚年齢が早まり,労働者階級との差も縮まった．こうして今の青年はかつての青年のような精神的な動揺を示さず,15,16歳までに安定感を身につけたため,精神的に不安定な時期とされてきた青年期は曖昧化し消滅したと述べている．

●**成人形成期**　今日の心理学において,アーネット（Arnett, 2004）は,選挙権の与えられる18歳から,結婚年齢である25歳までを,本人たちが青年ともおとなとも思わない新しい時期であるとし,これを成人形成期と名づけた．この時期は,不安定で,自己に関心が向き,アイデンティティの探求（自分の興味や能力を自覚するために,さまざまな役割を試してみること）が行われる．この時期の探求は,青年期とは違って,職業を実際に試行錯誤しながら現実的な探求を行う．そのことで成人期への移行が多様化し,自分なりのライフコースを多様な選択肢から柔軟に選び取る可能性が高まったとしている．しかし,ヘンドリー（Hendry, L. B.）とクループ（Kloep, M.）は,発達段階による普遍的な概念では個人差の

大きい移行過程のメカニズムは説明できないと批判し，個人が所属する社会階層によってあり方は違うとしている（論争は Arnett et al., 2011 を参照）.

●**青年期の階層化**　チザム（Chisholm, L.）らによると，この 100 年間に，図 1 に示すように，学校に在学する期間は長期化し，入職期は高年齢化したが，若者文化に触れる機会や結婚は低年齢化した（Chisholm & Hurrelmann, 1995）．結婚の低年齢化は，わが国で指摘される晩婚化とは違っているが，欧米では婚外子が増え，10 歳代の出産と子育てが増加している．このように 100 年という長い目でみると，青年期は短くなり，成人期が早まっているといえる．チザムらは，高度産業化社会になって，青年期から成人期への移行のパターンが伝統的な規範的なモデルとは違ってきていることを重視する．成人期への移行の時期は課題ごとに異なっており，青年はそれぞれの課題ごとに自律と責任を獲得していかなければならないが，課題ごとに要請される内容が違うばかりか，その内容が矛盾することもあるため，青年はリスク（危険）も負う．有能かつ社会的資源の豊かな青年にとっては選択や挑戦の幅が広がるが，そうでない青年にとっては失敗する割合が高くなってしまうとチザムらは警告している．

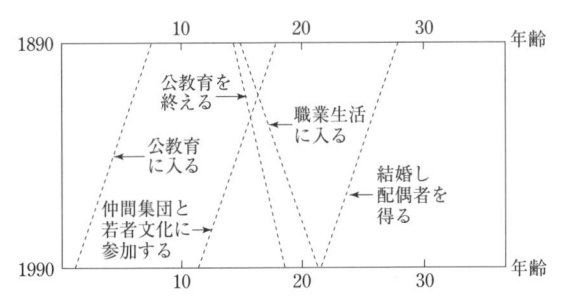

図 1　成人期への状態以降時のタイミングの歴史的比較（Chisholm & Hurrelmann, 1995, p. 134）

●**シティズンシップ**　シティズンシップとは個人と国家との間の権利と義務に関する契約をいう（Jones & Wallace, 1992/2002）．個人が一つの社会の中に生き，その社会のフルメンバーとして認められ，みずからもそう感じ，定められた権利を正当に行使でき，定められた義務を果たすことができることをいう．社会的信頼とは，市民あるいは人間にとって社会が公正であり援助的であり信頼に足るものであるとみなす信念を言う（Flanagan, 2004）．日本でも社会への移行において社会的信頼が必要であることが大規模な調査によって示されている（白井他, 2009）．すべての青年が社会に移行できるような権利の保障が求められる．なお，青年に社会的信頼を育てるには，身近な人からのサポートを受けるだけでなく，自分からサポートを与える経験が必要である．ただし，身近な人たちとの経験だけでは社会的信頼は育たない．自分とは価値観が大きく異なる人たちとの交流や，自分の親ほどに異なる世代とのサポートの授受の経験が社会的信頼をつくりだす．そして，自分の知らない人からもサポートを得られると思ったり，自分が与えると思ったりできるとき，社会的信頼が育ったと考えられる．　　　［白井利明］

学校から仕事への移行

☞「キャリアの挫折」p. 234,
「キャリア支援」p. 356

●**青年期発達からみたときの「学校から仕事への移行」** ジョーンズ（Jones, G.）とウォーレス（Wallace, C.）によれば，おとなになること，あるいは青年期から成人期への発達的移行は，(1) 学校教育の終了，(2) 職業生活の開始，(3) それに伴う親からの経済的自立，(4) 離家，(5) 結婚，(6) 出産，(7) 社会的責任や義務の発生，の七つの条件から説明される（Jones & Wallace, 1992）.「学校から仕事への移行」は，これらの中の (1) と (2) の条件に関わるもので，この移行がうまく成し遂げられないと，成人期以降の生活に少なからず深刻な影響を及ぼすと考えられている（Buchmann, 2011）.

●**教育学・教育社会学からみたときの「学校から仕事への移行」** 日本で，子どもが労働から解放され，学校教育を通して職業を選択し人生を形成するという青年期・学校から仕事への移行が，庶民・農家の子どもにまで浸透して一般化したのは 1960 年代以降のことである（溝上, 2010）. そこでは，学校卒業時における新規学卒者の一括採用，会社独自の OJT（従業員を職務につかせたままで行う職場訓練のこと），Off-JT（従業員を職場から離して一定の場所に集め，訓練スタッフにより講義，セミナー，見学などの方法で集団的な訓練を施すこと）を組み合わせた企業内教育の充実，日本的雇用システム（特に年功序列，終身雇用）などに支えられた日本独自の学校から仕事への移行が構造化されていた.

しかしながら，バブル経済が崩壊し，企業の雇用システムが大きく様変わりし，情報化・グローバル化も急速に進んだ 1990 年代以降，このような学校教育を終えると同時に安定した正規雇用へと移行する構造が大きく崩れてしまった. こうして，社会にとって学校とは何か，学校と仕事とをどのようにつなげるのか（教育の職業レリバンス）という学校から仕事への移行が，教育学者・教育社会学者によって次々と議論されるようになった（例えば，本田, 2005a, 2005b；乾, 2010；竹内・高生, 2002）.

●**学校から仕事への移行に関する心理学研究** 主たる研究関心を 3 点紹介する. 第 1 に，初期キャリアの発達研究である. これまでの日本では，最初に就職した職を辞めない，転職しないことが一般視されてきたが，この 10 年の「7・5・3」（中学生・高校生・大学生が卒業して就職後三年以内に離職する割合をさす）の議論にみられるように（大久保編, 2002；谷茂岡, 2000），就職者の初期キャリア，職場への初期適応が難しくなっている.

日本の多くの初期キャリアの研究は，必ずしも学校から仕事への移行のテーマの下でなされているものではないが，ヨーロッパでは学校卒業後おおよそ 5

年以内にその後の人生につながる職にしっかりつければ，学校から仕事への移行が果たせたことになる，という見方で初期キャリアの研究が進められている（Buchmann, 2011）．

　第2に，「成人形成期」の研究である．学校から仕事への移行だけに焦点があたっているわけではないが，学校教育を受ける期間が長期化していること，長引く親への経済的依存や晩婚化などをもって，青年期が長期化していることは，1960年代から提示されていた（Denney, 1963；Keniston, 1968；宮本，2002, 2004）．しかし，近年アーネット（Arnett, 2004, 2009）は，それを青年期の長期化とみなすのではなく，成人期に移行していく形成期，すなわち，「成人形成期」という新たな発達期（Arnett, 2010）が青年期と成人期との間にあるとみなして理論化を進めている．

　しかしながら，成人形成期はあくまで世界規模における高等教育への進学率の高まり，経済構造や就職難との関連で発生している問題であり，青年期それ自体の特徴や構造が変化していることを示すものではない．新しい発達期の誕生のようなかたちで理解すべきではないという批判も提示されている（Côté & Bynner, 2008）．

　第3に，アイデンティティ資本の研究である．上述してきた社会の進展は，多かれ少なかれギデンズ（Giddens, A.）やベック（Beck, U.）が述べる後期近代の再帰的社会論（Giddens, 1991；Beck et al., 1994）と密接に関係している．後期近代の社会とは，人々の生（生活や人生）に対する社会の制度や構造の求心性が落ち，もはや人々はライフコース（青年においては職業選択や人生形成）を個人的・脱標準的な基準のもとで形成しなければならなくなっている状況をさす．

　このような社会状況は複数化・断片化・流動化を特徴としており（溝上，2008），青年はたとえアイデンティティ（自己定義の連続的・斉一的感覚）を確立しても，そのアイデンティティはすぐさま通用しなくなる可能性が高いと考えられている．また，さまざまな価値や立場の異なる他者やコミュニティに普遍的に通用するものでもないとも考えられている．

　コテ（Côté, J. E.）によれば，そのような中で求められるのは，アイデンティティをさまざまな形でたえず可変的にマネジメントしていくこと，そのようなマネジメントを行う主体を鍛えていくことである（Côté, 1996, 2002）．青年期あるいは学校教育期間にそのような主体をしっかり育てることが仕事やおとな社会への移行に有効であり，その労力や時間への投資が仕事やおとな社会への移行後にさまざまな形で（例えば，仕事の成功，人生の満足など）見返りがあると考える（＝アイデンティティ資本）．彼はこのようなアイデンティティ資本を，人的資本，社会関係資本とともに「アイデンティティ資本モデル」としてモデル化し，学校から仕事への移行の構造を検討している．

［溝上慎一］

フリーターとニート

☞「キャリア支援」p. 356,
「ひきこもり」p. 380

　フリーターとニートはどちらも若者の不安定な就労形態の一つとして，並べて表記され，論じられることが多い．しかし，その特徴は大きく異なる．

　まず，フリーターはどのような若者をフリーターと考えるかによって定義が異なる．例えば，よく知られた定義として厚生労働省によるものと内閣府によるものがある．しかし，性別によって異なる定義を行っている（厚生労働省），若年失業者を含めている（内閣府）など，異なる視点から定義しているため複雑である．むしろ，「フリーター」といった場合に概して世間一般がイメージする対象層を網羅するものとしては，白井ら（2009）の「15歳〜34歳のパート・アルバイトとして働く者を総じてフリーターとよび，結婚しているかどうかを問わない」とする定義が妥当である．

　一方，ニートの定義は名前の由来ともなっているとおり，学校に通っておらず，働いておらず，訓練も受けていない若者（Not in Education, Employment or Training）である．こちらは，どのような若者を含めるかという定義上の揺れはなく，むしろ「○○でない」という否定的な形で定義されるのが特徴である．

●**フリーターとニートの全般的な特徴**　フリーターは，1990年代後半から注目され始めたが，雇用の非正規化の流れを受けて200万人を超えた．2003年に最大の213万人を数えた後，少子化，景気回復，派遣労働の拡大などによってフリーターは減少したが，雇用環境のさらなる悪化により，2008年以降，再び増加に

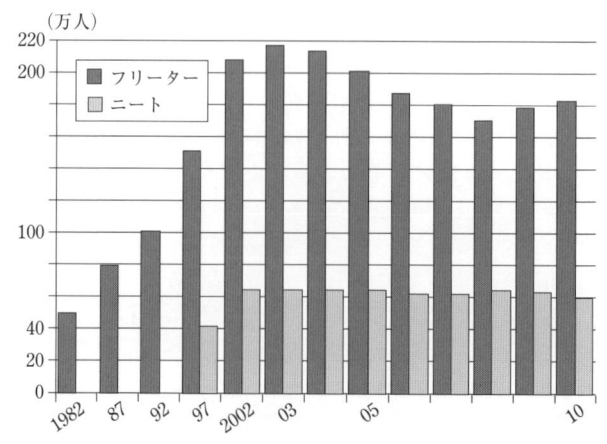

図1　フリーターとニートの人数の推移（厚生労働省「労働経済白書」より）

転じている.このようにフリーターの数は,世の中のさまざまな環境要因によって変化しやすく,その意味でフリーターは社会の動向に応じて変転する存在である(図1).

一方,ニートはその数の推計が始まってから60万人前後と一定している.フリーターとは異なり,一定数の青年が必ずニートの状態になる.その意味では,ニートは青年に普遍的・一般的な現象であるというとらえ方ができる.

なお,一定数の若者が必ずニート状態になるという点に着目して,その背景に心理学的な問題を想定し,ひきこもりと関連づけて論じることも多い.ニートとひきこもりを同じカテゴリーで論じることに批判もあるが,どちらも,①半数以上が就労経験がある,②学校時代に少なからず不登校経験がある,③ニートの約半数がひきこもりを経験している,などの点で共通している.ニートの約半数以上に就労経験があることから,何らかの形で学校から職業への移行に失敗した後,一定期間ニートの状態を続けた結果,ひきこもりとして問題が表面化するととらえることができよう.

●フリーターとニートの心理的な特徴　フリーターの職業意識の特徴として,「やりたいこと」志向が,初期の研究から最近に至るまで一貫して指摘されてきた.フリーターの「やりたいこと」志向とは,フリーターがみずからの職業意識や職業志向を語る際に「やりたいこと」に言及する傾向が高いことを示す概念である(下村,2002).例えば,フリーター97人に対する面接調査では,フリーターの約4割以上が「やりたいこと」という語句を用いて発言していた.また,フリーターと非フリーターの意識を比較した結果でも「やりたい仕事なら正社員でもフリーターでもこだわらない」(フリーター77.4%,非フリーター54.8%,「そう思う」+「ややそう思う」の割合)と「やりたいこと」を重視する傾向がみられた.この「やりたいこと」志向にみられるように,「やりたいことをやりたい」という刹那的・享楽的な意識はやはりフリーターに濃厚にみられる意識である.

一方,ニートの職業意識の最も大きな特徴は,自尊感情の低さに象徴的に現れる.23〜27歳までの若者5,576名を対象に自尊感情を測定した結果,「無業で何もしていない」ニートは,明らかにそのほかの若者よりも自尊感情が低かった(下村,2012).ニートの職業意識の特徴はこの結果に象徴されており,自尊感情の低さが日常生活におけるあらゆる自信のなさや不全感・不適応感に結びついている.ただし,ニートに至るプロセスとしては,疾病やケガが原因である場合も多い.心身面での失調により,長期の休業・休養せざるを得なくなったために,就労に対する意欲が減退し,結果的にニート状態になっているというプロセスがある.

なお,フリーター・ニートは若年者の働き方としてかなり広がっているという誤解があるが,フリーターは同年代の10〜20%程度,ニートは数%を占めるにすぎず,必ずしも多数派の働き方ではない点には注意したい.

[下村英雄]

ワーク・ライフ・バランス

☞「中年の危機」p. 178,
「レジャー」p. 306,
「ジェンダー」p. 448

　ワーク・ライフ・バランスとは,仕事と生活（家庭生活,余暇活動,地域活動など）との調和を保つことを意味する.わが国においては,2007年にワーク・ライフ・バランス推進官民トップ会議において憲章と行動指針が示され,国,地方公共団体,産業界によって,その実現がめざされている.

　その背景には,働き方（過労,非正規労働）の改革,男女共同参画の実現,女性の労働率や出生率の向上という課題がある.加えて,個人が"男は仕事,女は家庭"という性別役割分業に賛成する意識から,性別にかかわらず"仕事も家庭も"にかかわろうとする意識へ移行しているという流れも,ワーク・ライフ・バランスの機運を高めている.その一方で,職場や家庭,地域においては性別役割分業やジェンダー・ステレオタイプに基づいた風土が残っており,それがワーク・ライフ・バランスの実現をはばんでいる.

●**女性と男性の役割,関係性**　性別役割分業は,高度経済成長の時代には効率的に働いたり子育てができるという効果がある程度認められていたが,その反面,性別にとらわれて個性が軽視されるという問題があった.家庭内においては,働いてかせぐ男性が心理的にも勢力をもち（"誰のおかげで食べられていると思っているんだ"という発言に代表される）,女性が不自由な状態におかれやすくなる.また家族間で相手を思いやるという情緒的ケアについても,女性による男性へのケアの方が,男性による女性へのケアよりも多いという非対称的な関係がみられている（平山,2002）.これらは,男性は自立的・競争的・行動的であり,女性は依存的・協調的・情緒的であるといったジェンダーによるステレオタイプの影響を反映したものともいえる.

　このような男女間の不均衡で非対称的な関係性は,男女が共働き生活をするとある程度均衡で対称的な関係性に近づくが,家事・育児は女性の方がほとんど担うなど,根強く残る部分もある.

　それに対し岡本（2002）は,成人の生涯発達のために重要なのは,個としての自立と,他者との関係でケアしたり支えあう共生の両方であるとし,これは性別によって異なるものではないと指摘している.キャリア理論においても,複数役割のキャリアを統合することは成人にとって重要な課題であると位置づけられており,そのためには男女の共同と共生,広い視野をもち多様性を認めることなどが必要であると提言されている（Hansen, 1997）.

　したがってワーク・ライフ・バランスを実現するためには,男女間の質的な差異をいかに共生的な関係につなげるかについて,議論を進めていくことが重要で

あろう．

●**仕事役割と家庭役割の両立**　ワーク・ライフ・バランスを実現しようとするとき，特に仕事役割と家庭役割を両立するのが難しい場合がある．これをワーク・ファミリー・コンフリクトとよび，グリーンハウスとビュッテル（Greenhaus & Beutell, 1985）によって，「役割間葛藤（Kahn et al., 1964）の一形態であり，仕事役割からの圧力と家庭役割からの圧力が矛盾するときに生じる葛藤である」と定義されている．ワーク・ファミリー・コンフリクトには，「仕事→家庭葛藤（仕事からの圧力が家庭での達成を阻害する葛藤．例えば，仕事で時間がとられて子どもの世話ができない，仕事で疲れてしまって家事がおろそかになってしまう，といった葛藤）」と「家庭→仕事葛藤（家庭からの圧力が仕事での達成を阻害する葛藤．例えば，子どもが病気になって重要な仕事を休まなければならない，家事のために思いどおりに仕事で力を発揮できない，といった葛藤）」の二つの方向性がある．

このワーク・ファミリー・コンフリクトは，仕事領域での要因（職務ストレッサー，勤務時間，仕事関与など）と家庭領域での要因（家事遂行度，子どもの数と年齢，家庭関与など），および個人の要因（ジェンダーなどの属性）によって発生し，その発生は仕事や家庭での不満足感をもたらすだけでなく，生活全般の満足感や心身の健康にもネガティブな影響を及ぼすことがわかっている（図1）．したがってワーク・ファミリー・コンフリクトへの対応として，サポートを得たり，効果的に対処することが重要である（加藤，2010）．

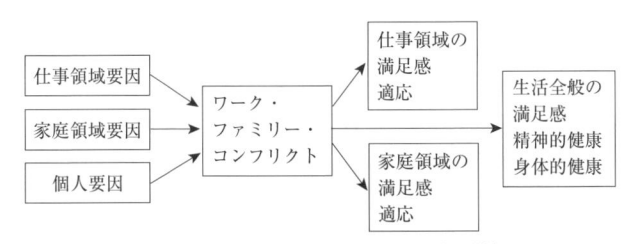

図1　ワーク・ファミリー・コンフリクトの発生・影響プロセス
（Eby et al., 2005 などを参考に作成）

このような研究の一方で，2000年代からは欧米を中心に，仕事と家庭を両立することによって起こる充実感やポジティブな影響をとらえようと，ワーク・ファミリー・ファシリテーションという概念が示され，研究が進んできている（Frone, 2002）．例えば，家族の存在や応援によって仕事にやりがいがもてたり，仕事での報酬によって家庭生活を充実させられるといったことが含まれる．これらの研究は，ワーク・ライフ・バランスの積極的な意義に寄与することから，今後の展開が期待される．

［加藤容子］

働きざかり

☞「中年の危機」p. 178,「失業・リストラ」p. 492,「自殺・死別」p. 504

　働きざかりとは，気力・体力ともに充実し，一生の中で最も盛んに仕事ができる年代をさす．年齢の幅は，時代や地域，社会背景によって異なるが，現代の日本社会では，おおむね30歳代半ばから50歳代半ばまでがイメージされる．発達心理学的には中高年期あるいは壮年期にあたる．

●**現代日本の働きざかりの実態**　多くの労働者は，就職後，経験を重ねる中で仕事や職場に慣れ，仕事に対する自信を感じ始める．次第に，より責任のある仕事を任されるようになり，実務面で職場において中心的な役割を担う．通常，この頃から働きざかりといわれ，仕事に生きがいややりがいを感じるようになる．

　一方で，実働業務を担うことが多い30歳代は，量的にもハードな労働を求められる．また，40・50歳代は管理職として質的にはいちだんと責任の重い業務の遂行を期待されることも多くなる．働きざかりの人々は仕事や組織へのコミットメントが否応なく高まり，中にはその結果，長時間労働が常態化する人もいる．

　日本の高度経済成長を支えてきたのは，このような働きざかりによる長時間労働であった．1900年代半ば以降は，雇用形態の多様化やワーク・ライフ・バランスの推奨といった社会情勢の変化の中で，所定外労働時間はいったん漸減傾向になったものの，ここ20年はほぼ横ばいである（厚生労働省，2012）．また，諸外国と比べると，日本は依然として長時間労働者の割合も高い．平成不況時にリストラなどによって人員が削減された結果，職場は少数精鋭で仕事をすることとなったため，労働者一人ひとりにかかる仕事の負担はむしろ高まっている．さらに，不況によって，所定外労働分の賃金増加を見込んで働く労働者や，非正規雇用で働かざるを得ない労働者も増えており，働きざかりの労働状況も一段と厳しさを増している．

●**働きざかりのストレス**　働きざかりの中心的な年代である中高年期は，上述のような仕事の量的・質的な負荷以外にも多くのストレスにさらされる．その一つが，職場の人間関係である．働きざかりの多くは中間管理職として上司，部下との間の調整役を担うため，高いストレス状況に置かれる．また，キャリアの一環として，配置転換や転勤，出向といった勤務上の変化や，昇進昇格など人事面での変化を経験することもある．時として，望まざる異動や転籍，人事面での上昇停止や降格，中には早期退職の勧奨やリストラによる解雇も起こる．事実，平成不況時のリストラの対象の多くは働きざかりの中高年者であった．2007年の調査によると，労働者の約6割が仕事や職業生活でストレスを感じており，中でも30歳代（62.6％）・40歳代（63.1％）の働きざかりのストレスが最も高いことが

明らかとなっている（厚生労働省，2008）．

さらに，働きざかりの人々には家庭をもつ人も多く，家庭生活における責任も大きい．子どもの育児や親の介護など家庭へのコミットメントを求められる一方で，家族を経済的に養うためにも仕事や組織へのコミットも高めなくてはならない．したがって，働きざかりの人々にとってワーク・ライフ・バランスが大きな課題となる．

●**働きざかりの危機** 働きざかりの人々は，生物学的にも，加齢に伴う病気や疾患のリスクが高まる年代にある．さらに，上述のような長時間労働がワーカホリックやバーンアウト，過労死につながることもある．また，仕事による不規則な生活や運動不足による生活習慣病の罹患など，疾患や死亡のリスクもいっそう高まる．過労死の指標ともなっている脳血管疾患や心臓疾患による労災補償の請求件数は近年増加傾向にあり，請求件数，支給決定件数ともに50歳代，40歳代が多い（厚生労働省，2011a）．また，仕事のストレスによる精神障害などの年齢別請求，決定および支給決定件数では，ともに30歳代，40歳代が多い（厚生労働省，2011a）．さらに，自殺統計においても50歳代を中心とする中高年男性の自殺率が最も高くなっている（図1，厚生労働省，2011b）．これらのデータは，いずれも働きざかりのストレスや心身の健康のリスクの高さを示唆するものであり，働きざかりという職業人生の峠における成熟と危機は表裏一体の関係にあるといえよう．

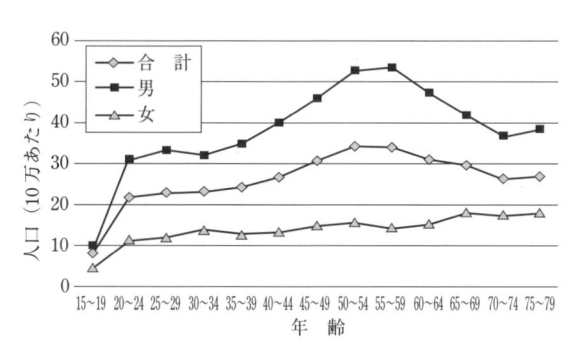

図1 年齢階級別にみた自殺率（人口10万対）（厚生労働省，2011bをもとに作成）

●**働きざかりの発達的布置** 働きざかりは，個人の人生の中で最も仕事が充実する成熟期にあたるが，会社や家庭という組織においても中心的な役割を担う重要な世代である．それは，働きざかりの世代が，日本の産業や行政を牽引し国を支える世代であることを意味する．つまり，働きざかりは個人の発達的視点においてだけでなく，組織や社会の発達と成熟においてもきわめて重要な役割を担っているといえよう．彼らが負っているリスクは，個人だけでなく組織や社会にも関わることから，働きざかりの人々には，心身ともに健康で充実した生活を送ることが強く求められるのである．

［髙橋美保］

時間的展望

☞「ライフストーリー」p. 20,「時間」p. 114

　1929年10月，ニューヨーク株式市場において株価が大暴落し，世界的な大恐慌が生じた．世界中で多くの労働者が職を失い，路頭に迷った．イスラエリ（Israeli, N.）は，失業中の若者を対象に，イングランドとスコットランドで調査を行い，彼らが精神病患者と同じぐらいに将来を悲観的に展望していることを明らかにした（Israeli, 1935）．これが時間的展望についての実証的研究の始まりである．このように時間的展望研究は，社会的現実と深い関わりをもちながら誕生したのである．

●**時間的展望の概念**　その後，レヴィン（Lewin, K.）は，時間的展望を場の理論の中に位置づけた（Lewin, 1936）．個人の生活空間には，その人が現在の状況であると考えているものだけでなく，現在・過去・未来のすべてが含み込まれているのである（Lewin, 1948/1954）．

　レヴィンは，時間的展望を「ある一定の時点における個人の心理学的過去と未来についての見解の総体」と定義した（Lewin, 1951/1979）．フランク（Frank, L. K.）によれば，現在と過去と未来との関係は，次のようにとらえることができる．時間的展望は，過去の経験によって生み出される．過去の経験は，出来事が生じる連続性についての期待や認識・知識をつくり出す．未来は現在を決定し，現在は過去をコントロールする．それと同時に，過去は未来を創造し，未来における価値を現在に課すのである（Frank, 1939）．

　このように時間的展望は，今ここには存在しない過去や未来を表象することによって成立する．そうして表象された過去や未来は，私たちの人生を導くものとなる．この点に関して，白井（2001）は，次のように述べている．「現在の視点から過去は問い直され，過去を意味づけることによって未来が構想される．構想された未来は，現在を方向づけるものとして機能する．」大恐慌による失業で職業生活という未来を絶たれた若者には，過去に退くか，現在に閉じこもるかしか道は残されていなかったのである．

●**時間的展望の発達**　生まれて間もない赤ん坊は，周囲の他者と自己との境界も曖昧であり，今ここに生きる存在である．おとなから働きかけられ，社会的に育てられることによって赤ん坊は成長していく．乳児期は，後に発達する時間的展望の大切な基盤を形作る時期である．第一は，乳児期に獲得される言語の発達である．私たちは言語の働きによって，今ここから離れた世界へと飛躍することができる．第二は，希望の発達である．エリクソン（Erikson, E. H.）は，乳児期の心理社会的な課題として，基本的信頼対不信をあげている（Erikson,

1982/1989).赤ん坊はおとなからの世話を受けることによって,周囲の人間に対する信頼感に加えて,自分自身に対する信頼感を養っていく.このプロセスを通じて,赤ん坊は希望という人格的な力をみずからのものとしていくのである.

岩淵(1968)によれば,2歳半頃から「キョウ」「アシタ」「キノウ」ということばの意味と使用が次第に分化していく.次第に,一つの出来事は別の出来事との関係において配列され位置づけられるようになり,時間的な性質を帯びていくのである.7〜9歳頃には,時間や空間の系列化が発達していく(近藤,1989).9〜10歳の発達の節を超えると,子どもは自分の未来について子どもなりの見通しをもち,計画的・目的意識的に行動することが少しずつできるようになっていくのである(加藤,1987).

その一方で,都筑(2008)が横断的データと縦断的データの両方の分析から明らかにしたように,小学4年生から中学3年生にかけて,将来への希望は学年とともに低下していく.このことは,次の二つのことを意味していると考えられる.第一は,現代日本社会における経済的不況や社会的混迷の状況が,小学生や中学生が自分の未来の明るい展望をもちにくい要因として大きな影響力をもっているということである.第二は,児童期から青年期にかけての認識能力の発達によって,より客観的・現実的に自分自身を省みることができるようになった結果だということである.

子どもは,小学校・中学校・高校・大学という学校階梯を順々に経ながら大きくなっていく.それぞれの学校移行のプロセスにおいて,自分の過去を振り返り,自分の未来を思い描きながら,進路を選択していく.そのような学校移行は,あるときには成長・発達にとってのピンチとなり,またあるときにはチャンスになる.縦断的調査の結果によれば,学校移行にともなって新しい環境の中で従来とは異なった友人関係を構築できた子どもにおいては,時間的展望が肯定的な方向に変化し,自分の将来への希望が強くなっていくことが明らかになっている(都筑,2008,2009).

図1に示したのは,時間的展望とアイデンティティとの関連である(都筑,1999).私たちは,過去の自分を思い出し,それを再解釈したり,再定義したりしながら,未来の自分の姿を思い浮かべて,期待や希望を膨らませる.そうした時間的展望の働きに支えられて,現在・過去・未来の自分が統合的にとらえられ,アイデンティティが形成されていくのである.　　　[都筑 学]

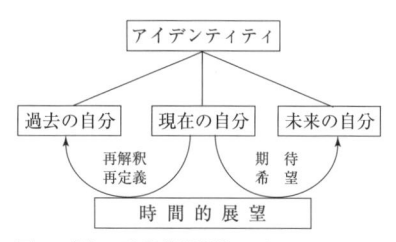

図1　青年の時間的展望とアイデンティティとの関連についての仮説的図式(都筑,1999, p. 181)

レジャー

☞「高齢者の社会的適応」p. 182

レジャーは通常，客観的には仕事や家事などの義務から解放される時間をさすが，経験の特質，主観的側面を重視して定義する立場もある．いずれにせよライフスタイルの重要な構成要素でありクオリティオブライフに大きな影響を与える．

●**レジャーの意義**　ニューリンガー（Neulinger, J.）はレジャーパラダイムとよぶ類型学を発展させた（Neulinger, 1974）．これは認知された自由の次元と内発的動機づけの次元を交差させたものである（表 1）．認知された自由とは「しなければならない」からやるのか，「やりたい」からやるのかの違いといえる．それによれば，認知された自由が最も重要な次元で自由があればレジャー，なければ非レジャーとなる．次に内発的動機づけの次元とは参加への報酬を活動に従事していること自体から得るのか，活動外のお金や賞などから得るのかの違いである．そして認知された自由があり内発的に動機づけられている場合を純粋なレジャー，その正反対の極の選択の自由がなく外発的に動機づけられている場合が純粋な労働とした．

一方，二つの次元が矛盾する，選択の自由がないけれども内発的に動機づけられている場合が純粋な仕事で，外発的な動機づけで動いているが自由な選択がなされている場合がレジャー労働とよばれるものである．そして高齢者を対象にしたマンネル（Mannell, R. C.）らの研究ではレジャー労働に相当する活動をしている場合の方が純粋なレジャー活動をしている場合よりも頻繁にフローを経験し，より多くの楽しさを経験していた（Mannell, 1993）．これは純粋なレジャーの多くはテレビを見るとか音楽を聴くといった消極的レジャーであったのに対して，レジャー労働の多くは趣味やボランティア，孫の世話や孫と遊ぶことといったより骨の折れるものであったことに関係しているという．アイソ-アホラ（Iso-Ahola, S. E.）は追求対逃避にレジャー行動を分類している（Iso-Ahola, 1982）．つまり，人は心理的な満足を追求しようとレジャー活動に参加することがあるが，一方では平凡な日常から逃避するため，あるいは日常のストレスから逃避するためにレジャー活動をすることもある．

レジャーが人々にとってのウェルビーイングにどのように有益となり

表1　ニューリンガーの「レジャー・パラダイム」

認知された自由	動機づけの	
	外発的	内発的
制約	純粋な労働 (Pure Job)	純粋な仕事 (Pure Work)
自由	レジャー労働 (Leisure Job)	純粋なレジャー (Pure Leisure)

（速水敏彦監訳, レジャーの社会心理学, 2004, p. 108 より）

得るかの説明として「多忙維持」理論がある．これはレジャーは自由な時間が多すぎる人を忙しくさせるから幸福感を感じさせるというものである．快-リクラリセーション-愉快理論は人はレジャーに楽しい，うれしい経験を求めるのでクオリティオブライフを高めるというものである．欲求-補償理論は人は幸福感に満ちた生活をするためには多様な欲求を定期的に満たさせねばならない，しかし，現実には欲求を充足できないことが多い．レジャーはその満たされなかった欲求を満たす，あるいは補償することで心理的ウェルビーイングに寄与するとしている．レジャー活動参加に関しては身体面での制限（麻痺），環境面での制限（アクセス条件の悪さ），社会的な面での制限（他者の態度）といったさまざまなコンストレイント（制限）もある．これに対してテクノロジー（車椅子），制度の改正（アクセス面でより優れた建物を設計，建設する）などによってコンストレイントをうまく処理しアフォーダンス（促進的状況）をつくり出す必要がある．

●**レジャーと発達**　レジャー行動や活動のタイプは発達とともに変化する．その発達は年齢により規定された規範の影響，歴史・文化により規定された規範の影響，規範に左右されないライフイベントの三つの影響を含んでいる．

　一般にレジャー活動全般の活動レベルは加齢とともに低下する．特に屋外での活動や身体的努力を要する活動はその傾向が強い．しかし，室内での活動，室内装飾や料理などは例外的に年齢が高いほど参加の頻度が多くなる．またレジャーの種類の多さ，レジャー・レパートリーに関しては子どもや青年はレジャーに関する視野を広げていき，成人前期から成人中期にかけてレジャーレパートリーが頂点に達し，それ以後減衰するという曲線的パターンを示す．それはレジャーを通して新しい経験を追求しようとする傾向，つまり新奇なレジャーを追求しようとする傾向がライフステージでいえば児童期・成人期でピークに達し，やがて衰退することと関係していよう．他方レジャーを通して慣れ親しんだ活動を追求しようとする傾向，つまりすでに経験したことのあるレジャーを実行する傾向は乳幼児期に多いが児童期・成人期でいったん減少し，定年退職期で再び増大する（Iso-Ahola, 1980）．

　高齢期にいかにレジャーが貢献するかのサクセスフル・エイジングに関して三つの理論が提唱されている．活動理論では，人々は自身が維持することができる活動性レベルに比例して幸福で満足でいられると考える．離脱理論は，人生の終わりになると人は自発的に他者やそれまでの活動パターンから離れていくようになり，活動を縮小した方が心の平静や幸せがもたらされるとする．もう一つが継続理論で，長年にわたる生活で培い維持してきた活動と人間関係がウェルビーイングや統合感に寄与すると考える．上述のような個人の発達だけでなく文化的変革，社会的結束にレジャーは価値あるリソースであるという見方もあり，これはレジャーによる社会化といえる．

［速水敏彦］

価値観

☞「アイデンティティ」p. 430,
「おとなになること」p. 432

　価値あるいは価値観については，経済学，社会学，文化人類学，心理学などで科学的な研究が行われてきた．価値と価値観の区別は明確ではなく，アメリカの文化人類学者ボック（Bock, P. K.）は，価値とは「ある社会集団の成員たちが，はっきりと，あるいは暗黙のうちに受け入れている，そしてそのために，集団成員の行動に影響を与える理想」としている．一方，リントン（Linton, R.）は価値を「一連の状況に共通して存在し，個人の内面的反応をよび起こし得るすべての要素」，また態度を「そのような要素によってよび起こされる内面的反応」と位置づけて，両者は一つの刺激反応の総合体「価値＝態度体系」であるとした．

　ロキーチ（Rokeach, M.）は，価値を最終目標価値と道具的価値とに分ける．価値は人が自己を組織したり，どこでも活発に動いたり，他者と関係づける際に用いる基準となる．そのうち最終目標価値は，快適な人生，平和な世界，家族の安全といった目標あるいは最終的な存在の状態を意味し，道具的価値は，熱心さ，敏感さ，自己統制する能力といった最終目標価値を手にするための手段あるいは行為の様式を意味している．ロキーチは価値を態度や個人的信念あるいは社会的信念，興味といった類似概念とは区別している．

　個々の対象がもっている価値について，個人は肯定的あるいは否定的な評価を加えるが，それを価値観として区別する考え方もある．そして対象を特定することによって例えば，勤労観，人生観，社会観，労働観などについての詳細な検討を加えることが可能になる．

●**青年の価値観**　青年期は自分の生き方を構築する時期である．シュプランガー（Spranger, E.）は青年期を「自己発見」の時期と特徴づけ，エリクソン（Erikson, E. H.）は青年期の主要な発達課題として「自我同一性の確立」をあげている．特にエリクソンは，さまざまな役割における自分らしさの総合体としての同一性に注目しており，中でも仕事上の役割を通しての自己確立が重要な意味をもつと考えている．

　職業に関わる自己概念については，スーパー（Super, D. E.）が有名である．青年期までに，自己の適性を吟味し，どのような職業に興味をもつか，職業体験を通じて職業に何を求めるかを明らかにすることが大切であるとされている．

　社会に対する価値観としては社会観や社会的態度の視点が重要である．社会的態度についての研究（久世，1985）では，青年期の社会的態度を保守的，革新的，大衆社会的態度の視点から調査し，1970年代以降の青年の社会的態度が私生活主義的態度の傾向が強くなっていることを指摘した．この傾向は，日本人の国民

性調査における理想の生き方の結果（図1）とも通ずるところがあり，青年個人と社会との関係に変化が表れていることをうかがわせる．

● **労働価値**　ブラウン（Brown, D.）は，労働価値を職業労働の結果として満たされると信じている価値と定義している．

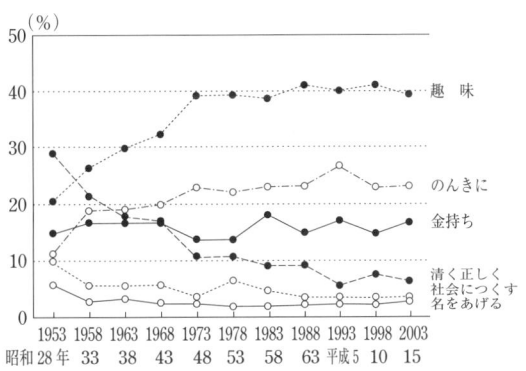

図1　日本人の国民性調査における「くらし方」の推移
（坂元, 2005, p.10）

労働価値の具体的内容として職業志向を取り上げる．若林ら（1983）は，職業志向を職務挑戦志向性・人間関係志向性・労働条件志向性の三つの側面からとらえた．職務挑戦志向性は，職業を通して自己実現・自己成長を目指す機会のあることを求める傾向である．人間関係志向性は，職場の人間関係がよいことや同僚とのよい雰囲気を求める傾向のことである．労働条件志向性は，厚生施設が充実していること，給料がよいことなど，職場の環境を求める傾向をさしている．志向性の違いが女子短大生の職業選択にどう影響するかを検討した結果，保育士や看護師を目指す学生は職務挑戦志向性が強いが，人文系学科に所属する学生は労働条件志向性が強いことが明らかにされた．

成人期の労働価値観を考えるうえでは，シャイン（Schein, E. H.）のキャリアアンカーの考え方が有効である．キャリアアンカーとは，職業生活を通して職業人としての自己概念のコアになる事柄であり，次の八つが構想されている．すなわち，専門・職能別コンピタンス（専門家であることを自覚して満足のいく職業生活を送りたい），全般管理コンピタンス（組織の段階を上り，責任ある地位に就きたい），自律・独立（どんな仕事に従事しているときでも自分のやり方，自分のペース，自分の納得する仕事の標準を優先させたい），保障・安定（安全で確実と感じられ，将来の出来事を予測することができ，ゆったりとした気持ちで仕事ができるキャリアを送りたい），起業家的創造性（新しい製品やサービスを開発したり，新しい組織をつくったり，新しい事業を起こしたい），奉仕・社会貢献（自分の中心的価値観を仕事の中で具体化したい），純粋な挑戦（何事にもあるいは誰にでも打ち勝って成功したい），生活様式（生き方全般のバランスと調和のとれた生活をしたい）である．どのアンカーが重視されるかは，職業生活を経験する中で明確にされ，再就職や転職する際に重要な手掛かりとして機能する．

［後藤宗理］

14. なやむ

【本章の概説】

　悩むという行為を，発達心理学においてどのように理解することができるだろうか．本章では，二つの見方を提示したい．一つめは，生涯にわたる発達段階のそれぞれに特有の課題や危機があり，人はときにそれらをうまく乗り越えたり解決することができずに，思い苦しむことがあるという見方である．この見方の基盤となるのは，エリクソン（Erikson, E. H.）による個体発達分化の図式である（本章 p. 319 表 1）．彼の理論は，人の生涯発達を理解するための有効な枠組みであり，乳児期から老年期までのそれぞれの発達期に生じる心理・社会的危機を示している．この枠組みからみると，人生の各時期には人が抱えやすい悩みがあり，人はそれを経験し解決することによって，自分と世界の間に新たな調和を見出すといえる．したがって，この見方は，悩みを通して心が成長することも示唆している．本章では，こうした見方から悩むことを理解するために，「同一性の危機」「モラトリアム」「自我の強さ」という項目を設定した．これらの項目は，主に青年期に焦点を当てて，"なやむ"ことの主体的で積極的な面を強調している．

　二つめは，生物学的，心理的，文脈的なプロセスが交差するところに悩みが生じるという見方である．発達それ自体が，まさにこの三つのプロセスの絡み合いによって進展するものである．これらがうまく噛み合っているときには，発達の

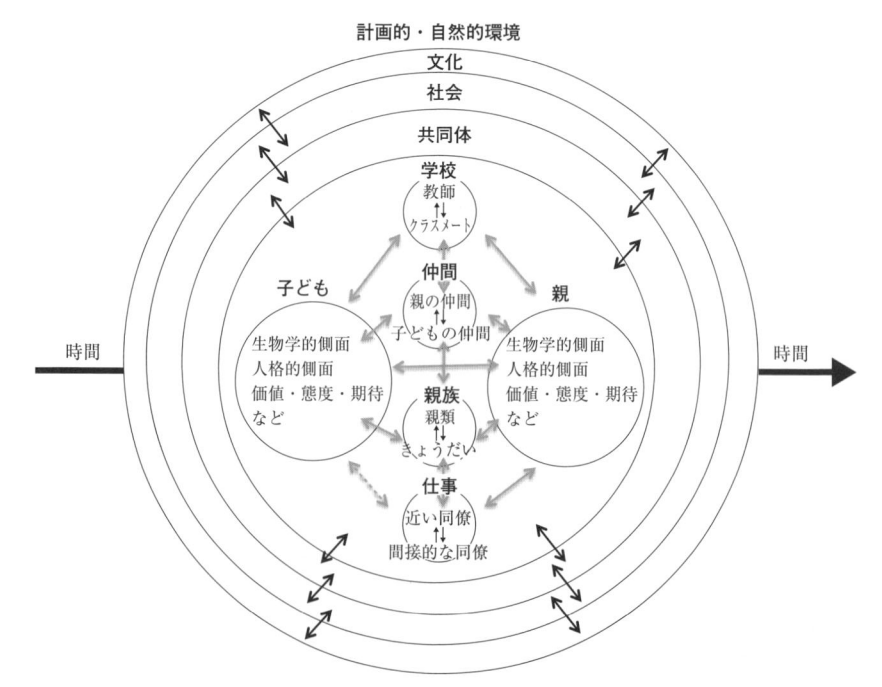

図 1　発達的文脈主義の観点からみた人の発達（Lerner, 2002, p. 211 を改変）

プロセスはスムースに進展する．しかし，これらの間に不適合が生じたり，バランスの変化が起こったときに，悩みが生じると考えられるのである．この見方の基礎を提供するのは，発達的文脈主義である(Lerner, 2002)．発達的文脈主義とは，人の発達を，発達しつつある個人と変化し続ける文脈の相互作用の中にとらえる枠組みの総称である（図1）．この観点からいえば，悩みは主観的なものでありながら，決して個人の閉じた内的世界で生じるのではない．親などの身近な他者，学校などの組織や共同体，そして社会との関係の中で生じ，解決されるものだといえる．このような観点から悩みを理解するために，次のような項目群を設定した．まず，個人と文脈の相互作用の最も基本的なものは親と子の関わりである．育ち盛りの子どもだけでなく，親もまた自らの発達の途上にある．それぞれの意図を実現しようとする中で繰り返し生じる葛藤について，「親子間葛藤」で論じる．また，自己についてのとらえ方や感じ方の変化にまつわる悩みについての項目群として，「自尊感情」「自己へのとらわれ」「摂食障害」を設定する．ここでは，自己の発達とそこに生じる悩みには，身体的な発達や衰え，他者の視線や社会からの期待といった要因が深く関わっていることを理解したい．さらに，より大きな文脈にも目を向ける．「いじめの発達への影響」では，学校やそこで出会う仲間という文脈が子どもに苦痛を与えるものであった場合に生じる，発達の問題が取り上げられる．「リスクと自立」では，事故，災害，犯罪といった環境における危険への遭遇が，子どもの自立と深く関わりをもっていることが論じられる．

　本章では最後に，人が悩みをどのように解決したり乗り越えていくのかについても考える．悩みとは，ある問題に心がとらわれている状態である．考えが堂々巡りになったり，行動が同じパターンに陥ったりして，その状態から抜け出せないのである．抜け出すためには，同じように繰り返してしまう自分の行動や考えを揺るがし，これまでとは違う動きを生み出す必要がある．自分とは異なる他者や新たな環境との出会いは，悩みの強固なパターンに風穴を開け，自分や状況についての異なる見方や感じ方への変化を促す重要な契機となる．こうした変化を，他者と共同でつくっていく場がカウンセリングである．「カウンセリングを通じての変化」では，人が他者と共同で自己を相対化し，客観視するプロセスとその仕組みが詳細に解説される．また，自己についての悩みを抱えやすい青年期に焦点を絞って，悩みを解決するために有効な視点と働きかけを論じたのが「大学生の発達支援」である．この項目では，時代の変化とともに"なやまない"，"なやめない"若者が出現していることにも触れている．悩むという行為に，社会的・歴史的な文脈が深く関わっていることの重要な一例である．

　以上の項目群を通して，"なやむ"ことやそれを解決することが，人が生きる時間と空間の変化の中で繰り広げられるダイナミックな行為であることを理解してほしい．

［杉村和美］

同一性の危機

☞「自分であることの違和感」p. 224,
「アイデンティティ」p. 430

　エリクソン（Erikson, E. H.）のライフサイクル論の中で提示された八つの危機のうち，第Ⅴ段階に置かれたのが同一性（アイデンティティ）の危機である（Erikson, 1959/2011）．すなわち，第Ⅴ段階の青年期には，第二次性徴などの身体的変化，自己意識の高まりなどの心理的変化，職業選択などの社会的状況の変化が相まって，「自分は確かにこのような者である」という実感が揺らぎやすく，自己決定を猶予される心理・社会的モラトリアムの中で悩んだり，いろいろな役割を実験的に演じたりしながら，自分なりのあり方・生き方（アイデンティティ）を見出そうとするのが，青年期の特徴だとされた．

●**アイデンティティ拡散**　安定したアイデンティティの感覚は二つの側面から成っている．一つは，対人関係や社会における自分の振る舞い方・役割がほぼ一貫しているという不変性の感覚，もう一つは，過去から現在を経て，未来へと至る時間軸の中を，自分が着実に歩んでいるという連続性の感覚である．これらは人が生き生きと生活していくうえで非常に重要であり，例えば自分の振る舞い方や役割，自分の出自や行く先などがわからないとき，「自分が何者なのかつかめない」という不確かな感覚，アイデンティティ拡散の感覚にさいなまれてしまう．多くの青年は「自分はまわりの人からどう思われているのか」とか「将来がみえない」といった不安のかたちで，多少なりともこの感覚を経験するが，中にはほとんどこれを経験せず，子ども時代以来の自己確信をそのまま堅持していく青年もいる（Marcia, 1966）．逆に，生活上のちょっとした戸惑いが膨れあがり，自分の好きなこと，大事にしたい価値，守るべき規範，目指すべき生き方などが根本からわからなくなり，「すべてが崩れてしまった」という根深い拡散状態にまでいたる青年もいる（大倉，2011）．そうなると，時間が人生に良い変化をもたらすとは思えない（時間的拡散），他人との心理的距離がうまくとれない（対人的距離の失調），取り組むべき事柄に集中できない（労働麻痺），あらゆる選択を避けようとする（選択の不能）といった独特の心理的徴候が現れてくることが多い．

●**危機の収束**　このような状態にあるとき，自分一人で「自分はこういう者としてやっていこう」と思い為そうとしても，確かな実感は得られにくい（「意識される自己」と「意識している自己」の不一致感が解消されない）．ここでエリクソンが強調するのは，主体が掲げようとする自己規定を，他者から「確かにあなたはそういう人だ」と認められたり，その文化・時代特有の世界観・価値観（イデオロギー）によって支えられたりすることの重要性である．言い換えれば，いまだはっきりと確信できない欲望（「こうありたい」という漠然とした志向性）が，

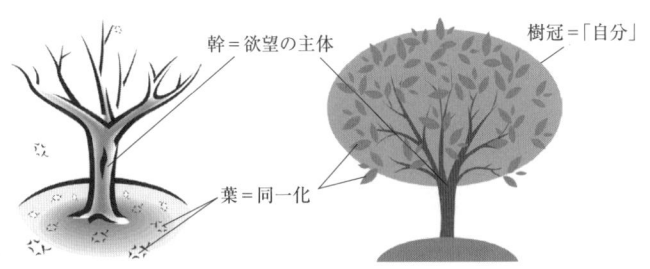

図1　アイデンティティ拡散（左）とアイデンティティ（右）のイメージ

他者や社会・文化から「確かにあなたはそういう人だ」という承認を受け，明確なかたちを与えられたときに，アイデンティティの感覚が生じるということである．

　実は「自分」というのは，こうした他者や社会・文化からのさまざまな映し返しに主体が同一化している，その同一化の集合体である．青年期には他者や社会・文化との関係が変わったり，矛盾を含むそれまでの同一化群をより調和的にまとめあげようとする主体的な動きが起こってきたりして，同一化群の全体的形態が大きく変容することがある（上にも述べたように，その変容がほとんど起こらない青年もいる）．これまで無自覚に引き受けてきた諸々の同一化が，主体の潜在的な欲望に沿うかどうか改めて吟味・取捨選択されていくのだが，その際に主体が安心して引き受けられる同一化がほとんどなくなってしまうという一過性の状態が生じることがある．これが，自分が何者であるかがわからなくなるアイデンティティ拡散の状態である（図1左）．そこから同一化群の整理・統合や，他者や社会・文化からの新たな評価・承認といった，内的・外的プロセスが相互的に（しばしば無意識的に）進み，主体は徐々にみずからの潜在的欲望に沿う一貫した形態をかたちづくっていくのである（図1右）．したがって，アイデンティティ拡散状態は必ずしも病的なものではなく，自分が自分らしく主体的に生きていくために，これまでのあり方をどうしても修正しなければならないと感じている青年にとって，この一種の「立ち止まり」の時間はなくてはならないものである．

　また，アイデンティティの形成は，青年期に「確固たる自分」を定めることによって終わるようなものではない．主体がみずからの欲望にふさわしいあり方を求めて，他者や社会・文化と相互交渉していくプロセスは生涯続くものだし，結婚，出産，子離れ，親しい人との死別といった転機や，社会の急激な変動，戦争，海外移住といった従来の世界観が通用しなくなる経験などによって，再び深刻なアイデンティティ危機が生じることもある．さしあたり，青年期には「この方向性で何とかやっていけそうだ」という見通しを立て，その後の人生におけるより充実した生き方の模索へとつなげていくことが目標になるといえる．　［大倉得史］

モラトリアム

☞「青年期の延長」p. 294

　モラトリアムとは本来，債務や債権の履行を国が一定期間猶予することで，戦争などの非常事態における金融恐慌を防ぐ措置を示す．エリクソン（Erikson, E. H.）はこれを転用し，「心理・社会的なモラトリアム」という語を提示した．この意味でのモラトリアムとは，アイデンティティ形成の時期である青年期において，おとなとしての社会的役割や責任，性的選択が一時的に猶予され，「自由な役割実験を通して，社会のある特定の場所に適所をみつける」（Erikson, 1959/2011）ことが可能となることを示す．

●**モラトリアムにおける役割実験**　役割実験とは，職業など，さまざまな社会的役割を試行錯誤する経験を通して，自分自身がそれに親和的か否か，価値観や好みなどと照らし合わせることである．社会的責任のあるおとなの人生選択とは異なり，この試行錯誤はあくまでも実験であり，いつでも変更や中止が可能である．例えば，作家になりたい青年が実際に執筆活動を行い，人に読んでもらったり投稿したりすることや，ミュージシャンになりたい青年が練習を積み，サークルのコンサートや路上ライブなどで発表することなどがこの役割実験にあたる．精神分析学的には，人は幼少期に，親やそのほかの重要な他者を無意識的に同一視し，それに影響された価値観や生き方などを形成する．しかし論理的思考能力が成熟する青年期には，その価値観や生き方などを自分の意志によって再吟味することが可能となる．そこで青年は，それまでに形成された価値観や望む生き方を一度保留状態にしておき，自由かつ主体的に適所をみつける試行錯誤を行うこととなる．例えば，教師である親を尊敬し，「親のようになりたい，人に教えることは素晴らしい」と考え教師を目指していた青年が，教育実習などでの経験を通して多様な価値観に出会い，ふと立ち止まり，「本当に自分は教師に向いているのか，本当に自分は教師になりたいのか」などと吟味することがある．このとき，学習塾のアルバイトや教育実習などでの経験は役割実験にあたる．役割実験は青年のアイデンティティ形成に重要な役割を果たすので，青年がモラトリアムを享受し，幼少期からの無意識的同一視から一度脱して，主体的かつ自由に役割実験できるように，周囲のおとなが青年の主体性を尊重する，あるいは邪魔しないことが，青年の自我発達を支えることとなろう．

●**青年の特徴としてのモラトリアム**　エリクソンはモラトリアムという用語を主に，社会が青年に対して制度的に提供するある一定の時期として用い，青年は誰でもこの時期を利用することができるとしたが，一般には，この時期にある青年の心理的特徴を示す場合に用いられることが多い（鑢, 2002）．

例えばマーシャ（Marcia, J. E.）は，アイデンティティ・ステイタス概念の中で，特にモラトリアム状態にある青年を「モラトリアム」ステイタスと分類した（Marcia, 1966）．アイデンティティ・ステイタスとは，青年期のアイデンティティ形成の状態を達成・統合志向，モラトリアム，フォークロージャー（早期完了），拡散の四つに類型化する概念である．この類型におけるモラトリアムは，職業や価値観など青年にとって重要な領域について役割実験を行うなど，青年がアイデンティティを模索し真剣に取り組んでいる状態をさす．

一方日本では，小此木（1978）や西平（1979, 1996）によってモラトリアム概念の展開がなされている．小此木（1978）は，自分が何者であるか役割などについて真剣に探求している「古典的なモラトリアム心理」に対して，1970年代の日本青年の特徴として，しらけ気分や遊び感覚，全能感，責任を取ろうとしない姿勢などを「新しいモラトリアム心理」としてあげ，そういった青年をモラトリアム人間と名づけた．この考察は，本来的な意味のモラトリアムと怠慢によるモラトリアムを区別すべきだとしたエリクソンの意見と合致する（Erikson, 1959/2011）．また西平（1979, 1996）はアイデンティティ統合プロセスについて，マーシャとは別に，①現在の生き方が本人の自我に調和し親和的かあるいは葛藤し違和的か，②一つの目標に統合するかあるいは分化し多様化するか，の2軸で分類される四つの型（アイデンティティ統合志向，アイデンティティ・フリー，アイデンティティ拘束，アイデンティティ拡散）を示した．このうちアイデンティティ・フリーとは，現在の自分の生き方に自己親和的な構えでありながら，アイデンティティが一つの方向に収束せず，自己の可能性を最大限追求するために，人生における決定を延期している状況を示す（西平，1996）．例えば封建的な社会で下級藩士の次男として生まれた福沢諭吉は，具体的な将来目標のないままにオランダ語の学びに打ち込み，最終的に世界的視野から文明開化を進め，後の慶應義塾となる蘭学塾を開くこととなる（西平，1996）．この福沢諭吉の態度は，自分にとって「ぴったりはまる」将来のアイデンティティのために，現在のアイデンティティを未定にしておく態度である．これは，後に劇作家・評論家となったバーナード・ショウ（Bernard Shaw, G.）が「アイデンティティなき成功」を避け，真に親和的なアイデンティティを追い求めるために，すでに得ていた職を放棄し，文章を書くことに没頭する期間をもったという，エリクソンの分析と合致する．

このようにモラトリアムを青年の特徴としてとらえると，役割実験を真剣に行う試行期間の意味合いを含む延期と，責任逃れの怠慢による延期という二つの側面がある．モラトリアム期を青年がどのように活用しているか，あるいはできないか，その理由はなぜかという観点が，青年理解や青年研究におけるモラトリアム概念の活用につながると考えられる．

［茂垣まどか］

自我の強さ

☞「アイデンティティ」p.430,
「レジリエンス」p.440

「自我の強さ」は，一般に個人の心の強さ，内面の強さといったニュアンスでとらえられる．佐方（2004）によると，自我の強さとは「個人のもつ社会的適応能力や心理社会的ストレスへの対処能力を表す用語であり，精神的健康の基準となるもの」である．さらに，それは「精神分析的自我心理学における最も重要な基本概念の一つであり，自我諸機能の全体としての成熟度や健全度によって表される」ともいわれる．このことからわかるように，自我の強さは主に臨床心理学的な研究と実践において語られることが多い．

●**自我の強さを示す要因** 前田（1987）は，臨床的に自我の強さをみる場合に，次の六つの要因について検討することを提案している．① 現実検討：現実をどの程度客観的に受け止めることができるか．すなわち，自我の中心的な機能は，現実をどのように受け止め，適応していくかにあり，この現実検討の能力が自我の成熟度や強さをみていく際の中心的な指標となる．したがって，以下にあげる要因は，現実検討の下位要因として位置づけられる．

② 欲求不満への耐性：欲求の阻止や葛藤の際の不快，苦痛にどの程度耐えられるか．③ 適切な自我防衛：不適応場面に直面した際，どのようにして心を落ち着け，自我を防衛するか．④ 統合性と安定性：パーソナリティに一貫性，連続性があり，心の力動が安定しているかどうか．⑤ 柔軟性：心が広く，自由であるかどうか．⑥ 自我同一性の確立：自分というものを社会との関わり合いの中で，どの程度しっかりと確立しているか．

六つの要因は互いに重なり合っている部分が大きいが，臨床的にみて，これらすべてにおいて完全に成熟したパーソナリティのもち主はごく少数であり，これらの要因は，人がこの理想型と比較してどの程度の自我の強さを有するのかを大まかにみていくための指標として考えられる（前田，1987）．

●**人格的活力** 自我の強さといった場合，エリクソン（Erikson, E. H.）を思い起こす人は少なくないだろう．彼は自我の強さについて，「内在的な固有の強さ」という意味から検討し，「人格的活力」との概念を提唱している（Erikson, 1964/1971）．

よく知られているように，エリクソンは個体発達分化図式において，心理・社会的危機を通じて獲得される自我の特質（信頼，自律性など）を支える自我の強さについて生涯発達的にとらえようとした（鑪，1984）．すなわち，エリクソンは人生の各時期における心理・社会的危機を健全なかたちで通過する（「対」で結ばれた前者が後者を相対的に上回るかたちで通過する）ことにより，各段階に

表1　個体発達分化図式（心理・社会的危機，人格的活力）（鑪他，1984，p.17をもとに作成）

	I 乳児期	II 幼児前期	III 幼児後期	IV 学童期	V 青年期	VI 成人前期	VII 成人期	VIII 老年期
心理・社会的危機	信頼対不信	自律性対恥，疑惑	自主性対罪悪感	勤勉性対劣等感	同一性対同一性拡散	親密性対孤独	世代性対停滞性	統合性対絶望
人格的活力	希望	意志	目的	有能感	忠誠	愛情	世話	英知

特有の人格的活力が人間の強さとして心の中に刻まれると考えたのである（宮下，2008：表1）．

●悩みを通しての成長：現代青年における悩む力　エリクソンによれば，各段階の心理・社会的危機を乗り越えることによって獲得される人格的活力によって，人は内部に充実した力を獲得し，外界（他者や社会）と調和ある内面的秩序と安定性を確保し，健康な人格を成長させることができる（返田，1978）．このように，人はさまざまな問題や危機にぶつかり，そこで大いに悩み葛藤することによって，成長していくことが多いように思われる．特に，青年期は自我の芽生えや第二次性徴による急激な身体的変化などから，それ以前とは異なる深い悩みを抱えることもあるが，その悩みを通してこそ人として大きく成長するのではないだろうか．

「悩みを抱える」こととは，何らかの葛藤や情緒的混乱を自らの心の問題として引き受けることであり，そのためにはそれ相応の「心の強さ（自我の強さ）」が必要である（菅野，2002）．溝口（2012）は，これを「悩む力」とよび，悩みを抱くことは「悩む力」をもっていることであり，「健全な自我成長の証し」であると述べている．この「悩む力をもっている＝健全な自我成長の証し」とは，ただ漫然と悩みを抱えればよいというものではなく，生きるにあたって直面せざるを得ない問題や危機を「自分のこと」として抱え，深く悩み，かつ悩み抜くことによって，アイデンティティの発達が促されていくことを意味するものなのである（溝口，2012）．

しかし，近年では，「悩めなさ」を抱えた青年が増加しているとの指摘もある（溝口，2012）．苫米地（2006）は学生相談での経験を通して，最近の大学生について，悩むというレベルを通り越して，すぐに「落ち込む」あるいは「身体化する」傾向が強くなっており，悩むことの積極的な意味や価値が失われ，悩むことが新たな発展へのバネになりにくいと指摘している．これは，先の前田（1987）の要因によれば，欲求不満による不快に耐え，現実を客観的に検討し，心の自由と安定を保ち，自我同一性を確立する力が弱いということになろう．

悩みを抱くことは，苦しいことである．しかし，それは決してマイナスなことではなく，自らが成長するための大切な経験である．悩む力とは「生きる力」なのである．

［松島公望］

親子間葛藤

☞「乳幼児と親子関係」p. 160,
「児童・青年と親子関係」p. 162,
「親子関係」p. 198

　人は他者との結びつきを求め，他者とともにあることに喜びを感じる一方で，他者から妨げられずに自身の思いどおりにすることにも喜びを感じ，自己を充実させたいという欲求をもっている．このように，他者の意図や期待に沿おうとすることと，他者に逆らってでも自己の意図を実現しようとすることの葛藤は，さまざまな対人関係の中でさまざまな文脈で生じる．親子においては，子育て・子育ちの過程で，子の自律をめぐって繰り返し葛藤が生じる．子育てとは，未熟な子が親の手を離れても自律的に生きていき，社会の中の単位としてうまく機能できるよう，子の発達を補佐することをさす（根ヶ山，1995）が，その過程で親は，子を保護し，世話する役割に加え，しつけを中心とする社会化の役割を担う．親は，子が他者との結びつきを保ちながら，自身で行動を選択し，決定していかれるよう，社会の規則や規範，親の期待を子に伝え，子の行動やその選択に介入する．子どもは，親の要求や期待に従うことと反発することを繰り返しながら，行動上の自律（行動の自己決定や自己制御）と情緒的自律（親とのつながりと個別性を認識すること）を遂げていく．親が子に要求し，期待することは，子の発達とともに変わるため，親子間の葛藤は発達の時期によって異なる様相を呈する．

●**乳幼児期における親子間の葛藤**　親から保護や世話を受け，アタッチメントを築くことが課題となる乳児期は，親子間の心理的葛藤は相対的に少ない時期にあたる．しかし，意図性が発達する0歳終わり頃になると，子どもは遊びの中で大人に褒められたことを繰り返したり大人の真似をしたりすると同時に，自身の行動を妨げられると自己主張や抵抗を示すようにもなる（麻生・伊藤，2000）．これは子どもが自己と他者の間で葛藤しつつ，みずから行動を選択し始めたこと，すなわち自律の芽生えを示唆する．

　歩行が始まり子どもが周囲の環境を探索し始めると，親は危険から身を守ることや家庭内の決まりやマナーを教えるべく，子の行動に制限を加え始める．そのため親子の間では，葛藤的なやりとりが増えていく．幼児期に入る1歳代後半になり，客体的自己意識を獲得すると，子どもは自分が行動主体であることを確認すべく，親の要求や禁止にすすんで従う一方で，さまざまなことを自分でやりたがり，強い反抗や自己主張を示すようになる（Forman, 2007）．さらに，2歳前

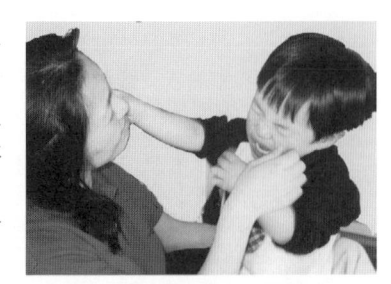

図1　歩行開始期の親子間葛藤

後の時期には排泄や食事など身辺自立をめぐるしつけが本格的に始められるため，親子間の葛藤はピークに達する．こうした子どもの変化を受けて親は，子どもと自分の意図の調整を図るべく，説得や交渉，取引といったさまざまな対応を試みる．子どももまた親とのやり取りの中で，規範や規則に従うことや自己主張の仕方を学ぶ（坂上，2005）．幼児期は，適度な制限がある中で行動上の自律を学ぶ時期であり，子どもは親とのつながりとその上に形成された自律性を土台としながら，保育園・幼稚園などの集団の場で新たに出会う他者と関係をつくり，自己を発揮していく．

●**児童期・青年期における親子間の葛藤**　児童期には子どもの生活の場が学校や地域社会など家庭の外へといっそう広がる．そのため親は，家庭外での子どもの居場所や行動をモニターし，社会的慣習や道徳的枠組みを子どもに伝えつつ，子どもが自分で行動を選択し，決定する機会を増やしていく．子どもは社会的慣習や道徳に関する問題については基本的に親の言うことに従い，親の権威を受け入れる．しかし，食べ物や洋服，友人，余暇活動などの選択に親が過剰に介入すると，反発を示す．こうした日常の葛藤は，子どもに決定権があると考える範囲や親の権威が及ぶと考える範囲が親子で異なるために生じるものであり，児童期から青年期にかけて増加する．しかし，葛藤を重ねる中で，子どもに行動の選択や決定を委ねる範囲が広げられ（Smetana, 2006），行動上の自律が遂げられていく．

青年期にはまた，アイデンティティの探求が行われる．子どもは親をはじめとする大人が示した規範や価値観を問い直しつつ，みずからの考えや価値観を形成し，将来の生き方を模索していく．親は，子どもがこの困難な課題に取り組むにあたって心理的な支援を与える一方で，子どもの考えや価値観が他者からも承認されるものになるよう，修正を迫る．アイデンティティの形成過程では，子どもの視点と親の視点の相違や矛盾が親子の双方に認識され，葛藤が生じやすくなる．しかし，その葛藤を親子双方が歩み寄って解決しようとする過程の中でアイデンティティの形成は促され（杉村，2005），情緒的な自律が遂げられていく．

●**親にとっての親子間葛藤**　親子間の葛藤は，発達とともに増大する子どもの自律欲求と，親が子に向ける要求や期待が合致しなくなったときに生じる（Laursen & Collins, 2009）．親は，子どもが自身の期待に反する行動を示すようになると苛立ちや怒り，不安などを覚えると同時に，自身の中に生じた否定的感情の扱いやわが子への接し方に悩む．そこで，わが子への関わりを振り返り，子どもの視点から物事をとらえ直してみることで，親は子どもへの期待や関わりを，わが子の実情に合うものに変えていく．葛藤の存在は親に，子どもが新たな発達の段階にさしかかったことを知らせる．そこで，子どもの変化を受けとめ，子どもが必要とする支援や関わりを与えるべく，子どもとともに親自身が変わっていくことによって，親もまた，親としての発達を遂げていくのである．　　　　　　［坂上裕子］

自尊感情

☞「動機づけ」p.134,「自己効力(感)」p.406

　自尊感情は，子どもからおとなまで適応や精神的健康の指標として最も多用されている自己概念である．自己概念には，自己に対する知識と評価の2側面が含まれるが，自尊感情は評価の側面にあたる．自己に対する評価は，自尊感情と自己評価に分けて考えることができる．榎本（1998）によると，「自己概念の個々の記述的側面に対する具体的な評価が自己評価であり，多くの自己評価的経験の積み重ねを通して形成された自己評価的な感情複合体が自尊感情である」．測定方法としては，ローゼンバーグ（Rosenberg, 1965）の10項目の尺度が汎用されているが，ほかにも多数の尺度がある．近年では，潜在的自尊感情を用いた検討も行われ，顕在的な自尊感情とは一致しないことが見出されている（e.g. Greenwald & Farnham, 2000）．

●**自尊感情の生涯発達**　自尊感情を含む自己概念の発達の解明に多大な貢献をなしているハーターによれば，自尊感情の出現は8歳前後といわれている（e.g. Harter, 1999）．「足が速い」「やさしい」といった自己の一部に対する自己評価は幼児期からみられるが，自己を包括的にとらえ評価する認知的能力が育っていないため，それが可能になる児童期中期から自尊感情が生まれるのだと説明されている．しかし，測定の困難からこの時期以降の知見しか存在していないため，幼児期や児童期初期の自尊感情については不明のままであるとする見解（Davis-Keen & Sandler, 2002）もある．

　その後，自尊感情はどのように発達していくのだろうか．ロビンズら（Robins, R. W., & Trzesniewski K. H.）が複数の研究成果から示した自尊感情の発達プロセスによると，自尊感情は児童期において最も高く，思春期から青年期にかけて低下する．しかし，成人期を通して徐々に上昇して70歳代を超えると急降下する（Robins & Trzesniewski, 2005, 図1）．この

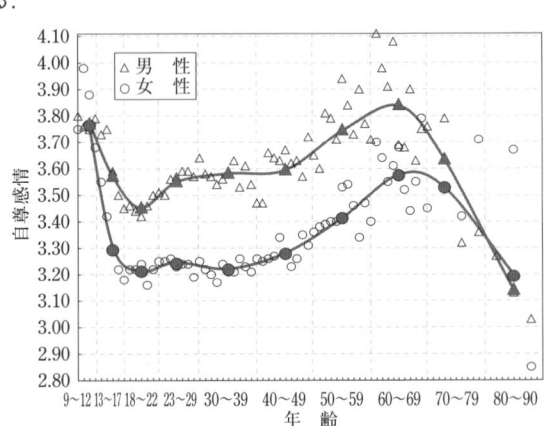

図1　年代別にみた男女の自尊感情の水準
グラフは各年代の平均値（▲，●）をつないだもの
（Robins & Trzesniewski, 2005, p.159）

軌跡は，先行研究の知見（e.g. Harter, 1999）とほぼ一致しており，わが国でもおおむね同じような結果が得られている．昨今の知見をあげてみると，東京都の小学校5年生から高校3年生までの約4,000人を対象とした横断データでは，自尊感情は学年の進行につれて徐々に低下し，小学生と，中学生・高校生との間で有意差が見出された（翟，2010）．松岡（2006）の高校生から86歳までを対象とした横断データでは，自尊感情は大学生から若い成人（23〜34歳）へと移行する際に大きく上昇する点はロビンズらの知見と同様であるが，その後はほぼ横ばいで推移していた．30〜75歳を中高年期として自尊感情の変化を横断的に検討した若本（2010）においても，松岡（2006）同様，年代による有意差はなく自尊感情は維持されていたという結果が得られている．

●**自尊感情の発達における多様性**　自尊感情の発達研究には，上述した平均的な発達の傾向以外に，自尊感情の発達プロセスの多様性を検討したものもある．これまで学校の移行時や思春期・青年期には自尊感情が低下するといわれてきた．しかし，小学校から中学校への移行の際，高い自尊感情を維持した児童は35％，低いままの児童が13％，低下した児童が21％，わずかながら上昇した児童が31％であった（Hirsch & DuBois, 1991）．また6年生から10年生（高校1年生）までの縦断研究では，全体としては自尊感情は低下していく傾向にあったが，約50％が一貫して高く，約10％が一貫して低く，約20％が大きく低下し，約20％が中程度ながら上昇していた（Zimmerman et al., 1997）．高校から大学への移行期においても，自尊感情が変化しなかった群，上昇した群，低下した群の3群が見出され（Harter, 1999），ロビンズらは，これらの発達のパターンが個人内で保持されることを示唆している（Robins & Trzesniewski, 2005）．

●**今後の自尊感情の生涯発達研究に向けて**　上述した自尊感情の発達研究は，いずれも自尊感情の水準の推移に注目したものであった．しかし，発達はその発達期固有の構造的・文脈的要求との相互作用の中で生じる（Baltes, 1987）ことから，自尊感情の生涯発達を精査するには，発達プロセスおよびその個人差を構成あるいは規定する要因を含んだ検討が必要であろう．その一例として，自己評価などの領域個別的な自己概念と自尊感情をあわせて用いる手法があげられる．発達における複雑な相互作用プロセスに対する感受性は，自尊感情よりも領域個別的な自己概念の方が高い．例えば若本は中高年期の発達を検討するに際し，自尊感情，自己評価，領域個別的な自己概念である「関心」をシステムとして用い，"well-beingの逆説"（加齢が進むにもかかわらず，自尊感情など自己に対する肯定的指標の水準が維持または上昇することをさす）現象は自尊感情よりも自己評価において顕著に見出され，「関心」は自尊感情の低下を緩和する作用をもつことを明らかにした（若本，2010）．このように複数の自己概念を多次元的なシステムとして検討することは，生涯発達プロセスの一端を解明するのに有効な手段になると考えられる．　　［若本純子］

自己へのとらわれ

☞「自己愛」p. 208,
「自分であることの違和感」p. 224,
「理想自己と現実自己」p. 472

　青年期には自己評価が低下するとされる．青年期の自己意識の高まりと青年期にみられる自己中心性が，その自己否定を加速させている可能性が指摘される．

●**自己評価的意識**　都筑（2005）によると，小学校高学年時から年齢が上がるにつれて，徐々に自己評価が低下していくようすがうかがえる．その変化には，青年期の自己意識の高まりや青年期の自己中心性が深く関わる．児童期を通しての認知発達により青年の自己評価は否定的なものになりがちである．自分を単純に良い存在と信じることができていた幼児期と異なり，児童期になると自己の否定的な側面も認知することができるようになる．また，他者の視点を取得することにより，肯定的に評価していた側面にも疑義がはさまれるようになる（Harter, 2006）．

　さらにいうと，青年期になると，そのような客体としての自己だけでなく，自己を対象化している主体としての自己への意識も芽生えるようになる．自己全体を抽象的にとらえることができるようになり，自己の存在様式そのものが強烈に意識されるようになる．これは，自我の発見（Spranger, 1924/1972），自我体験（Bühler, 1921/1969）とよばれるものである．この意識のため，個別の客体としての自己に対する否定的評価のみならず，自己全体の存在様式に対する否定的評価もなされるようになることがある．

●**自己意識の高まり**　思春期を迎える頃になると，身体発達や認知発達，社会的地位の変化などさまざまな要因がからまりあい，自己への興味・関心が高まる．自己意識の高さの個人差については，公的自己意識および私的自己意識からなる自己意識特性（Fenigstein et al., 1975）によって検討されることが多い．公的自己意識とは，他者から見られる自分の姿や行動といった自己の外的側面へと向かう意識であり，私的自己意識とは，外からは観察されない感情や動機など，自分自身の内的側面へと向かう意識である．自己意識に関する多くの研究が共通して報告している結果が，青年期においては他の時期よりも自己意識が高いということ，および，男子よりも女子の方が自己意識が高いということである．

　同じ自己意識の高さであっても，公的自己意識が高いのか，私的自己意識が高いのかによって，その心理過程が異なることが知られている．私的自己意識は自己理解の正確さや同調性の低さ，信念と行動の一致などと関連することが知られているが，公的自己意識は社会的不安や対人不安，同調行動などと関連することが知られている．特に公的自己意識の高さは，対人不安の素因となることも報告されている（伊藤・丹野, 2003）．

●**青年期の自己中心性** 公的自己意識の高さは，人から見られる自分への意識の高さであり，自分が他者から，しかも評価的に見られているという前提に成り立つものである．この他者からの視線は推測にすぎず，実際にそこまで注目されているわけではない．しかしながら，青年は自分がそうであるのと同様に，他者も同様に自分に批判や賞賛の目を向けていると考え，それに向けて反応する．エルカインド（Elkind, 1967）はこの他者の存在を「想像上の観客」とよび，青年期の自己中心性の特徴の一つとした．このほかに，自分の関心や感情は非常に特殊で独自なものだと思い込む「個人的寓話」，他者の考えや思いよりもむしろ自身の内面の考え，思いの方に注目するという「自身焦点」という心的プロセスも青年期の自己中心性として指摘される．青年期の自己中心性は，児童期までの自己中心性から脱することを可能にする認知発達によって，他者の視点に立てるようになるからこそ生じるものであり，社会との関わりの中で形成されるとされる．その表象は必ずしも客観的なものとして共有され得ないのであるが，青年の行動を決定づけるほど，青年にとって重要な意味をもつ．

　想像上の他者からの評価は，自身の内面を投影するものであるため，得てして否定的なものとなることが多い．自身焦点はその否定的感情をさらに増幅させるだろう．また，個人的神話を現実のものと信じ，それに向かって努力する中で挫折を味わうこともあろう．

●**自己嫌悪感** 青年期の否定的自己評価は，自己嫌悪感として体験されることが少なくない．それは，自己への関心の高さがもたらす自己への理想の高さと表裏一体である．自己意識との関連については，水間（1996）において，自己嫌悪感が特に公的自己意識と関連することが確認されている．そこに未来への肯定的なイメージがともない，また，その否定的側面に直視することができる場合には，自己否定から自己変容を遂げようとする意欲も高まることも報告されている（水間，2003）．ただし佐藤（2001）は，青年が自己への理想をなかなか捨てることができず，それに近づこうと努力を重ねることが自己嫌悪感をさらに高めると指摘している．青年期の自己中心性で指摘したように，青年の自己意識はみずからの枠組みで想像した他者の内面や，万能感の伴う理想自己の影響が強い．そこを始点として自己をとらえる限り，自己の実態に向き合うことは難しい．佐藤・落合（1995）は，自己嫌悪感の問題性のゆえんは，その感情と深く関わるところの否定的自己直視への抵抗であると指摘する．それがかえって自己へのとらわれを生んでしまうのである．成人期に入ると自己に対する評価・感情は肯定的なものへと変化し，安定したものとなっていくことが知られているが（松岡，2006；Robins et al., 2002），それは自己が肯定的なものになるというより，社会的地位の変化，生活環境の変化などによって自己意識が低減することによるとも考えられるのである．

[中間玲子]

摂食障害

☞「食行動」p. 100,「自分であることの違和感」p. 224

　摂食障害は神経性無食欲症と神経性大食症を含む食行動の重篤な障害である．神経性無食欲症の特徴は，正常体重の最低限の維持を拒否する．神経性大食症の特徴は，むちゃ食いエピソードの繰り返しと，それに付随する自己誘発性嘔吐；下剤，利尿剤，他の薬剤の乱用；絶食；または過度な運動などの不適切な代償行動である．神経性無食欲症は産業化された社会，食物が豊富にあり，特に女性にとってやせていることが魅力的とみられる社会で多くみられ，アメリカ，カナダ，ヨーロッパ，オーストラリア，日本，ニュージーランド，および南アフリカで最も多くみられる．神経性無食欲症の90％以上の症例が女性であり，女性の生涯有病率は0.5％である．男性における神経性無食欲症の発生率は女性の約1/10である．典型的には青年期中期～後期（14～18歳）に発症する．神経性大食症はアメリカ，カナダ，ヨーロッパ，オーストラリア，日本，ニュージーランド，および南アフリカを含む工業化された国々で報告されている．90％が女性であり，生涯有病率は1～3％であり，男性は女性の約1/10である．通常，青年期後期あるいは成人期初期に始まる（DSM-IV-TR, 2000/2006）．

　研究史としては，神経性無食欲症が早期に取り上げられ，神経性大食症は1970年代以降に多く報告されるようになった（Garner & Garfinkel, 1997/2004）．最近では特定不能の摂食障害への関心も高まっている（DSM-VI-TR, 2000/2006）．

　また発症年齢の低年齢化も指摘される一方（中村，2008），遷延化による高齢化も問題となっている．予後に関しては，研究の時期，受けた治療，調査対象者の差異によりさまざまな報告がある．発症後5年経過した神経性無食欲症の予後は良好55％，中間19％，不良18％，死亡8％であった（Theander, 1985）．神経性大食症に関しては，完全な回復52％，改善32％，不変9％，死亡1名であった（Collings & King, 1994）．

●**発症要因と心理的特性**　神経性無食欲症について最初にまとまった報告をしたのはブルック（Bruck, 1978/1979）である．日本では，下坂（1961）があげられる．精神分析的立場に立つブルックは，その病因を発達初期の母子相互コミュニケーションによる身体感覚学習の失敗と考えた．下坂もおおむねこの主張を継承して，母親の支配的，干渉的，抑制的な養育態度によって形成された陰性な成熟女性像による成熟拒否と考えた．しかし，その後種々の分野，特に女性学の貢献により，神経性大食症を含む摂食障害は文化と深く結びついた症候群であると考えられるようになった（Unger, 2001/2004）．現在では社会・文化要因，家族要因，生物学的要因，性格要因，ストレスが複合的に作用し発症すると考えられてい

る．例えば，向井は外貌や痩身に関心の高い母親，友人集団に接する個人の発症率の高いことを指摘している（Mukai, 1996）．また，ダンサー，モデル，運動選手など痩身が求められる集団への所属は摂食諸害のリスクを高める．Okanoらは，運動選手では対照群に比べ約3〜7倍の頻度で食行動異常や無月経のものがいると報告している（Okano et al., 1996）．また，個人の性格要因として，金子らは神経性無食欲症典型群においては強迫性人格傾向，神経性過食群では境界性人格傾向が認められたと報告しているが（金子他，1990），近年では強迫性人格には何らかの脳の器質的，生物学的要因がかかわっていると考えられている．

神経性無食欲症の査定にはEAT-26（Eating Attitude Test-26；Garner & Garfinkel, 1979）が用いられてきた．しかし，後に神経性無食欲症と神経性大食症に共通の認知・行動・情動の障害――ボディーイメージの障害，異常な食行動，極端な体重コントロール手段，無力感，強迫性，衝動性が認められるようになり，EDI（Eating Disorder Inventory）が開発された（Garner, 1991）．EDIは日本で標準化され，やせ願望，体型への不満，過食，精神内界の混乱，対人交流不安，否定的自己像，達成への強迫的願望，衝動統制の困難さ，成熟恐怖の9因子が抽出された（志村，2001）．したがって，摂食障害の基礎には対人交流スキルの未熟さ，低い自己評価，強迫性などの心理的特性があると考えてよいだろう．

●**治療と予防** 摂食障害は基本的には心理的問題であるので，心理治療が基本である．しかし，やせがひどく低栄養状態による身体症状が深刻な場合は，身体的治療が必要である．これは低栄養による二次的な精神症状を改善するうえでも重要である．身体的治療には抗うつ剤，抗不安薬などの薬物治療，点滴，鼻腔栄養，経静脈輸液などの栄養補給のほか，栄養指導などがある．これらの身体的治療，またうつ，不安などの精神症状，自殺企図など危険な行動化がみられる場合も入院治療が必要である．心理的治療は，心理教育，精神力動的アプローチ，支持療法，行動療法，認知行動療法，対人関係療法，家族療法など多岐にわたる．とりわけ家族支援は重要であり，その効果も大きい（下坂，1999）．いずれにしても摂食障害の治療には心身両面からの総合的な対応が必要であるが，現在の日本においては，そのような機能を備えた医療機関が少ないのが現状である（生野・新野，1993）．海外で行われているグループ心理療法，ピアサポート，女性解放論的アプローチ（Garner & Garfinkel, 1997/2004）は，日本ではまだ多くみられない．これら専門家による治療のほかに近年注目を集めているのは，当事者による自助グループ活動，家族会活動である（野村，2003）．その背景には，適切な治療機関，治療者にであうことの困難さがあげられる．また，予防のためには，やせ志向文化を見直す社会的取り組み（牧野，2006），児童期からの食育教育が重要（向井，1998）であるが，これも現在十分とはいえないので，今後強く期待される点である．

［中村このゆ］

いじめの発達への影響

☞「問題行動」p. 226,「仲間関係」p. 250,「虐待を受けた子どもの発達支援」p. 352,「自殺・死別」p. 504

　いじめは，現代の学校における主要な問題の一つであるが，その発達への長期的な影響についての研究は多くはない．しかし，いじめは，その被害者だけではなく傍観者にも抑うつをもたらす場合があり，長期的には社会性の発達に重大な影響を及ぼす可能性がある．その最悪のケースが，いじめ被害者の自殺やいじめ経験から何年も経ってから起こす学校での銃乱射事件である．いじめ対策には，予防や介入に加えて，深刻な事例の予後対応も必要である．

●**いじめの定義と問題関心**　いじめ研究の歴史は，北欧での先駆的研究から三十数年ほどである．しかし，いじめと訳されうる各国の用語にもさし示す範囲のずれがある（Smith et al., 2002）うえに，研究者と当事者に定義のずれがある可能性もある（Sharp et al., 2000）．近年では，ネットいじめとそれまでのいじめの異同が議論されている．日本のいじめについては，森田・清永（1986）は，同一集団内の相互作用過程において優位に立つ一方が，意識的に，あるいは集合的に，他方に対して精神的・身体的苦痛を与えることであるとしている．この定義は，いじめが関係内での攻撃であることを示しており，攻撃が集団化することと継続することに随伴性があることも指摘されている（戸田他，2008）．しかし，いじめ研究はローカルな用語でされることが多く，国際的な比較のためであれば攻撃性の尺度を用いる方が適切である．それでもなお，いじめ研究が国際的な共同のもとで行われているのは，深刻な事例では，被害者自身もその被害を隠そうとする場合があり，孤立化し無力化していく（中井，1997）ことへの懸念があるため，攻撃性一般の研究とは別に行われているのである．

●**いじめの影響**　「子どもが怖いんです…それが問題．彼（婚約者）は家族になるのがいいんでしょうけど，私はいや．家族は欲しくありません．だって，私は子どもが怖いし，そんな私を子どもも嫌うでしょ？」ひどいいじめの経験をもつこの女性は，まだ産まれていない自分の子を昔のいじめっ子と重ねて怖がっている（Smith, 1991）．親としての発達に影響している深刻な事例である．一方で，家族関係に起因する心の傷が，いじめ被害の背景にあるかもしれないという仮説で行われている研究もある（Fosse & Holen, 2002）．近年は，家族という関係内での継続的攻撃である虐待，子ども集団内での継続的攻撃であるいじめ，そして，職場や恋人間でのハラスメントなどを連続的に把握しようとする傾向がある（例えば，Monks & Coyne, 2011）．これらの研究には，いじめと発達の影響は一方向的ではなく相互的で，さらに影響は世代を超えるという仮説がある．

●いじめと抑うつ・自殺・反撃　いじめの最も悲劇的な結末は，いじめられた子の自殺や，いじめられた仕返しとしての殺人である（Hazler, 2000）．さらに，いじめ被害者だけではなく，加害側においても抑うつがみられる．いじめ被害者の自殺報道から，自殺念慮は被害側に特有と思われがちだが，実態はその通念に反する．フィンランドにおける14～16歳の生徒のいじめと精神保健上の諸問題（摂食障害・抑うつ・不安症状・心身症・度を越えた飲酒・薬物使用）の関係についての調査結果（Kaltiala-Heino et al., 2000）によると，いじめの被害と加害の両方を経験している被加害者は抑うつや不安感がひどく，度を越えた飲酒や薬物使用は加害者，次に被加害者の中で多かった．確かに，被加害者は「いじめられる側がよくない」という論理に逃げるわけにもいかないし，「いじめる側が悪い」という論理に立つわけにもいかない．

　同じく北欧のノルウェーでは，14歳の生徒のいじめと抑うつや自殺念慮の関連を検討した結果，いじめ加害と被害・抑うつ・自殺念慮のすべてが正の相関を示していた（Roland, 2002）．同様の結果は，フィンランドの研究でも示されている．いじめ被加害者はもちろんのこと，加害のみの生徒も，被害のみの生徒と同じかそれ以上に自殺念慮があったと回答している（Kaltiala-Heino et al., 1999）．ニューヨークで行われた研究（Brunstein-Klomek et al., 2007）でも同様の結果が示されている．回顧的調査であるが，長期的には，学校でのいじめ経験があったと回顧する群は，31～51歳の間に抑うつと診断された比率が有意に高い（Lund et al., 2009）．このように，学校でのいじめが後々の人生にまで影響を与えている可能性がある．

　いじめを目撃した経験が子どもの精神的な健康に重大な影響を与えることも，近年，指摘されている（Rivers et al., 2009）．その場合，友だちがいじめられている場合には抑うつになるが，いじめられているのが友だちではない場合にはそうならないという報告もある（Bonanno & Hymel, 2006）．友だちの定義にも文化差があると思われるが，関係によっていじめ目撃と抑うつの関連が異なる可能性や，いじめ目撃から抑うつ・不登校になっている可能性を考慮する必要性を，これらの研究は示唆している．

　このように，いじめは健康・適応上の重篤な問題を引き起こし，長期的に社会性の発達に及ぼす影響は小さくない．そのような問題意識から，異性と親密な関係をつくれない男性（Gilmartin, 1987）やイギリス吃音協会の全国連盟（Hugh-Jones & Smith, 1999）に協力を求め，いじめの長期的影響を調べた研究がある．近年の欧米諸国のいじめ研究や対策の背景には，学校での銃乱射事件の犯人が数年前にいじめの被害者であったことが判明したという事情もある．世代間の影響，いじめの長期的影響，深刻な犯罪などの防止のためにも，予防と介入だけではなく，予後の支援のための研究や実践の積み重ねが望まれる．　　　　　［戸田有一］

リスクと自立

☞「事故」p. 110,「犯罪」p. 228

　子どもの自立とは親を始めとする依存対象による保護からの脱却であり，それは自らの心身を危険にさらすというリスクと背中合わせである．子どもの自立にまつわる危険は，事故と犯罪とに大別される．
　子どもの事故傾向は，環境側の問題と子ども自身の問題によって規定される．ヒトの子育ては養育者による環境整備とそれによる発達の促進を特徴とするが，用意するその環境が子どもにとって不適切な場合は逆に発達を阻害することもあり，事故はその典型的なものの一つである．子どもの事故傾向は幼少時には親の性格や家庭環境の劣悪さと相関するが，6～9歳になると親の性格との相関はほとんど有意でなくなる（Matheny, 1987）．子ども自身の要因によって補正されると考えられる．

●**環境への能動性と事故**　子どもの事故の背景要因には，自分の環境対処能力の過大視というバイアスがある．子どもの事故傾向と身体能力の認識との関連を調べた研究によれば，子どももおとなも，自分の身体能力の過大視という一貫したバイアスが存在し，その程度は子どもにより強い（Plumert, 1995；図1）．身体的にできることはできると認識し，また実際にはできないことでもある程度まではできると前向きに錯覚するのである．
　この問題は，子どものアフォーダンス知覚におけるある偏りをもった錯誤であると一般化できる．離乳期の子どもにみられる新奇な食べものに対するどん欲さや環境への好奇心もこのバイアスの一つであり，それは「誤飲」や「迷子」という環境対処上のトラブルを生んでいる．離乳にせよ探索にせよ，新奇な事物に挑戦しそれを既知化していくためには，恐れを克服する積極性が求められる．事故それ自体は子どもの生存を脅かすことであるが，それによって実は知らない事物を取り込んで世界を広げていくことが可能となるという両価性をもつ．
　子どもが見ている環境世界はおとなのそれとは同じではなく，安

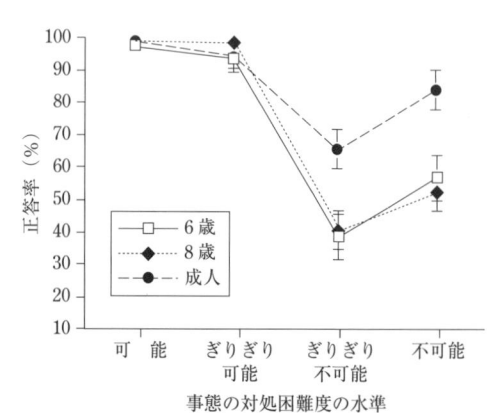

図1　環境対処能力における子どもの過信傾向
（Plumert, 1995, p. 870）

全と危険の基準もおとなの感覚とは異なっている．したがって子どもはおとなが思いもよらないような行動を環境に対して向ける可能性があり，その子どもの認識と行動の特性をふまえた環境つくりが必要である．
　事故は子どもの年齢や性別に大きく依存することが知られており，それはすなわち子どもがもつ興味関心や活動性などにおける違いの反映である．単にリスクを除去すればすむものではなく，そのような子ども側の要因と環境の適切なバランスに留意する必要がある．
　また，事故はさまざまなスケールで起こり得るゆえに，身体の一部にトゲが刺さるというレベルから車にはねられるなどダメージが全身に及び命に関わるものまで，危害の程度はまちまちである．またそのような特定の環境事物と身体の接触以外に，地震や津波のように生活の枠組み自体の崩れとしての災害もある．
　その対処としても，対象事物から離れる，その場を遠ざかるなど，危害の性質や重篤度によって異なる．虫の目をもって特定の事物との関係に注意を払うだけですむ場合と，場面の構造を鳥の目をもって読み取らないと対処できないことがある．特に災害のような状況では，環境と自己の関係性として空間の広がりの中で自分を客観視するということが要求される．災害ではさらに，子どもを守る養育者自身も生命の危険にさらされる．子どもと自分の両方の生命を同時に守るか，あるいはどちらかを優先させるかという利己性・利他性とも関連し，それは子別れの観点と交差する問題である（根ヶ山，2010）．

●**犯罪の危険性**　もう一つのリスクとして，犯罪がある．犯罪の場合は特に，被害を予測して未然に回避するとか相手の悪意を見抜くといった能力の有無が問われる．体力的におとなにはかなわない子どもが犯罪に巻き込まれないためには，相手の言動の不自然さや矛盾を読み取る，危険な場所や不審な人物を察知してそこから距離を置く，逃走するなどの能力が求められる．また，他の誰かに大声で通報するなどの社会的対応行動も犯罪に巻き込まれないための能力となる．年齢の低い子どもたちは外見やことばの表面的な意味によって判断が影響される可能性がより大きいため，おとなの見守りも必要である．
　子どもの危機は，当該個体の対応だけではなく，状況を判断して適切な第三者に助けを求める，あるいは誰かと連合を形成して他者の危機にあたるなど，二者以上の協力的対応により回避される場合もある．こういった社会規範の理解や向社会性行動などは，犯罪を回避するために有効な子どもの社会性といえる．
　このように子どもは事故・犯罪に遭遇しやすい要因をあわせもっており，環境に対するおとなの配慮や子どもへの安全教育などが求められる．しかし子どもは無力でおとなが守らねばならないという側面ばかりが強調されると，子どもの主体性能動性が損なわれるおそれもあり，注意が必要である．

［根ヶ山光一］

カウンセリングを通じての変化

☞「自己と語り」p. 8,
「レジリエンス」p. 440

カウンセリングは会話によって，クライエントの心理的課題を解決に導く援助を行う方法である．基本的枠組みとして，クライエントがもつかもしれないあらゆる体験や感情や思考や空想に対して，それを自由に感じ，表現できる場を用意する．「保護された自由な空間」の維持にカウンセラーは力を注ぐ．感じたことを感じてよい．同時に，感じていないことは感じなくてよい．こういう場である．

●**情動体験への注目**　セラピストは今ここに感じられる情動の体験に焦点づける応答をクライエントと共同でつくっていく．情動体験が変化の手がかりになるのはなぜだろうか．人が根本的に変化するには，「その人間が変化過程にみずから参加し，その変化の必然性を自分で納得しなければ起こらない」（牧，1977）．すなわち変化を認知レベルだけでなく，全身体的に納得することが必要である．情動体験はそれを媒介する．

情動が表現され他者に共有されることは発達的，臨床的に意味をもつ．一つの情動を感じると，次にその情動が内省され新たな気づきになる．初めの情動と，それに触発された別の情動が生じる．情動体験は一次的な情動に対する二次的なふりかえりを含み，内省のプロセスを生む（Lambie & Marcel, 2002）．

このプロセスを促進させることがカウンセリングの基本原理である．そのために，傾聴する他者が必要である．クライエントの情動体験のどの部分をとっても矛盾対立する動きがある．一つの情動が言明されたら，カウンセラーは受け取りつつ，それとは異なる感情も可能性として含まれているととらえ，応答していく．「人格変化とはあなたの反応によって，私の具体的な体験過程の推進にもたらされた相違のこと．私自身であるためには，私自身の反応が自分の感情を推進できない度合いに応じて，あなたの反応を必要とする」（Gendlin, 1966）．他者との関係で人は悩み苦しむことがあるが，他方でその解決には他者との関係が欠かせない．カウンセラーはこの他者の一人としてクライエントのそばにいようとする．

●**適切な自己関係性をつくる**　28歳の会社員Ａさん（女性）は職場での過労が一つの要因となり，長期のうつ状態におちいり，休職中である．その面接の後半に入った頃のやりとりである（Th.：面接者）．

A1：自分にとっての仕事のイメージはまだ空っぽ．もう復帰できないのではと思ってしまう．とにかく自信がない．
Th.1：復帰する自分が想像つかない．
A2：自信がないというよりもう少し冷静に，自分にはその能力がないと思える．
Th.2：何でも一人ででき，やってきたＡさんが，自分ができないというその感

覚は大切だと思う.
A3：何でもやれるこうありたい，格好のいい自分というのは確かにイメージにあったけれど，いつもどこにいても試験を受けているみたいで，あれでは続かなかったなあと思う．

　Aさんは「自信がない」（A1）というが，面接者の応答（Th.1）を経て次に「自信がないというよりも自分にはその能力がない」（A2）と前の言葉をさらに吟味し，異なった意味に転じる．Aさんは自分ができないという感覚の大切さということの意味についてその後探求するようになる．

　Aさんの場合，うつ状態におちいったときは，自分が生きていくことと仕事とのつながりを問い始めたたときでもある．こういった問いは，自分の内側での問答を繰り返すだけでは悪循環に入ってしまう．そこに介在する他者の視点をいったん経由するという契機が必要である．カウンセリングにおける変化には，自己の相対化のプロセスが必ず含まれる．自己（問題を抱えている）と自己（静かに見つめる）の距離化がプロセスの中で生じる．自己をいったん外において，他者と共有されるかたちにテーマ化されると適切な自己関係性が生まれる（森岡, 2005）．

●**変化プロセスの研究**　カウンセリングの変化プロセスをとらえるにあたって，諸要因をコントロールし，対照群と比較検討を行う実験的な枠組みの中で，心理療法の効果研究がすでに試みられてきている．しかし，一回性が基本で，関わる人や環境の多様な要因が偶発的に関連するカウンセリングの実際場面で，プロセスをふまえた研究を行うことは困難な課題がつきまとう．

　カウンセリングの会話は微細な応答の積み重ねから成り立っている．その細部の意味をとらえるために，近年，質的研究法もさかんに取り入れられるようになった（Mcleod, 2000/2007）．中でもクライエントの発話モードを分類し，プロセスにそってモードの変化をとらえる研究が注目される（Stiles, 1992；Angus & Hardtke, 1999）．Angusらはプロセスを経て，クライエントの発話が出来事の報告から，内省的なナラティヴへと変化するさまを，ナラティヴの様式を指標においてとらえている．

　クライエントの発話内容だけでなく，発話の様式に注目するという視点は，ロジャーズ（Rogers, C.）のプロセス研究（Rogers, 1959/1967）から始まり，ジェンドリン（Gendlin, E. T.）のグループによって発展した．ロジャーズは面接逐語記録を丹念にフィードバックし，コメントを加えていく試みを行った．ジェンドリンはクライエントが語る内容よりも，体験をどのように語っているかという様式がカウンセリングの成功に関連すると指摘し，クラインら（Klein et al., 1970）によって体験過程の段階をとらえていく体験過程スケール（EXPスケール）が構成された．このスケールを用いた研究は日本でも翻案され，カウンセリングのプロセスをとらえる目安になっている．

［森岡正芳］

大学生の発達支援

☞「仲間関係」p. 250,「進路選択」p. 290,「アイデンティティ」p. 430

現代の大学生は，落ち込んだり身体化や行動化することはあっても悩めない，葛藤を抱え，自分の感情と向かい合うことができないと学生相談では以前から指摘されてきた（苫米地，2006；高石，2009 ほか）．すると大学生の発達支援では，悩みに取り組み解決するための支援に加えて，悩みを悩めるようにする支援も求められているのだろうか．こうした視点は大学生の未熟化や，社会学やキャリア教育で近年指摘されている他律性・一面性をもつ大学生の「生徒化」（伊藤，1999）と関連し，高等教育を取り巻く環境の変化をふまえた検討が必要となる．

●**大学生の悩み**　自律的な青年文化の中で，一昔前まで悩むことは若者や学生の特権であり，立ち止まり，やり直すことがおおらかに許容されていた．そこでは強迫的な悩み方や，時に自死へと向かわせる実存的な悩みこそが問題であった．しかしながら，現代の大学生にも悩みがないわけではなく，例えば 2007 年の全国大学学生調査（127 大学 48,223 名を対象；東京大学大学経営・政策研究センター，2010）では，「生活に熱意がわかない」（56.2％），「進級や卒業の心配」（53.3％），「やりたいことがみつからない」（46.4％），「友達の悩み」（42.6％），「就職活動が思い通りに行かない」（24.3％）などが報告されている（カッコ内の％は「よくある」と「ときどきある」の合計）．学業や進路，対人関係，そして自己のアイデンティティにまつわる悩みを，やはり今も多くの学生が経験している．

●**発達的な課題がたちあらわれる文脈**　悩みの内容は，学生期の移行とともに変化していく．鶴田（2001）は，学生相談への来談者が語った主題をもとに「学生生活サイクル」ごとの心理的特徴を整理している．例えば入学期には，大学という新しい文化への移行とともに，以前から抱えてきた問題が語られ，「今までの生活からの分離」と「新しい生活の開始」が課題となる．そこでは，「自由の中での自己決定」と「学生の側からのオリエンテーション」が求められ，「高揚と落ち込み」が心理的な特徴としてみられる．中間期は「あいまいさの中での深まり」と「親密な横関係」が，卒業期は「将来の準備」に加えていわば「もう一つの卒業論文」に取り組むことが，そして大学院学生期には「職業人への移行」を前にして「自信と不安」が心理的な特徴として整理されている．学年の進行に沿って発達的な課題が変化し，それは前後の時期とつながってサイクルを描いていることを理解しての支援が求められよう．

学業や進路選択において，時期ごとの具体的な支援が必要だが，学生にとっては自律性や主体性こそが問われている．田中（2007）は学生相談事例の検討から，入学期における学業上の不適応の背景には，親や担任による助言や管理のな

いところで自分なりの修学目標と学び方を見出していくという課題へのつまずきがあり，それは主体性形成の問題でもあることを述べている．また，中間期から卒業期にかけては，専門科目のゼミでの学習や卒業研究への取り組みが自己のアイデンティティを問い返すような意義をもち，その問い直しの原動力の一つが他者と関わりながら学び研究することの不安であることを考察している．また本多（2008）は，進路決定の悩みを信念という視点から検討し，学生には，決定は一度きりで社会的評価が決まってしまうというプレッシャーを背景に自信がもてない自己への悩みがあり，また，周囲の環境との間で適切にやっていけるかわからないという悩みを抱えていることを明らかにしている．そこでは，信念にとらわれている自分への気づきと，主体的な決定過程が支えられることが鍵となる．

●**悩みを悩むための支援**　下山（1997）は，一連のアパシー研究を通して，「悩まない」行動障害としての回避（否認・分裂）と，「悩めない」心理障害としての自分のなさ・実感のなさ・張りのなさ，そして「自立適応強迫」性格というアパシー三次元構造モデルを検証した．悩めなさの様相については，高石（2009）が学生相談の経験から，「問題解決のハウツーや正解の提供を求める性急な学生」と「漠然と不調を訴え，何が問題なのかが自覚できていない学生」の二極化がみられると述べている．その背景には内面の情動を言語化する力が育っておらず，「こころの中の混じると都合の悪い要素は衝立で仕切るように切り離し，併存させている」解離を特徴とするパーソナリティがあることを指摘している（図1）．今の学生が，主観的には苦しさを訴えるということを一つの手がかりとして，継続する仲間関係の中に悩める場を構成すること（例えば，上級生がメンターとして相談にのるピアサポートの取り組みなど），そして，悩むことのできる時間と空間が学生生活の中に内在していると学生自身が実感できるような修学と進路選択のためのシステムを形成していくことが求められている．

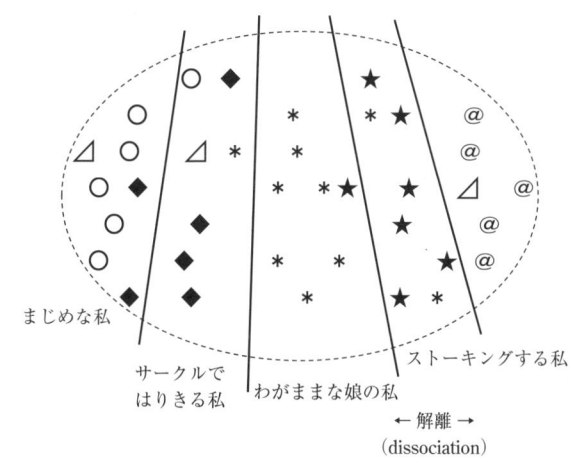

図1　パーソナリティの"解離"モデル
（高石，2000, p. 34 を改変）

［田中健夫］

15. ささえる

【本章の概説】

「ささえる」は主に発達支援を想定したものであった．障害や病気などでさまざまな困難を抱えた人々を，健常者や専門家がその人々の生活や発達を支えることが，古典的な，また狭義のささえである．

本章でも，ADHD，LD，ダウン症，自閉症スペクトラム，視覚障害，聴覚障害などの障害のささえる意味と，方法について概説されている．それぞれの障害について基本的な知識を持って関わることは重要なことであり，また支援者にとっても必須な事項である．

発達の特徴や，発達の困難な時期は，それぞれの障害で異なっている．十把一絡げにするわけにはいかない．適切なアセスメントに基づき，どの領域のどの段階で困難に面しているかを判断しなくてはならない．また，アセスメントに基づいて，具体的な支援方法を提供する必要がある．

また，障害や病気の本人への支援だけでなく，その家族やクラスへの支援が求められている．

特に，障害児の兄弟への支援は非常に重要と言われている．

発達障害などの児童生徒が学校のクラスで授業を受ける場合，その児童生徒への支援だけではなく，クラスの授業のデザインそのものを変えてゆく必要があると考えられるようになってきた．「教育のユニバーサルデザイン化」とよばれ始めていることである．すべての子どもが理解し，参加できるような授業のデザイン化の試みが各地で行われている．

だが，今，発達をささえることが必要になってきているのは，上記のような障害や病気の方々だけではない．

さまざまな方々が支えを必要としている時代となっている．

2001年に日本発達心理学会，日本教育心理学会などが連携し，臨床発達心理士という，発達支援の心理専門職を創設した．

臨床発達心理士の資格が立ち上がった際，この資格の趣旨の一つについて以下のように述べられている．

「私たちは出生してから人生の最期を迎えるまでの生涯発達の経緯の中で，さまざまな問題や障害に直面し，あるいは，それらの兆候に出会う．その際，私たちは個人の内的な発達機構による調整や努力だけでなく，他の人々や社会・文化のシステムの支援を受けて，これらの問題に対処したり，解決をしながら自己を変え成長し，またさらに，その私たちが他者や社会・文化に影響をもたらし，変えてゆく（長崎他，2002）．」

すべての人は「生涯発達の経緯の中で，さまざまな問題や障害に直面し，あるいは，それらの兆候に出会う．」という認識であり，支援を受けるのは特別なことではない．

特に，近代社会において，血縁や地縁による共同体が崩壊し，それにかわるつ

ながりによるささえることが求められている.

　本章の後半の部分では,このようなささえを扱っている.

　本章では子育て支援の項目はないが,子育ての困難性から,虐待を受けた子どもの発達支援,貧困への支援など現代の家族や社会が抱える困難性へのアプローチでもある.

　2011年3月11日に起こった東日本大震災は,地震・津波だけでなく,原子力発電所の事故も加わり,今まで私たちの国・社会が経験したことがない深刻な,また広域・長期間にわたる未曾有の大災害となり,多くの人々がまた子どもたちが被災し,いまだに深刻な被害を被っている.阪神淡路大震災から,わが国でも災害を受けた子どもたちへの支援の実践が行われるようになってきた.

　どこでも,だれでも遭遇する可能性のある災害に際し,子どもたちへの支援は常に考えておかなくてはならないことである.

　キャリア支援も従来であれば,子育てや,一般の教育の中で行われていたはずのものであったろうが,そこに特化した支援が必要になってきている.

　貧困の支援は,ますます拡大する現代の貧富の格差に対し,私たちの社会が何をすべきなのかを,あるいはどのような社会を創っていく必要があるのかを問うている.

　このように,「ささえる」の意味は広い.

　すべての人々が,すべての発達段階において,ささえ,ささえられる,そのような社会と時代に入っているといえよう.

　これからの時代の「ささえる」を考えていただく契機となれば幸いである.

〔長崎　勤〕

引きこもりなどの就労問題に取り組む発達支援研究センター（毎日新聞社提供）

ADHD・LD児者の発達支援

☞「実行機能」p. 86,「読み書き」p. 140,「超低出生体重児の予後」p. 280

● **ADHD・LDの概念** ADHDは,注意力の持続が困難で,落ち着きがない,衝動性が高いという行動を特徴とする．ADHDの定義には,ICD-10とDSM-Ⅳがある．診断基準はともに,不注意,多動性,衝動性の症状に基づいている．DSM-Ⅳでは,ADHDと広汎性発達障害の両方の症状がある場合には,広汎性発達障害が優先される．

学習障害（LD）の定義には,医学上の定義としてのLD（learning disorders）と教育上の定義としてのLD（learning disabilities）の二つの側面がある．

医学上の定義は,ICD-10,DSM-Ⅳともに,感覚障害や教育歴の問題がないにもかかわらず,知的能力から期待される読み,書き,算数（計算）の学業成績に著しいおくれを示すものを学習障害と診断している．

他方,教育上の定義としてのLDは,1963年にアメリカで提唱された概念であり,文部科学省の定義もこれに相当する．この定義では,次のことがあげられている．①学習障害は,知的障害と区分されること,②発達障害としての中枢神経系の機能障害を背景に認め,環境要因でないことを明らかにしていること,③学習障害の主症状が「聞く,話す,読む,書く,計算する,推論する能力の困難さ」であること,である．医学的定義では,「読み,書き,計算（推論）」という学力困難だけに限定していたが,教育的定義は,「聞く,話す」というコミュニケーションの困難まで含めており,幅広い概念であることが指摘できる．

近年,アメリカでは,「個別障害者教育法（IDEA）」(2004)の「施行規則」改定にあたり,LD判定をRTI（response to intervention）に基づいて行うことができるとしており,RTIがLD判定の方式として注目されている（清水,2008）．RTIとは,読み書きの学習指導で困難がみられた場合,診断に先立って一斉指導の中で教育的介入を行い,介入の応答的効果を評価しながら段階的に個別的指導に移行し,LDの診断につなげるという診断モデルである．

● **ADHD・LDのアセスメント** アセスメントは,障害の実態把握を行い,支援の方策を明らかにするため行う．

ADHDのアセスメントとしては,文部科学省による「小・中学校におけるLD（学習障害）,ADHD（注意欠陥/多動性障害）,高機能自閉症の児童生徒への教育支援体制の整備のためのガイドライン（試案）」の中の判断基準（試案）を利用することができる．ADHDの定義は行動特徴に基づく定義であるため,欧米を中心として標準化された質問紙調査が開発されてきた．日本で利用できる質問紙調査としては,Conners 3 日本語版（コナーズ）を利用することができる．

LDのアセスメントは，行動質問表と標準学力検査，知能検査（田中ビネー検査，WISC-Ⅲ，WISC-Ⅳ，K-ABC検査，ITPAなど）を利用して行われる．行動質問表としては，LDI-Rが用いられる．中核症状である読み書き障害の実態把握には，宇野ら（2006）の「小学生の読み書きスクリーニング検査」を利用できる．音読の評価に関しては，稲垣ら（2010）の「読み検査課題」と「読み書きの症状チェック表」を利用できる．

● **ADHD・LDの支援**　ADHDの支援を考えるうえで，バークレー（Barkley, R.）によるADHDのモデルは参考になる．バークレーは，自己制御の大きな構成要素として，（A）行動抑制，（B）実行機能，（C）運動制御・流暢性・統語をあげた．（A）の行動抑制は，生じやすい行動や進行中の行動を中断し，（B）の実行機能を作動させる機会をつくるという点で重要な要素とされた．その結果，運動が制御され，目標に向けた行動が可能になる．（B）の実行機能の内訳として，四つの要素を指摘した．四つの要素は，非言語的作業記憶，言語的作業記憶，情動・動機づけ・覚醒の自己調節，再構成である．ADHDでは，行動抑制がうまくいかないために実行機能の不全が生じる．困難な場面に直面すると，行動の切り替えが難しく（再構成），問題解決の弱さとして現れる．困難な場面について，あらかじめ話しあい，予防的に対応することで，対処スキルを形成する指導が効果的である．ADHDは，「状況がわかっていてもうまく行動できない」という実行機能の弱さをもつので，失敗と叱責の経験が多い．自己効力感の形成とともに，問題行動が二次的に定着しないよう配慮する指導を行う必要がある．

　LDの中核症状である，読み書き障害が生じる背景については，視覚的認知に関わる障害，音韻処理に関わる障害など，複数の仮説が提案されている．視覚認知の弱さが認められる事例のうちで，相対的に聴覚記憶が強い者に関しては，聴覚記憶を利用した支援が効果的である．ひらがなや漢字を構成する画要素は言語化できるので，言語的手がかりを利用した指導が効果的である．他方，相対的に聴覚記憶が強いとはいえない者においては，ひらがなや漢字単語の意味と読みに関わる教材を含めた指導が効果的である．

　他方，音韻処理の弱さが認められる事例では，音韻意識を促す指導，特殊音節の読み書きの指導，ひらがな単語の読みの指導による支援が必要となる．音韻処理に弱さを示す事例では，ひらがな文の流暢な音読に困難を示す者が多い．このような事例では，ひらがな単語の読みの改善を指導する．また，聴覚記憶の弱さを示す者も多く認められるので，イラストを利用した漢字単語の読み指導を行うことが必要である．音韻処理と聴覚記憶に弱さを示す事例では，漢字の書字指導に先立って，漢字の読みの指導を行う必要がある．書字指導では，部品から漢字を構成させる課題のように，言語的手がかりを利用せずに，漢字の組み立てを学習する課題を行うことが効果的である．　　　　　　　　　　　［小池英敏］

ダウン症児者の発達支援

☞「ことばのおくれ」p. 12,
「遺伝性疾患の発達と予後」p. 270

　ダウン症候群という呼称の由来は，1866年，医師のダウン（Down, J. L.）が初めて論文を発表したことによる．当時は，身体的特徴が蒙古人種に類似していると記述されたため，「蒙古症」とよばれたが，1959年にダウン症の原因が染色体異常であることが確認されたことに加え，差別的視点を廃するために，現在の名称が用いられるようになった．ダウン症の原因は染色体異常であり，21番目の染色体が1本多い「21トリソミー型」（約95％），「転座型」「モザイク型」の3タイプがある．出生率は約1/1000人であるが，母親の加齢により出生頻度が高くなることが報告されている（Allen et al., 2009）．身体的には，短頭，低くて小さい鼻，短く太い指，筋緊張低下などさまざまな奇形を合併することが多い．心疾患，眼科系（屈折異常，白内障など），耳鼻科系（難聴など），頸椎異常などの合併症を伴うことが多く，以前は短命であるとされていたが，医療技術の進歩と早期治療により，予後は良好であり，就労し，社会で活躍するダウン症児者も増えている．近年，ダウン症の出生前診断が一部可能になりつつあるが，適切な情報提供とカウンセリング，倫理的問題などの点で，議論すべき課題は多い．

●**ダウン症児者の発達特性**　発達初期には運動発達の問題が顕著であるが，歩行後は言語表出の遅れが目立つ．運動機能については，筋緊張の低下を背景として，全般的な遅れと，腹筋をはじめとする筋力と平衡機能の弱さ，手先の巧緻性における問題が特に顕著である．筋緊張の低下は，このほかにも，歩行・運動への拒否感，足の変形，意欲低下などに影響を及ぼすため，早期からの支援が必要である．認知領域では，聴覚的情報処理，継次処理に比べ，視覚的記憶などの視覚的情報処理や同時処理の方が良好である．比較概念，数概念をはじめとする抽象概念の困難さが認められる．

　言語領域では，前言語期から，さまざまな遅れや質的な問題が指摘されている．交互注視をはじめとする注視の柔軟性やコントロールの遅れ，リーチングや指さしといった身ぶりや発声の問題，身ぶり＋発声＋視線といった複合的手段の少なさ，要求行動の遅れなどが指摘されている．相互交渉においては，反応の遅さ，主導的な共同注意の少なさといった特徴がある．言語獲得後は，全般的な遅れはあるものの，語彙，理解言語や語用能力よりも，言語表出と音韻面に遅れと困難さをもつ．言語発達における遅れは，知的発達による影響のほかに，聴覚的短期記憶や，単語を構成する音節数や「韻」などの語音を理解する音韻意識の困難さが背景にあると指摘されており，言語獲得初期に，単語の語頭もしくは語尾のみで表現する（例：「りんご」を「ご」とのみ表出する）時期が長いのは，その一

つの表れであろう．構音の不明瞭さは，これらの問題のほかに，筋緊張低下，呼吸や発声器官，聴覚や運動記憶の問題などが影響している．会話上では，複文使用の少なさ，「今，ここ」を離れた事象への言及の遅れが指摘されている．行動・性格特徴としては，臨床的知見から，人への志向性の高さ，明朗，穏やかで共感性が高く，音楽や身体表現を好むことが多いことが指摘されている．

一方，青年期・成人期になると，身体面（外観的変化や運動能力の低下など），心理面（情緒不安定，自己中心性，引きこもりなど）の加齢変化により，活動水準の低下や適応的な生活水準が急激に低下する「退行」現象を示す症例が報告されている．アルツハイマー病との関連をはじめとする神経学的変化や環境の変化などが要因として考えられるが，原因究明，体系的な支援が急務である．

●**ダウン症児者の発達支援**　染色体検査により生後1か月程度で診断されることから，0歳からの超早期教育（療育）が可能である．障害告知時における正確な情報提供（原因，予後，養育・社会資源利用など）は，家族の障害認識・受容を大きく左右する（小野里，2011）．継続的な専門機関の利用，家族への包括的なソーシャルサポートにより，親子間の適切な相互交渉と生活を支えることが，二次障害防止と早期教育の長期的効果につながる．身体面では，特に乳幼児期・学童期における合併症の治療と定期的な医学的チェック，肥満防止が重要である．離乳食期からの摂食指導は，正しい摂食方法の習得による肥満防止と構音発達にとって有効である．

言語支援では，ダウン症児の特徴を補完するために，意図的なコミュニケーション機会の設定と子どもの表出への敏感な応答による子ども主導の相互交渉とその持続，語彙獲得のための共同注意，代弁，拡張（語を付け足す）といったおとな側の相互交渉スタイルについての支援（長崎・小野里，1996）も重要である．スクリプトという認知的基盤を支えにした共同行為ルーティンによる言語指導は効果をあげている．ほかにも，サインによる言語指導，会話時における絵カードなどの視覚的手がかりの利用は，ダウン症児者の視覚的記憶力の良好さ，模倣能力の高さを利用しており，いずれも一定の成果をあげている．ダウン症児者の特徴として，認知能力や言語能力に比し，言語表出や手先の巧緻性の困難性が顕著であるなど，能力の個人内較差が大きいことがあげられる．臨床的知見として指摘される「頑固さ」の背景には気質も考えられるが，能力の個人内較差による不全感の蓄積，発達不相応の関わりによる誤学習も大きな要因として考えられるため，早期からの配慮が必要である．近年では，青年期における言語支援，アカデミックスキル支援の有効性が認められており，退行への予防プログラム作成が望まれる．退行への予防としては，ほかに，機能的なコミュニケーション能力，能動的な活動への参加，余暇支援，対処能力の獲得など，早期からの継続的支援も重要であろう．

［小野里美帆］

自閉症スペクトラム障害の発達支援

☞「ことばのおくれ」p.12,「自閉症と知覚」p.46,「規格外であること」p.220

　自閉症は先天性の脳機能障害を主原因とする発達障害の一種であり，カナー（Kanner, L.）によって1943年に初めて報告された．対人的相互反応における質的障害，意志伝達の質的障害，反復的・常同的な行動・興味・活動のパターンなどを基本的な特徴とする．国際標準的な診断基準であるアメリカ精神医学会の「精神疾患に関する診断と統計マニュアル（第4版）」（DSM-Ⅳ）では，「広汎性発達障害」というカテゴリーで包括されている．近年では自閉症的な特徴をもつ障害を連続体としてとらえる「自閉症スペクトラム障害（autism spectrum disorder：ASD）」という概念に移行しつつあり，DSMの第5版では「自閉症スペクトラム障害」に名称が変わった．

● **ASDの認知特性**　ASDの認知的な特性として共同注意，心の理論，中枢性統合，実行機能の障害がある．共同注意は他者の意図理解に関係する社会的認知の初期形態であり，言語を含む文化学習の基盤になるが，ASDにおいては共同注意の機能に障害があり，それによって社会性の発達の困難が生じると考えられている．共同注意に続く社会的認知の発達指標として心の理論がある．自己や他者の欲求，信念，感情などの心的状態の読み取りは心の理論を基盤にしているが，ASD者は心の理論の獲得に困難が生じることが明らかになっている．また，細部に対する過度な注意力と正確な知覚の一方で，全体を統合的に把握することの難しさがあり「木を見て森を見ない」傾向があるが，これは中枢性統合の弱さの問題として説明されている．さらに，現前の刺激にとらわれず，ゴールへの見通しをもち計画を立てて目標を達成することに困難をもつこともASD者によくみられることで，これは実行機能の障害として説明されている．

● **ASDのアセスメント**　ASDのアセスメント法として，日本ではPARS，CARS，PEP-Ⅲなどがよく使われている．PARSは保護者など子どもをよく知る人へのインタビューによって幼児期や現在の問題を評価する尺度で，CARSは日常的な行動を観察し評定する尺度である．PEP-Ⅲはテストや行動観察を通し，言語や運動などの発達レベルや自閉症に特有の行動の有無について評価する検査法である．そのほか，心の理論の獲得状況を評価するため「サリーとアン課題」などの誤信念課題も使われることがある．しかし，知的障害のないASD児においては言語力が9歳レベルに達すると「サリーとアン課題」のような一次の誤信念課題は通過できるようになることも指摘されており（Happé, 1995），その結果は発達年齢との関係で慎重に解釈される必要がある．

● **ASDの支援法**　ASDの支援法として，スキナーの学習理論を現実場面の問

題解決に利用する応用行動分析に基づくアプローチ，ASD 児者の認知特性に配慮し生活・活動する環境の最適化を図る支援方法論である TEACCH，発達論的な枠組みに基づく太田の認知発達治療法や SCERTS モデルなどがある．

　応用行動分析は特定の望ましい行動を増やす，新しい行動を獲得する，獲得した行動を維持する，獲得した行動を訓練された状況からほかの状況に般化させる，問題行動を減らす，などを目標とする．音声言語や非言語的なコミュニケーションスキル，日常生活スキル，読み書き・計算などのアカデミックスキル，ソーシャルスキルなどの獲得が具体的な介入の標的となる．応用行動分析によるアプローチにおいては，最近では生活文脈が重視されるようになり，子どもにとっての自然で自発的な動機づけに基づく行動に重点が置かれるようになった．

　TEACCH (treatment and education of autistic and related communication-handicapped children) では，ASD の認知特性に配慮し環境を構造化することが支援のポイントとなる．何らかの活動が行われるエリアを視覚的に明確化するなどの空間の構造化や，従事する活動において，何をどういう順序で行うかをスケジュール表や手順表などによって示すなどの時間の構造化が行われる．場面や展開への見通しを与えることで不安感を軽減させ，自発的に行動しやすくすることが構造化の主なねらいである．空間の構造化は中枢性統合の弱さに対する，時間の構造化は実行機能の障害に対するサポートと考えることができる．理解を助けるために視覚的手がかりを提供することも TEACCH による支援の特徴である．

　太田らは自閉症における障害の本質は象徴機能の出現の著しい遅滞とシンボル操作の障害であると考え，象徴機能の発達を促進することを目的とする認知発達治療法を開発した（太田・永井，1992）．また，コミュニケーション発達理論を基盤とし，これまでに有効性が確認されている ASD へのさまざまな支援法を包括した SCERTS (social-communication, emotional regulation, and transactional support) モデルも近年注目されている（Prizant et al., 2006）．SCERTS では，社会コミュニケーション，情動調整，交流的支援の 3 領域を柱とした支援が行われる．社会コミュニケーションの領域においては共同注意とシンボル使用の能力を高めること，情動調整においては情動の調整不全状態から回復するために有効な方略を獲得することなどが目標となる．交流的支援は，環境やカリキュラムの調整などを含む教育と学習の支援，他児とともに学び他児との関係を発展させるためのサポート，子育てへの自信と能力を高めるための家族のサポートなどが学校や家庭と連携して行われる．

　英国自閉症協会の提唱する SPELL（Structure＝構造化，Positive＝肯定的な対応，Empathy＝共感，Low arousal＝低覚醒，Links＝連携）は ASD 者へのサポートのポイントを一般の人たちに示すキーワードとして広く知られている．

［藤野　博］

視覚・聴覚障害児者の発達支援

☞「発達の壁」p. 452

　視覚・聴覚障害は，感覚からの情報入力の障害あり，それぞれの障害による知覚・認知特性と障害の程度に応じた乳幼児期からの発達支援が重要である．

●**視覚障害児者の発達支援**　視覚障害とは，眼球，視神経経路，脳のいずれかの器質的または機能的な問題にともない，永続的な視覚機能（視力・視野など）の低下があり，活動や社会生活上に制約のある状態と定義される．学校教育法施行令22条の3にある就学基準では，「両眼の矯正視力がおおむね0.3未満のもの又は視力以外の視機能障害が高度のもののうち，拡大鏡等の使用によっても通常の文字，図形等の視覚による認識が不可能又は著しく困難な程度のもの」と，矯正視力0.3未満程度になると学習・生活上特別な教育・支援が必要となる．

　盲児は，視覚表象の有無から早期盲と後期盲に分類され，3〜5歳以前の失明では視覚表象は残らないとされる．先天盲乳児は外界の事物・事象を視覚的に「一目瞭然」に把握できず視覚的模倣による学習も不可能なことから，探索行動の発現におくれを示す．平均独歩年齢は20か月であり，微細・粗大運動など発達全般，日常生活の動作の習得に影響を及ぼす（五十嵐，1993）．初期発達における視覚障害の影響は大きく，可能な限り早期からの発達支援が，その後の二次的障害の軽減と良好な発達を促すうえで欠かせない．また，盲児は事物・事象の直接体験の制約があり，触覚による表象は独自である．このため，例えば，視覚せずとも実際の魚と切り身の魚との関連を観察できるような，豊かなイメージをはぐくむ直接体験の準備が概念形成の基盤として不可欠であり，そうした発達環境が十分でないとき，思考の抽象化・概念化は阻害され，バーバリズム（言語主義：経験的に裏づけられていないことばのうえだけでの連想による言語表出）に陥る．

　障害の程度からは，主として点字などにより触覚を活用する盲と，視覚を活用し学習する弱視に分類され，盲乳幼児では触覚活用（触-運動統制・触覚弁別力など），弱視乳幼児では視覚活用（視覚探索・目-手協応など）の指導と，それらを活用した認知学習が不可欠である．矯正視力が0.2の弱視児であっても，板書は見えず，読み書きのスピードは遅く，定規・分度器などの道具の使用，計量，作図，実験，観察，図工や家庭科・体育といった実技と動作模倣を中心とした学習は，読み書き以上に困難である．このため，視覚障害児は健常児と同じ分量の内容を同じ教育方法・時間で学ぶことが困難であり，学齢期には点字触読，弱視児における普通文字の読み書きおよび弱視レンズの活用指導などの系統的・継続的指導が欠かせない．また，触覚によって操作・認知可能な定規や分度器・触図，見えにくさに配慮した道具や図表など，視覚障害児に特別に工夫された教材教具・

道具の準備は，教育の成否と発達に直接的に影響する．

●**聴覚障害児者の発達支援**　聴覚障害とは，耳，聴神経，脳のいずれかの器質的または機能的な問題にともない，永続的な聞こえの能力に障害のある状態と定義される．学校教育法施行令22条の3にある就学基準では，「両耳の聴力レベルがおおむね60デシベル以上のもののうち，補聴器等の使用によっても通常の話声を解することが不可能又は著しく困難な程度のもの」とされ，学習やコミュニケーションなどの困難に応じた特別な教育・支援が必要となる．

　音が聞こえない・聞こえにくい状態は，出生後まもない先天性の重度聴覚障害では日本語の獲得に大きく影響し，言語能力を基盤とした読み書き能力や教科学習にも影響を及ぼす（石原，2011）．軽度の難聴であっても，取得できる情報の不確かさ・不十分さは，学力の向上や仲間・社会における適応に心理的課題をもたらすことになる（四日市，2008）．また，後天性の聴覚障害については，障害の発生が音声言語獲得過程の2〜3歳以前では，その発達に大きく影響を及ぼす．一方，言語獲得期以降の障害は，言語面や心理的な発達，特に社会生活で孤立感を感じたり，社会適応に課題をもつことも少なくない（四日市，2008）．

　乳幼児期の言語発達は，母親などとのコミュニケーションを中心とした言語獲得環境におかれることが必要不可欠であり，聴覚障害によってその環境が阻害されると言語機能が十分に発達せず，次第に言語障害・コミュニケーション障害が顕在化するため，聴覚障害の早期発見と可能な限り早期からの適切な補聴が重要である．また，言語学習には臨界期・適時期があり，早期からの聴覚活用と言語指導の開始，読話・手話などの視覚的手段などを含めた日本語の基礎の修得を中心とした全人的な発達支援が不可欠である．児童期では3〜4年生頃になると，教科学習の内容が難しくなり，読み書き能力や文脈に即した言語の使用と理解力が学習の基盤として必要となることなどから，学習に困難を示すことが少なくない．古くから「9歳レベルの壁」といわれており，具体的操作段階から形式的操作段階へと思考の段階が飛躍する移行期における停滞といえる．思考の中核である文字言語を学習手段の中核とし，具体の体験に基づく抽象化や文脈理解力を育てることが，聴覚障害児の特性に応じた学習支援の視点から重要である．

　言語コミュニケーションの手段には，音声言語（聴覚口話），手話・指文字，キュード・スピーチ，筆談などがあり，個々の発達の状態やニーズに応じて，適切なコミュニケーションの成立の視点から選択・併用することが重要である．

●**感覚障害における教育の役割**　情報の入力障害である視覚・聴覚障害は，子どもの学習と発達に二次的影響を及ぼす一方，早期からの適切な教育によって最終的にはそれを補って十分な能力の伸長，高等教育機関への進学や社会的自立に至る．したがって，感覚障害は，一人ひとりの発達に対して教育の担う役割が非常に大きい障害であるといえよう（石原，2011；佐島，2008）．　　　　　　［佐島　毅］

障害児者のきょうだい
への発達支援

☞「きょうだい」p. 476

　障害児者の兄弟姉妹（きょうだい）への支援の必要性は，小児科医のホールト（Holt, 1958）が最初に指摘したといわれている．きょうだいは，障害児者（同胞）を支える家族として，良き理解者・援助者であることが強調されてきたが，近年では，発達支援が必要な当事者であり，中でも心理的援助が重要であると，その役割や立場への認識が変化している．欧米では，公的事業の一つとして，きょうだい支援が実施されている場合もある（例えばMeyer & Vadasy, 1994）．きょうだいへの発達支援については，その心理について個別性を重視しながら詳細に分析していくこと，ならびに具体的な発達支援の方法を構築していくことが重要であることが指摘されている（高瀬・井上，2007）．

●**きょうだいの心理**　きょうだいの心理について，マイヤーら（Meyer & Vadasy, 1994）は，きょうだい自身を「特別なニーズ」のある子どもとし，特有の悩みをもつと述べている．それは，「過剰な同一視（いつか同胞と同じ障害をもつのではないか，と思ってしまう）」「恥ずかしさ」「罪悪感」「孤立（同胞の療育に親がかかりきりになる）」「正確な情報の欠如」「将来に対する不安」「憤り，恨み」「介護負担」「完璧さへの圧力（親から期待をかけられる）」などである．このような悩みやストレスは，きょうだいの社会性や情緒の発達にネガティブな影響を及ぼす可能性が指摘されている．一方，きょうだいが同胞とさまざまな経験を重ねていくことは，きょうだいの発達に肯定的に作用することも述べられている．これは，得難い体験とよばれ，「精神的に成熟する」「洞察力が深まる」「忍耐力がつく」「感謝がもてる」「職業選択のときに迷わない」「同胞を誇りに思える」「同胞への忠誠心がもてる」「障害児者への権利擁護意識が高まる」と整理されている．こうした否定的側面と肯定的側面は，相互に関係性があると考えられるが，肯定的側面については，かなりの紆余曲折を経てたどりついたものであると述べられていることを見逃してはならない．

　中村・菅野（2011）は，きょうだいの障害受容，障害理解，兄弟姉妹関係の認識に関する心理の変遷を検討した．表1のカテゴリに基づき，きょうだいの回想的な語りを分析した結果，事例の多くが，現在の心境に至るまでさまざまな感情をもっていたことが認められた．また，「障害を受け入れやすい家庭環境」といった環境的要因，「同胞（障害児者）の長所・成長認識」や「同胞に対して障害とは切り離した尊重・見守り」といった同胞への認識の変化が肯定的認識に影響を与えたと分析された．

　また，きょうだいの心理については，同胞の障害の種類や程度，同胞やきょう

だいの性別，出生順位，兄弟姉妹の人数，親の養育態度といった要因からも分析が行われている（柳沢, 2009；三原, 2000など）．要因を統制して整理していくことが難しいことに加え，家庭環境，地域資源，そして社会情勢によっても状況は異なるので，個別性を十分考慮したうえで，きょうだいの心理の把握に努めることが必要である．

●**きょうだいへの発達支援** きょうだいへの発達支援について，代表的な例としては，アメリカのシブショップがあげられる（Meyer & Vadasy, 1994）．児童期から青年期のきょうだいに対する心理的支援プログラムで，きょうだい同士でのレクリエーション活動（キャンプ，スポーツ，料理，ゲームなど）や話し合い活動を通して，日頃はできない体験をすることや，親に言うことが難しいきょうだいの悩みや不安などについて共有したり，他のきょうだいがどのように対処しているのか知ることがプログラムに含まれている．これは，きょうだい同士のネットワークづくりにも役立っている．また，きょうだいがもつ特有の悩みや体験，さらには同胞の障害について，専門家や親をまねていて学習するような機会も設定されている．またシブショップ以外にも，イギリスのリバプールにおいて，「リバプール家族支援プロジェクト」に登録している家族のきょうだいを対象とした支援（Naylor & Prescott, 2004）などが報告されている．

　日本では，セルフヘルプグループ（例えば，「全国障害者とともに歩む兄弟姉妹の会」）や親の会の下部組織として結成されたきょうだい会により，きょうだい同士が情報交換や学習を行い，親睦を図る場所や機会を提供することや，年齢の若いきょうだいのグループ活動などが行われている．しかし，実施団体が少ないのに加え，継続的な活動に至っていない場合もあり，さらなる支援の展開が望まれている．

[菅野和恵]

表1　分析カテゴリ

A.	同胞の障害理解とそれに伴う感情
A1：	障害の気づき，疑い・発見
A2：	怒り・不安・恥ずかしさ
A3：	関わることで感じる楽しさ・嬉しさ・親しみ
A4：	同胞の長所・成長認識
A5：	積極的コミュニケーションや相互的関わりの困難さの認知
A6：	障害名を知っての納得
A7：	あきらめ
A8：	苦しみ・悲しみ・後ろめたさ
A9：	誤った障害理解
B.	**同胞との関係性への感情**
B1：	健常者同胞であればという願望
B2：	同胞に対する積極的意味づけ
B3：	兄弟姉妹関係の肯定的認識
C.	**兄弟姉妹関係に関する諸要因**
C1：	同胞やきょうだいに対する親の関わり
C2：	障害を受け入れやすい（にくい）家庭環境
C3：	周囲からのいじめやからかい
C4：	同胞の存在を周囲に隠す
C5：	同胞の存在を温かく見守る周囲の環境
C6：	社会の無理解・偏見・差別
C7：	障害者政策・制度への不満
D.	**きょうだいの役割の意識**
D1：	保護的役割の自覚
D2：	きょうだいとしての自己認識
D3：	将来への使命感
D4：	戸惑い（年少きょうだい）
D5：	不安・負担感
D6：	切り離し
D7：	自己価値維持への努力

教育分野におけるユニバーサルデザイン

☞「規格外であること」p. 220,「健常と障害」p. 470,「教育政策」p. 560

　アメリカのノースカロライナ州立大学のメイス（Mace, R. L.）によって提唱されたユニバーサルデザイン（universal design：UD）の理念は，バリアフリーの理念を踏まえつつ，より万人が利用可能な製品や建物，生活空間をデザインすることとしている．

　近年，このUDの理念を教育分野に取り入れ，特別支援教育の理念と重ねて小・中・高等学校の授業づくりおよび授業改善に役立てる実践や提言などがある．

●**教育分野におけるUDの定義および考え方**　教育分野でとらえられているUDの定義，あるいは使用者の考え方について読み取れる内容を表1に示す（Cinii

表1　近年の教育実践などから読み取れるUDへの定義および考え方

吉田・伊藤 (2004)	（アメリカの高等教育におけるUDを概観しつつ日本の高等教育の課題を述べる中で）障害学生が学びやすい大学は，誰もが学びやすい大学である
佐藤・太田 (2004)	（通常の学級において）学習障害（LD）などの子どもに「なくてはならない支援」，どの子どもにも「あると便利な支援」
長江・細渕 (2005)	（知的障害特別支援学級在籍児童を対象に）知的障害児が通常の授業に参加するうえでの困難を解消するバリアフリーの発想から，障害児も健常児もすべての子どもたちの教育的ニーズに対応する授業
広瀬 (2007)	（e-learningをUDの視点で構築するにあたり）多様な学習者に対する支援や配慮をシステムとして構築していくことは喫緊の課題であり，それは単なる少数の障害者のためではなく，一般学生にとっても多大な恩恵をもたらす
渡辺他 (2008)	家庭科教育においてUDの基本精神に基づき，生活の課題や問題点をみつける
藤芳 (2009)	（テストのUD研究から）試験開始当初から障害を有する受験者をはじめ，すべての受験者に公平に配慮して設計する手法
木下 (2010)	個と集団への指導効果が期待できる通常の学級での授業スタイル
柴崎他 (2009)	（拡大教科書およびデジタル教科書構想において）一般の児童生徒はもとより，さまざまな障害や個性にかかわらず，みずから使いこなせる教科書のあり方を追及するデザイン
CAST(2011)：バーンズ亀山・金子（訳）	（CAST：教育に関する応用テクノロジー研究機関として，学習のユニバーサルデザインの普及に貢献）UDLを「提示に関する多様な方法の提供」，「行動と表出に関する多様な方法の提供」，「取り組みに関する多様な方法の提供」の9観点からガイドラインを提示
漆沢 (2011)	どの子にもわかりやすい授業を，どの子にもわかったという喜びを感じることができる授業
廣瀬 (2011a)	教科教育と特別支援教育を融合させ，障害の有無にかかわらずすべての子どもがわかる授業づくり（バリアフリー的支援や配慮およびUD的支援や配慮を総合してUDと考える）
桂 (2011)	学力の優劣や発達障害の有無にかかわらず，すべての子どもが楽しく「わかる・できる」を目指して工夫・配慮する通常の学級における国語授業のデザイン

Articles 検索［UD ＆ 教育 2000 年以降］などより）．

　表 1 によると，UD の基本的な理念に基づき，小・中学校義務教育段階および高校や大学などの高等教育において，論文中，執筆者による UD の定義化がなされている．さらに定義化した UD の考え方に基づき，通常の学級での授業，特別支援学級での授業，特別支援学級在籍児童の通常の学級における交流および共同学習での授業，高等学校での授業，そして大学での授業ならびに大学入試に関するテスト UD と，教育実践レベルでの報告がなされている．

●**学校教育法第 81 条第 1 項から考える通常の学級での UD**　小・中学校において発達障害の状態像を示す児童生徒が 6％程度存在する事実から，改正学校教育法第 81 条第 1 項は新規に規定された条項である．

「幼稚園，小学校，中学校，高等学校及び中等教育学校においては，<u>（①）次号各号のいずれかに該当する幼児，児童及び生徒，（②）その他教育上特別の支援を必要とする幼児，児童及び生徒</u>に対し，文部科学大臣の定めるところにより，<u>（③）障害による学習上又は生活上の困難を克服するための教育を行うものとする．</u>」（文中の①〜③および下線は筆者が記したもの）

　上記第 1 項の①は，視覚障害や知的障害などの特別支援学級に在籍する児童生徒のことをさし，②は通常の学級に在籍している発達障害を含めた障害のある幼児児童生徒を示し，③の意味することは特別支援教育そのものをさしているのである．

　つまり，学校教育では，障害のある幼児児童生徒に対し個々のニーズに応じた適切な教育を行うという考え方から，例えば通級による指導の場での特別支援教育の実施とともに，通常の学級でも特別支援教育を実施することになる．

　そこで，廣瀬（2011b）は質の高い授業を前提としつつ，通常の学級担任が行う特別支援教育の具体策として，バリアフリーの考え方による指導や支援と，UD の考え方による指導や支援の両視点から具体例を提案している．また，佐藤（2011）は，授業の UD は学校経営や学級経営と表裏一体であることを前提としながら，授業研究の重視とその観点を示している．

●**教育分野における UD の今後**　教育分野における UD は，まさに研究や実践の途についたばかりの感がある．そのため，教育分野における UD の一般的な定義がないことから，今後も，各研究者および教育実践者は，本来の UD の理念を具体的に定義化し，そのうえで研究ならびに実践を積み上げ，さらにそれらの成果を評価していく必要があると考える．

　UD が流行のことばで終わってしまわないように，教育分野における UD の成果や限界を見極めるためにも，先駆者の研究や実践の再現性を今後も図る必要があると考える．

［廣瀬由美子］

虐待を受けた子どもの発達支援

☞「ドメスティック・バイオレンス」p. 210,「犯罪被害」p. 498

　児童虐待を定義することは実は簡単ではない．わが国では児童虐待防止法（通称，防止法）に四種の虐待行為が例示とともに示されているが，そこでは①加害者が保護者である，②児童を傷つける行為が偶発的なもの（事故）ではないという共通点があるのみで，虐待とは何かという定義があるわけではない．種別としては，①身体的虐待，②性的虐待，③心理的虐待，④ネグレクトと規定されている．わが国の法規定には課題も多く，加害者を保護者に限定することが性的被害の過小評価につながりかねない危惧なども指摘される．児童が直接的な暴行にさらされていない場合でも，両親間のDV（domestic violence）を目撃し続けることは児童への心理的虐待に該当すると定義されている．

　現行の防止法の施行は平成12(2000)年であるが，以後，全国の児童相談所（児相）が相談受理した虐待件数は年々増加していて，平成22(2010)年度には速報値で5万5,000件（宮城県・仙台市・福島県を除く）を超えた．調査対象となった69の都道府県・政令市・中核市の中で前年比が減となったのはわずか9個所であり，地域を問わない増加傾向が続いている．ただし，これは発見体制が整ってきたことの現れとみることもできる．死亡事例の約3/4は子どもが3歳以下という実態は毎年ほぼ不変であり，早期発見の重要さは繰り返し指摘されている．毎年公表される児相ベースの統計では，身体的虐待が5～6割で最も多く，以下ネグレクト，心理的虐待，性的虐待の順になっている．これは，「主たる虐待」を緊急度の高い順に決定するという統計上のルールによるところが大きく，学校現場などの実感としてはネグレクトが最も多くみられる虐待種別である．また，性的虐待の発見は非常に難しいため，ほかの種別の虐待事例として対応が始まって数年後に発覚することも珍しくない．したがって，児相ベースの統計に表れる3～5％という性的虐待の比率は実際にはもっと高いと考えるべきであろう．いずれにしても虐待事例の大半は複数種別が組み合わされていると考えるべきである．

●**虐待防止の法律と支援制度**　虐待防止の社会的な仕組みの根幹を規定しているのは児童福祉法と児童虐待防止法である．実際的な対応手続きは防止法や，児童相談所運営指針などに示されている．防止法は施行から3年ごとに実情に応じた見直しをすることになっていて，すでに三度にわたり改訂されている．改訂のつど，より強制的な介入を可能にするような児相の権限強化が図られる一方で，重篤化した事例に対する緊急避難的な対応の強化だけではなく，虐待関係の進行を防ぐような予防的対応についても体制化が図られている．現在の虐待対応は，市町村基盤の一次対応ラインと都道府県基盤の二次対応ラインとの二段構えになっ

ている．市町村における対応の拠点となるのは児童福祉法に定められた要保護児童対策地域協議会（以下，協議会）である．協議会は，家庭児童支援に係わる関係者を集め，情報共有と対応方針の策定を行うが，その際に参加した各人の職種ごとに定められている守秘義務が解除され，替わって協議会の設置根拠法である児童福祉法に基づいた終生の守秘義務が課せられるという仕組みになっている．この仕組みにより，従来の任意団体的なネットワークでは保護者の同意なしにはなかなか困難であった個人情報の共有が図られるのである．

●**支援方法**　防止法では虐待の早期発見の努力義務を万人に課しているが，その中でも医療・福祉・保健・教育の関係者はとりわけ気づきやすい立場にあるとしている．虐待の通告に際して，その事例が虐待であるかどうかの確証は必要なく，疑いだけで通告していいとされている．ただ，実際には保育所や学校は保護者との関係悪化やそれによる子どもの被害の悪化をおそれて通告を躊躇する事態も生ずる．通告は保護者への否定的裁定ではなく，むしろ保護者支援にもつながる行為であると考えるべきである．

通告先は児童が居住する市町村の協議会の調整機関（事務局）もしくは児相になる．通告を受けると，まず児童の安全確認が行われ，ついで対応方針を定めるための会議が開かれる．市町村の場合には協議会の個別ケース会議がこれに当たる．協議会はその後三か月ごとに支援の進捗状況を確認していくが，予防的対応の成果があがらず，児童の危険が高いと判断された場合には児相の介入が行われる．児相には強大な権限が付与されていて，保護者の出頭を要求したり（出頭要求），家屋内に立ち入って調査をしたり（立入調査）することができる．保護者がこうした介入に応じない場合には，裁判所の許可を得て強制的に家屋内に入ることも許されている（臨検）．さらに，家庭裁判所に対して親権の停止や剥奪を求める権限も与えられている．特に親権に関しては，これまでの民法が剥奪規定のみであったものを二年間の停止という中間的措置規定が定められたことで，より適時的な対応が可能になった．このように強大な権限を有するだけに，その権限の行使は常に保護者もしくは子どもの人権保護との葛藤にさらされることになり，児相の判断力が問われることになる．

虐待事例への支援は多層的に行われる．生活基盤への福祉サービスの供給や，保護者に対する治療的介入，児童の発達支援のための介入などが組み合わされる．しかもこうした支援は長期にわたることがほとんどであり，関係機関内の人事異動などによる切れ目が生じないように注意する必要がある．しばしば児童を家庭から分離することが支援の目標のように語られるが，分離は手段にすぎない．分離の有無にかかわらず，児童がその後の心理発達の中で被虐待体験を適切に意味づけ，自己評価を回復させて，上手に次世代を育成できるようになっていくことこそが支援の目標なのである．

［玉井邦夫］

災害にあった子どもの発達支援

☞「災害避難」p. 376,「外傷(トラウマ)体験」p. 442,「被災」p. 500

「災害」には台風,洪水,竜巻,噴火,地震,津波などによる自然災害もあれば,人為的な原因によって生じた災害,すなわち人災というものも含まれる.これらは,生命を脅かし,社会生活を混乱させ,人々の心を傷つける.心の傷はトラウマとよばれ,心を傷つけるような出来事はトラウマティック・ストレスという.心が弱いからトラウマを受けるのではなく,生命に関わるような出来事は,無力感と常軌を逸する恐怖を高め,心身の不適応を招くことがある.

●**災害が子どもの心に残す傷** トラウマが関係する精神障害として心的外傷後ストレス障害(post-traumatic stress disorder:PTSD)が知られている.トラウマティック・ストレスを体験した後,ささいなことでその体験が思い出される侵入的再体験,反対に思い出そうとしても思い出せない,現実感がなくなるなどの解離や麻痺・回避行動の出現,驚きやすくなり眠れないなどの生理的覚亢進状態といった三種の主要症状が4週間以上にわたってみられ,日常生活に支障がでることで診断が下される.だが,トラウマを体験したからといって全員がPTSDを発症するわけではない.喪失体験の重さ,発達段階や認知能力,個人の性格(不安の高さやこだわりの強さなど),日常における人間関係,過去のトラウマティック・ストレス経験などによっても心の傷つき方は異なり,子どもの場合はPTSDよりもむしろ「身体・生理的領域(食欲や睡眠を含む)」「情動」「思考」「対人関係」「学習」「その他の行動」上の一部あるいは複数に適応を脅かす「変化」というかたちで心のSOSが現されることが多い.

幼児の場合,言語能力が乏しいぶん,おとなの顔色や言動,周囲の状況の変化などから非言語的に危機感,不安感を味わい,質問の繰り返し,おねしょや指しゃぶりの再開という赤ちゃん返り,また,非合理的な思い込み,例えば「ぼくが悪い子だからこうなった」といった思い込みによっていっそう不安を高めていることもある.幼児期から小学校の低学年頃までは,老人や重い病気と「死」は結びついても,自分と同じ子どもや怪我や事故と「死」はあまり結びつかなかったり,死んでも生き返ると信じ,それがかなわないことで身近な「死」の体験に混乱していたりする子どもも多い.小学生ぐらいの子どもには,儀式的行為やトラウマティックな体験を再現する「ごっこ遊び」によって不安や無力感を補おうとするようすがみられる.いらいらして対人関係のトラブルを起こしたり,逆に人の期待に応えようと「いい子」になって頑張ったりというようすもみられる.思春期以降の子どもは,おとなに素直に甘えられないでいる中で,トラウマティックな状況の「今」や「未来」がみえるようになるぶん,無力感や絶望感,そして抑う

つ感を強く体験し,自分を責めて自己評価を低めている可能性がある.なお,トラウマティック・ストレスへの反応は,それを体験した後すぐにみられるわけではない.何か月も経って現れることもあり,その場合,心の傷からくる SOS だと気づくことが困難になる.

●**心の傷への発達支援** 上記のような反応は,心が傷を負ったことを教えてくれる SOS ではあるが,同時に,心の傷を修復し,この出来事を乗り越えようとしていることを教えるものでもある(Harman, 1992/1999).しかし,こうした反応が何か月も継続すると,身体的健康や心理的適応に大きなダメージを与えかねない.それを防ぐために必要な発達支援とはどのようなものか.内外の災害後支援の文献からその内容を整理すると「安全」「安心」「安定」の三つの柱の下にまとめられる(前川,2011).まず,「安全」だが,100%の保障は難しくても,子どものまわりから危険を最小限にするうえで,環境への働きかけと環境との協力は不可欠である.また,おとなが先回りして整備してしまうのではなく防災訓練や準備に子ども自身を主体的に参加させる機会を与えることが支援となる.「安心」の提供においては,発達段階を配慮し,幼児期から小学生低学年の子どもにはスキンシップ,小学校高学年や思春期以降の子どもには責任や役割を与えて「必要としている」というメッセージを伝えていくことが支援となる.また,どんな感情も表現できる環境を整え,一方で非合理的な信念や思い込みは背景の不安や罪悪感を否定せずにありのままに受けとめながらも具体的に修正していくことを忘れてはならない.発達障害の子どもには構造化や視覚化によってわかりやすい環境をつくることが「安心」につながるだろう.「安定」は,災害前の日常生活における習慣を,たとえその一部であっても早い時期に再開することや,「動く」と「休む」,「一人の時間」と「他者と関わる時間」といった異種の活動やあり方のバランスを主体的にとっていくことで保障される.発達障害の子どもにとっては,一日のスケジュールをあらかじめ決めてみえるようにしておくことが「安定」を実感する重要な鍵となる.

●**発達支援を支える力** 発達支援において忘れてはならないのは,支援を受ける子ども一人ひとりがもっている発達する力,心の傷を修復する力(レジリエンス)の存在である.こうした力を軽視し,支援者側が一方的に「〜してあげる」という支援態度は,トラウマティック・ストレスによって無力感に満ちた心をさらに無力化しかねない.また,子どもが決して個体として存在しているのではなく,人と人とのつながりの中,社会の中で生きていることを前提として支援は展開されなければならない.特に,子どもを取り巻く保護者・大人たちへの支援,さらには防災訓練を実施し,一時避難所になり,その再開が子どもと家族の心と生活における「安全」「安心」「安定」につながる園や学校との連携は発達支援に必須のものである.

[前川あさ美]

キャリア支援

☞「キャリアの挫折」p. 234,「キャリア発達」p. 292,「学校から仕事への移行」p. 296,「フリーターとニート」p. 298

　キャリアには，働くことや職業に関わる「ワークキャリア」だけではなく，人がどう学び，どのように人間関係を結び，どのような家族やコミュニティを形成していくかに関わる「ライフキャリア」が含まれる．後者は「人生」に意味合いが近くなるほど概念が広がりすぎるため，働くことと関連する限りでのライフキャリアを「キャリア」と考える立場もある．ただ，いずれにしても，キャリアの概念は，ライフキャリアを含んで幅広く理解されるべきであるという点は共通している．

●**キャリア支援と就職支援の違い**　キャリア支援が行われる対象はさまざまあるが，ここでは大学生を例に述べる．上西（2006）が行った「大学におけるキャリア支援・キャリア教育に関する調査」においては，何を行うことが学生のキャリア形成に資するのかについて，各大学がそれぞれ模索段階にあるか，もしくは独自の考え方をもっているため，キャリア支援，キャリア形成などの用語は，幅広くとらえることが適切であるという見解を示している．これは，キャリア支援などの用語は必ずしも統一した意味で用いられていない可能性があるという重要な指摘であるが，ここでは就職支援との違いを述べておこう．

　キャリアを「ワークキャリア」としてとらえる場合には，就職支援とキャリア支援はほぼ同義となる．例えば，キャリアセンターなどの企業セミナー，履歴書添削などがあげられるだろう．一方，キャリアを「ライフキャリア」も含めてとらえる場合には，働くことや職業が関わることはもちろんのこと，学習，人間関係の構築，家族やコミュニティ形成などの観点が複合的に含まれることがある．例えば，低学年の大学生が職業人に対してインタビューを行うことによる一連の学びなどがあげられるだろう．

●**キャリア支援の提供方法**　キャリアについての働きかけや取り組みは，キャリア支援だけでなく，キャリアガイダンスとよばれることがある．ここではキャリアガイダンスの先行研究を紹介しよう．ブラウン（Brown, S. D.）らは，さまざまあるキャリアガイダンス技法のうち，①紙に目標を書かせて具体化させること，②自己理解テストを行い，個々の学生・生徒に即して個別にフィードバックすること，③職業情報を提示し，その職業の良い面だけでなく，悪い面も知らせて，現実的な見通しをもたせること，④本人にとってモデルとなるような人物を探させること，⑤現実の移行に有益なネットワークをつくること，の五つのうち三つ以上を含んだ場合に効果が高いことを明らかにしている（Brown & Ryan Krane, 2000；Brown et al., 2003）．

また，下村（2010）は，キャリアガイダンス論の先行研究においては，対象層にもれなくサービスを提供できるように，「相談」「ガイダンス」「情報」をピラミッド型に重ねることの重要性が指摘され続けていると述べる（図1）．すなわち，あまり準備ができておらず個別支援が必要なクライエントには「相談」，中程度のクライエントには「ガイダンス」，準備が整っていて自分で適切に行動できるクライエントには「情報」というように，対象層にあったキャリアガイダンスのデリバリーを行う考え方である．

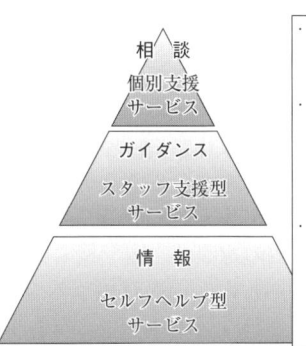

図1　キャリアガイダンスにおけるサービスの多層化（下村，2010）

各段階のねらい
・個別支援サービスを必要とする層を少なくし，限られたリソースを集中的に投入する．
・スタッフ支援型サービスは，相談と情報によるキャリアガイダンスをつなぐ役割があり，適切なアドバイスを与え，個別支援を必要とする対象層を判別する．
・セルフヘルプ型サービスは，さまざまな情報や自記式のテストなどを用意して，対象者に自分でキャリアを切り開けるようにする．潜在的なニーズの掘り起こしも狙う．

●**大学生のキャリア支援**　上西（2007）は，「学生のキャリア形成を支援するために大学が（意識的に）行う教育活動および各種の支援活動」を「キャリア支援」としてとらえている．これには，「学部教育をはじめとする教育活動だけではなく，キャリアに関わる意志決定を学生が行うための相談援助・情報提供や，学生の自発的な活動や相互の学び合いを促進するための支援活動も含まれる」（p. 3）としている．上西（2007）は，大学におけるキャリア支援を「政策的な要請」「入学者確保の必要性」「企業側の要請」「動けない学生への対応」「学生の権利保障」という五つの背景からとらえている．この中で，「動けない学生への対応」について以下のように述べている．

　　「動けない」学生，「乗ってこない」学生，「打たれ弱い」学生など，いろいろな言い方がされるが，そのような学生はそもそも大学が提供する就職支援行事に参加せず，相談にも来ない可能性があり，たとえ就職支援行事に参加しても，情報を取捨選択して吟味し，判断し，自らの行動にいかしていくだけの準備を欠いていれば，いたずらに混乱して自信をなくしたりすることにもなりかねない．（中略）そのような学生には，就職支援の前に，就職支援を有効に活用できるだけの能力形成が求められるのであり，それは大学3年生の秋以降の就職支援で対応できる課題ではない（p. 15）．

　この指摘は，キャリア支援の課題の一つとして，就職支援行事を行っても，本来支援が必要である学生に支援が届かない問題があると言い換えることができるであろう．これは，キャリア支援という文脈においても，職業についての支援だけを行えば良いというものではなく，大学における学び，人間関係の構築などの支援も関連することがあることを示している．

[田澤　実]

貧困への支援

☞「社会政策」p. 566

貧困は，子どもを取り巻く物理的，人的環境を困難なものとし，心身の健康と発達に，深刻な影響をもたらす．貧困家庭における子どもの成長に関するリスクは，胎児期から既に多方面において高く，多くの支援が求められる．

●**貧困とは**　貧困の定義は，国や機関によってさまざまである．最も一般的な定義として，世界銀行の「国際貧困ライン」がある．これは，「1日1.25ドル未満で暮らす人の比率」を示している．このような，必要最低限の生活水準からみる「絶対的貧困」のほかにも，地域社会の大多数よりも貧しい状態を表す「相対的貧困」，あるいは，長期的な社会経済構造の問題による「慢性的貧困」と，短期的な経済変動などによる「一時的貧困」などがある．

●**貧困と子どもの発達**　貧困に関連する発達的なリスク因子は，物理的な生活環境，栄養，養育者の応答的環境など，広範な領域にわたって多く存在する．家族プロセスを介してこれらの因子が累積的に作用するほど，子どもの心身の健康と発達に深刻な影響がもたらされる危険は高まる．

また貧困の状況も，一時的な貧困よりも慢性的で持続的な場合の方が，より困難が予想される．たとえば，貧困は心理的ストレスや夫婦間葛藤を生じさせ，結果として養育の感受性や応答性が低下し，懲罰的で厳しい養育スタイルとなることが，多数の研究から明らかにされている．そして，知的発達を促す刺激が物理的にも人的にも提供できる家庭環境かどうか，体罰の使用が少ないかどうかを含めた養育行動の質も，貧困がもたらす子どもの発達への影響を媒介する．

さらに，慢性的な貧困から派生する子どもの発達や家庭へのネガティブな影響は，世代を超えて連鎖し，貧困の中で再び次の世代の子育てが巡ってくるという悪循環が生じるリスクが高い．

●**ヘッドスタートプログラム**　この問題に組織的かつ大規模な取り組みで成果を上げているプログラムの一つが，ヘッドスタートプログラムである．これは，1965年より，アメリカで「貧困との闘い」として行われた，貧困層の幼児向け就学前教育プログラムである．貧困家庭の子どもがもつ学業不振などの教育上の問題は，貧困家庭での文化的な刺激の乏しさに原因があるという仮説に基づき，就学前に教育を開始し，文化的刺激の欠如を補償しようとした．財政的援助を得て大規模に行われ，複数の州にまたがって多くの変法がある．

プログラム評価では，子どもの認知的発達や社会的・身体的発達に対して短期的効果があったことが確認されている．また，この種の早期介入は，母子関係の改善や問題行動の軽減にもつながるという．

長期的効果についての意見は一致しておらず，プログラムの質の違いや人種的アンバランスなども指摘されている．しかしながら，子どもの学力向上，留年や中途退学の減少，非行や犯罪回避などへの効果が報告されている．

ヘッドスタートプログラムにより，研究者や教育者が貧困家庭の子どもの発達や教育の問題に取り組むようになり，就学前教育が重視されるようになったといえる．ヘッドスタートプログラムでは，子どもに対する直接的な介入（保育）のみと，子どもへの直接的な介入（保育）だけでなく養育者への教育的サポートとして心理教育プログラムを並行して行う方が，子どものその後の発達への効果が高いことが確かめられている．また，より早期からの支援の必要性から，0歳児からの早期ヘッドスタートプログラムも開始されている．カナダでは，0～5歳の子どもをもつ低所得者層のハイリスクな家庭の養育者に対する支援プログラム，ノーボディ・パーフェクト（Nobody Perfect）を実施し，効果をあげている．

●開発途上国への支援　貧困の問題が国全体に及ぶ場合，海外からの支援も必要となる．こうした国について明確な基準が一つに定まっているわけではないが，人口一人当たりの国民総所得（GNI）が低く，産業構造が一次産業に偏った国を開発途上国とよぶ．また，経済協力開発機構（OECD）の開発援助委員会が作成する「援助受取国・地域リスト」（DACリスト）や，国連や世界銀行などの国際機関が，それぞれの支援の目的に応じて使用する独自の基準もある．

開発途上国支援の分野では，1990年代後半から，ECD（early child development）やECCE（early child care and education）などのように子どもの早期の発達支援を重視する傾向が強まった．この理由に，UNICEFやUNESCO，世界銀行などのさまざまな国際機関が，教育が貧困問題の改善に有効な手段とみなしている点が指摘できる．すなわち貧困は，乳幼児の生存や発達に悪影響を与え，学齢期の子どもたちの学習機会を奪う．教育は，貧困から生じる問題に対応する力を身につけ，ひいては，負の連鎖から脱する手立ての一つとなると考えられている．

誕生から初等教育就学前までの子どもたちの教育支援には，発達過程全般の支援が必要だという前提がある．また，その支援とは，子どもの身体的，知的，社会的，情緒的発達を促進させるためのマルチセクター・アプローチを基本とした，子どもと親，地域，社会を巻き込んだ包括的プログラムを意味している．特に，貧困層の子どもの不利益や不平などを是正し，健康，確実な初等教育就学や修学，就職状況の向上や，犯罪率の低下などにつながり，国家的にも経済的効果が見込まれるという．実際に途上国での就学前教育の就学率は上昇してきている（UNESCO, 2007）ただし，就学前教育は知的な英才教育に偏重しがちな問題もあり，今後は，社会／情緒的な発達面に考慮したプログラムの発展が望まれる．

［青木紀久代］

16. うごく

【本章の概説】

　本章では，うごくを，身体の移動を可能にする運動発達だけでなく，他者と共鳴して動いたり，ゲームなどのフォーマットの中で他者と協同して動くこと，そして，幼児から学齢への，また小学校から中学校への社会的移行や就労の際の移行，災害の際の住居や生活の移行など人間のうごく行動について，さまざまな角度から述べたものである．

　乳児は自力でうごくまえにうごく．

　生後直後から養育者の表情やあやしの動きに対して，共鳴することはよく知られるようになったことである．

　そして，自力で，ハイハイしたりつかまり立ち，歩行をするようになる．

　この運動発達は発達の基本であり，古くから成熟的な発達とされてきたものである．

　しかし，子どもは自力で移動するだけでなく，0歳代から，他者と協働した動きができるようになり，またそのことを楽しむ．10か月前後には養育者との間で，ボールのやりとりなどができる．まだことばの使用もない時期であるが，おとなの動きを見て，それに合わせるようにボールを受けて，投げ返すことができる様になる．

　このような協同的な動きは，やがて大人と一緒に机を運んだり，子ども同士で机を運んだりと行ったさまざまな協働活動へとつながる．

　また保育の中でも，さまざまなうごきが組まれており，そのことが幼児期の運動発達を豊かにしてゆく．最近注目されている発達性協調運動障害にも触れられている．

　子どもの成長に伴い，子どもは，さまざまな場所から別の場所へと移動するようになる．

　一日の生活の中でも，家庭から幼稚園へ，幼稚園から，スイミングスクールへ，買い物へ，そして家庭へ戻る，など．このうごきのバラエティーは子どもの社会的発達も促すことになる．

　さらに，やがて，幼稚園から小学校へ，また小学校から中学校へ，そして学校から就労へといった移行がある．

　慣れ親しんだ場から，新規な場への移行は大きなストレスを伴い，小1プロブレム，中1プロブレムなどとよばれ，問題化されるようになってきた．

　制度的な課題と，発達的な課題が混成した問題といえ，全国でその対応方法が検討されている．

　以上のような日常的な移動だけでなく，災害の際の避難所への移動，さらには住居の移動を伴う災害もある．このことを切実に感じたのが，2011年3月11日に起こった，東日本大震災であった．

　東日本大震災は，地震・津波だけでなく，原子力発電所の事故も加わり，今ま

で私たちの国・社会が経験したことがない深刻な，また広域・長期間にわたる未曾有の大災害となった．
　一時的な避難だけでなく，原子力発電所の事故によって，15万人の福島県の方々が生まれ育った街を離れて，全国各地で避難生活を送っている．
　その方々の実態や支援の必要性はまだ十分に把握されてはいないのが現状である．
　近年，わが国でも外国人の移民が増えるようになってきており，家族が来日され労働し，生活されている．その子どもたちの教育が大きな課題となっている．
　うごくことができなくなる人々がいる．「ひきこもり」とよばれている現象であり，青少年の大きな問題となってる．その支援方法を社会教育的アプローチとして紹介している．
　障害者では特に，移行が大きな課題となるが，その中でも学校から就労への移行支援が最も重要といわれている．学校のとき，また卒業後の就労支援のありかたによって，就労の定着率が異なってくるといわれており，全国各地で試行錯誤が続けられている．
　このように本章で扱う，うごくは身体的移動から社会的移動まではばひろい．
　うごく人間の実態と理解を考えていただく機会となれば幸いである．

［長崎　勤］

東日本大震災．仙台市内の避難所に集まった大勢の被災者（池田信撮影/毎日新聞社提供）

共鳴動作

☞「三項関係」p. 54,「ふりと模倣」p. 390,
「ヒトと動物」p. 478

　共鳴動作とは，新生児や乳児が他者の表情や動作などに共鳴的・同調的に反応を示す現象の総称である．養育者が微笑みかけたり，口を大きく開けたりしてみせると，新生児でも同じような表情をするなどが典型例である．狭義には新生児模倣と同義のように用いられることも多いが，共鳴動作というこの和製語は，必ずしも模倣であることを必須条件としないので，新生児・乳児の対人的応答性に関するより広義の意味も有している．

　また，類似の概念・現象として，情動伝染や相互的同期性，擬似酸味反応をあげることができる．情動伝染は，例えば新生児室で1人の新生児が泣き出すとほかの新生児も続けて泣き出すというようなものである．擬似酸味反応は，過去に食した酸味のある食物を，他者が真顔のまま食べようとする場面を見ただけで，乳児に酸味反応が起こるという現象である（川田，2011；久保田，1993，図1）．相互的同期性は，おとなが語りかける際の音声学的特徴（抑揚やリズムなど）に合わせるようにして，新生児が腕などを動かすという現象である．

図1　6か月児が擬似酸味反応を示しているところ（久保田，1993，p. 48）

　新生児模倣は視覚情報から自己の身体運動を産出するものだが，情動伝染では必ずしも視覚情報のみならず，泣き声のような聴覚情報だけでも類似の反応が惹起される．相互的同期性は，他者の語りかけに対する身体的な応答であり，新生児模倣のように身体としての同型性はない．擬似酸味反応はモデルと同じ表情ではなく，モデルの立場に身をおいたときに現れるだろう表出である．しかしながら，いずれも他者の身体的・情動的表出と無関係な反応ではなく，共鳴的な社会的応答としての特徴をもっており，共鳴動作に包摂することができるだろう．以下では，共鳴動作のうち特に研究の進展が著しい新生児模倣を中心に解説する．

●**新生児模倣とAIM仮説**　最初に新生児模倣を組織的に検討したのはメルツォフ（Meltzoff, A. N.）とムーア（Moore, M. K.）である（Meltzoff & Moore, 1977）．彼らは，生後12〜21日の新生児が，おとなのモデルが示した表情（口を開ける，口をすぼめる，舌を出す）や手の動き（手指の開閉）と同型の反応を示したことを報告した．

　メルツォフは，新生児模倣の生起をAIM（Active Intermodal Mapping）とよばれる機構によって説明する．AIMとは，他者の行為に関する視覚情報（外受容

感覚）と自己の運動情報（自己受容感覚）とを，行為の超様相的（複数の感覚様相をまたいでいるということ）な表象において等価的に処理するメカニズムで，ヒトの子どもはこうした仕組みを生得的に備えていると考えられている．

新生児模倣はメルツォフらの報告以降もさまざまな研究者や文化圏での追試が行われ，一定の再現性が認められている．しかし，これを生得的かつ能動的な模倣とみなすべきかどうかについては現在でも異論や疑問が多い．学習説に対しては，生後42分を含む72時間以内の新生児でも同様の結果があり（Meltzoff & Moore, 1983），生得説が有力とされる．一方，メルツォフは新生児模倣を能動的な身体マッピングによる模倣説で説明しようとするが，反対にこれを覚醒水準や刺激に誘発された反応であることを示す結果もあり（Jacobson, 1979；Jones, 1996, 2006），論争に決着はついていない．

●**共鳴動作はなぜ存在するか**　さらに，新生児模倣と後の模倣との発達的なつながりについても議論されている．新生児模倣は実験状況では生後2か月頃になると消失するという報告があることから（Abravanel & Sigafoos, 1984など），後の模倣とは異なる処理系によるのではないかとの不連続仮説も提出されている（明和，2000）．

メルツォフは新生児模倣が後の模倣のみならず，「心の理論」などにもつながる発達的起源であるとし，当初からこの現象がヒトにのみみられることを強調してきた．しかし，近年になって，チンパンジーやマカクザルにおいても新生児模倣やそれに類する反応がみられることが明らかとなり（Myowa-Yamakoshi et al., 2004；友永他，2003），メルツォフの想定するような単純な連続説には疑問も多い．また，他者の身体動作の観察と自己の同様の身体動作の遂行時に同じように活性化するというミラーニューロンがマカクザルで発見されたこともあり，新生児模倣をAIMよりもプリミティブな原理で説明するモデルも現れた．ただし，ほかの霊長類と異なり，ヒトにおいてはモノが介在しないジェスチャーのような身体動作をも容易に模倣することが知られている．新生児模倣に限らず，ヒトにおいては広く共鳴動作が認められる点をあわせて考慮する必要があろう．

他者身体に対して同型的・同調的に応答することは，個体ごとの試行錯誤によらずより適応的に行動するという意味で，広義の文化的学習の機能をもち，また，同じように振る舞うことそのものが他者の反応を引き出したり，社会的紐帯を強めたりするというコミュニケーション機能を有していると考えられる．この二つの機能はほかの霊長類と共通するものだが，ヒトにおいてはいっそう広範かつ顕著に観察される．ヒトがより高度な文化的学習を遂げるためには，三項関係（共同注意）の発達を待たねばならない．共鳴動作は三項関係を発達させるために必要な資源としての社会的相互作用を，ヒト乳児に保障するものといえるだろう．

［川田　学］

運動発達

☞「身体運動知覚」p. 34,「姿勢・移動」p. 104

　運動発達は，心臓や肺なども含めた身体の発育とともに，運動だけではなく，認知，情緒，社会性などのさまざまな能力の発達が互いに刺激し合いすすんでいく．運動発達には，次のような傾向が認められる．第一は「頭部から下部への発達」で，頭部から体幹下部にかけて眼球運動，上肢の運動，下肢の運動へと運動機能が順序を追って発現する．これは，筋コントロールと協応性が足部へ順序的に流れるということを意味し，身体上部の筋コントロールは身体下部の筋コントロールより先行することを意味する．第二は「中枢から末梢への発達」であり，身体の中心部が末梢部より先に成熟し，機能を発揮する．例えば，上肢の運動は指先の運動より先に発現する．第三は「全体から部分への発達」である．玩具を上肢で操作する場合，肩，肘など，全体あるいは全体に近い体の操作から出現していく．第四は「両側から片側への発達」である．最初，物を持ったり食べたりするのは，両手であり，その後片手を使うことが増え始めて，左右の上肢の機能が分化し，利き手がはっきりとしてくる．第五は「粗大運動から微細運動への発達」で，乳児期の最初では，上下肢は体幹とともに粗大で不器用な運動であるが，やがて細かい，分化した目的に合った正確な運動に発達していく．

●**成長段階からみる運動発達**　新生児期には，口唇反射や把握反射などの原始反射が観察され，やがて消失していく．また4～6か月の頃には，顔を向けた方の上下肢が伸展し，反対側の上下肢が屈曲する非対称性緊張性頚反射，頭部伸展で上肢伸展下肢屈曲，頭部屈曲で上肢屈曲，下肢伸展となる対称性緊張性頚反射，頭部が垂直位より，後傾すると全身が伸筋優位となり，垂直位より前傾すると屈筋優位となる緊張性迷路反射などが出現し，やがて大脳皮質の成熟にともなってこれらの反射は抑制されていく．その後，立ち直り反応や平衡反応など姿勢を維持するために必要な反応が現れる．初期の運動発達は，反射・反応の抑制と促進のプロセスといえるが，機械的に進んでいくものではなく，認知の発達と相互に関連して随意運動となっていく．例えば，生後3か月頃を過ぎると図1のような肘立ての姿勢をとるようになる．これは周囲を見たいために肘を立てて，頭を上げているのであるが，頭部が垂直位よりも前傾であるにもかかわらず，上体が伸展パターンをとっていることから，緊張性迷路反射を抑制していることを示してい

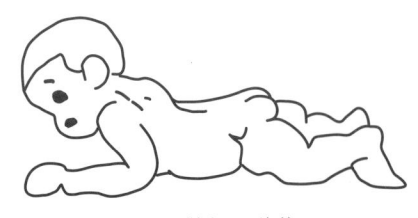

図1　肘立ての姿勢

る．あるいは頭を上げようとすることが緊張性迷路反射の抑制の練習となっている．

　首がすわり，頭を上げることができるようになると，腹臥位で過ごす時間が長くなり，腕立て位によって上肢の力が十分になり，次いで腰のひねりが自由にできるようになると寝返りが可能となる．寝返りは5〜7か月頃達成されるが，これは最初の移動運動であり，探索活動が活発になっていく．

　体幹がしっかりとし，下肢の筋力もつき，倒れそうになるとすぐ上肢が出て支えようとする保護伸展反応が出現するようになると座位が可能となる．最初，座位へのもち込みは難しいが，7〜9か月前後で自力で座位をとることができるようになる．座位姿勢では，主体的に視覚，聴覚を活用して環境からの情報を多く獲得することができ，上肢および手を使用して環境へ積極的に働きかけるようになる．こうした上肢の使用がさらに座位を安定したものにしていく．

　9〜10か月頃には，上肢の十分な引き上げ能力と下肢の持ち上げ機構の発達によってつかまり立ちが可能となってくる．つかまり立ちを繰り返す中で，上肢の支えは必要なくなり，下肢の持ち上げ機構がさらに発達し，重心の移動が可能となる．そしてつたい歩き，ひとり立ちが可能となってくる．つたい歩きによって，踏み直り反応が促進され，ひとり立ちによって全身のバランス能力は急速な発展をとげ，1歳すぎに独歩が可能となる．最初は両手を上げて歩き，歩幅も短く，長距離は移動できない．全身の交叉性が発達すると腕を振ってしっかり歩くことが可能となる．立ち上がって歩くことで，探索行動が活発になり，環境への能動的な関わりが増大する．2歳までに横歩きや後ろ歩きができるようになり，3歳までに跳び上がったり，片足で立ったりできるようになる．小学校に入るまでにはボールをけるなどの全身運動がバランスよくできるようになる．

●微細運動の発達　以上述べた全身が関与する運動を粗大運動というが，手を用いた細かな運動を微細運動という．微細運動は粗大運動の発達と視知覚の発達と相互に関連しながら発達していく．座位が可能となり始める5か月くらいからリーチングが始まり，座位が完成する頃には上肢は手の機能をしっかりともつことになる．初期に拇指が独立して動くが，この頃にはほかの指も分化し始め，8か月ごろには橈側把握ができ，12か月頃には拇指と人差し指でつまむことも可能となる．したがって，操作対象も大きなものから小さなものへと変化していく．幼児期にはスプーンなどの食具やクレヨンなどの筆記具の使用によってさらに細かな動きが可能となってくる．

　以上のように運動発達は，単に運動ということではなく，粗大運動においても微細運動においても，視知覚や認知の発達と相互に作用しながら進んでいく．

〔川間健之介〕

フォーマット・協同活動

☞「出来事の語り」p. 6,
「三項関係」p. 54,
「共同注意」p. 244

　乳児は一人では何もできない状態で生まれるために，おとなから，哺乳，排泄，移動などの全面的な支援を受ける．0～2歳にかけて支援を受ける際のおとなとの間で成り立つ簡単なルールや形式をともなった特有な関わり方が，フォーマットとよばれるものであり，やがて，1歳代の生活文脈の知識であるスクリプトや，おとなや子ども同士の協同活動へと発達する．

●**フォーマットの共有**　乳児は生後1か月にはおとなが笑いかけると笑うというように情動を共有するようになり，生後半年～1歳には，おとなが見た物に注意を向けることができ，注意を共有する（共同注意）ことが可能になる．10か月前後で運動機能が発達し，お座りができるようになると，親と向かい合ってボールのやりとりなどができるようになる．簡単なルール（投げる→受ける→投げる…）が共有できる．このほかにも，イナイイナイバーなどさまざまなゲームがことばの獲得の前にできるようになる．このような簡単なルールのある遊びを「フォーマット」(Bruner, 1983/1988) という．

●**フォーマットの共有から意味の共有へ**　情動，注意，フォーマットの共有の準備ができると，おとなと子どもが同じ犬を共同注意しているときに，おとなが「ワンワン」とラベリングをすると，子どもの見ている犬が「ワンワン」だということがわかり意味の共有がなされる．このようにして，注意の共有が意味の共有の基盤になる．

●**スクリプトの共有**　フォーマットの共有ができると，フォーマットがもう少し複雑になり，行為が時系列化されるようになる．例えば，1歳半ぐらいになると，子どもに「お散歩に行くよ」というと，子どもは玄関に行って，履けないにもかかわらず靴を自分の足にあてたりしてみる．すなわち「お散歩とは何をする」といった知識ができはじめつつある．お散歩とは「帽子をかぶって靴を履いて→玄関から出て→公園に行って→ブランコに乗って→家に戻ってくることである」といった，「行為の系列に関する知識」をもつようになる．このような「行為の系列に関する知識」のことをスクリプト (Shank & Abelson, 1977) という．

　スクリプトとは，「出来事に関する一般的知識」であり，①時間的・因果的構造をもつ，②目標をもち，目標をめぐり構造化されている，③一般的構造をもつ，④共有された社会的経験に基づいて形成され共有性をもつ（文化，宗教 etc），④基礎にある認知的構造を反映し，発達的変化が見出される，⑤発達においておとなの果たす役割が重要，などの特徴がある (Nelson, 1986)．

　母親：お散歩に行こうね．

子ども：(帽子かけの帽子を指さし，母親を見て「アーアー」という)〈行為〉
母親：そう，帽子かぶろうね．　　　〈代弁〉
子ども：ボーチ．　　　　　　　　　〈代弁模倣〉

「お散歩のスクリプト」の中で，上のようなフォーマットを用いたやりとりが頻繁に起こる．子どもの「帽子をかぶせて」欲しいという行為を母親がことばで代弁し，それを子どもが代弁模倣し，スクリプトの中の「帽子」という要素が言語化された，といえる．

●**意図の理解と共有＝協同活動の成立**　トマセロら（Tomasello et al., 2005）は，子どもがどのようにして，おとなと意図を共有し，何かをともにする協同活動ができるようになるかについて，以下の発達過程を提案している．

(1) 0～8か月の「行動と情動の共有」：［二項関係］

この時期には，身体や表情の同期，情動の交換が可能である．単に表情を模倣したり，反応するだけでなく，おとながhappyな表情すると子どもは快の発声を行う．

(2) 9～12か月の「目標と知覚の共有」：［三項関係］

「目標志向的な存在としての他者」を理解する＝「目標の共有」が可能な時期である．

具体的な行動としては，「ボールのやりとり」フォーマットの中で，おとながちょうだいというとボールを渡す．かごの周りにおもちゃが散らばっていて，おとながかごにおもちゃを入れ始めると，子どももかごにおもちゃを入れようとする．おとなが注視した物や方向を注視する共同注意が可能になる（知覚の共有）．

(3) 1歳代の「意図と注意との共有」＝協同活動の成立

この時期には，相手の行為の目標を理解するだけでなく，互いに相手のプランをも理解し，自分自身のプランに，相手のプランを協応させていく＝「意図の共有」が可能になる．例えば，二人が一緒に机を運ぼうとする際には，「あそこまで運ぶんだ」という目標の共有と，「どうやって運ぶのか（一人が前を持ち，もう一人が後ろを持つ，など）」というプランの共有が必要である．

●**フォーマット，スクリプトの中での発達支援**　このような，フォーマット，スクリプトを発達支援や，コミュニケーション・言語の支援に用いようとする方法が開発され，効果が認められている（Snyder-McLean et al., 1984）．長崎ら（1991）はおやつスクリプトを通した，言語・コミュニケーションの発達支援を報告している．関戸・川上（2006）は社会性の支援を行い，その効果を検討している．今後も，自然な文脈での支援が主流になると考えられ（Prizant et al., 2005/2010），フォーマットやスクリプト，また協同活動を通した支援が活発に行われるようになるものと考えられる．

［長崎　勤］

保育とうごき

☞「姿勢・移動」p. 104,
　「遺伝性疾患の発達と予後」p. 270,
　「超低出生体重児の予後」p. 280

　乳幼児にとって「動き」は，生活そのものであるといえる．これまで多くの研究は人生の早い時期の動きの経験の質が，その人の発達の質と深く関係すると述べている．新生児においても，誕生した瞬間から自分を取り巻く多くの未知の刺激に直面し，その後自分自身やおとなの身体に触れ，遊び的な動きを示すことから，特定の身体部位を操作することを通して次第に自分の意志を伝達することを学習していく．

●**うごきと発達**　オテゲンとヤコブソン（Oteghen & Jocobson, 1981）は，発達初期の運動経験が，「自己」と「他者」を区別する出発点になり，さらに認知発達のために必要な抽象的思考の基盤になると述べている．つまり，ここに自発的な運動経験が，十分に知的内容をもち，したがって教育的経験として存在する理由がある．教育における「活動的諸仕事」の重要性を強調したデューイ（Dewey, J.：1938/2004）は，子どもを「活動的，自己表現的な存在」としてとらえ，教育活動の出発点は子どもの「自己表現に対する衝動」であるとした．そのため，活動は「純粋に心理的でもなければ，純粋に身体的でもなくして，運動を通しての心象を含んでいる」ものである必要があると述べている．このような教育学の潮流と呼応するかのように，現代哲学では，「身体」と「心」とを対立的にとらえ，身体を物体化させたデカルトの心身二元論から，むしろ身体や身体運動それ自体が人間の知覚・認識の基礎をなすという一元論へという「心–身問題」の転換がなされている．

●**保育の中での動きの支援**　従来，身体の発達や身体運動の拡大を目的にする領域は体育とよばれ，「知・情・意」の形成に寄与するとしながらも，実際は「身体的なもの」と「精神的なもの」とを切り離して取り上げてきた．特に近年では，日常の遊び，身体活動環境の貧困さから子どもの体力低下を危ぶむ声もあり，それを補償する意味から積極的な身体活動が行われる必要性も説かれている．このような社会的状況を受けて幼児教育の実践の場での運動指導でも，単におとなの運動技術ないしスキルを幼児の段階まで引き下ろし，運動技術を一斉に訓練している実態が少なくない．特に近年では，「体力づくり」の概念が拡大解釈され，幼児の生活とかけ離れた指導を一斉に行う傾向もみられる．

　幼児の動きの指導のあり方については，さまざまな意見や実践が錯綜しており，幼児の発達に即した身体活動が実施されるために，理論的枠組みを形成することが必要になってきている．すなわち，幼児の身体活動を身体に生起する筋肉活動に限定し，身体を「動かす」活動としてとらえるのではなく，身体とはむしろ「動

く」主体そのものと考える視点である．このように人間の身体活動を「動き」としてとらえることは，身体活動を通じて学習しながら，同時に動きを学習するという統一された心身をもつ人間の全体的発達に寄与できるものである．このように生涯にわたって，幼少年期（2，3歳）から小学校を卒業する（11，12歳）までの期間が，一生の中で動きを身につけることに最も適した時期とされている．

動きの習得には，多様な「動き」を多く獲得することと，その獲得する「動き」が上手になる，洗練されるという二つの方向性をもっているが，いろいろな動きを多く経験することによって，一つひとつの動きが洗練される．中村（2007）は幼少年期に身につけたい「いろいろな動き」を36にまとめ，それぞれ平衡系は「バランスをとる動き」，移動系は「体を移動させる動き」，操作系は「物を操作したり，自分や相手の体を操作したりする動き」として，いろいろな形で経験することが必要と述べている．

●**発達性協調運動障害** 「動き」の不器用さは，例えば，動作のぎこちなさや稚拙さが目立つときや要領が悪くタイミングが合わないときなどに指摘されるが，その姿は固定的ではなく多面的である．近年では，明白な身体障害や体験不足などの諸要因を除いて，脳性麻痺・筋ジストロフィーなどの身体障害が明白には認められないにもかかわらず，粗大運動や微細運動を必要とする動きの獲得や遂行に著しい困難や不器用さを呈する子どもが存在することが知られ，発達性協調運動障害（developmental coordination disorder：DCD）とされる．

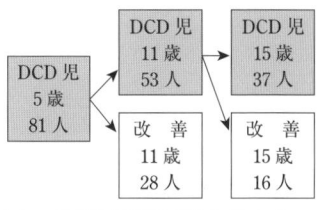

図1 発達性協調運動障害（DCD）の予後（Cantell et al., 1994）

DCDを示す幼児や学齢児の子どもの特性について，低体力であることや，運動の正確性に乏しく課題に要する時間も長いことが報告されている．DCDの背景については，かつては視覚・視知覚，あるいは固有感覚の困難が指摘されたこともあったが，近年は，運動スキルの獲得や遂行に必要とされる認知−運動的資源が全般的に乏しいために生じていると考えられている（Henderson & Henderson, 2002）．運動や知覚課題での困難に加えて，DCDは，低い自尊感情，過度に低い目標設定や責任回避傾向の自己概念，行動問題，周囲からの孤立，将来の運動嫌いなど広範囲な人格形成にも影響すると考えられている．DCDを示した幼児の追跡調査（Cantell et al., 1994）では，幼児期から学童期には不器用さが目立つが，青年期への移行とともに，自尊心の低下や周囲からの孤立，将来の運動嫌いなど二次的に派生する心理・社会的問題も含めた広範囲な人格形成へと影響することが報告されている．またDCDは，LD（学習障害）やADHD（注意欠陥・多動性障害）との併存が多いこともあって，幼児期からの適切な動きの評価と支援の必要性が指摘されている．

［七木田 敦］

幼小移行：小1プロブレム

☞「問題行動」p. 226

　小1プロブレムとは，いわゆる学級崩壊が小学校低学年を中心として起こる場合をさす．学級崩壊とは「子どもたちが教室内で勝手な行動をして教師の指導に従わず，授業が成立しないなど，集団教育という学校の機能が成立しない学級の状態が一定期間継続し，学級担任による通常の手法では問題解決ができない状態に立ち至っている場合」と定義されている（文部科学省，1999）．

　2009年度内に小1プロブレムや学級崩壊など不適応状況が発生したと校長が認識した割合は23.9％であり（東京都，2009），その発生時期は，4月が56.9％と最も高く，次いで5月が19.2％と新しい学年への移行直後に発生することが多い．また，その状況が年度末まで継続した事例は54.5％となり，発生すると長期間継続し，解決が困難であることがわかる．さらに，教職経験年数の長短と不適応状況の発生との関連はみられない（図1）．教師経験年数30年以上のベテラン教員が担任している場合にも不適応状況は発生しており，原因の複雑さ，解決や対応の困難さが推測される．

●**問題行動の発生要因と予防**　問題行動の発生要因としては，①児童の自己コントロールや耐性の不足，基本的生活習慣の不足，集団生活経験の不足や必要な養育を家庭で受けていないなど，児童や家庭の要因によるもの，②特別な支援が必要な児童への対応ができていない，学級経営が柔軟性を欠き，全体への指導や児童の変化に対応ができない，校長のリーダーシップや校内の連携・協力が確立していないなど，授業内容・方法や指導体制・支援体制の不備など学校側の要因によるもの，③保育所・幼稚園と小学校との連携や協力の不足など接続に関わる要因によるものなどがある．

　小1プロブレムなどの不適応状況の発生の予防について，小学校校長と教師が効果的と考える対応策は，学級担任の補助となる指導員などの配置（81％），1学級の人数の縮小（72％），保護者の協力体制の確立（58％），学校における組織的な協力体制の構築（51％），学級担任の指導力の向上に関わる研修（43％），保育所や幼稚園における小学校との接続を見据えた幼児教育の充実（37％），保育士や幼稚園教諭と小学校教諭との合同研修や意見交換などの充実（22％）などがある（東京都，2009）．一方，文部科学省・厚生労働省は保育所や幼稚園等と小学校における連携事例集を作成して，広く連携の普及と充実を図る施策を展開している（文部科学省・厚生労働省，2009）．このように，学校現場からの教員の増員や協力体制の強化の要望と文部科学省の施策との間には違いがみられる．学級崩壊や小1プロブレムの原因を，より下の学校や学年に押しつける傾向もみら

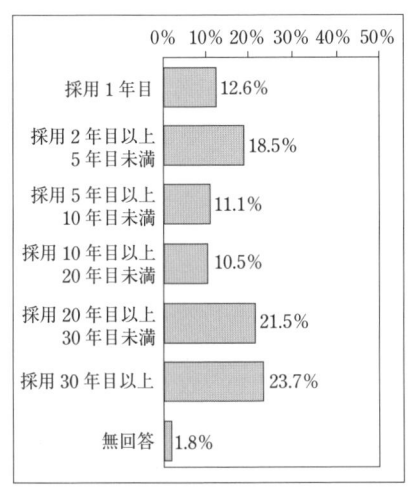

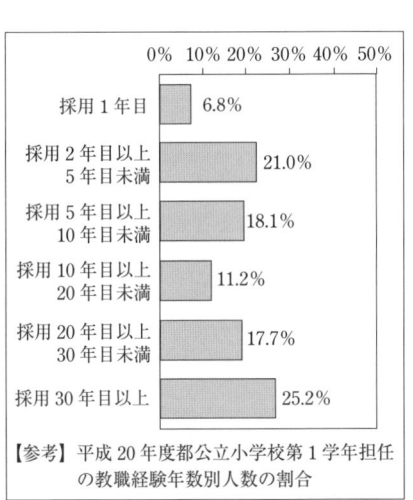

	不適応状況が発生した学級担任	【参考】平成20年度都公立小学校第1学年担任の教職経験年数別人数の割合
採用1年目	12.6%	6.8%
採用2年目以上5年目未満	18.5%	21.0%
採用5年目以上10年目未満	11.1%	18.1%
採用10年目以上20年目未満	10.5%	11.2%
採用20年目以上30年目未満	21.5%	17.7%
採用30年目以上	23.7%	25.2%
無回答	1.8%	

図1　不適応状況が発生した学級担任の教職経験年数（東京都，2009）

れるが，それは問題の解決にはつながらない．「①卒園の段階で，やっと自己主張ができるようになったが，集団の中での自己主張，自己抑制の力を身につけていくのはこれからだといった，一人ひとりの問題．②かつてに比べ家庭，地域環境などの要因により，全体的に幼児が自己主張に始まってそれなりの社会性を獲得していくことが幼稚園の卒園までの時間では間に合わなくなっているケースも存在するという問題．③現在の幼稚園教育の在り方と小学校教育のあり方そのものにギャップがあるという問題」であり，低学年の学級崩壊は上記①，②，③が複雑に絡み合ったものである（青柳，2000，p. 14）．

●よりよい連携を目指して　このように保育所・幼稚園と小学校の連携強化が，小1プロブレムや学級崩壊などの不適応状況の解決にただちにつながるとはいえないようである．したがって，幼稚園・保育所と小学校が共通理解を深めるために，幼稚園や保育所の園文化と小学校文化という文化の違い（酒井・横井，2011）があること，幼児期から児童期の発達の過程を理解し，子ども一人ひとりの情報を確実に共有し，保育所・幼稚園と小学校の一貫したカリキュラムを編成するなどの多様な連携を探り進めていくことが必要となる．

　就学前から小学校への移行や小学校から中学校への移行における児童のつまずきをなくすために段差を低くすることが求められることも多いが，そのような段差はネガティブな場合だけではなく，段差を乗り越えることによる成長が期待される場合もある．したがって，何を段差として経験させ乗り越えさせるか，何を段差なく円滑に乗り越えさせるようにするかなどをカリキュラム編成や実際の指導において幅広く考慮すべきである．

［山崎　晃］

小中移行：中1プロブレム

☞「学力と格差」p. 136,
「ソーシャルスキル」p. 248,
「自尊感情」p. 322

　小学校と中学校では，「授業スピード」「担任とのかかわり」「部活動」など，学習・生活面において大きな違いがある．中1プロブレムとは，中学校に入学した1年生が，学校間の違いになじめず，学業不振・学校不適応（不登校，いじめなど）が増加する状況のことをいう．中1問題，中1ギャップと呼称されることもある．

●**各種調査結果から**　文部科学省（2005a，2012）の調査結果によれば，学校の楽しさ（「とても楽しい」「まあ楽しい」の合計），教科などの好き嫌い（「とても好き」「まあ好き」の合計）に関し，小学校6年生から中学校1年生にかけて数値が下がっており，特に算数（数学）の落ち込みが著しい（表1）．また，平成22（2010）年度の不登校児童生徒数，いじめ認知件数は，ともに小学校6年生から中学校1年生にかけて数値が上がっており，まさに「ギャップ」とよべるほどの大幅な増加であることが示されている．曽山（2008）は，「階層型学級適応感尺度」（三島，2006）を用い小学校6年生1,248名，中学校1年生1,113名の学級適応感を比較した．その結果，「総合的適応感覚」「友人関係」「学習態度」「心身不健康」に関し，中学校1年生は小学校6年生に比べ学級適応感が低いということが統計的にも明らかに示された（表2）．この結果は，文部科学省の調査結果を裏付けるものであり，あらためて小中学校間の「ギャップ」を確認することができたと考えられる．

表1　「学校の楽しさ」など，小6・中1の比較

	小6	中1
学校の楽しさ	82.4%	75.5%
国語が好き	46.0%	40.3%
算数（数学）が好き	55.0%	28.5%
不登校児童生徒数	7,433人	22,052人
いじめ認知件数	7,539件	16,348件

（出典：文部科学省，2005a, 2012）

表2　「学級適応感尺度平均点」，小6・中1の比較

	小6	中1	t値
総合的適応感	9.84 (2.32)	9.41 (2.37)	4.45**
友人関係	18.62 (3.34)	18.25 (3.41)	2.64**
学習態度	13.85 (2.64)	12.81 (2.91)	9.10**
心身不健康	7.96 (2.60)	8.34 (2.62)	-3.48**

（　）内は標準偏差　　** $p < .01$
（出典：曽山，2008, p. 374）

●**問題と対応**　中央教育審議会答申の「新しい時代の義務教育を創造する」（文部科学省，2005b）の中，「義務教育に関する制度の見直し」の項において，「学校種間の連携・接続の在り方に大きな課題があることがかねてから指摘されている」という文言がある．中1プロブレムに言及した複数の知見（児島・佐野，2006；有村，2011）にも，同様に，連携・接続の問題が指摘されている．それゆえ，対応に向けた一つの鍵は，「いかにして小学校から中学校への連携・接続をスムー

ズに行うか」にあると考えてよいだろう．

　小中学校間連携に関する文部科学省初の実態調査（2011）によれば，全国の7割を超える市町村教育委員会が小中学校間連携を進めており，その多くが連携成果を認めているという結果が示されている．具体的な連携の取り組みとして，「異校種間における教員の乗り入れ授業を年間にわたり計画的かつ継続的に実施する」「教科担任制を実施する（小学校）」「小中合同の委員会を設ける」などがあげられ，それらを実施した教育委員会の96％が「成果あり」と回答している．成果の具体的な内容としては，「生徒指導（74％）」がトップであり，「小・中学校間の情報交換などにより問題行動の減少につながった」「中学校への体験入学をすることで，入学時の心理的不安が解消され，落ち着いて中学校生活を送れるようになった」などが自由記述として示されている．続く成果として，「学習指導（58％）」があげられ，「教員が学習の系統性を意識しながら指導計画を立てるようになった」「中学校の教員による英語指導により，小学校児童の英語に対する興味関心を増すことができた」などが自由記述として示されている．小中学校関係者は，学業不振，学校不適応増加に歯止めをかけるヒントが数多く記された調査報告を手元に置き，各地域・学校の実状にアレンジして活用するとよいだろう．

●今後の課題　前述の実態調査（文部科学省，2011）の結果には，多くの成果とともに今後に向けた課題も示されている．小中学校間連携に取り組んだ教育委員会の87％が「課題あり」と回答し，課題の具体的内容としては，「小中の教職員間での打合せ時間確保が困難（75％）」「時間割編成が困難（34％）」などがあげられている．自由記述には，「交換授業は中学校からの出前授業が主であり，中学校側の負担が大きい」「交流が単発になりがちで継続が難しい」などが示された．「連携するのはよいが，どこでその時間を調整・確保するのか」という学校現場からの声が少しずつ小さくなるには，各地域・学校による実践および成果発信を積み重ねるということにつこう．本項目では，中1プロブレム対応の鍵を，小中学校間連携という，子どもを支える「環境」に焦点を当てて論じてきた．しかしながら，学校間に架かる「橋」だけが頑丈になっても，その橋を渡る子ども本人の「足腰」がしっかりしていなければ，橋を最後まで渡りきることはできない．人とのかかわりが希薄になりがちな現代社会においては，適切なソーシャルスキルを身につけたり，ほどよい自尊感情を育んだりすることが難しくなってきている．そうした中，学校では，工夫次第で人とかかわる機会を用意することが可能である．一例として，関係づくりの理論・技法であるソーシャルスキル・トレーニングや構成的グループ・エンカウンターを活用した実践も増えてきている（藤枝，2006；曽山，2010）．ソーシャルスキル，自尊感情など，子どもの「足腰」を鍛える実践の積み上げもまた，今後の課題といえよう．

［曽山和彦］

災害避難

☞「災害にあった子どもの発達支援」p. 354, 「被災」p. 500

　災害に対する危機管理には，①災害に遭遇したそのときの対応，②災害後の対応，③防災・減災対策がある．
　それぞれの災害の種類によって，また，どこでどのような状況で災害に遭遇するかによっても避難のポイントも異なってくる．消防庁の防災マニュアル（http://www.fdma.go.jp/bousai_manual/index.html）に遭遇する場所ごとの一般的な避難のポイントが記されているので参考にするとよい．

●**子どもの避難**　小さな子どものいる家庭では一般的な防災対策だけでは十分に子どもを守ることができない．住居形態，家族構成，子どもの体力など，防災はその家庭にあった独自の備えを子ども目線で考えて講じる必要がある．体の守り方，避難方法，持ち出し品などを常日頃考えておく必要がある．

①地震からの避難：揺れを感じたら，まず危険なものから離れること．固定していないものはすべて凶器になると考え，転倒するもの，照明器具の下や窓のそばからは離れるようにする．そして子どもと自分の頭を守る姿勢をとる．揺れが収まったら，ラジオやテレビなどで地震の規模，被害状況を把握し，避難する必要があるときは，避難経路を確保して屋外に出て，指定の避難場所に必要最低限の荷物を持って移動する．

　家から離れるときは，消火と電気のブレーカーを落とし，どこに避難するか伝言メモを置いて移動する．乳児の避難時にはベビーカーは使わず，抱っこひもなどを使って抱っこして移動する．家での逃げ道は，玄関がダメなら，ベランダから避難する．マンションや集合住宅の場合，上層階になればなるほどベランダからの避難は困難である．小さい子どもがいる家庭では，ドアの変形を防ぐ耐震緩衝装置が市販されているので，それを利用して玄関から逃げられる手段を確保することも必要になることもある．

②津波からの避難：大地震があった場合には，海岸地区や河川地区では津波への警戒が必要である．東日本大震災で「釜石の奇跡」といわれた，釜石の中学生たちが取った避難行動が功を奏したのは，日ごろの避難訓練で「津波てんでんこ」の言い伝えを聞いていたこと，地震があったら直後に高台に逃げることを聞いていた結果だった．津波の勢いは人の想像を超える．大地震の直後は，家財や肉親などにとらわれず，とにかく自分の足で高台に逃げる．あらかじめ家族とは逃げる場を打ち合わせておき，落ち着いてから捜索する．こうした歴史に学んだ避難の心得が子どもたちの命を救っている．

③火災からの避難：火災からの避難の際に，致死につながりやすいのは，煙害で

ある．子どもたちにも避難時に口をタオルで覆うなど，煙を吸わない対策が必要である．

④台風・集中豪雨災害からの避難：台風や豪雨に関しては，事前に気象情報を把握して早目に対応する必要があるが，近年のゲリラ豪雨は急激に大雨になり浸水することがある．浸水している道路を無理に歩いて溝にはまる例もあり，屋外に出るとかえって危険になることがある．平屋の住宅の場合は，土嚢や止水板の設置も対策の一つになり得る．

⑤竜巻からの避難：竜巻は気象条件によって発生しやすくなり，事前に注意報が出される．避難としては地下室がある場合は地下へ避難する．ない場合はなるべく頑丈な建物の中に避難し，窓およびカーテンを閉め，飛散しそうなもののそばから離れて身を守る．

●**子どもの避難所生活**　東日本大震災では，東北地方の沿岸部の津波被害では避難所自体が流され，少ない避難所の狭い空間の中で多数の避難者がで生活することになった．津波ばかりでなく，福島第一原発の被害の避難者も窮屈な避難所生活を余儀なくされた．

　多くの避難所では，まずは当面の避難者の食と寝床の確保が第一となり，空間の狭さや不衛生からの子どもの健康被害の面まですぐには行き届かない．ましてや子どもは声をあげる存在であり，動き回る存在であるが，おとなも我慢を強いられている状況の中では，子どものこうした行動に理解を示すだけの余裕がない．そのため，子どもにとっての避難所生活は肩身の狭い状況になる．避難所で空間を確保するときは，周囲に事情を理解してもらい，出入りしやすい場所を確保するとよい．避難当初は，保護者は食の確保や安否確認など諸々のことで子どもの要求を聞いている間がない．気がつくと子どもがチックを起こしていたり不眠になっていたり，不安症状を示していることがある．子どものお気に入りのものをそばにおいたり，子どもに寄り添ってやりとりのできる遊びをしたり，子どもの心のケアも忘れないようにしたい．

●**集団教育の場での日ごろの備え**　金谷（2012）の調査によれば，関東の保育所・幼稚園でも東日本大震災時に困惑したことが多かった．ことに保護者に帰宅困難者が出る，連絡が取れない，断水・停電，防寒対策が想定されていなかったなどの問題が出ていた．日ごろの防災訓練に以下のことを加えることを提案したい．

　安全確保の方法，情報の収集・確認・伝達・報告および広報活動，防災組織の編成と活動，避難誘導，火気の安全管理と初期消火，負傷者の救出と応急処置，集団下校・降園や保護者への連絡・児童などの引き渡し，備品，災害用品などの点検，避難所としての受け入れ体制づくり，避難生活訓練（サバイバル生活体験）などである．

〔金谷京子〕

移民・外国人子女

☞「マイノリティであること」p. 222,
「異文化間教育・多文化教育」p. 468,
「移民・難民」p. 502

　自分が生まれた国以外の国へ移り住む人たちを一般的には移民とよぶ．また，日本で暮らしているそのような子どもたちを外国人子女，あるいは，外国人児童生徒とよぶ．社会的な現象としての移民が生じる理由としては，政治・経済・宗教・社会などのさまざまな要因が考えられる．とりわけ，自分の意思とは無関係に移住するような子どもたちの場合には，その言語や認知発達，異文化適応の問題，アイデンティティの確立などにおいて，注意が払われないといけない．また，海外で育つ日本人，日本で生まれた外国籍の子どもたちなどにも，同様の問題が存在することが知られている．

●**バイリンガルの言語環境と認知発達**　海外から移り住んできた人たちにとって，移住によって言語が異なることは大きな問題となる．ある時期まで母語を使用して，そこから新たな言語を使用する二言語併用者が継時バイリンガルとよばれるのに対して，生まれたときから複数の言語を使用する二言語併用者は同時バイリンガルとよばれる．

　海外から移住してきた人たちや国際結婚をした人たちの家庭において，どの言語を使用するのかは重要な問題である．そこでは，両親が異なる言語を使用する一人（一親）一言語方略，複数の言語を柔軟に使用する混合使用方略，ある時期から第二言語をとり入れる継時二言語使用方略など，家庭内において複数の言語が使用されることが珍しくない．ただ，子どもを積極的にバイリンガルに育てるためには，生活しているコミュニティで使用されていない言語を家庭内で使用する少数派言語使用方略が好ましいとされている（井上，2002）．

　日本の通常の教育現場においては，外国人児童生徒に対して，残念ながら母語を保障するような教育はみられず，もっぱら日本語の習得を目標にしたような教育が実施されている．しかし，学童期にある児童が母語と同等の水準にまで第二言語習得の熟達度を高めるのには，通常5～6年はかかるとされている（Cummins & Swain, 1986）．その間，いずれの言語も十分に機能しない可能性があるとすると，これは子どもにとっては好ましくない状況といえる．カミンズ（Cummins, 1981）は，閾値仮説とよばれる彼の理論を説明する中で，二言語併用者にとって，いずれの言語も年齢相応に発達していない場合には，認知機能にマイナスの影響が出るとしている．母語を保障したうえでの第二言語の習得が，教育現場では望まれる．

●**異文化での生活とホスト社会への適応**　移住した後のホスト社会においては，言語の問題だけでなく，日常的に繰り返される行為や習慣，あるいは社会的規範

をも揺るがすような環境の変化があるのが普通である．とりわけ学校に通う子どもたちは，その影響をまともに受けることになる．箕浦（2003）は，アメリカで生活する日本人の子どもたちを調査した結果，異文化の意味空間に敏感な時期が存在するとし，その時期（感受期）を9歳から14, 15歳としている．例えば，この感受期前にアメリカに渡った子どもの場合は，「日本の文化の衣を十分に厚くまとっていない」ために，意味空間のアメリカ化が速やかに起こるとしている．

目に見える（明示的）異文化と心理的的（内面的）異文化を区別して，海外から移住してきた人たちの異文化適応の問題を説明しようとする，ショールズ（Shaules, 2007）の異文化適応の理論を図1に示す．

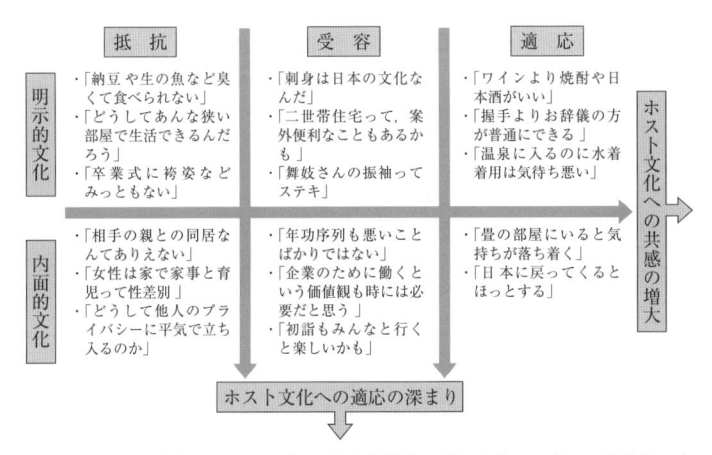

	抵 抗	受 容	適 応	
明示的文化	・「納豆や生の魚など臭くて食べられない」 ・「どうしてあんな狭い部屋で生活できるんだろう」 ・「卒業式に袴姿などみっともない」	・「刺身は日本の文化なんだ」 ・「二世帯住宅って，案外便利なこともあるかも」 ・「舞妓さんの振袖ってステキ」	・「ワインより焼酎や日本酒がいい」 ・「握手よりお辞儀の方が普通にできる」 ・「温泉に入るのに水着着用は気持ち悪い」	ホスト文化への共感の増大 →
内面的文化	・「相手の親との同居なんてありえない」 ・「女性は家で家事と育児って性差別」 ・「どうして他人のプライバシーに平気で立ち入るのか」	・「年功序列も悪いことばかりではない」 ・「企業のために働くという価値観も時には必要だと思う」 ・「初詣もみんなと行くと楽しいかも」	・「畳の部屋にいると気持ちが落ち着く」 ・「日本に戻ってくるとほっとする」	

↓　　ホスト文化への適応の深まり　　↓

図1　ショールズ（Shaules, 2007）の異文化適応の考え方を，日本への適応という文脈で著者が具体化したもの．明示的文化に比べて内面的文化が，心理的に負荷が大きい「深層文化」だと位置づけているのが特徴

●**二言語二文化をもつ人のアイデンティティ**　複数の文化の中で成長し，そのそれぞれの社会の中で人間関係を構築していく子どもたちは，アイデンティティの確立が難しいといわれることがある．しかし，そのことは，一言語一文化を当然のこととして受け入れている人たちの固定的な枠組みでとらえているからにほかならない．一人ひとりの人間は，複数の文化のうち自分が受容可能な文化に強い影響を受け，その生活様式や行動様式をとり入れる．複数の文化を体験した人間は，選択可能な文化のレパートリーが幅広くなる可能性をもつことになる．二言語使用者は，相手や状況にあわせてその場に適切な言語を使用する．そのことは，国際化社会においては，必然的な結果であるように思われる．複数の文化の影響を受け，複数の言語を使用する人間は，そのこと自体ががアイデンティティの中心的な要素となる．

[井上智義]

ひきこもり

☞「自分であることの違和感」p. 224,
「フリーターとニート」p. 298

　「ひきこもり」の定義は一義的に定まっていない．広義でとらえると，長期にわたって自室や自宅外に出ず，家族以外との人間関係を取り結ぶことを極力避ける状態にあることをさし，子どもからおとなまで広範に起こりうる状態をさしている．なかでも，「ひきこもりの評価・支援に関するガイドライン」を作成した厚生労働省研究班（齊藤万比古ら）は，思春期・青年期からポスト青年期の若年層に焦点づけ，「さまざまな要因の結果として社会的参加（義務教育を含む就学，非常勤職を含む就労，家庭外での交遊）を回避し，原則的には6か月以上にわたっておおむね家庭にとどまっている状態（他者と交わらない形での外出をしていてもよい）」とし，就労支援と公的教育の網目からこぼれおちている層に着目している（齊藤他, 2007）．こうした若年層に早くから着目してきた精神科医の斎藤（1998）は，ひきこもりを「20歳代後半までに問題化し，6か月以上，自宅にひきこもって社会参加しない状態が持続しており，ほかの精神障害がその第一の原因とは考えにくいもの」とし，ひきこもり状態にある若年層の中で特に医療や福祉の対象となる精神障害を除く層に焦点づけた．これらの定義によって，医療や教育，就労支援といった社会保障制度がアプローチできていなかった若年層に光が当てられ，領域横断的な包括的サポートの必要性が問われることとなった．

●**ひきこもりとニート，疾患との関連**　このような定義が示す具体的対象として，その関連性が指摘されているのが，ニート（NEET：not in education, employment or training）といわれる若年層である．ニートとは，学生や専業主婦・家事手伝いを除き，就学・就労もしくは就労に向けた活動のもとにいない状態にある15～34歳までの若年無業者をさしている．

　また，ひきこもり状態にある若年層の中には，精神障害や発達障害，精神性疾患が第一要因ととれるものもある．加えて，長くひきこもり状態にあることで，精神性疾患が二次的に生じることもある．そのため，ひきこもりの状態にあるというだけでは，医療的アプローチが第一に求められるのか，福祉や教育的アプローチで対応すべきかは慎重に見極める必要がある．このようにひきこもりという現象は，この社会で見落とされている人間の生のありようや社会保障の陥穽を突く重要な視点を投げかけている．それは若年層の抱える生きづらさと同時に，現代社会のあり方それ自体を問う視点でもあり，社会における居場所とは何か，働くということはどういうことかなど，人間存在の本質を問う視点でもある．

●**ひきこもりと生きづらさを生む社会背景への着目**　その意味で，ひきこもり状態にある者への支援として居場所づくりが課題となる背景には，日常世界の機能

個別支援 ←→	中間支援 ←→	実社会との協働
（アウトリーチ型支援者） 訪問サポーター スクールソーシャルワーカー ファミリーソーシャルワーカー （待機型支援者） フリースペーススタッフ ユースワーカー カウンセラー etc	（多様な中間支援の場） フリースペース コミュニティ・カフェ 社会教育施設 青少年活動施設 ジョブカフェ 保健所 自宅開放 etc	（接続先・連携先） 教育機関 商店街 企業・就労支援機関 まちづくり活動 サークル活動 ボランティア活動 NPO・市民活動 etc

図1 子ども・若者支援の多層的アプローチ

主義化や有用性重視への社会変容の問題がある．思春期・青年期を専門とする精神科医の青木（1996）は，おとなが若者のためにつくった場所は「ガラス張りのように周囲から見通せる明るすぎる場，無菌状態で無影灯に照らされた近代的な手術室のような場」となっていて，かえって居心地の悪さを招いていると指摘する．これは若年層に特化した空間だけではなく，都市・郊外においても，地域全体が明るく見通しのよい透明な空間となっていることと重なる．そのことと並行して，「おとなになること」への道筋が不透明化し，「おとな」の概念自体が揺らぐという自己形成の将来展望の不確かさの問題も横たわる．加えて，経済活動のグローバル化による人・物・情報の高い流動性と，それがもたらす高度で抽象的な言語コミュニケーション能力への要求が若年層に突き付けられている．特にコミュニケーションの質的問題は，状況を共有することで相手の意思を身体感覚として感じ取る，コミュニケーションの遊び（冗長性）を奪っている（田中，2002）．

このような暮らしの中の空間の機能化，時間展望の不透明化，関係性の流動化と抽象化は，人間の生のありようをよりいっそう不安定で不確かなものにし，人々をより安全安心の領域へとひきこもらせている（萩原，2001）．

●ひきこもり支援の方法と課題：社会教育的アプローチの必要性　図1は，ひきこもりだけでなく，近年の子ども・若者支援の多層的なアプローチを示したものである．特にひきこもりでは当事者や家族との個別相談，スタッフとの一対一の関係づくりから出発することが多い．さらにフリースペースのような居場所で，さまざまな他者との関係づくりへ移行するよう中間的な支援を行う．その受け皿となる施設・団体・個人も多様であるが，当事者と実社会との間に位置する中間支援組織や中間的な場がその重要性を増している．そこでは若年層が一方的に支援されるのではなく，ともに同時代を生きる生活者として対等に生きることのできる共同的な関係をつくり，社会参加への意欲と居場所の獲得を促している（清，2007；七澤，2012）．その意味で，足元の暮らしの質，新しい働き方も含めて我々の生を問い直し，若年層も他世代とともに参画する，多様な中間支援組織と中間的な場の充実が求められている．

[萩原建次郎]

障害者の就労支援

☞「自閉症と知覚」p.46

●**障害者の就労の現状**　障害者の就労支援に重要な役割を果たす「障害者の雇用の促進等に関する法律（雇用促進法）」では，事業主に対して，雇用している労働者に占める身体障害者・知的障害者の割合が一定（法定雇用率）以上になるよう義務づけている．なお，精神障害者に関しては，現在，雇用義務はないが，雇用した場合には身体障害者・知的障害者を雇用した場合と同様に換算される．

毎年，厚生労働省から発表される障害者雇用の集計結果（各年6月1日現在）（厚生労働省，2012）によれば法定雇用率と定められた数値（1.8％）には届かないが，確実に障害者の雇用は進展している（図1左）．また，ハローワークでの障害者の新規求職申込件数は増加の傾向にあり，就職件数も上昇している．しかし，法定雇用率達成企業の割合についてみると，ほぼ2社に1社が未達成という状況はここ10年間，ほとんど変化しておらず，依然として課題は大きい．ただし，

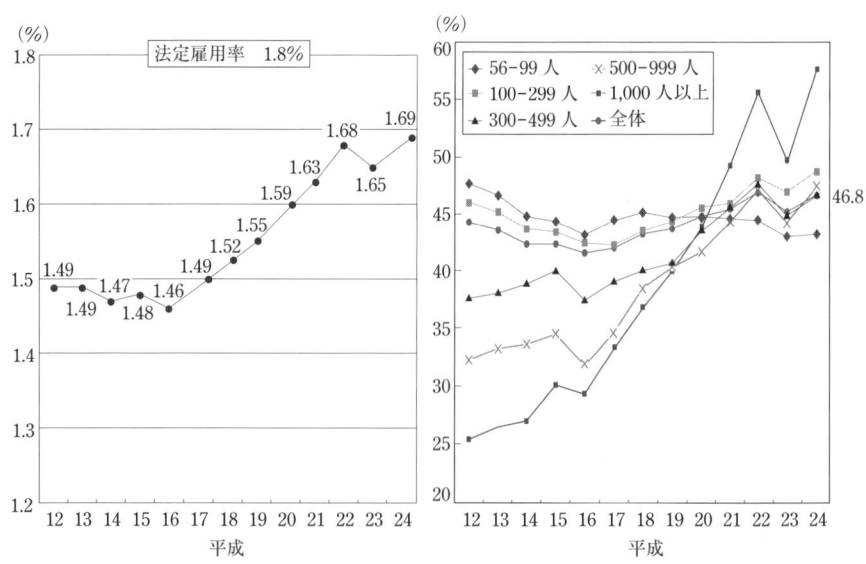

図1　実雇用率の推移（左）および企業規模別（法定雇用率達成企業の割合：右）
（厚生労働省，平成24年障害者雇用状況の集計結果より）

平成23年度では，実雇用率・法定雇用率達成企業の割合がいずれも減少しているが，これは，平成22年7月の制度改正により，①短時間労働者が実雇用率の算定にカウントされるようになったこと，②雇用義務が軽減される「除外率」が引き下げられたこと，③重度障害者や精神障害者以外でも短時間労働の障害者がカウントされるようになったこと，の影響と考えられる

企業規模別にみると従業員500人以上，とりわけ1,000人以上の企業においては，雇用率を達成する企業の割合は，急速に増加している（図1右）．
　こうした状況の中，法定雇用率の見直しが行われ，平成25年4月から民間企業では，雇用する労働者数の2.0％（1.8％），国・地方公共団体では2.3％（2.1％），都道府県などの教育委員会では2.2％（2.0％）の障害者を雇用する義務が生じることとなり，さらなる障害者の雇用の促進が期待されている（カッコ内は見直し前の数値）．

●**就労支援の実際と課題**　就労支援の内容は多岐にわたる．まず，就労に向けての準備段階では，相談やアセスメント，職場見学・作業体験などを通して働くことや自己理解を深めるための支援が行われる．また，必要に応じて，仕事に必要なスキルや資格を取得するための公共職業訓練，あるいは，基本的な労働習慣や職場のルール・マナーの習得，コミュニケーションスキルの向上といった就労準備支援がある．

　次いで，就労に際しては，面接への同行などの支援に加えて，3か月程度の有期雇用契約を結び，障害者と事業主が互いに理解を深めるための障害者試行雇用（トライアル雇用）や職場適応援助者（ジョブコーチ）による支援などがある．なお，職場適応援助者は，障害者に対して，作業能率の向上や職場でのコミュニケーションを円滑にするための支援などを行う一方で，事業主に対しても，職場環境の改善や障害特性を考慮した職務再設計，また，具体的な指導方法の提案などの助言を行う．このような両者への働きかけは，職場適応上の課題を解決し，定着を支援するうえで重要である．また，家族に対して，職業生活を継続していくための助言を行うこともある．

　これらの支援は，ハローワークや地域障害者職業センター，障害者就業・生活支援センター，障害者職業能力開発校，社会福祉法人などの機関で受けることができる．支援を受ける場合，障害者手帳（身体障害者手帳・療育手帳・精神障害者保健福祉手帳）が必要とされる場合もあるが，手帳の有無にかかわらず，また，診断のみで受けられる支援もある．

　このように障害者の就労支援に関しては，雇用促進法を柱にさまざまな制度が用意されている．しかしながら，中小企業では雇用率が改善せず，また，経済状勢を背景とした解雇者が増加するなど，障害者の雇用・定着支援に関する課題は多い．また，精神障害者の雇用義務化や難病・発達障害・高次脳機能障害など，何らかの形態・機能障害があるため長期にわたり職業生活に相当の制限を受け，または職業生活を営むことが著しく困難な「その他の障害」に分類される障害に関して職場の同僚・上司の理解を促進すること，そして，「合理的配慮」の提供，など今後取り組むべき課題も少なくない．　　　　　　　　　　　　［向後礼子］

17. あらわす

【本章の概説】

　「あらわす」は，漢字を使うと，書物を「著す」，あるいは隠れていたものが姿を「現す」や「顕す」もあるが，ここで取り上げるのは，何かの「もの」「こと」を別の「もの」「こと」で指し示すという意味での「表す」であり，そのことを研究する分野を記号学（semiology）あるいは記号論（semiotics）という．

　スイスの言語学者のド゠ソシュール（de Saussure, F.）は，言語の通時性／共時性，ラング／パロール，シニフィアン（能記）／シニフィエ（所記），記号／象徴などの二項対立的概念を巧みに導入して記号学の基礎を築いた．

　記号には，それを用いて「あらわすもの」，すなわち能記あるいはシニフィアン（仏 signifiant，英 signifier）と，「あらわされるもの」，すなわち所記あるいはシニフィエ（仏 signifié，英 signified）の両方の要素がある．記号（仏 signe，英 sign）では，能記と所記の間には何ら類縁性はなくてもよい．例えば，疑問符が「？」という記号である必然性はないのである．他方，象徴（仏 symbole，英 symbol）は，能記と所記の間に何らかの類縁性があるものをいう．例えば，「ハト」は「平和」の象徴となるが，「タカ」は普通そうはなりえない．

　思考の発達過程を研究したスイスの思想家ピアジェ（Piaget, J.）は，同じフランス語圏のスイス人のド゠ソシュールの思想を一面で受け継いでいる．ピアジェは，子どもの記号理解はインデックス，象徴，記号の順に理解が進むことを明らかにした．「象徴」と「記号」はド゠ソシュールの分類に従うが，「インデックス（index）」とは所記が能記の一部であるようなものをいう．例えば，鳴き声や影や足跡によって，それがある特定の動物であることがわかるのは，インデックスの知識による．

　「17. あらわす」で扱うテーマは，「表象」（加藤義信），「ふりと模倣」（明和政子），「共感性」（首藤敏元），「メンタライジング」（板倉昭二），「表情」（野村理朗），「相貌的知覚」（山形恭子），「情動」（荘厳舜哉），「あざむき」（木下孝司），「表示規則」（久保ゆかり），「自己効力（感）」（二宮克美）の10項目である．

　「表象」は，「あらわす」ことそのものといってよい．「表象」を意味する英語の「リプリゼンテイション（representation）」という語は，re/pre/sent/ation という語根に分けることができる．「リ」は「再び」，「プリ」は「前に」，「セント」は「置く」，「エイション」は単語を名詞化する接尾辞である．すなわち，「プリゼンテイション」は「前に置くこと」であり，「提示」や「発表」を意味する語であり，「リプリゼンテイション」は「再現」が基本の意味になる．この場合，再現されるものは，実物に対するそのシンボルであったり，現実に起こったことがらが脳内に再現される記憶表象であったりする．

　「あらわす」ことは，一般にコミュニケーションの過程ととらえることができる．コミュニケーションは，基本的に「情報の伝達」という意味であるが，コミュニケーションを通じて伝達される情報には，さまざまな種類がある．

「ふりと模倣」では，伝達される情報は主として行動（身振り）であり，誰かの行動のふり，誰かの行動の模倣が生ずる．

他方，「共感性」「表情」「情動」では，コミュニケーションを通じて伝達される情報は，湧き起こる感情の自然な発露またはその意識的表現である．人間が感情を表現するための最適な器官は顔であり，表情が伝えるメッセージ力は大きい．「虫が嫌い」という人が少なくないが，その理由はあんな小さな生き物が無表情であるからかもしれない．しかし，あんな小さな生き物に表情の変化があったら，それはそれでもっと気味が悪いかもしれない．ともあれ，表情が伝えるメッセージ力の大きさは，幼児が無生物にも表情を見る「相貌的知覚」にもみて取れる．

コミュニケーションにおいて重要なポイントの一つに，情報の送り手と受け手の間に一致がみられるかどうかがある．「ふりと模倣」や「共感性」では，誰かが誰かのふりや模倣を行い，誰かが誰かに共感するのであり，情報の送り手と受け手の間に伝達される情報が一致する方向に向かう動きがある．そのような動きを支えるものとして，ミラーニューロンの働きが注目されるようになってきた．例えば，自分が食べ物をつかむときに働くニューロン（神経細胞）は，他人が食べ物をつかむのを見るときに働くニューロンと同じものであるとされる．他方，「自己効力感」は，自分が動けば世界が変わるという感覚である．情報の送り手と受け手がともに自分自身であるといってもよいだろう．

また，情報の送り手と受け手の間に一致がみられない場合もある．相手が誤解するように虚偽の情報を送る「あざむき」はその典型例である．その場合も，すべての情報が虚偽では，むしろあざむきは成立しない．多くの正確な情報の中に虚偽の情報を巧みに忍び込ませるのが成功するあざむきの手口である．

「表示規則」は，社会的な約束事として，情報の送り手が受け手に対して虚偽の感情を示すことである．お葬式において，故人を悼む感情が特になくても，哀悼の感情は示さなければならない．逆に，みんなが喜んでいるおめでたい席では仏頂面をみせてはいけない．

情報の送り手と受け手の間に一致がみられない場合があることを知るようになる（「心の理論」が成立する）と，相手が何を考えているかを推測しなければならなくなる．その推測過程のことを「メンタライジング」とよぶ．［子安増生］

表　象

☞「メディアと子ども」p.252

●**表象とは？**　「表象（representation）」とは，今ここにはない対象や出来事をre-presentする（再-現前化する）こと，心に蘇らせることである．したがって，表象は記憶機能の存在を前提とする．しかし，あらゆる記憶痕跡が表象なのではない．地球上の生命は，環境内でのその経験を記憶痕跡として内部に蓄積する仕組みを進化させてきた．ゾウリムシのような下等な生物であっても古典的条件づけが成立し，哺乳類に至ってはかなり複雑な学習が可能となるのは，記憶痕跡の蓄積と利用があってのことである．ただ，人間では，ほかの動物にはない，固有な，経験の特別な蓄積の仕組みが進化した．それは，「置き換え」という様式であり，「表象」の語は，広義にはこうした特別な機能の全体をさす．すなわち，表象機能とは，対象や出来事をそれが経験される場から時間的，空間的に切り離して，別のものに置き換えて保持する心の働きである．「置き換え」には，必ず「置き換えるもの」と「置き換えられるもの」とがある．前者を能記（意味するもの），後者を所記（意味されるもの）という．「表象」は，狭義にはこの能記をさし示す語として用いられることも多い．表象の種類には，イメージといった純粋に心的なもの，指さし，延滞模倣，ジェスチャーなどの動作的なもの，ことばのような，社会的に共有され発達のある時期からは内言化されて心内現象となっていくもの，絵や写真などの特定の図柄，さらにはミニチュア・モデルといった人工物までが含まれる．

●**表象機能の発生**　表象機能がいつどのように芽生えるかについては諸説がある．a）知覚機能との連続性を重視してきわめて早期からすでに存在するという立場（Mandler, 1999, 2004），b）認知機能を対象の変換に関わる操作的側面と対象の再現に関わる形象的側面に分け，一般的には表象機能とよばれる後者の側面も，行為の心内現象への転化という観点からとらえることが可能で，生後2年目に出現するとする立場（Piaget, 1970a/2007），c）同じく生後2年目に出現すると考えるが，行為を抑制し対象への距離化を可能とする姿勢機能の果たす役割を重視する立場（Wallon, 1934/1965, 1942/1962；加藤，2007）などである．理論家によって「表象」の語に何を含意するかは微妙に異なっているので，実際には諸説の優劣の比較は難しい．しかし，いずれの立場をとるにしろ，言語獲得につながっていく指さし，延滞模倣などの初期の表象機能の兆しと考えられる現象は，9か月以後になって初めて出現するといってよい（やまだ，1987；Tomasello, 1999/2006）．

●**幼児期の表象発達をめぐる不思議**　2歳以後，言語を始めとする表象機能が本格的に作動するようになる．しかし，表象機能の役割の拡大と洗練化の道筋はけっ

して平坦ではない．特に幼児期には，その発達にさまざまな揺らぎがみられ，時におとなの目からみると不思議な現象となって観察される．デローチ（DeLoache, 1987, 2005）は，何か別のものを指示するのに用いられるミニチュア・モデルや，絵，写真などの人工物（シンボル）が子どもによってどのように理解されるようになっていくかを研究し，こうした不思議な現象のいくつかを発見している．

そのうちの一つとして，現実の事態とそれを再現した縮小モデルの対応関係理解に関する実験がある．そこでは，さまざまな家具の配置された部屋とそれを細部にわたって再現した縮小模型が用意され，子どもはミニチュアのスヌーピーが模型の部屋のある場所に隠されるのを見た後，大きな部屋に隠れている大きなスヌーピーを探してくるように求められる（図1）．そうすると，3歳の子どもはうまく探すことができたが，2歳半の子どもはまったくできなかった．つまり，2歳半児は，模型の部屋が現実の部屋を表すシンボルであることが理解できない．2歳半では，最も体系的な表象システムである言語の獲得がすでに始まっている．にもかかわらず，おとなの目からみると単純にみえるこの種の「意味するもの」と「意味されるもの」の関係理解が困難なのである．デローチは，この理解の困難性は，それらに共通する「二重性」の理解の困難にあると，考えた．例えば，子どもはリンゴの写真を見て，それが一方で，印画紙や色インクの図柄としての固有の物質性をもつ対象であることを認知しながら，他方でリンゴという別のものを表していること（写真の表象性）を了解しなければならない．このシンボルが有する「二重表象」という特性を心的に保持し続けるのは，幼い子どもにとって必ずしも容易でない．

図1　縮小模型課題（DeLoache, 2005, p. 76）

現代の子どもの生活の中では，写真やテレビなどの映像文化の占める比重はますます高まっている．こうした映像の表象性理解の発達は，おとなが考えるよりはずっとゆっくりと進む．例えば，子どもは18か月になれば，写真に写ったものを直接掴もうとはしなくなる．しかし，3歳児は依然として，「写真のアイスクリームも触れば冷たい」と思っていたりする（Beilin & Pearlman, 1991）．写真はその被写体と視覚的属性のみ共有し，ほかの感覚属性は共有していないことがわかっているわけではない．動画のテレビ映像の場合は，6歳児であってもその十分な表象性理解に達していないとする報告もある（木村・加藤，2006）．

［加藤義信］

ふりと模倣

☞「進化」p. 446,「ヒトと動物」p. 478

　身体模倣とは，観察した他者の行為と類似の行為をみずから再現することである．他個体の目の前で行為を再現する「即時模倣」や，他個体が目の前にいなくても以前に観察した行為を再現する「延滞模倣」などがある．延滞模倣では，他個体の行為をある期間記憶保持し，そのイメージを心的に操作する表象能力が必要となる．この表象能力は，ヒトの個体発生においてはさらに，ある物や出来事（シンボル・象徴記号）を目の前にはない別の心的要素（指示対象）へと意図的に結びつける行為，「ふり」の出現と結びつく．

　模倣は，遺伝的には伝わらない知識や技能を社会的に学習し，それを祖先から子孫へと世代を超えて忠実に伝達，蓄積することを可能にする．ヒトは，優れて高度な模倣能力を進化の過程で獲得したことで，他の生物とは異次元の文化を築きあげてきた．さらに，他個体の行為の目的や心的状態を理解する社会的認知の発達においても，模倣は重要な役割を果たすと考えられる．

●**身体模倣の個体発生的起源**　ヒトはいつ頃から模倣し始め，どのように模倣能力を発達させていくのだろうか．1977年の『サイエンス』誌上で，メルツォフ（Meltzoff, A. N.）とムーア（Moore, M. K.）は，ヒトは生まれながらに自動的に模倣できる能力をもつ可能性を示した（Meltzoff & Moore, 1977）．生まれてまもない新生児は，自分の目で自分の表情を確認，学習した経験がないはずである．にもかかわらず，新生児は「舌の突き出し」や「口の開閉」など，他個体の表情のいくつかを模倣できるという．この現象は，「新生児模倣」とよばれている．メルツォフらは，他個体および自分の身体運動イメージを鏡のように対応づける知覚システムである「アクティヴ・インターモーダル・マッピング」が，ヒトに生まれつき備わっていると解釈している（Meltzoff & Moore, 1977, 1992）．

　メルツォフらによる報告以降，新生児模倣に関する数多くの追試がなされてきたが，彼らの主張を支持しない研究結果は少なくない．新生児の模倣反応は舌出しという一種類の表情でしか起こらないことが多く，生後6～8週頃に模倣反応が消える，などの点が指摘されている（明和，2012）．また，最近の比較認知科学のアプローチにより，新生児模倣がヒト特有の能力ではないこともわかってきた．チンパンジーやサルの新生児を対象として，ヒトの新生児における実験と同一の手続きを用いた比較実験を行ったところ，ヒト以外の霊長類でも新生児模倣がみられることが明らかとなった（Myowa-Yamakoshi et al., 2004；Ferrari et al., 2006, 図1）．さらに興味深いことに，ヒト以外の霊長類の場合も新生児模倣が消えることが報告されており，その時期は，ヒトの新生児模倣が消えるとされる生

●ヒト特有の身体模倣　ヒトでは，新生児模倣がみられなくなった後，6～8か月頃より再び表情模倣がみられるようになる．運動機能の発達とともに，表情に限らず，バイバイなど身体全体を使った模倣も現れ始める．物を操作する行為の模倣は，生後10か月頃に飛躍的にみられるようになる．生後14か月頃には，見たことのない行為を見せられた後，一週間程度の時間をおいても延滞模倣する（Meltzoff, 1988）．さらに，指を歯ブラシにみたてて歯を磨くふりをするなど，身体を物のように扱う象徴的な身振りの模倣もみられる．生後18か月頃からは，観察した他個体の行為を鏡のように忠実に模倣するだけでなく，それが目的達成に失敗した行為であった場合には，みずからは行為の目的を達成する（Meltzoff, 1995）．

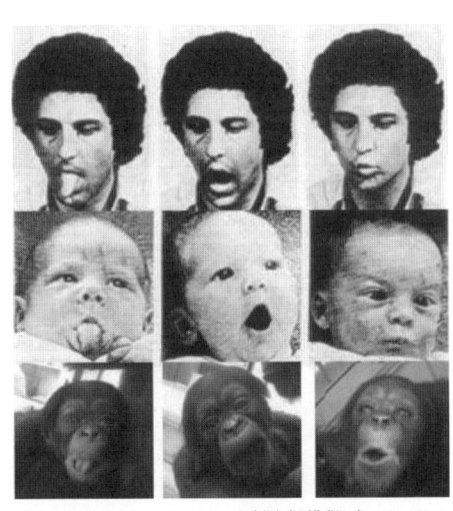

図1　ヒトとチンパンジーの新生児模倣（Meltzoff & Moore, 1977, p. 75：Myowa-Yamakoshi et al., 2004, p. 440 より作成）　ヒトもチンパンジーも，生後時期からいくつかの表情を模倣する

　ヒトは他個体の行為に含まれる体の動きにしっかりと注目し，模倣を発達させていくが，こうした過程は新生児模倣を共有するチンパンジーやサルではみられない．サルが，身体の動きを模倣するという明確な証拠はこれまで見出されていない．チンパンジーは，物の属性や定位方向といった情報を手がかりに他個体の行為を模倣するが，複雑な身体の動きの模倣はヒトに比べてかなり制限されている（Myowa-Yamakoshi & Matsuzawa, 1999, 2000）．特に，身体の動きに関する情報しか含まない（物を操作しない）行為，例えばパントマイムなどは，チンパンジーにとって模倣するのがとりわけ困難である．その証拠として，ヒトは他個体が操作する物だけでなく，他個体の顔や体の動きの詳細にも注意を向けるのに対し，チンパンジーは操作されている物に偏った注意を示すことがわかっている（Myowa-Yamakoshi et al., 2012）．

　身体模倣はヒトの直接の祖先がチンパンジーの祖先と進化の過程で分岐した後に，飛躍的に獲得してきた能力である可能性が高い．他個体の身振りを忠実に模倣し，模倣されるやり取りを通じて，ヒトは種特有の社会的認知機能を獲得し，高度な文化を築いてきたと考えられる．　　　　　　　　　　　　　　[明和政子]

共感性

☞「パーソナリティ」p.156,「気質と個人差」p.444

　共感とは，他者のおかれた状況や感情状態を認知する際にその他者と共有される感情反応である．この感情反応は他者の経験している感情，もしくは経験すると予期された感情と一致もしくは類似した内容になる（Eisenberg, 2005）．共感はもともと人が芸術に心を動かされる過程を意味する感情移入（独：Einfühlung）という用語からきている．リップス（Lipps, 1926）はこの用語に心理学的な意味を与え，対象の中に入って感じること，つまり目の前の他者の情動状態をみることで自分自身に生じる身体的な緊張（情動の共有）であるととらえた．古くから共感はポジティブな社会性の発達のメカニズムを解明するうえで最も重要な要因に位置づけられてきた．人の気持ちに敏感に反応し，相手の立場からその人の心情を推し量り，人の気持ちを共有する能力や特性の発達が，向社会的行動を促進させ，攻撃行動を抑制し，道徳性の発達を促すことに貢献すると考えられている（Hoffman, 2000/2001）．また共感の欠如もしくは不全が自閉性スペクトラム障害の基本症状の一つと考えられている（Baron-Cohen, 2002）．最近，共感は，その喚起の認知・情動的プロセス，それらと関連する神経学的変化，主観的経験の質，社会的行動との関連のすべてにおいて多面的な性質を有するとみなされるようになった（Batson, 2009；首藤，2010）．

●**共感の喚起**　共感には他者の感情を知覚し，その状態を弁別し，内容を理解するという認知的側面と，他者の感情を共有するという感情的側面とがある．前者は「認知的共感」とよばれ，視点取得能力や「心の理論」といった社会的認知の発達と関連する．後者は「情動的共感」とよばれる．また，乳幼児の「泣きの伝播」のように複雑な認知を経ず，自動的に生じる感情の共有や，他者の表情やジェスチャーを反射的に模倣することによって生じる感情の共有もある．ホフマン（Hoffman, M. L.）は共感の喚起プロセスに，情動伝播と感覚運動的なマネを加え，乳児期からの共感の発達をモデル化した（Hoffman, 2000/2001）．最近，他者の行為の理解と模倣に関わる神経細胞の働きが発見された．人の活動を自分の脳内で鏡のように再現するためミラーニューロンとよばれる（Iacoboni, 2009）．これは感覚運動的なマネによる共感の脳内メカニズムと深く関連していると考えられている．

●**共感関連反応**　共感は他者の感情の代理的経験であるが，自己に経験される感情であり，その経験のされ方は一つではない．アイゼンバーグ（Eisenberg, N.）は共感の他者指向的な側面である共感的関心と自己指向的な側面の個人的苦痛とを区別し，それらをまとめて共感関連反応とよんだ．彼女ら（Eisenberg & Morris, 2002）は，他者の苦境の映像を視聴した幼児児童において共感的関心と個人的苦痛という質の異なる共感的反応が認められること，それらの区別は表情，心拍数，GSR（皮膚電気反応），自己報告された感情に表れることを見出した．そして，共感的関心は向社会的行動とプラスに関係することを示した．共感と類似した概念にシンパシー（「同情」とも訳される）がある．シンパシーは,他者のネガティブな状態に対する自己の悲しみ，心配や配慮といった感情反応であり，「他者の苦境を軽減されるべきものと感じる感受性」（Wispè, 1991, p.68.）と定義される．つまり，他者のネガティブな感情場面では，共感的関心とシンパシーは同義となる．ホフマンの共感発達理論（Hoffman, 2000/2001）によると，自他の区別が可能になる時期（1歳〜2歳にかけて）から,他者の苦痛に対する共感はシンパシーの要素をもつようになる．そして他者の苦痛の原因が自分自身にある場合，シンパシーは罪障感へと発展する．このように，他者の感情の共有は，社会的認知の働きにより，シンパシーや罪障感として経験されるようになり，他者指向的な行動の動機づけとして強力に機能するようになる．

●**状態共感と特性共感** 具体的な状況の中で表出される共感的反応は「状態共感」，他者の感情への感受性や他者指向的な認知傾向，感情移入のしやすさなど，個々の状況を越えた性格特性としての共感性は「特性共感」とよばれる．デイビス（Davis, M. H.）は特性共感を多元的な構成概念であるととらえ，成人を対象にした特性共感尺度を開発した（Davis, 1994/1999）．彼は特性共感には視点取得，共感的関心，個人的苦痛，ファンタジー（小説や映画などに登場する架空の他者への感情移入）という四つの独立した側面が存在することを見出した．わが国の青年と成人においても特性共感は多元的であること，デイビスの見出した四つの側面を追認できること，特定の場面における共感的関心の状態には特性としての共感的関心が有意に影響すること，そして特性共感の四つの側面のうち共感的関心のみが向社会的行動と有意に関係することが示されている（登張，2003）．

●**共感と社会的行動** 幼児期の共感的関心は向社会的行動を喚起させる機能をもつものの，その行動を他者指向的な（愛他的な）方向へ維持させるのは，他者指向的な注意の持続や結果予期という共感とは別の認知の働きである（首藤，2010）．これをアイゼンバーグらはエフォートフル・コントロール（effortful control：EC）という概念から説明する．すなわち，ネガティブな情動を経験している際に，注意を他の対象に切り替えることにより，その情動が増幅することを避けたり，個人的苦痛を経験しているときに自己に向けられた注意を他者や状況に向けることにより，他者指向的な反応へと変化させたりすることができる（Eisenberg et al., 2004）．EC は罪障感傾向の低い子どもにおいて破壊的行動を抑制すること（Kochanska et al., 2009）も示されており，今後，共感と社会的行動の関係を調整する EC の発達を解明することが求められている． ［首藤敏元］

メンタライジング

☞「乳幼児と親子関係」p.160,
「ヒトとロボット」p.480

　私たちは，人の行動を説明するとき，心の作用にその原因を求めがちである．メンタライジングとは，心的状態を類推するときの過程やその機能の総称である．こうした推論は，ほとんどは自動的に立ち上がり，思考や深い洞察を必要としない（Frith & Frith, 2006）．他者の心的状態を読むことは，我々にとって，きわめて重要なことである．なぜなら，人の行為は，その人の心的状態によって決定されるからである．心的状態が行動の原因になるとする仮定は，これまで，「意図的志向性（Dennet, 1987）」とか「心の理論（Premack & Woodruff, 1978）」といったタームでよばれてきた．すなわち，フリスらはメンタライジングを「意図的志向性」や「心の理論」とほぼ同義ととらえているのである（Frith & Frith, 2006）．

　フリスらは，以下にあげるような，他者との相互作用のあり方に影響を及ぼす異なるタイプの心的状態があることを指摘した（Frith & Frith, 2006）．まず，ある人は信頼に足りる人であるが，別の人はまったくその逆であるといったような，長期にわたる人の心的傾向がある．また，喜びや怒りのような短期の情動状態もその一つである．お酒を飲みたいといったような欲求やそれと結びついた目標志向的な意図も存在する．また，我々を取り巻く世界に関する信念が存在する．このような信念は，たとえ誤りであったとしても，我々の行動を決定する場合があるし，他者とは共有されない．

●**どのようにメンタライズするのか**　異なるモダリティーにおける多くの手がかりが，それがエージェント（行為者）から発せられたものである限りは，メンタライジングを引き起こす．中でも顔は，内的状態の重要な情報資源となる．感情は，表情や声の調子や身体の全体的な動きから，読み取ることができる．また，欲求，目標，および意図は，視線の方向や身体の動きから読み取ることができる．信念は，経験に基づく知識を認知することによって計算される．そのため，人には，他者がある事象を目撃したという事実をみていないために，その他者がその事象について知っているということを知らないということが起こり得るのである．つまり，人は，たとえ誤った信念であってももつことができるということである．

●**ヒト以外のエージェントへのメンタライジング**　メンタライジングは，文脈や状況に応じて，ヒト以外のエージェントに対しても生じることがある．例えば，古くは，ハイダーとジンメルの研究にみられるように，成人は，二つのアニメーション刺激の動きから，その関係に着目し，意図や目標を帰属することが

ある（Heider & Simmel, 1944）．また，近年では，成人だけではなく，1歳未満の乳児においても，アニメーション刺激に対して目標を帰属することが示された（Gergely et al., 1995；Csibra, 2003）．乳児は，エージェントが目標志向性をもつことを理解し，目的に近づくためのより合理的なあるいは節約的な動きを予測するようになる．いわば，「合理性の原則」とでもいうべき特徴を示すのである．この実験では，乳児が，予期しない刺激に対して長く注視することを利用した，期待背反法が用いられた．乳児に，まず馴化刺激として，ボールが障害物を飛び越えて，別のボールのところに着地するアニメーション刺激が呈示された．乳児が，この刺激に馴化したのち，テスト刺激として，馴化刺激から障害物を取り去った2種類のアニメーション刺激が呈示された．一つは，ボールが馴化刺激同様，ジャンプして別のボールのところに着地するもの，もう一つは，ジャンプしないで転がって，別のボールのもとにたどり着くものであった．その結果，前者の刺激に対する注視時間が後者に対する注視時間よりも長くなった．このような結果は，乳児が，馴化刺激の段階で，ジャンプするボールに目標志向性を帰属させ，その後のテストで，障害物がなくなったにもかかわらず，ジャンプして移動するのは合理的ではないと判断したと解釈された．このことは，乳児が，エージェントのもつゴールと，それに到達するための方法を分けて表象することができるということを示す．こうした能力は，将来的には，他者の意図を表象する能力へと導かれると考えられている．

　また，板倉らは，メルツォフの行為再現課題（Meltzoff, 1995）を用いて，乳児は，ロボットが，他者とのアイコンタクトを示したときにのみ，ロボットに意図を付与することを報告した(Itakura et al., 2008)．ヒト以外のエージェントであっても，コミュニケーションの相手になり得ると知覚された場合には，そのエージェントに対してメンタライジングが生じることがあるのである．

●メンタライジングを司る脳部位　この10年間にわたって，メンタライジングの神経基盤を特定するために，多くのイメージング研究が行われており，多岐にわたる多様なパラダイムが使用されてきた．たとえば，物語を読む，アニメーションのビデオを見る，またゲームによる相互作用をもつ，といった具合である．これらのパラダイムすべてに共通するのは，参加者はいずれにおいても，他者の心的状態を推論しなければならないような状況におかれたということである．結果は，きわめてよく一致しており，このような課題遂行時の脳活動は，他者の視線の動きを観察や，他者が見ていることころに関する情報の理解に関わる上側頭溝/側頭頭頂結合部や，物語理解に関わるスクリプト的知識の情報処理を行う側頭極，および自他の心的状態の表象や将来の予測に関する情報の処理を行う内側前頭前野に密接に関連することが明らかにされている（Frith & Frith, 2003；子安・二宮，2008）．

［板倉昭二］

表　情

☞「情動」p. 400,「進化」p. 446,
「文化心理学と比較文化心理学」p. 464

　表情の原初的な形態は，新生時期において観察できる．例えば味覚や嗅覚刺激の快・不快に応じての微笑みや口をすぼめるといった動き，あるいは養育者の語りかけと同期した頭部や腕などの動きといった感覚入力に対するナイーブな運動反応の同調（共鳴動作）が観察される．これに加えて，メルツォフ（Meltzoff A. N.）によると，養育者が笑顔を示す・舌を出すなどの動作をすると，子どもはこれと類似した表情を示すようである（Meltzoff & Moore, 1977）．乳幼児期におけるこうした知見により，表情表出に関わる生得的な機構の存在が示唆される．このことは，先天盲の子どもの表情が健常児のそれに相当することや，喜び・怒り・悲しみなどの基本表情の形態がある程度文化普遍的であることなどからも支持されると考えられる（Elfenbein & Ambady, 2002）．

　こうした生得性に加えて，表情の多様性の基盤となるのが表示規則である．表示規則とは，表情をいついかなる文脈において表出／抑制することが望ましいかという文化・慣習などに基づく固有のルールである（Ekman, 1972）．この表示規則の個人の内在化により，みずからの置かれた社会文脈的状況に応じて，表情を適切に制御・表出することが可能となる．私たちが表出する表情の相同性は，遺伝的情報に基づく生得性，ならびにこれを修飾する環境要因，社会文脈的状況の各々が作用した，その総体として生ずるのである．

●**表情と脳**　顔表情を構成する顔面筋肉は特定の感情と結びつき，表情の形態（物理的特徴）を特徴づける．例えば喜び表情は大頬骨筋や眼輪筋による頬の盛り上がりを特徴の一つとしており，怒りや嫌悪の表情においては皺眉筋による眉間のしわなどが生じる．こうした他者の顔表情を提示すると，それと同様の顔面筋肉の働きが知覚者においても自動的に生ずる．例えば顔表情が閾下で提示されたとしても，怒り表情に対する自身の皺眉筋の活動，あるいは喜び表情に対する大頬骨筋の筋電位が上昇する（Dimberg et al., 2000）．このことから，他者の表情は知覚者の意識的な気づきを経ずして知覚・模倣され得ることがわかる．

　ブライアー（Blair R. J. R.）は，（無意図的・意図的な）表情表出に以下の脳部位が関与するとし，次のような機能的分化を提示している（Blair, 2003, 図 1）．
(1) 知覚刺激の初期感情評価（扁桃体（amygdala））
(2) 無意図的な表情表出（大脳基底核（basal ganglia））
(3) 表示規則に応じた意図的な表情制御（前頭前野（prefrontal cortex））
(4) 表情筋の運動プランニング（皮質運動領野（motor cortex）：一次運動野，補足運動野，運動前野により構成される）

こうした脳領域の活動は，他者の顔表情を知覚することでも活性化するが，その表情を意図的に模倣することによりさらに活動が上昇する（Carr et al., 2003）．従来，神経画像研究の発展により，他個体の目標志向的な動作の観察，および知覚運動刺激の模倣の両者に下頭頂小葉（inferior parietal lobule）に加え，皮質運動領野（運動前野，補足運動野）と大脳基底核において組織化される運動系の制御機構が関与し，観察学習や模倣学習を実現することが知られているが，顔表情のような感情的要素が加わると，上記の領域に加えて，扁桃体，前部島皮質（anterior insula），前部帯状皮質（anterior cingulate cortex）などの脳領域が関与することもわかってきた．例えば，Carr et al.（2003）の例にみられるように，顔表情の知覚に関わる各領域が，表情の模倣にともなってさらに活性化すること，すなわち模倣という，知覚情報の符号化と運動情報のプランニングの両者を伴うプロセスにおいて活動が増大するという事実は，表情の運動出力に関わる脳領域が，表情の知覚的情報の符号化にも同じく関与を示す点で興味深いところである．

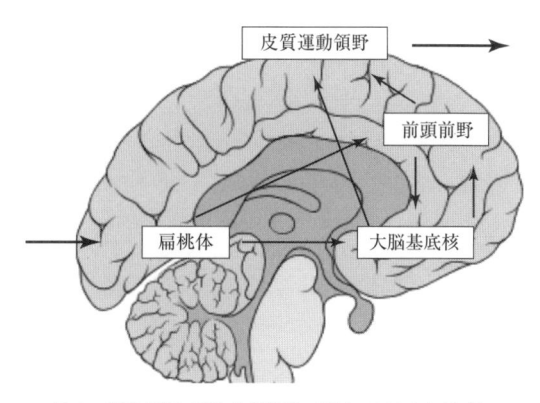

図1　表情表出に関わる脳部位（Blair, 2003 より改変）

●**加齢に伴う表情の変化**　高齢者の表情表出に関わる研究の絶対数は少ないが，高齢者は表情に乏しいとする点においておおよそ一致する（宇良，2004）．また，加齢にともなって，表情認識に関わる機能も低下するとされるが，同世代の高齢者間での表情の認識にはさほどの困難を伴わない（Malatesta et al., 1987）．すなわち，高齢者の表情は顔面筋肉の衰えなどにより一般的にその動きの識別が困難となる一方で，日常的に接する表情の精通性に基づき，表情を基盤とするコミュニケーションは担保されることが示唆される．

　なお，国内においては高齢者数の増加にともなって，近年，神経変性疾患のパーキンソン病の発症率が増加している．パーキンソン病は表情の乏しさに加えて，振戦（手足のふるえ），筋固縮，無動症（ぎこちない動作）などを特徴とする運動障害である．その原因は中脳黒質のドパミン細胞の減少に基づいており，パーキンソン病の発症リスクは老化とともに高まることから，加齢による表情の特質の変化はドパミン神経系の機能により一部説明されるものと考えられる．

［野村理朗］

相貌的知覚

☞「はずれることの積極的意義」p. 236

　ウェルナー（Werner, H.）は，人が環境世界の対象を知覚する際に，対象に主体自身と同様な表情や運動，情動を認める原初的な知覚様式がみられると唱え，これを相貌的知覚と名づけた．彼はこの知覚が幼児や未開人，精神病者で顕著であるとし，こうした未分化な心性を有機–全体論に依拠して論じている（Werner, 1948/1976）．有機–全体論では有機体の諸機能や諸活動が全体的な機能や活動の全体的文脈に依存して意味をもち，その発達過程において未分化なものが分化して階層的に統合されるとした．

●**相貌的知覚の特徴と発達**　この知覚様式は特に幼児に典型的にみられるが，彼らは主体と対象が一体化して未分化で，対象を主体の運動的–情動的態度を通して理解するために，対象に表情や運動，情動をとらえ，生命のないものに内的な生命力を認めて，対象を生き生きと力動的に知覚する．例えば，倒れているコップを「コップ，くたびれている」，二つに割れたビスケットを「かわいそう，ビスケット」とみる．また，角張った図形に「なんてトゲがいっぱいあるのでしょう」と叫び，トゲが刺さるのが嫌だと取り上げるのを躊躇し，尖った図形に鉛筆を針のように扱い，紙を突いたり，突き破ったりして実際の図形よりも多くの角を描くなど，描線を用いた表現や図形に対しても相貌的，力動的に知覚する（Werner & Kaplan, 1963/1974）．しかし，このような知覚は主体と対象が分化するにともなって減少し，おとなではその基底に相貌的知覚を有するものの，対象を客観的（ウェルナーの用語では幾何学的–技術的）に知覚するようになる．

　また，相貌的知覚は擬人化と概念的に類似するが，ウェルナーによると，相貌的知覚の方が擬人化よりも発生的に先行し，基本的で，対象を直接具体的，相貌的に把握するという．擬人化では人と人以外のものとの両極性の意識を必要とするが，幼児はこの意識を欠くとした．なお，擬人化は人でないものに人の特徴や性質を与えて人に見立てて表すことをさし，アニミズムと共通性がみられる．アニミズムはピアジェ（Piaget, 1926/1955）が主客の未分化な幼児の心性の表れとして唱えたものであるが，生命のない無生物に生命を認めたり，意図や意識などの心的働きをもつとみなす幼児の思考の特色をさす．ウェルナーの相貌的知覚は幼児に独特な知覚様式ととらえられているが，擬人化やアニミズムは幼児の思考や推論の特徴とみなされている．なお，最近の素朴生物学に関する発達研究では擬人化やアニミズムを人についての知識に基づく類推とみなす見解が提起されている．

　そのほかに，相貌的知覚と通底する心的機能間の複合や関連性を示す心性として幼児の表現活動や比喩（Glicksohn & Yafe, 1998），共感覚（ある感覚刺激が別

の感覚を感受すること），異感性間協応（異なる感覚間の情報を結びつけて統合する）などがあげられる．ここではこれらの中から幼児の描画表現活動を取り上げる．描画では対象を視覚的，写実的に描くが，そこに情動や運動，触覚などの感覚も深く関与している．特に，幼児では対象と一体化し，特有な表現を産出しながら，次第に客観的な対象の視覚的表現へ発達していくが，次に，その発達の様相をながめる．

●**描画表現活動の始まり**　1歳前後に始まる描画活動は対象の特徴を主観的にとらえ，独特な表現を生み出しながら諸段階を経て発達する．その発達は3段階に大別されるが，第1段階は無意味ななぐりがきの時期といわれ，腕や手指を動かす運動への興味や描線の痕跡に対する視覚的興味から描かれる段階である．しかし，この時期は描画の準備期とも位置づけられ（山形，2000），描線に対象の視覚的形態を発見して命名したり，表現意図をもって次のような描線を描くこともみられる．車を「ブーブー」と円状線をグルグル描いて動きで表す，ウサギを「ピョンピョン」と線を打ち付けてその跳躍を，縦線でピンと伸びた耳を表すといった対象と一体化した力動的表現が現れる（Cox, 1992/1999；山形，2001，図1）．

図1-①　車（山形，2001, p. 82）

図1-②　ウサギ（山形，2001, p. 82）

図2　頭足人画（Yamagata, 2007, 未発表描画資料より）

●**幼児の描画表現**　線描の運動統制が可能になると，3歳頃に最初の人物画が出現する．この人物画は頭足人画といわれ，円状の頭に手足をつけた独特な表現をとる（Yamagata, 2007, 図2）．頭足人画は世界で広く認められ，心的表象の未分化や統合能力の欠如，立案能力の未発達などの説明が提起されている．また，3～6,7歳（第2段階）には花・人・家・太陽などの型にはまった図式表現が現れる．リュケ（Luquet, G. H.）はこれを「知っていることや感じたことをかく知的リアリズム」と名づけ，児童期以降の「対象を一定の視点から知覚的に見えたとおりにかく視覚的リアリズム」（遠近画法ともいう）と区別した（Luquet, 1927/1979）．図式表現は幼児の未分化な心性や未熟な描画技法と関連づけて説明されるが，画面上に地面を基底線で表す，人のお腹や家の中を透視するレントゲン画や上空から眺めたような鳥瞰的画法などの特徴的な表現もみられる．児童期以降（第3段階）は遠近画法によって対象を特定の視点から視覚的，写実的に描き，感情表現も精緻化し，おとなと同様な円熟した表現にいたる（Jolley, 2010）．　　［山形恭子］

情　動

☞「遊び」p. 108,「妬みと嫉妬」p. 212,
　「愛と憎しみ」p. 214,「孤独感」p. 260

　情動（emotion）はラテン語の ex（前置詞；〜外へ）と movëre（動詞；動かす）を合成した語であり，ここから原義が外に追い出すという英語の emotion が派生する．一方，感情（affect）は同じく ad（前置詞；〜へ）と facere（動詞；成す，つくる）の合成語で，「影響を与える」あるいは「働きかける」を原義とする．情動は行動の動機づけ側面を，感情はことばを介して具体化される高次意識の側面を強調するのである．したがって感情が情動の上位概念となるが意識内容は個人経験であり，これに客観性をもたせることはできない．そのため，人間の行動を科学的に記述しようとすると動因・動機づけを物差しとして利用可能な情動の方が客観性をもつが，行動経済学が証明するように，人間は決して客観的・論理的に行動する訳ではない．日本語に翻訳する場合はこれらを考慮して情動と感情を使い分けるべきであるが，emotion を感情と翻訳している文献も多く，厳密に区分することは難しい．

●三つの立場　1872 年にダーウィン（Darwin, C.）が，The expression of emotion in man and animals（邦訳：浜中浜太郎（1931）『人及び動物の表情について』岩波文庫）を著し，情動の表出においてヒトと動物の連続性を指摘して以来，情動研究は動物との共通性を常に意識してきた．このような立場はダーウィニアンと総称される．ダーウィンの進化論とフロイトの精神力学を Affect Imagery Consciousness（四部作）において融合させたトムキンス（Tomkins, S.）はその一人である．彼の門下には表情のユニバーサリティ（通文化性）の研究をしたエクマン（Ekman, P.）や，表情のマイクロ分析から情動の発達を研究したイザード（Izard, C. E.）がいる．ほかに情動の円錐モデルを提唱したプルチック（Plutchik, R.）や，ヒトと動物の情動発生を行動の基本次元と結びつけるパンクセップ（Panksepp, J.）の神経生理学モデルもこの系列につながる．

　ダーウィニアンは通文化的な基本的情動を提唱するが，研究者によってその数はまちまちである．また basic や primary など，基本的（fundamental）以外のよび名もある．最近ではルドゥー（LeDoux, J.）やダマシオ（Damasio, A.）らの前頭前野の機能研究，リゾラッティ（Rizzolatti, G.）が見つけ出したミラーニューロン・システムと情動研究など，多様なアプローチもなされている．

　二つめが 1884 年に What is an emoton? を Mind 誌に発表し，"泣くから悲しくなるのだ" として身体の末梢反応が情動発生の認知につながるという末梢重視のジェームズ＝ランゲ説を唱えたジェームズ（James, W.）の流れをくむ立場である．ジェームズ理論はすぐさまキャノン（Cannon, W.）やバード（Bard, P.）らによっ

て，末梢神経系の活動は情動を色分けするには緩慢であり，情動は視床と新皮質間の情報のやり取りで色分けされるという批判を受けた．これが中枢重視のキャノン=バード説である．その後も大脳辺縁系の働きに情動の起源を求める立場が強かったが，1960年代に入り認知の役割を重視するアーノルド（Arnold, M.）の評価理論や，偽薬を投与して教示の効果が感じられている情動状態をつくり出していることを証明したシャクター（Schachter, S.）とシンガー（Singer, J.），あるいは情動は認知に先行すると主張するザイアンス（Zajonc, R.）や，逆に認知は情動に先行すると主張するラザラス（Lazarus, R.）などが加わり，認知の役割を重視する立場が強くなってきた．このような1960年代以後の諸説は情動の認知説というくくりでまとめることができる．

最後が，ことばこそが人間の意識を表象すると考える社会構成主義の立場である．これは高次意識として感情が処理される過程は文化固有の「ことば」であり，意識構造の文化特異性を主張する．哲学からの感情へのアプローチ（代表的にはアーレ（Harré, R.））や，感情の社会心理学研究（例えば北山忍やマーカス（Murkus, H.））など，ダーウィン主義と反対の立場である．

●**発達領域**　1980年代に入り情動，中でも感情はヒトの生態情報処理過程で産出されるものであり，複合要素の相互作用であるとするダイナミック・システム・アプローチが登場した．子どもの愛着や社会性の発達との関連で恥の研究をしているフォーゲル（Fogel, A.）やルイス（Lewis, M.），共感性の発達を研究しているアイゼンバーグ（Eisenberg, N.）などはその代表である．特にルイスは，自意識の発達過程で子どもが感じる恥や誇り，羞恥心，罪意識を自意識感情と名づけ，子どもの全人格的発達を情動の高次意識である感情的側面から包括的にまとめようと試みている．彼は生後6か月までに子どもに発達してくる情動を一次的情動と考え，満足が喜びに，興味が驚きに，苦痛が悲しみと苦痛，さらには怒りと恐れに分化し，海馬機能の発達によって2歳頃から可能になる自己参照が自意識をつくり出し，2歳3か月までに恥や妬み，共感などの高次感情が芽生え，3歳ではこれに誇りと羞恥心，罪意識が加わって自意識感情が完成するというモデルを提起している．

●**基本的情動：快と苦**　基本的情動という概念にはヒトと動物の連続性が仮説されているが，心理学的にこのことについて実験したのはヤング（Young, P. T.）が最初である．彼はラットを使って食の好みを観察し，動物の行動は快−不快，緊張−弛緩の二つの次元で説明できるとした．その後NIHのマックリーン（MacLean, P.）が，情動には動機づけ系の欲求に起因する快・不快感情，注意−覚醒系の興味・驚き感情，さらに高次機能系の喜怒哀楽があり，それぞれは視床下部，大脳辺縁系，大脳新皮質という脳の解剖学的3層構造に対応しているとして「脳の構造三位一体説」を提唱し，感情と脳機能を対応させた． ［荘厳舜哉］

あざむき

☞「他者視点」p. 92,「共同注意」p. 244

　あざむきとは，事実ではない誤った情報を事実だと他者に思わせることであり，通常，そのことで自分に利益をもたらすことが意図されている．

●**霊長類のあざむき**　他者をあざむく意図性が明瞭な行動は，チンパンジーなど霊長類において確認されている．例えば，チンパンジー A はえさをみつけても，自分より優位なチンパンジー B がそばにいるときは，わざとえさの方を見ないでおいて，チンパンジー B が離れてからえさを取る．他方，チンパンジー B はその場から立ち去ってから木陰でのぞき見をしていて，チンパンジー A からえさを奪い取る，といったことが観察されている（Byrne, 1995/1998）．こうした行動は，ある事実を隠蔽したり，本来の意図とは異なる行動を装ったりしており，あざむき行動といえる．

　社会集団を形成している種にとって，他の個体と競争したり協力したりすることは生存にとって不可欠である．進化のある段階で霊長類の社会構造が複雑になるのにともない，社会的に解決すべき課題は入り組んできたと考えられる．そのことが霊長類の知性を高度化させてきたとする社会的知性仮説，ないしはマキャベリ的知性仮説が提唱されている．この仮説のもと，霊長類のあざむきに関心が向けられ，あざむきの頻度が多い霊長類の種ほど大脳新皮質の比率も大きいことなどが明らかにされている（Byrne, 1995/1998）．

　また，ヒトを相手にしても，チンパンジーがあざむき行動を示すことが実験的に検証されており，チンパンジーが比較的高い社会的知性をもっており，他者の心的状態を何らかの形で推測していることが示唆されている．しかしながら，そうした事実から，チンパンジーがヒトと同じ意味で「心の理論」を有しているとは性急に結論づけることは難しく，どのような心的状態をどれくらい理解しているのかをめぐっては議論が分かれている（Call & Tomasello, 2008；Premack, 2007）．

●**あざむき行動の萌芽**　ヒトの子どもの場合，行動形態としてあざむきにみえるものは生後 9, 10 か月頃より観察される．例えば，9 か月の子どもがもっているものをおとなに差し出し，おとなが受け取ろうと手を出すと，ニタッと笑ってそのものを引っ込めてしまう（Reddy, 1991）といった行動がみられる．これは，遊戯的なからかいとよばれるものであり，他者の意図や期待をあざむく行動にはなっている．生後 9 か月頃より，他者の意図が理解できるようになり始めたことを基盤に，他者の意図を操作することが可能になりつつある証である．また，1 歳半前後より，話しことばを獲得する中で，実際にはおしっこをしていないのに

「チーデタ（おしっこ出た）」と事実に反することを，わざと微笑みながら発言することもみられる．以上のように，事実に反する内容を行動や言語で示すことを，まず他者と親和的に関わるために行っている点に，ヒトの子どもに固有の特徴があるといえる．

●あざむき・うそと「心の理論」　上記の例では子どもに相手をあざむく意図はない．他者をあざむく行動や，うそをつくこと（言語的なあざむき）が本格的に可能になるには，①虚偽の意識（自分の言動は事実ではないことの自覚），②あざむく意図，③他者の知識の理解と操作（他者の知識状態を理解して，誤った情報を思い込ませる）といったことが必要になる．

　子どもはいつ頃から，明確に他者をあざむいたりうそをつくことができるのか．この問いをめぐって，一つには3歳頃には，おとなから叱られそうになると，子どもは自分の行為を隠すなどして，文字通りのうそをつくようになるとする立場がある（Lewis et al., 1989）．同様に比較的早くからあざむきが可能になるとする研究として，チャンドラー（Chandler, M.）らは宝探しゲーム（図1：子どもは，人形を操作して宝物を四つの容器の一つに隠しに行く．人形の脚にはスタンプが仕込んであって足跡がつく）を実施して，2歳半の子どもでも他の人に宝物を探し当てられないように，足跡を消したり偽の足跡をつけたりしてあざむくことを確認している（Chandler et al., 1989）．

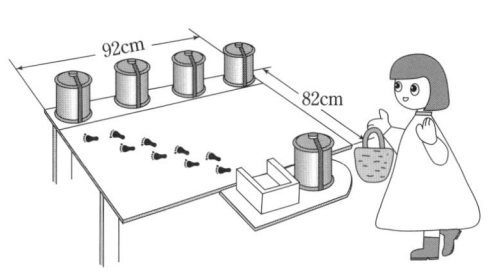

図1　宝探しゲーム　（Chandler et al., 1989, p. 1269）

　それに対して，これらの行為は単に自分のしたことを隠したり，ある種のゲーム的行為をしているだけで，3歳以下の子どもでは，他者の知識状態をはっきりと認識して，虚偽の情報を意図的に信じさせることはできていない可能性が高い（Sodian et al., 1991）．明確な意図をもって他者をあざむくには，他者が誤信念をもつ可能性を理解して，他者に誤信念をもたせることが不可欠であり，厳密な意味であざむきやうそが可能になるのは，誤信念課題に通過する4歳以降になると考えられている．また，同じ頃より，抑制機能も発達することで，第三者に対して情報を意図的にかつ持続的に隠す秘密の保持が可能になり始める（木下，2005）．

　以上，あざむきやうそは「心の理論」の発達と密接に関連したものといえる．また，人をあざむく目的は必ずしも自己利益を求める場合だけではなく，その理解や実行には複雑で高度な社会的認知能力を要するのである．　　　［木下孝司］

表示規則

☞「他者視点」p. 92,「パーソナリティ」p. 156

　どのような情動をどのくらいの強度で表出することが適切であるのか，あるいは不適切であるのかに関する基準・規則のことを表示規則という（Saarni, 1999/2005）．表示規則は，情動の表出を調節する際に用いられるものであり，以下では，情動表出の調節の発達という観点から紹介する．

●**表示規則の直感的な理解**　幼児期における表示規則の理解についての典型的な研究例として，コール（Cole, 1986）のものがある．そこでは，3, 4歳児たちが，好きではないものをもらっても，贈り主のいる前ではがっかりした表情を見せなかったことを見出した．これは，人から物を贈られたときには，それが気に入らない物であっても，がっかりした表情を表出してはならないといった，社会文化的な表示規則に即した行動である．そこからは3, 4歳児は，表示規則に対して，直感的な理解（Hughes, 2011）をしているといえよう．

　ただし，3, 4歳児がどこまで自覚的に情動表出を変化させたのかは定かでない．というのは，上述の実験の後に，「贈り物を開けたときにいたおとなは，贈り物をもらった子どもがどんなふうに感じているか，わかっているかな」と尋ねたところ，情動表出と情動推測とを結びつけて説明した子どもはほとんどいなかったからである．3, 4歳児は，表示規則に沿った表出をすることはできるが，その表出の機能について自覚的に認識できているとは限らないようにみえる．

●**情動表出についての自覚的な理解**　情動表出の機能について，自覚的にも理解し始めるのは，幼児期の終わりにかけてのことである．坂上（2000）は，保育園年長児（6歳）にインタビューをし，怒り，悲しみ，喜びの三つの情動の表出について尋ねた．その結果，友だちの前で，怒り，悲しみを表出すると答えた子どもは3割にとどまり，表出しないと答えた子どもは約半数だった一方，喜びは，8割の子どもが表出すると答えた．また，そのような情動を表出したときに友だちはどう思うか・行動するかという，情動表出の機能についての質問には，「わからない」と答えた子どもが半数近くいて，6歳児であっても情動表出が他者に与える影響を言語化することは容易ではないことがうかがえた．残り半数の子どもたちは，自分の怒りに対する友だちの反応としては，「泣く，怒る」などの否定的な反応を語る場合と，「話を聞く，謝る」などの肯定的な反応を語る場合とがあった．悲しみについては，「慰める，話を聞く」などの向社会的行動や，「悲しい，かわいそう」などの共感的情動を語った．一方，自分の喜びに対する友だちの反応としては，「遊んでくれる」とか「楽しい」などの快情動が語られた．そこからは，6歳児には個人差があるとともに，およそ半数の子どもたちは，各

情動の機能に沿ったかたちで情動表出の結果・影響について認識していることが示唆される．なお，悲しみの表出の機能については溝川（2011）も，幼児が本当の泣きと嘘泣きを区別することができ，泣きの表出は他者から向社会的行動を引き出すことを認識していることを見出している．

下記の資料は，怒りの表出について，年長児（6歳）にインタビューしたものである．この子どもは，もし怒りを表出したら，友だちは，「こわがる」場合もあるし，「ぼくが始めようとするけんか，とめてくれる」場合もあると語っている．そして，それは相手が自分とどのような関係にあるのかによって異なると考えているようである．幼児期の終わり頃になると，相手との関係に応じて，情動表出の機能が異なることを理解し始めていることがうかがえる．

資料　怒り表出についての年長児（6歳男児）の認識
（幼稚園で怒った気持ちがしたことある？）*　んー，わけなんだっけなあ．ちょっとあるけど…（どんな？）くやしいとき．リレーとかで自分のチーム，負けて．ドッジボールとか．（怒った気持ちを友だちにみせる？それともみせない？）みせない．（どうして？）やっぱさ，あんまりひどくても悪いと思って．（怒った気持ちを友だちにみせたとしたら？）それはちょっとわかんない．友だちによってやることが違うし，ぼくに興味もってる子と，ぼくに興味もってない子と，どっちもいい子いるし，友だちの思うことによって違う．（興味もってる子なら？）やっぱ，ぼくが始めようとするけんか，とめてくれるんじゃない？（興味もってない子なら？）まあ，ただ，こわがるだけだよね．
　＊：（　）内は，インタビュアーの発話

●**情動表出の柔軟な調節**　児童期に入ると子どもたちは，からかわれたときに，怒りを表出したり無視したりするよりも，ユーモアで対応した方が有効だと評価することが見出されており，ユーモアが「葛藤状況を鎮め，状況を向社会的なやりとりへと転換させる」機能をもつことに，気づき始めるようである（Martin, 2007/2011）．対人的な葛藤状況をおさめ好転させ得る情動表出について，より柔軟に考えることが可能となっていることがうかがえる．

そもそも情動は，他者との関係を確立したり維持したりするだけでなく，関係を壊す機能ももっているものである．遠藤（2006）は，情動には機能的な側面とともに破壊的な側面もあり，情動とはそうした正負の側面が表裏一体の関係をなす，両刃の剣とみなすべきなのかもしれないと論じている．そのような情動の性質に関する知識をもち，情動表出についてのルール（表示規則）を理解したうえで，柔軟に調節し，その時々の状況にふさわしい情動表出をすることは，情動コンピテンスや情動知性の重要な構成要素であり，その人の社会的な適応にとって大きな意味をもつと考えられる．

[久保ゆかり]

自己効力（感）

☞「動機づけ」p. 134,「自尊感情」p. 322

　自己効力感とは，自分が行為の主体であり，自分の行為が自己の統制下にあって，外界の要請に応じて適切な対応を生み出しているという確信・感覚である．なお，効力感はホワイト（White, 1959）が環境に効果的に働きかけられるというコンピテンス（有能感）の動機づけの側面を強調した概念である．青柳（2006）は，自己効力（self-efficacy）と効力感（competence）とを混同しないよう注意をうながしている．なお本項目では，バンデューラ（Bandura, A.）の自己効力について解説する．

●**バンデューラの自己効力の概念**　バンデューラ（1977）は，社会的認知理論の中核をなす概念として自己効力を提案した．人間行動の先行要因として効力期待と結果期待の関係を図1に示す．効力期待は，行動の主体である自分自身がある行動をできるかどうかという期待である．この効力期待を自己知覚したものが自己効力である．結果期待は，ある行動がどのような結果を生み出すのかというという期待である．

図1　効力期待と結果期待
（Bandura, 1977, p. 193）

　バンデューラ（2001）は，効力信念が人間行動の基礎であり，その核心は「自分は自分の行為によって効果を生み出す力をもっている」というものであると述べている．

●**自己効力の四つの情報源**　バンデューラ（1997）によれば自己効力を高めるには，四つの情報源がある（表1）．遂行行動の達成とは，その行動を実際に行ったことがあるという経験である．モデルと一緒に行為する参加モデリング，弱い刺激から徐々に強い刺激に慣らしていく脱感作や自分に言い聞かせて（自己教示）遂行するなどの導入形態がある．代理的経験とは観察学習させることであり，実際のモデリングと象徴的（シンボリック）なモデリングがある．言語的説得とは，自分または他者からの言語による説得によってその行動ができると思いこませることである．情動喚起とは，行動を起こさせるような情動を喚起することである．帰属による情動の喚起，リラクゼーション，シンボリックな脱感作などがある．

●**人間の主体性**　バンデューラ（2001）は，人間の主体性の核心として次の四つをあげている．①意図性，②事前考慮，③自己反応性，④自己内省性である．つまり主体性は，①行為が意図的に行われること，②将来の出来事を予想して自分を動機づけ，自分自身の行動を計画しガイドすること，③思考と行為を結びつける自己調整過程を通して自己指向性を作用させることである．さらに，④自分自

表1　自己効力情報の源泉と対処の導入方法

原因	導入形態
遂行行動の達成	参加モデリング 脱感作 遂行行動の視聴 自己教示による遂行
代理的経験	実際のモデリング 象徴的（シンボリック）なモデリング
言語的説得	示唆 奨励 自己教示 解釈療法
情動喚起	帰属 リラクゼーション シンボリックな脱感作 シンボルの視聴

(Bandura, 1977, p. 195)

身や自分の思考と行為の妥当性を熟考するメタ認知能力が主体性の核であるとしている．

●**自己効力・社会的効力・集合的効力**　バンデューラ（2001）は，人間の主体性の形態として，個人的・代理的・集合的の三つを区別している．行動の主体となる個人に焦点があてられて，自己効力の研究が進んできた．しかし，個人だけが行動の主体ではなく，個人の代わりとなる他者が主体である場合もある．例えば，親子関係や夫婦関係のように，自分自身の幸福な状態，安全，価値ある結果を代理の人（子どもなら親，夫婦なら相方）の働きに求める場合である．代理的主体性は，他者の仲介的な努力の協力を得るために，知覚された社会的効力をあてにしている．さらに，個人を含む集団もまた行動の主体となったりする．人々は望ましい結果を生み出すのに集合的な力があるという共有の信念がある．学級・学校，会社，競技チーム，政党などの集団や組織における集合的効力のことである．例として適切ではないかもしれないが，2011年の東日本大震災後の復興に際し，「たちあがれ日本」「ガンバレ日本」などといったスローガンがある．わが国の集合的効力が日本国民のみならず世界各国から注目されているといってよいだろう．

●**自己効力における失敗や負の感情の重要性**　動機づけの研究に長年取り組んできた速水（2010）は，自己効力感の源を成功経験だけでなく，「失敗に耐えて向かっていこうとする心」だと述べた．「成功に行き着くまで何度も失敗に直面したにもかかわらず，あきらめずに粘ってがんばったという経験こそが自己効力感の源だ」と指摘している．また，負の感情のもつポジティブな動機づけ面に注目すべきで，失敗することを恐れないことが，自己効力感を形成するのに重要であると指摘している．

［二宮克美］

18. なる

【本章の概説】

　人の一生という大きなテーマを研究する発達心理学の役割の一つに，各発達段階の特徴をわかりやすく説明することがある．この18章「なる」では，子どもが成長しおとなになるという人間の発達について，前半では各発達段階の特徴が説明される．後半は発達観と発達の原理という大局的な理論的吟味があり，続いて発達加速現象，思春期，アイデンティティ，おとなになることなどの青年期を中心とした個別のトピックスが取り上げられる．

　人の発達は母体内にいる「出生前期」からすでに始まっているが，出生によって0歳が始まり「新生児期」「乳児期」という発達段階に入る．日常では赤ちゃんとよばれる時期である．赤ちゃんの行動的な特徴は，まだ歩けないこと，しゃべれないこと，離乳していないことである．その後，1歳半くらいには発語や歩行がみられるようになる．この年齢から就学前までの時期が「幼児期」とよばれる．幼児期は，ようやくことばが出たくらいのレベルから，字が書け，外を走り回れるくらいになるまでの幅広い発達的変化を含む時期である．この時期の子どもたちは「赤ちゃん」の対比語としての「おにいちゃん」「おねえちゃん」になることに憧れをもっている．そして次の段階は「児童期」である．学校への入学が始まることから「学童期」とよぶこともある．何をしていてもよい遊び中心の生活が終わり，学校での学びが生活の中心に変わる．人の生涯発達を陸上競技場での4×100 mリレーに例えてみるなら，児童期までの子どもの時期が，第1コーナーを一斉にスタートする第一走者である．

　生涯発達の第2コーナー，スピードを加速する第二走者は「青年期」である．青年期は危機とみなされてきた発達段階であり，本人も周囲も何かと難しい時期といえよう．子どもは，本人が望むと望まないとにかかわらず，身体の思春期変化によって，子どもとはよびにくい外見に変わってくる．小学校までを児童期とみなすことが一般的であるが，小学校高学年女子の身長スパートや月経開始を考慮すると，学校段階とはややずれてしまうが，小学校5, 6年生は児童期と青年期の両方に重ねて，青年期は10, 11〜25, 26歳（久世，2000）くらいとするのが現実的であろう．25, 26歳という年齢は，4年生大学を卒業して社会人になったとしても，すぐにはまだ成人期とはよびにくいということである．精神医学の立場では30歳を成人期の開始とみる向きも少なくない．

　さまざまなことを選択・決定していかねばならない青年期がひとまずすむと，人生は一段落し気分的には人生後半に入る．「成人期」である．第3コーナーを回ったということは，ゴールまで残り半周しかない．マラソンに例えれば，折り返し地点を回ったということである．日本は寿命も長いが成人年齢も20歳とやや遅く，青年期の期間のとらえ方が長い．海外では成人年齢が18歳という国が多く，18歳までを青年期とみなすことが多い．近年は，18〜29歳を成人期とは別に成人形成期（emerging adulthood：EA）ととらえ直す見方も提起されている．（Arnett,

2000, 2011）おとなになるという課題を果たした成人期には，30代だけでなく40代50代も含まれるが，加齢が進み中年期というよび方が似合う年代になると，心身の完成期を過ぎてしまった後の下降，衰退という色合いがにじんでくる．

成人期の後の最後の発達段階は「老年期」である．人生の後半はライフコースも多様であり，更年期変化，老化には個人差も大きいので，年齢で一律に区分することは青年期や成人期以上に難しい．現在の日本では，65歳や70代以降がお年寄りとよばれる年齢になろうか．おとなになることに比べると，お年寄りという位置には目標や到達点という意味合いは薄い．むろん，長老や老賢人のように智慧をもつ者として存在感を示す場合もあるが，老害などマイナスイメージの表現も多い．お年寄りは現役世代ではなく盛りを過ぎた人とみなされがちであり，老年期の先にあるゴールは死という発達の終点である．

人の発達はこのように段階に分けて論じられることが多いが，一続きの連続した生涯発達としてとらえようとする場合には，経済成長のような右肩上がりの上昇直線でとらえる見方，上昇のあとに下降の時期が来ることを想定するもの，直線ではなくらせん状の発達とみる場合などがある．到来する年齢に個人差はあるものの発達段階には順序性があるため，決まった距離のリレーやマラソンに例えてみたり，自然現象に目を向けて，1日の太陽の運行，四季の移り変わり，発芽から実りまでの植物の一生に人の生涯を重ねてみることも多い．いずれにせよ，人の一生は時間軸に沿って進行していくのだが，人間は時間の後を追いかけていくだけではなく，主体的に自分の人生にかかわり，何かに「なる」ことをみずから求めていくことができる．一人前になる，おとなになる，男/女になる，親になる，そしてアイデンティティを形成して，自己実現を果たして，自己を受容して，自分になる，などである．

しかし人間の発達において，「なる」ということは，何かを失うことでもある．人がおとなになることは，成人性を獲得して子ども・青年らしさを喪失する過程ともみなせる．ギリシャ神話に登場する10代の美少年ナルシスは自分自身に恋をし，かなわぬ恋に憔悴して息絶えたとされるが，ナルシスの死は出生時にすでに予言されたものであった．自分自身を知ってしまうと死ぬという予言が母に告げられており，予言は当たったことになる．この神話を現実の青年の発達として読み解くなら，青年は自己を知り，自己愛的万能感をもった存在ではいられなくなったとき，その代わりにおとなになれるということである．美少年ナルシスは希有な自己愛を手放し，自己愛的な世界に生きるナルシスをこの世から消すことで市井の人となり，おとなとして生き長らえたのであろう．ナルシスの死は，おとなになったことを意味している．発達における"死と再生"，すなわち"なる"ことで"死す"という発達のパラドックスをこの神話は物語っている．

［佐藤有耕］

新生児期・乳児期

☞「乳児の知覚研究法」p. 28,「授乳・離乳」p. 58

新生児期・乳児期は，哺乳類全般では出生後離乳までの時期をさすが，ヒトにおいては生後1年までの期間をさす．児童福祉法第4条および母子保健法第6条によれば，1歳に満たない子どもを乳児とよび，生後28日を経過しない乳児を新生児とよぶ．ラテン語の *infans*「話すことができない」に由来する英語 "infant" も，医学的には生後1年までの期間をさすが，0～3歳頃までの範囲の乳幼児をさすこともしばしばあり，日本語との対応をとる際には注意が必要である．

図1　生後9日齢の新生児の自発的微笑

●**新生児・乳児観と歴史的変遷**　乳児期は，感覚知覚，運動，移動様式，物理的/社会的認知，コミュニケーションなどにわたって広範囲に急速な変化が生じる，生活史においてほかに類をみない期間ということができる．二足歩行や言語を介したコミュニケーションという，ヒトに特異的な行動上の特徴が1歳以降本格的に出現するうえでの基盤が形成される時期としても重要とみなされている．新生児・乳児を「非力で受動的な存在」ととらえる「タブラ・ラサ」的な過去の発達観は，現在では，外界に対応する一定程度の枠組みを非常に早期に成立させたうえで積極的な情報探索や他者とのコミュニケーションを行う能力を備えた，「有能な」存在としての新生児・乳児観へと転換されている．この転換の駆動力となったのは，言語報告を期待できない新生児・乳児の知覚認知にアプローチする行動学的実験手法が生まれて以来蓄積されてきた数多くの研究成果であった．

●**物理的認知と社会的認知**　行動を指標とした乳児研究の初期は，因果律や重力，視聴覚刺激の時間的同期性など，主に外界の物理的側面の認知における乳児の高い能力が注目されてきた．一方で，乳児が早期から高度に社会的な存在であることは，1970年代にはトレヴァーセン（Trevarthen, C.）をはじめとする研究者によって指摘されていたが，1990年代後半以降，物理的認知に関する知見を踏まえることで社会的認知の初期発達を行動実験の俎上に乗せる方法論が大きく進展し，知見が急速に蓄積されてきた．新生児期からみられる新生児模倣・自発的微笑・顔様刺激への注目なども，母親をはじめとする社会的パートナーとの音声・身体的同調や情動調律を可能にする基礎システムの一部とみなすことができる．また，胎児期の聴覚的・嗅覚的な学習と出生直後から開始される二項的な相互作用とを踏まえることで，出生後速やかな母親の顔表象の成立が可能になると考えられる．

　生後9か月頃みられる社会的認知に関する顕著な発達的変化は，「9か月革命」

とよばれることがある（Tomasello, 1995）．この時期乳児は，新奇の対象や環境に対する，他者の情動や注意に関する情報を利用したり（社会的参照），他者が対象を指さしたり視線を向けた場合に，その対象が乳児自身の視野内にない場合にも，視線を手がかりに対象への注意や関与を他者と接続するようになるなど，他者や物理的対象との二項的な関係を超えて三項関係を成立させ，社会としての世界に本格的に参入していく．

●**コア知識** 乳児期における知覚認知発達の統合的記述を試みた主要な議論の一つとして，スペルキら（Spelke & Kinzler, 2007）は，乳児の行動実験を通し，物体・運動・数・空間・社会的パートナーそれぞれの認知に関する五つの「コア知識」という概念を提唱し，「ヒトの認知の核（コア）となるこれらの知識は，発現時期はそれぞれ異なるものの，乳児期早期から機能している」と指摘した．一方で，コア知識は経験と独立に機能するような固定化されたものではなく，経験によって柔軟に変化し得るものである点にも注意を促している．対面相互作用を伴う社会的環境において養育が行われる発達環境も，コア知識の発現に不可欠である．

●**姿勢運動発達** ヒトは，乳児期の後半を迎えるまで，自力での移動・定位ができない．6か月前後で支持なしでの座位が可能になり，9か月前後で自力移動を開始する．1歳前後で二足歩行の開始にいたるまで，1年間で自力移動の成立とその様式の大幅な変化という，生活史においてたぐいまれな変化を示す（ただし，二足歩行以前の移動様式および二足への移行過程については個人差が大きい）．姿勢運動の発達過程は，認知発達過程とも密接に関連している．

●**音声・言語発達と知覚的狭窄化** 乳児は厳密な意味での言語を生成する以前の時期にあるが，平静時の音声として，生後2か月前後で鳩音あるいはクーイングとよばれる自発的な発声が観察される．生後6か月頃からは，咽頭蓋の沈下に伴い，喃語とよばれる，有声化した母音反復を伴う発声がみられるようになる．これらの音声は，周囲のおとなのフィードバックによって強化される．初語の出現にいたるのは1歳前後のことが多いが，発話の前提となる他者の言語情報の聴取・処理は，乳児期を通して進行している．新生児期および乳児期前期の言語聴取能力について出生前後の聴取環境を反映した言語圏ごとの差異も報告される一方で，生後6か月前後での母語の音素知覚への先鋭化や8か月前後での周辺言語環境に特異的なイントネーションなどへの選好が出現することは，この時期に生育言語環境への適応としての知覚的狭窄化が進行していることを示している．ただし，同様な知覚的狭窄化を示す事例は言語知覚のみにとどまらず，音楽や顔認知においても存在する．脳神経科学的知見からは，新生児期からある程度の機能局在が示される一方で，乳児期を通して脳の形態・構造はさらに変化し，脳の領域間の関係性が発達とともに変化し，ネットワークが形成される．発達過程が領域に依存して異なることも明らかになっている．

［橋彌和秀］

幼児期

☞「乳幼児と親子関係」p.160,
「保育とうごき」p.370

　生涯の時期区分には，教育や医療などの制度に裏付けを与える実用的な区分と，発達的な変化に対応した理論的な区分があり，両者は相互に影響を与えている．幼児期は，実用的な区分では，満1歳から小学校就学までの6歳頃までである．幼児期を3歳を境に二つの時期に分け，よちよち歩きである前半をトドラー期とよぶこともある．

●**幼児の特徴**　幼児期の始まりには，直立二足歩行の開始や初語の出現など明確な特徴がある．歩行の成立後，走る，跳ぶなどの粗大運動の発達にともない行動範囲が拡大し，微細運動の発達によりスプーンやハサミなどの道具が使えるようになり，食事や排泄，着脱衣などの基本的な生活習慣を身につけていく．また，言語発達では，1歳半を過ぎると語彙を学習する速度が急に早くなり，語彙爆発とよばれている．それと並行して，表象や象徴機能の発達により，いま，ここの世界を時間的にも空間的にも拡大するとともに，現実に加え空想の世界ももつようになる．そして，記憶システムなどの発達に支えられながら，因果推論や類推により世界を構造化し，物理や心理などに関する素朴理論を構成していく．

　認知の変化は外界だけでなく自己にも生じる．自己を客体として認識するとともに他者を意識し始める．そして，自我が芽生え，自分でやりたいという気持ちが強くなるため，反抗期が始まる．子ども同士でも自己主張により，いざこざやけんかが起きたりするが，やがて自己抑制も発達し，仲間とともに協力や役割分担などがある協同遊びを行えるようになる．このような自己制御には，言語機能や実行機能などの発達が関わっている．また，自己意識の発達と連動して，照れやあこがれ，共感，さらには，誇り，恥，罪などの感情が発達するとともに，感情の調整や適切な表出ができるようになる．

　幼児の特徴を，身体と運動，認知，言語，自己，社会，感情といった領域別に概観したが，これらが総合的に関連するのが遊びである（Johnson et al., 2005）．みたて遊びでは現実と虚構が二重になり，ごっこ遊びでは自己と他者が二重になる．ボール遊びなどでは，ルールを決めたり守ったりすることでより楽しく遊べる．また，遊びは，言語的なコミュニケーションや，達成感，満足感，有能感などの感情を伴う．そして，子どもの遊びは，発達の源泉であり，発達の最近接領域をつくりだす（Vygotskey, 1933/1976）．また，ある事態の雛型を創造することによって経験を処理し，実験し計画することによって現実を支配するという人間の能力の幼児的表現形式でもある（Erikson, 1963/1977）とともに，．したがって，幼児期の教育でも，自発的な活動としての遊びを重視している．

以上のように，さまざまな側面が相互に影響を及ぼし合いながら発達するため，幼児期の終わりを少数の外面的指標で区分することは困難である．しかし，多くの研究結果を合わせると，5歳から7歳の間に学習をはじめとした多くの領域で顕著な変化が生じ（White, 1965），小学校での教育を受ける準備が整う．そのことは近年でも，神経系や社会文化的活動への参加などの変化も含めて確認されている（Sameroff & Haith, 1996）．また，幼児期における教育に関しては，脳科学の成果が活用される一方で（OECD, 2007/2010），子どもが世界や自己をどのように意味づけるかが重要であるという指摘もあり（岡本，2005），幼児期の発達に適した実践（Copple & Bredekamp, 2009）が模索されている．

●**理論的な区分**　理論的な区分でよく知られているのは，認知発達では，ピアジェ（Piaget, J.）の段階区分である．幼児期に対応するのは，感覚運動期（誕生から1歳半～2歳頃まで）に続く前操作期（6～7歳頃まで）であり，具体的操作期（11～12歳頃まで）の準備期として位置づけられている．

　1970年代以降は，乳児の有能性が次々と明らかにされ，モジュールによる領域固有の認識が強調されることもあった．しかし，現在では発達初期とそれ以降の能力やシステムを区別し，言語の習得（Spelke, 2011）や学校教育（Case, 1998）によって，幼児期以降にシステムの再構成が起き，領域固有の認識が統合されると考えられている．また，生得主義とピアジェの構成主義は補完的な関係にあると考え，統合的なモデルを提唱した研究者もいる（Karmiloff-Smith, 1992/1997）．

　そのモデルでは，表象の書き換えにともなって三つの相が生じると考える．最初の相では，表象は手続き的な形態で符号化され暗黙的で，外的データに焦点を当てた行動の習得が行われる．次の相では，最初の表象が圧縮された形式に書き換えられて明示的に定義され，外的データより内的表象が優勢になる．そのため，発達的変化を行動レベルと表象レベルに分けて描くと，図1のように行動レベルが低下することがある．そして最後の相では，表象は意識的な接近や言語報告が可能なものとなり，内的表象と外的データがうまく結びつく．このようなU字形の変化は，幼児期のように内的表象が優勢になる期間が，より高次の水準への移行に必要であることを示唆している．

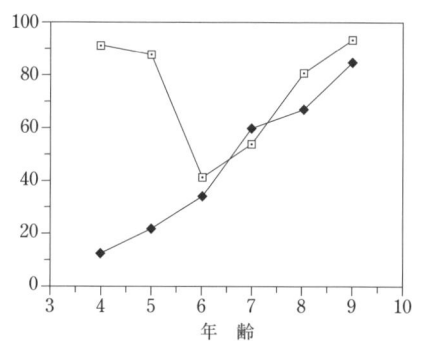

［杉村伸一郎］

図1　行動レベルの変化（□）と表象レベルの変化（◆）の一例

（Karmiloff-Smith, 1992/1977のFigure 1.2より）

児童期

☞「学校での学び」p. 128,
「児童・青年と親子関係」p. 162

　児童期は，従来，乳幼児期や青年期と比べると安定した時期ととらえられ，その発達的特徴も，児童期を一体として，また児童期前期と児童期後期（または前青年期）といった緩やかな区分で説明されることが多かった．一方で，「9歳の壁」のように9, 10歳という小学校中学年の時期を一つの発達の節目ととらえる視点も，聴覚障害児を対象とする教育現場などから提起されてきた（加藤他，1978；岡本，1987）．児童期の発達に関する理論的研究や各領域の実証的研究を検討すると，児童期を，小学校低学年（7, 8歳），中学年（9, 10歳），高学年（11, 12歳）の年齢段階に区分することが，それぞれの時期の発達的特質を把握し，また，児童期の発達のプロセス，メカニズムとそれに応じた教育を考えるうえでも重要性をもつと考えられる．

●**小学校低学年**　小学校に入学する頃に，具体的な事物に関する論理的な思考が始まり，外見上の目立つ属性にとらわれずに論理で物事の質をとらえることができるようになる（Piaget, 1970）．ことばの面では，親しい人との間で状況を共有しながら用いていた話しことば（一次的ことば）に加えて，不特定多数の人に対して向けられることば（二次的ことば）が，話しことばの面でも書きことばの面でも用いられ始める（岡本，1985）．また，社会性の面では，7歳頃には，友達について，一緒に遊んだり，物をくれたりするという行動の側面からとらえていたのが，8歳から9歳頃になると，友達や自分について，好みや性格，助け合いといった心理的側面にも着目して考えるようになる（Youniss, 1980；松田，1983）．一方，親や教師については絶対的な存在としてとらえる傾向がみられる（Damon, 1983）．各領域の間には，論理的な思考の成立が他者に対する論理だてた話しことばの使用を支え，そのことばを通じて自他の内面についての把握も進むといった相互の関連性も想定されるであろう．また，論理的な思考や一般他者に向けたことばの獲得は学校での集団生活を始めるための発達的前提となると同時に，それらは学校での学習活動を通じて発達するとも考えられる．

●**小学校中学年**　9, 10歳頃になると，具体的な事物に関する論理的思考の対象がさまざまな事物に広がり，遠近法を用いた描画のように空間を構造的にとらえたり（Piaget & Inhelder, 1948），自分の思考過程を意識化して計画的に物事に取り組んだりするようになる（例えば，一面に短い草の生えた運動場を想像させ，そこに落とした財布を探し出すにはどのように歩いたらよいかを考えさせる，新版K式発達検査2001における「財布探し」の課題（新版K式発達検査研究会，2008）など）．ことばの面では，一般他者に向けて特定の文脈を離れて用いられ

る二次的ことばが獲得されることにより，上位概念−下位概念という階層性をもつ知識が形成されたり（国立国語研究所，1982），語彙の本質的特徴をとらえた判断ができたりする（Keil & Batterman, 1984）．また，社会性の面では，自律意識が芽生えることで仲間集団が形成される時期にあたり，ギャングエイジとよばれることもあるが，その背景には，価値や規則の共有を重視し，友達に対して忠誠や助け合いを期待するという意識の変化（Bigelow, 1977）や，第三者の視点から自分と他者の視点を統合することで，集団内の各メンバーの視点を協調させることが可能になるという社会的視点取得の発達が想定される（Selman, 1981）．

●**小学校高学年**　11, 12 歳頃になると，論理的な思考の対象が具体物の範囲を超えることで，潜在的な可能性を考慮したり，仮定に基づく推理を行ったりするようになる（Inhelder & Piaget, 1955）．ことばを用いた論理的思考もさまざまな領域で展開し，例えば，表面的特徴の異なる三つの対象について，それらを包括する類や共通する属性の観点から類似性を考えることができるようになる（例えば，「本」「先生」「新聞」という三つの語の似ているところ（共通次元）を考えさせる，新版 K 式発達検査 2001 における「3 語類似」の課題など）．社会性の面では，対人関係に占める仲間（友達）の比重が増加するとともに，ともに過ごしたい相手が場面によって変化するなど，対人関係の枠組みが多様化する（高橋，1983）．特に，悲しいことがあったときにいてほしい相手として友達を選ぶなど，友達に対して精神的共感を求めるようになる．また，自己を多面的に把握したり，他者の有能さを客観的に把握したりするようになるが，その背景には客観的な論理的思考の発達がうかがえる．

●**児童期の発達構造**　以上に述べた児童期の発達的特質を整理したのが，表 1 である．認知，言語，社会性という領域にはそれぞれ固有の発達の道すじがあることが考えられるが，これまでにみてきたように，各年齢段階での領域間のゆるやかな関連も推測される．そのような領域間の関連をもとに発達の全体構造をみわたし，学校や家庭，社会との関わりで，各年齢段階の発達課題を明らかにしていくことが必要であろう．　　　　　　　　　　　　　　　　　　　　　　［藤村宣之］

表 1　各領域における児童期の発達的特質

	認　知	言　語	社会性
小学校低学年 （1～2 年生）	論理的思考の始まり	一次的ことばから二次的ことばへ	自他の内面的把握の始まり
小学校中学年 （3～4 年生）	空間の構造化と思考の計画性	二次的ことばの獲得	自律意識と仲間集団の成立
小学校高学年 （5～6 年生）	現実を超えた思考の始まり	言語による論理的思考の展開	友人との間の精神的共感

青年期

☞「学校から仕事への移行」p. 296,
「大学生の発達支援」p. 334

●**青年期の定義** 「青年期」は19世紀末頃,社会が工業化(産業革命)を経て近代社会へと移行する中で誕生した社会歴史的な発達概念である.子どもや若者は労働や生産の場から解放され,親の身分や社会的地位,財産にかかわらず,学校教育を通して将来の職業を選択したり人生を形成したりするようになった(溝上,2010).

●**若者期との違い** レヴィン(Lewin, K.)は,青年期を子どもからおとなへの間の狭間期,子どもともみなされず一人前のおとなともみなされない,狭間の葛藤を覚える年齢期とみなし,その年齢期にいる若者を「周辺人」とよんだ(Lewin, 1939).しかし,この狭間期(周辺人)を青年期(青年)とみなすならば,青年期の誕生は19世紀末よりももっとはやいことになる.なぜなら,ヨーロッパでいえば前近代の社会でも,子どもでもない,おとなでもない中間的な年齢集団としての「若者」ないしはその時期としての「若者期」の存在が認められているからである.

ギリス(Gillis, 1974)によれば,19世紀以前にみられた手工業経営者(親方)のもとで修行する徒弟,あるいは農業や商業,家事等の奉公人は「若者」であった.「若者期」は,非常に幼い子ども時代を終えて,家族を離れていくらか自立するようになる7,8歳頃から,20歳代半ばないし20歳代後半の結婚時に完全に自立するようになるまでの,子ども期から成人期への移行期間であり,おとなへの半依存的な状態を特徴としていた.彼らは決して子どもではなく,そして,一人前のおとなでもなかった.

前近代の社会において一人前のおとなになるとは,徒弟修業や奉公を終えて独立し,自身の職業をもち,そして結婚して自分の家を構えることにほかならなかった.自身の職業をもつだけでは一人前のおとなとして十分ではなく,結婚して自分の家を構えるところまで含めて,一人前のおとなと考えられたのであった.

青年期を若者期から区別する大きなポイントは,子どもや若者が労働や生産の場から解放されることと,学校教育が子どものおとなになる発達的移行プロセスに重要な役割を担うことである.レヴィンの周辺人の定義だけだと前近代の「若者」は「青年」となってしまうが,これらの条件を加えると「若者」は「青年」にはならない.前近代の若者の多くは労働や生産の場から解放されていなかったし,将来の職業選択や人生の設計も,社会制度的にも経済的にも許されていなかったのである.

●**青年期の発達的意義** 青年期はただ児童期の延長線上にあるわけではない.青

年期は，親や教師などの「重要な他者」（cf. Sullivan, 1953/1976）の影響を受けて構築してきた児童期までの人格を，みずからの価値や理想，将来の生き方などをもとに見直し，再構築していく発達期である．それは，他者の価値基準によって発達してきた自己を，今度はみずからの価値基準によってかたちをつくり直す，言い換えれば，「自己形成」を主とする「自己発達」の時期でもある（溝上，2008）．

青年期における自己形成は，身体や能力・言語の発達，社会環境の変化などとからまって取り組まれるようになると考えられている（Kroger, 2007）．例えば，ピアジェ（Piaget, J.）が述べる形式的操作（命題論理学および形式的思考に基づく抽象的な概念の表象操作）の発達はその代表的なものの一つである（Piaget, 1952/1989）．人は青年期に入ると形式的操作ができるようになって，自己を客観的に，そして抽象的にみたり理解したりすることができるようになると考えられている．

また，身体や性の成熟によって青年は他者のまなざしに敏感になり，そのことが自己への関心を引き起こしたりもする．さらに，レヴィンが青年を「周辺人」であると特徴づけたように，周囲のおとなが青年を「もはや子どもではない」者として扱うようになることも，青年期を理解するうえで重要な力学である．

人は青年期に入ると，自立，職業選択，友人関係，異性といった青年期の発達課題に取り組みながら，身体や能力・言語の発達などにも支えられて，「自分は何者であるのか」「自分は何者になりたいのか」という問いに自分なりの解を見出そうとするようになる（アイデンティティ形成，Erikson, 1956, 1963）．その解を見出すために人は，児童期まで構築してきた自己，ひいては大きく人格を見直す・再構築することとなる．ここに，青年期独特の発達的意義が認められる．

●**現代青年期**　青年期が19世紀末に，社会の工業化に合わせて誕生した社会歴史的概念であるならば，当然社会が変化すれば青年期の意義や過ごし方も変化するはずである．実際，職業選択を一つ例にしても，1970年代の青年の職業選択と，1990年代初頭・バブル経済崩壊以降の青年の職業選択とは，同じ職業選択でも，準備のしかた，就職活動のしかた，その過程でのアイデンティティやキャリア形成，その構造はまったく異なっている．青年期の発達課題自体はさほど変わらないにしても，その取り組み方や人生全体の中での位置や意義は，時代や社会の変化に応じてずいぶんと変わるのである（溝上，2010）．

●**「成人形成期」の新概念**　学校教育の長期化，長引く親への経済的依存や晩婚化などをもって，青年期が長期化している．近年アーネット（Arnett, 2004, 2009）は，それを青年期の長期化と見なすのではなく，成人期に移行していく「成人形成期（emerging adulthood）」という新たな発達期が青年期と成人期との間にあると見なして理論化を進めている．

　　　　　　　　　　　　　　　　　　　　　　　　　　　［溝上慎一］

中年期

☞「中年の危機」p. 178

　30歳代後半から50歳代にかけての中年期は，人生の最盛期であり，ライフサイクルの中で心理的に安定した時期であると考えられてきた．しかしながら1970年代以降，「中年期危機」ということばが示すように，中年期は人生の曲がり角であり，心，体，職業，家族などさまざまな次元で不安定な要素の多い転換期，発達的な危機期として理解されるようになった．今日では，この見方が広く受け入れられている．

●**ライフサイクルにおける中年期**　中年期は，人生半ばの過渡期として注目されている．ユング（Jung, 1960）は，中年期を「人生の正午」とよび，太陽が頭上を通過するときにたとえた．つまり，影が今までとは逆の方向に映し出されるのである．「人生の午前」である人生前半期の発達は，職業を得，社会に根づくこと，配偶者選択，子どもの出産・育児などの外向きの自己確立に方向づけられているのに対して，「人生の午後」の発達は，そのためにこれまで抑圧してきた内なる欲求や自分自身の本来の姿を見出し，それを実現していくことによって達成されていく．このプロセスをユングは，「個性化の過程」とよんでいる．

　レヴィンソン（Levinson, 1978/1980）は，中年男性に対する綿密な面接調査に基づいて，成人期にも安定期と過渡期が交互に現れるプロセスを見出している．それぞれの年齢段階の特徴は，次のようなものである．＜成人初期＞**おとなの世界への加入（22～28歳）**：自分とおとなの社会をつなぐ仮の生活構造をつくる．職業・異性・仲間関係・価値観・生活様式など初めて選択したものへの試験的な関与．**30歳の移行期（28～33歳）**：現実に即した生活構造の修正．**腰を据えて没頭する時期（33～40歳）**：安定期，仕事における自己拡大．仕事・家庭など自分にとって重要なものへ全力を注ぐ．＜成人中期＞**人生中間の移行期（40～45歳）**：重要な転換点，人生の目標・夢の再吟味，対人関係の再評価，体力の衰えへの直面．**中年期移行期（45～50歳）**：安定感の増大，成熟・生産性，生活への満足感．**50歳の移行期（50～55歳）**：現実の生活構造の修正．**中年期終期（55～60歳）**：中年期の完結・目標の成就，安定性．＜成人後期＞**成人後期移行期（老年期への過渡期）（60～65歳）**：老年期へ向けての生活設計．このように，実証的研究においても中年期は，ライフサイクルにおける大きな転換点としてとらえられている．

　中年期は，体力の低下，時間的展望の狭まり，みずからの老いや死への直面，さまざまな限界感の認識など，生物的，心理的，社会的のいずれの次元でも大きな変化が体験される．その多くが喪失や衰退といったネガティブな変化であり，

表1　中年期家族の課題と危機

ステージ	基本的課題	ライフタスク	家族病理と危機管理
10代の子どもをもつ家族	信愛性 対 束縛・追放	子どものアイデンティティ確立，既修得役割の一部放棄	軽　度：親役割の変化に対応できない，思春期と思秋期の衝突 中程度：子どもの退行現象（ひきこもりなど），不登校，怠学，家出，不良交遊など 重　度：子どもの非行・犯罪，自殺，摂食障害，神経症・精神病，親の向老期うつ状態，自殺，生活習慣病
子どもが巣立つ時期	再構成 対 失意・落胆	子どもの自立を信じ見守る，介入しない，親離れ・子離れへの対処，喪失感の克服	軽　度：家庭にとどまる子ども（ひきこもりなど），自立した子どもの孤独感・不安，老後の不安と夫婦間葛藤の再発 中程度：空の巣症候群，結婚した子どもの家族との軋轢など 重　度：熟年離婚，初老期うつ病，自殺

（岡堂，2008より抜粋）

それらを契機に，自己のあり方や生き方・アイデンティティの問い直しと再構築が行われることが多い（岡本，1985, 1994, 1997, 2002）．

●**中年期の心理社会的課題**　エリクソン（Erikson, 1950/1977-1980）は，中年期の課題として「世代継承性」（次世代をはぐくみ育てること）をあげている．中年期には，青年期に模索・選択した職業や社会的役割・責任の遂行，家庭を築くこと，親として子どもの養育・次世代の育成と指導，さらに中年期以降には，老親の介護や看取りなど，多くの課題がある．

●**中年期の家族関係**　個人と同様に，家族もまた時間とともに発達・変容していくものであり，それぞれの時期には課題と危機が存在する．表1は，中年期の家族の課題と危機をまとめたものである．中年期の親は子どもの自立期・巣立ち期にあたり，家族システムや親としてのアイデンティティが大きく変容する．

●**職業生活**　青年後期に学校卒業後，就職し，60〜65歳の成人後期に退職するまで，多くの人々にとって職業は人生の重要な位置を占める．一般的に中年期の職業生活は，ある程度の地位が確立し，各々の職場の中堅として組織を支え，牽引することが求められる．しかし，昨今の社会経済不況により，安定した雇用が保障されない職場も少なくない．中年期に体験される自己の有限性の自覚とともに，職場組織内で生き残り競争を強いられ，常に評価されることで強いストレスを受けている人々も多い．中年期後期・現役引退期が近づくと，徐々に仕事を離れた後の生活設計が必要となる．職場の人間関係や仕事がすべてであるような生き方をしてきた人々は，現役引退期に再度，生き方とアイデンティティの立て直しが求められる．

　このように中年期は，人生の中の重要な位置を占めるとともに，光と影の両面を有する．心の発達にとっては，両者の特質を深く認識するとともに，そのバランスと統合が重要である．

[岡本祐子]

老年期

☞「高齢者の社会的適応」p. 182,
「百寿者研究のねらい」p. 186

　老年期になると，身体的・精神的な機能が衰え，最終的には死を迎える．このような中で，老年期において，よりよく年をとるにはどうしたらよいのか，つまり，いかにすれば，より良い発達を遂げることができるのだろうか．

●**老年期という発達段階の特徴**　生涯発達心理学を提唱したバルテス（Baltes, P. B.）は，人間の生涯にわたる発達を獲得と喪失の相対的なバランスによってとらえた（Baltes, 1997）．バルテスら（Heckhausen et al., 1989）は，パーソナリティ，社会性，および知性を表すさまざまな性質が何歳に生じ，何歳に終わるかを人々に推定させ，人々の主観的信念における獲得と喪失の割合を検討した．その結果，老年期において獲得される能力（知恵や尊厳）もあるが，全体的には，加齢とともに喪失が獲得を上回ることが確認された（図1）．つまり，人は，人生のどの段階でも失敗や挫折を経験するが，人生の後半において，喪失の割合が増加するというのである．また，人はみずからがもっている有限な資源を，成長，維持，および喪失の調整という三つの機能に振り分けるが，有限な資源を主としてどの機能に配分するかは発達段階によって異なる．つまり，児童期には（a）成長（より高次の機能や適応能力を獲得しようとする行動），成人期には（b）維持（新しい状況における困難や能力の喪失に直面しても，機能の水準を維持しようとする行動），老年期には（c）喪失の調整（これまでの水準での機能の維持・回復ができなくなった場合，その水準を下げて適応しようとする行動）に対して主として資源が配分されるというのである．

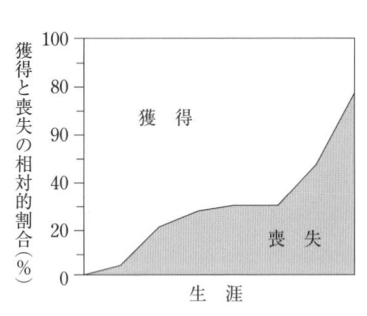

図1　獲得と喪失についての主観的期待の成人期以降の変化
（Baltes, 1997, p. 370の図を邦訳）

●**補償を伴う選択的最適化**　バルテス（Baltes, 1997）は，このような考え方をさらに発展させ，発達のメタ理論として補償を伴う選択的最適化という考え方を提唱した．80歳で，現役のピアノ奏者としての能力を維持していたアーサー・ルビンシュタインが，その秘訣を尋ねられたときの回答が，この理論を説明するためによく引き合いに出される．ルビンシュタインは，「これまでよりも演目の数を絞り（選択），絞られた演目をより集中的に練習し（最適化），指の運行速度の低下を補うために，速く弾かなくてはならない個所の前では，よりゆっくりと弾いて，その個所がより速く聞こえるように印象づけてきた（補償）」というの

である．人間の能力には限界があるため，一度にすべてのことを目標とするわけにはいかない．そのため，多くの選択肢の中から自分にとって重要なものに絞り（選択），それにエネルギーや時間を集中して振り向け（最適化），加齢によって能力が衰えてきた場合，それを何らかの手段（例えば，視力や聴力が衰えた場合のメガネや補聴器の使用）で補うこと（補償）が望ましいというのである．つまり，簡単にいうと，限りある能力を，いかに配分するか，そして，それが損なわれた場合に，いかに補うのか，このやりくりがうまくできることが，人生を成功させる秘訣だというのである．

●コントロール理論　シュルツとヘックハウゼン（Schultz & Heckhausen, 1996）は，バルテスらの考え方を踏まえて，独自のコントロール理論を提唱した．彼らは，人間は，行動－事象の随伴性を生み出すことを好むものであり，生涯を通して，自分の周囲の環境に対して，一次的コントロールを行使することを望むものであるということを仮定している．一次的コントロールは，外界を目標とし，個人の外にある直接的な環境に影響を及ぼそうとするものであるが，自己を目標とし，個人の内部に直接的な変化をもたらそうとする二次的コントロールという概念も考案されている．例えば，職場で昇進するために自分のエネルギーや時間の多くを仕事に捧げようとすることが一次的コントロールであり，昇進した場合に得られる望ましい結果（昇給など）を想像してやる気を高めたり，昇進できなかった場合には家庭に時間を割けることを高く評価して自己を守ろうとすることが二次的コントロールである．一次的コントロールは，誕生から中年期までは上昇し，その後，老年期にかけて低下するが，逆に，二次的コントロールは，生後，加齢に伴い，常に上昇していくという．ヘックハウゼンら（Heckhausen et al., 2010）は，後に，一次的コントロールの能力と動機を区別して，一次的コントロールの能力が加齢によって衰えていく中で，二次的コントロールを用いることによって，外界を自分の力で変化させようとする動機，すなわち，一次的コントロールへの希求を低下させないことが適応的な生き方であると考えるようになった．ブランドシュテッターとレナー（Brandtstädter & Renner, 1990）は，一次的コントロールと二次的コントロールにそれぞれ対応する同化方略と調節方略という概念を用いて，質問紙によって横断的な年齢差を検討した．その結果，外界を自己の欲求に合わせようとする同化方略は年齢が上がるに従って低下するが，自己を外界の状況に合わせる調節方略は年齢とともに増加していた．彼らは，調節方略は，同化方略とともに適応的なものであり，むしろ，この調節方略がうまく機能するからこそ，多くの喪失を経験する老年期になっても，ほとんどの高齢者はうつ状態に陥らないですむ，という調節方略の肯定的な側面を重視している．このように，老年期においては，自分の心身の能力の衰退や親しい人との死別などというさまざまな喪失をどのように乗り切っていくかが重要な課題なのである．　［岡林秀樹］

発達観・発達の原理

☞「発達と学習」p. 124,「発達における遺伝と環境」p. 268,「文化心理学と比較文化心理学」p. 464

　発達観というのは発達をどのようにとらえるのか，という哲学的展望をさす．それに対して，発達の原理というのは，発達観，人間観に基づき吟味された発達の仕組みや様相についての実証的知見や，それに基づく理論的見解である．

●**発達観の変遷**　近年の発達心理学領域では，発達の原理を広く説明するメタ理論級のものとしてピアジェ（Piaget, J.）の理論やヴィゴツキー（Vygotsky, L. S.）の理論などがあるが，それらはいずれもそれぞれ生物学的人間観や唯物論的，文化–歴史的人間観が基底にあることは有名である．

　ピアジェ理論は系統発生的観点からヒトのもつ生物学的特性として，生得的な学習・認知システムの存在を仮定し「均衡化理論」として定式化した．そのうえで，チョムスキー（Chomsky, N.）らの前成説的発想（新生得論）を否定し，子どもと環境のダイナミックな相互作用に基づく子ども自身による認知構造の形成過程としての後成説的発想と，人間理解における発達（発生）的アプローチの必須性を強調した．また，基本的には文化や教育による発達の個人差は認めず，発達段階の順序性の普遍性を仮定して，発達の速度に違いはあるにしても，人は誰でも認知構造の最高段階に達するという普遍的発達観を強調した．

　一方，ヴィゴツキー理論は，系統発生的な生物学的制約は前提とするものの，認知・行動の発生は実践的，協働的活動を中核とする，文化–歴史的に構成された生活世界の文脈とは不可分の関係にあるとして，発達のプロセスにおける高次精神機能の社会的構成論を主張し，歴史的変遷に彩られた文化や教育の役割を必須のものとした．そのため，発達のプロセスと到達点は生活世界の協働的活動のあり方に依存した個人差（文化差）を強調する相対的発達観を主張した．ピアジェとヴィゴツキーの「子どもの自己中心的言語」に関する論争は，両理論の差違性を浮き彫りにした．同時に，ヴィゴツキー理論を認める形で論争の決着をつけたピアジェ自身の説明からは共通性も浮き彫りにされ，両理論の統合のメリットと必要性についての主張（Bidell, 1988）も出てきている．

●**発達の原理の変遷１：ポスト・ピアジェ派**　発達の原理レベルになると，必然的に両理論の統合への兆しは明確に現れてきている．まず，ピアジェ理論は堅持しつつも，理論の検証過程を通して情報処理理論や生物学的制約に基づく認知理論などを援用し，さまざまな複合理論を提案してきたネオ・ピアジェ派の見解に顕著に現れる．乳児期に発達した生物学的制約度の高いモジュール的知識領域は，幼児期になると，おとなとの共同行為に代表される社会・文化・歴史的経験に支援を受けて，その間を結ぶ領域一般的な認知能力を発達させると強調し，自他の

心や生物概念などの素朴理論に関する領域の知識獲得が促進されることなどを明らかにしている (Carey, 1985).

また, 生物学的人間観を堅持しつつも, 個体発生の始まりから社会・文化・歴史的制約性との相互作用が発達をつくりあげていくことを明らかにした新成熟論者は, 発達を「進化」(生物性) と「文化」(文化性) が密接に関わるダイナミックな過程であると明確に主張した. 特に重要な視点は, 生物学的制約において進化に基づく生物学的一次能力と, 進化と文化の相互作用に基づく生物学的二次能力の存在を仮定するところである (Geary, 2004). 生物学的一次能力は言語選択的反応や基礎的数量の把握能力など, 未熟な乳児の生存を左右する母子間の前言語的コミュニケーションに関わる基盤的能力であり, 種に普遍的な能力として子どもの生存率を高める装置である. しかし, その役割が終了すると自然に消滅するとされる. 一方, 二次能力は一次能力に基づいた神経システムのもと, より広汎な生活世界に適応するための言語能力や数的判断能力など, 一次能力の派生能力として文化に支援される形で成立するもので, 幼児期以降の発達に役立つよう転用されたものと考える (Bates, 1999). そのため, 二次能力は個体の意識的な活動と, 文化や教育に依存し, 到達までの個人差も大きいとされる.

●発達の原理の変遷2：文化心理学　ヴィゴツキー理論は, 当初, ピアジェ理論に対する批判的吟味の一環として, 比較文化認知心理学の立場の人たち (例：Cole & Scribner, 1974) が注目してきたのであるが, こうした比較文化認知心理学的手法から出発し, 80年代のチョムスキーらの新生得論に対抗する立場から, 具体的な社会的・文化的・歴史的文脈に依存した認知能力の形成過程を明らかにする研究の隆盛がみられた. そして現在その理論的立場をより明確にして, 文化-歴史的観点からの「文化心理学」としての立場を確立してきている. シュウェーダー (Shweder, 1990) によれば, 文化心理学において文化とは, 人間の活動が歴史的に蓄積されたものであり, 人間が生きていくうえでの特有の媒体であるとされる. つまり, この媒体はヒトが発生して以来, 種の生物学的構造とともに進化してきたもので, 人間の行為の制約および道具の両方として働くものととらえられている. その意味で, 人間は社会・文化・歴史的な環境から意味や資源をつかみ取り, 利用する過程を通して心的発達を遂げていくと考えるのである.

●発達観の統合過程としての発達の原理：発達科学的アプローチ　ポスト・ピアジェの諸派と, ヴィゴツキー理論・文化心理学の諸理論との交絡から,「発達 (発生)」概念に関わる生物学的制約と文化的制約の相互作用的変容過程の分析という流れが加速化した. その結果, 隣接諸領域の間, とりわけ生物科学領域と社会科学領域との間での積極的交流を通して「発達学」構築への気運が高まり, 近年世的展開をみせて「発達科学」(Cairns et al., 1996) という総合領域が提案されており, 新しい発達の原理の出現が期待されているところである.　　　［田島信元］

発達加速現象

☞「発達における遺伝と環境」p. 268

　20世紀初めの北ヨーロッパにおいて，人間の成長・成熟に関して一つの時代的傾向が明らかにされた．それは，発達加速現象や発育促進現象と称され，近代の高度産業社会の成立とともに，世代が新たになるにつれて人間のさまざまな発達速度が促進されているという事実である．とりわけ青少年の発達に与える影響が大きいと考えられている．この発達加速現象には，二つの側面がみられる（澤田，1982）．一つは，発達速度，発達水準の差を異なる世代間の相違としての年間加速現象であり，他方は，発達速度，発達水準の差を同世代間の集団差，地域差としての発達勾配現象である．

●年間加速現象と発達勾配現象　年間加速現象としては，1）身長・体重の伸び，2）思春期成長スパートの低年齢化，3）初潮（初経）年齢に代表される第二次性徴発現の低年齢化，などがあげられる．発達勾配現象としては，1）市部の青少年は，郡部の青少年に比較して身長が高い，2）市部の児童は，郡部の児童よりも性成熟が低年齢化している，3）社会・経済的地位の高い家庭の青少年が成長・成熟が早い，などが指摘されてきた．

　現在の日本の男子がほぼ最終的な成長水準に達するとみなされる17歳（高校3年生）の平均身長は平成23（2011）年度で男子170.7 cm，女子158.0 cmである（文部科学省，2012）．これに対し，明治33（1900）年の17歳男性は159.4 cm，女子は147.0 cmであった（文部省，1955）．この111年間に男性は11.3 cm，女性は11.0 cm伸びたことになる．ただし，第二次世界大戦後の伸びの占める割合が大きい．一方，平均身長は平成9年から13年にかけてピークを迎え，最近は横ばい状態である．他方，発達加速の影響の大きなものとして常にあげられるのが，女子の初潮年齢に代表される生理的性成熟の低年齢化である．例えば，日本におけるさまざまな初潮調査の結果からみると，明治から大正，昭和の初期にかけて女子学生で14歳1か月から9か月，一般女子で14歳から16歳1か月に分布しており（松本，1937），ほぼ15歳前後と考えられる．日本女性は2008（平成20）年2月には12歳2.2か月前後（標準偏差1年3.4か月）で半数が来潮しているとみられる（日野林他，2009，図1）．現在は明治時代に比較して約3年弱低年齢化していることになる．近代日本では，程度に差があるものの，明治から昭和の前期，および高度成長期と平成デフレ期に低年齢化が進行し，現在は12歳2か月前後で第二次世界大戦後二度目の停滞傾向が持続していると考えられる．また平成期デフレ期に入ってから，従来は平均初潮年齢の低年齢化と連動していた平均身長の上昇がほとんど伴わない，いわば性成熟の「部分加速現象」

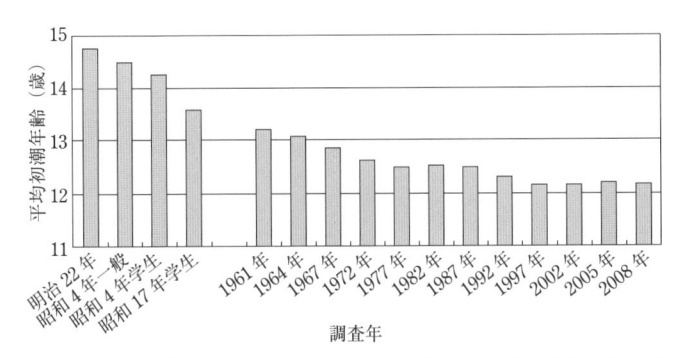

図1 明治以降の日本人女性の平均初潮年齢の推移（松本, 1937；澤田, 1982；日野林他, 2009 から作成）

も進行していた（日野林, 2007）．平均初潮年齢は 1987（昭和 62）年の 12 歳 5.9 か月から，2008（平成 20）年には 12 歳 2.2 か月と 3.7 か月低年齢化した．一方，同期間，女子 17 歳の平均身長は 157.8 cm から 158.0 cm に変化したのみで，0.2 cm の伸びであった．男子 17 歳も 170.3 cm から 170.7 cm の変化であった．また発達勾配現象で指摘されてきた，都市部が郡部に比較して初潮年齢が低い傾向もみられなくなった．なお，日本女性は上述の明治時代の水準（14 歳半〜15 歳）でも北ヨーロッパの水準（16〜17 歳）を上回り，現在も早熟傾向にあると考えられる．このような身長や初潮年齢の発達加速現象が世界各地で確認されてきている（Eveleth & Tanner, 1990）．

●**発達加速の影響と原因**　他の動物と比較してヒトが人間的存在として発達していくことができる原因の一つは，その約 20 年にわたる成長期間の存在，特にゆっくりとした安定的な成長期である少年期（児童期）の存在にあるといわれている．この意味で，成長と成熟の低年齢化，とりわけ女子の初潮，男子の精通に代表される生理的性成熟の低年齢化は，少年期が短縮され，青少年が人格的・心理的に未熟な段階で性的に成熟する危険性をもたらすと考えられる．発達加速の進行は，身体的青年期開始の低年齢化をもたらし，青年期開始の定義をより困難にする側面も有している．

　この発達加速の原因として，栄養説を中心とした種々の仮説が提出されてきた．しかし，特定の遺伝疾患患者や時代変化のない地域には発達加速がみられないというような指摘もあり，現在では単一の原因では説明することはできず，心理・社会的ストレスも考慮した現代社会の変化全体を考慮する立場が有力である．なお至近的原因としては，脂肪の蓄積説が見直されつつあり，さらにヒトは性成熟を含む成長・成熟のタイミングを変化させながら進化してきたとするヘテロクロニー（異時性）のような進化的背景も考慮する必要があると考えられる．

［日野林俊彦］

思春期

☞「セクシャリティ」p. 68,「親子関係」p. 198,
「友人関係」p. 202

人生の発達段階の中でも，子ども時代からおとな時代への過渡期にあたるのが思春期であり，青年期である．精神医学の立場から思春期・青年期について深く考察した清水（1998）によると，思春期は"性ホルモンの分泌で始まる身体の変化と，それに随伴する情緒面の変貌期"であり，青年期は"それに続く心理社会的な変化を包含する年頃"と理解される．つまり，身体の変化によって始まり，情緒面にも激しい揺れが連動して起こる思春期と，その不安定な思春期を含み込みつつも，おとなとして心理社会的に安定するまでの"変化と成長の過渡期"を青年期ととらえることができよう（伊藤，2006）．

●**思春期の心と身体** 思春期を"第二次性徴の発来に始まり，長骨骨端線が閉じる（身長の伸びが終了する）まで"（清水，2006）とみるように，思春期と身体の問題は切っても切れない関係にある．第二次性徴の受け取りについて，男子の大半は「当たり前」「別に何とも思わなかった」と淡々と受け止め，女子の4割強は「しかたがない」と消極的に受容できているといわれる（齊藤，2003）．多くの子どもたちにとって身体的変化は当然のこととはいえ，それまでなじんできた子どもの身体から，未知であるおとなの世界に足を踏み入れるときの違和感は多かれ少なかれ存在する．その背景には，体の変化が"突然襲ってきて，自分では拒否することもできない"という特徴を有することにもよるだろう．さらに，こうした身体的変化はいずれ到来するとはいえ"みんな同時"にはやってこない．身体がおとなになる時期には大きな個人差があり，それが悩みにつながるケースも少なくない．

さらに，こうした身体の変化が"自分"に意識を向ける機会となる．思春期は，自分のことを客観的に眺めたり自分を振り返ったり「自分って何者？」という実存的な問いに心が開かれ始める時期でもある．それと同時に，思春期は他者に対する意識が過度に強まる時期でもある．自分を振り返るときにも「他者の目」が取り込まれ，それを通して自分を評価する．しかもこの内在化された「他者の目」は，自信をなくしたり自己否定したりという自分の心を投影させてつくられたものである．さらに，自分の回りに外在している「他者」は，自分と比較する対象として選ばれることも多い．

●**まわりとの関係性の変化** 思春期はまわりの"重要な他者"との関係も大きく変化する時期である．一つは，親子関係の変化であり，"反抗期"は思春期の代名詞ともいえる．"反抗"は，親（時には自分を押さえつける教師や社会の権威一般）に対する攻撃，批判，嫌悪，いらだちという態度に表れる．そのためこの"反

抗"は，子どもが成長し親と対等な"人間vs人間の関係"が築けるまで続けられることになる．こう考えると反抗を通して行われているのは，それまでの親との間にある"タテ関係"を"ヨコ関係"に結びかえる作業であるともいえる．親子という枠を崩し，対等な人間同士の関係に変化していく（親離れしていく）には，子ども自身の成長も必要である．それは，親に対する期待や甘えを小さくしていくプロセスであるが，それと同時に，「親にとってのいい子」にならなければという自分自身への期待を縮小していく作業でもある．反抗期を通して，等身大の自分，そして等身大の親との出会い直しが行われているとも考えられる．もちろん，その表現形には個人差が大きく"反抗期の遅れや消滅"も指摘されている．反抗期のあり方も多様化しつつある昨今，反抗期の有無やその中身より，思春期の間に親（おとな）と子どもが対等な人間同士の関係に結び直しを行えているかどうかが重要な課題となるのであろう．

　もう一つ重要なテーマが友人関係である．思春期というのは，人との関係を結びながら，その一方で自分の世界を構築するという「二重の課題」を背負った時期でもある．思春期の子どもたちにとっては友だちとの関係が人生の一大事であり，そこでのつまずきは絶望にまでつながるものとして体験されてしまう．しかし，友だちとのトラブルによる傷を癒してくれるのもまた仲間関係であることが多い．この視点から眺めると，同年齢の子どもたちからなる学級という空間には「疎外」と「癒し」が共存しているといえるだろう．他方，一緒にいて楽しい仲間であるはずの親友関係に気を遣い神経をすり減らす子どもも多い．一人になることを忌避し，「いじめられる関係」でもいいからともに過ごせる仲間を求める子どもたち．親密さを求める一方で，相手の気持ちに踏み込むことを恐れ，互いの距離を手探りしつつ話題を選ぶ子どもたちもいる．そんな友人間の距離は，揺るぎやすく傷つきやすい心の弱い部分を守るための"鎧"ともいえる．

●**環境による変化**　もう一つ，思春期の心を揺らすのが学校移行の問題である．小学校から中学校に上がると，学級担任との接触時間も短くなり，科目によって担当教師が入れ替わる．また，学習や生活面でも，自主性・主体性が重視され，より大きな責任が求められることになる．さらに，部活動内での人間関係が複雑になり，先輩や後輩，顧問教師との関係に気を遣う場面も多くなるだろう．もっと現実的な問題としては，受験や学歴競争に象徴されるような学校ストレスがある．学期ごとの定期試験や受験という試練がもたらすプレッシャーは無視できまい．この，一度にやってくるさまざまな環境の変化が"中1ギャップ"の一要因を形成している．こうしたストレスが言語化できないままに「問題行動」として"行動化"されたり，心身症というかたちで"身体化"されたりすることもある．以上のように，思春期とは，みずからの内から生じるストレスだけでなく，関係性の変化を通して，自分と向き合い自分を模索し始める時期であると考えられる．　　　　［伊藤美奈子］

アイデンティティ

☞「中年の危機」p. 178,「青年期の延長」p. 294,「同一性の危機」p. 314,「モラトリアム」p. 316

　人は青年期になると，社会の中で一人前の役割を担い，自分らしい人生を生きていくことを求める．周囲からもそれを期待されるようになる．社会の中で生きる自己は，自分独自の生き方にただ自己満足しているだけでは確立されない．その生き方が社会の中で意味をもつことで，十分なものとなるのである．

●**エリクソンのアイデンティティ概念**　精神分析家であるエリクソン（Erikson, E. H.）は，アイデンティティを，自分自身の内部で斉一性と連続性が感じられることと，他者がその斉一性と連続性を認めてくれることの，両方の事実の自覚であると定義した（Erikson, 1959/2011）．エリクソンは多様な表現でアイデンティティを説明しているが，常にこの二つの項目を含み，両者の調和を問題にする．エリクソンのアイデンティティ概念は，個人が現実の社会に参加することによって経験する，自己の斉一性と連続性の感覚を重視するのである．斉一性の感覚とは，場面に応じてさまざまな自己を表現しても，いずれも自分であると感じられることである．連続性の感覚とは，時間とともに自己が変化しても，同じ自分であると感じられることである．また，ここでいう社会には，重要な他者，所属集団，共同体，文化，時代など外的世界の幅広い要素が含まれる．

　青年期におけるアイデンティティの形成は，児童期までに構成してきた自己の諸要素の統合によって特徴づけられる．子どもは，家庭や学校で出会うさまざまな他者をモデルにして，必要な行動を身につけ，性格を形成する．青年期になると，こうした複数の同一化（あるいは自己像）を，自分の資質や周囲の要請などとすり合わせながら取捨選択し，新しい形態に統合していく．この形態がどのようなものであるかは，彼らが生きる社会に依存する．望ましいとされる生き方や選択肢の幅は，社会によって異なるからである．いずれにしても青年は，他者のサポートを受けつつも，自分の選択と決断によってこの過程を進めていく．したがって，自分自身が経験の主体であるという感覚が問われる．自我と社会との関係を通して，この感覚に磨きをかけていく過程こそがエリクソンの心理社会的発達理論の要であり，乳児期からの発達の成果が問われるのが青年期のアイデンティティ形成なのである．ただし，アイデンティティの発達そのものは生涯にわたる．斉一性と連続性の感覚を脅かすライフイベントがあれば，アイデンティティは何度も見直され，再構成されるからである（岡本，1994）．

●**アイデンティティの発達**　アイデンティティの発達は，マーシャ（Marcia, J. E.）が提唱したアイデンティティ・ステイタスの理論によって検討されることが多い（Marcia, 1966）．アイデンティティ・ステイタスとは，アイデンティティの形成

表1 アイデンティティ・ステイタス

		コミットメント	
		あり	なし
探　求	あり	達成	モラトリアム
	なし	早期完了	拡散

過程を構成する二つの次元，探求とコミットメントの有無によって，個人のアイデンティティの状態を分類したものである（表1）．探求は，人生の重要な選択（職業，宗教，対人関係など）について考えたり試したりした時期があるか，コミットメントは，自分が選択したものに積極的に取り組んでいるかによって査定される．例えば将来の職業について，自分の関心や特徴をもとにしてさまざまな選択肢を検討したうえで一つの職業を選び，その選択にしっかりと関わっている状態が達成，そのような検討も選択もまだ経験していないのが拡散である．また，現在さまざまな選択肢を積極的に検討している最中にあるのがモラトリアム，特に検討することなく，人生の比較的早い時期から職業を決めている状態が早期完了である．四つのステイタスは，拡散，早期完了，モラトリアム，達成の順に自我の複雑性が高くなる（Al-Owidha et al., 2009）．縦断研究によると（Meeus et al., 2010），青年期前期から後期にかけて拡散の割合が減少し，達成の割合が増加する．また，個人におけるステイタスの変化をみると，拡散から早期完了やモラトリアムへ，モラトリアムから達成へといった進展的な変化を示す者が多いが，退行的な変化を示す者も少なからずみられる．変化しない者も多い．アイデンティティは青年期に大きく発達するといえるが，すべての人が同じ進度で，同じ発達の道筋をたどるわけではないようである．成人期中期になってはじめて，達成が半数を超えるという報告もある（Fadjukoff et al., 2005）．

ステイタスの変化の仕組みを説明したモデルによれば（Bosma & Kunnen, 2001），個人の現在のアイデンティティと環境からの情報が適合すれば，コミットメントは強固になる（達成・早期完了）．一方，両者の間の不適合を繰り返し経験すると，コミットメントは次第に弱まる（モラトリアム・拡散）．また，大きなライフイベントばかりでなく，日常的な他者との相互作用，とりわけ葛藤の経験も，アイデンティティの状態の変化に関わる（杉村，2005）．

最後に，アイデンティティの発達は，環境の制約を受けることを忘れてはならない．青年に提供される探求の幅は社会・文化によって異なるので，その文脈に固有のアイデンティティ形成のしかたが見られるのである（Phinney & Baldelomar, 2011）．日本では，自己と他者（あるいは集団）のどちらの欲求や価値観を優先させるかという葛藤の経験や，それをどのように解決するのかが，アイデンティティ形成過程の中核をなす可能性がある（谷，2008）．

［杉村和美］

おとなになること

☞「学校から仕事への移行」p. 296,「価値観」p. 308

　これまで多くの研究において，生殖能力の成熟である第二次性徴，青年期の身長の増加を示す第二伸張期などが成人になるための身体的変化の特徴としてあげられ，心理的変化としては，心理的離乳，アイデンティティの統合などが述べられてきた．また，オールポート（Allport, G. W.）は成熟した人格の特徴として，自分が価値あると思うものに対して関心を広げ，没頭するような「自己拡張」，自分自身の目的や能力について客観的な判断ができる「自己客観化」，さらには「一貫した人生観」をあげている（Allport, 1937/1982）．こうした知見を手がかりに成人性について述べよう．

●**心理的離乳**　青年期の心理的特徴として，それまで親に付き従ってきた状態を脱し，心理的に自立する「脱衛星化」というオースベル（Ausubel, D. P.）の概念が有名であるが，その内容についての理論的検討は少ない．その中で西平（1990）は伝記資料の分析によって，第一次心理的離乳から第三次心理的離乳までの概念を示した．第一次心理的離乳とは思春期，青年期初期に現れる反抗を中心とした親離れ現象である．この時期には，親に対するネガティブな感情と相反する甘えさせて欲しい隠れた願望が共存する．それに対して第二次心理的離乳は，親との関係を対等なものと意識できるようになり，意見を交換することや親を客観的にみることが可能になる．そのため，親の欠点や同情する点などを発見し，許容できるようになる．さらに，第三次心理的離乳とは，親の影響から完全に自立し，自らの価値観や人生観などを確立できる状況を示している．西平はこのプロセスの典型例として高村光太郎について説得力のある分析を行っている．また，第三次心理的離乳は，オールポートの成熟した人格の特徴の「一貫した人生観」と同様の内容について示している．

●**アイデンティティの統合**　エリクソン（Erikson, 1959/1973）は，人格の生涯発達を理論化した漸成発達理論図式の中で，第五段階である青年期の主題を「アイデンティティの統合対拡散」とした．アイデンティティの感覚は「内的な不変性と連続性を維持する各個人の能力（心理学的意味での自我）が他者に対する自己の意味の不変性と連続性に合致する経験から生まれた自信」（Erikson, 1959/1973）と定義されている．つまり，社会の中で私が〜であることへの「自覚，自信，自尊心，責任感，使命感，生きがい感」の総称（大野, 1995）といえる．例えば，自分が教師であることを自覚し，自信をもち，自尊心，責任感，ある種の使命感を感じ，その役割をまっとうすることで，また，他者からの期待に応えることで生きがい感を感じることのできる自己意識である．アイデンティティは

青年期における役割実験と危機(意志決定にまつわる悩み,決断)を通じて獲得されていく.しかし,青年期の間にアイデンティティを統合することは,困難であり,本当の意味でアイデンティティが統合できるのは,社会人として数年の経験が必要だろう.しかし,青年期にクリアすべき課題とする誤解も多い.

オールポートの成熟した人格の特徴と対応させて考えると,アイデンティティの形成は「自己拡張」を基礎にしており,役割実験や危機を通じて「自己客観化」を行い,最終的な「一貫した人生観」をつかむプロセスといえる.

●**親密性,生殖性の獲得** エリクソンの漸成発達理論図式では青年期のアイデンティティが注目されるが,初期成人期の親密性,成人期の生殖性(世代性,世代継承性とも訳される)も成人性を考えるうえで重要である.特に,生殖性についてエリクソンは,成熟した「伴侶たちは自分たちのパーソナリティとエネルギーを共通の子孫を生み出し,育てることに結合したいと考えるように」なり,この願望を基盤に広がっていく「次の世代の確立と指導に対する興味・関心」(Erikson, 1959/1973)と説明している.これは,人生前半である青年期までに自分の生き方を見定め,その生き方に自信をもてるようになるとともに,関心が自分自身から,夫婦関係や親子関係,さらにそれを超えた他者に向かうことを示している.なお,その基礎を形成するのが,初期成人期の親密性であり,他者と本当に仲良くなる能力を身につける時期である.

この段階の発達主題の獲得を促進する活力は愛(Erikson, 1964/1971)である.愛について大野(2010)は以下のように考察した.愛とは基本的に「相手の幸せを考えること」であり,「相互性という特徴をもつ無条件性のうえに立つ人間間の配慮」である.ここでいう相互性とは,相手が幸せの状態にいることを自分の喜びとして感じられるプロセスであり,子どもの笑顔や相手から感謝されることによって「愛する喜び」が感じられる.人がなぜ人を愛することができるかはこの相互性に基づいている.無条件性とは,新生児に対する親の態度に典型的に示されるように,愛する相手に対して条件をつけない心性をさしている.さらに,この愛は成人期の活力「ケア」に成長する.ケアとは愛の具体的実践,行動化であり生殖性を実現するための活力である.

こうした愛,ケアの感覚はオールポートの成熟した人格の特徴「自己拡張」における関心の拡大に対応し,アドラー(Adler, A.)の「共同体感覚」にも通じる.

●**統合性からみた成人性** エリクソン(Erikson, 1959/1973)は,人生の最終段階である老年期の主題を「統合性」とした.統合性とは,これまでのたった一つの人生を自分のものとして受け入れる,納得することである.したがって,最終的に納得できる人生を送るという観点から考えた場合,おとなになること,成熟した人格形成のためには,後悔しないアイデンティティの統合とその実現,親密性,生殖性に基づいた人間関係の構築が重要であろう. [大野 久]

19. ある

【本章の概説】

　発達心理学の研究には二つの種類がある（岩立，2011）．第1の種類は「発達の正確な記述」である．記述の対象となる発達は，個人のこともあれば，集団の場合もある．第2の種類は「発達のメカニズムの解明」である．解明の対象となるものには，第1の研究で記述される発達の背後にある因果関係や理論などが考えられる．子育て中の親や，学校・保育園・介護施設などで働いていて，個々の人と接することの多い人は，第一の研究に関心があるだろう．それに対して，理論やモデル，研究仮説に関心のある研究者や行政の現場で働く人は，第2の研究に関心があるだろう．

　発達心理学以外の心理学では，臨床心理学や教育心理学など一部の心理学を除いて，第2の研究の流れが主のように思う．例えば，錯視を研究する知覚心理学者は，錯視のメカニズムに関心はあっても，個々の人の錯視に生じる日々の変動や生涯を通しての変化には関心がないだろう．しかし，発達心理学者ならば，個人の日々の変動や生涯発達の変化は重大な関心事である．

　本章「ある」では，「発達の正確な記述」に関心のある人にとっても，「発達のメカニズムの解明」に関心のある人にとっても，「どうしても無視できない，あるとしか言えないものがある」という発想で項目を選んだ．選んだ項目は，編者間で議論した結果とはいえ，本章担当の岩立の発達観の影響があることは認める必要があるだろう．抜けているものは何か，それを議論することも必要である．

　また，本章の個々の項目での解説は，選ばれた項目に触発されて，執筆者が独自の発想で書きあげたものである．中には，編集担当者の意図とは違った方向に発展したり，逸脱したものもある．しかし，それはそれで，書き手の思いが分かって，読み手にとっては興味がそそられる．編集の醍醐味は，執筆依頼に対して執筆者がどんな原稿を出してくれるかを，ワクワクしながら楽しみに待つことである．期待通りだったり，期待はずれだったり，予想外の展開だったりする．

　「ビックファイブ」では，「歴史と展望，理論，性格構造，発達研究，気質」などを念頭に執筆をお願いした．執筆した林氏は幼児期，児童期の性格特性概念を研究している．研究の流れの解説やビックファイブに対する批判的な研究の紹介の後，「この説を性格構造に対する正解とするのではなく，他の性格理論を含めての有効な仮説群の一つと考えるのがよいだろう」と締めくくっている．

　「レジリエンス」では「リスク，防御要因，縦断研究，発達障害」などを念頭に執筆をお願いした．執筆した氏家氏は，乳幼児期の情動発達と親のかかわり，親になるプロセスについての生涯発達的研究などを進めている．「リスク研究からレジリエンス研究へ」「プロセスとしてのレジリエンス」について解説した後，「レジリエンスを強めることはできるか？」という内容で締めくくっている．最後の「レジリエンスを強めるために我々は，子どもの生態学的環境に含まれるあらゆる資源を利用することができる」という提案は今後どのように発展するのだろう．

「外傷（トラウマ）体験」では「いじめ，児童虐待，発達精神病理学，発達支援」などを念頭に執筆をお願いした．執筆者の井上氏は，精神分析学者で，発達臨床からとらえた関係性の障害に関心を持っている．発達精神病理学に関する説明や，心的外傷を与えた攻撃者を手本にしてみずからも心的外傷を与える攻撃者になってしますメカニズムの説明は一読に値する．現在の発達心理学が注目している世代間伝達とも関連している．

「気質と個人差」では「気質と適応，生涯発達，自己の安定と変化歴史と展望，理論，パーソナリティー，可塑性，加齢」などを念頭に執筆をお願いした．執筆者の高井氏は，乳児期の自発的な笑いの研究をしている．気質の定義や気質の測定について解説した後で，質問紙に片寄りがちの研究を補完するために必要な生理的尺度が紹介されている．

「進化」では「ヒトの発達の特徴，文化の影響，生物の影響」などを念頭に執筆をお願いした．執筆者の平石氏は，人間の「こころ」の働きの進化的な意味に関心をもつ若手の研究者である．最新の進化論的発達研究が紹介されている．

「ジェンダー」では「生涯発達，文化，ステレオタイプ，不平等，フェミニスト心理学」などを念頭に執筆をお願いした．執筆者の森永氏は，女性やジェンダーに関わるテーマで研究を続けている．本文では，個人の内面にあるジェンダーや対人行動としてのジェンダー，ジェンダーの発達について述べた後，「ジェンダーはセクシュアリティの問題とも関わり，個人のアイデンティティに大きな影響をもたらしている」と締めくくっている．

「生得性（領域固有性）」では「生得性，領域固有，認知心理学，言語知識，素朴理論」などを念頭に執筆をお願いした．執筆者の小島氏はピアジェ派の認知発達研究者として幼児の認知過程について研究している．本文では，認知発達での生得的な側面について詳しく解説している．

「発達の壁」では「発達段階，臨界期，領域固有，言語，障害」などを念頭に執筆をお願いすることになった．執筆者の岩立（筆者）は文法を中心にして言語発達を研究している．発達の壁はまだ発達心理学の専門用語にはなっていないが，発達段階や臨界期，領域固有などに共通した「異質なものを分ける境界」として紹介されている．

「発達持続」では「持続性，気質，発達予測，世代間伝達」などを念頭に執筆をお願いした．執筆者の臼井氏は認知的熟慮性などの研究している．

「発達段階」では「理論と歴史，発達段階と発達課題，段階説の問題と展望」などを念頭に執筆をお願いした．執筆者の麻生氏は，ユニークな発想で認知発達について研究している．本文では，発達段階説の歴史や，賛成論と反対論が紹介されている．

[岩立志津夫]

ビッグファイブ

☞「高齢者の心理・性格特性」p. 184

　ビッグファイブ論は，現在，最も支持されている性格特性論の一つである．人の性格は，外向性，愛着性，統制性，情動性，開放性（あるいは知性）などの「主要な（Big）」「5因子（Five）」で必要十分に記述ができるとする仮説である．

●**ビッグファイブ論の誕生**　性格がどのような状態なのかを理解するために，あらかじめ想定した少数の類型のいずれかに人を分類する性格類型論か，多くの人に共通するいくつかの特性における量的程度に注目する性格特性論か，このどちらかの枠組みを使うことが基本とされる．性格研究初期においては性格類型論が優勢だったが，明確な類型化は難しいなどの理由から，また性格データを数量的に収集することと親和性が高いなどの理由から，現在では性格特性論が主流である．

　性格特性論には具体的な因子の数や内容をめぐって多くのバリエーションがあるが，それらの中でビッグファイブ論の支持は高い．この説は，1人の研究者により提唱されたのではなく，性格を記述したことばの分類を行う性格語彙（対人認知）研究と，性格検査の開発を行う性格検査開発研究の2領域において，多くの研究者から別々に提案されている（辻，1998）．オールポートとオドバート（Allport & Odbert, 1936）の性格語彙リストをきっかけとして，語彙研究においてはノーマン（Norman, 1963），ピーボディとゴールドバーグ（Peabody & Goldberg, 1989），検査開発研究においてはテュープスとクリスタル（Tupes & Christal, 1961），ディグマンとタケモトチョーク（Digman & Takemoto-Chock, 1981）が代表的な提唱者として名前をあげられる．この2領域の中で登場したビッグファイブ論が1990年代に合流，注目されるようになり，やがて，この理論に基づく性格検査が開発されるようになった．

●**ビッグファイブ性格と気質の関連性**　性格と同じく個人差を説明する概念に気質がある．気質概念は，性格心理学においては遺伝的で変化しにくいもの，発達心理学においては養育環境との相互作用により比較的変化しやすいものとされ，とらえ方が分野により異なる．また，性格は児童期以降，気質は乳幼児期までの個人差を説明する場合によく使われる．このように性質が異なるが，ともに個人差の説明概念である以上，両者には何らかの関連性があると考えられる．実際，両者の関連性を検討した研究が行われており，例えばハゲクル（Hagekull, B.）は，乳幼児期における各発達時期の気質の実証的関連性およびビッグファイブ性格との理論的関連性について検討している．ここではハゲクル（Hagekull, 1994）と，4～6歳のビッグファイブ性格構造を検討したマーヴィルトら（Mervielde et al.,

1995)を参考にして気質と性格との関連性の仮説を紹介する.

幼児の気質は，1〜2歳時点においてはTBQ（toddler behavior questionnaires）尺度により，3〜4歳時点においてはEASI（emotionality, activity, sociability, impulsvity questionnaires）尺度により測定された．TBQ尺度は，トマスとチェス（Thomas & Chess, 1986）の気質理論を参考に作成され，強度/活動性，規則性，接近回避，感覚過敏性，注意深さ，管理容易性の6因子で構成されている．EASI尺度は，バスとプロミン（Buss & Plomin, 1984）の気質理論を参考に作成され，情動性，活動性，社交性，衝動性，内気の5因子で構成されている．二つの幼児集団（集団1：10〜15か月から28〜36か月，集団2：10〜20か月から43〜48か月）の縦断的観察データに対して相関分析を行ったところ，TBQ尺度の規則性と感覚過敏性を除いて，二つの気質尺度においていくつかの関係性が発見された．さらに，4〜6歳児のビッグファイブ性格が統制性と開放性が融合された4因子構造であることを踏まえて，気質とビッグファイブ性格との間に仮説的なパスを考察することができる．以上の結果を整理したものが図1となる．

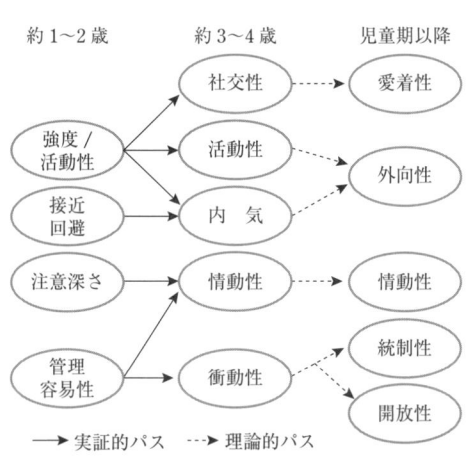

図1 各発達段階における気質とビッグファイブの関連性

●ビッグファイブ性格の妥当性　最近ビッグファイブ論に対して「5」特性が妥当かという批判がされるようになった（若林，2009）．もともと，この説は実証的データから帰納的に提唱されたため，なぜ「5」特性であるかという明確な理論的根拠が弱い．例えば，開放性/知性特性に対しての疑問は多く，ビッグファイブ論以外の性格理論において開放性/知性に相当する因子が含まれないことや（杉浦・丹野，2008），一般の人々が「開放性」に相当する記述をあまりしないことがあげられる（安井，2008）．このように疑問の多い開放性を除外した4特性，外向性，愛着性，統制性，情動性を「コンセンサスの得られた四次元」とみなす考え方もある．さらには愛着性と統制性の二次元を融合して「精神病質」あるいは「制約性」として1因子に整理して三次元など，より少ない次元に圧縮できるという意見もある．

もちろん，これらの意見だけでただちにビッグファイブ論が否定されるものではないが，この説を性格構造に対する正解とするのではなく，他の性格理論を含めての有効な仮説群の一つと考えるのがよいだろう．　　　　　　　［林　智幸］

レジリエンス

☞「問題行動」p. 226,「犯罪」p. 228

　レジリエンスとは，人間の適応システムがもつストレスや逆境に対する頑健さや回復力のことである．より狭義には，適応や発達に対する深刻な脅威があるにもかかわらずよい発達的結果が生み出されるような現象をレジリエンスとよぶ（Masten, 2001）．レジリエンスは，適応システムがもつ性質であるから，特別な個人が示す性質ではなく，発達のありふれた，しかし驚くべき性質（マステンは，Ordinary magic というタイトルでそのことを表している）である．レジリエンスは個人や環境の特性としてではなく，個人と環境の関係プロセスあるいは関係パターンとしてとらえるべきものである（Borkowski et al., 2007）．

●リスク研究からレジリエンス研究へ　発達心理学者や発達精神病理学者にとって，子どもの健康で機能的な発達を阻害する要因を明らかにすることは非常に重要な研究テーマであった．多くの研究者が，我々の適応や発達に対して深刻な脅威となる可能性をもつ要因（リスク）をみつけようと長い間努力してきた．もしリスクがわかれば，リスクを減らすことで発達上の問題や不適応を未然に防ぐことができると考えられたからである．

　多くのリスクがリストアップされてきた．例えば，むずかしい気質や知的能力の低さ，低い自己評価などの子ども自身の要因や，家庭内の不和とか慢性的な貧困といった家庭内の要因，さらに問題行動を示す仲間の存在や近隣の治安の悪さや低い経済水準などの地域・近隣の要因がリスクのリストを構成する．そして，複数のリスクをあわせもつことで，発達上の問題や不適応が起こる確率が高くなることが明らかにされた（Sameroff, 2006）．複数のリスクをあわせもつ子どもたちは，特に発達上の問題や不適応を起こす危険性が高いという意味でハイリスクの子どもたちとよばれるようになった．

　しかし，発達心理学者や発達精神病理学者の関心は，やがてリスクからレジリエンスへと移っていった．そのきっかけは，ハイリスクの子どもたちのすべてが発達上の問題や不適応を示すわけではないことが多くの研究で示されるようになったことである．ガーメジー（Garmezy, 1985）はそのような子どもたちをストレスに打ちかった子どもたちとよび，ワーナーとスミス（Werner & Smith, 1982）はレジリエントな子どもたちとよんだ．研究の焦点は，レジリエントな子どもと傷ついてしまう子どもの違いを明らかにする方向へと移ってきたのである（Kumpfer, 1999；Masten, 2001）．

●プロセスとしてのレジリエンス　ワーナーとスミス（Werner & Smith, 1982）は，レジリエントな子どもたちと発達上の問題や不適応を示してしまった子どもたち

の，個人的特徴や環境のさまざまな側面を比較し，レジリエンスの条件と考えられる変数群を特定した．レジリエントな子どもたちは，リスクの効果を相殺するような資源やそのような資源を増やすのに効果的な特徴をもっていた．そのような効果をもつ資源や特徴は，防御要因とよばれる．ワーナーとスミス（Werner & Smith, 1982）の研究結果に基づいて推論すれば，レジリエンスは防御要因の関数としてとらえることができる．リスクの悪影響を相殺したり，和らげてくれたりするような防御要因がありさえすれば，我々はリスクに打ちかつことができると考えられる．

しかし，もしリスクや防御要因を，個人や環境がもつ固定的な性質であるとみなすとすれば，そのような考え方はレジリエンスの十分な説明とはならないかもしれない．なぜなら，発達プロセスにおいて，個人の特徴や個人が関わる環境の特徴はたえず変化するだけでなく，そもそも個人はみずから防御要因を生み出し，レジリエンスを強めるように行動することもあるからである．例えば，情動や行動の自己制御能力の発達はその子どものストレス対処を助けることになるし，その子どもと他者との関係を改善するようにも働く．また，我々は，ポジティブな経験が可能な環境や援助・保護を与えてくれる他者（問題をもたない仲間や助言・支援者，よき指導者など）を選択することで，みずから防御要因を強化し開拓することができる．一方，発達は子どもに新たな課題を突きつけ，その挑戦に失敗することでリスクを生み出すことも起こり得る（Chess & Thomas, 1987）．レジリエンスという現象は，発達がまさにそうであるように，個人と環境の動的で連続的に進行する相互的影響プロセス（トランザクション）として理解されるべきだと考えられる．

●**レジリエンスは強めることができる**　レジリエンスという考え方は，発達上の問題や不適応に対する予防や介入に新たな視点を提供することになると考えられる．実際，介入の視点は，リスクやストレッサーを少なくしたり，症状や問題が起こることを防いだりするだけでなく，レジリエンスを強めるためのさまざまな試みを含むものへと変化してきている（Kumpfer, 1999；Masten, 2001；Sameroff, 2006）．レジリエンスは，個人の適応プロセスであり，個人と環境の過去および現在の特徴だけでなく，個人と環境のトランザクションによって生み出されるさまざまな潜在的な強さを含む．子どもは，多面的で，しかし相互に密接に関連しあっている環境とのトランザクションを通して，さまざまなコンピテンスを発揮するし，新たなコンピテンスを獲得する（Bronfenbrenner, 1979/1996）．コンピテンスを発揮する機会をもつことや新たなコンピテンスの獲得は，ハイリスクの子どもにとって防御要因となる．我々は，子どもの環境を適切にアレンジし，子どもがコンピテンスを発揮したり，コンピテンスを獲得するのに必要な挑戦をサポートすることで，レジリエンスを強めることができる．　　　　　［氏家達夫］

外傷（トラウマ）体験

☞「災害にあった子どもの発達支援」p. 354,「犯罪被害」p. 498

　トラウマの語源はギリシア語の医学用語で，組織の破壊や外皮・粘膜の裂けたケガという意味が含まれ，古くから使われていた．トラウマ概念の歴史は，1880年代から1890年代にシャルコー（Charcot, J-M.）がヒステリー性麻痺症の研究を進めていた頃，この疾病の患者の特徴として表記している（井上，2011）．シャルコーは，「心的外傷」という用語も使用しており，潜伏期の存在も認めている．心的外傷はフロイト（Freud, S.）の初期の神経症理論の中核的概念であり，精神分析学の視点からとらえた発達精神病理を理解するには不可欠な概念でもある．心的外傷とは，ショックや恐怖や不安や恥にともなった情緒的な苦痛，身体的な苦痛を体験した際のきわめて傷ついた心の反応である．

●**発達的精神病理**　心的外傷に至る原因や環境は，いたるところに存在する．心的外傷による反応はさらされた長さや度合いや年齢によって異なる．例えば，激しいケガを1，2歳頃に受けると身体イメージの形成に否定的な影響を残すおそれがあるが，4，5歳頃に受けるとダメージのあった部位を失う空想を抱くようになる．

　長期にわたる心的外傷体験は，子どもの中核的な人格の形成に影響する．たとえば親が，幼いわが子が感じている不快感や耐えられない情緒を読み取って対応すると，子どもも自身の気持ちを次第に抱えられるようになる．子どもが自分の気持ちを心の中にとどめておけるようになるまで，親が代わりにその気持ちを抱える機能を果たすことで，愛着のゆがみによる心的外傷を防ぐことができる．しかし，親が，幼いわが子の激しい不安や恐怖を受け止めるだけの親機能を会得できておらず，逆にそういった感情の表出をする子どもに不快感や敵意を抱く場合には，たとえ言葉で発せられていなくても，子どもにとっては心的外傷体験となる．こうした親子の関係性における心的外傷の世代間伝達は，子どもを恐れる親や子どもに恐れられる親といった，愛着のゆがみと関連する（Main & Hesse, 1990）．

　幼い子どもが心的外傷を体験したり深刻な剥奪を体験すると，さらなる心的外傷から身を守るために，警戒心を強めたり，心を遮断することがある．幼い子どもが外界から心を遮断するのは，そのほかの対応や逃げ方ができないためである（Perry, et al., 1995）．ペリーらによると，虐待を受けている年齢や発達段階は，その後の性格形成に影響する．乳児期から虐待を受けた経験がある場合，広範囲な発達のおくれや"自閉のような"特徴もみられる．つまり，幼いときから心的外傷を経験すると，視聴覚を注意深く使って外界の些細な危険信号にも警戒心を

高める．危険察知に注意が向くために，そのほかへの集中力が薄れ，学習面では遅れがちとなり，読み書きや算数の理解が乏しくなる．さらに，情緒的発達が滞るため，象徴形成が難しくなり，想像力が問われる遊びや物語づくりができなくなり，良好な友達をつくることも難しい．こういった行動的特徴はしばしば神経系の障害と誤解され，心的外傷体験によるものとの区別は安易ではない．親ガイダンスや子どもの心理療法によって区別が可能となる．

●**攻撃者への同一化** 心的な外傷体験を受けた子どもや青少年は，しばしば攻撃者への同一化（Freud, A.）つまり，目指す手本のように受け止めて冷たく，残酷に振る舞ったりする．虐待などの攻撃を向けた相手を手本として自らも，同じような行為をより弱い立場の対象に向けるパターンを示す．例えば，子どもがペットや小さな動物を虐待したり，ほかの子どもをいじめたりして，自分に攻撃を向けた強者に同一化して，恐怖を逃れようとする．いじめることによって，いじめられた相手は恐怖を抱く．恐怖を抱かせることによって，いじめっ子は自身の脆さを払拭したような錯覚を抱くことができ，それまで攻撃を向け，自分を認めてくれなかった養育者への代理復讐や報復をしたかのような錯覚を抱き，満足感や優越感をかみしめる．これが虐待などの心的外傷体験による不健全な後遺症である．

さらに，心的外傷を受けている子どもは，虐待の加害者を取り押さえる警察や，虐待をしている養育者から子どもを切り離す支援者を，救援者としてではなく加害者としてとらえたり，医療的な処置を加療ではなく攻撃ととらえ，心的外傷を深める危険性がある．本来の加害者を自分と同じ被害者のように思い込み，救い出してくれる相手を加害者としてとらえる（Klauber, T. 1998）．心的外傷を受けてきた者が親になったり，そのような親に育てられる子どもは，この体験が広がり，より弱い者が心的外傷の被害をより多く受けるという連鎖がみられる．また，虐待を受け続けて思春期を迎えると，心的外傷体験の結果として，攻撃者への同一化からサディズムが定着し，サディズムから性的興奮を得て精神病理へと進展する場合もある．ただ，虐待という心的外傷を受けた子どもに，信頼できる専門家との関係の中で，自身の体験の記憶を再び思い起こさせて，それについて考える力を養い，実際に起きた「行為」と「想像」の区別を，治療的な安全な場で，実感させることは重要である（Alvarez, A. 1992）．さらに，アルヴァレス（Alvarez, A.）によれば，親が，わが子に心的外傷を与えたと認識することによって親自身が心的外傷を受け，わが子への適切な情緒応答が欠落し，親自身の支援が必要との認識力が高まる．

心的外傷を体験する前の性格特徴や精神的強さが心的外傷を受けた後に成長すること（心的外傷後成長）がある．例えば，心的外傷体験が自己防衛としての警戒心や粘り強さや忍耐力や愛他的な精神を育む場合もある．特に，家族や社会の支援が得られる場合，心的外傷体験への悪影響が少ないと考えられている．［井上果子］

気質と個人差

☞「パーソナリティ」p. 156,「乳幼児と親子関係」p. 160,「社会的条件と心理的条件」p. 462

●**気質の定義**　気質研究のリーダー，ロスバートとベイツ（Rothbart & Bates, 1998）は，気質を「情動，運動，注意反応，自己調節における構造的基礎をもつ個人差で，時間とともに変化しないだけでなく，状況を通して一定に現れるもの」と定義している．さらにロスバートは，「反応性と自己調節における個人差」（Rothbart, 2011）と簡略に定義している．

図1は，ロスバートの著書（2011）に引用されている生後35週の双生児の写真をイラストに描き直したもので，一方は外向的で他方は内向的という気質の違いを示している．

最初の定義における「構造的基礎」は，生物学的基礎を意味しているが，神経発達やホルモン反応のような胎児期や生まれた後の環境の影響によるものも含まれる（cf. Siegler et al., 2011）．例えば胎児期の栄養不足やコカインの影響や低体重での出産などは，乳幼児の注意や行動調節能力に影響しうる．同様な負の影響は，ストレス場面に対応して副腎皮質から分泌されるホルモンであるコルチゾルの恒常的上昇が，母親の非敏感性や虐待に帰因しうることにみられる．

図1　気質の違う双生児

気質に関する先駆的な研究は，チェスとトマス（Chess & Thomas, 1980/1981）によるニューヨーク縦断研究である．まず彼らは何組かの両親に子どもたちの行動について，解釈を聞くのではなく詳細な描写をしてもらった．そこから九つの行動特性（活動水準，接近/回避，周期性，順応性，反応性の閾値，反応強度，気分，気の散りやすさ，注意の範囲と持続性）を浮かび上がらせ，それらの特性の分析から子どもを三つの群（扱いやすい子，扱いづらい子，ウォームアップの遅い子）に分けた．

現代の多くの研究者たちは負の情動を分化させ，調節機能の違いについても評定している．ロスバートらは，乳児の気質を次の六次元と考えている．

1. 恐れやすさ：新しい状況への恐れや退避，適応時間
2. フラストレーション耐性：何かしたいのに制限されたときのいらいら

3. 注意の範囲と持続性：興味あるものに向いている時間
4. 活動水準：どのくらい動くか
5. 肯定的な情動/接近：微笑と笑い，人への接近，協調性と制御可能性
6. 規則性：食や眠りの規則性

上記の次元の最初の五つは，乳児だけでななく子どもの気質を分類したり彼らの行動を予測するとき，特に重要である．

研究者たちが気質に関心をもつ理由の一つは，それが子どもたちの社会的適応を決定するのに重要な役割を演じるからである．怒りっぽくて，それを抑制できない子は，ほかの子に比べてすぐに拗ね，おとなに反抗的で友だちには攻撃的であろう．そのような行動は，適応問題を引き起こす．

●**気質の測定**　気質の測定については，いくつかの方法が使われている（cf. Siegler et al., 2011）．一つの方法は，おもに親を対象にした質問紙による調査で，例えば「乳児行動質問紙」（Rothbart, 1981）があげられる．

行動抑制，情動調節能力のような気質を測定するのには，実験室での観察が用いられている．例えばある縦断的研究では，乳児期，2歳時，4歳半時の新奇体験への反応が観察され，3時点を通して，約20％の子どもたちは知らない刺激に対して非常に抑制的であるという結果が得られた．

生理学的尺度も子どもたちの気質のある面を測定するのに有用である．例えば，新奇状況に対して高反応と低反応の子どもたちでは心拍変動性が異なるというような研究がある．また大脳前頭葉活動の脳波を用いて測定する方法もある．左前頭葉の脳波により明らかになる活動は，接近行動，ポジティブな感情，探求心，社会性と関連するのに対して，右前頭葉の活動は，退避，不全感，恐れと関連する．したがって，新奇な刺激，状況，挑戦的な場面に対したとき，右前頭葉の活動が大きい子どもたちは，より恐怖や退避を示す．3番目の生理的尺度は，コルチゾル値を用いる方法である．例えば気質的に負の情動をもち，自己調節も低い子どもたちは，少し養育環境が落ちるとコルチゾル値が上昇する．

これらの気質の尺度は，それぞれ長所も短所もある．両親による気質報告の最大の利点は，両親がさまざまな状況での子どもの行動をよく知っているということにある．欠点は観察が客観的でないこともある点で，それは実験室で得られた尺度と相関しないことに現れている．実験室観察データの最大の長所は客観性である．逆に問題は，子どもの行動が非常に限られた状況でのみ観察されていることである．生理学的尺度は客観的でバイアスがかからない．しかし，この尺度により反映される過程は，子どもの特殊な状況での情動や行動の原因なのか，結果なのかわからない．このように，どの尺度も絶対確実ではなく，これらの長所・短所を踏まえたうえで，一人ひとりの子どもの気質を理解しようとする姿勢が肝要であろう．

［高井清子］

進 化

☞「系統発生と個体発生」p. 266,「家族の起源」p. 282,
「文化心理学と比較文化心理学」p. 464,「ヒトと動物」p. 478

　ダーウィン（Darwin, C.）の自然淘汰による進化の理論は，生物の起源を説明する現時点で唯一の科学理論である．自然淘汰理論をもとに人間存在をとらえようとする試みがなされている．これにより，ヒトという種の特殊性を明らかにするだけでなく，なぜそうした特殊性が生じたのか，すべての生物に共通する進化の力学から統一的に理解することが可能となる．

●**自然淘汰理論**　仮に血液型がA型の人だけが感染する致死性の病気が発生したと想定してみよう．この病気のためにA型人口は徐々に減り，いずれB型とO型の人だけが存在する世界になるだろう．ある形質に変異（血液型）が存在し，それによって適応度（生存確率と繁殖確率の積）が異なり，加えて形質が次代に伝達される（遺伝）とき，相対的に適応度が高い形質をもった個体の子孫が広まる．これが自然淘汰である（Lewontin, 1971）．自然淘汰による進化は，個人の成長や，より良き状態を目指した進歩とは異なり，偶然の支配下から，あたかも何らかの意思が存在したかのように複雑なデザインが生まれる原理を説明するものである．この基本原理を展開することで，血縁関係，友人関係，親子関係，捕食と捕食回避などに関する多くの下位理論が提唱され，実証研究により検討されてきた．

●**ヒトの発達の特徴**　ヒトの発達過程は，ほかの霊長類・哺乳類と比べて際立った特殊性をもつ．ヒト以外の霊長類では，離乳したコドモは，みずから移動と採餌がある程度可能な児童期を経て，繁殖可能な成人期を迎える．比べるにヒトは，比較的短い乳児期の後に，移動や食料獲得においてオトナへの依存が大きい幼児期を経て，児童期に入る．そして第二次性徴と急激な身長増をみせる青年期を経て，成人期を迎える．つまり成人期にいたる期間が長い（スプレイグ, 2004）．こうした発達パターンは，大脳化の進化とともに生じたと考えられている．直立二足歩行によって産道が狭まった一方で，ホモ属の登場とともに脳の巨大化が進んだ．そこで比較的未成熟な段階で子を出産し，長期間をかけて育てる生活史戦略が進化したと考えられる．さらに母親以外が子育てに関わるアロマザリングが進化することで，離乳時期を早め，出産間隔を短縮させ，繁殖力を高めたとも考えられている（根ヶ山・柏木, 2010）．アロマザリングは子育てに関わる個体間の協調や，脆弱な乳幼児への社会的注意を進化させることになり，それがヒトの高い向社会性——利他性や協力性——を進化させた可能性も指摘されている．実際，マーモセットなどアロマザリングを行う新世界ザルは，それを行わない近縁種と比べて向社会性が高いことが報告されている（Bukart & van Shaik, 2010）．一方で，向社会性の高い種であったからこそ，アロマザリングにより繁殖力を高

めることが可能であった可能性もある.

●**文化の影響**　成人期にいたるまでの期間が長いということは，繁殖開始年齢が遅くなることを意味する．その分，寿命が同じならば，繁殖できる年数が短くなるので，生涯の繁殖力（子の数），ひいては適応度において不利になる．ヒトでは，それを上回るメリット，例えば道具使用による食料獲得効率の上昇や，社会的慣習に支えられた高度に協力的な集団による生存確率の上昇などがあったのであろう．それが可能になったのは，世代間での知識伝達，すなわち文化が存在したためである．つまり，文化はヒトという種の生物学的側面と対立するものではなく，ヒトが生物としてもつ特色といえる．ヘルマンら（Herrmann et al., 2007）は，ヒトの幼児は非社会的領域における認知能力ではチンパンジーなど近縁種と変わらないものの，社会的領域における認知能力，例えばコミュニケーションや社会的学習などにおいて優れていることを指摘する．そして，社会的認知能力によって文化的知識を吸収することで，発達とともに非社会的領域における認知能力を飛躍的に伸ばすとする文化的知性仮説を提唱している．またヒトでは，文化的知識を吸収するだけでなく，それを積極的教示により伝えようとする強い傾向もみられる．こうした傾向がいつ頃，どのように進化したのか，今後の研究の進展が期待される（Ando, 2009）.

●**生物学的要因の影響**　ヒトは高い学習能力をもち，文化的知識を吸収して発達する生物であるが，そのことは必ずしも，ヒトが学習によってどのようにも変化する無限の可塑性をもつことを意味しない．第一に種レベルでの制約がある．いかに訓練を積んでもヒトはイルカのように水中で暮らすことはできないし，コウモリのように超音波で空間を把握することのできない．第二にヒト集団内でもある程度の制約がある．すべてのヒトが100メートルを10秒台で走ることはできないし，相対性理論を導き出すこともできないだろう．実際，双生児法などを用いた行動遺伝学の研究は一貫して，ヒトの行動のあらゆる側面に遺伝の影響がみられることを指摘している（Turkheimer, 2000）．ただし，ある行動が遺伝することと，それが進化の産物であることとは別の問題である．なぜなら行動遺伝学でいう遺伝率とは，ある行動傾向に個人間差があるときに，その何割が遺伝的な個人間差によって説明できるかを表したものだからである．そのため，ヒトに普遍的にみられ，それゆえ遺伝的な個人間差がない形質（"乳児期の後に幼児期を経験する"）については，遺伝率はゼロとなる．逆にいえば，ある形質の遺伝率が高いことは，その形質について自然淘汰が働いていない，つまりどのような形質をもっていても適応度に影響しないことを意味する．そのためパーソナリティや一般知能など，一見すると個人の生存や繁殖に影響するように思われる形質が遺伝することが，進化的視点からどのような意味をもつのか，さまざまな仮説が提唱され議論されている（平石，2011）.

[平石 界]

ジェンダー

☞「セクシャリティ」p. 68,「夫婦関係」p. 200,
「ワーク・ライフ・バランス」p. 300

　身体的・生物学的な性別（セックス）をもとに，社会や文化によって規定された女らしさや男らしさ，男女の役割などをジェンダーとよぶ．ジェンダーは，もともとドイツ語やフランス語などにある文法的性別を意味するものであったが，1960～70年代の第二波フェミニズム以降，社会的・文化的性別の意味で使用されるようになった．しかし，何らかの性差がみられた場合，それがセックスによるものなのか，ジェンダーによるものなのか判断しにくい場合もあり，両者の区別はあまり明確とはいえない．さらに，現代では身体的な性別についても「ジェンダー」を使うことが多くなっている．

　ジェンダーに関連した研究は心理学のみならず，社会学，歴史学，文学など多くの領域で盛んに行われている．女性の視点を取り入れたフェミニズム理論は現代の学問にとって重要な分析の枠組みの一つであり，心理学においても，既存の研究方法やさまざまな理論に対する問い直しが行われてきた（例えば，Unger, 2001/2004）．しかし，心理学におけるジェンダー研究の主流は実証的な検討であり，それらは個人特性や認知の枠組みなどの個人の内面に焦点をあてるものと，対人行動として扱うものに大別することができよう．さらに，ジェンダー発達の側面を取り上げ，社会化の過程に関する研究も行われている．

●**個人の内面にあるジェンダー**　ベム（Bem, 1974）は，それまで一次元のものとして仮定されていた男性性と女性性を，独立した二次元であるとみなし，両特性を高くもっている個人を「心理的アンドロジニー」とよんだ．日本でも同時期に，女性性と男性性についての検討が行われている（例えば，伊藤，1978；柏木，1967）．ベムはその後，個人が特性としてもっている男性性や女性性が，外界の情報を処理する際の認知的枠組みとして働くと考え，ジェンダー・スキーマと名づけた（Bem, 1981）．

　女性の社会進出が盛んになった1970年代以降は，女性の役割や行動に対する態度を測定する尺度が作成された．例えば，「女性に対する態度尺度（Spence & Helmreich, 1972）」や「平等主義的性役割態度（鈴木，1991）」などがある．しかし，女性に対する否定的な態度は，伝統的な役割から離脱する女性に対する敵意や憎悪から，女性は純真で守られなければならないといった好意的な性差別態度へと時代とともに変わってきたという．このような現代的性差別を測るものの一つに，「両面価値的性差別主義尺度（Glick & Fiske, 1996）」があり，男性に対する性差別的態度尺度（Glick & Fiske, 1999）も作成されている．

　心理学ではこうした尺度作成だけではなく，個人のもつ女性性や男性性あるい

は態度が，メンタルヘルスや就労行動，対人関係などのような個人のほかの心理学的変数とどのように関連するかについても検討されている．

●**対人行動としてのジェンダー**　ジェンダーは個人のおかれた状況によって引き出された対人行動としても考えることができる（West & Zimmerman, 1987）．つまり，女性が女らしいのは，女性性の高いパーソナリティをもっているからではなく，彼女を取り巻く状況が女性にふさわしいとされている行動を要求しているからと考えるのである．この社会的行動としてのジェンダーに大きな影響を与えるのが，「男性はたくましい」「女性は優しい」といったジェンダー・ステレオタイプである．性別に限らず，社会にはさまざまなステレオタイプが存在するが，これらは行為者自身も気づかないうちに自己成就予言としての役割を果たし，ステレオタイプに沿った行動を引き起こすことがある．特にネガティブな結果が生じる場合には，「ステレオタイプ脅威」ともよばれる（Steele & Aronson, 1995）．

●**ジェンダー発達**　心理学におけるジェンダー発達の研究は主に子どもを対象とし，ジェンダーがどのように獲得されていくのかを検討したものが多い（森永, 2006 を参照）．ジェンダー発達に影響すると考えられるのは，ホルモンや脳の機能などの生物学的要因，子どもを取り巻く環境，子どもの認知発達などである（Ruble et al., 2006）．これまでの研究では，行動観察や実験によって，子どもを取り巻く人々が子どもの性別によってどのように行動や認知を変えるか，また，アニメや CM の分析からマスメディアに男女がどのように描かれているかなどが検討されてきた．社会的学習理論で説明されるように，親や教師，友人，テレビの登場人物などをモデルとして，また，周囲からの取り扱いの違いにより，子どもたちは自分の性別にふさわしいとされる言動を身につけると考えられる．

さらに，子どもたち自身も認知発達にともない積極的にジェンダーに関する情報を取り入れている．例えば，子どもは知的発達とともに自分のまわりの世界を理解しようとするが，その際，身体的性別は見ただけでわかることが多く，また社会の中で男女の役割が区別されていることが多いため，それをもとにした知識構造をつくる．知識の中には，色やおもちゃ，服装，職業，さらにはパーソナリティ特性も含まれ，こうした知識に基づき，子どもは自分の性別にふさわしいとされる言動をとるようになると考えられている．

複数の要因がからみあって子どもたちのジェンダー発達が進むが，やがて，発達環境や知的発達などによって，固定化された女（男）らしさや男女の役割への疑問が生じるようになり，思春期頃にはジェンダー・ステレオタイプの柔軟化がみられるようになる．しかし，同時に友人関係の変化や恋愛の経験によりジェンダーにいっそうとらわれるようになり，自分らしさと男（女）らしさとの間で葛藤を経験することもある．ジェンダーはセクシュアリティの問題とも関わり，個人のアイデンティティに大きな影響をもたらしていると考えられる．　　［森永康子］

生得性（領域固有性）

☞「思考」p. 76,「発達観・発達の原理」p. 424

　現代の進化発達心理学者による生得性の考え方は，発達を組織化のあらゆるレベルで，DNA⇔RNAのように，双方向的な相互作用の結果としてとらえるように変化してきた．発達をシステムとしてみるならば，遺伝的特徴と広い意味での環境との間の絶え間ない相互作用を考慮しないで生得性を語ることはできない．

　ヒトが特定の問題を効率よく解決するための能力を進化させてきたとすれば，我々の心は汎用性よりは領域固有のメカニズムによって問題解決を行うようにできているはずである．言い換えれば，我々の学習のメカニズムは領域固有の「制約」を含むものであると考えられる（Gelman & Williams, 1998）．制約とは，学習を制限する意味ではあるが，阻害するものという意味ではなく，むしろ，促進する機能をもつものである．制約は，子どもがあらゆる方向から押し寄せてくる刺激に圧倒されず，早く，より効率よく学習するために，特定の情報を決まったやり方で処理するように方向づける役割を果たすのである．

●**自然淘汰と制約**　コスミデスとトゥービー（Cosmides & Tooby, 1987）によると，適応行動は適応的思考をもとにして可能となるのであり，自然淘汰は，認知レベル，つまり，現実世界の問題を解決するために進化した情報処理メカニズムに作用すると考えられる．各メカニズムはある特定の問題を解決するように進化してきたものであるから，そのプロセスは自然淘汰（ダーウィニズム）だということになる．情報処理メカニズムはまたフォーダー（Fodor, 1983/1985）のいうモジュールになっているものでもあり，ピンカー（Pinker, 1997/2003）は「心はモジュール，つまり心的器官で構成されている．それぞれ一つの専門領域に特化した設計になっていて，その基本論理は遺伝プログラムによって定められている．それは，我々の祖先が進化の歴史の大半を過ごしてきた狩猟採集生活の問題を解決するように，自然淘汰によって形づくられた」と述べている．

　これまで進化心理学はあらゆる知識領域でその領域固有のメカニズムを見出してきた．例えば，子どもは4〜5年かけて言語を獲得するが，第一言語はおとながその後第二言語（外国語）を学習するのに比べて格段に容易であることが知られている．同様に，心の理論や社会的推論についても本質的にモジュールであるという仮説が提唱されている（Baron-Cohen, 1995/2002；Cummins, 1998）．

　ブゲンタル（Bugental, 2000）は社会性発達について，その領域に特定化された社会的アルゴリズムをもつ五つの領域，すなわち，「愛着」「互恵性」「階層的権力」「集団の連合」「交接」で，各領域に対応する神経ホルモンの作用により特定化された目標達成がより容易になっているという．これらは何千年にもわたり

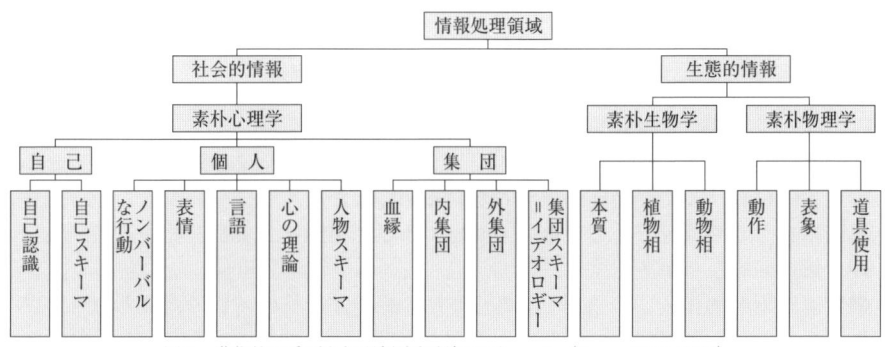

図1 進化的に重要な処理領域と認知モジュール (Geary, 2004/2007)

人類の子どもが繰り返し直面してきた社会的問題に対処するために進化してきたものとされる．

●**生得性と制約** いわゆる生得的制約は遺伝子にあらかじめ組み込まれたものであるといえるだろうか．確かに，自然淘汰によって生物は種に特異的な環境が与えられたとき，ある特定の情報を処理しやすくするバイアスをもつように進化してきた．しかし，進化してきたのは発達システムであり，そこには遺伝子だけでなく個体の内的および外的な環境なども含まれる．一見，遺伝子のみによる能力のようにみえるものでも，詳細にみると環境によって発現のしかたが異なる例が少なからずある．生得的制約とよばれてきたものには少なくとも次の三つのタイプを区別する必要がある．

・表象型制約：最も強く遺伝的に規定された状態で，あるタイプの知識が生得的となるように脳内に組み込まれている表象をさす（例：物理的性質，数学，文法など）．ただし，現在はそれらが経験と無関係であるとは考えない（Pinker, 1997/2003；Spelke & Newport, 1998；Wynn, 1992）．

・アーキテクチャ型制約：中程度の遺伝的規定性をもち，脳の構成が誕生時にさまざまに組織化されていることをさす（例：ニューロンが異なる機能をもち，発火に必要な活性化の程度が異なる）．何が処理されるかは限定されているが，高度な学習も必要とされる（Johnson, 2000；de Haan et al., 1998）．

・時間型制約：最も遺伝的に特定されない制約で，発達のタイミングに対する制限などをさす．脳のある領域がほかの領域より先に発達し，その領域と後で発達する領域とでは，処理する内容が異なっている場合がある．

他方，領域一般のメカニズムが領域固有のメカニズムと共存し得るとする見方もある．種の居住環境が何世代にもわたって不安定で変化が予測できないような場合，領域一般の認知メカニズムの方がより適応的であると考えられる（MacDonld & Geary, 2000；Mithen, 1996）． ［小島康次］

発達の壁

☞「視覚・聴覚障害児者の発達支援」p.346

「発達の壁」とは，発達の中で生じる「異質なものを分ける境界」をさす．この境界の存在は多くの発達心理学者がいろいろなかたちで気づいてきた．ただし，専門用語としては定着していない．関連する専門用語としては，発達段階，臨界期，領域固有などが該当する．

●**発達段階**　個体発達の過程で，ある時期の機能が前後の時期の機能と明らかに異なり，それらの機能間に時間的な系列が存在するとき，その系列を発達段階とよぶ．発達心理学では，出生以降の人生の時期を乳児期・幼児期・児童期・青年期・成人期・老年期と区分けすることがあるが，これは便宜上のもので，発達段階とはいえない．

発達の段階説では，①ある段階と次の段階の間には心理的構造と機能での質的な違いが存在する，②前の段階から次の段階への移行では，前段階のシステムは次の段階のシステムに統合される，③段階の移行にかかわらず個体の全体的統合性は維持される，と考えられている．代表的な発達段階説は，ピアジェ（Piaget, J.）のものである．ピアジェは，感覚運動期から形式的操作期にいたる各段階を考える際も，保存の有無で段階を区切る際も，常に段階間の質的な違いと発達に伴う全体的統合に拘泥した．

●**臨界期**　臨界期とは，成育初期に与えられたある種の経験が，後年の生理的・心理的な発達に消しがたい行動を形成させる期間をさす．この期間の始めと終わりに境界が存在する．人間には厳密な意味での臨界期は存在せず，敏感期という用語を推奨する学者もいる．敏感期は行動形成の適切期で，それ以外の時期の行動形成は不可能ではないが難しいとされる．臨界期の存在を明らかにしたのは比較行動学者のローレンツ（Lorenz, K.）である．ローレンツは，カモなどの鳥が特定の刺激物に対して示す刷り込みという現象が，孵化後の一定の短い時間帯にのみ生じることを明らかにした．

ヒトの発達では，臨界期は存在しないと主張されることが多い．しかし領域によっては，臨界期の考えが生きている．例えば，サージャント（Sergeant, 1969）の音楽家に対する質問紙調査によれば，絶対音感保持者の多くは5歳までに音楽訓練を開始していたが，絶対音階をもたない音楽家の多くは6〜7歳以降に音楽訓練を始めていた．諸研究のレビューから，およそ6歳までが絶対音感の臨界期と考えられている．

第二言語獲得でも臨界期の存在が指摘されている．ただし，臨界期は複雑で，言語獲得のどの面に焦点を当てるかによって時期的な違いがある．母語話者の音

素の聞き分け能力は生後10か月頃から低下するので，この面での臨界期はかなり早期になる．バードソング（Birdsong, 2005）によれば，母国語話者の自然な発音を身につけるには7歳頃までに母国語話者の環境をもつ必要がある（図1）．図1の分布図は，2〜23歳の間にイタリアから英語圏に移住してきた240名（●で表示）と24名の母国語話者（□で表示）の外国語なまりの程度を示している．高い文法能力は思春期以降でも身につける可能性があるので，臨界期はかなり年齢が高く，曖昧である．

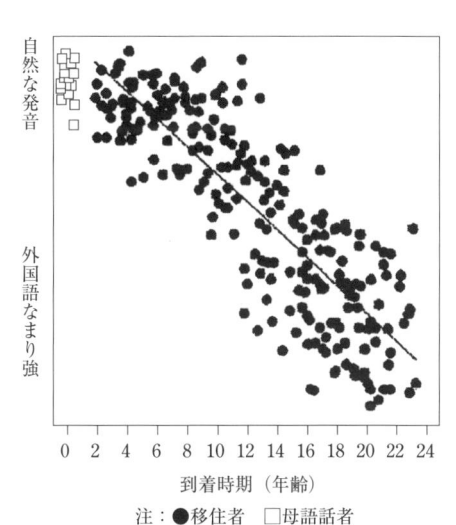

図1　イタリアからの移住者の到着時期と自然な発音度（Birdsong, 2005）

●**領域固有**　領域固有は領域一般と対になった概念である．領域固有とは，ある心理的機能が，特定の状況や場面＝領域に依存した知識に基づいて動作する場合をさし，領域一般とは，その機能が場面から離れた一般性の高い知識に基づいて動作する場合をさす．

　領域固有の考えは，モジュールという考えを背景にもっている．モジュールとは，内部にある分割された複数の下位体系が全体として一つのまとまりをもって動作するシステム全体をさす．モジュールには，①作動は強制的である（特定の刺激が与えられると，その動作が必ず生じる），②処理が速い，③情報的に遮断されている（作動中は外からの介入が難しい）などの特徴がある．言語獲得研究や認知発達研究の中で論じられることが多い．言語獲得研究では，言語を領域固有の特性をもつモジュールとする生得論の立場とそれに反対する立場の間で論争が，半世紀以上続いてきた．

●**発達の壁**　最初に述べたように，発達の壁とは，発達の中に存在する「異質なものを分ける境界」をさす．発達段階では，この境界間に時間軸での前後関係を想定し，後戻りが難しいとされる．例えば，日本語を獲得すると日本語を忘れることは難しい．ただし，幼児期の赤ちゃん返りのように現象的には発達段階の後戻りも生じる．臨界期では，境界の前後で，特定の行動形成の能力が失われる．臨界期は，領域固有やモジュールと親和性が高い．発達の壁という考え方は，従来の発達段階，臨界期，領域固有などの内容を，多面的に比較する柔軟な思考法の必要性を示唆している．

［岩立志津夫］

発達持続

　発達心理学は生涯にわたる人の成長，発達，衰退などの変化とそのメカニズムに関心をもつ学問である．だが，それとともに，個人の変わらない本質も探ろうとする．言い換えると，個人の重要な特徴は表面では違ってみえても維持されるかどうかの探求が発達研究の重要な課題である．

●**パーソナリティの安定性を評価する三つのタイプの個人差**　パーソナリティの連続性と変化について常に論争があるのは，その判断基準が多面性をもつからであろう．この点に関して，キャスピとシャイナー（Caspi & Shiner, 2006）は三つの基準をあげている．一つは，平均値レベルである．例えば，毎日のようにかんしゃくを起こす2歳の男の子が，9歳になると1週間に1回程度に減ってしまうような場合には，かんしゃく行動に連続性がない．また，これは母集団レベルで適用されると，身体的成長や使用語彙のように特定の発達期に急激な増大がみられる場合には，発達的に非連続とみなす．二つ目は差異（相関）的な連続性であり，特定の特徴についての母集団の中の順位の変動に関するものである．先のかんしゃくを例にとると，同じ年齢の子どもの中で比較すると2歳時も，そして9歳時も一貫して多い場合である．縦断研究により特定のパーソナリティ変数の連続（安定）性の程度を評価するのは主にこの基準である．そして，三つ目は独自的連続性である．これは，個人内のパーソナリティのプロフィールのパターンが変わるかどうかである．例えば，ある男の子は小学校のときに衝動的，向こう見ずというタイプであったが，高校生になると落ち着いて，何事にも自信をもって対処するようになったとすると，このタイプの連続性は低いことになる．多くの研究では特定の変数の個人差に関心をもつが，この三つ目の場合は個人内の特徴へのアプローチである．

●**発達の持続と変化を読み解く**　さて，発達が持続するとは，パーソナリティや社会性などの個人的特徴が持続性をもつ，つまり連続性を維持することであるが，これを読み解くには次の三つのカギが必要である（Kagan, 1969；Lerner et al., 2011）．第一のカギは，顕型的連続性（同型的連続性）であり，ある時点の行動が後にも同じ行動として保持される場合である．ラーナーら（Lerner et al., 2011）がこれを記述的連続性というように，表面に現れた行動が同型か否かの現象的な記述に基づくものである．だが，このタイプの行動は，そのメカニズムや動機も連続しているとは限らない．例えば，8か月の赤ん坊の泣きは空腹によることが多いが，8歳児の泣きの原因はこれとはまったく違うだろう．また，オールポート（Allport, 1961/1968）の機能的自律性の概念もこのよい例である．両親

の不和のために家に居場所のなかった少年が海にあこがれて船員になり，そして今では功なり名を遂げて船長の職を退いている．だが，依然として海へのあこがれをもち続けるこの男の行動の動機は少年のときと現在ではずいぶん違うはずである．動機は過去の出来事よりも，現在の状況に依存するのであり，見かけのうえでは連続してみえても，その行動の原因は変わっている場合が少なくないのである．二つ目は元型的連続性（異型的連続性）であり，二つの時点間の表面的な行動は違っていても，その二つの行動を動かす心理的メカニズムが連続している場合である．先のラーナーら(2011)はこれを説明的連続性とよんでいる．例えば，2, 3歳のときにとても親に依存的な子どもが中学生になると親の言いつけに従って勉強熱心になるときには，親に対する依存という動機が維持されているのである．そして，三つ目は完全連続性である．これは行動もその動機も連続していている場合である．このタイプの連続性は主に青年期以後になり，パーソナリティの発達的な変化が緩やかになった後に現れやすい．また，性役割基準や社会的規範に合致するような行動もこのタイプの連続性になりやすい．例えば，自分の力に自信ある青年は，他者とのトラブルでは腕力の強さをちらつかせることをしやすく，この行動がおとなになっても維持されるとしたら，こうした強引な対処法は男性的な性役割基準に合うことが多いからである．

●**発達の持続を促進する要因と弱める要因**　これまでの発研究では，気質や愛着の質は持続しやすい個人の特徴とみてきた．例えば，ある研究では早期の幼児期に安定した愛着をもつ子どもは20年後にはその約3/4がそうであった(Waters et al., 2000)．また，母親と乳幼児のペアでも愛着タイプの対応関係が強いことから，世代を経て伝達される可能性も示唆されている．しかしながら，こうした持続はどのようなコンテキストでも生じるのではない．また，初期に不安定な愛着関係であっても幼児期後半になると改善することが多い．1歳台にはその後の発達でハイリスクな崩壊タイプの子どもでも4歳になると半数以上が安定した愛着へと変化することもある．このように子どもの発達にともない関係の改善がしやすいのは，母親が子どもの個性を理解し，シグナルをうまく読めるようになり，かつ子ども自身の対処能力も発達するために，両者のやり取りが円滑になっていくためと考えられる．また，家庭の経済的状態が改善することで愛着の質もよくなりやすい．そうなると，長期間の縦断研究のサンプルで安定性が高いのは，研究対象者には家庭的に恵まれた状態が維持されたケースが比較的多い可能性も考えておくべきである．要するに，子どもの行動の安定性を保っているのは，子どもの内的な要因のみによるのではなくて，養育者の行動の一貫性による面も大きいのである．加えて，児童期や青年期になると，親子関係や家庭の外の対人関係をみずからどう考え，どのように築いていくかという主体性が愛着関係や内的作業モデルに大きな影響を与えることも重要な事実である（高橋他，2009）．［臼井 博］

発達段階

　発達には必ず連続的な側面と不連続的な側面がある．そのような発達の2面性を統合的にとらえようとする試みが，発達段階というものを主張する立場である．これを論じる際には，必ずどのような発達現象をどのような視点から論じているのかを自覚しておく必要がある．なぜなら，発達を連続的な変化としてとらえるのか，不連続な変化としてとらえるのか，それは視点によって大きく左右されてしまうからである．例えば，言語発達を語彙数の増大や，平均発話長の長さで測れば，それは連続的な変化になってしまう．しかし，同時に統語論や語用論や意味論のレベルで発達現象を吟味していけば，そこに一語発話期，二語発話期，多語発話期あるいは，人称詞や心的用語が用いられるようになる時期の前後など，そこに質的な変化，つまり不連続にみえる変化を見出せることは間違いないことである．発達現象を素朴にみるならば，発達には連続的側面も不連続的な側面も存在することは，火を見るよりも明らかなことである．存在しなかったものが現れることに注目すれば，必ずや「不在」から「存在」への質的な変化，発達の不連続性が浮かびあがってくる．とはいえ，そのことだけで発達段階が簡単に主張できるわけではない．

●**発達段階の必須条件**　発達段階が存在するといえるためには，次の三つの事柄が充足されていなければならない．一つは，発達段階の順序の一般性である．A段階からB段階を経てC段階へといった時間的順序が（多くの子どもに）一般的に観察される必要がある．もう一つは，多くの発達領域に通底して発達段階が主張できることである．通常，発達段階ということばは，狭い領域固有な特殊な発達の段階的変化をさし示すものとしては用いられない．発達心理学における発達段階という概念は，そもそもは生物進化の系統発生のプロセスや，生物の器官形成，変態といった個体発生のプロセスなどを模して生み出されたものだといってよいだろう．最後の一つは，強力な理論が必要だということである．どのような発達段階論であれ，単なる記述的研究からはそれが自動的に生まれ出てくることはない．発達理論が必要である．発達段階Aにあるさまざまな領域の発達現象を関連づけ，しかも発達段階Aにおける連続的発達を位置づける理論がなければならない．またそれと同時に，異なる発達段階AとBとCという不連続性を説明し同時に内的に関連させる理論もなければならない．園原（1961）は「量的な変化は連続的，質的な変化は不連続的とする」のは皮相な見解であると批判し，発達心理学における「連続と不連続の問題」は，発達の時期における心的体制の相違をいかに関連づけるのかという設問から生じるのだと主張している．こ

のような園原の考えは，発達段階論がなさなければならない課題，発達連関，機能連関を解明する課題を強烈に意識したものだったといえよう．

　ピアジェ（Piaget, J.）やワロン（Wallon, H.）やヴィゴツキー（Vygotsky, L. S.）などの発達理論は，以上のような理論負荷の高い発達段階論である．日本の田中昌人の階層段階理論もその一つに数えあげることができるだろう（赤木，2011）．これらの発達段階論は，1980年以降急速に力を失い失速状態にある．ヴィゴツキーの評価は相変わらず高いが，それは文化歴史的な視点を切り開いた心理学者としてであって，必ずしも発達段階論者としてではない（高木，2011）．

　発達段階論がすたれた理由には，一つには領域固有な発達が強調され，発達の連続性を重視する英米の研究が量と質で世界を圧倒するようになったことがある．領域一般的な発達が存在することが否定されたのである．もう一つには，育つ社会文化に依存しない普遍的なものとして発達段階を描きにくくなったことである．また，健常児と障害児に同じ発達プロセスを想定していた田中昌人などの発達段階論が，自閉症児などの発達を描くには不十分であることが誰の目にも明らかになったことである（赤木，2011）．だが，発達段階論の再構築を訴える主張がないわけではない．谷村（1997）は発達の領域固有性を仮定することが，領域一般的なものとして発達をとらえようとする理論的スタンスを殺してしまう危険性を指摘している．また，加藤（2007, 2011）は，乳幼児にさまざまな能力を付与し，発達を連続的なものに置き換えてしまう英米の心理学と対比し，発達の不連続性を直視するフランスの大陸的な心理学の特徴をあげ，表象の発生を質的に不連続的な発達変化としてとらえるワロンを再評価する必要を指摘している．高木（2011）は，ヴィゴツキーが子どもの各年齢の人格発達をその時期における「新形成物」をめぐって「安定期」と「危機」の交替というように構造化して段階論的にとらえていたことを，再評価する意義を説いている．

●**社会化順序としての発達段階**　生涯発達という視点でとらえるならば，発達段階ということばは，少し違った様相をみせる．社会文化的に規定されているある価値基準で切ったときに，そこに年齢的な違いが認められるとき，それをその基準に合わせて発達段階ということばが用いられることになる．領域一般性が少なく発達連関や機能連関といった視点はほとんど消えてしまう．フロイト（Freud, S.）のリビドーの発達段階説や，エリクソン（Erikson, E. H.）の人格発達段階論などは，欧米の近代化された社会文化と密接な関係があるといってよい．社会化されていくプロセスに一定の順序があるとき，それは通俗的な意味である種の発達段階とみなされる．小学校1年生レベル，小学校5年生レベル，中学1年レベルなど，教科の学習や仲間関係やコミュニケーションの質にはそれぞれの発達段階があるといった通俗的な表現もしばしばなされる．小学1年生の発達課題は何か，例えば○○ができるようになることといった表現もしばしばなされる．　　　　［麻生　武］

20. くらべる

【本章の概説】

　私たちはふだんから「くらべる」ことが大好きだ．どっちの弁当を買おうか，どっちのケーキの方がカロリーが高いか，どっちの映画を見ようか，どの科目の試験対策を先にしようか，どのパソコンを買おうか，どの候補者に投票しようか，等々．ただし，くらべた結果，どちらも（あるいはすべて）選ぶ場合と，一つしか選ばない（あるいは選べない）場合とがある．ケーキや映画はすべて選ぶこともありうるが，投票のときには一人の候補者しか選べないことが多い．

　また，選択可能な対象をすべて味わったり利用したりするなど，直接的に経験したあとで「くらべる」ということもあるだろう．こちらのくらべかたは，自身の経験に基づいたものであり，見た目で選んで失敗したとか，誇大広告にだまされたなど，対象が同じであっても経験前にくらべた場合と評価が異なることもある．

　人間の発達を考えるときも，「くらべる」ことによって，考え方のヒントを得たり論点の整理をすることができたり，あるいは問題の解決に導くことができたりする．

　身近な例でいうと，きょうだいでくらべてみて，同じように育てたつもりなのにどうしてこんなにも性格とか他人への振る舞い方が違っているのだろう，といったことがあるだろう．それに対して，弟の方は生まれてすぐによく泣いた，とか，男の子と女の子では違うんだ，など，生得的な条件を考える人もいれば，上の子がいると違う，とか，クラスの友だちの感じが全然違う，など，後天的な条件を考える人もいるだろう．きょうだいにかぎらず，複数の人を比べて，あの子は内気な子だから授業中になかなか手をあげないといった心理的条件をもち出す場合もあれば，裕福に育っているからがまんするということを知らない，といった社会的条件をもち出すこともある．

　本章では，社会と文化を「くらべる」ための主たる切り口として扱っている．おもしろいもので，歴史的文脈の重視や文化心理学という分野の開拓は，社会心理学者というよりもむしろ，発達心理学者によるものといってよい．おそらくは，実験社会心理学の隆盛時，社会心理学においてリアルな社会と文化が後景に置かれている間に，発達心理学では，実験のみのアプローチではとらえきれない発達現象があまりに多いと気づきやすいという事情，あるいは社会心理学者たちにくらべて，割り切って実験しようという研究態度が主流になりきれなかったという事情が，歴史性を帯びたリアルな社会と文化に着目する背景となったのではないだろうか．

　文化心理学と比較文化心理学は，ともに文化を知るための見方だが，その見方が異なっている．後者は第三者の視点から複数の文化をくらべるというアプローチを取り，一般的に異文化を比較するという場合にはこちらのアプローチをさすことがほとんどである．それに対して，前者は特定の地域やコミュニティなどの

フィールドをできるだけ当事者の視点から把握するアプローチをとり，くらべることを前面に出さない．文化が後付けでさえあるといえる．とはいえ，特定の文化を論じることは他の文化についての知識が前提になるので，その意味で両者はくらべかたが異なるアプローチだといえるかもしれない．

異文化教育・多文化教育は，より実践の文脈において文化を「くらべる」ことであり，現場の教師や生徒の問題に焦点化されている．否応なく複数の教育制度や方法といった異なる教育環境にさらされることになる子どもたち・若者たちの存在が前提にされているという意味では，教育を受ける側が不可避的にくらべることになる事態を対象化し，そこで生じる独特の問題に対して教育をする側，される側の両面からアプローチする研究領域と考えられる．

次に，文化というよりも社会を鍵とした比較が紹介される．健常と障害を「くらべる」ことは古今東西を問わず長い歴史をもっており，現在でも，差別の問題，社会制度の問題などとして私たちの社会を考えるうえで重要な問題である．心身の障害が発達に及ぼす影響という観点も古くからあり，その考察はやはり健常者との対比でなされることが多い．ただし，生まれてから年老いていくまで生涯発達していくという考え方の受容と並行して論じられることなどにより，障害者が健常者よりも「発達が遅れている」という単純な図式で論じられることは減り，多様な個性をもつ人間の生活の質を保証するためにどのように環境を整備するか（ユニバーサルデザイン）とか，「障害」とともに，生涯を通じてどのように発達するかという観点から個性記述的にアプローチすることが増えてきたように思われる．

理想自己と現実自己，内集団と外集団の比較は，どちらも主として社会心理学分野で活発になされている．しかし，理想自己と現実自己をくらべることは，青年期の発達において自分をみつめる際に典型的にみられる作業であり，発達心理学領域の問題としても重要なテーマである．それに対して，内集団と外集団をくらべることは，発達心理学ではあまり積極的に扱われてはこなかったように思われる．内集団と外集団の比較とは，自分の所属集団とその外側の集団をくらべることであり，発達心理学的観点で考えてみると，例えば，家族とそれ以外といった狭い世界にはじまり，ひいきのスポーツチームとそのライバル，日本と外国など広い世界の多様な次元でくらべるようになるという発達プロセスを想定することができる．であるとすれば，これも社会性の発達を考えるための一つの重要な観点となりうるであろう．

最後に，人を「ヒト」としてとらえることによって，動物やロボットと「くらべる」という発想が出てくる．そしてこの種の比較によって，人間だけをみていては気づかない発達過程の新たな視座を手に入れたり，新たな発達理論を展開したりする可能性を広げるのである．

[尾見康博]

社会的条件と心理的条件

☞「知能」p. 126,
「気質と個人差」p. 444

　人間の心身の発達は，いうまでもなく，さまざまな環境における他者との相互行為（やり取り）を通じて実現される．環境には，発達に影響を与えるさまざまな文化的・社会的条件を想定することができる．そうした有力な条件がある場合には，ある発達の現象において個人間に差がみられたとき，それを単に個人の資質の差に帰属することはできない．したがって，発達研究においては，社会的条件による影響を常に考慮しなければならない．

●**社会経済的地位**　発達における最も影響のある社会的条件の一つとして，社会経済的地位がある．社会経済的地位とは，個人の学歴や職業，社会的な役割などの社会的地位に関する項目と，個人の所得や資産，所有物などの経済状況などの項目から構成される変数である．チェイピン（Chapin, 1928）が尺度を開発してから，現在ではさまざまな指標化がなされているものの，どの研究にも用いられるような共通の尺度は確立されていない．社会経済的地位は，疫学調査や社会学における社会階層の研究において扱われることが多い．発達研究においても，親の社会経済的地位と養育態度との関連や，親の社会経済的地位が子どもの発達の各側面（知能や性格など）に与える影響が検討されている．社会経済的地位が発達に与える影響を検討するためにはある程度多様な調査参加者を必要とする．そのため，社会経済的地位の影響を検討する研究は，その潜在的な領域の広さに比べて少ないといえる．

●**コーホートと世代**　個人の発達のプロセスは，それがどの時代に展開されるかによって結果が異なってくる．これを考慮するための概念が「コーホート」である．コーホートは，人口統計学の分野において発展した概念で，基本的に同時期に生まれた個体集団をさす．また，「特定の時期において，人生に影響を与える特定の事象を共通に経験すること」を重視し，同時期に共通の経験をした集団をさす場合もある．前者を出生コーホートとよび，共通した経験（例えば結婚や就職）をもつ後者の集団をそれぞれの事象別に「結婚コーホート」，「就職コーホート」などとよぶ（Glenn, 1977/1984）．コーホートの概念は，世代の概念と重なっている．例えば，いわゆる「団塊世代」は出生コーホートであり，「ポケベル世代」や「ゆとり世代」は共通経験を強調したコーホートの呼称である．

　コーホート分析では，複数時点での複数の年齢層に対する横断的調査のデータを比較・分析することによって，年齢効果，時代効果，コーホート効果を明らかにすることができる．年齢効果は加齢によって生じる影響，時代効果は調査時点での社会的環境の影響，コーホート効果は一定の時期に共通の経験をしてきたこ

とによる影響である（村上，2002）．ある発達心理学的な指標において，年齢効果のみがみられる場合は，その発達の側面は，歴史的・社会的条件とは無関連に展開する特徴をもつことがわかる．時代効果のみがみられる場合には，その発達の側面は，発達の時期に関わりなく社会的な条件に影響を受けることがわかる．コーホート効果がみられる場合には，その発達の側面は，発達の特定の時期に特定の経験をすることにより影響を受けることがわかる．成人の知能の発達に関する研究ではコーホート差が認められており（Schaie, 1979：図1），このコーホート差の起源は心理学の古典的な理論からはうまく説明することができていない（Baltes, 1987/1993）．コーホート効果を説明するためには，個人が経験する社会的事象を個体発達に影響を与える外的な変数（社会的条件）とするのではなく，社会的事象との関わりそれ自体を発達のプロセスにあらかじめ組み込んでいるような理論が必要になるだろう．

●**個人差と個性**　発達研究において観察される個人差は，社会的条件の影響を考慮することで理解しやすくなる．ただし，発達に与える社会的条件の影響は，一般的にそれらの条件の異なる集団間の比較によって明らかにされるため，把握できるのはあくまでも全体的な傾向としての影響である．したがって，例えば発達臨床の現場など，具体的な一人ひとりの子どもの特徴を理解することが求められる場合には，それらの社会的条件の影響がどの程度生じているのかを知ることはできない．このことは，さまざまな心理学的指標の間の相関関係から，発達のある側面の個人差を規定する心理的規定因を探索する型の研究においてもあてはまる．発達の個人差を規定する社会的条件・心理的条件を探求する研究と並行して，特定の個人がどのような発達のプロセスを通じて他の個人と異なっているのかを理解可能にするような，個性を記述する研究が今後さらに求められる．［文野 洋］

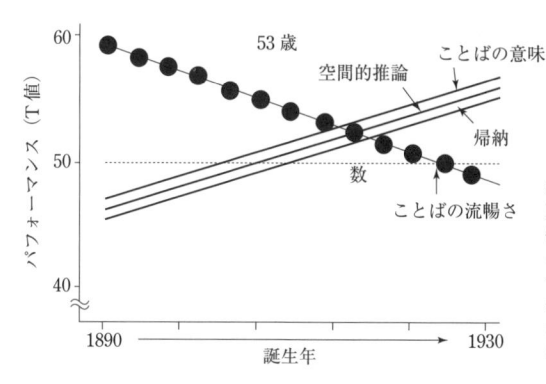

知的パフォーマンスにおけるコーホートの歴史的変化は，機能のレベルと方向性に関係している．
この単純化されたグラフは，心的能力の五つの主要な測度について，それぞれのコーホートに属する53歳の平均的パフォーマンスの推移を表している．これはシェイエ（1979）の評定に基づいている

図1　五つの知的側面の成績のコーホート差（53歳時の平均値）（Baltes, 1993）

文化心理学と比較文化心理学

☞「概念形成」p. 78,「状況的認知」p. 88,「発達観・発達の原理」p. 424,「進化」p. 446

　生物学的制約をもった人間の認知や行動がその発達（個体発生）過程において文化的制約に関わっていることは大方において自明の事実ととらえられているが，そこでの文化という概念は一体何か，ということになるとこれまでさまざまな見解が交錯している．これまでの諸見解をレビューしたロゴフ（Rogoff, 1998）は，「文化は認知・行動発達への影響要因」という考え方（social influential approach）に立って比較文化的アプローチをとる比較文化心理学と，「認知や行動およびその発達は文化的状況とは切り離せない関係にある」という考え方（sociocultural approach）に立って，文化そのものを認知・行動の内的構成要因として分析する文化心理学に二分した．現実には，両アプローチとも方法論としての比較文化的アプローチと，文化を下位概念に具現化して認知・行動概念に組み込んでいく文化心理学的アプローチを併用しており，両者とも「文化心理学」を名乗っているのが実状であるが，発想が根本的に異なっているとの主張は，上記したように見解が交錯しているのを整理する意味では，適切な提案である．

●**比較文化心理学的アプローチ**　古くは文化を文化圏＝国家・民族ととらえて，異なる文化圏で生活する人々の認知や行動を測定し，特にその差異性から認知や行動に及ぼす文化の影響について解釈的に概念化した．これを伝統的比較文化心理学とすれば，近年は社会心理学の影響もあり，文化そのものを変数化することに重点がおかれ始めた．例えば測定した「相互依存的自己観」をもつ人々が主流である集団主義志向文化圏と「相互独立的自己観」を主流とする個人主義志向文化圏（Markus & Kitayama, 1991）に生活する人々の認知や行動，あるいは日常生活場面での「語り」を調査して認知に組み込まれる文化要因（Bruner, 1990）として同定する．そのうえで，異なる「語り文化」に生活する人々の認知や行動の特徴から文化の影響性を検討するなどのことが試みられた．しかし，これらの試みは，どのような過程を経て文化が認知や行動に影響を及ぼすかについては解釈に頼っているのはかわらず，しかも，文化的ステレオタイプに堕すことの危険性さえ指摘されている（高野，2008）．何よりも，あくまでも「文化は認知や行動に影響する」という発想が堅持されているところにこのアプローチの特徴がある．

●**文化心理学的アプローチ**　それに対して，文化心理学では，系統発生に由来する生物学的制約をもつ認知や行動は，しかし，その発達（個体発生）過程において，社会・文化・歴史的要因で構成されている諸文脈に埋め込まれ，その中で文化的制約との統合の結果として高次精神機能としての認知や行動が成立するとい

う文化−歴史的な社会的構成理論の発想に基づいている（Vygotsky, 1935/2001）．
　シュウェーダー（Shweder, 1990）によれば，人間は社会・文化・歴史的な文脈（環境）から意味や資源をつかみ取り，利用する過程を通して心的発達を遂げていく存在と考えられるという．そのうえで，文化心理学において文化とは，人間の活動が歴史的に蓄積されたものであり，人間が生きていくうえでの特有の媒体であると定義する．そして，文化という媒体はヒトが発生して以来，種の生物学的構造とともに進化してきたもので，人間の行為の制約および道具の両方として働くものととらえるのである．さらに，文化心理学において重要なことは，心的過程の文脈特殊性および社会的起源性とともに，「発生的」分析の必要性を強調することである．つまり，人間の心を理解するためには，それが発達していくプロセスを，しかも系統発生，歴史的発生，個体発生，微視発生という四つの発生的領域で吟味されねばならないとする．その基本は同一の理論的言語を用いて理論的に説明すること，具体的には，個体発生を微視発生や歴史的発生ないし系統発生に結びつけて説明することを意味し，研究上は操作可能な実際の発生（微視発生）過程を縦断的に描写し，異なる時点での縦断的な変化の比較を通して，個体発生のあり方を予測するマイクロジェネティック・アプローチを採用することになる．
　以上のような視点のもと，ワーチ（Wertsch, 1991）は，主体が対象に働きかけるときの社会・文化・歴史的文脈において準備されている文化的道具の媒介的役割に注目し，教師や仲間，家族の発話やテキスト（例，学校での歴史の教科書）などの文化的道具によって媒介される認知や行動の形成過程を詳細に描写している．

●**比較文化心理学と文化心理学の統合に向けて**　ロゴフによる文化に関するアプローチの二分法という観点からは，これまでも両者は歩み寄ってきた歴史がある．それは「比較」という物事の本質を浮き彫りにする方法論の一つに由来する．伝統的な比較文化心理学は比較により，文化の影響性に注目した．近年の比較文化心理学では，文化要因を変数化し，影響要因として認知・行動との相関関係の同定，あるいは認知・行動の特性比較を行うことで，みずからを文化心理学として位置づけた．一方，文化−歴史的な社会的構成理論から発した文化心理学は，人間の生物性と文化性の弁証法的な変化過程を描写したうえで，異なる社会・文化・歴史的文脈間における認知・行動の社会的構成過程を比較して，そこにみられる共通性を抽出してきている．こうした違いは，後者が仮説生成的なアプローチととらえるならば，前者は詳細な仮説を検証に付すアプローチとしてとらえられ，相補的役割を担うことができよう．両アプローチはそれぞれの立場から総合領域としての文化心理学を構成し，比較アプローチと，もう一つの必須な方法論である発生的アプローチの共有のもと，人間の生物性と文化性の交絡とその所産の変容過程を明らかにしていくべきであろう．

[田島信元]

異文化比較

☞「親子関係」p. 198,「友人関係」p. 202

　従来の対人関係に関する異文化比較研究は，ホフステード（Hofstede, 1980）やトリアンディス（Triandis, 1995）の個人主義・集団主義に代表されるように，欧米対アジアという二項対立的な世界観を前提とし，その前提でつくられた尺度によって複数の文化を"静的に"比較することが行われてきた．一方，このような静的比較からの脱却を試みる異文化比較研究のスタイルが見受けられるようになってきた．ここではその代表といえる「子どもとお金研究プロジェクト」（Yamamoto et al., 2012）の実践を紹介することで新しい異文化比較研究の方法を提示する．

●お金に媒介された自他関係の発達　従来の親子関係や友だち関係などの子どもの自他関係に関する異文化比較研究を概観すると，その多くが自立や依存，自発性や自己など，欧米的価値基準に裏付けられた，個人に内在すると考えられる構成概念を想定してきた．それに対してこのプロジェクトでは，特定の文化的価値規範を背景とする構成概念を前提とせず，親から子に与えられるお小遣いや友だち同士のおごり合いなど，人がお金を媒介として他者と関わるという，媒介的人間関係の観点から，子どもの自他関係の発達とその文化的多様性を明らかにしている．

●東アジア研究者による東アジアの多様性研究　プロジェクトのフィールドとなった地域は日本（東京・大阪），中国（北京・上海・延吉・山東），韓国（ソウル・済州島），ベトナム（ハノイ・ハイフォン）であり，これらの文化を生きる日韓中越の研究者が共同して調査を立案し，フィールド調査を実施している．調査では，相互の対話を通して文化差を浮かびあがらせることが，すなわち当事者による対話的な文化差理解が重視されている．従来の異文化比較研究では，東アジア内の多様性は集団主義に属するサブカルチャー同士の「小さな差」にすぎないとされてきたが，その多様性は個人主義と対比される構成概念（集団主義）に吸収されうるものではないことがプロジェクトにより明らかにされている．

●当事者による対話的文化差理解の実際　対話的文化差理解の発端はプロジェクトの研究者が自らの体験の中で抱いてきた，きわめて素朴な「違和感」にある．それは例えば，韓国や中国の

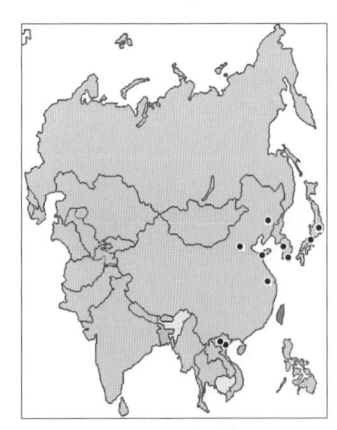

図1　「子どもとお金研究プロジェクト」の調査地

研究者の「日本の子ども達は友だちにおごらない」ことへの違和感であり，日本人研究者の「本当にそんなに韓国人や中国人はおごりをするの？」という違和感である．実際，質問紙調査の結果をみると，日本の子どもは韓中越の子どもに比べ，一貫して友だち同士のお金のやりとりに否定的であり，自分の分は自分で賄うことに関しては肯定的である（竹尾他，2009）．インタビューの場面でも，韓中越のインタビュアが日本の子どもの語りに驚き，日本のインタビュアが韓中越の子どもの語りに驚くといったダイナミックな形でこれらの違和感が立ち現れている（Oh et al., 2009）．さらに，これらの調査結果に関する研究者同士の議論では，日本人研究者は「日本でもおごりはあるけどそれは上下関係の間柄であることであって，平等な関係ではしないと思いますよ」と語り，韓国人研究者は「相手は食べてないのに，私だけ食べてどうしてそれが平等になりますか」と語るなど，調査で繰り返し見出された日韓中越間の対比的構図が立ち現れ，さらに議論を進めていくと，このような研究者のやりとりの背景には各研究者が依って立つ人間関係の論理や文化規範があることが見えてくる（Oh et al., 2009）．この過程で，素朴な違和感は，調査や研究者同士の議論を通して幾重にも意味づけられながら具体的な姿を表す．このように，文化差理解とは，研究者自身が自分たちの相互対話の過程をも見つめ直し，それを含めて理解していく実践的で動的な活動としてとらえられるのである（Yamamoto & Takahashi, 2007）．

●**これからの異文化比較研究：「差」の文化心理学**　従来の東洋対西洋の二項対立的比較軸があたかも"客観的な指標"として特権的な比較軸であり続けてきた異文化比較研究の潮流に対して，「子どもとお金研究プロジェクト」は，文化差理解とはこのような"客観的な"指標によって分類される"静的な"営みではないことを示している．文化を生きる当事者としての研究者同士の相互的な文化理解の営み，その中で必然的に経験する研究者同士のズレ，ズレを契機とする「私達とあなた達」という文化集団意識の生成，各々が依って立つ文化的価値規範の意識化と相対化，およびズレを統合するためのさらなる高次でメタ的な現象の理解といった動的な過程にこそ，文化差理解の本質があると考えるのである（この立場が依って立つ「拡張された媒介構造理論（EMS理論）」の詳細はYamamoto & Takahashi, 2007を参照）．

　ゆえに，文化差やそれを理解するための比較軸は主体同士が相手を理解するという相互関係の中に成立し，その関係から離れては意味をもちえず，それは集団主義対個人主義という二項対立的な比較軸も同様である．異文化比較の心理学研究が異なる文化を生きる人々の相互理解に資することを真に目指すならば，その文化を生きる研究者同士の相互対話から始めるしかない，というのが「子どもとお金研究プロジェクト」の基本的立場であり，新しい文化比較のスタイルである．

[竹尾和子]

異文化間教育・多文化教育

☞「移民・外国人子女」p. 378,「移民・難民」p. 502

　異文化間教育とは，二つ以上の異なる文化の狭間で展開される人間形成や文化学習などに関する教育をさす．多文化教育とはバンクス（Banks, 1994/1999）によれば，多様な文化・民族の背景をもつ人々に対して平等な教育機会を提供するために，それぞれの文化的特質を尊重して行う教育をさす．

●**教育の目的・対象・内容**　異文化間教育と多文化教育はほぼ同義語として用いられることも多い（Hill, 2007）．しかし，UNESCO（2006）によると，異文化間教育の目的は，多文化教育のように単に多文化社会内の構造を明らかにしたり，異文化に対する寛容性を養うだけではない．異文化間の積極的対話を通して，異文化共生のための持続可能な方法を探ったり，異文化間で起こる問題解決のための行動計画も想定している点で，多文化教育を包括しているという．すなわち異文化間教育は，多文化社会内の偏見や権力関係の是正や変革といった，異文化間の関係性の組み替えをも目指す．

　ただしこの二つの教育の語彙使用範囲や概念については，国や地域によっても異なる（Hill, 2007；Leeman & Reid, 2006）．移民や少数民族の歴史，政治的経緯などの違いによって，どこに重きをおいて教育がなされるかは，各国・社会によりさまざまである．日本ではどちらの語も使用されているが，日本の異文化間教育は，アメリカやカナダで定着している多文化教育の概念を包摂しているといわれている（江淵，1993；加藤，1996）．

　これらの教育の対象は，同時期に二つ以上の異なる文化と接触する状態におかれた人や，発達の過程で文化間移動や異文化接触を体験した人である．例えば海外在住の子ども，外国人児童生徒，国際結婚家庭の子ども，帰国児童生徒，難民や留学生およびその子どもたちなどが該当する．また，以上の人々と同じ地域や学校内で接触する人，将来文化間移動をする人，そして多文化社会に生きるすべての人々が教育の対象である．教育内容は，言語，アイデンティティ，異文化適応，異文化受容などのミクロなレベルだけではなく，文化集団間の権力関係や移民・外国人政策などのマクロなレベルまで多岐にわたる．教育の仕方は，理論的な知識の教授だけにとどまらず，異文化適応訓練など実践的な教育も展開されている．

●**発達を考慮した教育**　これらの教育は，カリキュラムや教材だけではなく，教授言語や学級内での意思決定プロセスなど教育環境全体を通して，多様な視点で社会内の非支配層集団の言語，歴史，文化を取り込んだプログラムが必要とされている．しかし何をいつどのように教えるかについては，個人がおかれた生活空間の多文化性や，学習者の発達段階が考慮される．なぜなら文化間移動や異文化

接触をどのような状態でいつ体験したかは，言語，認知，対人関係，アイデンティティ，社会性の発達に異なる影響をもたらすからである．例えば乳幼児期や児童前期ではカミンズ（Cummins, 1980）のいう「伝達言語能力」がそれほど高くなくても，同輩集団との対人関係を構築することができる．しかし，児童後期以降の文化間移動では，伝達言語能力に加えて「学力言語能力」の高さも，対人関係の構築や集団内での教科学習に大きな影響を及ぼす．特に児童後期からは教科内容も高度化すると同時に，徐々に抽象的な事象を表現するための言語能力が求められる．したがって児童後期から青年前期の移動では，母語の発達にも考慮しながら，第二言語による教科学習を進めることが重要である．母語と第二言語のどちらも年齢相当の能力に達していない場合，認知発達や学習意欲，将来の進路などに負の影響をもたらす．また発達障害をもつ子どもの文化間移動には，よりきめ細かな支援が求められる．

同様に，文化間移動を体験していない子どもにとっても，発達を踏まえた教育が必要である．幼児期の段階では，国籍や価値観といった不可視的な違いよりは，外観などの可視的な違いをより容易に理解する．したがってさまざまな肌や髪の色の人形を用意するなど，幼児でもわかりやすい多文化環境を設定する．また異文化や異言語をもつ子どもへの保育者の日常的な態度は，当該児のみならず周囲の子どもの異文化受容にも影響を与える．保育者が自分自身の偏見に気づき異文化理解に努めるとともに，異質性に偏見をもたない保育が求められる．

児童期の子どもが用いる教科書，児童書の内容の多文化性も，子どもの異文化への態度に影響を与える．また具体的操作期の子どもは，感情を伴った実体験を通して異文化間の葛藤や解決の仕方を理解する傾向がある．したがって学級内での日常的なやり取りを通して，体験的に異文化共生の態度を学習させる．たとえ学級内に異文化・異言語をもつ子どもがいなくても，性や地域内の差別に関する領域も異文化間教育として取り上げることができる．

青年期は形式的操作期に入るため，より内面的な違いにも気づくようになる．また社会・歴史的状況の中で日常的に自分が巻き込まれている差別や権力性など不可視的な問題にも目が向く．したがって，このような問題の中に組み込まれている多様な関係性を，合理的・理性的に読み解く教育プログラムを設定する．さらに異文化共生について単に理解するだけではなく，多文化社会で他者と協力して行動できるような協働性を育むプログラムも用意する．青年期は発達的にもアイデンティティの再構築がなされる時期であるが，海外にルーツをもつ子どもや文化間移動を体験した子どもは，移動しなかった子ども以上に自分のアイデンティティについて悩むことがある．多元的なアイデンティティへの理解や，多文化性を認める社会を構築する態度を身につけるためにも，異文化体験を多角的視点で理論づける教育が必要となる．

［塘 利枝子］

健常と障害

☞「マイノリティであること」p. 222,「差別を受けるということ」p. 232,「教育分野におけるユニバーサルデザイン」p. 350

　社会科学における健常者と障害者の関係に関する研究は，医学的・個人的モデルを脱し，社会文化的な観点を重視しつつある．すなわち，障害は，医学的あるいは生理学的な状態のみではなく，「健常」な身体機能を前提にした日常生活上の動作，あるいは，雇用，教育，社会習慣上の困難を含んでいる．

●**障害による価値の低下とその対処**　心理学および関連領域では，従来，障害が，障害をもつ人の価値を社会的に低めるものである，という立場から，さまざまな研究を行ってきた．例えば，社会学や社会心理学においては，障害はスティグマとしてとらえられ，健常者と障害者双方が，障害に関する言及や，障害が視覚的に他者に伝わることを避けることによって，社会関係における障害が，見えにくくなったきたことが明らかにされてきた．文化人類学では，障害者が，完全に「健康」な者でもなければ，病者でもないがゆえに，社会的な中途半端な位置におかれやすいことが指摘されている．病者は，病気が完治するまでの間，仕事などの社会的役割を免除される代わりに，治療に専念することが，社会的に認められているものの，障害者は自分の障害に応じた範囲で無理のないように行動をすることと同時に，健常者と同程度に振る舞うことも求められ，この二つの要求のジレンマにおかれるのである．

　一方，リハビリテーション心理学では，上記のような分析のみならず，障害者問題の具体的な解決策が探求されてきた．例えば，ライト（Wright, B. A.）は，第二次世界大戦の戦傷者に対する調査から，障害は，日常生活においては不便かつ制約をもたらすものの，その障害によって，障害者のすべての価値が低下させられてはならないことを指摘した（Wright, 1983）．このためには，障害者がもっているさまざまな能力，健常者と障害者との「人間」としての共通性に注目するべきであることを指摘した．

　上記の知見を受け継いだ，障害者に対するイメージや態度の変容の研究では，多くの実践的な提言がなされてきた．特にわが国においては，山内（1996）が，健常者の視覚障害に対する偏見の軽減を目的にして，両者の接触の要件をまとめている．すなわち，偏見と一致しないポジティブな情報を得られるものであること，障害者が社会的カテゴリーとしてではなく，一個人として受け止められるものであること，障害者と健常者との差異性・異質性でなく，類似性にも注目されること，健常者が障害者を一方的に支援するのではなく，協同作業的な接触が継続的・長期的になされるべきこと，をあげている．

　ただし，このような要件を満たすプログラムの実行には，人的，経済的コスト

という障壁がある．また，障害者がもつ障害には，できること・できないことを明確に区分しにくいものがあり，このような状態が他者に伝わりにくいこと，障害に関する困難だけではなく，それに対する対処方法が短期的な接触では伝わりにくいことなど，接触の設定に関する課題が検討されている．

●**障害者間の社会比較** 健常者と障害者の関係のみならず，障害者間の社会比較も重要である（高田，1998）．重度障害者と軽度障害者といった程度，身体障害者と知的障害者といった障害の種類，先天性障害者と中途障害者といった受障年齢など，比較の基準はさまざまである．このような社会比較には，下方比較によって，みずからの身体機能あるいは社会的位置の優位性を確認しようとするものもある．しかし，自己と他者の優劣の判断ではなく，障害者としてのアイデンティティの確認という目的もあるようである．例えば，交通事故で脊髄損傷をおった者は，受障当初は，障害者と健常者という二分法的枠組みに基づいて，みずからを障害者と規定していた．その後，病院や施設，障害者スポーツなどの場で多様な障害者と交流することによって，脊髄損傷という肢体障害の中に，あるいは，障害者全体におけるみずからの位置づけを考えるようになることが指摘されている（田垣，2007）．なお，先天性障害者が，中途障害者に対して「身体機能を突然失うのは大変だろう」と，中途障害者が先天性障害者に対して「私たちよりも，障害をもつ生活が長いのは大変だろう」と，下方比較ではなく，互いの大変さを尊重することもある．

●**発達心理学の研究上の課題** 健常者と障害者のくらべあいに関して，発達心理学が取り組むべき研究課題は非常に多い．例えば，福祉や教育の実践に直接役立つような研究が求められる．栗田と楠見（2010）は，障害の「害」を漢字とひらがな表記のそれぞれによって，イメージがどう変わるかを調べた．その結果，障害者と接触した経験がない人々には，ひらがな表記は肯定的なイメージをもたらさず，表記だけではイメージの改善にはつながらないことが明らかにされている．この研究は，自治体の障害者福祉や人権部門，学校教育現場において，障害者に対する啓発事業の効果を検証したものであり，注目に値する．しかしながら，このような実践に結びつく研究は非常に少ない．

また，障害者間の社会比較については，筆者の知る限り，他の研究テーマの一部として取り扱われることはあっても，これだけが焦点化されることはない．障害者のアイデンティティの確認という観点から研究を深めれば，障害者団体や患者会のような実践活動に資するだろう．これらにおいては，メンバーが，同じ障害や病気をもつことに基づいて，体験を共有することが重視されているが，実際には，メンバーの属性や社会的立場はさまざまである．メンバー同士の相互作用を明らかにできれば，障害者団体や患者会の役割を具体的に明らかにできる．

［田垣正晋］

理想自己と現実自己

☞「自分であることの違和感」p. 224,
「自己へのとらわれ」p. 324

　実際の自己の表象である現実自己に対し，現実のものではないが可能性として表象される自己を総称してマーカスら（Markus & Nurius, 1986）は可能自己とよんだ．その中でも，こうありたいと思う自己の表象である理想自己は，個人の適応や目標を考えるうえで古くから注目されてきた．

●**適応との関連**　ロジャーズ（Rogers, 1951）は，心理療法の過程から，理想自己と現実自己のズレの大きさを個人の心理的適応に関する指標としてとらえる視点を提案した．ロジャーズによれば，理想自己とは，個人が非常にそうありたいと望んでおり，最も高い価値をおいている自己概念のことを意味する．その後，理想自己と現実自己のズレの大きさを質問紙によって測定する方法が開発され，いかなる態度や行動が適応的であるのかについて，理想自己と現実自己のズレの値の小ささを適応の指標とした研究が多く蓄積された．研究が進むにつれ，方法論に対する批判や，理想自己概念の再考もなされるようになった．例えば，モレッティとヒギンズ（Moretti & Higgins, 1990）は，個人にとって重要な理想自己である場合において，理想自己と現実自己とのズレが自尊感情に影響することを示し，理想自己を扱う際には，その重要性を考慮する必要があると指摘した．

　なお，理想自己にはこうありたいと接近が求められるものと，こうありたくない回避が求められるものとがあること（Ogilvie, 1987），そして，こうありたい理想自己にあてはまらないことよりも，こうありたくない理想自己にあてはまっていることの方が，自己評価をより低下させること（遠藤，1992），また，こうあるべきという義務自己も存在し，義務自己と理想自己とが個人の感情に異なる影響を与えること（Higgins, 1987）などが報告されている．

●**発達的意味**　適応の文脈においては否定的な意味を付与される理想自己と現実自己のズレであるが，発達の観点からとらえると別の意味がみえてくる．ジグラー（Zigler, E.）らによる一連の研究からは，認知的能力が発達途上の段階にある場合，理想自己と現実自己の不一致の大きさはむしろその認知能力の成熟の程度を示すことがうかがえる．例えばカッツとジグラー（Katz & Zigler, 1967）では，理想自己と現実自己の不一致の値を5年生，8年生，11年生それぞれについて検討し，理想自己と現実自己の不一致の値は年齢の上昇にともなって大きくなることを明らかにした．学年とIQのレベルによる比較からは，5年生以外においてIQの高い群の方が理想自己と現実自己の不一致の値が大きいことが示された．現実自己に対する厳しい評価ときわめて高い理想自己の数は年齢とともに増加していた．ジグラーら（Zigler et al., 1972）は，施設児と家庭児両サンプルに対して知能年

齢と生活年齢の異なる群を設け，現実自己と理想自己の不一致を検討し，知能年齢が上がるにつれて不一致の値が上昇すること，その不一致の値の上昇は現実自己ではなく理想自己が知能年齢とともに変化するためであることを明らかにしている．これらの結果から，理想自己と現実自己の不一致の大きさは，理想自己を現実自己と分化したかたちでとらえることができるようになったという認知的発達の成果であると考えられた．

　なお，自己をとらえる視点の分化は7歳頃から始まるとされる．ラブルら（Ruble et al., 1980）は，7歳以下の子どもはほかの子どもたちの成績にはあまり関心を示さず，自分自身が課題を遂行できたかどうかという絶対的基準に基づいて自己評価を行う傾向が強いのに対して，7歳以上の子どもではほかの子どもたちの成績と自分の成績をよく比較し，そうした社会的比較に基づいて自己評価を行う傾向があることを見出している．また，ニコルス（Nicholls, 1978）は，5歳から13歳の子どもに対して，自分の読み方の成績がクラスで何番目であると思うかを尋ねた．同時に，各クラスの教師にも子どもの順位づけをしてもらい，教師評価と自己評価との相関係数を学年ごとに比較した．その結果，年齢が上がるにつれて，自己評価と教師評価の相関が高くなることが示され，年齢とともに，他者の視点に立った客観的な自己評価が可能になることが示されている．子どもの自己評価は年齢とともにより客観的な視点からなされるようになるのであり，その中で，理想自己と現実自己の分化も進むと思われる．

●**対話的自己**　自己の表象が多岐にわたることは自己概念研究においては古くから共有されてきたことであるが，そこに可能自己が組み込まれることはあまりなかった．だが自己の全体的様相を考えるとき，このような理想自己と現実自己の力動的関係は非常に重要である．我々は現実の自己だけでなく，過去や未来の自己，理想や義務に関連する自己など，あらゆる可能自己の表象を生きている．そしてそれら複数の自己は個々に存在するのではなく，それぞれが相互に影響し合う動的関係にある．

　ハーマンスとケンペン（Hermans & Kempen, 1993/2006）は，このような動的関係として自己をとらえ，複数の自己表象間の対話的関係こそが自己であるという「対話的自己論」を提唱した．我々は，文脈に応じてさまざまな「私」のポジションをとるが，そのときでもほかの「私」や「理想」，時には「他者」といったポジションが個人の中に存在し続ける．それら複数のポジションが相互に対話を重ねながら，行動や感情の意味を生成していく．それこそが自己だと考えるのである．

　この観点に立ち，理想自己を現実自己と相互に影響し合うものとしてとらえると，理想自己がもつ意味は多様化する．現実自己を否定する働きをすることもあれば，それに働きかけ，自己形成を促すこともあるのである（水間，1998，2004）．　　　　　　　　　　　　　　　　　　　　　　　　　[中間玲子]

内集団と外集団

☞「仲間関係」p. 250

　人には，自分と同じ集団（内集団）の成員を優遇し，異なる集団（外集団）の成員に対して否定的な感情をもつ内集団ひいきの傾向がある．アバウド（Aboud, F.）は3段階モデル（Aboud, 1988）でそれぞれの発達段階に対応した外集団への偏見の程度を記述した．彼女によれば，自己中心性（Piaget, 1954）の思考が特徴的である5歳までの子どもは，認知的・感情的過程に支配されており，外見的な特徴から男女や既知の人と未知の人といったおおざっぱな分類に従って身のまわりの事象を分類する．具体的操作（Piaget, 1954）の段階にさしかかる5歳から7歳の間では，外見にかかわらずさまざまな社会的カテゴリーが安定的であることが理解され，自民族中心主義の傾向が高くなる．そして，操作的思考の段階に達すると，集団内での個人差を理解し，偏見や差別の程度が低減する．

　しかし，内集団ひいきの傾向を示すのは子どもだけではない．世間に存在するさまざまな差別や偏見の問題は，成人になっても人々が内・外集団の差異に敏感であることを示している．以下に紹介するシェリフ（Sherif, M.）のフィールド実験は，11歳から12歳の少年たちが激しい外集団への否定的行動を示す過程を生き生きと描いている．

●**泥棒洞窟実験**　シェリフらは，サマーキャンプに参加した11歳から12歳の少年たちを無作為に二つの集団に分けて利害の対立する事態に置き，少年たちがその場でいかに振る舞うかを観察した（Sherif et al., 1988）．この泥棒洞窟実験では一定の資源を二つの集団が奪い合う葛藤状況をつくり出した．葛藤を経るにつれ次第に少年たちは相手の集団を憎み，集団間の関係は悪化していく．シェリフらはこうした葛藤を解決する方法に興味があり，二つの集団間の接触機会を増やし

図1　二つのグループの少年たちが動かなくなったトラックを共同で押しているところ
（Sherif et al., 1988）

た．しかし，それは逆効果だった．結局，葛藤は二つの集団が協力しなければ解決できない上位目標の導入により解決した．具体的には，水道管の故障や動かなくなったトラックを動かす共同作業（図1）などを経ることにより，二つの集団は友好的な関係となった．シェリフはこの実験から，現実的な利益の葛藤が内集団ひいきを生じさせるという現実的葛藤理論を提唱した．

現実的葛藤理論は，実際に子どもたちの集団間の対立や偏見を低減するうえで役に立つことが知られている．アロンソン（Aronson, E.）らが提唱したジグソー技法（Aronson et al., 1978）では，生徒たちに試験の合格（上位目標の達成）に必要な情報を一部しか与えず，協同学習をさせた．その結果，生徒間での人種的偏見が低減し，子どもたちの自尊心が向上する効果が得られている．

●**社会的アイデンティティ理論**　タジフェル（Tajfel, T.）とターナー（Turner, J. C.）は，どんな些細な基準であれ，集団として分けられれば，みずからの自尊感情を守りたいという自己高揚の動機により自集団への所属意識（社会的アイデンティティ）が高まり，内集団ひいきが起こるという社会的アイデンティティ理論（Tajfel & Turner, 1979）を提唱した．タジフェルは，最小条件集団パラダイムを用いた実験で，一見無意味なカテゴリー（e.g. 二つの絵のどちらを好むかなど）で集団を分けたときでさえ，人々は内集団ひいきを示すことを明らかにした（Tajfel et al., 1971）．社会的アイデンティティ理論は，その後，ターナーによって，自己カテゴリー化理論へと発展している（Turner et al., 1987）．

●**閉ざされた一般的互酬性仮説**　山岸俊男を中心とする研究グループは，社会的アイデンティティ理論の自己高揚動機の説明力不足を指摘してきた．神ら（1996）は内集団成員と外集団成員との間で報酬分配をさせる実験で，みずからの報酬が他者によって決まる条件（双方向条件）と，他者の決定に依存しない条件（一方向条件）の2条件を設けた．社会的アイデンティティ理論が正しければ，他者との依存性の有無にかかわらず，一方向条件でも内集団ひいきが生じるだろう．しかし，実験の結果，内集団ひいきは双方向条件でのみ生じた．この結果は，他者との相互依存的な関係こそが内集団ひいきを引き起こす要因であることを示している．その後行われた数々の実験でも，この結果は頑健に繰り返し得られている（e.g. Karp et al., 1993；神・山岸，1997；横田・結城，2009）．山岸らは，こうした一連の実験から，内集団ひいきの生起にあたって重要なのは自己高揚動機ではなく，内集団成員から優遇される互酬性の期待であるという，閉ざされた一般的互酬性仮説（Yamagishi et al., 1999）を提唱した．現在では進化の観点から，内集団ひいきを自己および内集団を防衛する適応行動としてとらえる立場（e.g. Choi & Bowles, 2007；横田・中西，2012）も生まれ，その説明原理についてさまざまな議論が繰り広げられている．　　　　　　　　　　　　　　　　［中西大輔］

きょうだい

☞「障害児者のきょうだいへの発達支援」p. 348,「進化」p. 446

　きょうだいには，生まれる順番（出生順位）による認知能力やパーソナリティの差異があるのだろうか．ここでは「ある」と主張する二つのモデルと，それを検証した実証研究の知見を紹介する．

●**合流モデルと家族ニッチモデル**　出生順位による認知能力の差異について，アメリカの社会心理学者ザイアンス（Zajonc, R. B.）は，合流モデル（confluence model）を提唱した（Zajonc, 1976）．このモデルによれば，家庭での相互作用が子どもの認知能力の発達に影響を与える．例えば，年齢差が2歳のきょうだいがいるとする．長子は，末子が生まれるまでの短い間のみ，成人の養育者のみからなる平均的に高い言語的，認知的環境を享受する．しかし，末子が生まれると，長子は成人の養育者のほかに自分より未成熟な末子とともに育ち，末子は成人の養育者のほかに自分より成熟した長子とともに育つことになる．この家庭において経験する平均的な言語・認知的環境の豊かさの違いの効果により，長子と末子が同じ年齢（例えば8歳）に達したときの認知能力を比較すると，末子の方が高い認知能力をもつことが予測される．一方，長子は養育者の代理として末子に対しさまざまな教育（例えば語彙の説明）を行うために，教育を行うことによる自分自身への教育効果により認知的発達が促進される．末子は，自身が教育を行う経験をもち得ないため，この自分自身への教育効果は得られない．この差異は，認知能力において長子が末子よりも高くなることを予測し，言語・認知的環境の豊かさによる効果とは反対の結果を生じさせる．この二つの効果の合わさった結果，ザイアンスは，11±2歳までは，認知能力において長子と末子には差がないか末子の方が高くなり，それ以後は逆に長子の方が末子よりも高くなるとしている．この長子と末子の差は，きょうだいの数が多いほど大きくなる．

　出生順位によるパーソナリティの差異について，アメリカの進化心理学者サロウェイ（Sulloway, F. J.）は，きょうだいを親からの投資を奪い合う競争相手とみなす行動生態学的観点から，きょうだいの間に差異が生じるとした（Sulloway, 1996）．これはしばしば家族ニッチモデル（family-niche model）とよばれる．このモデルによれば，長子は親からの好意を獲得しようとし，親の代理として末子の世話を行う．このため，長子は末子よりもより注意深く，権威を尊重する．一方，末子は誰かの世話を行う必要がないため，才能を発揮することで家族内のニッチを獲得しようとし，さまざまな探索的行動を行うようになる．また，長子は末子よりも年齢差の分だけ身体的に有利であるため，より支配的行動，身体的・言語的攻撃を行いやすくなる．反対に末子は，親に助けを求めたり，愛想がよく

なったり，社会的知能を発揮することで対抗する．

●**家族間デザインと家族内デザイン**　では，これらのモデルの妥当性を検証するにはどうすればよいだろうか．最も単純な方法は，調査対象者（例えば，大学生200人）から出生順位と認知能力，パーソナリティについてのデータを集めることである．このような調査デザインは，異なる家庭に育った長子末子の平均的な得点の差異を検討することから，家族間デザインとよばれる．家族間デザインを用いた研究では，合流モデルについては支持する結果が多く（e.g. Zajonc, 2001），家族ニッチモデルについては肯定的，否定的両方の結果がみられる（e.g. Jefferson et al., 1998）．しかし，家族間デザインを用いた研究には大きな問題がある．それは，検討したい出生順位という家庭内の差異と，親の社会経済的地位などの家庭間の差異が交絡してしまうことである．実際に，多くの国において社会経済的地位の低い家庭ほど多くの子どもを生む傾向があるため，家族間デザインによる長子と末子の平均値差には，出生順位でなく出身家庭の社会経済的地位の効果が混入してしまうことになる．もちろん，家族間の差異を明示的に変数として扱い，統計的に統制することも可能だが，家族間のすべての差異を統制することは不可能である．

　より優れた方法は，家族内デザインを用いることである．この方法では，同一家庭に育ったきょうだいを，同年齢時点で比較することで，家庭間の差異をすべて統制することができる．家族内デザインを用いた研究も複数行われているが，認知能力については大規模な標本を用いても統計的に有意な効果はみられないか（Wichman et al., 2006），あっても非常に小さい効果（分散説明率0.5%程度）しかみられない（図1；Bjerkedal et al., 2007）．パーソナリティについても，大規模な標本においても統計的に有意な効果はみられないが（Ernst & Angst, 1983），きょうだい同士による評定では弱い効果（分散説明率1〜4%程度）が報告されている（Paulhus et al., 1999）．出生順位は，家庭内での行動のみにわずかに影響を与えるのかもしれない．

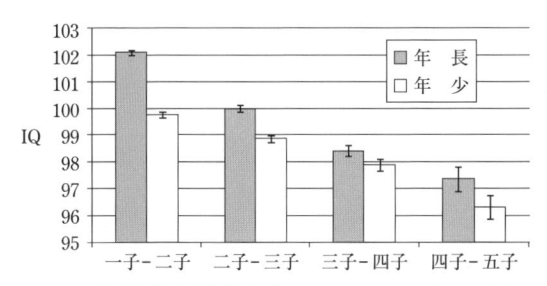

［山形伸二］

図1　出生順位と認知能力（$M = 100$, $SD = 15$）の関連
（Bjertetal et al., 2007, p. 509をもとに作成）

ヒトと動物

☞「系統発生と個体発生」p. 266, 「進化」p. 446

　ヒトとヒト以外の動物を二分する見方が妥当でないことは，現在の科学的知見からも自明である．「ヒトとは何か」を知るためには，ヒトも動物の一種であり，ほかの動物と同様，進化の産物であるという生物学的認識が不可欠である．現生する動物のうち，ヒトとヒトに最も近縁なチンパンジーのゲノム配列の違いは1.23%である（The chimpanzee sequencing and analysis consortium, 2005）．これはウマとシマウマの間でみられる程度の違いにすぎない．では，ヒトという動物をヒトたらしめているものはいったい何なのだろうか．生物学において種を分類する場合，それぞれの種がもつ形態的な特徴に基づき，その類縁関係が推定されてきた．しかし，進化の過程でそれぞれの種が独自に獲得してきたものは形態的な特徴だけではない．振る舞いや精神活動も進化的淘汰の産物である．こうした基本的見方を重視した研究は，「ヒトの本性」の解明に大きく寄与してきた．

●**ヒトの心の進化**　ヒトは，いつ，どのように，そしてなぜ，今あるような心のはたらきを獲得してきたのだろうか．この問いに答えるためには，すでに絶滅してしまったヒトの直接の祖先，例えば，二百数十万年前に生きていたホモ・ハビリス（*Homo habilis*）や，180万年前に誕生したホモ・エレクトゥス（*Homo erectus*）など，チンパンジーの祖先と分岐した後のヒトの祖先（ホモ属）が，どのような行動や精神活動を行っていたのかを調べる必要がある（誤解されることが多いが，ヒトはチンパンジーから進化してきたわけではない．両者の共通祖先が枝分かれした後，両者は独立に進化してきた）．ホモ属の最古の祖先であるホモ・ハビリスは，残された化石から脳の容量が600〜700cc程度あったとされる．現代人の脳の容量は1,200〜1,500cc，チンパンジーは350〜400ccであることからも，ホモ・ハビリスがホモ属初期に存在していたことをうかがい知ることができる．ホモ・ハビリスは，単純な加工を施した石器をつくって使用していたともいわれる（オルドワン型）．ホモ・エレクトゥスの時代になると，脳容量は800〜1,000ccに達する．彼らが火を利用していたこと，両面が加工され，機能性に優れた石器を制作していた（アシュレアン型）ことからも，ハビリスの時代に比べ，飛躍的に高度な認知機能が獲得されていたことが推測できる（Mithen, 1996/1998）．

　では，彼らはどのように振る舞い，仲間とどのような社会関係を築いていたのだろうか．何を感じ，何を考えて生きていたのだろうか．ヒトの本性を知るには，こうした点を明らかにすることがきわめて重要であるが，運よく残された数少ない化石や道具などの人工遺物から推測するだけでは限界がある．

●**比較認知科学・比較行動学** ヒトとヒト以外の現生動物の行動や認知機能を比較することで，ヒトの独自性を明らかにする試みが行われてきた．例えば比較行動学は，自然環境下でみられるさまざまな動物の行動を比較することにより，その進化過程を明らかにしようとする学問分野である．ただし，異種間を比較する場合に注意すべき点がある．それぞれの動物の行動は，一見同じように見えてもそれが同じ進化史的起源をもつとは限らない．鳥類の翼と昆虫の羽根は飛ぶという点で類似しているが，両者は進化の過程で同じような自然淘汰を受けてきたことで結果的に類似した機能を果たすようになったと考えられる．このように，進化史的起源は異なるが類似の形態や行動を示す関係を相似という．それに対し，鳥類の翼は爬虫類の前肢が変化したものであり，哺乳類の前肢と関係がある．こうした同じ進化的起源をもつ形質，機能間の関係を相同という．

比較認知科学は，行動レベルにとどまらず，個体内の認知システムを経験との動的な相互作用をも視野に入れながら，その進化過程を解き明かそうとする学問分野である．比較認知科学では，相同関係にある行動や認知機能の比較が重視される．研究対象とする動物種を同じ手続きのもと実験的に直接比較することで，それぞれの動物間の類似点あるいは相違点が明らかとなる．例えばヒトとチンパンジーの間の類似点からは，両種の共通祖先が生きていた時代に獲得した部分，差異からは，ヒトとチンパンジーの祖先がそれぞれ分岐した後，異なる環境適応により獲得した部分が推測される（図1）．

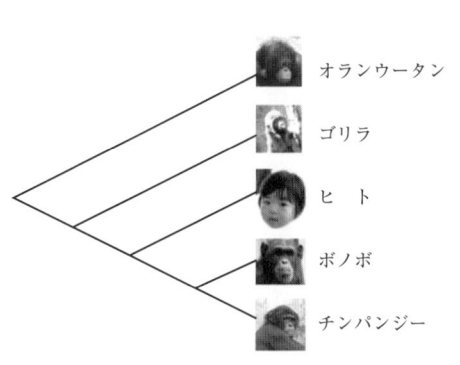

図1　大型類人猿とヒトの系統関係

比較認知科学の成果として最近注目されているのは，ヒト特有の「社会的認知」「社会的知性」である．ヒトは，ほかの動物に比べてきわめて顕著な協力行動や積極的教育を行う．これらは，他個体の心的状態を文脈にそって柔軟に理解し，他個体に利益を与える行動である．こうした特性は，ヒトの直接の祖先が生きてきた環境において適応的であったと推測できる．重要な点は，ヒトの認知特性は，進化史上の最高傑作でないという理解である．ヒトの認知特性が，サルやチンパンジーが生存するうえで適応的とは限らない．進化は，「進歩」という方向性，価値を含むものではない（長谷川・長谷川，2000）．ヒトを含む動物の認知特性はそれぞれの生態学的環境と不可分な関係にあり，両者はセットで研究されるべきものである．

［明和政子］

ヒトとロボット

☞「メンタライジング」p. 394

　ヒトは生物学上「ホモサピエンス（*Homo sapiens*）」である．それに対して，「ロボサピエンス（Robo sapiens）」という造語がある（Menzel & D'Alusio, 2000/2001）．ロボットはヒトの欲望・知性がつくり出した人工物であり，系統発生の中で出現したヒトをはじめとする生物とは異なっている．それにもかかわらず，ヒトの心を理解する比較心理学の文脈で，ヒトとロボットを比較することがある（e.g. Evans, 2001/2005；Gazzaniga, 2008/2010）．

●**比較心理学としてのロボット**　比較心理学は，ヒト以外の動物との比較や文化間の比較によりヒトの心の理解を深めることを目的とする（e.g. Werner, 1948/1976；Buytendijk, 1958/1970）．

　ロボット工学の一分野として「認知発達ロボティクス」がある（浅田，2010）．認知発達ロボティクスは，ロボットの設計・作動を通した「構成論的アプローチ」に特徴がある．認知発達の機能をロボットで構成する過程とヒトの認知発達の理解を進める過程を一サイクルとして構成論的アプローチは成り立っている．具体例として，仰向けに寝ている状態から起き上がる動きを実現した「起き上がりロボット」があげられる．ロボットにて起き上がり行動を構成することを通して，ヒトの起き上がる行動のコツを明らかにし，そのコツをロボットに実装するというサイクルで研究を行っている．新たなロボットの構成を通して，ヒトの認知発達の仮説生成および検証を行うことは，ヒト以外の動物との比較や文化間の比較によりヒトの心の理解を深める従来のアプローチとは異なる新しい比較心理学といえる．

●**ロボットにできること・できないこと**　近年，動物型ロボット（アイボ，パロ），掃除ロボット（ルンバ），歩行ロボット（アシモ）などロボットが身近になった．ビルの防犯ロボットや案内ロボットがニュースになる日も多い．1997年にコンピュータ「ディープ・ブルー」がチェスで当時の世界チャンピオンを破ったことや，2012年にはコンピュータ「ボンクラーズ」が将棋で米倉邦雄永世棋聖を破ったことが話題となった．

　コンピュータ，AI（人工知能），そしてロボットの区分は明確ではない．いずれもヒトがつくった人工物である点で共通している．ヒトがつくった人工物が，ヒトの身近な存在になり，ヒトを守り・導き，ヒトがゲームで敵わない存在になりつつある．ロボットは何ができて，何が依然できないのだろうか．

　ロボットにできることは，限られた閉じた空間にとどまることが多い．チェスや将棋は，限られた空間内でのゲームである．そして，ゲームのルールは事前に

明示されている．ルールに則って，限られた空間を，速く正確に計算することがロボットにできることである．

　ロボットにできないことは——ヒトが空を飛べないことと同様に——たくさんある．一つあげると，限られた閉じた空間の外を移動することができない．ロボットにとって周囲の環境が不可欠ではないことが理由にあげられる．ヒトは空気がないと呼吸ができず，重力がないと筋力・骨が衰え，光がないと何も見えない．ヒトはヒト単体では成立せず，環境に取り囲まれて成り立っている．そのため，いろいろな空間の中で，それなりに動くことができる．一方，ロボットは機構（センサーやアクチュエーター）の集積体である．まわりの環境と切り離したうえで，相互作用を成立させようとしている．いろいろな空間を移動するためには，いろいろな環境に対応できる機構をロボットが有すること，もしくは環境を統制して閉じた空間にしてしまうことが必要になる．

　この点に注目したのが，前述した認知発達ロボティクスであった．ヒトのように開かれた空間で移動するために，周囲の環境を学習する発達過程をロボットにおいて再現しようとした．何かを誰かと一緒に見る「三項関係」が子どもにおいて可能になる際には，おとなの導きが不可欠であることがいわれている（浜田，1995）．ロボットにおいて学習・発達過程が実現すれば，ヒトが通常やっている多くのことができるようになるのかもしれない．

●**ヒトにとってのロボット**　ヒトにとってロボットはどのような存在なのだろうか．

　「メディアの等式」という考え方がある（Reeves & Nass, 1996/2001）．ヒトそのものではなく，ヒトの姿形を模したロボットやヒトの姿が映ったコンピュータがメディアである．ヒトがメディアに対して社会的に自然に反応すること，すなわち「メディア＝現実」であることを実験を通して明らかにしている．一例として，礼儀に関する実験をあげる．ヒトがコンピュータＡからコンピュータＡについて尋ねられる場合は，コンピュータＢからコンピュータＡのことを尋ねられる場合よりもポジティブな答えを返すという仮説を立てた．被験者はコンピュータＢよりもコンピュータＡに対してポジティブな答えを返した．ヒトはコンピュータにも礼儀正しく振る舞うようである．

　ヒトがメディアを何者かとして扱うことは，有名なファンツの選好注視実験（Fantz, 1961）からもうかがえる．ファンツは，生後1～6か月の赤ちゃんに六つの異なる円形の平面図を見せて，赤ちゃんが視線を向けた時間の比較を行った．その結果，赤ちゃんは円の中に顔模様が書かれた平面図をほかの平面図よりも長く見ていることが確認された．この結果から，ヒトは顔が書かれた平面図である「モノ」に「者」の意味を見出すことが読み取れる．ヒトにとってロボットは「モノと者の境界」（岡田，2009）といえるだろう．

［松本光太郎］

21. うしなう

【本章の概説】

「うしなう」という語は，発達心理学が中心的なテーマとする「発達」の一般的な概念とは一見縁がなさそうにみえる．例えば子どもからおとなへの発達を考えると，それは知識や技能が獲得されていく過程とみなされることが多い．しかしながら，人生全般を視野に入れようとする生涯発達の観点からすれば当然検討対象に入ってくる人生の晩年は，獲得されてきたものを「うしなう」過程でもある．確かに，どんなに富や能力を得たとしても老いや死に抗うことはできない．高齢期を「うしなう」ことが前面にせり出してくる時期ととらえるなら，本章の主題は，人間の発達・変化の過程を全体として考察の対象とするとき，避けて通ることのできない重要性をもっている．また，「うしなう」ことは人生の晩年にのみ関わるわけではなく，きわめて多様な形でさまざまな人生の段階にもたらされるという点にも注意が必要である．そもそも，獲得が肯定的な価値として私たちに意識されるのは，その裏に「うしなう」ことの可能性があるからではないだろうか．最終的な喪失である死について，例えば16世紀フランスの哲学者であるモンテーニュ（de Montaigne, M. E.）は，『エセー』の中で自分を自然になぞらえながら，「死はおまえたち（＝人間）の創造の条件であり，おまえたちの一部分である」と述べた．生は常に死とともにあり，死があるからこそかけがえのないものになるというわけだ．同様に，「うしなう」こともまた，私たちひとりひとりがみずからの人生を生き，何かを獲得し，発達することに不可欠の一部分であるといえるかもしれない．

個人において「うしなう」という体験が生じる条件の一つは，人が繰り返しのきかない時間を生きているという点に求められる．個人の生にとって時間は，刺激-反応の規則性のもとで何度でも反復されるものではない．それは，一度通り過ぎてしまえば二度とは戻ってこない不可逆の流れであり，個人はそうした時間のもと具体的な時代と場所において生活を営んでいる．過去―現在―未来という秩序は，均質な物理学的時間として推移しているのではない．過去は自分がかつてどうあったかという歴史として現在に流れ込んでいるし，将来はそんな歴史をもつ自分の目標や予測において立ち現れてくる．そんな中でこそ，何かを「もっている／もっていた」時間が，今と将来の「もっていない」という状態との断絶として現れたとき，「うしなう／うしなった」が切実な思いとして浮かび上がってくる．「うしなう」は，取り返しのつかない時間性を生きる存在としての人間にきわめて特徴的な体験なのである．

「うしなう」という体験の多様性は，個人が「自分」についてもっている観念の幅広さと対応している．よく知られているように，ジェームズ（James, W.）は自己を主我（I）と客我（me）に分け，後者をさらに物質的自己，社会的自己，精神的自己に下位分類した．物質的自己は身体を基礎とし，自分の衣服，持ち物，家族，家，財産なども含む階層構造をなすという．社会的自己は周りから受ける

自分に対する認識で、そこには社会的な役割や地位が密接に関与する．精神的自己とは本人の心的傾向や心的能力を意味しており、性格や知能などがそこに含まれる．「うしなう」という体験は、こうした幅広い自己の中で、いずれの部分に関しても生じ、複数の部分にまたがることもある．その中でも、取り替えのきかなさの程度に応じて——例えば衣服よりも家の方が取り替えがたいのが普通だが——，「うしなう」体験の深刻さは増すことになるだろう．

　本章では、そうした「うしなう」体験を幅広くカバーする多様な項目を選択している．まず、「中途疾患」や「不妊・中絶」は、自己像の基礎にある身体像や身体機能の喪失に関わるが、それにとどまらず、将来の社会生活や家族関係の喪失にも結びつきうる．また、現在の親密な人間関係の喪失は、年齢を問わず個人の人生に大きな影響を与える可能性をもつ．ほぼ同世代の間で生じる「パートナーとの別れ」、異なる世代の間で生じる「親の離婚」などはその典型であろう．さらに「自殺・死別」になると、事前に予想されていたかどうかにもよるのだが、喪失が永続的であるという点で影響が大きい．なお、死別から来るインパクトは、「ペットロス」にみられるように、人間以外の対象にまで広がりうることも忘れることはできない．

　さらにいえば、社会や環境からもたらされた突然の出来事が、広範な喪失の意識を個人にもたらすこともある．例えば「失業・リストラ」は、現代の日本社会に生きる特に中年期の男性に対し、生業や社会的地位の喪失にとどまらず対人関係や帰属できる場の喪失も経験させることが多い．「犯罪被害」は、その犯罪の性質により身体機能の喪失のみならず生活の喪失や社会への信頼感の喪失も引き起こすだろう．「移民・難民」はさまざまな理由で故国を離れることにより、また、「被災」は環境の激変に見舞われることによって、程度の差こそあれ、かつての生活や人間関係を広汎に失うことと関係している．むろん、生涯にわたる発達の中で、「うしなう」体験は以上に尽きるわけではない．ほかの章でもさまざまな形で扱われているので、適宜参照していただければと思う．

　このように多様な形で現れてくる「うしなう」体験ではあるが、いずれにおいても発達心理学的な関心は、何かが失われたその時点にのみ集中しているわけではない．「うしなう」ことは、そこから回復したりさらに変化したりする個人の成長のきっかけになることもあるし、支援したり助け合ったりする人間関係やコミュニティの構築・発展の契機にもなるだろう．先に述べたように獲得の体験は喪失の可能性に裏打ちされているが、同時に人は、喪失の体験からも何かを獲得しうる．「うしなう」ことが人間の発達と出会うもう一つの場所がここにある．本章の諸項目は、喪失を起点にしつつ、事後の発達変化の方向をも明示的に、ときに暗示的に指し示しているが、その方向性が読者に、「うしなう」ことへの対処や実践へのヒントを提供することを期待したい．

〔能智正博〕

親の離婚

☞「夫婦関係」p.200

　日本の離婚は，2002（平成14）年に史上最多の離婚件数（約29万件）を記録し，その後減少が続いている（図1）．夫婦2.8組のうち1組が離婚しており，離婚する夫婦の約60％に未成年の子どもがいる．その子どもの約80％は母親が親権を取得し，約15％は父親が親権を取得している（厚生労働省，2009）．

●**離婚が子どもに与える影響**　子どもは成長過程で，親の失業や死，貧困，虐待などの困難に遭遇すると強いストレスを体験する．離婚は，その困難な出来事の一つである．親や周囲のおとなは，子どもに問題行動が生じると，たとえそれが子どもの発達過程でよく生じる問題であったとしても，親の離婚を原因と考えやすい．しかし実際は，離婚前後の家庭の状況，親子関係，子どもの年齢や性別などが複雑にからみ合って，子どもの心身の発達や人格形成に影響を与えている（小田切，2004，2008）．

●**離婚するときに子どもに伝えたいこと**

　①離婚後の生活のこと：子どもは，親の離婚によって自分の生活がどのように変化するのかわからないため不安になる．どちらの親とどこに住むのか，きょうだいと一緒に住めるのか，苗字はどうなるのかなど，離婚後の生活について説明する必要がある．

　②両親は愛し合っていないけれども，子どもは愛していること：子どもが恐れ

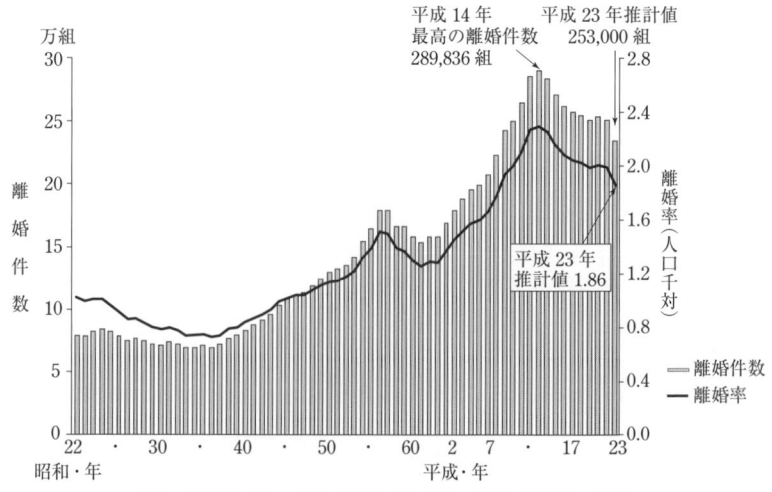

図1　離婚件数および離婚率の年次推移（厚生労働省，2009）

るのは，父親と母親が愛し合わなくなれば，自分のことも嫌いになるのではないかということである．したがって，親が離婚しても，子どもを愛する気持ちに変わりはないことを伝える必要がある．

③子どもが原因で離婚するのではないこと：夫婦は，子どものことが原因で喧嘩が始まることがある．子どもはこれを聞いて，離婚の原因は自分にあると考えやすい．離婚は親の問題であり，子どもが原因ではないことを伝えることが重要である．

④離婚の理由：子どもの年齢を考慮し，相手を中傷しないように離婚の理由を説明するのが好ましい．親の答えに子どもは納得しないこともあるが，成長とともに新しい情報を取り入れて，親の離婚理由を判断するようになる．

⑤別れた親とも会えること：離婚後も別れて暮らす親（別居親）と自由に会えることを伝える．年長の子どもには「面会交流」（面接交渉）という言葉を教え，子どもには両方の親に会う権利があり，親はそれを保障する義務があることを話すとよい．

⑥今より幸せになるために離婚すること：別れる決心をする前の生活の方が辛かったこと，家族みんなが今より幸せになるために子どものことも考えて離婚を選択したことを伝える．

●**離婚するとき親が子どもに配慮するべきこと**　親の離婚が子どもに苦痛を与え，子どもが一時的に不安定になるのは避けられないが，親のサポートによって離婚によるマイナスの影響は抑えることができる．子どもにとって好ましくない離婚の条件は，離婚後も続く両親の諍いと別居親と会えなくなることである．子どもが安心して新しい生活に移行，適応できるように親は以下のことを配慮する必要がある（小田切，2009，2010）．

①子どもの前で言い争いをしない：子どもの前で，両親が感情をぶつけ合って怒鳴る，暴力を振るう，相手を無視する態度は子どもの心に大きな傷を残す．親の怒りが，自分に向くのではないかと不安に感じる子どももいる．

②相手への不満や悪口を子どもに言わない：子どもが母親（父親）から父親（母親）の悪口や愚痴を聞かされると，子どもは両方の親の血を引いているので，自分が否定された気持ちになりやすい．

③生活の変化を少なくする：親の離婚によって子どもの生活は大きく変化する．できるだけ早く子どもが新しい生活に慣れ安定した気持ちで暮らせるように，1日の生活の流れや生活習慣はできる限り変えないことが大切である．

④面会交流を保障する：別れた配偶者と子どものことで連絡を取るのは煩わしいと感じる人は多いが，子どもは面会交流によって，別居親は一緒に暮らしていなくても自分のことを大切に思っていることが実感できる．他方，別居親と会えない子どもは，自分は別居親から愛されていない，価値のない人間だと感じ，自尊心が傷つき自己評価が低くなる．

　　　　　　　　　　　　　　　　　　　　　　　　　　　［小田切紀子］

不妊・中絶

☞「妊娠・出産・誕生」p. 272,
「妊娠中の疾患」p. 274

　不妊とは,「生殖年齢の男女が妊娠を希望し, ある一定期間, 性生活を行っているにもかかわらず, 妊娠の成立をみない状態（単一の疾患ではない）」と定義される. 生殖機能が正常である男女の場合, 3か月以内に50％, 6か月以内に70％, 1年以内に90％近くの妊娠が成立するという統計に基づき, 日本ではその期間を2年とするのが一般的である（日本産科婦人科学会用語委員会）. 昨今, 不妊の夫婦は7組に1組の割合で存在するともいわれるようになったが（堤, 2004）, その割合の算出には, 国政調査やその他の調査資料の, 結婚2年以内に妊娠しない夫婦の組数が参考にされている（柘植, 1999）. 一方, 中絶（人工妊娠中絶）は,「胎児が, 母体外において, 生命を保持することのできない時期に, 人工的に, 胎児およびその付属物を母体外に排出すること」と定義される（母体保護法第1章第2条）. 日本では現在, 中絶することのできる時期は妊娠21週の末までとされる.

●**生殖技術**　生殖技術はヒトの生殖に関わるものに限定すれば3種に分けられる（柘植, 1995）. 一つ目は産まない（産ませない）ための技術で, 中絶手術, ホルモン避妊薬や流産を誘発する人工初期流産剤などがある. 二つ目は産む（産ませる）ための不妊治療である. ホルモン剤や排卵誘発剤などにより身体を直接治療する方法と, 人工授精や体外受精などにより受胎を阻むものを代替する方法とがある. 三つ目は生命の質を選別する技術である. 胎児に, 遺伝病遺伝子や染色体異常, 内臓や骨格や体表の奇形などがみつかった場合, 中絶か胎児治療か新生児治療か, 治療を停止し死を待つかといった判断を要する. また, 体外受精で, 遺伝病遺伝子をもたない受精卵だけを子宮に戻す方法が行われてもいる. このように生命の質を選別する技術は, 中絶手術や不妊治療と組み合わせて用いられる.

　荻野（2008）は, 産む/産まないを選択するための生殖関連の医療技術の大衆化は, 戦後の人口問題のために国家が導入した家族計画指導の管理の延長線上にあり,「自由」で「個人的」にみえる選択には過去の政治や歴史やジェンダー観が刻印されていると述べる. ただし, 単に国家の政策や公的言説の支配下にあるわけではない. 人間の生殖とその管理には, 個人や家族, 共同体, 国家, 国際社会などさまざまな当事者の利害が錯綜・競合し, 妊娠・出産の最も直接の当事者である女たちは, 時代的文脈と制約のもと, 権力や法や男による管理に時に無視や不服従で対抗し, 利益に適う場合には進んで迎え入れ都合よく流用し, 利害の調整を図ろうとしてきたのだとする.

●**喪失経験の意味の変容**　こうした歴史的・文化的・社会的背景に埋め込まれた

中で，不妊や中絶は，当事者女性にとって，喪失として経験される発達臨床的な事象である．

不妊は，思い描いてきた家族像の崩壊，母性を発揮する愛着対象の喪失，新しい命を宿すことができない身体への不全感，普通の女性ではないという疎外感や孤独感などをもたらし，自己観に否定的な影響を及ぼす（Rosen & Rosen, 2005; Malik & Coulson, 2008）．それでも，妊娠・出産を望み，生活全般に制約を加え，心理的な落ち込みを抑えながら，治療に前向きな姿勢で臨む（Debra & Catherine, 1991）．それゆえ，治療が失敗したときの失望や喪失感はよりいっそう大きくもなる．治療が不成功に終わるたびごとに落胆し，まだ見ぬ子どもに別れを告げなくてはならない事態は，あいまいな喪失（Boss, 1999/2005）とも形容される．そして，中絶は，体内に宿る生命の生死の決定にみずから関与する喪失の経験であり，社会的に容認されにくく，当事者女性たちは，その経験や思いを他者に話すことが困難で，孤独のうちに悲嘆のプロセスをたどる場合が多い（デーケン，1991）．妊娠したことをカップルで共有し，場合によっては出産する選択もあったはずなのに，とりわけ未婚の若年層の場合，中絶手術の前後を通じてパートナー間で，妊娠したことや胎児のこと，中絶の経験について分かち合うことすらままならず，その関係性に破綻をきたすこともある．不妊にせよ中絶にせよ，男女間で悲しみの感じ方や表現の仕方，対処の仕方が異なる，ということもあるだろう．いずれにせよこうしたつながりが断たれた喪失の渦中において，施術の直接の対象となる当事者女性は，自己コントロール感を失ったり底の見えない穴に落ちていくような，時間の流れが止まった今に翻弄された不定の状況に陥っていく（安田，2012）．

しかし，そのように辛苦をなめた喪失の経験を，みずからに問いかけ反芻し，あるいは耳を傾けてくれる他者の存在を得て，語り，意味づけ，自己を組織化するプロセスを通じて，矮小化した生活空間が広がったり今後を見据えたりと，時空間的な展望が獲得されてくる（図1）．重大な喪失についての語りは，変容可能性を認識することにつながり，建設的な方法で喪失に対処する具体的な行為を導くのである（Harvey, 2002/2003）．そのありさまには，「発達における喪失の意義」（やまだ，1995）が浮き彫りとなり，生殖の喪失を経験した女性たちの発達の布石をとらえることができる．

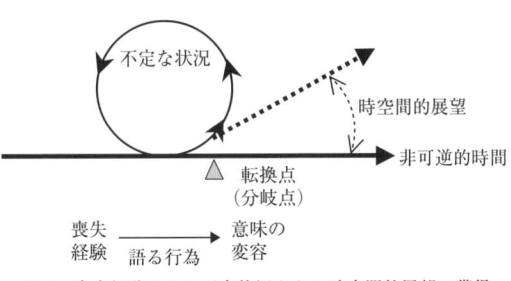

図1　喪失経験による不定状況からの時空間的展望の獲得

［安田裕子］

パートナーとの別れ

☞「夫婦関係」p. 200,
「恋愛関係」p. 204

　一口に別れといってもさまざまな形態がある．一定の期間恋愛関係や夫婦関係が継続した後，関係が崩壊するという失恋や離婚，好意を寄せる相手に自分の思いが告げられないままに，あるいは相手に思いは告げたがうまく成就せずに諦めざるを得ないといった片思いからの失恋，また，突然の不幸からパートナーを失うといった死別も別れの一つのかたちであろう．そして，そのどれもが当人にとってつらく悲しい経験であるといえる．

　ただし，上記の恋愛や夫婦関係の崩壊によるパートナーとの別れは，突然訪れるという訳ではない．別居あるいは離婚したカップルを対象とした調査結果（Vaughan, 1986）からは，別れには次のようなプロセスが存在するとされる．まず，関係のどちらか一方が，相手の否定的な側面に目がいき始める．それがある程度続くと，次に，この関係はもう以前のように戻ることはできない，救済不可能な状態だと思い込むようになる．さらに，第三段階では，相手にも関係がもう元に戻れない状態であるということを理解させようとする．そして，最後に，周囲の人たちにも関係が続きそうにないことを話すようになり，関係を終わらせるという決意を固めていく．このように関係の終焉は，少なくとも別れを切り出す側の視点からは，時間をかけて徐々に訪れるものなのである．

●**恋愛関係の崩壊：恋人との別れ**　恋人との別れは，それを切り出された側にとっても，また，それを切り出した側にとってもストレスフルな出来事として経験されるが，双方でその反応は異なるとされる（Davis et al., 2003）．別れを切り出された側は，苦悩や悲嘆を感じて，別れたことを友人や家族に相談する，酒を飲むといった行動を取りやすい．また，別れた相手のことをいくどとなく思い出し，よりを戻したいと思うと同時に，相手に対して怒りや敵意を抱く傾向がある．それとは異なり，別れを切り出した側は，自責の念や罪悪感を抱きやすく，人を避ける，仕事を変えるといった傾向があるとともに，別れたことを友達や家族に相談しないで自分で解決しやすいとされる．

　恋人との別れや失恋を対象とした研究はわが国においてもいくつかみられる．例えば，恋愛関係の進展段階と失恋後の行動に焦点を当てた回顧的研究（和田，2000）では，関係が進展していた人ほど，関係の崩壊に際して相手を説得したり，話し合ったりする行動が多くなり，加えて，関係崩壊時により強い苦悩を経験することが示されている．さらに，恋愛関係が進展していた人は，関係崩壊後に相手を思い出す，別れたことを悔やむといった後悔・悲痛行動，また，デートした場所に行く，相手の家の周りを歩き回るといった未練行動を取りやすい傾向があ

ることも報告されている．

確かにパートナーとの別れや失恋はつらく悲しいものではあるが，いつかはそこから立ち直っていく必要があるだろう．失恋からの回復期間と失恋への対処法との関連について検討した研究（加藤，2005）では，別れを悔やんだり相手のことを思い出したりする"未練"，相手を憎んだり意図的に忘れようとする"拒絶"といった対処法は，失恋に対するストレスを増大させ，失恋からの回復期間を遅らせること，逆に，失恋を肯定的にとらえ，別の相手やほかに夢中になれることをみつける（失恋からの）"回避"という対処法は，回復期間を早めることが示されている．さらに，失恋という経験が個人の成熟性を促す可能性について検討を行った研究（浅野他，2010）においても，上記の"未練"や"拒絶"といった対処法は，首尾一貫性感覚という個人の成熟性を低下させるが，"回避"は失恋相手からの心理的な離脱を介して成熟性を向上させることが示唆されている．

●**夫婦関係の崩壊：離婚**　2011（平成23）年の離婚件数は約23万5千組であった（厚生労働省，2013）．そのうち，裁判所への離婚など申し立てがあった事例をみると，夫と妻ともに35～39歳での件数が最も多く，また，妻からの申し立てが約7割，夫からの申し立てが約3割である（裁判所，2011）．その理由は多種多様だが，夫と妻ともに"性格が合わない"の割合が最も高く，次いで夫の場合は"異性関係"，"家族親族と折り合いが悪い"，妻の場合は"暴力を振るう"，"生活費を渡さない"と続く．

離婚のリスク要因を探った縦断的研究では，離婚したカップルは結婚が継続しているカップルよりも，結婚前あるいは新婚時にネガティブなコミュニケーションを取りやすく，さらに，夫婦間の問題の話し合いの際に，ネガティブな問題解決スキル（相手の批判や責任の回避など）やネガティブ感情（怒りや不安など）を示しやすかったことが報告されている（Lavner & Bradbury, 2012；Markman et al., 2010）．また，夫婦関係の満足度や関係の質の低さを離婚のリスク要因とみなすならば，中年期では，夫よりも妻の結婚満足度が低いことが知られており（伊藤他，2006；柏木・平山，2003）．また，個人特性の観点からは，本人の対人関係への不安傾向が高い場合，本人と配偶者ともに関係内でネガティブ感情を経験しやすく，それゆえに双方の関係への評価が低くなるという報告もある（金政，2010）．

それでは，夫婦関係の質を向上させるにはどうすればよいのか．その一つの要因は夫婦関係での相互の支援やサポートであろう．これまで多数の研究で夫婦間のサポートのやり取りが関係満足度や親密性といったポジティブな指標と関連することが示されている（e.g. Acitelli & Antonucci, 1994；Gleason et al., 2008）．ただし，サポートは時に相手に不快な気分や罪悪感を抱かせてしまうといった報告もあるため（Gleason et al., 2008），一方的なものではなく，適度なサポートを相互にやり取りすることが重要といえるだろう．

［金政祐司］

失業・リストラ

☞「キャリアの挫折」p.234,
「働きざかり」p.302

　公的統計上は失業には未就労などの無業が含まれるが，ここでは失業を就労していた人が生業としての職を失う喪失体験の一つととらえる．失業には前職をみずから辞める自発的離職と，勤め先や事業の都合で辞める非自発的離職がある．個々の失業経験はこれらの離職理由や経済状況，家族構成，サポート資源の有無などによってさまざまであるが，なかでもリストラなどによる予想外の非自発的失業はキャリア発達はもとより生涯発達においても大きな危機となり得る．

●**日本企業におけるリストラによる失業**　日本の失業率は戦後，国際的にも低い水準で推移してきた．戦後の復興期から高度経済成長期にかけて，右肩上がりの経済成長を経験した日本では，終身雇用，年功序列といった日本企業特有の雇用慣行に支えられ，安定した雇用を確保してきた．ところが，1990年代のバブル崩壊後，日本の経済は急速に悪化し，多くの日本企業は生き残りをかけて事業の再構築（リストラクチャリング）を行った．その具体的な施策の一つが，日本ではリストラと称された人員削減であった．それにより，1990年代後半以降，失業率は漸増し，2002年には過去最悪の5.4%を記録した．その後，非正規雇用の増加などにより雇用情勢はいったんは回復したものの，2008年のリーマンショックによる世界不況以降厳しい状況が続いている（厚生労働省, 2011, 図1）．

　現代の日本社会は，産業構造の変化，国際化，雇用形態の多様化など労働環境の大きな変化の中で，もはや安定的な雇用を保証できなくなっている．失業は生涯において個人が経験しうる危機的ライフイベントの一つとなりつつあるといえよう．

●**失業で失うもの**　失業による仕事や職業の喪失は，個人の生活，あるいは人

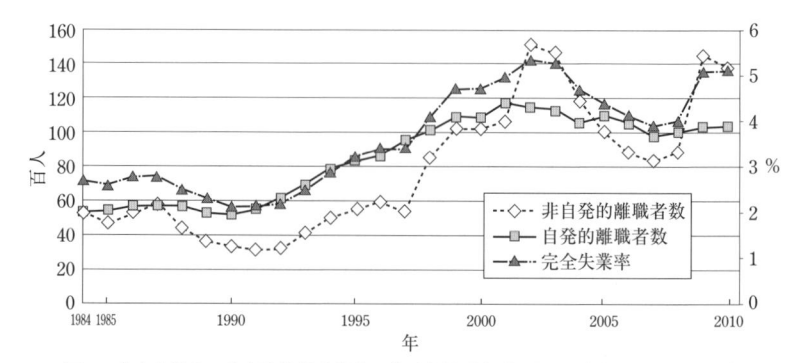

図1　完全失業率，非自発的離職者数，自発的離職者数の推移（厚生労働省, 2011）

生において何を意味するのだろうか．失業による喪失に注目した研究の一つに，1930年代の失業体験を分析したヤホダ（Jahoda, 1982）の研究がある．ヤホダは就労の機能に注目し，失業による心理的インパクトは，収入を得るという就労の顕在的機能の喪失よりも「習慣的な時間構成」「人生における目的」「社会的接触」「地位とアイデンティティ」「日々のルーティンな活動」などの潜在的機能の喪失の方が大きいことを見出した．海外の古典的な研究ながら，失業による喪失の本質は現代日本にも通じるものがある．

さらに，現代日本の中高年失業者を対象に研究を行った高橋（2010）は，高度経済成長時代に「就社」と揶揄された日本の企業文化において，失業は仕事や職業の喪失だけでなく愛着の対象としての会社のコミュニティの喪失であることを指摘している．特にリストラなどによる不本意な失業の場合には，社会人としての自信や家族からの信頼を喪失することもあり，中にはメンタルヘルス不調や自殺にいたる人もいる．

このように，失業は経済・心理・社会的な喪失を輻輳的に体験しうるストレスフルなライフイベントといえる．なお，失業中の体験は，体験プロセスに応じて離職者，失業者，求職者としての体験に分けることができる．各々のプロセスにおけるさまざまな失業の困難をマトリックスとして示したのが表1である．

表1　失業プロセスにおける困難の分類（高橋他，2010, p. 210 を改変）

	離職者として	失業者として	求職者として
経済的困難	経済的不安・退職金の多寡	収入の喪失・経済的困窮	経済的困窮の深刻化
心理的困難	離職の葛藤・自信の喪失・将来展望の不安	罪悪感・恥の意識	自信の喪失・挫折感・不安・焦燥感
社会的困難	職場・家族との葛藤	社会的排除・孤立	社会からの疎外感・家族からのプレッシャー

●**失業から得るもの**　上述のように失業はストレスフルな体験となりうるため，多くの人は，失業後，一刻も早くもとの状態に戻ることを切望する．しかし，はたしてもとの状態に戻ることが最善なのだろうか．また，もとの状態に戻ることができるのだろうか．発達的な視点から考えれば，失業という現実を受け止める中で得る気づきは，これからの社会を生き抜くための重要な体験ともなり得る．上述の就労の潜在的機能は，いずれも私たちが社会で生き生きと生きるための基本的な営みであるが，就労中はそれを自覚的に意識することはほとんどない．仕事や職業を失って初めて就労の機能に気付かされるのである．また，失業は自らの価値観や生活を再認識する機会もなり得る．中には失業体験をもとに次の人生への試行錯誤をする中で，新しい自分と出会う失業者もいる．失業という現実は変えられないが，その喪失体験に新たな意味を見出し，それを今後の人生にどう役立てていくかが問われる体験といえる．

［高橋美保］

ペットロス

☞「愛着」p. 196

　ペットロスとは，愛着対象であるペットを死別や別離で失う対象喪失の一つであり，それに伴う一連の苦痛に満ちた悲哀の心理的過程の総称である．

●**コンパニオンアニマルへの愛着**　家庭で飼育されている動物を表す用語は，ペット（愛玩動物）が主に使用されてきた．しかし，人とペットの関係が親密になってきたので，西欧を中心にコンパニオンアニマル（伴侶動物）とよぶようになりつつある．コンパニオンアニマルには，人生をともに生きるパートナーという意味がある．現在，日本では，コンパニオンという意味を含めて，ペットという用語が一般的に使用されている．

　人とペットの関係は，ボウルビィ（Bowlby, J.）の提唱した愛着理論を援用することが多い．愛着理論によれば，人間の性質には特定の個人と親密な情緒的きずなを結ぶ傾向があるとしている（Bowlby, 1988）．この理論は，同種の動物の親子関係をもとに発展してきた経緯があるが，人とペットは親子のような関係を結ぶので，愛着の概念をその関係に適用しやすいと考えられる．実際，多くの飼い主は，ペットを単なる動物ではなく家族のような愛着対象として飼育している．

●**ペットロスの悲哀の心理的過程**　ペットロスは，公に認められにくいため社会的なサポートがほとんどない喪失の悲しみの一つである（Harvey, 2002）．飼い主にとって，ペットの喪失は大きなストレスであるけれども，他者からは代替可能なただの動物の死ととらえられることが多い．そして，理解されにくく軽視される傾向があるので，結果的に，悲しみが増長されてしまうことがある．シャーキン（Sharkin, B.）らは，多くの人々が，愛着対象としてペットを飼育しているので，心理学の分野でペットロスについてサポートを含めて考えるべきだと主張している（Sharkin & Knox, 2003）．

　ペットロスに伴う悲哀の心理的過程については，フロイト（Freud, S.）のモーニング・ワークや，キューブラー＝ロス（Kübler-Ross, E.），ボウルビィ，ウォーデン（Worden, J. W.）のモデルを参考にして理解することが多い．

　フロイトは，時間と十分なエネルギーを費やして，心の中にいまだ存在する失った愛着対象への想いを一つひとつ解放する苦痛を乗り越え，喪失の事実を受け入れることによって，悲哀から回復していく心理的過程をモーニング・ワークとよんだ．悲哀は対象喪失に伴う正常な反応であり，モーニング・ワークのただなかにある人が常軌を逸した状態になっても病的状態ではなく，時期がすぎれば克服される（Freud, 1917/1970）．キディ（Keddie, K.）は，ペットロスに伴う悲哀は，重要な他者と死別したときの反応や立ち直りの過程と類似していると述べ

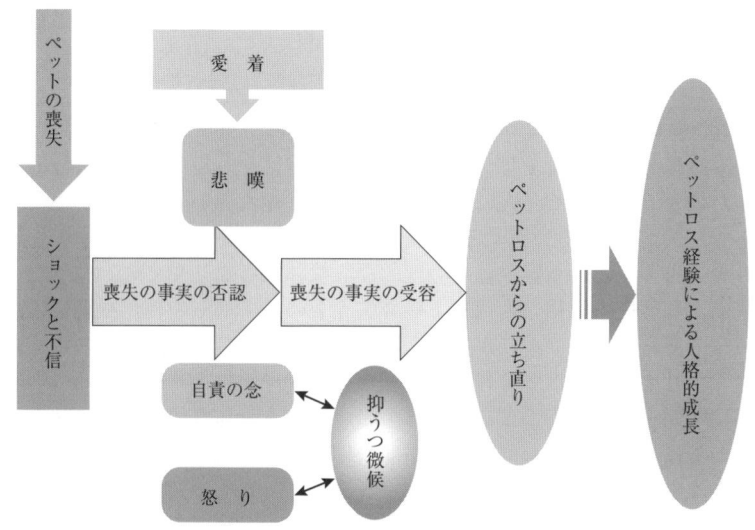

図1 ペットロスの悲哀の心理的過程

た（Keddie, 1977）．

　以上から，人の場合と同様に，ペットロスに伴う悲哀も正常な反応であり，時をへて立ち直りの方向に向かうのである．これに対して，ペットロス症候群とよぶ場合は，正常な悲哀に該当せず専門的な治療や援助が必要になる状態である．
　ペットを失ったときの反応として，フォーグル（Fogle, B.）らは，胸がしめつけられる，泣く，落ち込む，一人になりたいなどの状態が多くの飼い主にみられたことを報告した（Fogle & Abrahamson, 1991）．ハント（Hunt, M.）らは，ペットとの死別経験には，悲嘆（混乱，虚しさ，孤独感，寂しさ，悲しさなど），怒り，自責の念が伴うこと，ペットへの愛着の深さは悲嘆の大きさに関係し，怒りと自責の念は抑うつ徴候と関連していることを明らかにした（Hunt & Padilla, 2006）．
　ペットロスの悲哀の心理的過程として，サイフェ（Sife, W.）は，ショックと不信，怒りと疎外と敬遠，否認，自責の念，抑うつ，解消もしくは終結の六つの時期があると述べている（Sife, 1998）．また，ラゴニー（Lagoni, L.）らは，ペットロスの悲哀を経験し立ち直った後に人格的に成長すると述べた（Lagoni et al., 1994）．テデスキ（Tedeschi, R.）らは，このような心的外傷を負う喪失経験は，個人の内面にポジティブな変化や成長をもたらすとした（Tedeschi & Calhoun, 1996）．
　愛着対象を失う経験は，苦痛に満ちた辛い経験ではあるけれども，失った対象が与えてくれたものや命の大切さを実感する機会となり，他者の悲しみへの共感性が増し，人間的に成長する経験となるのである（ペットロスの悲哀の心理的過程をまとめたものが図1である）．

［濱野佐代子］

中途疾患

☞「病を得るということ」p. 230

　人生半ばにして，生命を脅かすような重篤な病気や，治癒しない慢性的な病気に罹った場合，病気がその人に与える影響は計り知れない．病気は，生命への脅威であり，「死」を身近に感じるという経験である．また病気によってさまざまなものを「失う」という経験は，心理的な危機体験となりやすい．

●**病気による喪失の諸相**　病気によって失うものは，病気の種類や経過によってさまざまである．例えば，乳がんのために乳房を切除したり，壊疽のために四肢を切除したりすることは，身体器官を直接に失う経験である．あるいは咽頭がんのために咽頭を切除することになれば，発声という身体機能を失う．病気や事故によって脳に損傷を受ければ，運動機能や精神機能を失う．

　このような身体器官・機能の喪失は，二次的，三次的な喪失を引き起こす．乳房の切除や四肢の切除という外観の変化が起これば，病前のボディイメージが失われる．発声という機能の喪失は，他者とのコミュニケーション手段を失うことにつながる．脳の損傷によって，歩行などの生活上重要な機能が失われ，介助が必要な状態になれば，自律性を失うことになる．また治療のために長期の入院・療養が必要となり，退職や転職を余儀なくされれば，社会的な役割を失うことになる．このように病気は，直接・間接にさまざまな次元の喪失を多重に引き起こす．

　ライフサイクルのどの年代で発病したかによっても，失うものは異なり，その意味やその後の影響も異なる．例えば子ども時代に発病した場合には，仲間との遊びなど，年齢相応の生活経験や学習の機会が失われることがある．この経験は後の年代になっても影響を及ぼすだろう．また青年期においては，就労や自立の機会が失われるかもしれない．あるいは病気によって，それまで大切にしていた夢や目標，生きがいを失うこともある．夢や目標の喪失は，病前に描いていた未来展望を失うことにもなる．

　人生半ばの病気においては，その人がそれまでに築き上げてきたさまざまなものが失われる．これらはその人自身を支えてきたものでもあり，この意味で「病前の自分」をさまざまなかたちで失うことに等しい．したがって，病気による喪失は，人々の自己イメージや自尊心にも多大な影響を及ぼすことになる．

　重要なのは，失ったものがその人にとってどのような心理的意味をもつかに目を向けることである．例えば，その人が慣れ親しんできた生活習慣や趣味などを病気によって失うことは，第三者からみれば些細なことであったとしても，大きな喪失経験となるのである．

●**喪失を受け入れる過程**　病気によるさまざまな喪失を受け入れていくことは，

その人の人生・生活の再建に大きく関わる．ここで重要なのが，モーニング・ワークとよばれる心の作業である．モーニング・ワークは，身体のように，自分にとって大切な対象を失う経験（対象喪失）に引き続き営まれる．この心の作業を通して，失った対象への思慕，悔やみ，うらみ，自責，怒りなどの心理を経験しながら，気持ちの整理が行われていく．そして最終的に，失った対象を自分なりに受け止めるとともに，自己イメージやアイデンティティを再構成していくことが可能になる．モーニング・ワークは苦しみや辛さを伴うものであり，時には自分と向き合うという深い心の作業となる．このような本質的に難しい心の作業が行われるためには，安定した環境や，支える人の存在，心がある程度成熟していることなどの諸条件が必要である（小此木，1979）．

　モーニング・ワークは，共通する順序をもついくつかの段階を経るプロセスであることが明らかにされている．例えば上田（1980）は，身体に障害を負った人々のモーニング・ワークのプロセスを，「ショック」-「否認」-「情緒的混乱」-「解決への努力」-「受容」の五つの段階にまとめている．しかしこれらの各段階は明確に区別できるものではなく，各段階が相互に重なり合って出現したり消失したり，逆戻りしたり，何回も同じ段階をたどったり，あるいはモーニング・ワークの過程が進まないということも起こり得る（小此木，1979）．

　病気による喪失のありようが，病気や年齢，人によってさまざまであるように，モーニング・ワークのプロセスもさまざまであるが，いずれの場合も，病気がどのような経過をたどるかということと強く結びついている．慢性病のように病気が長期間にわたる場合，モーニング・ワークのプロセスも長期化する傾向がある．この中で，病気が悪化・再燃したり，発達の節目を迎えるたびに，喪失はかたちを変えて出現する．そしてそのつど失ったものを確認しながらモーニング・ワークを行うとともに，病気の意味のとらえ直しが行われていく（今尾，2004）．また病気の中には，いつ悪化し，回復にどのくらいの時間を要するのか，予測が困難で不確かなものも少なくない．ボス（Boss, P.）は，このような不確かな状況における喪失を「あいまいな喪失」と名づけ，モーニング・ワークを複雑で困難なプロセスにする要因として留意する必要があるとしている（Boss, 1999/2005）．

　モーニング・ワークは，生活・人生の再建および病気のとらえ直しという，個々人の成長・発達に重要な意味をもつ主体的な心の作業である．また喪失経験は，その人自身の個人的な意味と直結しており，モーニング・ワークを営むための諸条件も個々人で異なる．したがって，モーニング・ワークはきわめて個別的な心の作業といえる．我々は，決して「喪の強要」（Wright, 1983）とならぬよう，モーニング・ワークのプロセスの個別性・主体性に目を向けながら，人々の発達過程や心理過程をとらえていくことが重要である． ［今尾真弓］

犯罪被害

☞「ドメスティック・バイオレンス」p. 210,「虐待を受けた子どもの発達支援」p. 352,「外傷(トラウマ)体験」p. 442

事件・事故,テロなどの突然の犯罪被害との遭遇は,被害当事者や家族に多大な環境変化と影響をもたらす(図1).犯罪被害の種類や被害者の状況などにより生じる問題も多種多様である.支援時には,その被害内容によって司法・医療・福祉の各分野に関連する知識をもち,関連機関と連携しながら心理的支援のみでない総合的な支援体制を整えることが肝要である.現状では,犯罪被害者や家族への偏見などは減少しつつあるが十分ではなく,まわりの人々や支援者からの二次被害も報告されている.

```
〈心身の不調〉
・感情や感覚のマヒ.
・恐怖,怒り,不安,自分を責める気持ち.
・事件に関することが頭の中によみがえる.
・不眠,食欲不振,頭痛,めまい,神経過敏.

〈生活上の問題〉
・自宅が事件現場,再被害が怖いなどからの転居.
・就業困難で,収入が途絶.
・医療費,弁護士費用などの多額の出費.
・家族内のいさかい.

〈周囲の人の言動による傷つき〉
・周囲の人からの興味本位の質問.
・民事裁判を起こすと「お金が欲しいだけ」とみられる.
・心情に沿わない安易な励ましや慰め.
・相談機関・団体などでの事務的な対応.説明不足.

〈加害者からのさらなる被害〉
・報復されるのではないかとの不安.
・謝罪をしないなど,加害者の不誠実な対応.
・裁判における加害者側の責任逃れや事実と違う主張.

〈捜査・裁判に伴うさまざまな負担〉
・事件について何度も説明.
・事件に関する情報提供が不十分と感じる.
・慣れない法廷への出廷.
・民事裁判に費やす時間や費用.
```

図1 犯罪被害者の抱えるさまざまな問題(二次被害要因ともなり得る)
(内閣府共生社会施策犯罪被害者等施策 HP:http://www8.cao.go.jp/hanzai/index.html より)

●**犯罪被害者支援の現状** 日本における犯罪被害者への公的な支援は,1981年「犯罪被害者給付金制度」から始まった.加害者の人権保護に比べ被害者保護は十分ではなかった為,2000年に犯罪被害者・遺族らによって「全国犯罪被害者の会」が設立された.同年「犯罪被害者等保護二法」が成立し,はじめて刑事裁判で犯罪被害者等の意見陳述が可能となり,刑事事件の証人尋問時の証人の精神的な負担を軽くするための措置として,証人への遮蔽使用やビデオリンク方式(法廷と別室で在席している証人とをモニターを通じて尋問を行う),証言している間の証人への付き添いが認められるようになった.これは性犯罪被害者や子どもの不安・緊張の緩和に役立っている.2005年「犯罪被害者等基本法」が制定され犯罪被害者等の権利保護と総合的な支援の方向性が明記された.2007年には,

被害者参加制度（刑事裁判に被害者参加人として参加できる），被害者参加人のための国選弁護制度及び損害賠償命令制度が開始された（HP「犯罪によって被害を受けた方へ」）．2009年には犯罪被害者等の支援を警察と国家公安委員会が指定する犯罪被害者等早期援助団体（2013年現在44団体/全国被害者支援ネットワークHP）とで行うことが明記され（警察庁犯罪被害者支援室HP），これにより啓発活動や被害者等への電話相談・回数制限付きの無料面接相談，裁判所や病院への付き添い同行支援や被害者自助グループへの援助等がなされている．2012年には，「公共交通事故被害者支援室」の設置（国土交通省），「性犯罪被害者ワンストップ支援センター」の設置（内閣府），家族を含めた加害者に転居先を知られるのを防ぐ「加害者の住民票の閲覧制限」がDV・ストーカー被害に加えて児童虐待・性的虐待被害者にも適用されるようになった．このように，犯罪被害者支援では，被害者の安全・安心を守るための環境整備がなされている．

犯罪被害者支援に関する情報は，内閣府HP犯罪被害者支援情報サイト，法務省HP「犯罪被害者の方々へ」（被害者向けの法制度全般と支援について），法テラスHP犯罪被害者支援サイト（弁護士相談や弁護士費用等の援助制度等について）などで情報が得られる．

●求められる支援　内閣府の調査では，犯罪被害者は「加害者の適正な刑罰」「加害者の被害弁償」「加害者や事件についての情報提供」「カウンセリング」「公的機関による経済支援制度」をあげており，特に家族は「加害者からの謝罪」と「犯罪被害者に対する地域の人々の理解・協力」を求めている．また，被害後の時間経過によって，求める支援が違う．被害直後には直接的な支援「事件についての相談相手」「警察・病院等への対応・付き添い」「日常生活全般の手伝い」であるが，半年後には「そっとしておいてもらう」「日常的な話し相手」「精神的な自立への励まし・支援」などの心理的支援が求められている．

犯罪被害者等への心理的支援では，さまざまなストレス要因（二次被害の要因にもなり得る）・急性ストレス反応・外傷後ストレス障害（PTSD）・性犯罪被害者に多くみられる解離反応・遺族にみられる生存者罪悪感や悲嘆反応・複雑性悲嘆などへの心理教育と，これらの症状が持続する場合には専門機関への紹介を行う．特に，性犯罪被害者と遺族はPTSD発症率も高く，加害者への処罰感情に対する葛藤が強いため，専門家による心理的支援が必要とされている．

一方，ストレス反応には個人差があり，トラウマに曝露してもPTSDの発症にいたらない一群も存在することから，近年，リスク要因としての脆弱性と保護要因としてのレジリエンスとの相互作用の観点から，困難なライフイベントへの心理的反応の違いや，また，トラウマ後成長（PTG，容易に乗り越えられない危機に直面した結果生じた肯定的変容体験）についても注目されてきている．

［有園博子］

被　災

☞ 「災害にあった子どもの発達支援」p. 354,
「災害避難」p. 376

　自然災害の最大の特徴は，環境の激変である．たった今まで，そこにあった建物も道路も公園も田畑も，何もかもが原形をとどめていない．被災による喪失の最大の特徴は，それが，この圧倒的な環境変化とともに訪れる点にある．例えば，東日本大震災（2011）において巨大津波に襲われた地域（図1）を目のあたりにすれば，だれしも，被災による喪失の最大の特徴がこの点にあることを実感するだろう．

図1　巨大津波に襲われた東日本大震災の被災地（岩手県宮古市田老地区）

●履歴と展望　環境にはすべて，「履歴」（これまで）と「展望」（これから）が付随している．失われたのは，手塩にかけて育てた二人の子どもが巣立ち，今夏の盆には孫を連れて戻ってくるはずだった自宅であり，雨の日も風の日も通った通勤道路であり，毎日のように立ち寄ったスーパーであり，あるいは，来月から通うはずだった小学校である．この意味で，自然災害は単に環境を破壊するのではなく，人びとの会話や活動の履歴と展望を懐胎した「風景」，つまり，意味に満ちた生活世界を喪失させる（八ッ塚・永田，2012；桑子，2005）．

　したがって，そこからの回復は，破壊された環境の復旧をその一部に含みつつも，それにはとどまらない．例えば，東日本大震災では，被災地各地で，津波で汚損したアルバム（写真）の洗浄，復元を手助けする活動が展開されていた．すべての物体（環境）はそれぞれに履歴と展望をともなっているが，ほかのどの物体にもまして，アルバムがこうした活動の対象になったのは，おそらく偶然ではない．アルバムが単なる物体ではなく，それが履歴と展望をともなった「風景」の再生に特に資する物体であることが，人びとによって直観されていたからである．

　さらに，活動に従事する人たちとアルバムの持ち主が，写真に映った人や光景についてアルバム越しに語り合う光景も各所でみられた．例えば，「ここには，この子が通っていた幼稚園があったんです」，「そうなんですね」のように．重要なことは，この営み自身が，失われた「風景」の再生のための最初の第一歩にな

るかもしれないということである．被災者にとって，この（再生された）アルバムという物体には，その復元を助けてくれた人たちと会話をかわしたアルバム，という新しい履歴と展望が付加されるからである．

●**喪失の連鎖，そして復興曲線**　長期にわたる火山活動に伴う災害など一部を除き自然災害の多くでは，その直接的な衝撃は比較的に短期間に訪れる．つまり，災害による環境の激変そのものは，短期間に収束する場合が多い．そのため，災害による喪失も，その時点がピークでそれ以降は回復へ向けて進む一方であるかのような前提で議論されることが多い．しかし，この点には注意を要する．

例えば，災害がもたらした直接的な環境変化による死（水死，圧死など）ではなく，災害に伴う避難生活での疲労や精神的な衝撃で体調を崩すなどして亡くなるケースもある（災害関連死）．ほかにも，災害が誘発した原発事故による強制的な移住に代表されるように，事後的に「風景」から長期的に遮断されることもある．その結果，例えば，失業に追い込まれたり，それを避けるため単身赴任したために，家族関係や本人の健康に悪影響が出たり，あるいは，被災に対する支援にみられる格差が友人との間に溝をつくったりと，被災の衝撃は次々に引き金を引いて連鎖していく場合も多い．

このように，長期にわたる一連のプロセスとして喪失を考えるとき，宮本（2011,2012）が提案した「復興曲線」は興味深い．これは，被災地の状況の時間的変化や被災者の感情の浮き沈みを，研究者が当事者とともに可視化するツールとして提案された．復興曲線は，逆にいえば喪失曲線であり，いずれにせよ，被災による被災者やその「風景」の変化を長期的な視点に立ってみつめようとしている点で重要である．

しかも，復興曲線を描く実践（インタビュー調査）では，例えば，「地震より前は描かなくていいのか」といった声が被災者からあがる．それに対して，研究者の側が「じゃあ，地震前から描いてみましょうか」などと応じながら描画の共同作業が進む．その結果，最終的に，研究者の最初の想定に反して，変化の主体やテーマによって複数曲線が描かれたり，未来へ向けた願いが書き込まれたりするケースも生じる．

すなわち，復興曲線（喪失曲線）を描く取組みでは，履歴と展望が複雑に連鎖し合い長期にわたってかつ時間的に変化し続ける「風景」が，この曲線をめぐる研究者と当事者の共同作業として可視化されるのである．このとき，先のアルバム復元作業と同様，このインタビュー調査自体が新たな「履歴と展望」として書き込まれることによって，被災者の「風景」はさらに変化していく．よって，失うことについて問う研究は，この意味での変化が被災者（被災地）にとってプラスなのかどうかを常にモニタリングしながら進めるアクションリサーチたるべきである．

［矢守克也］

移民・難民

☞「移民・外国人子女」p.378,「アイデンティティ」p.430,「異文化間教育・多文化教育」p.468

近年,グローバル化の動きが活発になり,国境を越えた人の移動とモノや情報の交流が人々の価値観や生き方の多様さを生んでいる.中でも,国境を越えて移り住み,長期(通常1年以上)にわたる生活を営んでいる人々を移民(移入民/移出民)または難民とよび,観光や旅行,短期留学・研修やビジネス出張を目的とした移住者と区別している.図1は,日本に

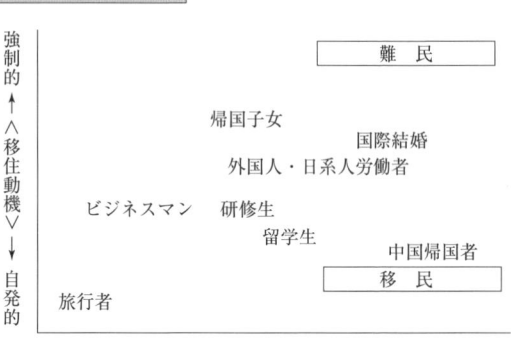

```
強制的
 ↑
∧移住動機∨
 ↓
自発的
```

難民
帰国子女
国際結婚
外国人・日系人労働者
ビジネスマン 研修生
留学生
中国帰国者
移民
旅行者

一時的・短期 ← <滞在期間> → 長期・永住

図1 日本における移住者の分類
(Furnham & Bochner, 1986;鈴木,2006, p.70 を参考に作成)

おける移住者を「移住動機(自発的か強制的か)」と「滞在期間(一時的・短期か長期的・永住か)」の二軸によって分類したものである.図1に示すように,移民と難民は,移住動機とその背景が大きく異なっている.すなわち,移民は,経済的な上昇,福利厚生などの充実した生活,質の高い教育などを求めて,自分の意志で他国に移住した人々をさすのに対し,難民は,対外戦争,民族紛争,人種差別,宗教的迫害,思想的弾圧,経済的困窮,自然災害,飢餓,伝染病などの理由によって,生存の危機に直面する中で,自国の保護を受けることができないため,ほかの国に半ば強制的に移住し,不安定な生活を余儀なくされている人々をさす.

●**移民・難民の適応過程とメンタルヘルス** 移民と難民は,移住にまつわる動機や背景は異なるものの,共通した適応上の特徴を示す.その特徴は①それまでの慣れ親しんだ場所・人間関係・生活・文化から離れるというコミュニティ移行に伴う多様なレベルの喪失体験を有していること,②新たな言語・社会・文化的環境や人間関係のもとで自己実現を果たしていくという環境移行に伴う異文化適応上の課題を抱えていること,③移住先での適応プロセスは,移住者の属性(性,年齢,学歴,社会的地位,外国生活体験の有無,パーソナリティ)や発達段階(母語・母文化の保持の程度,文化的アイデンティティの獲得度,文化受容柔軟性)に応じて異なる経過をたどるなどである.江畑ら(1995)は,特異な生活史的背景をもつ「定住者(移民)」と位置づけられる中国帰国者(日本に永住帰国を果たした中国残留孤児とその家族)の日本社会への適応過程と援助体制を明らかにするためのアクションリサーチを行い,次のような知見を得ている.①孤児・配偶者・

二世のうち，二世群が最も良好な適応パターンを示すのに対し，配偶者群は長期にわたって不良な傾向を示した．②定住1年から2年目にいたる時期が，適応上の困難や危機をもたらすハイリスク期と考えられた．③適応過程を心理・社会・文化の三側面に分けて，その推移をみると，三つの側面が同時平行して推移するのではなく，それぞれが微妙なズレをもって進行していた．④帰国者を援助する側が性急な同化や順応を強いないことが重要である．また，野田（1995）は，移住者・難民を積極的に受け入れているカナダの大規模調査に基づき，移住者・難民のメンタル・ヘルス上の危険因子として，①移住に伴う社会的・経済的地位の低下，②移住した国の言葉が話せないこと，③家族離散・家族からの別離，④受け入れ国の友好的態度の欠如，⑤同じ文化圏の人々に接触できないこと，⑥移住に先立つ心的外傷体験もしくは持続したストレス，⑦老齢期・思春期世代および主婦層の低い順応性をあげている．

以上のように，同じ環境に置かれた移住者でも，出自の違い，移住動機の違い，文化受容度の違いなど，諸々の要因によって，移住の及ぼすインパクトは異なるため，それらを十分に踏まえた理解と援助が求められる．

●**社会統合への支援**　「移民・難民と受け入れ社会の居住者との間の双方向的な適応プロセス」と定義される「社会統合」（国際移住機関，2008）を進めるには，①受け入れ国における共通言語の習得のための教育的援助，②安定した雇用の保証，③コミュニティ内の自助組織育成の援助と社会参加の促進，④家族の再統合，⑤医療・相談サービスの充実，⑥ハイリスク・グループ（老人，思春期，主婦）への特別な援助，⑦偏見・差別低減のための啓発・教育といった条件が必要である（加賀美他，2012）．これに加えて，とりわけ第二世代の子ども・青年に対する「母語教育と母文化の保持」が重要となる．国際移住機関（2008）が行った日本におけるベトナム難民定住者に対する適応調査によると，日本で生まれ育った第二世代の子ども・青年たちの母語の保持の難しさと母語の喪失は顕著であり，母語力の低さが日本語学習や学校教育における停滞，アイデンティティの喪失につながっており，母語や母文化をいかに保持するかの工夫が親にとっての大きな課題となっていた．家庭での工夫だけでなく，学校やコミュニティ活動の中に母語や母文化を保持するための多様なプログラムを用意する必要がある．

移民・難民への支援システムが制度的に整備されていなければ，心理的に適応がなされていたとしても，社会の中での適応を十分に果たすことはできない．援助資源に関わる情報を得ることができなければ，必要なときに適切な援助資源を利用することもできないし，心理的適応もスムーズにいかない．なにより言語によるコミュニケーションが不十分なままでは，定住社会で自己実現を果たすことが困難となる．この三つの問題をどのように解決していくかが，今後の移民・難民の社会統合に向けた支援にとって重要な課題である．

［箕口雅博］

自殺・死別

☞「生と死」p. 118,「死と死にゆくこと」p. 190,「いじめの発達への影響」p. 328

　死別は、ほかの喪失体験と比較してどのような特徴があるだろうか。直感的には、ほかの喪失より大きな衝撃を受ける体験のように思える。しかし、一人ひとりの人生においては、疾患に最も影響される場合もあるだろうし、被災の場合もあるだろう。むしろ、自分の知る人が亡くなるという喪失体験の特徴は、「ほとんどの人が経験する」という事実である。偶然性の高いほかの喪失と比べ、多数の人がライフコース上で必然的に、また、年長者の死別などは、あまり正確ではないものの、その時期を予期しつつ体験する出来事である。それは社会単位でみれば繰り返されるため、経験への対応が慣習化しあるいは文化的な特徴となることがある。

　しかし同時に、自分が経験した死別は、決して他者のそれと同一の経験とは思えない状況がある。故人の生命は、また故人との関係はすぐれて個別性が高く、よく知る人との死別は「唯一無二」の、したがって決して取り戻すことができない喪失として経験される。この経験の唯一性について、また、それが社会・文化的に共有されるプロセスに、多様な心理学的な課題があるといえるだろう。

●**死別の心理学的研究**　川島（2011）は、死の心理学研究の中心的テーマとして、1）死への態度、2）死にゆく過程、3）死別による悲嘆、4）ターミナルケアや死への準備教育の四つの領域をあげている。そして、死別による悲嘆についての研究領域には、フロイト（Freud, S.）、リンデマン（Lindemann, E.）、あるいはキューブラー=ロス（Kübler-Ross, E.）といった古典的研究による悲嘆の「標準的モデル」があり、さらにそれへの批判が寄せられるという展開がみられるという。

　例えばパークス（1996/2002）のモデルは、「心の麻痺」が故人への「切望」に置き換わり、「絶望と混乱」を経て「回復」にいたる段階的過程を呈示しているが、このようなモデルへの批判点は、直線的な回復や、故人との絆を断ち切ることを想定していること、個人内プロセスを強調して社会・文化的な影響を等閑視していること、感情的側面を強調しすぎていること、また、このようなモデルを呈示することで、結果として悲嘆過程を受動的なものとしていることなどである。これに対して近年は、適応パターンの複雑性の重視、故人との象徴的な絆の維持、認知的過程の重要視、死別による悲嘆が当事者の自己認識にもたらす影響、トラウマ体験後の成長、個人的な体験と家族や周囲のグループとの社会的相互体験としての悲嘆を特徴とした「ニューウェーブ」理論（Neimeyer, 2002/2006）の提案がなされていると指摘している。

　死別による悲嘆は健常なプロセスであり、社会文化的に支えられていることも

多い．例えば法要や追悼ミサといった宗教儀式，墓や位牌，あるいは遺品などの物を通して故人を身近に感じる慣習，いくつもの死に関わる物語や死生観にも文化に固有のあり方が指摘されるだろう．

他方，心理・社会的要因によってこの悲嘆プロセスの進行が妨げられることがあり，精神医学・臨床心理学の領域では，特に，複雑性悲嘆の評価と治療の問題について研究が進められてきた．複雑性悲嘆とは，通常考えられるよりも長時間，つらく激しい悲嘆反応が持続し，日常生活に支障をきたしている状態である．ここでいう長時間とは，研究者によってばらつきがあるが，例えば半年以上の継続（Prigerson et al., 2009），あるいは，死別関連障害と名称は異なるが，一年以上の継続をさす．故人への思慕や没頭，分離の苦痛を主たる反応とし，身体疾患や他の精神疾患につながる可能性があり，うつやPTSDと併存しやすいことが知られている．精神科医療，臨床心理学領域においては，薬物療法や精神療法，また複雑性悲嘆治療について報告がなされているが，そのデータ化を担う，複雑性悲嘆の評価尺度も複数開発されている（例えばPrigerson et al., 1995；Shear et al., 2006）．

●**自殺と悲嘆過程**　複雑性悲嘆に関連する要因として，突然の予期しない死や事件などの暴力的な死であること，遺族や故人に，死にいたる出来事の責任があったと受け止められること，死別後に他者の言葉や行為に傷つけられる経験があることなどがあげられるが，これらは自殺に該当することも多い．

自殺で遺された遺族の悲嘆過程について，川野（2011）は三つの領域の課題を指摘している．まず，心身の不調として，上記のように正常な悲嘆反応の範囲を超えているかどうかを，判断することが大切である．ただし，自殺と他の死因の間で一般的なメンタルヘルスの指標，うつ，PTSD，不安，希死念慮に差はないことが指摘されている（Sveen & Walby, 2008）次に，生活の混乱として，死別に伴う諸手続きに十分な情報もなく取り組むことに加え，例えば働き手を自殺で失った場合には収入の確保，相続の問題，さらに過労死裁判を行うなど，福祉や法律の専門的支援が必要となることもある．そして，この二つの領域に強く影響を与えるのが，対人関係の困難である．遺されたものは，自殺に対する周囲の偏見を怖れ，あるいは実際に傷つくことで周囲との関わりを断ち，孤立していくこともある．

逆に，周囲のものは自殺で遺された者と関わり，彼らを傷つけてしまうことを怖れている．このようなディスコミュニケーションの状況をどのように解決していくべきなのか．例えば，2012年現在全国に100近くある，自死遺族の自助グループ・支援グループがさらに活動を広げていくことが，その鍵となっていくのかもしれない．

［川野健治］

22. はかる

【本章の概説】

　心理学では，「はかる」ことに対して多大なエネルギーが費やされてきた．「はかる心理学」が，歴史的にみても，心理学界を席巻してきたといっても過言ではないだろう．例えば，発達についてはかるために発達検査が開発され，知能についてはかるために知能検査が開発され，という具合に，心理学では，人の心が関わる多くの対象についてはかることを試みてきた．はかることは対象を数量化することにつながるが，得られた量的データを分析することを通して，心に関する知見を蓄積してきたのである．そうした試みは一定の成果をあげ，人間理解に資していると思われるが，その一方で，単純化していえば「はかることで本当に人の心を把握できているのか」といった批判も当然なされている．そうした批判の背景には，はかることを通して「はかることができないもの」が浮かび上がってくるということがあろう．だからといって，はかるという試みが無意味であるということはない．何より，はかることをさまざまな形で実践してきたからこそ，はかることができないもの，が生き生きと浮かび上がってくるのである．人の心については，「ある程度」はかることができる，けれども，どうもがいてもはかることができない領域は確かに存在し，その存在こそが人を人たらしめているといえる．

　以上の点について，実際の心理学研究の文脈で説明してみよう．例えば，「態度をはかる」で述べられるように，IATに代表される潜在的態度の測定が主として社会心理学領域で行われているが，そうした測定が，臨床心理学領域で述べられる無意識を把握しているのかといえば，そうとはいえない．だからといって，潜在指標に意味がないということではない．しばしば問題になるように，質問紙尺度への回答の際には，意識的な回答の歪みなどの種々のバイアスが生じうるが，潜在的態度の測定においてはそうしたバイアスが回避可能なわけである．無意識のある領域について，それがたとえ微少な範囲であっても，はかっていることには違いない．また，歴史的にみれば，ユングは言語連想検査（連想実験）において，反応時間をはかり，心のありようについて多面的に分析を試みたわけだが，こうした営為は，はかることをきっかけにして無意識を探っていく試みといえるだろう．はかることは，どんなに批判されようとも，心理学とは切っても切り離せないアプローチとしてあり続けるに違いない．

　本章では，順に，発達，知能，性格，感情，記憶，ことば，学力，態度，脳機能，環境，について，いかにしてはかるのか，という点が論じられる．以下，順に各項目の内容について簡単に触れていく．「発達をはかる」では，発達検査について，検査器具を用いる形式のものと，質問紙形式のものが中心に説明される．「知能をはかる」では，歴史的視点から，知能検査の開発について述べられる．「性格をはかる」では，性格のはかり方として大きく二つの方法をあげ，その具体的な方法について説明される．「感情をはかる」では，心理指標，生理指標，行動指

標の三つの区分から，感情の測定の実際について説明がなされる．「記憶をはかる」では，記憶の分類の説明後，記憶のゆがみについて述べられる．「ことばをはかる」では，言語発達初期，そして学童期の言語能力の測定について説明される．「学力をはかる」では，従来的な紙と鉛筆式のテスト，eテスティング，テストの理論的背景について論じられる．「態度をはかる」では，言語報告に基づく態度測定，潜在的態度の測定に関して述べられる．「脳機能をはかる」では，脳活動の測定として，神経細胞の電気的変化の測定，神経活動に伴う血流変化の測定，について説明される．「環境をはかる」では，環境評価の個人差，文化差，一般的傾向，自然環境と心理的回復などについて述べられる．

　もちろん，上記で，心理学における「はかる」というアプローチすべてをカバーしているわけではないが，心理学の諸分野，そして基礎研究から応用研究まで概観できることと思われる．心に関する多様な対象について，それら対象の特性に応じた多様なはかり方をする，その様子を紹介することが，本章の目的のひとつである．

　以上では，すべて「はかる」というひらがな書きをしてきた．はかる，という文字を変換すると，さまざまな漢字が出てくることがわかるが，本章の内容は，上記に概観したように，主に「測る」という漢字が該当する．そのほかに，「計る」「量る」なども当てはまらないことはない．これらはいずれも測定関係，つまり数値に置き換える，という意味の漢字である．一方，はかる，には，「図る」「謀る」といった漢字も存在する．測定とは意を異にするこれらの同音語の存在は興味深い．前者（測る，計る，量る）はどちらかといえば肯定的な意味合い，後者（図る，謀る）は否定的な意味合いである．数量化するということは，つまりはいろいろと工夫し，努力すること（図る）であり，たくらむこと（謀る）であり，それはときにだますこと（謀る）にもつながろう．心についてはかる，ということが諸刃の剣であることを，同音語の存在が象徴しているかのようである．

　ここで再び冒頭の論点に立ち返ることにしよう．はかることについて詳細に検討することで，はかることの限界が浮かび上がり，結果として，はかることができないことについて洞察が生まれるのである．はかること（はかることができること），はからないこと（はかることができないこと），この双方が車の両輪として機能することが，心理学の発展の機動力となると考えられる．両者が等しいパワーをもってこそ，心理学はしかるべき場所に進むのであろう．これまでの心理学は，心理学全体としてみれば，どちらかというと「はかる心理学」に偏りをみせてきたと思われる．本章もまた，「はかる心理学」に特化しているわけであるが，それはとりもなおさず，「はからない心理学」を照射していることにもなるのである．

[村井潤一郎]

発達をはかる

　知的障害を含む発達障害のリスクのある子どもの発達を評価するには，標準化された発達検査を用いるフォーマルアセスメントと，独自のチェックリストや観察によるインフォーマルアセスメントがある．

●**発達検査**　発達検査は知能検査とは異なり，運動発達や生活習慣などを含み，どの程度の発達段階に到達しているかをみるものである．知能検査のように，検査器具を用いて実際に子どもに実施する形式のものと，保護者や保育者などがつける質問紙形式のものなどがある．一般には，発達年齢（developmental age：DA）を算出し，生活年齢（chronological age：CA）を基に発達指数（developmental quotient：DQ）を表すことができる．すなわち DQ＝DA÷CA×100 で求められ，中央値を 100 としている．

●**子どもに実施する発達検査の例**　新版 K 式発達検査 2001（適用年齢：0 歳 1 か月～成人）は，イェール大学の発達心理学者で小児科医のゲゼル（Gesell, A.）が開発したゲゼルスケジュール（ゲゼルテスト）に基づいてつくられた発達検査である．改訂により 0 歳児から成人までの測定が可能で，姿勢・運動領域，認知・適応領域，言語・社会領域の 3 領域で構成されている．積み木や絵カードを用いて無理なく測定でき，知能検査ほど時間を要しないので，子どもにかかる負担は少ない．

　実際に子どもに実施する総合的な発達検査としては，ほかにあまりなく，わが国では乳幼児を対象とした発達アセスメントに広く使われている．粗点の出し方や発達日齢の出し方がやや複雑であるが，認知発達や言語発達のアセスメントには信頼性も高く，子どものつまずきやニーズを具体的に把握しやすく，療育や教育に生かせる情報が得られやすい．

　また，高機能の自閉症スペクトラム障害児の場合，相互交渉，課題や指示の意図理解などにつまづきを示すため，実際にやり取りをしながら発達検査を実施すると，検査者の指示に従わず，自分のやりたい方法で課題をやろうとしたり，興味がない課題には応じようとしなかったり，表情理解に特異的な反応をするなど，自閉症スペクトラム障害の特徴が浮き彫りになる場合が多い．

●**質問紙形式の発達検査の例**　KIDS（kinder infant development scale）乳幼児発達スケール（適用年齢：0 歳 1 か月～6 歳 11 か月）は，質問紙形式であるため，短時間に評価することができる．保護者や担任が，該当する項目に○をつけて集計する形式の検査である．領域ごとに○の数を集計するだけで，手引きの換算表を用いて簡単に発達年齢などを求めることができる．

評価する領域は，運動，操作，理解言語，表出言語，概念，対子ども社会性，対成人社会性，しつけ，食事の9領域である．このように，幼児の発達全般にわたる評価が可能である．年齢別に分冊になっており，タイプA（0歳1か月〜0歳11か月用），タイプB（1歳0か月〜2歳11か月用），タイプC（3歳0か月〜6歳11か月用）の3種類と，発達遅滞児向きのタイプT（0歳〜6歳児）がある．集計の結果，領域別発達プロフィール，各領域別の発達年齢および総合発達年齢，各領域別の発達指数と総合発達指数を求めることができる．

　質問項目は，家庭でしかわからないこと，保育現場でしかわからないことなどがあるため，現場の保育者や教員と保護者が協力して結果を出す必要があり，互いに，子どもの実態を認識し合うのにとてもよい．子どもに実際に実施するタイプの発達検査と違って，現場で簡単に子どもの評価が可能であり，指導計画や保護者への対応，専門機関の紹介などの手がかりとしやすい．特に発達プロフィールは，各領域別の特徴がよくわかるうえ，通過できている項目，できていない項目がわかるため，指導課題や指導目標を導きやすい．また，相談機関などに依頼して心理検査を行うほどではない，いわゆる「気になる子」の場合，担任がKIDSを実施してみることで，どういう部分が気になるのかを明確化することもできる．ただし，「はい」「いいえ」の判断基準が曖昧なため，実施者によって結果がばらつく危険性もある．

　これまでは，津守・稲毛式乳幼児精神発達質問紙が広く知られていたが，改訂版が出されないため，最近はKIDSが広く用いられるようになっている．

●**インフォーマルアセスメント**　標準化されていないものを用いて発達を評価することをインフォーマルアセスメントという．インフォーマルアセスメントはフォーマルアセスメントと異なり，独自のチェックリストなどを用いて評価することができる．また，一定期間，行動観察を行ったり，フォーマルアセスメントで用いる標準化された検査を部分的に用いたりすることもできる．このように，アセスメントに必要な項目のみを実施することで，膨大な項目を実施する必要がなく，時間もそれほどかからずにすむ．独自に体系化した検査項目などを使用すると，教育・保育の計画や目標を抽出しやすいことなども特徴としてあげられる．しかし標準化されていないため，他機関でのデータと比較したりすることができない．

●**発達の評価と指導の評価**　子どもの発達の評価は，子どもの能力を測定するものではなく，これまでの発達の傾向と特徴を知ることと，定期的に実施して比較することで，指導や指導計画の適切性，妥当性を評価するためのものである．次の指導計画に活かすための発達アセスメントとは，指導者側の指導の振り返りであるととらえたい．

［伊藤英夫］

知能をはかる

　知能をはかる試みが始まったのは決して古いことではない．知能は人間の個性の一つの側面だが，重視されるようになったのは近代になってからのことである．

●**ビネによる知能検査の発明**　知能をはかる試みは，近代心理学の始まりと歩調をあわせて始まった．アメリカの心理学者・キャテル（Cattell, J. M.）は「Mental Test（直訳すると精神検査）」という語をつくり（1890），いくつかの小さい測定項目を組み合わせて目的を達成しようとした．しかし，成人を対象に要素主義的な項目を用意しても，目的は達せられなかった．19世紀末のフランスでは知能遅滞児は何らかの検査なしに特殊学校に入れられることがないようにする，ということが決定され，知能をはかる検査のニーズが高まっていた．

　ビネ（Binet, A.）は，子どもの単純な反応ではなく，注意，判断，推論，記憶などの高次の機能を把握できる項目を集めた．また，彼は，「年齢による知的水準の違い」に着目し，知能検査を受けた子どもが，標準的な年齢でいえば何歳か，を把握するようにして，目の前の子どもが実際の年齢（生活年齢）からどれくらい遅れているかを把握しようとした（1905）．3年後の改訂版では精神年齢という表示方法を工夫した（1908）．

ビネ

●**ビネ式検査の普及とIQの誕生**　ビネ式検査は1905年に発表されると，数年の間に近代化した諸国に広がっていった．ベルギーでは1906年にビネ式知能検査を用いた研究が行われているし，イタリアでは1906年に，アメリカと日本では1908年に，それぞれ研究発表がなされた．ベルギーですぐに実用化し得たのは同じ言語使用圏だったことが大きい．逆にいえば他国では，知能検査を翻案する必要があった．単なる翻訳ではなく，文化的に等価であるように項目などを整備する必要があったのである．知能がはかれるという立場であったとしても，まったく同じモノサシではかることがナンセンスであることは自明のことであった．

　こうした中，結果の表記についてもさまざまな改変がなされた．例えば，5歳の子が2歳遅れているのと，11歳の子が2歳遅れている，というのでは，意味が異なる．そこで「精神年齢÷生活年齢」によって結果を表現する提案をしたのがドイツのシュテルン（Stern, W. L.）であり（1912），算出される数値のことを知能指数（IQ）とよぶ．このIQという結果の指標を実用に取り入れたのは，スタンフォード＝ビネ検査を開発したアメリカのターマン（Terman, L. M.）であ

る（1916）．

当時のアメリカは移民を受け入れる国だったが，増え続ける移民に頭を悩ませていた．そこで，一定の知能以下の者は受け入れないという方針がとられ，東海岸のエリス島において，ヨーロッパからの移民に対して知能検査を行い，その結果が芳しくない者について移入を認めないという政策がとられたことがあった．ここにおいて，ビネの最初の考えである，さまざまなタイプの子どもに最適な教育を与える，という社会包摂的な考えはまったく失われてしまい，異質なものを排除するために知能検査が用いられたということができる．知能検査の創案者・ビネの立場を尊重するなら，知能をはかることによって，人を排除・排外するようなことは二度とあってはならないといえるだろう．

● 新しいかたちの知能検査の出現

第一次世界大戦が始まるとアメリカ陸軍は新兵の知的能力を選別するために，心理学者たちに依頼して集団式知能検査を開発した（1917）．英語を理解できる人向けの α 版とそうでない人向けの β 版があった．知能検査の対象が成人になり，集団式が開発されたのである．1939 年には，すでにビネ式の知能検査に習熟していただけではなく，さまざまなタイプの知能検査の開発経過にも通じていたウェクスラー（Wechsler, D.）が新しい知能検査を開発した．言語性検査と動作性パフォーマンス検査という二つの領域に分けて結果を出すことができる．結果は知能偏差値という形で算出されることになった．つまり，同一年齢の中の相対的な位置が結果に反映されることになり，この考え方はビネの考え方とはまったく異なるものになっている．ただし，ウェクスラー検査の結果もそれまでと同様 IQ という名称で表されることになっている（表1）．

表1　知能検査関連年表

1890	キャテル	メンタル・テストという語をつくり項目を整備
1905	ビネ	シモンと共同で，実用に耐える知能検査の開発
1908	ビネ	知能検査改訂版で結果の表示を精神年齢で表記する
1912	シュテルン	知能指数という概念と知能指数算出の公式を創案
1916	ターマン	ビネ＝シモン式検査を改変して結果表示を知能指数にする
1917	ヤーキス	陸軍で集団式の知能検査を開発
1939	ウェクスラー	新しい知能検査の作成．知能偏差値による結果表示を導入

● ビネ検査の変貌と日本における知能検査　ビネ式検査は 1937 年，1960 年の改訂を経て，1986 年の第四版において，全面改訂となった．第四版においては，基本概念である年齢尺度や精神年齢は廃止され，因子構造モデルの検査へと変貌を遂げている．なお，日本では，1908 年に三宅鉱一がビネの 1905 年法を紹介．その後，田中寛一と鈴木治太郎が，それぞれスタンフォード＝ビネ検査の日本版を標準化した．現在，田中寛一の流れをくむ田中教育研究所がビネーVを開発して使用に供している．

[サトウタツヤ]

性格をはかる

　人の行動に他者と比較して独特のパターンがあって，それが時間や場面を超えて一貫しているようにみえる現象を性格とよぶ．そうした行動のパターンは，その人の内部にある生理的心理的過程やその人をとりまく状況の力からつくられるシステムの結果であって，そうしたシステムをパーソナリティとよぶ．しかし「明るい性格」そのものやそれを生み出すパーソナリティのシステムを直接見ることはできない．そこで性格をはかるときにはその人の行動など「直接目に見えるもの」を経由してはかることになる．そのはかり方には大きく分けて二つある．

●**二つのはかり方**　性格のはかり方の一つめは，はかりたい性格の概念と関係の深い行動（性格関連行動）をある程度の数みつけておいて，それらの行動をその人がどの程度もっているかを調べ，もっている数やその程度から性格をはかろうとするものである．このとき，その性格概念と関係のある行動をことばで列挙したリストのことを性格の尺度とよぶ．性格の尺度は特定の性格概念を測定するために単独で使われることもあるし，いくつもの尺度を組み合わせた質問紙法性格検査としてその人の性格全体をはかるために用いられることもある．

　性格のはかり方の二つめは，それ自体は性格と直接関係がないが，間接的に性格と関係することがわかっていることについてはかり，そこから性格を推測しようとするものである．体格は性格とは直接関係がないが，体格によって性格が異なることがあらかじめわかっていれば，体格をはかった結果から性格を推測できる．投影法や作業検査法，実験法などの性格検査はこれにあたる．

●**信頼性と妥当性**　性格の尺度が実用になる条件には信頼性と妥当性がある．信頼性とは，その尺度によって得られる性格の測定値が尺度の項目ごと，はかる場面や状況ごとでフラフラ変化しないことをいう．信頼性は尺度項目間の関係を分析したり（内的一貫性）測定を繰り返したときに結果が変化しないかを確認したり（再検査信頼性）することで調べることができる．

　一方妥当性とは，その尺度が測定したい性格の概念をきちんとはかっていることで，例えば「外向性」の尺度が外向性をきちんとはかっているならば，その尺度には妥当性があるという．妥当性はその性格概念と関係する別の指標との関係を確認したり（併存的妥当性），尺度の測定値から将来の性格関連行動が予測できるかを分析したり（予測妥当性）することで調べることができる．

●**質問紙法性格検査**　性格をはかる道具の中で最もよく用いられる質問紙法性格検査では，性格概念をはかるための尺度項目を紙に列挙して，その一つひとつが自分にあてはまるかどうか記入してもらい，その結果を集計したものを性格の測

定値とする．質問紙法性格検査は手間や費用がかからず信頼性が高いことで多用されるが，対象者の言語能力に影響を受けやすいことや意図的に嘘の回答ができることなどから妥当性には限界がある．代表的な質問紙法性格検査にはY-G性格検査，MMPI，エゴグラムなどがあり，個別の性格尺度の多くも質問紙法として実施される．

●**投影法性格検査** 何が描かれているか一目ではわからない絵画や意味のわかりにくいイラストなどは人によって違って見えることがあるが，そうしたあいまいな刺激の認知のしかたと性格とを関係づけて性格をはかろうとするのが投影法性格検査である．ロールシャッハ・テスト（使用される図版のイメージを図1に示す）では無意味なインクの染みが何の形に見えるかで性格をはかろうとするし，TAT（絵画統覚法）ではイラストに書かれている情景の解釈から性格を推測する．投影法性格検査には信頼性と妥当性のいずれの面からも批判が多いが，対象者の無意識の領域をとらえることができる検査として臨床現場ではよく使われている．

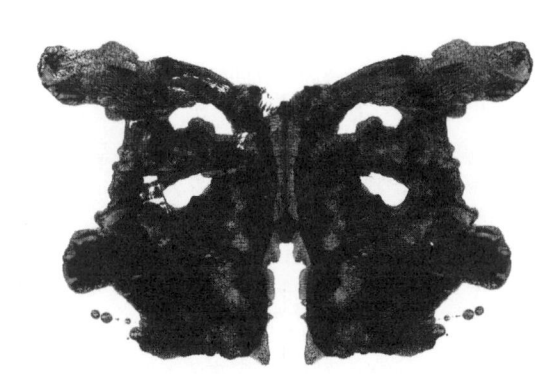

図1　ロールシャッハ・テスト図版のイメージ（矢野良介作成）

●**作業検査法と実験法による性格検査** 単純な作業をさせたときの仕事量や時間の経過による仕事量の変化，ミスの数などから性格を推測しようとするのが作業検査法性格検査である．内田クレペリン精神検査は1桁の足し算の作業量が30分間にどう変化するかから性格をはかろうとするもので，適性検査としても広く用いられている．より実験的な場面での行動や反応から性格を知ろうとするのが実験法性格検査で，潜在的連合テスト（IAT）が新しいタイプの性格検査として注目されている．作業検査法，実験法ともに信頼性の高さが特徴である．

●**性格検査の限界** 性格は状況を超えた一貫性をもつと考えられ，性格をはかる手段もそれを前提としている．しかし最近では性格に状況が与える影響が重視されることが増え，性格検査の結果が測定場面の影響を受けることも意識されてきた（渡邊，2010）．性格をはかった結果から別の場面での性格を理解しようとするときには状況によって性格が変化する可能性にも留意する必要がある．

[渡邊芳之]

感情をはかる

　感情をはかるための手法は，大きく心理指標，生理指標，行動指標の三つに分類することができる．これらの手法はいずれも長所と短所があり，各々の性質をよく理解したうえで，状況に応じて使い分ける，あるいは組み合わせることが望ましい．

●**心理指標**　心理指標は，SD法を用いた質問紙（尺度）が広く普及している．測定結果は多変量解析法により分析され，感情を構成する下位因子が明らかにされている．因子の構成は質問紙によりさまざまだが，比較的多くの研究で共通して見出されているのは，快-不快，高覚醒-低覚醒の2軸である（Russell, 1980；Schlosberg, 1954）．心理指標は，意識的な測定値の操作が可能であり，客観的な測定とはいえない側面がある．また，感情の表出に関しては，文化や社会的文脈の影響により，特定の感情（怒りや嫌悪など）を表出しない傾向の存在が指摘されており，研究内容によっては，そのような影響を避けがたい．しかし，質問紙法による感情測定は，その利便性とコストにおいて，他の二手法にくらべ圧倒的に優位であり，いずれの研究領域でも感情測定の中心となる．また，罪悪感や羞恥心といった高次の感情を他手法で検討するのは困難であり，このような感情の測定は質問紙法によってのみ可能である．心理学領域で開発される質問紙の多くは特性（人格）の測定を目的としたものであり，感情状態を測定対象としたものは数が限られる．感情測定に広く用いられている質問紙として，STAI（水口他，1991）やPOMS（横山・荒木，1994）があるが，これらは不安や緊張などのネガティブな感情を中心に構成されており，適用範囲が限られる．より広範な感情状態を測定するものとしては，多面的感情状態尺度（寺崎他，1992），一般感情尺度（小川他，2000），三次元感情状態尺度（城，2008）などがある．

●**生理指標**　動物は緊急事態に遭遇すると，鼓動や呼吸が速まる，末梢の血管が収縮する，手に汗をかくなど，さまざまな生理反応を生じる（Canon, 1929）．感情の喚起と生理的反応は必ず同時に生起するため，その変化から感情状態を推定することが可能である．感情が喚起された際，身体に生じる反応はさまざまであるが，主に中枢神経系の活動を対象とした指標，自律神経系の活動を対象とした指標に分類することができる．特に後者については，感情喚起時の変化が日常体験として理解しやすく，自律の名が示すとおり意図的な制御が難しい（嘘をつけない）ことから，客観的な感情の指標として古くから用いられてきた．また，質問紙による調査が，回想法に基づく一定期間の代表値であるのに対し，生理指標は秒単位での変化を追うことができ，時間分解能が高い．しかし，測定機器が高

価で扱いに熟練を要するため，測定コストが高い点が問題である．また，定常状態だけでなく，負荷時の反応量にも個人差が存在すること，季節や概日リズムにより測定値が影響されることにも留意が必要である．自律系生理指標には，心電図から導かれる心拍数，発汗活動を反映する皮膚コンダクタンス，末梢の血管収縮を反映する光電容積脈波，腹部の運動から呼吸の頻度を算出する呼吸数などがある．心電図や皮膚コンダクタンスが，電極やペーストを直接皮膚に用いる必要があるのに対し，光電容積脈波や呼吸活動は，光センサーやストレインゲージなどの変換器を介するため，装着時の精神的負担が比較的少ない．測定値は，通常 A/D 変換装置でデジタル化され，コンピュータに取り込まれるが，その手続きは煩雑でコストも高い．生理的感情測定で，コストパフォーマンスに優れるのは，市販の健康管理用血圧計を流用する手法である．血圧は心臓機能と血管機能の双方を反映し変化するが，多くの血圧計では収縮期，拡張期血圧に加え心拍数の変化も測定可能である．

●**行動指標** 行動指標とは外部から観察可能な反応のことであり，表情，姿勢，しぐさ，音声，対人距離などが該当する．表情研究で著名なエクマンは，文化や生活圏を超えた共通の感情として，恐れ，驚き，怒り，嫌悪，悲しみ，喜びがあり，これら6種類の基本感情には，対応する特有の表情が存在するとし，表情を符号化するためのシステム FACS（facial action coding system）を開発した（Ekman & Friesen, 1978）．ビデオカメラなどにより表情を経時的に撮影し，FACS に基づき顔面の変化を数値化することにより，感情の変化を定量化可能である．表情に関しては，顔面筋電図を使った測定も可能である．測定対象は，眉皺筋，上唇挙筋，眼輪筋，口輪筋，大頬骨筋などであり，眉皺筋や上唇挙筋は不快感情により，大頬骨筋や口輪筋は快感情により，活動が増加する．姿勢やしぐさに関しては，ビデオ撮影や重心動揺計を用いた研究に加え，近年はモーションキャプチャーや加速度センサーを用いた研究が存在するが，心理学領域における適用例は少なく，感情との関係については，いまだ不明確な点が多い．

●**考慮すべき事柄** 上記いずれの指標においても，測定値には個人差が大きく影響する．感情喚起の度合いを知ることを目的に，なんらかの介入（映像刺激の提示など）を行う場合，介入前に基準値（ベースライン）を測定しておくことが重要である．また，可能であれば，介入後の回復過程も測定することが望ましい．課題に対する期待や不安が測定値に影響するため，課題終了後の方が，基準値として妥当である可能性があるためである．また，ネガティブ感情を扱う場合，刺激呈示中だけでなく，提示後の感情の持続が，しばしば精神的健康上の問題となる（伊藤，2004）．このような点からも，回復過程の測定は行われるべきである．

［長野祐一郎］

記憶をはかる

　記憶というと，昨夜の夕食の会話の記憶や幼い時代の自伝的記憶，といったイメージが浮かぶが，これは記憶現象の一部でしかない．ごく短時間しか残らない情報，日常的にはほとんど意識にのぼらない習慣や癖，そして文化的背景に根ざす所作も，すべて記憶という現象の枠組みに含まれることを知ることは，記憶を理解するために必要である．ここでは，まず人間の「記憶をはかる」うえで重要な記憶の分類に触れ，さらに人間に特有な記憶現象をはかる手法の一つを紹介する．

●**感覚記憶・短期記憶・長期記憶**　外界の情報は，目，耳，鼻，舌，手や皮膚などにある各感覚受容器から入力され，脳内での多様な処理を経てはじめて主観的に体験される．この一連の流れの中で，情報はまず一時的に感覚受容器に保持されるが，これを感覚記憶という．視覚系の感覚記憶はアイコニック・メモリー，聴覚系の感覚記憶はエコイック・メモリーともよぶ．我々は実際に思い出せるよりも多くの情報をこの感覚記憶に保持することができるとされているが，その保持時間は感覚系によって異なるものの数百ミリ秒から数秒と短い．感覚受容器から入力された情報は，一時的に貯蔵される．「1, 3, 2, 8, 4, 5, 2」という数字の配列を覚え，すぐに目を閉じて復唱できるだろうか．これが短期記憶である．短期記憶は数分から数時間経てば思い出せなくなるが，リハーサルを行うことで，長期記憶に転送される．自宅の電話番号は意識せずとも数え切れないほどの回数のリハーサルが行われており，長期記憶として永続的に保持されている．

●**宣言的記憶・非宣言的記憶**　米国の心理学者スクワイヤー（Squire, L. R.）らは，長期記憶を大きく宣言的記憶と非宣言的記憶に分類した（Squire, 1987）．両者の区別は，宣言（陳述）すなわち言語化が可能かどうかでなされる．ここで，我々が一般に記憶と考える現象の多くは宣言的記憶に含まれるものである．昨夜の夕食のメニューや，友人との会話，幼少時の自伝的記憶にいたるまで，思い出して他者と語らうことが可能な記憶はエピソード記憶とよばれ，宣言的記憶に含まれる．エピソード記憶の一部は長期にわたって一貫した情報，例えば「太陽」「りんご」といった意味記憶とよばれる記憶となると考えられるが，これも宣言的記憶に含まれる．

　一方，非言語的な記憶も我々の日常生活を支えている．文字を書くとか，自転車に乗る，コンピュータで文字を打ち込む，といった行動は，言語のみを介して他者にその手続きを伝えることは困難である．こうした活動そのものもまた記憶であり，非宣言的記憶である手続き記憶に含まれる．歯を磨く，着替える，髪を

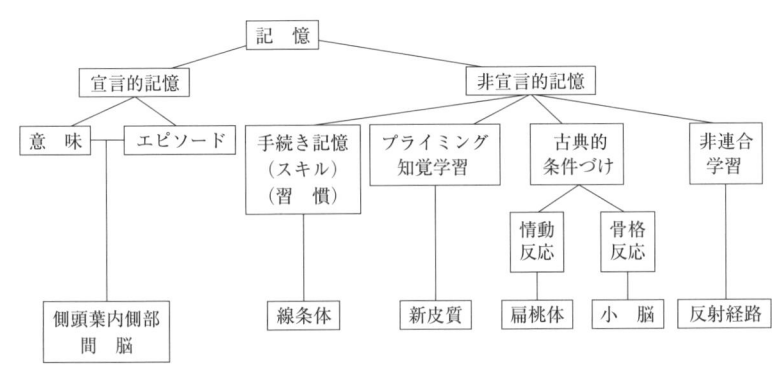

```
                          記 憶
                 ┌─────────┴─────────┐
              宣言的記憶              非宣言的記憶
           ┌────┴────┐       ┌────┬────┬────┬────┐
         意味   エピソード  手続き記憶 プライミング 古典的   非連合
                         (スキル)  知覚学習  条件づけ   学習
                         (習 慣)              │
                                        ┌────┴────┐
                                       情動      骨格
                                       反応      反応
           │                │         │       │    │     │
        側頭葉内側部        線条体    新皮質  扁桃体 小 脳 反射経路
          間 脳
```

図1　長期記憶の分類と関連脳部位（Squire, 2004 の p.173 より改変）

整える，鍵をかけて外出するなど，早朝の活動に限っても多くの手続き記憶が存在する．手続き記憶は反復を経て自動化あるいは内部モデル（Kawato, 1999）化されたもので，その複雑な一連の動作は意識されることなく遂行される．我々は反復を介して自動化のうえに自動化を積み重ねて，より複雑な活動を行うことができる．手続き記憶は，動作を伴う可視的活動ばかりではない．数的暗算のような内的処理の活動も反復を経て自動化されている．こうした思考内の自動的活動も手続き記憶である．言語的な意思伝達機能が相対的に未成熟な幼児，児童にとって，言語に対する依存度が小さい手続き記憶を介した学習は有効である．

以上のように，記憶にはさまざまな分類があり，それぞれの記憶に対応する脳部位も異なることが想定されている（図1）．したがって記憶を簡便な手段で包括的にはかる，すなわち評価することはできない．臨床場面などで用いられる記憶テストまたは知能テストは，我々の記憶現象のごく一部を測定・評価するものと認識する必要がある．

●人間の記憶に特異的な記憶現象（虚記憶）の検出　人間は，文法構造を有する言語を操る能力を得たことで，ほかの動物に比べて特殊な情報処理能力を得た．これにより，人間の記憶がゆがむという現象が生じたと考えられる．人間の記憶は，覚えたり，思い出す過程でゆがむことが知られる．こうした，人間に特異的と考えられる虚記憶を評価する手法がDRMパラダイム（Roediger & McDermott, 1995）である．同手法では，一連の関連する語群を提示されると，後にそれに密接に関連する語が，先に提示された語であると判断してしまうという虚記憶を評価することができる．例えば，「火事，台風，遭う，事故，保険，運命，危険，不幸」などの一連の語を提示され，その後再認テストで「災害」という語が先に提示されたか聞かれると，これを「提示された」，とする記憶が虚記憶である（宮地・山, 2002）．人間の高次認知処理を背景としてみずからの記憶がゆがんでしまう一例である．

［小林剛史］

ことばをはかる

　ことばは，音韻（正確な発音と弁別），語彙，文法（単語の形態に関する知識と統語），語用（文脈に応じた適切な言語使用）など，いくつかの領域に分けて考えることができる．さらに現代社会では，読み書きもまた言語能力の重要な一要素である．「ことばをはかる」ときには，そのそれぞれについて測定・評価することが必要になる．本項ではこの中から語彙と文法発達に焦点をあて，言語発達初期と学童期それぞれで，これらの言語能力がどのように測定されるのかみていくことにしよう．

●**言語発達初期の「ことばをはかる」**　幼児期初期の言語発達の指標として，これまで平均発話長（mean length of utterance：MLU）が用いられてきた．MLU は，1回の発話に含まれる，単語の構成要素である形態素の数の平均値である．子どもの自然な場面での発話を一定数集めて書き起こし（通常は100発話程度），平均することにより算出される．英語圏の研究では，MLU は文法，とりわけ統語発達の指標となることが知られており（Brown, 1973），日本語の場合も，初期段階では MLU が助詞・助動詞の獲得などの文法発達の指標と関連があることが確かめられている（小椋他, 1997）．現在では，CHILDES（child language data exchange system）という，言語データの標準入力フォーマットと分析プログラムが開発されており，MLU の計算はこのシステムを用いるのが一般的である．また，CHILDES は MLU の算出以外にも多様な分析に活用されている（MacWhinney, 2000）．CHILDES にはさまざまな言語データもデータベース化されて共有されており，言語間の比較も容易である．

　また，発達初期の子どもの語彙発達を評価する指標としては，マッカーサー乳幼児言語発達質問紙（MacArthur-Bates communicative development inventories：MCDIs）（Fenson et al., 1993）が知られており，日本語版（JCDIs）も開発されている（小椋・綿巻, 2004；綿巻・小椋, 2004）．JCDIs には「語と身振り」と「語と文法」という二つの版が用意されており，それぞれ8～18か月，16～36か月児に適用される．各版ではさまざまな語彙カテゴリーからなる単語がリストアップされ，それぞれについて表出（子どもが自発的に産出する語彙）と理解（子どもが理解できている語彙）を親にチェックリスト形式で答えてもらう．言語発達の先駆けとなる指標となる身振りから，文法発達の指標となる助動詞などの語彙まで含んでおり，言語発達初期の状況について，親からの情報に基づき比較的容易に，客観的に知ることができる．MCDIs も CHILDES と同様に多くの言語で利用されており，結果を比較することにより，言語ごとの発達の特徴が明らかに

されつつある.

●**学童期の「ことばをはかる」**

これまでも，幼児〜学童期の子どもたちの言語能力を査定するために多くの検査が用いられてきた．その多くは古典的テスト理論とよばれる共通の考え方に基づいてつくられている．ビネ検査をのぞく古典的テストでは，すべての受検者に同一の問題を呈示し，正答できた項目への配点をもとに受検者の能力をテスト得点として表す．そのため，受検者の負担を軽くしようとすれば問題数を減らさざるを得なくなって測定の精度は低くなり，逆に，精度を高めようとすれば問題数を多くしなければならず，受検者の負担

図1 適応型検査のフローチャート

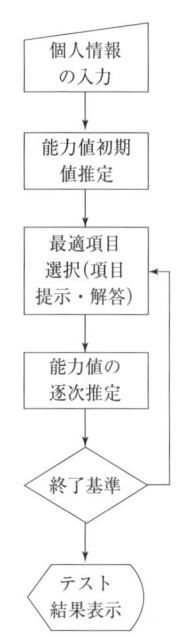

図2 ATLAN 語彙検査の問題例

図3 ATLAN 文法・談話検査の問題例

が増す．古典的テストのもつこうした難点を改善する方法として，項目反応理論に基づいた適応型検査が考えられている．適応型検査では，あらかじめ多数の問題を用意しておき，図1のフローチャートに示すように，子どもたちの反応に応じて最適な困難度の問題を出題していく．これを繰り返し，一定の基準に達した時点で検査は終了する．

ここで紹介する ATLAN（adaptive tests for language abilities）は，インターネットを活用した適応型の言語能力検査である（高橋・中村，2009；高橋他，2012）．ATLAN は語彙，漢字，文法・談話などの下位検査からなっている．図2に語彙検査の，図3に文法・談話検査の問題例をあげる．井坂ら（2012）は，小1〜高3の聴覚障がい児童・生徒にこの検査を実施し，漢字はおおむね平均レベルであるものの，語彙は1年〜数年の遅れ，文法に関しては高校生でも小学校低学年レベルの問題に間違えるというように，きわめて特徴的なプロフィールを描くことを明らかにしている．このように，ATLAN は子どもたちの言語発達の特徴を知るうえで実用性の高いツールとなっている．検査の詳細については Google などから「atlan」で検索することにより知ることができる．

[高橋 登]

学力をはかる

　学力は，知能とは異なり，高度に発達した人間社会で生きていくうえで必要となる基礎知識をさす．言い換えれば，学力は，社会が，社会の成員に対して，獲得し伸長すべきであるという要請が強い能力の一群である．したがって，時代や文化によって定義される学力の内容は異なっている．しかし，現在のところ，わが国における学力とは，学習指導要領が示す内容とほとんど同義である．狭義には，小・中・高等学校で習う教科内容とほとんど同一である．

　さて，学力をはかるための最も古典的な方法は，紙と鉛筆式のテスト（ペーパーペンシルテスト，P&Pテスト）を受検者（対象者）に解答してもらうことである．テストには，通常，数十の項目（問題）が配されており，それらの項目に対する正答/誤答を採点した結果を，各受検者の学力とする．そういったテストをしばしば客観式テストという．

●**妥当性と信頼性**　テストには妥当性と信頼性が重要である（池田，1994）．妥当性とは，当該テストが，測定対象をしっかりと測定できる内容になっているかどうかである．英語のテストをつくる目的で，項目がすべて計算問題であったら当然ながら妥当性は低いことになる．教科教育の専門家の観点から，テストの妥当性が満足できるものでなくてはいけない．また，信頼性とは，結果の精度や再現性のことである．例えば，身長計や体重計は，同じ身長や体重をもつ二人に対してほとんど同じ結果を返すことができる（精度）．また，何度測定してもほとんど同じ結果である（再現性）．つまり，身長計や体重計は信頼性が高い測定道具である．しかし，テストは，同じ学力の二人の受検者にいつも必ず同じ得点を返すことができるほど信頼性が高くないし，測定するたびに得点が変動する．テストの信頼性を身長計や体重計なみに高くすることはほとんど不可能であるが，ある程度の信頼性は必要である．信頼性は，信頼性係数で評価する．最もよく用いられる信頼性係数は，アルファ係数とオメガ係数である（荘島，2010a）．

●**eテスティング**　昨今は，従来のP&Pテストではなく，IT技術を用いたテストも盛んである．それらを総称してeテスティング（植野・永岡，2009）という．代表的なものはコンピュータを用いたテスト（computer-based test：CBT）である．CBTでは，受検者が使用するコンピュータによって不公平が生じないようにIT環境を受検者に一様に提供できるか，ウイルスによって情報が漏えいしないか，などの課題がある．しかし，一方で，結果が瞬時にわかる，音声や動画を利用した項目を用いることができる，などの長所がある．音声を使ったテストは，主に外国語のリスニングテストであるが，鳴き声を聞いて動物や昆虫をあて

る小学生の理科のテストに使ってもよい．また，動画を用いる項目とは，地学のテストで天気の変化を表示したり，近現代史のテストでドキュメンタリーをみせてビデオの中で起きている事件の背景を答えさせるなど，さまざまな使い方を考えることができる．

また，CBTでは，必ずしも受検者の全員に同じ項目セットを解答してもらう必要がない．コンピュータを用いると，項目に正答/誤答するたびに受検者の暫定的な学力を評価することができるので，例えば，正答するたびにより難しい項目を，誤答するたびによりやさしい項目を提示していくことができる．したがって，高学力者には相対的に難しい項目ばかり提示し，低学力者にはやさしい項目ばかり提示することができる．その結果，P&Pテストよりもずっと少ない項目数と短い時間で学力を効率的に評価することができる．そのように，各受検者によって適応的に対応する仕組みをコンピュータ適応型テスト（computerized adaptive test：CAT）という．

●テスト理論　eテスティングを運用するにあたっては，大量の項目に関する情報を項目バンクに蓄積しておく必要がある．それらの情報は，各項目の形式や測定内容から，正答率（難易度）や識別力（項目-和得点相関）などの統計情報まで多岐にわたる．また，テスト理論（池田，1994）による分析結果も蓄積しておく．具体的にはテスト理論とは，項目反応理論（item response theory：IRT；豊田，2002；村木，2011）である．IRTでは，困難度・識別力など項目ごとの個性を考慮した統計モデルである．IRTは，eテスティングの背景理論として用いることができるだけでなく，学力の経年変化やテスト同士の比較を行うことができる．

ところで，IRTは，学力を連続尺度上で評価するテスト理論であるが，学力を段階評価するテスト理論としては，潜在ランク理論（荘島，2010b）がある．潜在ランク理論では，テストが学力を連続尺度上で評価するほど解像度が高い測定道具ではないという前提をおく統計モデルである．段階評価では学力を5～20レベルくらいで評価し，各評価がどのような学力内容に対応しているかについてCan-Doステートメントを作成することが重要である．

以上，P&Pテストおよびeテスティングについて重点的に解説してきたが，それらはいずれも客観式テストである．最近では，多様な学力観を反映して，面接試験や実技試験など，客観式テストではとらえきれない豊かな受検者の学力を測定する試みが増えている．その一つの現れとして，大学入試にAO入試が増えてきたことがあげられる．AOとはアドミッション・オフィスの略であり，各大学の入試業務を専門的に取り扱う部署である．AO入試の内容は，各大学によってさまざまであるが，例えば，小論文試験，面接試験，実技試験，一芸入試などがとり行われ，各大学の入学者受け入れ方針（アドミッションポリシー）に従って合否が決められる．

［荘島宏二郎］

態度をはかる

　態度とは，人物，集団，価値，制度といった対象に対する「よい－悪い」といった認知的判断や「好き－嫌い」といった感情を含んだ評価と考えられる．態度はこの感情と認知に行動を加えた3成分を想定している．このため態度は対象への行動を媒介する変数であり，反応への先有傾向，準備状態ともとらえられる．

●言語報告による態度の測定法　よって，態度は感情・認知・行動の3側面から測定される．感情反応は表情の筋電図や脳波測定など生理的指標により測定できるし，行動も直接観察できる．しかし最も簡単で一般的なのは質問紙法による3側面の自己報告である．リッカート法では，対象に対する考えや意見を表す記述文を複数用意して，その賛否を「非常に賛成」「賛成」「どちらでもない」「反対」「非常に反対」などの多段階尺度で回答させ，得点化して合計する．対象への感情・認知・行動を表す記述文について，経験する頻度やあてはまる程度を多段階尺度で回答させることもある．

　サーストン法では，多数の態度記述文（候補項目）について予備調査で複数の評定者に11段階くらいで評価させ，その中央値を各項目の尺度値としてほぼ等間隔に配置されるように20個ほどの項目を選定する．そのうえで改めて調査対象者に自分の同意できる項目を選択させ，その平均値ないし中央値を態度得点とする．

　SD法では，反対語を伴う形容詞対（例えば，明るい－暗い）を複数用意して対象を評定させる．一般的には因子分析法により調査対象者が共有している評価次元を抽出し，次元ごとに評価を得点化する．

●態度概念と測定の問題点　態度の定義によれば，態度と行動は対応関係にあり一致していることが前提となる．しかし態度概念の最大の問題は，測定した態度指標と観察した行動指標の不一致，すなわち行動予測の妥当性の乏しさにある．その理由として，私たちが明確な態度を保持したり，自覚していることが実は少ないことがあげられる．その証拠に，認知的不協和理論やフット・イン・ザ・ドア・テクニックなどの説得技法の研究では，研究参加者が自分の態度変化に気づいていないことが指摘できる．

　また態度の測定は測定時の状況に影響を受ける．例えば晴れた日に人生に対する態度ともいうべき"人生への満足度"を尋ねると，ポジティヴ・ムードの誤帰属によって雨の日より肯定的に回答する．また"最近のデートの回数"を尋ねた後に"人生への満足度"を尋ねると，両者の間には正の相関が認められる．回答の順番を逆にすると相関は消える．このような先の質問の回答が後続の質問の回

答へ影響を与えることは"キャリー・オーバー効果"として知られている．

さらに，態度の測定は調査対象者の動機によってもゆがめられる．質問紙により測定された偏見が差別行動を予測しないのは，偏見をもつことを現代の平等主義的社会は否定的にとらえるため，社会からの非難を避けようとしてその表出を控えるからと考えられる．"社会的望ましさ"の尺度を同時に実施して，態度指標との相関が高い場合には慎重に解釈することが要求される．ただし，これはゆがみ自体を除くものではない．あからさまな表現（例えば「人種間のデートは避けるべき」）ではなく，微妙な表現（「黒人差別はもはや問題ではない」）の項目を用いて隠れた偏見を測定する尺度（例えば，Modern Racism Scale）も開発されている．

●潜在的（間接的）測度による潜在的態度の測定　言語報告に基づく測定では，自分の態度を調査対象者が意識し自覚していることが前提となる．しかし本人は意識していないが行動としては表出される潜在的態度が，測定方法とともに注目されている．IATはその一つで，単語をカテゴリーに分類する際の速さに基づいて概念間の連合の強さを測定する．課題は，画面中央に提示される単語を左右のカテゴリーのどちらかにキー押しで正確に速く分類することである．図1の左右の課題でカテゴリーの組合せが異なっている点が重要である．黒人に対して否定的な態度を持っている人ほど，左の課題は困難で遅く，右の課題は簡単で速くなると仮定し，両者の反応時間の差を潜在的態度の指標としている．

黒　人	白　人		白　人	黒　人
あるいは	あるいは		あるいは	あるいは
快	不快		快	不快
幸　運				JASMINE

図1　黒人に対する潜在的態度を測定するIATの例
（注：JASMINEは黒人に典型的な名前である）

初めて取り組む人にとって，IATは質問紙に比べてその意図がわかりにくく，反応をコントロールすることも難しい．このため意識的に回答がゆがめられるおそれがある偏見などの測定に有効である．潜在的態度を測定する方法はこれ以外に，逐次プライミング，感情誤帰属手続き，感情サイモン課題などが開発されている．

これらの指標の妥当性については，潜在的測度間の相関が小さいことや顕在的測度と潜在的測度の相関が小さいことが問題とされる．特に後者は，潜在的測度が意図的なゆがみを排除できている分，顕在的測度よりも真の態度に近づいていると解釈できるのか，それとも潜在的態度と顕在的態度を異なる行動（例えば，統制が困難な行動と容易な行動）を予測する独立した概念として並置すべきかという議論を引き起こしている．

[伊藤忠弘]

脳機能をはかる

　近年の技術的発展により，ヒトの脳活動を非侵襲的に（生体に害を与えずに）測定するさまざまな方法が開発されてきた．それらの方法を用いることで，脳機能の詳細が明らかにされつつある．従来は成人を主な対象としていたが，より幅広い年齢層においても測定が可能となってきている．

●**脳の構造**　神経系は大きく中枢神経系と末梢神経系に分けることができる．中枢神経系には脳と脊髄，末梢神経系には体系神経系と自律神経系が含まれる．脳はさらに大脳，間脳，中脳，小脳，橋，延髄に分けられるが，心理学領域の研究では，主に大脳の神経細胞（ニューロン）の活動を測定している．大脳の表面は大脳皮質で覆われている．大脳皮質は灰白質ともよばれ，神経細胞の細胞体を多く含む．その内側は白質とよばれ，細胞体から延びている軸索（神経線維）を含んでいる．神経細胞間の信号伝達には神経伝達物質が使われる．軸索の末端（神経終末）と次の神経細胞の接合部にはシナプスとよばれるわずかな隙間があり，そこに神経伝達物質を放出することで，次の神経細胞の電位を変化させる（シナプス後電位）．電位がプラスに変化することを興奮，マイナスに変化することを抑制という．シナプス後電位がある閾値以上に達すると活動電位が軸索上を伝導する．

　図1に大脳皮質の外観を示す．大脳皮質は，前頭葉，頭頂葉，側頭葉，および後頭葉に区別されている．図1では隠れているためみえないが，深部には扁桃体や海馬を含む大脳辺縁系や大脳基底核がある．また，それぞれの領域には特有の機能が存在していることが知られている（機能局在）．例えば，前頭葉の最後部には運動を司る一次運動野，後頭葉には視覚情報を処理する一次視覚野がある．事故や病気などで特定の大脳領域を損傷すると，その領域に備わっている機能が損なわれることになる．

●**脳活動の測定方法**　大脳皮質には数百億個の神経細胞があるとされる．それらの活動を正確に測定するためには，脳内に電極を挿入して電気

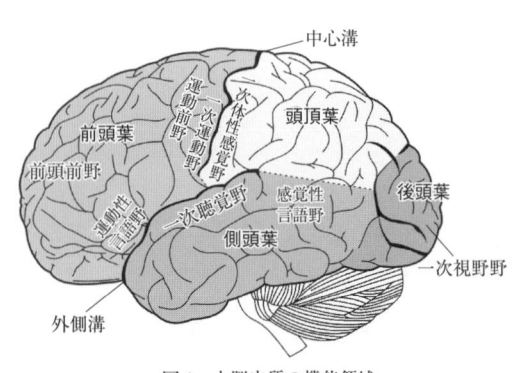

図1　大脳皮質の機能領域

的変化を直接記録する必要がある．しかし，この方法では生体を傷つけることになり，一般的な心理学研究には向いていない．生体への害を少なくするためには，頭部の外側から脳活動を測定しなければならない．そのような非侵襲的測定には，①神経細胞の電気的変化を測定する方法と，②神経活動に伴う血流の変化を測定する方法がある．どちらも，神経細胞の興奮性シナプス後電位を主に測定していると考えられている．また，これらの技法を用いて脳の活動状態を画像化することをニューロイメージングという．

●電気的変化の測定　①神経細胞の電気的変化を測定する方法には，脳波（brain wave；electroencephalography：EEG）と脳磁図（magnetoencephalography：MEG）がある．EEGは神経活動を電位の変化として，MEGは磁場の変化として頭部の外側から総和的にとらえている．1ミリ秒（1,000分の1秒）単位で測定することが可能なため，時間的な変動を検討することが得意である．一方で，脳のどこの領域が活動しているのかを特定する能力は劣る．

　子どもを対象とした研究では測定が簡便なEEGが使用されている．最近では運動に伴うアーチファクトの混入を低減させるアクティブ電極が導入されており，また増幅・記録装置の小型化，ポータブル化によりフィールドでの測定も可能となった．EEGは周波数帯域により，デルタ波（4 Hz未満），シータ波（4～8 Hz），アルファ波（8～13 Hz），およびベータ波（13 Hz以上）に分類される．安静時や目を閉じているときにはアルファ波が出現しやすいが，精神活動を行うとベータ波，睡眠中はシータ波やデルタ波が顕著になる．またEEGは加齢による影響を受けている．新生児では周波数が低く，その後成長するにつれて周波数が高くなり，15歳頃には成人と変わらなくなるが，老年期では再び周波数が低下する．

●血流変化の測定　比較的最近になって開発されたのが，②神経活動に伴う血流の変化を測定する方法である．機能的磁気共鳴画像法（functional magnetic resonance imaging：fMRI），ポジトロン断層法（positron emission tomography：PET），近赤外分光法（near-infrared spectroscopy：NIRS）などが含まれる．特定の領域の神経活動が活発になると，その領域に多くの血液が供給される．その血液量の増加から，神経細胞の活動状態を推定している．血流の変化が緩慢であるため，時間的変動を検討することは苦手としているが，脳の活動領域を特定する能力は高い．また，fMRIは電磁波を使用するため金属類を実験室内に持ち込めない，PETは放射性同位元素を用いるため被曝してしまう，NIRSは近赤外光を用いているため脳深部の活動を計測できないなどの制約がある．新生児や幼児を対象とした研究にはNIRSが用いられることが多い．fMRIやPETと比べると活動領域を特定する能力はやや劣るが，装置が小型で測定が比較的簡便であり，多少は体を動かしても影響を受けにくい．

[野瀬 出]

環境をはかる

環境汚染度や騒音レベル,明るさなど,環境の物理的側面は測定機器を用いて客観的に測定することが比較的容易である.しかし,美しさや好ましさなど,環境の心理学的側面の測定にはさまざまな困難が伴う.環境に対する我々の主観的反応には,個人差や文化的差異など,さまざまな要因による影響が反映されるからである.

●**環境評価の個人差・文化差** 例えば,ヨーロッパ系の人々はアフリカ系の人々よりも自然要素が多く人工要素の少ない景観をより好むし(Kaplan & Talbot, 1988),韓国人とヨーロッパ人とを比較した研究においても,両者の景観の好みに違いのみられることが報告されている(Yang & Brown, 1992).

また,農村部に住む人々は,都市部に住む人々に比べて手入れされた自然景観をより好ましく感じる傾向にあることや(van den Berg et al., 1998),建築家などの専門家と一般の人々とでは,建築様式など専門知識の質や量が異なるために,建物や環境に対する評価に違いが生じやすいことなども指摘されている(Kaplan & Kaplan, 1989;Nasar, 1997).さらには,子どもではサバンナ的な風景が最も好まれるのに対し,おとなでは広葉樹林や針葉樹林の風景の方が好まれる(Balling & Falk, 1982)など,環境の評価基準は年齢によっても異なる可能性がある.

●**環境の好みの評価** このように,環境に対する評価には個人的,文化的要因によるさまざまな変動があるものの,一般的傾向ももちろん存在する.例えば,バーライン(Berlyne, D. E.)は,環境のもつ複雑性や不調和,新奇性,驚きによって喚起される心理的覚醒の程度と,美的評価との関係をモデル化している(Berlyne, 1960).覚醒と美的評価との間には図1に示すような逆U字の関係があると考えられ,覚醒が中程度になる環境が最も美しく感じられると予測される.

また,ナサー(Nasar, J. L.)は複数の都市を対象に近隣区域の印象評価を行った結果から,好まれる区域の主要要素として自然の豊かさ,手入れのよさ,開放感,統一感や秩序,歴史的重要性の五つをあげている(Nasar, 1997).一般的に,自然要素が多い場所はビルなどの人工要

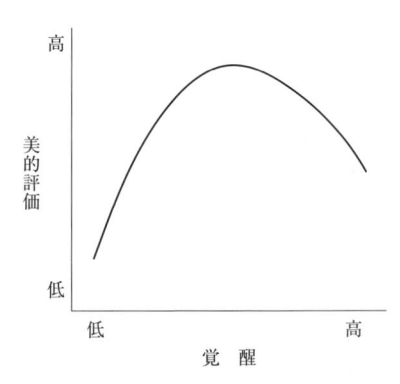

図1 覚醒と美的評価の関係
(Wohlwill, 1976, p. 44 に基づき作成)

素が多い場所より好まれる傾向にあるが，この結果が示すように，たとえ木々が多くても，雑草が生い茂っているような手入れされていない場所に対しては好ましい評価はなされない．

環境に対する好ましさ評価のメカニズムについては，進化論的視点から説明されることが多い．例えば，アップルトン（Appleton, J.）は，人は周囲を容易に見渡せる特徴（見晴らし）と自分の身を隠すことができる特徴（隠れ家）の両方をあわせもつ環境を好むという見晴らし−隠れ家理論を提唱している（Appleton, 1975）．見晴らしの良さは敵や獲物をいち早く検知できるという点で有利であり，隠れ家の特徴は敵から身を守るのに好都合である．このように，進化の過程において我々人類の生存にとって有益であった環境に対し，人は好ましい心理的反応を示すようになったというのである．

同様に，カプランら（Kaplan, R. & Kaplan, S.）も進化論的視点から環境の好みについてのモデルを構成している．彼らの考えによれば，高度な情報処理能力を活かして生存競争を勝ち抜いてきた人類にとって，その情報処理特性に適した環境，つまり理解可能で意味のある環境がより好ましく感じられる．カプランらは，環境の好みを構成する要素として，情報の一貫性（まとまり），読解性（わかりやすさ），複雑性，神秘性の四つをあげている（Kaplan & Kaplan, 1989）．これら四つの要素は，表1に示すように環境中の情報に対する欲求（理解・探索）と情報の入手性（即時的・推測的）の二つの次元にまとめることができる．

表1 カプランらの環境選好行列

		欲 求	
		理 解	探 索
入手性	即時的	一貫性	複雑性
	推測的	読解性	神秘性

（Kaplan & Kaplan, 1989, p. 53 に基づき作成）

●**自然環境と心理的回復** 上述したように，緑豊かな自然の環境は，ビルが密集した人工的な環境よりも好まれる傾向がある．しかし，自然環境は単に多くの人に好まれるというだけではない．例えば，アルリッチ（Ulrich, R. S.）は，窓から自然の緑がよく見える病室の方がそうでない病室よりも入院患者の術後回復が早いことを報告しており（Ulrich, 1984），子どもを対象とした研究でも，近隣の自然の多さが日常生活におけるストレスを弱め，自然環境が子どものウェル・ビーイングに促進的に作用していることが示されている（Wells & Evans, 2003）．このように，自然環境に触れることでストレス低減や疲労回復促進などの心理的回復効果が得られるという報告が近年数多くなされており，自然豊かな環境は，回復環境としても注目を集めている．　　　　　　　　　　　　　　　［芝田征司］

23. しらべる

【本章の概説】

　私たちは小さい頃から，いろいろなときにいろいろな形で「しらべる」ことを求められてきた．辞書でことばの意味を「しらべる」，自分の住むまちについて「しらべる」，哺乳類の特徴について「しらべる」等々．学校での「調べ学習」を含めて，実際にいろいろしらべたものだ．何かわからないことがあるときに，わからないまま放っておいたり，ひたすら自分で考えて結論を出したりしなければ，「しらべる」ことになる．こう考えると「しらべる」とは自分に閉じこもらずに，自分の外側の世界に積極的に関与する営みだともいえる．

　この自分の外側の世界への積極的関与は，発達心理学にとどまらず，また，心理学や実証科学といったくくりを超えて，あらゆる学問領域のあらゆる研究者が取り組んでいる営みといえる．徹底して思弁にふける学問領域がある（ありうる）ならそれは別だが．

　本章では，この営みの方法，つまり「しらべかた」を基準として項目が用意されている．この「しらべかた」には，物理学をはじめとした自然科学における「実験法」のように，学問領域の特徴を明瞭に表すものもあるが，発達心理学におけるそれは実に多様であることが特徴である．

　面接法，観察法，質問紙調査法，実験法は，心理学における代表的，標準的なしらべかたとして多くの概説書で紹介されている「しらべかた」である．従来，実験法や質問紙調査法が心理学の主流のしらべかたであったが，発達心理学においては，乳幼児や高齢者などを対象にすることも少なくないので，面接法や観察法といったあまり定式化されていない方法も比較的多く利用されてきた．逆にいえば，一般の心理学の「しらべかた」がいかに「ことば」に依存しているかがわかる．質問文が理解できること，実験者の教示が理解できること，が従来の「しらべかた」の前提条件になっているのである．実験刺激や質問文という刺激が同一であることにより「客観性」を担保しようとするわけだが，発達心理学の研究の場合，そのような「客観性」にこだわっているわけにもいかない現実的制約があったということである．

　発達現象のしらべかたには以前から，横断的なしらべかたと縦断的なしらべかたというものがあったが，前世紀末以降，発達心理学に限らず心理学のしらべかたがますます多様になってきた．少なくとも日本においては，発達心理学がその多様化の先頭を切ってきたといっていいだろう．

　人間の発達を軸にしてしらべようとすると，そして，多様な年齢層を対象に研究を始めると，既存のしらべかたではこぼれ落ちてしまう何かを切実に感じる機会が多いと考えられる．こうして，古典的な「しらべかた」分類には物足りなくなり，さまざまな方法が生み出されてきたといえよう．その多様化の内実は例えば，面接法や観察法といってもいろいろだ，というのもあるし，そのような分類基準とは別の観点から「しらべかた」をとらえるというのもある．そしてさまざ

まな方法の開発によって，個別の具体的な研究に取り組む際の実用的なガイドになるという側面もある．

　ネット調査は現状では，質問紙調査の特殊な様式と考えることができるだろう．インターネットというインフラが整備され，各家庭に普及したことによって可能となった「しらべかた」であり，おそらく発展途上のものである．一部にはネット調査の問題点だけをあげつらうような議論も発達心理学の内外で見聞きするが，ほかの「しらべかた」に問題点がないわけではないし，ネット調査の問題点を明確にし，知見の限界を確認しさえすれば，特殊な実験，面接，観察のようなものにまで発展していくかもしれず，これからますます有望な「しらべかた」の一つとなるであろう．

　また，史資料分析は，いわゆるレビューでもなく，研究対象者の協力を仰ぐこともない広い意味での実証研究であり，心理学ではあまりなじみのある「しらべかた」ではなかった．しかし，19世紀末に始まったとされる近代心理学発祥から100年を経ることにより，歴史を丹念に紐解く作業に対して，以前よりも意義が見出されるようになり，注目されるようになったといえるかもしれない．史資料の分析は，いかにも古風で地味な「しらべかた」に思えるかもしれないが，これもインターネットの普及により，古い資料が電子化され検索が容易になったり，電子アーカイブといった新しい保存法が生まれたりしている点がおもしろい．

　心理学における「しらべかた」の多様化を後押しした最たるものとして，前世紀末からの質的研究の普及があげられる．事例研究や談話分析は質的研究の普及前から一部の心理学者に利用されていたが，その多くが質的なアプローチを取るので，心理学においてこれらはかつてかなり異端な「しらべかた」とみられていた．裏を返せば，心理学においては量的なアプローチを取ることが常識であり，量的に「しらべる」ことが「科学」であることの条件だと考えられていたわけである．そうした状況の中で，「科学」であることへの執着を捨てる方向に走った（ようにみえる）臨床心理学に対して，定型化されにくい「しらべかた」の可能性を地道に探究してきた発達心理学などは，「科学」であることにはこだわる反面，心理学内部で常識化されていた科学性を問い直して，「科学」の意味を拡張する方向を目指したとみることができよう．日本では，発達心理学を中心にこうした議論がさかんにされ，質的研究の発展においても，発達心理学が果たした役割がきわめて大きかったことは疑いの余地がない．

　今後も発達心理学から多様な「しらべかた」が開発され，心理学全体に影響を及ぼすことになるだろう．その理由については一部上述したつもりだが，端的にいえば，それは発達という事象が本来「時間」を伴う概念であり，「時間」を研究に本気で組み込もうとすればするほど，単純な「しらべかた」では満足できないということになるからだと思う．

　　　　　　　　　　　　　　　　　　　　　　　　　　　　　　　［尾見康博］

面接法

　面接法とは,調査者と対象者が直接に言語を中心とした相互作用をすることで,深い人間理解を目指そうとする方法である.対象者と直接的に顔(面)を接することで,話し方や表情・動作など多様な情報を入手することができる.心理学において面接法は,調査面接と臨床面接の2種類に大別される.調査面接の目的は科学的な情報収集・分析・記述であり,臨床面接の目的は診断や実践的な治療である.本項目では,調査面接について説明する.

●調査面接の種類　調査面接は,構造化の程度によって構造化面接,半構造化面接,非構造化面接の3種類に分類される.構造化とは,対象者への質問の順番や言い回しの厳格さ,調査者の関与や応答の柔軟性といった面接を構成する枠組みをさす.構造化面接では,ほとんどすべての質問の内容と順序が決まっている.そのため面接者による影響やバイアスが少ない利点があるが,回答が表面的になりがちである.反対に非構造化面接では,面接者は話の流れをほとんどコントロールしない.面接者が高度な技術をもっていれば,深い回答が得られる.しかし,断片的かつ非体系的なデータのため,面接ごとの客観的な比較が困難である(鈴木,2002).半構造化面接は,構造化面接と非構造化面接の利点を取り入れた面接法である.構造と若干の自由度をあわせもつことで,ある方向性を保ちながら対象者の語りに沿って情報を得られる(瀬地山,2000).また,一定の質問に従って面接をすすめながら,対象者の状況や回答に応じて調査者が何らかの反応を示したり,質問の表現,順序,内容などを臨機応変に変えることができる(瀬地山,2000).これらの特徴から質的研究で特に関心を集め,頻繁に使われている(Flick,1995/2002;Willig,2001/2003).

　調査面接は,研究目的によっても区分される.1対1の個別面接よりも話しやすさや日常生活の文脈を重視するのであればグループ・インタビュー(フォーカス・インタビュー)が適している.グループ・インタビューでは,参加者たちは互いに経験を話しあったり,ときには質問したりする(田垣,2004;Fontana & Frey,2000/2006).個別面接では何も言うことがないと思っている人が,他のメンバーの発言を聞いて,自分の意見を言い出せることがある(田垣,2007).参加者間で異なる意見や観点が出される点がグループ・インタビューの強みである(Vaughn et al., 1996).ほかにも,対象者1名に対して面接者2名が臨むグループ・インタビューもある.この場合,面接,分析,解釈に際してもう一人の面接者が重要なポイントに気がつくという利点がある(鈴木,2002).

　対象者の人生の体験やその体験の意味づけを知りたい場合にはライフストー

リー(人生物語)・インタビューが適している.子ども時代から現在にいたる時間的広がりの中で,個人をとりまく環境や出来事,それに対する説明や意味づけを尋ねていく(徳田,2004).語られた物語の中身よりも,語る行為に焦点化して語りの相互行為プロセスに焦点をあてる研究や,ライフストーリーの語り方や語り口の特徴を浮き彫りにする研究もある(やまだ,2007).これらのほかにも面接方法は多様にあり,よって立つ理論的背景も異なる.研究目的やみずからの技量に照らし合わせ,適切な方法を選択する必要がある.

●**面接法の実施** 面接を実施する前に,まず研究の問いや仮説を明らかにするために,誰に何をどれほど聞けばよいかを明確にする必要がある.問いや仮説が立っていない仮説生成型の研究の場合には,事前に非構造化面接やグループ・インタビューを行うこともある.対象者が決まったら,次に依頼をする.面接日時や場所だけではなく,大まかな質問内容や面接記録の取り方や記録の管理,結果の公表の仕方もあわせて誠実に伝える.こうしたやり取りからは対象者の人間像が伝わってくる.また,初めのコンタクトは後の信頼関係の形成にもつながる.丁寧な対応を心がけたい.

面接にあたっては,面接全体の構造や具体的な質問項目,基本的な面接姿勢などをまとめた面接スケジュールを作成する(徳田,2004).その際,研究目的に照らして必要な語りを得ることと対象者の面接にかかる負担の双方を考慮する(中澤,2000).成人の場合で,1,2時間程度が適切である.加えて対象者の人生における重大な出来事に関して聴き取る場合には,一度の面接ですべてを聴き取ることは難しい.対象者に同意を得たうえで,数回の面接を重ねる研究計画を作成することが望ましい.

面接開始時には,研究目的や面接の全体的な流れを再度確認する.話したくなければいつでも面接を終了できることもあわせて伝え,面接研究への参加承諾書に承諾のサインをもらう(対象者によるインフォームド・コンセント).面接では対象者の語りを尊重する一方で,語られたことに対して調査者側の理解や解釈を伝えたり(徳田,2004),対象者の語りをさらに探究し拡張することを目的に積極的に調査者の意見を述べる場合もある(Kvale,1996).このような特徴から,面接は調査者と対象者の相互行為の交流で達成されるもの(Holstein & Gubrium,1995)や語りの共同生成の場(やまだ,2000)として位置づけられる.調査者はみずからの言語的応答だけでなく,表情や姿勢,視線,声の調子などの非言語的な情報にも十分注意し,働きかけを調整していかなければならない(徳田,2007).録音機器を止めた後,何気なく始まった会話があとあとになって深い意味を帯びてくることもある.対象者との人間的な関わりを楽しむ気持ちも調査者には求められる.

[荘島幸子]

観察法

　人間科学における観察は，研究する人が対象とする人の行動を注意深く見ることによって，対象理解につなげようとする営みである．対象は「もの」ではなく「人」であることから，対象者は観察者によって見られるだけの存在ではなく，同時に，観察者にまなざしを向ける主体でもある．観察者もまた，対象者に気づかれないように一方視鏡や望遠レンズ越しに見るのでない限り，その身体をさらして対象者の前に立ち現れる主体である．観察者は見る人であるとともに見られる人でもあり，対象者もまた見られる人であるとともに見る人でもあるという，この相互の主体性をふまえたとき，観察という行為は参与観察とよばれる．参与の形態には幅があり，観察者が存在することによる影響をできるだけ避けようとする傍観者的観察を指向する場合もあれば，主体同士の関わりの質が観察内容に反映することを積極的に活かそうとする場合もある．

　参与観察について例を示そう．中年の男性が庭先で古い耕耘機をいじっている．その耕耘機は，昨年亡くなった彼の父親が使用していたもので，うしろにつないだ荷車に連れ合いを乗せて畑に向かう姿を，付き合いのあった観察者も繰り返し目にしていた．父親の一周忌の日，息子は久しぶりにこの耕耘機のエンジンをかけようとしていた．観察者も見守る中，勢いよくクランクを回すと，一発で軽快なエンジン音があたりに響いた．「いつもはなかなかかからないのに，今日はみんなが集まってくれたから，オヤジもこうして喜んでいるよ」と，彼は笑顔で耕耘機に目をやった．このとき観察者は，付き合いの歴史に支えられて，耕耘機に父親を重ねる男性の意味づけを受けとめることのできる主体として存在している．

●**参与観察の過程**　参与観察は，人々の営みの現場に身をおき，対象とする人たちと関わりながらその経験世界に近づこうとする作業である．現場に入ったばかりの観察者は，その場に根ざしたものごとの意味に近づくことができず，出会った人が向こう側にいる遠い存在のように感じられる．観察は，いわば対する位置から，その場における人，もの，活動に広く目を向けることから始まる．こうした部外者の位置からの観察は，現場の人たちにとってはあえて表現する必要のない自明の世界を照らし出すきっかけを与えてもくれる（南，1994）．

　観察者はその後，現場の人たちが繰り返す行為に触れ，ものごとに込められた意味や感覚を一つひとつ学ぶことを重ねる．このとき，日頃扱い慣れたものごとに向かう相手の脇やうしろに立ちながら，その活動をじっくり眺め，現場のやり方をならう姿勢（習う・倣う）をとる（石井，2007）．こうした機会を重ね，現

場の人たちと共にできるものごとが増えてくると，それらを媒介にして相手の意味世界に少しずつ入っていけるようになる．このならう姿勢を積極的に位置づける観察者は，現場の人といっしょに作業をし，同じものを食べ，相手の使うことばをまねて身につけようとする．こうした機会を重ねて共にできるものごとが増えてくると，それらを媒介にして相手と少しずつ並ぶことができるようになる．この並ぶ関係（やまだ，1987）では，互いに同じ場所にいる者同士として触れ合い，通じ合おうとする．このとき，観察者は相手の傍らにいて，そこからみえる世界を共に眺めようとする．

●**観察の場の観察** 人々の営みの場に参与するかたちはさまざまで，しかも研究過程を通して一定の位置にとどまっているわけではない．観察者は，対する，ならう，並ぶという三つの位置をあちらこちらと巡りながら現場の意味世界に少しずつ近づいていく．このような関与を通しての観察の場合，観察者が認識する世界の様相は，相手との関わりの質に応じて変わってくる．だとすれば，観察する人と対象となった人とのどのような関係性の中でその認識が得られたのかについて吟味する必要がある．認識を生み出す母胎となる自他の関係性をも考察の対象とする試みは，参与の観察とよばれる（Tedlock, 2000/2006）．この作業は，観察の場それ自体をとらえかえすメタ観察（鯨岡，2005）でもある（図1）．そして，参与観察の成果を伝えるさいには，自他の出会いや関わりの過程，対話や語り合いを通してみえてきた意味の連関を掬うような間主観的な記述スタイルが模索される．現場での関わり合いを積極的に位置づけるとき，目の前にいる人はもはや，向こう側にいる対象者としてのみ在るのではなく，ものごとの新たな認識や感受の仕方を教えてくれる先達として共在することになる．

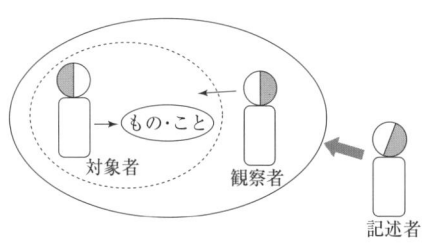

図1　観察の場の観察

●**アクションリサーチ** 参与する研究者は，現場に何らかの解決すべき課題があると気づいたとき，その変革を志向するような研究実践に導かれていくことがある．当事者たちの生活や社会を「よくすること」を目指す，このような試みはアクションリサーチとよばれる．何を改善とみなすかは価値判断を前提とするため，研究者はみずからが拠って立つ価値観のとらえ返しが欠かせない．また，ここで志向されるのは，研究者が主導的に変革の方向性を定めるようなスタイルではなく，当事者と研究者とが互いに学び合いながら現状認識を深め，当事者自身による変革を研究者が支援するような当事者参加型のアクションリサーチである（箕浦，2009；矢守，2007）．当事者と研究者はこのとき，到達すべき共通の目標を見定めながら，協働者としての役割を担い合うことになる．　　　　　［石井宏典］

質問紙調査法

質問紙調査法は，面接法，観察法，実験法に並ぶ心理学における主要な研究方法の一つである．質問紙法では，質問に自由に回答したり複数の文章の中から一つもしくは複数を選択したりするような手法も用いられるが，紙面上に複数の質問項目と選択肢が印刷され，調査対象者に選択肢の中から回答を選ばせる形式が用いられることが多い．このような形式を評定尺度法とよぶ．評定尺度法には，リッカート法，SD法，順位法，多肢選択法などがあるが，心理学ではリッカート法がよく用いられる．リッカート法とは，ある事柄に対する態度を意味する複数の質問項目に対し，通常5段階前後の程度を表現する選択肢に回答を求め，その回答を数値化し合計することによって全体的な態度を測定する手法のことである．得られた回答は多変量解析とよばれる統計手法によって分析されることが一般的である．

質問紙調査法で測定される内容は多岐にわたるが，大きく二つに分けることができる．一つは，客観的な事実の把握である．行動の頻度や経験の有無など，客観的に把握可能な事象に関して，本人や周囲の人物が回答を行うものである．もう一つは，回答そのものではなく，間接的に理論的構成概念を測定しようと試みるものである．これは，パーソナリティや思考，態度など，客観的な事象として直接的には把握することはできないが，その程度に個人差が存在するような概念の測定が必要となる場合に用いられる．なお近年では印刷された冊子ではなく，インターネットを介し，パソコンや携帯電話の画面上で調査が行われることもある．

●**項目作成方法** 質問紙の作成には，完全に決まった手順があるわけではない．しかしおおよそ，何らかの手順で質問項目の候補を数多く収集し（これを項目プールという），その中から項目を選択し，表現を修正していく場合が多い．項目プールの作成には，研究者が作成する場合や，自由記述形式の予備調査を行って文章表現例を収集する場合，先行研究を参考にしながら構成する場合などがある．次に予備調査を行い，項目の取捨選択と表現の調整を行っていく．質問項目は，本来尋ねるべき内容を簡便な質問と選択肢によって代替するものだといえる．したがって，項目の表現が難解であったり意味が複数含まれていたりすることは望ましくない．リッカート法では，「まったく当てはまらない」「あまり当てはまらない」「どちらともいえない」「やや当てはまる」「とてもよく当てはまる」などのように，程度を段階で表現する選択肢を用意する（図1）．厳密には，この方法で得られるデータは順序尺度の水準であるが，経験的には間隔尺度として分析されること

```
それぞれの質問が「自分にどれだけ当てはまるか」考えて，1から5の数字のいずれか1つに○を
つけてください．
質問は 1. から 30. まであります．すべての質問に答えてください．

        1. まったく当てはまらない  ，  2. どちらかというと当てはまらない，
                        3. どちらともいえない，
          4. どちらかというと当てはまる  ，  5. とてもよく当てはまる

  1. 私は，才能に恵まれた人間であると思う …………………… 1    2    3    4    5
  2. 私には，みんなの注目を集めていたいという気持ちがある …… 1    2    3    4    5
  3. 私は，自分の意見をはっきり言う人間だと思う …………… 1    2    3    4    5
  4. 私は，周りの人達より優れた才能をもっていると思う ………… 1    2    3    4    5
  5. 私は，みんなからほめられたいと思っている ………………… 1    2    3    4    5
```

図1 質問紙の例

が許容されている．選択肢の段階が少なければ，得られる情報も少なくなる一方で，回答者の負担を減らすことになる．段階が多すぎると，回答の違いが不明瞭になる可能性があり，本当に行われるべき回答と選ばれた選択肢がずれるかもしれない（脇田，2007）．

また，質問紙を作成する際に重要なことは，信頼性と妥当性を検討することである．信頼性は安定した測定ができているかどうか，妥当性は本当に測定したい内容が測定できているかを意味する．妥当性において重要なことは，ある人物と別の人物とを，興味・研究の対象となっている視点によって弁別できるかどうかという点にある．例えば，攻撃性が興味の対象となっている場合を考えてみよう．この場合，攻撃性尺度の得点が低い人物と高い人物との間に，確かに攻撃性，すなわち攻撃行動の生じやすさの実際の違いが生じていることが重要である．

●利点と欠点　質問紙調査法の利点は，実施が簡便で研究参加者の負担が小さく，その一方で得られる情報が多いことである．印刷された紙とペンがあればデータを得ることができるため，安価に実施することができる．また，簡便であることから，同一の対象者に繰り返し実施することも容易であり，その点で縦断研究による発達研究にも利用しやすい．その一方で，質問紙調査法には欠点もある．例えば，具体的な質問と選択肢から構成されるため測定しようとしている内容が推測されやすく，そのために正直な回答が得られない可能性がある．また，書きことばを介してデータを得るため，回答者の読解能力によっては正確な回答が得られないかもしれない．さらに，多くの人々にいっせいに調査を行う場合には，回答への積極的な態度に個人差が生じる可能性もある．質問紙の作成と調査の実施においては，これらの欠点をできるだけ補うように工夫することが重要である．

[小塩真司]

実験法

人間のこころや行動に関する因果法則の発見は，人間一般に対する理解を深めるとともに，現実世界に介入するアイディアの源にもなる．そのため，因果関係に関する仮説を検討することは，人間科学研究の重要な目的の一つとなっている．なお，独立変数（原因となる変数）と従属変数（結果となる変数）の間に因果関係があると主張するためには，①独立変数と従属変数が共変動している，②独立変数が従属変数より時間的に先行している，③独立変数と従属変数の関係が疑似的なものではない，という三つの要件を満たす必要がある（Menard, 1991）．そのため，因果法則の発見が研究の目的である場合は，これらの要件が満たされていることを最も明確に確認できる実験法の利用が推奨されている．

● なぜ実験法で因果関係がわかるのか　実験法では，独立変数 X の値を実験者が人為的に操作したときの Y の値の変化を調べることで因果関係の有無を検討できる．例えば，朝食の摂取（X）とテスト得点（Y）の因果関係について調べたい場合，実験法では，摂取なし条件 X_1 と摂取あり条件 X_2 を設定し，各条件を経験させた後の参加者のテスト得点を比較する（図1）．そして，各参加者をどれか一つの条件のみに割り当てるタイプの実験を参加者間計画とよぶ．

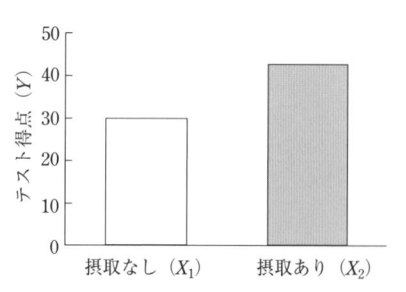

図1　実験法を用いた研究の例（架空のデータ）

この実験で，摂取なし条件 X_1 と摂取あり条件 X_2 のテスト得点間に有意な差が見られた場合，朝食の有無に連動してテスト得点が変化したことから①の要件は満たされる．また，朝食摂取の操作はテストを受ける前に実施されているため②の要件も満たされる．しかし，③の要件が満たされることを保証しない限り，X と Y の因果関係について強い推論を行うことはできない．例えば，実験室に定時前に来た参加者を摂取あり条件 X_2 に，定時後に来た参加者を摂取なし条件 X_1 に偏って割り当てた場合，朝食摂取の有無ではなく，やる気の違いが図1の結果を生んだという説明も成り立つ．このように，独立変数 X の値と共変動し，従属変数 Y の値を変化させる別の原因となる要因を交絡変数とよぶ（Ray, 2003/2003）．

なお，参加者の個体差が交絡変数として結果に影響してくるのを防ぐためには，独立変数 X の各条件（この例では，摂取なし条件 X_1 と，摂取あり条件 X_2）に割り当てられる参加者の個体差をあらかじめ統制する必要がある．このとき，実験

法では，参加者を各条件に無作為に配分するランダム割り当てという手続きをしばしば用いる．この手続きを利用することで，交絡変数が従属変数Yに及ぼす独自の影響を偶然誤差としてまとめて取り除き（つまり③の要件が満たされることを保証した上で），独立変数Xから従属変数Yへの因果効果を検討することが可能になる．実験法以外の研究法（面接法，観察法，質問紙調査法など）には，さまざまな交絡変数の影響を漏れなく統制できる手段が存在しないため，この部分が実験法の最大の利点となっている．なお，属性変数(性別，年齢，容姿，知能，パーソナリティなど)のように実験者が容易に操作できない要因を独立変数として使用する場合は，このランダム割り当ての手続きが使えない．そのため，独立変数以外の交絡変数が原因となって従属変数が変化したという可能性が常に残る．

●**さまざまな実験計画**　実験法では，交絡変数の影響を統制する別の手段として，同じ参加者を独立変数の全ての条件に割り当てる参加者内計画も利用可能である．これによって，参加者の個体差（個体間変動）に起因する交絡変数を全て取り除いた上で，条件間の比較ができる．ただし，参加者の多くが条件X_2の方を先に経験しているなど，各条件の経験順序に偏りがある場合は，練習や疲労の蓄積といった個人内で生じる変化（個体内変動）に起因する交絡変数が別途問題になる．そこで，参加者内計画を用いるときには，カウンターバランスなどの手続きによって，参加者が各条件を経験する順序を統制する(均一化する)必要がある．

なお，実験法では，複数の独立変数が別々に従属変数に及ぼす影響（主効果）と，独立変数同士の組み合わせが従属変数に及ぼす影響（交互作用効果）を，一つの実験で同時に検討することもできる．このような実験計画を要因計画とよぶ．

●**実験法の可能性と限界**　実験法には，因果関係の解釈を誤らせる交絡変数や，従属変数の誤差を増すことで検出力を下げる剰余変数（例えば，課題に集中しにくい環境や不正確な測定）の影響を統制する手段が豊富に揃っているため，実験研究の科学性（内的妥当性）は比較的高い。一方，緻密な統制が求められることから，現実性（外的妥当性）が低く，実験法では検討が難しい研究テーマも数多く存在する．また，実験者の期待が参加者の反応に影響する実験者効果や，参加者の期待や予測が参加者自身の反応に影響するプラセボ効果および要求特性なども問題となりやすい．そのため，実験を行うときには，参加者に対して十分な倫理的配慮を図りながら，これらの問題について綿密な対策を立てる必要がある．

このように実験法にもさまざまな制約が存在する．よって，発達心理学のさらなる発展のためには，実験法の利点を活かしながら，他の研究法との効果的な併用を模索する視点が必要だろう．なお，近年では，人間のこころや行動に関する仮説をコンピュータ・シミュレーションによって検討し，そこで得られたデータと，実験法によって得られたデータを比較することで，仮説の妥当性を検証し，新たな予測を生み出す試みなども行われている（守他，2001）．　　[高比良美詠子]

ネット調査

情報通信技術の急速な進展により，インターネットに接続されたパソコンや携帯電話などの端末を介してオンライン上で回答を求めるネット調査は，心理学においても重要な研究手法の一つとなった．国内外で公刊される学術論文においてもその利用率は急速に高まっている．質問紙調査にせよインタビュー調査にせよ，ほぼあらゆる調査をオンライン化することが可能だが，研究者はその利点を活かし，注意点をふまえたうえでより適切なデータ収集を心がける必要がある．

図1 ネット調査の画面例

●**ネット調査の利点**　ネット調査には，従来型の「紙と鉛筆」タイプ（印刷された質問紙を配布して筆記により回答を求める方法）の調査と比べて，以下のような多くの利点がある．

①データの電子化：尺度項目に対する数値選択式の回答などの量的データはもちろんのこと，自由記述による回答などの質的データを収集する調査であっても，得られたデータはコンピュータで処理することが多い．そのためにはデータの電子化が必須となるが，ネット調査で得られる回答はそもそも電子情報であり，事後にデータを電子化する（入力する）必要がない．そのため，調査の実施・回収から集計・分析にいたるまでの手間と時間を大幅に軽減させることができる．

②調査形式の拡張性：ネット調査では，ウェブフォームを利用することにより，質問項目のランダム呈示，回答内容に応じた複雑な条件分岐，無回答に対する注意喚起などが容易に設定可能で，調査形式のバリエーションがより豊かになる．また，動画・音声といったマルチメディア刺激を呈示することもできるため，従来型の調査では得ることが難しかった形式によるデータ収集も実現可能となる．こうした拡張性を活かした発達検査のフォーマットにインターネット版能力検査がある（Schroeders et al., 2010）．

③経費の低減：大規模データを収集する調査の場合，オンラインモニター調査（調査会社に登録しているモニターを対象として実施するネット調査）の方が従来型調査より費用がかからないことが多い．オンラインモニター調査にかかるコストの大部分は調査フォームの設計など回答者数に依存しない固定費用や人件費であり，回答者数のみに比例してコストが上昇するわけではないからである．さらに，

縦断的調査に際するパネルの管理にかかるコストの低減なども期待できる.

●**ネット調査の注意点** 星野（2009）は，ネット調査と従来型調査の違いを，①標本の違い（両者の抽出方法の違い）と，②回答方法の違い，の二点にまとめている．ここでいう従来型調査は，とくに「紙と鉛筆」タイプかつ無作為抽出標本を対象としたものである．

　前者は抽出方法の違いによるもので，ネット調査の標本から得られたデータにはそれ特有の選択バイアスがある．ある調査について，協力者候補が参加を応諾するかどうかは，かれらの忙しさや調査内容への関心などに依存している．また，オンラインモニター調査を利用するのであれば，そもそもモニターとして参加登録する人々の属性が本来の母集団から偏っている可能性を排除することは難しい．こうした選択バイアスのうち，母集団との整合性についてはインターネット普及率の向上と調査会社の努力によってある程度は低減されるかもしれないが，参加の恣意性を完全に排除することは不可能である．とはいえ，これらはあくまでも無作為抽出による標本調査と比較した場合のネット調査の欠点であり，ごく身近な集団（例えば大学生）を対象とした募集法や縁故法などの有意抽出標本による従来型調査のデータと比べる分には，顕著に劣るものとはいえないだろう．また，標本抽出を必要としない（あるいはあらかじめ抽出された標本を対象とする）調査において，従来型の形態をネット調査に単純に置き換えるというのであれば，こうした選択バイアスの影響を受けることはない．また，選択バイアスの補正のための方法もいくつか提案されており，傾向スコアを用いて共変量を調整する方法（星野，2009）などがある．また，回答方法の違いについては，マウスやキーボード，タッチパネルといった入力デバイスを用いることによる影響が考えられる．影響の程度は調査内容（問うのが所有や経験などの事実なのか個人特性なのか，など）によって多少異なり，事実を問う場合は相対的に影響が少ないと考えられるが，異なる方法で得られたデータをむやみに同質とみなすのは好ましくない．さらには，調査協力者が回答する環境が異なる点にも一定の考慮が必要である．先ほど利点としてあげたマルチメディア刺激の呈示にしても，どのような画面（大きさ，明るさ，解像度など）で協力者がそれを見ているかはさまざまである．厳密な意味での刺激の等価性を維持することは非常に難しく，実験室など統制された環境で実施するのと同等ではない．

●**有効なネット調査のために** ここまで述べてきたように，ネット調査は，心理学研究者のデータ収集の幅を大きく拡張させる可能性をもっている．ただし，その際に考慮すべき問題点が多くあるのもまた事実である．手間，時間や経費のコストダウンという目先の利点だけに目を奪われて安易にネット調査に走るのは本末転倒であり，ネット調査でなくしては収集し得ないような魅力あるデータの収集に活用することを目指したい．

［三浦麻子］

史資料分析

　発達は真空で成立し，外界からの影響を一切受けないものだろうか．それとも，何らかの影響を外界から受けるのであろうか？　知覚機能の発達など一部の領域のごくわずかな時期を除けば，文化的影響を受ける，というのが現在の発達心理学の考え方であろう．そもそも，発達という概念自体が，真空で成立した概念なのではなく，時代や地域で変化しているものである．一例をあげれば，老年期における知能は，衰退のみで語られていたが，現在では，結晶的知能と流動性知能のうち，流動性知能のみが加齢にともない衰退すると考えられている．つまり，結晶的知能は衰退しないと考えられている．

　このように考えれば，現在以外の文脈で起きた発達のあり方を検討することも発達心理学の課題の一つになることは当然であろう．過去の時代の発達はどうだったのか，あるいは過去の時代において発達という概念自体がどのようなものであったのか，を考えることはそれ自体が知的な営みになるのであり，それを知るためには歴史的検討が必要となる．そして，そのときに「データ」として扱われるのが史資料なのである．

　史資料のうち歴史的価値があるものは史料，現在に近い時代のものは資料である．どちらの場合でも記録されている文字を読むことで現象にアプローチするため，心理学の基本的技法とは異なっている．書かれた文字を扱うことは歴史学の基本的アプローチであり，歴史学の手法を援用することが重要であろう．

●**史資料の種類**　資料を一次資料・二次資料・三次資料に分ける考え方がある．
　一次資料は，歴史上の時点で書かれたもので，心理学者自身が書いた論文・著書のことである．公刊されたものと，非公刊のものがあり．後者には論文の準備段階の草稿や，日記などが含まれる．二次資料は，一次資料について研究者が書く論文のこと．三次資料は，二次資料や一次資料を用いて，一般読者向けに書くいわゆる啓蒙書のことである．

　私たちが歴史的研究を行う際にまずアクセスするのは三次資料か二次資料であるということになる．三次資料から，二次資料にあたり，そして，必要であれば一次資料を参照するというスタイルになるのである．では，一次資料はどこにあるのだろうか？

●**史資料のありかとしてのアーカイブ**　史資料が集まっている場所があれば便利である．目的をもって史資料が集められている施設のことを史資料館，もしくは，アーカイブとよぶ．テーマの限定の仕方によってさまざまなものがある．心理学に関連することで限られたテーマや人に関する史資料館として，東北大学のヴン

ト文庫や大阪市教育センターの鈴木治太郎文庫がある．
　アメリカオハイオ州のアクロン大学には1965年に開設されたアメリカ心理学史アーカイブがある．心理学関連の古い個人の蔵書や貴重書はもちろんのこと，すでに使われなくなった実験機器，個人の日記や手紙などが整理されて保存されている．現在では，二代目の運営者ベーカー准教授のもと，充実したウェブサイトも運営されている．アーカイブは歴史を描くためのものであり，ポプルストーンとマクファーソン（Popplestone & McPherson, 1994/2001）の『写真で読むアメリカ心理学のあゆみ』がその成果である．ドイツのパッサウ（Passau）大学やオランダのフローニンゲン（Groningen）大学にも心理学に関するアーカイブがあるものの，日本にはない．

●**史資料批判**　さて，歴史の研究を行うに際して最も重要な作業の一つとして，自分が入手した史的資料の真贋を慎重に厳密に検討するプロセスがある．
　まず，回顧談などは，間違い（回顧者による論理的再構成＝スキーマによる再解釈）があるものとして了解しておく必要がある．したがって本人の言動だけを頼りにするのではなく，複数の資料で確認する必要がある．なぜなら，①記憶は曖昧であるし，②論理的な再構成を経ているし，③不都合なことは回顧されない可能性がある，からである．
　第一のものに関しては，単純な記憶間違いである．例えば，誰かと誰かが論争したことは覚えているが，学会の開催年が間違っている場合．
　第二のものに関しては，自分がある大学に進学した理由，学問を志した理由がきわめて明確に語られる場合．あとからみると一本にみえるということは，決断を迫られた時点時点でそのような合理的な判断がなされたことを保証するものではない．
　第三のものに関しては，政治家の回顧録などで「＊＊については忘れてしまった」などと書かれている場合，それが単なる忘却だと考えてはいけない，ということである．

●**オーラル・ヒストリー**　最近では「オーラル・ヒストリー」というジャンルが注目されている．これまで文字になっていないもの，文書になっていなかったこと，は歴史の考察対象にならなかった．その結果として政治家以外，男性外の声はほとんど残っておらず，歴史にもほとんど登場してこなかった．こうしたことを是正するためにも一人一人の声をまず記録し，資料として確定し，分析し，将来の史料として残す，のがオーラル・ヒストリーの眼目である．この領域は，心理学におけるナラティブ研究とも共振しあう可能性がある．いわば，未来の歴史のための，史資料づくりに発達心理学が関わるということであろうか．

［サトウタツヤ］

事例研究

　事例研究とは一つ，ないし比較的少数の個人や家族，あるいは学校や施設といった集団を取り上げて，それらを詳細に検討することを通して行うことを特徴とする研究方法の一つである．事例研究は，人間の心理を（実験や調査といった数量方法を用い），仮説に基づいて設定した変数間の関係として検証・理解する「法則定立的」ないし，「仮説検証的」研究に対して，個人の振る舞いを記述し，どのような要因がうまく現象を説明するのか吟味しようとする「個性記述的」な研究，あるいは「仮説（モデル）生成的」な研究に向いているとされる（Allport, 1942/1970；箕浦，1999；やまだ，1997）．質問紙調査のように多数例を扱う研究に比べて，当該の問題に関わると目される種々の要因を，それぞれを切り離すのではなく，総合化し，時間経過のプロセスの中で，相互がどのように影響しあっているのかを検討できるという特徴がある．もっとも，事例研究自体には，独自の方法論があるわけではない．研究者がどのような問題・関心に従ってそれを行うのかによって，現象学的なエピソード記述，エスノグラフィー，会話分析や談話分析を用いたものなど多様な手法がそこでは用いられる．近年，しばしば注目される「質的研究」は，大部分が事例研究であるととらえてもさしつかえないだろう．

●**事例研究に対する評価と要件**　従来から事例研究をめぐっては，事例のサンプリングが偏っているために一般化することが難しいこと，結果の記述が主観的で，恣意的になりがちなこと，結果の再現可能性が失われてしまうことといった批判がなされてきた．これは事例研究を，質問紙調査や実験といった研究枠組みと同様な性質をもつとみなす立場だということができるが，事例研究においては，ほかの研究知見とのつきあわせをしたり，事例の一般化への注意を払うこと，トライアンギュレーション（複数の調査者，データ，方法などによって得られた結果をつきあわせることで，一つの分析結果の確からしさを吟味する）を行うこと，評定者間の一致率を算出したりするなどの工夫がなされてきた．

　その一方で，事例研究は，従来の大規模調査と同様の目的を志向しているわけではなく，むしろ，あらかじめ設定された変数間の関係として現象をとらえようとする研究や，分析枠組みのままではとらえることの難しい心理学的リアリティをとらえることや，これまで前提とされてきた理論や分析枠組みに反省を加えるきっかけとなる点において重要だとする立場もある（例えば，鯨岡，1991；南，1992）．このような事例研究に求められる要件とはどのようなものか．

　第一にギアツ（Geertz, C.）のいう「ぶ厚い記述」をあげることができる（Geertz, 1975/1987）．この中の「意味」の記述についての概念は重要である．例えば，客

観的記録としての少年のまぶたの開閉は，無意図的なまぶたのけいれんととらえることもできるが，友人に向けた悪巧みの合図という「意味」を読み取ることもできる．ここでの「意味」とは，研究者のみが主観的に読みとくことができるわけではなく，その場に参与している成員すべてに対して開かれているという意味で，「相互（共同）主観的」に理解されるものである．また，観察者みずからが主観を投入し，文脈ごと記述することを通してはじめてみることができるものでもある．このようなことから，事例研究においては「関与しながらの観察」が推奨されるほか（例えば，鯨岡，1999），研究者の主観的な読みとりは排除するべきものというより，むしろ自分のみえ方を積極的に提示することが求められる．

例えば，南（1992）は，事例記述における厳密性について，法廷での審議・立証のプロセスに類似したものと考えている．すなわち，ある主張を裏づける証拠を提示しつつ，さまざまな解釈や批判に対して開かれており，読み手がそれを再検討したり吟味したりすることを可能にする資料が提示されていることが必要とされるということである．また，研究者はみずからが道具となって研究を行っていくことから，研究の中でレフレクシヴィティ，すなわち自分自身と研究対象との関係性や，自分が対象認識のために暗黙のうちもち込んでいるバイアスに自覚的になり，対象との関係性が結果の記述に及ぼすと考えられる影響について記述することも求められる（山田，2000；やまだ，2007）．

●臨床実践の訓練としての事例研究　事例研究には，心理臨床や発達臨床場面に研究者自身が実践者として関わっており，援助を求める現場に対する介入が前提とされるものもある．こうした事例研究は，一つの例の詳細な検討から個々の事実を超えて，普遍的な意味にいたる（河合，1992）．詳細な事例の記述にとどまらず，その詳細な記述に現れる個々バラバラなエピソードの断片を束ね，クライエント，あるいはセラピストについてのある種の視点を提供することが重視される．事例をもとにして書かれているだけではなく，著者の仮説の生成と検証過程の繰り返しが行われている必要がある．心理臨床の訓練過程においては，初学者にはみずからが取り組んだケースの記述を行うことが求められる．鶴田（2001）は，事例研究を行う意義として，言語化することによって著者が自身について知ることができると述べているが，このようにして行われている事例研究は，もっぱら研究というよりも自己研鑽，自己省察のための手段といえる．こうしたものは「事例報告」とよばれ「事例研究」とは区別される（鶴田・山本，2001；下山，2001）．また，事例研究をめぐっては，それが研究者の視点からのみまとめられ，クライエントの声が反映されないことへの批判から，クライエントとともに発表内容をつくりあげていく「共同研究」（高橋，2005）や，当事者本人がみずからの特徴について知っていくことを志向した「当事者研究」（向谷地，2005）などの新たな方法が注目されるようになってきている．

［松嶋秀明］

談話分析

　談話分析とは，質的研究法の一つで，主に言語的なデータに基づいて，何らかの現象（心理学においては心理現象）がどのように生じるのかを探るものである．ディスコース分析ともいう．

●**データの収集**　談話分析で用いられるデータは，書きことばと話しことばに大別される．前者には，公的文書，新聞や雑誌の記事，アンケートの自由記述が含まれる．後者は，テレビやラジオの番組，インタビュー，日常場面，職場などでのやり取りを録音・録画したものである．データの収集の際，書きことばやテレビやラジオの番組，公的な演説や討論などの場合を除き録音・録画をするのに参加者の許可を必要とし，また結果を公表する際にプライバシーへの配慮を必要とする．

　談話分析では言語データを要約したり言い換えたりしないで，そのまま用いる．この点が，他の質的研究法と異なる特徴である．書きことばの場合はそのまま書き写したりパソコンに入力したりすればよいが，話しことばの場合は文字化（いわゆるテープ起こし）する必要がある．文字化は研究の目的に応じて詳細さの程度が異なる．参加者の話の内容に関心がある場合には比較的おおざっぱでよいが，参加者同士の会話のシークエンスに関心がある場合はより詳細にし，会話分析で用いられる特殊な記号を使ってトランスクリプト（またはトランスクリプション）を作成する（例：図1）．非言語的コミュニケーションも考慮に入れる場合は，参加者の視線や身振りもトランスクリプトの中に書き込む．

●**データの分析**　分析の基本はデータを繰り返し何度も読むことである．読んでいて引っかかりを覚える個所や繰り返し現れる表現に注目して，その意味を考える．会話のシークエンスの分析では会話分析の知見（例えばPsathas, 1995/1998）が参考になる．例えば教師の質問に生徒が別の話題で応じる場面は，質問と返答は一つのまとまりであるとする隣接ペアのルールに生徒が反しているため，その生徒は教師が質問したことを理解しなかったか，意図的に教師に反抗した可能性がある．特殊なデータの場合，データがどのようにして得られたのかを考慮に入れることが役に立つ．例えば供述分析（浜田，1986, 1991, 2009）では複数の供述調書を時系列的に並べ，その内容がどう変化したのか，なぜ変化したのかが探られる．

　こうしてデータを説明する仮説が得られたら，今度はこの仮説に反するデータを探す．もしみつかったなら，そうしたデータに合うように仮説を修正する．このように反証例に注目することによって，仮説をより洗練させることができる．

仮説がデータ全体を説明しているか，ほかの研究と整合性があるかの検討も，分析をより洗練させ，より妥当なものにするために重要な観点である．

研究結果を文章化する際には，仮説や解釈の基となった生データの一部を抜粋して載せ，根拠を示しながら説明する．これは読者に分析が妥当かどうかを判断してもらうためである．このため談話分析の研究論文は一般に，データからの多くの抜粋を掲載している．

●**研究例：子どもに十分食べさせること**　ウィギンズとヘプバーン（Wiggins & Hepburn, 2007）はある家族の夕食時を分析した．図1は食事が終わる頃の母親と14歳の息子ベンとの会話である．ウィギンズらによると，母親がベンにもっと食べたいか尋ねる早口で単刀直入な質問（1, 5行目）が，食事提供者としての母親の役割を打ち出している．ベンがこの質問に当然なことのように応じていることから，この状況で両者が非対称的な関係にあることをみて取ることができる．

しかし1行目は，非対称的な関係の中で強制しているようにみえないように食事を提供するという微妙な問題への対処と考えられる．ここではベンにもっと食べなさいとも，どのくらい食べるべきだとも言っていない．「ほか」も「十分」も語議上は曖昧で，どのくらいが「十分」かは交渉の余地がある．よってここではベンが，自身が満腹かどうか，まだ食欲があるのかどうかを知っている者として扱われている．5行目も，ためらいがちに発話され，ケーキは直接出さないことによって，微妙な問題に対処しているのである．

親子の食事時は，親の要求以上に子どもが食べたり，逆に要求よりも食べなかったしてトラブルを生じやすい．談話分析は，このようなトラブルがどのように生じるのか，あるいはトラブルがどのように回避されるのかにアプローチすることができる．

［鈴木聡志］

1	母：	>ほかにもほしいですか↑それとも<u>十分</u>たべましたか<
2		(0.6)
3	ベン：	ン::(.) >アーンオーケイだよ<
4		(1.0)
5	母：	君は：(.) >ほしくない<°ケーキはじゃあ°
6		(1.0)
7	ベン：	お hh (0.2) それとは<u>ちが</u>う (0.2) (それじゃ)
8		(1.2)
9	ベン：	ちっちゃいケーキ：°ていうかど：んなの
10		(0.4)
11	母：	えとね：(0.2) いろ↑んなの°ある°
12	ベン：	°それ:::(.) <u>見せて</u>ちょうだい°
13		(3.2)

注　トランスクリプト記号の説明
(0.2)　括弧内の数字は間合いの秒数．
(.)　短い間合い．
___　強調．
::　音が引き延ばされている．コロンの数が多いほど長い．
> <　囲まれている部分の発話の速度が速い．
° °　囲まれている部分の発話の音が小さい．
↑　極端な音の上がり．
h　呼気音．
(語)　不明瞭な発音のため推測された語．

図1　ある親子の食事時の会話
(Wiggins & Hepburn, 2007, pp. 266-267)

縦断研究と横断研究

　人間のさまざまな心理的特性の発達を知るためには時間軸の効果を調べる必要があり，その方法には横断研究と縦断研究の二つがある．

●**縦断研究と横断研究による結果の比較**　横断研究は，年齢の異なる複数のサンプル集団を対象に同時期に実施するため，知能検査に代表される各種アセスメントの開発や，各特性における発達段階別の特徴を一度に把握するのに有効である．縦断研究は，同一の母集団を2時点以上追跡し定期的に情報を収集する方法であり，短期的もしくは中・長期的なスパンから各特性の時系列的な得点変化と，それに関わる要因間の相互の影響関係について検討することができる．短期的なスパンの例には，対象となる個人への教育やセラピーの効果を介入前後で評価した研究があり，中・長期的なスパンでは，幼少期から成人期にかけてのパーソナリティや問題行動の持続性や変化のパターンを検討した研究があげられる．

　心理的特性の発達は，横断・縦断二つの研究デザインの違いにより異なって描き出される場合がある．例えば，成人期以降の複数の年齢集団を対象に成人初期から老人期まで知能検査を複数回実施したシャイエ（Schaie, K. W.）の研究では，同一年における各年齢集団の得点を比較した際には知能が成人期以降に低下していたが，1つの年齢集団における各時点での得点推移をみた場合には，知能の値は老人期までほぼ維持されるという結果の違いがみられた（Schaie, 1996）．横断的デザインで老人期の得点が低かった原因の一つには，調査時点で成人初期であった集団の方が老人期であった集団よりも教育を受ける機会に恵まれていたことが考えられ，こうして個人の所属する集団の特徴が結果に影響することをコーホート効果という．コーホートとは，同一年（もしくは近い年齢範囲）や同学年に属し，あるライフイベント（出生や入学など）を共有した集団のことである．

●**効率的な研究デザイン**　シャイエは，このコーホート効果に配慮した研究方法として，図1に示すような「最も効率的なデザイン」を提案する．これは，複数の出生コーホート（出生年を同じにする年齢集団）を同時に追跡し，調査の実施ごとに初回調査と同じ出生年の新たなサンプル集団を追加しながら縦断データを積み重ねていく方法である．この方法の利点は，上記の知能検査の研究でみられたような横断研究が抱える問題のほかに，単一のコーホートを用いて縦断研究を実施した場合に生じる次の二つの問題を解消することにある．

　一点目は測定の時期の影響に関する問題である．心理的特性の発達的変化は，加齢とは関わりのない偶発的な出来事や大きな社会変動によって左右される可能性を否定できない．例えば，大恐慌による生活苦を乳幼児期に過ごした年齢集団

と，児童・思春期以降に過ごした集団とでは，前者の方が後者に比べて成人してからの社会適応状態が悪いケースが多いという報告がある（Elder, 1974/1997）．

これは，大恐慌という社会変動の起きた時期が，両コーホートの心理社会的な適応プロセスの違いに影響を与えたことを意味しており，単一コーホートの追跡だけでは明らかにできない．こう

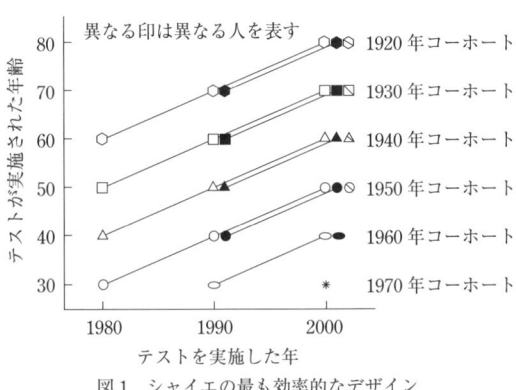

図1 シャイエの最も効率的なデザイン
（Schaie & Willis, 2001 p. 118 を引用）

した測定の時期の影響を考慮して心理的特性の発達的変化を調べるには，図1に示される研究デザインのもとで，各出生コーホートにおける同一の年齢期間（例えば30歳から40歳まで）の縦断データを比較する必要がある．生態学的心理学（Bronfenbrenner, 1979）やライフコース研究（Giele & Elder, 1998/2003）への関心が高まり，「ライフスパン」の概念が浸透した今後は，心理的特性の発達を社会文化的文脈との関わりからとらえ，ミクロな単位としての個人の人生とマクロな視点からの社会変動との相互作用を検討する試みがさらに求められる．

二点目は縦断研究の実施に関わる問題である．縦断研究では，追跡が長期にわたるほど対象者の脱落は避けられず，また，対象者に同じ内容の項目を繰り返し尋ねることから練習効果の可能性を否定できない．「最も効率的なデザイン」であれば，新たなサンプル集団を各時点で追加し，継続して参加している旧来の集団と比較することで脱落の影響や練習効果を評価することができる．近年では，対象者の脱落に対する欠損データ分析の手法も進歩していることから，縦断データを効率よく利用し，成長曲線モデルやトラジェクタリ分析などの高度な統計手法により，心理的特性の発達メカニズムとパターンの多様性，関連要因とのメカニズムを推定することが可能である．

しかし，長期にわたる縦断研究には各回の実査にかかる費用のほかに，対象者の募集や転居した場合の探索，収集したデータや個人情報の厳格な管理，対象者へのフィードバック，研究者間の関係性のマネージメントなど膨大なコストと時間が必要となる．研究者が個人レベルで縦断研究を継続するのにはこうしたさまざまな限界があり，大学や学会，国家レベルによるプロジェクトの運営と，後世までの研究者が利用できる良質なアーカイブ・データの作成が期待される．

［酒井 厚］

質的研究と量的研究

　量的研究はデータを数値化して扱うものであり，質的研究は言語で記述されたそのままのデータを用いる，というとらえ方はあまりに単純なものである．データの種類や収集方法，および分析方法といった，研究の技法を示すのではなく，認識論の違いがその背景にあることの理解が重要である．認識論とは，「人はどのようにして物事を知るのか，人は何を知ることができるか」という問いに答えを出そうとする学問である．方法論の認識論的基礎を理解するのに役立つ三つの問いとして，①その方法論はどのような知識を生み出そうとしているのか，②世界についてどのように仮定するのか，③研究プロセスの中での研究者の役割をどのように概念化するのか，というものがある（Willig, 2001/2003）．

●**質的研究と量的研究における認識論**　量的研究に関わる認識論としては，現実が客観的に実体として存在すると考える実在論，研究者による解釈とは切り離された経験的事実のみに基づいて命題を検証しようとする実証主義，理論から実験や観察による検証が可能な仮説を導き出し，それを調べることによってはじめて理論が検証されると考える仮説演繹主義などがある．仮説に基づき条件統制されたデータ収集を行い，それによる因果関係の実証や予測，コントロールを目指していく．親和性の高い研究法としては，実験法や質問紙法がある．

　質的研究法に関わる認識論としては，現実や知識は実体として存在しているのではなく，人々のコミュニケーションによってつくり上げられると考える社会構成主義，研究する側とされる側の相互的な影響過程を前提とする考え，行為や語りについての当事者にとっての意味を解釈しようとする考え，といったものがある．また，リフレキシビティという視点も質的心理学に特徴的である．これは，研究が生み出されたプロセスを研究者の主体としての関わりを含めて明確にしようとする試みであり，「研究者としての自分が，一つの制度の中でどのような立場に置かれているか．そしてそこには，研究活動の歴史的な背景や，研究における個人的な側面がどのように影響を及ぼしているのか．これらの問題に注意を払うこと」と定義されている（Parker, 2004/2008）．以上のような認識論に立ち，人々の経験や意味を記述・説明し，仮説を生成していくことを目指していく．親和性の高い研究法としては，面接法やフィールド観察がある．しかしながら量的・質的研究法の各々の内部でもさまざまな認識論の相違があり，質的/量的という二分法ではとらえきれないということは留意すべきである．

●**各研究法における研究の質の評価**　研究の質の評価は，その研究がどのような知識を生み出そうとしているのかと強い関連がある．量的研究では，文脈に依存

(1) トライアンギュレーションデザイン
　　：同じトピックに関する異なるが補足的なデータを用いる

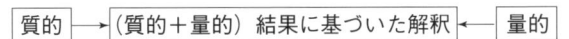

　　質的 ──→ （質的＋量的）結果に基づいた解釈 ←── 量的

(2) 埋め込みデザイン：一方が他方の支援的または二次的役割をもつ

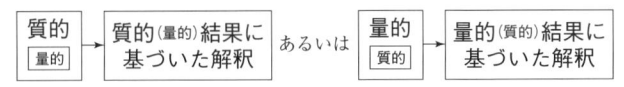

　　質的(量的) ──→ 質的(量的)結果に基づいた解釈　あるいは　量的(質的) ──→ 量的(質的)結果に基づいた解釈

(3) 説明的デザイン：質的データは量的データの結果を説明する

　　量的 ──→ 質的 ──→ 量的→質的 結果に基づいた解釈

(4) 探求的デザイン：質的データが量的データの進展を助け，情報提供する

　　質的 ──→ 量的 ──→ 質的→量的 結果に基づいた解釈

図1　ミクストメソッドにおける研究デザインの4類型（Creswell & Plano Clark, 2007/2010 より作成）
注）文字の大きさは強調や重みの優先を示す．

しないグローバルな理論構築を目指しており，発見を母集団に一般化するために無作為抽出による代表サンプルを扱うこととなる．他方，質的研究では，文脈に埋め込まれたローカルな意味を記述・説明することを目指しており，多様な現実があり得るという前提に立つ．このような違いがあるため，量的研究の科学性を評価する信頼性，内的妥当性，外的妥当性といった基準を，そのまま質的研究に用いることは必ずしも適当ではない．そこで，質的研究法に独自の評価基準が検討されている．例えば，研究が反復されたときに同じ結果が得られる程度を示す信頼性に対しては，分析に際して依拠できるような質のデータが得られたかどうかという依拠可能性，データと，そこからの推論との関係の妥当さの程度を示す内的妥当性に対しては，研究知見がデータから得られた概念的関係をリアリティをもって反映しているかどうかという信用可能性，一般化可能性の程度を示す外的妥当性に対しては，特定データから生み出された知見が類似した文脈や個人に適用可能かどうかという転用可能性が提案されている（Lincoln & Guba, 1985）．

　質的研究法と量的研究法にはそれぞれに達成できる範囲があり，研究課題のさらなる理解のため，両研究法を組み合わせるミクストメソッドが提案されている．例えば図1のような研究デザインの4類型が提案されるなど（Creswell & Plano Clark, 2007/2010），組合せ方についても検討が進んでいる．しかしながら前述のとおり，方法の背景にある認識論にも目を向けると，組み合わせさえすれば研究の質が保障されるというものではないことには注意が必要である．　　［東海林麗香］

24. うったえる

【本章の概説】

　本章では,「うったえる」というテーマで，発達心理学の周辺で起こっている政治的・政策的課題に関連する項目を選んで，解説をお願いした．このような章を設定することになった背景には，自然科学や人文科学に限定されずに，科学が象牙の塔にこもって活動することが許されなくなったという社会情勢の変化がある．例えば，国内では日本学術会議（2013）が「科学者の行動規範（改訂版）」の中で，「科学者は，みずからが生み出す専門知識や技術の質を担保する責任を有し，さらに自らの専門知識，技術，経験を活かして，人類の健康と福祉，社会の安全と安寧，そして地球環境の持続性に貢献する」と宣言し，米国の発達心理学会である SRCD（the Society for Research in Child Development）が,「社会政策報告（Social Policy Report）」（SRCD, 2013）という形で，学会は，研究に基づく知識を社会に公表する必要がある，専門的実践や教育的実践を通して研究で得られた成果を社会に役立てる必要がある，などと訴えている．日本の発達心理学も事情は同じである．

　「ジェンセニズムの功罪」では「知能，人種問題，文化，社会政策，教育政策」を含めながらの執筆をお願いした．執筆者の藤永氏は日本の発達心理学の重鎮とも言える研究者である．これまでにも，ジェンセニズムについて執筆されている．現在この問題を取りあげる意義を疑問視する人もいるかもしれない．しかし，編集担当者の岩立はそう思わない．研究の歴史の中の意義ある論争として，若い研究者には書かれたものを熟読し，事実を理解するとともに，その内容・意味を仲間と議論して欲しい．

　「教育政策」では「内外の教育環境，内外の教育政策，発達と政策，実態と展望」を含めながらの執筆をお願いした．執筆者の秋田氏は保育学会や日本教育心理学会を中心にして研究活動や役員活動をされてきた．その一方で，文部科学省の教育政策の立案でも重要な役割を果たしてきた．その経歴を踏まえての内容になっていると思う．発達心理学の学徒にとっても教育政策を理解することは意義あることである．

　「研究倫理」では「研究参加者に対する倫理，研究倫理，社会に対する倫理」を含めながらの執筆をお願いした．黒沢氏は社会心理学，その中でも犯罪・非行と司法・裁判の社会心理学が研究領域である．したがって，発達心理学者が書くものとはひと味違った研究倫理の内容になった気がする．特に,「研究倫理は最近，対象を広げつつある．これまで論文の倫理審査は，その対象として研究の参加者を考えていたが，研究を行う者あるいは書く者も含めるようになってきている」という記述は示唆に富む．

　「子育て政策」では「支援の実態と課題，子ども支援（子育て支援），親支援，保育支援，資格」を含めながらの執筆をお願いした．執筆者の森下氏は，発達心理学や保育学の領域での研究，特に父親の育児の研究を続けている若手の研究者であ

る．

　「社会政策」では「内外の発達環境，制度，発達心理学会の役割」を含めながらの執筆をお願いした．執筆者の無藤氏は，日本発達心理学会や保育学会，日本教育心理学会を中心にして研究活動や役員活動をされてきた．その一方で，文部科学省の教育政策の立案でも重要な役割を果たしてきた．今回の記事はその経験を生かしての内容で，たこつぼ的な狭い領域だけの視点になりがちな発達心理学の学徒にもぜひ目を通して欲しい内容になっている．

　「社会的責任」では「平和な社会環境，現代の倫理問題，発達心理学会の役割」を含めながらの執筆をお願いした．都筑氏は主に時間的展望の研究，特に「進路選択と時間的展望の関係」「戦後日本社会の高度経済成長と人間生活・心理」というテーマで研究している．今回の解説は，「研究者としての社会的責任」「科学としての発達心理学の社会的責任」という見出しで書かれている．

　「発達心理学と差別」では「いじめ，不登校，発達障害，発達臨床，発達支援」を含めながらの執筆をお願いした．執筆者の常田氏は「乳幼児や発達障害児者のコミュニケーション発達」「発達障害児者のコミュニケーションスキルの支援技法の開発」をテーマに研究している．今回の解説では，「発達心理学が内包してきた差別」「子にきちんとかかわる発達心理学」「当事者による自信の研究や発達支援」という見出しで，発達心理学の研究史の中で，そして現在の研究で生じている見過ごされがちだが重要な差別の実態を指摘している．例えば，「発達理論の偏りとは，発達理論そのものに社会のバイアスを反映した偏りがあるという考え方である」「近年になって，マイノリティ的な特性をもつ当事者が，自身についてさまざまな発信を行い，それが発達心理学に直接影響を与えるようになった」という文章は印象的で考えさせられる．

　「発達心理学の未来」では「発達心理学の未来の予想，期待などを自由な発想でお書きください」という依頼文で執筆をお願いすることになった．未来は誰にも分からない．そこで，岩立（筆者）は，日本発達心理学会の歴代の理事長の就任の言葉や，発達心理学のいくつかの研究領域での動向を参考にして，発達心理学の未来を探っている．

　「幼保一元化」では「保育の質，子ども園，子育てシステム，保育ニーズ」を含めながらの執筆をお願いした．執筆者の無藤は，日本発達心理学会や保育学会，日本教育心理学会を中心にして研究活動や役員活動をされてきた．その一方で，文部科学省の教育政策，特に近年では幼保一元化の立案でも重要な役割を果たしてきている．幼保一元化論争は保育の世界では長い歴史があり，いまだに実現化ができずにいる政策課題である．現状や今後の展望を考える意味で意義深い記事になっているといえるだろう．

　　　　　　　　　　　　　　　　　　　　　　　　［岩立志津夫］

ジェンセニズムの功罪

　ジェンセニズムとは，アメリカの知能心理学者ジェンセン（Jensen, A. R.）の唱えた人種差別の正当化を目指す強固な知能の遺伝決定説をいい，その過激さと宿命論が，恩寵の絶対性と自由意志の無力を説いたジャンセニズムに類比された．ジェンセニズムの波紋は有名な「IQ と学力はどこまで向上させ得るか」が公表された 1960 年代後半に始まるが，当時アメリカでは 1963 年のキング牧師のワシントン大行進など，マイノリティが白人同等の権利を求める公民権運動が盛り上がりをみせていた．ジェンセニズムは知能の遺伝に関する理論的・実証的研究であるとともに，白人優位の社会秩序を正当化する人種主義の表明でもあった．

●**ジェンセニズムの核心**　ジェンセンは，当初バート（Burt, C. L.）の大ロンドン地区での資料を主にして，さまざまな血縁関係における養育環境別の IQ と学業成績の相関を算出した．一卵性双生児は養育環境にかかわらず 0.9 以上の相関をもつが，二卵性ではきょうだい・親子と同等の 0.5，いとこ同士など血縁関係が薄まると 0.3 に縮減する．血縁はなくとも，養育環境や社会階層が同一なら 0.3 の相関が生じる．以上の数値は，最も遺伝規定性が高いとされる身長とほぼ同等の血縁間相関を示す．IQ 規定因として環境条件も多少の寄与はあるが，遺伝要因の力は圧倒的に大きいことになる．ジェンセンは知能の遺伝規定性係数（遺伝率）を算出し，おおむね 85％ という高い数値を示した．17 歳時の IQ は両親の IQ 平均と 0.7 の高い相関をもつから，生まれる前から前途はほぼ決まっているとする宿命論をも唱えている（Jensen, 1969）．

　ジェンセンはさらに，人種とは長期にわたり同質の遺伝子が蓄積された所産とし，生物学における大規模選択交配実験になぞらえて，IQ 人種差の研究は遺伝決定論の社会的実証とする．バートのデータにはその後捏造の疑いが生じたためか，以後はアメリカにおける大規模データの収集に努め全米約 10 万人の黒人児童や中高生の IQ 平均は白人の 100 に対して 85 と推定し，さらに，IQ は学業成績と 0.8，職業的地位と 0.5〜0.7，職業訓練成績と 0.5，職務上の実績と 0.2〜0.25，収入と 0.35 の相関をもつとし，ターマン（Terman, L. M.）の英才児研究というアメリカ知能心理学の伝統を踏まえて，IQ は近代産業化社会における成功の鍵を握るという．

　ジェンセンは知能をレベル I とレベル II に区分し，レベル I とは「連合学習能力」をさし，機械的暗記や短期記憶を用いる教育課題には有用とする．レベル II は「認識能力」を意味し，抽象的推理や一般化，複雑な課題解決などを要する教育課題に必須である．黒人もレベル I の知能では白人に遜色はないが，レベル II

は大きく劣る．IQ格差は就学前学習の不備によるとするヘッドスタート計画は知能向上に付け焼刃的効果はあったが，2年以内にほぼ消滅した．遺伝に基づく格差を教育で埋めることはできない．黒人の知的職種へ就職は不可能だから，適切な進路指導のみが解決になる，とジェンセンは断定する（Jensen, 1972）．

●**ジェンセニズムの反響**　ジェンセニズムに対しては，当然賛否の渦が巻き起こった．その焦点は大きく二つに分かれる．第一は，知能テストの構成や施行法，ひいてはその根底にある知能という概念への疑問である．例えば，現行知能テストは白人を対象にしてつくられ，その文化や環境を色濃く反映して，黒人児童に不利に働く．己の劣等を試されると感じる黒人児童にとっては，テストを受けること自体が不安・屈辱・苦痛をもたらし，初めから意欲がわかない…などなどである．また，ジェンセンが知能とは知能テストにより測られるものという操作主義的定義をとるのに対し，理論的根拠が曖昧という反論もある．これらに対して，ジェンセンは文化中立的知能テストでも人種格差は生じるなどの反証をあげ，最初の見解を譲っていない．

　第二は，アメリカの黒人が置かれている後述の劣悪な環境条件が知能低下を生むとする環境説である．これに対しても，ジェンセンは黒人中流階層からは同じ階層の白人より多くの発達遅滞児が生まれる，黒人のみの資料によっても知能の遺伝率は85％という同じ数値が示されるとして，環境説を斥けている．

　しかし，フリン効果の発見で名高いフリン（Flynn, 1980）は，その後の多様な研究を総括して，栄養不給や言語環境の貧困などの環境条件，黒人児童の知能を低評価する偏見的規範，学業に重きを置かない黒人独自の文化環境などのもたらす黒人児童への不利益は否定できないとする．とりわけ，遺伝率は本質的には人口統計の一指標にすぎず，黒人白人両者間の環境変動を考慮に入れれば遺伝率ははるかに下がる，事実ドイツにおける占領軍の残した黒人混血児と白人混血児では何らの知能格差は生じなかった，という反証例をあげている（日本では同種調査は行われていないのは残念である）．その後の知能研究の動向は，ジェンセニズムを支える知能一次元説を否定する多次元説の方向へ進んでいる．スタンバーグ（Sternberg, 1985）は，伝統的知能テストによる分析的知能のほかに創造的知能，実用的知能を区別する．ガードナー（Gardner, 1999）の多重知能理論は，言語的，論理数学的，音楽的，身体運動的，空間的，対人的，内省的の7種の知能をあげる（近著では，博物的と実存的知能を追加している）．前二者を除く他の知能は，従来の知能概念の枠組みには入らないものだが，ガードナーは知能を高い文化的価値を具現化する能力としている．定義そのものが変容し，多次元化が導かれている点が注目される．また行動遺伝学の進展はIQの遺伝率をジェンセンよりはるかに低く見積もっている．ジェンセニズムの社会的視野は，やはり狭かったといわねばならない．

［藤永　保］

教育政策

　公教育の実現のために現在の教育課題を解明し,その対策として,国の政府（官公庁）や地方の自治体が体系的に行う諸策全般をさして「教育政策」とよぶ．教育法制度と教育行財政制度のもとで,「政策の立案−決定−執行」という段階を経て政策は実現される．学校教育，高等教育，生涯教育など教育全般に対する諸策が含まれ，政策内容と政策過程は分けて考えられる．

●**教育政策過程**　教育政策の意思決定過程は，国の中央省庁と地方自治体との関係構造が,「垂直的な行政統制モデル」では，法施行のためにトップダウンに法律−行政関係のみに関心が向かい中央の権限が大きくなる．これに対して，中央政府の規制緩和，地方分権化が進展すれば，中央行政の影響力は小さくなる．中央集権か地方分権かという法制度に関わる軸と，国の中でも関連内容の所管が分離しているのか融合しているのか，また国の所管部署と自治体の部署の対応関係が分離しているのかいないのかの軸が政策に構造的に影響を及ぼす．

　また国と地方行政の各々において,「政策立案−決定−執行」の各段階でのアクターとして，政治家，政党と役人，教育委員会や学校，教師，地域住民などがどれだけどこに関与し権限をもつのかという構造によって，政策は影響を受ける．政策決定は，間接民主制か直接民主制か，また首長と教育委員会は独立して決定ができる権限をもつのかといった点によって，リーダーシップと政策合意形成のプロセスは力動的に変動する（小川，2007；荒井，2008）．諸政策の中でも，教育政策はとりわけ長期的視座にたった安定的政策が求められ，文化や歴史的経緯というマクロな視点と政局や状況というミクロな視点の両方の考慮が必要になる．

●**知識基盤社会における投資と教育政策**　教育政策の内容は，国の経済的進展と結びついたかたちで教育改革として実施される．例えば教育資源が少ない発展途上国では，国をリードするエリート教育に限られた資源を投入するのに対し，グローバル経済で競争できる先進諸国は質の高い教育をすべての国民に提供する教育政策をとることで経済格差を減らすような施策をとる．知識基盤型経済に応じた教育刷新のためには，将来の労働市場が求める技能を生徒に育成することが求められる．そのための新たな技能として，創造性，批判的思考，およびネットワークをつくる能力などがあげられる．財源にも人的資源にも制約がある中で，どのように過去からの政策との一貫性のバランスをもちつつ，どこに優先的に投入をするかが問われている（OECD，2012）．その政策の分析視点の枠組みとして，経済発展，教員の質，カリキュラム・指導・評価，教育実践の組織，アカウンタビリテイ，生徒の取り組みの状況，将来のためのスキル発達のための指導のあり方

の七つの軸が力動的に関わり合っている．またどの年齢段階に投資をするのが効果的かの政策決定も必要になる．経済学者ヘックマン(Heckman, J. J.)らは恵まれない経済階層の子どもたちに人生早期段階で公的投資を行う政策の有用性を示している（Heckman & Masterov, 2007；図1）．また国際学力テストPISA調査の影響を受け，得点上位国の政策を他国が取り入れたり，得点をあげる政策が集中的にとられるなどの動向も生じている．この意味で政策形成の

図1　時期別の教育投資返報効果
(Heckman & Masterov, 2007, p. 31)

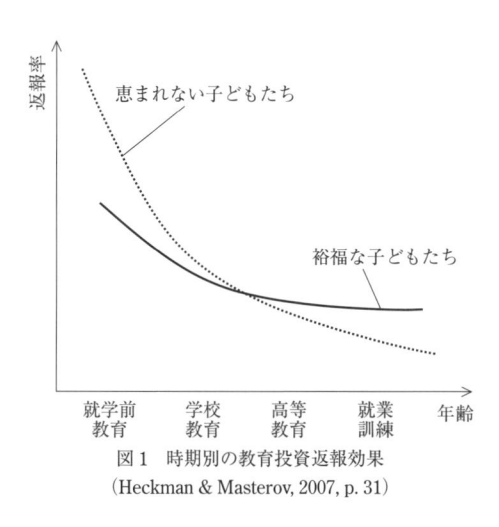

みならず，政策評価と政策研究があわせて重要な役割を担うようになってきている．

●**教育政策研究と評価**　教育政策研究は実際の具体的政策が検討実施される渦中で行われる現時的研究と事前・事後研究があり，事後研究には政策評価研究と歴史的研究がある．内容としてみれば，①具体的な政策の評価研究や種々の政策領域の歴史的研究，②諸政策が対象とする問題事象や課題とその特徴，構造背景に関する研究，③政策決定過程・政策実施過程と構造，メカニズム，④政策の背景，対象，内容，効果などに関する研究がある．事前であれ現時であれ，政策担当者やマスコミの設定した問題をその視点で論じる問題採取的研究ではなく，現実内在的に考察していく問題創出的研究が重要である（藤田，2010）．

①の政策評価において，政策が有効かどうかをあらかじめ実施しない群とする群に分けて政策介入を行うことは倫理的，政治的に難しい．しかし，政策の効果を客観的科学的に見積もることが求められる．そこで，その政策で達成されるべき成果を単一または複数の目標値指標で示し，その達成度を具体的に評価することが行われる．政策効果のデータ収集には制約がある．それは，効果発現に時間がかかることなどからである．しかし，どのような数値を指標とするか，誰のための指標なのかという立場の偏りがないようにすることが一面的な評価にならないためには求められる．また政策実施には公費が投入されるため,費用便益分析,費用効果分析というように政策で得られた便益と費用を金銭に換算し評価することも行われる（伊藤，2011）．教育政策の場合には，この指標や便益計算が子どもの発達や学習という目に見えにくいものであるために，量的評価は慎重に行うことが重要である．

　　　　　　　　　　　　　　　　　　　　　　　　　　　　［秋田喜代美］

研究倫理

　研究の「関係者」すべてに対し，倫理感をもたなければならないのは，研究者として，当然のことである．その倫理感が最大限に発揮されるべきなのは，やはり研究対象となる「人間」である．研究される人間は「頭」が良いから，おおよそ対象となる，ほとんどすべてに「理論」をもっている．だから，心理学のどの分野であっても，油断はできない．だいたい，自分のことが研究の対象だと思ったら，自分がもつ理論のように振る舞う．だから，知見の多くが，研究対象の「心理学」的知識に汚染されていると思う．

　そういうことで，研究の妥当性と，研究対象に対する倫理の問題は，分けて考えられないことになる．心理学で用いられる「観察」手法の場合，見られていることを対象が意識しない年齢まで下げなければならない．しかし，人間によって発達の程度は違うし，また状況によって同じ人間でも，相手を意識したりしなかったりする．だから，妥当性と倫理の問題は分けられないのである．そして，研究対象である子どもが未成年の場合，親あるいはその同等の「同意の問題」となるが，それでよいのか，難しいことである．というのは，大学生を対象とした研究の場合，協力者本人がいつでも離脱できるようにできる．大学生は「一人」で判断できるが，親（あるいはその同等）は，子どものために判断しなければならない．このような場合，それは可能なのだろうかという問題がある．

●**実験における研究倫理**　さて，「実験」である．この場合，無作為の「割り振り」が絶対不可欠である．それが成功すれば，参加する者には自分が実験群か統制群か，分からない．実験の場合，分からないことが嫌だとか，自分の群が気に入らない場合，やめてもよいということになる．実際に参加をとりやめる人はほとんどいないと思われるが，いつでも実験参加をやめられるようにする．しかし，ここから進んで参加することは，一つの立場に立つ．それはおおげさにいえば，自己に関して知る権利と決める権利，つまり自己決定権の放棄ということになる．

　しかし，自己決定権は放棄できないという考えがある．自己決定は基本的なことであるから，自己決定権の放棄ということは，自分の基本的人権の否定となる．つまり，これは基本的人権に関することで，通常の場合，放棄できないのである．私はこの議論に賛成である．つまり，心理学実験は基本的人権の否定の一種である．といって，調査的手法は前に述べたとおり，本人の「心理学」的知識に汚染されていると思う．では，どうするか．心理学実験に参加する人に暫定的に仮に自己決定権を放棄してもらうしか，方法がない．

　だから，実験的手法を使うということは，しばらくの間（つまり，実験実施から，

その解説まで）、自己決定権の一部分を（仮に）放棄してもらうのである。この時間が短いほどよいのは、当たり前のことであろう。また、この自己決定権の否定から、実験的手法には第三者の審査が入らなければならないことを意味する。心理学実験の倫理委員会を、大学その他の組織が必要とするのである。観察の手法を用いても、研究倫理が問題になる場合もあるだろう。だから、基本的に心理学研究の全体を倫理委員会に審査してもらうのがよいと思われる。また、実験を個別で行うのと、集団で実施するのと、違いがないだろう。

　さて、研究倫理の問題は自己決定権に関することのみではない。社会心理学の実験は、特に倫理の問題が生じやすいのであるが、他の分野はどうであろうか。例えば、うそや虚偽の問題である。実験群・統制群と分けることによって、そして参加することによって、純粋にうそや虚偽の問題はどんな分野でも生じる。程度に違いはあっても、どんな研究も、この問題があるのではないか。

　また、第三者の存在がその研究に必要なとき、多くの場合、サクラが用いられる。実験に参加する者はそれを「仲間」と思うであろうが、例えばミルグラムの古典的研究では、「同僚」の参加者に（本物ではないが）厳しい電気ショックを与える。今ではたぶん、この種の実験は行われないが、参加者がストレスや副作用のかかる状況におかれるのは、それらがごく弱いとしても、同じであろう。

　そして、プライバシーの保護がある。参加者多数の集団で実施する場合は別として、少数や個別のとき、実験者は参加者の反応自体を知ることになる。それはプライバシーとして保護される必要がある。あるいは幼児の観察のとき、プライバシー保護は可能なのか、という問題がある。

　社会心理学では現場実験を行うときがある。そんなとき、参加者に参加者としての意識がなく、デブリーフィングがかえって不自然な場合もある。そのため、そのまま去ってしまって、誰かわからなくなる場合もある。

●**参加者以外の倫理**　さて、伝統的に研究倫理は研究の参加者を対象としてきた。その方法は倫理委員会で審査されるし、結果の報告は、出版しようと思えば「審査」を受ける。だから、研究者が正直であることが当然のことと思われていた。しかし、データ捏造の問題が起きた。研究者が正直であることが当たり前ではなくなり、そう信じることができなくなったのである。

　ということで、研究倫理は最近、対象が広がりつつある。これまで論文の倫理審査は、その対象として研究の参加者を考えていたが、研究を行う者あるいは書く者も含めるようになってきている。つまり、これまでは実験実施の倫理的な側面を対象にしてきたが、論文を書き上げるのも、その対象になったのである。実験・調査を行う（書き上げる）者をこれまでの方法で審査できるのか。倫理的な側面をうまく審査できる自信はないが、だからこそ審査される者の倫理感が試されるようになってきたように思われる。

[黒沢　香]

子育て政策

　わが国の子育て支援政策は，1990年に前年の合計特殊出生率が当時の過去最低出生率を下回った「1.57ショック」を機に始まった．「子育て支援」という用語が厚生白書に登場したのもこの年である（斎藤，2006）．初期の政策である「エンゼルプラン」「新エンゼルプラン」では育児期の女性の就労支援が中心であり，保育所の増設や保育事業の拡大・充実が重点的に計画された．ところが合計特殊出生率は依然下降し続けたため，2002年の「少子化対策プラスワン」では支援の対象を「働きながら子育てをする親」から「すべての家庭」また「将来親となる次世代」へと広げ，①男性を含めた働き方の見直し，②地域における子育て支援，③社会保障における次世代支援，④子どもの社会性の向上や自立の促進の4本柱に沿った施策が講じられた．続く「子ども・子育て応援プラン」では各施策への財政投入の必要性および重点課題が示され，2005年度から2009年度までの間に講ずる具体的な政策内容と目標が掲げられた．これはその後の施策の基盤となり，2007年の「『子どもと家族を応援する日本』重点戦略」では必要財源の具体的数値や制度設計の検討や優先的に取り組むべき課題が明記された（大日向，2011）．2010年の「子ども・子育てビジョン」では，①社会全体で子育てを支える，②「希望」がかなえられるという基本的考えのもと四つの政策と12の主要施策が示された．このビジョンのもと同年6月に「子ども・子育て新システムの基本制度案要綱」が打ち出され，政府の推進体制や財源の一元化，幼保一体化，ワーク・ライフ・バランスの実現などについて新システムの構築に向けて継続的に議論が行われた．2012年2月には「子ども・子育て新システム」に関する具体的制度設計がとりまとめられ，現在に至る．

●**支援の対象は，すべての子どもとその保護者**　子育て支援政策では，「すべての子どもの最善の利益」を考えること，そして子育ての第一義的責任は保護者にあることを大前提としたうえで，保護者が自己実現しながら子育てできる社会づくりが目指されている．すなわち，親の就労の有無や家庭の経済状況，本人の健康状態にかかわりなく，「すべての子ども」の心身の健全な発達を保障するものでなくてはならない．しかし，その子どもや家庭が置かれている多様な状況およびニーズに十分対応できているとはいいがたいという指摘もある（白井，2009）．また，育児期の保護者が支援に対して常に受け身であるのではなく，主体的なネットワーク（子育てサークル等）の構築を促すなど，親が親として成長することも支援の対象であることを忘れてはならない．

●**保育を通しての支援**　乳幼児を育てる保護者にとって最も身近なサポート資源

である幼稚園や保育所には在園児やその保護者のみならず，地域の家庭の子育てや教育への支援が求められるようになった．保育現場では施設や機能の開放，情報提供，子育て相談，保護者への講座の開催など地域の実態や規模に応じた取り組みがなされている．保育者が日々の保育を通して子どもやその親を支えるほか，発達や教育等の他の専門家が保育現場を訪れ，間接的に支援に携わることもある．専門家による保育支援の形態には，発達や保育の専門家が日常の園生活の観察やアセスメントをもとに保育者の気になる子どもやクラスの状況について把握し，その子どもの発達状況や援助方法について助言する保育巡回相談，巡回相談の事例をもとに保育者への研修を行う研修型コンサルテーション，園内・園外研修における講師がある（神田，2011）．そのためほかの専門家が保育を通して支援する場合，保育の内容や特性への理解が求められる．

●**子育て支援者に求められる専門性**　現在，さまざまな有資格者や子育て経験者が子育て支援を行っている．臨床発達心理士もその一つである．専門家として支援する場合，専門的な知識や援助技術をもっていること，子どもの発達や障害だけではなく，子育て期にある家族の様相や親の心理についても学んでいること，また専門家としての倫理観も必要である．そのほか，ほかの専門組織や専門家と連携する力，研修やスーパーバイズを受けて自己研鑽に努める姿勢が求められる．

●**子育て支援の課題**　政策実施上の課題としては財源の確保，保育現場の相互理解と質の確保，多様な家庭環境に対応可能な保育サービスの充実，実際に支援にあたる人材の育成があげられる．しかし，政策が整備されたところで実際に社会全体が「子どもを産み，育てること」について理解を示し支え合う姿勢をもたなければ真の意味で社会全体で子どもや子育てを支えるということにはならない．政策や制度の整備とともに，我々個々人が認識を新たにすることが課題といえよう．

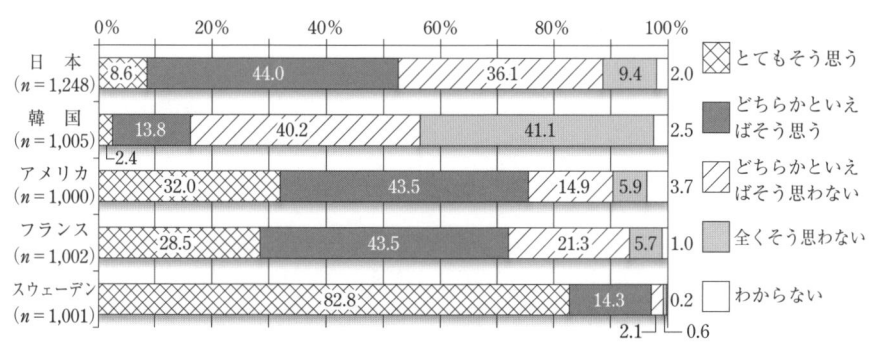

［森下葉子］

図1　「自国は子どもを生み育てやすい国と思うか」に対する20歳から49歳までの男女の認識の国際比較
（出典：内閣府（2011）「少子化社会に関する国際意識調査報告書」をもとに筆者作図）

社会政策

　公共政策とは，政府・自治体などが公共的な目的のために，法律策定や税金の予算による配分などを通じて，社会の働きに影響を与えるための方針である．その中で特に，労働問題，労使関係，社会保障，社会福祉，女性・ジェンダーのあり方，生活問題，子育て，保育・教育などに対しての公共的働きかけを社会政策とよぶ．本項目では子どもの発達に影響を及ぼす政策のあり方を整理する．

●**政策の決定**　政策の決定とは強い制約のもとでの模索であり，利害の調整となる．例えば，子どものためにやったらよい政策は多く存在する．だが，そこには多くの制約が伴い，そのすべてを実施するということはできない．

　第一に，政策は，資金にしても人材にしても希少な資源の配分を常に伴うからである．潤沢に資源をいくらでも配分できるようなら，そもそも政策の必要はなく，ただ実行すればよいのだが，実際には優先順位を決めることになる．単に経済的な原則やマーケットの決定に委ねるかどうか含めて決定することになる．

　第二に，通常は政策が働きかけるところには，すでに多くの制度がしかれており，また実態として活動が進んできている．その実情を踏まえ，歴史的な事情を尊重しつつ，変更を加えるのである．白紙のうえに新たな政策を実施することは，現代社会ではまずあり得ない．だとすれば，具合がよくないと思われる制度や慣習もある程度尊重しつつ，手直しをするという改良的な姿勢が必要になる．何より，そういった制度の慣性は制度を実施する実務においても活かしてこそ，実行可能性が担保できる．

　第三に，しばしば多くの政策や制度や慣例の間にトレードオフ（二律背反）の問題が生じる．一つの政策を強化することが，単に予算の配分のみならず，ほかの諸々の面でのマイナスをもたらす可能性がある．例えば，福祉的支援を増すことは経費の負担も大きいが（ほかの福祉などの予算が削られる可能性がある），また，福祉への依存を増すことでもある．それは自立可能な子どもや世帯の自立への選択肢を減らすかもしれない．そのため，バランスを保ちつつ改革する必要がある．多数の必要性があり，どれも無視できないし，思わざる影響が別なところに出てくる可能性に注意する必要がある．

　第四に，政策決定は利害関係者の政治的調整過程を必ず伴う．それが公共的な目的を維持する限りにおいて，その調整は政策をよい方向に実現するために有用だし，不可欠の過程である．だが，時に，その調整が特定の利害集団の利益のためにゆがめられ，公共的な目的から逸脱することもあり得る．公共性に向けてのチェックが不可欠になる．

●**実行上の配慮** そういった政策は制約の合間を縫いつつ，時にその一部を変えるように働きかけつつ，実現へと向かう．そこでの実行上の配慮点は何か．

　第一に，政策が特に国や社会全体に関わるとき，その意図どおりのよい効果を生み出すとは限らない．現代社会は複雑であり，その多様な影響を見通すことは困難である．実行過程における影響の見定めを継続する必要がある．

　第二に，政府の施策なら全国への広がりを目指すことであろう．その意味で，裕福なところだけが実行できるというのでなく，どこでもできるようにする制度的また実務的な支えが不可欠である．

　第三に，地域ごとの工夫を促すこと．国の全面的規制ではなく，地域・現場の工夫を奨励し，生かす．また，その工夫を広げ，普及させることで，制度的な政策の変革は意味のあるものとなる．

　第四に，それがうまく機能するためにも，決定の民主性・透明性が重要である．影響を受けるであろう側が決定に参与できる仕組みが必要であり，またその決定の意味や広がりが理解できるようにしていくことが大切になる．特定の利害だけが優先されることのないような監督機能を設けることも欠かせない．

●**政策の決定や実施における専門家の関与**　それは発達心理学がどのように子どもの発達の政策に影響を持ちうるかの大事なルートの設定でもある．

　第一に，子どもの問題はその子ども自身の判断に委ねることは困難である．特に，乳幼児や障害児などであれば，子どもの代理としての保護者の意向を尊重することになる．それが子どものためとなるかどうかについて，専門的な判断を必要とする．親と子の関係の実証的な検討が必要となる．

　第二に，政策はしばしば安定した制度として持続的な影響を発揮することになる．そういった制度のもとでの実践はいかなる様相をとるものなのか．例えば，子育て支援や幼稚園・保育所，小学校など制度とそのもとでの実践である．その検討を実地に基づいて行う必要がある．

　第三に，新たな制度は文化的慣例の中に吸収されつつ，それを変更するものである．すでに，幼稚園・保育所・小学校などの制度でわかるように，それは現代日本の文化の不可欠な一端を構成している．そういった歴史的なあり方と，文化と政策のダイナミクスを検討する必要がある．

　第四に，意図した成果をあげ得るかどうかの長期的な検討はまさに発達心理学の課題である．そのエビデンス（証拠）をつくり出す責務がそこにある．

　第五に，専門家が公的政策の作成に関与するとは，専門性を保持しつつも，市民としての責任を担う営みでもある．専門的情報の提供者であることを越えて，作成の議論に関与するとはそのような意味での倫理的行為である．諸学問に対してみずからの知見を広げるとともに，政策の優先順位を現実の状況の中で判断するという困難だが，意義深い作業に加わることなのである．

〔無藤　隆〕

社会的責任

　発達心理学は，人間の一生涯にわたる発達を研究する学問である．その目的は，第一に，人間発達の法則を科学的に明らかにすることである．第二の目的は，そのようにして得られた科学的知識に基づいて，人々のいのちとくらしが健やかで幸福なものとなるような科学的な方途を創造的に見出していくことである．このような二つの目的を達成することは，発達心理学にかかわる研究者に課せられた大きな責務である．その学問的成果は，重要な社会的な貢献をなす．

●**研究者としての社会的責任**　日本国憲法第 23 条は，「学問の自由は，これを保障する」として，学問における真理探究の自由を明示している．その内容には，研究活動の自由，学問的見解発表の自由，学問的研究成果を伝える教育の自由が含まれる．その一方で，学問は社会や社会発展に対して大きな責任を負っている．一人ひとりの研究者には，自らの研究活動において社会とのかかわりを自覚することが求められる．

　この点に関して，日本学術会議（1980）は第 79 回総会において「科学者憲章」を定め，科学者が負う責務を次のように国民の前に明らかにした．

　「科学は，合理と実証をむねとして，真理を探究し，また，その成果を応用することによって，人間の生活を豊かにする．科学における真理の探究とその成果の応用は，人間の最も高度に発達した知的活動に属し，これに携わる科学者は，真実を尊重し，独断を排し，真理に対する純粋にして厳正な精神を堅持するよう，努めなければならない．

　科学の健全な発達を図り，有益な応用を推進することは，社会の要請であるとともに，科学者の果たすべき任務である．科学者は，その任務を遂行するために，次の 5 項目を遵守する．

1. 自己の研究の意義と目的を自覚し，人類の福祉と世界の平和に貢献する．
2. 学問の自由を擁護し，研究における創意を尊重する．
3. 諸科学の調和ある発展を重んじ，科学の精神と知識の普及を図る．
4. 科学の無視と乱用を警戒し，それらの危険を排除するよう努力する．
5. 科学の国際性を重んじ，世界の科学者との交流に努める．」

　公益社団法人日本心理学会（2009）の「倫理規程」は，第 1 章「心理学にかかわる者の責任と義務」の第 1 項において，心理学にかかわる者の，社会に対する責任と義務について，以下のように述べている．

　「本学会の会員は，人々の健康と福祉の増進，自由で平等な社会の発展，さらに世界の平和や自然環境の保護を念頭においた活動を行わなければならな

い．研究においても，教育や実践活動においても，心理学の専門性を保ちつつ他の領域の人々と手をたずさえて，社会の諸問題の解決に努めなければならない．社会に対して誤った情報を提供したり，また心理学の知識の過剰な一般化を行って，人々を欺いたり，混乱させてはならない」

このように，学問の世界においては，研究活動を通じて人々の健康や福祉，世界の平和，社会の発展に寄与していくことが重要な意味をもっている．同時に，そうした学問に従事する研究者には，厳しい自己規律が常に求められることになるのである．

●**科学としての発達心理学の社会的責任**　発達心理学にかかわる研究者は，それぞれが自分自身の問題関心に照らし合わせながら，個別の研究テーマを設定し，研究活動を行っている．その研究テーマには，基礎的なものから実践的なものまで，実に多様な内容が含まれている．そうした一つひとつの研究活動の蓄積が，学問としての発達心理学の発展の一部を構成する．

そうした多様な発達心理学の研究には，一見したところ，何の共通性もないように思える．だが，実は決してそうではない．それらの研究は，現代社会を生きている子どもや若者，おとなや老人を研究対象とするという点で共通している．発達心理学は，現代という時代の中で，時代の空気を吸いながら日々暮らしている人間を相手に成立している学問なのである．真空の中で生きている抽象的な人間を研究しているわけでは決してないのである．

時代の中で生きている人間は，時代の中でさまざまな姿を示す．現代社会には，不登校やいじめ，ひきこもり，ストレス，過労死や自殺，貧困，孤独死，虐待など，実にさまざまな問題が生じている．生きづらさや困難さをかかえながら，日々過ごしている子どもや若者，おとなや老人が少なくないのである．

こうした社会的な問題をかかえて生きている人間がいる現実に対して，発達心理学はいかなる立ち位置にあればよいのか．発達心理学のレゾン・デートル（存在証明）が問われるところである．科学としての発達心理学が，実証的なデータに基づいて真理の探究を目指すのは当然のことである．同時に重要なのは，その成果が人間の生活を豊かにすることである．それゆえ，今，目の前に立ち現れているさまざまな社会的な問題に対して，科学としての発達心理学が総体として関与して，その問題の解明に貢献し，人間の豊かな発達を取り戻す活動にかかわっていくことはきわめて重要な課題である．それは，発達心理学という学問に課せられた大きな社会的責任であるといえる．もちろん，そうした社会的な問題の根本的な解決は発達心理学のみでなし得るものではない．他の関連学問領域との共同や協力のもとで，発達心理学が固有の役割を果たしていくことが求められるのである．

［都筑　学］

発達心理学と差別

　差別とは，何らかの特性をもつ一群の人々を社会の周辺に押し出すことによって，社会のまとまりを維持しようとする集団の働きである（Becker, 1963/1993）．したがって，差別される側に差別に値する根拠があるわけではない．性別，人種，性的嗜好，障害，容姿，親の職業などのさまざまな特性が，差別の根拠として利用され，いじめや不登校，社会的な不適応の原因となってきた．

●**発達心理学が内包してきた差別**　発達心理学は，社会の中で人が成長するプロセスやメカニズムを解明する学問であるにもかかわらず，社会に潜在する差別的バイアスに対して敏感であったとはいいがたい．社会の主流をなす価値観を自明のものとして，マイノリティ的な特性に対する差別に無自覚のうちに荷担したともいえる．高橋と柏木（1995）は，発達的価値の偏向，発達理論の偏り，研究方法の3点から，発達心理学が内包する差別的なバイアスを指摘している．

　発達的価値の偏向とは，「何を発達と考えるか」に関わる偏りである．発達のプロセスやゴールは，もともと，性別や文化，パーソナリティや認知特性の違いなどに応じて多様にあり得る．しかし従来の発達心理学では，特定の発達のみを標準とみなし，それ以外の変化を発達的に劣っているとみなす傾向があった．例えば，コールバーグ（Kohlberg, L.）の道徳性発達理論は，女性やアジア文化が重視する対人関係に基づく道徳判断を発達的に未熟であるとみなすが，ギリガン（Gilligan, C.）はコールバーグの理論が西欧男性中心社会を暗黙の前提にしているためだと批判した（Gilligan, 1982/1986）．

　発達理論の偏りとは，発達理論そのものに社会のバイアスを反映した偏りがあるという考え方である．例えば，遊びの発達理論は，他者と交流しながら遊ぶことへの社会的望ましさを前提としており，一人で遊びたいという子どもの志向を軽視することへの学問的裏づけとして用いられかねない．また愛着理論は，子育てにおける女性の重要性を過剰に強調し，子育てにおける男性の役割や女性の子育て以外の役割の軽視につながった．

　研究方法における問題とは，偏ったデータの一般化，十分な吟味なく被験者をカテゴリーとして扱うこと，用いる尺度の問題などがある．例えば，思春期青年期の研究データは主に学校で収集されるが，学校に通っている生徒のみによって一般化した理論からは，不登校生徒や就労青年などのマイノリティの発達が見落とされがちである．あるいは，性差の意味を吟味せずに独立変数に性別をおく研究や，精神年齢の意味を吟味しないまま障害児者群の対照群として精神年齢を合致させた健常児者群を設定する研究など，多くの問題をはらんでいる．

●個にきちんとかかわる発達心理学　上記のように，発達心理学研究の中には，社会のバイアスを含んだ価値観から発達をトップダウン的にとらえ，価値と関連した特性の有無で人々をカテゴリーとしてみなすことで，差別的視点を内包してしまうものが少なからず存在する．

　しかし一方で，少数の事例の成長や個性をていねいに記述分析することを通して，個人が実際に成長発達する様子自体をボトムアップ的に解明しようとする研究も少なくない．例えば，ピアジェ（Piaget, J.）は自身の3人の子の精緻な行動観察によって，乳児が内的表象をもつまでの発達モデルを提案した．このような個に着目した発達研究では，社会のバイアスの影響を相対的に受けにくく，近年は質的研究として大きく展開している．

　また，発達支援分野の研究でも，発達支援を必要とする人々と周囲の環境や他者との関わりを詳細に分析，調整することで，多く成果があがっている．支援を必要とする人々を障害者とひとくくりにとらえるのではなく，個々人のニーズを明らかにし，それをボトムアップ的に満たすことで発達支援を行うのである．障害の有無にかかわらず個人のニーズに注目することは，障害のある人とない人がともに生きるという，インクルージョンの流れとも呼応している．

●当事者による自身の研究や発達支援　近年になって，マイノリティ的な特性をもつ当事者が，自身についてさまざまな発信を行い，それが発達心理学に直接影響を与えるようになった．研究者が当事者を研究や支援の対象とする従来のスタンスからは大きな変化である．

　この背景には二つの要因がある．一つは，ナラティブ，すなわち自分について語ることが発達心理学において注目されるようになったことである（斎藤他，2010）．これは，客観的な事実だけでなく，当事者による事実の解釈や意味づけを含んだナラティブも，心理学的に意味があるという考え方に基づいている．

　もう一つは，精神障害者など自身による当事者研究が盛んに発表されるようになったことである（浦河べてるの家，2005）．当事者研究では，当事者自身が周囲からは共感されにくいみずからの困難や対処方法を分析し，わかりやすく説明することで，従来の客観的研究からは明らかにできなかった当事者の内的状態を紹介した．例えば広汎性発達障害のある綾屋は，みずからの感覚刺激の受容の特異性を詳細に分析し，広汎性発達障害の診断基準とされる諸症状とは独立した，当事者の内面からの生きづらさを紹介した（綾屋・熊谷，2008）．また，不登校経験をもつ貴戸（2004）は，教育者や支援者の視点から不登校を矯正や賞賛の対象にするのではなく，不登校や学校制度が当事者にもたらす意味について分析を行った．個々の当事者らからの発信を受け止め，研究が内包する発達の価値のバイアスなどをみずから問い返すことは，今後の発達心理学の展開にいっそう重要になるだろう．

[常田秀子]

発達心理学の未来

人の発達を予測することは難しい．同様に，発達心理学の未来を予測することも難しい．それを承知で，発達心理学の未来について考えてみたい．その出発点として，岩立（2005）が述べる「発達の唯一性と可能性」という考えを紹介する．この考えによれば，現在を含む過去に目を向けた場合，人はただ一つの発達を選ぶ．それに対して，未来に目を向けた場合，人の将来には選択の幅があり，その幅の中から人はただ一つの発達を選択する．この考えを，発達心理学の未来に当てはめる．現在を含む過去に目を向けた場合，発達心理学の過去の研究・理論は，「選ばれた結果」であることがわかる．例えば，ピアジェ（Piaget, J.）の認知発達研究はピアジェがいたことで生じた（選ばれた）．いなければ違った認知発達研究が生じただろう．では，未来に目を向けた場合，発達心理学にはどんな未来が待っているのだろうか？　未来の発達心理学には，無限ではないが，選択の幅があり，その幅の中からただ一つの発達を選択することになる．

●**理事長が語る未来**　発達心理学の未来を考えるとき，日本発達心理学会の歴代の理事長が語る就任の言葉は参考になる（日本発達心理学会，2012）．初代理事長である東洋は次のように述べている（「　」は引用）．「発達心理学は，人が生まれてから生涯を通じて，また人を含めたさまざまな生き物が進化によって，心のはたらきがどのように発達し変化してゆくか，どう行動が変わるかを研究する学問です．…日本発達心理学会は，発達心理学の研究者たちの強い要望で生まれました．1987年の夏に，東京で国際行動発達学会（ISSBD）の大会があり，世界中から1,000人をこえる人が集まりましたが，そのときボランティアとしてはたらいた若い研究者たちが，日本の発達心理学者が研究を交流する場としての学会が欲しいと考え，それから3年あまり熱心に準備して発足したものです．…創立後日が浅いのに2,000人以上の会員数で，20代，30代の会員が多数です．…けれども大事なのは人数ではありません．この学会を中心として，人間の心の発達や福祉を考える学問と臨床実践が，しっかりと育っているのが私たちのよろこびです」

第3代理事長の柏木惠子は次のように述べている．「発達心理学は，乳幼児から青年，成人さらに高齢期にまでわたる，人間の全生涯の心と行動の発達過程について研究する学問です．…本学会は，人間の発達に関心をもつ人すべてに開かれています．会員になるには，学歴や業績も研究職であることも問いません．会員には，小中高校，幼稚園/保育所の先生方，養護・高齢者施設などの職員の方々も少なくありません．子ども，おとな，高齢者の心の発達や成長・発達，さらに

人間の幸福な人生と福祉に研究関心をもっている方々，その実践の場にいる方々のご参加を歓迎いたします」
　第5代理事長の無藤隆は次のように述べている．「臨床発達心理士資格の発足があり，その資格をもつ方は千名を越えたそうです．本学会とは別の組織で運営する形となっていますが，その資格の基礎的な研究面を本学会が支えていくという関係に変わりはありません．…成長の過程にある本学会ですが，しかし，多くの課題もまだあろうかと思います．学会誌の充実拡大さらに水準のさらなる向上はその一つでしょう．学会大会の工夫もあろうかと思います．…また，学会には，学会の外側である広い学問領域や国際的学界，また社会全般との交流やそれらへの発信の責務もあるでしょう」　第6代理事長の子安増生は，発達心理学研究の充実と英文で世界に向けて情報を発信する機能の強化について述べている．東と柏木は，発達心理学の定義と未来についての展望を語っている．無藤と子安はどちらかというと，発達心理学や発達心理学会の将来に向けた改革について語っている．

●**研究領域からみた未来**　発達心理学の研究領域は多様で，領域によってその未来も違う．ここでは広領域に関連する未来二つと狭い領域の未来一つを紹介する．広領域に関する第1の未来は，ジェンダーに関連し，発達心理学の方法面での歴史的な問題に関連する（高橋・柏木，1995）．この問題には，「調査や研究の対象の偏り」と「研究の枠組みが男性優位になっている点」の2側面がある．後者に関して，高橋・柏木は「フロイトは男性である自分たちの価値観によって精神分析という理論を構築してきた．…コールバークもアイデンティティや適応の研究で男性社会の基準を正しいものとするのが常だった」「性差別をやめて女性を男並みにしたとしても真の人間の解放には至らない．…地球上のすべての人間の人権の尊重，平等や公平さを実現することを中心にすえたオールタナティブな価値を，われわれは求めている．発達研究もこのような問題を確かに認識し，これに貢献するものでなければならない」と述べている．広領域に関連する第2の未来は，ブロンフェンブレンナー（Bronfenbrenner, 1996）の生態学の視点に関連する．この視点では，人へ影響する環境は，ロシア人形のように重層的な入れ子構造をもっている，とされる．重層的な要素の数と影響の様相によって未来は違ってくることになる．狭い領域に関連する未来は，言語発達研究での生得論に関連する（岩立，2009）．生得論とは「ヒトは言語発達に都合のよいバイアスをもっている」という考えで，言語学者チョムスキー（Chomsky, N.）の生得論（普遍文法理論）と深くかかわっている．このバイアスが正しいならば，そのバイアスを前提にした研究成果や理論が将来には主流になるだろう．研究領域ごとのさまざまな未来を理解し，それを統合整理する試みから発達心理学の未来がある程度みえてくる気がする．

［岩立志津夫］

幼保一元化

　日本では明治期から，幼稚園は中流階級のための就学前教育として，また保育所は養育困難層への援助として始まったが，それを統合するという試みや提案は古くからあった．戦後の「保育要領」(昭和22 (1947) 年試案) では，幼稚園と保育所を一括したカリキュラムや指針としての提案がなされた．その後，幼稚園教育要領 (昭和28 (1953) 年) において，児童福祉法 (昭和26 (1951) 年改正) の保育に欠ける子どもを預かる保育所の規定と相まって，幼稚園と保育所の違いが改めて明確にされた．

　その後，総務省の勧告のもと (平成8 (1996) 年)，幼保の施設の合同利用が進んだが，平成18 (2006) 年，「就学前の子どもに関する教育，保育等の総合的な提供の推進に関する法律」に基づく認定こども園が生まれた．幼保の双方の機能を一体的に担う施設である．しかし，これは幼保の統合施設ではなく，同じ施設が両方の働きを担うものであり，厳密には一つの施設を幼稚園と保育所に案分して設置基準を達成している．

　また，平成20 (2008) 年3月の幼稚園教育要領と保育所保育指針の同時改訂の折に，環境を通しての保育という理念と，教育内容 (教育要領では第2章，保育指針では第3章) は3歳以上部分においては文章まで同一にそろえられた．

　平成24 (2012) 年にかけて，子ども・子育て新システムという名のもとで，新たに幼保を統合する「認定こども園」の改正がなされた．そのシステムによれば，総合こども園は保育所の機能と幼稚園の機能をあわせもった一体の園であり，児童福祉法上の福祉機能 (保育の必要のある子どもを，3歳未満において預かるか，または3歳以上において標準4時間を超えて預かるか) と，教育基本法第6条の学校の機能 (幼稚園として満3歳以上，1日4時間程度を預かり学校教育を行う) の双方を担う．内閣府が中心となり国の行政を担い，都道府県・市町村においても幼保を一体として管轄する．また補助金も国からの一括交付金により幼保共に同一のものとする．働く資格は幼稚園教諭と保育士資格をともにもつものとし，保育教諭とよぶ．なお，旧来の幼稚園だけの機能をもつものは幼稚園として，また保育所は保育所として残ることも可能である．

●**幼保一元化の必要性**　何より，保育所に預ける子どもの割合が増えたことがあげられる．小学校就学前において，幼稚園にいく割合が55％程度に対して，保育所に通う割合が45％程度と増えてきている．働く母親の割合が増えたことによっているが，それは同時に，保育所における幼児教育の重視にもつながっている．また，平成12 (2000) 年の改訂以来，幼稚園教育においては「預かり保育」

を認め，通常の4時間程度を超えて，子どもを預かる教育活動を行う園が増えてきた（80％程度）．その中には本来保育所に行ってよいはずの保育に欠ける（ないし保育の必要性がある）子どもがかなり含まれており，幼稚園の一部は保育所の機能を担うようになった．

　幼稚園は学校教育法に基づく学校である．保育所は児童福祉法に基づく児童福祉施設である．したがって，法令的には保育所は子どもを預かるが，学校教育としての教育を行うわけではない．保育所保育指針において，保育所の保育は養護と教育を一体的に行うとして，教育という表現が明記されているが，それは学校教育としての教育をさすわけではなく，発達の支援という広い意味で使われている．また幼稚園の預かり保育は学校教育法に基づく教育課程外の教育活動であり，本来，児童福祉の意味での保育に欠けるあるいは保育の必要がある子どもを預かるものではない．

●**幼稚園と保育所の違い**　では，実態として，それほどに異なるものであろうか．まず，養護という意味については，保育指針において生命の保持と情緒の安定と規定されている．幼稚園では生命の保持の面は学校健康安全法で規定され，情緒の安定は教育要領の第1章総則において幼稚園教育の基本となすものとして重視される．その意味で，養護という働きは保育所と幼稚園において共通している．

　教育においてはどうだろうか．少なくとも満3歳の4時間程度という枠において，保育指針の第3章の保育内容は幼稚園教育要領の教育内容と同一であり，そこに区別されるべきことは特段にはない．だから，その意味で学校教育としての教育も実質的には保育所においてもなされていると解釈できる．

　保育という用語はいくつかに使い分けられている．一つは児童福祉法上の規定であり，保育に欠けるないし保育の必要があるという場合である．これは家庭での養育を含め，保育とよんでいる．第二は保育所固有の保育をさし，養護と教育の一体的な営みとして定義される．第三は学校教育法での幼稚園の目的にあるものであり，幼稚園の子どもを教育する営みを保育することとしている．

　実際に認定こども園などの実践において幼稚園と保育所を統合する営みがすでに数年来試みられてきた．そこでのようすから今後の幼保の統合の実際を知ることができる．幼稚園と保育所の職員がともに一つの保育をつくりあげることは，長年の伝統の違いから簡単ではない．だが，相互にその得意とするところを尊重しつつ学び合うことで十分可能である．困難としては，園内の打ち合わせや研修の時間を確保することがあげられる．幼稚園の多くでは，子どもが帰宅した後，それが可能だが，保育所ではそうはできない．そこを可能にすることで保育の質の向上の道が実践的に開ける．

［無藤　隆］

25. てをくむ

【本章の概説】

　本章の編集担当委員である岩立が研究している言語発達の初期段階（2〜3歳）では，とても興味深い現象がある（岩立，1997）．それは，動詞や助詞などがバラバラだがルールをもって使用されることである．岩立が研究した男児では一年にわたって，「タベル」という動詞を「〜が〜を動詞」という語順で使っていた．それに対して「かく」という動詞を「〜を〜が動詞」という語順で使っていた．この現象を，岩立はローカル・ルールで，トマセロ（Tomasello, 1992）は「動詞―島仮説」（verb Island hypothesis）で説明する．このような事実の発見から言語発達研究者は，事例研究の蓄積が不可欠であることを自覚した．しかし，事例研究には多大の労力と時間が必要で，一人の研究者が取り組める事例数は限られる．そこで，多くの人が協力して事例データを蓄積し，相互利用しようとする運動が生じた．その一つがCHILDES（child language data exchange system）である（CHILDES, 2013）．世界中の多くの研究者が手を組むことで，膨大な言語発話が蓄積されつつある．

　本章では，日本発達心理学会が現在取り組んでいる活動を念頭において，「てをくむ」というテーマに関連する項目を選んだ．そして，それに関する解説や関連する内容を執筆してもらった．選んだ項目は「国外・国際学会」「心理学資格」「臨床発達心理士」「隣接科学（認知科学）」「隣接国内学会」の5つである．

　日本発達心理学会は，日本心理学諸学会連合に加盟している45学会の中では，6番目の会員数を持つ学会である．1989年12月に設立され，学会誌『発達心理学研究』を発行している．会員には大学や研究所の研究者の他，幼稚園や保育園，学校の教員の他，発達臨床の現場で働く人，小児科や児童精神医学の病院で働く人，老人介護の現場で働く人など，多様な人がいる．

　「国外・国際学会」では，「日本の関連学会，世界の関連学会，連携の実態と未来」を含めながらの執筆をお願いした．執筆者の大嶋氏はカナダの大学に所属し，北米を中心に，言語発達を中心にして研究活動続けている．本文で紹介されている国際行動発達学会（ISSBD：International Society for the Study of Behavioural Development）や米国の発達心理学会であるSRCD（the Society for Research in Child Development）は，学術的価値だけでなく，その社会的活動などで，日本発達心理学会の手本となるすばらしい学会である．隔年に開催される大会も刺激に満ちている．

　「心理学資格」では「心理学資格問題，日本諸学会連合，歴史と将来展望」を含めながらの執筆をお願いした．それに対してできあがった原稿では，「各種の心理学資格」「心理職の国家資格化へ」という見出しで書かれている．各種の心理学資格としては，認定心理士，臨床心理士，学校心理士，臨床発達心理士，心理学検定が紹介されている．なお，心理学に関連する資格にはこれらの他に，心理相談員，産業カウンセラー，医療心理士，家族相談士，健康心理士，認定カウ

ンセラーなどがある.

　「心理職の国家資格化へ」としてまとめられた内容は一読の価値がある.というのは,執筆者の子安増生氏は,日本発達心理学会の理事長とともに,日本心理学諸学会連合の理事長として心理職の国家資格化の中心的役割を担っている人だからである.短いながらも,現時点（2013年3月）での最新の確かな流れを把握するのに役立つ.資格の名称や,資格の性格,業務の内容,他専門職との連携,受験資格,そして現在までの動向なども詳しく書かれているので,関心ある方はぜひ熟読して欲しい.この事典が出版される頃にはなんらかの結論が出ているかもしれない.結論がどうなるにしても,今回の文章は資料としての価値が高い.最後の「国家資格心理師の一日も早い実現が望まれる」という文章も含蓄深い.

　「臨床発達心理士」では「資格の経緯,臨床発達心理士認定運営機構,資格認定,現状と課題」を含めながらの執筆をお願いした.それに対してできあがった原稿では,「資格の経緯」「臨床発達心理士認定運営機構」「臨床発達心理士の視覚認定」「現状と課題」という見出しで書かれている.執筆者の秦野悦子氏は,資格の創設時点から中心的役割を果たして来た人物で,臨床発達心理学に関する著書も多く執筆している.最後の「現状と課題」で書かれている「領域横断的な汎用的資格となる国家資格心理師に求められる専門性の質,医療・福祉・教育を横断する心理機能の発達支援の質を問い続けていくことが課題といえる」という文章は発達心理学に興味を持つ学徒全員が読み直す必要のあるものだろう.

　「隣接科学（認知科学）」では「連携・交流の実態,連携・交流の意義と問題,連携・交流の可能性」を含めながらの執筆をお願いした.執筆者の小嶋氏は工学領域で学位を取得された方で,現在の専門領域は認知科学,特にロボットの研究をされている.そのような方からどんな原稿をもらえるか楽しみだった.読まれると分かるが,発達心理学者が書いたものと違って,発達心理学を隣接諸科学の中の一つの要素として位置づけている点は興味深い.

　「隣接国内学会」では「隣接学会,交流の実態,交流の可能性」を含めながらの執筆をお願いすることになった.編集者の岩立が執筆した.岩立の研究領域は言語発達だが,研究とは別に,日本発達心理学会の設立から現在にいたるまで日本発達心理学会の発展に尽力してきた.その履歴を踏まえて,心理学に関連する学会群（「心理学ワールド」とよばれている）での隣接国内学会,隣接資格等について紹介している.特に,日本心理学諸学会連合加盟の学会とその会員数の資料には目を通して欲しい.圧倒的に会員数の多いのは2万を超える会員数を持つ日本心理臨床学会で,次に多いのは心理学ワールドで長い歴史のある日本心理学会である.日本発達心理学会は6番目の会員数を持ち,心理学ワールドで重要な役割を担っている.

〔岩立志津夫〕

国外・国際学会

　日本発達心理学会は1987年の国際行動発達学会（International Society for the Study of Behavioral Development：ISSBD）の東京大会を契機として発足し，25年間日本の発達心理学の発展に貢献してきた．そこで，日本の発達心理学者に強い影響を与えた国際行動発達学会，アメリカの学会でありながら50カ国以上の発達研究者が参加する国際的な発達学会，児童発達学会（Society for Research in Child Development：SRCD）の二つを国外の国際学会として紹介する．

●**国際行動発達学会（ISSBD）**　国際行動発達学会は感覚，認知，社会発達に関する国際比較研究をしていたヨーロッパの研究者のグループが中心になって1969年に正式に発足した．現在，60カ国から1,100名以上の会員がいる．1971年のオランダで行われた第1回の国際大会に始まり，これまでにヨーロッパで11回，カナダで4回，アメリカ，ブラジル，オーストラリア，日本，中国，ザンビアでそれぞれ1回，計21回の国際大会が開催されている．国際大会には日本の研究者も多く参加している．

　この学会は発達途上国の発達研究者や大学院生や若手研究者の援助が活発で，学会参加費，旅費，滞在費の援助をはじめ，隔年の学会の前後に行われるワークショップとは別に，年に2回ほど，若手研究者を対象に，最新の方法や特定のトピックや領域の研究の最新情報をシニアの研究者が紹介するワークショップや会議の開催の援助も行っている．これまでに，アフリカ，アジア，ヨーロッパ，北アメリカ，南アメリカ，オーストラリア，アフリカなどで，ワークショップが開催されている．また，若手研究者の代表が2年の任期で選出され，学会の実行委員会の委員として若手研究者のさまざまな活動の企画・援助をするだけでなく，学会のそのほかの各委員会にも若手研究者の委員が1名選出され参加しているのもこの学会の特徴である．

　このようなさまざまな学会活動やワークショップを通じて発達研究者の国際的な研究交流の場が広がり，行動発達の文化比較や国家比較の研究が増えてきている．学会誌としては *International Journal of Behavioral Development* を年に6回発行している．学会誌とは別に *ISSBD Bulletin* が年2回発行され，オンラインで閲覧できる．*Bulletin* は各号，一つのテーマのもとに異なる理論的立場からの複数の研究論文を掲載する特別セクションと，さまざまなニュースやレポートを掲載するセクションからなっている．大会，学会誌は会員でなくても自由に投稿できる．2014年の国際大会は上海で開催される．アジアで3回目の国際大会である．

●**児童発達学会（SRCD）**　アメリカの児童発達学会は人間の発達に関する学際

的な研究および，研究成果の応用実践を振興することを目的に1933年に正式に発足した．現在，約5,500名の会員がいる．アメリカの学会であるが，50カ国以上の外国会員が学会員全体の20％を占めている．しかも，この学会は国際関係委員会を通じて学会員と世界中の発達研究者の交流，情報交換をさらに活発にするために特別な努力をしている．したがって，隔年で開催される大会では，アメリカの発達研究者以外の外国の発達研究者の発表も数多くみられ，国際的である．日本からの参加も多くみられるが，国際行動発達学会の国際大会ほどではない．

　将来の発達研究者である大学院生の研究や就職の援助にも力をいれており，学会発表の旅費の援助，大会中に研究界の指導的な研究者との昼食や院生同士の交流などを促進する催しを行う．また，研究職を希望する大学院生が履歴書を提出しておくと，大会時に大学が関心をもった大学院生に簡単な就職の面接ができるようになっている．この面接を通じて大学の方は，大学に招待して本格的なインタビューをするかどうかスクリーニングすることができる．大学院生の方も大学の情報を得るだけでなく，自分をアピールする大切な機会となる．また，国外の所得の低い国々で初期発達研究をする大学院生に研究費の支給と2年間の学生学会員の資格を与える博士論文の研究を援助するプログラムも最近開始された．

　アメリカのほかの学会と同様に，大会発表は会員でなくても自由に投稿できる．学会誌は *Child Development*, *Child Development Perspective*, *Monograph of the Society for Research in Child Development*（*Monograph*）の三つがあり，*Child Development* は年6回発行し，発達の理論的，実証的研究の新しい成果の発表論文を扱う．*Child Development Perspectives* は年4回発行され，発達研究者だけでなく，専門知識のない人たちにもわかりやすく書かれた発達科学の短い研究論文を扱う．発達研究の展望論文がおもな発表論文で，実証的研究の新しい成果を発表する論文は扱わない．*Monograph* は年4回発行され，各号，スケールが大きく，深く掘り下げた発達研究の新しい成果を発表する論文と専門家のコメンタリーを同時掲載，あるいは，発達の特定のテーマのもとに複数の論文と著者間の討論や外部の研究者のコメンタリーを同時掲載するのが通例である．数年前から，採択された論文を学会誌に収録して発表する前に，オンラインでまず発表するようになり，研究論文を早く発表することができるようになった．

　アメリカのほかの学会と同様に，会員以外の学会誌への投稿は自由なため，投稿論文は多数集まりその中から質の高い論文だけを選んで掲載することができ，学会誌のランキングを高めている．発達科学の成果を社会政策の決定に利用できるように発達の社会問題を専門家がこれまでの発達研究の研究成果に基づいてまとめた論文が，学会誌とは別に social policy report として年4回発行され，オンラインで閲覧できるようになっている．　　　　　　　　　　　　　［大嶋百合子］

心理学資格

　心理学は，科学の一分野としての学術的成果の追求とともに，得られた基礎研究の成果を個人・家庭・学校・官庁・企業・地域社会などにおける人間の心の問題の解決に生かす活動を通じて，人間の幸福の追求に資するように心理学的知見を活用する実践的な目標を有しており，そのような実践活動を行う心理職の専門家の養成もその大きな課題である．

●**各種の心理学資格**　心理学資格とは，大学あるいは大学院などで心理学を一定の水準で修めたことや，その専門的知識・技能を生かして心理職につく条件を備えていることについて，学会あるいは職能団体が認定するものである．以下，その代表例をあげる．

　認定心理士は，公益社団法人・日本心理学会が1990年から認定を開始したもので，大学で心理学を学び，心理学の専門家として仕事をするために必要な最小限の標準的基礎学力と技能を修得していると日本心理学会が認定した者をいう（http://www.psych.or.jp/qualification/index.html）．これまでに認定心理士の資格を受けている者は，約35,000人である．

　臨床心理士は，臨床心理学に基づく知識や技術を用いて人間の心の問題にアプローチする心の専門家として，財団法人・日本臨床心理士資格認定協会が1988年から認定を開始したもので，資格保有者は約24,000人である．この資格試験を受けるためには，臨床心理士養成に関する指定大学院または専門職大学院の修了を基本とする受験資格の取得が求められる（http://www.fjcbcp.or.jp/）．

　学校心理士は，学校などをフィールドとした心理教育的援助の専門家として，1997年に創設された資格であり，当初は日本教育学会が資格認定を行っていたが，現在は日本発達心理学会を含む11学会が一般社団法人・学校心理士認定運営機構に参加，資格保有者は4,000人を超えている（http://www.gakkoushinrishi.jp/）．

　臨床発達心理士は，発達の臨床に携わる幅広い専門家として2001年に創設され，日本発達心理学会（筆者が平成20年～25年度の同会理事長を務める）を中心とする4学会が共同で運営する一般社団法人・臨床発達心理士認定運営機構が資格を認定しており，資格保有者は約3,200人である（http://www.jocdp.jp/）．

　心理学検定は，日本心理学諸学会連合が2008年から実施している検定試験制度であり，大学卒の心理学の実力の証明となる「1級」と，限られた領域での心理学の実力を証明する「2級」がある（http://www.jupaken.jp/）．2011年度末までの資格認定者数は，1級取得者総計2,015名，2級取得者総計2,264名である．

●**心理職の国家資格化へ**　以上のほかにも心理学に関連する資格はたくさんあるが，国が法律に基づいて認定する心理職の「国家資格」は，本項目執筆時点の2012年に至るまで存在しない．そこで，2011年10月に，臨床心理職国家資格推進連絡協議会（加入団体22，連絡団体1），医療心理師国家資格制度推進協議会（加入団体25），日本心理学諸会連合（要望書作成当時の加入団体45；筆者が平成23年6月～25年6月の間理事長を務める）の3団体が協議して「心理師（仮称）」の国家資格創設の要望書をまとめた．

国家資格創設の要望理由は，「国民のこころの問題（うつ病，自殺，虐待など）や発達・健康上の問題（不登校，発達障害，認知障害など）が複雑化・多様化しており，それらへの対応が急務となっているにもかかわらず，これらの問題に対してほかの専門職と連携しながら心理的にアプローチする国家資格がわが国にはまだなく，国民が安心して心理的アプローチを利用できるようにするには，国家資格によって裏づけられた一定の資質を備えた専門職が必要である」とするものである．また，具体的な要望事項の内容として，次の5点をあげている．

1. 資格の名称：心理師（仮称）とし，名称独占とする．
2. 資格の性格：医療・保健，福祉，教育・発達，司法・矯正，産業などの実践諸領域における汎用性のある資格とする．
3. 業務の内容：①心理的な支援を必要とする者とその関係者に対して，心理学の成果に基づき，アセスメント，心理的支援，心理相談，心理療法，問題解決，地域支援などを行う．②①の内容に加え，国民の心理的健康の保持および増進を目的とした予防ならびに教育に関する業務を行う．
4. 他専門職との連携：業務を行うにあたっては，他専門職との連携をとり，特に医療提供施設においては医師の指示を受けるものとする．
5. 受験資格：①学部で心理学を修めて卒業し，大学院修士課程ないし大学院専門職学位課程で業務内容に関わる心理学関連科目などを修め修了した者．②学部で心理学を修めて卒業し，業務内容に関わる施設において数年間の実務経験をした者も受験できる．

以上のように，この要望書は，心理学の幅広い領域の関係者が手を結んで一つの国家資格を目指すものであり，医師，看護師，教師，福祉関係者，司法・警察関係者，産業界関係者などとの緊密な連携を前提としている．

心理師国家資格の実現のために，衆参両院の国会議員によって構成される議員連盟が結成され，国家資格法案が早期に成立することが期待されている．2012年3月27日には，衆議院第一議員会館大会議室において，上記3団体が主催する「心理職の国家資格化を目指す院内集会」が開催され，国会議員96名，同議員秘書100余名，一般参加者約450名他の出席を得て，心理師国家資格期成大会の役割を果たした．国家資格心理師の一日も早い実現が望まれる．　［子安増生］

臨床発達心理士

　臨床発達心理士とは，一般社団法人 臨床発達心理士認定運営機構が認定する専門資格である．発達心理学を学問的基盤とした心理援助を行う専門職として，支援内容は対応すべき事柄に応じるが発達という理論的な見通しをもち，支援対象となる人自身の発達する力をいかに引き出すかという視点をもつことにより，その方法論や理論枠組みは，学校段階や思春期さらに高齢者の問題へと生涯発達を見据えている．

●**資格の経緯**　この組織は，学会連合資格「臨床発達心理士」認定運営機構として2001年12月2日に発足し，翌年3月には指定科目取得講習会を実施し，2002年度に資格認定を開始した．2009年4月1日に法人として登記した．現在は日本発達心理学会，日本感情心理学会，日本教育心理学会，日本コミュニケーション障害学会の協力で運営されている．「発達的観点に基づき人の健やかな育ちを支援する」という理念により設立された臨床発達心理士認定運営機構は，継続的に組織や活動の充実を図ってきている．

●**臨床発達心理士認定運営機構**　この機構の目的は，次のような発達の諸問題，すなわち，①知的障害，学習障害など，発達臨床，発達障害の分野，②「気になる子」のような健常と障害との境界領域，③子育て支援，児童虐待，不登校などの現代的な問題，④思春期，青年期の社会的適応，⑤成人期，高齢期の生涯支援について深く理解し，適切な評価・支援技術を有する専門家としての資質をもつ臨床発達心理士を認定することである．

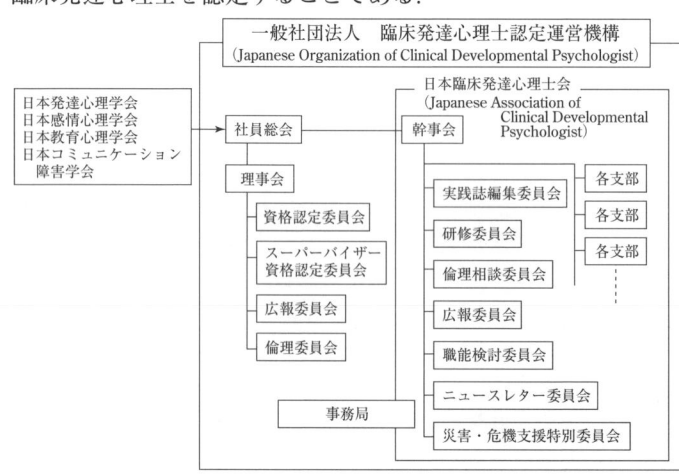

図1　臨床発達心理士認定運営機構組織図（2013年現在）

図1に臨床発達心理士認定運営機構組織図を示す．資格認定された臨床発達心理士は，日本臨床発達心理士会に所属し，地域における支部活動において社会的責任を担う．日本臨床発達心理士会では，臨床発達心理士の役割と任務の主旨にそって業務を行い，社会的な責任を果たすため，臨床発達心理士として考慮すべき事項を示した倫理綱領を定めている（表1）．

表1　日本臨床発達心理士会倫理綱領

第1条	人権の尊重
第2条	責任の保持
第3条	発達支援の実行における配慮と制約
第4条	秘密保持の厳守と守秘の例外
第5条	研修の義務とスーパービジョンを受ける責務
第6条	研究と公開
第7条	倫理の遵守

日本臨床発達心理士会では，臨床発達心理士ひとりひとりの専門性を向上させる組織的・継続的な取り組みを支部活動を中心として行うだけでなく，領域ごとの研修，基礎または応用研修，全国大会，国際ワークショップ，臨床実践研究誌発行など，年間を通して有資格者への研修に力を入れているのも大きな特徴である．

●**臨床発達心理士の資格認定**　臨床発達心理士は発達の臨床に携わる幅広い専門家に開かれた資格で，発達心理学隣接諸科学の大学院修士課程修了者を基本とし，福祉・教育・医療・現場で働く現職者や，大学など研究職も申請ができる．臨床発達心理士の資格認定の特徴を表2に示す．

表2　臨床発達心理士における資格認定の特徴

- オープンで実質的な臨床技能を評価する認定システムである
- 大学院での指定科目を履修すれば誰でも受験資格が得られる
- 指定科目資格取得講習会の受講によって大学院での指定科目の履修に替えることができる
- 筆記試験と口述審査によって臨床発達心理学に関する知識と見識を評価している

資格申請のために必要な教育歴としては原則大学院修士課程とする．それにかわり，この機構が主催する講習会を受講することにより申請条件がそろうことも，大学院以外に資格を開くという意味で特徴的である．現在，いくつもの大学院で臨床発達心理士養成に向けて，資格取得に必要な授業や実習を提供している．また，申請に必要な臨床経験年数などの詳細は各年度の臨床発達心理士認定申請ガイドに記載されている．臨床発達心理士資格は，5年ごとの資格更新制度をとり，また上位資格である臨床発達心理士スーパーバイザー資格の認定制度をもつ．

●**現状と課題**　専門性の高い心理士資格として，①子どもからおとなまで生涯にわたる支援，②家族・地域に広がりをもった支援，③子育て，気になる子ども，障害，社会適応などへの社会的ニーズが年々，高まっている．領域横断的な汎用的資格となる国家資格心理師に求められる専門性の質，医療・福祉・教育を横断する心理機能の発達支援の質を問い続けていくことが課題といえる．　　　　［秦野悦子］

隣接科学（認知科学）

　認知科学とは，人間や動物の心のはたらきを，その内部における情報処理プロセスとして理解・モデル化しようとする科学である．1950年代後半に，心理学・言語学（特に生成文法論）・情報科学（特に人工知能研究），そしてこれらに通底する哲学（特に認識論）が融合した分野として始まった．その後，文化人類学，霊長類学，ロボット工学，脳科学など，隣接する諸科学を取り込みながら大きな学際領域に発展し，現在に至っている．

●**認知科学と発達心理学**　この学際領域の中で，心理学は常に中心的な役割を担ってきた．人間の記憶や学習，言語に関する知見や，心理実験のノウハウを活かし，情報処理プロセスとして心のモデル化を進め，認知心理学という分野を確立した．認知心理学はこの学際領域の重心に位置し，いわば「狭義の認知科学」であるといってよい．

　しかし，ある完成された能力（例えば成人の言語理解）を情報処理プロセスとしてモデル化しても，それで心のはたらきを十分に説明できているのだろうか．心の内部プロセスとはかけ離れた恣意的なモデルになっていないだろうか．このような議論から，完成された能力ではなく，その能力がつくられていく過程，すなわち発達をモデル化の対象にすべきだと考えるようになり，今では発達心理学も，認知科学という学際領域の中心分野の一つになっている．認知科学という背景の中で，発達心理学からみた隣接科学とのつながりは，図1のように示すことができる．

●**情報科学とのつながり**　心のはたらきを情報処理プロセスとしてとらえるためのモデルとして，例えば意味ネットワークによる知識表現，記号操作による推論，パターン認識や事例からの学習など，さまざまな人工知能技術が利用されている．また，モデルを実際に動かすためのシミュレーション技術や，その延長として，知覚・行為能力をもったロボットの活用も盛んになっている．特にロボットは，心理実験のツールとしてだけでなく，教育・療育のツールとしても期待されている．一方，情報科学の研究者にとっても，コンピュータ内部でのシミュレーションで終わるのではなく，発達心理学者とつながることで，実際の人間を研究対象に取り込み，妥当性のあるモデルを構築できるというメリットがある．

●**人類学・言語学・社会学とのつながり**　動物との比較や進化の過程から人間を理解しようとする立場（霊長類学・比較認知科学など）や，文化間における差異や共通性，歴史性から理解しようとする立場（文化人類学など）から，多角的に心のはたらきやその発達にアプローチする研究が行われている．また，言語学と

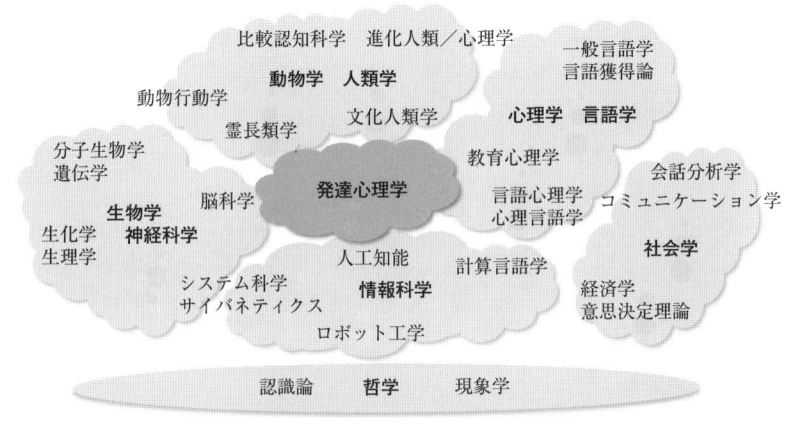

図1 発達心理学からみた隣接科学のパースペクティブ

のつながりの中では，言語獲得や言語使用の心的プロセスについて研究する心理言語学（または言語心理学）が長い歴史をもっている．一方で，コーパス（大量の言語使用例）から統計的な知見を抽出しようとするアプローチもある．社会学からは，会話や振る舞いを詳細に事例分析しようとする会話分析学（エスノメソドロジー）などが接点としてあげられる．

●**神経科学・生物学とのつながり** 心のはたらきやその発達は究極的には脳と身体のレベルでも説明されなければならないという考えから，脳科学や生理学の観点からのモデル化も盛んに進められている．特に脳科学とのつながりは深く，古くは言語の機能局在（脳部位と言語機能の対応づけ）から始まり，最近ではfMRI（機能的磁気共鳴画像法）やNIRS（近赤外線分光法）といった脳活動計測によって，共感や模倣，心の理論といった社会的能力の機能局在についても，さまざまな検討が可能になっている．また，学習の神経モデル（強化学習など）の議論も活発で，情報科学における人工ニューラルネットの研究ともつながりが深い．

●**隣接科学と「てをくむ」には** これら認知科学の諸分野とのつながりを有意義な形で実現するには何が大切だろうか．何よりも，この学際領域が人間の心のはたらきを全体的なシステムとしてとらえ直そうとしていることを，共同研究に参画する研究者が共通して認識しなければならない．それぞれの研究者は，自分の専門分野からさまざまな知見・ノウハウ・データを提供するが，それらを並列させただけでは新しい価値は生じない．それぞれの観点からの人間像・発達像を交差させ，整合性のある新しい解釈（仮説）を構成し，それを各自の専門分野に戻って検証することが必要であり，そのような活動をラセン状に積み上げていくことで，新しい価値を生みだすことができるだろう．　　　　　　　　[小嶋秀樹]

隣接国内学会

　日本発達心理学会は，日本心理学諸学会連合に加盟している45学会の中では6番目の会員数をもつ学会である（表1）．

　日本発達心理学会は1989年12月に設立され，発足時の会員数は408名であった．学会誌『発達心理学研究』（年2号）は1990年度から発行された．第1回大会は白百合女子大学で開催され，参加者は589名であった．1998年度より，『発達心理学研究』は年3号，発行されるようになった．1999年に日本心理学諸学会連合に加入した．2009年度より『発達心理学研究』は特集号を含めて年4号発行されるようになった．

　日本発達心理学会は，心理学関連の学会の中では特に，隣接している諸学会と密接な関係をもち，活発な交流をもっている．

●**心理学ワールドでの隣接国内学会**　日本心理学諸学会連合（「日心連」と略記する）は純粋な意味での学会ではない．1996年に日本心理学会が心理学関連の諸学会（基本的には，日本学術会議登録団体）に呼びかけ，日本心理学界協議会が開催されたのが前身で，1999年に組織強化のため日心連が結成された．日本発達心理学会は当初から日心連に参加し，役員などを通して深く関わってきた．

　日本心理学会は1927年4月に創立され，全国規模の心理学の総合学会では最も歴史のある学会である．1994年には，文部省から社団法人認可を受けた．和文機関誌『心理学研究』と英文機関誌『Japanese Psychological Research』を発行している．必ずしも多くはないが，発達心理学に関連する研究が散発的に掲載される..

　日本教育心理学会は1959年に発足し，日本発達心理学会と最も緊密な関係にある学会である．両方の学会に重複して会員登録している者，両方の学会で役職を兼務している者も多い．日本発達心理学会が1989年に発足する前は，発達心理学に関する学会発表は教育心理学会総会の場でなされるのが常だった．機関誌『教育心理学研究』を年4回発行し，教育心理学に関わる研究のまとめとして『教育心理学年報』を年1回発行している．『教育心理学研究』には，現在も発達心理学および関連する論文が多数掲載される．

●**隣接資格**　臨床発達心理士は，2001年12月に発足した，当初は学会連合資格「臨床発達心理士」認定運営機構が認定する資格であった．この機構には，当初は日本発達心理学会・日本感情心理学会・日本教育心理学会・日本性格心理学会（現：日本パーソナリティ心理学会）が連合学会として参加していた．日本発達心理学会は基幹学会として，当初から現在まで，役員や資格認定委員会委員の派

遣などで重要な役割を果たしてきた．2008年3月末で日本パーソナリティ心理学会は連合学会としての参加を取りやめ，2009年4月より機構は一般社団法人臨床発達心理士認定運営機構に組織変更され，2009年6月より日本コミュニケーション障害学会が連合学会として参加した．

　学校心理士は，日本教育心理学会が1997年から認定事業を開始した資格である．2001年11月に規程を変更して，日本教育心理学会から独立させ，日本教育心理学会・日本特殊教育学会・日本発達障害学会・日本発達心理学会・日本LD学会が対等の立場で運営していく連合資格として組織変更が実施された．連合資格としての資格認定は2002年から始まった．学校心理士は，原則的に教育職員免許を有し，学校心理学について大学院修士課程修了および同等の識見と専門的実務経験をもつ人の資格である．

●**交流の実態**　日本発達心理学会は，隣接の国内学会と各種の交流をしている．2010年度～2012年度に実施したものには，日本マイクロカウンセリング学会学術研究集会後援，こども環境学会大会後援，日本保育学会との共催シンポジウムなどがある．　　　　　　　　　　　　　　　　　　　　　　　　［岩立志津夫］

表1　日本心理学諸学会連合加盟学会

加盟学会	会員数	加盟学会	会員数
一般社団法人　日本心理臨床学会	22,534	日本リハビリテイション心理学会	829
公益社団法人　日本心理学会	7,474	日本認知心理学会	797
一般社団法人　日本LD学会	6,809	日本ブリーフサイコセラピー学会	722
日本教育心理学会	6,722	日本交通心理学会	720
日本カウンセリング学会	5,451	日本グループ・ダイナミックス学会	707
日本発達心理学会	4,177	日本基礎心理学会	695
日本特殊教育学会	3,777	日本遊戯療法学会	675
日本箱庭療法学会	2,054	日本K-ABCアセスメント学会	675
一般社団法人　日本健康心理学会	2,000	日本臨床動作学会	670
日本社会心理学会	1,809	日本生理心理学会	664
日本行動療法学会	1,675	日本学校心理学会	651
日本産業カウンセリング学会	1,500	日本催眠医学心理学会	523
日本犯罪心理学会	1,317	日本青年心理学会	450
日本自律訓練学会	1,152	日本感情心理学会	410
日本応用心理学会	1,151	日本動物心理学会	406
日本学生相談学会	1,068	日本ストレスマネジメント学会	340
産業・組織心理学会	999	日本臨床心理学会	266
日本質的心理学会	997	日本バイオフィードバック学会	265
日本人間性心理学会	979	日本応用教育心理学会	247
日本キャリア教育学会	954	日本行動科学学会	160
日本家族心理学会	912	日本マイクロカウンセリング学会	129
日本行動分析学会	896	日本理論心理学会	105
日本パーソナリティ心理学会	880		

（出典：日本心理学諸学会連合 http://jupa.jp/　2012年7月現在）

和文引用文献

(＊各文献の最後に明記してある数字は引用している項目の最初のページを表す)

■ A–Z

American Psychiatric Association. (2003). DSM-Ⅳ-TR：精神疾患の診断・統計マニュアル新訂版．高橋三郎他(訳)．医学書院．……**220**

American Psychiatric Association. (2003). DSM-Ⅳ-TR：精神疾患の分類と診断の手引き(新訂版)．高橋三郎他(訳)．医学書院．……**220**

American Psychiatric Association. (2006). 摂食障害．高橋三郎他(訳)，DSM-Ⅳ-TR：精神疾患の診断・統計マニュアル(pp. 559-570)．医学書院．……**326**

OECD.(2010). 脳からみた学習：新しい学習科学の誕生．小山麻紀・德永優子(訳)．明石書店．……**414**

■ あ

相川 充. (1996). 社会的スキル．松本卓三(編著)，教師のためのコミュニケーションの心理学(pp. 90-108)．ナカニシヤ出版．……**248**

相川 充. (2000). 人づきあいの技術．サイエンス社．……**248**

青木聡子. (2009). 幼児をもつ共働き夫婦の育児における協同とそれにかかわる要因：育児の計画における連携・調整と育児行動の分担に着目して．発達心理学研究, 20(4), 382-392．……**200**

青木省三. (1996). 思春期こころのいる場所：精神科外来から見えるもの(p. 31)．岩波書店．……**380**

青木まり・松井 豊. (1988). 青年期後期における女性性の発達(Ⅱ)：異性性と母性準備性の構造について．北海道教育大学紀要，第一部．C．教育化学編, 39(1), 85-94．……**164**

青柳 肇. (2006). 自己効力．二宮克美・子安増生(編)，キーワードコレクションパーソナリティ心理学(pp. 116-119)．新曜社．……**406**

青柳 宏. (2000). 自発(主体)性と協同(共同)性を育む幼稚園と小学校の連携．幼稚園じほう, 28(3), 12-18．……**372**

赤木和重. (2011). 障害研究における発達段階論の意義：自閉症スペクトラム障害をめぐって．発達心理学研究, 22(4), 381-390．……**456**

縣 拓充・岡田 猛. (2009). 教養教育における「創造活動に関する知」を提供する授業の提案：「創作プロセスに触れること」の教育的効果．教育心理学研究, 57, 503-517．……**154**

縣 拓充・岡田 猛. (2013). 創造の主体者としての市民を育む：「創造的教養」を育成する意義とその方法．認知科学, 20, 27-45．……**154**

麻生 武. (1996). ファンタジーと現実．金子書房．……**10**

麻生 武・伊藤典子. (2000). 他者の意図に従う力・逆らう力．岡本夏木・麻生 武(編)，年齢の心理学：0歳から6歳まで(pp. 63-101)．ミネルヴァ書房．……**320**

浅川淳司・杉村伸一郎. (2009). 幼児における手指の巧緻性と計算能力の関係．発達心理学研究, 20, 243-250．……**138**

浅田 稔. (2010). ロボットという思想．NHK出版．……**480**

浅野智彦. (2006). 若者論の失われた十年．浅野智彦(編)，検証・若者の変貌：失われた10年の後に(pp.

1-36)．勁草書房．……**254**
浅野良輔他．(2010)．人は失恋によって成長するのか：コーピングと心理的離脱が首尾一貫性感覚に及ぼす影響．パーソナリティ研究，**18**，129-139．……**490**
綾部早穂他．(2003)．2歳児のニオイの選好・バラの香りとスカトールの匂いのどちらが好き？．感情心理学研究，**10**(1)，25-33．……**44**
綾屋紗月．(2010)．つながらない身体のさみしさ．綾屋紗月・熊谷晋一郎，つながりの作法：同じでも違うでもなく(pp. 13-42)．NHK出版．……**46**
綾屋紗月・熊谷晋一郎．(2008)．発達障害当事者研究．医学書院．……**570**
新井英治郎．(2008)．教育行財政研究の方法と視角．東京大学大学院教育学研究科教育行政学論叢，**27**，27-40．……**560**
新井康允．(1999)．脳の性差：男と女の心を探る．共立出版．……**68**
蘭　由岐子．(2002)．差別をめぐる語りと「わたし」の位置取り．好井裕明・山田富秋(編)，実践のフィールドワーク(pp. 19-46)．せりか書房．……**232**
有光興記．(2010)．ポジティブな自己意識的感情の発達．心理学評論，**53**，124-139．……**256**
有村久春．(2011)．中1問題(中1ギャップ)．松原達哉(編集代表)，カウンセリング実践ハンドブック(pp. 202-203)．丸善出版．……**374**
有元裕美子．(2011)．スピリチュアル市場の研究．東洋経済新報社．……**116**
アルフォンス，D．(1991)．公認されていない悲嘆．ターミナルケア，**1**，391-394．……**488**
アロウェイ，T. P．(2011)．ワーキングメモリと発達障害：教師のための実践ガイド2．湯澤美紀・湯澤正通(訳)．北大路書房．……**132**
アンガー，R. K．(2004)．女性とジェンダーの心理学ハンドブック．森永康子他(監訳)．北大路書房．……**448**
アンガー，R. K．(2004)．障害はつくられる：臨床心理学に対するフェミニスト・フレームワーク．森永康子他(監訳)，女性とジェンダーのための心理学ハンドブック(pp. 359-375)．北大路書房．……**326**
安藤寿康．(2009)．Evolutionary and genetic bases of education : An adap. tive perspective．教育心理学年報，**48**，235-246．……**446**

■ い

イアコボーニ，M．(2009)．ミラーニューロンの発見：「物まね細胞」が明かす驚きの脳科学．塩原通緒(訳)．早川書房．……**386**
五十嵐信敬．(1993)．視覚障害幼児の発達と指導．コレール社．……**346**
生野照子・新野三四子．(1993)．拒食症・過食症とは：その背景と治療(pp. 146-147)．芽ばえ社．……**326**
池内裕美．(2006)．喪失対象との継続的関係：形見の心的機能の検討を通して．関西大学社会学部紀要，**37**，53-68．……**118**
池川　明．(2002)．おぼえているよ．ままのおなかにいたときのこと(p. 75)．リヨン社．……**276**
池田　央．(1994)．現代テスト理論．朝倉書店．……**522**
池田幸恭．(2006)．青年期における母親に対する感謝の心理状態の分析．教育心理学研究，**54**，487-497．……**256**
池田幸恭．(2007)．青年期における母親に対する感謝の発達的変化．平成18年度筑波大学大学院博士課程人間総合科学研究科心理学専攻学位論文(未公刊)．……**256**
池田幸恭．(2011)．大学生における親に対する感謝と個人志向性・社会志向性との関係．和洋女子大学紀要，**51**，163-178．……**256**
井坂行男他．(2012)．適応型言語能力検査(ATLAN)を利用した聴覚障がい児の言語能力の分析(その1)．日本特殊教育学会第50回大会発表論文集．……**520**

石井宏典.(2007).参与観察とインタビュー.やまだようこ(編著),質的心理学の方法:語りをきく(pp. 72-85).新曜社.……536

石井源信他.(1996).ジュニア期における優秀指導者の実態に関する調査研究:追跡面接調査の結果をもとにして.平成7年度日本オリンピック委員会スポーツ医・科学研究報告 No. Ⅲジュニア期のメンタルマネジメントに関する研究 第3報, 3-24.日本体育協会.……150

石毛直道.(1982).食事の文明論.中公新書.……100

石原保志.(2011).聴覚障害.梅永雄二・島田博祐(編著),障害児者の教育と生涯発達支援(改訂版, pp. 52-62).北樹出版.……346

石丸径一郎.(2008).同性愛者における他者からの拒絶と受容:ダイアリー法と質問紙によるマルチメソッド・アプローチ(シリーズ・臨床心理学研究の最前線1).ミネルヴァ書房.……206, 232

和泉広志.(2009).Q69里親と暮らしはじめた子どもは,どのようにしてわが家になじんでいくのですか?. 庄司順一(編), Q&A里親養育を知るための基礎知識[第2版](pp. 200-203).明石書店.……60

磯村健太郎.(2007).〈スピリチュアル〉はなぜ流行るのか.PHP研究所.……116

市川伸一.(2004).学ぶ意欲とスキルを育てる:いま求められる学力向上策.小学館.……154

伊藤茂樹.(1999).大学生は「生徒」なのか:大衆教育社会における高等教育の対象.駒澤大学教育学研究論集, 15, 85-111.……334

伊藤修一郎.(2011).政策リサーチ入門:仮説検証による問題解決の技法.東京大学出版会.……560

伊藤 拓.(2004).抑うつの心理的要因の共通要素としてのネガティブな反すう.心理学評論, 47, 438-452.……516

伊藤美奈子.(2006).思春期・青年期の意味.伊藤美奈子(編),思春期・青年期臨床心理学(pp. 1-12).朝倉書店.……428

伊藤裕子.(1978).性役割の評価に関する研究.教育心理学研究, 26, 1-11.……448

伊藤裕子他.(2004).既婚者の心理的健康に及ぼす結婚生活と職業生活の影響.心理学研究, 75(5), 435-441.……200

伊藤裕子他.(2006).職業生活が中年期夫婦の関係満足度と主観的幸福感に及ぼす影響:妻の就業形態別にみたクロスオーバーの検討.発達心理学研究, 17, 62-72.……490

伊藤由美・丹野義彦.(2003).対人不安についての素因ストレスモデルの検証:公的自己意識は対人不安の発生にどう関与するのか.パーソナリティ研究, 12, 32-33.……324

稲垣佳世子・波多野誼余夫.(2005).子どもの概念発達と変化:素朴生物学をめぐって.共立出版.……76

稲垣真澄他.(2010).特異的読字障害:診断手順.稲垣真澄(編),特異的発達障害:診断治療のためのガイドライン(pp. 2-23).診断と治療社.……340

稲沢公一.(2006).物語としての精神障害:本人の語りを中心に.田垣正晋(編),障害・病いと「ふつう」のはざまで:軽度障害者どっちつかずのジレンマを語る(pp. 99-127).明石書店.……232

伊波和恵他.(2008).中高年者の「お墓」観:成人期後期以降のライフ・イベント.富士論叢, 52, 67-84.……118

乾 彰夫.(2010).〈学校から仕事へ〉の変容と若者たち・個人化・アイデンティティ・コミュニティ.青木書店.……296

井上果子.(2011).心的外傷後ストレス障害の概念の歴史的変遷.報道人ストレス研究会(編),ジャーナリストの惨事ストレス(pp. 120-131).現代人文社.……442

井上智義.(2002).異文化との出会い!子どもの発達と心理.ブレーン出版.……378

井上順孝.(1999).若者と現代宗教:失われた座標軸.筑摩書房.……116

井上順孝.(2006).若者における変わる宗教意識と変わらぬ宗教意識.国学院大学(調査報告書).……116

井上義朗・深谷和子.(1983).青年の親準備性をめぐって.周産期医学, 13, 2249-2253.……164

今井むつみ・針生悦子.(2007).レキシコンの構築:子どもはどのように語と概念を学んでいくのか.岩

波書店. ……4
今尾真弓. (2004). 慢性疾患患者におけるモーニング・ワークのプロセス：段階モデル・慢性的悲哀（chronic sorrow）への適合性についての検討. 発達心理学研究, **15**(2), 150-161. ……**496**
岩佐 一也. (2005). 都市部在宅中高年者における7年間の生命予後に及ぼす主観的幸福感の影響. 日本老年医学会雑誌, **42**(6), 677-683. ……**186**
岩立志津夫. (1997). 文法の獲得1：動詞を中心に. 佐々木正人・小林春美（編）, 子どもたちの言語獲得（pp. 111-130）. 大修館書店. ……**578**
岩立志津夫. (2005). 言語発達研究の特徴. 岩立志津夫・小椋たみ子（編）, よくわかる言語発達（pp. 4-5）. ミネルヴァ書房. ……**572**
岩立志津夫. (2009). 言語の核心に迫る言語獲得研究：多様な発達の現実をとらえた理論構築のために. 月刊言語, **38**, (12), 62-67. ……**572**
岩立志津夫. (2011). 導入：発達心理学の研究法を求めて. 岩立志津夫・西野泰広（編）, 研究法と尺度（pp. 1-11）. 新曜社. ……**436**
岩永雅也・松村暢隆. (2010). 才能と教育：個性と才能の新たな地平へ. 放送大学教育振興会. ……**158**
岩淵悦太郎. (1968). ことばの誕生. 日本放送出版協会. ……**304**

■う

ヴァレンタイン, G. (2009). 子どもの遊び・自立と公共空間：「安全・安心」のまちづくりを見直すイギリスからのレポート（pp. 137-160）. 久保健太（訳）, 汐見稔幸（監修）. 明石書店. ……**148**
ヴィゴツキー, L. S. (1962). 思考と言語. 柴田義松（訳）. 明治図書. ……**8**
ヴィゴツキー, L. S. (1976). 子どもの精神発達における遊びとその役割. 児童心理学講義（pp. 23-48）. 柴田義松・森岡修一（訳）. 明治図書. (1933). ……**414**
ヴィゴツキー, L. S. (2001). 新訳版・思考と言語. 柴田義松（訳）. 新読書社. ……**128, 464**
ウィトキン, H. A. ・ゲーデナフ, D. R. (1985). 認知スタイル. 島津一夫（監訳）. ブレーン出版. ……**84**
ウィニコット, D. W. (1993). 産科学への精神分析の寄与. 成田善弘・根本真弓（訳）, ウィニコット著作集1：赤ん坊と母親（pp. 83-84）. 岩崎学術出版社. ……**272**
ウィニコット, D. W. (1993). 新生児と母親. 成田善弘・根本真弓（訳）, ウィニコット著作集1：赤ん坊と母親（p. 50）. 岩崎学術出版社. ……**276**
ウィリッグ, C. (2003). 心理学のための質的研究法入門：創造的な探求に向けて. 上淵 寿他（共訳）. 培風館. ……**534, 552**
上杉正幸. (2000). 健康不安の社会学：健康社会のパラドックス. 世界思想社. ……**230**
上田 敏. (1980). 障害の受容：その本質と諸段階について. 総合リハビリテーション, **8**, 515-521. ……**496**
上西充子. (2006). 大学におけるキャリア支援・キャリア教育に関する調査報告書. 法政大学大学院経営学研究科キャリアデザイン学専攻調査委員会. ……**356**
上西充子（編）. (2007). 大学のキャリア支援：実践事例と省察. 経営書院. ……**356**
上野千鶴子. (1994). 近代家族の成立と終焉. 岩波書店. ……**136**
植野真臣・永岡慶三. (2009). eテスティング. 培風館. ……**522**
上野有理. (2011). 食をめぐる人間の親子関係：他の霊長類との比較からみえること. 心理学評論, **53**, 394-404. ……**200**
上山和樹. (2001).「ひきこもり」だった僕から. 講談社. ……**224**
ウェルナー, H. (1976). 発達心理学入門：精神発達の比較心理学. 園原太郎（監訳）, 鯨岡 峻・浜田寿美男（訳）. ミネルヴァ書房. ……**398, 480**
ウェルナー, H., ・カプラン, B. (1974). シンボルの形成. 柿崎祐一（監訳）, 鯨岡 峻・浜田寿美男（訳）.

ミネルヴァ書房．……54, 398
ヴォーン，S. 他 (1999)．グループ・インタビューの技法．井下 理 (監訳)，田部井 潤・柴原宜幸 (訳)．慶應義塾大学出版会．……534
氏家達夫．(1996)．親になるプロセス．金子書房．……164, 284
氏家達夫・高濱裕子 (編著)．(2011)．親子関係の生涯発達心理学．風間書房．……148
氏家達夫他．(2010)．夫婦関係が中学生の抑うつ症状におよぼす影響：親行動媒介モデルと子どもの知覚媒介モデルの検討．発達心理学研究, 21(1), 58-70．……200
臼井 博．(2012)．熟慮性の発達：そのメカニズムと学校文化の影響．北海道大学出版会．……84
内田伸子．(1989)．物語ることから文字作文へ：読み書き能力の発達と文字作文の成立過程．読書科学, 33, 10-24．……140
宇野 彰他．(2006)．小学生の読み書きスクリーニング検査：発達性読み書き障害 (発達性 dys-lexia) 検出のために．インテルナ出版．……340
浦上昌則．(1997)．就職活動の過程把握方法に関する一試案 (2)．日本教育心理学会第39回総会発表論文集, 315．……290
浦河べてるの家．(2005)．べてるの家の「当事者研究」．医学書院．……570
浦坂純子他．(2002)．数学学習と大学教育・所得・昇進：「経済学部出身者の大学教育とキャリア形成に関する実態調査」に基づく実証分析．日本経済研究, 46, 22-43．……138
宇良千秋．(2004)．顔と高齢者．竹原卓真・野村理朗 (編)．「顔」研究の最前線 (pp. 188-199)．北大路書房．……396
漆沢恭子．(2011)．通常の学級の授業ユニバーサルデザインについて：授業ユニバーサルデザインを支える学級経営．特別支援教育研究, 652, 14-17．……350

■え

エヴァンス，D.(2005)．感情．遠藤利彦 (訳)．岩波書店．……480
榎本淳子．(1999)．青年期における友人との活動と友人に対する感情の発達的変化．教育心理学研究, 47, 180-190．……202
榎本博明．(1998)．自己の心理学．サイエンス社．……322
江畑敬介他 (編)．(1995)．移住と適応：中国帰国者の適応過程と援助体制に関する研究．日本評論社．……502
江淵一公．(1993)．異文化間教育と多文化教育．異文化間教育, 7, 4-20．……468
エリクソン，E. H.(1971)．人格の強さと世代の循環．洞察と責任：精神分析の臨床と倫理．鑪幹八郎 (訳) (pp. 105-160)．誠信書房．……432
エリクソン，E. H.(1971)．洞察と責任：精神分析の臨床と倫理．鑪幹八郎 (訳)．誠信書房．……318
エリクソン，E. H.(1973)．基本的信頼対基本的不信．小此木啓吾 (訳)，自我同一性 (pp. 61-73)．誠信書房．……246
エリクソン，E. H.(1973)．同一性対同一性拡散．小此木啓吾 (訳)，自我同一性 (pp. 111-118)．誠信書房．……432
エリクソン，E. H.(1977)．幼児期と社会Ⅰ．仁科弥生 (訳)．みすず書房．……414, 420
エリクソン，E. H.(1980)．幼児期と社会 2．仁科弥生 (訳)．みすず書房．……420
エリクソン，E. H.(1980)．結論 不安を越えて．仁科弥生 (訳)，幼児期と社会 2 (pp. 183-196)．みすず書房．……272
エリクソン，E. H.(1989)．ライフサイクル，その完結．村瀬孝雄・近藤邦夫 (訳)．みすず書房．……304
エリクソン，E. H.(2011)．アイデンティティとライフサイクル．西平 直・中島由恵 (訳)．誠信書房．……294, 314, 316, 430

エリクソン, E. H 他. (1990). 老年期：生き生きとしたかかわりあい. 朝長正徳・朝長梨枝子(訳). みすず書房. ……22
エルダー, G. H. (1997). 新装版大恐慌の子どもたち：社会変動と人間発達. 本田時雄他(訳). 明石書店. ……550
遠藤利彦. (1990). 移行対象の発生因的解明：移行対象と母性的関わり. 発達心理学研究, 1, 59-69. ……56
遠藤利彦. (1991). 移行対象と母子間ストレス. 教育心理学研究, 39, 243-252. ……56
遠藤利彦. (2006). 感情. 海保博之・楠見 孝(監修), 心理学総合事典 (pp. 304-334). 朝倉書店. ……404
遠藤利彦. (2006). 質的研究と語りをめぐるいくつかの雑感. 能智正博(編), 〈語り〉と出会う：質的研究の新たな展開に向けて (pp. 191-236). ミネルヴァ書房. ……232
遠藤利彦. (2009). 自己と感情：その進化論・文化論. 菊池章夫・有光興記(編), 自己意識的感情の心理学 (pp. 2-36). 北大路書房. ……212
遠藤俊郎. (2011). バレーボール競技におけるコーチングの実際. 体育の科学, 61, 359-365. ……150
遠藤秀紀. (2001). 哺乳類の進化. 東京大学出版会. ……52
遠藤由美. (1992). 自己評価基準としての負の理想自己. 心理学研究, 63, 214-217. ……472

■お

大久保幸夫. (編著). (2002). 新卒無業。：なぜ，彼らは就職しないのか. 東洋経済新報社. ……296
大倉得史. (2011). 「語り合い」のアイデンティティ心理学. 京都大学学術出版会. ……314
大谷宗彦. (2007). 高校生・大学生の友人関係における状況に応じた切替：心理的ストレス反応との関連にも注目して. 教育心理学研究, 55, 480-490. ……254
太田昌孝・永井洋子(編著). (1992). 自閉症治療の到達点. 日本文化科学社. ……344
大伴 潔他. (2013). 言語・コミュニケーション発達スケール：LCスケール増補版. 学苑社. ……12
大貫恵美子. (1985). 日本人の病気観：象徴人類学的考察. 岩波書店. ……230
大野 久. (1995). 青年期の自己意識と生き方. 落合良行・楠見 孝(編), 講座生涯発達心理学4：自己への問い直し：青年期 (pp. 89-123). 金子書房. ……432
大野 久. (2010). アイデンティティ・親密性・世代性：青年期から成人期へ. 岡本祐子(編著), 成人発達臨床心理学ハンドブック (pp. 61-72). ナカニシヤ出版. ……432
大野 久. (2010). エピソードでつかむ青年心理学. 愛の本質的特徴：無条件性と相互性 (pp. 94-97). ミネルヴァ書房. ……246
大日向雅美. (1988). 母性の研究. 川島書店. ……164
大日向雅美. (2011). 育児支援をめぐる施策の動向と今後. 藤﨑眞知代・大日向雅美(編著), シリーズ臨床発達心理学・理論と実践3 育児のなかでの臨床発達支援 (pp. 15-31). ミネルヴァ書房. ……564
大平 健. (1990). 豊かさの精神病理. 岩波書店. ……254
大谷 実. (1997). 授業における数学的実践の社会的構成：算数・数学科の授業を事例に. 平山満義(編), 質的研究法による授業研究：教育学／教育工学／心理学からのアプローチ (pp. 270-285). 北大路書房. ……128
大藪 泰. (2004). 共同注意：新生児から2歳6か月までの発達過程. 川島書店. ……54
大藪 泰他. (2012). 1歳児による他者の経験知理解と共同注意. 日本心理学会第76回大会発表論文集, 971. ……54
岡 隆. (1999). ステレオタイプ，偏見，差別の心理学. 現代のエスプリ, 384, 5-14. 至文堂. ……232
岡 隆. (1999). 友人関係. 日本児童研究所(編), 児童心理学の進歩(1999年版), 38, 金子書房. pp. 159-186. ……202
岡田 猛・縣 拓充. (2013). 芸術表現を促すということ：アート・ワークショップによる創造的教養人の育成の試み. KEIO SFC JOURNAL, 12(2), 61-73. ……154

岡田 努.(1995).現代大学生の友人関係と自己像・友人像に関する考察.教育心理学研究, 43, 354-363. ……**202**
岡田 努.(2007).現代青年の心理学:若者の心の虚像と実像.世界思想社.……**254**
岡田 努.(2010).青年期の友人関係と自己:現代青年の友人認知と自己の発達.世界思想社.……**254**
岡田美智男.(2009).モノと者の間にあるもの:ロボット研究から「モノ学」へのアプローチ.鎌田東二(編著),モノ学の冒険(pp. 203-219).創元社.……**480**
岡堂哲雄.(2008).家族のライフスタイルと危機管理の視点.髙橋靖恵(編),家族のライフスタイルと心理臨床(pp. 103-132).金子書房.……**420**
岡野雅子.(2003).青年期女子の子どもに対するイメージ:彼女たちを取り巻く人間関係と親準備性獲得の課題との関連.日本家庭科教育学会誌, 46(1), 3-13. ……**164**
岡本エミ子・藤後悦子.(2003).ペアレンティング学習としての保育参加の有効性.日本保育学会大会研究論文集. 312-313. ……**148**
岡本夏木.(1982).子どもとことば.岩波書店.……**140**
岡本夏木.(1985).ことばと発達.岩波書店.……**416**
岡本夏木.(1987).つまずきとゆらぎ.東 洋他(編),教育の方法2:学ぶことと子どもの発達(pp. 110-144).岩波書店.……**416**
岡本夏木.(2005).幼児期:子どもは世界をどうつかむか.岩波書店.……**414**
岡本祐子.(1985).中年期の自我同一性に関する研究.教育心理学研究, 33, 295-306. ……**178, 420**
岡本祐子.(1994).成人期における自我同一性の発達過程とその要因に関する研究.風間書房.……**178, 420, 430**
岡本祐子.(1997).中年からのアイデンティティ発達の心理学.ナカニシヤ出版.……**420**
岡本祐子.(2002).アイデンティティ生涯発達論の射程.ミネルヴァ書房.……**178, 420, 300**
岡本祐子・古賀真紀子.(2004).青年の「親準備性」概念の再検討とその発達に関連する要因の分析.広島大学心理学研究, 4, 159-172. ……**164**
岡本依子.(2011).乳幼児期.氏家達夫・高濱裕子(編著),親子関係の生涯発達心理学(pp. 47-62).風間書房.……**164**
岡本依子他.(2003).胎児に対する語りにみられる妊娠期の主観的な母子関係:胎動日記における胎児への意味づけ.発達心理学研究, 14(1), 64-76. ……**160, 164**
岡本依子他.(2008).子育て支援活動における短大:保育所連携の可能性:子育て座談会「ちょっとチャット」の試みから.日本発達心理学会第19回大会発表論文集, 626. ……**164**
小川時洋他.(2000).一般感情尺度の作成.心理学研究, 71, 241-246. ……**516**
小川正人.(2007).教育政策決定の過程=構造の変化と教育改革.季刊家計経済研究, 73, 42-49. ……**560**
荻野美穂.(2008).「家族計画」への道:近代日本の生殖をめぐる政治.岩波書店.……**488**
小椋たみ子他.(1997).日本語獲得児の語彙と文法の発達:Clanプログラムによる分析.神戸大学発達科学部研究紀要, 4, 217-243. ……**520**
小椋たみ子・綿巻 徹.(2004).日本語マッカーサー乳幼児言語発達質問紙「語と身振り」手引き.京都国際社会福祉センター.……**520**
小此木啓吾.(1978).モラトリアム人間の時代.中央公論社.……**316**
小此木啓吾.(1979).対象喪失:悲しむということ.中央公論社.……**496**
小塩真司.(2004).自己愛の青年心理学.ナカニシヤ出版.……**208**
オースティン,J. L.(1978).言語と行為.坂本百大(訳).大修館書店.……**14**
小田切紀子.(2004).離婚を乗り越える.ブレーン出版.……**486**
小田切紀子.(2008).離婚家庭の子どもの自立と自立支援.平成18~19年度科学研究費補助金基盤研究(C)

研究成果報告書．……486
小田切紀子．(2009)．離婚を経験した親の心理．青木紀久代（編），親のメンタルヘルス(pp. 167-178)．ぎょうせい．……486
小田切紀子．(2010)．離婚：前を向いて歩き続けるために．サイエンス社．……486
小野里美帆．(2011)．障害のある保護者への支援．伊藤健次（編），新・障害のある子どもの保育，第2版(pp. 186-203)．みらい．……342
小原嘉明．(1998)．父親の進化：仕組んだ女と仕組まれた男．講談社．……284
小保方晶子・無藤 隆．(2006a)．中学生の非行傾向行為と抑うつとの関連．心理臨床学研究，23，533-545．……226
小保方晶子・無藤 隆．(2006b)．中学生の非行傾向行為の先行要因：1学期と2学期の縦断調査から．心理学研究，77，424-442．……226
オールポート，G. W. (1970)．心理科学における個人的記録の利用法．大場安則（訳）．培風館．……546
オルポート，G. W. (1968)．人格心理学（上）．今田 恵（監訳）．誠信書房．……454
オルポート，G. W. (1982)．成熟したパーソナリティ，パーソナリティ：心理学的解釈．詫摩武俊他（訳）(pp. 186-204)．新曜社．……432

■か

加賀美常美代他（編）．(2012)．多文化社会の偏見・差別・形成のメカニズムと低減のための教育．明石書店．……502
鹿毛雅治．(2012)．「やる気の心理学」への招待．鹿毛雅治（編著），モティベーションを学ぶ12の理論(pp. 3-12)．金剛出版．……152
ガザニガ，M. S. (2010)．人間らしさとはなにか？．柴田裕之（訳）．インターシフト．……480
柏木惠子．(1967)．青年期における性役割の認知．教育心理学研究，15，193-202．……448
柏木惠子．(2001)．子どもという価値：少子化時代の女性の心理．中公新書．……284
柏木惠子．(2008)．子どもが育つ条件(pp. 171-176)．岩波新書．……250
柏木惠子．(2011)．父親になる，父親をする：家族心理学の視点から．岩波ブックレット．……284
柏木惠子・永久ひさ子．(1999)．女性における子どもの価値：今，なぜ子を産むか．教育心理学研究，47，170-179．……200, 284
柏木惠子・平山順子．(2003)．結婚の"現実"と夫婦関係満足度との関連性：妻はなぜ不満か．心理学研究，74，122-130．……490
柏木惠子・蓮 香園．(2000)．母子分離（保育園に子どもを預ける）についての母親の感情・認知：分離経験および職業の有無との関連で．家族心理学研究，14，61-74．……136
柏木惠子・若松素子．(1994)．「親となる」ことによる人格発達：生涯発達的観点から親を研究する試み．発達心理学研究，5(1)，72-83．……200, 284
数井みゆき・遠藤利彦（編）．(2005)．アタッチメント：生涯にわたる絆．ミネルヴァ書房．……196
数井みゆき・遠藤利彦（編）．(2007)．アタッチメントと臨床領域．ミネルヴァ書房．……196
カチンス，H.・カーク，S. (2002)．精神疾患はつくられる：DSM診断の罠．高木俊介・塚本千秋（訳）．日本評論社．……206
桂 聖．(2011)．国語授業のユニバーサルデザイン：全員が楽しく「わかる・できる」国語授業づくり．東洋館出版社．……350
加藤幸次．(1996)．異文化共生社会と異文化間教育：研究の現状と課題．異文化間教育，10，104-116．……468
加藤 司．(2005)．失恋ストレスコーピングと精神的健康との関連性の検証．社会心理学研究，20，171-180．……490

加藤直樹.(1987).少年期の壁をこえる：九,十歳の節を大切に.新日本出版社.……**304**
加藤直樹他.(1978).9, 10歳頃の発達と教育に関する研究　障害者問題研究.**14**, 22-34.……**416**
加藤容子.(2010).ワーク・ファミリー・コンフリクトの対処プロセス.ナカニシヤ出版.……**300**
加藤義信.(2007).発達の連続性 vs. 非連続性の議論からみた表象発生問題：アンリ・ワロンとフランス心理学から学ぶ．心理科学, **27**(2), 43-58.……**388, 456**
加藤義信.(2011)."有能な乳児"という神話．木下孝司他(編著), 子どもの心的世界のゆらぎと発達(pp. 1-33). ミネルヴァ書房.……**456**
ガードナー, H.(2001). MI：個性を活かす多重知能の理論．松村暢隆(訳)．新曜社.……**158**
カートライト, J. H.(2005).進化心理学入門．鈴木光太郎・河野和明(訳)．新曜社.……**212**
門脇厚司.(1999).子どもの社会力(pp. 174-176). 岩波新書.……**148**
ガーナー, D. M.・ガーフィンケル, P. E.(2004). Bulimia Nervosa の歴史．小牧　元(監訳), 摂食障害治療ハンドブック(p. 24-37), 金剛出版.……**326**
金澤忠博.(2007).超低出生体重児の行動発達, 南　徹弘(編)．朝倉心理学講座3：発達心理学 (pp. 128-143). 朝倉書店.……**280**
金澤忠博他.(2000).超低出生体重児の知能発達の長期予後, **41**(5), 803-813.……**280**
金澤忠博他.(2004).カンガルーケアの効果：行動パターンの研究から(予報). Neonatal Care, **17**(2), 28-35.……**280**
金澤忠博他.(2007).超低出生体重児の精神発達予後と評価：軽度発達障がいを中心に．周産期医学, **37**(4), 485-487.……**280**
カナダ政府諮問委員会.(2001).高齢者の End-of-life ケアガイド．岡田玲一郎(監訳)．厚生科学研究所.(2000).……**188**
金谷京子.(2012).東日本大震災後の保育の場における子どもの変化．聖学院大学論叢, **25**, 159-173. ……**376**
金子元久他.(1990).摂食障害の心理社会的発症要因と中・長期経過．心身医学, **30**, 138-144.……**326**
金政祐司.(2010).中年期の夫婦関係において成人の愛着スタイルが関係内での感情経験ならびに関係への評価に及ぼす影響．パーソナリティ研究, **19**, 134-145.……**490**
金政祐司.(2012).相互支援が関係満足度ならびに精神的健康に及ぼす影響についての青年期の恋愛関係と中年期の夫婦関係の共通性と差異．発達心理学研究, **23**, 298-309.……**204**
カフマン, A. S.(2012).学習困難のある子どもたちを援助する21世紀の「賢いアセスメント」(日本 LD 学会第20回大会特別講演［2011年9月］, 高橋知音他(訳). LD 研究, **21**, 15-23.……**158**
カフマン, N. L.(2012)・熊谷恵子.(2012).個別学力検査の意義と活用：学習障害児を援助する臨床的ツールとして(日本 LD 学会第20回大会特別講演［2011年9月］), 藤堂栄子他(訳). LD 研究, **21**, 24-31. ……**158**
カミロフ＝スミス, A.(1997).人間発達の認知科学：精神のモジュール性を超えて．小島康次・小林好和(監訳)．ミネルヴァ書房.……**414**
カミンズ, J.・中島和子.(1991).トロント補習校小学生の二言語の構造．東京学芸大学海外子女教育センター(編), バイリンガル・バイカルチュラル教育の現状と課題(pp. 143-179). ……**16**
亀井美弥子・岡本依子.(2007).世代を拓くインターフェイス：異文化"としての"子育てを考える．日本発達心理学会第18回大会発表論文集, 214. ……**164**
加用文男.(1990).子ども心と秋の空：保育の中の遊び論．ひとなる書房.……**10**
加用文男.(2011).幼児期の表象世界の多様性．木下孝司他(編著), 子どもの心的世界のゆらぎと発達(pp. 89-115). ミネルヴァ書房.……**10**
加用文男他.(1996).ごっこにおける言語行為の発達的分析：方言と共通語の使い分けに着眼して．心理科学, **18**(2), 38-59.……**10**

苅谷剛彦. (2001). 階層化日本と教育危機：不平等再生産から意欲格差社会（インセンティブ・ディバイド）へ. 有信堂高文社. ……**136**
河合隼雄. (1992). 心理療法序説. 岩波書店. ……**546**
川島亜紀子他. (2008). 両親の夫婦間葛藤に対する青年期の子どもの認知と抑うつの関連. 教育心理学研究, **56**, 353-363. ……**200**
川島大輔. (2011). 生涯発達における死の意味づけと宗教. ナカニシヤ出版. ……**118, 504**
川瀬隆千. (2009). 学生保育サポーター事業のプログラム評価. 宮崎公立大学人文学部紀要, **16**(1), 45-62. ……**164**
川田学. (2011). 他者の食べるレモンはいかにして酸っぱいか？：乳児期における擬似酸味反応の発達的検討. 発達心理学研究, **22**, 157-167. ……**364**
川田学他. (2005). 乳児期における自己主張性の発達と母親の対処行動の変容：食事場面における生後5か月から15か月までの縦断研究. 発達心理学研究, **16**, 46-58. ……**100**
川野健治. (2011). 自死遺族の精神保健的問題. 精神神経学雑誌, **113**(1), 81-93. ……**504**
神田直子. (2011). 保育支援の形態と支援における専門性. 秦野悦子・山崎晃（編著）, シリーズ臨床発達心理学・理論と実践3 保育の中での臨床発達支援 (pp. 43-51). ミネルヴァ書房. ……**564**
菅野信夫. (2002). 児童・生徒の問題の理解と対応. 一丸藤太郎・菅野信夫（編）, MINERVA教職講座10：学校教育相談 (pp. 31-43). ミネルヴァ書房. ……**318**

■き

ギアリー, D. C. (2007). 心の起源：脳・認知・一般知能の進化. 小田亮（訳）. 培風館. ……**450**
岸本英夫. (1961). 宗教学. 大明堂. ……**116**
ギーツ, C. (1987). 文化の解釈学I. 吉田禎吾他（訳）. 岩波書店. ……**546**
貴戸理恵. (2004). 不登校は終わらない：「選択」の物語から"当事者"の語りへ. 新曜社. ……**570**
木下孝司. (2005). 秘密：私とあなたを分けるもの. 子安増生（編）, よくわかる認知発達とその支援 (pp. 138-139). ミネルヴァ書房. ……**402**
木下孝司. (2008). 乳幼児期における自己の発達. 榎本博明（編）, 自己心理学2：生涯発達心理学へのアプローチ (pp. 160-174). 金子書房. ……**244**
木下裕紀子. (2010). 特別な教育的ニーズをもつ児童が在籍する通常学級における授業づくりについて：学級アセスメント活かしたユニバーサルデザイン型授業の工夫. 特別支援教育コーディネーター研究, **6**, 98-99. ……**350**
ギブソン, J. J. (1986). 生態学的視覚論：ヒトの知覚世界を探る. 古崎敬他（訳）. サイエンス社. ……**44, 104**
ギブソン, J. J. (2011). 生態学的知覚システム：感性をとらえなおす. 佐々木正人他（監訳）. 東京大学出版会……**42**
木村晴美・市田泰弘. (1995). ろう文化宣言：言語的少数者としてのろう者. 現代思想, **23**(3), 354-62. 青土社. ……**222**
木村美奈子・加藤義信. (2006). 幼児のビデオ映像理解の発達：子どもは映像の表象性をどのように認識するか? 発達心理学研究, **17**(2), 126-137. ……**388**
木本明恵. (2011). NURSE TREND ここが押さえどころ：皮膚にやわらかく触れるタッチケア タクティールケアの活用と効果. Nursing BUSINESS, **5**(6), 508-509. ……**70**
ギャザコール, S. E.・アロウェイ, T. P. (2009). ワーキングメモリと学習指導：教師のための実践ガイド. 湯澤正通・湯澤美紀（訳）. 北大路書房. ……**132**
清眞人. (2007). 創造の生へ：小さいけれど別な空間を創る (pp. 236-239). はるか書房. ……**380**
キリガン, C. (1986). もうひとつの声：男女の道徳観のちがいと女性のアイデンティティ. 岩男寿美子（監

訳).川島書店.……570
ギリス,J. R.(1985).〈若者〉の社会史:ヨーロッパにおける家族と年齢集団の変貌.北本正章(訳).新曜社.
……294

■く

鯨岡 峻.(1991).事例研究のあり方について:第1巻第1号意見欄の岩立論文を受けて.発達心理学研究,
1, 148-149.……546
鯨岡 峻.(1999).関係発達論の構築:間主観的アプローチによる.ミネルヴァ書房.……546
鯨岡 峻.(2005).エピソード記述入門.東京大学出版会……536
久世敏雄.(2000).青年期とは.久世敏雄・齋藤耕二(監修).青年心理学事典(pp. 4-5).福村出版.……410
久世敏雄(編).(1985).青年期の社会的態度.福村出版.……308
クッファー,D. J. 他(編).(2008).DSM-V 研究行動計画.黒木俊秀他(訳).みすず書房.……224
國枝幹子・古橋啓介.(2006).児童期における友人関係の発達.福岡県立大学人間社会学部紀要,15,
105-118.……202
久保田進也・池見 陽.(1991).体験過程の評定と単発面接における諸変数の研究.人間性心理学研究,
9, 53-66.……332
久保田正人.(1993).二歳半という年齢:認知・社会性・ことばの発達.新曜社.……364
クライツ,J. O.(1972).職業的発達の概念と測定:職業的発達インベントリーによる態度テスト(pp. 11-
98).道脇正夫(訳).職業研究所.……290
蔵永 瞳・樋口匡貴.(2011).感謝の構造:生起状況と感情体験の多様性を考慮して.感情心理学研究,
18, 111-119.……256
栗田季佳・楠見 孝.(2010).「障がい者」表記が身体障害者に対する態度に及ぼす効果:接触経験との関
連から.教育心理学研究,58(2), 129-139.……470
グリーノ,J. G.(2009).活動の中での学習.森 敏昭・秋田喜代美(監訳),河野麻沙美(訳).学習科学ハ
ンドブック(pp. 66-79).培風館.……88
クレスウェル,J. M.・プラノ クラーク,V. L.(2010).人間科学のための混合研究法:質的・量的アプロー
チをつなぐ研究デザイン.大谷順子(訳).北大路書房.……552
グレン,N. D.(1984).コーホート分析法.藤田英典(訳).朝倉書店.……462
黒川由紀子.(2005).回想法:高齢者の心理療法.誠信書房.……22
黒川由紀子他.(2005).老年臨床心理学:老いの心に寄りそう技術.有斐閣.……22
クワイン,W. V. O.(1984).ことばと対象.大出 晁・宮館 恵(訳)1984.勁草書房.……4
桑子敏雄.(2005).風景のなかの環境哲学.東京大学出版会.……500

■け

経済協力開発機構 OECD(編).(2012).PISA から見る,できる国・頑張る国 2:未来志向の教育を目指
す:日本.渡辺 良(監訳).明石書店.……560
ケニストン,K.(1977).青年の異議申し立て.高田昭彦他(訳).東京創元社……294
ゲルマン,R.・ガリステル,C. R.(1989).数の発達心理学:子どもの数の理解.小林芳郎・中島 実(訳).
田研出版.……138

■こ

小池 靖.(2010).テレビメディアで語られるスピリチュアリティ:日本とアメリカの事例から.石井研二
(編),バラエティ化する宗教(pp. 29-49).青弓社.……116
髙坂康雅.(2011).共同体感覚尺度の作成.教育心理学研究,59, 88-99.……240

国立国語研究所.(1982).幼児・児童の概念形成と言語.東京書籍.……416
児島邦宏・佐野金吾.(2006).中1ギャップの克服プログラム.明治図書.……374
児玉典子.(1992).行動遺伝学からの示唆.東 洋他(編),発達心理学ハンドブック(pp. 291-304).福村出版.……268
コックス,M.(1999).子どもの絵と心の発達.子安増生(訳).有斐閣.……398
ゴットフレッドソン,M. R.・ハーシー,T.(1996).犯罪の基礎理論(第2版).松本忠久(訳).文憲堂.……228
ゴッフマン,E.(2003).スティグマの社会学:傷つけられたアイデンティティ(改訂版).石黒 毅(訳).せりか書房.……222
小林哲生.(2006).乳幼児における数量認知能力の発達.児童心理学の進歩,45, 229-254.……138
駒谷真美.(2012).わくわくメディア探検:子どものメディアリテラシー:メディアと上手につきあうコツ.同文書院.……252
子安増生.(1990).幼児の空間的自己中心性(Ⅰ):Piagetの3つの山問題とその追試研究.京都大学教育学部紀要,36, 81-114.……92
子安増生.(1991).幼児の空間的自己中心性(Ⅱ):Piagetの3つの山問題の関連実験と理論的考察.京都大学教育学部紀要,37, 124-154.……92
子安増生・大平英樹(編).(2011).ミラーニューロンと〈心の理論〉(p. 164).新曜社.……148
子安増生・二宮克美(編).(2008).心理学フロンティア.新曜社.……394
コリンズ,A.(2009).認知的徒弟制.森 敏昭・秋田喜代美(監訳),吉田裕典(訳).学習科学ハンドブック(pp. 41-52).培風館.……88
コール,M.(2002).文化心理学:発達・認知・活動への文化:歴史的アプローチ.天野 清(訳).新曜社.……88, 114
近藤(有田)恵他.(2010).生の質に迫るとは:死に逝く者との対話を通して.質的心理学研究,9, 48-67.……118
近藤文里.(1989).プランする子ども.青木書店.……304
権藤恭之.(2002).長生きはしあわせか?:東京百寿者調査からの知見.行動科学,41(1), 35-44.……186
権藤恭之.(2010).百寿者の社会科学的研究.老年社会科学,32(2), 146-146.……186
今野 修.(2011).タッチがもたらす癒し効果のエビデンスについての文献検討.秋田看護福祉大学地域総合研究所研究所報,6, 69-79.……70

■さ

翟 宇華.(2010).「東京都版自尊感情」と学校生活の適応との関連.伊藤美奈子他,東京都受託研究報告書「自尊感情や自己肯定感に関する研究」(pp. 20-59).慶應義塾大学.……322
西條剛央.(2002).母子間の「横抱き」から「縦抱き」への移行に関する縦断的研究:ダイナミックシステムズアプローチの適用.発達心理学研究,13, 97-108.……52
齊藤万比古他.(2007).思春期のひきこもりをもたらす精神科疾患の実態把握と精神医学の治療・援助システムの構築に関する研究:ひきこもりの評価・支援に関するガイドライン(p. 6).厚生労働省.……380
齋藤克子(佳津子).(2007).子育て支援施策の変遷:1990年以降の子育て支援施策を中心として.現代社会研究科論集,1, 65-77.……564
斉藤幸子・綾部早穂.(2008).においの快・不快.綾部早穂・斉藤幸子(編著),においの心理学(pp. 167-190).フレグランスジャーナル社.……44
齊藤誠一.(2003).からだの成長は心にどう影響を与えるか:思春期の危機の構造.児童心理,782, 20-

25. ……428
斎藤清二他. (2010). 発達障害大学生支援への挑戦：ナラティブ・アプローチとナレッジ・マネジメント. 金剛出版……570
斎藤 環. (1998). 社会的ひきこもり：終わらない思春期 (p. 25). PHP 新書. ……380
酒井 明・横井紘子. (2011). 保幼小連携の原理と実践：移行期の子どもへの支援. ミネルヴァ書房. ……372
坂井克之. (2009). 脳科学の真実：脳科学者は何を考えているのか. 河出書房新社. ……142
坂上裕子. (2000). 情動表出に関する幼児の認識. 日本発達心理学会第 11 回大会発表論文集. 348. ……404
坂上裕子. (2005). 子どもの反抗期における母親の発達：歩行開始期の母子の共変化過程. 風間書房. ……320
佐方哲彦. (2004). 自我の強さ. 氏原 寛他 (共編), 心理臨床大事典 (改訂版, p. 1052). 培風館. ……318
坂元慶行. (2005). 日本人の国民性 50 年の軌跡：「日本人の国民性調査」から. 統計数理, 53, 3-33……308
桜井 厚・小林多寿子 (編). (2005). ライフストーリー・インタビュー：質的研究入門. せりか書房. ……232
桜井 厚 (編). (2003). ライフストーリーとジェンダー. せりか書房. ……232
櫻井義秀. (2009a). 現代日本社会とスピリチュアル・ブーム. 櫻井義秀 (編), 叢書・現代社会のフロンティア 13：カルトとスピリチュアリティ：現代日本における「救い」と「癒し」のゆくえ (pp. 245-275). ミネルヴァ書房. ……116
櫻井義秀. (2009b). 霊と金：スピリチュアル・ビジネスの構造. 新潮社. ……116
サーサス, G. (1998). 会話分析の手法. 北澤 裕・小松栄一 (訳). マルジュ社. ……548
佐島 毅. (2008). 視覚障害幼児の発達と行動. 長崎 勤・前川久男 (編著), 障害理解のための心理学 (pp. 180-183). 明石書店. ……346
サッチマン, L. A. (1999). プランと状況的行為：人間-機械コミュニケーションの可能性. 佐伯 胖他 (訳). 産業図書. ……88
佐藤慎二. (2011). 特別でない支援教育のために：授業のユニバーサルデザインのこれから. 特別支援教育, 652, 28-29. ……350
佐藤慎二・太田俊己. (2004). 授業で進める特別支援教育：どの子も主体的に取り組むユニバーサルデザインの授業を. 発達の遅れと教育, 562, 6-8. ……350
佐藤有耕. (2001). 大学生の自己嫌悪感を高める自己肯定のあり方. 教育心理学研究, 49, 347-358. ……324
佐藤有耕・落合良行. (1995). 大学生の自己嫌悪感に関連する内省の特徴. 筑波大学心理学研究, 17, 61-66. ……324
サーニ, C. (2005). スキル 5：内的主観的感情と外的感情表出を区別する能力. 佐藤 香 (訳), 感情コンピテンスの発達 (pp. 227-260). ナカニシヤ出版. ……404
佐山童子. (1985). 友だちづきあい. 東京都生活文化局 大都市青少年の人間関係に関する調査：対人関係の希薄化との関連から見た分析 (pp. 48-58). 東京都青少年問題調査報告書. ……254
サリバン, H. S. (1976). 現代精神医学の概念 (pp. 278-279). 中井久夫・山口 隆 (訳). みすず書房. ……250, 418
サリバン, H. S. (1990). 精神医学は対人関係論である. 中井久夫他 (訳). みすず書房. ……202
澤田 昭. (1982). 現代青少年の発達加速. 創元社. ……426
澤田匡人. (2005). 児童・生徒における妬み感情の構造と発達的変化：領域との関連および学年差・性差の検討. 教育心理学研究, 53, 185-195. ……212

■し

シェイエ, K. W.・ウィリス, S. L. (2006). 成人発達とエイジング(第5版). 岡林秀樹(訳). ブレーン出版. ……**550**

ジェームズ, W. (1992-93). 心理学(上下). 今田 恵(訳), 今田 寛(改訳), 岩波文庫(新版). ……**40**

ジェンドリン, E. T. (1966). ジェンドリン：体験過程と心理療法. 村瀬孝雄(編訳). 牧書店. ……**332**

執行文子. (2012). 若者のネット動画利用とテレビへの意識. NHK放送文化研究所年報, 56, 51-95, NHK放送文化研究所. ……**252**

篠原郁子. (2006). 乳児を持つ母親における mind-mindedness 測定方法の開発：母子相互作用との関連を含めて. 心理学研究, 77(3), 244-252. ……**160**

柴崎幸次他. (2009). ユニバーサルデザインの視点から見た拡大教科書の作成とデジタル教科書の構想. デザイン学研究, 57(1), 55-64. ……**350**

柴山真琴. (2007). 共働き夫婦における子どもの送迎分担過程の質的研究. 発達心理学研究, 18(2), 120-131. ……**200**

島薗 進. (2012). 日本人の死生観を読む. 朝日新聞出版. ……**118**

清水貞夫. (2008). 「教育的介入に対する応答(RTI)」と学力底上げ政策：合衆国におけるLD判定法に関する議論と「落ちこぼれ防止」法. 障害者問題研究, 36, 66-74. ……**340**

清水將之. (1998). 思春期のこころ. 日本放送出版協会. ……**428**

清水將之. (2006). ひとは十代をどう通過するか：臨床の場から考える青年期. 伊藤美奈子(編), 思春期・青年期臨床心理学(pp. 177-190). 朝倉書店. ……**428**

志村 翠. (2001). Eating Disorder Inventory(EDI)：摂食障害調査質問紙. 上里一郎(監修), 心理アセスメントハンドブック(第2版, pp. 435-448). 西村書店. ……**326**

下坂幸三. (1961). 青春期やせ症(神経性無食欲症)の精神医学的研究. 精神神経誌, 63, 1041-1082. ……**326**

下坂幸三. (1999). 拒食と過食の心理：治療者のまなざし(pp. 280-286). 岩波書店. ……**326**

下津咲絵他. (2006). Link スティグマ尺度日本語版の信頼性・妥当性の検討. 精神科治療学, 21, 521-528. ……**222**

下仲順子他. (1991). 長寿にかかわる人格特徴とその適応：東京都在住100才老人を中心として. 発達心理学研究, 1, 136-147. ……**184**

下仲順子他. (2001). 日本版 NEO-PI-R による人格特性の研究(1)：青年期から老年期における人格の年齢差及び性差の検討. 日本心理学会第65回大会発表論文集 928. ……**184**

下村英雄. (2002). フリーターの職業意識とその形成過程：「やりたいこと志向」の虚実. 小杉礼子(編), 自由の代償/フリーター：現在若者の就業意識と行動(pp. 75-99). 日本労働研究機構. ……**298**

下村英雄. (2010). 最近のキャリアガイダンス論の論点整理と成人キャリアガイダンスのあり方に関する論考. JILPT ディスカッションペーパー. ……**356**

下村英雄. (2012). 若者の自尊感情と若年キャリアガイダンスの今後のあり方. ビジネス・レーバー・トレンド(2012年5月号). ……**298**

下山晴彦. (1997). 臨床心理学研究の理論と実際：スチューデント・アパシー研究を例として. 東京大学出版会. ……**334**

下山晴彦. (2001). 事例研究. 下山晴彦・丹野義彦(編), 講座臨床心理学：2 臨床心理学研究(pp. 61-83). 東京大学出版会. ……**546**

首藤敏元. (2010). 幼児・児童の共感的反応. 菊池章夫他(編), 社会化の心理学ハンドブック(pp. 293-311). 川島書店. ……**392**

首都大学東京他. (2008). 乳幼児ふれあい体験ワークショップ2007：赤ちゃん誕生は100年のあゆみ活動

報告書. ……164
シュプランガー, E. (1972). 青年の心理. 土井竹治(訳). 五月書房. ……324
荘島宏二郎. (2010a). 古典的テスト理論：科学的対象としてのテスト得点. 植野真臣・荘島宏二郎. 学習評価の新潮流(pp. 37-55). 朝倉書店. ……522
荘島宏二郎. (2010b) ニューラルテスト理論：学力を段階評価するための潜在ランク理論. 植野真臣・荘島宏二郎. 学習評価の新潮流(pp. 83-111). 朝倉書店. ……522
荘島幸子. (2009). 性別/身体を越境するという物語を聴く. 荒川 歩他(編),〈境界〉の今を生きる：身体から世界空間へ・若手一五人の視点 (pp. 5-19). 東信堂. ……232
荘島(湧井)幸子. (2007). ある性同一性障害者の自己構築プロセスの分析：同一トランスクリプトによる知見の羅生門的生成. 京都大学教育学研究科紀要, 53, 206-219. ……232
城 佳子. (2008). 3次元感情尺度の作成. 文教大学人間科学研究, 30, 57-66. ……516
ジョーンズ, G.・ウォーレス, C. (2002). 若者はなぜ大人になれないのか：家族・国家・シティズンシップ(第2版). 宮本みち子(監訳), 鈴木 宏(訳). 新評論. ……294
白井利明. (1997). 時間的展望の生涯発達心理学. 勁草書房. ……114
白井利明. (2001). 青年の進路選択に及ぼす回想の効果：変容確認法の開発に関する研究(Ⅰ). 大阪教育大学紀要 第Ⅳ部門 教育科学, 49(2), 133-157. ……304
白井利明. (2008). 学校から社会への移行(Ⅲ展望). 教育心理学年報, 47, 159-169. ……288
白井利明. (2011). 自己と時間. 子安増生・白井利明(編), 日本発達心理学会(シリーズ編), 発達科学ハンドブック：3 時間と人間(pp. 196-208). 新曜社. ……114
白井利明他. (2009). 青年期から成人期にかけての社会への移行における社会的信頼の効果：シティズンシップの観点から. 発達心理学研究, 20, 224-233. ……294
白井利明他. (2009). フリーターの心理学：大卒者のキャリア自立. 世界思想社. ……298
ジール, J. Z.・エルダー, G. H. (2003). ライフコース研究の方法：質的ならびに量的アプローチ. 正岡寛司・藤見純子(訳). 明石書店. ……550
新谷和代. (2011). 地域活動が支える青年期の発達への効果：地域子育て支援組織への学外実習報告④まとめとして. 帝京大学文学部心理学紀要, 15, 53-62. ……148
神 信人他. (1996). 双方向依存性と"最小条件パラダイム". 心理学研究, 67, 77-85. ……474
神 信人・山岸俊男. (1997). 社会的ジレンマにおける集団協力ヒューリスティクスの効果. 社会心理学研究, 12, 190-198. ……474
新版K式発達検査研究会. (2008). 新版K式発達検査法2001年版：標準化資料と実施法. ナカニシヤ出版. ……416
新村 出(編). (2007). 広辞苑(第六版). 岩波書店. ……220

■す

杉浦義典・丹野義彦. (2008). パーソナリティと臨床の心理学：次元モデルによる統合. (心理学の世界 教養編5). 培風館. ……438
杉村和美. (2005). 女子青年のアイデンティティ探求：関係性の観点から見た2年間の縦断研究. 風間書房. ……320, 430
杉山登志郎他. (2009). ギフテッド：天才の育て方. 学研教育出版. ……220
杉山幸丸他. (1996). サルの百科. データハウス. ……52
鈴木一代. (2006). 異文化間心理学へのアプローチ：文化・社会のなかの人間と心理学. ブレーン出版. ……502
鈴木聡志. (2007). 会話分析・ディスコース分析：ことばの織りなす世界を読み解く. 新曜社. ……548
鈴木淳子. (1991). 平等主義的性役割態度：SESRA(英語版)の信頼性と妥当性の検討および日米女性の比

較．社会心理学研究，**6**，80-87．……**448**
鈴木　忠．(2008)．生涯発達のダイナミクス：知の多様性　生きかたの可塑性．東京大学出版会．……**126**
鈴木宏昭．(1996)．類似と思考．共立出版……**76**
鈴木みずえ．(2011)．"癒し"を活用するタクティールケア：看護ケアとしてのタクティールケアの意義と効果．COMMUNITY CARE，**13**(12)，12-17．……**70**
スターン，D. N.(1989)．乳児の対人世界：理論編．小此木啓吾・丸田俊彦(監訳)．岩崎学術出版社．……**46**
須藤　功．(2004)．写真ものがたり　昭和の暮らし：1　農村(p. 139)．農山漁村文化協会．……**148**
スピヴァク，G. C.(1998)．サバルタンは語ることができるか．上村忠男(訳)．みすず書房．……**232**
スピッツ，R. A.(1965)．母子関係の成り立ち(pp. 55-60)．古賀行義(訳)．同文書院．……**242**
スプレイグ，D.(2004)．サルの生涯，ヒトの生涯：人生計画の生物学．京都大学学術出版会．……**446**
鷲見　聡．(2011)．自閉症スペクトラム：遺伝・環境相互作用の視点から．そだちの科学，**17**，21-26．……**220**

■せ

関戸英紀・川上賢祐．(2006)．自閉症児に対する「ありがとう」の自発的表出を促すルーティンを用いた言語指導：異なる場面での般化の検討を中心に．特殊教育学研究，**44**(1)，15-23．……**368**
関根道和．(2011)．富山出生コホート研究の概要と成果：ライフコース疫学に基づく小児期からの総合的な健康づくり(特集：地域における母子保健縦断調査の活用)．保健の科学，**53**，94-97．……**100**
瀬地山葉矢．(2000)．半構造化面接について．保坂　亨他(編)，面接法：心理学マニュアル(p. 53)．北大路書房．……**534**

■そ

相馬敏彦・浦　光博．(2009)．親密な関係における特別観が当事者たちの協調的・非協調的志向性に及ぼす影響．実験社会心理学研究，**49**，1-16．……**204**
相馬敏彦・浦　光博．(2010)．「かけがえのなさ」に潜む陥穽：協調的志向性と非協調的志向性を通じた二つの影響プロセス．社会心理学研究，**26**，131-140．……**210**
園原太郎．(1961)．行動の個体発達における連続性の問題．「哲学研究」41，**474**，1-19．京都哲学会……**456**
曽山和彦．(2008)．中1プロブレムに関する調査研究：児童生徒の学級適応感の比較から．日本教育心理学会第50回総会発表論文集，551．……**374**
曽山和彦．(2010)．時々，"オニの心"が出る子どもにアプローチ：学校がするソーシャルスキル・トレーニング．明治図書．……**374**
返田　健．(1978)．青年期の発達的意義．藤永　保他(編)，青年心理学：テキストブック心理学(5)(pp. 23-34)．有斐閣．……**318**

■た

高石恭子．(2000)．ユース・カルチャーの現在．小林哲郎他(編)，大学生がカウンセリングを求めるとき(pp. 18-37)．ミネルヴァ書房．……**334**
高石恭子．(2009)．現代学生のこころの育ちと高等教育に求められるこれからの学生支援．京都大学高等教育研究，**15**，79-88．……**334**
高木光太郎．(2011)．L. S. Vygotskyによる発達の年齢時期区分論の特徴と現代的意義．発達心理学研究，**22**，4，391-398．……**456**
田垣正晋．(2004)．グループ・インタビュー．無藤　隆他(編)，質的心理学：創造的に活用するコツ．新曜

社．……**534**
田垣正晋．(2007)．グループ・インタビュー．やまだようこ(編)，質的心理学の方法：語りをきく(pp. 114-123)．新曜社．……**534**
田垣正晋．(2007)．中途肢体障害者における「障害の意味」の生涯発達的変化：脊髄損傷者が語るライフストーリーから．ナカニシヤ出版……**470**
高瀬夏代・井上雅彦．(2007)．障害児・者のきょうだい研究の動向と今後の研究の方向性．発達心理臨床研究，**13**，65-78．……**348**
高田利武．(1998)．健康と病気の社会的比較：文献的考察．奈良大学紀要，**26**，71-92．……**470**
高野陽太郎．(2008)．集団主義」という錯覚：日本人論の思い違いとその由来．新曜社．……**464**
高橋惠子．(1983)．対人関係．波多野完治・依田 新(監修)，児童心理学ハンドブック(pp. 607-639)．金子書房．……**416**
高橋惠子．(2010)．人間関係の心理学：愛情のネットワークの生涯発達．東京大学出版会．……**136**
高橋惠子・柏木惠子．(1995)．序 発達心理学とフェミニズム．柏木惠子・高橋惠子(編)，発達心理学とフェミニズム(pp. 1-16)．ミネルヴァ書房．……**570, 572**
高橋惠子他．(2009)．愛着の質は変わらないか：18年後の追跡研究．三宅和夫・高橋惠子(編著)，縦断研究の挑戦(pp. 135-148)．金子書房．……**454**
高橋 智・増渕美恵．(2008)．アスペルガー症候群・高機能自閉症における「感覚過敏・鈍磨」の実態と支援に関する研究：本人のニーズ調査から．東京学芸大学紀要：総合教育科学系，**59**，287-310．……**46**
高橋 登．(2001)．学童期における読解能力の発達過程：1～5年生の縦断的な分析．教育心理学研究，**49**，1-10．……**140**
高橋 登・杉岡津岐子．(1993)．書くことと語ること：表現手段の違いが物語の再生に与える影響について．読書科学，**37**，148-153．……**140**
高橋 登・中村知靖．(2009)．適応型言語能力検査(ATLAN)の作成とその評価．教育心理学研究，**57**，201-211．……**140, 520**
高橋 登他．(2012)．インターネットで利用可能な適応型言語能力検査(ATLAN)：文法・談話検査の開発とその評価．発達心理学研究，**23**，343-351．……**520**
高橋規子．(2005)．臨床研究におけるナラティブ・プラクティスの試み：K氏の「自己研究」を材料として．日本ブリーフサイコセラピー学会第15回大会抄録集，**37**．……**546**
高橋正実．(2011)．宗教とスピリチュアリティ．金児曉嗣(監修)，松島公望他(編)，宗教心理学概論(pp. 61-80)．ナカニシヤ出版．……**116**
高橋道子．(1984)．乳児の愛着と探索の構造(2)：人見知りとの関連において．第26回日本教育心理学会大会発表論文集．172-173．……**242**
高橋美保．(2010)．シリーズ・臨床心理学研究の最前線：3 中高年の失業体験と心理的援助：失業者を社会につなぐために．下山晴彦(監修)，ミネルヴァ書房．……**492**
高橋美保他．(2010)．失業者へのスティグマに関する研究の概観と今後の展望：心理的援助に向けて．東京大学大学院教育学研究科臨床心理学コース紀要，**33**，210-217．……**492**
髙橋雄介．(2008)．親の養育態度は子どもの情緒的な問題にどのように影響するのか？：縦断調査による遺伝・環境交互作用の検証．自主企画シンポジウム「子どものパーソナリティと気になる行動を考える発達行動遺伝学の展開」，日本パーソナリティ心理学会第17回大会，お茶の水女子大学(発表スライドより)．……**278**
詫摩武俊他．(1989)．羊たちの反乱：現代青少年の心のゆくえ．福武書店．……**254**
竹内常一・髙生 研．(編)(2002)．揺らぐ〈学校から仕事へ〉：労働市場の変容と10代．青木書店．……**296**
竹尾和子他．(2009)．お金の文化的媒介機能から捉えた親子関係の発達的変化．発達心理学研究，**20**(4)，

406-418. ……**466**
竹下秀子.(1999).心とことばの初期発達.東京大学出版会.……**52**
竹下秀子他.(2003).姿勢反応の発達.友永雅己他(編著),チンパンジーの認知と行動の発達(pp. 292-295).京都大学学術出版会.……**52**
竹田恵子.(2010).高齢者看護の観点からみたスピリチュアルケア.老年社会科学,31,515-521.……**116**
鑪幹八郎.(1984).同一性概念の広がりと基本構造.鑪幹八郎他(編),アイデンティティ研究の展望Ⅰ(pp. 39-58).ナカニシヤ出版.……**318**
鑪幹八郎.(2002).アイデンティティ論.鑪幹八郎著作集1・アイデンティティとライフサイクル論(pp. 255-400).ナカニシヤ出版.……**316**
舘 暲.(2002).バーチャルリアリティ入門(pp. 9, 23, 25, 28, 32, 43, 44, 68, 120, 133).ちくま新書.……**66**
舘 暲他(監修).日本バーチャルリアリティ学会(編).(2011).バーチャルリアリティ学.日本バーチャルリアリティ学会,2.……**66**
立川昭二.(1991).病いと健康のあいだ.新潮社.……**230**
立脇洋介.(2007).異性交際中の感情と相手との関係性.心理学研究,78,244-251.……**204**
田中智志.(2002).他者の喪失から感受へ(p. 120-125).勁草書房.……**380**
田中健夫.(2007).大学生の相談事例からみた修学上の行き詰まりの様相.青年心理学研究,vol. 19,33-50.……**334**
田中昌人・田中杉恵.(1984).子どもの発達と診断3・幼児期1.大月書店.……**244**
田中康雄.(2008).軽度発達障害:繋がりあって生きる(pp. 202-214).金剛出版……**220**
谷 冬彦.(2008).自我同一性の発達心理学.ナカニシヤ出版.……**430**
谷村 覚.(1997).発達段階論の再評価.教育心理学年報,36,7-8.……**456**
丹野宏昭.(2010).高齢者のQOLに果たす友人関係機能の検討.対人社会心理学研究,10,125-129.……**202**

■ ち

チェンバレン,D.(1991).記憶の符号.赤ちゃんの見たお産.片山陽子(訳),誕生を記憶する子どもたち(pp. 171-207).春秋社.……**276**
陳 省仁.(2010).祖父母によるアロマザリング.根ヶ山光一・柏木惠子(編).ヒトの子育ての進化と文化:アロマザリングの役割を考える.(pp. 231-245).有斐閣.……**136**
陳 省仁.(2011).養育性と教育.北海道大学大学院教育学研究院紀要,113,1-12.……**164**

■ つ

柘植あづみ.(1995).生殖技術の現状に対する多角的視点:「序」にかえて.浅井美智子・柘植あづみ(編),つくられる生殖神話:生殖技術・家族・生命(pp. 15-53).制作同人社.……**488**
柘植あづみ.(1999).文化としての生殖技術:不妊治療にたずさわる医師の語り.松籟社.……**488**
辻 大介.(2009).友だちがいないと見られることの不安.少年育成,54,26-31.大阪少年補導協会.……**254**
辻平治郎(編).(1998).5因子性格検査の理論と実践:こころをはかる5つのものさし.北大路書房.……**438**
土蔵愛子.(2003).臨床に活かすタッチング(6)さまざまなタッチの分類.月刊ナーシング,23(10),116-119.……**70**
土倉玲子.(2005).中年期夫婦における評価ギャップと会話時間.社会心理学研究,21(2),79-90.……**200**
都筑 学.(1999).大学生の時間的展望:構造モデルの心理的検討.中央大学出版部.……**304**

都筑 学.(2005).小学校から中学校にかけての子どもの「自己」の形成.心理科学, 25, 1-10.……324
都筑 学.(2008).小学校から中学校への学校移行と時間的展望.ナカニシヤ出版.……304
都筑 学.(2009).中学校から高校への学校移行と時間的展望.ナカニシヤ出版.……304
都筑 学・白井利明(編).(2007).時間的展望研究ガイドブック.ナカニシヤ出版.……114
堤 治.(2004).授かる:不妊治療と子どもをもつこと.朝日出版社.……488
鶴田和美.(2001).学生生活とは.学生のための心理相談:大学カウンセラーからのメッセージ(pp. 2-11).培風館.……334
鶴田和美.(2001).事例研究の着想と準備.山本 力・鶴田和美(編著),心理臨床家のための「事例研究」の進め方(pp. 66-79).北大路書房.……546
鶴田和美・山本 力.(2001).心理臨床家のための「事例研究」の進め方.北大路書房.……546

■て

デイヴィス, M. H.(1999).共感の社会心理学.菊池章夫(訳).川島書店.……392
デカルト, R.(1967).方法序説.落合太郎(訳).岩波文庫.……74
テッドロック, B.(2006).エスノグラフィーとエスノグラフィックな表象.平山満義(監訳),清矢良崇(訳),質的研究ハンドブック:2 質的研究の設計と戦略(pp. 121-143).北大路書房.……536
デーモン, W.(1990).社会性と人格の発達心理学.山本多喜司(編訳).北大路書房.……416
デューイ, J.(2004).経験と教育.市村尚久(訳).講談社学術文庫.……370
寺崎正治他.(1992).多面的感情状態尺度の作成.心理学研究, 62, 350-356.……516
デリダ, J.(2004).死を与える.廣瀬浩司・林 好雄(訳).ちくま学芸文庫.……224

■と

土井隆義.(2008).友だち地獄:「空気を読む」世代のサバイバル.筑摩書房.……254
ドゥアンヌ, S.(2010).数覚とは何か:心が数を創り,操る仕組み.長谷川眞理子・小林哲生(訳).早川書房.……138
徳田治子.(2004).ライフストーリー・インタビュー:人生の語りに立ち会う作法.無藤 隆他(編),質的心理学:創造的に活用するコツ(pp. 155-162).新曜社.……534
徳田治子.(2006)."人生被害"はいかに聴き取られたか?:ナラティヴ実践としてのハンセン病国賠訴訟における弁護士の聴き取りプロセス.心理学評論, 49(3), 497-509.……232
徳田治子.(2007).半構造化インタビュー.やまだようこ(編),質的心理学の方法:語りをきく.新曜社.……534
所真里子・掛札逸美.(2012).保護者に「深刻な危険」を伝える:安全表示に関する考察.日本子ども学会.……110
戸田有一他.(2008).人をおいつめるいじめ:集団化と無力化のプロセス.加藤 司・谷口弘一(編),対人関係のダークサイド(pp. 117-131).北大路書房.……328
登張真稲.(2003).青年期の共感性の発達:多次元的視点による検討.発達心理学研究, 14, 136-148.……392
トマス, A.・チェス, S.(1981).子供の気質と心理的発達.林 雅次(監訳).星和書店.……198, 444
トマセロ, M.(2006).心とことばの起源を探る:文化と認知.大堀壽夫他(訳).勁草書房.……54, 388
苫米地恵昭.(2006).大学生:学生相談から見た最近の事情.臨床心理学, 6(2), 168-172.……318, 334
富田昌平.(2007).乳幼児期の移行対象と指しゃぶりに関する調査研究.中国学園紀要, 6, 127-138.……56
富田昌平.(2011).ファンタジーと現実に生きる子どもたち.木下孝司他(編著),子どもの心的世界のゆらぎと発達(pp. 165-195).ミネルヴァ書房.……10

富田庸子・古澤頼雄. (2010). 養子縁組における育て親のアロマザリング. 根ヶ山光一・柏木惠子(編), ヒトの子育ての進化と文化：アロマザリングの役割を考える(pp. 249-270). 有斐閣. ……**136**
友永雅己他(編著). (2003). チンパンジーの認知と行動の発達. 京都大学学術出版会. ……**364**
外山紀子. (2008). 発達としての共食. 新曜社. ……**100**
外山紀子. (2010). 論理的思考. 外山紀子・外山美樹(編著), やさしい発達と学習. 有斐閣アルマ. ……**76**
豊田秀樹. (2002). 項目反応理論「入門編」. 朝倉書店. ……**522**

■ な

内閣府. (2011). 平成23年度版 高齢社会白書. ……**136**
内藤俊史. (2004). 成長とともに身につける「ありがとう」「ごめんなさい」. 児童心理, 58(13), 9-13. ……**256**
中井久夫. (1997). アリアドネからの糸. みすず書房. ……**328**
中江克己. (2007). 江戸の躾と子育て(pp. 28-67). 祥伝社新書. ……**148**
長江清和・細渕富夫. (2005). 小学校における授業のユニバーサルデザインの構想：知的障害児の発達を促すインクルーシブ教育の実現に向けて. 埼玉大学教育学部紀要：教育科学, 54(1), 155-165. ……**350**
中川知宏・大渕憲一. (2007). 低自己統制と集団同一化が集団的不良行為に及ぼす影響：専門学校生を対象とした回想法による検討. 犯罪心理学研究, 45(2), 37-46. ……**228**
長崎 勤・小野里美帆. (1996). コミュニケーションの発達と指導プログラム：発達に遅れをもつ乳幼児のために. 日本文化科学社. ……**342**
長崎 勤他. (1991). ダウン症幼児に対する共同行為ルーティンによる言語指導：「トースト作り」ルーティンでの語彙・構文, コミュニケーション指導. 特殊教育学研究, 28(4), 15-24. ……**368**
長崎 勤他. (2002). 臨床発達心理学概論：発達支援の理論と実際(シリーズ臨床発達心理学第1巻). ミネルヴァ書房. ……**338**
中澤 潤. (2000). 仲間関係. 堀野 緑他(編), 子どもパーソナリティと社会性の発達(pp. 11-20). 北大路書房. ……**202**
中澤 潤. (2000). 調査の面接法の概観. 保坂 亨他(編), 面接法：心理学マニュアル(pp. 92-104). 北大路書房. ……**534**
中島和子. (2001). バイリンガル教育の方法(増補改訂版). アルク. ……**16**
長津美代子. (2007). 中年期における夫婦関係の研究：個人化・個別化・統合の観点から. 日本評論社. ……**200**
中西正司・上野千鶴子. (2003). 当事者主権. 岩波新書. ……**232**
永久ひさ子. (2010). 中年期有子女性における家庭内での価値志向および家庭内役割意識と人生展望感の関連：就業形態による特徴から. 家族心理学研究, 24(2), 157-170. ……**200**
仲真紀子. (1986). 拒否表現における文脈の情報の利用とその発達. 教育心理学研究, 34, 111-119. ……**14**
仲真紀子・無藤 隆. (1983). 間接的要求の理解における文脈の効果. 教育心理学研究, 31, 195-202. ……**14**
中村和彦. (2007). 大人は子どもの運動とどうかかわるべきか：キッズ「プレイ・リーダー」資格の提案. 子どもと発育発達, 杏林書院, 5(1), 14-17. ……**370**
中村このゆ. (2008). 小学生と中学生の摂食態度：群馬県と大阪府の比較. 心身医学, 48(12).1043-1047. ……**326**
中村有希・菅野直恵. (2011). 障害児・者を同胞にもつきょうだいの心理過程の分析. 日本特殊教育学会第49回大会発表論文集. ……**348**
中山留美子・中谷素之. (2006). 青年期における自己愛の構造と発達的変化の検討. 教育心理学研究, 54,

188-198. ……**208**
七澤淳子. (2012). 青少年センターでの居場所づくり. 田中治彦・萩原建次郎(編), 若者の居場所と参加：ユースワークが築く新たな社会(pp. 108-126). 東洋館出版. ……**380**
波平恵美子. (1984). 病気と治療の文化人類学. 海鳴社. ……**230**
波平恵美子. (1990). 病と死の文化：現代医療の人類学. 朝日新聞社. ……**230**
成田健一. (2009). 自己効力感. 日本社会心理学会(編), 社会心理学事典(pp. 164-165). 丸善出版. ……**406**

■に

ニキ・リンコ・藤家寛子. (2004). 自閉っ子！こういう風にできてます. 花風社. ……**46**
西澤晃彦. (2010). 貧者の領域：誰が排除されているのか. 河出書房新社. ……**232**
西野幸子. (2005). 生まれてくれてありがとう. 文芸社. ……**272**
西平直喜. (1973). 青年心理学. 塚田 毅(シリーズ編), 現代心理学叢書：7. 共立出版. ……**254**
西平直喜. (1979). 続アイデンティティ(2). 青年心理, **12**, 153-172. ……**316**
西平直喜. (1990). 成人になること：生育史心理学から. 東京大学出版会. ……**254**
西平直喜. (1990). 成人性の基礎としての第二次心理的離乳. 成人になること(pp. 45-76). 東京大学出版会. ……**432**
西平直喜. (1996). 生育史心理学序説：伝記研究から自分史制作へ. 金子書房. ……**316**
西脇 良. (2004). 日本人の宗教的自然観：意識調査による実証的研究. ミネルヴァ書房. ……**116**
日本学術会議. (1980). 科学者憲章. ……**568**
日本スポーツ心理学会(編). (2002). スポーツメンタルトレーニング教本. 大修館書店. ……**150**
日本保育学会(編). (1970). 保育学講座：9 日本の幼児の精神発達. フレーベル館. ……**36**
ニーメヤー, R. A. (2006). 〈大切なもの〉を失ったあなたに：喪失を乗り越えるガイド. 鈴木剛子(訳). 春秋社. ……**504**

■ぬ

沼野尚美. (1996). スピリチュアルペインの意義. ターミナルケア, **6**(3), 199-204. ……**190**

■ね

根ヶ山光一. (1995). 子育てと子別れ. 根ヶ山光一・鈴木晶夫(編著), 子別れの心理学：新しい親子関係像の提唱(pp. 12-30). 福村出版. ……**320**
根ヶ山光一. (1997). 行動発達の観点から. 今田純雄(編著), 現代心理学シリーズ 16：食行動の心理学(pp. 41-63). 培風館. ……**100**
根ヶ山光一. (2002). 発達行動学の視座：〈個〉の自立発達の人間科学的探究. 金子書房. ……**328**
根ヶ山光一. (2006). 〈子別れ〉としての子育て. NHK出版. ……**62, 166**
根ヶ山光一. (2010). 巨大地震への対応にみられる親子関係：子別れの観点からの検討. 発達心理学研究, **21**, 386-395. ……**330**
根ヶ山光一・柏木惠子(編著). (2010). ヒトの子育ての進化と文化：アロマザリングの役割を考える. 有斐閣. ……**52, 60**(pp. 1-8), **148**(pp. 1-7), **166, 284, 446**
根ヶ山光一・川野健治. (2003). 身体から発達を問う. 新曜社. ……**118**
根ヶ山光一他. (2013). 子どもと食：食育を超える. 東京大学出版会. ……**100**

■の

野家啓一. (2005). 物語の哲学. 岩波書店. ……**8**

野添絹子.(2010). 2E 教育(二重の特別支援教育). アメリカ教育学会(編), 現代アメリカ教育ハンドブック(p. 167). 東信堂. ……158
野田文隆.(1995). 異文化接触とメンタルヘルス. 渡辺文夫(編), 異文化接触の心理学(pp. 159-168). 川島書店. ……502
野村佳絵子.(2003). 自助グループの有効性:摂食障害の場合. 龍谷大学社会学部紀要, 23, 25-33. ……326
野村豊子.(1998). 回想法とライフレビュー:その理論と技法. 中央法規出版. ……22

■は

バウアー, T. G. R.(1980). 乳児期(pp. 67-74). 岡本夏木他(訳). ミネルヴァ書房. ……242
ハヴィガースト R. J.(1995). 人間の発達課題と教育. 荘司雅子(監訳), 沖原 豊他(訳). 玉川大学出版部. ……180
ハーヴェイ, J. H.(2003). 喪失体験とトラウマ:喪失体験心理学入門. 和田 実・増田匡裕(編訳). 北大路書房. ……488
パーカー, I.(2008). ラディカル質的心理学:アクションリサーチ入門. 八ッ塚一郎(訳). ナカニシヤ出版. ……552
萩原達次郎.(2001). 子ども・若者の居場所の条件. 田中治彦(編), 子ども・若者の居場所の構想(pp. 63-64). 学陽書房. ……380
パークス, C. M.(2002). 死別:遺された人たちを支えるために. 桑原治雄・三野善央(訳). メディカ出版. ……504
バークレー, G.(1990). 視覚新論. 下條信輔他(訳). 勁草書房. ……40
パスカル, B.(1973). パンセ. 前田陽一・由木 康(訳). 中公文庫. ……74
長谷川寿一・長谷川眞理子.(2000). 進化と人間行動. 東京大学出版会. ……478
長谷川智子.(2000). 子どもの肥満と発達臨床心理学. 川島書店. ……100
長谷川眞理子.(2011). 進化的人間考 7:ヒトのからだの性差と配偶システム. UP. 5 月号, 40-45, 東京大学出版会. ……148
秦野悦子.(2012). 臨床発達心理士. 麻生 武・浜田寿美男(編), よくわかる臨床発達心理学(第 4 版, pp. 214-215). ミネルヴァ書房. ……584
バターワース, B.(2002). なぜ数学が「得意な人」と「苦手な人」がいるのか. 藤井留美(訳). 主婦の友社. ……138
バックマン, R.(2000). 真実を伝える:コミュニケーション技術と精神的援助の指針. 診断と治療社. 1992……190
花沢成一.(1992). 母性心理学. 医学書院. ……198
浜田寿美男.(1986). 証言台の子どもたち:「甲山事件」園児供述の構造. 日本評論社. ……548
浜田寿美男.(1991). ほんとうは僕殺したんじゃねえもの:野田事件・青山正の真実. 筑摩書房. ……548
浜田寿美男.(1992). 自白の研究. 三一書房. 新版(2005). 北大路書房. ……18
浜田寿美男.(1995). 意味から言葉へ. ミネルヴァ書房. ……480
浜田寿美男.(1999). 「私」とは何か. 講談社. ……8
浜田寿美男.(2001). 自白の心理学. 岩波書店. ……18
浜田寿美男.(2009). 狭山事件虚偽自白〔新版〕. 北大路書房. ……548
ハーマン, J. L.(1999). 心的外傷と回復(増補版). 中井久夫(訳). みすず書房. ……354
ハーマンス, H. J. M.・ケンペン, H. J. G.(2006). 対話的自己:デカルト/ジェームズ/ミードを超えて. 溝上慎一他(訳). 新曜社. ……472
林 貴啓.(2011). 問いとしてのスピリチュアリティ:「宗教なき時代」に生死を語る. 京都大学学術出版会.

……116
速水敏彦.(2010). 自己効力感(セルフ・エフィカシー)とは何か. 児童心理, 64(11), 1-10.……406
原田知佳他.(2009). 自己制御が社会的迷惑行為および逸脱行為に及ぼす影響：気質レベルと能力レベルからの検討. 実験社会心理学研究, 48, 122-136.……228
原田知佳他.(2010). 社会的自己制御と BIS/BAS・Effortful Control による問題行動の弁別的予測性. パーソナリティ研究, 19, 76-78.……228
バルテス, P. B.(1993). 生涯発達心理学を構成する理論的諸観点：成長と衰退のダイナミックスについて. 鈴木 忠(訳), 東 洋(編・監訳), 生涯発達の心理学1 認知・知能・知恵(pp. 173-204). 新曜社.……462
バロン=コーエン, S.(2002). 自閉症とマインド・ブラインドネス. 長野 敬他(訳). 青土社.……244, 450
バーン, R.(1998). 考えるサル：知能の進化論. 小山高正・伊藤紀子(訳). 大月書店.……402
バンクス, J. A.(1999). 入門多文化教育：新しい時代の学校づくり. 平沢安政(訳). 明石書店.……468

■ひ

ピアジェ, J.(2007). ピアジェに学ぶ認知発達の科学. 中垣 啓(訳). 北大路書房.……90
ピアジェ, J.(2007). 発生的認識論の課題. 中垣 啓(訳), ピアジェに学ぶ認知発達の科学(p. 179). 北大路書房.……94
ピアジェ, J.(1975, 1976, 1980). 発生的認識論序説 全三巻. 田辺振太郎・島 雄元(訳). 三省堂.……74
ピアジェ, J.(1955). 児童の世界観. 大伴 茂(訳). 同文書院.……398
ピアジェ, J.(1972). 発生的認識論. 滝沢武久(訳). 白水社.……416
ピアジェ, J.(1972). 発生的認識論：科学的知識の発達心理学. 芳賀 純(訳). 評論社.……94
ピアジェ, J.(1989). 知能の心理学(改訂版). 波多野完治・滝沢武久(訳). みすず書房.……418
ピアジェ, J.(2007). ピアジェに学ぶ認知発達の科学. 中垣 啓(訳). 北大路書房.……94, 388
ピアジェ, J.・シェミンスカ, A.(1962). 数の発達心理学. 遠山 啓他(訳). 国土社.……138
日野林俊彦.(2007). 青年と発達加速. 南 徹弘(編), 朝倉心理学講座3：発達心理学(pp. 175-188). 朝倉書店.……426
日野林俊彦他.(2009). 発達加速現象の研究・その23：2008年2月における平均初潮年齢の動向. 日本心理学会第73回大会発表論文集, 1150.……426
ビューラー, C.(1969). 青年の精神生活. 原田 茂(訳). 協同出版.……324
平石 界.(2011). 認知の個人差の進化心理学的意味. 箱田裕司(編著), 現代の認知心理学7：認知の個人差(pp. 76-102). 北大路書房.……446
平木典子・中釜洋子.(2006). 家族の心理：家族への理解を深めるために(pp. 94-100). サイエンス社.……200
平山順子.(2002). 中年期夫婦の情緒的関係：妻から見た情緒的ケアの夫婦間対称性. 家族心理学研究, 16, 81-94.……300
平山順子・柏木惠子.(2004). 中年期夫婦のコミュニケーション・パターン：夫婦の経済生活及び結婚観との関連. 発達心理学研究, 15(1), 89-100.……200
ビリン, J. E.・Schroots, J. J. F.(2008). 生涯にわたる自伝的記憶とナラティヴ・セルフ. 藤田綾子・山本浩市(監訳), 山本浩市(訳), エイジング心理学ハンドブック(pp. 331-347). 北大路書房.……114
廣瀬通孝.(2010). コンピュータとVR(バーチャルリアリティ), 東京大学リベラルアーツプログラム, テーマ講義2010「身体論」報告集, p. 30.……66
廣瀬由美子.(2011a). 通常の学級における教科教育と特別支援教育の融合：「授業のユニバーサルデザイン研究会」での実践. 現代のエスプリ, 529, 56-64.……350

廣瀬由美子.(2011b).通常の学級における授業のユニバーサルデザイン:特別支援教育と教科教育の融合で授業の質を高める.特別支援教育研究,652,21-24.……350
広瀬洋子.(2007).ICTが拓く多様な学生への支援3:ICTを活用した講義のユニバーサルデザイン化.メディア教育開発センター研究報告,33.……350
ピンカー,S.(2003).心の仕組み:人間関係にどう関わるか(上中下).椋田直子(訳).NHK出版.……450

■ふ

フォーダー,J. A.(1985).精神のモジュール形式:人工知識と心の科学,伊藤笏康・信原幸弘(訳).産業図書.……450
フォンタナ,A.・フレイ,J. M.(2006).インタビュー:構造化された質問から交渉結果としてのテクストへ.平山満義(監訳),大谷 尚・伊藤 勇(編訳),質的研究ハンドブック:3質的研究資料の収集と解釈(pp. 41-68).北大路書房.……534
福岡伸一.(2007).生物と無生物のあいだ.講談社現代新書.……118
福丸由佳他.(1999).乳幼児期の子どもを持つ親における仕事観,子ども観:父親の育児参加との関連.発達心理学研究,10(3).189-198.……200
福重 清.(2006).若者の友人関係はどうなっているのか.浅野智彦(編),検証・若者の変貌:失われた10年の後に(pp. 115-150).勁草書房.……254
藤井京子.(1985).移行対象の使用に関する発達的研究.教育心理学研究,33,106-114.……56
藤井美和.(2010).スピリチュアルケアの本質:死生学の視点から.老年社会科学,31,522-528.……116
藤枝静暁.(2006).小学校における学級を対象とした社会的スキル訓練および行動リハーサル増加手続きの試み.カウンセリング研究,39,218-228.……374
藤崎春代.(2002).幼児の日常生活叙述の発達過程.風間書房.……6
藤崎春代.(2008).友だちとの関わりを通してはぐくまれる個性.内田伸子(編),よくわかる乳幼児心理学(pp. 144-145).ミネルヴァ書房.……6
藤田英典.(2010).教育政策研究の視座と課題.日本教育政策学会(編),教育政策学会年報2010:教育政策研究の視角と方法,8-17.……560
藤村宣之.(2005).因果的推論:原因と結果の関係を見出す.子安増生(編),よくわかる認知発達とその支援(pp. 124-125).ミネルヴァ書房.……76
藤村宣之.(2012).数学的・科学的リテラシーの心理学:子どもの学力はどう高まるか.有斐閣.……128
藤芳 衛.(2009).テストのユニバーサルデザイン.電子情報通信学会誌,92(12),1022-1026.……350
ブライア,V.・グレイサー,D.(2008).愛着と愛着障害:理論と証拠にもとづいた理解・臨床・介入のためのガイドブック.加藤和生(監訳).北大路書房.……196
ブラウン,K.・ハーバート,M.(2004).家族間暴力防止の基礎理論.薮本知二・甲原定房(監訳).明石書店.……210
ブラマー,K.(1998).セクシュアル・ストーリーの時代.桜井 厚他(訳).新曜社.……232
プリザント,B. M. 他(2010).SCERTSモデル:自閉症スペクトラム障害の子どもたちのための包括的教育アプローチ:1アセスメント.長崎 勤他(訳).日本文化科学社.……368
フリス,U.(2009).新訂・自閉症の謎を解き明かす.冨田真紀他(訳).東京書籍.……46
フリック,U.(2002).質的研究入門:〈人間の科学〉のための方法論.小田博志他(訳).春秋社.……534
古川亮子.(2006).両親学級の実態からみた妊婦教育の課題.母子衛生,47(2),290-298.……164
古郡鞆子.(2010).肥満の経済学.角川学芸出版.……100
ブルック,H.(1979).思春期痩せ症の謎:ゴールドンケージ.岡部祥平・溝口純二(訳).星和書店.……326

ブルーナー，J. S. (1988). 乳幼児の話しことば．寺田 晃・本郷一夫(訳)．新曜社．……**368**
ブルーナー，J. S. (1999). 意味の復権：フォークサイコロジーに向けて．岡本夏木他(訳)．ミネルヴァ書房．……**20, 22**
古山宣洋. (2006). 知覚の公共性を支えるもの：生態心理学が変えた知覚観．科学, **76**, 85-90.……**42**
ブレア，J. 他. (2009). サイコパス：冷淡な脳．福井裕輝(訳)．星和書店．……**228**
フロイト，S.(1910).「詩と真実」の中の幼児期の思い出．吉田耕太郎(訳)．フロイト全集16(pp. 57-70). 岩波書店……**236**
フロイト，S.(1969). 詩人と空想すること．高橋義孝(訳)．フロイト著作集：3 文化・芸術論(pp. 81-89). 人文書院．……**236**
フロイト，S.(1969).「詩と真実」中の幼年時代の一記憶．高橋義孝(訳)．フロイト著作集：3 文化・芸術論(pp. 318-326). 人文書院．……**236**
フロイト，S. (1970). 悲哀とメランコリー．井村恒郎(訳)，フロイト著作集：6 自我論・不安本能論(pp. 137-149). 人文書院．……**494**
ブロス，P. (1971). 青年期の精神医学．野沢栄司(訳)．誠信書房．……**294**
ブロンフェンブレンナー，U. (1996). 人間発達の生態学(エコロジー)：発達心理学への挑戦．磯貝芳郎・福富 譲(訳)．川島書店．……**440, 572**

■ へ

ベイトソン，G. (1990). 精神の生態学．佐藤良明(訳)．思索社．……**10**
ベッカー，H. S. (1993). アウトサイダーズ．村上直之(訳)．白泉社．……**570**
別府 哲. (2001). 自閉症幼児の他者理解．ナカニシヤ出版．……**244**

■ ほ

ボイテンディク，F. J. J. (1970). 人間と動物：比較心理学の視点から．濱中淑彦(訳)．みすず書房．……**480**
保坂 亨. (2010). いま，思春期を問い直す：グレーゾーンにたつ子どもたち(pp. 121-128). 東京大学出版会．……**250**
保坂 亨・岡村達也. (1986). キャンパスエンカウンターグループの発達的治療的意義の検討．心理臨床学研究, **4**(1), 17-26.……**250**
星野崇宏. (2009). 調査観察データの統計科学(pp. 170-190). 岩波書店．……**542**
ボス，P.(2005).「さよなら」のない別れ 別れのない「さよなら」：あいまいな喪失．南山浩二(訳)．学文社．……**488, 496**
堀田香織. (2000). 回想の中の「いじめ体験」の諸相．東京大学大学院教育学研究科附属学校臨床総合教育研究センター．学校教育臨床研究, **1**(1), 7-15.……**250**
ポップルストーン，J. A.・マクファーソン，M. W. (2001). 写真で読むアメリカ心理学のあゆみ．大山 正(監訳)．新曜社．……**544**
ホフマン，M. L. (2001). 共感性と道徳性の発達心理学：思いやりと正義のかかわりで．菊池章夫・二宮克美(訳)．川島書店．……**392**
堀内 勁他. (2002). わが国の主要な医療施設におけるハイリスク新生児医療の現状と新生児期死亡率(2000年1〜12月). 日本小児科学会雑誌, **106**(4), 603-613.……**280**
堀毛一也. (1985). 自己モニタリングと社会的スキル．東北心理学研究, **35**, 85-86.……**248**
ホルスタイン，J. A.・グブリアム，J. F. (2004). アクティヴ・インタビュー：相互行為としての社会調査．山田富秋他(訳)．せりか書房．……**534**
ボールドウィン，D. A.(1999). 共同注意と言語の結びつきを考える．田中信利・大神英裕(監訳)，ジョ

イント・アテンション：心の起源とその発達を探る(pp. 119-143)．ナカニシヤ出版．……244
ポルトマン，A. (1961)．人間はどこまで動物か．高木正孝(訳)．岩波書店．(1956)．……52
ボールビィ，J. (1976)．母子関係の理論①愛着行動(pp. 381-388)．黒田実郎他(訳)．岩崎学術出版社．……242
本多明生. (2010)．進化心理学とポジティブ感情：感謝の適応的意味．現代のエスプリ，**512**，37-47．……256
本田和子. (2009)．それでも子どもは減っていく(pp. 196, 206)．ちくま新書．……66
本田由紀. (2005a)．若者と仕事：「学校経由の就職」を超えて．東京大学出版会．……296
本田由紀. (2005b)．多元化する「能力」と日本社会：ハイパー・メリトクラシー化のなかで．NTT出版．……296
本多陽子. (2008)．大学生が進路を決定しようとするときの悩みと進路決定に関する信念との関係．青年心理学研究，**20**，87-100．……334

■ま

前川あさ美. (2011)．災害後の子どもの心に必要なもの．冨永良喜他，ポスト3・11の子育てマニュアル：震災と放射能汚染，子どもたちは何を思うのか？(pp. 84-121)．講談社．……354
前田重治. (1987)．心理面接の技術：精神分析的心理療法入門．慶應通信．……318
牧野有可里. (2006)．社会病理としての摂食障害：若者を取り巻く痩せ志向文化(pp. 180-181)．風間書房．……326
牧 康夫. (1977)．フロイトの方法．岩波新書．……332
マクレオッド，J. (2007)．臨床実践のための質的研究法入門．下山晴彦(監修)，谷口明子・原田杏子(訳)．金剛出版．……332
松井 豊. (1990)．友人関係の機能．斎藤耕二・菊池章夫(編著)，社会化の心理学ハンドブック：人間形成と社会と文化(pp. 283-296)．川島書店．……254
松井 豊・山本真理子. (1985)．異性関係の対象選択に及ぼす外見的印象と自己評価の影響．社会心理学研究，**1**，9-14．……204
松岡弥玲. (2006)．理想自己の生涯発達：変化の意味と調節過程を捉える．教育心理学研究，**54**，45-54．……322,324
松田 惺. (1983)．自己意識．波多野完治・依田 新(監修)，児童心理学ハンドブック(pp. 641-664)．金子書房．……416
松田文子・調枝孝治. (1996)．現代のアウグスティヌス．松田文子他(編)，心理的時間：その広くて深いなぞ(pp. 1-30)．北大路書房．……114
松村暢隆. (2003)．アメリカの才能教育：多様な学習ニーズに応える特別支援．東信堂．……158
松村暢隆. (2008)．本当の「才能」見つけて育てよう：子どもをダメにする英才教育．ミネルヴァ書房．……142, 158
松村暢隆他(編). (2010)．認知的個性：違いが活きる学びと支援．新曜社．……142
松本俊彦. (2009)．自傷行為の理解と援助．日本評論社．……118
松本亦太郎. (1937)．精神及身体発達の研究：日本女子大学校児童研究所紀要第一輯．刀江書院．……426
松本 学. (2009)．口唇裂口蓋裂者の自己の意味づけの特徴．発達心理学研究，**20**(3)，234-242．……222
マーティン，R. A. (2011)．ユーモアの発達心理．野村亮太・雨宮俊彦(訳)．ユーモア心理学ハンドブック(pp. 279-326)．北大路書房．……404
マーハ，J. C.・八代京子. (1991)．バイリンガリズムとは何か．マーハ，J. C.・八代京子(編)，日本のバイリンガリズム(pp. 1-16)．研究社出版．……16
丸野俊一. (2005)．因果推論．中島義明他(編)．新・心理学の基礎知識(p. 205)．有斐閣．……76

丸山良平. (2002). 幼稚園に就園する3年間で幼児が習得する数唱と数詞系列の実態. 上越教育大学研究紀要, 22, 119-132. ……138
マンネル, R. C.・クリーバー, D. A. (2004). レジャーの社会心理学. 速水敏彦(監訳). 世界思想社. ……306

■ み

三島浩路. (2006). 階層型学級適応感尺度の作成：小学校高学年用. カウンセリング研究, 39, 81-90. ……374
水口公信他. (1991). 日本版STAI使用手引. 三京房. ……516
水間玲子. (1996). 自己嫌悪感尺度の作成. 教育心理学研究, 44. 296-302. ……324
水間玲子. (1998). 理想自己と自己評価及び自己形成意識の関連について. 教育心理学研究, 46, 131-141. ……472
水間玲子. (2003). 自己嫌悪感と自己形成の関係について：自己嫌悪感場面で喚起される自己変容の志向性に注目して. 教育心理学研究, 51, 43-53. ……324
水間玲子. (2004). 理想自己への志向性の構造について：理想自己に関する主観的評定との関係から. 心理学研究, 75, 16-23. ……472
ミズン, S. (1998). 心の先史時代. 松浦俊輔(訳). 青土社. ……478
溝上慎一. (2008). 自己形成の心理学：他者の森をかけ抜けて自己になる. 世界思想社. ……296, 418
溝上慎一. (2010). 現代青年期の心理学：適応から自己形成の時代へ. 有斐閣選書. ……296, 418
溝川 藍. (2011). 4, 5歳児における嘘泣きの向社会的行動を引き出す機能の認識. 発達心理学研究, 22, 33-43. ……404
溝口 剛. (2012). 危機を超えて. 宮下一博他, 大学生の心の成熟と転落を左右する対人関係のもち方：そのメカニズムとコミュニケーションのあり方(pp. 85-102). あいり出版. ……318
三林真弓他. (2005). 新たな育児支援サービスの提案とその効果. 東京財団研究報告書. ……164
南 博文. (1992). 事例研究における厳密性と妥当性：鯨岡論文(1991)を受けて. 発達心理学研究, 2, 46-47. ……546
南 博文. (1994). 経験に近いアプローチとしてのフィールドワークの知：embodied knowingの理論のための覚え書き. 九州大学教育学部紀要, 39(1), 39-52. ……536
箕浦康子. (1999). フィールドワークの技法と実際：マイクロ・エスノグラフィー入門. ミネルヴァ書房. ……546
箕浦康子. (2003). 子供の異文化体験(増補改訂版)：人格形成過程の心理人類学的研究. 新思索社. ……378
箕浦康子(編著). (2009). フィールドワークの技法と実際Ⅱ：分析・解釈編. ミネルヴァ書房. ……536
箕浦康子. (2010). アロマザリングの文化比較. 根ヶ山光一・柏木惠子(編). ヒトの子育ての進化と文化：アロマザリングの役割を考える(pp. 97-116). 有斐閣. ……136
三原博光. (2000). 障害者ときょうだい. 学苑社. ……348
三船直子. (2010). 自己愛スペクトル：理論・実証・心理臨床実践. 大阪公立大学共同出版会. ……208
耳塚寛明. (2007). 小学校格差に挑む：だれが学力を獲得するのか. 教育社会学研究, 80, 23-39. ……136
宮下一博. (2008). エリクソンのアイデンティティ理論とは何か：アイデンティティの真に意味すること. 宮下一博・杉村和美, 大学生の自己分析：いまだ見えぬアイデンティティに突然気づくために(pp. 1-19). ナカニシヤ出版. ……318
宮地弥生・山 祐嗣. (2002). 高い確率で虚記憶を生成するDRMパラダイムのための日本語リストの作成. 基礎心理学研究, 21, 21-26. ……518

宮本 匠.(2011). 復興曲線. 矢守克也・渥美公秀(編著), ワードマップ:防災・減災の人間科学(pp. 206-210). 新曜社. ……500
宮本 匠.(2012). 復興を可視化する:見えない復興を見えるように. 藤森立男・矢守克也(編著), 復興と支援の災害心理学:大震災から「なに」を学ぶか(pp. 114-132). 福村出版. ……500
宮本みち子.(2002). 若者が〈社会的弱者〉に転落する. 洋泉社. ……296
宮本みち子.(2004). ポスト青年期と親子戦略:大人になる意味と形の変容. 勁草書房. ……296
明和政子.(2000). 模倣の発達と進化:飼育下チンパンジーとヒトの比較研究. 心理学評論, 43, 349-367. ……364
明和政子.(2012). まねが育むヒトの心. 岩波書店. ……390

む

向井隆代.(1998). 摂食障害. 日本児童研究所(編), 児童心理学の進歩1998年度版(pp. 225-246). 金子書房. ……326
向谷地生良.(2005). 浦河べてるの家:べてるの家の「当事者研究」. 医学書院. ……546
向谷地生良.(2006). 「べてるの家」から吹く風. いのちのことば社. ……232
村上征勝.(2002). 単純集計, 属性別分析, コウホート分析. 林 知己夫(編), 社会調査ハンドブック(pp. 454-474). 朝倉書店. ……462
村木英治.(2011). 項目反応理論. 朝倉書店. ……522
村野井均.(2002). 子どもの発達とテレビ. かもがわ出版. ……252

め

メンゼル, P.・ダルシオ, F.(2001). ロボサピエンス. 桃井緑美子(訳). 河出書房新社. ……480

も

守 一雄他.(2001). コネクショニストモデルと心理学:脳のシミュレーションによる心の理解. 北大路書房. ……540
森岡正芳.(2005). うつし:臨床の詩学. みすず書房. ……332
森田洋司・清永賢二.(1986). いじめ:教室の病い. 金子書房. ……328
森永康子.(2006). 家族とジェンダー. 福富 護(編), ジェンダー心理学(pp. 19-37). 朝倉書店. ……448
諸井克英.(1990). 夫婦における衡平性の認知と性役割観. 家族心理学研究, 4(2), 109-120.
文部省.(1955). 学校衛生統計報告書 昭和30年度. Google eブックス. ……426

や

八木下暁子.(2008). 父親役割の芽生え. 岡本依子・菅野幸恵(編), 親と子の発達心理学:縦断的研究法のエッセンス(pp. 107-118). 新曜社. ……164
安井知己.(2008). 日常言語におけるBig-Five:性格記述の分類と, 評価性・叙述 性の検討. パーソナリティ研究, 16, 406-415. ……438
安田裕子.(2012). 臨床実践への適用可能性. 安田裕子・サトウタツヤ(編), TEMでわかる人生の径路:質的研究の新展開(pp. 171-178). 誠信書房. ……488
八ッ塚一郎・永田素彦.(2012). 変革と発見としてのコミュニティ復興. 藤森立男・矢守克也(編著), 復興と支援の災害心理学:大震災から「なに」を学ぶか(pp. 155-169). 福村出版. ……500
柳沢亜希子.(2009). きょうだいの自閉症児・者に対する理解をめざした教育的支援. 風間書房. ……348
山内隆久.(1996). 偏見解消の心理:対人接触による障害者の理解. ナカニシヤ出版. ……470
山内星子・伊藤大幸.(2008). 両親の夫婦関係が青年の結婚観に及ぼす影響:青年自身の恋愛関係を媒介

変数として．発達心理学研究，**19**(3)，294-304．……**200**
山形恭子．(2000)．初期描画発達における表象活動の研究．風間書房．……**398**
山形恭子．(2001)．人物画以前のシンボル：その言語と非言語．臨床描画研究，**16**，80-92．……**398**
山口 創．(2003)．乳児期における母子の身体接触が将来の攻撃性に及ぼす影響．健康心理学研究，**16**，60-67．……**62**
山口 創．(2012)．身体接触の速度が心身に及ぼす影響．応用心理学研究，**38**，151-152．……**62**
山田富秋．(2000)．日常性批判：シュッツ・ガーフィンケル・フーコー．せりか書房．……**546**
山田昌弘．(2004)．家族の個人化．社会学評論，**54**(4)，341-354．……**200**
やまだようこ．(1987)．ことばの前のことば．新曜社．……**388, 536**
やまだようこ．(1995)．生涯発達をとらえるモデル．無藤 隆・やまだようこ(編)，講座 生涯発達心理学1：生涯発達心理学とは何か 理論と方法(pp. 57-92)．金子書房．……**488**
やまだようこ．(1997)．モデル構成をめざす現場心理学の方法論．やまだようこ(編)，現場心理学の発想(pp. 161-186)．新曜社．……**546**
やまだようこ．(2000)．人生を物語ることの意味：ライフストーリーの心理学．やまだようこ(編)，人生を物語る：生成のライフストーリー(pp. 1-38)．ミネルヴァ書房．……**20, 534**
やまだようこ．(2000)．喪失と生成のライフストーリー．やまだようこ(編)，人生を物語る(pp. 77-108)．ミネルヴァ書房．……**22**
やまだようこ．(2007)．ライフストーリー・インタビュー．やまだようこ(編)，質的心理学の方法：語りをきく(pp. 124-143)．新曜社．……**534**
やまだようこ．(2007)．喪失の語り．新曜社．……**118**
やまだようこ(編)．(2007)．質的心理学の方法：語りをきく．新曜社．……**546**
山内兄人．(2008)．性差の人間科学．コロナ社．……**68**
山内兄人・新井康允(編)．(2006)．脳の性分化．裳華房．……**68**
山本雅代．(2007)．複数の言語と文化が交叉するところ：「異言語間家族学」への一考察．異文化間教育，**26**，2-13．……**16**
谷茂岡万知子．(2000)．大学卒業者のキャリア形成に関する一考察：社会教育研究における「青年」概念の再検討に向けて．生涯学習・社会教育学研究(東京大学大学院教育学研究科)，**25**，41-48．……**296**
矢守克也．(2007)．アクションリサーチ．やまだようこ(編著)，質的心理学の方法：語りをきく(pp. 178-189)．新曜社．……**536**

■ゆ

弓山達也．(2010)．日本におけるスピリチュアル教育の可能性．宗教研究，**84**，349-372．……**116**
ユング，G. C.(1996)．創造する無意識：ユングの文芸論．松代洋一(訳)．平凡社ライブラリー．……**236**

■よ

横田晋大・中西大輔．(2012)．集団間葛藤時における内集団協力と頻度依存傾向：進化シミュレーションによる思考実験．社会心理学研究，**27**，75-82．……**474**
横田晋大・結城雅樹．(2009)．外集団脅威と集団内相互依存性：内集団ひいきの生起過程の多重性．心理学研究，**80**，246-251．……**474**
横山和仁・荒木俊一．(1994)．日本語版 POMS 手引き．金子書房．……**516**
好井裕明・山田富秋(編)．(2002)．実践のフィールドワーク．せりか書房．……**232**
吉田仁美・伊藤セツ．(2004)．高等教育への障害者のアクセス：教育のユニバーサルデザイン：米国の障害者支援システムに学ぶ．昭和大学人間科学部紀要，**761**，89-97．……**350**
四日市 章．(2008)．聴覚障害とその教育．中村満紀男他(編著)，理解と支援の特別支援教育(pp. 71-86)．

コレール社．……346
淀川キリスト教病院ホスピス（編）．(2007)．緩和ケアマニュアル（第5版）．最新医学社．……190

■ら

ラプトン，D．(1999)．食べることの社会学．無藤 隆・佐藤恵理子（訳），新曜社．……100

■り

リー，D. N.・ヤング，D. S.(2005)．視覚情報による行為のタイミング制御．佐々木正人・三嶋博之（編訳），堀口裕美（訳），アフォーダンスの構想(pp. 87-121)，東京大学出版会．……44
リゾラッティ，G.・シニガリア，S.(2009)．ミラーニューロン．柴田裕之（訳）．紀伊國屋書店．……386
リーブス，B.・ナス，C.(2001)．人はなぜコンピュータを人間として扱うか：「メディア等式」の心理学．細馬宏通（訳）．翔泳社．……480
リュケ，G. H.(1979)．子どもの絵：児童画研究の源流．須賀哲夫（監訳）．金子書房．……398
リン，D. B.(1991)．父親：その役割と子どもの発達．今泉信人（訳）．北大路書房．……198
リンチ，K.(1968)．都市のイメージ．丹下健三・富田玲子（訳）．岩波書店．……32

■る

ルイス，M.・高橋惠子(2007)．愛着からソーシャル・ネットワークへ：発達心理学の新展開．高橋惠子（監訳）．新曜社．……60, 148(pp. 1-4)
ルリヤ，A. P.(1982)．言語と意識．天野 清（訳）．金子書房．(1979)．……6

■れ

レイ，W. J.(2003)．エンサイクロペディア心理学研究方法論．岡田圭二（訳）．北大路書房．……540
レイヴ，J.・ウェンガー，E.(1993)．状況に埋め込まれた学習：正統的周辺参加．佐伯 胖他（訳）．産業図書．……88
レヴィン，K.(1954)．社会的葛藤の解決．末永俊郎（訳）．創元社．……304
レヴィン，K.(1979)．社会科学における場の理論（増補版）．猪股佐登留（訳）．誠信書房．……114, 304
レヴィンソン，D. J.(1980)．人生の四季．南 博（訳）．講談社．……420
レンズリー，J. S.(2001)．個性と才能をみつける総合学習モデル．松村暢隆（訳）．玉川大学出版部．……158

■ろ

ロージャズ，C. R.(1967)．伊藤 博（編訳）．ロージャズ全集：8 パーソナリティ理論．岩崎学術出版社．……332
ロージャズ，C. R.(1967)．自己が真の自己自身であること(pp. 175-201)．村上正治（編訳）．ロージャズ全集：12 人間論．岩崎学術出版社．……246
ロシャ，P.(2004)．乳児の世界．板倉昭二・開 一夫（監訳）．ミネルヴァ書房．(2001)．……52
ロールズ，W. S.・シンプソン，J. A.（編）．(2008)．成人のアタッチメント：理論・研究・臨床．遠藤利彦他（監訳）．北大路書房．……196

■わ

若林明雄．(2009)．パーソナリティとは何か：その概念と理論．培風館．……438
若林 満他．(1983)．職業レディネスと職業選択の構造：保育系，看護系，人文系女子短大生における自己概念と職業意識との関連．名古屋大学教育学部紀要：教育心理学科，30，63-98．……308

若本純子．(2010)．老いと自己概念の媒介機能から捉えた中高年期発達の機序：発達のコンポーネントとリスク．風間書房．……322

脇田貴文．(2007)．Likert 法による尺度の作成．小塩真司・西口利文(編)，心理学基礎演習 Vol. 2：質問紙調査の手順(pp. 47-53)．ナカニシヤ出版．……538

渡邉賢二他．(2009)．母親の養育スキルと子どもの母子相互信頼感，心理的適応との関連．家族心理学研究，**23**，12-22．……162

渡部雅之．(2000)．3 歳児に空間的視点取得は可能か？：顔回転課題による測定の試み．心理学研究，**71**，26-33．……92

渡辺光男他．(2008)．ユニバーサルデザインの視点からみた家庭科教育の方法に関する研究：その 1「住」領域から試みた UD 教育の実践．岐阜大学教育学部研究報告：教育実践研究，**10**，77-96．……350

渡辺弥生．(1996)．ソーシャルスキルトレーニング．日本文化科学社．……248

渡辺弥生・小林朋子．(2009)．10 代を育てるソーシャルスキル教育．北樹出版……248

渡邊芳之．(2010)．性格とはなんだったのか：心理学と日常概念．新曜社．……514

綿巻 徹・小椋たみ子．(2004)．日本語マッカーサー乳幼児言語発達質問紙「語と文法」手引き．京都国際社会福祉センター．……520

和田 実．(2000)．大学生の恋愛関係崩壊時の対処行動と感情および関係崩壊後の行動的反応：性差と恋愛関係進展度からの検討．実験社会心理学研究，**40**，38-49．……490

和田 実．(2012)．高齢者の同性友人関係の性差：現実，期待，そのズレと主観的幸福感の関連．老年社会科学，**34**．16-28．……202

ワロン，H.(1962)．認識過程の心理学．滝沢武久(訳)．大月書店．……388

ワロン，H.(1965)．児童における性格の起源．久保田正人(訳)．明治図書．……388

ワロン，H．(1983)．身体・自我・社会．浜田寿美男(編訳)．ミネルヴァ書房．……8

ワングマン，J．(2005)．日本とタイの大学生における感謝心の比較研究(2)．日本道徳性心理学研究，**19**，1-12．……256

◆ web 引用文献・国内

3D コンソーシアム．人に優しい 3D 普及のための 3DC 安全ガイドライン．2010 年 4 月 20 日改訂版．http://www.3dc.gr.jp/jp/scmt_wg_rep/3dc_guideJ_20111031.pdf. p.16.(2012. 4. 15 取覧)……66

CAST．(2008)．Universal design for learning guidelines version 1.0. Wake_eld, MA：Author.(キャストバーンズ亀山静子・金子晴恵(訳)(2011)．学びのユニバーサルデザイン・ガイドライン．ver. 2.0. 2011/05/10 翻訳版)http://www.udlcenter.org/sites/udlcenter

一般社団法人 臨床発達心理士認定運営機構．(2009)．一般社団法人 臨床発達心理士認定運営機構定款．http://www.jocdp.jp/kiko/org/03.html……584

一般社団法人 臨床発達心理士認定運営機構．(2012)．臨床発達心理士認定申請ガイド，1-5. http://www.jocdp.jp/kiko/certification.html……584

ウィキペディア(音楽性)http://en.wikipedia.org/wiki/Musicality.(2011 年 12 月 26 日閲覧)．……106

キッズデザイン協議会．http://www.kidsdesignaward.jp(2012 年 12 月 15 日閲覧)．……110

キャストバーンズ亀山静子・金子晴恵(訳)．(2011)．学びのユニバーサルデザイン・ガイドライン．Ver. 2.0.(CAST.(2008). Universal design for learning guidelines version 1.0. Wake_eld, MA：Author.)http://www.udlcenter.org/sites/udlcenter/files/UDL

経済産業省．経済産業省キッズデザイン製品開発支援事業．http://www.dh.aist.go.jp/projects/kd/ (2012 年 12 月 15 日閲覧)．……110

警察庁生活安全局少年課．(2012)．少年非行等の概要．警察庁．http://www.npa.go.jp/safetylife/syonen/syounennhikoutounogaiyou2408.pdf……226

公益社団法人日本心理学会. (2009). 倫理規定. http://www.psych.or.jp/publication/inst/rinri_kitei.pdf ……**568**
厚生労働省. (2003). 平成15年度版厚生労働白書. http://wwwhakusyo.mhlw.go.jp/wpdocs/hpax200301/body.html……**164**
厚生労働省. (2008). 終末期医療に関する調査. http://www.mhlw.go.jp/shingi/2008/10/dl/s1027-12e.pdf ……**188**
厚生労働省. (2008). 平成19年労働者健康状況調査. http://www.mhlw.go.jp/toukei/itiran/roudou/saigai/anzen/kenkou07/……**302**
厚生労働省, (2009). 人口動態統計推計. http://home.hiroshima-u.ac.jp/er/Etc_BK2_SS_01.html……**486**
厚生労働省. (2011a). 平成22年度脳・心臓疾患および精神障害などの労災補償状況まとめ. http://www.mhlw.go.jp/stf/houdou/2r9852000001f1k7.html……**302**
厚生労働省. (2011b). 平成22年度人口動態統計. http://www.mhlw.go.jp/toukei/saikin/hw/jinkou/kakutei10/……**302**
厚生労働省. (2011). 労働力調査. http://sr310.blogspot.jp/2012/03/23.html……**492**
厚生労働省. (2012). 平成23年障害者雇用状況の集計結果. http://www.mhlw.go.jp/stf/houdou/2r9852000001vuj6.html……**382**
厚生労働省. (2012). 平成24年版厚生労働白書：社会保障を考える. http://www.mhlw.go.jp/wp/hakusyo/kousei/12/……**288**
厚生労働省. (2012). 毎月勤労統計調査. http://www.mhlw.go.jp/toukei/list/30-1.html……**302**
厚生労働省. (2013). 政策レポート「認知症を理解する」(H25. 1). http://www.mhlw.go.jp/seisaku/19.html
厚生労働省. (2013). 平成24年(2012)人口動態統計の年間推計推計表第1表 人口動態総覧の年次推移. http://www.mhlw.go.jp/toukei/saikin/hw/jinkou/suikei12/index.html (2013年1月28日閲覧)……**490**
厚生労働省大臣官房統計情報部編. (2008). 人口動態調査. http://www.mhlw.go.jp/toukei/saikin/hw/jinkou/kakutei08/……**188**
国際移住機関(IOM). (2008). 日本におけるベトナム難民定住者(女性)についての適応調査. 国際移住機関(IOM)委託研究報告書(主任研究者：箕口雅博). http://www.iomjapan.org/archives/vietnamese_refugee_adaptation_report.pdf……**502**
国立社会保障・人口問題研究所. (2006).「日本の将来人口(平成18年12月推計)」の出生中位・死亡中位仮定による推計結果. http://www8.cao.go.jp/shoushi/kaigi/ouen/k_1/19html/sn-1-1-3.html……**188**
裁判所. (2011). 司法統計年報(家事事件編). 平成23年度版. http://www.courts.go.jp/search/jtsp0010List1. (2013年1月28日閲覧)……**490**
全国学校図書館協議会・毎日新聞社. (2011). 第57回学校読書調査. http://macs.mainich.co.jp/space/web030/02.html……**252**
総合初等教育研究所. (2005). 教育漢字の読み・書きの習得に関する調査と研究「第3回調査2003年実施」. 総合初等教育研究所. http://www.sokyoken.or.jp/kanjikeisan/pdf/kanji0503.pdf……**140**
中央教育審議会文部科学省(2002). 子どもの体力向上のための総合的な方策について(答申) http://www.mext.go.jp/b_menu/shingi/chukyo/chukyo0/toushin/021001.htm……**148**
東京大学大学院教育学研究科大学経営・政策研究センター. (2010). 全国大学生調査. http://ump.p.u-tokyo.ac.jp/crump/cat77/cat82/post-6.html (2012年3月24日閲覧)……**334**
東京都教育委員会. (2009). 東京都公立小・中学校における第1学年の児童・生徒の学校生活への適応状況にかかわる実態調査. http://www.kyoiku.metro.tokyo.jp/press/pr091112/pr091112_s.htm (2012年2月16日閲覧)……**372**

内閣府.(2003). ソーシャル・キャピタル：豊かな人間関係と市民活動の好循環を求めて. http://www.npo-homepage.go.jp/data/report9_1.html……**240**

内閣府平成 20(2008)年度犯罪被害者等に関する国民意識調査. http://www8.cao.go.jp/hanzai/report/h20-2/……**498**

内閣府平成 21(2009)年度犯罪被害者団体・犯罪被害者支援団体に関する調査. http://www8.cao.go.jp/hanzai/report/h21-3/pdf-index.html……**498**

内閣府.(2011). 少子化社会に関する国際意識調査報告書. http://www8.cao.go.jp/shoushi/cyousa/cyousa22/kokusai/mokuji-pdf.html(2013 年 2 月 10 日閲覧)……**564**

内閣府男女共同参画局.(2009). 男女間における暴力に関する調査報告書. http://www.gender.go.jp/e-vaw/chousa/h2103top.html……**210**

日本学術会議.(2012). 科学者の行動規範(改訂版). 日本学術会議. http://www.scj.go.jp/ja/info/kohyo/pdf/kohyo-22-s168-1.pdf……**556**

日本発達心理学会.(2012).(http://www.jsdp.jp/contents/soshiki/aisatu.html)……**572**

文部科学省.(1999).『学級経営の充実に関する調査研究』（中間まとめ）（コラム）いわゆる「学級崩壊」について. http://www.mext.go.jp/a_menu/shougai/kaikaku/pdf/p84.pdf(2012 年 5 月 1 日閲覧)……**372**

文部科学省.(2005a). 新しい時代の義務教育を創造する(中央教育審議会答申). http://www.mext.go.jp/b_menu/shingi/chukyo/chukyo0/toushin/05102601/all.pdf……**374**

文部科学省.(2005b).「義務教育に関する意識調査」結果の速報について. http://www.mext.go.jp/b_menu/shingi/chukyo/chukyo0/toushin/1217009_1424.html……**374**

文部科学省.(2009).「家庭背景と子どもの学力等の関係」調査. http://www.nier.go.jp/07_08tsuikabunseki houkoku/index.htm……**136**

文部科学省.(2009).「子どもの携帯電話等の利用に関する調査」の結果について. http://www.mext.go.jp/b_menu/houdou/21/05/attach/1266542.htm……**252**

文部科学省.(2011). 小学校と中学校との連携についての実態調査(結果・抜粋). http://www.mext.go.jp/b_menu/shingi/chukyo/chukyo3/045/siryo/__icsFiles/afieldfile/2012/01/17/1314912_2.pdf……**374**

文部科学省.(2011). 平成 23 年度学校保健統計調査. http://www.toukei.metro.tokyo.jp/ghoken/2011/gh11index.htm……**100**

文部科学省.(2012). 平成 23 年度学校保健統計調査報告書. http://www.toukei.metro.tokyo.jp/ghoken/2011/gh11index.htm……**426**

文部科学省.(2012). 平成 22 年度「児童生徒の問題行動等生徒指導上の諸問題に関する調査」について. http://www.mext.go.jp/b_menu/houdou/24/02/1315950.htm……**374**

文部科学省・厚生労働省.(2009). 保育所や幼稚園等と小学校における連携事例集.(2009). http://www.mext.go.jp/a_menu/shotou/youchien/1258039.htm(2012 年 5 月 1 日閲覧)……**372**

労働政策研究・研修機構.(2011). データブック国際労働比較. http://www.jil.go.jp/kokunai/statistics/databook/……**302**

欧文引用文献

(＊各文献の最後に明記してある数字は引用している項目の最初のページを表す)

A

Aboud, F. (1988). *Children and prejudice*. Blackwell.······**474**
Abravanel, E. & Sigafoos, A. D. (1984). Exploring the presence of imitation during early infancy. *Child Development*, 55, 381-392.······**364**
Acitelli, L. K. & Antonucci, T. C. (1994). Gender differences in the link between marital support and satisfaction in older couples. *Journal of Personality and Social Psychology*, 67, 688-698.······**488**
Adolph, K. E. et al. (2008). What is the shape of developmental change? *Psychological Review*, 115, 527-543.······**104**
Adolph, K. E. et al. (2010). Motor skills. In M. Bornstein (Ed.), *Handbook of cultural developmental science* (pp. 61-88). Taylor & Francis.······**104**
Adolph, K. E. et al. (2011). Developmental continuity? Crawling, cruising, and walking. *Developmental Science*, 14, 306-318.······**104**
Adolph, K. E. & Berger, S. E. (2011). Physical and motor development. In M. H. Bornstein & M. E. Lamb (Eds.), *Developmental science: An advanced textbook* (6th ed., pp. 241-302). Lawrence Erlbaum Associates.······**104**
Ainsworth, M. D. S. et al. (1978). *Patterns of attachment: A psychological study of the strange situation*. Erlbaum.······**196**
Al-Owidha, A. et al. (2009). On the question of an identity status category order: Rasch model step and scale statistics used to identify category order. *International Journal of Behavioral Development*, 33, 88-96.······**430**
Allen, E. G. et al. (2009). Maternal age and risk for trisomy 21 assessed by the origin of chromosome nondisjunction: A report from the Atlanta and national Down syndrome projects. *Human Genetics*, 125(1), 41-52.······**342**
Allen, J. P. (2008). The attachment system in adolescence. In J. Cassidy & P. R. Shaver(Eds.), *Handbook of attachment theory and research*(2nd ed., pp.419-435). Guilford Press.······**162**
Allison, T. et al. (2000). Social perception from visual cues: Role of the STS region. *Trends in Cognitive Sciences*, 4, 267-278.······**34**
Alloway, T. P. (2010). *Improving working memory*. Sage Publications.······**132**
Allport, G. W. (1937). *Personality: A psychological interpretation*. Holt.······**156, 432**
Allport, G. W. (1942). *The use of personal documents in psychological science*. Social Science Research Council.······**546**
Allport, G. W. (1961). *Pattern and growth in personality*. Holt, Rinehart and Winston.······**454**
Allport, G. W. & Odbert, H. S. (1936). Trait names: A psycho-lexical study. *Psychological Monographs*, 47(1, Whole No. 211).······**438**
Alvarez, A. (1992). *Child sexual abuse: The need to remember and the need to forget. in live company*.

Routledge.······**442**
American Psychiatric Association. (1980). *Diagnostic and statistical manual of mental disorders third edition: DSM-III*. Psychiatric Association.······**208**
American Psychiatric Association. (2000). *Diagnostic and statistical manual of mental disorders fourth edition, Text Revision: DSM-IV-TR*. Psychiatric Association.······**208, 220, 326**
American Psychiatric Association. (2000). *Quick reference to the diagnostic criteria from DSM-IV-TR*. American Psychiatric Association.······**220**
American Psychology Association. (2007). Stigma. *Thesaurus of Psychological Index Terms*. APA.······**222**
Angus, L. & Hardtke, H. (1999). Narrative process in Psychotherapy. *Canadian psychology*, 35, 190-203.······**332**
Appleton, J. (1975). *The experience of landscape*. John Wiley.······**528**
Argyle, M. (1967). *The psychology of interpersonal behavior*. Penguin books.······**248**
Arnett, J. J. (2000), Emerging adulthood: A theory of development from the late teens through the twenties. *American Psychologist*, 55: 469-480.······**410**
Arnett, J. J. (2004). *Emerging adulthood: The winding road from the late teens through the twenties*. Oxford University Press.······**294, 296, 418**
Arnett, J. J. (2009). *Adolescence and emerging adulthood: A cultural approach*. (3rd ed.). Pearson Prentice Hall.······**296, 418**
Arnett, J. J. (2010). Oh, grow up! Generational grumpling and the new life stage of emerging adulthood: Commentary on Trzesniewski & Donnellan (2010). *Perspectives on Pscyhological Science*, 5 (1), 89-92. ······**296**
Arnett, J. J. (2011). Presenting "emerging adulthood": What makes it developmentally distinctive? In J. J. Arnett, et al. *Debating Emerging Adulthood: Stage or Process?* (pp. 13-30).Oxford University Press.······**410**
Arnett, J. J. et al. (2011). *Debating emerging adulthood: Stage or process?* Oxford University Press.······**294**
Aron, A. et al. (1989). Experiences of falling in Love. *Journal of Social and Personal Relationships*, 6, 234-257. ······**204**
Aronson, E. & Linder, D. (1965). Gain and loss of esteem as determinants of interpersonal attractiveness. *Journal of Personality and Social Psychology*, 1, 156-171.······**204**
Aronson, E. et al. (1978). *The jigsaw classroom*. Sage.······**474**
Arriaga, X. B. & Capezza, N. M. (2010). The paradox of partner aggression: Being committed to an aggressive partner. In M. Mikulincer & P. Shaver (Eds.), *Understanding and reducing aggression and their consequences* (pp. 367-383). American Psychological Association.······**210**
Arriaga, X. B. et al. (2007). From bad to worse: Relationship commitment and vulnerability to partner imperfections. *Personal Relationships*, 14, 389-409.······**210**
Aslin, R. N. (2007). What's in a look? *Developmental Science*, 10, 48-53.······**28**
Attridge, M. et al. (1995). Predicting relationship stability from both partners versus one. *Journal of Personality and Social Psychology*, 69, 254-268.······**204**
Austin, C. R. A. & Short, R. V. (Eds). (1980). *Reproduction in Mammals, 8-Human Sexuality*. Cambridge University Press.······**68**
Azmitia, M. 1996. Peer interactive minds: Developmental, theoretical, and methodological issues. In P. B. Baltes & U. M. Staudinger (Eds.), *Interactive minds: Life-span perspectives on the social foundation of cognition*. Cambridge University Press.······**128**

B

Baddeley, A. D. & Hitch, G. J. (1974). Working memory. In G. A. Bower(Ed.), *Recent advances in learning and motivation Vol.8* (pp. 47-90). Academic Press.······**132**

Bahrick, L. E. (1994). The development of infants' sensitivity to arbitrary intennodal relations. *Ecological Psychology*, 6(2), 111-123.······**40**

Bahrick, L. E. & Lickliter, R. (2000). Intersensory redundancy guides attentional selectivity and perceptual learning in infancy. *Developmental Psychology*, 36, 190-201.······**40**

Bahrick, L. E. et al. (2004). Intersensory redundancy guides the development of selective attention, perception and cognition in infancy. *Current Direction in Psychological Science*, 13(3), 99-102.······**40**

Bahrick, L. E. et al. (2005). The development of infant learning about specific face-voice relations. *Developmental Psychology*, 41, 541-552.······**40**

Baillargeon, R. (1993). The object concept revised: New directions in the investigation of infants' physical knowledge. In C. E. Granrud (Ed.), *Visual Perception and Cognition in Infancy* (pp. 265-316). Lawrence Erlbaum Associates.······**30**

Baillargeon, R. & DeVos, J. (1991). Object permanence in young infants: Further evidence. *Child Development*, 62, 1227-1246.······**30**

Baillargeon, R. et al. (1985). Object permanence in 5-month-old infants. *Cognition*, 20, 191-208.······**30**

Baillargeon, R. et al. (1992). The development of young infants' intuitions about support. *Early Development & Parenting*, 1(2), 69-78.······**30**

Baldwin, D. A. (1995). Understanding the link between joint attention and language. In C. Moore & P. J. Dunham(Eds.), *Joint attention: Its origins and role in development*(pp. 131-158). Lawrence Erlbaum Associates.······**244**

Balling, J. D. & Falk, J. H. (1982). Development of visual preference for natural environments. *Environment and Behavior*, 14, 5-26.······**528**

Baltes, M. M. & Carstensen, L. L. (1999). Social-psychological theories and their applications to aging: From individual to collective. In V. L. Bengtson & K. W. Schaie(Eds.), *Handbook of theories of aging* (pp. 209-226). Springer.······**180**

Baltes, P. B. (1987). Theoretical proposition of life-span developmental psychology: On the dynamics between growth and decline. *Developmental Psychology*, 23, 611-626.······**222, 322, 462**

Baltes, P. B. (1997). On the incomplete architecture of human ontogeny: Selection, optimization, and compensation as foundation of developmental theory. *American Psychologist*, 52, 366-380.······**182, 422**

Baltes, P. B. et al. (1984). New perspective on the development of intelligence in adulthood: Toward a dual-process conception and a model of selective optimization with compensation. In P. B. Baltes & O. G. Brim, Jr. (Eds.), *Life-Span Development and Behavior* (Vol. 6, pp. 33-76), Academic Press. ······**180**

Bandura, A. (1977). Self-efficacy: Toward a unifying theory of behavioral change. *Psychological Review*, 84, 191-215.······**406**

Bandura, A. (1997). *Self-efficacy: The exercise of control*. Freeman.······**406**

Bandura, A. (2001). Social cognitive theory: An agentic perspective. *Annual Review of Psychology*, 52, 1-26. ······**406**

Banks, J. A. (1994). *An introduction to multicultural education*. Allyn and Bacon.······**468**

Baron-Cohen, S. (1995). *Mindblindness: An essay on autism and theory of mind*. MIT Press.······**244, 450**

Baron-Cohen, S. (2002). The extreme brain theory of autism. *Trends in Cognitive Science*, 6, 248-254.······**392**

Bates, E. (1999).On the nature and nurture of language. In E. Bizzi, P. Calissano & V. Volterra. (Eds.). *The*

brain of homo sapiens (pp. 241-265). Giovanni Treccani.······**424**
Bateson, G. (1972). *Steps to an ecology of mind*. Harper and Row.······**10**
Batki, A. et al. (2000). Is there an innate gaze module? Evidence from human neonates. *Infant Behavior and Development*, 23, 223-229.······**36**
Batson, C. D. (2009). These things called empathy: Eight related but distinct phenomena. In J. Decety & W. Ickes (Eds.), *The neuroscience of empathy* (pp. 3-15). MIT Press.······**392**
Bauer, P. & Fivush, R. (1992). Constructing event representations: Building on a foundation of variation and enabling relations. *Cognitive Development*, 7, 381-401.······**6**
Baumrind, D. (1971). Current patterns of parent authority. *Developmental Psychology Monographs*, 4, (1, part 2).······**162**
Bayley, N. (1969). *Bayley scales of infant development*. The Psychological Corporation.······**104**
Beck, U. et al. (1994). *Reflexive modernization: Politics, tradition, and aesthectics in the modern social order*. Polity Press.······**296**
Becker, H. S. (1963). *Outsiders: studies in the sociology of deviance*. The Free Press.······**570**
Bedard, A. C. et al. (2002). The development of selective inhibitory control across the life span. *Developmental Neuropsychology*, 21, 93-111.······**86**
Beilin, H. & Pearlman, E. G. (1991). Children's iconic realism: Object vs. property realism. In H. W. Reese (Ed.), *Advances in child development and behavior*, vol. 23, 73-111. Academic Press.······**388**
Bellack, A. S. (1979). A critical appraisal of strategies for assessing social skills. *Behavioral assessment*, 1, 157-176.······**248**
Belsky, J. & Pluess, M. (2009). The Nature (and nurture?) of plasticity in early human development. *Perspectives on Psychological Science*, 4, 345-351.······**156**
Bem, S. L. (1974). The measurement of psychological androgyny. *Journal of Counseling and Clinical Psychology*, 42, 155-162.······**448**
Bem, S. L. (1981). Gender schema theory: A cognitive account of sex typing. *Psychological Review*, 88, 354-364.······**448**
Bentin, S. et al. (1996). Electrophysiological studies of face perception in humans. *Journal of Cognitive Neuroscience*, 8, 551-565.······**36**
Bergeson, T. R. & Trehub, S. E. (1999). Mothers' singing to infants and preschool children. *Infant Behavior & Development*, 22, 51-64.······**106**
Berkeley, G. (1709). *An essay towards a new theory of vision* (printed by Aaron Rhames for Jeremy Pepyat). ······**40**
Berlyne, D. E. (1960). *Conflict, arousal, and curiosity*. McGrow-Hill.······**528**
Bers, S. A. & Rodin, J. (1984). Social-comparison jealousy: A developmental and motivational study. *Journal of Personality and Social Psychology*, 47, 766-779.······**212**
Bertenthal, B. I. et al. (1987). Infants' encoding of kinetic displays varying in relative coherence. *Developmental Psychology*, 23, 171-178.······**34**
Bidell, T. (1988). Vygotsky, Piaget and the dialectic of development. *Human Development*, 31, 329-348.······**424**
Bigelow, B. J. (1977). Children's friendship expectations: A cognitive developmental study. *Child Development*, 48, 246-253.······**416**
Birch, L. L. & Marlin, D. W. (1982). I don't like it ; I never tried it: Effects of exposure on two-year-old children's food preferences. *Appetite*, 3, 353-360.······**44**
Birdsong, D. (2005). Interpreting age effects in second language acquisition. In J. F. Kroll & A. M. B. De Groot. (Eds.), *Handbook of bilingualism: Psycholinguistic approaches* (pp. 109-127). Oxford University

Press.······**452**

Birren, J. E. & Schroots, J. J. F. (2006). Autobiographical memory and the narrative self over the life span. In J. E. Birren & K. W. Schaie (Eds.), *Handbook of the psychology of aging* (6th ed., pp. 477-498). Elsevier.······**114**

Bjerkedal, T. et al. (2007). Intelligence test scores and birth order among young Norwegian men (consenipts) analyzed within and between families. *Intelligence*, 35(5), 503-514.······**476**

Blair, J. et al. (2005). *The psychopath: Emotion and the brain*. Wiley-Blackwell.······**228**

Blair, R. J. R. (2003). Facial expressions, their communicatory functions and neuro-cognitive substrates. *Philosophical Transactions of the Royal Society B: Biological Sciences*, 358, 561-572.······**396**

Blake, R. et al. (2003). Visual recognition of biological motion is impaired in children with autism. *Psychological Science*, 14, 151-157.······**34**

Blos, P. (1962). *On adolescence: A psychoanalytic interpretation*. Free Press.······**294**

Blos, P. (1967). The second individuation process of adolescence. *The Psychoanalytic Study of the Child*, 22, 162-186.······**162**

Bluck, S. (2003). Autobiographical memory: Exploring its functions in everyday life. *Memory*, 11, 113-123. ······**22**

Boden, M. A. (1991). *The creative mind: Myths and mechanisms*. Basic Books.······**154**

Bonanno, R. & Hymel, S. (2006). Exposure to school violence: The impact of bullying on witnesses. *Paper presented at the biennial meeting of the 19th International society for the study of behavioral development*, Melbourne, Australia, July, 2006.······**328**

Borgartz, Z. S. et al. (2000). Object permanence in five-and-a-half-month-old infants? *Infancy*, 1(4), 403-428.······**30**

Borkowski, J. G. et al. (2007). Adolescent mothers and their children: Risks, resilience, and development. In J. G. Borkowski et al. (Eds.), *Risk and resilience: Adolescent mothers and their children grow up* (pp. 1-34). Lawrence Erlbaum Associates.······**440**

Bosma, H. A. & Kunnen, E. S. (2001). Determinants and mechanisms in ego identity development: A review and synthesis. *Developmental Review*, 21, 39-66.······**430**

Boss, P. (1999). *Ambiguous loss*. Harvard University Press.······**488, 496**

Bower, T. G. R. (1977). *A primer of infant development*. W. H. Freeman.······**242**

Bower, T. G. R. et al. (1970). Infant response to approaching objects: An indicator of response to distal variables. *Perception & Psychophysics*, 9, 193-196.······**44**

Bowlby, J. (1969). *Attachment and loss: Vol. 1, Attachment*. Basic Books. (rev. ed., 1982).······**196, 242**

Bowlby, J. (1973). *Attachment and loss: Vol. 2, Separation: Anxiety and anger*. Basic Books. ······**196, 198**

Bowlby, J. (1980). *Attachment and loss: Vol. 3, Loss*. Basic Books.······**196**

Bowlby, J. (1988). The role of attachment inpersonality development. *A secure base: Clinical applications of attachment theory* (pp. 134-154). Routledge Classics.······**494**

Bowlby, J. (1988). *A secure base: Parentchild attachment and healthy human development*. Basic Books.······**196**

Brandtstädter, J. & Renner, G. (1990). Tenacious goal pursuit and flexible goal adjustment: Explication and age-related analysis of assimilative and accommodative strategies of coping. *Psychology and Aging*, 5, 58-67.······**422**

Briars, D. & Siegler, R. S. (1984). A featural analysis of preschoolers' counting knowledge. *Developmental Psychology*, 20, 607-618.······**138**

Bril, B. & Breniere, Y. (1992). Postural requirements and progression velocity in young walkers. *Journal of Motor Behavior*, 24, 105-116.······**104**

Bronfenbrenner, U. (1979). *The ecology of human development: Experiments by nature and design.* Harvard University Press.······**440, 550**

Brosseau-Lachaine, O. et al. (2008). Infant sensitivity to radial optic flow fields during the first months of life. *Journal of Vision,* 8(4), Article 5, 1-14.······**44**

Brown, A. & Campione, J. C. (1996). Psychological theory and the design of innovative learning environments: On procedures principles, and systems. In L. Schauble & R. Glaser (Eds.). *Innovations in learning: New environments for education* (pp. 289-325). Lawrence Erlbaum Associates.······**88**

Brown, B. B. (1989). The role of peer groups in adolescents' adjustment to secondary school. In T. J. Berndt & G. W. Ladd, (Eds.). *Peer relationships in child development* (pp. 171-196), John Wiley & Sons. ······**250**

Brown, R. (1973). *A first language.* Cambridge University Press.······**520**

Brown, S. D. & Ryan Krane, N. E. (2000). Four (or five) sessions and a cloud of dust: Old assumptions and new observations about career counseling. In S. D. Brown & R. W. Lent (Eds.), *Handbook of counseling psychology* (3rd ed., pp. 740-766). Wiley.······**356**

Brown, S. D. et al. (2003). Critical ingredients of career choice interventions: More analyses and new hypotheses. *Journal of Vocational Behavior,* 62, 411-428.······**356**

Browne, K. & Herbert, M. (1997). *Preventing family violence.* John Wiley & Sons.······**210**

Bruce, V. & Young, A. (1986). Understanding face recognition. *British Journal of Psychology,* 77, 305-327. ······**36**

Bruch, H. (1978). *The golden cage: The enigma of anorexia nervosa.* Harvard University Press.······**326**

Bruner, J. S. (1983). *Child talk: Learning to use language* Oxford University Press.······**368**

Bruner, J. S. (1990). *Acts of meaning.* Harvard University Press.······**20, 22, 464**

Brunstein-Klomek, A. et al. (2007). Bullying, depression, and suicidality in adolescents. *Journal of the American Academy of Child and Adolescent Psychiatry,* 46(1), 40-49.······**328**

Bryant, R. A. et al. (2007). A prospective study of appraisals in childhood posttraumatic stress disorder. *Behaviour Research and Therapy,* 45, 2502-2507.······**110**

Buchmann, M. C. (2011). School-to-work transitions. In B. B. Brown & M. J. Prinstein (Editors-in-chief), *Encyclopedia of adolescence. Volume 2: Interpersonal and sociocultural factors* (pp. 306-313). Academic Press.······**296**

Buck, R. (2004). The gratitude of exchange and the gratitude of caring: A developmental-interactionist perspective of Moral Emotion. In R. A. Emmons & M. E. McCullough (Eds.), *The psychology of gratitude* (pp. 100-122). Oxford University Press.······**256**

Bugental D. B. (2000). Acquisition of the algorithms of social life: A domain-based approach. *Psychological Bulletin,* 126, 187-219.······**450**

Bühler, C. (1967). *Das Seelenleben des Jugendlichen: Versuch einer Analyse und Theorie der psychischen Pubertät.* Gustav Fischer Verlag. (original work published 1921).······**324**

Buhler, C. (1968). The course of human life as a psychological problem. *Human Development,* 11, 184-200. ······**180**

Bühler, K. (1930). *The mental development of the child: A summary of modern psychological theory.* Harcourt Brace.······**36**

Burkart, J. M. & Schaik, C. P. (2010). Cognitive consequences of cooperative breeding in primates? *Animal Cognition,* 13(1), 1-19.······**446**

Buss, A. H. & Plomin, R. (1984). *Temperament: Early developing personality traits.* Lawrence Erlbaum Associates.······**438**

Buss, D. M. et al. (1992). Sex differences in jealousy: Evolution, physiology, and psychology. *Psychological*

Science, 3, 251-255.……212
Butler, R. N. (1963). The life review: An interpretation of reminiscence in the aged. *Psychiatry*, 26, 65-75. ……22
Butler, R. N. (1969). Ageism: Another form of bigotry. *The Gerontologist*, 9, 243-246.……180
Butler, R. N. & Gleason, H. P. (1985). *Productive aging*. Springer.……182
Butterworth, B. (1999). *The Mathematical Brain*. Macmillan.……138
Butterworth, B. (2005). The development of arithmetical abilities. *Journal of Child Psychology and Psychiatry*, 46, 3-18.……138
Buytendijk, F. J. J. (1958). *Mensch und tier: Ein beitrag zur vergleichenden psychologie*. Rowohlt Taschenbuch Verlag GmbH.……480
Byrne, D. & Nelson, D. (1965). Attraction as a linear function of proportion of positive reinforcements. *Journal of Personality and Social Psychology*, 1, 659-663.……204
Byrne, R. (1995). *The thinking ape: Evolutionary origins of intelligence*. Oxford University Press.……402

C

Cacioppo J. T. et al. (2011). Could an aging brain contribute to subjective well being? The value added by a social neuroscience perspective. In A. B. Todorov et al. (Eds.), *Social neuroscience: toward understanding the underpinnings of the social mind* (Oxford Series in Social Cognition and Social Neuroscience) (pp. 249-262). Oxford University Press.……186
Cairns, R. B., et al. (1996). Developmental science. Cambridge University Press.……424
Call, J. & Tomasello, M. (2008). Does the chimpanzee have a theory of mind?: 30 years later. *Trends in Cognitive Sciences*, 12, 187-192.……402
Cannon, W. B. (1929). *Bodily changes in pain, hunger, fear and rage*. D. Appleton.……516
Cantell, M. M. et al. (1994). Clumsiness in adolescence: Educational, motor, and social outcomes of motor delay detected at 5 years. *Adapted Physical Activity Quarterly*, 11, 115-129.……370
Carey, S. (1985). *Conceptual change in childhood*. MIT Press.……424
Carr, L. et al. (2003). Neural mechanisms of empathy inhumans: A relay from neural systems for imitation to limbic areas. *Proceedings of the National Academy of Sciences*, 100, 5497-5502.……396
Carraher, T. N. et al. (1985). Mathematics in the streets and in schools. *British Journal of Developmental Psychology*, 3, 21-29.……128
Carstensen, L. L. et al. (1999). Taking time seriously: A theory of socioemotional selectivity. *American Psychologist.* 54(3), 165-181.……182
Carstensen, L. L. et al. (2000). Emotional experience in everyday life across the adult life span. *Journal of Personality and Social Psychology*, 79, 4, 644-655.……184
Carstensen, L. L. et al. (2003). Socioemotional selectivity theory and the regulation of emotion in the second half of life. *Motivation and Emotion*, 27, 103-123.……180
Carstensen, L. L. ,et al. (2011). Emotional experience improves with age: Evidence based on over 10 years of experience sampling. *Psychology and Aging*, 26, 21-33.……184
Cartwright, J. H. (2001). *Evolutionary explanations of human behavior*. Routledge.……212
Case, R. (1998). The development of conceptual structures. In D. Kuhn & R. S. Siegler (Eds.), *Handbook of child psychology: Vol. 2: Cognition, perception & language* (pp. 745-800). Wiley.……138, 414
Caspi, A. & Shiner, R. L. (2006). Personality development. In N. Eisenberg(Volume Ed.), W. Damon & R. Lerner (Editors-in-chief), *Handbook of child psychology, Vol. 3: Social, emotional, and personality development* (6th ed., pp. 300-365). Wiley.……156, 454

Caspi, A. et al. (2003). Children's behavioral styles at age 3 are linked to their adult personality traits at age 26. *Journal of Personality,* **71**, 494-513.······**156**

Cattaneo, A. et al. (1998). Kangaroo mother care for low birthweight infants: A randomized controlled trial in different settings. *Acta Paediatrica,* **87**(9), 976-85.······**280**

Chambers, M. E. et al. (2005). The nature of children with developmental coordination disorder. In D. Sugden & M. E. Chambers (Eds.), *Children with developmental coordination disorder* (pp. 1-18). Whurr Publishers.······**370**

Chandler, M. et al. (1989). Small-scale deceit: Reception as a marker of two-, three-, and four-year-olds' early theories of mind. *Child Development,* **60**, 1263-1277.······**402**

Chang, D. H. F. & Troje, N. F. (2008). Perception of animacy and direction from local biological motion signals. *Journal of Vision,* **8**, 1-10.······**34**

Chapin, S. (1928). A quantitative scale for rating the home and social environment of middle class families in an urban community: A first approximation to the measurement of socio-economic status. *Journal of Educational Psychology,* **19**, 99-111.······**462**

Chemero, A. (2003). An outline of a theory of affordances. *Ecological Psychology,* **15**(2), 181-195.······**64**

Chemero, A. & Turvey, M. (2007). Gibsonian affordances for roboticists. *Adaptive Behavior,* **15**(4), 473-480. ······**64**

Chess, S. & Thomas, A. (1987). *Origins and evolution of behavior disorders: From infancy to early adult life.* Harvard University Press.······**440**

Chi, M. T. H. (1978). Knowledge structure and memory development. In R.S. Siegler(Ed.), *Children's thinking: What develop?* (pp. 73-96). Erlbaum.······**76**

Chi, M. T. H. et al. (1988). *The nature of expertise.* Lawrence Erlbaum Associates.······**154**

Chi, M. T. H. et al. (1989). *How inferences about novel domain-related concepts can be constrained by structured knowledge.* Merrill-Palmer Quarterly, **35**, 27-62.······**76**

Chisholm, L. & Hurrelmann, K. (1995). Adolescence in modern Europe: Pluralized transition patterns and their implications for personal and social risks. *Journal of Adolescence,* **18**, 129-158.······**294**

Choi, J. K. & Bowles, S. (2007). The coevolution of parochial altruism and war. *Science,* **318**, 636-640.······**474**

Choi, S. & Gopnik, A. (1995). Early acquisition of verbs in Korean: A cross-linguistic study. *Journal of Child Language,* **22**, 497-529.······**4**

Christie, T. & Slaughter, V. (2010). Movement contributes to infants' recognition of the human form. *Cognition,* **114**, 329-337.······**34**

Cleckley, H. C. (1941). *The mask of sanity.* Mosby.······**228**

Coid, J. et al. (2009). Prevalence and correlates of psychopathic traits in the household population of Great Britain. *International Journal of Law and Psychiatry,* **32**, 65-73.······**228**

Cole, M. (1996). *Cultural psychology: A once and future discipline.* Harvard University Press.······**88, 114**

Cole, M. & Scribner, S. (1974). *Culture and thought: A psychological introduction.* Wiley.······**424**

Cole, P. M. (1986). Children's spontaneous control of facial expression. *Child Development,* **57**, 1309-1321. ······**404**

Collings, S. & King, M. (1994). Ten-year follow-up of the patients with bulimia nervosa. *British Journal of Psychiatry,* **164**, 80-87.······**326**

Collins, A. (2006). Sawyer, R. K. (Ed.). *The Cambridge handbook of the learning sciences.* Cambridge University Press. ······**88**

Colombo, J. & Mitchell, D. W. (2009). Infant visual habituation. *Neurobiology of Learning and Memory,* **92**,

225-234.······**28**

Condon, J. W. & Crano, W. D. (1988). Inferred evaluation and the relation between attitude similarity and interpersonal attraction. *Journal of Personality and Social Psychology*, 54, 789-797.······**204**

Cooke, D. J. & Michie, C. (2001). Refining the construct of psychopathy: Towards a hierarchical model. *Psychological Assessment*, 13, 171-188.······**228**

Copple, C. & Bredekamp, S. (Eds.). (2009). *Developmentally appropriate practice in early childhood programs serving children from birth through age 8* (3rd ed.). NAEYC.······**414**

Cosmides, L. & Tooby, J. (1987). From evolution to behavior: Evolutionary psychology as the missing link. In J. Durpe (Ed.), *The latest on the best essays on evolution and optimality* (pp. 277-306). MIT Press.······**450**

Costa, P. T. Jr. & McCrae, R. R. (2001). Gender differences in personality traits across cultures: Robust and surprising findings. *Journal of Personality and Social Psychology*, 81, 2, 322-331.······**184**

Côté, J. E. (1996). Sociological perspectives on identity formation: The culture-identity link and identity capital. *Journal of Adolescence*, 19, 417-428.······**296**

Côté, J. E. & Bynner, J. M. (2008). Changes in the transition to adulthood in the UK and Canada: The role of structure and agency in emerging adulthood. *Journal of Youth Studies*, 11(3), 251-268.······**296**

Côté, J. E. & Levine, C. G. (2002). *Identity formation, agency, and culture: A social psychological synthesis.* Lawrence Erlbaum Associates.······**296**

Cox, M. (1992). *Children's drawings*. Penguin Books.······**398**

Creswell, J. M. & Plano Clark, V. L. (2007). *Designing and Conducting Mixed Methods Research*. Sage Publications.······**552**

Crites, J. O. (1965). *Measurement of vocational maturity in adolescence: I. Attitude test of the vocational development inventory*. Psychological Monographs, 79.······**290**

Crowley, K. & Jacobs, M. (2002). Building islands of expertise in everyday family activity. In G. Leinhardt et al. (Eds.), *Learning conversations in museums* (pp. 333-356). Lawrence Erlbaum Associates.······**154**

Csibra, G. (2003). Teleological and referential understanding of action in infancy. *Philosophical Transactions of the Royal Society*, 358, 447-458.······**394**

Csikszentmihalyi, M. (1999). Implication of a system perspective for the study of creativity. In R. J. Sternberg (Ed.), *Handbook of creativity* (pp. 313-335). Cambridge University Press.······**154**

Cumming, E. & Henry, W. H. (1961). *Growing old: The process of disengagement*. Basic Books.······**182**

Cummins, D. D. (1998). Social norms and other minds: The evolutionary roots of higher cognition. In D. D. Cummins & C. Allen (Eds.), *The evolution of mind* (pp. 28-50). Oxford University Press.······**450**

Cummins, J. (1979). Linguistic interdependence and the educational development of bilingual children. *Review of Educational Research*, 49, 222-251.······**16**

Cummins, J. (1980). The cross-lingual dimensions of language proficiency: Implications for bilingual education and the optimal age issue. *TESOL Quarterly*, 14, 175-187.······**468**

Cummins, J. (1981). *Bilingualism and minority-language children: Language and literacy series*. Ontario Institute for Studies in Education.······**378**

Cummins, J. & Swain, M. (1986). *Bilingualism in education*. (Applied linguistics and language study). Longman Group UK Limited.······**378**

Cutting, J. E. & Kozlowski, L. T. (1977). Recognizing friends by their walk: Gait perception without familiarity cues. *Bulletin of the Psychonomic Society*, 9, 353-356.······**34**

■ D

Daddis, C. (2008). Influences of close friends on the boundaries of adolescent personal authority. *Journal of*

Research on Adolescence, 18, 75-98.······162

Damon, W. (1983). *Social and personality development: Infancy through adolescence*. W. W. Norton.······416

Dan, N. et al. (2000). Development of infants' intuitions about support relations: Sensitivity to stability. *Developmental Science*, 3(2), 171-180.······30

Davis-Keen, P. E. & Sandler, H. M. (2002). A meta-analysis of measures of self-esteem for young children: A framework for future measures. *Child Development*, 72, 887-906.······322

Davis, D. et al. (2003). Physical, emotional, and behavioral reactions to breaking up: The roles of gender, age, emotional involvement, and attachment style. *Personality and Social Psychology Bulletin*, 29, 871-884. ······490

Davis, G. A. et al. (2011). *Education of the gifted and talented* (6th ed.). Pearson Education.······142

Davis, M. H. (1994). *Empathy: A social psychological approach*. Brown & Benchmark.······392

de Haan, M. et al. (1998). Electro physiological correlates of face processing by adults and 6-month-old infants. *Journal of Cognitive Neural Science* [Annual Meeting Suppl.], 36.······450

de Haan, M. et al. (2003). Development of face-sensitive event-related potentials during infancy: A review. *International Journal of Psychophysiology*, 51, 45-58.······36

de Houwer, A. (1999).*The acquisition of two languages from birth: A case study*. Harvard University Press.······16

Debra, C. D. & Catherine, N. D. (1991). Coping strategies of infertility women. *The Journal of Obstetric, Gynecologic & Neonatal Nursing*, 20, 221-228.······488

Deci, E. & Ryan, R. (Eds.). (2002). *Handbook of self-determination research*. University of Rochester Press. ······134

Dehaene, S. (1997). *The number sense: How the mind creates mathematics*. Oxford University Press.······138

Dello Buono, M. et al. (1998). Quality of life and longevity: A study of centenarians. *Age and Ageing*, 27(2), 207-216.······186

DeLoache, J. S. (1987). Rapid change in the symbolic functioning of very young children. *Science*, 238, 1556-1557.······388

DeLoache, J. S. (2005). Mindful of symbols. *Scientific American*, 36, 72-77.······388

Dennet, D. C. (1987). *The intentional stance*. MIT Press.······394

Denney, R. (1963). American youth today: A bigger cast, a wider screen. In E. H. Erikson (Ed.), *Youth: Change and challenge*(pp.131-151). Basic Books.······296

Derrida, J. (1999) *Donner la mort*. Galilée.······224

DeSilva, J. M. (2011). A shift toward birthing relatively large infants early in human evolution. *Proceeding of National Academy of Sciences*, 108, 1022-1027.······52

Dewey, J. (1938). *Experience and education*. Macmillan.······370

Dewsbury, D. A. (1978). *Comparative animal behavior*(p. 113). McGraw-Hill.······268

Diamond, L. M. (2008). *Sexual fluidity: Understanding women's love and desire*. Harvard University Press. ······206

Digman, J. M. & Takemoto-Chock, N. K. (1981). Factors in the natural language of personality: Re-analysis, comparison and interpretation of six major studies. *Multivariate Behavioral Research*, 16, 149-170.······438

DiLalla, D. L. et al. (1996). Heritability of MMPI personality indicators of psychopathology in twins reared apart. *Journal of Abnormal Psychology*, 105, 491-499.······268

Dimberg, U. et al. (2000). Unconscious facial reactions to emotional facial expressions. *Psychological Science*, 11, 86-89.······396

Dittrich, W. H. et al. (1996). Perception of emotion from dynamic point-light displays represented in dance. *Perception*, 25, 727-738.······**34**

Doege, T. C. (1978). An injury is no accident. *New England Medical Journal*, 298, 509-510.······**110**

Downing, P. E. et al. (2001). A cortical area selective for visual processing of the human body. *Science*, 293, 2470-2473.······**34**

Doyle, D. et al. (1993). *Oxford Textbook of palliative medicine*. Oxford University Press.······**188**

Drewett, R. (2007). *The nutritional psychology of childhood*. Cambridge University Press.······**58**

Dweck, C. S. (2002). The development of ability conceptions. In A. Wigfield & J. Eccles(Eds.), *Development of achievement motivation* (pp. 57-88). Academic Press.······**152**

E

Eby, L. T. et al. (2005). Work and family research in IO/OB: Content analysis and review of the literature (1980-2002). *Journal of Vocational Behavior*, 66, 124-197.······**300**

Eisenberg, N. (2005). The development of empathy: Related responding. In R. A. Dienstbier et al. (Eds.), *Moral motivation through the life span (73-117), Vol. 51 of the Nebraska symposium on motivation*. University of Nebraska Press.······**392**

Eisenberg, N. & Morris, A. S. (2002). Children's emotion-related regulation. In R. Kail (Ed.),Vol. 30: *Advances in child development and behavior* (pp. 190- 229). Academic Press.······**392**

Eisenberg, N. et al. (2004). Effortful control: Relations with emotion regulation, adjustment, and socialization in childhood. In R. E. Baumeister & K. D. Vohs(Eds.), *Handbook of self-regulation*(pp. 259-282). Guilford Press.······**392**

Eisenberg, N. et al. (2006). Prosocial development. In N. Eisenberg (Volume Ed.), W. Damon & R. Lerner (Editors-in-chief), *Handbook of child psychology, Vol. 3: Social, emotional, and personality development*(6th ed., pp. 646-718). Wiley.······**156**

Eisenberg, N. et al. (2012). Longitudinal relations among maternal behaviors, effortful control and young children's committed compliance. *Developmental Psychology*, 48, 552-566.······**156**

Ekman, P. (1972). Universal and cultural differences in facial expression of emotion. In J. R. Cole(Ed.), *Nebraska symposium on motivation*(pp. 169-222). University of Nebraska Press.······**396**

Ekman, P. & Friesen, W. V. (1978). *Facial action coding system: A technique for the measurement of facial movement*. Consulting Psychologists Press.······**516**

Elder, G. H. (1974). *Children of the Great Depression: Social change in life experience*.University of Chicago Press.······**550**

Elfenbein, H. A. & Ambady, N. (2002). On the universality and cultural specificity of emotion recognition: A meta-analysis. *Psychological Bulletin*, 128, 203-235.······**396**

Elkind, D. (1967). Egocentrism in adolescence. *Child Development*, 38, 1025-1034.······**324**

Elsabbagh, M. et al. (2012). Infant neural sensitivity to dynamic eye gaze is associated with later emerging autism. *Current Biology*, 22, 338-342.······**36**

Ely, R. et al. (1995). Family talk about talk: Mother lead the way. *Discourse Processes*, 8, 177-204.······**6**

Emmons, R. A. (1984). Factor analysis and construct validity of the narcissistic personality inventory.*Journal of Personality Assessment*, 48, 291-300.······**208**

Emmons, R. A. (2004). The psychology of gratitude: An introduction. In R. A. Emmons & M. E. McCullough (Eds.), *The psychology of gratitude* (pp. 3-16). Oxford University Press.······**256**

Engberg, H. et al. (2008). Improving activities of daily living in danish centenarians: But only in women: A comparative study of two birth cohorts born in 1895 and 1905. *The Journals of Gerontology, Series A:*

Biological Sciences and Medical Sciences, **63**(11), 1186-1192.······**186**
Ericsson, K. A. (1996). The acquisition of expert performance: An introduction to some of the issues. In K. A. Ericsson (Ed.), *The road to excellence: The acquisition of expert performance in the arts and sciences, sports, and games* (pp. 1-50). Lawrence Erlbaum Associates.······**154**
Erikson, E. H. (1950). *Childhood and society.* W. W. Norton.······**180, 272, 420**
Erikson, E. H. (1956). The problem of ego identity. *Journal of the American Psychoanalytic Association,* **4**, 56-121.······**418**
Erikson, E. H. (1959). *Identity and the life cycle. Psychological issues,* **1**(1), Monograph 1. International University Press.······**246, 294, 314, 316, 430, 432**
Erikson, E. H. (1963). *Childhood and society* (2nd ed.). W. W. Norton.······**414, 418**
Erikson, E. H. (1964). *Insight and responsibility.* W. W. Norton.······**318, 432**
Erikson, E. H. (1982). *The life cycle completed: A review.* Norton.······**304**
Erikson, E. H. et al. (1986). *Vital involvement in old age.* Norton & Company.······**22**
Ernst, C. & Angst, J. (1983). *Birth order: Its influence on personality.* Springer-Verlag.······**476**
Evans, D. (2001). *Emotion: A very short introduction.* Oxford University Press.······**480**
Eveleth, P. B. & Tanner, J. M. (1990). *Worldwide variation in human growth* (2nd ed.). Cambridge University Press.······**426**

F

Fadjukoff, P. et al. (2005). Identity processes in adulthood: Diverging domains. *Identity: An International Journal of Theory and Research,* **5**, 1-20. ······**430**
Fallone, G. et al. (2005). Experimental restriction of sleep opportunity in children: Effects on teacher ratings. *Sleep,* **28**, 1561-1567.······**102**
Fantz, R. L. (1958). Pattern vision in young infants. *Psychological Record,* **8**, 43-47.······**28**
Fantz, R. L. (1961). The origin of form perception: *Scientific American,* **204**, 66-72.······**28, 480**
Fantz, R. L. (1963). Pattern vision in newborn infants. *Science,* **140**, 296-297.······**28**
Fantz, R. L. (1964). Visual experience in infants: Decreased attention to familiar patterns relative to novel ones. *Science,* **146**, 668-670.······**28**
Fantz, R. L. (1965). Visual perception from birth as shown by pattern selectivity. *Annals of the New York Academy of Sciences,* **118**, 793-814.······**28**
Fantz, R. & Yeh, J. (1979). Configurational selectivities: Critical for development of visual perception and attention. *Canadian Journal of Psychology/Revue canadienne de psychologie,* **33**, 277-287.······**44**
Farroni, T. et al. (2005). Newborns'preference for face-relevant stimuli: Effects of contrast polarity. *Proceedings of National Academy of Sciences of the United States of America,* **102**, 17245-17250.······**36**
Fayol, M. et al. (1998). Predicting arithmetical achievement from neuropsychological performance: A longitudinal study. *Cognition,* **68**, B63-B70.······**138**
Feeney, B. C. (2004). A secure base: Responsive support of goal strivings and exploration in adult intimate relations. *Journal of Personality and Social Psychology,* **87**, 631-648.······**204**
Feeney, B. C. (2007). The dependency paradox in close relationships: Accepting dependence promotes independence. *Journal of Personality and Social Psychology,* **92**, 268-285.······**204**
Fein, G. G. (1999), Reflections on rhetoric and rhetorics redux. In S. Reifel (Ed.), *Advances in early education and day care: Vol. 10. Foundations, adult dynamics, teacher education, and play* (pp. 189-199). JAI Press. ······**108**
Feldman, R. et al. (2002). Comparison of skin-to-skin (kangaroo) and traditional care: Parenting outcomes

and preterm infant development. *Pediatrics*, 110, 16-26.······**280**
Fenigstein, A. et al. (1975). Public and private self-consciousness: Assessment and theory. *Journal of Consulting and Clinical Psychology*, 43, 522-527.······**324**
Fenson, L. et al. (1993). *MacArthur communicative development inventories: User's guide and technical manual*. Singular Publishing.······**520**
Fernald, A. & Kuhl, P. (1987). Acoustic determinants of infant preference for motherese speech. *Infant Behavior and Development*, 10, 278-293.······**106**
Fernald, A. & Simon, T. (1984). Expanded intonation contours in mothers' speech to newborns. *Developmental Psychology*, 20(1), 104-113.······**106**
Ferrai, M. & Sternberg, R. J. (1998). The development of mental abilities and styles. In D. Kuhn & R. S. Siegler (Eds.), *Cognition, perception, and language* (Handbook of child psychology, Vol. 2, (pp. 899- 946)), John Wiley & Sons.······**84**
Ferrari, P. F. et al. (2006). Neonatal imitation in rhesus macaques. *PLoS Biology*, 4, 1501-1508.······**390**
Festinger, L. et al. (1950). *Social pressure in informal groups: A study of a housing community*. Harper.······**204**
Field, T. (1978). Interaction behaviors of primary versus secondary cataker fathers. *Developmental Psychologyv*, 14, 183-184.······**198**
Field, T. (2003). Touch. A Bradford Book.······**62**
Field, T. et al. (1982). Fantasy play of toddlers and preschoolers.*Developmental Psychology*, 18, 503-508.······**10**
Finkel, E. J. et al. (2012). Using I³ theory to clarify when dispositional aggressiveness predicts intimate partner violence perpetration. *Journal of Personality and Social Psychology*, 102, 533-549.······**210**
Flanagan, C. A. (2004). Volunteerism, leadership, political socialization, and civic engagement. In R. M. Lerner & L. Steinberg(Eds.), *Handbook of adolescent psychology* (pp.721-745). John Wiley & Sons.······**294**
Flick, U. (1995). *Qualitative forschung*. Rowohlt Taschenbush Verlag GmbH.······**534**
Flynn, J. R. (1980). *Race, IQ and Jensen*. Routledge & Kegan Paul.······**558**
Flynn, J. R. (1984). The mean IQ of Americans: Massive gains 1932 to 1978. *Psychological Bulletin*, 95, 29-51.······**126**
Flynn, J. R. (1987). Massive gains in 14 nations: What IQ tests really measure. *Psychological Bulletin*, 101, 171-191.······**126**
Fodor, J. A. (1983). *The modularity of mind*. MIT Press.······**450**
Fogarty, E. A. (2009). Precocious reading. In B. Kerr(Ed.), *Encyclopedia of giftedness, creativity, and talent* (pp. 695-698). Sage Publications.······**142**
Fogle, B. & Abrahamson, D. (1991). Pet loss: A survey of the attitudes and feelings of practicing veterinarians. *Anthrozoos*, 3, 143-150.······**494**
Fontana, A. & Frey, J. M. (2000). Interviewning: The art of science. In N. K. Denzin & Y. S. Lincoln (Eds.), *Handbook of qualitative research*(3rd ed.). Sage Publications.······**534**
Forman, D. R. (2007). Autonomy, compliance, and internalization. In C. A. Brownell & C. B. Kopp(Eds.), *Socioemotional development inthe toddler years: Transitions and transformations* (pp. 285-319). Guilford Press.······**320**
Fosse, G. K. & Holen, A. (2002). Childhood environment of adult psychiatric outpatients in Norway having been bullied in school. *Child Abuse & Neglect*, 26(2), 129-137.······**328**
Foster, J. D. et al.,. (2003). Individual differences in narcissism: Inflated self-views across the lifespan and

around the world. *Journal of Research in Personality*, 37, 469-486.······**208**
Fox, R. & McDaniel, C. (1982). The perception of biological motion by human infants. *Science*, 218, 486-487.······**34**
Fraga, M. F. et al. (2005). Epigenetic differences arise during the lifetime of monozygotic twins. *Proceedings of the National Academy of Sciences*, 102, 10604-10609.······**278**
Frank, L. K. (1939). Time perspectives. *Journal of Philosophy*, 4, 293-312.······**304**
Frankenburg, W. K. & Dodds, J. B. (1967). The denver developmental screening test. *Journal of Pediatrics*, 71, 181-191.······**104**
Freire, A. et al. (2006). The development of sensitivity to biological motion in noise. *Perception*, 35, 647-657.······**34**
Freud, S. (1908). *Creative writers and day dreaming*. SE IX.······**236**
Freud, S. (1914). On narcissism: *An introduction. Standard Edition, 14* (pp. 67-102).······**208**
Freud, S. (1917). A childhood recollection from "dichtung und wahrheit". SE XVII.······**236**
Friedman, H. S. et al. (1995). Childhood conscientiousness and longevity: Health behaviors and cause of death. *Journal of Personality and Social Psychology*, 68, 4, 696-703.······**184**
Frith, C. D. & Frith, U. (2003). Developmental and neurophysiology of mentalaizing. *Philosophical Transactions of the Royal Society*, 358, 459-473.······**394**
Frith, C. D. & Frith, U. (2006). The neural basis of mentalaizing. *Neuron*, v50, 531-534.······**394**
Frith, U. (2003). *Autism: Explaining and enigma* (2nd ed.). Blackwell Publishing.······**46**
Frone, M. R. (2002). Work-family balance. In J. C. Quick & L. E. Tetrick (Eds.), *Handbook of occupational health psychology* (pp. 143-183). American Psychology Association.······**300**
Fuller, B. & Marler, E. L. (2009). Change driven by nature: A meta-analytic review of the proactive personality literature. *Journal of Vocational Behavior*, 75, 329-345.······**234**
Furnham, A. & Bochner, S. (1986). *Culture shock: Psychological reactions to unfamiliar environment*. Methuen.······**502**
Fuson, K. C. & Kwon, Y. (1992). Learning addition and subtraction: Effects of number words and other cultural tools. In J. Bideaud, et al. (Eds.), *Pathways to number: Children's developing numerical abilities* (pp. 283-306). LEA.······**138**
Fuson, K. C. et al. (1982). The acquisition and elaboration of the number word sequence. In C. J. Brainerd (Ed.), *Children's logical and mathematical cognition: Progress in cognitive development research* (pp. 33-92). Springer-Verlag.······**138**

G

Gaddini, R. & Gaddini, E. (1970). Transitional objects and the process of individuation. *Journal of American Academy of Child Psychiatry*, 9, 347-365.······**56**
Gangwisch, J. E. et al. (2010). Earlier parental set bedtimes as a protective factor against depression and suicidal ideation. *Sleep*, 33, 97-106.······**102**
Gao, Y. & Raine, A. (2010). Successful and unsuccessful psychopaths: A neurobiological model. *Behavioral Sciences and the Law*, 28, 194-210.······**228**
Gardner, H. (1999). *Intelligence reframed: Multiple intelligence for the 21st century*. Basic Books.······**158, 558**
Garmezy, N. (1985). Stress-resistant children: The search for protective factors. In J. E. Stevenson (Ed.), *Recent research in developmental psychopathology* (pp. 213-233). Pergamon Press.······**440**
Garner, D. M. (1991). *Eating disorder inventory-2: Professional manual*. Psychological Assessment

Resources.······**326**
Garner, D. M. & Garfinkel, P. E. (1979). The eating attitudes test: An index of the symptoms of anorexia nervosa. *Psychological Medicine*, 9, 273-279.······**326**
Garner, D. M. & Garfinkel, P. E. (1997). *Handbook of treatment for eating disorders* (2nd ed.). Guilford Press. ······**326**
Garon, N. et al. (2008). Executive function in preschoolers: A review using an integrative framework. *Psychological Bulletin*, 134, 31-60.······**86**
Gathercole, S. E. & Alloway, T. P. (2008). *Working memory and learning: A practical guide for teachers*. Sage Publications.······**132**
Gathers, A. D. et al. (2004). Developmental shifts in cortical loci for face and object recognition. *Neuroreport*, 15, 1549-1553.······**36**
Gauthier, I. & Nelson, C. A. (2001). The development of face expertise. *Current Opinion in Neurobiology*, 11, 219-224.······**36**
Gauthier, I. et al. (2000). Expertise for cars and birds recruits brain areas involved in face recognition. *Nature Neuroscience*, 3, 191-197.······**36**
Gazzaniga, M. S. (2008). *Human: The science behind what makes us unique*. Ecco.······**480**
Geary, D. C. (2004). *The origin of mind: Evolution of brain, cognition and general intelligence*. American Psychological Association.······**424, 450**
Geertz, C. (1973). *The interpretation of cultures: Selected essays*. Basic Books.······**546**
Gelatt, H. B. (1962). Decision-making: A conceptual frame of reference for counseling. *Journal of Counseling Psychology*, 9, 240-245.······**290**
Gelatt, H. B. (1989). Positive uncertainty: A new decision-making framework for counseling. *Journal of Counseling Psychology*, 36, 252-256.······**290**
Gelman, R. & Gallistel, C. R. (1978). *The child's understanding of number*. Harvard University Press.······**36, 138**
Gelman, R. & Williams, E. M. (1998) Enabling constraints for cognitive development and learning: Domain-specificity and epigenesist. In W. Damon (Gen Ed.), D. Kuhn & R. Siegler (Eds.), *Handbook of child psychology: Vol. 2. Cognition, perception, and language* (5th ed., pp. 575-630). Wiley.······**450**
Gentner, D. (1982). Why nouns are learned before verbs: Linguistic relativity versus natural partitioning. In S. Kuczaj (Ed.), *Language Development, Vol.2: Language, thought and culture* (pp. 301-334). Lawrence Erlbaum Associates.······**4**
George, C. et al. (1984). *Adult Attachment Interview Protocol*. Unpublished manuscript, *Department of Psychology*, University of California.······**196**
Gergely, G. et al. (1995). Taking the intentional stance at 12 months of age. *Cognition*, 56, 163-193.······**394**
Gibson, E. J. (1982). The concept of affordances in development: The renascence of functionalism. In W. A. Collins (Ed.), *The concept of development: Minnesota Symposia on Child Psychology*, Vol.15. Erlbaum.······**104**
Gibson, J. J. (1966). *The senses considered as perceptual systems*. Houghton Mifflin.······**42, 64**
Gibson, J. J. (1979). *The ecological approach to visual perception*. Houghton Mifflin Company······**64, 104**
Gibson, J. J. (1986). *The Ecological approach to visual perception*. Erlbaum. (Original work published 1979). ······**44**
Giddens, A. (1991). *Modernity and self-identity: Self and society in the late modern age*. Stanford University Press.······**296**
Giele, J. Z. & Elder, G. H. (1998). *Methods of life course research: Qualitative and quantitative approaches*.

Sage Publications.······**550**
Gilligan, C. (1982). *In a diffferent voice: Psychological theory and woman's development*. Harvard University Press.······**570**
Gillis, J. R. (1974). *Youth and history: Tradition and change in European age relations, 1770-present*. Academic Press.······**294, 418**
Gilmartin, B. G. (1987). Peer group antecedents of severe love-shyness in males. *Journal of Personality*, 55 (3), 467-489.······**328**
Girasek, D. C. (2003). Would society pay more attention to injuries if the injury control community paid more attention to risk communication science? *Injury Prevention*, 12, 71-3.······**110**
Gleason, M. E. J. et al. (2008). Receiving support as a mixed blessing: Evidence for dual effects of support on psychological outcomes. *Journal of Personality and Social Psychology*, 94, 824-838.······**490**
Glenn, N. D. (1977). *Cohort analysis* Sage Publications.······**462**
Glick, P. & Fiske, S. T. (1996). The ambivalent sexism inventory: Differentiating hostile and benevolent sexism. *Journal of Personality and Social Psychology*, 70, 491-512.······**448**
Glick, P. & Fiske, S. T. (1999). The ambivalence toward men inventory: Differentiating hostile and benevolent beliefs about men. *Psychology of Women Quarterly*, 23, 519-536.······**448**
Glicksohn, L. & Yafe, T. (1998). Physiognomic perception and metaphoric thinking in young children. *Metaphor and Symbol*, 13, 179-204.······**398**
Goffman, E. (1963). *Stigma: Note on the management of spoiled identity*. Prentice-Hall.······**222**
Goldsmith, H. H. (1983). Genetic influences on personality from infancy to adulthood. *Child Development*, 54, 331-355.······**268**
Goodman, C. C. & Silverstein, M. (2002). Grandmothers raising grandchildren: Ethnic and racial differences in wellbeing among custodial and coparenting families. *Journal of Family Issues*, 27, 1605-1626.······**136**
Goswami, U. (2008). *Cognitive development*. Psychology Press.······**76**
Gottfredson, M. R. & Hirschi, T. (1990). *A general theory of crime*. Stanford University Press.······**228**
Gracia-Bafalluy, M. & Noël, M. -P. (2008). Does finger training increase young children's numerical performance? *Cortex*, 44, 368-375.······**138**
Grasmick, H. G. et al. (1993). Testing the core empirical implications of Gottfredson and Hirschi's general theory of crime. *Journal of Research in Crime and Delinquency*, 30, 5-29.······**228**
Graziano, W. G. (2003). Personality development: An introduction toward process approaches to long-term stability and change in persons. *Journal of Personality*, 71, 893-903.······**156**
Greenhaus, J. H. & Beutell, N. J. (1985). Sources of conflict between work and family roles. *Academy of Management Review*, 10, 76-88.······**300**
Greeno, J. G. (2006). R. K. Sawyer (Ed.), *The Cambridge handbook of the learning sciences*. Cambridge University Press.······**88**
Greenwald, A. G. & Farnham, S. (2000). Using the implicit association test to measure self-esteem and self-concept. *Journal of Personality and Social Psychology*, 79, 1022-1038.······**322**
Gresahm, F. M. (1985). Unity of cognitive-behavioral procedures for social skills training with children: A review. *Journal of Abnormal Child Psychology*, 13, 411-423.······**248**
Grice, H. P. (1975). Logic and conversation. In P. Cole & J. L. Morgan (Eds.), *Syntax and Semantics. Vol. 3. Speech Acts* (pp. 41-58), Academic Press.······**14**
Grossman, E. D. & Blake, R. (2002). Brain areas active during visual perception of biological motion. *Neuron*, 35, 1167-1175.······**34**
Grossman, E. D. et al. (2005). Repetitive TMS over posterior STS disrupts perception of biological motion.

Vision Research, **45**, 2847-2853.······**34**

Guerrero, L. K. & Andersen, P. A. (1998). The dark side of jealousy and envy: Desire, delusion, desperation, and destructive communication. In B. H. Spitzberg & W. R. Cupach (Eds.), *The dark side of close relationships* (pp. 33-70). Lawrence Erlbaum Associates.······**212**

Gutmann, D. L. (1975). Parenthood: Key to the comparative psychology of the life cycle? In N. Datan & L. Ginsberg(Eds.), *Life-span developmental psychology: Normative life crises*. Academic Press.······**184**

Gutmann, D. L. (1992). Toward a dynamic geropsychology. In J. Barren et al. (Eds.), *Interface of psychoanalysis and psychology*. (pp. 284-295). American Psychological Association.······**184**

H

Hack, M. et al. (2009). Behavioral outcomes of extremely low birth weight children at age 8 years. *Journal of Developmental & Behavioral Pediatrics*, **30**(2): 122-30.······**280**

Hagekul, B. (1994). Infant temperament and early childhood functioning: Possible relations to the five factor model. In C. F., Halverson Jr. et al. (Eds.), *The developing structure of temperament and personality from infancy to adulthood*(pp. 227-240). Lawrence Erlbaum Associates.······**438**

Hansen, L. S. (1997). *Integrative life planning: Critical tasks for career development and changing life patterns*. Jossey-Bass.······**300**

Happé, F. G. E. (1995). The role of age and verbal ability in the theory of mind task performance of subjects with autism. *Child Development*, **66**, 843-855.······**344**

Hare, R. D. (2003). *The hare psychopath checklist-revised (PCL-R)(2nd ed.)*. Multi-Health Systems.······**228**

Hare, R. D. et al. (2000). Psychopathy and the predictive validity of the PCL-R: An international perspective. *Behavioral Sciences and the Law*, **18**, 623-645.······**228**

Harley, K. & Reese, E. (1999). Origins of autobiographical memory. *Developmental Psychology*, **35**, 1338-1348.······**14**

Harlow, H. F. (1958). The nature of love. *Americanl Psychologist*, **13**, 673-685.······**62**

Harris, J. R. (1998). The nurture assumption. *Why children turn out the way they do*. The Free Press.······**278**

Hart, R. A., & Moore, G. T. (1973). The development of spatial cognition: A review. In R. Downs & B. Stea (Eds.), *Image and Environment: Cognitive mapping and spatial behavior*(pp. 246-288). Aldine Publishing Company.······**32**

Hart, S. L. (2010). A theoretical model of the development of jealousy: Insight through inquiry into jealousy protest. In. S. L. Hart & M. Legerstee (Eds.), *Handbook of jealousy: Theory, research, and multidisciplinary approaches* (pp. 321-361). Wiley Blackwell.······**212**

Hart, S. & Carrington, H. (2002). Jealousy in 6-monthe-old infants. *Infancy*, **3**, 395-402.······**212**

Harter, S. (1999). *The construction of the self: A developmental perspective*. Guilford Press.······**322**

Harter, S. (2006). The self. In N. Eisenberg(Ed.), *Handbook of child psychology, Vol.3: Social, emotional, and personality development* (pp. 505-570). John Wiley.······**324**

Harvey, J. H. (2002). *Perspectives on loss and trauma: Assaults on the self*. Sage Publications.······**488**

Harvey, J. H. (2002). Adaptation and therapeutic approaches. *Perspectives on/ass and trauma: Assaults on the self* (pp. 255-279). Sage Publications.······**494**

Havighurst, R. J. (1953). *Human development and education*. Longmans, Green & CO., INC.······**180**

Havighurst, R. J. & Albrecht, R. (1953). *Older people*. Longmans.······**182**

Haxby, J. V. et al. (2000). The distributed human neural system for face perception. *Trends in Cognitive Sciences*, **4**, 223-233.······**36**

Hayes, J. R. (1989). *The complete problem solver*. Lawrence Erlbaum Associates.······154

Hazan, C. & Shaver, P. R. (1987). Romantic love conceptualized and an attachment process. *Journal of Personality and Social Psychology*, 52, 511-524.······196

Hazler, R. J. (2000). When victims turn aggressors: Factors in the development of deadly school violence. *Professional School Counseling*, 4(2), 105-112.······328

Heath, A. C. et al. (1989). Interactive effects of genotype and social environment on alcohol consumption in female twins. *Journal of Studies on Alcohol*, 50, 38-48.······278

Heckhausen, J. et al. (1989). Gains and losses in development throughout adulthood as perceived by different adult age groups. *Developmental Psychology*, 25, 109-121.······422

Heckhausen, J. et al. (2010). A motivational theory of life-span development. *Psychological Review*, 117, 32-60.······422

Heckhausen, J. & Shulz, R. (1995). A life-span theory of control. *Psychological Review*, 102, 284-304.······234

Heckman, J. J. & Masterov, D. V. (2007). The productivity argument for investing in young children. *Review of Agricultural Economics*, 29(3), 446-493.······560

Heider, F. & Simmel, M. (1944). An experimental study of apparent behavior. *American Journal of Psychology*, 57, 243-259.······394

Heinonen, K. et al. (2010). Behavioural symptoms of attention deficit/hyperactivity disorder in preterm and term children born small and appropriate for gestational age: A longitudinal study. *BMC pediatrics*, 10(1), 91.······280

Helson, R. et al. (2002). Personality change over 40 years of adulthood: Hierarchical linear modeling analyses of two longitudinal samples. *Journal of Personality and Social Psychology*, 83, 752-766.······180, 184

Henderson, S. E. & Henderson, L. (2002). Toward an understanding of developmental coordination disorder in children. *Adapted Physical Activity Quarterly*, 19, 11-31.······370

Herman, J. L. (1992). *Tranma and recovery*. Basic Books.······354

Hermans, H. J. M. & Kempen, H. J. G. (1993). *The dialogical self: Meaning as movement*. Academic Press. ······472

Herrmann, E. et al. (2007). Humans have evolved specialized skills of social cognition: The cultural intelligence hypothesis. *Science*, 317(5843), 1360-1366.······446

Hidi, S. & Renninger, K. A. (2006). The four-phase model of interest development. *Educational Psychologist*, 41, 111-127.······152

Higgins, E. T. (1987). Self-discrepancy: A theory relating self and affect. *Psychological Review*, 94, 319-340. ······472

Hill, I. (2007). Multicultural and international education: Never the twain shall meet? *International Review of Education*, 53, 245-264.······468

Hirai, M. et al. (2003). An event-related potentials study of biological motion perception in humans. *Neuroscience Letters*, 344, 41-44.······34

Hirai, M. et al. (2009). Developmental changes in point-light walker processing during childhood and adolescence: An event-related potential study. *Neuroscience*, 161, 311-325.······34

Hirai M et al. (2011). Body configuration modulates the usage of local cues to direction in biological-motion perception. *Psychological Science*, 22, 1543-1549.······34

Hirsch, B. J. & DuBois, D. L. (1991). Self-esteem in early adolescence: The identification and prediction of contrasting longitudinal trajectories. *Journal of Youth and Adolescence*, 20, 53-72.······322

Hoerr, T. R. (2009). Preschool. In B. Kerr (Ed.), *Encyclopedia of giftedness, creativity, and talent* (pp. 700-

701). Sage Publications.······**142**
Hoffman, L. W. & Hoffman, M. L. (1973). The Value of children to parents. In J. T. Fawcett (Ed.), *Psychological perspectives on population*. Basic Books. pp. 19-76.······**200**
Hoffman, M. L. (2000). *Empathy and moral development: Implication for caring and justice*. Cambridge University Press.······**392**
Hofsten, von C. (1989). Motor development as the development of systems: Comments on the special section. *Developmental Psychology*, 25, 950-953.······**104**
Holstein, J. A. & Gubrium, J. F. (1995). *The active interview*. Qualitative Research Methods Series Vol.37. Sage Publication.······**534**
Holt, K. S. (1958). The home care of severely retarded children. *Pediatrics*, 22, 744-755.······**348**
Hong, K. M. (1978). The transitional phenomena: A theoretical integration. *Psychoanalytic Study of the Child*, 33, 47-79.······**56**
Hopkins, B. & Westra, T. (1989). Maternal expectations of their infants' development: Some ccultural differences. *Developmental Medicine and Child Neurology*, 31, 384-390.······**104**
Hrdy, S. B. (2009). *Mothers and others: The evolutionary origins of mutual understanding*. Belknap Press of Harvard University.······**52**
Hugh-Jones, S. & Smith, P. K. (1999). Self-reports of short- and long-term effects of bullying on children who stammer. *British Journal of Educational Psychology*, 69(2), 141-158.······**328**
Hughes, C. (2011). *Social understanding and social lives: From toddlerhood through to the transition to school*. Psychology Press.······**404**
Huizinga, M. et al. (2006). Age-related change in executive function: Developmental trends and a latent variable analysis. *Neuropsychologia*, 44, 2017-2036.······**86**
Hunt, M. & Padilla, Y. (2006). Development of the petbereavement questionnaire. *Anthrozoös*, 19(4), 308-324.······**494**
Hunter, A. G. W. (2010). Down syndrome. In S. B. Cassidy & J. E. Allanson(Eds.), *Management of genetic syndromes* (3rd ed., p. 309-336). Wiley-Liss.······**270**
Hutman, T. et al. (2009). Mothers' narratives regarding their child with autism predict maternal synchronous behavior during play. *Journal of Child Psychology and Psychiatry*, 50, 1255-1263.······**244**

I

Iacoboni, M. (2008). *Mirroring people: The new science of how we connect with others*. Farrar, Straus, and Giroux. ······**386**
Iacoboni, M. (2009). *Mirroring people: The science of empathy and how we connect with others*. Picador USA. ······**392**
Ibarra, H. (2003). *Working identity unconventional strategies for reinventing your career*. Harvard Business Press.······**234**
Iglowstein, I. et al. (2003). Sleep duration from infancy to adolescence: Reference values and generational trends. *Pediatrics*, 111, 302-307.······**102**
Inagaki, K. & Hatano, G. (2002). *Young children's naïve thinking about the biological world*. Psychology Press. ······**76**
Indredavik, M. S. et al. (2010). Perinatal risk and psychiatric outcome in adolescents born preterm with very low birth weight or term small for gestational age. *Journal of Developmental & Behavioral Pediatrics*, 31(4), 286-294.······**280**
Inhelder, B. & Piaget, J. (1955). *De la logique de l'enfant à la logique de l'adolescent*. Presses Universitaires

de France. (A. Parsons & S. Milgram (Trans.) (1958). *The growth of logical thinking from childhood to adolescence.* Basic Books.)……**416**

Iso-Ahola, S. E. (1980). *The social psychology of leisure and recreation.* W. C. Brown Company Publishers. ……**306**

Iso-Ahola, S. E. (1982). Toward a social psychological theory of tourism motivation: A rejoinder. *Annals of Tourism Research,* 12, 256-262.……**306**

Israeli, N. (1935). Distress in the outlook of Lancashire and Scottish unemployed. *Journal of Applied Psychology,* 19, 67-69.……**304**

Itakura, S. et al. (2008). How to build an android: Infant's intention of a robot's goal-directed actions. *Infancy,* 13, 519-532.……**394**

Itier, R. J. & Taylor, M. J. (2004). Face recognition memory and configural processing: A developmental ERP study using upright, inverted, and contrast-reversed faces. *Journal of Cognitive Neuroscience,* 16, 487-502. ……**36**

J

Jacobson, S. W. (1979). Matching behavior in the young infant. *Child Development,* 50, 425-430.……**364**

Jahoda, M. (1982), *Employment and unemployment,* Cambridge University Press.……**492**

James, W. (1890). *Principles of psychology.* Dover Publications.……**40**

Järvinen, A. et al. (in press). The social phenotype of Williams syndrome. *Current Opinion in Neurobiology.* ……**36**

Jastorff, J. & Orban, G. A. (2009). Human functional magnetic resonance imaging reveals separation and integration of shape and motion cues in biological motion processing. *Journal of Neuroscience,* 29, 7315-7329.……**34**

Jefferson, T. et al. (1998). Associations between birth order and personality traits: Evidence from self-reports and observer ratings. *Journal of Research in Personality,* 32(4), 498-509.……**476**

Jensen, A. R. (1969). How much can we boost IQ and scholastic achievement? *Harvard Educational Review,* 39, 1-123.……**558**

Jensen, A. R. (1972). *Genetics and education.* Harper & Row.……**558**

Jevons, W. S. (1871). The power of numerical discrimination. Nature, 3(67), 281-282.……**36**

Johansson, G. (1973). Visual perception of biological motion and a model for its analysis. *Perception and Psychophysics,* 14, 201-211.……**34**

Johnson, J. E. et al. (2005). *Play, development, and early education.* Allyn and Bacon.……**414**

Johnson, M. H. (2000). Functional brain development in infants: Elements of an interactive specialization framework. *Child Development,* 71, 75-81.……**450**

Johnson, M. H. (2005). Subcortical face processing. *Nature Reviews Neuroscience,* 6, 766-774.……**36**

Johnson, M. H. (2011). Interactive specialization: A domain-general framework for human functional brain development? *Developmental Cognitive Neuroscience,* 1, 7-21.……**36**

Johnson, M. H. & Morton, J. (1991). *Biology and cognitive development: The case of face recognition.* Wiley-Blackwell.……**44**

Johnson, M. H. et al. (1991). Newborns'preferential tracking of face-like stimuli and its subsequent decline. *Cognition,* 40, 1-19.……**36**

Johnson, S. et al. (2010). Psychiatric disorders in extremely preterm children: Longitudinal finding at age 11 years in the EPICure Study. *Journal of the American Academy of Child & Adolescent Psychiatry,* 49(5), 453-463.……**280**

Jolley, R. P. (2010). *Children and pictures: Drawing and understanding.* Wiley-Blackwell.……**398**
Jones, E. et al. (1984). *Social stigma: The psychology of marked relationships.* Freeman and Company.……**222**
Jones, G. & Wallace, C. (1992). *Youth, family and citizenship.* Open University Press.……**294, 296**
Jones, K. S. (2003). What is an affordance? *Ecological Psychology,* **15**(2), 107-114.……**64**
Jones, S. S. (1996). Imitation or exploration?: Young infants' matching of adults' oral gestures. *Child Development,* **67**, 1952-1969.……**364**
Jones, S. S. (2006). Exploration or imitation? The effect of music on 4-week-old infants' tongue protrusions. *Infant Behavior & Development,* **29**, 126-130.……**364**
Jopp, D. & Rott, C. (2006). Adaptation in very old age: Exploring the role of resources, beliefs, and attitudes for centenarians' happiness. *Psychology and aging,* **21**(2), 266-280.……**186**
Jung, C. G. (1931/1960). The stages of life. *The Collective Works of Carl G. Jung,* Vol.8. Princeton University Press.……**420**

K

Kagan, J. (1969). The three faces of continuity in human development. In D. A. Goslin(Ed.), *Handbook of socialization theory and research* (pp. 983-1002). Rand McNally.……**454**
Kağitçibaşi, C. (2007). *Family, self, and human development across cultures: Theory and applications.* Lawrence Erlbaum Associates.……**200**
Kahn, R. L. et al. (1964). *Organizational stress.* Wiley.……**300**
Kaltiala-Heino, R. et al. (1999). Bullying, depression, and suicidal ideation in finnish adolescents: school survey. *British Medical Journal,* **319**, 348-351.……**328**
Kaltiala-Heino, R. et al. (2000). Bullying at school: An indicator of adolescents at risk for mental disorders. *Journal of Adolescence,* **23**(6), 661-674.……**328**
Kanwisher, N. (2010). Functional specificity in the human brain: A window into the functional architecture of the mind. *Proceedings of National Academy of Sciences of the United States of America,* **107**, 11163-11170. ……**36**
Kanwisher, N. et al. (1997). The fusiform face area: A module in human extrastriate cortex specialized for face perception. *Journal of Neuroscience,* **17**, 4302-4311.……**36**
Kaplan, H. & Dove, H. (1987). Infant development among the ache of eastern Paraguay. *Developmental Psychology,* **23**, 190-198.……**104**
Kaplan, R. & Kaplan, S. (1989). *The experience of nature: A psychological perspective.* Cambridge University Press.……**528**
Kaplan, R. & Talbot, J. F. (1988). Ethnicity and preference for natural settings: A review and recent findings. *Landscape and Urban Planning,* **15**, 107-117.……**528**
Karmiloff-Smith, A. (1992). *Beyond modularity: A developmental perspective on cognitive science.* MIT Press. ……**36, 414**
Karp, D. R. et al. (1993). Raising the minimum in the minimal group paradigm. *Japanese Journal of Experimental Social Psychology,* **32**, 231-240.……**474**
Katz, P. & Zigler, E. (1967). Self-image disparity: A developmental approach. *Journal of Personality and Social Psychology,* **5**, 186-195.……**472**
Kaufman, A. S. (2012). *Intelligent testing for helping children with learning difficulties in the 21st century.*(日本 LD 学会第 20 回大会特別講演 [2011 年 9 月])……**158**
Kaufman, N. L. & Kumagai, K. (2012). Use of individually administered achievement tests as crucial tools to help children with learning disabilities.(日本 LD 学会第 20 回大会特別講演 [2011 年 9 月])……**158**
Kavanaugh, R. D. et al. (1983). Mother' use of fantasy in speech to young childeren. *Journal of Child*

Language, 10, 45-55.······10
Kavšek, M. (2004). Predicting later IQ from infant visual habituation and dishabituation: A meta-analysis. *Applied Developmental Psychology*, 25, 369-393.······126
Kawato, M. (1999). Internal models for motor control and trajectory planning. *Current Opinion in Neurobiology*, 9, 718-727.······518
Kaye, K. & Wells, A. J. (1980) Mothers'jiggling and the burst-pause pattern in neonatal feeding. *Infant Behavior and Development*, 3, 29-46.······14, 58
Keddie, K. M. G. (1977). Pathological mourning after the death of a domestic pet. *British Journal of Psychiatry*, 131, 21-25.······494
Keil, F. C. & Batterman, N. (1984). A characteristic-to-defining shift in the development of word meaning. *Journal of Verbal Learning and Verbal Behavior*, 23, 221-236.······416
Keniston, K. (1968). *Young radicals: Notes on committed youth.* Arcourt, Brace & World.······296
Keniston, K. (1971). *Youth and dissent: The rise of a new opposition.* Harcourt Brace Jovanovich.······294
Klauber, T. (1998). The significance of trauma in work with parents of severely disturbed children, and its implication for work with parents in general. *Journal of Child Psychotherapy*, 26, 85-107.······442
Klayman, J. & Ha, Y. W. (1987). Confirmation, disconfirmation, and information in hypothesis testing. *Psychological Review*, 94, 211-228.······78, 80
Klein, M. H. et al. (1970). The experiencing scale. *A research and training manual volume1.* Wisconsin Psychiatric Institute.······332
Klin, A. et al. (2009). Two-year-olds with autism orient to non-social contingencies rather than biological motion. *Nature*, 459, 257-261.······34
Kochanska, G. (1995). Children's temperament, mothers'discipline, and security of attachment: Multiple pathways to emerging internalizations. *Child Development*, 62, 1379-1392.······156
Kochanska, G. (1997). Multiple pathways to conscience for children with different temperaments: From toddlerhood to age 5. *Developmental Psychology*, 33, 228-240.······156
Kochanska, G. & Knaack, A. (2003). Effortful control as a personality characteristic of young children: Antecedents, correlates, and consequences. *Journal of Personality*, 71, 1087-1112.······156
Kochanska, G. et al. (2007). Children's fearfulness as a moderator of parenting in early socialization: Two longitudinal studies. *Developmental Psychology*, 43, 222-237.······156
Kochanska, G. et al. (2009). Guilt and effortful control: Two mechanism that prevent disruptive developmental trajectories. *Journal of Personality and Social Psychology*, 97, 322-333.······392
Kodama, N. (1993). Behavioral development and strain differences in perinatal mice (Mus musculus). *Journal of Comparative Psychology*, 107, 91-98.······268
Koldewyn, K. et al. (2010). The psychophysics of visual motion and global form processing in autism. *Brain*, 133, 599-610.······34
Komada, Y. et al. (2011). Relationship between napping pattern and nocturnal sleep among Japanese nursery school children. *Sleep Medicine*, 13, 107-110.······102
Kozlowski, L. T. & Cutting, J. E. (1977). Recognizing the sex of a walker from a dynamic point-light display. *Perception and Psychophysics*, 21, 575-580.······34
Krakowski, A. I. et al. (2011). The neurophysiology of human biological motion processing: A high-density electrical mapping study. *Neuroimage*, 56, 373-383.······34
Kray, J. et al. (2008). Verbal self-instructions in task switching: A compensatory tool for action-control deficits in childhood and old age? *Developmental Science*, 11(2), 223-236.······86
Kroger, J. (2007). *Identity development: Adolescence through adulthood* (2nd ed.). Sage.······418

Kübler-Ross E. (1960). *On Death and Dying* (pp. 25-146). Touchstone.······**190**

Kumpfer, K. L. (1999). Factors and processes contributing to resilience: The resilience framework. In M. D. Glantz & J. L. Johnson (Eds.), *Resiliency and development: Positive life adaptations* (pp. 179-244). Kluwer Academic.······**440**

Kupfer, D. J. et al. (Eds.). (2002). *A research agenda for DSM-V.* American Psychiatric Association.······**224**

Kutchins, H. & Kirk, S. (1997). *Making us crazy: The psychiatric bible and the creation of mental disorders.* Free Press.······**206**

Kvale, S. (1996). *InterViews: An introduction to qualitative research interviewing.* Sage Publication.······**534**

L

Lagoni, L. et al. (1994). When the bond is broken. In L. Lagoni et al. (Eds.), *The human-animal bond and grief* (pp. 29-52). W. B. Saunders.······**494**

Lamb, M. E. & Lewis, C. (2004). The development and significance of father-child relationships in two-parent families. In M. E. Lamb (Ed.), *The role of the father in child development* (4th. ed., pp. 272-306). John Wiley & Sons.······**198**

Lambie, J. A. & Marcel, A. J. (2002). Consciousness and the varieties of emotion experience: A Theoretical framework. *Psychological Review*, 109, 219-59.······**332**

Landolt, M. A. et al. (2003). Incidence and associations of parental and child posttraumatic stress symptoms in pediatric patients. *Journal of Child Psychology and Psychiatry*, 44, 1199-1207.······**110**

Laursen, B. & Collins, W. A. (2009). Parent-child relationships during adolescence. In R. M. Lerner & L. Steinberg (Eds.), *Handbook of adolescent psychology* (Vol. 2) (3rd ed., pp. 3-42.). John Wiley & Sons.······**320**

Lave, J. & Wenger, E. (1991). *Situated learning Legitimate participation.* Cambridge University Press.······**88**

Lavner, J. A. & Bradbury, T. N. (2012). Why do even satisfied newlyweds eventually go on to divorce? *Journal of Family Psychology*, 26, 1-10.······**490**

Ledebt, A. (2000). Changes in arm posture during the early acquisition of walking. *Infant Behavior & Development*, 23, 79-89.······**104**

Lee, D. N. & Young, D. S. (1985). Visual timing of interactive action. In D. S. Ingle et al. (Eds.), *Brain mechanisms and spatial vision.* Kluwer Academic Publishers.······**44**

Leeman, Y. & Reid, C. (2006). Multi/intercultural education in Australia and the Netherlands. *Compare: A Journal of Comparative Education*, 36, 57-72.······**468**

Legerstee, M. (2005). *Infants' sense of people: Precursors to a theory of mind.* Cambridge University Press.······**54**

Leggett, A. N. et al. (2011). Stress and burden among caregivers of patients with Lewy body dementia. *The Gerontologist*, 51, 76-85.······**136**

Lehto, J. H. et al. (2003). Dimensions of executive functioning: Evidence from children. *British Journal of Developmental Psychology*, 21, 59-80.······**86**

Lens, W. et al. (2012). Future time perspective as a motivational variable: Content and extension of future goals affect the quantity and quality of motivation. *Japanese Psychological Research*, 54(3), 321-333.······**114**

Lent, R. W. et al. (2004). Toward a unifying social cognitive theory of career and academic interest, choice, and performance, *Journal of Vocational Behavior*, 45, 79-122.······**292**

Leopold, W. F. (1949). *Speech development of a bilingual child.* AMS Press.······**16**

Lerner, R. M. (2002). *Concepts and theories of human development* (3rd ed.). Lawrence Erlbaum.······**288**

Lerner, R. M. et al. (2011). Continuity and discontinuity in development across the life span: A developmental systems perspective. In K. L. Fingerman, et al. (Eds.), *Handbook of life-span development* (pp. 141-160). Springer Publishing.······**454**
Leslie, A. M. (1987). Pretense and representation: The origins of "theory of mind." *Psychological Review*, 94, 412-426.······**108**
Leslie, A. M. & Keeble, S. (1987). Do six-month-old infants perceive causality? *Cognition*, 25, 265-288.······**30**
Levinger, G. & Snoek, J. D. (1972). *Attraction in relationships: A new look at interpersonal attraction*. General Learning Press.······**204**
Levinson, D. J. (1978). *The seasons of a man's life*. A. Knopf.······**420**
Lewin, K. (1936). *Princples of topological psychology*. McGraw-Hill.······**304**
Lewin, K. (1939). Field theory and experiment in social psychology: Concepts and methods. *The American Journal of Sociology*, 44, 868-896.······**418**
Lewin, K. (1948). *Revolving social conflict: Selected papers on group dynamics*. Harper.······**304**
Lewin, K. (1951). *Field Theory in Social Science*. C. Dorwin (Ed.). Harper.······**114, 304**
Lewis, M. (1992). *Shame: The exposed self*. The Free Press.······**212**
Lewis, M. & Takahashi, K. (2005). Beyond the dyad: conceptualization of social networks. *Human Development*, 48(1-2).······**60**
Lewis, M. et al. (1989). Deception in 3-year-olds. *Developmental Psychology*, 25, 439-443.······**402**
Lewontin, R. C. (1970). The units of selection. *Annual Review of Ecology and Systematics*, 1, 1-18.······**446**
Liberman, R. P. et al.,. (1989). *Social skills training for psychiatric patients*. Pergamon Press.······**248**
Limperopoulos, C. et al. (2007). Does cerebellar injury in premature infants contribute to the high prevalence of long-term cognitive, learning, and behavioral disability in survivors? *Pediatrics*, 120(3), 584-93.······**280**
Lincoln, Y. S. & Guba, E. G. (1985). *Naturalistic inquiry*. Sage.······**552**
Link, B. & Phelan, J. (2001). Conceptualizing stigma. *Annual Review of Sociology*, 27, 363-385.······**222**
Lipps, T. (1926). *Psychological studies*. Williams Wikens.······**392**
Liu, J. et al. (2000). The selectivity of the occipitotemporal M170 for faces. *Neuroreport*, 11, 337-341.······**36**
Liu, J. et al. (2002). Stages of processing in face perception: An MEG study. *Nature Neuroscience*, 5, 910-916. ······**36**
Luciana, M. & Nelson, C. A. (1998). The functional emergence of prefrontally-guided working memory systems in four- to eight-year-old children. *Neuropsychologia*, 36, 273-293.······**86**
Lund, R. et al. (2009). Exposure to bullying at school and depression in Adulthood: A study of danish men born in 1953. *European Journal of Public Health*, 19(1), 111-116.······**328**
Lupton, D. (1996). *Food, the body, and the self*. Sage publication.······**100**
Luquet, G. H. (1927). *Le dessin enfantin*. Alcan.······**398**
Luria, A. R. (1961). The role of speech in the regulation of normal and abnormal behavior In J. Tizard, (Ed.). Liveright.······**86**
Lynch, K. (1960).*The image of the city*. MIT Press.······**32**
Lynn, D. B. (1978). *The fathers: His role in child development*. Wadsworth.······**198**
Lynn, J. & Adamson, D. M. (2003). *Living well at the end of life*. WP-137. Rand Corporation. ······**188**

M

MacWhinney, B. (2000). *The CHILDES Project: Tools for analyzing talk*. (3rd ed.).Lawrence Erlbaum

Associates.······520
Main, M. & Hesse, E. (1990), Parents'unresolved traumatic experiences are related to infant disorganized attachment status: Is frightened and/or frightening parental behaviour the linking mechanism? In M. Greenberg et al. (Eds.), *Attachment in the Pre-School Years*. University of Chicago Press.······**442**
Main,M. & Solomon, J. (1990). Procedures for identifying infants as disorganized/disoriented during the ainsworth strange situation. In M. T. Greenberg et al. (Eds.), *Attachment in the preschool years*. University of Chicago Press.······**196**
Malatesta, C. Z. et. al. (1987). Emotion communication skills in young, middle-aged, and older women. *Psychology and Aging*, 2, 193-203.······**396**
Malik, S. H. & Coulson, N. S. (2008). Computer-mediated infertility support groups: An exploratory study of online experiences. *Patient Education and Counseling*, 73, 105-113.······**488**
Malloch, S. & Trevearthen, C. (2009). *Communicative musicality: Exploring the basis of human companionship*. Oxford University Press.······**106**
Mandler, J. M. (1999). Representation. In W. Damon(Ed.), *Handbook of child psychology* (5th ed.): Vol. 2(pp. 255-308). John Wiley & Sons.······**388**
Mandler, J. M. (2004). *The foundations of mind: Origins of conceptual thought*. Oxford University Press.······**388**
Mannell, R. C. (1993). High investment activity and life satisfaction among older adults: Committed, serious leisure and flow activities. In J. R. Kelly(Ed.), *Activity and aging*(pp.125-145). Sage Publications······**306**
Mannell, R. C. & Kleiber, D. A. (1997). *A social psychology of leisure*. Venture Publishing.······**306**
Mannle, S. & Tomasello, M. (1987). Fathers, siblings, and the bridge hypothesis. In K. E. Nelson & A. van Kleech(Eds.), *Children's language Vol. 6*(pp. 23-42). Lawrence Erlbaum Associates.······**198**
Marcia, J. E. (1966). Development and validation of ego-identity status. *Journal of Personality and Social Psychology*, 3, 551-558.······**314, 316, 430**
Margrett, J. A. et al. (2011). Affect and loneliness among centenarians and the oldest old: The role of individual and social resources. *Aging & mental health*, 15(3), 385-396.······**186**
Markman, E. M. (1989). *Categorization in children: Problems of induction*. MIT Press.······**4**
Markman, H. J. et al. (2010). The premarital communication roots of marital distress and divorce: The first five years of marriage. *Journal of Family Psychology*, 24, 289-298.······**490**
Markus, H. R. & Kitayama, S. (1991). Culture and the self: Implications for cognition, emotion, and motivation, *Psychological review*, 98(2), 224-253.······**464**
Markus, H. & Nurius, P. (1986). Possible selves. *American Psychologist*, 41, 954-969.······**472**
Martin, L. R. et al. (2007). Personality and mortality risk across the life span: The importance of conscientiousness as a biopsychosocial attribute. *Health Psychology*, 26(4), 428-436.······**184**
Martin, P. et al. (2006). Personality and longevity: Findings from the georgia centenarian Study. *Age (Dordrecht, Netherlands)*, 28(4), 343-352.······**186**
Martin, R. A. (2007). *The psychology of humor: An integrative approach*. Elsevier.······**404**
Marvin, R. et al. (2002). The circle of security project: Attachment-based intervention with caregiver-pre-school child dyads. *Attachment & Human Development*, 4(1), 107-124.······**160**
Masten, A. S. (2001). Ordinary magic: Resilience processes in development. *American Psychologist*, 56, 227-238.······**440**
Masui, Y. et al. (2006). Do personality characteristics predict longevity? Findings from the tokyo centenarian study. *Age(Dordrecht, Netherlands)*, 28(4), 353-361.······**186**
Matheny, A. P. (1987). Psychological characteristics of childhood accidents. *Journal of Social Issues*, 43, 45-

60.……330

Maurer, D. (1993). Neonatal synesthesia: Implications for the processing of speech and faces. In B. de Boysson-Bardies et al. (Eds.), *Developmental neurocognition: Speech and face processing in the first year of life*. Kluwer Academic.……40

Maynard Smith, J. & Price, G. (1973). The logic of animal conflict. *Nature*, 246, 15-18.……112

McAdams, D. P. (1985). *Power, intimacy, and the life story: Personological inquiries into identity*. The Guilford Press.……22

McCluskey, K. W. (2011). The importance of being early: A case for preschool enrichment. In J. L. Jolly et al. (Eds.), *Parenting gifted children: The authoritative guide from the national association for gifted children* (pp. 65-75). Prufrock Press.……142

McCrae, R. R. & Costa, P. T., Jr. (1990). *Personality in adulthood*. Guiford Press.……184

McCrae, R. R. & Costa, P. T., Jr. (2003). *Personality in adulthood: A five-factor theory perspective* (2nd ed.). Guilford Press. ……180

McCrae, R. R. et al. (2000). Nature over nurture: Temperament, personality, and life span development. *Journal of Personality and Social Psychology*, 78, 173-186.……184

McCullough, M. E. et al. (2008). An adaptation for altruism? The social causes, social effects, and social evolution of gratitude. *Current Directions in Psychological Science*, 17, 281-285.……256

McDermott, J. & Hauser, M. (2006). Are consonant intervals music to their ears? Spontaneous acoustic preferences in a nonhuman primate. *Cognition*, 94, B11-B21.……106

McGraw, M. B. (1935). *Growth: A study of Johnny and Jimmy*. Appleton-Century Co.……104

Mcleod, J. (2000). *Qualitative research in counseling and psychotherapy*. Sage.……332

Meeus, W. et al. (2010). On the progression and stability of adolescent identity formation: A five-wave longitudinal study in early-to-middle and middle-to-late adolescence. *Child Development*, 81, 1565-1581. ……430

Mehler, J. & Bever, T. G. (1967). Cognitive capacity of young children. *Science*, 158, 141-142.……36

Meins, E. et al. (2001). Rethinking maternal sensitivity: Mothers' comments on infants' mental processes predict security of attachment at 12 months. *Journal of Child Psychology and Psychiatry and Allied Disciplines*, 42, 637-648.……160

Meltzoff, A. N. (1988). Infant imitation and memory: Nine-month-olds in immediate and deferred tests. *Child Development*, 59, 217-225.……390

Meltzoff, A. N. (1995). Understanding the intentions of others: Re-enactment of intended acts by 18-month-old children. *Developmental Psychology*, 31, 838-850.……390, 394

Meltzoff, A. N. & Moore, M. K. (1977). Imitation of facial and manual gestures by human neonates. *Science*, 198, 75-78.……364, 390, 396

Meltzoff, A. N. & Moore, M. K. (1983). Newborn infants imitate adult facial gestures. *Child Development*, 54, 702-709.……364

Meltzoff, A. N. & Moore, M. K. (1992). Early imitation within a functional framework: The importance of person identity, movement, and development. *Infant Behavior and Development*, 15, 479-505.……390

Melzack, M. & Wall, P. D. (1965). Pain mechanisms. a new theory. *Science*, 150, 171-179.……70

Menard, S. (1991). *Longitudinal research*. Sage Publications.……540

Mennella, J. A. et al. (2001). Prenatal and postnatal flavor learning by human infants. *Pediatrics*, 107, e88. ……44

Menzel, P. & D'Alusio, F. (2000). *Robo Sapiens: Evolution of a new species*. MIT Press.……480

Mervielde, I. et al. (1995). The validity of the big-five as a model for teacher's ratings of individual

differences among children aged 4-12 years. *Personality and Individual Differences*, 18, 525-534.······**438**
Messick, S. (1976). Personality consistencies in cognition and creativity. In S. Messick (Ed.), *Individuality in learning*, (pp. 4-17). Jossey-Boss Publications.······**84**
Meyer, D. J. & Vadasy, P. F. (1994). Sibshops: *Workshops for sibling of children with special needs*. Paul H. Brooks.······**348**
Michaels, C. F. (2003). Affordances: Four points of debate. *Ecological Psychology*, 15(2), 135-148.······**64**
Mindell, J. A. et al. (2010). Cross-cultural differences in infant and toddler sleep. *Sleep Medicine*, 11, 274-280.······**102**
Mitchell, K. E. et al. (1999). Planned happenstance: Constructing unexpected career opportunities. *Journal of Counseling and Development*, 77, 115-124.······**290**
Mithen, S. (1996). *The Prehistory of the Mind*. Thames and Hudson.······**478**
Miyake, A. et al. (2000). The unity and diversity of executive functions and their contributions to complex "Frontal Lobe" tasks : A latent variable analysis. *Cognitive Psychology*, 41, 49-100.······**86**
Miyake, N. (1986). Constructive interaction and iterative processes of understanding. *Cognitive Science*, 10, 151-177.······**138**
Mize, J. & Ladd, G. W. (1990). A cognitive-social learning approach to social skill training with low-status preschool children. *Developmental Psychology*, 26, 388-397.······**248**
Mobbs, D. et al. (2004). Anomalous brain activation during face and gaze processing in Williams syndrome. *Neurology*, 62, 2070-2076.······**36**
Moffitt, T. E. (2005). The new look of behavioral genetics in developmental psychology: Gene-environment interplay in antisocial behaviors. *Psychological Bulletin*, 131, 533-554.······**278**
Moffitt, T. E. & Caspi, A. (2001). Childhood predictors differentiate life-course persistent and adolescence-limited antisocial pathways among males and females. *Development and Psychopathology*, 13, 355-375.······**226**
Mondloch, C. & Maurer, D. (2004). Do small white balls squeak? Pitch-object correspondences in young children. *Cognitive, Affective & Behavioral Neuroscience*, 4, 133-136.······**40**
Monks, C. P. & Coyne, I. (2011). *Bullying in different contexts*. Cambridge University Press.······**328**
Moore, R. (2000). *An introduction to behavioral endocrinology* (2nd ed.). Sinauer Associates.······**112**
Moretti, M., M. & Higgins, E. T. (1990). Relating self-discrepancy to self-esteem: The contribution of discrepancy beyond actual-self ratings. *Journal of Experimental Social Psychology*, 26, 108-123.······**472**
Moriguchi, Y. et al. (2012). Cultural differences in the development of cognitive shifting: East-west comparison. *Journal of Experimental Child Psychology*, 111, 156-163.······**86**
Morrongiello, B. A. & Sedore, L. (2005). The influence of child attributes and social-situational context on school-age children's risk taking behaviors that can lead to injury. *Applied Developmental Psychology*, 26, 347-361.······**110**
Morsing, E. et al. (2011). Cognitive function after intrauterine growth restriction and very preterm birth. *Pediatrics*, 127(4), 874-82.······**280**
Morton, J. & Johnson, M. H. (1991). CONSPEC and CONLERN: A two-process theory of infant face recognition. *Psychological Review*, 98, 164-181.······**36**, **44**
Moynihan, M. (1998). *The social regulation of competition and aggression in animals*. Smithsonian Institution Press.······**112**
Mroczek, D. K. (2001). Age and emotion in adulthood. *Current Directions in Psychological Science*, 10, 87-90.······**180**
Mroczek, D. K. & Kolarz, C. M. (1998). The effect of age on positive and negative affect: A developmental

perspective on happiness. *Journal of Personality and Social Psychology*, 75, 1333-1349.······184

Mukai, T. (1996). Mothers, peers, and perceived pressure to diet among Japanese girls. *Journal of Research on Adolescence*, 6, 309-324.······**326**

Murphy, P. et al. (2009). No evidence for impaired perception of biological motion in adults with autistic spectrum disorders. *Neuropsychologia*, 47, 3225-3235.······**34**

Musil, C. M. et al. (2010). Grandmothers and caregiving to grandchildren: Continuity, change, and outcomes over 24 months. *The Gerontologist*, 51, 86-100.······**136**

Myowa-Yamakoshi, M. & Matsuzawa, T. (1999). Factors influencing imitation of manipulatory actions in chimpanzees. *Journal of Comparative Psychology*, 113, 128-136.······**390**

Myowa-Yamakoshi, M. & Matsuzawa, T. (2000). Imitation of intentional manipulatory actions in chimpanzees. *Journal of Comparative Psychology*, 114, 381-391. ······**390**

Myowa-Yamakoshi, M. et al. (2004). Imitation in neonatal chimpanzees (*Pan troglodytes*). *Developmental Science*, 7, 437-442.······**364, 390**

Myowa-Yamakoshi, M. et al. (2012). Humans and chimpamzees attend differently to goal-directed actions. *Nature Communications*, 3, 639, doi: 10.1038/ncomms1695. ······**390**

N

Nakano et al. (2010). Atypical gaze patterns in children and adults with autism spectrum disorders dissociated from developmental changes in gaze behavior. proceedings of the royal society B. *Biological Sciences*, 277, 2935-2943. ······**36**

Nasar, J. L. (1997). *The evaluative image of the city*. Sage Publications.······**528**

Naylor, A. & Prescott, P. (2004). Invisible children: The need for support groups for siblings of disabled children. *British Journal of Special Education*, 31, 199-206······**348**

Needham, A. & Baillargeon, R. (1993). Institutions about support in 4.5-month-old infants. *Cognition*, 47, 121-148.······**30**

Negayama, K. (1993). Weaning in Japan: A longitudinal study of mother and child behaviours during milk and solid-feeding. *Early Development and Parenting*, 2, 29-37.······**58**

Negayama, K. (2011). Kowakare: A new perspective on the development of mother-offspring relationship. *Integrative Psychological and Behavioral Science*, 45, 86-99.······**166**

Neimeyer, R. A. (2002). *Lessons of loss: A guide of coping*. McGraw-Hill.······**504**

Neisser, U. (1993). The self perceived. In U. Neisser(Ed.), *The perceived self: Ecological and interpersonal sources of self-knowledge*(pp. 3-21). Cambridge University Press.······**244**

Neisser, U. (Ed.). (1998). *The rising curve: Long-term gains in IQ and related measures*. American Psychological Association.······**126**

Nelson, K. (1989). *Narratives from the crib*. Harvard University Press.······**6**

Nelson, K. & Gruendel, J. (1981) Generalaized event representations: Basic building blocks of cognitive development. In M. E. Lamb & A. L. Brown(Eds.), *Advances in developmental psychology, Vol. 1*(pp. 131-158). Lawrence Erlbaum Associates.······**6**

Nelson, K. & Gruendel, J. (1986). Children's scripts. In K. Nelson(Ed.), *Event knowledge*. Lawrence Erlbaum Associates.······**368**

Neugarten, B. L. et al. (1968). Personality and pattern of aging . In B. L. Neugarten (Ed.), *Middle age and aging* (pp. 173-177). University of Chicago Press.······**182**

Neulinger, J. (1974). *Psychology of leisure: Research approaches to the study of leisure*. Charles C. Thomas, Publisher.······**306**

Nicholls, J. G. (1978). The development of the concepts of effort and ability, perception of academic attainment, and the understanding that difficult tasks require more ability. *Child Development*, 49, 800-814. ……**152, 472**

Norman, W. T. (1963). Toward and adequate of personality attributes: Replicated factor structure in peer nomination personality ratings. *Journal of Abnormal and Social Psychology*, 66, 574-583. ……**438**

O

Oakes, L. M. (2010). Using habituation of looking time to assess mental processes in infancy. *Journal of Cognition and Development*, 11, 255-268. ……**28**

Oakes, L. M. & Cohen, L. B. (1990). Infant perception of causal event. *Cognitive Development*, 5, 193-207. ……**76**

Oden, S. & Asher, S. R. (1977). Coaching children in social skills for friendship making. *Child Development*, 48, 495-506. ……**248**

OECD. (2007). *Understanding the brain: The birth of a learning science*. OECD. ……**414**

Ogilvie, D. M. (1987). The undesired self: A neglected variables in personality research. *Journal of Personality and Social Psychology*, 52, 379-385. ……**472**

Oh, S. et al. (2009). How does the culture appearing in interviews?: Focus on "treating" in Korea and "going dutch" in Japan. *Maebashi Kyoai Gakuen College journal*, 9, 125-135. ……**466**

Ohayon, M. et al. (2004). Meta-analysis of quantitative sleep parameters from childhood to old age in healthy individuals: Developing normative sleep values across the human lifespan. *Sleep*, 27, 1255-1273. ……**102**

Okano, G. et al. (1996). Prevalance of disordered eating patterns and menstrual status in Japanese female athletes. *Journal of Physical Fitness Sports Medicine*, 45, 419-428. ……**326**

O'Leary, K. D. et al. (1994). Physical aggression in early marriage: Prerelationship and relationship effects. *Journal of Consulting and Clinical Psychology*, 62, 594-602. ……**210**

Oppenheim, D. & Koren-Karie, N. (2002). Mothers' insightfulness regarding their children's internal worlds: The capacity underlying secure child-mother relationships. *Infant Mental Health Journal*, 23(6), 593-605. ……**160**

Oppenheim, D. et al. (2004). Maternal insightfulness and preschoolers' emotion and behavior problems: Reciprocal influences in a therapeutic preschool program. *Infant Mental Health Journal*, 25, 1(4), 352-367. ……**160**

Ornstein, M. et al. (1991). Neonatal follow-up of very low birthweight/extremely low birthweight infants to school age: A critical overview. *Acta Paediatrica Scandinavica*, 80, 741-748. ……**280**

Oteghen, S. V. & Jacobson, P. A. (1981). Preschool individualized movement experience. *Journal of Physical Education, Recreation and Dance*, 5, 24-26. ……**370**

P

Panksepp, J. (1998). *Affective neuroscience: The foundations of human and animal emotions*. Oxford University Press. ……**108**

Parker, I. (2004). *Qualitative Psychology: Introducing Radical Research*. Open University Press. ……**552**

Parkes, C. M. (1996). *Bereavement: Studies of grief in adult life* (3rd ed.). Routledge. ……**504**

Parsons, F. (1909). *Choosing a vocation*. Houghton Mifflin. ……**292**

Parsons, T. (1951). *The social system*. The Free Press. ……**230**

Paulhus, D. L. et al. (1999). Birth order effects on personality and achievement within families. *Psychological*

Science, 10(6), 482-488.······**476**

Peabody, D. & Goldberg, L. R. (1989). Some determinants of factor structures from personality-trait descriptions. *Journal of Personality and Social Psychology*, 57, 552-567.······**438**

Perry, B. D. et al. (1995). Childhood trauma, the neurobiology of adaptation and "use-dependent" development of the brain: How "states" become "traits". *Infant Mental Health Journal*, 16, 271-91.······**442**

Peterson, C. & McCabe, A. (1996). Parental scaffolding of context in children's narratives. In C. E. Johnson & J. H. V. Gilbert(Eds.), *Children's Language, Vol. 9*. (pp. 183-196). Lawrence Erlbaum Associates.······**14**

Phinney, J. S. & Baldelomar, O. A. (2011). Identity development in multiple cultural contexts. In L. A. Jensen (Ed.), *Bridging cultural and developmental approaches to psychology: New syntheses in theory, research, and policy* (pp. 161-186). Oxford University Press.······**430**

Piaget, J. (1926). *La représentation du monde chez l'enfant*. Alcan.······**398**

Piaget, J. (1950). *Introduction à l'épistémologie génétique, 3 vol*. Presses universitaires de France.······**94**

Piaget, J. (1952). *La psychologie de l'intelligence*. Librairie Armand Colin.······**418**

Piaget, J. (1952). *The child's conception of number*. Routledge & Kegan Paul.······**36**

Piaget, J. (1954). *The construction of reality in the child*. Basic Books.······**474**

Piaget, J. (1970). *L'épistémologie génétique*. Presses Universitaires de France.······**416**

Piaget, J. (1970a). Piaget's theory. In P. H. Mussen (Ed.), *Carmichael's manual of child psychology*(3rd ed.): Vol. 1 (pp. 703-732). John Willey & Sons.······**90, 94, 388**

Piaget, J. (1970b). *Genetic epistemology*, trans. by E. Duckworth, Columbia University Press.······**94**

Piaget, J. & Inhelder, B. (1948). *La représentation de l'espace chez l'enfant*. Presses Universitaires de France. (F. J. Langdon & J. L. Lunzer (Trans.) (1956). *The child's conception of space*. Routledge & Kegan Paul.)······**92, 416**

Piaget, J. & Szeminska, A. (1941). *La genèse du nombre chez l'enfant*. Delachaux et Niestlé.······**138**

Pickering, S. J. (Ed.). (2006). *Working memory and education*. Academic Press.······**132**

Pillemer, D. B. (1998). *Momentous events, vivid memories: How unforgettable moments help us understand the meaning of our lives*. Harvard University Press.······**22**

Pinker, S. (1997). *How the mind works*. Norton.······**450**

Plantinga, J. & Trainor, L. J. (2004). Memory for melody: Infants use a relative pitch code. *Cognition*, 98, 1-11.······**106**

Pliner, P. & Hobden, K. (1992). Development of a scale to measure the trait of food neophobia in humans. *Appetite*, 19, 105-120.······**44**

Plomin, R. et al. (2008). *Behavioral genetics* (5th ed.). Worth Publishers.······**278**

Plumert, J. M. (1995). Relations between children's overestimation of their physical abilities and accident proneness. *Developmental Psychology*, 31, 866-876.······**330**

Plummer, K. (1995). *Telling sexual stories: Power, change and social worlds*. Routledge.······**232**

Poon, L. W. et al. (2007). Methodological considerations in studying centenarians: Lessons learned from the georgia centenarian studies. *Annual review of gerontology & geriatrics*, 27(1), 231-264.······**186**

Popplestone, J. A. & McPherson, M. W. (1994). *An illustrated history of American psychology*. University of Akron Press.······**544**

Premack, D. (2007). Human and animal cognition: Continuity and discontinuity. *Proceedings of the National Academy of Sciences of the USA*, 104, 13861-13867.······**402**

Premack, D. & Woodruff, G. (1978). Does the chimpanzee have a theory of mind? *Behavioral Brain Science*, 1, 515-526.······**394**

Prigerson, H. G. et al. (1995). The inventory of complicated grief: A scale to measure maladaptive symptoms of loss. *Psychiatry Research*, 59(1-2), 65-79.······**504**

Prior, V. & Glaser, D. (2006). *Understanding attachment and attachmen disorders: Theory, evidence and practice*. Jessica Kingsley Publishers.······**196**

Prizant, B. M. et al. (2005). *The SCERTS Model: A comprehensive educational appoach for children with autism spectrum disorder. Vol. 1. Assessment*. Brookes Publishing.······**368**

Prizant, B. M. et al. (2006). *The SCERTS® Model*. Brookes.······**344**

Provence, S. & Ritvo, S. (1961). Effects of deprivation on institutionalized infants: Disturbances in development on relationships to inanimate objects. *Psychoanalytic Study of the Child*, 16, 189-204.······**56**

Psathas, G. (1995). *Conversation analysis: The study of talk-in-interaction*. Sage.······**548**

Puente, S. & Cohen, D. (2003) Jealousy and the meaning (or nonmeaning) of violence. *Personality and Social Psychology Bulletin*, 29, 449-460.······**210**

Q

Quine, W. V. O. (1960). *Word and object*. Cambridge University Press.······**4**

R

Raghubar, K. P. et al. (2010). Working memory and mathematics: A review of developmental, individual difference, and cognitive approaches. *Learning and Individual Differences*, 20, 110-122.······**138**

Raskin, R. & Hall, C. S. (1979). A narcissistic personality inventory. *Psychological Reports*, 45, 590.······**208**

Raskin, R. & Terry, H. (1988). A principal-components analysis of the Narcissistic personalityinventory and further evidence of its construct validity. *Journal of Personality and Social Psychology*, 54, 890-902.······**208**

Ray, W. J. (2003). *Methods toward a science of behavior and experience* (7th ed). Wadsworth.······**540**

Reddy, V. (1991). Playing with others' expectations: Teasing and mucking about in the first year. In A.Whiten (Ed.), *Natural theories of mind: Evolution, development, and simulation of everyday mindreading* (pp. 143-158). Basil Blackwell.······**402**

Reed, E. S. (1982). An outline of a theory of action systems. *Journal of Motor Behavior*, 14, 98-134.······**104**

Reese, E. et al. (1993). Parental styles of talking about the past. *Cognitive Development*, 8, 403-430.······**6**

Reeves, B. & Nass, C. (1996). *The media equation: How people treat computers, television, and new media like real people and places*. Cambridge University Press.······**480**

Reilly, J. J. et al. (2005). A early life risk factors for obesity in childhood: Cohort study. *BMJ*, 330, 1357.······**102**

Renzulli, J. S. (1995). *Building a bridge between gifted education and total school improvement*. NRC/GT.······**158**

Reverby, S. (2011). Listening to narratives from the Tuskegee syphilis study. *Lancet*, 377, 1646-1647······**222**

Rholes, W. S. & Simpson, J. A. (Eds.). (2004). *Adult attachment: Theory, research, and clinical implications*. Guilford Press.······**196**

Riby, D. M. & Hancock, P. J. (2008). Viewing it differently: Social scene perception in Williams syndrome and autism. *Neuropsychologia*, 46, 2855-2860.······**36**

Rivers, I. et al. (2009). Observing Bullying at School: The mental health implications of witness status. *School Psychology Quarterly*, 24(4), 211-223.······**328**

Rizzolatti, G. & Sinigaglia, C. (2008). *Mirrors in the brain: How we share our actions and emotions*. Oxford: Oxford University Press.······**386**

Robine, J.-M. & Allard, M. (1999). Jeanne calment: Validation of the duration ofher life. In B. Jeune & J. W. Vaupel (Eds.), *Validation of exceptional longevity (the monographs on population aging 6)* (pp. 145-162). Odense University Press.······**186**

Robins, R. W. & Trzesniewski, K. H. (2005). Self-esteem development across the life span. *Current Direction in Psychological Science*, 14, 158-162.······**322**

Robins, R. W. et al. (2002). Global self-esteem across the life span. *Psychology and Aging*, 17, 423-434.······**324**

Robinson, N. M. (2008). Early childhood. In J. A. Plucker & C. M. Callahan(Eds.), *Critical issues and practices in gifted education: What the research says* (pp.179-194). Prufrock Press.······**142**

Roder, B. J. et al. (2000). Infants' preferences for familiarity and novelty during the course of visual processing. *Infancy*, 1, 491-507.······**28**

Roediger, H. L., Ⅲ & McDermott, K. B. (1995). Creating false memories: Remembering words not presented in lists. *Journal of Experimental Psychology: Learning, Memory & Cognition*, 21, 803-814.······**518**

Rogers, C. R. (1951). *Client-centered therapy: Its current practice, implications and theory*. Houghton Mifflin. ······**472**

Rogers, C. R. (1959) A theory of therapy, personality and interpersonal relationships as developed in the client-centered framework. In S. Koch(Ed.), *Psychology: A study of a science,Vol. Ⅲ. Formulations of the person and the social context*(pp. 184-256). McGraw-Hill.······**332**

Rogers, C. R. (1961). *On becoming a person*. Houghton Mifflin. ······**246**

Rogoff, B. (1998). Cognition as a collaborative process. In D. Kuhn & R. S. Siegler (Eds.), *Handbook of child psychology.(5th ed.). vol. 2. Cognition, perception, and language*. Wiley.······**464**

Roland, E. (2002). Bullying, depressive symptoms and suicidal thoughts. *Educational Research*, 44(1), 55-67.······**328**

Ronnlund, M. et al. (2005). Stability, growth, and decline in adult life span development of declarative memory: Cross-sectional and longitudinal data from a population-based study. *Psychology and Aging*, 20, 3-18.······**184**

Roschelle, J. (1992). Learning by collaborating: Convergent conceptual change. *Journal of the Learning Science*, 2, 235-276. ······**138**

Rosen, A. & Rosen, J. (Eds.). (2005). *Frozen dreams: Psychodynamic dimensions of infertility and assisted reproduction*. The Analytic Press.······**488**

Rosenblum, L. D. et al. (1997).The McGurk effect in infants. *Perception and Psychophysics*, 59(3), 347-357. ······**40**

Ross, C. (2001). Park or ride? evolution of infant carrying in primates. *International Journal of Primatology*, 22, 749-771.······**52**

Ross, J. et al. (2012). Developmental changes in emotion recognition from full-light and point-light displays of body movement. *PLoS One*. 7, e44815.······**34**

Rossion, B. et al. (2002). Expertise training with novel objects leads to face-like electrophysiological responses. *Psychological Science*, 13, 250-257.······**36**

Rothbart, M. K. (1981). Measurement of temperament in infancy. *Child Development*, 52, 569-578.······**444**

Rothbart, M. K. (2011). *Becoming who we are. Temperament and personality in development*. The Guilford Press.······**156, 444**

Rothbart, M. K. & Bates, J. E. (1998). Temperament. In W. Damon & N. Eisenberg(Eds.), *Handbook of child psychology: Vol. 3. Social, emotional and personality development* (5th ed., pp. 105-176). Wiley.······**444**

Rothbart, M. K. & Derryberry, D. (1981). Development of individual differences in temperament. In M. E.

Lamb & A. L. Brown(Eds.), *Advances in developmental psychology*(pp. 37-86). Erlbaum.······**156**

Ruble, D. N. et al. (1980). Developmental analysis of the role of social comparison in self-evaluation. *Developmental Psychology*, 16, 105-115.······**472**

Ruble, D. N. et al. (2006). Gender development. In N. Eisenberg (Ed.). *Handbook of child psychology Vol. 3*(6th ed., pp. 858-932). Wiley.······**448**

Russell, J. A. (1980). A circumplex model of affect. *Journal of Personality and Social Psychology*, 39, 1161-1178.······**516**

■ S

Saarni, C. (1999). *The development of emotional competence*. Guilford.······**404**

Şahin, E. et al. (2007). To afford or not to afford: A new formalization of affordances toward affordance-based robot control. *Adaptive Behavior*, 15(4), 447-472.······**64**

Sameroff, A. (2006). Identifying risk and protective factors for healthy child development. In A. Clark-Stewart & J. Dunn (Eds.), *Families count: Effects on child and adolescent development* (pp. 53-76). Cambridge University Press.······**440**

Sameroff, A. J. & Haith, M. M. (Eds.). (1996). *The five to seven year shift: The age of reason and responsibility*. University of Chicago Press.······**414**

Saunders, C. (2006). *Cicely Saunders selected writings 1958-2004*. Oxford University Press.······**190**

Savickas, M. L. (2002). Career construction: A developmental theory of vocational behavior. In D. Brown (Ed.), *Career choice and development*(4th ed., pp. 149-205). Jossey-Bass.······**288**

Saygin, A. P. (2007). Superior temporal and premotor brain areas necessary for biological motion perception. *Brain*, 130, 2452-2461.······**34**

Saygin, A. P. et al. (2004). Point-light biological motion perception activates human premotor cortex. *Journal of Neuroscience*, 24, 6181-6188.······**34**

Saygin, A. P. et al. (2010). Unaffected perceptual thresholds for biological and non-biological form-from-motion perception in autism spectrum conditions. *PLoS One*. 5, e13491.······**34**

Scaife, M. & Bruner, J. S. (1975). The capacity of joint attention in the infant. *Nature*, 253, 265-266.······**54**

Scarr, S. & Carter-Saltzman, L. (1983). Genetics and intelligence. In J. L. Fuller & E. C. Simmel (Eds.), *Behavior genetics: Principles and applications*(pp. 217-335). Laurence Erlbaum Asoociates.······**268**

Schaie, K. W. (1979). The primary mental abilities in adulthood: An exploration in the development of psychometric intelligence. In P. B. Baltes & O. G. Brim, Jr. (Eds.), *Life-span development and behavior: vol. 2* (pp. 67-115). Academic press.······**462**

Schaie, K. W. (1994). The course of adult intellectual development. *American Psychologist*, 49, 304-313.······**184**

Schaie, K. W. (1996). *Intellectual development in adulthood: The Seattle longitudinal study*. Cambridge University Press.······**550**

Schaie, K. W. (2005). *Developmental influences on adult intelligence: The seattle longitudinal study*. Oxford University Press.······**126**

Schaie, K. W. & Labouvie-Vief, G. (1974). Generational versus ontogenic components of change in adult cognitive behavior: A fourteen-year cross-sequential study. *Developmental Psychology*, 10, 305-320.······**180**

Schaie, K. W. & Willis, S. L. (2001). *Adult development and aging* (5th ed.). Prentice Hall.······**550**

Schank, R. C. & Abelson, R. P. (1977). Scripts, plans, goals and understanding. Lawrence Erlbaum Associates.······**6, 368**

Scheibe, S. & Carstensen, L. L. (2010). Emotional aging: Recent findings and future trends. *The Journals of Gerontology, Series B Psychological Sciences and Social Sciences*, 65B(2), 135-144.······186

Scheier, C. et al. (2003). Sound induces perceptual reorganization of an ambiguous montion display in human infants. *Developmental Science*, 6, 233-244.······40

Scherf, K. S. et al. (2007). Visual category-selectivity for faces, places and objects emerges along different developmental trajectories. *Developmental Science*, 10, F15-30.······36

Schliemann, A. D. & Nunes, T. (1990). A situated schema of proportionality. *British Journal of Developmental Psychology*, 8, 259-268.······128

Schlosberg, H. (1954). Three dimensions of emotion. *Psychological Review*, 61, 80-81.······516

Schlottmann, A. & Wilkening, F. (2011). Judgment and decision making in young children. In M. K. Dhami et al. (Eds.), *Judgment and decision making as a skill* (pp. 55-83). Cambridge University Press.······82

Schmeichel, B. J. & Baumeister, R. F. (2004). Self-regulatory strength. In R. F. Baumeister & K. D. Vons (Eds.), *Handbook of self-regulation: Research, theory, and applications* (pp. 84-98). Guilford.······228

Schmidt, R. F. (1993). Activation of axo-axonic synapses by serial impulses in afferent C fibres: The gate-control theory disproved by Manfred Zimmermann. *Schmerz*, 7(4), 262-267.······70

Schön, D. A. (1983). *The reflective practitioner: How professionals think in action*. Basic Books.······154

Schroeders, U. et al. (2010). Internet-based ability testing. Advanced methods for conducting online behavioral research. In S. D. Gosling & J. A. Johnson (Eds.), *Advanced methods for conducting online behavioral research* (pp. 131-148). American Psychological Association.······542

Schulz, R. & Heckhausen, J. (1996). A life span model of successful aging. *American Psychologist*, 51, 702-714.······422

Schwebel, D. C. & Plumert, J. M. (1999). Longitudinal and concurrent relations among temperament, ability estimation, and injury proneness. *Child Development*, 70, 700-712.······110

Searle, J. R. (1975). Indirect speech acts. In P. Cole & J. L. Morgan (Eds.), *Syntax and Semantics. Vol. 3. Speech Acts* (pp. 59-82), Academic Press.······14

Segal, M. W. (1974). Alphabet and attraction: An unobtrusive measure of the effect of propinquity in a field setting. *Journal of Personality and Social Psychology*, 30, 654-657.······204

Selman, R. L. (1981). The child as a friendship philosopher: A case study in the growth of interpersonal understanding. In S. R. Asher & J. M. Gottman (Eds.), *The development of children's friendships*. pp. 242-272. Cambridge University Press.······202, 416

Senju, A. & Johnson, M. H. (2009). The eye contact effect: Mechanisms and development. *Trends in Cognitive Sciences*, 13, 127-134.······36

Sergeant, D. C. (1969). Experimental investigation of absolute pitch. *Journal of Research in Music Educaion*, 17, 135-143.······452

Sharkin, B. S. & Knox, D. (2003). Pet loss: Issues and implications for the psychologist. *Professional Psychology: Research and Practice*, 34(4), 414-421.······494

Sharp, S. et al. (2000). How long before it hurts?: An investigation into long-term bullying. *School Psychology International*, 21(1), 37-46.······328

Shaules, J. (2007). *Deep culture: The hidden challenges of global living*. Multilingual Matters.······378

Shear, K. M. et al. (2006). Screening for complicated grief among project liberty service recipients 18 months after September 11, 2001. *Psychiatric Service*, 57, 1291-1297.······504

Sheldon, A. (1992). Conflict talk: Sociolinguistic challenges to self-assertion and how young girls meet them. *Merrill-Palmer Quarterly*, 38(1), 95-117.······10

Shemyakin, F. N. (1962). Orientation in space. In B. G. Anayev et al. (Eds.), *Psychological Science in the*

U.S.S.R. vol.1. (pp. 186-255). Office of Technical Services.······**32**

Sherif, M. et al. (1988). *The robbers cave experiment: Intergroup conflict and cooperation*. Wesleyan University Press.······**474**

Shirai, N. et al. (2004). Asymmetry for the perception of expansion/contraction in infancy. *Infant Behavior & Development*, 27, 315-322.······**44**

Shweder, R. A. (1990).Cultural psychology: What it is? In J. W. Stigler, et al. (Eds.), *Cultural psychology: Essays on comparative human development*(pp. 1-4). Cambridge University Press······**424, 464**

Siegler, R. et al. (2011). *How children develop* (3th ed.). Worth Publishers.······**444**

Sife, W. (1998). The grieving process. *The loss of a pet* (pp. 19-30). Howell Book House.······**494**

Siller, M. & Sigman, M. (2002). The behaviors of parents of children with autism predict the subsequent development of their children's communication. *Journal of Autism and Developmental Disorders*, 32, 77-89. ······**244**

Simion, F. et al. (2008). A predisposition for biological motion in the newborn baby. *Proceedings of the National Academy of Sciences of the United States of America*, 105, 809-813.······**34**

Simon, T. & Smith, P. K. (1983). The study of play and problem solving in preschool children: Have experimenter effects been responsible for previous results? *British Journal of Developmental Psychology*, 1, 289-297.······**108**

Slaughter, V. et al. (2002). Development of preferences for the human body shape in infancy. *Cognition*, 85, B71-81.······**34**

Smetana, J. G. (2006). Social-cognitive domain theory: Consistencies and variations in children's moral and social judgments. In M. Killen & J. G. Smetana(Eds.), *Handbook of moral development* (pp.119-153). Erlbaum.······**320**

Smetana, J. G. (2011). *Adolescents, families, and social development: How teens construct their worlds*. Wiley-Blackwell.······**162**

Smith, P. K. (1991). The silent nightmare: Bullying and victimisation in school peer groups. *The Psychologist*, 4, 243-248.······**328**

Smith, P. K. (2010). *Children and play*. Wiley-Blackwell.······**108**

Smith, P. K. & Vollstedt, R. (1985). On defining play. *Child Development*, 56, 1042-1050.······**108**

Smith, P. K. et al. (2002). Definitions of bullying: A comparison of terms used, and age and gender differences, in a fourteen-country international comparison. *Child Development*, 73(4), 1119-1133.······**328**

Smith, R. H. & Kim, S. H. (2007). Comprehending envy. *Psychological Bulletin*, 133, 46-64.······**212**

Smutny, J. F. (2011). Parenting young gifted children: How to discover and develop their talents at home. In J. L. Jolly et al. (Eds.), *Parenting gifted children: The authoritative guide from the national association for gifted children* (pp. 278-285). Prufrock Press. ······**142**

Snyder-McLean, L. K. et al. (1984). Structuring joint action routines: A strategy for facilitating communication and language development in the classroom. *Seminars in Speech and Language*, 5(3), 213-228. ······**368**

Sodian, B. et al. (1991). Early deception and the child's theory of mind: False trails and genuine marker. *Child Development*, 62, 486-483.······**402**

Spelke, E. S. (2011). Natural number and natural geometry. In S. Dehaene & E. Brannon (Eds.), *Space, time and number in the brain: Searching for the foundations of mathematical thought*(pp. 287-317). Academic Press.······**414**

Spelke, E. S. & Kinzler, K. D. (2007), Core knowledge. *Developmental Science*, 10, 89-96.······**30, 412**

Spelke, E. S. & Newport, E. L. (1998). Nativism, empiricism, and the development of knowledge. In W. Damon (Gen. Ed.) & R. Learner (Ed.), *Handbook of child psychology: Vol. 1. Theories of theoretical models of human development* (5th ed., pp. 275-340). Wiley.······**450**

Spelke, E. S. et al. (1994). Early knowledge of object motion: Continuity and inertia. *Cognition*, **51**(2), 131-176. ······**30**

Spence, J. T. & Helmreich, R. (1972). The attitudes toward women scale: An objective instrument to measure attitudes toward the rights and roles of women in contemporary society. *JSAS Catalog of Selected Documents in Psychology*, **2**.······**448**

Spencer, N. et al. (2006). Child abuse registration, fetal growth, and preterm birth: A population based study. *Journal of Epidemiology and Community Health*, **60**(4), 337-40.······**280**

Spinka, M et al. (2001). Mammalian play: Training for the unexpected. *The Quarterly Review of Biology*, **76**, 141-168.······**108**

Spitz, R. A. (1964). *Die entstehung der ersten objektbeziehungen*.······**242**

Spivak, G. C. (1988). *Can the subaltern speak?: In marxism and the interpretation of culture*. University of Illinois Press.······**232**

Spranger, E. (1924). *Psychologie des jugendalters*. Quelle & Meyer Verlag.······**324**

Spretcher, S. (1998). Insider's perspectives on reasons for attraction to a close other. *Social Psychology Quarterly*, **61**, 287-300.······**204**

Squire, L. R. (1987). *Memory and brain*. Oxford University Press.······**518**

Squire, L. R. (2004). Memory systems of the brain: A brief history and current perspective. *Neurobiology of Learning and Memory*, **82**, 171-177.······**518**

Starkey, P. & Cooper, R. G. Jr. (1980). Perception of numbers by human infants. *Science*, **210**, 1033-1035. ······**36**

Staudinger, U. M. & Baltes, P. B. (1996). Interactive minds: A facilitative setting for wisdom-related performance? *Journal of Personality and Social Psychology*, **71**, 746-762.······**126**

Steele, C. M. & Aronson, J. (1995). Contending with stereotype: African-American intellectual test performance and stereotype threat. *Journal of Personality and Social Psychology*, **69**, 797-811.······**448**

Steiner, J. E. (1977). Facial expressions of the neonate infant indicate the hedonics of food - related chemical stimuli. In J. M. Weiffenbach (Ed.), *Taste and development: The genesis of sweet preference*. U. S. Government Printing Office.······**44**

Stern, D. N. (1985) *The interpersonal world of the infant: A view from psychoanalysis and developmental psychology*. Basic Books.······**46**

Sternberg, R. J. (1985). *Beyond IQ: A triarchic theory of human intelligence*. Cambridge University Press.······**558**

Sternberg, R. J. & Jordan, J. (Eds.) (2005). *A Handbook of wisdom: Psychological perspective*. Cambridge University Press.······**82, 126**

Sternberg, R. J. & Lubart, T. I. (1999). The concept of creativity: Prospects and paradigms. In R. J. Sternberg (Ed.), *Handbook of creativity* (pp. 3-15). Cambridge University Press.······**154**

Sternberg, R. J. et al. (2000). *Practical intelligence in everyday life*. Cambridge University Press.······**126**

Stewart, A. L. et al. (1981). Outcomes for infants of very low birthweight: Survey of world literature. *Lancet*, **1**, 1038-1041.······**280**

Stiles, W. (1992). *Describing talk*. Sage.······**332**

Stoffregen, T. A. (2003). Affordances as properties of the animal-environment System. *Ecological Psychology*, **15**(2), 115-134.······**64**

Stoller, J. (1968). *Sex and gender*. Robert Karnac.······**224**
Strauss, M. S. & Curtis, L. E. (1981). Infant perception of numerosity. *Child Development*, 52(4), 1146-1152. ······**36**
Suchaman, L. A. (1987). *Situated actions: The problem of human-machine communication*, Cambridge University Press.······**88**
Sullivan, H. S. (1953). *Conceptions of modern psychiatry: The first william alanson white memorial lectures*. W. W. Norton.······**250, 418**
Sullivan, H. S. (1953). *The interpersonal theory of psychiatry*. W. W. Norton.······**202**
Sulloway, F. J. (1996). *Born to rebel: Birth order, family dynamics and creative lives*. Pantheon Books.······**476**
Sumi, S. (1984). Upside-down presentation of the Johansson moving light-spot pattern. *Perception*, 13, 283-286.······**34**
Super, D. E. (1990). A life-span, life-space approach to career development. In D. Brown & L.Brooks (Eds.), *Career choice and development: Applying contemporary theories to practice* (2nd ed., pp. 197-261). Jossey-Bass.······**288**
Super, D. E. et al. (1996). The life-span, life- space approach to careers, In D. Brown, et al. (Eds.) *Career Choice & Development*, (3rd ed.), Jossey-Bass.······**292**
Sutton-Smith, B. (1997). *The umbguity of play*. Harvard University Press.······**108**
Sutton-Smith, B. (2011). The antipathies of play. In A. D. Pellegrini (Ed.), *The Oxford handbook of the development of play* (pp.110-115). Oxford University Press.······**108**
Sveen, C. & Walby, F. A. (2008). Suicide survivors' mental health and grief reactions: A systematic review of controlled studies. *Suicide and Life-Threatening Behavior*, 38(1), 13-29.······**504**
Sylva, K. et al. (1976). The role of play in the problem-solving behavior of children 3-5 years old. In J. S. Bruner, et al. (Eds.), *Play: Its role in development and evolution* (pp. 244-261). Basic Books.······**108**

■ T

Tajfel, H. & Turner, J. C. (1979). An integrative theory of intergroup conflict. In W. G. Austin & S. Worchel (Eds.), *The social psychology of intergroup relations* (pp. 33-47). Brooks/Cole.······**474**
Tajfel, H. et al. (1971). Social categorization and intergroup behavior. *European Journal of Social Psychology*, 1, 149-178.······**474**
Takahashi, N. (2012). Japanese children's understanding of notational systems. *Journal of Experimental Child Psychology*, 113, 457-468.······**140**
Takeshita, H. et al. (2009). The supine position of postnatal human infants: Implications for the development of cognitive intelligence. *Interaction Studies*, 10, 252-269.······**52**
Tamis-LeMonda, C. S. & Adolph, K. E. (2005). Social referencing in infant motor action. In B. Homer & C. S. Tamis-LeMonda (Eds.), *The development of social cognition and communication* (pp. 145-164). Erlbaum Associates.······**104**
Tatzer, E. et al. (1985). Discrimination of taste and preference for sweet in premature babies. *Early Human Development*, 12, 23-30.······**44**
Taylor, K. M. & Betz, N. E. (1983). Applications of self-efficacy theory to the understanding and treatment of career indecision. *Journal of Vocational Behavior*, 22, 63-81.······**290**
Taylor, M. J. et al. (2004). The faces of development: A review of early face processing over childhood. *Journal of Cognitive Neuroscience*, 16, 1426-1442.······**36**
Tedeschi, R. G. & Calhoun, L. G. (1996). The posttraumatic growth inventory: Measuring the positive legacy of trauma. *Journal of Traumatic Stress*, 9(3), 455-471.······**494**

Tedlock, B. (2000). Ethnography and ethnographic representation. In N. K. Denzin & Y. S. Lincoln (Eds.), *Handbook of qualitative research* (2nd ed., pp. 455-486). Sage.……**536**

Teller, D. Y. (1979). Forced-choice preferential looking procedure: Psychophysical technique for use with human infants. *Infant Behavior & Development*, 2, 135-153.……**28**

Teller, D. Y. et al. (1974). Visual acuity for vertical and diagonal gratings in human infants. *Vision Research*, 14, 1433-1439.……**28, 44**

The Chimpanzee Sequencing and Analysis Consortium. (2005). Initial sequence of the chimpanzee genome and comparison with the human genome. *Nature*, 437, 69-87.……**478**

Theander, S. (1985). Outcome and prognosis in anorexia nervosa and bulimia: Some results of previous investigation, compared with those of Swedish long-term study. *Journal of Psychiatric Research*, 19, 493-508.……**326**

Thelen, E. & Fisher, D. M. (1982). Newborn stepping: An explanation for a "disappearing reflex". *Developmental Psychology*, 18, 760-755.……**104**

Thomas, A., & Chess, S. (1980) *The dynamics of psychological developmentV*. Brunner/Mazel.……**198**

Thomas, A. & Chess, S. (1986). The New York longitudinal study: From infancy to early adult life. In R. Plomin & J. Dunn(Eds.), *The study of temperament: Changes, continuities, and challenges*. Lawrence Erlbaum Associates.……**438**

Thompson, R. A. (2006). The development of the person: Social understanding, relationships, conscience, self. In N. Eisenberg (Volume Ed.), W. Damon & R. Lerner (Editors-in-chief), *Handbook of child psychology, Vol. 3: Social, emotional, and personality development* (pp. 24-98). Wiley.……**156**

Tomas, A. & Chess, S. (1980). *The dynamics of psychological development*. Brunner/Mazel.……**444**

Tomasello, M. (1992). *First verbs: A case study in early grammatical development*. Cambridge University Press.……**578**

Tomasello, M. (1993). On the interpersonal origins of self-concept. In U. Neisser(Ed.), *The perceived self: Ecological and interpersonal sources of self-knowledge* (pp. 185-204). Cambridge University Press.……**244**

Tomasello, M. (1995). Joint attention as social cognition. In C. Moore & P. J. Dunham (Eds.), *Joint attention: Its origins and role in development*. (pp. 103-130), Lawrence Erlbaum.……**412**

Tomasello, M. (1999). *The cultural origins of human cognition*. Harvard University Press.……**54, 388**

Tomasello, M. & Haberl, K. (2003). Understanding attention: 12- and 18- month-olds know what's new for other persons. *Developmental Psychology*, 39, 906-912.……**54**

Tomasello, M. et al. (2005). Understanding and sharing intentions: The origins of cultural cognition. *Behavioral and Brain Sciences*, 28, 675-691.……**368**

Tornstam, L. (1997). Gerotranscedence: The contemplative dimension of aging. *Journal of Aging Studies*, 11, 143-154.……**182**

Trehub, S. E. et al. (1993). Maternal singing in cross-cultural perspective. *Infant Behavior & Development*, 16, 285-295.……**106**

Trivers, R. L. (1974). Parent-offspring conflict. *American Zoologist*, 14, 249-264.……**166**

Troje, N. F. (2008). Biological motion perception. In A. Basbaum et al. (Eds.), *The senses: A comprehensive reference*, pp. 231-238. Elsevier.……**34**

Troje, N. F. & Westhoff, C. (2006). The inversion effect in biological motion perception: Evidence for a "life detector"? *Current Biology*, 16, 821-824.……**34**

Tronick, E. Z. (1995). Touch in mother-infant interaction. In T. M. Field(Ed.), *Touch in early development*. Psychology press.……**62**

Tsang, J. A. (2006). Gratitude and prosocial behavior: An experimental test of gratitude. *Cognition and*

Emotion, 20, 138-148.······**256**

Tupes, E. C. & Cristal, R. E. (1961). Recurrent personality factors based on trait ratings(USAF ASD Technical Report, No. 61-97). Lackland Air Force Base, Tex.: U. S. Air Force. (reprinted in *Journal of Personality*, **1992**, **60**, 225-251.······**438**

Turkheimer, E. (2000). Three laws of behavior genetics and what they mean. *Current Directions in Psychological Science*, **9**(5), 160-164.······**278, 446**

Turner, J. C. et al. (1987). *Rediscovering the social group: A self-categorization theory*. Blackwell.······**474**

Turvey, M. T. (1992). Affordances and prospective control: An outline of the ontology. *Ecological Psychology*, **4**(3), 173-187.······**64**

Tversky, A. & Kahneman, D. (1974). Judgment under uncertainty: Heuristics and biases. *Science*, **185** (4157), 1124-1131.······**82**

Twenge, J. M. et al. (2008). Egos inflating over time: A cross-temporal meta-analysis of the Narcissistic personality inventory. *Journal of Personality*, **76**, 875-901.······**208**

Tzourio-Mazoyer, N. et al. (2002). Neural correlates of woman face processing by 2-month-old infants. *NeuroImage*, **15**, 454-461.······**40**

U

Uccelli, P. et al. (1999). Telling two kinds of stories: Sources of narrative skill. In L. Balter & C. S. Tamis-LeMonda(Eds.), *Child psychology: A handbook of contemporary issues*(pp. 215-233). Psychology Press, Taylor & Francis.······**10**

Ulrich, R. S. (1984). View through a window may influence recovery from surgery. *Science*, **224**, 420-421. ······**528**

UNESCO. (2006). *Unesco guidelines for intercultural education*. UNESCO.······**468**

Unger, R. K (Ed.). (2001). *Handbook of the psychology of women and gender*. John Wiley & Sons.······**326, 448**

Ungerleider, L. G. & Mishkin, M. (1982). Two cortical visual systems. In D. I. Ingle et al. (Eds.), *Analysis of visual behavior*(pp. 549-586). MIT Press.······**32**

V

van de Ven, N. et al. (2011). Why envy outperforms admiration. *Personality and Social Psychology Bulletin*, **37**, 784-795.······**212**

van de Ven, N. et al. (2012). Appraisal patterns of envy and related emotions. *Motivation and Emotion*, **36**, 195-204.······**212**

van den Berg, A. E. et al. (1998). Group differences in the aesthetic evaluation of nature development plans: A multilevel approach. *Journal of Environmental Psychology*, **18**, 141-157.······**528**

VandenBos, G. R. (Editor of chief). (2007). *APA dictionary of psychology*. American Psychological Association. ······**114**

Vaughan, D. (1986). *Uncoupling*. Oxford University Press.······**490**

Vaughn, S. et al. (1996). *Focus group interviews in education and psychology*. Sage Publication.······**534**

Vazsonyi, A. T. & Huang, L. (2010). Where self-control comes from: On the development of self-control and its relationship to deviance over time. *Developmental Psychology*, **46**, 245-257.······**228**

Vera, A. H. & Simon, H. A. (1993). Situated action: A symbolic interpretation. *Cognitive Science*, **17**(1), 7-48. ······**64**

Verduyn, C. et al. (2009). *Depression: Cognitive behaviour therapy with children and young people* (pp. 1-12).

Taylor & Francis Routledge.······**226**

Viding, E. et al. (2005). Evidence for substantial genetic risk for psychopathy in 7-year-olds. *Journal of Child Psychology and Psychiatry*, 46, 592-597.······**228**

Volkova, A. et al. (2006). Infants' memory for musical performances. *Developmental Science*, 9, 583-589.······**106**

Vygotsky, L. S. (1934) Мышление и Речь. ······**128**

W

Wada, Y. et al. (2009). Sound enhances detection of visual target in infancy: A study using illusory contours. *Journal of Experimental Child Psychology*, 102, 315-322.······**40**

Wagner, K. & Dobkins, K. R. (2011). Synaesthetic associations decrease during infancy. *Psychological Science*, 22(8), 1067-1072.······**40**

Wallon, H. (1934). *Les origines du caractère chez l' enfant.* P. U. F.······**388**

Wallon, H. (1942). *De l' acte à la pensée: Essai de psychologie comparée.* Flammarion.······**388**

Walster, E. et al. (1966). Importance of physical attractiveness in dating behavior. *Journal of Personality and Social Psychology*, 4, 508-516.······**204**

Walster, E. et al. (1978). Equity and premarital sex. *Journal of Personality and Social Psychology*, 36, 82-92. ······**204**

Wason, P. C. (1960). On the failure to eliminate hypotheses in a conceptual task. *Quarterly Journal of Experimental Psychology*, 12, 129-140.······**78, 80**

Watanabe, M. (2011). Distinctive features of spatial perspective-taking in the elderly. *Journal of Aging and Human Development*, 72, 225-241.······**92**

Waters, E. et al. (2000). Attachme security in infancy and early adulthood: A twenty-year longitudinal study. *Child Development*, 51, 208-216.······**454**

Weigelt, S. et al. (2011). Face identity recognition in autism spectrum disorders: A review of behavioral studies. *Neuroscience Behavioral Reviews*, 36, 1068-1084.······**36**

Weiner, B. (1974). *Achievement motivation and attribution theory.* General Learning Press.······**134**

Weinfeld, R. et al. (2006). *Smart kids with learning difficulties: Overcoming obstacles and realizing potential.* Prufrock Press.······**158**

Wells, N. M. & Evans, G. W. (2003). Nearby nature: A buffer of life stress among rural children. *Environment and Behavior*, 35, 311-330.······**528**

Werner, E. E. & Smith, R. S. (1982). *Vulnerable but invincible: A study of resilient children.* McGraw-Hill.······**440**

Werner, H. (1948). *Comparative psychology of mental development.* International Universities Press.······**398, 480**

Werner, H. & Kaplan, B. (1963). *Symbol formation: An organismic- developmental approach to language and the expression of thought.* Wiley.······**54, 398**

Wertsch, J. V. (1991) . *Voices of the mind: A sociocultural approach to mediated action.* Harvard University Press.······**464**

West, C. & Zimmerman, D. H. (1987). Doing gender. *Gender & Society*, 1, 125-151.······**448**

Whalen, M. (1995). Working toward play: Complexity in children's phantasy activities. *Language in Society*, 24, 315-348.······**10**

White, H. (1980). The value of narrativity in the representation of reality. In W. J. T. Mitchell(Ed.), *On narrative.* University of Chicago Press.······**6**

White, R. (1959). Motivation reconsidered: The concept of competence. *Psychological Review*, 66, 297-333. ……**406**

White. S. H. (1965). Evidence for a hierarchical arrangement of learning processes. In L. P. Lipsitt & C. C. Spiker (Eds.), *Advances in child development and behavior* (Vol. 2, pp. 187-220). Academic Press. ……**414**

Whitehead, R. G. (1985). The human weaning process. *Pediatrics*, 75 (suppl), 189-193. ……**58**

Whitfield, M. et al. (1997). Extremely premature (≦ 800 g) schoolchildren: Multiple areas of hidden disabilities. *Archives of Disease in Childhood*, 77, F85-F90. ……**280**

Wichman, A. L. et al. (2006). A multilevel approach to the relationship between birth order and intelligence. *Personality and Social Psychology Bulletin*, 32 (1), 117-127. ……**476**

Wiggins, S. & Hepburn, A. (2007). Food abuse: Mealtimes, helplines and 'troubled' eating. In A. Hepburn & S. Wiggins (Eds.), *Discursive research in practice: New approaches to psychology and interaction* (pp. 263-280). Cambridge University Press. ……**548**

Willg, C. (2001). *Introducing Qualitative Research in Psychology: Adventures in Theory and Methods*. Open University Press. ……**534, 552**

Winnicott, D. W. (1953). Transitional objects and transitional phenomena. *International Journal of Psychoanalysis*, 34, 89-97. ……**56**

Wispè, L. (1991). *The Psychology of Sympathy*. Plenum Press. ……**392**

Witkin, H. A. & Goodenough., D. R. (1981). *Cognitive styles: Essence and origin*. Wiley. ……**84**

Wohlwill, J. F. (1976). Environmental aesthetics: The environment as a source of affect. In I. Altman & J. F. Wohlwill (Eds.), *Human behavior and environment: Advances in theory and research, Vol. 1* (pp. 37-86). Plenum Press. ……**528**

Wolff, P. et al. (1974). The effect of white noise on the somatosensory evoked responses in sleeping newborn infants. *Electroencephalography and Clinical Neurophysiology*, 37, 269-274. ……**40**

Wolff, P. H. (1968). Sucking patterns of infant mammals. *Brain, Behavior, and Evolution*, 1, 354-367. ……**58**

Wong, P. T. P. (1989). Personal meaning and successful aging. *Canadian Psychology*, 30 (3), 516-525. ……**22**

World Health Organization. (2008). *World report on child injury prevention*. ……**110**

Wright, B. A. (1983). *Physical disability: A psychosocial approach*. Harper & Row. ……**470, 496**

Wright, P. (1993). Mothers' ideas about feeding in early infancy. In I. St. James-Roberts et al. (Eds.), *Infant crying, feeding and sleeping: Development, problems and treatments* (pp. 99-117). Harvester Wheatsheaf. ……**58**

Wynn, K. (1992). Addition and subtraction by human infants. *Nature*, 358, 749-750. ……**36, 450**

Y

Yamagata, K. (2007). Differential emergence of representational systems: Drawings, letters, and numerals. *Cognitive Development*, 22, 244-257. ……**398**

Yamagishi, T. et al. (1999). Bounded generalized reciprocity: Ingroup favoritism and ingroup boasting. *Advances in Group Processes*, 16, 161-197. ……**474**

Yamamoto, M. (2001). *Language use in interlingual families*. Multilingual Matters. ……**16**

Yamamoto, T. & Takahashi, N. (2007). Money as a cultural tool mediating personal relationship: Child development of exchange and possession. In J. Valsiner & A. Rosa (Eds.), *Cambridge handbook of sociocultural psychology*. Cambridge University Press. ……**466**

Yamamoto, T. et al. (2012). How can we study interactions mediated by money as a cultural tool: From the perspectives of "cultural psychology of differences" as a dialogical method. In J. Valsiner (Ed.), *The Oxford handbook of culture and psychology*. Oxford University Press. ……**466**

Yang, B. E. & Brown, T. J. (1992). A cross-cultural comparison of preferences for landscape styles and landscape elements. *Environment and Behavior*, 24, 471-507.······**528**

Yonas, A. et al. (1979). Young infant's sensitivity to optical information for collision. *Canadian Journal of Psychology*, 33, 268-276.······**44**

Youniss, J. (1980). *Parents and peers in social development*. University of Chicago Press.······**416**

■ Z

Zajonc, R. B. (1968). Attitudinal effects of mere exposure. *Journal of Personality and Social Psychology Monograph*, 9, 1-27.······**204**

Zajonc, R. B. (1976). Family configuration and intelligence. *Science*, 192(4236), 227-236.······**476**

Zajonc, R. B. (2001). The family dynamics of intellectual development. *American Psychologist*, 56(6-7), 490-496.······**476**

Zeanah, C. et al. (1985). Prenatal perception of infant personality: A preliminary investigation. *Journal of the American Academy of Child Psychiatry*, 24(2), 204-210.······**160**

Zigler, E. et al. (1972). Developmental and experiential determinants of self-image disparity in institutionalized and noninstitutionalized retarded and normal children. *Journal of Personality and Social Psychology*, 23, 81-87. ······**472**

Zimmerman, M. et al.,. (1997). A longitudinal study of self-esteem: Implication for adolescent development. *Journal of Youth and Adolescence*, 26, 117-142.······**322**

◆ web 引用文献・海外

American Psychiatric Association. (2010). Diagnostic and Statistical Manual of Mental Disorders(5th ed). Proposed Draft Revisions. http://www.dsm5.org/Pages/Default.aspx······**224**

CHILDES. (2013). http://childes.psy.cmu.edu/······**578**

Museum of the institute for the history of psychology(パッサウ大学心理学博物館). http://mysite.verizon.net/donrae19/passau.htm······**544**

Prigerson, H. G. et al. (2009). Prolonged grief disorder: Psychometric validation of criteria proposed for DSM-V and ICD-11. PLos Medicine. http://www.plosmedicine.org/article/browseIssue.action?issue=info%3Adoi%2F10.1371%2Fissue.pmed.v06.i08······**504**

SRCD. (2013). Policy & Media. http://www.srcd.org/policy-media······**556**

The archives of the history of american psychology(アクロン大学心理学史資料館). http://www3.uakron.edu/ahap/······**544**

United Nations Educational, Scientific and Cultural Organization. (2007). EFA. Global Monitoring Report. UNESCO. http://www.unesco.org/new/en/education/themes/leading-the-international-agenda/efareport/······**358**

WHO HP. http://www.who.int/cancer/palliative/definition/en/(2012年3月31日閲覧) ······**188**

事項索引

(＊見出し語の掲載ページは太字で示してある)

■略語 A～Z

2E　twice-exceptional　159, 220
2E(二重の特別支援)教育　twice-exceptional education　159
3DC 安全ガイドライン　3D safety guideline　67
3D コンソーシアム　3D consortiam　67
3R's(reading, writing, arithmetic)　138
3 世代の親子関係・家族関係　**176**
3 段階モデル　three-stage model　474
5 人格特性　five factor personality traits　184
5 段階の死への過程　five stages of dying　190
7 歳までは神のうち　148
8 か月不安　eight-months anxiety　242
9 か月革命　9-month revolution　244, 412

ADHD　attention dificit-hyperactivity disorder　340
ADHD・LD 児者の発達支援　**340**
AI　artificial intelligence　480
AIM　active intermodal mapping　364
ATLAN　adaptive tests for language abilities　521

CHILDES　child language data exchange system　520
CONLEARN　44
CONSPEC　44

DRM パラダイム　deese-roediger-mcdermott paradigm　519
DSM　Diagnostic and Statistical Manual for Mental Disorder　206
DSM-Ⅳ　340, 344
DV　domestic violence　352

EASI　emotionality, activity, sociability, impulsivity, questionnaires　439

EDI　eating disorder inventory　327
e テスティング　e-testing　522

FACS　facial action coding system　517
FGR　fetal growth restriction　275

IAT　implicit association test　515, 525
ICD-10　340

KIDS(乳幼児発達スケール)　kinder infant development scale　510

LD　learning disorders/learning disabilities　221, 280, 340

MMPI　Minnesota multiphasic personality inventory　515

Off-JT　off-the job training　292
OJT　on-the-job training　292

P&P テスト　paper and pencil test　522
PCL-R　psychopathy checklist-revised　228
PGC モラール尺度　philadelphia geriatric center morale scale　187
PISA　programme for international student assessment　136
PTSD　posttraumatic stress disorder　110, 354, 499

QOL　quality of life　176

RTI　response to intervention　159, 340

SCCT　social cognitive career theory　293
SCERTS　social-communication, emotional regulation, and transactional support　345

SD法　semantic differential method　524, 538
SOC理論　selective optimization with compensation　182

TAT　thematic apperception test　515
TBQ　toddler behavio questionnaires　439
TEACCH　treatment and education of autistic and related communication-handicapped children　345

Y-G性格検査　Y-G personality test　515

■あ

愛　love　214
アイコニック・メモリー　iconic memory　518
愛着（アタッチメント）　attachment　62, 161, **196**, 199
愛着障害　attachment disorder197
愛着性　attachment　439
アイデンティティ　identity　230, **430**
アイデンティティ拡散　identity diffusion　314
アイデンティティ形成　419
アイデンティティ資本モデル　identity capital model：ICM　293
アイデンティティ・ステイタス　identity status　317, 430
アイデンティティなき成功　success without identity　317
アイデンティティの危機　identity crisis　314
アイデンティティ・フリー　identity-free　317
愛と憎しみ　**214**
あいまいな喪失　ambiguous loss　497
アーカイブ　archive　545
アクションリサーチ　action research　501, 537
悪性妬み　malicious envy　212
アクティヴ・インターモーダル・マッピング　active intermodal mapping：AIM　390
憧　れ　admiration　212
あざむき　deception　402
足場づくり　scaffolding　167
預かり保育　574
アスペルガー症候群　Asperger's syndrome　13
アセスメント　assessment　249
遊　び　**108**, 414
遊び対象　play object　57

アタッチメント　attachment　196
アチェ族　Ache　105
アップデーティング　updating　86
アニマシー　animacy　34
アニミズム　animism　398
アフォーダンス　affordance　**64**, 330
アブダクション　abduction　80
アロケア　allocare　60
アロペアレンティング　alloparenting　60
アロマザリング　allomothering　**60**, 148, 167, 176, 446
安全基地　secure base　196
安全の感覚　felt security　196
安　定　stability　134
安定型　secure type　196
アンビヴァレント型　ambivalent type　197
暗黙知　tacit knowledge　127

怒　り　anger　190
閾値仮説　threshold hypothesis　378
異議申し立て　dissent　294
依拠可能性　dependability　553
生きられる現在　lived present　114
育　児　child rearing　285
育児用ミルク　formula　58
異型的連続性　heterotypic continuity　455
移　行　transition　176
移行対象　56
静　い　conflict　162
意思決定　decision making　**82**
異時性　heterochrony　427
いじめ　bullying　328
いじめの発達への影響　the effect of bullying/victimization on development　328
移住者　migrant　502
移出民　emigrant　502
一塩基多型　single nucleotide polymorphism：SNP　279
一次資料　primary source　544
一次的ことば　primary word　416
一次的コントロール　primary control　423
一致しないラベルづけ　discrepant labeling　245
一般的出来事表象　generalized event representation：GER　6
一夫一妻　monogamy　282

遺　伝　heredity　268
遺伝・環境交互作用　gene-environment interaction　279
遺伝性疾患　genetic disorders　270
遺伝性疾患の発達と予後　**270**
遺伝率　heritability　268, 278, 447
意　図　intention　14, 54, 394
意図性　intentionality　407
意図を有する主体　intentional agent　244
移入民　immigrant　502
異文化間教育　Intercultural education　468
異文化間教育・多文化教育　**468**
異文化適応　379, 502
異文化比較　**466**
今ここ　here and now　332
意　味　meaning　536
意味記憶　semantic memory　518
意味されるもの　signifié　388
意味するもの　signifiant　388
意味づけ　meaning　489
意味づける行為　acts of meaning　20
意味に満ちた生活世界　meaningful life world　500
移　民　immigrants　378
移民・外国人子女　**378**
移民・難民　**502**
因果関係　causal relation/causal relationship/causation　540
因果推論　causal reasoning　77
因果性　31
インセンティブ・ディバイド　incentive divide　137
インターネット版能力検査　internet-based ability testing：IBAT　542
インフォーマルアセスメント　informal assessment　510

ウィリアムズ症候群　Williams syndrome　37
動きを学習　learn to move　371
氏と育ち　heredity and environment　268
失われた遺伝率　missing heritability　279
内　気　shyness　439
内田クレペリン精神検査　Uchida-Kraepelin test　515
内なる他者　autre interieur　9
生まれるとき　**276**

運動スキル　motor skill　104
運動発達　motor development　366

エイジズム　ageism　180, 183
エイジング・パラドックス　aging paradox　183
英知（叡智）　wisdom　83, 127
エコイック・メモリー　echoic memory　518
エゴグラム　egogram　515
エコラリア　echolalia　13
エージェント　agent　198
エスニシティ　ethnicity　223
エピジェネティクス　epigenetics　221, 279
エピソード　episode　6
エピソード記憶　episodic memory　518
エビデンス　evidence　567
エフェクティヴィティ　effectivity　65
エフォートフル・コントロール　effortful-control：EC　156, 393
演繹推理　deductive reasoning　81
遠近法　perspective drowing　416
エンゼルプラン　angel plan　564
延滞模倣　delayed imitation　388, 390
エンドオブライフ・ケア　end-of-life care　188

横断研究　cross-sectional study　550
応答性　responsiveness　163
大型類人猿　great ape　52
オキシトシン　oxytocin　63
オーグメンティド・リアリティ　augmented reality：AR　67
恐れやすさ　fearfulness　156
おとなになること　**432**
おばあさん仮説　grandmother hypothesis　177
オプティック・フロー　optic flow　64
親子間葛藤　child-parent conflict　320
親子関係　parent-child relationship　160, 198
親準備教育　parenting education　165
親準備性　readiness for parenthood　164
親になること/親をすること　life　284
親の離婚　**486**
親を育てる　raising parents, rearing parents, bringing up parents　164
オーラル・ヒストリー　oral history　545
音韻意識　phonological awareness　140, 342
音楽性　musicality　106

■か

絵画統覚法　tematic apperception test　515
外　言　external speech, outer speech　8, 90
外見的魅力　physical attractiveness　204
介　護　**70**,177
外向性　extroversion　439
外国人子女　children from abroad　378
外国人児童生徒　children from abroad　378
概日リズム　circadian rhythm　102
外傷後ストレス障害　posttraumatic stress disorder：PTSD　499
外傷（トラウマ）体験　**442**
外線条体身体領域　extrastriate body area：EBA　34
回　想　reminiscence　114
回想法　reminiscence therapy　23
外的妥当性　external validity　553
概　念　concept　4
概念形成　concept formation　**78**
概念的自己　conceptual self　245
概念と語彙　**4**
海　馬　hypocampas　401
回避型　avoidant type　196
回復環境　restorative environment　529
開放性　openness　439
解　離　dissocation　335
会　話　conversation　14
会話の公準　maxims of conversation　15
会話分析　conversation analysis　548
カウンセリング　counseling　332
カウンセリングマインド　counseling mind　151
カウンセリングを通じての変化　**332**
顔知覚　face perception　36
加害者　210
関わり　engagement　245
書き言葉　written language　141
核家族　nuclear family　282
学業不振　academic problen　374
拡　散　diffusion　317
確実な避難所　safe haven　196
拡　充　enrichment　158
学　習　learning　124
学習者共同体　communities of learners　89
学習障がい（害）　learning disabilities/learning disorder：LD　221, 280, 340
学術的知能　academic intelligence　127
確証バイアス　confirmation bias　81
学生生活サイクル　cycle of student life　334
拡大家族　extended family　282
核知識　core knowledge　31
拡　張　expand, expansion　14
獲得と喪失　gains and losses　422
学　力　achievement　158, 522
学力言語能力　cognitive academic language proficiency：CALP　469
学力と格差　**136**
学力をはかる　**522**
過去指向　past orientation　115
賢いアセスメント　intelligent testing　159
数の知覚　number perception　38
数の保存　number conservation　138
仮説演繹主義　hypothetico-deductionism　552
仮説検証　hypothesis testing　80
家　族　family　176, 178
家族カウンセリング　201
家族間デザイン　between-family design　477
家族機能　family function　201
家族システム　family systems　201
家族内デザイン　within-family design　477
家族ニッチモデル　family-niche model　476
家族の起源　**282**
家族の個人化　individualization of the family　200
可塑性　plasticity　127
課題への傾倒　task commitment　159
語　り　narrative　6, 8, 10, 18, 489
語りの産出　narrative construction　10
価値（観）　value　308
学級崩壊　class disruption　372
学校から仕事への移行　school-to-work transition　**296**
学校教育法　575
学校心理士　school psychologist　582, 589
学校での銃乱射　school shooting　328
学校での学び　**128**
学校不適応　maladaptation　374
葛　藤　conflict　162
活動性　activity　439
活動的，自己表現的な存在　an acting, self-expressing being　370

活動理論　activity theory　182
家庭役割　family role　303
カテゴリ　category　78
「紙と鉛筆」タイプの調査　paper-and-pencil survey　542
空の巣症候群　empty-nest syndrome　178
加　齢　aging　172, 174, 180
加齢と寿命の生物学　**172**
加齢と老化　**180**
過労死　*Karoshi*　303
含　意　implicature　15
感覚運動知能　intelligence sensorimotrice（仏）, sensorimotor intelligence　90
感覚運動的なマネ　motor mimicry　392
感覚過敏　hypersensitivity　46
感覚過敏性　sensory sensitivity　439
感覚間冗長仮説　intersensory redundancy hypothesis　41
感覚記憶　sensory memory　518
間隔尺度　interval　538
感覚鈍麻　hyposensitivity　46
慣化法　familiarization method　29
カンガルーケア　kangaroo care：KC　272, 281
環　境　environment　268, 528
環境移行　502
環境に取り囲まれる　transaction　481
環境をはかる　**528**
関係性の欲求　135
関係の崩壊　dissolution of romantic relationships　490
関係満足度　relationship satisfaction　491
観察法　observation method　537
感　謝　gratitude　256
間主観性　intersubjectivity　55
感　情　emotion（feeling, affection）, affect　184, 260, 394, 400, 516
感情移入　Einfühlung（独）　392
感情誤帰属手続き　affect misattribution procedure：AMP　525
感情をはかる　**516**
間接的拒否　indirect refusal　15
間接的要求　indirect speech act　15
完全連続性　complete continuity　455
関　与　participation　135
寛容性　tolerance　468

管理容易性　manageability　439
眼輪筋　orbicularis oculi　396
緩和ケア　palliative care　188
記　憶　memory　518
記憶をはかる　**518**
幾何学的メカニズム　geometrical mechanism　54
規格外であること　**220**
危機管理　risk management　376
キー・コンピテンシー　key competencies　136
擬似酸味反応　virtual acid responses　364
気　質　temperament　57, 156, 160, 198, 438
気質と個人差　individual differences of temperament　**444**
記述的連続性　descriptive continuity　454
軌　跡　trajectory　105
帰属因　134
帰属次元　134
規則性　regularity　439
基礎となる知識　foundational knowledge　79
期待違反法　violation of expectation method　30
吃　音　stuttering　13
気づき　awareness　332
機能局在　functional localization　526
帰納推理　inductive reasoning　80
機能的磁気共鳴画像法　functional magnetic resonance imaging：fMRI　527
希薄化　weakening/alienation　254
規　範　norm　80
ギフテッド　gifted　220
希　望　hope　115, 304
基本的情動　fundamental emotions　400
基本的人権　fundamental human rights　562
基本的信頼　basic trust　246
基本的信頼対不信　basic trust vs. untrust　304
基本的生活習慣　basic life custom　100
基本表情　basic facial expression　396
義務自己　472
虐　待　child abuse　328
客体的自己　objective self　245
虐待を受けた子どもの発達支援　**352**
キャノン＝バード説　Cannon-Bard theory　401
キャリアアンカー　career anchor　309
キャリア・ガイダンス　career guidance　290

キャリア支援　356
キャリア選択　career choice　290
キャリアの挫折　234
キャリア発達　career development　**292**
ギャング・エイジ　gang-age　250, 417
ギャング・グループ　gang group　202, 250
嗅　覚　45
旧世界ザル　old world monkey　52
吸　啜　sucking　28
吸啜運動　sucking　45
教　育　education　575
教育基本法　574
教育政策　educational policy　**560**
教育分野におけるユニバーサルデザイン　**350**
協　応　coordination（仏），incorporate　90, 369
強化子機能　reinforcer　256
強化履修　enrichment　220
共　感　empathy　212, 392
共感覚　synesthesia　40
共感覚の残渣　remnants of neonatal synesthesia　40
共感関連反応　empathy-related responses　392
共感性　empathy　157, **392**
共感的関心　empathic concern　393
共感的タッチ　empathic touch　70
共行動　coaction　202
供　述　statement　18
供述・証言　**18**
供述分析　statement analysis　19, 548
共　食　101
強制選択選好注視手続き　forced-choice preferential looking procedure：FPL procedure　28
競争関係　112
競争心　rivalry　213
きょうだい　sibling　**476**
協調学習　collaborative learning　**130**
共同育児　cooperative breeding　53
共同学習　cooperative learning　130
協同学習　collaborative learning　130
共同活動　cooperative activity　369
共同行為　interaction　20
共同想起　collective remembrance　18
共同体生活　community life　283

共同注意　joint attention　54, **244**
共同注意/関与　joint attention/engagement　413
強度/活動性　intensity/activity　439
共変的　covariant　43
興　味　152
共鳴動作　co-action　supp
共有注意機構　shared attention mechanism　244
協力行動　cooperative behavior　479
虚記憶　false memory　519
虚偽自白　false confession　19
距離化　distancing　333
均衡化　équilibration（仏）　91
近交系　inbred strain　268
近赤外分光法　near-infrared spectroscopy：NIRS　28, 527

クーイング　coo-ing　413
空間参照系　spatial reference system　32
空間知覚　spatial perception　**32**
空間認知　spatial cognition　32
空想の友達　imaginary companion　57
具体的操作　concrete operational period　474

計画された困難　engineered predicaments　109
継起の確率過程　a process with sequential probabilities　91
経験知　experiential knowledge　55
経験の組織化　organization of experience　20
経験報告　narrating　6
経験物語　narrativizing　6
迎　合　compliance　19
傾向スコア　propensity score　543
傾向性　disposition　65
形式的操作　opérations formelles（仏），formal operations　419
継時バイリンガル　successive bilingual　378
芸　術　art　236
形象性　aspect figuratif（仏），figurative aspect　90
計　数　counting　138
係数・算電　arithmetic　**138**
継続性理論　continuity theory　182
継続バイリンガリズム　sequential bilingualism　16
形　態　mode, configuration　407, 430
系統発生　phylogeny, phylogenesis　**266**

系統発生と個体発生　266
血縁度　relatedness　166
結果期待　outcome expectancy　406
欠損データ分析　missing data analysis　551
ゲートコントロール説　gate control theory　70
権威ある親　authoritative parent　163
原因帰属理論　causal attribution theory　134
検閲　censorship　19
原猿　Strepsirrhini　52
限界テスト　testing-the-limits　127
研究の問い　research question　535
研究倫理　research ethics　562
顕型的連続性　phenotypic continuity　454
元型的連続性　genotypic continuity　455
健康　health　100
健康感　feeling of health　186
言語障害通級指導教室　resource room for children with speech-language disorders　13
言語性ワーキングメモリ　verbal working memory　132
言語的説得　verbal persuasion　407
現実の葛藤理論　realistic conflict theory　475
現実の不安　realistic fear　242
健常と障害　470
原初の共有状況　primordial sharing situation　54
建設的相互作用説　constructive interaction theory　130
権利意識　entitlement　209
権力　authority　209

コア知識　core knowledge　413
語彙　vocabulary　4, 12, 141
語彙習得の加速化　vocabulary spurt　12
行為　action（仏）　90
行為障害　conduct disorder：CD　221
後遺症なき生存　intact survival　274
行為の中での省察　reflection in action　154
好意の返報性　reciprocity of liking　205
構音障害　phonological disorder　13
効果　effect　406
後悔　regret　82
後悔・悲痛行動　regret/grief behaviors　490
後期近代　late-modernity　293
公共政策　public policy　566
攻撃　aggression　112

攻撃行動　aggressive behavior　112
攻撃者への同一化　identification with the aggressor　443
攻撃性　aggression　328
向社会性　prosociality　446
向社会的行動　prosocial behavior　393
向社会的行動を動機づける機能　motivation of prosocial behavior　256
後障がいなき生存　intact survival　281
後成説　424
後青年期　post-adolescence　294
構造　structure　135
公的自己意識　public self-identification　324
光点運動　point-light motion　34
行動遺伝学　behavioral genetic, behavior genetics　268, 447
行動化　acting out　334, 429
行動経済学　behavioral economics　400
行動指標　behavioral index　517
更年期障害　menopausal disorder　178
広汎性発達障害　pervasive developmental disorders：PDD　221
幸福感　sense of well-being　186
幸福な状態　state of well-being　407
高慢さ　arrogance　209
項目反応理論　item response theory：IRT　523
項目プール　item pool　538
交絡変数　confounding variable　540
合流モデル　confluence model　476
効力感　competence　406
効力期待　efficacy expectancy　406
効力信念　efficacy beliefs　406
高齢期の良適応　successful aging　181
高齢者　old people　180, 186, 259
高齢者の社会的適応　aging and social adaptation　182
高齢者の終末期ケア　188
高齢者の心理・性格特性　184
呼吸数　respiration rate　517
国外・国際学会　530
国際行動発達学会　International Society for the Study of Behavioral Development：ISSBD　530
国際行動発達学会（ISSBD）　International Society for the Study of Behavioral Development　564

黒　質　substantia nigra　397
互恵性　reciprocity　256
心の理論　theory of mind　93, 244, 344, 402
心を気遣う傾向　mind-mindedness　160
個人化　individualization　200
個人差　individual differences　463
個人的　personal　407
個人的興味　individual interest　152
個人的興味の出現　153
個人の苦痛　personal distress　393
個人的な創造性　psychological creativity：P-Creativity　154
誤信念課題　false belief task　344
個性化　differentiation　158
個性化の過程　individuation process　420
子育て　child rearing　148, 285
子育て支援　childcare support　165
子育て政策　**564**
個体発生　ontogeny, ontogenesis　**266**
個体発達分化図式　epigenetic chart　318
コーチ　coach　150
コーチング　coaching　150
コーチング理念　coaching principle　150
国家資格　national certicication　583
固定観念　stereo type　180
古典的テスト理論　classical test theory　521
孤独感　loneliness　47, **260**
孤独感尺度　loneliness scale　261
ことばのおくれ　**12**
ことばをはかる　**520**
子ども・子育て新システム　new system of children and childcare　564
子どもの安全　child's safety　149
子どもの価値　child's value　201, 284
子どもの心を気遣う傾向　mind-mindedness　245
個別化　individuation　200
コーホート　cohort　462
コーホート効果　cohort effects　550
コーホート分析　cohort analysis　462
コミットメント　commitment　431
コミュニカティブ ミュージカリティ　communicative musicality　107
コミュニティ移行　502
語用論　pragmatics　13, 14

ゴリラ　gorilla　283
コルチゾル　cortisol　444
子別れ　child parting　166
コンセンサスの得られた四次元　consensus four　439
コンテクスト　context　20
コントロール理論　theory of control　423
コンパニオンアニマル　companion animal　494
コンパニオンシップ　companionship　166
コンピテンス　competence　406, 441
コンピュータ・シミュレーション　computer simulation　541
コンピュータ適応型テスト　computerized adaptive test：CAT　523
コンピュータを用いたテスト　computer-based test：CBT　522
コンボイモデル　convoy model　148

■さ

罪悪感　guilt　157
災　害　disaster　331
災害にあった子どもの発達支援　354
災害避難　disaster refuge　376
最近接発達領域　zone of proximal development　128
再検査信頼性　retest reliability　514
サイコパス　psychopath　228
最終目標価値　terminal value　308
罪障感　guilt　393
最小条件集団パラダイム　minimum group paradigm　475
才　能　giftedness　143, 158
才能教育　gifted education　158
才能児　gifted child　158
才能と知能，学力　**158**
才能の三輪概念　three-ring conception of giftedness　159
サヴァン症候群　savant syndrome　46
サーヴェイ・マップ　survey map　33
作業記憶　working memory　132
作業検査法　performance-test　514
錯　視　optical illusion　46
搾取性　exploitativeness　209
サクセスフル・エイジング　successful aging　182

サクラ　acting as a real participant　563
サーストン法　Thurston scaling　524
挫　折　234
錯　覚　illusion　56
ザッピング　zapping　252
作動記憶　working memory　132
里親養育　foster care　61
差の文化心理学　cultural psychology of sifferences　467
サバルタン　subaltern　232
サビタイジング　subitizing　139
サビタイズ　subitizing　39
差　別　discrimination　222
差別を受けるということ　experience of discrimination　**232**
サポート　support　491
参加者間計画　between-participants design　540
参加者内計画　within-participants design　541
三項関係　triad relationship　**54**, 101, 198, 259
算　数　arithmetic　138
三世代関係　grandparent-parent-child relationship　115
参与観察　participant observation　536

死　death　174, **190**
自意識感情　self-conscious emotion　401
恣意的な関係　arbitrary relation　41
ジェネラルムーブメント　general movement　53
ジェームズ＝ランゲ説　James-Lange theory　400
ジェンセニズムの功罪　**558**
ジェンダー　gender　222, **448**
ジェンダー観　view of gender　488
ジェンダー・スキーマ　gender schema　448
ジェンダー・ステレオタイプ　gender stereotype　449
ジェンダー発達　gender development　449
視覚障害　visual impairments　346
視覚・聴覚障害児の発達支援　**346**
視覚的リアリズム　visual realism　399
自我の強さ　ego strength　318
しがみつき　clinging　52
時　間　time　114
時間的展望　time perspective　114, 247, **304**
字義的な意味　literal meaning　15

子宮内胎児発育遅延　intrauterine growth retardation：IUGR　275
子宮内発育遅延　intrauterine growth etardationI：UGR　281
視空間性ワーキングメモリ　visuospatial working memory　132
時空間的展望　time and space perspective　489
ジグソー技法　jigsaw method　475
事　故　accident　**110**
自　己　self　8, 9, 21, 47, 161
自己愛　narcissism　208
自己愛人格目録　narcissistic personality inventory：NPI　208
自己意識特性　chracteristic self-identification　324
思　考　thinking　76
嗜好の発達　development of taste　**44**
自己開示　self-disclosure　205
自己概念　self-perspective　322
自己カテゴリー化理論　self-categorization theory　475
自己観　view of self　489
事故傾向　accident proneness　330
自己形成　self-formation　419
自己決定権　self determination　562
自己決定理論　self-determination theory　135
自己嫌悪　self-hate　325
自己構成機能　self function　23
自己高揚　self-enhancement　475
自己効力（感）　self-efficacy　**406**
自己賛美　self-admiration　209
自己指向性　self-directedness　407
自己主体感　sense of agency　47
自己主張　self-assertion　320
自己制御　self-regulation　156, 229, 414
自己体験語り　personal narrative　10
自己耽溺　self-absorption　209
自己中心性　égocentrisme（仏）, egocentrism　92, 324, 474
自己調整　self-regulation　91
自己と語り　8
仕事役割　work role　303
自己内省性　self-reflectiveness　407
自己発達　self-development　419
自己反応性　self-reactiveness　407

自己評価　self-evaluation　322, 324
自己へのとらわれ　**324**
自　殺　suicide　504
自殺・死別　**504**
思春期　adolescene, puberty　428
思春期成長スパート　adolescent growth spurt　426
事　象　event　54
自　食　self-feeding　59
史資料分析　**544**
姿　勢　posture　104
姿勢・移動　**104**
姿勢反応　postural reaction　53
自責感情　self-reproach feeling　47
次世代育成　development of the next-generation　165
事前考慮　forethought　407
自然淘汰　natural selection　446
自然分割仮説　natural partitions hypothesis　5
自尊感情　(global) self-esteem　47, **322**
自他分化　self-other differentiation　245
疾　患　disease　222
失　業　unemployment　492
失業・リストラ　**492**
実験法　experimental technique, experimental method　514, **540**
実行機能　executive function　**86**, 414
実在論　realism　552
実証主義　positivism　552
実践的知能　pragmatic intelligence　127
質的研究と量的研究　**552**
嫉　妬　jelousy　212
嫉妬プロテスト　jealousy protest　213
質問紙調査法　questionnaire method　538
質問紙法性格検査　questionnaire-method　514
失　恋　lost love　490
シティズンシップ　citizenship　295
私的自己意識　private self-identification　324
視　点　perspective　8
視点取得　perspective-taking　92
自動化　automation　518
児童期　childhood　321, **416**
指導者　150
指導性　leadership　209
児童・青年と親子関係　**162**

児童発達学会　Society for Research in Child Development：SRCD　530
児童福祉法　574
死と死にゆくこと　**190**
シブショップ　sibling support project：SSP, Sibshop　349
事　物　object　31
事物カテゴリー原理　taxonomic principle　5
事物全体原理　whole object principle　5
シフティング　shifting　86
自分であることの違和感　**224**
自閉症　autism　13, 244
自閉症スペクトラムがい（害）　autism spectrum disorders：ASD　37, 280, 344
自閉症スペクトラム障害の発達支援　**344**
自閉症と知覚　**46**
自閉のような　autistic like　442
死　別　loss　504
死別関連障害　breavement related disorder　505
死亡場所　188
自民族中心主義　ethnocentrism　474
社会化　socialization　198
社会階層　social class　295
社会関係資本　social capital　293
社会経済的地位　socioeconomic status　462
社会構成主義　social constructivism　401, 552
社会-実用論的手がかり　social-pragmatic cues　55
社会情動的選択性理論　social emotional selective theory　187
社会情動的選択理論　socioemotional selectivity theory：SST　181, 182
社会政策　social policy　566
社会的アイデンティティ理論　social identity theory：SIT　475
社会的影響アプローチ　social intluential approach　465
社会の機能　social function　23
社会的交換理論　social exchange theory　200
社会的効力　social efficacy　407
社会的参照　social referencing　93
社会的視点取得　417
社会的条件と心理的条件　social condition and psychological condition　462
社会的信頼　social trust　295

社会的責任　social responsibility　**568**
社会的動機づけ　social motivation　134
社会的認知理論　social cognitive theory　406
社会的比較　social comparison　213
社会的養護　social protection of children　61
社会・認知的進路理論　social cognitive career theory：SCCT　293
社会発生的　sociogenetic　95
社会文化的アプローチ　sociocultural approach　465
弱視　partial sight　346
社交性　sociability　439
シャーマニズム　shamanism　231
宗教意識　religious consciousness　116
宗教行動　religious behavior　116
宗教性　religiosity　**116**
集合的　collective　407
集合的効力　collective efficacy　407
集合的な力　collective power　407
従順さ　compliance　157
就巣性　nidicolous, Nesthocker（独）　52, 266
従属変数　dependent variable　540
縦断研究　longitudinal study　539, 550
縦断研究と横断研究　**550**
羞恥　embrassment　212
皺眉筋　corrugator supercilli　396
周辺症状　peripheral symptom　71
周辺人　marginal man　418
重要な他者　significant other　419
収斂説　convergence theory　130
就労支援　382
種間比較　interspecies comparison　267
熟達化　expertise　36
熟達の島々　islands of expertise　155
熟慮性・衝動性　reflection-impulsivity　85
手指認識　finger gnosia　139
手指の巧緻性　finger dexterity　139
主体　agency　293
主体的自己　subjective self　245
出産　childbirth　**272**
授乳　milk-feeding　58
授乳・離乳　**58**
寿命　lifespan　172, 186
受容　acceptance　190
馴化－脱馴化法　habituation-dishabituation method　29, 30
馴化法　infant-controlled habituation method　29
馴化法　habituation method　29
順序尺度　ordinal　538
上位目標　superordinate goals　475
傷害　injury　110
障害　disability　222
障害児者のきょうだいへの発達支援　**348**
障害者の就労支援　job assistance activities for people with disabilities　382
生涯発達　life-span development　180, 457
小学校への移行　373
状況の興味　situational interest　152
状況の興味の維持　153
状況の興味の喚起　152
状況的認知　situated cognition　88
証言　testimony　18
少子化　declining birth rate　284
上側頭溝　superior temporal sulcus　34
状態　state　54
状態共感　situational empathy　393
小中移行：中1プロブレム　**374**
象徴機能　symbolic function　414
情動　emotion　**400**
情動喚起　emotional arousal　407
情動コンピテンス　emotional competence　405
衝動性　impulsiveness, impulsivity　83, 439
情動性　emotionality　439
情動体験　emotional experience　332
情動知性　emotional intelligence　405
情動的共感　emotional empathy　392
情動伝染　emotional contagion　364
情動伝播　emotional contagion　392
情動統制　emotional control　199
情動の認知説　cognitive theory of emotion　401
情動表出　emotion expression　404
情報抽出理論　theory of information pickup　64
情報通信技術　information and communication technology：ICT　542
剰余変数　extraneous variable　541
所記　signifié　388
食行動　feeding behavior　**100**
食にかかわる嗜好　45
食文化　food culture　101
ジョージア百寿者研究　goorgia centenarian

study 186
女性 woman 68
初潮(初経) menarche 426
自律 autonomy 320
自律神経系 autonomic nervous system：ANS 516
自律性支援 autonomy support 135, 151
自律性の欲求 135
史料批判 source criticism 545
事例研究 case study **546**
新エンゼルプラン new angel plan 564
進化 evolution 266, **446**
人格と性差 184
人格的活力 virtue 318
進化的に安定な戦略 evolutionarily stable strategy：ESS 113
新奇性恐怖 neophobia 45
新奇選好 novelty preference 29
親近性の選好 familiarity preference 29
神経系 nervous system 174
神経細胞 neuron 526
神経性大食症 bulimia nervosa 326
神経性無食欲症 anorexia nervosa 326
人工妊娠中絶 abortion 488
真社会性動物 eusocial animal 282
真獣類 Eutheria 52
新生児期 neonatal(newborn) period 412
新生児共感覚 neonatal synesthesia 40
新生児集中治療室 neonatal intensive care unit：NICU **280**
新生児模倣 neonatal imitation 164, 364, 390
親性準備性 259
人生の意味 meaning of life 115
人生満足感 life feeling of satisfaction 186
新世界ザル new world monkey 52
親族 kinship 283
身体運動知覚 body perception **34**
身体化 somatization 334, 429
身体活動を通じて学習 learn through movement 371
身体特性の加齢 **174**
身体模倣 bodily imitation 390
心的外傷後ストレス障害 post-traumatic stress disorder：PTSD 110, 354, 499
人的資本 human capital 293

信念 belief 394
心拍数 herart rate 517
シンパシー sympathy 393
人物画 figure drawing(painting) 399
シンボル symbol 54
信用可能性 credibility 553
信頼性 reliability 514, 522, 538, 553
信頼性係数 reliability coefficient 522
信頼に値する trustworthiness 246
心理学資格 psychology certicicate **582**
心理指標 psychological index 516
心理・社会的危機 psycho-social crisis 318
心理社会的モラトリアム psycho-social moratorium 294
心理職 professional psychologist 582
心理測定学 psychometrics 126
心理的依存関係 relation of psychological dependence 201
心理的時間 psychological time 114
心理的スキル psychological skills 151
心理的離乳 432
心理発生的 psychogenetic 95
進路 career 290
進路決定 career decision-making 83
進路指導 career guidance 290
進路選択 career choice **290**
進路選択に対する自己効力感 career decision-making self-efficacy 290
進路不決断 career indecision 290

遂行行動の達成 performance accomplishment 407
推進因 impellance 210
随伴症状 associated symptom 71
睡眠 sleep **102**
数概念 number consept 138
数詞 number word 138
数唱 counting number 138
数量的思考能力 numeracy 138
スキーマ schema 6
スクリプト script 6, 368
図式表現 schematic drawing 399
筋の通った信頼 reasonable trustfulness 246
スティグマ stigma 222, 231, 470
ストーカー 214

事項索引

ストレス　stress　302, 563
ストレス閾値　stress threshold　71
ストレンジ・シチュエーション法　strange situation procedure　196
スピリチュアリティ　spirituality　116
スピリチュアルケア　spiritual care　191
刷り込み　imprinting　452

斉一性　sameness　430
性　格　character　438, 514
性格をはかる　514
生活技能訓練　social skills training　248
生活史戦略　life history strategy　446
生活習慣病　lifestyle disease　100
生活年齢　chronological age：CA　510
静観対象　object-of-contemplation　54
性自認　sexual identity　68
脆弱性　vulnerability　499
成　熟　maturation　124
生　殖　172, 174
生殖技術　reproductive technology　488
成人愛着面接　adult attachment interview　197
成人形成期　emerging adulthood　293, 294
精神的健康　mental health　186
生存者罪悪感　survivor's guilt　499
生態学的実在論　ecological realism　64
生態学的知覚　ecological perception　**42**
生態学的メカニズム　ecological mechanism　54
生態学的理論　ecological theory　32
生体リズム　102
精緻化スタイル　elaborative style　7
成長曲線モデル　growth curve model　551
精通性　familiarity　397
性同一性　gender identity　224
性同一性障害　gender identity disorder：GID　206, 224
正統的周辺参加　legitimate peripheral participation　88
生得性　innateness　**450**
生と死　**118**
青　年　316
青年期　adolescence　294, 321, 325, **418**, 428
青年期限定反社会性　adolescent-limited offenders　226
青年期の延長　extended adolescence　**294**

青年期の自己中心性　egocentrism in adolescence　325
青年期の終焉　end of adolescence　294
生物科学　267
生物学的性　sex　68
性別違和感　gender dysphoria　224
制　約　constraint　79, 124
生理学的寿命　physiological lifespan　172
生理指標　physiological index　516
生理的早産　physiological premature delivery　53, 266
セクシャリティ　sexuality　**68**, 222
セグメント　segment　252
世代間関係　intergenerational relationship　**258**
世代間交流　intergenerational exchange　258
世代間伝達　intergenerational transmission　197
世代継承性　generativity　421
世代の交代　generational change　115
積極的教育　active teaching　479
積極的教示　active teaching　447
接近回避　approach-withdrawal　439
摂　取　food taking　58
摂食障害　eating disorders　**326**
説明的連続性　explanatory continuity　455
セルフ・コントロール　self-control　228
セルフ・ネグレクト　self-neglect　176
前概念　preconcept　78
前駆体　precursor　244
全ゲノム関連解析　genome wide association study：GWAS　279
宣言の記憶　declarative memory　518
全校拡充モデル　schoolwide enrichment model：SEM　158
選好注視　preferential looking　28
選好注視法　preferential looking method　28
潜在的　implicit　525
潜在的自尊感情　implicit self-esteem　322
潜在的連合テスト　Implicit association test　515
染色体異常症　chromosomal abnormlities　270
全人ケア　whole person care　191
全人的苦痛　total pain　190
前成説　424
漸成発達理論図式　epi-genetic chart　246, 432
前操作的思考　pensée préopératoire（仏），preoperational thought　90

全体的　holistic　587
選択　selection　19
選択バイアス　selection bias　543
扇動因　instigation　210
前頭葉機能　frontal lobe function　86
専門家　specialist　567

添い寝　bed-sharing (co-sleeping)　103
早期教育　early education　142
早期履修　acceleration　220
相互作用　interaction　481
相互主体的　intersubjective　9
相互同期性　interactional synchrony　364
操作　opération (仏), operation　90
操作的思考　pensée opératoire (仏), operational thought, operational thinking　90
操作的全体構造　structure opératoire d'ensemble (仏)　90
相似　analogy　479
喪失　loss　489
双生児法　twin method　278
創造性　creativity　154
創造的混沌　creative chaos　131
相対的発達観　relativism on perspectives of development　424
想定　presumption　19
相同　homology　479
相反的情動　antithetic emotion　109
相貌的知覚　physiognomic perception　398
即時模倣　immediate imitation　390
測定の時期　time of measurement　550
ソーシャル・サポート　social support　202, 260
ソーシャルスキル　social skills　248
ソーシャルスキルトレーニング　social skills training　248
ソーシャル・ネットワーク　social network　260
ソーシャル・ネットワーク理論　social network theory, theory of social network　60, 177
粗大運動　gross motor skill　104
祖父母　grandparents　164, 176
素朴物理学　naïve physics　31
素朴理論　naïve theory　76, 79, 414
存在論　ontology　94

■た

ダイアログ　dialogue　14
体育　physical education　370
第一次間主観性　primary intersubjectivity　55
大学生　334, 356
大頬骨筋　zygomatic major　396
大局的な光学的流動　global optic flow　42
体験過程スケール　experiencing scale　333
退行現象　mental regression　271
対象喪失　object loss　494
対象の永続性　object permanence　30
対人関係　human relation　254
対人関係の希薄化　weakening of human relations/alienation from human relations　254
態度　attitude　308, 524
態度をはかる　524
ダイナミック・システム・アプローチ　dynamic system approach　401
第二言語　second language　469
第二次間主観性　secondary intersubjectivity　55
第二次性徴　secondary sexual characteristic　426, 428
第二の個体化過程　second individuation process　162
対乳児歌唱　infant-directed singing　107
対乳児発話　infant-directed speech　106
大脳皮質　cerebral cortex　526
対面的共同注意　face-to-face joint attention　55
代理的　proxy　407
代理的経験　vicarious experience　407
対話　dialogue　8, **14**, 18
対話的自己　473
対話的自己論　473
ダーウィニアン　Darwinian　400
ダウン症 (候群)　Down's syndrome　13, 270, 342
ダウン症児者の発達支援　342
多感覚の発達　development of multi-modal sense　40
抱き　holding　52
タクティールケア　tactile care　70
他者　215
他者視点　perspectives　92
他者理解　244
他者性　otherness　166

事項索引

多重知能　multiple intelligences：MI　143, 158
タスキギー研究　The Tuskeegee study　223
立ち直りの物語　redemptive narrative　21
脱衛星化　432
脱錯覚　disillusion　56
脱馴化　dishabituation　29
達成・統合志向　achievement　317
タッチング　touching　**62**
脱抑制型　disinhibited type　197
妥当性　validity　514, 522, 538, 562
ダブルボイス　double-voice　11
多文化教育　Multicultural education　468
食べる　eating　58
ターミナルケア　terminal care　188
誰かになるふり遊び　person fantasy play　11
ターン　turn　14
短期記憶　short-term memory　518
探求　exploration　294, 430
単孔類　*Monotremata*　52
単純接触効果　mere exposure effect　204
誕生　birth　**272**, 284
男性　man　69
談話　discourse　12
談話分析　discourse analysis　**548**

地域の子育て　**148**
知恵　wisdom　127
知覚　perception　36, 38, 42
知覚-行為アプローチ　perception-action approach　105
力　power　406
知識基盤社会　knowledge-based society　252
父親　father　285
知的障がい(害)　mental retardation：MR, imbecility　280, 510
知的リアリズム　intellectual realism　399
知能　intelligence　90, **126**, 142, 158
知能検査　intelligence test, mental test　126, 512
知能検査の歴史　history of mental　512
知能指数　intelligence quotient：IQ　126, 158, 220, 512
知能をはかる　**512**
チャム　Chum　202
チャムグループ　chum-group　250
注意欠陥・多動性障害　attention deficit-hyperactivity disorder：ADHD　13, 221, 280
中1ギャップ　429
注意深さ　attentiveness　439
中核症状　core symptom　71
中核的自己感　sense of a core self　47
中核的知識　core knowledge　79
中間領域　mediate area　56
中枢神経系　central nervous system：CNS　516
中絶　abortion　488
中途疾患　**496**
中年期　middle age　**420**
中年期危機　midlife crisis　178, 420
中年期のアイデンティティ　identity in middle age　179
中年の危機　**178**
聴覚障害　hearing impairments　346
聴覚的短期記憶　auditory short-term memory　12
長期記憶　long-term memory　518
超集合論　hypersets theory　65
長寿と人格　185
調整　regulation　235
調節方略　accommodative strategy　423
超様相的　supramodal　365
直接知覚　direct perception　32
直接知覚論　theory of direct perception　64
直感的な理解　intuitive understanding　404
治療的タッチ　therapeutic touch　70
チンパンジー　chimpanzee　283

通文化性　universality　400

定型発達　neurotypical　220
ディスコース分析　discourse analysis　548
ティーチング　teaching　150
適応型検査　adaptive test　521
適応度　fitness　446
適合のよさ　goodness of fit　198
出来事に関する一般的知識　event knowledge　368
出来事の語り　**6**
適切性条件　felicity conditions　15
テスト理論　test theory　523
哲学的認識論　95
手続き記憶　procedural memory　518

手伸ばし　reaching　28
天　才　gifted　220
伝達言語能力　basic interpersonal communicative skills：BICS　469
転導推理　transductive reasoning　81
点頭てんかん　west syndrome　271
転用可能性　transferability　553

同　意　consent　562
同一化　identification　315
同一視　identification　316
同一性　identity　114
同一性の危機　identity crisis　**314**
投影法　prejective-method　514
同化方略　assimilative strategy　423
同期した　synchronized　245
動機づけ　motivation　**134**, 152
道具的価値　instrumental value　308
同型の連続性　homotypic continuity　454
統　語　syntax　12
洞察する能力　insightfulness　245
洞察性　insightfulness　161
当事者研究　571
当事者による対話的方法　dialogical method　466
同時注視　simultaneous looking　244
同時バイリンガリズム　simultaneous bilingualism　16
同時バイリンガル　simultaneous bilingual　378
同　情　sympathy　393
同性愛　homosexuality　**206**
統制性　controlling　439
統制の位置　locus of control　134
頭足人画　tadpole drawing　399
同調圧力　peer pressure　251
倒立効果　inversion effect　34
特異的言語発達障害　specific language impairment：SLI　13
独自的な　singulier　225
独自的連続性　ipsative continuity　454
読　書　reading　253
特性-因子理論　trait-factor theory　292
特性共感　dispositional empathy　393
特定不能の摂食障害　eating disoreder not otherwise special：EDNOS　326
独立変数　independent variable　540

閉ざされた一般的互酬性仮説　bounded generalized reciprocity hypothesis　475
突然変異　mutation　267
トドラー　toddler　414
ドメスティック・バイオレンス　domestic violence：DV　**210**
友だち　friend　329
トラウマ　trauma　354, 442
トラウマ後成長　post traumatic growth：PTG　499
トラウマティック・ストレス　traumatic stress　354
トラジェクタリ分析　trajectory analysis　551
トランザクション　transaction　441
トランスクリプション　transcription　548
トランスクリプト　transcript　548
取り引き　bargaining　190
泥棒洞窟実験　the robbers cave experiment　474

■な

内　言　internal speech, inner speech　8, 90
内集団と外集団　**474**
内集団ひいき　ingroup favoritism　474
内的一貫性　internal consistency　514
内的作業モデル　internal working model　196
内的妥当性　internal validity　553
内部モデル　internal model　519
内分泌系　endocrine system　175
仲間関係　companion　129, **250**
仲間集団　417
慰　め　soother　57
なぐりがき　scribble　399
習い事　lesson　142
ナラティヴ　narrative　20, 333, 571
ナルシシズム　narcissism　208
喃　語　pre-speech, babble　413
難　民　refugee　502

憎しみ　hatred　214
二言語相互依存仮説　linguistic interdependence hypothesis　17
二次的ことば　secondary word　416
二次的コントロール　secondary control　423
二次的就巣性　secondary nidicolous　52
二次被害　secondary victimization　498

二重接触経験　double touch experience　53
二重表象　dual representation　389
ニート　not in education, employment or training：NEET　298, 380
日本教育心理学会　Japanese Association of Educational　588
日本心理学諸学会連合　Japanese Union of Psychological Associations　588
日本心理学会　Japanese Psychological Association　588
日本発達心理学会　Japan Society of Developmental Psychology　564
日本臨床発達心理士会　Japanese Association of Clinical Developmental Psychologists：JACDP　585
乳　児　277
乳児期　infancy　412, 414
乳児行動質問紙　infant behavior questionnaire：IBQ　445
乳児の知覚研究法　28
乳児期　320, 412
乳幼児と親子関係　160
ニューラルネット　neural network　125
ニューロイメージング　neuroimaging　527
ニューロン　neuron　526
人間行動遺伝学　human behavior genetics　278
人間の主体性　human agency　407
認識の暴力　epistemic violence　232
認識論　epistemology　94, 552
妊娠・出産・誕生　272
妊娠中の疾患　274
認知科学　cognitive sciences　586
認知心理学　cognitive psychology　586
認知スタイル　cogntive style　84
認知地図　cognitive map　33
認知の共感　cognitive empathy　392
認知の個性　cognitive individuality　143
認定こども園　574
認定心理士　certified psychologist　582

妬　み　envy　212
妬みと嫉妬　212
ネット社会　252
ネット調査　online survey　542
年間加速現象　426

能　記　signifiant　388
脳機能　brain function　526
脳機能をはかる　526
脳磁図　magnetoencephalography：MEG　527
脳性麻痺　cerebral palsy：CP　280
能動的な二言語使用者　active bilingual　16
脳の構造三位一体説　Triune brain theory　401
脳　波　electroencephalogram：EEG, brain wave；electroencephalography：EEG　28, 527
能力観　feeling of ability　153
能力と努力　153

■は

バイアス　bias　83, 565
バイオロジカルモーション　biological motion　34
排他性　exclusiveness　205
ハイリスク　high risk　440
バイリンガル　bilingual　16, 378
パーキンソン病　parkinson disease　397
パースペクティブ　perspective　8
はずれることの積極的意義　236
パーソナリティ　personality　156, 514
パーソナリティ障害　personality disorder　208
働きざかり　best time for working　302
バーチャルリアリティ　virtual reality　66
発生的アプローチ　genetic approach　465
発生的心理学　psychologie génétique（仏）　90
発生的認識論　genetic epistemology, épistémologie génétique（仏）　90, 94
発生的認識論国際センター　Centre international d'épistemology génétique（仏）　94
発生的認識論序説　Introduction à l'épistémologie génétique（仏）　94
発　達　development　124, 510, 544
発達科学　developmental science　425
発達加速現象　acceleration, secular trend　426
発達観・発達の原理　perspectives and principles of development　424
発達期間　duration of development　267
発達検査　developmental test　510
発達勾配現象　426
発達支援　342, 344, 346, 352, 354
発達指数　developmental quotient：DQ　510
発達持続　454

発達した個人的興味　153
発達障害　developmental disorder(disabilities)　133, 159, 221, 510
発達心理学　development psychology　567
発達心理学と差別　**570**
発達心理学の未来　future of developmental psychology　564
発達性協調運動障害　developmental coordination disorder：DCD　371
発達段階　developmental stage　267, 452, **456**
発達と学習　**124**
発達における遺伝と環境　**268**
発達年齢　developmental age：DA　510
発達の壁　developmental wall　**452**
発達の段階説　stage theory of development　452
発達の凸凹(非同期性)　asynchrony of development　143, 159
発達の普遍性　developmental universality　124
発達のメタ理論　metatheory of development　422
発達をはかる　**510**
発話　utterance　14
発話行為　speech act　14
発話行為論　speech act theory　14
発話内行為　illocutionary act　14
発話媒介行為　perlocutionary act　14
ハーディネス　hardiness　235
鳩音　413
パートナーとの別れ　**490**
話し言葉　spoken language　141
場の依存性・独立性　field dependence-independence　85
場の流れ　130
場の理論　field theory　304
母親　mother　285
母親環境　mother's environment　269
バーバリズム　verbalism　346
ハラスメント　harassment　328
バリアフリー　barrier free　350
ハロー効果　halo effect　204
番　turn　14
バーンアウト　burnout　151
反抗期　negativistic age, period of rebelliousness　414, 428
反抗期(第一次反抗期)　first period of rebellious age　161
反抗性挑戦性障害　oppositional defiant disorder：ODD　221
犯罪　crime　**228**, 331
犯罪被害　**498**
反応性　reactivity　156
反復スタイル　repetitive style　7

悲哀　mourning　494
ピアグループ　peer-group　251
被暗示性　suggestibility　19
被害者　210
被加害者　bully-victim　329
比較行動学　ethology　479
比較認知科学　comparative cognitive science　479
比較文化心理学　Social Influential Approach　464
東アジアの多様性　diversityin in East Asia　466
ひきこもり　224, **380**
引き延ばされた青年期　prolonged adolescence　294
非行　juvenile delinquency　226
被災　being hit by natural disaster　500
微視発生的(マイクロジェネティク)アプローチ　microgenetic approach　465
非宣言的記憶　non-declarative memory　518
非対称的な対話　asymmetrical conversation　14
ビッグファイブ　big five　156, **438**
ヒトと動物　**478**
ヒトとロボット　**480**
ヒトの本性　human nature　478
人見知り　fear of stranger　242
一人語り　monologue　8
独りぼっち　alone　260
皮肉　sarcasm, irony　15
否認　denial　190
皮膚コンダクタンス　skin conductance　517
肥満　obesity, diabete　100, 103
秘密　secret　403
百寿者研究　centenarian study　186
百寿者研究のねらい　**186**
非有基底的集合論　non-well-founded set theory　65
ヒューリスティック　heuristic　82

評価理論　appraisal theory　401
非要求的　undemanded　245
表現活動　expressive activity　398
表示規則　display rules　396, **404**
表出しない傾向　display rules　516
病　気　230
表　象　representation　388, 390, 414
表　情　facial expression　**396**
表象的メカニズム　represntational mechanism　54
評定尺度法　rating scale method　538
病人役割　sick role　231
昼　寝　nap　102
敏　感　sensitivity　30
敏感期　sensitive period　142, 452
敏感性　sensitivity　196
貧困への支援　support for poverty　358

ぶ厚い記述　thick discription　546
ファンタジー　fantasy　11
ファンタジー（の）語り　fantasy narrative　10
ファンタジー的おしゃべり　fantasy speech　10
ファンタジー的語りかけ　fantasy talk　10
ファンタジー的発話　fantasy utterance　10
夫婦間葛藤　marital confrict　200
夫婦関係　**200**
夫婦の関係性　marital relationship　200
フォークロージャー　foreclosure　317
フォーマット　format　368
フォーマット・協同活動　**368**
フォーマルアセスメント　formal assessment　510
複雑性悲嘆　complicated grief　499, 505
父子関係　199
不　信　untrust　246
ふたご研究のゆくえ　the future of twin resesrch　**278**
物理現象の知覚　30
物理的時間　physical time　114
不　定　uncertainty　489
不適応状況　372
不　妊　infertility　488
不妊・中絶　infertility and abortion　**488**
不妊治療　infertility treatment　488
不変項　invariants　64
普遍的発達観　universalism on perspectives of development　424
扶養期待　support expectation　201
プライバシーの保護　protection of privacy　563
ブランド・ハプンスタンス理論　planned happenstance theory　291
ふ　り　prertense, pretense　11, 390
ふり遊び　fantasy play　11
フリーター　freeter　298
フリッピング　flipping　252
ふりと模倣　**390**
触れる　touch　70
フロー　flaw　306
プロダクティブ・エイジング　productive aging　183
プロテウス的キャリア　protean career　235
文　化　culture　55, 115, 390, 447
文化差　57
文化心理学　cultural psychology, Sociocultural Approach　425, 464
文化心理学と比較文化心理学　**464**
文化的学習　cultural learning　365
分析的知能　analytical intelligence　127
分　娩　273, 276
文　脈　context　20

平均発話長　mean length of utterance：MLU　456, 520
閉　経　menopause　172, 174
併存的妥当性　concurrent validity　514
ペットロス　loss of a pet　494
ヘテロクロニー　heterochrony　427
ヘルパー　helper　282
変　形　transformation　91
偏　見　222
扁桃体　amygdala　36
変容可能性　possibility of transformation　489

保育教諭　574
保育とうごき　**370**
防　衛　defence　214
防衛機制　defence mechanism　214
崩壊タイプ　disorganized type　455
萌芽的読み書き　emergent literacy　140
防御要因　441
方向づけ機能　directive function　23

防災マニュアル　disaster prevention manual　376
紡錘状回顔領域　fusiform face area：FFA　36
母子関係　198
ポジトロン断層法　positron emission tomography：PET　527
補償を伴う選択的最適化　selective optimization with compensation：SOC　422
補償を伴う選択的最適化理論　selective optimization with compensation theory：SOC　181
母　性　motherhood　198
母性的養育の剝奪　maternal deprivation　196
保存テスト　conservation test　38
ほどよい　good-enough　56
母乳摂取　breast-milk　58
哺乳類　mammalia　52
ホミノイド　hominoid　52

■ま

マイノリティ　minority，minority-group　222
マイノリティであること　**222**
マインド・マインディッドネス　mind-mindedness　160
マカカ属　genus Macaca　52
マーク　mark　222
孫　grandchild　176
マザリーズ　motherese　106
マッカーサー乳幼児言語発達質問紙　MacArthur-Bates communicative development inventories：MCDIs　520
マッチング　matching　292
学びの個人差　**132**

味覚嫌悪学習　taste aversion learning　45
ミクストメソッド　mixed method　553
見知らぬこと　strangeness　242
三つの山問題　three-mountains task　92
見晴らし・隠れ家理論　prospect-refuge theory　529
身振り　gesture　54
未来展望　future time perspective　115
ミラーニューロン　mirror neuron　149, 365, 392
魅　力　204
未練行動　attachment behaviors　490

無秩序・無方向型　disorganized/disoriented type　197
メジャーハンディキャップ　major handicap　280
メディアと子ども　**252**
メディアの等式　media equation　481
メディアリテラシー　media literacy　253
目の前にないモノについての話　non-present talk　10
免疫系　immune system　175
面会交流　visitation　487
面接交渉　visitation　487
面接法　interview　534
メンタライジング　mentalizing　394

盲　blindness　346
目　標　goal　368, 394
目標志向性　goal-directedness　86
モジュール　module　79, 453
最も効率的なデザイン　most efficient design　550
モーニング・ワーク　mourning work　494, 497
物語的アイデンティティ　narrative identity　21
物語的自己　narrative selves　21
物語モード　narrative-mode　21
モノを扱う遊び　reality play　11
モノを見立てる遊び　object fantasy play　11
模　倣　**390**
モラトリアム　moratorium　**316**
モラトリアム人間　moratorium personlity　317
問題行動　problem behavior　**226**, 372

■や

役割実験　role experimentation　294, 316
役割取得　role-taking　93
役割分担　division of labor　200
病を得るということ　**230**
やる気　development of motivation　**152**

優越感　superiority　209
遊戯的なからかい　playful teasing　402
友人関係　friendship　163, **202**, 254, 429
有袋類　*Marsupialia*　52
有能感　sense of competence　406

事項索引

有能さの欲求　135
ユニバーサリティ　universality　400
ユニバーサルデザイン　universal design：UD　350
指さし　pointing　54, 244, 388

要因計画　factorial design　541
要求性　demandings　163
養　育　163
養　護　nursing　575
養護性　nurturance　149, 198
幼児期　early childhood　320, **414**
幼小移行：小1プロブレム　372
容積脈波　pulse volume　517
幼稚園教育要領　574
幼保一元化　**574**
予　期　anticipation　114
抑うつ　depression　190, 227
よく考えられた練習　deliberate practice　154
抑　制　inhibition　86
抑制因　inhibition　210
抑制型　inhibited type　197
予測妥当性　predictive validity　514
欲　求　desire　394
読み書き　reading and writing　140
読み書き能力　literacy　138
弱い全体性統合　weak central coherence　46

■ ら

ライフ・イベント　life event　230
ライフコース持続反社会性　life-course persistent offenders　226
ライフサイクル　life cycle　172
ライフストーリー　life story　20
ライフストーリーワーク　life story work　61
ライフスパン　life-span　292
ライフスパン/ライフスペース・アプローチ　life-span life space approach　292
ライフスペース　life space　292
ライフレビュー　life review　22, 115
ランダム割り当て　random assignment　541
卵母細胞　oocyte　173

利益検出機能　benefit detector　256
離　婚　divorce　486, 490

離婚が子どもに与える影響　effect of divorce on children　486
離婚のリスク要因　risk factors for divorce　491
リスク　risk　295, 440
リスク志向行動　risk-seeking behavior　83
リスクと自立　risk and independence　**330**
離巣性　Nestfluechter　266
リストラ　restructuring　**492**
理想自己　ideal self　472
理想自己と現実自己　**472**
離巣性　nidifugous, Nestfluechter（独）　52, 266
離脱理論　disengagement theory　181, 182
リッカート法　Rickert scaling　524
離　乳　weaning　58
離乳のコンフリクト　weaning conflict　166
リハーサル　rehearsal　518
リフレキシビティ　reflexivity　552
領域一般　domain-general　453
領域固有　domain-specific　453
領域固有性　domain specificity　450
領域知識　domain knowledge　76
良　心　conscience　157
両性性　androgyny　185
良性妬み　benign envy　212
量的遺伝学　quantitative genetics　278
理論的構成概念　theoretical construct　538
臨界期　critical period　142, 452
臨床心理士　clinical psychologist　582
臨床発達心理士　clinical developmental psychologist　582, **584**, 588
臨床発達心理士認定運営機構　Japanese Organization of Clinical Developmental Psychologist：JOCDP　584
隣接科学（認知科学）　**586**
隣接国内学会　**588**
隣接ペア　adjacency pair　548

類似の魅力説（類似性-魅力理論）　similarity-attraction theory　205
ルーティン　routine　6
ルート・マップ　route map　33

霊長類　primates　52
歴史的な創造性　historical creativity：H-Creativity　154

歴史の時間　historical time　115
歴史批判的　historico-cvitical　95
レジャー　leisure　**306**
レジリエンス　resilience　235, 355, **440**, 499
レズビアン・ゲイ・バイセクシュアル
　　　lesbian, gay, and bisexual：LGB　206
レフレクシヴィティ　reflexivity　547
レミニセンス・バンプ　reminiscence bump　22
レム睡眠　rapid eye movement sleep　102
恋愛関係　**204**
恋愛・性的嫉妬　romantic and sexual jealousy　213
連続性　continuity　430

老　化　aging, senescence　172, 174, 180
労働価値　work value　309
老年期　senescence, old age, later life　115, 422
老年的超越理論　gerotranscendence　183
路上算数　street mathematics　128
ロールシャッハ・テスト　rorschach-test　515

■ わ

ワーカホリック　workaholic　303
ワーキングメモリ　working memory　132, 139
ワーク・ファミリー・コンフリクト
　　　work-family conflict　303
ワーク・ファミリー・ファシリテーション
　　　work-family facilitation　303
ワーク・ライフ・バランス　work-life balance　**300**
私いないってことにして　pretend I wasn't there　11
私たち　we　11

人名索引

(＊見出し語の掲載ページは太字で示してある)

■あ

アイゼンバーグ, N. Eisenberg, N. 392, 401
アイソ＝アホラ, S. E. Iso-Ahola, S. E. 306
アップルトン, J. Appleton, J. 529
アドラー, A. Adler, A. 433
アーネット, J. J. Arnett, J. J. 294
アーノルド, M. Arnold, M. 401
アバウド, F. Aboud, F. 474
アルリッチ, R. S. Ulrich, R. S. 529
アーレ, R. Harre, R. 401
アロンソン, E. (1932-) Aronson, E. 475

イザード, C. E. Izard, C. E. 400
イスラエリ, N. Israeli, N. 304
イネルデ, B. Inhelder, B. 92
イバーラ, H. Ibarra, H. 235

ヴァン・デ・ヴェン, N. van de Ven, N. 212
ヴィゴツキー, L. S. Vygotsky, L. S. 8, 55, 108, 126, 128, 130, 424, 457, 464
ウィニコット, D. W. (1896-1971) Winnicott, D. W. 56
ウェイソン, P. C. Wason, P. C. 81
ウェクスラー, D. Wechsler, D. 513
ウェルナー, H. Werner, H. 54, 398
ウェンガー, E. Wenger, E. 88
ウォーデン, J. W. Worden, J. W. 494

エインズワース, M. (1913-1999) Ainsworth, M. 196
エクマン, P. Ekman, P. 400
エリクソン, E. H. (1902-1994) Erikson, E. H. 22, 118, 181, 234, 246, 294, 304, 308, 314, 316, 318, 421, 430, 457
エリス, H. H. (1859-1939) Ellis, H. H. 208

オースチン, J. L. (1911-1960) Austin, J. L. 14
オースベル, D. P. Ausubel, D. P. 432
オールポート, G. W. Allport, G. W. 432, 454

■か

カーステンセン, L. L. Carstensen, L. L. 181
葛飾北斎 236
ガードナー, H. Gardner, H. 158, 559
カナー, L. Kanner, L. 344
カプラン, R. Kaplan, R. 529
カプラン, S. Kaplan, S. 529
カールステンセン, L. L. Carstensen, L. L. 182
カント, I. Kant, I. 94

ギアツ, C. Geertz, C. 546
キディ, K. Keddie, K. 494
ギデンズ, A. (1938-) Giddens, A. 293
ギブソン, J. J. (1904-1979) Gibson, J. J. 32, 41, 42, 64
キャテル, J. M. Cattell, J. M. 512
キャノン, W. Cannon, W. 400
ギャロン, N. Garon, N. 86
キャンピオーネ, J. C. Compione, J. C. 89
キューブラー＝ロス, E. (1926-2004) Kübler-Ross, E. 118, 190, 494, 504
ギリガン, C. Gilligan, C. 570
ギリス, J. R. Gillis, J. R. 294

草間彌生 237
グライス, H. P. (1913-1988) Grice, H. P. 15
グルース, K. Groose, K. 108
グールド, S, J. Gould, S. J. 109
クループ, M. Kloep, M. 294
クワイン, W. V. O. Quine, W. V. O. 4

ケアリー, S. Carey, S. 425
ゲアリー, D. C. Geary, D. C. 425

ケアンズ, R. B.　Cairns, R. B.　425
ゲゼル, A.　Gesell, A.　104, 510
ケニストン, K.　Keniston, K.　294
ゲルマン, R　Gelman, R.　138
ゲントナー, D.　Gentner, D.　5

コイレ, A.　Koyré, A.　94
コスミデス, L.　Cosmides, L.　450
コリンズ, A.　Collins, A.　89
コール, M.　Cole, M.　114
コール, P. M.　Cole, P. M.　404
ゴールトン, F. (1822-1911)　Galton, F.　126, 278
コールバーグ, L.　Kohlberg, L　570

■ さ

ザイアンス, R. B.　Zajonc, R. B.　401, 476
サイフェ, W.　Sife, W.　495
サザランド, I.　Sutherland, I.　66
サーストン, L. L.　Thurstone, L. L.　126
サール, J. (1932-)　Searle, J.　15
サロウェイ, F. J.　Sulloway, F. J.　476

ジェームズ, W. (1842-1910)　James, W.　41, 400
シェリフ, M. (1906-1988)　Sherif. M.　474
ジェンセン, A. R.　Jensen, A. R.　558
ジェンドリン, E. T. (1926-)　Gendlin, E. T.　333
シャイエ, K. W.　Schaie, K. W.　127, 180, 550
シャイン, E. H.　Schein, E. H.　309
シャーキン, B.　Sharkin, B.　494
シャクター, S.　Schachter, S.　401
シャルコー, J-M. (1825-1893)　Charcot, J-M.　442
シュウェダー, R. A.　Shweder, R. A.　425
シュテルン, W. L.　Stern, W. L.　512
シュプランガー, E.　Spranger, E.　308
ジョング゠ジャーベルド, J. de　Jong-Gierveld, J. de　261
シンガー, J.　Singer, J.　401

スクワイヤー, L. R.　Squire, L. R.　518
鈴木治太郎　513
スタンバーグ, R. J.　Sternberg, R. J.　127, 559
スノー, J.　Snow, J.　80
スーパー, D. E.　Super, D. E.　292, 308
スピアマン, C. E.　Spearman, C. E.　126

スピヴァク, G. (1942-)　Spivak, G.　232
スピッツ, R. A.　Spitz, R. A.　242
スペルキ, E. S.　Spelke, E. S.　31

ソンダース, C. (1918-2005)　Saunders, C.　190

■ た

ダーウィン, C. (1809-1882)　Darwin, C.　126, 400, 446
タークハイマー, E.　Turkheimer, E.　278
タジフェル, T. (1991-1982)　Tajfel, T.　475
ダディス, C.　Daddis, C.　163
ターナー, J. C. (1947-2011)　Turner, J. C.　475
田中寛一　513
田中昌人 (1932-2005)　457
ダマシオ, A.　Damasio, A.　109, 400
ターマン, L. M. (1877-1956)　Terman, L. M.　512, 558
ダリ, S.　Dalí, S.　237

チェス, S.　Chess, S.　444
チザム, L.　Chisholm, L.　295
チャンドラー, M.　Chandler, M.　403
チョムスキー, N.　Chomsky, N.　424, 565

デイビス, M. H.　Davis, M. H.　393
デカルト, R.　Descartes, R.　74
テデスキ, R.　Tedeschi, R.　495
デューイ, J.　Dewey, J.　370
テラー, D. Y.　Teller, D. Y.　28
テリー, H.　Terry, H.　208

トゥエンジ, J. M.　Twenge, J. M.　209
トゥービー, J.　Tooby, J.　450
ドブキンス, K. R.　Dobkins, K. R.　40
トマス, A.　Thomas, A.　444
トマセロ, M.　Tomasello, M.　55
トムキンス, S.　Tomkins, S.　400
トリヴァース, R.　Trivers, R.　166
トルンスタム, L.　Tornstam, L.　183
トレヴァーセン, C.　Trevarthen, C.　55
トローヤ, N.　Troje, N.　34

■ な

ナイサー, U.　Neisser, U.　127

人名索引 691

ナサー, J. L.　Nasar, J. L.　528

ニューリンガー, J.　Neulinger, J.　306

ネッケ, P.　Näcke, P.　208
ネルソン, K.　Nelson, K.　6

■は

バウアー, T. G. R.　Bower, T. G. R.　243
バウムリンド, D.　Baumrind, D.　163
バークリー, G.（1685-1753）　Berkley, G.　40
バークレー, R.　Barkley, R.　341
パース, C. S.（1839-1914）　Peirce, C. S.　80
パーソンズ, F.　Parsons, F.　292
パーソンズ, T.　Parsons, T.　199, 231
ハーター, S.　Harter, S.　322
バターワース, G.　Butterworth, G.　54
バックマン, R.（1948-2011）　Buckman, R.　190
ハート, S.　Hart, S.　213
バート, C. L.　Burt, C. L.　558
バード, P.　Bard, P.　400
バトラー, R. N.　Butler, R. N.　180, 183
バーナード・ショウ, G.　Bernard Shaw, G.　317
ハビガースト, R. J.　Havighurst, R. J.　181
バーライン, D. E.　Berlyne, D. E.　528
バーリック, L. E.　Bahrick, L. E.　40
バルテス, M. M.　Baltes, M. M.　181
バルテス, P. B.（1939-2006）　Baltes, P. B.　127, 180, 182, 422
パールマン, D.　Perlman, D.　260
ハーロウ, H. F.（1905-1981）　Harlow, H. F.　62
パンクセップ, J.　Panksepp, J.　400
バンデューラ, A.（1925- ）　Bandura, A.　199, 248, 406
ハント, M.　Hunt, M.　495

ピアジェ, J.（1896-1980）　Piaget, J.　30, 38, 57, 74, 76, 78, 81, 90, 92, 94, 108, 124, 126, 138, 415, 419, 424, 452, 457, 564, 571
ビネ, A.（1857-1911）　Binet, A.　126, 512
ビューラー, C.　Buhler, C.　180
ビューラー, K.　Bühler, K.　38
ピンカー, S.　Pinker, S.　450

ファイファー, E.　Pfeiffer, E.　261

ファンツ, R. L.　Fantz, R. L.　28, 32
フィンケル, E.　Finkel, E.　210
フォーグル, B.　Fogle, B.　495
フォーゲル, A.　Fogel, A.　401
フォスター, J. D.　Foster, J. D.　209
フォーダー, J.　Fodor, J.　450
ブゲンタル, D. S.　Bugental, D. S.　450
ブライアー, R. J. R.　Blair, R. J. R.　396
ブラウン, A.　Brown, A.　89
ブラウン, D.　Brown, D.　309
ブラウン, S. D.　Brown, S. D.　356
プラトン　Platon　94
フランク, L. K.　Frank, L. K.　304
ブランシュヴィック, L.　Brunschvicg, L.　94
フリン, J. R.　Flynn, J. R.　127, 559
プルチック, R.　Plutchik, R.　400
ブルーナー, J. S.　Bruner, J. S.　54, 464
フレーベル, F.　Froebel, F.　108
プレマック, D.　Premack, D.　93
フロイト, S.（1856-1939）　Freud, S.　108, 118, 199, 208, 236, 442, 457, 494, 504
ブロス, P.　Blos, P.　162, 294
フロム＝ライヒマン, F.　Fromm-Reichman, F.　261
ブロンフェンブレンナー, U.　Bronfenbrenner, U.　565

ベイツ, J. E.　Bates, J. E.　444
ベイツ, E.　Bates, E.　54, 425
ベイラージョン, R.　Baillargeon, R.　30
ベック, U.（1944- ）　Beck, U.　293
ヘックハウゼン, J.　Heckhausen, J.　235
ヘックマン, J. J.　Heckman, J. J.　561
ヘッケル, E. H.　Haeckel, E. H.　266
ペプロー, L. A.　Peplau, L. A.　260
ベム, S. L.　Bem, S. L.　448
ヘンドリー, L. B.　Hendry, L. B.　294

ボウルビィ, J.（1907-1990）　Bowlby, J.　196, 242, 494
ボス, P.　Boss, P.　497
ボック, P. K.　Bock, P. K.　308
ポパー, C.　Popper, C.　81
ホフマン, M. L.　Hoffman, M. L.　392
ホール, C. S.　Hall, C. S.　208

ホールト, K. S.　Holt, K. S.　348
ポルトマン, A.（1897-1982）　Portmann, A.　52, 266
ホワイト, R.　White, R.　406

■ま

マウラー, D.　Maurer, D.　40
マーカス, H.　Murkus, H.　401
マークマン, E. M.　Markman, E. M.　5
マグロウ, M.　McGraw, M.　104
マックリーン, P.　MacLean, P.　401
マーシャ, J. E.（1937-）　Marcia, J. E.　317, 430

三宅鉱一　513

ムーア, M. K.　Moore, M. K.　364

メイス, R. L.（1941-1988）　Mace, R. L.　350
メイナード＝スミス, J.（1920-2004）　Maynard Smith, J.　112
メイン, M.　Main, M.　197
メルツォフ, A. N.　Meltzoff, A. N.　364, 396

モンテッソリ, M.　Montessori, M.　108
モンドロック, C.　Mondloch, C.　40

■や

ヤコブソン, R,（1896-1982）　Jakobson, R.　55
山岸俊男　475
ヤング, P. T.　Young, P. T.　401

ユング, C. G.（1875-1961）　Jung. C. G.　236,420

■ら

ライト, B. A.（1917 - ）　Wright, B. A.　470

ラゴニー, L.　Lagoni, L.　495
ラザラス, R.　Lazarus, R.　401
ラスキン, R.　Raskin, R.　208
ラードジェルダー, J.　Raadschelders, J.　261

リゾラッティ, G.　Rizzolatti, G.　400
リックリッター, R.　Lickliter, R.　40
リップス, T.　Lipps, T.　392
リュケ, G. H.　Luquet, G. H.　399
リンデマン, E.（1900-74）　Lindemann, E.　504
リントン, R.　Linton, R.　308

ルイス, M.　Lewis, M.　212, 401
ルドゥー, J.　LeDoux, J.　400

レイブ, J.　Lave, J.　88
レヴィン, K.（1890-1947）　Lewin, K.　304, 418
レヴィンソン, D. J.　Levinson, D. J.　420
レガスティ, M.　Legerstee, M.　55
レンズーリ, J. S.　Renzulli, J. S.　158

ロキーチ, M.　Rokeach, M.　308
ロゴフ, B　Rogoff, B　464
ロシェル, J.　Roschelle, J.　130
ロジャーズ, C.（1901-87）　Rogers, C.　247, 333
ロスバート, M. K.　Rothbart, M. K.　444
ローゼンバーグ, M.　Rosenberg, M.　322
ロダン, A.　Rodin, A.　74
ローレンツ, K.　Lorenz, K.　452

■わ

ワイス, R. S.　Weiss, R. S.　261
ワイナー, B.　Weiner, B.　134
ワーチ, J. V.　Wertsch, J. V.　465
ワロン, H.（1879-1962）　Wallon, H．　9, 457

発達心理学事典

平成25年5月31日 発行

編　者　日本発達心理学会

発行者　池　田　和　博

発行所　丸善出版株式会社
〒101-0051　東京都千代田区神田神保町二丁目17番
編集：電話(03)3512-3264／FAX(03)3512-3272
営業：電話(03)3512-3256／FAX(03)3512-3270
http://pub.maruzen.co.jp/

ⓒ Japan Society of Developmental Psychology, 2013

組版印刷・有限会社 悠朋舎／製本・株式会社 星共社

ISBN 978-4-621-08579-0 C 3530　　　　　Printed in Japan

JCOPY　〈(社)出版者著作権管理機構 委託出版物〉
本書の無断複写は著作権法上での例外を除き禁じられています。複写される場合は，そのつど事前に，(社)出版者著作権管理機構(電話03-3513-6969, FAX 03-3513-6979, e-mail: info@jcopy.or.jp)の許諾を得てください。